本套书为

河南省民间文化遗产抢救工程系列成果

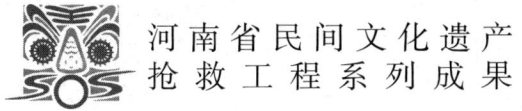

河南省民间文化遗产
抢救工程系列成果

嵩山文化大系

主编 梅耀元

# 嵩山通志

梅淑贞 编著

河南人民出版社

## 图书在版编目(CIP)数据

嵩山通志 / 梅淑贞编著. — 郑州：河南人民出版社，2019.8
(嵩山文化大系 / 梅耀元主编)
ISBN 978-7-215-10551-5

Ⅰ. ①嵩… Ⅱ. ①梅… Ⅲ. ①嵩山-地方志 Ⅳ. ①K928.3

中国版本图书馆 CIP 数据核字(2016)第 261162 号

河南人民出版社 出版发行
（地址：郑州市郑东新区祥盛街27号 邮政编码：450016 电话：65788059）
新华书店经销　　　河南瑞之光印刷股份有限公司印刷
开本　889毫米×1194毫米　　1/16　　印张　59.75
字数　1 555千字
2019年8月第1版　　　　2019年8月第1次印刷

定价：370.00元

# "嵩山文化大系"编撰单位与工作人员名单

**领导机构**　河南省民间文化遗产抢救工作委员会　河南省民间文艺家协会

**参与单位**　登封市科普作家协会　嵩山文化研究会　国际少林武术家协会

**工作策划**　程健君　刘爱芳　李松坤　吴聚财　段玉山

**学术指导**　张振犁　民间文艺学家、河南大学教授

　　　　　　夏挽群　民间文艺学家、中国民间文艺家协会顾问、河南省民间文艺家协会名誉主席

　　　　　　张国臣　嵩山文化学者

　　　　　　周昆叔　环境考古学家、国家文物局专家组成员

　　　　　　谢均祥　族史研究专家、河南中原姓氏文化研究所所长、研究员

　　　　　　程健君　民间文艺学家、中国民间文艺家协会副主席、河南省文联副主席

　　　　　　陈江风　民间文艺学家、河南省民间文化遗产抢救工程专家组组长

　　　　　　高有鹏　民间文艺学家、上海交通大学教授

　　　　　　耿相新　历史学家、民间文艺学家、中原出版传媒集团公司总编辑

　　　　　　马世之　考古学家、河南省社会科学院考古研究所研究员

　　　　　　徐金星　嵩洛文化专家,《洛阳市志·文物志》(主编)、《洛阳市志·白马寺志》(主编)

　　　　　　魏　敏　民间文艺学家、河南省文联编审

**总 编 审**　梅淑贞

**总　　编**　梅耀元

**副 总 编**　秦慧君　李振亮

**美　　编**　梅淑贞　宋瑞敏　梅耀元　李振亮

**统　　筹**　姜献永　赵镇威　张松波　靳银东

**参与工作**　李春敏　焦红波　王向民　邢希芬　吕宏军　韩有治
　　　　　　赵爱娟　王雪宝　弋梅荣　耿　直　阎锦木　陈　明
　　　　　　宋瑞敏　刘振海　王丽霞　唐仁福　景新源　郝焕斌
　　　　　　王占敏　李振敏　王昭渠　常松木　杨朝玲　孙宏欣
　　　　　　贾艾莉　郜明朝　吴卫永　陈俊杰　黄天弘　郝晓科
　　　　　　付秋红　尚自昌　孙淑霞　曹书敏

## "嵩山文化大系"（全十册）

| 书名 | 编者 | 职务 |
|---|---|---|
| 《嵩山通志》 | 梅淑贞 | 主编 |
| 《嵩山三教志》 | 梅淑贞　秦慧君　梅耀元 | 编著 |
| 《嵩山艺文志》 | 梅耀元 | 编著 |
| 《嵩山神话传说》 | 梅淑贞 | 主编 |
| 《嵩山古遗存》 | 梅耀元 | 编著 |
| 《嵩山民俗》 | 梅淑贞 | 编著 |
| 《嵩山古诗》 | 梅淑贞 | 主编 |
| 《少林武术发展史》 | 李振亮　焦红波 | 编著 |
| 《嵩山碑刻》 | 梅淑贞 | 编著 |
| 《嵩山名人传》 | 梅耀元 | 编著 |

# 作者简介

梅淑贞,女,1956年生,登封市大金店镇人,河南大学中文系毕业。曾任登封县政协第五届委员会常委,市政协第一届、二届委员。先后任《少林文艺报》主编、登封市文化局副局长、登封市文学艺术联合会主席、登封市政协文史资料委员会主任、《登封时报》总编、登封市旅游局党组书记。1982年开始发表文学作品,主要作品有纪实性文学集《闪光的功勋》《情系嵩山》;有《漩涡里的人家》《幸福的黄手帕》《野樱桃》《我们的六爷》《盲嫂》《莲子河边的笑声》《复活之后》《素心腊梅》等中短篇小说几十篇,报告文学《嵩山的女儿》《校园卫士》《金戈铁马少林风》《人们心中的乌金碑》《〈穆桂英挂帅〉幕后的悲剧》等,另有散文、纪实、随笔等文学作品100余万字。

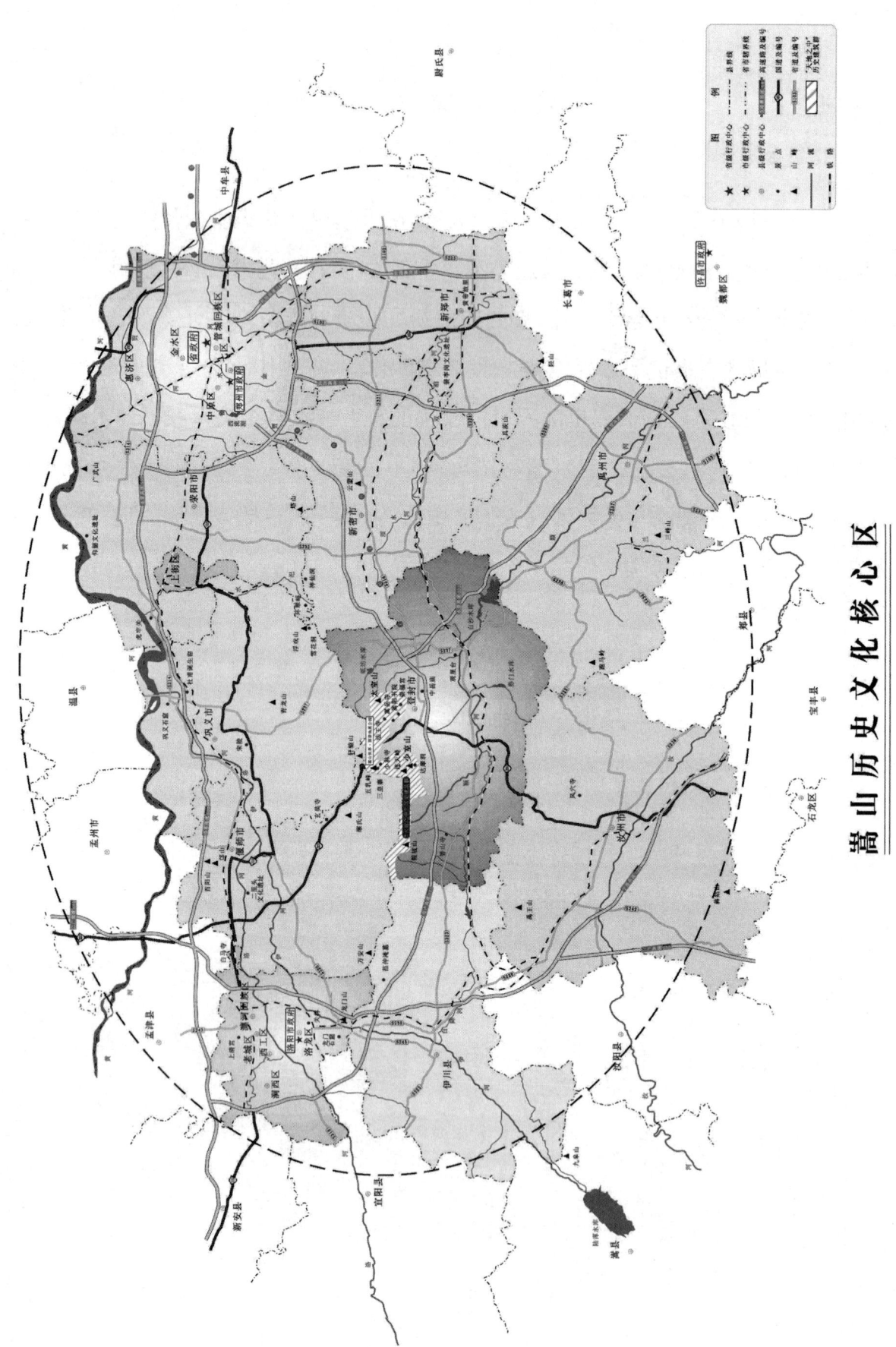

嵩山历史文化核心区

# 中国文化的神圣大山

## ——"嵩山文化大系"序

高有鹏(上海交通大学人文学院教授,中央电视台百家讲坛主讲人)

嵩山文明是中国文化的核心内容,被誉为天地之中。司马迁在《史记·封禅书》中说,昔三代之居皆在河洛之间,就是这个意思。《孟子·万章上》《古本竹书纪年》《世本·居篇》《史记·夏本记》《今本竹书纪年》都提到"禹都阳城",也是这个意思。如今,嵩山洛口伏羲台、八卦台、力牧台、夏朝的古钧台及汉石阙、周公测影台等古老的文化遗迹,都有力证明了这些历史的真实。

嵩山是一个文化整体,包括以嵩山主要山脉的太室山与少室山,和周围地区以嵩山为地望的登封、伊川、偃师、巩义、荥阳、新郑、禹州、新密、汝州等广大地区。黄河、颍河、伊河、洛河、溱河、洧河、汝河等河流在大山中分布,融入黄淮大平原,成为中华民族的心脏。历史上,从夏王朝开始,商、西周、东周、东汉、曹魏、西晋、北魏、隋、唐、后梁、后唐、后晋等朝代相继在嵩山地域建立政治文化中心,西周、西汉、新莽和十六国后赵、五代后梁、后唐、后晋、后汉、后周以及北宋、金等朝代,也都以嵩山为文化中心,设立中央政权。《诗经》《周礼》《史记》等浩瀚的典籍,包括清代景日昣的《说嵩》,都详细记录了这些历史。近年来的考古发现,更进一步以实物的形制,证明了嵩山与嵩山文明的谱系特征及其特殊价值。

嵩山以五岳中的中岳而闻名,是集结中华民族信仰的大山,是天然的中国文化博物馆。嵩山是中国文化的神山、圣山,被称为崇山、崇高、天室山,见证着中华民族的重要形成与发展壮大。考古发现,100万年前,嵩山地域就有旧石器时代早期的张湾猿人。这里分布着9000~7000年的裴李岗文化、磁山文化,分布着7000~5000年的仰韶文化,分布着5000~4000年的龙山文化,分布着4000~3700年的二里头文化。从遗存的动物化石、火迹灰坑与石器、骨器、陶器等原始文化遗址中,可以看到,这里很早就有我们的祖先在这里生活,是我国原始文明密集分布区。

笔者曾经考察嵩山文明的历史。轩辕黄帝是较早的嵩山神,他在这里留下许多神话遗迹和众多的神话传说故事,诸如具茨山、风后岭、大隗山、演兵洞等神话风景。后人建立中岳庙,把黄帝称作天中黄帝,就是对轩辕黄帝统一天下丰功伟绩的纪念。传说中的尧、舜、帝喾也都在这里活动。禹都阳城不仅是一则传说,而且是一种文化谱系的表达。大禹的父亲鲧,是中国上古时期的重要历史人物,是黄帝的后裔,是颛顼的儿子,曾经被尧封于崇地,即嵩山为伯爵,所以历史上称为崇伯鲧,或崇伯。神话传说中的大禹视嵩山为他治理天下洪水的大本营,他在嵩高山开辟大山通道,让河水浚流,平息

水患,化作大熊,被妻子涂山氏误解,"石破北方而生启",形成启母石和启母庙的传说故事。当年,大禹与涂山氏在此相会,涂山氏高歌"候人猗兮",形成一场轰轰烈烈的爱情,这应该是中国文化最早的神话史诗。

嵩山是诗歌的大山,这里有传说中的《击壤歌》《箕山歌》《涂山女歌》《嵩高八章》《顺伊洛河吹箫》和《诗经》中的《大雅》《小雅》《桧风》《郑风》等诗篇,保存许多关于嵩山的歌唱。如《诗经·大雅·崧高》歌唱道:"崧高维岳,峻极于天。维岳降神,生甫及申。维申及甫,维周之翰。"东汉张衡在这里留下《轩辕道》;三国曹植在这里留下《黄帝赞》《帝喾赞》;北朝庾信在这里留下《黄帝见广成子于崆峒山》;唐朝卢照邻在这里留下《中和乐九章:歌登封》,刘希夷在这里留下《嵩岳闻笙》,宋之问在这里留下《登嵩山岭应制》《嵩山天门歌》《幸少林寺应制》,李白在这里留下《送别嵩山七首》《送裴十八图南归嵩山》《送于十八应四子举落第还嵩山》《嵩山采菖蒲者》《赠嵩山焦炼师》《题嵩山逸人元丹丘山居》,杜甫在这里留下《寄张十二山人彪》《凭孟仓曹将书觅土娄旧庄》《奉寄河南韦尹丈人》,白居易在这里留下《嵩阳观夜奏霓裳》《从龙潭寺至少林寺题赠同游者》《梦上嵩山时足病未平》《观嵩洛有叹》《早春题少室东崖》;宋朝欧阳修在这里留下《嵩山杂咏》《赠嵩山许道人》《箕山》,苏轼在这里留下《少林寺》《将军柏》《启母石》等,如琳琅满目。这里山山水水,一草一木,都有诗篇与歌声相伴,成为中国诗歌文化的宝库。

在人文教化发展中,嵩山以博大的胸怀拥抱世界,有佛教禅宗祖庭少林寺,有道家洞天中岳庙,还有儒学圣地嵩阳书院。嵩山不是中国道教文化的发源地,但是有众多道教领袖在这里传经布道。如唐代《三洞珠囊》卷五引《道学传》卷二《张天师传》称:"张天师弃家学道,负经而行,入嵩高山石室,隐斋九年,周流五岳,精思积感,真降道成,号曰天师。"张道陵的五斗米道,起源于嵩山。北魏太平真君年间,嵩山道士寇谦之改革道教,"清整道教,除去三张(张陵、张衡、张鲁)伪法","专以礼度为首",佐国扶命,使道教由民间宗教转化为国家宗教。不用说,毗邻白马寺,嵩山汇聚了早期的佛教与佛教文化,达摩在这里面壁十年,留下了美好的传说。

少林寺钟楼前开元碑阴刻"混元三教九流图赞",释迦牟尼、孔子、老子三圣合体图像;少室山安阳宫主殿洞有三皇洞,供奉释迦牟尼、孔子、老子;宗教与武术相融,与音乐和舞蹈相融,与社会风俗相融,与医术和中药相融,与各种人文艺术相融。嵩山既有体现原始文明生殖崇拜的摸摸会,又有佛教文化与道教文化共为一体的中岳庙会,在大山的怀抱中,历史与时代一同见证文化多元共存。

嵩山是屹立天地间的一部大书,是中国文化神圣的碑石,是刻写在大地上的天书。这里发现了中原地区珍贵的岩画。这里诞生了河图洛书的神话传说,成为中华民族重要的文化图腾。而且,嵩山现存的太室山庙阙、启母庙阙、少室山庙阙的铭记,都是我国最早的刻石,已纳入《世界文化遗产名录》。这里出土了《东汉侍廷里父老僤买田约束石券》,见证汉代社会的土地制度;这里保存了《熹平石经》《袁安碑》《汉故安乡侯张公碑》《东汉袁敞碑》《甘陵相尚府君(博)之碑》《仙人王子乔碑》和《夷齐庙碑》,见证汉代文化的灿烂辉煌;这里保存了校正五经文字、统一诸家经本的《洛阳太学石经》,保存了记录管理水利的《王诲碑》、堂溪典请雨嵩高山的《汉堂溪典嵩高山石阙铭》,这里保存了《韩仁铭碑》《河南梁东安乐肥君(致)之碑》,见证汉代社会的风风雨雨。这里的《正始石经》,以古、篆、隶三种不同的字体对照刊刻,展现出我国书法从篆书到隶书发展变化的历史轨迹。这里的《大晋龙兴皇帝三临辟雍皇太子又再莅之盛德隆熙之颂碑》,记录了晋武帝司马炎在太学中举行乡射礼的教育历史;《西晋韩寿墓表》《东武侯王基墓碑》《晋故处士成君(晃)之碑》《晋武帝贵人左棻墓碑》《荀岳墓志》《中岳嵩高灵庙之碑》《中岳嵩阳寺伦统碑》《北齐姜纂造像题记》和《韩寿墓表》《元怀墓志》《元怿墓志》《高猛墓志》《元肥墓志》以及《巩义石窟》《北齐刘碑造像碑》《在孙寺造象记》《库庄造像记》《北齐造佛像碑》《东魏造佛像碑》《北齐姜篡造像碑记》《齐造神碑记》《齐宋买造像记》《孟阿妃造像记》等，都是书法的精品、经典。大唐一代，李世民、李治、武则天、李隆基、李豫、颜真卿、王行满、李邕、徐峤、徐浩、徐珙、颜师古、褚遂良、刘禹锡、薛稷、薛曜、王知敬、钟绍京、狄仁杰、欧阳通、柳公权、张旭、孙过庭等；大宋一代，欧阳修、司马光、程颢、程颐、邵雍、鲜于侁、文彦博、苏轼、苏辙、王曾、孙崇望，等等；元明时期的赵孟頫、董其昌、朱载堉，都在这里留下珍贵的墨宝。嵩山是中国书法艺术与书法文化的宝库。

嵩山是中国文化的大山，是中华民族神圣的大山。它不仅属于中原，也不仅属于中国，而是人类文明的一部分，是中华民族对人类文明的重要贡献。

了解嵩山与嵩山文化，是打开中国文化的一条重要通道。

文化是民族的灵魂和血脉，是中华民族的精神家园。中国优秀传统文化蕴藏着中华民族千百年来的聪明才智、情感、意志和信念，对于实现中华民族伟大复兴事业中的文化自信、理论自信，具有重要的价值意义。中国文化走向世界，与世界进行平等对话、交流、沟通，需要弄清自己的文化家底，懂得自己的价值意义。深入挖掘中国优秀传统文化的价值，成为中华民族伟大复兴的重要基础。因此，面对这座中国文化的神圣大山，深入挖掘嵩山文化的底蕴和内涵，盘点整理博大精深的嵩山文化，是时代赋予我们的一项艰巨的工作。尤其值得赞扬的是"嵩山文化大系"的编撰者们，完全是出自于对嵩山文明的热爱，自发地组成一个团队，近十年时间，有的是利用工作的业余时间，有的是在退休以后，以坚韧不拔的精神，遍查历史文化典籍，通过对嵩山文化景观和自然风光的深入考查，不断挖掘、整理、研究嵩山文明，编撰出这套卷帙浩繁的"嵩山文化大系"，给中国文化，给人类文明，在文化遗产的保存与传承上增添了不可或缺的内容与光彩。

"嵩山文化大系"主要从山水与文明、神话传说故事、名人史迹、古代诗选、综艺文释、碑刻文释、民俗风情、古文化遗存、宗教发展、少林武术等多个方面梳理嵩山文化的历史脉络，勾陈历史文献，辨析其中的历史文化疑案，全方位描绘出嵩山文化的历史地理与文明现状。因为这套书中的内容有世界文化遗产、世界非物质文化遗产，有国家民间文化遗产，有国家文化遗产和非物质文化遗产项目，还有全国、河南省重点文物保护单位，具有丰富深厚文化底蕴。既有历史的挖掘，又有现实的记录。将古老的历史文化不断激活，这是展示、介绍、宣传、保存中国优秀传统文化的一部力作。

中华传统文化源远流长，其遗留与积存，为数极多，但系统展示区域文化的史料不多。"嵩山文化大系"的问世，使人们通过阅读，能够世代相传地吸取、传承、弘扬嵩山文化，这对促进嵩山文化进一步的挖掘和研究，开展国内区域间和世界各国间的文化交流等方面，都有着极为重要的作用，具有不容忽视的历史价值。

2017年1月

# 总　　序

　　文化是人类在社会历史发展过程中所创造的物质财富和精神财富的总和。文化是不断向前发展的,是社会生活的物质要素和精神要素的统一,是人的生命活动发展的特殊方式。有了人类社会才有文化,文化是人们社会实践的产物。一定文化(指观念形态的文化)是一定社会的政治和经济的反映,又给予伟大影响和作用于一定社会的政治和经济。

　　这里所说的文化,是关于嵩山的文化。现在学术界有很多争论,有人认为嵩山地域的范围很大,河洛地区就在嵩山地域之内,所以嵩山文化包括了河洛文化;也有人认为,河洛文化是嵩山文化的中心;还有人认为,嵩山地处洛阳盆地盆沿之上,距洛阳60公里,是处在河洛文化的地盘上,应该从属于河洛文化……编者认为,嵩山文化与河洛文化有很多相同之处,如地域上的重叠性、形式上的多样性、文化上的侧重性、内容的多元化等。但嵩山文化与河洛文化各有自己的体系,说嵩山地域在河洛地域也好,还是说河洛地域在嵩山地域也好,这两种说法的地域概念似乎并不矛盾。但与河洛文化稍有不同的是,嵩山文化则是以嵩山为中心而辐射在嵩山地域的一种有着其独特渊源的社会历史因素所形成的文化,与河洛文化相比,更加强调突出了嵩山在这一地域文化中的源头和先导作用,她应当属于区域文化范畴。

　　在中华民族的文明发展史上,从黄帝统一中原部落开始,嵩山地域逐渐成为我国古代政治、经济和文化的活动中心,嵩山地域都占有不可取代的的源头与核心地位。在此地域产生的嵩山文化,是指孕育、诞生、发展、繁荣、传承于以嵩山为中心及其周围的黄河、伊河、洛河、颍河上游流域的嵩山地域文化,经历了距今100万~1万年之间的旧石器时代,经历了距今1万~3600年之间的新石器时代中的距今9000~7000年的裴李岗文化、距今7000~5000年的仰韶文化、距今5000~4000年左右的龙山文化、距今4000~3600年二里头文化的发展序列,以华夏先祖尊奉信仰的嵩山"山"文化和"中"文化为渊源,以闻名天下的嵩山称号"神山""祖山"和"天地之中"为根本,以轩辕黄帝、华夏部族以及后来商、周部族的文化系统为先导,涵盖了古代各历史时期的山水文化、神祇信仰、礼乐制度、三教源流、军事战争、文学艺术、文献典籍、民俗风情、少林武术以及姓氏、名人、建筑、教育、科技、考古、天文等多种传统文化元素的根基文化。著名民俗学家丁慰南说:"嵩山文化的本体决不是某单一的文化现象的遗迹,而是我国几千年来历史上多种文化'元素'积淀融合而成的产物。"正因为嵩山地域在历史上占据着这么多文化元素的源头,故被当今考古、历史、政治、文化界称之为天地之中、文明之源、华夏之根。

# 一、嵩山与嵩山区域文化

中岳嵩山的名称,历来变化甚多。黄帝时期称太室;尧舜时称外方、嵩高、中岳嵩高,夏朝时称为外方、崇山、崇高,商称嵩高中岳,夏、商、周三代尊称嵩山为太室、天室、大室。西周时称黄室、嵩高中岳、中岳嵩高,称嵩山地域为地中、天地之中、中国。周平王由镐京东迁洛阳以后,定嵩高太室山为"中岳",称中岳嵩高,以后历代均沿称嵩高为中岳。嵩山位于天地之中,泰、华、衡、恒四山拱卫四方,故嵩山也称"天中之山",自古即为华夏民族所奉祀的名山。

嵩山东西绵亘200公里,主体面积约450平方公里,地域面积约11110平方公里。嵩山地跨河南省的巩义、偃师、伊川、登封、新密、新郑、荥阳、禹州、汝州等县市,与郑州、洛阳相连,嵩山主体部分太室山和少室山位于登封市境内。嵩山北瞰黄河、洛水,南临颍水、箕山,东通郑汴,西连十三朝古都洛阳,素为京畿之地,是古都洛阳重要的东方屏障,具有深厚的文化底蕴,是宋代程朱理学的发祥地之一,也是中国佛教禅宗的发源地和道教圣地。

嵩山属秦岭山脉伏牛山系东延的系列山脉,向东北、东、东南方向扇形展开,地势自西向东逐渐降低。区内地势起伏较大,地貌类型复杂多样。《山海经·中次山经》中说:嵩岳西起昆仑,过秦岭,进入河南后,经熊耳山、伏牛山、大苦山,自龙门以东有香山、万安山、八风山、马鞍山、五佛山、青龙山、挡阳山、少室山、轩辕山、君子山、太室山、讲山、牛山、东龙门山、浮戏山等,北至巩义、偃师的北邙山、敖仓山。山体到登封分为三支,往东有新密青屏山、新郑的风后岭,东北有新密的浮戏山,往南有马岭山、密岵山、荟萃山,东延为具茨山、大隗山,西延隔颍水为箕山、大小鸿山、风穴山,诸多支系山脉构成矗立中原大地的庞大的嵩山山系。嵩山各大山脉的高度一般为700米~1500米之间。其中最高的少室山最高峰连天峰海拔1512.4米,太室山主峰峻极峰海拔1492米,而黄帝居住的具茨山峰海拔793米,上古名人许由所在的箕山峰海拔仅723米。嵩山山脉呈东西向横贯全区,各大山脉绵延起伏,如一条巨龙盘踞在中原腹地。

嵩山不仅有连绵起伏的山峰和丘岭,还有庞大密集的水系。其中,挡阳山与少室山相连,称少室通阜,为颍水发源地;鸿山贯宝山南麓是洗耳河的发源地;八风山是洭水的发源地,洭水西流入伊河;阳城山是洧水的发源地,洧水入新密后,纳溱水,称双洎河;轩辕山北麓的休水河、五指岭北麓的石子河、东西泗河,均北流入洛河;伊河、洛河在巩义神堤村汇流,叫伊洛河;黄河、洛河在巩义神都山下汇流的地方,叫洛汭。在嵩山主要的分支山脉之间,都有独立的水系分布,蜿蜒着黄河、洛河、伊河、颍河、汝河、溱水、洧水等河流。山脉与水系相间,水流河谷与盆地相互串连,形成了地势低凹的开阔地带和较为平坦的盆地,这里有充足的水源,有繁茂的林木,地理位置优越,生态环境良好,是中华文明的天然"摇篮",为华夏的原始先民聚居、生产与生活提供了极为有利的条件,也为嵩山区域文化的形成和发展,奠定了由自然要素与人文因素作用而形成的一个综合性的基础。

嵩山远古时期人们崇信的"天室",是祭祀华夏民族先祖的"祖山",也是历代帝王进行"祭天法祖"的神圣之山。古人认为,嵩山是大地距离上天最近的地方,圣地灵境,天地相通,得天独厚。嵩山地域不但处于"天地之中"优越的地理位置,融四方文化于一体的中心地带,又率先跨入"文明的门槛",而且在以后的数千年里,长期是我国政治、经济、文化、交通的中心,这不但使嵩山文化在"野蛮"进入"文明"的大变革时期,抢占了先机,充分展示了她的先导性,并为她最终成为中华民族的主体文化,为她的正统地位打下了宽厚坚实的基础。

嵩山文化是产生于嵩山地域的一种区域性文化,关于嵩山文化区域的界定,从大的范围说,我国著名民俗专家张振犁教授称:"嵩山文化,狭义指包括北至黄河,南至河南襄城一带,东至虎牢关,西至华山,方圆数千里的(包括河洛文化)的地域。广义就是中原文化的泛称。简单地说,嵩山文化区基本上涵盖了中原腹地的沿黄河、颍河、洛河、伊河、汝河、溱水、洧水两岸的广大河谷、盆地、平原的肥沃地带。嵩山地域之所以被称为中原文化及后来华夏文明的摇篮,是因为炎黄先民在这块土地上开发、经营了近万年。就像埃及原始先民开发尼罗河流域,巴比伦先民开发美索不达米亚(希腊语:底格里斯河和幼发拉底河中间的地方,意为两河之间)和印度先民开发洹河、印度河流域,而创造世界文明古国一样,中国中原地区的'嵩山区'先民开创华夏文明,首先是由独特的地理环境和自然条件所造就。"

从小的范围说,嵩山地域就是当今我国考古界、地质界、历史界的一些专家将以嵩山主要山脉的太室山与少室山所在的登封以及嵩山余脉的所在地伊川、偃师、巩义、荥阳、新郑、禹州、新密、汝州的九个县级市,以及为邻的古都郑州和洛阳的这个地域,称之为"嵩山历史文化核心区"或"嵩山文化圈"。这与考古中发现的以嵩山为中心及其周围的黄河、颍河、洛河、伊河、溱水、洧水一带的中原腹地的范围完全一致,实际上也是秦汉以前以"中国"一词称名的小"中国"。嵩山地域从上古以后各历史时期的古代文明不断代,原始文化序列清晰,历史遗迹随处可见,她不但是一部完整的嵩山区域文化史,还是中华文明史的一个完整的缩影。完全可以说,这是一个在中华民族发展史上占据着重要位置的地域。因此,我国著名环境考古学家、国家文物局专家组成员、中华文明探源工程专家组组长周昆叔称"嵩山文化是中华文化的发动机、孵化器"。

孕育、诞生、发展、繁荣、传承于嵩山区域的嵩山文化,就是嵩山区域在一定的历史、经济条件下产生的古代文明,这一文明的产生、发展,奠定了华夏民族文化的基本模式,同时也包容了几乎整个奴隶社会、封建社会主体文化的发展和演变历史。嵩山文化不同于其他区域文化,如山东齐鲁文化、河北燕赵文化、山西晋文化、陕西秦文化、两湖荆楚文化、江浙吴越文化、川渝巴蜀文化等,嵩山文化不是一般性的区域文化,她对中华民族文化的形成和发展起着巨大的奠基作用。因此有人说,嵩山文化以黄帝统一古华夏部落,与炎帝成为我国远古时代华夏民族的共主,具有中华传统文化的根源性;以夏文化和商周文化为主干,具有中华传统文化的厚重性;以秦汉三国两晋南北朝隋唐的分裂融合为兼容并蓄的全面繁荣,具有中华传统文化的博大性。从黄帝竖起中国大一统的旗帜,到大禹开国建立夏朝,再到嵩山区域的民族融合的与时俱进,外来佛教的中国化,及"河洛"南迁等一系列重大的事件说明,嵩山文化既有强大的吸收、包容、凝聚的力量,把周围的文化吸纳进来,同时也有很强大的辐射作用,把自己的文化传播、渗透出去,影响周围地区,乃至海内外,具有中华传统文化的辐射性。

嵩山文化不仅是名山文化、中央文化、国都文化,在历史上长期处于主导和核心地位,它还是中华文明的摇篮,是中华民族的根亲文化、母体文化、主流文化,是中国传统文化的源头与核心,是构成中国传统文化最主要的组成部分,是华夏五千年文明的源泉与主脉,在中国古代文化史上占有十分重要的地位。中国民俗学会名誉会长、中国民间文化遗产抢救工程专家委员会副主任、文化部中国民族民间文化遗产保护工程专家委员会委员乌丙安说:"嵩山的中岳之中,占据了五行方位中央的最佳位置,理应在发扬和开拓中华名山文化的跨世纪文化建设中发挥领头羊的导引作用。在积极倡导中华名山文化的大潮中,建设并发展嵩山文化。"

## 二、三十六亿年的嵩山地质

地球的年龄约为46亿年，远古时的地球全是被水包围着，后来地壳不断运动后才形成陆地、海洋。据地质学家研究，嵩山是世界上最早出露大海的古陆地。35亿年左右，当地球尚处在天地茫茫、混沌未开、一片汪洋之时，嵩山在大海中已经形成了小块的陆核，之后在漫长的造陆和造山运动中碰撞、裂变、聚集，山体开始在海水中沉浮慢慢地发育成长。

嵩山地域清晰地保存着发生在距今25亿年的"嵩阳运动"、距今18亿年的"中岳运动"、距今5.6亿年的"少林运动"等三次前寒武纪造陆和造山运动所形成的角度不整合接触面及典型的构造形态遗迹。嵩山一次又一次地浮出水面，又一次又一次地沉入海底，历经千万次激烈的起伏、颠簸、沉积、褶皱，历经无数回剧烈的碰撞，终于横空出世，成为世上山龄最长的山脉之一。嵩山经历了这三次大的造山运动，其独特的地质地貌景观，成为世上绝无仅有的地质经典之作。

据中外地质学家考察，嵩山经过这三次大的造山运动，才结束了地质史上的元古代，进入了古生代的寒武纪和奥陶纪。又经过约两亿年，此处地壳上升至海平面以上，因其受风化和剥蚀作用，形成了嵩山地区的含煤地层。

大约在6亿年前后，当时的陆地还没有完全浮出地表，但是北边的中国已开始浮出地表，这里面也包括了嵩山。也就在这一时期，嵩山最后一次升出海面矗立于世间时，以高著称于世的喜马拉雅山和整个秦岭都还在海底沉睡。

大约在2.3亿年前后，中国的版土上，又发生了一次延续很长时间的地壳运动，即南北广大地区的"燕山运动"，嵩山受到南北方向的推挤，在这里已经形成了1500多米的高度，成就了今天瑰丽多姿的山势及地质地貌，确定了嵩山地质的基本格局。

嵩山地域内连续完整地显露着太古代、元古代、古生代、中生代和新生代五个历史时期的变质岩、沉积地层，加之伴随历次构造运动，形成了地球上独一无二的嵩山"五代同堂"的地质奇观。嵩山地质构造以其岩龄古老、类型齐全、构造复杂、形迹各异、发育完整、出露良好而闻名中外，被国际地学界誉为"地学百科全书"和"天然地质博物馆"。嵩山地域位于天地之中心，上下数十亿年，大自然所造就的嵩山各地质时期千变万化的地质遗存和类型多样的地势地貌，使嵩山成为世界地质史上的一枝奇葩。

嵩山复杂的地质地理条件，经过漫长的地质作用，形成了独特的气候条件，造就了种类繁多的地质遗迹。内外力的地质作用形成了宏伟壮阔的构造形迹、典型的地层层型剖面、灭绝的动植物化石、重岩叠峰的断块山体、千尺飞泻的悬流瀑布、清流晶莹的素湍绿潭、幽静宜人的湖光山色。嵩山地质不仅给地质科学的研究留下了各历史时期千姿百态的地质变化遗迹，而且为人类提供了适宜居住的生活环境。

鉴于嵩山地质在世界地质的独特性，世界上许多国家著名的地质科研部门和地质大学都将嵩山列为科研、考察、教学的基地。2004年2月13日被联合国教科文组织列为世界地质遗产，命名为"嵩山世界地质公园"。

## 三、嵩山文化一万年

　　以嵩山为中心的嵩山地域是东方文明的重要发祥地,这里不但最早进入文明时代,而且在以后的漫长时期里,成为我国政治、经济、文化、交通的中心。在史前考古学文化方面,从旧石器时代文化遗址说起,大约在100万年以前,嵩山地域就有了人类生活的史迹。在嵩山地域汝州张湾村发现的旧石器时代早期的简单石器劳动工具,是人类早期的活动遗物。洛阳北窑旧石器文化遗址除了出土有动物化石及人类用火痕迹,还有近800件石制品连续分布在黄土地层内,在国内外十分罕见,这就把旧石器考古与黄土研究紧密联系起来,对研究全球气候变化和探索黄土时期的人类生活环境有着重大的意义。荥阳织机洞遗址展示了旧石器时代与新石器时代的过渡和交替,对于追溯嵩山古文化的渊源和研究嵩山古代环境面貌及其与人类的关系提供了珍贵的史料。

　　大约距今一万年左右,嵩山地域进入新石器时代。新石器时代与旧石器时代相比,人类社会有质的飞跃,首先是陶器的出现、石器的精致化;其次是原始农业的产生,我们的先民已进入了农业定居阶段,早期的聚落已经形成。到了新石器时代中晚期,出现阶级分化,王权开始形成,文明在嵩山地域最先产生。人类在进入新石器时代后,嵩山作为中国史前文化最发达的地区之一,孕育了原始社会最著名的裴李岗文化、仰韶文化、龙山文化和二里头文化等,使嵩山区域最早成为原始文化的核心部分,在中国文化发展史上,占有相当重要的地位。嵩山文化核心区内,嵩岳高山纵横,河(黄河)、颍、洛、伊、溱、洧诸水纵横其间,这就形成了原始先民们居住、生产、生育、繁衍的最理想的地区。嵩山地域现在保存的大量的古文化遗存就足以证明,嵩山地域经历了距今100万~1万年之间的旧石器时代,经历了距今1万年~3600年之间的新石器时代中距今9000~7000年的裴李岗文化、距今7000~5000年的仰韶文化、距今5000~4000年的龙山文化、距今4000~3600年二里头文化等,从1万年至今,一直延续不断,前后相接,形成了一个完整的文化发展系列。其遗址数量之多、分布之密,居全国之冠,它们充分反映了嵩山地域原始社会时期的繁荣景象。

　　从考古学上看,嵩山地区的新石器早期文化是裴李岗文化,在此基础上形成仰韶文化、龙山文化、二里头文化。从考古成果看,嵩山地域的新石器时代文化遗址有1000余处,每处遗址一般包含着几个文化层的堆积。各文化层的叠压层次清晰,具有明显的时代连续性,如郑州的林山寨遗址、吴湾遗址,洛阳的矬李遗址,登封的袁村遗址,汝州的中山寨遗址等,其中每个遗址上都堆积有新石器时代的多种文化遗存,其类型有裴李岗文化、仰韶文化遗存;有仰韶文化、龙山文化遗存;有裴李岗文化、仰韶文化、龙山文化遗存;有仰韶文化、龙山文化、二里头文化和商代文化遗存等等,对研究嵩山地域中的各文化之间的发展过渡和承袭关系具有重要价值。

　　中华民族史前时期的"英雄人物"——"三皇""五帝"生活在这里,"河图洛书"的传说也发生在这里。大量的考古发掘和田野调查资料证明,人类生活环境早在8千至1万年以前,这里已经是农业文化的稳定时期,物质文明和精神文明已达到了相当高的水平。从传说中的燧人氏、伏羲氏、神农氏的"三皇",到中华民族始祖黄帝、颛顼、帝喾、尧、舜的"五帝",他们是远古人类始祖和人文始祖,他们在嵩山的活动情况,皆是嵩山文化的源头和组成部分。相传上古之世,有龙马负图出于河,伏羲据此画八卦。上古时代的主要生产之事,都萌生于伏羲手中。如神农氏在嵩山地域尝百草、制造耒、耜等农具、始种五谷。如生于嵩山地域的炎、黄二帝,《国语·晋语四》载:"昔少典娶于有蟜氏,生黄帝、炎

帝。""黄帝都新郑"。如尧帝巡狩,崩于阳城。如舜帝迁居负黍城,《世说》载:舜迁于负黍(今登封大金店一带)。如帝喾都西亳(今偃师)。在中国文明早期阶段的历史上,远古人类以不屈不挠的顽强意志、勇于探索的精神和卓越的聪明才智,绘就了人类文明史上光辉绚丽的画卷。

炎黄文化是华夏文明的前身,而炎黄帝族系的形成和发展,却经历了漫长的复杂演变过程。在中原聚居的众多部族之间,由于利益的冲突,经历了长期的斗争。黄帝部落的大发展,为中华民族的物质文明奠定了牢固的基础。以后历经颛顼、帝喾、尧、舜、禹、文王、武王的对以嵩山为中心及其周围的河洛、伊洛平原以及整个中原文化的开发,便成就了古代华夏文明繁荣昌盛的壮丽景象。

远古时代各部落的融合与分化过程,打破了部落的地方隔绝,完成了地区性部落联盟向国家与民族的过渡。公元前21世纪,中国历史上的第一个王朝——夏王朝在嵩山地域诞生,夏为中国历史上第一个奴隶制国家。夏王朝的建立,标志着人类社会由"野蛮"跨入"文明"。从考古发现来看,此时的生产力有了一次突飞猛进的发展,出现了青铜礼器、文字和城市,率先进入了文明时代,并从此在相当长的时期内,成为中国古代文明的核心。著名历史学家刘庆柱说:"学术上严格意义的古代文明起源、形成,实质上就是国家的起源、形成,因此说古代文明起源与形成是个政治范畴的问题。"嵩山之所以称为华夏文明的摇篮,就因为嵩山地域的华夏先辈不断繁衍生息,逐渐发展进步,形成疆域,出现"国家"。史料记载,夏王朝的统治区域西至华山之东,东到豫东平原,北达济水之南,南抵淮河沿岸,方圆千里,展示了人类社会的文明和进步。

嵩山地域作为中华民族的发源地,从一开始就具有非同寻常的生命力。通过继承发展的凝聚性和相互交流的多样性,终于形成了以商周文明为核心的主体部分,并导致多民族的统一国家的形成和壮大。因此,我国文物考古界的有关专家称黄河为中华民族的母亲河,称嵩山为中华民族的父亲山,称"天地之中"的嵩山地域为中华民族形成的中心!

由夏以降,商、西周、春秋、战国、东汉、曹魏、西晋、北魏、隋、唐、武周、后梁、后唐、后晋均曾建都于嵩山地域,许多影响中国历史的重大政治、军事事件发生在这里,许多彪炳史册的民族英才生活在这里,许多光耀千秋、泽被万世的科学文化成果诞生在这里。嵩山地域号称是"举手摸到秦文化,抬脚踢到汉砖瓦"的"文物之乡",古代文化遗存数量之多,分布之密,为全国之冠。从夏王朝到春秋战国,从汉魏两晋到南北朝,从隋唐五代到宋金元明清,都清晰地记录了华夏民族的先祖们在这里繁衍生息、生产活动和后来炎黄子孙自强不息、发展壮大的历史足迹。从一定意义上讲,一部嵩山地域史,就是一部中国发展史;嵩山文明5000年,就是中华文明5000年。

以中岳嵩山为中心的黄河、颍河、伊河、洛河、溱水、洧水、汝河流域孕育、产生、繁衍的"嵩山文化",正是在这一土地上孕育、产生、繁衍的一种中国最古老、最权威的文化。嵩山文化从古到今,一脉相承,延绵不断,流传至今。有学者认为,广义的嵩山文化产生于史前原始社会时期的旧石器时代,距今至少有170万年的历史,是目前所知世界上产生和形成最早的文化之一。即使从新石器时代的裴李岗文化算起,迄今也已延续了大约一万年之久,这是世界文明、文化史上仅有的现象。

## 四、天室、祖庙、地中、华夏、中国

嵩山地域是人文始祖黄帝的主要活动区域,为嵩山成为政治中心及"天地之中"奠定了基础。距今5000年前后,轩辕黄帝在嵩山地域修德振兵、抚万民、度四方、融炎帝、一统天下,建都有熊(今新郑），带领先民们创文字、织丝帛、分州土、立朝市、定历律、制舟车、撰《内经》等等，创造了最为先进的氏族文化，奠定了中华民族的根基。

黄帝建都于嵩山地域之后，即把太室当做祭天的神山。《史记·封禅书》说"天下名山八，而三在蛮夷，五在中国。中国华山、首山、太室、泰山、东莱，此五山，黄帝之所常游，与神会。"可以说，从黄帝时期开始，就开创了祭祀嵩山的先例。正由于此，嵩山成为了中华民族的文化圣山。

《五帝本纪》载，黄帝打败了炎帝（族）、蚩尤，统一了华夏，天下万国的诸侯都尊黄帝为天子。据历史记载和文物佐证，黄帝统一天下，奠定中华，肇造文明，缔造了最早华夏族的核心。从黄帝开始有了民族融合，有了国家雏形，有了制度草创，有了农业大发展，有了物质和文化建设。相传尧、舜、禹、皋陶、伯益、汤等均是他的后裔，因此黄帝被奉为中华民族的共同始祖。《礼记·郊特牲》载："万物本乎于天，人本乎于祖。"由于黄帝开创华夏文明的功绩，夏、商、周、秦、汉时都把黄帝作为共同的祖先进行祭祀。

嵩山古时称嵩高、崈（古写的"崇"）山，据《唐汉字解字·汉字与日月天地》解释，"嵩"字原本指对男性生殖器的崇拜，故音"竿"。而"崇"字是一个会意字兼形声字，从古写的"崈"字可以看出，崈本身就是以宗在上，山在下，顾名思义，有山之宗的意思。崇的称名起源很早，《国语·鲁语》载："在昔有虞，有崇伯鲧。"相传，"鲧作城郭"，其地因山为名，故址就是现在登封的王城岗夏代遗址。崇，古音从宗声。宗，《说文》载：尊祖庙也。从字源学的角度看，祭祀祖先的所在叫宗，祭祀天帝的所在也应该叫宗。因此，后人理解的嵩山是天人合一，具有"天室"与"宗庙"双重的尊贵地位。一方面，嵩山古称"天室"，是天帝居住的地方，是神宗所在，也是上天与人间沟通的地方；另一方面，嵩山又称崇高山，是华夏民族的宗庙，宗庙祭祀的主神为华夏始祖轩辕黄帝。在华夏文明起源与形成过程中，存在着两条主线：一是神祇信仰，二是祖先崇拜。而嵩山恰恰是集这两条主线的条件于一身。换句话说，嵩山祖庙所祭祀的始祖主神和古人祭祀的嵩山天神是一个天人合一的人物——即轩辕黄帝。因此，在敬仰天神、崇拜祖先的远古时期，"嵩高山""崇高山"即为华夏民族所祭天法祖的神山和祖山，是我们华夏民族的族根和精神归属。

"天有心，地有胆，天心地胆在告县"，这是登封广为流传的一首民谣，民谣中所说的天心地胆即位于登封市东南12公里处的告成周公测影台。即3000年前的西周初年，周公因营建洛邑选址时，曾在此建测影台，据地表、测日影、求地中。《周礼·地官·大司徒》："以土圭之法测土深，正日景（影），以求地中。"郑众注："土圭之长，尺有五寸。以夏至之日，立八尺之表，其景（影）适与土圭等，谓之'地中'。""地中"即国家的中央地区。在古代人们还没有认识到地球是圆的之前，我们中国人传统的宇宙观就一直认为，地球直观上看是一个平面，进而认为平面为方形，而方形必然有一个中心点，这个中心点则与圆形天的中心相对应。《周礼》中说："谓之地中，天地之所合也，四时之所交也，风雨之所会也，阴阳之所和也。"所谓的"地中"，与天相对应，就是"天地之中"，是天地相合之地、四时交汇之地、风雨相会之地、阴阳相和之地，是圣山灵境，而阴阳相和之地意义更为深远，古代以为万物乃阴阳相和而生，因而"地中"作为阴阳相和之地，也就是天地万物发生发展的根源之地。

华夏、中国的名称据考证源于嵩山地域。

"华夏"之名，源于夏代。其"夏"的得名，显然与夏王朝的建立有关，古人解释"夏"为"大国"，乃自称美名；周人往往自称为"夏"，历史上有"周人尊夏"的记载。

至于"华夏"之"华"名，似由一望可辨的服饰而来，夏人冠冕衣大带采饰，《周礼》解"冕服采章曰华"，亦当为自称美名。《左传》定国十年："中国有礼仪之大，故称夏，有服章之美，故称华。"故"华"为

美好之意。《左传》载:"冕服采章曰华,大国曰夏。"《疏》:"华夏为中国也"。系释"华夏",乃文物典章制度最盛的炎黄中国而言。

有专家考证"华"与"夏"二字之初源,应为地名、国名,亦民族部落名之转化,民族愈发展,地理范围愈广大,滋"大国曰夏"之意,后逐衍称"中国"。

说华,非今陕西之华山,陕西之"华",古称"太华",似乎东周始而显名;华夏之"华",是另一地,当在嵩山一带。《国语·郑语》云:"前华后河,右洛左济。"说的是公元前773年,郑桓公姬友见西周衰败,西周将乱,诸侯多叛,为预避国难,求教于太史伯。太史伯救之曰:只有出居"前华后河,右洛左济"之地,"主芣騩而食溱洧"才能逢凶化吉,兴旺发达。即《史记》中所说之"独雒之东土,河济之南可居"之地。芣騩,山名,溱、洧,水名,皆在嵩山地域的密、郑一带。然而,此地当时已先有东虢、郐国两个国家居住,因其国君皆贪心好利,有失民心。这为后来郑桓公灭两国创造了有利条件。此地西陲与东周王室为邻。考东虢、郐两国具体位置,《国语·郑语》说"其济洛、河颍之间,是其子男之国,虢、郐为大";《史记·郑世家》裴骃解,"虢在成皋,郐在密县","右洛左济"其左陲,在黄河与济水交汇处,与"夏桀之居"之"左河济",两左陲东疆正相一致。因此,可证虢、郐两国国土,正处在夏桀时的国土之内,不言而语,"前华后河"的"华"地,也必然在嵩山地域的范围之内。

嵩山地域古有华国。同样是《国语·郑语》记载,公元前773年,郑桓公见西周衰败,诸侯多叛,问太史伯:郑国何处可以立国。太史伯对桓公曰:"虢、郐十邑,华其一也"。华,即指华国。太史伯谓郑桓公曰:"华,君之土也。"华,西周时期封国,都城为华阳,简称"华"或"莘"。考其地望,"华"应在嵩山之南,在今新郑、新密一带。《潜夫论·志氏姓》云:"华氏……子姓也。"《水经注·洧水》对华城的记述颇详:洧水又东与黄水合,《经》所谓潧水(溱水),非也。黄水出太山南黄泉,东南流迳华城西。

华阳故城位于新郑市区北20公里的郭店镇华阳寨村周围一带,平面呈南北长方形,各面城墙中部均有折曲,周长2300余米,面积约36万平方米。华阳故城城南、城东是一条古河道,宽20米~70米,深4米~8米,古名华水,现今潮河的源头。华阳故城就座落在古华水北面较高的岗地,距其源头郭店村南仅1.5公里。据《水经注》《新郑县志(乾隆版)》记载"为七虎溪,亦谓之为华水也"。西晋史学家司马彪曰:"河南密县有华阳山"。国在山水间,故而名华。

华阳故城春秋属郑,战国归韩。秦灭六国后堕城毁门,华阳故城遭到严重破坏。隋代伊斯兰教徒入住城内。唐以后对城墙整修,局部增高并增加马面设施。清咸丰年间华阳寨村建清真寺,整修南门,门上刻青石门额"古华邑"。华阳城自古就是很重要的城邑。2013年5月被国务院核定为第七批全国重点文物保护单位。

华夏之"夏",是指夏民族所分布的地区。从禹的族源上说,禹也是始祖黄帝的后裔。《史记·夏本纪》云:"禹之父鲧,鲧之父曰帝颛顼,颛顼之父曰昌意,昌意之父曰黄帝。禹者,黄帝之玄孙而帝颛顼之孙也。"由此可知,同在嵩山地域的夏族和黄帝族一脉相承。其"夏"得名,显然与夏王朝的建立有关。《史记·夏本纪》之《索隐》引《连山易》载:"鲧封于崇",史书称夏部族的祖先鲧和禹为"崇伯鲧"和"崇禹",说明他们曾是崇山即嵩山地域的部落酋长。《太平御览·地部四》嵩山条引韦昭注云:"崇、嵩古通用。夏都阳城,嵩山在焉"。史料记载,夏代第一个帝王大禹在嵩山地域治理洪水,辟山筑道,开拓了夏朝统治的基地,而且夏启、太康、胤甲、孔甲、帝皋、夏桀6个帝王先后都居于此,同时连后羿、寒浞、少康都攻占过这里。

"华"在西周时期有文献记载。周穆王时的命簋铭云:"唯十又一月初吉甲辰,王在华,王锡命鹿,用作宝彝,命其以多友飤飲。"著名考古学家唐兰也在他的《西周青铜器铭文分代史微》中说:"华,地名……在河南省密县,西为嵩山,是夏族旧居,所以华即夏,中华民族起源于此。"

而"中国"一词,最早见于《尚书·梓材》和1965年在陕西宝鸡县贾村塬出土的西周青铜器《何尊》,其底部铸有一篇122字的铭文,其中有"宅兹中国"四个字,就是指嵩山周围及伊洛河一带。"中国"的本意为"天地之中""中央之国",与"四方"相对,故文献又称之为"土中"。在嵩山地域文化中,有两个概念特别突出,一是自然的"嵩山",二是西周都城"洛邑"。著名河洛文化学者徐金星在谈到嵩山与洛阳的关系时,曾经有过一个形象的比喻。他说洛阳是一个天然的盆地,而嵩山则是在这个天然盆地的盆沿之上,它们之间是无法分割的。在古人以天为命的理念中,嵩山就是古都洛阳所依附的一座神山和祖山。夏、商、周三代之所以要在嵩山地域建都,首先是以"天室""祖庙""天地之中"的嵩山为根本,必须是在"毋远于天室"的前提下,依靠嵩山来建立国家,以取得天神和祖先的庇护。如司马迁《史记》所载:"昔三代之居,皆在河洛之间,故嵩高为中岳,而四岳各如其方。"于是作为"天地之中"的嵩山地域,很自然地就成为实际意义上的"中国",成为夏、商、周三代的中心。

由于夏、商、周的疆域面积小,《孟子·商公孙丑(上)》曰:"夏后、殷、周之盛,地未有过千里者也。"《诗经·商颂》曰:"邦畿千里,维民所止。"据史料记载,夏代的疆域面积为210万平方公里;商代的疆域面积为300万平方公里;周代的疆域面积为320万平方公里,三代的疆域面积均未超过400万平方公里。所以,秦汉以前,以"中国"一词称名的嵩山地域,实际上是一个小中国;秦汉以后,经过华夏民族的发展,随着国家的统一,疆域和版图的扩大,过去的"中国"已经成为了一个大中国。而原来以"中国"称名的嵩山地域,在统一帝国后,连同整个河南,已经成为属于大中国的"中原"或"中州"。

故"中国"一词的初义来自"天地之中"。"惠此中国,以绥四方"是《诗经》中的古训。"宅此土中",是包举宇内、一统山河的象征;"迁宅土中",更是寄托了一代代贤圣"囊括四海、并吞八荒"的伟大抱负。正是在大自然恩赐的这块小"中国"的丰土吉壤上,产生了华夏民族的先祖。

历史发展与文献证明,以嵩山为中心的嵩山地域是华夏祖先最早生活的地方,是中华民族的摇篮。经过夏、商、周三代文明的发展,嵩山文化成为了中华民族的文化之根。

夏、商、周以降,对嵩山的祭天法祖已成定习。太室祠(中岳庙)成了古代帝王祭祀远古始祖、中岳主神—轩辕黄帝而设的官方庙宇。从周时的太室祠到公元前110年,汉武帝刘彻祭祀嵩山,起神官斋戒七日,"闻嵩山呼万岁者三,登礼罔不答。其令祠官加增太室祠(周时旧祠),赐山下三百户为之奉邑,祠衙合一,专奉祭祀",至今香火已绵延3000余年。从北魏孝文帝迁都洛阳,亲撰祭文,认定"轩辕曜哲,伊祁载形。逮于有周,实光洛征",到武则天封禅中岳,尊中岳主神为"天中黄帝";从宋太祖赵匡胤向中岳主神黄帝敬献衣冠剑履、冕服,令祀官按宗庙谥册之制、详定中岳仪注及冕服制度,到元世祖忽必烈为中岳神加封号"中岳中天大宁崇圣帝";从明代历任皇帝即位及有关国家大事对中岳主神黄帝的祭告,到创造"康乾盛世"的乾隆皇帝亲祭中岳,这一系列漫长的嵩山朝圣活动,都说明了华夏始祖和中岳嵩山主神轩辕黄帝在后世帝王心目中的崇高地位。尤其是在那种"天人合一、君权神授"的大一统封建社会中,他们之所以要到嵩山祭天法祖,主要是为了向世人宣布,他们统治的权力和正义性来自于上天和先祖的赐予和庇护,他们正统至尊的地位不可动摇。

## 五、河图·洛书·太极·八卦与洛汭

在古人心目中,嵩山是神秘的"天室",嵩山地域也是神秘的历代统治者封禅祭拜天地山川的中

心。闻名古今的洛汭就是嵩山北麓神都山下黄河与洛水的交汇处,这也是中国文明起源中太极图、伏羲八卦和上古时期帝王们修坛沉璧,出现"龙马负图""神龟献书"的河出图、洛出书之处,反映了嵩山地域的史前文化在中华文明史上具有独特的地位。

河图洛书的出现及历代皇帝祭祀河流山川的地点就在巩义市南河渡村、北至神堤村、黄河以南的洛河湾的"洛汭",周围称为洛汭地区。这一地区早在远古时代便是人烟稠密、物产丰富的地方,从考古发现的裴李岗文化遗址、仰韶文化遗址、龙山文化遗址,以及夏、商、周的众多遗址便是最好的证明。据先秦典籍记载,洛汭是中华文明发源的集中地,又是向四面八方辐射华夏文化的核心地区。河图、洛书、太极图、八卦,在科学家心目中,有着博大精深的文化内涵。

相传伏羲氏时,神都山下的黄河与洛河交汇处的洛汭中,有一匹龙马从黄河浮出,背负"河图";还有一只神龟从洛河中浮出,背负"洛书",伏羲依此"图"和"书"画"太极"与"八卦",这就是后来《周易》一书的来源。《易经·系辞上》曰:"河出图,洛出书,圣人则之。"孔安国认为:"河图则八卦是也,洛书则九畴是也。"

有人发表文章说太极图起源于洛汭,认为太极图虽然含有深奥的哲理,但它的图像是来自于自然、受自然的启发而形成的。具体一点说,在洛汭黄河水暴涨时,堵截洛水倒流,如洛水同时暴涨,黄、洛两水在洛汭交汇撞击,形成旋涡,清浊分明。通过这个自然现象触发灵感,启迪了伏羲创造出"太极"和"八卦"。太极是中国古代的哲学术语,意为派生万物的本源。太极图形象化地表达了阴阳轮转、相反相成是万物生成变化根源的哲理。而八卦是表示事物自身变化的阴阳系统,用"—"代表阳,用"— —"代表阴,用这两种符号,按照大自然的阴阳变化平行组合,组成八种不同形式,叫做八卦。八卦其实是最早的文字表述符号。它在中国文化中是与"阴阳五行"一样用来推演世界空间时间各类事物关系的工具。每一卦形代表一定的事物。乾代表天,坤代表地,巽代表风,震代表雷,坎代表水,离代表火,艮代表山,兑代表泽。八卦互相搭配又变成六十四卦,用来象征各种自然现象和人事变动。《易经·系辞上》曰:"易有太极,是生两仪,两仪生四象,四象生八卦。"伏羲依河洛而画八卦,文王依八卦而演《周易》,遂使河洛八卦成为华夏文明的源头活水。

河图洛书神话中所包含的哲理,是我国上古游牧时代(伏羲时代)广大牧民在生活实践中创造的文化结晶。它是我国自然科学的萌芽,也是人文科学发展的基础和起点。

除伏羲氏外,洛汭还跟远古时代帝王祭天、决策国家重大事件有关,因而成为上古帝王祭天的圣地,是"君权神授"传统文化现象之源。史料记载,黄帝、尧、舜、大禹、商汤、周武王都曾在洛汭祭天,修坛沉璧,受命、禅位,均得到了自然界赐予的龙马负图、神龟负书的奇观圣景,达到了君权天授的目的。尽管上述记载传说性、神话性很强,但是这些帝王们利用古人对天神的信仰,来达到自己的政治目的,则是完全可信的。可见,这里是中华文明的发祥地之一,又是向外辐射的文化核心地区。至今这里尚有神都山、伏羲台、羲皇池、羲圣祠、图门、龙峰、图录文、洛璧书、河渎庙等遗址。

河图洛书是以天地之数的奇妙组合来涵盖天人合一思想的宇宙图式。图中数字的结构和方位,是按照阴阳五行相生相克的原理配置的。河图洛书的基本内容是代表"天命""神意",应帝王圣君出世而出现。《三国志·魏志·文帝纪》:"君其祗其大礼,飨兹万国,以来承天命。"裴松之注引《献帝传》:"河图洛书,天命瑞应。"后世人将其内容总结为:一是天文占验,二是地理情况,三是受命帝王的祥瑞、符命之类的神话。河图洛书的文化性质是古代神话传说与古代历史传说的结合体,在神话外衣里,包含古代各方面的文化知识。后经过东汉《七纬》对其内容加以充实,使其内容更加丰富,涉及古代哲学、史学、文学、地理、天文、历法、气象、几何、数字、预测、礼制、宗教、歌谣、民俗等,是极有价值的文献资料。这是河图洛书长期存在、流传的根本原因。

河图洛书之说，文字部分距今已有2000余年，图样部分距今已经1000多年，是嵩山文化中的重要组成部分，有着重要的文化价值。2000多年来，它不仅对我国古代多种学科起到了极为重要的奠基作用，而且对现代的哲学、预测学、数学、物理、化学、生物学等也有很大影响。因此，以"河图""洛书"和太极、八卦起步的《易经》，历来被尊为中华文明之始、中国文化的百科全书，甚至被人誉为"中国先民心灵的最高成就。"河图洛书所反映的天人合一思想是东方哲学的精髓，因而对我国古代的政治、经济、军事、科技、文化等，都产生了深刻的影响。尤其是在当今，河图、洛书、太极、八卦，在海内外已成为中华文化独特的文化标志。

## 六、神话传说故事

神话、传说、故事是一个民族古老的记忆。远古时代，在进入有文字记载的历史之前，实质上是一个"传说的时代"。虽然文字还没有产生，但有关史实靠口耳相授而流传下来。

嵩山地域是中华先祖最早的集聚地，我国古代黄帝、帝喾、唐尧、虞舜、夏禹等神话，多传于此。从原始社会到奴隶社会，这里产生了大量的神话。盘古、女娲的《盘古开天地》《盘古初分》《女娲补天》《滚磨成亲》，有巢氏的《落地而居》，燧人氏的《钻木取火》，伏羲氏的《伏羲八卦》《神农播五谷》，黄帝的《指南车》，嫘祖的《养蚕造丝》，仓颉的《仓颉造字》以及夏朝时的《大禹治水》《启母石》等神话在这里广泛传播。

古老的嵩山地域是产生神话的沃土，许多有关盘古、女娲、伏羲、夸父、黄帝、尧、舜、许由、大禹、商汤、周公、老子等的远古神话和丰富多彩的民间传说、民间故事、寓言、笑话是嵩山文化的精华。它们不但具有源头文化的价值，而且曲折、生动地展现了中华民族的先民们为生存而进行斗争的古代文化风貌，这些具有原始文化特色的民间口头创作，无不闪耀着中华民族文明智慧的光辉。从夏、商、周起，历经秦汉、三国、魏晋六朝、隋唐五代、宋、金、元、明、清各代，在嵩山地域中发生的重要事件、出现的伟大人物、学术思想、文献典籍、文学作品、碑碣石刻以及风景名胜等，在当地的民间都流传有与之相应的神话、传说、故事。它们伴随着历史的脚步，一直保留至今，成为嵩山文化的重要组成部分。

嵩山地域流传的远古神话，反映了这一地区漫长的远古中原人类居住、活动的社会生活的实际，表现了中华民族不断与自然、灾难、环境作抗争的英雄气概，歌颂了"劳动创造生活，人民创造世界"的光辉历史，展示了我们的祖先不惧恶魔，不怕困难，战天斗地的大无畏精神，从而探寻了人的生命和命运这一永恒的主题，表达了先民的心理愿望和生活渴求，折射出中华民族的信仰与追求。

## 七、主要学术成就与宗教信仰

在中国文化史上，儒学长期以来居于正统地位。嵩山地域在儒学发展过程中，有着非常重要的意义。嵩山地域既是儒学的发源地，又是其传播、发展、演变的重要地区。追根溯源，周公是儒家文化的先驱，孔子在继承殷、周文化的基础上而创立了儒家理论学说。

依据传统说法，儒家学派的创立者是春秋战国末期的重要思想家和教育家孔子。然而，在孔子以

前已经出现了诸多儒学思想的要素。礼乐是儒家思想的核心内容,而追寻礼乐产生就成为追寻儒学发展脉络的一个关键。在华夏文明的起源与形成过程中,存在着两条主线。一是以神祇信仰为内核的非礼乐系统文化由盛而衰,二是以祖先崇拜为内核的礼乐系统文化从无到有、由弱到强,二者形成鲜明对比。而夏商两代的礼乐文化的勃兴与扩展,成为礼乐文化的集大成者,使礼乐文化成为华夏文化的主流。这在儒学乃至整个华夏文明的发展过程中,均具有里程碑式的作用。

在礼乐制度发展过程中,周朝是最早对"礼"和"乐"作出规定的时代。周公制礼作乐,奠定了儒家学说的基础,对巩固周王朝发挥了重大作用。成王、康王之时,天下安宁,40年不用刑罚,史称"成康之治"。正是因为周公封于鲁、周公后人治理于鲁,故鲁国成为保存西周典籍及文物制度最多、最丰富的国家,成为周公思想、儒家思想的根基深厚之国,所谓"周礼尽在鲁也"。后鲁国诞生孔子,孔子向往周,故又有了"孔子入周问礼乐"之事。就是说,孔子不但长期受周文化熏陶,还不远千里到周王室学习。孔子向老子请教诸如"先王之制""礼乐之源""道德之归"等许多事情。在此基础上,孔子倾毕生精力,丰富、发展、弘扬周公开创的礼乐学说,整理编订《诗》《书》《礼》《易》《乐》《春秋》等古代典籍,兴办教育,诲人不倦,成为一位伟大的思想家和教育家。鉴于周公在儒家学说中的创始作用,历代儒家尊周公为"元圣"。因此说,嵩山地域实为儒学渊源之乡。

经学本系阐释儒家经典之学,在汉、魏、晋以后的相当长的一个时期内,一直是中国文化的正统,对我国传统文化的哲学、史学、文学、艺术等产生过重大的影响。东汉时,今文经学派和古文经学派在洛阳展开了空前热烈的大讨论。当时古文经学大师辈出,最有名的如桓谭、班固、王充、贾逵、张衡、许慎、马融、服虔、郑玄等。许慎的《说文解字》是文字学、古文经训诂的一大总结;郑玄则是古文经学的集大成者,"郑学"成为魏晋以后经学的主流;而东汉洛阳太学则是当时讲授儒经、抒发己见、著书立说、相互诘难最重要的学术场所,立于洛阳太学的《熹平石经》,更是经学的范本。

魏晋时期,以国都洛阳为中心,玄学大为流行。这种哲学思潮用唯心主义解释天道自然,以老庄思想糅合儒学经义,以虚无玄远的"清谈"相标榜,引领当时的社会风尚。早期的代表人物是何晏和王弼。何晏撰有《论语解释》《道德论》等;王弼撰有《周易注》《老子注》《老子指略》等。他们认为"无"是宇宙万物的本体,"凡有皆始于无",名教出于自然。接下来的代表人物有嵇康、阮籍,他们反对司马氏为夺权而标榜的名教,"非汤武而薄周孔",主张"越名教而任自然"。再后来,经西晋重臣曾任中书令、尚书令等诸多要职的王衍的大力提倡,玄学更为盛行,其势力甚至已超过原来的经学,从而取得了思想上的支配地位。西晋玄学的另一派代表人物是向秀、郭象。向秀认为万物自生自化,主张合儒道为一,撰有《庄子注》等;洛阳人郭象,将向秀的《庄子注》述而广之,阐发老庄思想。

理学是佛学和道家学说渗透到儒家学说后而形成的一种新儒家学派。它不但是两宋300多年的支配思想,而且对宋以后的中国社会、中国文化都产生过重大影响。宋代理学的创立者邵雍和程颢、程颐兄弟祖籍都在嵩山地域,他们长期在嵩山地域聚徒讲学,著书立说,进行理学研究、讲学传播。嵩山的伊川书院和嵩阳书院是他们传播理学的重要场所。

程颢、程颐兄弟创立了一套系统的客观唯心主义体系。程颢著有《明道文集》《明道先生语录》等;程颐著有《伊川文集》《易传》《经说》等。后人收集整理,编为《二程全书》。他们把儒学提高到了"本体论"的层面,把"理"或"天理"作为哲学的最高范畴,"理"是宇宙天地万物的本源,是人类社会的最高准则。理是第一性的,它产生出天地万物,又存在于天地万物之中,"一草一木皆有理","理"是永恒的。他们又把理作为封建伦理道德的最高准则,认为"为君尽君道,为臣尽臣道,过此则无理","父子君臣,天下之定理";还把"三纲""五常"纳入"理"的范畴,进行"饿死事小,失节事大"的说教。

理学中有价值的内容,是它包含有朴素辩证法的因素,认为事物的矛盾具有普遍性,对立面相互作用是事物发展变化的原因,"万物莫不有对""天地间无一物无阴阳",还提出了"动静相因""物极必反"的辩证观点。同时理学重视气节,把气节置于生命之上,有它积极的一面。宋代理学对中国影响很大,对塑造中国文化,对塑造中国民族性格起了重要作用。

老子是公认的道家学说和道教的鼻祖。姓李,名耳,字伯阳,亦称老聃,曾作过京都洛阳周王室守藏室之吏。他生活的时代,社会动荡。他纵观社会的治乱祸福、历史兴衰成败,并融合多种思想观点,创立自己的学说。他认为:"道"是世界万物的根本。"道生一,一生二,二生三,三生万物",而"道"则是"先天地生""惚兮恍兮""寂兮寥兮""不可名状""视之不见、听之不闻、博之不得"的精神实体。"道"创生万物,在万物创生后,还要守着"道"的精神,依"道"而行。"万物道既是万物之母,又是万物之宗,道是天地万物的根源,又是天地万物的依据。"《道德经》五千言,又名《老子》,被称作道家学说或道家学派的最高经典。道家构筑了中国历史上第一个严格意义上的形而上学体系,是中国哲学、科技、政治、宗教、文学艺术及风俗习惯得以创生及发展的活水源头。不仅对中国文化产生了重大而深刻的影响,而且对世界文明的发展也具有积极影响。

道教在嵩山的形成与发展,主要与古代人们对山神的崇拜有关。道教是在汉代及以后特定的历史条件下,在中国原始宗教信仰的基础上,以"道"为最高信仰,综合古老的巫史文化、鬼神信仰、民俗传统、各类方技术数,以道家黄老之学为旗帜和理论支柱,囊括儒、道、墨、医、阴阳、神仙诸家学说中的修炼思想、功夫境界、信仰成分和伦理观念,构成度世救人、长生成仙,进而追求体道合真的总目标下的神学化、方术化的宗教体系。

史料记载:道学创始人张道陵先是在嵩山古洞里修炼九年,后在四川鹤鸣山继续修炼,创立了天师道(即五斗米道)。张道陵创立的天师道,常被农民用作组织和发动起义的号召,统治阶级对它怀有戒心,也深为当时士大夫所不满。北魏时寇谦之居嵩山修道,声名渐著。神瑞二年(415年),他宣称太上老君亲临嵩山授予他"天师之位",赐《云中音诵新科之戒》20卷,传授导引服气口诀诸法,并令他整顿道教,除去伪法,专以礼度为首,而加之以服食闭炼。寇谦之亦依之对道教进行整顿;泰常八年(423年),他又称老子玄孙李谱文降临嵩山,亲授《录图真经》60余卷,赐以劾召鬼神与金丹等秘法,并嘱其辅佐北方太平真君(北魏太武帝)。始光中(424~428年),寇谦之亲赴魏都平城(今山西大同),献道书于太武帝拓跋焘,倡议改革天师道、五斗米道,制订乐章,建立诵戒新法。帝赐于平城东南建立新天师道场,重坛五层,遵其新经之制,后人称为"新天师道";太延年间(435~444年),太武帝听从寇谦之的进言,改年号为"太平真君",并亲至道坛受箓,成为道士皇帝,封寇谦之为国师。至此,天师道大盛。终北魏之世,崇信不衰。后周承魏,崇奉道法,每帝受箓,如魏之旧。由此,寇谦之的改革使民间道教走向官方道教。中岳庙内被称为道教立碑之始的《中岳嵩高灵庙碑》记述的就是寇谦之改革道教的事迹。而后金代王重阳的全真教在嵩山地域兴起后,王重阳所传七弟子,其四在嵩山地域为开教祖庭:丘长春在嵩阳崇福宫传全真龙门派;谭长真在宜阳韩城传全真南无派;孙不二在洛阳三井洞传全真静修派;刘处玄在洛阳云溪观传全真随山派。《云笈七签》载:"北邙为天下七十二福地之第七十,中岳嵩山为道教三十六小洞天之第六小洞天。"嵩山中岳庙是我国最大的道教建筑群,嵩山崇福宫是我国北宋时期最大的道宫,邙山上的上清宫是我国的四大道观之一。修真胜地,分列南北,堪称钟灵毓秀。今天,我们仍然可以看到当年的胜迹。

在我国历史上,发生于东汉时期的古代印度佛教的传入,是一次大规模的外来文化输入。佛教的教义,包括苦集灭道"四圣谛"、灵魂不灭、生死轮回、因果报应、慈悲为本等。佛教初传于东汉的国都

洛阳,最先在当时的政治、经济、文化中心区——嵩山地域生根、开花,经过魏晋南北朝数百年的吸收消化,逐步与中国传统文化融合为一体后开始枝繁叶茂,至隋唐之际,佛教便蓬蓬勃勃地发展起来。在佛教初传时期,一些著名的外来译经大师聚集在嵩山地域,译出了大量的佛教经典,形成了以嵩山地域为中心的大规模的译经和传经活动。正是这些大量的汉译佛经,为佛教推向全国提供了基础。

在中国佛教史上,嵩山地域有许多寺院闻名遐迩。白马寺是中国早期佛经翻译、佛教传播和进行各种佛事活动的中心,法王寺是东汉时期全国广建寺院的首唱,永宁寺是一座接待安置外国僧人译经的重要场所,嵩阳寺是北魏孝文帝的离宫,永泰寺是全国第一所皇家尼僧寺院,会善寺在唐代则以佛教戒坛而著称于世。著名的禅宗祖庭少林寺早期则是以译经而闻名于佛教丛林,后则以禅宗与武术结合而名扬天下。从嵩山地域历史遗存的白马寺、法王寺、慈云寺、少林寺、刘碑寺、石窟寺、风穴寺、卢崖寺、清凉寺、灵岩寺、香山寺、唐僧寺等众多的名家寺院看,就知道嵩山地域曾经有过的高僧云集,寺院密布,佛教辉煌。无论是在不同文化的协调中和佛教经典的最初翻译中,还是在佛教寺院的广建中,嵩山地域为中国佛教的传播与发展,都做出了巨大的贡献。

佛教在中国传播与发展的过程中,外来佛教对中国文化的影响是多方面的,虽然也一直存在着与中国传统文化的冲突,但最终与中国传统文化融合,密不可分。尤其在一般民众心中,佛教观念已成为日常生活的价值观念。时至当代,佛教文化已成为传统文化的一部分,在中国这块土地上扎下了根。嵩山地域和嵩山文化在推动佛教民族化、中国化过程中起到了不可忽视的重要作用。

自中国原始社会解体,进入文明时代后,中国思想学术史上先后出现了儒学、经学、玄学、道学、佛学、理学等学派。嵩山文化在历史上,出现了五次大的文化演变:一是中国传统文化的官学化,二是吸收和改造佛学并使儒、道、佛融为一体,三是寇谦之在嵩山将原来民间的五斗米改革为官方的新天师道,四是宋儒理学对中国文化彻底全面地加以改造,五是金末元初的儒释融会。这些学术思想和文化演变,对形成中华民族、中国人民的思想观念和"品格",对中国人民的社会生活、文化生活都产生了关键性的影响。古代的嵩山三教荟萃,多种学说和学派共存与发展。

## 八、民俗风情

以嵩山为中心的嵩山地域,是中国古代文明的发祥地。进入文明时代之后,逐步成为中国政治、经济、文化、交通的中心,因此不管是在姓氏开始形成的时期,即三皇五帝时期,还是在姓氏发展的夏商二代、在姓氏普及时期的周代,以及北魏孝文帝实行汉化政策等时期,嵩山地域均是姓氏形成、起源的一片沃土,给形成姓氏的种种方式(如:以图腾取姓,以氏族、部落取姓,以封国、邑、亭、乡名取姓,以先人名或字、先人谥号、爵位、官职、技艺取姓,赐姓,改姓等)提供了最理想的条件。伏羲氏、有河氏、有洛氏生活于此,黄帝族生活于此,帝喾居于此(偃师),夏后氏生活于此,涂山氏也生活于此。《史记·五帝本纪》载:"自黄帝至舜、禹,皆同姓而异其国号""帝禹为夏后而别氏,姓姒氏;契为商,姓子氏;弃为周,姓姬氏",以上姓氏均与嵩山地域有渊源关系。夏、商、周三代,嵩山地域为王畿之地,封国甚多,不少姓氏渊源于此。北魏太和二十年(496年),孝文帝在国都洛阳下诏,将鲜卑族117个(或说118个)复姓改为汉族单姓,共改得114个姓。著名学者袁义达先生说:"姓氏是中国人一直使用的代表血缘关系的一种符号,代表中国几千年来父系相传的一种文化。"众多姓氏,根在嵩山地域,充分证明了嵩山地域在"中华民族形成和进化"过程中的重大作用。

由于嵩山地域奴隶制最早取代原始公社制,在以后的长时期里,又是我国境内各地区、各民族以至境外不少地区、国家、民族交往的中心,这就决定了嵩山地域的民风民俗,必然会具有表率及示范作用,从而对周边及其他地区甚至境外产生深远的影响。同时,各地的民俗时尚也流传到嵩山地域,而被有选择地、程度不同地吸纳和接受。

嵩山地域的民风民俗是在漫长的时期内逐渐形成、演变,反映在广大人民群众一年四季日常生活的方方面面,内容极为丰富多彩。如农业、手工业、餐饮业、商业等经济活动,日常生活中的衣、食、住、行,节日庆典,集会结社,人生礼仪,婚丧嫁娶,信仰崇拜,邻里乡亲,游戏娱乐,民间艺术等无处不在,无时不有,和广大民众的生活水乳交融。嵩山民俗文化既受不同时期政治、经济、文化、宗教等发展变化的影响,又具有相对的独立性,能够多侧面、多角度地反映各个时期的社会现实。嵩山民俗特有的先导性、正统性、开放性,是和嵩山地域独特的历史地位、嵩山文化独有的特征和优势相吻合的,但它同时也在更多方面体现了我们民族共同的风俗时尚。

## 九、名人文化

以嵩山为中心的嵩山地域,作为中国古代文明的发祥地,长时期是中国政治、经济、文化的中心,历史上有许许多多对中国历史产生过重大影响,或对中国文化做出重大贡献的政治家、军事家、哲学家、史学家、文学家、艺术家、科学发明家等长期生活或活动在这里。翻开嵩山历史名人谱,我们可以看到,从三皇五帝到大禹商汤,从周武王到汉武帝,从曹操到孝文帝,从隋炀帝到武则天,从后周柴荣到宋徽宗,从忽必烈到清乾隆……这些历史上的王者,既是一个国家的统治者,又是一个历史的创造者,他们以自己的心血与睿智,与天下人民一起,塑造了中华民族不朽的精神内涵,推动着历史的车轮滚滚向前。

在彪炳史册、享誉时代的名人行列中,和嵩山地域相关的名人有炎黄二帝、唐尧、虞舜、帝喾、大禹、夏启、后羿、杜康、商汤、伊尹、贾谊、华佗、韩非子、子产、弦高、郑国、庄子、周文王、周平王、周武王、周公、老子、孔子、吕不韦、刘邦、项羽、张良、田横、陈胜、刘秀、刘彻、桑弘羊、司马懿、鬼谷子、苏秦、孙膑、庞涓、郑国、韩擒虎、宇文恺、蔡伦、马钧、李冲、班固、张衡、马援、司马迁、陈寿、蔡邕、张道陵、曹操、曹植、曹丕、袁绍、董卓、吕布、司马师、刘禅、拓跋宏、裴秀、左思、钟繇、达摩、寇谦之、李世民、李治、武则天、柳宗元、张旭、诸遂良、李龟年、杜甫、李白、吴道子、白居易、李商隐、元稹、韩愈、刘希夷、宋之问、孟浩然、玄奘、神秀、僧一行、潘师正、赵匡胤、赵炅、赵恒、李诚、文彦博、范仲淹、欧阳修、苏洵、苏轼、苏辙、蔡京、颜真卿、赵普、王安石、司马光、吕蒙正、邵雍、程颢、程颐、朱熹、李纲、杨时、李诫、丘处机、元好问、耶律楚材、赵秉文、李纯甫、王重阳、忽必烈、完颜彝、赵孟頫、姚枢、郭守敬、董其昌、王应鹏、俞大猷、唐顺之、高拱、王铎、冯时可、程宗猷、汤斌、耿介、景冬旸等,他们有的是雄才大略的开国君臣,有的是潜心治学的文化圣人,有的是叱咤风云的英雄豪杰,有的是胸怀大义的仁人志士……这些历朝历代的名人堪称中华文明的火炬,千百年来,指引着一代又一代的中国人自强不息、百折不挠、奋勇前进。

## 十、碑刻文化

碑刻是一种特殊的历史文化的传播载体,以其独特的方式记录着当时社会政治、经济、文化,乃至

军事、宗教、民俗等方方面面的信息,它在补史证史、记载各时代书法艺术方面,在我国传统文化史上有着重要的、不可替代的作用。嵩山的碑刻漫山遍野,这些碑刻文字所反映的社会经济和历史文化领域的内容十分广泛,是嵩山地域文化研究中的第一手原始资料,具有较高的历史、科学和艺术价值。嵩山碑刻主要分布在嵩山的太室、少室、邙岭之中,由此向四周放射,由密集到疏散,逐渐分布在嵩山系列山脉及其所在县市区的寺庙宫观、园林建筑、城镇村庄、丧葬墓地及古文化遗址上。嵩山碑刻作为嵩山文化的重要组成部分,在数量、质量、品类、内容、规模、年代诸方面占天下之先。嵩山碑刻不仅是我国石刻档案的大宗,也是我国书法演变发展的真实记录。嵩山碑刻向来以数量庞大、内容丰富、书法精湛、史料性强而著称于世,是我国重要的文化遗产和旅游资源。

嵩山地域的现存碑刻上自东汉、三国、西晋、北魏,下至唐、宋、金、元、明、清,时代绵延不断,碑刻发展变化明显,碑刻形式多种多样,书法遗迹充分。碑文内容十分丰富,涉及面很广。既有人物传记、改朝换代经过、军事战争纪实、重大历史事件纪实、自然灾害实录、建筑物兴废史记、官方诏令和牒文、典章制度、道家经箓、佛教经典、民间守则,又有民间生产组织机构及分配形式、诗赋名作等。涉及哲学、宗教、历史、地理、经济、政治、军事、文化、艺术、教育、科学、技术、民族等许多方面,它们以石刻的形式记录了古代文明。这些重要的石刻不但有其重要的政治意义,也有着珍贵的历史价值、文学价值和书法价值,能代表各个历史时期的史实和时代精神。它们不仅对纂志征事、正经补史、考字习书、研究嵩山古代社会发展史和中国书法演变发展史有着重要的实证作用,还给社会发展提供极为详实的历史依据。

嵩山地域中有众多的石窟及摩崖、造像、石碑、刻石、碑刻、石阙、石经、墓志、画像石等,还有满布纹饰的陛石、碑额、石柱、额枋等,这些珍贵碑刻文物,反映了2000多年来历代石刻艺术创作的伟大成就。据不完全统计,嵩山历史文化核心区的碑刻现有2600余通,有龙门石窟、巩义石窟及分散于嵩山各市县的造像题记3500余品,还有出土的古代墓志5000余方。石刻文献,林林总总,堪称是一部绵延2000余年的中华石刻通史。

## 十一、史料典籍与科学艺术

历数中国五千年文明史,文化艺术瑰宝如繁星盈天,举世瞩目。寻根溯源,博大精深的中国文化——哲学、历史、伦理、政治、医学、农桑、文学、美术、书法、音乐、舞蹈等,大都发端于嵩山地域。

嵩山地域诞生了中国最古老的文化经典,孕育了中国最原始、最具生命力的艺术萌芽。素有美术起源之称的仰韶文化中的陶绘代表作《鹳鱼石斧图》,就是出土于嵩山汝州。在洪荒时代,人类就已经知道利用声音的高低、强弱等来表达自己的意思和感情。随着人类劳动的发展,逐渐产生了统一劳动的节奏号子和相互间传递信息的呼喊,这便是最原始的音乐雏形。音乐与诗歌、舞蹈同源。产生于黄帝时期的二言诗《弹歌》,是我国最早的诗歌。我国最古老、最具代表性的舞蹈,用于国家大典和宫廷祭祀活动的《六代乐舞》(包括黄帝时期的《云门大卷》、唐尧时期的《大咸》(也称《大章》)、虞舜时期的《韶》、夏禹时期的《大夏》、商汤时期的《大濩》以及周武王时期的《大武》),是远古时期华夏族乐舞,也是周公制礼作乐时所继承和依据的经典之乐。《易经》与哲学,《尚书》与史学,《诗经》与文学,《道德经》与伦理学,《山海经》与地理、民俗学,《周礼》与政治学,蔡邕的《笔论》与书学等,这些占据着源头地位的经典之作,其根大都在嵩山历史文化核心区内。

同样,嵩山地域也是中国典章文化的策源地。历史上,许多著名的史学典籍都是出自于嵩山地域,而后流播于全国。西周时,周公姬旦营建洛邑后,在主持东都政务时,制定《礼乐》,成为西周奴隶制国家的统治纲领;东周时,孔子入周问礼于老聃(老子),访乐于苌弘;道祖老子在这里写出了千古名篇《道德经》,成为道家哲学思想的重要来源;西汉司马迁在洛阳受命写《史记》;大学者蔡邕鉴于"经典去古久远,文字多谬,俗儒穿凿频误后学"的情况,于熹平四年(175年)奏定《七经》文字,刻《熹平石经》立于东汉太学,作为法度森严的官定标准范本。东汉班固撰《汉书》,许慎撰《说文解字》,三国陈寿撰《三国志》,北宋司马光撰《资治通鉴》,欧阳修撰《新五代史》与《新唐书》等,这些历史上的皇皇巨著,都与嵩山地域有着不解之缘。

嵩山地域的古代科学技术成果作为嵩山文化的一个重要组成部分,同样有着惊人的辉煌历史,并处于当时那个时代的最前列。从早期的仰韶文化历经龙山文化到二里头文化,反映了从黄帝的农耕、陶绘,尧、舜的农业开发,到夏王朝文化巨大成就的取得,无一不是在以嵩山为中心的广大中原地区发展起来的。从上古时期起,聪明智慧的嵩山人就有了许多发明创造。如旧石器时代的石器,新石器时代的陶器、骨器、青铜器,夏代杜康(少康)酿造的美酒等,都是人类历史上最早的智慧结晶。

嵩山以其沟通天地的神奇和奥妙,使其一批又一批纵横八方、威名远播的名人志士和英雄豪杰,在嵩山开始了科学与艺术的创造,百舸争流,绵延不绝。春秋时期的老子在嵩山写出了千古名篇《道德经》,标志诸子散文的出现;战国时期水利专家郑国奉命在秦国设计修筑了我国第一条长300多里的大运河——"郑国渠";西周初期,周公姬旦通过古阳城测景(影)台的测影,确定了嵩山地域为"天地之中";西汉小说家虞初在这里根据《周书》写成了小说集《周说》,被推为中国古代小说家鼻祖;东汉太史令张衡因探索天文奥秘而创制天文测具浑天仪、候风地动仪,撰写天文著作《灵宪》,绘制我国第一张完备的星图《灵宪图》等,被称为"地动仪的鼻祖";东汉蔡伦在这里发明了造纸术,创制成"蔡侯纸",成为世界发明的先驱;东汉水利家王景主持治理的黄河,后世评价:"王景治河,千年无患";蔡邕在嵩山古洞里学书三年,写出了流传千古的论著《笔论》《九势》与《篆书势》《隶书势》,为后世书法发展奠定了基石;文学家曹植在这里撰写的《洛神赋》,成为我国文学史上不朽的名篇;魏晋时期的机械制造家马均在这里发明、改进、制作的指南车、织绫机、龙骨水车、水转百戏、翻车、转轮式发石机等,创下了我国科技制造业的奇迹;魏晋数学家刘徽注《九章算术》,太医令王叔和著《脉经》,西晋司空裴秀创制《制图六体》,当时在国家引起了巨大轰动;著名的"建安七子""竹林七贤""金谷二十四友"等文学名流在这里谱写了最华彩的篇章;左思一篇《三都赋》,曾一度导致"洛阳纸贵";散文家杨衒之以京城洛阳佛寺的兴废而撰写的《洛阳伽蓝记》,用优美的文笔描绘出一幅京都洛阳的巨幅图画,成为后世研究北朝城市经济地理的珍贵资料;唐代天文学家和佛学家僧一行在这里观天测雨,计算子午线,编制《大衍历》,成为天文学史上的一大创举;"诗仙"李白在这里寻仙访道,赏景咏诗,为嵩山留下了千古不朽的诗篇;杜甫从这里走出,沾着嵩山泥土的芬芳,带着乡亲的眷顾和牵挂,最终成为"诗圣";诗人白居易以所作大量感叹时世、反映人民疾苦的诗篇,成为唐朝现实主义诗歌的巅峰人物;画圣吴道子用嵩山自然的水墨和色彩,使其"吴带当风"成为画作艺术的永恒;出自于嵩山地域的"唐三彩""汝瓷""钧瓷"是唐宋时期朝廷专用的贡品,他们的光彩和美丽至今还是中国陶瓷业的骄傲;北宋王安石、欧阳修、司马光、苏洵、苏轼、苏辙、范仲淹、梅尧臣等一批思想和文学大家相继在这里著书作诗,他们的诗文与嵩岳同高、与日月同辉;北宋建筑大师李诫所写的建筑巨著《营造法式》,成为当时建筑科学技术的一部百科全书;金元时期被称为"北方文雄"的元好问,正逢国家危难、山河破碎之时,和其文友们一起在嵩山腹地创作了大量的忧患诗,用诗记录了当时国破家亡的现实,成为嵩山文化特有的

一道风景;天文学家郭守敬在这里建造观星台,主持编订的《授时历》,比西方发明的、当今世界上通用的公历《格里高利历》要早300多年;旅行家、地理学家徐霞客在这里旅行考察,所写的嵩山游记,给嵩山留下了永久的纪念……他们每个人都在中华民族的历史上留下了浓墨重彩的一笔。嵩山地域的古代科技成就与艺术成果,不但对于中华民族几千年来屹立于世界民族之林做出了巨大贡献,而且对东方各国乃至西方世界都产生了重要影响。这些千古不朽的壮举,这些人类智慧的结晶,在华夏民族漫长的历史长河中,世代传唱,历久弥新。

## 十二、少林武术

少林武术是指在嵩山少林寺这一特定佛教文化环境中形成的以佛教信仰为基础、以佛教禅宗智慧为文化内涵、以少林武术完整的技术和理论体系、以少林寺武术技艺和套路为主要表现形式,是中国武术界各大派系中历史最悠久、种类最繁多、体系最庞大的门派。

佛教作为异国宗教,自汉时传入中国,它与中国传统文化产生了互动互融的影响,并最终形成了中国化的佛学宗派——禅宗。禅宗简单易行的修行方法,使传统佛教摆脱了繁琐高深的理论和严酷的修行戒律,迅速融于中国社会,这为僧人习武现象的出现营造了理论依据,从而为少林武术的诞生奠定了基础。佛教以普度众生、大慈大悲为主旨。禅宗以宽容开放的精神接纳了武术,并集寺院武术、民间武术、军事武术于一体,在汇集百家武术的基础上创造了少林武术。

少林武术源于北魏,然而嵩山作为华夏文明的发源地,早已是中国政治、经济、文化的中心。从黄帝起,到大禹在此建立第一个华夏王朝,在漫长的人类历史中,人与天斗,人与兽斗,人与自然环境斗,嵩山人民的生活与原始武术的萌生相辅相成。早在少林寺建寺之前,少林寺北侧的轩辕关自周至秦汉都是军事重镇。在冷兵器时代,武术与军事的关系十分密切,少林寺地区频繁发生战争,两军对垒力者胜,这对居住在这里的人们习武风俗的形成和少林武术的孕育产生起到了巨大的影响与促进作用。少林武术的产生由跋陀落迹嵩山、达摩面壁少林、寺僧的生存生活及禅宗的世俗化缘起,到习武维护寺产经济的需要,体现了少林武术健身与护教的价值;从唐初少林僧人助唐平定王世充,到明代少林僧人御敌抗倭,体现了少林武术在军事实践中的价值。少林武术不但使少林武僧超越与世隔绝的修行生活,英勇报国,更使少林武术同搏斗格杀的武术融为一体,在众多的武术流派中独树一帜,成为中国武术的杰出代表。可以说,少林武术的发展过程是传统的中国文化与异国宗教文化的融合与张扬的过程。

翻阅少林武术发展史,少林僧人正义、爱国的精神,始终贯穿于少林武术发展提高的过程中。少林武术得以名扬天下,除了武技高超之外,还因为少林武僧在民族危难的时刻能挺身而出,为民族、为人民而赴沙场、洒热血。少林寺僧人从唐初帮助李世民战王世充至明代镇守边关、平叛抗倭、抵御外敌,保家卫国,使少林武林一直受到社会的广泛尊重和重视。清廷禁武,使少林武术从历代政治的重心中游离出来,但在复杂的社会民族矛盾中,依托民间强烈的爱国热情,少林武术产生了新的发展动力,促进了少林武术更快地传播发展。

回顾少林武术发展史,少林武僧在历次大的争战中,都充分体现了佛教禅宗教义中慈悲为怀、普渡众生、扶正祛邪、弃恶扬善等思想。这与中国传统文化中儒家思想的核心"仁"是一致或相通的。"仁"与"禅"相融合,形成了少林武术"武德"的主要精神。

武以禅魂,禅以武传,禅武相融,相得益彰。这就是少林武术的特点"禅武合一"。

所谓"拳者小拳,禅者大拳",一代代禅宗祖师将禅宗智慧赋予少林功夫,使之从优化人体运动技能和攻防格斗的武艺,到两军对垒时排兵布阵的武学,在持戒修行的武德约束下,提升为放下我执的武道,最终追求的至高境界是无我、空性的"禅武合一"。所以,少林功夫的最终主体是禅者,禅心运武,透彻人生,内心无碍无畏,表现出大智大勇的气概。禅武合一不仅将少林功夫提高到民间武术难以企及的精神品格的高度,更重要的是,它为相当大的一类人群提供了一条有着完整方法的内在超越之路。"天下功夫出少林"作为民间流传的说法,透露出传统社会对"禅武合一"理念与方法的广泛认可。少林武术以禅入武、以武扬禅、禅武不二的文化内涵,已得到世界武术界的赞同,当今,少林武术作为中国传统文化的杰出代表和人类文明的生动展示,已经成为中华民族的精神财富和全人类共同享有的文化遗产。

# 结束语

嵩山,有许多思想信仰从这里发端,有许多文化种类从这里起源,有许多帝王将相、英雄豪杰在嵩山活动,有许多名人志士为嵩山提笔赋诗,讴歌吟唱……正因为有了那么多,人们才称它为文化之源、华夏之根!

一万年岁月的烟雨风尘在嵩山文化的山野上留下了深刻的痕迹,这些痕迹的文化内涵则为中华民族精神的源泉。从《盘古开天辟地》《伏羲降龙》《二郎神担山赶太阳》《后羿射日》《明火的发明》,到《黄帝治国》《大禹治水》《子产执法》等远古神话与传说中,就隐藏着一个民族精神起源的密码,体现出了一种"战天斗地""自强不息"与"厚德载物"的精神。在漫长的历史长河中,嵩山的文化精神是伴随着环境的变化而变化,特别是随着文化的发展而发展,嵩山文化精神是在"邈彼嵩华,维岳之峻。岩岩高大,配天作镇"的嵩山文化背景下,通过众多标志性人物的具体行为体现出来的:大禹治水三过家门而不入的奋争精神,许由拒绝荣禄、谦让隐退的高风亮节,伯夷叔齐互让王位、信崇仁义、忠孝节烈的圣贤道德,田横和500壮士"富贵不能淫,威武不能屈"的崇高情操,达摩在山洞面壁九年的坚强意志,玄奘西天取经历经磨难、百折不挠的高贵品质,杜甫"三别""三吏"中的忧国忧民的忧患意识,李白"黄河之水天上来,奔流到海不复回"的豪迈气概,南宋英雄岳飞抗金凛然无畏的民族气节,女真族英雄完颜彝为在抗击蒙古军入侵的战争中,勇敢杀敌,慷慨赴死不低头的钢铁意志,以及嵩山文化所体现的系列精神和品质,诸如仁爱豁达,笃行纲纪;自力更生,自强不息;天下兴亡,匹夫有责;抗击强暴,英勇不屈;同甘共苦,团结互助;勤俭节约,艰苦奋斗;尊祖睦亲,爱国爱乡;不怕吃苦,勇于开拓;辉煌大气,厚重深沉;崇尚自然,天人合一等等,都是我们中华民族面向未来、面向世界厚重而宝贵的精神动力。

我们通过对嵩山历史文化和自然风光等方方面面的考查和研究,主要从自然山水、文化遗存、神话传说、名人史迹、宗教发展、民俗风情、碑文石刻、少林武术及古代散文和诗词等十个方面突出地相互印证而又有所侧重地表现中国传统文化渊源的嵩山文化,编撰《嵩山通志》《嵩山神话传说故事》《嵩山三教志》《嵩山名人传》《嵩山古诗》《嵩山艺文志》《嵩山碑刻》《嵩山民俗》《嵩山少林武术发展史》《嵩山古遗存》,结集为一套"嵩山文化大系"丛书。

历史上有关嵩山文化的资料浩如烟海,一套书的内容和篇幅毕竟有限;嵩山有太多的自然风景、神话传说、宗教学术、英雄伟人、民俗风情、碑碣石刻、少林武术、典籍诗文、文化遗存等,更难以把博大

精深的嵩山文化全部都选入书中,有很多东西我们只能忍痛割爱。在撰写"嵩山文化大系"过程中,我们尽可能从多方面吸纳历史、文物、考古学界多年来的史学研究和考古发掘的最新成果,参阅和征引了不少古人和今人的著作。对资料显示的不同之处,我们反复地查找了多种不同的资料,并进行反复的对照和论证后,都在这本书中进行了编校。行文中一般不做过多考证,寓观点精神于叙述之中。力争做到雅俗共赏,科学性、知识性、可读性兼备。尽管我们作了很大的努力,但对于全套书仍难免存在疏漏之处,敬请有关专家学者、同仁朋友以及广大读者不吝赐正。

文化的自觉与繁荣不仅是中华民族复兴的重要标志,更是民族安顿心灵、寻求意义的精神归属。因此,我们有必要重新审视嵩山文化的意义和价值,不遗余力地捍卫中华民族自己的文化根脉和特性,努力使大家对嵩山文化有全面的认识并充满敬意。

写于 2012 年 8 月
修改于 2017 年 12 月

# 目 录

前言 ································································································· 1
凡例 ································································································· 1
第一章 中岳至尊 ················································································· 1
　第一节 中岳嵩山 ············································································· 1
　　一、嵩高山 ··················································································· 2
　　二、太室少室，合二为嵩 ································································ 4
　　三、嵩山山名沿革 ········································································· 7
　第二节 天室·祖庙·天地之中·中国 ················································· 9
　　一、天室·祖庙·天地之中·中国 ··················································· 10
　　二、天室·祖庙·天地之中·中国的意义 ········································· 12
　第三节 从"北极崇拜"到"中央至尊" ················································ 22
　　一、天地之中与主宰之天 ······························································ 22
　　二、北极至拜 ············································································· 23
　　三、中岳至尊 ············································································· 24
　第四节 法天观念一统天下 ······························································ 27
　第五节 "中央崇拜"的多种学说 ······················································ 28
　　一、阴阳五行中的五岳说 ······························································ 28
　　二、"北极之下为天地之中"说 ······················································· 30
　　三、星野说 ················································································ 32
　　四、地理环境与宗法制度说 ··························································· 36
　　五、儒学的中庸之道说 ································································· 37
　第六节 至高无上的礼遇 ································································· 38
　　一、国祀大典 ············································································· 39
　　二、国都聚集地 ·········································································· 39
　　三、三教发源与荟萃 ···································································· 40
　　四、礼仪源于祭祀圣山 ································································· 41
　　五、名人成就嵩山 ······································································· 42

## 第二章 中岳奉祀 — 45
### 第一节 中岳宗庙 — 45
一、中岳庙庙义 — 46
二、中岳庙制 — 47
三、中岳神号及庙宇沿革 — 48
### 第二节 帝王祀典 — 69
一、阴阳五行衍生祀典 — 70
二、五岳制度与中岳祭祀 — 70
三、帝王祀典形式 — 74
### 第三节 帝王祭祀中岳及活动录 — 77
一、上古 — 78
二、秦汉 — 85
三、三国两晋南北朝 — 89
四、隋、唐、五代十国 — 93
五、宋代 — 102
六、金、元 — 108
七、明代 — 113
八、清代 — 127
### 第四节 洛汭祭祀 — 146
一、洛汭祭祀 — 146
二、河图洛书与太极八卦 — 147
三、帝王洛汭祭祀录 — 150
### 第五节 地方祭祀 — 156
一、地方祭祀等级 — 156
二、田祭蜡祭 — 157
三、祭祀种类 — 157
### 第六节 民间祭祀 — 159
一、民间祭祀种类 — 159
二、民间祭祀时间 — 160
三、民间祭祀内容 — 162
### 第七节 其他神灵的祭祀 — 163
一、祭祀时间 — 164
二、奉祀神祇祭文 — 166
三、嵩山仪注 — 170

## 第三章 嵩山灵异 — 179
### 第一节 上古灵异 — 180
### 第二节 中岳神灵异 — 192
### 第三节 中岳嵩山灵异 — 197

          第四节　经书文字灵异 …………………………………………………… 203
          第五节　道佛灵异 ……………………………………………………… 214
            一、神仙鬼怪灵异 …………………………………………………… 214
            二、佛释灵异 ………………………………………………………… 234
          第六节　嵩山羽化 ……………………………………………………… 243
          第七节　诗歌谣语灵异 ………………………………………………… 255
          第八节　植物灵异 ……………………………………………………… 277
          第九节　动物灵异 ……………………………………………………… 283
          第十节　金石灵异 ……………………………………………………… 296
          第十一节　气象灵异 …………………………………………………… 302

      第四章　自然灾害 ………………………………………………………………… 307
        第一节　自然灾害类型 …………………………………………………… 308
          一、干旱 ……………………………………………………………… 308
          二、涝灾 ……………………………………………………………… 309
          三、风灾 ……………………………………………………………… 309
          四、雾淞雨淞 ………………………………………………………… 310
          五、冰雹 ……………………………………………………………… 310
          六、霜冻 ……………………………………………………………… 311
          七、虫灾 ……………………………………………………………… 311
          八、地震 ……………………………………………………………… 312
        第二节　嵩山地域自然灾害录 …………………………………………… 312
          一、上古 ……………………………………………………………… 313
          二、春秋战国 ………………………………………………………… 313
          三、秦汉至南北朝 …………………………………………………… 313
          四、隋唐 ……………………………………………………………… 315
          五、五代 ……………………………………………………………… 316
          六、宋代 ……………………………………………………………… 317
          七、明代 ……………………………………………………………… 318
          八、清代 ……………………………………………………………… 322
          九、民国时期 ………………………………………………………… 327
        第三节　地震录 …………………………………………………………… 330
          一、夏商周 …………………………………………………………… 330
          二、东汉 ……………………………………………………………… 331
          三、唐元时期 ………………………………………………………… 331
          四、明清时期 ………………………………………………………… 332
          五、民国时期 ………………………………………………………… 333

      第五章　嵩山地理 ………………………………………………………………… 334
        第一节　嵩山概貌 ………………………………………………………… 334

第二节　嵩山地质 ……………………………………………………… 335
第三节　嵩山地貌 ……………………………………………………… 338
　　一、北部山地丘陵区 ………………………………………………… 339
　　二、西北山地丘陵区 ………………………………………………… 340
　　三、邙山黄土丘陵区 ………………………………………………… 341
　　四、中东部山地区 …………………………………………………… 341
　　五、箕山山地丘陵区 ………………………………………………… 342
　　六、西南盆地区 ……………………………………………………… 342
　　七、东部平原区 ……………………………………………………… 344
　　八、其他平原区 ……………………………………………………… 345
第四节　气象水文 ……………………………………………………… 346
　　一、气温 ……………………………………………………………… 346
　　二、日照 ……………………………………………………………… 347
　　三、霜冻 ……………………………………………………………… 348
　　四、大风 ……………………………………………………………… 348
　　五、降水 ……………………………………………………………… 349
第五节　嵩山土壤 ……………………………………………………… 349
　　一、棕壤土 …………………………………………………………… 350
　　二、褐土 ……………………………………………………………… 350
　　三、红粘土 …………………………………………………………… 351
　　四、潮土 ……………………………………………………………… 352
　　五、风砂土 …………………………………………………………… 352
　　六、新积土 …………………………………………………………… 352
　　七、石质土 …………………………………………………………… 353
　　八、紫色土 …………………………………………………………… 353
　　九、水稻土 …………………………………………………………… 353
　　十、粗骨土 …………………………………………………………… 354
第六节　嵩山矿藏 ……………………………………………………… 354
　　一、金属矿 …………………………………………………………… 354
　　二、非金属矿 ………………………………………………………… 355
　　三、矿藏类简介 ……………………………………………………… 355

第六章　嵩山地域与文明 …………………………………………………… 368
　第一节　地域与文明 …………………………………………………… 369
　第二节　地理环境与文明 ……………………………………………… 371
　　一、地理纬度与文明 ………………………………………………… 373
　　二、河流与文明 ……………………………………………………… 374
　　三、地形地貌与文明 ………………………………………………… 375
　　四、黄土与文明 ……………………………………………………… 377

五、动植物矿藏与文明 ·········· 379

第七章　嵩山地域与华夏民族 ·········· 382
　第一节　华夏族根 ·········· 382
　第二节　"华夏"族名 ·········· 385
　第三节　华夏族早期的形成 ·········· 388
　第四节　嵩山地域与华夏民族 ·········· 391
　　一、嵩山地域与华夏族根 ·········· 391
　　二、华夏民族的融合与华夏文化的发展 ·········· 400

第八章　嵩山地域与文化 ·········· 404
　第一节　原始社会时期 ·········· 405
　　一、旧石器文化时期 ·········· 405
　　二、新石器文化早期 ·········· 405
　　三、新石器文化中期 ·········· 406
　　四、新石器文化晚期 ·········· 408
　第二节　奴隶制向封建制过渡时期 ·········· 409
　　一、以嵩山地域为活动中心的夏商周文化 ·········· 409
　　二、由百家争鸣到独尊儒术 ·········· 411
　第三节　封建社会中的文化演变 ·········· 414
　　一、中国传统文化的官学化 ·········· 414
　　二、吸收和改造佛学并使儒佛道融为一体 ·········· 416
　　三、寇谦之在嵩山改革道教 ·········· 418
　　四、宋儒对中国文化彻底全面地加以改造 ·········· 419
　　五、金末元初的"孔门禅" ·········· 421
　第四节　嵩山文化——中华传统文化的源头 ·········· 423
　　一、嵩山地域的创世神话 ·········· 423
　　二、太极、河图、洛书、八卦与洛汭 ·········· 424
　　三、主要学术成就与宗教信仰 ·········· 426
　　四、史料典籍与科学艺术 ·········· 429
　　五、嵩山民俗与风情 ·········· 431
　　六、源于嵩山地域的教育 ·········· 432
　　七、嵩山地域的名人文化 ·········· 435
　　八、源于嵩山地域的文学 ·········· 436
　　九、碑刻文化 ·········· 438
　　十、少林武术 ·········· 439
　　十一、嵩山古文化遗存 ·········· 440
　第五节　嵩山文化的影响与历史地位 ·········· 443

第九章　山野 ·········· 446
　第一节　山野 ·········· 446

|  |  | 一、山脉 | 447 |
|---|---|---|---|
|  |  | 二、岭、岗、坡 | 485 |
|  |  | 三、岩、崖、石 | 491 |
|  |  | 四、谷、峡、峪、门 | 500 |
|  |  | 五、洞、穴、道、坞 | 508 |
|  |  | 六、山之杂类景观 | 525 |
| 第十章 | 水流 |  | 529 |
|  | 第一节 | 河流 | 529 |
|  |  | 一、大河 | 530 |
|  |  | 二、河 | 533 |
|  |  | 三、泽、湖、池 | 552 |
|  |  | 四、泉、涧、川 | 556 |
|  |  | 五、溪、潭、沟 | 565 |
|  |  | 六、水之杂类景观 | 573 |
| 第十一章 | 野生植物 |  | 577 |
|  | 第一节 | 植被 | 578 |
|  |  | 一、植物区系特点 | 578 |
|  |  | 二、植物垂直分布 | 579 |
|  |  | 三、植物群落组成 | 579 |
|  | 第二节 | 野山木 | 580 |
|  |  | 一、用材林名目 | 580 |
|  |  | 二、常见野山木 | 580 |
|  |  | 三、野生经济树木 | 585 |
|  |  | 四、珍稀树简介 | 589 |
|  | 第三节 | 珍稀名树 | 592 |
|  |  | 一、古柏 | 593 |
|  |  | 二、古槐 | 601 |
|  |  | 三、古银杏树 | 608 |
|  |  | 四、亢树（橿树） | 610 |
|  |  | 五、古皂角树 | 614 |
|  |  | 六、榆树 | 618 |
|  |  | 七、七叶树 | 620 |
|  |  | 八、柿子树 | 621 |
|  |  | 九、黄连木 | 622 |
|  |  | 十、其他古树 | 624 |
|  | 第四节 | 野山果 | 628 |
|  |  | 一、水果干果 | 628 |
|  |  | 二、野生药果 | 631 |

| | |
|---|---|
| 第五节　野生花卉 | 633 |
| 　一、常见野生木本花卉 | 634 |
| 　二、常见野生草本花卉 | 638 |
| 第六节　山野菜 | 641 |
| 第七节　野生中草药 | 647 |
| 　一、野生中草药种类 | 647 |
| 　二、常见野生中草药 | 649 |
| 第八节　野生饲草 | 675 |
| 第十二章　野生动物 | 679 |
| 第一节　脊椎动物 | 680 |
| 　一、哺乳纲 | 680 |
| 　二、两栖纲 | 682 |
| 　三、爬行纲 | 682 |
| 　四、鱼纲 | 683 |
| 第二节　鸟类 | 684 |
| 　一、鹈形目 | 684 |
| 　二、鹳形目 | 685 |
| 　三、雁行目 | 685 |
| 　四、隼形目 | 685 |
| 　五、鸡形目 | 686 |
| 　六、鹤形目 | 686 |
| 　七、鸻形目 | 686 |
| 　八、鸽形目 | 687 |
| 　九、鹃形目 | 687 |
| 　十、鸮形目 | 687 |
| 　十一、佛法僧目 | 687 |
| 　十二、䴕形目 | 687 |
| 　十三、夜鹰目 | 687 |
| 　十四、雀形目 | 688 |
| 　十五、戴胜目 | 689 |
| 　十六、鸥形目 | 689 |
| 第三节　浮游动物 | 690 |
| 第四节　软体动物、环节动物及其它 | 690 |
| 第五节　嵩山常见动物 | 690 |
| 　一、水中动物 | 690 |
| 　二、飞行动物 | 694 |
| 　三、爬行动物 | 698 |
| 　四、大型动物 | 701 |

　　　　五、小型动物 ……………………………………………………………………… 702
　第六节　昆虫 …………………………………………………………………………… 703
　　　　一、农业昆虫 …………………………………………………………………… 704
　　　　二、林业昆虫 …………………………………………………………………… 709
　第七节　嵩山林木病虫害 ……………………………………………………………… 714
　　　　一、病虫害 ……………………………………………………………………… 714
　　　　二、治虫方法 …………………………………………………………………… 715
　　　　三、防治技术 …………………………………………………………………… 716

第十三章　古迹名胜 ………………………………………………………………………… 719
　第一节　寺塔 …………………………………………………………………………… 719
　　　　一、寺（庵）塔 ………………………………………………………………… 720
　　　　二、寺外塔 ……………………………………………………………………… 748
　　　　三、其他寺 ……………………………………………………………………… 757
　　　　四、其他塔 ……………………………………………………………………… 759
　第二节　庙、阙、宫、观、洞 ………………………………………………………… 763
　　　　一、庙 …………………………………………………………………………… 763
　　　　二、阙 …………………………………………………………………………… 789
　　　　三、宫 …………………………………………………………………………… 793
　　　　四、观 …………………………………………………………………………… 800
　　　　五、洞 …………………………………………………………………………… 803
　第三节　学校书院 ……………………………………………………………………… 806
　　　　一、嵩阳书院 …………………………………………………………………… 806
　　　　二、伊川书院 …………………………………………………………………… 808
　　　　三、清流社学 …………………………………………………………………… 808
　　　　四、禹州明伦堂 ………………………………………………………………… 809
　第四节　关隘、渡口、长城、古台、古寨 …………………………………………… 810
　　　　一、关隘 ………………………………………………………………………… 810
　　　　二、渡口 ………………………………………………………………………… 815
　　　　三、长城 ………………………………………………………………………… 817
　　　　四、古台 ………………………………………………………………………… 819
　　　　五、古寨 ………………………………………………………………………… 823
　第五节　石窟 …………………………………………………………………………… 833
　　　　一、龙门石窟 …………………………………………………………………… 834
　　　　二、巩义石窟 …………………………………………………………………… 840
　　　　三、水泉石窟 …………………………………………………………………… 843
　　　　四、万佛山石窟 ………………………………………………………………… 844
　　　　五、昌寨石窟 …………………………………………………………………… 844
　　　　六、香峪寺石窟 ………………………………………………………………… 845

七、邢河石窟 ································································ 845
　　八、王宗店石窟 ···························································· 846
　　九、王家门石窟 ···························································· 846
　　十、石佛寺石窟 ···························································· 846

第十四章　著名自然景观 ······················································ 847
　第一节　各市县古代八大景观 ············································ 847
　　一、郑州古代八大景 ······················································ 847
　　二、洛阳古代八大景 ······················································ 850
　　三、古荥镇八大景 ························································· 853
　　四、新密古代八大景 ······················································ 855
　　五、新郑县古代八大景 ··················································· 857
　　六、荥阳古代十大景 ······················································ 858
　　七、登封古代八大景 ······················································ 860
　　八、偃师古代八大景 ······················································ 864
　　九、汝州古代八大景 ······················································ 865
　　十、巩义古代八大景 ······················································ 869
　　十一、禹州古代八大景 ··················································· 871
　　十二、伊川古代八大景 ··················································· 873
　第二节　其他著名自然景观 ············································· 876
　　一、嵩山世界地质公园 ··················································· 876
　　二、嵩山著名风景名胜区 ················································ 877
　　三、山野景观 ······························································· 885
　　四、植物景观 ······························································· 894
　　五、水流景观 ······························································· 899

后记 ················································································· 903

# 前 言

嵩山,古称太室、天室、大室或嵩高、外方、崇山、崇高,居五岳之中,自古即为华夏民族所奉祀的名山。在中华民族的历史上,嵩山具有"天室"与"宗庙"双重的尊贵地位。一方面,嵩山古称"天室",是天帝居住的地方,是神宗所在,也是上天与人间沟通的地方;另一方面嵩山又称崇高山,是华夏宗族家庙,而家庙祭祀的主神,当然为轩辕黄帝。因此,在信仰天神、崇拜祖先的远古时期,嵩山即为华夏民族祭天法祖的神山和祖山。

传说,古华夏族之一的炎帝族,在远古从西北进入黄河中游,曾长期居住在嵩山附近的伊水、洛水流域。《五帝本纪》载:黄帝打败了炎帝(族)、蚩尤,统一了华夏,天下万国的诸侯都尊黄帝为天子。黄帝族团的形成与发展,奠定了中华民族物质文明的基础。《礼记·郊特牲》载:"万物本乎于天,人本乎于祖。"由于黄帝开创华夏文明的功绩,尧、舜、禹,夏商周秦汉时都把黄帝作为共同的祖先进行祭祀。

其中一支奉伯益为始祖的部落,号称四岳,以崇拜山岳为特征。后来西周时的齐、吕、申、许四个姜姓国,据说是四岳的后裔。《诗经·大雅·崧高》有云:"崧高维岳,骏极于天。维岳降神,生甫及申。维申及甫,维周之翰。""申""甫"即申氏、吕氏。诗中说他们都是嵩岳神的子孙,辅佐西周王室的大臣。又据《史记·周本纪》及《逸周书·作雒篇》载:周武王初灭商后,曾计划在伊水、洛水一带靠近"天室"的地方建造城邑,以定保天命。"天室",就是古人认为能够沟通人与天神的嵩山太室。后来周公在阳城测景以定"天地之中",在嵩山附近建造了成周洛邑。西周灭亡后,洛邑又成为东周都城。有周一代,嵩山如同关中终南山一样,是当时人们心目中的神山。故《左传》昭公四年云:"阳城、大室、荆山、终南,九州之险也。"

嵩山在五岳中,除了占有得天独厚的中心位置外,一直以"神奥"闻名天下。在古人眼里,嵩山高大险峻、神秘奥妙,是一座崇高的神山。而今人却认为,嵩山山龄远古,形体如卧,连绵起伏,外表平凡,内涵深刻,是中华民族的始祖山、华夏文明的发源地。古今人的观点各有不同,那么嵩山的神奥究竟表现在什么地方呢?

有人说,嵩山的神奥在于嵩山地质形成期的悠久。地质学家探测研究,地球有46亿年的历史,嵩山地质就有30多亿年的历史。当世界正沉寂于沧茫大海中时,嵩山已经形成雏形。嵩山在大地构造上处于华北古陆南缘,在嵩山世界地质公园范围内,连续完整地出露36亿年以来太古代、元古代、古生代、中生代和新生代5个地质历史时期的地层,清晰地保存着发生在距今23亿年(嵩阳运动)、18.5亿年(中岳运动)和5.7亿年(少林运动)三次前寒武纪全球性地壳运动形成的沉积间断和地层角度

— 1 —

不整合界面遗迹。这两大特点,被地质界称为"五代同堂""三大运动",实际上是一部完整的地球历史石头书,嵩山见证了整个地球演变的全过程,是世界上山龄最长的山脉之一。

有人说,嵩山的神奥在于它是华夏民族尊为人文始祖黄帝的始祖山、宗庙。自黄帝统一了华夏,从五帝至夏商周三代皆定鼎嵩山附近,历经几千年,人们聚集在嵩山周围,不断积累着文明的因子,最终聚合为文明种子,在中原腹地落土生根,逐渐形成中华文明。

有人说,嵩山的神奥在于古人把它奉为天神居住的天室,在于历代帝王对华夏民族始祖和中岳神轩辕黄帝的崇拜与祀典,真正地把它变成了神力无边的神灵所在地。

也有人说,嵩山的神奥在于有着太多的佛、道、儒精英在此修炼学习,成仙成神,灵异方显,圆梦成真。

还有人说,嵩山的神奥在于她自古以来已自然形成的一种神秘的文化氛围,这种神秘的氛围是来自于她自然的风、自然的雨、自然的山水、自然的植物动物、自然的土壤矿藏、自然的气候变化、自然的风光美景。

对于嵩山的神奥,众说纷纭,各有道理。

在历史与文化的坐标上,嵩山地域是中国版图上一处古朴神奇、令人神往的地方。黄河是中华民族的摇篮,中岳嵩山是镶嵌在黄河中游南岸的一颗明珠。在嵩山地域内,中岳山脉纵横,黄、洛、伊、颍、溱、洧、汝等诸水横贯其间,丘陵、平原、盆地、山洞、河谷和泉、瀑、涧、潭、泽等自然形胜不计其数,就形成了原始先民们居住、生产、繁衍的生存环境。据史料记载,距今9000年至1万年之间,这里的物质文明和精神文明都已达到了相当高的水平,因此,在人类历史的发端上,以嵩山为中心的区域,成为向外辐射的文化核心地区。

在嵩山余脉的风后岭周围,黄帝出生、建都在这里,大部分的军事、政治、经济、文化、艺术的重大活动也都在嵩山地域完成。

嵩山有关大禹的活动遗迹比比皆是。后世有为纪念大禹第一个妻子涂山娇生启于此,故以称名的"太室"(山),有为纪念大禹的第二个妻子,涂山娇之妹涂山姚栖居之地而称名的"少室"(山),后世还有禹妻生启化为石的传说,故嵩山有启母石、启母庙、少姨庙等遗迹。夏代作为国家诞生之始,大禹的名字在这里几乎家喻户晓,大禹治理洪水的事迹也广为流传。大禹,名文命,是夏朝的始祖。夏未建立前,禹是舜帝的一个部落酋长,居住在嵩山与箕山之间。大禹治水的神话传说是以嵩山为基础的,据《史记》记载:"禹之父名鲧,鲧之父名曰颛顼,颛顼之父名曰昌意,昌意之父名曰黄帝。"可见禹是黄帝的后裔,从黄帝到大禹五代人都生活在嵩山一带。华夏民族从这里起步,他们的后代皆是"炎黄子孙"。在华夏民族发端时期,嵩山的地理位置、地质地貌、气候温度、土壤水文、农业生产、植物动物等自然环境和古人尊奉神灵的信仰及原始崇拜,都是这个民族生存发展、文明形成必不可少的条件。换言之,以嵩山为中心的嵩山文化和河洛文明,是中华民族文化的核心和源头,是构成华夏文明的重要组成部分。

《诗经·大雅·崧高》曰:"崧高维岳,骏极于天。"这里的"天",不能只看作自然界的天,还应该解读为精神领域的"天帝"。歌唱崧高维岳,与天相连,当然目的是说嵩山是与天帝交通的渠道。如果把该诗接着读下去,就是"维岳降神,生甫及申。维申及甫,维周之翰。四国于蕃,四方于宣……"这样,就不至于只看到嵩山的自然风光,而是明白该诗歌唱嵩山的真正目的是歌唱大周之德自嵩山而降,泽被四方。

《史记·封禅书》曰:"昔三代之君(或'居',首都的意思),皆在河洛之间,故嵩高为中岳,而四岳各如其方。"这句话,也只有连在一起读,才能解读出对汉武帝封禅泰山,满腹牢骚的司马迁在《封禅书》中所想表达的意思:中岳嵩山是三代之君的"家山",是中央之邦的天子与天帝沟通的所在,而四岳"四渎"的祭祀,那时是归于"地方"政权的。因此,司马迁在汉武帝封禅泰山的活动中"单列"嵩高,还特意写了"故嵩高为中岳"!

秦汉以来,嵩山虽然在宗教方面的特殊地位让于五岳之首的岱宗,但仍是国家祭祀的五岳之一。据史称,秦始皇笃信神仙,曾在嵩高山上立祠祭祀岳神。汉武帝元鼎元年(前116年),方士公孙卿利用大鼎的被发现,向武帝授成仙之道,遂被拜为印官,去中岳太室事供神仙。三年后,汉武帝亲临太室山,礼祭太室神祠。元封元年(前110年)三月,汉武帝再至中岳太室山,亲率群臣,礼登崇高。据传,当武帝登山时,随从官员听到山间有呼"万岁"之声,"问上,上不言;问下,下不言。""以为有神,令祠官加增太室祠,禁伐其木,以山下三百户封太室奉祠,命曰崇高邑"。显然,汉武帝的用意是以崇奉嵩高,故名崇高邑。又在山上建万岁亭,山下建万岁观,赐名此峰为万岁峰,以应山呼之奇。汉宣帝神爵元年(前61年)颁布诏书,正式确定嵩高为中岳,要求后代祭祀。又据《史记·孝武本纪》称:"今上封禅,其后十二岁而还,遍于五岳四渎矣。"汉代有方士入嵩山寻仙采药,或存思诵神以治病驱邪。《后汉书·刘根传》云:"刘根者,颍川人也,隐居嵩山中。诸好事者自远而至,就根学道。"因此随着神仙和方士在嵩山的开拓,中岳大帝的人格化更为明显了。从此以后,各朝代对嵩山的国典祭祀源源不断。其帝王们有对中岳加神号修祠庙的,有望祭的,有代祀的,有祭告的,有亲临嵩山封禅的……等等,他们把中岳嵩山神与华夏始祖这个天人合一的轩辕黄帝神真正奉为无所不能的神灵。

从古至今,人们总爱将嵩山的神奥与灵异联系起来。翻阅嵩山史料,记载嵩山灵异的事件太多,神秘奥妙的东西无处不在,总是令人匪夷所思。嵩山的神奥究竟在哪里呢?是在人们漫长的信仰中,还是在连绵起伏的山体上;是在诡异离奇的灵异中,还是在沟谷纵横的山水里;是在帝王隆重的国典中,还是在百姓无限的崇拜里;是在华夏民族发端的小中国,还是在风云变幻的彩云间……这里面有着太多的思考。

道教创始人张道陵,为了寻找自己的通天之路,选择了闭关嵩山石室。道家历来认为,中岳庙是为纪念黄帝而建的,是黄帝祠堂。道教是黄老之学,尊黄帝、老子为开山祖师,干什么事情,当然必须由黄帝授命而为。因为嵩山是道教的根,黄帝就是在嵩山得道的,所以张道陵才来到嵩山修行,才能真正得道。随后,全国许多高人隐士怀惴着羽化成仙的理想,相继来到嵩山修炼,在这里餐风宿露,夜以继日,刻苦学道,大都成就了自己的事业。

东汉时期,佛教正式传入中国,首先在东汉都城洛阳和地处京畿的中岳嵩山落迹,有大批西域僧人和本国立志学佛的高士云集嵩山地域,在传播佛教的活动中,身体力行,译经讲经,广播佛缘,出现了很多灵异与神话,使得嵩山地域逐渐成为中国佛教早期传播和佛教活动的中心。

在我国众多的大山中,嵩山以太室、嵩高、天室、大室、外方、崇高之名从远古中一路走来,享有至高无上的地位和礼遇。在历代君王中,嵩山是他们信奉的天;在民间百姓中,嵩山是他们信赖的神;在英雄豪杰中,嵩山是成就大业的必由之路。在漫长的历史长河里,在华夏民族信仰的道路上,在帝王和民间绵延不断的祭祀中,嵩山从最初的神山、祖山,逐渐成为一个民族景仰的神圣之山和精神归属。

# 凡　　例

一、"嵩山文化大系"是在河南省民间文化遗产工作委员会的领导和关怀下立项编写的。目的是帮助读者了解、研究嵩山的历史状况,以促进嵩山地域政治、经济和文化的发展。

二、本书涉及范围为"嵩山历史文化核心区",其地域划分是以嵩山为中心,所涉及的面积主要涵盖嵩山主要位置区的登封和嵩山余脉地区伊川、偃师、巩义、荥阳、新郑、禹州、新密、汝州9个县级市,以及为邻的古都郑州市和古都洛阳市,也就是被史学界、考古界、地学界所说的"嵩山文化圈",书中简称"嵩山地域"或"嵩山区域"。

三、本书所写的内容主要为古代帝王和民间对嵩山祭祀、中岳嵩山的自然形胜环境以及与华夏民族最早在这里生存的记载与影响。同时,揭示了作为一座华夏民族早期崇信的神山和祖山,其自然山脉的本身及嵩山地域与华夏民族、华夏文明和文化,与宗教、祭祀、灵异、自然灾害、古迹名胜之间存在着的千丝万缕的联系。

四、史料来源大都为中岳嵩山史料及嵩山地域所在市县的方志和其他有关的史料。

五、灵异是古代民俗信仰中的重要部分,也是宗教、民俗、史学、考古文化中不可或缺的部分。因为嵩山在历史上是一座被古人神话了的山脉,从民族信仰和心理崇拜的角度出发,仍将灵异部分编录其中。对于收录内容中的特殊事件、地名、人名概不注释。

六、本书中所写内容的时间是从上古至民国,最后在嵩山地域"著名自然景观"一章中,风景区部分为当代人所划分,但性质仍然按自然形胜收于本章之中。

七、本书中所说的古代洛阳,为洛阳京畿辖域,而非今日的洛阳。其大致范围是:南始中岳嵩山,北至太行王屋,东及虎牢,西迄函谷。按现在的区划是南达临汝、登封,北至济源,东及荥阳、巩义,西迄三门峡陕县、灵宝。

八、本书对不同版本的史料对同一事件或人物存在不同说法的问题,编者以正史记载为准;个别事件中人物姓名有不同之处的,也以正史资料中的记载为准。

九、本书在摘录古书中的记载时,一律使用规范化的汉字。姓名或诗词中的冷僻或疑难字,在现代汉字中查不到的,经电脑专业人员组字,尽可能地恢复原字形态。

# 第一章　中岳至尊

说中岳至尊，主要从两个大的方面说起。

其一是从远古人对嵩山的尊称说。在远古人民和统治者心目中，嵩山有着崇高的地位。嵩山古称"太室""天室""大室""嵩高""崇高"等，而它所在的嵩山地域古称为"地中""天地之中""中国"。看似简单的名称，其中却蕴含着极其深刻的思想内涵，它在彰显"中岳至尊"理念的同时，突出强调了嵩山在这一区域文化中的先导和源头作用。

其二是从中国国家的发端夏朝说起。《史记·夏本纪》《索隐》引《连山易》载："鲧封于崇。"史书称夏部族的祖先鲧和禹为"崇伯鲧"和"崇禹"，说明他们曾是崇山的部落酋长。《太平御览·地部》嵩山条引韦昭注云："崇、嵩古通用。夏都阳城，嵩山在焉。"史料记载，"有夏之居"，即在嵩山周围。因此，夏朝不但是中国最早的发端地，它也是商与周活动的中心地区。由于夏商周的疆域面积小，所以位于疆域中心的嵩山自然是中岳至尊了。

中岳嵩山

嵩山地域在我国进入文明时代之初的夏商周，不但占据着"天地之中"优越的地理位置，融四方文化于一体的中心地带，又率先跨入"文明的门槛"，而且在以后的数千年里，长期是我国政治、经济、文化、交通的中心。历史发展证明，以嵩山为中心的及其周围的伊河、洛河、颍河上游一带，是一个在中华民族发展史上占据着重要源头位置的地域。

## 第一节　中岳嵩山

嵩山位于河南省西部，地处登封市西北面，西邻古都洛阳，东临郑州，属伏牛山系。嵩山由太室山

与少室山组成,共72峰。主峰峻极峰位于太室山,高1491.7米;最高峰连天峰位于少室山,高1512米。嵩山北瞰黄河、洛水,南临颍水、箕山,东通郑汴,西连十三朝古都洛阳,是古都洛阳东方的重要屏障,素为京畿之地,具有深厚的文化底蕴,是中华文明的重要发源地,也是中国著名的名胜风景区,为五岳中的中岳。2004年2月,嵩山被联合国教科文组织列入世界地质公园。

古人曰:天下大势,戒于南北。北戒负终南地络之阴,曰黄河;南戒负终南地络之阳,曰长江。江河之中带伊洛,而为中岳嵩山。风雨时阴阳交会于此,为周公为营建洛邑而测景以定天地之中。嵩山自古为华夏民族所奉祀的名山,华夏民族始祖黄帝所常游嗣,汉武帝礼之而嵩呼者,女皇武则天封禅,乾隆皇帝亲自到嵩山祭祀,历代王朝祠祭以牲牢玉帛。在我国的文化史上,写了山文化的宏伟篇章。

# 一、嵩高山

## (一)嵩高山

嵩高山,原名太室,后称嵩高、外方、崇山、崇高,因古人认为是天神所在地,夏商周时期被尊奉为"太室""天室""大室",意为神居住的地方。《汉书·地理志》:颍川郡崈山。颜师古曰:"崈,古崇字。崈高山,即崇高山。古为崇高山在今登封县也。《国语》云:"夏之兴也,祝融降于崇山。"韦昭注:夏都阳城,崇高所近。崇与嵩古字通用。《释名》云:"山大而高曰嵩。"《白虎通·德论》云:中央,居四之中,可高,故曰嵩高。予春秋时期独奉祝帛,主祭兹山之下,即山中一草一木亦专制而守护之,得称外方山。《汉书》:武帝登中岳,"闻呼万岁者三",诏"以山下户三百为之奉邑,命曰崈高。"后汉灵帝时,仍改崈高为嵩高。唐女皇武则于天册万岁元年(696年)下制,号嵩高为神岳。

南朝宋的戴延之《西征记》云:"东为太室,西谓少室。嵩高,其总名也。"换言之,嵩高山主要山体有二:东曰太室,西曰少室。夫山者,宣也。古人说,室则有包含之义焉。藏精孕灵,以时布之,诸如峰峦、岩岫、冈岭、崖谷之类,于于不可胜数,皆为嵩山山体变化矣;其他附近大小山脉,环嵩而峙者,亦皆嵩之余脉。如六师之护帅,如群官之从帝,林林列列,固宜表而出之,而凝旒秉钺者,益见其尊贵矣。嵩山水流密密麻麻,纵横交错。《博物志》曰"山为经,水为纬;山为主,水为配。如荣卫相生,则柔互济,虽欲离之,又焉得而离之?凡泉、涧、湖、潭之属,涓滴布润于嵩山之中,并载于篇,皆归于嵩。

古人称嵩山,大都指太室山。隋朝至宋朝时期,称少室为嵩山。古诗文中的"嵩少",是称太室为嵩,嵩与少室的合称。

关于嵩高山,古人有很多说法:

《易经》曰:"天地定位,山泽通气。"体用相须,讵有二哉!乃若山之长无如岳,五岳之长无如嵩。《尔雅》云:"山高而大曰嵩。"《白虎通》云:中央之岳,独加高字者何?中央居四方之中,可高,故曰,嵩高。自其奠位中土,二气之所均会,四方之所统宗,不徒以其名矣。然名以考实,嵩高,为总称。西汉哲学家焦赣《易林》曰:阳城太室,神明所依。北史学家薛居正曰:巴蜀之山奇峭,张掖之山荒野。求其具天地清淑之气,得中正之体惟嵩高然。南宋王应麟《玉海》曰:嵩岱山辉川媚,云蒸霞蔚,龙拏凤歧,苍翠诡异,使人应接不暇。大抵嵩高胜在气概,而全无圭角,纯乎性情,而不可方物。《名山记》谓:嵩山如卧,如眠龙而癯。周回五百余里,而绵亘拖卸,乃延于四途之野。

唐太史李淳风曰:大略观山河分丽于两戒,识斗柄升沉于四维,其义颇为精切。至列叙九州、星野,其词甚辨,自以为人莫能难者,而穿凿割裂亦复不少英雄欺人耳。惟是谓"填星,为嵩岳之主""轩辕,为中岳之象",此则真千古不易之论也。夫填星,纲纪诸舍者也,以此为主,见嵩山之大;轩辕,专曜一宿者也,以此为象,见嵩山之精。由此言之,巍巍神岳,峻极于天,岂一州一国所能囿,一象一纬所能局哉!

明代学者文翔凤曰:"中州地形,大抵以嵩高为中心,汴京为腹,以伊汝为左右手,河淮为左右足。伊阳之北有卧云山,北则伊水,南则汝水,卧云中据之,为中州之华盖。伊自巩会洛,即入河。汝亦东入于淮。两水之内,结聚而为嵩高。"

### (二) 中岳嵩高山

《史记·封禅志》明确记载,舜帝五年巡察一次五岳,"中岳,嵩高也"。从中可知,舜帝时期称嵩高山为中岳嵩高。之后,夏商一直沿袭此称名。"禹都阳城",嵩高近也;商殷六百年,俱者两河,则以嵩高为中岳。《史记》《绎史》:嵩高中岳。盖嵩高为岳仿于夏商,所由来旧矣。

历史上,因为朝代和帝王更迭,中岳的山名,也出现了更改。

中国岳山称名始见于《尚书》。《尚书》有东、西、南、北四岳,而无五岳。四岳山名见于经书者唯有东岳岱宗。《周礼·大宗伯·大司乐》始言五岳,而不言为何山。

《禹贡》:冀州自有太岳,今谓之霍太山。则尧都冀州,盖以霍太山为中岳,《尔雅》中的河西岳。《周礼》雍州其山镇岳山,即《禹贡》中的岍山,又名吴岳,然则唐虞当以岍山为西岳,霍太山为中岳。

李氏心传《辨》曰:《周礼》五岳,谓西周都丰镐,华山为中岳。《尔雅》载:"河南华,河西岳,河东岱,河北恒,江南衡。"把黄河南面的华山,西面的吴山(即岳山,今陕西陇县西南),东面的泰山,北面的恒山,长江南面的衡山,视为五岳。从中可知西岳岳山,中岳华山。但《尔雅》又有第二种说法:以泰、华、霍、恒、嵩为五岳,即以泰山为东岳,华山为西岳,霍山(即天柱山,在今安徽霍山县西北五里)为南岳,恒山为北岳,嵩高为中岳。郑玄注《周礼·大司乐》中的五岳同《尔雅》前一种说法一致,《周礼·大宗伯》中的五岳,则与《尔雅》第二种说法一致。唐代的贾公彦为此作疏时说:"《周礼·大司乐》之注中的五岳是据西都而言,《周礼·大宗伯》之注中的五岳是据东都而言。"由此可知,西周的东西两都各有中岳。

《说嵩》曰:盖古者中岳无定名,附天子畿内名山,乃称中岳。上古以畿内大山为中岳,故王土所居,肆巡不至。所谓大居正,以临万国,四方朝觐会同,于此则焉。北极居所,四方躔次,旋绕而拱向之。

多种史料记载,中岳之名,是在周平王东迁以后,又有了中岳嵩高这个名称。据东都土中而言,则嵩高仍为中岳。夫嵩于东周,固王畿也。中天下而立,定四海之民,周平王东迁洛邑以后,是定中岳嵩高之名。虽未叶极乱甚弱,犹有居中制外遗意焉。至周平王避犬戎之难迁都洛邑,岐丰之地以赐秦襄,原来的吴岳,始除岳名。而夏商五岳,乃各循其旧。故《尔雅》曰:嵩于周为中岳也。然则周终于东,犹晋、宋终于南也。嵩洛中土,有德易兴,无行易亡,故嵩岳与周终始也。

后来,司马迁在《史记·封禅书》中才对名山大川较翔实可靠地总结了自五帝至秦代的演变过程:"因为夏、商、周的国都都在黄河与洛水之间,所以嵩山为中岳,其他四岳各随其方,四渎都在山东。至秦称帝,建都咸阳时则五岳、四渎均在东方。自五帝以至秦,名山大川或在诸侯,或在天子,不可胜记。及秦并天下后,才有了明确规定:自河南省崤山以东为名山五,即嵩山、恒山、泰山、会稽、湘山;大川二,即济水和淮河。"《史记·封禅书》记载:"岁二月,东巡狩,至于岱宗;五月巡狩至南岳,南岳,衡山也;八月巡狩至西岳,西岳,华山也;十一月巡狩至北岳,北岳,恒山也,皆如岱宗之礼……中岳,嵩高

也……昔三代之君皆在河洛之间,故嵩高为中岳,而四岳各如其方。"

综上所述,汉之前五岳之制因势而异,各有不同。西周建都于丰、镐,以华山为中岳;东周周平王东迁洛邑(洛阳)以后,又以嵩山为中岳,华山为西岳。只有东岳泰山和北岳恒山称呼未变。至汉武帝时,才正式创立五岳制度,并登礼天柱山封为南岳。据《汉书·郊祀志》载,汉宣帝神爵元年(前61年)颁发诏书,确定以泰山为东岳,华山为西岳,霍山(即天柱山)为南岳,恒山(河北恒山)为北岳,嵩山为中岳。自此中岳嵩山再无变数。

## 二、太室少室,合二为嵩

《汉·地理书》云:"崧高有太室山、少室山,古文以为外方山也。"郦道元《水经注》云:"合而言之为嵩高,分而言之为二室。"《西征记》云:"东为太室,西谓少室。嵩高,其总名也。"

关于太室之名由来已久。《史记·封禅书》载:天下名山八,而三在蛮夷,五在中国。华山、首山、太室、泰山、东莱,此五山黄帝之所常游,与神会。《水经注》:"外方山,嵩高是邑,于帝为黄。"《内传》:"帝会嵩山,王母饮以金液。"

但是,自从有了少室之名后,有关太室、少室之名的由来就有了另一种说法。《三海经》曰:太室、少室之名,皆为神禹所作。大禹在封山浚川后,曰少室之山。又东三里,曰泰室之山。盖二室之名由兹始矣。《尔雅》:嵩高为中岳。《注》太室山,禹所名也。《疏》曰:"五岳之名,皆禹所创也。"《竹书纪年》云:虞舜十五年,帝命夏后(大禹)有事于(祭祀)太室。这是史料记载最早的太室祭祀,因此后人说嵩高称名,起源于夏后(大禹)之世。

嵩高山本为自然山脉,为何称名太室、少室(室:妻也)?这里面有一个中国古老的神话,源自于著名的上古大洪水传说。三皇五帝时期,嵩山地域洪水泛滥,鲧、禹父子二人受命于尧、舜二帝,任崇伯和夏伯,负责治水。大禹为了治理洪水,长年在外与民众一起奋战,置个人利益于不顾,"三过家门而不入"。大禹治水到涂山时,人们看大禹已30多岁还没娶媳妇,就把一个最好的姑娘涂山娇嫁给了他。婚后,禹把涂山娇带回崇地。涂山娇的妹妹涂山姚不愿离开姐姐,也一起到崇地安家。大禹把涂山娇安排在崇山脚下居住,把涂山姚安排在季山脚下居住。安排停当后就又治水去了。后来,大禹为把嵩山南麓的洪水导入黄河,决定开凿轩辕关,但不久涂山娇发现了丈夫的化身是黑熊,一气之下变成了一块巨石。大禹对着石头大喊:还我儿来!还我儿来!一声巨响过后,大石头从北方裂开,儿子夏启从中蹦了出来。大禹抱着孩子,心想这可咋去开山呢?无奈只好找妻妹涂山姚了。涂山姚二话没说,便从大禹怀中把小夏启接了过来。涂山姚见大禹为民治水,十分爱慕,便继她姐姐嫁给了大禹。后来,人们就把涂山娇住的崇山叫太室山,把涂山姚住的地方叫少室山。人们为了纪念涂氏姊妹,就在太室山建了启母庙和启母阙,在少室山下建了少姨庙和少室阙。

嵩山属夏禹建国之区,后世有禹妻生启化为石的传说。故太室山有启母石、启母庙、启母阙,少室山有少室庙、少室阙等遗迹。按《汉书·地理志》云:"崇高,有太室、少室山庙。"太室之庙为启母,少室之庙为少姨。说者谓:启母,夏禹之妻也;少姨,涂山氏之妹也。其神皆妇人像。古代碑铭、题咏甚富,亦未有能言其故者。清代有学者解开了这个谜:按《史记·天官记》及《隋书·天文志》俱云:镇星,为女主之象。而《史记》又云:"轩辕……前大星,女主象;旁小星,御者后宫象。"与《隋书》《授神契》《石氏星经正义》等书说法相同。夫填星主嵩高,而轩辕亦得土行正位,为中岳之象,所以嵩山称二室。而二室之神所以为妇人,盖取义于女主,次妃,默主阴教经文,所以称后土也。

古人曰,太室左㟽,少室右峙。一体而中拆,有一象焉。太昊画一以象地。中宫之土十五,五阳以生,少之变也;十阴以成,老之化也。二室太、少,枢纽生成,等博齐厚,以成坤偶之体。《西征记》云:"谓之室者,以其下各有石室焉。"予未以为然也。《正韵》云:夫以妇为定。《孟子》曰:"男子生而愿为之有室。"此"室"字之义。

嵩山的二室之山皆在登封境内,太室东邻新密,北邻巩义;少室北邻偃师,西邻洛阳。

太室山主峰峻极峰,海拔1492米;少室山主峰连天峰,海拔1512米。太室、少室各有36峰,峰峰有名,峰峰有典。太室三十六峰,浑沦磅礴;少室三十六峰,峰峰削立。素有"太室如龙眠,少室似凤舞"之称,是中原大地上一道特殊的大山风景。

### (一)太室

太室,《山海经》作泰室,古字同。关于太室之名有两种说法:

其一,史料记载,太室之名,自黄帝始。

在华夏民族的初始阶段,被华夏先祖尊奉"天室、太室"的嵩山"山文化"和位居"土中"的嵩山"中文化"对后世影响很大。

追溯华夏民族发展的历史,以嵩山为中心及其周围的黄河、伊河、洛河、颍河上游流域,从距今1万~100万年之间的旧石器时代,经历了距今1万年~3600年之间的新石器时代的距今9000~7000年的裴李岗文化、距今7000~5000年的仰韶文化、距今5000~4000年左右的龙山文化为基础,这一时期,人文始祖黄帝诞生于嵩山余脉凤后岭下的轩辕丘,战胜蚩尤建功立业,一统华夏后定都于嵩山东麓的新郑。《竹书纪年》:"黄帝轩辕氏……元年,帝即位。居有熊。初制冕服。皇甫谧曰:有熊,今河南新郑是也。""新郑,黄帝、炎帝之父有熊氏少典所居。"宋《路史·国名记》:"少典,有熊之开国,今郑之新郑。

在此基础上,轩辕黄帝在嵩山地域奠定了"文明三要素":城址、金属冶铸、文字,构成近现代科学认同的"文明起源与形成"基本要素,奠定了夏商周王朝在嵩山地域崛起的基础。在此之后,夏商周王朝以华夏先祖尊奉的"山"文化和"中"文化为渊源,确立了以嵩山为中心的嵩山地域为"中国"之"中",确立了嵩山太室祠(中岳庙)祭祀的中岳神是一个由华始祖神与中岳嵩山神"天人合一"的人物,奠定了嵩山是华夏民族祭天法祖的神山与祖山的崇高地位。

翻阅历史资料,虽然在黄帝之后,史料记载的有关黄帝与嵩山太室、黄帝与嵩山地域的关系事例举不胜举,密不可分,但记载黄帝生前与嵩山之事例却很少。从《史记·封禅书》说"天下名山八,而三在蛮夷,五在中国。中国华山、首山、太室、泰山、东莱,此五山,黄帝之所常游,与神会。"及《水经注》:"外方山,嵩高是邑,于帝为黄。"《内传》:"帝会嵩山,王母饮以金液。"等记载中,可知黄帝与嵩山太室重要的关系,这大概是史料中的黄帝在世时与嵩山有关的记载。

在嵩山民间传说和神话故事中,略有记述。其中,最著名有太室山华盖峰的传说,大意为太室山最高的峻极峰西北有一山峰,叫华盖峰。传说在那个峰上居住着一个名叫华盖的能人。因为他经常观测天象,了解日月星辰的运转规律,悟摸出春夏秋冬的四季变化,对人类生活和植物生长有很大帮助,所以远近闻名。黄帝曾经来游,并拜华盖为师,根据天象、四季、气温、降雨和物候的变化,制订历法,进行作物种植,发展农业生产,对人民生活的改善和提高,起了很大作用。后来,人们根据天文四象中天宫华盖的星名,就将他居住的太室山山峰叫华盖峰了。

其二，据传，大禹王的第一个妻子涂山娇生启于此，故称名为"太室"。

清《嵩山志》云：嵩山"东西广四十里，南北深三十里，自下至巅直上二十里，周围一百四十里。三台在左，轩辕居右，颖水界其前，洛水绕其后。山阳正面望之，浑沦端整，如长城障天，不见崚嶒参差之势。及登绝顶，周遭俯瞰，峰峙纷出，脉络分明，如乔木卧生，枝干历历可指。自中峰而分之，南我悬崖，北多峻阪，东多断峤，西多重嶂。至其大洞，处处有之。"日初出时，看见海气天晴，北望黄河，如一匹白练铺在大地中。自中峰而分之，南多悬崖，北多峻阪，东多断峤，西多重嶂。至其大洞、深穴，处处有之。《西征记》曰："谓之室者。以其理务有石室焉。"《西征记》云："谓之室者，以其下各有石室焉。"《关中记》云："嵩高山石室十余孔，有石床、池水、饮食之具，道士多就之，可以避世。""华山如立，嵩山如卧""嵩如眠龙"，概指太室。专以太室为嵩山，盖自古已然矣。

太室山主峰峻极峰以《诗经·嵩高》"崧高维岳，峻极于天"为名，后因清高宗乾隆游嵩山时，曾在此赋诗立碑，所以又称"御碑峰"。登上峻极峰远眺，西有少室侍立，南有箕山面拱，前有颖水奔流，北望黄河如带。倚石俯瞰，脚下峰壑开绽，凌嶒参差，大有"一览众山小"之气势。

太室山山峰间云岚瞬息万变，美不胜收。正如两晋时期著名风水学家郭璞的《嵩山太室赞》诗：

嵩维岳宗，华岱恒衡。气通元漠，神祠幽明。巍然中立，众山之英。

登太室者，自黄盖峰右，可乘肩舆至万岁峰，乃汉、唐封祀御路也。自启母石左，亦可舆进，惟有三四处逼仄，须步耳。自逍遥谷入，俗名野猪坡，路颇陡峻，此则非杖履不可。然迤逦山巅，时舆时步，及至中峰，转觉平坦，绝无他险绝处。此太室以雄浑为形胜也。

### （二）少室

少室，又名季室、黍室，在太室之西稍南，相去十七里。据传，大禹王的第二个妻子，涂山娇之妹涂山姚栖居于此，故称名为"少室"。

《郡国志》云："少室，一名负黍山，有负黍城在其南，故因山以名城。"冯敬通《赋》云："遇许由于负黍。"即此也。《关中记》云："少室山，有十八叠，周围方百里。"戴延之《西征记》云："少室，高八百六十丈，上方十里。"《郡国志》云："少室，其高十六里。"《舆地志》云："少室，从东角上四十里，得下定思；又上十里，得上定思；十里中，有大石门，为中定思。自此而出，下有石室。"唐人作《石淙》，序有"少室若莲"之句，至今远近之人亦有称少室为九顶莲花寨者。少室山峰壁立千仞，直插云霄。有的地方，其陡峭奇险，行者不得不抓住土人钉在石崖边上的铁索链才能上行。元代杨奂有《少室》诗，形容少室山峰为"方若植巍冠，森若削寒玉"，非常形象。

少室山山顶宽平如寨，分有上下两层，有四天门之险。据《河南府志》载，金宣宗完颜列与元太祖成吉思汗交战时，金宣宗被逼出京都，曾退入少室山，在山顶屯兵，故称"御寨山"。少室山主要建筑为少林寺。少室山中以少林武术闻名于天下的少林寺，是嵩山佛教的特点与骄傲。唐代诗人褚朝阳的《登少室山寺》诗就写出了少室山的特点。

飞阁青云里，先秋独早凉。天花映窗近，月挂拂檐香。

华岳三峰小，黄河一带长。空闻指归路，烟处有垂扬。

从南而北望少室山，背为御寨山，东西横亘十余里，其奇峰秀巘，直耸云天者，皆在南面，俗称九顶莲花寨。少室山巉削凌厉，林莽蔚森，径路乍断乍连。樵采之人，非攀石附葛必不得上。予初至时，数欲登临，畏其险而止。少室山中异境纷出，难以名状。至若崚岩飞峤，邃谷深洞之类，种种神奇，实属难以想象。若行走其中，时则平坦，时则险峻，时而攀爬于山崖之上，时而时而穿行于密林深处，待到

— 6 —

翻山越岭,又有别开生面之感。往往是一时一天地,一时一世界,给人一种离奇探险之感。

## 三、嵩山山名沿革

嵩山的名称,在历史上变化甚多。从太室到嵩高,从崇高到中岳嵩高,再到中岳嵩山,其间经历了漫长的历史。黄帝时期称太室;尧舜时称外方、嵩高、中岳嵩高;夏称崇山、崇高;商称嵩高中岳;夏、商、周尊称太室、天室、大室;西周时称黄室、嵩高中岳、中岳嵩高;周平王由镐京东迁洛阳以后,称中岳嵩高;秦时称"太室""嵩高";汉时称"太室""嵩高""崇高""中岳嵩高";南北朝称嵩高山、中岳、嵩岳;隋朝时,称为嵩高山、少室山、中岳嵩山;唐朝称少室、中岳嵩高、中岳嵩山、神岳;宋时称少室、中岳嵩山。金、元、明、清之后称中岳嵩山。

从隋唐开始,嵩高山开始称为嵩山,中岳嵩山。自此,历朝历代,沿用至今。

◆ 太室

太室之名,自黄帝始。早在黄帝有熊之世,就有太室之名。《史记·封禅书》曰:天下名山八,而三在蛮夷,五在中国。华山、首山、太室、泰山、东莱,此五山黄帝之所常游,与神会。

◆ 外方

尧舜时其称外方。据《尚书》上说,嵩山从外面看是方形,故称"外方"。又由于古代传说中的尧帝的居地在今山西省南部,对于部落氏族来说,嵩山距离他们已经很远了,所以叫做"外方山"。《禹贡》载:外方。《禹贡》,纪河曰:熊耳、外方、桐柏,至于陪尾。《注》曰:外方,嵩高山也。

◆ 嵩高　中岳嵩高

《尔雅》载:山大而高者叫嵩。史料记载,嵩高山是根据《诗经·大雅》中"嵩高唯岳,峻极于天"的诗句而命名。

《史记》载:帝舜时,称中岳嵩高。《史记·封禅书》载:舜五载一巡狩。柴望于山川,岱宗泰山、南岳衡山、西岳华山、北岳恒山、中岳嵩高也。杨雄《河东赋》曰:"瞰帝尧之嵩高。"唐代颜师古曰:尧曾游于阳城,故于嵩高山瞰其遗迹也。

《尔雅》载:中岳嵩高。汉班固《白虎通》载:"中岳为嵩高者何?嵩言其高大也。"(《初学记》引其文曰:"中央之岳独加高字者何?中央居四方之中而高,故曰嵩高山。"

清代史学家顾祖禹在《读史方舆纪要》中记载:萃两间之秀,居四方之中,窿然特起,形方气厚,故曰嵩高。

◆ 崇山

《国语·周语上》:"昔夏之兴也,融降崇山。"崇,故音从宗声。宗,即祭祀祖先、祭祀天帝的所在,后世言为崇高、崇拜。崇山也就是天神居住的地方,意思与"天室"相吻合。因此,崇山被古人尊为联接上天与民间的神山,是神灵所钟之山。

◆ 崈高

颜师古曰:"崈,古崇字。崈高山,即崇高山。"崇高山在西汉时的崇高县,今登封县也。

◆ 嵩高中岳

商称嵩高中岳。《尔雅》载:嵩高为中岳。《史记·封禅书》载曰:"昔三代之君,皆在河洛之间,故嵩高为中岳,而四岳各如其方。"《史记》《绎史》:嵩高中岳。盖嵩高为岳仿于夏商,所由来旧矣。

◆ 天室　黄室

西周时称天室。"天室"就是"天之宫室"(《史记·周本纪》正义)。从字面上说,就是天帝依止的宗庙。不过,这种宗庙,并不是像后世"明堂""辟雍"之类的宗教建筑,而是指能够沟通天地,使天帝有所依止的神山。《诗·大雅》载:嵩高惟岳,即为古人尊奉的天室。

《穆天子传》载:"王游黄室之丘。"注:太室山也。似周于嵩高亦称黄室。

◆ 大室

《左传》昭公四年:"阳城、大室、荆山、终南,九州之险也。"释文:大室,即中岳嵩高山也。古文字天、大为一字,如天乙即大乙,天邑裔即大邑裔,故"大室",实际上也就是"天室"。

◆ 中岳嵩高

周平王由镐京东迁洛阳以后,以"嵩为中央,左岱(泰山)右华(华山)",始定嵩高山为"中岳"。古人认为嵩高太室山凝聚天地灵秀之气,居于四方中央,巍峨高峻,雄伟秀丽,故称"中岳"。

据《崔东壁遗书》记载,现在的五岳中其他四岳,是战国以后才有的。那时候在人的观念中只有嵩岳,所以把它说得与天等高。

◆ 太室　嵩高

秦称太室嵩高。《秦史·民族原始》载:嵩高为中。《史记·封禅书》载曰:秦并天下,令祠官所常奉。自崤山以东,有名山五,名为太室、恒山、泰山、会稽山、湘山。太室,嵩高也。

◆ 中岳太室　嵩高　崇高

西汉称中岳太室、嵩高、崇高。元封元年(前110年)春,武帝登临嵩高。《汉书·郊祀志》:"三月,乃东幸缑氏,礼登中岳太室。从官在山上闻若有言'万岁'云。问上,上不言;问下,下不言。乃令祠官加增太室祠,禁毋伐其山木,以山下户凡三百封崇高,为之奉邑,独给祠,复无有所与。"《史记》载:中岳太室、嵩高、崇高。

◆ 中岳太室　嵩高

《汉书·郊祀志》载:西汉神爵元年(前61年),宣帝制诏太常:"夫江海,百川之大者也,今阙焉无祠,其令祠官双礼为岁事,以四时祠江海洛水,祈为天下丰年焉。自是五岳、四渎皆有常礼。东岳泰山于博,中岳泰室于嵩高,南岳潜山于灊,西岳华山于华阴,北岳常山于上曲阳……皆使便者持节侍祠。唯泰山与河岁五祠,江水四,余者皆一祷而三祠云。"

◆嵩高

东汉称嵩高山。东汉灵帝熹平四年(175年),大旱,灵帝刘宏遣中郎将堂溪典到嵩山求雨,并题记于嵩山启母阙。在请雨后,或许是遵循古制之故,堂溪典奏请恢复嵩高之名。次年灵帝将崇高山复改为嵩高山。

盖汉初称太室,犹因秦旧。中叶易嵩为崇。嵩岳凡三易,始复东周古称,与《诗·大雅》之诗合焉。

◆嵩高

曹魏禅汉,因汉旧司隶所部,嵩高无改号。

◆中岳太室 嵩高

晋称中岳。《晋书》载,西晋永嘉二年(308年,后汉永凤元年),刘渊即位,命其子刘聪率军攻洛阳,又遣其子亲至中岳祭祀。

◆嵩高山 中岳 嵩岳

南北朝称嵩高山、中岳、嵩岳。《魏书》载:嵩高山、中岳、嵩岳。

◆嵩高山 少室山 嵩山 中岳嵩山

隋称嵩高山、少室山、中岳嵩山。《隋书》载:嵩高山、少室山、嵩山、中岳嵩山。

《隋书·列传第二十》载:"杜彦……遂为道士,变姓名,隐嵩山,略涉经史。"

◆少室 嵩高 中岳嵩山 神岳

唐朝称少室、嵩高、中岳嵩山、神岳。《唐书》载:少室、嵩高、中岳嵩山、神岳。

《旧唐书·则天皇后本纪》载:"(万岁登封)二年春二月……戊子,幸嵩山,过王子晋庙。丙申,幸猴山。丁酉,至自嵩山。"

◆少室、中岳嵩山

宋时称少室、中岳嵩山。

◆中岳嵩山

金、元、明、清统称嵩山为中岳嵩山。《宋史》《金史》和中岳庙碑载,统称中岳嵩山。

# 第二节 天室·祖庙·天地之中·中国

天室、祖庙、天地之中、中国,这四个特殊的名词,除了以上他们的出处以外,在漫长的历史发展中,他们本身是相互联系的,具有深远的地域、祭祀、宗教、政治、传承等方面的意义。这些意义的存在,充分说明了天室、祖庙、天地之中、中国在中华文明发展中的源头和先导作用。

# 一、天室·祖庙·天地之中·中国

◆ 天室

古人将嵩山称为"天室""大室"或"太室",即"天之宫室",皆为天神所住的地方。"太室"意为至高无上者,"嵩高维岳,峻极于天"。(《诗·大雅·嵩高》)。在商、周甲骨文、金文中,"天""大"可通用,而"太"又是"大"的后起分化字,故"大室""太室"即天室山、嵩山。因此,直到今天嵩山还叫太室山。

古人又称嵩山为崇山,故崇有高义、大义。崇,故音从宗声。宗,即宗庙、宗祠,祭祀祖先、祭祀天帝的所在。换言之,崇山也就是天神居住的地方,意思与"天室"相吻合。因此,崇山是神灵所钟之山,崇山是被古人尊为联接上天与民间的神山。后世言为崇高、崇拜,义皆源于此。

◆ 祖庙

据史料记载,上古时期的嵩山就是华夏民族的始祖山,而坐落于太室山万岁峰下的太室祠(即中岳庙)就是祭祀华夏先祖的神祠祖庙。

嵩山在上古时称外方、嵩高、中岳嵩高,据《唐汉字解字·汉字与日月天地》解释,"嵩"字原本指对男性生殖器的崇拜,故音"耸"。而"崇"字是一个会意字兼形声字。"崇"的称名起源很早,《国语·鲁语》载:"在昔有虞,有崇伯鲧。"相传,"鲧作城郭",其地因山为名,故址大概就是现在登封的王城岗夏代遗址。"崇",古音从"宗"声。宗,即家族的上辈,民族的祖先。宗、祖同义,《说文》载:尊祖庙也。从字源学的角度看,祭祀祖先的所在叫"宗",祭祀天帝的所在也应该叫"宗"。在此可将崇山理解为宗庙、宗祠等,即祭祀祖先、祭祀天帝的所在。因此,后人理解的嵩山是天人合一,具有"天室"与"宗庙"双重的尊贵地位。一方面,嵩山古称"天室",是天帝居住的地方,是神宗所在,也是上天与人间沟通的地方;另一方面嵩山又称崇高山,是华夏宗族家庙,而家庙祭祀的主神,当然为轩辕黄帝。在信仰天神、崇拜祖先的远古时期,"崇高山"、"嵩高山"即为华夏民族所祭天法祖的神山和祖山,是我们华夏民族的族根。据史料记载,中岳庙从远古五帝时期,历经各个朝代至清,中岳庙都是国家官祀庙宇。

◆ 天地之中

"天有心,地有胆,天心地胆在告县",这是登封市广为流传的一首民谣,民谣中所说的"天心"就是周公测影台,"地胆石"是一块外形酷似胆囊的石头。原登封县文物保管所名誉所长、副研究员宫熙在地胆石未毁前拍摄有照片,原地胆石"高约1.4米,长约2.8米,宽约1.2米,重15吨左右。"就陈设在观星台景区内,周公测景台西南约300米处,于20世纪"文化大革命"时期被毁。

相传,西周成王四年(约公元前1060年),周公姬旦用土圭之法,据地表,在阳城测土深,正日影,求得地中,建"周公测景台"。自此,"天心地胆在告县",即位于登封市东南12公里处的告成,被认为是地的中心,即"地中"。

在古代人们还没有认识到地球是圆的之前,中国人传统的宇宙观就一直认为,地球直观上看是一个平面,进而认为平面为方形,而方形必然有一个中心点,这个中心点则与圆形天的中心相对应,这就是古人认为的"天圆地方"。"天圆地方"是阴阳学说的一种体现,又是"天人合一"的一种诠释,中国传统文化提倡"天人合一",讲究效法自然,传统宇宙观中推崇的"天圆地方"原则,就是对这种宇宙观的一种特殊注解。《周礼》中说:"谓之地中,天地之所合也,四时之所交也,风雨之所会也,阴阳之所和也。"这里所说的"地中",即"天地之中",是天地相合之地、四时交汇之地、风雨相会之地、阴阳相和之地,是圣山灵境。而阴阳相和之地的意义更为深远,古代以为万物乃阴阳相和而生,因而"天地之中"作为阴阳相和之地,也就是天地万物发生发展的根源之地。

◆中国

"中国"一词,最早见于《尚书·梓材》和1965年在陕西宝鸡县贾村塬出土的西周青铜器《何尊》,其底部的一篇122字的铭文,是周成王的一篇重要的训诫勉励的文告,内容记述了周成王迁都洛邑成周,在天室山(嵩山)为武王举行盛大祭礼,对其宗族子弟进行训诫,并向天宣告定都于成周的史实。

何尊

《何尊》铭文也一样称嵩山太室为"天",其用意仍然是为了傍依天室而取得天命的眷顾。上帝鬼神在天室山之上,而周王之都在天室山之下,有利于摈迎上帝神明下临王都宗庙佑助周王;更有利于周王借上帝神权去统治天下,巩固姬周统治集团的地位。《何尊》铭文中载有:"唯武王既克大邑商,则廷告于天,其余宅兹中国,自之乂民。"此话的大意是"武王灭商后则告祭于天,以此地为天下四方的中心建造都城,以这个地方来统治统治民众。"它的本义,原是指"地域之中""天下之中"或"中央之国",与"四方"相对,故文献或又称之为"土中",即"天地之中"。其具体的位置,即嵩山附近,这是"中国"这个词语首次出现,后世所称中国、中原、中州,义即源于此。

武王所选新都洛邑,就是以中岳为中心及其周围的"中国"所在地。于省吾先生释"中国"的由来时指出:"这种称谓,是由于用土圭测量日光照射于地上的影子的距离尺度,以判定其中心所在,因而称之为土中或中土。至于成王迁都洛邑,洛邑接近阳城,故称之为土中,引而申之,这也是后世称河南地为中州或中原的由来"。表明中岳嵩高是天下的中心。

与《何尊》记载同一件事情的《逸周书·作雒》说得比较清楚:"王曰:呜呼,旦。我图夷兹殷,其惟依天室,其有宪命。求兹无远天,有求绎相我不难,自雒汭延于伊汭,居阳无固(居易无固),其有夏之居。我南望过于三涂,北望过于岳鄙,顾瞻于河宛,瞻延于伊雒,无远天室,其兹度邑。"度,就是宅。"无远天室,其兹度邑。"就是要在离"天室"(即嵩山)不远的三涂(今河南嵩县西南)、岳鄙(太行山南麓)、河宛(黄河转弯处)和伊洛一带营建都邑。《史记·周本纪》载,"此天下之中,四方入贡道里均"。武王克殷之初,即考虑把周的政治、军事重心放在这里,主要是取其"中天下"、镇抚四方的意义。除了

何尊铭文图

这个意义,还有宗教上的意义,这就是上引《度邑》所说的,这一带离"天室"很近,其惟依天室,其有"宪命"。

由于夏、商、周的疆域面积小,《孟子·商公孙丑(上)》曰:"夏后,殷、周之盛,地未有过千里者也。"《诗经·商颂》曰:"邦畿千里,维民所止。"据史料记载,夏代的疆域面积为210万平方公里;商代的疆域面积为300万平方公里;周代的疆域面积为320万平方公里,三代的疆域面积均未超过400万平方公里。所以,秦汉以前,以"中国"一词称名的嵩山地域,实际上是一个小"中国";秦汉以后,经过华夏民族的发展,随着国家的统一,疆域和版图的扩大,"中国"已经成为今日的"中华人民共和国",实际上是一个大"中国"。而原来以"中国"称名小"中国",在统一帝国后,已经成为属于大中国的"中原"或"中州"。

故"中国"一词的初义来自"天地之中","惠此中国,以绥四方"是《诗经》中的古训。"宅此土中",是包举宇内、一统山河的象征;"迁宅土中",更是寄托了一代代贤圣"囊括四海、并吞八荒"的伟大抱负。正是从大自然献赐的这块小"中国"的丰土吉壤上,走来了华夏的先祖。

## 二、天室·祖庙·天地之中·中国的意义

"天室、祖庙、天地之中、中国"这四个特殊的名称,除了以上他们的出处以外,在漫长的历史发展中,他们本身具有深刻的地域、祭祀、宗教、政治等方面的意义。这些意义的存在,充分说明了天室·祖庙·天地之中·中国在中华文明发展中的源头和先导作用。

### (一)地域意义

中国最早的诗歌总集《诗经·大雅·嵩高》一诗中有如下描述:"嵩高惟岳,峻极于天"(《嵩高篇》),故崇有高、大之意。其实嵩山在中原一带的山系中并不算高,只有1492米,比西南不远的外方山(2192米)、熊耳山(2094米),北边的中条山历山(2322米)都低得多,更不要说在西的终南山(2604米)了。那为什么说它有天那样高呢?为什么诗人不歌颂别的高山而偏要歌颂嵩山呢?这是因为夏民族发祥于嵩山周围和伊、洛河流域,在这个范围内嵩山就是最高的了。当时的疆域不大,四周不过千里,人们的眼界不宽,夏、商、周都是把嵩山当作天神,作为崇拜的神灵对象,三代的建都又都是在嵩山地域,于是很自然地就把嵩山看作是中国的中心,如司马迁《史记》所说:"昔三代之居,皆在河洛之间,故嵩高为中岳,而四岳各如其方。"可见,司马迁所说"三代"确实指的是秦之前的夏、商、周三代。司马迁以嵩岳为中心来进行描述,文义已非常明确,即三代之居,在嵩岳附近。此话说明了以嵩山为中心的先导和源头作用。而现在五岳中的其他四岳,是战国以后才有的。那时代在夏人的观念中只有嵩岳,所以把它说得高与天齐。从民族信仰和心理崇拜上来说,华夏族就把嵩山当作是他们的无尚神,作为崇拜的对象。

以嵩山为中心的嵩山地域,是大地距离上天最近的地方,圣地灵境,天地相通,得天独厚。她不但处于"天地之中"优越的地理位置,融四方文化于一体的中心地带,又率先跨入"文明的门槛",而且在以后的数千年里,长期是我国政治、经济、文化、交通的中心,这不但使嵩山文化在"野蛮"进入"文明"的大变革时期,抢占了先机,充分展示了她的先导性和源头地位,并为她最终成为中华民族的主体文化,为她的正统地位打下了宽厚紧实的基础。

圣地灵境

关于嵩山文化地域的界定,从大的范围说,我国著名民俗专家张振犁教授称:嵩山文化,狭义指包括北至黄河,南至河南襄城一带,东至虎牢关,西至华山,方圆数千里的(包括河洛文化)的地域。广义就是中原文化的泛称。简单地说,嵩山文化区基本上涵盖了中原腹地的沿黄河、洛河、伊水两岸的广大河谷、盆地、平原的肥沃地带。之所以它被称为中原文化及后来华夏文明的摇篮,就因为炎黄先民在这块土地上开发、经营了近万年。就像埃及原始先民开发尼罗河,巴比伦先民开发美索不达米亚(希腊语:底格里斯河和幼发拉底河中间的地方,意为两河之间)和印度先民开发洹河、印度河流域,而创造世界文明古国一样,中国中原地区的"嵩山区"先民开创华夏文明,首先是由独特的地理环境和自然条件所造就。

嵩山地域从小的范围说,就是当今我国考古界、地质界、历史界的一些专家们将以嵩山主要山脉的太室山与少室山所在的登封以及嵩山系列山脉的所在地伊川、偃师、巩义、荥阳、新郑、禹州、新密、汝州的九个县级市,以及为邻的古都郑州和洛阳的这个地域,称之为"嵩山历史文化核心区"或"嵩山文化圈"。

嵩山地域在中国古代文明发展的初期,一直是夏、商、周活动的中心区域,也是一个最早具有"中国"称名的地域。在嵩山地域中产生的嵩山文化不仅是中国传统文化的源头与核心,而且是中国古代文明的核心,对中国古代文明乃至世界文明作出了重大的贡献。

### (二)祭祀意义

嵩山地域是被华夏民族尊为人文始祖黄帝统一天下前的根据地,也是统一天下后的国都地,这为嵩山地域成为政治中心及"中国"奠定了基础。在嵩山余脉的风后岭周围,黄帝不仅出生在这里,并在这里建都有熊(今新郑),带领先民们创文字、织丝帛、分州土、立朝市、养蚕桑、作舟车、造器械,撰《内经》,等等,统一华夏,创造了时为最先进的氏族文化,奠定了华夏5000年文明的根基。

黄帝以统一华夏部落与征服东夷、九黎族而统一中华的伟绩载入史册。《五帝本纪》载:黄帝打败了炎帝(族)、蚩尤,统一了华夏,天下万国的诸侯都尊黄帝为天子。《史记·五帝本纪》又

黄帝建都于新郑

载:"黄帝者,少典之子,姓公孙,名曰轩辕。"黄帝文化是华夏文明的前身,而黄帝族系的形成和发展,却经历了漫长的复杂演变过程。在中原聚居的众多部族之间,由于利害的冲突,部族之间的侵吞、兼并、融合、战争的过程,经历了长期的斗争,直到黄帝族团的出现才有了大一统的局面。

黄帝建都于嵩山地域之后,即把嵩山当作祭祀的神山。《史记·封禅书》说"天下名山八,而三在蛮夷,五在中国。中国华山、首山、太室、泰山、东莱,此五山,黄帝之所常游,与神会。"可以说,从黄帝时期开始,就开创了祭祀嵩山的先例。正由于此,对嵩山成为中华民族的文化圣山起到了极其重要的作用。

由于黄帝族团的形成与发展,给中华民族的物质文明奠定了牢固的基础。以后历经颛顼、帝喾、尧、舜、禹、文王、武王的对嵩山地域以及整个中原文化的开发,便成就了中华民族古代华夏文明繁荣昌盛的壮丽景象。《礼记·郊特牲》载:"万物本乎于天,人本乎于祖。"由于黄帝开创华夏文明的功绩,尧、舜、禹,夏、商、周、秦、汉时都把黄帝奉为共同的祖先进行祭祀,嵩山即是祭祀黄帝的始祖山。

《竹书纪年》载:"舜十五年命禹主祭嵩山。"《礼祀·祭法》载:"有虞氏禘黄帝而郊喾,祖颛而宗尧;夏后氏禘黄帝而郊鲧,祖颛顼而宗禹;殷人禘喾而郊冥,祖契而宗汤;周人禘喾而郊稷,祖文王而宗武王。"从以上文字可以看出,舜时崇拜的祖先是黄帝以及黄帝的孙子颛顼,和黄帝的曾孙子喾以及喾的儿子尧;夏氏族崇拜的祖先是黄帝和黄帝的曾孙鲧和鲧的儿子禹;殷人崇拜的祖先是黄帝的曾孙喾和喾的儿子契;周人崇拜的祖先是黄帝的曾孙喾和喾的儿子后稷。史料记载,三代以前的祖先祭祀,特别重视功德,以功德选择祭祀对象。《国语·鲁语》载:"夫圣之制祭祀也,法祀于民则祀之;以死勤事则祀之;以劳定国则祀之;能御大灾则祀之。"黄帝开创华夏文明的功绩,使夏、商、周三代以前的王室都把黄帝作为共同的祖先实施祭祀,这种"无宗教的道德文明",反映了当时人民对黄帝深厚的追祖报恩思想。

有专家说,中华民族宗族观念的形成是在夏朝。恩格斯在《家庭·私有制和国家的起源》一书中指出国家是文明社会的概括,文明的标志是国家的出现。中国的国家起源于夏朝。以嵩山为中心的嵩山地域是夏族的主要活动中心,在中国历史上首先进入阶级社会和文明时代。文献记载,夏王朝的族祖,就是从嵩山定居、繁衍、发展壮大的。大禹出生于于嵩山脚下的石纽屯(登封市),继父职为崇伯。大禹的治洪水,划九州,就是从嵩山开始并逐渐推向全国各地的。禹因治水有功,建立了极高的个人威望,被四岳(四方部族首领)推荐,舜选他为自己的继承人,继任为部落联盟首领。舜死后,大禹继帝位,定国都于阳城(今登封市告成镇),国号为"夏"。

至周时,由于周强化宗族观念,尊祖奉先,特别重视人的价值观,使华夏民族对嵩山的崇拜逐渐地由单纯的山岳崇拜向祖山圣地崇拜转换,从而确立了华夏民族文化心理上的祖山地位。周文王以前,周人山岳崇拜的对象是周邦发迹之地的陕西岐山。可武王克商之后,为何要以天下共主的身份祭祀天室嵩山呢? 据《史记·周本纪》记载,周人的始祖后稷,其母姜嫄是帝喾的原配夫人。姜嫄出门到野外,看见一只巨人的足迹,欣欣然特别喜悦,于是用脚踏之,便有了身孕,生下了一个男孩。姜嫄认为不吉利,最初想抛弃他,因为有神佑未能成功,所以取名弃。弃是帝喾的儿子,而帝喾的都城曾在嵩山脚下的西亳(今偃师),嵩山一带本是周人的原籍。古史说"帝喾能序三辰以固民",三辰就是日、月、星。帝喾因善于观察日月星辰的运动规律而指导农牧业生产,被尊为日神上帝。所以。周人把帝喾之都的所在地嵩岳太室山视为祖先群神的居处,当作天的象征来祭祀。

帝喾同时还是殷人的祖先。《史记·殷本记》说,殷的始祖叫契,其母简狄为帝喾次妃,简狄因吞食了燕子掉下的蛋而生契。契和周人的祖先弃应是同父异母兄弟。契长大后辅佐大禹治水有功,大禹就把契封在商这个地方,就是现在的商丘,赐给契姓子。帝喾是黄帝的曾孙,而夏禹的祖父颛顼则是黄帝的孙子。夏、商、周三代都有血缘关系,都属于华夏民族。所以,孔子说,夏、商、周是从"殷因于夏礼,周因于殷礼""周监于二代(夏、商),郁郁乎文哉"这一高度成就的。

周王朝的嵩山情结贯穿于两周始末。据铸造于西周初年的"天王簋"铭文载:武王"祀于天室(太室山)"。周武王在伐商灭纣时发现,陕西的都邑丰镐偏于西部,不能巩固其对东方广大疆土的统治。于是,他选定嵩山下的伊水、洛水之间,建东都洛邑。史料记载,武王死后,其子成王即位,周公姬旦摄政。周公依照古人"王者择天下之中而立国"的建国理念,在营建洛邑的过程中,不但测得"天地之中"的位置,还循殷制,于殷商祭祀天室(嵩山)祠宇的基础上,扩修增建,作为周祭天法祖的神祠。因祠建在太室山上,名曰"太室祠",以"欲尊祖,推而上之,遂及始祖"(《尔雅·释天》),父天母地,"帝喾郊稷"溯远祖,以黄帝为太室主神与天同祀,以表明周和殷商一样是黄帝的后裔法脉正统。

公元前771年,犬戎攻周,幽王被杀。次年平王宜臼即位,东迁洛邑,史称东周。因嵩山太室位于京畿内地,随称嵩山为中岳,自此确立了嵩山华夏"天地之中"的祖山和神山地位。平王迁洛,继先王之礼制,以太室祠为祭天法祖的神祠,举行了隆重的迁都典礼。祭祀上天及岳神先祖黄帝仪式庄重恭敬,以求神明护佑,周族旺盛。为了纪念先祖建祠之功德,祠庙仍沿用旧名为太室祠。

据《穆天子传》载:"天子南游于黄室之丘,以观夏后启之所居,乃于启室。"唐颜师古注:"黄室之丘,嵩高山也。"这里的"黄"是指黄帝。"室"在古代与庙、塚、祠均指祭祀祖先场所。"黄室"应为黄帝祠堂,"丘"为嵩高山。此句意为穆天子满南游建有黄帝神祠的嵩高山,祭祀先祖黄帝后,看到了夏启的住所,并进入启的房屋观看。

周宣王时,更把他的两个重臣申伯和甫侯神话为嵩山的灵石所生("维岳降神,生甫及申")。于是,便有了歌颂申、甫助周王安定南疆的诗篇《大雅·崧高》。高大的嵩山是中岳,雄伟险峻直插云端,嵩岳降下了神祇,甫侯与申伯来到人间。那甫侯和申伯,乃是周室的中坚,他们是诸侯的屏障,将教化向四方播传。申伯是周宣王的舅舅。申伯的封地在今南阳一带。宣王登基后,对申伯优渥有加,扩大了他的封邑,并派大臣召公虎为申伯创建了都城谢邑,殷切希望他能安定南方诸侯,维护周王朝的统一。甫侯是宣王的名臣仲山甫,其封地在吕。申、吕及许、齐都是姜姓国家,是炎帝之后。他们与黄帝之后的姒姓夏人把嵩岳称为祖先宗神的观念完全相同。在申、吕等姜姓国家看来,既然他们是嵩岳的灵石所生,那他们的祖先死后,其神灵必定全部集聚在被称为天室的嵩岳之上。

《史记·封禅书》载:"秦并天下,令祠官奉祀太室,不言建祠者,或周之旧物。"专家认为,周之旧物,应为周公姬旦营建洛邑时所建的太室祠。祭天法祖是周礼宗法信仰的核心,尊祖奉先作为一种品德,自夏商周起在华夏民族历史发展长河中传承,风移俗易唯此根深蒂固。

沿袭历史,太室祠成了帝王祭祀远古始祖轩辕黄帝和中岳嵩山之神轩辕黄帝而设的国家庙宇。在此供奉的中岳神是一个天人合一的形象,他既是华夏始族轩辕黄帝,也是中岳嵩山之神轩辕黄帝,人们习称他为中岳神轩辕黄帝。

古人祭祀

夏、商、周以降,对嵩山的祭天法祖已成定式,以后代代相传,遂成定习。从周时的太室祠到公元前110年,汉武帝刘彻祭祀嵩山,起神官斋戒七日,"闻嵩山呼万岁者三,登礼罔不答。其令祠官加增太室祠(周时旧祠),赐山下三百户为之奉邑,祠衙合一,专奉祭祀",至今香火已绵延逾3000余年。从北魏孝文帝迁都洛阳,亲撰祭文,认定"轩辕曜哲,伊祁载形。逮于有周,实光洛征",到武则天的封禅中岳,尊中岳主神为"天中黄帝",诏县令兼庙丞主祀事。从宋太祖赵匡胤向中岳主神黄帝敬献衣冠剑履、冕服,令祀官按宗庙谥册之制、详定中岳仪注及冕服制度,到真宗、神宗、高宗给中岳主神黄帝所写的祭告乐章,宋徽宗封中岳主神黄帝为"中岳中天大宁崇圣帝";从明代历任皇帝即位在中岳庙设坛对中岳主神黄帝的祭告及有关国家大事的祭告;到清朝顺治、康熙、雍正、乾隆等皇帝对嵩山的祭告及乾隆皇帝的巡幸中岳,都说明了华夏始族和中岳嵩山主神轩辕黄帝在人们心目中的崇高地位。

经过千百年的沿革变迁,中国古代对嵩山的祭天法祖已经汇成了一种传统,历代相承,虽然偶有枝节增减,但其主流趋势一成不变。几千年间,对其他神灵的祭祀或淡漠或消亡,或并入佛道两教之中,唯有对祖先的祭祀历经千年而不衰。他们之所以要到嵩山祭天法祖,主要是为了向世人宣布,他们统治的权力和正义性来自于上天和祖先的赐予,他们正统至尊的地位不可动摇。这种"天人合一、君权神授"思想,成就了数千年中国封建社会特有的"大一统"社会结构。

北魏《中岳嵩高灵庙之碑》载:"夫中岳者,盖地理上官之官府,而上灵之云集,四通五达之都会也。上应悬象镇星之配,而宿值轩辕,璇玑玉衡以齐(治)七政。"其意为中岳嵩山是土神之官室洞府,是上天众神经常聚会的地方,是四通八达通天彻地的神灵之城。北斗星为天之中心,对应上天嵩山为地之中心。轩辕黄帝以土德镇守中岳,主持管理天地之中。魏太延年间(435~440年),"太室祠"改为"嵩岳庙",轩辕黄帝当值。帝王与民间对中岳神轩辕黄帝的信仰崇拜更加普遍和深入人心,嵩岳庙香火至今炽盛。

### (三)宗教意义

嵩山沟通天地的宗教作用,从它的名称也可以看出来。嵩山又名崇山,从字源学的角度看,祭祀祖先的所在叫宗,祭祀天帝的所在也应该叫宗。因此,崇的本义,实际上就是"天室""大室"之意。

天神居住的地方

嵩山缘何被周人称作"天室""大室"或直呼为"天"呢?源于周人对天的崇拜。天在哪里?日、月、星、辰所运行的最高地方就是天,天能生风、云、雷、电,天乃神也。但是,天太高了,看不清,摸不着。于是,《周易》说:"天在山中。"

整个周人的诗篇中只歌颂过两座山,一座是嵩山,除上述《嵩高篇》以外,还有《周颂》中的《时篇迈》:"怀柔百神,及河乔岳(乔高也),允王维后,昭昭有周。"把黄河和乔岳一起来歌颂,认为这是百神之宗。另一座是周人后来发迹之地的陕西岐山。《周颂》还有"天作高山,大王荒之。彼作矣,文王康之。彼徂矣,岐有夷之行子孙保之"的话。意思是,上天造下这高山,太王(文王之祖)来开辟它;人们造下的房屋啊,文王来安定它,人们都会集在这里来,岐山的道路多平坦。岐山也不高,看起来也不过几百米。可是他们歌颂的"高山",并不是以山的实际高度而论,主要是表达他们对心里向往之山的崇拜和敬仰,这是把他们的国运跟祖根嵩山和发迹的岐山联系在一起的。

在周人的神权观念中,山就是天神居住的地方。某方部落兴盛之始,神灵就会降临他们住地附近的山上。所以《国语·周语上》说,昔夏之兴也,祝融降于崇高山,这祝融乃是火神;商之兴也,梼杌次于丕山,梼杌是大禹之父鲧的化身;周之兴也,凤凰鸣于岐山。据古文献记载,丕山在商都墟附近的荥阳北部。夏商兴起之时,神灵两次降临在嵩岳一带。《国语·周语下》则明确地说夏人是嵩岳之后,夏王始祖禹和启是岳石所生,周人"缵禹之绪",也就是说大禹的遗业由周人承担和继承,尊礼嵩山。因此周王也自称是嵩岳的子孙。嵩岳是天,周王为天之骄子。

在早期科学不发达的时候,古人对天神崇仰是很重要的,把嵩山看作是神灵之所钟。他们认为他们的杰出人物都是嵩山降灵所生。中国国家产生后的第一代君主夏启,据说就是嵩山降灵所生。出生夏启的一块大石,现在还在嵩山脚下,叫启母石。这个故事起源很早,初见《淮南子》,后见《汉书·武帝纪》,而且汉武帝登嵩山时还亲自去看过,上面还有汉代人的题记,东汉人在附近还建有启母阙。到周宣王时,他的两位重臣——申伯和甫侯,《诗经·嵩高》上说也是嵩山降灵所生:"维岳降神,生甫及申",所以他们才能赞助周王安抚南国。

古人称天神为上帝或帝,它既掌管自然天象,又主施人间祸福,古人探求天意的主要方法是占卜,举凡战争、祭祀、饮宴、气象、收成、田猎、行旅等事情,都要祭祀中岳。天神不仅仅是君权的赐予者、支持者,还是君权的监督者、限制者。天子从天神那里取得统治人间的权力以后,必须敬德保民,自觉维护整个宗法制度的根本利益,承担一系列职责,才能取得天神的信任。

天室嵩岳之地是三代之居,因此是周人心中的通天圣山,"登陟出于灏气之上",是天人感应的理念所致,具有神秘的天命色彩。嵩山的这种天命色彩对后世影响很大,一直到汉武帝还多次派方士来求神仙,并且亲自到嵩山祭天,封嵩山为"嵩高"。这种宗教信仰上的相寻与共性,也是根脉相连,代代相传,绝不是偶然的。

### (四)政治意义

嵩山地域是夏、商、周的国都所在,是被称为"此天下之中""自服于土中""天地之中"的地方。

史载,黄帝族最早居于天下中心地带。《吕氏春秋·季夏纪》:"中央土,中日戊巳。其帝黄帝。"高诱注云:"戊巳,土日。土王中央也。"又说:"黄帝,少典之子,以土德王天下,号轩辕氏。死,托祀为中央之帝。"《淮南子·天文训》:"中央土也,其帝黄帝。"在古代人们的心目中,天下的中心是在"天地之中""中国"的嵩山地域。

据文献记载,舜在开始治水前就将他管辖的疆域分为12个州,"肇十有二州,封十有二山,浚川"(《尚书·舜典》);而禹是在治水成功,"人得平土而居之"(《孟子·滕文公下》)以后,将他统治的疆域"茫茫禹迹,划为九州"(《左传·襄公四年》)。恩格斯在论及国家起源提出:国家有别于氏族的特征,"第一点就是它按地区来划分它的国民。第二个不同点,是社会权力的设立"。禹将自己统治的疆域划分为九个州,就意味着禹继舜之后最终完成了原始氏族公社制向奴隶制国家的转变。我国第一个奴隶制国家——夏王朝的诞生,是大禹率众成功治水和社会经济发展进步的必然。

文献记载"禹都阳城""启都阳翟"的地望就在嵩山南麓、颍水的上游,现在的登封和禹州。太康时,夏朝迁都洛阳盆地的斟鄩。商灭夏之后,商王汤又定都西亳,城址在夏都斟鄩西北6公里的洛河

北岸,现在的偃师市西翟镇乡二里头村。

《史记·周本纪》:"成王在丰,使召公复营洛邑,如武王之意。周公复卜甲视,卒营筑,居九鼎焉。曰:'此天下之中,四方入贡道里均'";《尚书·召诰》:"王来绍上帝,自服于土中,(周公)旦曰""其作大邑,其自时配皇天。"其意思是:大王来卜问上天,想亲自来洛邑治理民众,周公旦说:营建洛邑,从此施行德政,配合上天治理下民。

周武王灭商前居镐京,城址在今陕西长安县沣水流域。武王灭商,随即封商纣之子武庚为商后,居殷(即今河南安阳)。为监督武庚行动,又封其弟管叔、蔡叔和霍叔于殷之东、西、北的卫、鄘、邶三地,称为"三监"。周武王克商伊始,就认识到有效地统治四方,稳定全国的局势,是摆在西周王朝面前的严峻现实。作为西周政治、经济、文化中心的国都镐京,偏于西土,对东方的控制是不相适应的。史料记载:周武王在孟津会诸侯,路过嵩山。七年,武王去新邑,又过嵩山。《逸周书·度邑解》记载:周武王伐纣灭商后,曾主张把政治、军事重心转移到有夏之居、毋远天室的"中国","依天室,定天保"。武王曾向上天祈告,曰:"我要顺从天意,在中央地区的洛邑,营建新都,从这里治理四方的民众。"

《何尊》铭谓:"惟武王即克大邑商,则廷告于天曰:余其宅兹中国,自兹乂民。"武王所选新都洛邑,就在距中岳不远的"中国"。著名古文字学家于省吾先生释"中国"的由来时指出:"这种称谓,是由于用土圭测量日光照射于地上的影子的距离尺度,以判定其中心所在,因而称之为土中或中土。至于成王迁都洛邑,洛邑接近阳城,故称之为土中,引而申之,这也是后世称河南为中州或中原的由来",表明中岳嵩山是天下的中心。

果然,周武王一得天下,首先就是封禅嵩山。封禅历来被认为是和天命有密切关系的宗教和政治活动。改朝换代不是人事安排,而是天意宿命;不是一意孤行之后的胜者为王,而是人心所向时的众望所归。"始受命之时,改制应天下;天下太平,功成,封禅以告太平也。"在周人看来,高耸于天下之中的嵩岳就是天神之室。周人认为,他们受天命而克商夺取天下,应当礼拜高大的嵩山,以答谢对天神的崇拜敬仰之意。记载周武王登嵩岳太室祭天的西周青铜器天亡簋铭文,是目前所知先秦封禅典礼的惟一实录,是中国最早的封禅记载。

在周武王眼中,依傍天室山而建东都可一举三得:一能取得天的保佑,因傍依天室山,所以"相我不难";二是在此谋划平定刚刚收服的殷民比较方便,即"图夷兹殷";三是嵩山地域是天下之中,利于统治天下。周武王是在嵩山度邑回到西都镐京之后不久与世长辞。周公旦牢记武王"依天室"的遗愿,在嵩山脚下完成了东都成周的建造。工程竣工后,周公迁"殷顽民"于成周,并派八师军力监视,以维护周王朝的稳定。从此,洛邑成周便正式成为西周的王都。

在宝鸡出土的周成王有关迁都洛阳的青铜器《何尊》铭文记述的就是周武王之子周成王迁都洛邑成周,在天室山上为武王举行盛大祭礼,对其宗族子弟进行训诫,并向天宣告定都于成周的史实。何尊铭文也一样称嵩山太室为"天",其用意仍然是为了傍依天室而取得天命的眷顾。上帝鬼神在天室山之上,而周王之都在天室山之下,有利于摈迎上帝神明下临王都宗庙佑助周王;更有利于周王借上帝神权去统治天下,巩固姬周统治集团的地位。

夏、商、周三代都把嵩山看作是沟通天地的神山和祖山,作为他们崇仰的神灵对象。只有"依天室""毋远天室",才能获得正统的天命,上天就会永远保佑他们。夏、商、周三代建都都要建在"毋远于天室"的地方,依靠嵩山来建立国家。于是作为"天地之中"的嵩山,很自然地就成为实际意义上的"中国",成为夏、商、周三代的中心。

把嵩山叫做"天室"(天神居住的地方),不仅史书上有记载,就是西周初年铸造的青铜器铭文亦可互为印证。如周武王铸造的青铜器中,有名的《天亡簋》铭文中有"乙亥,王以大丰,王凡三方,王祀于天室降"的记载。著名的青铜器《何尊》上也有一段铭文说:"惟王初迁于成周(洛阳)复禀武王礼,福自天。"以上史书和铜器铭文中说的"天室",皆指于嵩山。"天"和"大""太"在古代是一个意思,可以通用,因此直到今天嵩山还叫"太室"。

正因为周王室有托庇于天室的嵩山以求永保天命的秘密,所以当西周遭受犬戎攻击而面临覆灭的危机之时,周幽王便在太室山会盟诸侯,期盼得到祖先和神灵的佑助而化险为夷。当然,结果并未能挽救西周的灭亡。但是,正因为有了嵩山脚下的东都洛邑为大后方,周平王才义无反顾地决定东迁,将周朝的天下又延续了200余年。可见,在"普天之下,莫非王土,率土之滨,莫非王臣"中所说的周代,建都"天地之中"对稳定周代统治秩序是非常重要的大事。

周武王克商

嵩山作为京畿"神山"的地位是在周平王东迁洛邑之后得到进一步提高。《山海经》云:"少室、太室皆冢也。其祠之,太牢之具,婴以吉玉。"此话是说,少室山和太室山是众山的祖宗,祭祀用的是太牢之礼。何谓太牢?《礼记·王制》:"天子社稷皆太牢,诸侯社稷皆少牢。"从中可见,嵩山在西周时就已被人们尊为众山的祖宗。

有关嵩山为天室的理念,对后世影响很大,一直到汉武帝还多次派方士来求神仙,并且亲自到嵩山祭天,封嵩山为"嵩高"。至于五岳,那是秦汉以后的事。秦汉的疆域扩大了,建立了空前的封建大帝国。一个天神当然无法把全国管理起来,在东、西、南、北才又增添了四岳,成为后来的五岳。统治者为了巩固其统治地位,在治理天下中,要达到政治和天下的统一,他们利用古人们对"天神崇拜"和"中央崇拜"的信仰,把天当作人间主宰。

长期以来嵩山地域为"三代之居""天地之中"的政治理念,一直在封建社会延续,成为后世诸多王朝定都天下之中的主要根由。追溯历史,位居"天地之中"的嵩山地域一直是古代王者的建都之地。沿袭古人王者居天地之中的观念,从夏、商、周三代的都城之地,到十三朝古都的洛阳以及古人的陪都之地洛阳,都说明了"天地之中"政治的意义重大,影响深远。

虽然经济社会文化中心在宏观趋势上有一个由西向东、从北至南的移动,且王朝的都城也基本顺同方向在变化,但一般还都想方设法把都城放到"天地之中"。北魏孝文帝迁都洛阳,是因为"崤函帝宅,河洛王里,因兹大举,光宅中原"(《魏书·任城王云传》);隋炀帝营建东都洛阳城是由于"洛邑自古之都,王畿之内,天地之所合,阴阳之所和,控以三河,固以四塞,水陆通,贡赋等,故汉祖曰:'吾行天下多矣,惟见洛阳'"(《隋书·炀帝纪》);唐太宗亦"以洛阳土中,朝贡道均,意欲便民,故使营之"(《资治通鉴·唐纪》)。即使两汉之间的新莽朝,王莽建"新"代汉,虽然继续都长安,但他明确告知臣下,一旦时机成熟,"即土中雒阳之都",要迁都于洛阳。洛阳之所以有着长达1500年十三朝的建都历史,除洛阳居"天地之中"和夏、商、周三代顺天道"自服于土中"的历史渊源外,"天地之中,利于统治天下"是其重要的政治意义所在。

### (五)传承意义

从先秦起,在古人的世界观不断形成与深化的过程中,"天地之中"作为一种理念的东西,是长期存在的。并作为东方古老文明最核心的构成部分影响深远,一定程度上传承至今。

"天地之中"作为古人认识自然与环境的一种具有特定内涵的哲学观念的形成,经历了一个漫长的自然历史过程,它作为一个能够标识一种文明类型,高度概括的哲学认知,是整个华夏先民的集体智慧选择和群体认知结晶。从大量古代典籍记载,今人的研究成果,以及所揭示出来的丰富考古资料,均说明"天地之中"观念在嵩山地域经历了一个孕育、萌芽、发展、定型等环节接替相因的完整过程。

"天地之中"观念的形成,与古人对天、地之形状及其关系有关。先秦以前,中国人形成了自己对天、地的独特感知,认为地是平的,又根据当时人的活动能力与行为半径等生命体验、断定其范围大小有限,大地有中心即"地中"。

周公测景以定"天地之中",是该思想发展到非常成熟的阶段。夏商甚至更早的时候,在人们对东、西、南、北、中等方位考虑的过程中,已酝酿着对"天地之中"的认识。三代时,人们不仅在嵩山地域活动,而且在思考和寻找着"地中"应该所在的地方。

史载:"昔唐人都河东,殷人都河内,周人都河南。夫三河在天下之中,在鼎足、王者之所更居也,建国各数百千岁。"这就高屋建瓴地指出,中华古代文明的核心区域在今晋南、豫西、豫北等。这是范围和区域较大的"天地之中"。"河洛地区是夏商周三代建都之地,号称中华民族的摇篮,是中国古代政治、经济、文化的中心。"

不过,在这个核心区域内里面,哪个具体地方是"天地之中"呢?答案很明确,"昔三代之居,皆在河洛之间,故嵩高为中岳,而四岳各如其方"。五岳各据一方,惟嵩山处于中央。

夏时,王朝的中心就在嵩山地域。史载,禹"乃受舜禅,即天子之位……三年丧毕,都于阳城""(阳城)县是故城南,昔舜禅禹,禹避商均,伯益避启,竟于此也。亦周公测日景处。"司马迁对此事实也是认可的:"禹避舜之子商均于阳城"等。考古资料证明,夏禹的都城阳城在河南省登封告城镇的王成岗。

禹子启都阳翟(今禹州市)。"《春秋左传》曰夏启有钧台之飨,是也。杜预曰:'河南阳翟县南有钧台。'……颍水自竭东迳阳翟县城北,夏禹始封于此,为夏国……徐广曰:'河南阳城阳翟,则夏地也。'"

太康居斟鄩。《竹书纪年》载:"太康居斟寻,羿亦居之,桀之居之。"斟鄩之地望,邹衡先生考定在河南巩义。巩义现已发现稍柴遗址,属二里头夏文化。而偃师二里头考古发掘的宫殿建筑,青铜器等,说明它曾长期作为夏都之地。

在被"小邦周"攻灭前,商王朝亦认为居于王国中央。关注其东土、西土、南土、北土等。例如,"殷墟卜辞中已显示商人从五方方位的观念来认知其世界"。将其疆域划分为五部分,王直接统治中心的王畿之地。这与商人倾向于居中的思想有关。

总之,王者居天地之中的观念,经历了孕育、萌芽、发展。"河洛地区……素有中土、土中、地中之称"。到了西周初年择定新都的时候,出现了营建洛邑与周公测景定天地之中这样一个标志性事件。周公测景作为一个真实的历史事件,其承载的政治、文化内涵在历史发展中,具有里程碑的意义。

周公测景是为了配合或支持营建洛邑,而地点则是在阳城(今登封告城镇)。为什么测土中,要在阳城之地呢?因为,阳城曾是夏禹之都,周人认为承因子夏,而嵩山地域又是"天地之中",周公要测景,非得在阳城进行不可。故而,"郑司农云:颍川阳城地为然者,颍川郡阳城县是。周公度景之处,古迹犹存"。

周代先王秉承了"天地之中"这个传统，强调自己是有夏的继承者。当周人最终完成了东西、南北的一体联通后，并在"天地之中"建立新都洛邑，把这个扩大后的"王土"，称为"有夏""区夏"。占据天地之中优越位置的夏人之地，是天地之所合也，四时之所交也，风雨之所会也，阴阳之所合也。在周人看来，夏地不仅是四方广大、四至远阔的先王故国，也是生发万物的宇宙中心，具有该地，周人以替天下作主的志向开始了对疆土的经营。在这个过程中，华夏民族逐渐培铸而成。

选择天地之中，其地理方位本是相对而言，确定天地之中等无法离开两厢或四至、四为。三代之时，虽在为断寻找王土之"中"，但该地域自始有变，到了"小邦国"翦商大业完成后，嵩山地域才成为名副其实的"天地之中"。这片区域本是夏人活动的核心，但在夏商西东对峙，或者商、周东西并存的时候，它的居中地位并不凸显，至商灭商，以夏、商旧疆与周人本土为基础的中、东、西格局，方趋于明朗。而嵩山地域的中国恰好处在中间，自是"天地之中"无疑。而为了强化这种认识，尚需借助于测景这一在当时被认为是最先进的"科学"等手段。

三代乃至后来相当长的时期的人们，根据当时的实践水平，认为自己所处的地方是大地中心，是"溥天之下"王土的中央，并以为之作为观察世界的出发点，区分华夏与蛮夷、中央与四方等。以周公测景而定"天地之中"，是客观的历史的存在，影响深远。尤其是封建大一统的中央集权国家秦汉形成以后，更是明确地指向了嵩山地域。

元代观星台选址在嵩山脚下的告成的古测影台之地，这与中国古代所谓的"天地之中"观念的传承是分不开的。告成在古代称为阳城，是古人心目中的"地中"——大地的中心。受"地中"观念的影响，作为中岳嵩山，自然是"天中之山"，而嵩山地域则自然是天地的中心"天地之中"。这是古人按照自己的世界观与方法论，对天、地之形状及其关系的特殊认识。

纵观历史的发展，从为了配合或支持营建洛邑，周公在阳城测景而定"地中"，到唐代"仪凤年四年五月，太常博士、检校太史姚玄辩奏于阳城测景台，依古法立八尺表，夏至日中，测影有尺五寸，正与古法同"，从唐代"阳城有测景台，开元十一年，诏太史南宫说刻石表焉"，到元代至元十三年（1276年），天文学家郭守敬在"周公测景台"北侧建造另一个用于天文观测的建筑物即观星台，再到2010年8月1日，正式进入世界文化遗产名录的登封"天地之中"历史建筑群，就很好地记录了这种理念的彰显和传承。

嵩山地域位于古代中国的核心区，得四方围绕、拱戴，故称华夏。得地理之便，这里成为经济、政治、文化等要素的汇集地，儒、道、释等诸家主流文化交流激荡和彼此砥砺借鉴，相互促进。而这些不同的主流文化，以各自不同的表达形式表达出周公测景以定"天地之中"的理念。譬如，佛教中的《嵩岳少林寺碑》曰"正气居六合之中"、《会善寺戒坛记》曰"嵩高得天下之中也"，道教中的北魏《中岳嵩高灵庙之碑》曰"严严嵩岳，作镇后土，配天奉化，总统四旅"、宋代《中岳中天王庙碑》载"昭昭岳神兮，镇于寰中"、元代《中岳投龙简》载"阳城天地中，神灵奠神岳"、金代李子樗的《中岳庙记》曰"惟岳之位，宅中央地"、明朝《天中阁记》载"嵩位在地中，而天中亦在焉"、清朝康熙帝的《御祭嵩山文》载"惟神环通八表，雄峙中天"等，名儒宋朝欧阳修的《丛翠亭记》曰"九州皆有名山以为镇，而洛阳天下中"、清朝王日藻的《嵩阳书院记》曰"嵩岳宅天中，为阴阳风雨之会"，明代周宣《周公祠堂记》曰"恒言洛当天地之中。周公以土圭测之，非中之正也。去洛之东南百里而远，古阳城之地，周公考验之，正地之中处"、明代朱衡的《天中阁记》曰"惟是洛邑当天地之中，而嵩又当洛之中"等各种史料典籍中的"天地之中"说，可见"天地之中"的传承意义之深远。

# 第三节 从"北极崇拜"到"中岳至尊"

## 一、天地之中与主宰之天

天地之中,又称地中、土中,古代的中国人认为:天圆地方,中国是天下中心,"中央之国"。中国又称华夏,夏是"雅"之意,是天下最文明的地方。这是建筑中国文化价值坐标的一个基础。

人类对天、地的认识,最早只是一种直觉的印象,认为在半球形的天穹下,是一个圆而平的地面,圆面的中心就是观测者的所在地。这种半球形天穹和平坦的地面印象,被概括成为"天圆地方"的说法,是人类认识世界的起点。

随着天象观测的深入,人们发现星星有时在天上,有时到地下,就像太阳东升西没一样。这样,天圆地方说就演变为浑天说。浑天说认为天是由地上和地下的两个半球形组成的完整的球形。这与天圆地方说相比,是一个进步,但它的宇宙中心仍然是观测者的所在地。

人们通过观测和思考,把天象观测的场所从一个地方扩大到广大的地区,对天、地的认识提高到了一个新的阶段,形成了盖天说。盖天说认为天、地是互相平行的球面,天的中心即最高点,是天北极;地的中心是天北极正下方的地面。盖天说克服了浑天说的地区局限,是从"家乡中心说"到"地球中心说"的过渡。

在古代中外先哲的眼里,天是一种完美、和谐的代表,它比养育人类的大地更具有神秘色彩。根据阴阳五行说和八卦学,天为阳,地为阴,阴以阳生,阳为主,阴为次;阴阳各居其间,不可颠倒;阴阳合而生成物;阴阳相序,万物乃昌;君乃天之骄子,一国之主,臣乃君之奴仆,君主阳,臣主阴,天地不变,君臣不移。

阴阳五行之中包含了许多天命思想和天圆地方的观念。任何思想观念是现实世界在人的头脑中的客观反映,这种观念意识一经形成,就会按着自身的发展规律折射在现实生活中。在人们的观念中,天是不可怀疑、不可侵犯的象征,皇帝乃天之骄子。

在天帝崇拜的远古,夏人尊天事鬼,统治者把天当作人间主宰,并有了一套祭天的制度和活动。殷人探求天意的主要方法是占卜,举凡战争、祭祀、饮宴、气象、收成、田猎、行旅等事情,都要通过占卜,探明天神意旨,而后决定行动。周人灭商以后,将宗法奴隶制从低级提到高级水平,使之成为整个国家机构和政治制度的基本体制。这时天神的社会宗法属性增强,天神"唯德是辅",人君必须"以德配天"。天神不仅仅是王权的赐予者、支持者,还是王权的监督者、限制者。

秦尚水德,德者,得也,得天者,所以受天命,天降命使之君主,皇帝代表着天的意志。秦始皇三祭泰山,四处巡游,利用各种形式炫耀天下,昭示天命。他把天命、皇权巧妙地熔于一体,投影在秦半两钱的形制,外圆——代表天命,内方——象征皇权。

嵩山作为一个天地之中的能沟通天与地的神山,一方面它代表了天,一方面它代表了地(位居中央,统领四方)。我国进入奴隶制后,夏商周时期,是神权与政权高度结合的社会,国家的政治也必须获得由来于天的最高原则。这样,才能遵从天命,达到天人合一。

嵩山位居天地之中，这是一个地理位置的概念。登封王城岗夏代阳城遗址的发掘，提供了一个极好的例证。该遗址距位于"土中"的周公测影台不足一公里。从遗址出土的"阳城仓器"四个字来看，夏代时即以此地为阳城。阳城的命名当与测日影、寻土中有关。从那时起，西周、战国、秦汉至元明各代，此处始终被视为地之中央。该地中岳庙牌楼所题"配天作镇"的匾额，恰正反映了历代以此为地中，上配中天，天人感通，顺治天下的思想。

我国著名史学家冯友兰认为，中国的天是"自然之天""主宰之天""道德之天"。既然天下包含了自然、神灵和道德，所以，天下绝非一个单纯的物质概念。它同时也是一个社会的概念、精神的概念和文化的概念。天下的理念，既包含广袤无垠的空间，也包含了延续不断的时间，更包含了理想的秩序。所以，天下是自然与人文汇合的空间，是政治权威和社会秩序交融的所在，也是中国朝贡体制的基本理念。

## 二、北极崇拜

按照华夏民族的信仰与原始宗教观念，古人把天当作神，称天神的意旨为"天命""天意"。历代帝王祭天，就是祭天神。这样，嵩山这座被称作"天室"的神山，便成了帝王承受"天命"的重要工具。

古代人不了解天是怎么一回事，茫茫苍天无边无际，自然界的风雨雷电，都成了上天的意志。按照先人是以天象、天道阐释人事的原则，古人把日月星辰等天体在宇宙间的分布与运行以及风云雷电都列入观察天文变化之范围，即《易·贲》所说："观乎天文，以察时变。"

远古的先民们在天文观测中，很早就发现了在斗转星移、变动不居的宇宙中，居然存在着一个众星拱卫、相对稳定的天体"中心"，那就是北极星（星座名，北方天空的标志）。北极星位于小熊星座，也叫"小熊座α星"，距地球约401光年，是夜空中能看到的亮度和位置较稳定的恒星。由于北极星最靠近正北的方位，因此，它是北方天空的标志，是野外活动、古代航海方向的一个很重要的指标。中国古代称它为"勾陈"或"北辰"。尽管考据显示在不同的历史时期，被作为这个"中心"的极星有着不同的星体对应，但这已充分显示在古代，北极星"被理性地认为是枢轴，是无影无象的动力源，是至尊原则的象征"。这个众星环绕的北极天区，为先民在观念上提供了一个神圣的中央的具体模式。作为一个富有理性的民族，华夏先民通过对星空（上天）发现和观照，进而产生了中央崇拜的宗教性情感，悟出了"众星拱北极"的道理，从而产生了"北极崇拜"。

古代天文学家对北极星非常尊崇，认为它"固定不动"，众星都绕着它转。其实，由于岁差的原因，北极星也在变更。3000年前周代以帝星为北极星，隋唐宋元明以天枢为北极星，12000年以后织女星成为北极星。首先，在对浩如烟海的古代典籍与茫茫历史陈迹的研究中，天文学家们找到了一系列被我们的祖先废弃的北极星的名字，并经过现代科学方法的检验，证实是正确的——根据地球自转轴北极指向的天空以每年15角秒的速度运动，这些北极的转换在地球运动的过程中，确实都曾处于北极或距北极较近的地方。如果将它们开列出一张清单，便是中国文化中的至上神——北极帝星演变的"神谱"，它们的排序及年代是：公元前4000年左右的北极星——左枢；公元前3000年左右的北极星——右枢；公元前2000年前后的北极星——太乙、天一；公元前500年左右的北极星——天枢。这些显赫的天之"大星"随着历史车轮的前进，在岁差现象的"威逼"下，一个接着一个退出历史舞台，直到今天，它的桂冠才又戴到了当代北极——勾陈（小熊星座a）头上。此番独特的历史巡礼，似乎在告诉人们：巍巍天宫神阙原来也在不停地"改朝换代"。

这一"北极天朝"的神谱，负载着极为丰富的文化信息。从自然发展史的角度，它宣示了我国天文观测活动极为悠久的历史，记录了因岁差现象带来的周期变动与北极的位移，是我们的祖先奉献给世界天文学史的一份弥足珍贵的历史文化遗产。从文化史的角度，这一"神系"的推衍，业已雄辩地告诉人们：北极尽管在数千年内发生了几次位移——左枢、右枢、太乙、天一、帝星等，而中国人的眼睛从未放弃这一追求的目标。北极崇拜是中国文化史上的一条从未断裂的传统，一个亘古而来的文化原型。

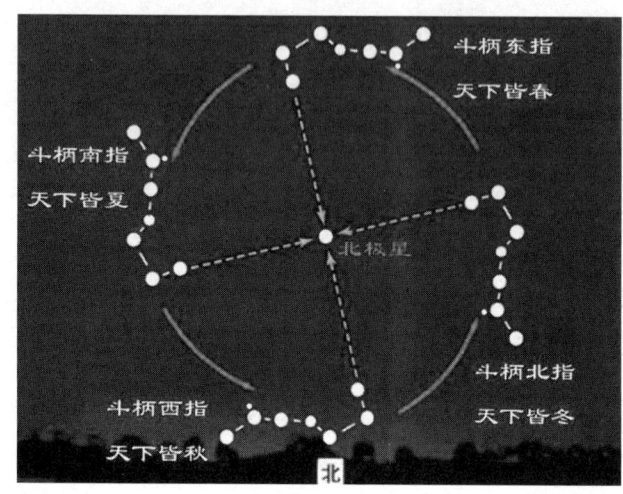

北斗七星与北极星运转图

北极星崇拜是天和天神崇拜的重要触媒，从而产生了"中央崇拜"的中心主义。由仰视俯察所获得的地域之"中"和天体之"中"的方位观念，标志着与中央方位的连接和天文视域中极星作为宇宙中心的建立，说明了在文化层面上一种自我体认的确立和成熟，也意味着在抽象思辨的向度上一种具有主宰和决定意义的"根本"的形成。同时，也代表着一种方位观念的世界观，及与这种世界观相呼应的人生观。《左传·成公十三年》有曰："民受天地之中以生，所谓命也。"《中庸》中的表达则更为明晰："中也者，天下之大本也。"

按照先人以天象、天道阐释人事的原则，"中央思想"最早是从"众星拱北极"的自然现象中，感悟自然天象中蕴含的关于天意的启示，形成天人之间的共鸣，最终再实现对"天国秩序""天人合一"的认同。既然天上有"天中"，那么地上也有"土中"，天下的秩序应该是：在土中建立的"中国"是天下的中心，天下万国必须以"中国"为中心，共同维护一个和谐完整的天下。由此，华夏先民形成了"择天下之中而立国"的建国理论。

顺着北极"神谱"记录的历史足迹，回溯漫漫的民族历史，对于我们理解的"中央观念"产生的渊博，完全是一条沿波讨源的正确途径。因此，我们说，"中央观念"是古人一种探索人类最基本生存的自然环境及天地宇宙的过程和结论，是在特定历史时期所确实存在过的古人认识形态，而决不是一种地域的观念。

## 三、中岳至尊

### （一）北极星是宇宙时钟的核心

流传至今的《夏小正》是夏文化的遗产。《夏小正》的纪时标准星是北斗，而北斗的枢纽仍是北极星。北斗围绕北极星作准确的周期运转，便为人类提供了日历与钟表发明前的"无字日历"与"天体摆钟"。

无论渔猎经济还是农牧经济，总离不开时间与空间。因为，气温的高低、雨量的多寡、日照的强弱、霜期的长短，都极大地影响着农牧业。季节变化规律的把握越准确，时间划分得越细致，对于畜群的繁殖与农作物的收成越有利。这是一个有关季节时令变化掌握的问题，是原始人类要在自然面前取得主动权与自觉性而无法回避的问题。起码到科学高度发达的今天，我们测量时间还是要借助于物体的有规律运动和变化。手表是指针匀速度的运动,挂钟是利用钟摆在重力作用下有规律的摆动;原子钟则是利用铯原子或铷原子有规律的高频振动。这一点与原始的借助物体有规律移动记时,没有本质区别。

《夏小正》《鹖冠子》提供给我们的这个有规律移动的天体是北斗。北斗距北极星较近,就像一个以北极为轴心的太阳针,永恒转动。它以如此强烈而鲜明的特点,较早引起人们的注意,从而被奉至"以齐七政"的高度是再自然不过了。

按古人的天文观念,北极星、北斗七星和岁星,实际上组成了一个巨大的宇宙时钟:北极星是这架宇宙时钟的核心,北斗七星是表示月的变化的"月针",一年一周天;岁星则是表示年的变化的"年针",十二年一周天。三者共同完成"分阴阳,建四时,均五行,移节度,定诸纪"的伟大使命。

### (二)哲学启示

北斗的运转,好像总是围绕着一个点,这个点就是北极星。北极星在一个相对长度的年代里,看起来恒定不动,而满天的星辰"自觉"拱卫着它,以它为中心作永远无休止的运动。这种自然现象在原始人的心目中,唤起多少神秘的想象!

人们试图解释这一神秘的现象,于是,它被理性地认为是天之枢轴,是无形无象的动力源,是权威、力量、至尊的象征,是万事万物的本体。对这种玄妙而幽远、无形无象而又不可知的宇宙本体的探索,成就了华夏民族玄学哲学意识的本体论以及其他哲学方面的思考。然而,又有谁能解开其中的奥秘? 远古的人们最终只能从"神"与"道"的关系中获得自己的答案。

中央为核心、众星拱北辰、四方环中国,就是古代人众星拱北极的哲学启示。作为"中"的基本内涵,方位上的中央观念是一种典型的理性预设,它标志着在文化层面上一种自我体认的确立和成熟,也意味着在抽象思辨的向度上一种具有主宰和决定意义的"根本"的形成。这种核心区域的"中国"观的形成表明:"'中'的观念,显然代表着一种方位观念的世界观,和与这种世界观相呼应的人生观。"

在古人看来,"中国"是全天下最神圣的地方,是全天下的中心和枢纽。由于"北极星"的崇拜,中国人信仰的是"中教"。在中国传统思想体系三大主干的儒、道、佛三学中,"中"是极为重要的一类概念和哲学范畴,由于认识角度和言说维度的不同,三家基于其不同的理想归趣对"中"有着各自的理解和阐述。儒学的"中和""中庸"、道学的"时中""守中"、佛学的"中道"等核心观念构成的中国的"中"思想,在儒、道、佛三家的体系占据中心的地位,这些学说通过不断发展和演化,共同构成了代表中国传统思想精髓所在的"中"的哲学理论。由于三家立学的归趣的不同,使得"中"在三家的相关思想中有着明显不同的指向。如果说儒以治世、道以治身、佛以治心是三家的典型特征的话,这些特征在三家对"中"的阐述中有着集中的体现:在儒家看来,"中"虽然具有本体的意义,但其根本还在于对"中"的运用,即"执中"上,而这个所执之"中"在现实生活里是以执"善"来彰显的。而道家所守之"中"则更具方法论的意味,它是"道"(本体)之用,是个人超凡入仙的门径。相比之下,佛学中的中道理论显得更加完备和精深,在这里"中"既是本体所在又是方法所用,应该说"中"的哲理建构在佛教中道思想里达到了顶峰,并对禅宗、道教、玄学、内丹学、宋明理学,特别是心学产生了重大的影响。

在我国哲学元典中,《中庸》和《易传》中的有关"中"的阐述较为系统和完整,是理解"中"的哲学内涵的一个重要方面。《中庸》中的核心概念是中庸、中和、时中和执中,它们是以孔子为代表的先秦儒家所倡导的一种宇宙观、方法论和道德境界,也是儒家伦理和审美思想的集中体现。孔子的政治哲学基础就是有关治国方面的"德治主义"。《论语》记孔子答君王及弟子问政。如孔子答齐景公问政曰:"君君、臣臣、父父、子子"(《伦语·颜渊》);答子路问"待子而为政,子将奚先?"曰:"必也正名乎!……名不正则言不顺,言不顺则事不成,事不成则礼乐不兴,礼乐不兴则刑罚不中,刑罚不中则民无所挫手足。"(《论语·子路》)在孔子看来,政治首先就表现为一种统治秩序,故治乱兴政的首要任务就是营造一种人人都能够名正言顺地生活,使得君像个君样,臣像个臣样,父像个父样,子像个子样。至于如何进行统治,孔子则强调:"为政以德,譬如北辰居其所而众星拱之。"(《论语·为政》)这里"为政以德"是对统治者的要求,即是要求统治者以自己的德行来凝聚民心,使得人民能够像众星拱北辰那样地拥戴他们的统治者。孔子又说:"道之以政,齐之以刑,民免而无耻;道之以德,齐之以礼,有耻且格。"(《论语·为政》)以刑名法正来治国,民或许可以苟免而无罪,但却难有德行;但若行礼治教化,以德行为导向,则民皆可有知止礼让之心,于是整个社会都可过一种"合于美德的生活"。

### (三)政治、文化的启示

人类是一种具有思维能力的动物,而思维天生对秩序存在着追求,是秩序形成一切思维活动的基础。作为一个富有理性的民族,华夏先民通过对星空(上天)的观照,悟出了"群星拱北斗"的道理,因而对"神"与"道"的关系获得了自己的答案,于是,中国的政治获得了由来自天的最高原则。圣哲们有了所谓"居其所而众星共(拱卫)之""天道恒象,人事或遵。北极足以比圣,众星足以喻臣"等充满哲学意味和政治伦理色彩的论断。中国的政治和文化历来信奉的"天垂象""圣人则之"和"观乎天文,以察时变;观乎人文,以化成天下"等信条,其理论之源起大都来自古人对天所垂示的原则——"道"的领悟。此观念应是当时的文化核心之所在。也就是说,当时多数人所认同的是,不动的北极天中就是天地之主位。

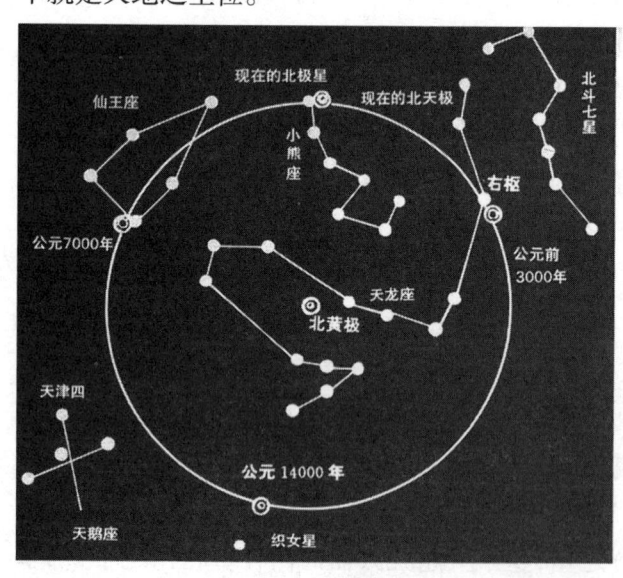

天宫北极图

简言之,众星拱卫的北极天枢,为先民在观念上提供了一个中央神圣的具体模式,对北极天区神秘性的发现与体认,产生了中央崇拜的宗教性情感。这种情感在诸如父家长宗法制以及其他民族特性的交互作用下,产生宗教性崇拜活动,从而形成了流贯于中国文化中的一个古老原型,即作为后世正统思想的"中央思想",或称"中央意识",来自于上古的"北极崇拜",而"北极崇拜",根据人类学的追溯,大约起源于西部民族的原始信仰。诚然,上古时期,中国的太阳神崇拜曾盛极一时,并对中国文化产生过不容忽视的影响,然而,从整个文化史的角度来考察,北极崇拜才是一个更深地影响到中国的政治、伦理、道德、民俗风情的从未中断过的正统的观念形态。

由"北极崇拜"形成的"中央思想",一旦和政治联姻以后,便深刻影响到中国的政治、伦理、道德、民俗风情的从未中断过的正统的观念形态。尤其是上古时期以崇拜北极星的周期文化为代表的鲜明而突出的理性特色,及其对后世正统理论——儒家思想的成功影响,决定了中国文化对理性的执着的选择。于是,这种带有准宗教性质的北极崇拜,一旦被政治选择,就决定了它永久与政治联姻,而定格为中国文化的一个亘古不变的重要母题和文化原型。

"择天下之中而立国",就是在这种观念中形成的建国理论。不同的时代虽然对天下之中有不同的名称,但历朝历代都认为自己国家是"天下之中"的国家。在地理的中心位置立国,显得更有合法性。

## 第四节 法天观念一统天下

中国古代素有天人感应的思想,认为天象的变化反映着人间的丰歉、战争与和平、王朝兴衰和帝王是否"有德"等情况,"其与政事俯仰,最近天人之符",因此要根据天象来采取措施:"日变修德,月变少刑,星变结和。——太上修德,其次修政,其次修救,其次修禳。"这是中国古代占星学的基础。在这种思想指导下,统治者要求天文学家日夜注视天空,详细记下各种奇异天象,以便预知"休咎"。

我国古代的天文学家把天上的星宿分为三垣、二十八星宿和其他星宫。其中紫薇垣是中垣,位于中央又称中宫。因为紫薇垣的位置亘古不变,居于上天的中央,所以古人认为紫薇垣是天帝居住的地方。北极星是帝星,而其他星就像是臣子般围绕着它。所以《中庸》中说:"北极足以比圣,众星足以喻臣。"北极星非同寻常的意义在于"众星拱卫"中所发现的神秘天象——"北极天朝"。例如公元前2263年五帝时代的北极星"太乙",公元前1097年周公时代的北极星"帝"等。由于它们看起来在天空中固定不动,被众星拥护,故被视为群星之主。

在中国传统文化上,北极星崇拜的文化意义,就在于古人最初从北极星独特的地位中所形成的神秘体验与神秘意象,以及由这些意象深化形成的中央(北极)居要、四方(四象)来效的原型模式而产生的崇拜心理——崇信它是神圣而至上的超自然力存在,是秩序,是神明,是宇宙万物的本源与最高准则,是人类必须效法的基本楷模,等等。换句话说,人们通过北极崇拜而产生了法天观念。这一格局建立在对以北极帝星为中心的天国秩序的体悟、发现、认同与模仿。

中国历代典籍中,很多历史文化名人,对法天观念都有精辟的论述。《尚书·舜典》云:"在璇玑玉衡,以齐七政。"《尔雅·释天》载:北极谓之北辰。《论语·为政》有孔子所说:"为政以德,譬如北辰,居其所,而众星共(拱卫)之。"《观象玩占》载:北极星在紫微宫中,一曰北辰,天之最尊星也。其纽星天之枢也。天运无穷,三光迭耀,而极星不移。故曰:"居其所而众星拱之。"《史记·天官书》在描述了"中宫天极星,太一常居也"之后,说"斗为帝车,运于中央,临制四乡,分阴阳,建四时,均五行,移节度"。白行简的《斗为帝车赋》说:"遥望帝星(北极星),宛在彼中央……犹一人(皇帝)之在上,而万国之是制。"冯宿的《星回于天赋》也说,为人君者"必当观天象以立规(政策法规、治国方略)验周星而取制"。李程的《众星拱北赋》叹道:"邈矣辰极,凝光于北,以迢迢之远状,出苍苍之正色。荫华盖作上帝之居,拥神休为下土之式,厥高可仰,其仪不忒,观众星之附丽,如小邦迷怀德。"这种"运于中央,临制四乡"也好,"拥神休为下土之式(楷模)"也好,统统是以天象、天道阐释人事的原则,表现了鲜明的天国秩序的体悟、把握与认同的特点,故而典籍中"为政譬如北辰""为政同乎北极""北极足以比圣,众星足以喻臣"的记载比比皆是。

古代先哲以北辰为比喻,足见其对北极星存有的崇拜之观念。这正是中华文化特色的真实写照。它记录了中国人认识发展的一段过程,记录了中国人对自然天体——以北极星为中心的天穹模式的观照、体悟,以及由此产生的伦理道德、人文政治的附会、虔诚的认同与身体力行的模仿。中央崇拜正

是这种民族文化心理积淀的产物。

## 第五节 "中央崇拜"的多种学说

在影响中国人思维方式与行为方式的文化观念中,"中岳至尊思想"的文化观念产生了持续深远的影响,并派生、附会出许多新的思想和学说。

### 一、阴阳五行中的五岳说

中岳至尊思想是中国传统的阴阳五行哲学观念的产物。我国古代很早就有对山的崇拜,认为仙人住在山上,因而五岳作为中国平原地区的重要山体,自古以来承载了中国古人自然崇拜的物质空间,其独特壮美的自然景观使先民对自然崇拜有了丰富的物质依托。

据道教典范《洞天记》云:"黄帝画野分州,乃封五岳。"黄帝远在5000前,其疆域版图不出黄河流域,黄帝是否封岳无正史可查,但是在有关黄帝的神话中,的确有着"位居中央,统领四方"的故事。大约5000年以前,黄帝以主雷雨的天神而崛起,势力迅速扩大,与他的同父异母兄弟炎帝发生了激烈的对抗。炎帝姓姜,号为神农氏,传说他牛头人身,是南方的太阳神。他自行其是,不听从黄帝的号令,终于导致双方在阪泉之野展开了大战。炎帝在战斗中使用火攻,并请火神祝融下凡助战。黄帝是主雷雨的天神,便以水攻反击炎帝。他统帅神兵天将,并调集熊、罴、貔、貅、豹、虎等上战场助攻,经三次激战,炎帝战败,被迫退回南方。

黄帝战胜炎帝之后,成为中央天帝。他位居天庭的中央,手里握着一根绳子,与他的属神后土共同统领四方。在中央天帝黄帝四面,各有一位天帝,分别掌管各自一方的事务。东方天帝是太昊,其属神是勾芒,手执圆规,掌管春天,是春神;南方天帝是炎帝,属神是祝融,手执秤杆,掌管夏天,是夏神;西方天帝是少昊,属神是蓐收,手执曲尺,掌管秋天,是秋神;北方天帝是颛顼,属神是玄冥,手执秤锤,掌管冬天,是冬神。四方天帝皆属中央天帝管辖,从而建立了以黄帝为中心的神国组织。

黄帝在东南西北中这五个方位中,以占据中央的绝对优势,统领四方,在与蚩尤的对战中,历经千难万险,终于得胜,天下太平。涿鹿之战后留在中原地区的蚩尤部落民众、炎帝族民众与黄帝族民众生活在一起,相互融合,共同形成了中华民族的祖先,而黄帝也被尊为中华民族的始祖神。

五岳一词最早见于《周礼》和《礼记》,但确定泰山、华山、嵩高山、衡山、恒山这五座山为五岳,应在这两书形成前的春秋或战国时期。在科技水平不发达的当时,五岳所处的地域,相对于中国的其他大山所在的环境而言,其人类社会活动的频率和生产力发展水平要高得多。

早在远古时代,人们就开始对自己所熟悉的五岳产生了自然崇拜和亲近。后来司马迁在《史记·封禅书》中,才对名山大川较翔实可靠地总结了自五帝至秦代的演变过程:因为夏商周的国都都在黄河与洛水之间,所以嵩高为中岳,其他四岳各随其方,四渎都在山东。至秦称帝,建都咸阳时则五岳"四渎"均在东方。秦并天下后,才有了明确规定:自河南省崤山以东为名五山,即嵩高、恒山、泰山、会稽、湘山。汉之前五岳之制因势而异,各有不同。周建都于丰、镐,以华山为中岳;周平王东迁洛邑以后,又以嵩高为中岳,华山为西岳。只有东岳泰山和北岳恒山自古未变。至汉武帝时,才正式创立五岳制度,并登礼天柱山封为南岳。据《汉书·郊祀志》载,汉宣帝神爵元年(前61年)颁发诏书,确定以泰山为东岳,华山为西岳,霍山(即天柱山)为南岳,恒山为北岳,嵩高为中岳。隋文帝杨坚统一南北朝后,于开皇九年(589年)诏定湖南湘江之滨的衡山为南岳。隋代以后,五岳成为定制。

历史上五岳和五湖、四海、九洲、华夏、神州、中原一样,都是古文人代指的国家的江山社稷。五岳是中华文明在东、南、西、北、中发生的源址和发展的见证,五岳丰厚的文化构成了国内任何名山所无法比拟的最重要特征。五岳有着近五千年来历史文明的足迹和儒、释、道为主流的丰厚的中国传统文化遗存,同时也拥有得天独厚、保存完整的生物多样性与景观奇异性相结合的自然环境资源。

《周易》是一部古典名著,其阴阳五行学说是中国帝王奠定五岳的哲学基础。阴阳"五行"学说的原始涵义是指"水火木金土",即为五种基于自然的基本生产生活物质资料。这种观念进一步发展,五行被视为构成万事万物的基本元素,事物的起源、存在和发展被视作是对立统一的有序运动,反映了中国古人对事物多样统一规律的认识。章潢《五岳序》说:"一气周流,非五行不能藏万物之秀。故在天为五星,在地为五岳,在人为五脏,在物为五色。"金

统领四方的中央天帝——轩辕黄帝

木水火土,缺一不成其五行;同样,东西南北中,缺一不成其五岳。是故有五岳兴齐而天下兴齐之说。长期以来,人们对《周易》的信仰,都会自觉不自觉地和把五岳崇拜联系在一起,这种原始宗教精神是五岳的神山地位的思想基础。道家认为:"夫五岳者自融结之始,与五行之气并生,故其神也命五帝以封之,其祭也秩三公以视之,其灵也惟聪明正直以司之。"道家这一思想为五岳的神山地位提供了哲学依据。

与此同时,他们提出了五岳青、赤、白、黑、黄的具体神王"帝",以太昊为青帝治东岳,以祝融为赤帝治南岳,以金天氏为白帝治西岳,以颛顼为黑帝治北岳,以轩辕氏为黄帝治中岳。他们从山岳丘壑的万千气象变幻中,用阴阳五行之说,神奇地演绎出乾坤构架之原理。黄色是中华民族的基本肤色,也是以中原为地理中心的华夏大地的主要地表的颜色。在古代,黄色明显具有一种神圣和神秘的意味,以黄色作为中央之色的阴阳五行学说,是其中最具典型意义的思想体系,其黄色的表象背后是作为根本所在的中央观念。与四岳所不同的是,嵩山所象征的是受四方神明保佑的地方。夏商两代在嵩山地域建都770年,东西两周在嵩山地域建都790年,总共长达1500多年之久,这里自然是天下的中心了。周朝人崇天,《周易》就以乾即天为首卦,这样嵩山又成了天的象征,重礼乐的周人从礼制上确定了嵩山地域为天下之中的地位。

在阴阳五行的哲学观念中,金、木、水、火、土,东、西、南、北、中,的确是以"土"和"中"为尊,一以统四,由此推导出一个有主有辅、等级森严的庞大的五行哲学的山岳体系,从而步入伦理哲学范畴,跨进国家政治领域,为历代政治统治服务。自古以来,这个五岳体系就被纳入到中国传统文化和哲学思想之中,不仅对源远流长、博大精深的中华文明的方方面面产生重要影响,而且成为孕育中华人文精

神的基因和胚胎。

## 二、"北极之下为天地之中"说

人类对天、地的认识,最早只是一促直觉的印象,认为在半球形的天穹下,是一个圆而平的地面,圆面的中心就是观测者的所在地。这种半球形天穹和平坦的地面的印象,被概括成为"天圆地方"的说法,它是人类认识世界的起点。

随着天象观测的深入,人们发现星星有时在天上,有时到地下,就象太阳东升西没一样。这样,天圆地方说就演变为浑天说。浑天说,认为天是由地上和地下的两个半球形组成的完整的球形。这与天圆地方说相比,是一个进步,但它的宇宙中心仍然是观测者的所在地。

人们通过观测和思考,把天象观测的场所从一个地方扩大到广大的地区,对天、地的认识提高到了一个新的阶段,渐渐产生了盖天说。盖天说,认为"天、地是互相平行的球面,天的中心即最高点,是天北极;地的中心是天北极正下方的地面"。这里面的中心,仍然是一个法天观念中的北极信仰问题。

北极信仰,又称太极信仰、太一信仰、天一信仰,是人们在观察天象当中,古人发现所有的星辰都围着同一个恒点来旋动,故称此点为"天一"或"太一""泰一",而古人崇拜他为最高的天神,即皇天上帝。太一自然是位于天圆之中且为天道之主宰,所以在古代观念中开始被视为生死之本,常无与常有之源头,故《庄子·天下》也说:"建之以常无有,主之以太一。"先秦以降之文献中,"大一""太一""泰一""太(泰)初""太(泰)始"均指神格化的天圆恒中,如《淮南子·天文训》曰:"紫宫者,太一之居也。"《史记·封禅书》:"天神贵者太一。"司马贞《索隐》引宋均云:"天一、太一,北极神之别名。"根据《太一》的主旨来看,其中太一的意义并不是某种难以叙述的抽象概念,而是具体指出天上北辰不动的位置。古人认为皇天上帝泰一是最高的天帝,而黄帝、太皞、炎帝、少皞、颛顼五帝,是次一级的天帝。

时间实际上就是以列星与日月的相对回转运动来定的。其中恒星是围着太一北辰旋转,此谓"天道"。天道实是恒星运转反辅之道路,此一路线自然是圆形。《说卦》有曰:"干为天为圆。"孔疏:"干既为天,天动运转,故为圆也。"《大戴礼记·曾子天圆》注明:"天道曰圆。《吕氏春秋·季春纪·圆道》加以解释:圆周复杂,无所稽留,故曰天道圆。"从天圆概念来看,太一北辰自然位于天圆之中,而为天道之中主,是群星运行过程中不动的原点,故也成为岁之原本。也就是说,在天体概念中,北极自然位于天圆之中点。因此,"中"的概念特别突出。在文献中,天之中既谓"太一"或"天一",亦谓"天极"或"太极",同时也强调其中位。例如《鹖冠子·泰鸿》:"中央者,太一之位。"《史记·天官书》:"中宫,天极星,其一明者,太一常居也。"司马贞《索隐》:"北极,天之中。"隋李播《天文大象赋》:"垂万象乎列星,仰四觉乎中极。"唐苗为注:"紫微宫为中宫,故谓之中极……观象始于北极,由尊及卑,自中周于外也。"都将"太一""极""中"合为一个概念。

按照天文学中盖天说所认为的"天、地是互相平行的球面"和"北极之下为天地之中"之说,天地之间出现的对应与巧合,令人倍感神奇。如天体中的"太一""大一""天一",即北极神的别名,位居天中。地上所对应的是"太室""大室""天室",即是中岳嵩山的山名,皆为中央之位。

天的中心即最高点,是天北极;地的中心是天北极正下方的地面,这就是天与地的对应关系。也就是说,天上有个中心,地上对应的也有个中心。地的中心在哪里呢?我国西周杰出的政治家、思想家、改革家、军事家周公完成了这一伟大的历史使命。历史上的周朝曾经发生过数次叛乱,当年周公旦在反思之后，认定只有找到天地之中，才能安定天下。就在这个地方，人们发现太阳在南边时，土圭的影子很短，天气就热；太阳转到北边，土圭的影子变长，天气就冷。这里是天中吗？据史料记载，周公旦寻找探索发现天中的过程，经历了几年时间。

周公在3000多年前，修筑了土制的测景台（又称土圭）。周公通过这个简单的科学工具，把一年中每天测量的

天地之中

太阳照射土圭而落在地上的影长数据，都一一记录下来，从而找出季节的变化，求出了地中的位置，即土圭所在地——阳城。

3000多年以来，人们通过周公测影找到天中，从而有了24节气的科学发现。其实，周公测景台的科学原理非常的明了。周公就是利用太阳在绕着地球转动的过程中，照射土圭投在地上影子的长短来找出季节的变化和地中的位置的。据说他测地中的方法是立一个8尺高的"日表"，以一个1尺5寸长的"圭"来度量日影，在夏至日中午，表的日影正好等于圭长。这就叫做"土圭测景"，"圭"就是度量，"景"就是日影。《周礼·大司徒职》贾（唐代学者贾公彦）疏："以土圭之法测土深，正日景（影），以求地中。"郑众《说》曰："土圭之长尺有五寸，以夏至之日，立八尺之表，其景适与土圭等，谓之地中。今颍川阳城地为然。"《疏》曰："阳城县是周公度景之处，古迹犹存。"郑玄云："凡日景（影），于地千里而差1寸。景（影）尺有五寸者，南戴日下万五千里也。以此推之，日当其下地八万里矣。日斜射阳城，则天径之半也。天体圆如弹丸，地处天之半，而阳城为中，则日春秋冬夏，昏明昼夜，去阳城皆等，无盈缩矣。故知从日斜射阳城，为天径之半也。"杜氏《通典》载：唐高宗"仪凤四年（979年）五月，命太常博士姚元于阳城测影台依古法立八尺表。夏至日中测影有一尺五寸，正与古法同"。

周公根据这一重大的发现，求出了土圭所在地——阳城为天地之中这一重大成果，证实了"北极之下为天地之中"说，从而也提出了"阳城地中说"，大的范围在嵩山及东周都城洛阳一带。

历史上有"洛邑地中说"，其重要依据仍然是周公在阳城建测影台，"以土圭之法测土深，正日景（影），以求地中"的实践。这种说法的前提因为东周是"中国历史上第一例利用天中确立正宗的典范"。

后世对于周公以土圭测影求地中有多种说法。历史上，我国南北朝时杰出的数学家祖冲之的儿子祖暅则对周公用土圭求地中有独到的三表之说：推地中之法，先难事昏旦，定漏刻，分辰次。乃立一表于准平之地，为南表；于漏刻日中，更立一表，于南表景末，曰中表；夜依中表，以望北极枢，而立北表。三表直者，当子午之正。又以春秋2分之旦，日始出东方半体，乃立表于中表之东，曰东表；是日之夕，日入西方半体，又立表于中表之西，曰西表。三表与日参相直者，即南北之中。而对周公用土圭求地中，"似乎先作台以定漏刻，而后置表以正日景；一表之外，更有四表"的五表之说就有两种：一是《考工记》与《隋·天文》所称，以2分日出入半体测南北之中；以2至晷，影之最短为正午；夜望表端，与北极相值为正子。二是《周礼》贾疏所言五表各越千里，夏至用土圭测景，尺有5寸者为中表。

天下之大，当年周公是否根据"天中之下为地中"之说，选择在中岳嵩山脚下的阳城做"立土圭，求地中"的天文试验，到底是立了1个、3个还是5个高表，我们不得而知。但他不可能是没有选择就贸然在阳城通过天文试验，一下子就实现了求地中的理想。

据说，当年周公在每天的日中测量日影，把数据一一记录下来，把日影最短的一天定为"夏至"，把日影最长的一天定为"冬至"，把日影最长的一天到下一次日影最长的一天定为一年。进而，把一年中两个日影长相等、昼夜相同的日，分别定为"春分""秋分"，再细细划分，总结出一年的二十四节气。服务于人类的生产活动。在周公测景台的圭北侧刻有"道通天地有形外，石蕴阴阳无影中"的对联，含喻了周公测景台蕴藏的玄机奥秘。

位居天地之中的嵩山，不仅占据着统领四方的重要位置，而且神秘、深奥、博大，被古人视作"天室"，是能沟通天与地的神山。神山居于土中，既代表天意，也代表地意，正应了古人"中岳至尊"的观念。

## 三、星野说

无论天文学还是占星学的产生，都是同人们的需要有关。在中国，农业的需要产生了天文学，在古巴比伦、埃及、印度等国家也是如此。占星术的产生最早可能与原始宗教信仰的需要有关，后来它则附属于政治，与政治的需要相适应。

所谓分野，是占星家为了观测和预卜吉凶的需要，把天上的某一星区或某一星，同地上某一地区对应起来，然后划分成若干区域，叫作分野。某一星区或某一星发生变异，就意味着某一地区将有吉凶祸福之事发生。这样才能使预测更加精密。我国的疆域很广大，各地都经常会发生一些事件，占星家把它们同星宿的变异联系起来，也会更具体，圆通些。

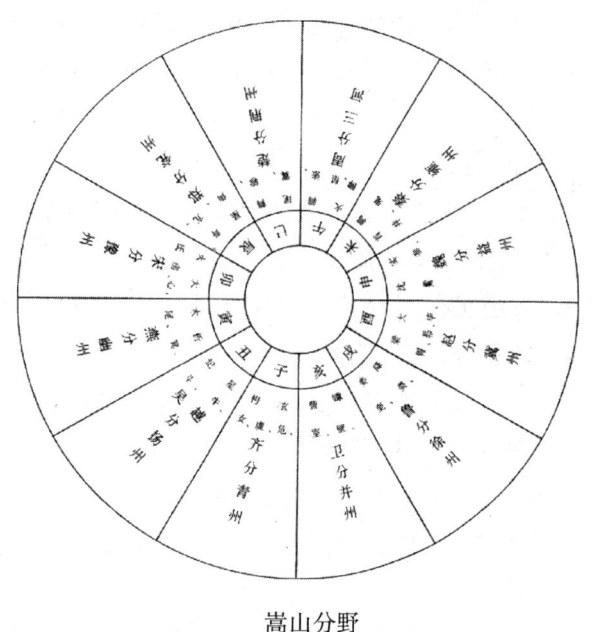

嵩山分野

《禹贡》曰："荆河惟豫州。"又曰："熊耳、外方，桐柏至于陪尾。"蔡沈注曰："熊耳、外方、桐柏、陪尾，豫州山也。"《外方地志》："颍川郡密高县有密高山。古文以为为外方山，在今西京登封县也"。

从《天官》诸书，可知天地之合焉。山川精气，上为列星，若形景然。所谓阴阳之精，其本在地，而上发于天。古州国、官宫、物类之象，一一上尖，而伏见盈缩与政事俯仰，一切近自然之符。

分野的划分有很多种，以下是占星学家按北斗七星、三台星、五星对应、天干、地支、十二次和二十八宿划分的，从中可见嵩山所属的星象。

**（一）北斗星分野，嵩山主属北斗七星的第三星**

北斗七星的名称，《春秋北斗极》载：斗，第一天枢，第二璇，第三玑，第四权，第五衡，第六开阳，第七摇光。第一至第四为魁，第五至第七为标，合而斗。

北斗七星，分主九州。考北斗之分野，当属玑星。其第三星曰玑，实主三河，而嵩山在三河之内。《长历》载：北斗七星，星间相去九千里。其二阴星不见者，相去八千里。省志载：三河之域，于河南府：为洛阳、为巩县、为偃师、为孟津、为卢氏、为新安、为渑池、为宜阳、为登封、为嵩县、为永宁。于陕州：

为阌乡、为灵宝。于郑州：为荥泽、为荥阳、为河阴、为汜水。于禹州：为密县、为新郑。于南阳府：为南阳、为镇平、为泌阳、为唐县。于邓州：为内乡、为新野、为淅川。于裕州：为叶县、为舞阳。于汝州：为鲁山、为郏县、为宝丰、为伊阳。

### （二）三台星分野，嵩山当属中台

三台：星名，谓上台、中台、下台，共六星，两两相比，起文昌，列抵太微。也作三阶，又称泰阶。

古人曰：三台分系九州。轩辕星对中台，二星下为熊墟，县正有熊氏故都。考三台之分野，嵩山当属中台。《摘辅象》载：以九州系于三台。《唐大衍历》：得四海中丞泰阶之政者，轩辕也，故为有熊氏之墟。《山河两戒考注》：三台六星，在大微垣西北，轩辕之上。上台二星起文昌下，距北星去极30度，入柳宿7度。中台二星，对轩辕，距北星去极42度，入张宿3度。下台二星抵太微垣，距北星去极51度，入翼宿2度。《玉树经》：北斗为帝座，上有三台，迭为三级，以覆斗魁，是命天阶。《礼含文嘉》：三台为天阶，太一摄以上下曰泰阶。石氏曰：中宫黄帝，其精黄龙，为轩辕首枕星张。《诗推度灾》：轩辕一曰量，主雷雨之神。《武陵太守星传》：轩辕17星龙形有两角，角有大民、小民。《月令》：季夏盛世德在土，其帝黄帝。高诱曰：黄帝以土德王天下，托祀于中央之帝。

嵩山与周同豫州之地。周分豫州三河，则嵩山分豫州明矣。

附：天文分野图

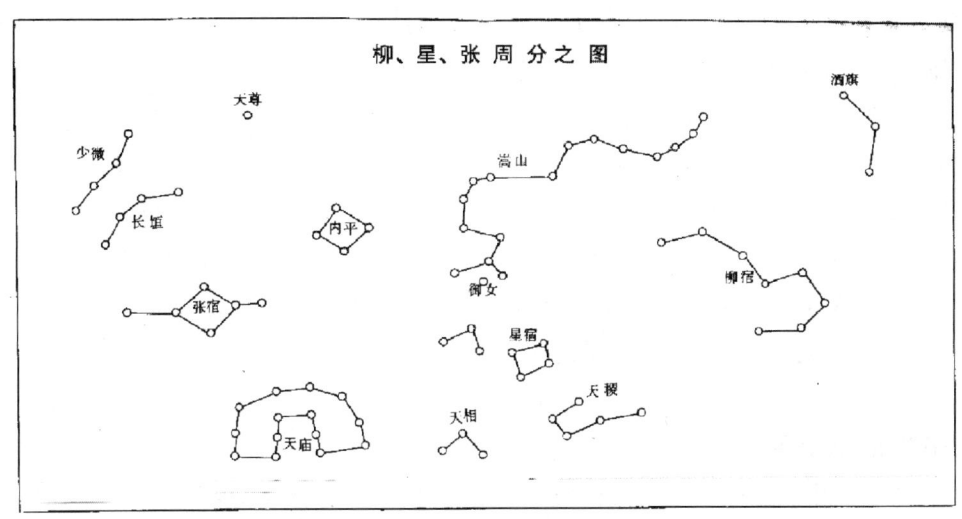

天文分野图

### 六壬分野

云：今钦天监分配郡县，与唐志大抵相同。只有嵩山分野，本周畿内之地，与周分州县，更互相属。分界之处，理宜同占。

### （三）五星对应，嵩山属填星

五星：指金、木、水、火、土五大行星。也作五曜、五纬。汉刘向《说苑辩物》载：五星又称岁星（木星）、荧惑（火星）、填星（土星）、太白（金星）、辰星（水星）。其中，土曰填星，位于嵩丘，为中州之域。

唐代《大衍历》载："鹑火、大火、寿星、豕韦为中州，其神主于嵩丘，填星之位焉。〈尔雅〉载：以嵩高为当天之中，是就地而观天也。其北从天之出于地而始其南，至天之没于地，而终连北极，出地三十

六度,极南至五十五度当嵩高之上,合来得九十一度为天在地上之半,当天之中耳。若欲求天之中,须自北极而始,至南极而终,取一百八十二度而中分之。从北极积至九十一度,才为天中。则除去北极之出于天上者三十三度,自北极至嵩高之上止,五十五度耳。又其南十二度之夏至之日道,又其南二十四度为春、秋分之日道。秋分之日道者,乃天之中道也,所谓赤道是也。日行中道为二分,自中道而北,向内二十四度为夏至之日道。自中道而南向外二十四度,为冬至之日道。二至之道相去通计四十八度。从中道而内外分之,俱在嵩高之南,虽夏至日道犹去嵩巅十二度。故从地上而观,但见日在南行也。甘氏曰:镇星主嵩高山。石氏曰:镇星一名地侯。《山河两戒考》注:填一作镇,镇静也。五星之中镇行最迟,故以为镇也。《荆州占》:填星出东方三百三十日而夕伏西方。三十日而复晨见东方。其行岁填一星,故名填星。《淮南子》载:中央土也。其神为镇星,日行二十八分度之一,岁行十三度百一十二分度之五,二十八岁而周。孔仲达《左传疏》:土三百七十七日行星十三度。瞿昙悉达按历法,镇星一年行十二度十一万六千四百三十三分度之四万六千二百七十一。二十九年百六十八日千九百七十六分日之千一百三十七而周天,是三百八十三年而十三周天。巫咸曰:填星所宿者,其国安,大人有喜。"

《星经》云:"填星主嵩山。"《史记·天官书》曰:"中央土,主季夏,日戊、已。黄帝主德,女主象也。五行皆寄体于土,包涵万有,絪缊二气。翕辟之庐,惟室譬焉。"《河图》载:天一地六,藏五于六。地二天七,藏五于七。天三地八,藏五于八。地四天九,藏五于九。天五地十,藏五于十。五者,土数也。天地之数,相对而为两大。土藏其中,乃成五气之顺布,而周四时之流行。室之为言藏也,嵩当土中,天地所合,阴阳所会,四时所交,风雨所和,故称嵩为太室、少室也。

《星经》载:"填星,主嵩山、豫州。"《史记·天官书》载:"填星之位,曰中央,岁填一宿。"《宋·天文志》载:"填星为中央,二十八岁而一周天。"《宋·天文志》载:"鹑火、大火、寿星、豕韦为中州,而神主于嵩丘,填星位焉。"

《嵩岳庙史》载:星纬之丽天,山岳之亘地,万古为昭矣。乃阴阳精气,轮囷扶舆,下为灵岳,上为列星,如形景之应自然感符。仰观俯察,天官家类能言其所以,然匪仅悬象之迹而已。唐天文成于僧一行,僧一行论:填星为嵩丘之主,轩辕为中岳之象,最为精切不易。

### (四)天干分野,嵩山属戊己

天干,也称十干。甲、乙、丙、丁、戊、己、庚、辛、壬、癸的总称。天干分配五方,戊己为中央,当中州河、济之间,县处中州。考十干之分野,当属戊己。

《唐·天文志》载:"阳气自明堂渐升,远于龙角,曰寿星。龙角谓之天关……寿星在天关内,故其分时在商亳西南,淮水之阴,北连太室之东,自阳城际之,亦巽维地也。"

### (五)地支分野,嵩山属午

地支:即子、丑、寅、卯、辰、巳、午、未、申、酉、戌、亥的总称。也叫岁阴,十二辰。考十二支分野,当属午。地支在午,宫曰狮子,为三河。《指掌图》:柳、星、张曰鹑火,宫曰狮子,时曰午,州曰三河。

前汉《地理志》载:"韩,地角亢氏之分野也。韩分晋,得南阳郡及颍川之父城、定陵、襄城、颍阳、颍阴、长社、阳翟、郏县。东接汝南,西接弘农,得新安、宜阳,皆韩分也。及《诗·风》陈郑之国,与韩同星分焉。郑国,今河南之新郑,本高辛氏火正祝融之墟也。及成皋、荥阳、颍川之嵩高、阳城,皆郑分地。"《星经》所云郑者,盖新郑也,而嵩高在焉。

《史记·天官书》云:"角、亢、氐,兖州。"崇高,乃汉武帝以太室山下户三百为之奉邑,是为中岳;而阳城,则周公立中表测日景者,密迩嵩山。此二邑皆郑分,而嵩山遂属兖州分野。《星经》:兖州分野,止称角、亢,此兼言氐,何也?曰:氐,凡十六度。四度属兖,十二度属豫,故氐得两称之也。《晋书·天文志》云:"自氐五度至尾九度为大火,于辰在卯,宋之分野,属豫州。"然嵩高之称为豫州,固有所自来焉。

### (六)十二次分野,嵩山当属鹑火

十二次:我国古代为了量度日、月、行星的位置和运动,把黄道带分成十二个部分,叫作"十二次"。每次有若干星官作为标志,据《汉书·律历志》载,十二次的具体名称是:星纪、玄枵、(女取)訾、降娄、大梁、实沈、鹑首、鹑火、鹑尾、寿星、大火、析木。

十二次配十二野,鹑火为季夏日月相会之次,位在南正之中。嵩山地系分野所属。考十二次分野,嵩山当属鹑火。《大衍历议》:鹑火之次,柳星张三宿。酒旗属柳。轩辕、内平、天相属七星。天庙属张,皆鹑火也。位在南正之中,分野属三河。

《史记·天官书》云:"七星,系轩辕,得土行正位,中岳象也。"

《唐·天文志》:"自鹑首逾河戒,东曰鹑火得重离正位,轩辕之祇在焉。其分野自河、华之交,东接祝融之墟,北负河南及汉,盖寒燠之所均也。"

郑注《月令》:季夏者,日月全于鹑火,斗建未之辰。《周礼》载:鹑火一名朱鸟注。《唐书天文志》:柳、七星、张,鹑火也。初,柳七度,余464秒7少。中,七星7度。终,张14度。北自荥泽、荥阳,并京、索、暨山南,得新郑、密县至外方山东隅,斜至方城、抵桐柏;自北宛、叶、南暨汉东,尽汉南阳之地;又自洛邑负北河之南,西及函谷、逾南纪,达武当、汉水之阴,尽宏农郡,以淮源、桐柏、东阳为限,而申州属寿星,古成周、虢、郑管、邬(密县)、东虢(汜水)、新郑、滑(偃师)焦、唐、随、申(南阳)、邓及祝融氏之都。柳在舆鬼东,又接汉源,当商、洛之阳,接南河上流。新郑为轩辕、祝融之墟,其东鄙则入寿星。七星系轩辕,得土行正位,中岳象也,河南之分。张直南阳,汉东与鹑尾同占。

### (七)二十八宿之分野,嵩山当属柳、星、张

二十八宿,亦称二十八舍。我国古代天文学家为了观测天象及日、月、五星在天空中的运行,在黄道带与赤道带的两侧绕天一周,选取了28个星官,作为观测时的标志,称为"二十八宿"。它又平均分为4组,每组7宿,与东西南北4个方位和苍龙、白虎、朱雀、玄武(龟蛇)四种动物形象相配,称为"四象"。二十八宿和四象的关系是,东方苍龙角、亢、氐、房、心、尾、箕;北方玄武:斗、牛、女、虚、危、室、壁;西方白虎:奎、娄、胃、昴、毕、觜、参;南方朱鸟:井、鬼、柳、星、张、翼、轸。

二十八宿之分野,嵩山当属柳、星、张。《天官书》:柳、星、张,三河。《汉书天文志》:柳、星、张、三河。自柳3度至张12度。《晋书天文志》:自柳9度至张16度为鹑火。于辰在午,周之分野属三河。费直《说周易》:柳5度。东汉蔡邕《月令章句》:起柳3度。皇甫谧《帝王世纪》:自柳9度至张17度。《大衍历议》:初,柳7度,中,星7度,终张14度。明《大统书》:起柳4度,止张14度。《山河两戒考》注:柳八星在鬼宿营东南,距西第3星,去极82.5度,北6尺为7曜之中道。星7星6度太,在极东南,距大星去极66度。《律书》曰:7星者,阳数成于7,故曰7星。张6星,17度太,在轩辕首下,太微垣西南,距西第2星去极102.5度,北13尺曜之中道。唐代著名天文学家一行曰:近代诸儒言星土者,或以州,或以国。虞、夏、秦、汉,郡国废置不同。周之兴也,王畿千里。及其衰也,仅得河南7县。今又天

下一统,而直以鹑火为周分,则疆场舛矣。

《新唐书》云:"柳、七星、张,鹑火也。初,柳7度,余464,秒七少。中,7星7度。终,张14度。北自荥泽、荥阳、并京、索、暨山南,得新郑、密县,至外方东隅。"又云:"新郑为轩辕,祝融之墟,其东郊则入寿星。"又云:"自陕而东三川、中岳,为成周。"又云:"七星系轩辕,得土行正位,中岳象也。"《晋书》载:"嵩山三河之交,气正赤。夫嵩山而比于三河,七星而位之中岳。"

《史记·天官书》曰:"柳、星、张,三河。"(三河·三辅成周也)又曰:"夜半建者衡、衡,殷中州河、济之间。"《晋·天文志》曰:"自柳九度至张十六度为鹑火,于辰北在午,周之分野,属三河。"《新唐书》载:"自陕而东,三川中岳为成周。"

七国之初,天下雌韩而雄魏,魏地西距高陵,尽河东、河内、北固漳、邺,东分梁、宋,至于汝南。韩据全郑之地,南尽颍川、南阳,西达虢略,距函谷,固宜阳,北连上地,皆绵数州,相错如绣,考云汉天河之象,多者或至十余宿。其后魏徙大梁,则西河合于东井。秦拔宜阳,而上党入于舆鬼,方战国未灭时,星家之言,屡有明验。今则同在畿甸之中矣。而或者犹据《汉书地理志》推之,一守甘石遗术,而不知通变之数也。

二十八宿为天之经,而嵩居角、亢;五行之星这天之佐,而嵩位填星。其于帝为黄,于斗处中。昏建杓:杓,自华以西南,为阴;旦建者魁;魁,自海岱以东北,为阳。而衡星建以夜半,当中州河、济之间。故曰阴阳之所会,风雨之所交也。其于五岳,岂不为独重哉!《书》称:"璇玑玉衡,以齐七政。"统理之纲,将在于是,况枢纽之关乎!

## 四、地理环境与宗法制度说

地理环境是一个民族文化形成某种类型的前提因素。我们的先民自古生活在东亚大陆上,这里东濒茫茫沧海,西北横亘漫漫戈壁,西南耸立着世界上最险峻的青藏高原。这种一面临海,其他三面陆路交通极不便利,而内部回旋余地又相当开阔的环境,造成了一种在地理框架内与外部世界隔绝的状态;又由于中国古代文化始终保持着独一的、一以贯之的发展系统,加之古代中国人对外部世界知之甚略,使得中国人把自己的国度当作世界的主体。这种特定的历史氛围,使中国人形成了颇富尊严感的"自我中心意识",铸造了独具风格的世界观念和文化心理。

中国的奴隶社会是宗法奴隶制,封建社会是宗法封建制,这两种制度始终是"父家长制"政治体制。在这种体制下,父亲在家庭中的地位是"君临一切",君主则是全国的"严父"。以父家长制为中心的"父",是产生"中央思想"的"文化土壤"。

中国的文化地理与宗法制度对于产生华夏民族强烈的中央意识,无可争议地起过相当的乃至强化的作用。但是大量的史料证明,在我国的政治版图远没有达到"横亘漫漫戈壁""面临最险峻的青藏高原",甚至在后来的中华民族的概念还没有形成的时候,我们的祖先便非常崇拜"中"的方位。"中也者,天下之大本也。"所以,自上古便形成了"王者来绍上帝,王自服于土中(土地的中央)"的传统。因而,《吕氏春秋》有"择国之中而立宫"的古训;《白虎通义》有"王者必居土中"的律条;《六经天文编》则直说自周代始,即"求地之中,以建王而阜安万民"。这些史料即为华夏民族自古以"中"为上的明证。

## 五、儒学的中庸之道说

中国人建立"中国",不仅仅是为了自己,而是为了维护全天下的太平。因此,"中国"是全天下最神圣的地方,是全天下的中心和枢纽。由此影响而形成的儒学中的中庸之道,是中国人信仰的"大道""天道"。

儒学讲中庸之道,不偏不倚,不左不右,渗透在各个领域、生活处处,是做人的高境界。其主要内容并非现代人所普遍理解的中立、平庸,其主旨在于修养人性。其中包括学习的方式:博学之,审问之,慎思之,明辨之,笃行之。也包括儒家做人的规范如"五达道"(君臣也,父子也,夫妇也,昆弟也,朋友之交也)和"三达德"(智、仁、勇)等。中庸所追求的修养的最高境界是至诚或称至德。

儒学中的中庸之道的主题思想是教育人们自觉地进行自我修养、自我监督、自我教育、自我完善,把自己培养成为具有理想人格,达到至善、至仁、至诚、至道、至德、至圣、合外内之道的理想人物,共创"致中和天地位焉万物育焉"的"太平和合"境界。

"中"字在先秦古籍中的常见字义有三:一指中间、中等、两者之间;二指适宜、合适、恰好、合乎一定的标准,用作动词,也即"圆者中规、方者中矩"的"中";三指人心、内心,即人的内在精神世界。以前之所以有人会把"中庸"简单地理解为折中主义或调和主义,就是由于仅仅从第一种字义上来理解"中庸"的"中"。"中庸"的"中"与上述三种含义都有关系,只有把这三方面的意思贯通了理解,才能弄清"中庸"的完整的含义。

"中庸"的"中"最通俗最直接的就是中间、中等的意思。如所谓"执两用中"的"中"。又如"中庸"相对于过与不及、"中道"相对于狂与狷,确实是处于两个极端的中间。因此,儒家通常反对走极端,在对立的两极之间寻求比较适中的解决方案。如既不要"过",也不要"不及";既不要太"进",也不要太"退";既要"致广大",又要"极精微";可以"乐",但不能"淫";可以"哀"但不能"伤";可以"怨",但不能"怒",等等。这都是在两个极端之间寻求适中的办法。但是,这样一种中庸或中道之所以是正确的,并不只是因为它处于两极的中间,而是因为它合于内心之"中"和外在之"节"的标准。

中庸之道

儒家伦理学的"中庸"说,就在于儒家对"中"的标准赋予了新的具体内容,这个具体内容就是以"仁"为内在核心,以"礼"为外在形式的儒家伦理道德观。但"中"字的基本含义,即合宜,合乎一定的标准或法则这一种意思,仍然保留在儒家的"中庸"说中。中者,天下之正道。庸者,天下之定理。孔子曰:"不得中道而与之,必也狂狷乎。"(《孟子》)这里所谓"中道",不能简单地只理解为中间道路。"中道"的"中"也有适宜、符合的意思。《孟子》说:"大匠不为拙工废绳墨,羿不为拙射变其彀率。君子引而不发,跃如也;中道而立,能者从之。"这里可以明显看出,所谓"中道",就是要像工匠做工要中于绳墨,射手调弓要合于彀率一样,符合"道"的要求。《礼记》说圣人"从容中道",孔《疏》解释为"从容闲暇而自中乎道。"这些"中道",都是中于道,合于道的意思,和折中调和、中间道路风马牛不相及。儒家反对过与不及,也正是相对于是否中于"道"这一前提而言的。

"中庸"的一个"中"字就把儒家所谓"内外之道"贯通了起来:一方面,"中"是内在的,指人内心的某种主观状态,也即含而未发的内在要求;另一方面,"中"又是外在的,也即表现于外部行为上的"中节"、合于礼。二者又是相统一的:内心之"中"正是行为"中节"的前提,而行为的中于节,则是内心之"中"的外化,对象化。

同时这个"中"也把天道与人道贯通了,因为它一方面是内在于人心中的,另一方面却又是受之于天,是天所赋予的"命"。其实也就是提高人的基本道德、精神修养,以达到天人合一。天人合一的真实含义是合一于至诚、至善,达到"致中和,天地位焉,万物育焉""唯天下至诚,为能尽其性。能尽其性则能尽人之性;能尽人之性,则能尽物之性;能尽物之性,则可以赞天地之化育;可以赞天地之化育,则可以与天地参矣"的境界。

内心之"中"与外部行为"中节"两者的圆满统一,《中庸》就称之为"合内外之道""致中和"。这就是"中"的大功用,所以叫做"中庸",因为"庸"字,就有"用"的意思。《中庸》在"一篇之体要"的首章中说:"喜怒哀乐之未发,谓之中;发而皆中节,谓之和。致中和,天地位焉,万物育焉。"这就完整地表述了作为伦理道德观的儒家"中庸"说。

总的来说,所谓"中庸",就是要以人的内在要求(人性、本心)为出发点和根本价值依据,在外部环境(包括自然的和社会的环境)中寻求"中节",也就是使内在要求,在现有的外在环境与条件下,得到最适宜的、最恰当的、无过与不及的表达与实现。

## 第六节　至高无上的礼遇

国家祀典

嵩山古称崇山、崇高山,古音从"宗"声,从字源学的角度看,祭祀祖先的所在叫"宗",祭祀天帝的所在也应该叫"宗"。因此,后人理解的嵩山是天人合一,具有"天室"与"宗庙"双重的尊贵地位。一方面,嵩山古称"天室",是天帝居住的地方,是中岳神轩辕黄帝所在,也是上天与人间沟通的地方;另一方面嵩山又称崇高山,是华夏宗族家庙,而家庙祭祀的先祖主神,当然为轩辕黄帝。在华夏文明起源与形成过程中,存在着两条主线:一是神祇信仰,二是祖先崇拜,而嵩山恰恰是集这两条主线的条件于一身。换句话说,中岳嵩山祖庙所祭祀的先祖主神和古人祭祀的中岳嵩山天神都是轩辕黄帝。人们将天神与祖神天人合一,称为始祖中岳神轩辕黄帝。因此,统治者把中岳作为中华民族重要的祖山、神山,通过祭祀中岳,以政权为神授,即"执政者"是秉承天意而行事,使所作所为礼仪化、正统化、神圣化,以求神权和政权的高度统一,达到巩固政权、笼络民心、提高声威、安稳天下的目的。

在国家祭祀礼制的作用下,历史上的中岳嵩山,不但以"中岳至尊"的始祖山地位受到古人的尊崇和祭祀,而且以中岳独有的"天地之中"的优越和代表"天命"和"天意"的崇高政治内涵,得到了历代统治者和历代名人的至高无上的礼遇。

## 一、国祀大典

在中国传统文化及哲学思想的影响下,中国封建社会逐步形成了以五岳祭祀制度为代表的皇家山岳巡狩、柴望、祭祀、封禅制度,而"封禅"逐步演化成为中国古代封建皇家礼仪中最隆盛的国祀大典。

帝王对五岳的巡守、封禅、祭祀,既是一种体现热爱江山、敬天亲地的形式,也是一种皇权天授至高无上的炫耀。因而五岳也就成了历代帝王领地与权力的象征。以中国五岳为物质依托的五岳祭祀制度,是中国皇家祭祀文化最典型和最突出的例证,是中国皇家文化传统的重要组成部分。按照"五行"学说,五岳对应五方,成为一个整体。五岳政治地位的确立,使之成为各民族膜拜、祭祀的共同对象,促进了中华各民族的融合与统一,促进了国家的统一管理。在"大一统"的观念影响下,五岳继而成为国家社稷的疆域界定,国祀大典成为国家大一统的重要标志。

一旦有了国家大事,帝王们便要到岳镇海渎进行国祀大典,以求天神和先祖的护佑。这种国祀大典有两个重要的目的:一是告天,让天神知道;二是告诉天下,让全天下的人都知道。遇帝王即位、国家征战、特大灾难、平定叛乱等有关江山社稷的大事,帝王或亲自来,或者派遣使臣代表帝王到中岳嵩山进行祭告大典,以示事情的严肃、庄重。中国古代历代帝王以国祀大典来证明其皇权的合法性和权威性,用祭祀五岳来昭告功绩,安定天下,用五岳界定其统治疆域,因而五岳成为江山社稷一统的标志。

## 二、国都聚集地

都城具有一个国家或政权核心的含义,是国家和政权的象征。鉴于"天地之中"在古人心目中地位的崇高和意义的重要,嵩山地域受到历代帝王的重视和青睐,大都将都城建在以天室嵩山为中心的嵩山地域,"无远于天室"嵩山周围,依靠嵩山来建立国家,以取得天神和祖先的庇护。

历史文献记载的上古时期嵩山地域最早的国都为"黄帝居轩辕之丘""黄帝都有熊"(新郑),帝喾都亳邑(此后的偃师西亳),夏代的国都有"夏禹都阳城"(登封)、"启位均台"(禹州)、"启都阳翟"(禹州)、"太康都斟鄩"(偃师)、"少康都阳翟"(禹州)、"夏桀都斟鄩"(偃师)、"太康居斟鄩、羿亦居之,桀又居之(《史记·夏本记》)",商代的"汤都西亳"(偃师)、"仲丁隞都"(郑州),春秋管国的都城(郑州)、"春秋郑、韩国都"(新郑),西周"东都洛邑"(洛阳)、东周都城洛邑(洛阳),上述地望均在嵩山地域中。

以中岳嵩山为中心及周围的伊河、洛河、颍河上游一带的嵩山地域——即"中国",完全是名符其实的"中央崇拜"的圣山地域,是一块金子般的风水宝地。我国由原始社会进入奴隶社会的演变过程,大体也是在这一带完成的。

嵩山地理

除了夏商周之外,西汉、东汉、曹魏、西晋、北魏、隋、唐、后梁、后唐、后晋都相继在嵩山地域的洛阳建立了都城。

出于政治、地理原因或战略和经济上的需要,历史上一些巨大王朝要在正式首都之外,选择特定地理位置另立都城,设立辅助性首都,这在历史上称为陪都、辅京。以加强对全国的控制,对首都起补充或拱卫作用,帝王经常居此,使之成为一个国家的第二政治中心。历史上有西周、新莽、隋唐、五代十国、北宋、金朝在洛阳相继建立了陪都。

综上所述,这些首都与陪都的建立,说明嵩山地域在相当长的历史阶段中,都是我国政治、经济、文化的中心。

## 三、三教发源与荟萃

翻读中华数千年的文明史,作为从远古中一路走来的中岳嵩山,在享有古人"自然崇拜""山岳崇拜""天神崇拜""祖先崇拜""中央崇拜"等多种殊荣的光环中,聚集着一大批菩萨和佛、神、仙、鬼、怪等灵界精英。他们很多是从阳世开始,就行善积德,入嵩山修炼飞升,或做法思悟,后功德圆满,终于超度到另一个世界的。从这种意义上说,嵩山真正成了一座仙人养颐、神灵出没、人神共在、神秘奥妙的圣山。

在这座"中岳至尊"的圣山之上,中国道教的鼻祖、曾任周代守藏史达30年之久的老子居太室之山,撰写了五千言经典《道德经》;道教祖师张道陵曾在嵩山修炼9年,于中峰石室掘得《三皇羽文》《九鼎太清》《黄帝丹经》《琅函玉籍》之书,后成为道教创始人;北魏的道士寇谦之曾在嵩山山洞修炼7年,后以中岳嵩山为基地改革道教,创立了北天师道,使民间道教成为官方道教,在道教史上占有重要地位。

东汉永平七年(64年),汉明帝闻西方有异神,便派遣郎中蔡愔、博士弟子秦景等人赴天竺国求佛法。永平十年(67年),他们与天竺国僧人摄摩腾、竺法兰相邀偕白马负佛经、佛像回洛阳。摄摩腾、竺法兰在嵩山的白马寺、法王寺、慈云寺译出《四十二章经》,为佛教的传播拉开了序幕;安息国(今伊朗)僧人、著名佛经翻译家安世高,西域月支国(今阿富汗及中亚地区)僧人、著名翻译家支娄迦谶,原安息国(今伊朗一带)居士、著名翻译家安玄等一批又一批的高僧和佛学家、翻译家接踵而至,聚集在嵩山地区讲经译经;南北朝时,北魏孝文帝二十年(496年),天竺僧人佛陀在嵩山西北少室山五乳峰下创建少林寺。天竺僧人、著名佛经翻译家昙摩流支、菩提流支、勒那摩提等也相继来华,在白马寺、少林寺等地翻译了大量的佛经,使嵩山的少林寺以译经之名闻名天下;印度高僧达摩在少室山的石洞里面壁9年,首创禅宗,终成正果,少林寺成为中国最早的佛教禅宗祖庭;唐初因少林寺和尚佐唐太宗开国之功,受到唐太宗、武则天封赏,从此少林僧徒大习武术,禅宗和少林武术颇负盛名,广为流传。

中国大儒孔子一生特别尊崇周公,到嵩山的洛阳入周问礼,向李耳求教;魏晋玄学的代表何晏、王弼创立的玄学取代了当时逐渐失势的汉儒经学的地位,是我国哲学史上继《周易》、老子之"道学"和孔子之"儒学"之后的又一伟大的里程碑;宋明两代的"理学"代表人物周敦颐、著名北宋理学家程颢、程颐都从佛教禅宗的"修心""见性"的禅定观念中汲取营养,丰富了自己的哲学思想,在嵩阳书院、伊川学院创建理学,使这棵美丽的智慧之树,在学术流派争相辉映的历史星空中,绽放出绚丽多彩的思想火花。

孔子入周问礼

自西汉宣帝年间(前73～前49年),嵩高与泰山、华山、恒山、衡山并称为五岳之后,这一历史地位的确定,使嵩山逐渐成为传播宗教文化的重要阵地。佛教、道教、儒学三教在嵩山广修琳宫,创立佛寺,营建书院,传播思想,建功立业。同时,三教又相互影响、相互吸纳、相互融合,深刻影响着中国古代哲学思想的发展。嵩山区域闻名遐迩的名胜有佛教的白马寺、慈云寺、法王寺、永宁寺、少林寺、会善寺、嵩岳寺、永泰寺等;有道教的中岳庙、上清宫、崇福宫、关林、三阳宫等;有儒学景观嵩阳书院、伊川书院等。这些在本教中具有文化源头地位的文物古迹,像镶嵌在嵩山上的明珠一样,熠熠闪光。儒、道、佛共处嵩山,三教的学术以中和相通,彼此虽有纠纷,但从未发生过宗教战争。隋唐以降,三教的学者力推儒、道、佛"合一"。到了宋代,程颢、程颐二兄弟在嵩阳书院创立新儒学,集三教之大成,进一步突显中和理念,最终实现了三教合一。

皇家祭祀文化与道教、佛教、儒学在2000多年中共存一山、同守一庙,其独有的特色与传统文化一直延续至今,中岳嵩山也因此成了世界上著名的宗教圣山。

## 四、礼仪源于祭祀圣山

礼仪制度是中国古代精神文明的集中表现。它是在国家出现以后,宗法等级秩序得以推行的政治体系和全面的伦理道德规范。礼制是古代国家机器正常运行的法则,是人们言行的标准,国家赖之以生存,社会赖之以安定。《周礼》的中心思想是:"惟王建国,辨方正位,体国经野,设官分制,以民为极。"由此可知,周代的"礼"其实就是当时的典章制度。

作为典章制度,它是社会政治制度的体现,是维护上层建筑以及与之相适应的人与人交往中的礼节仪式。《释名》曰:"礼,体也。言得事之体也。"《礼器》曰:"忠信,礼之本也;义理,礼之文也。无本不立,无文不行。"礼是一个人为人处事的根本。也是人,之所以为人的一个标准。故《论语》曰:"不学礼,无以立。"

古代祭祀"地祇"之神,其中重要的就是对名山的膜拜。古代认为,山岳是神灵,具有无可比拟的巨大精神力量,能够降福百姓,消除灾难,要虔诚祭祀,让山神显灵。

史料记载,早在黄帝有熊之世,就有太室之名。《史记·封禅书》曰:天下名山八,而三在蛮夷,五在中国。华山、首山、太室、泰山、东莱,此五山黄帝之所常游,与神会。

嵩山礼祭一景

中华民族很早祭祀的名山是五岳。《礼记》记载,早在传说中的上古时期,就已经形成了巡狩五岳的礼制。帝王巡狩的主要任务有两项:一是祭拜五岳之神,二是考察当地官员政绩以及当地民风民情。《史记·五帝本记》记载,早在尧舜时期,"舜乃在璇玑玉衡,以齐七政。遂类于上帝,禋于六宗,望于山川,辩于群神"。"修五礼、五玉、三帛、二生一死为挚,如五器,卒乃复"。"归,至于祖祢庙,用特牛礼"。"象以典刑,流宥五刑,鞭作官刑,扑作教刑,金作赎刑。眚灾肆赦;怙终贼,刑。钦哉,钦哉,惟刑之静哉"。

夏、商、周直至秦汉以后的典章制度,即礼制,不断完善以至更加成熟,成为中华民族精神文明最重要的组成部分。可以肯定地说,反映高度文明的礼制,是在中原地区历代国都中制定的,而中原地区的古都又多集中在嵩山周围。礼仪制度的兴起,使祭祀中岳嵩山成为国家的典章之礼。为此,中岳嵩山也就名正言顺地真正成为国家万民景仰的神山和祖山。

## 五、名人成就嵩山

追溯历史,我们的先祖在嵩山地区的"中国",创下了华夏文明的大业;历代的帝王选择了嵩山,来这里祭神拜天,安稳天下;宗教界的领袖选择了嵩山,在这里开山立足,建寺立庙,创建教义,传播思想。嵩山因其形成年代的漫长,历史的悠久,位置的优越,自然的神奥,文化的深厚,被后人尊为万山之宗、民族之根、文明之源的华夏圣山,著名民间文艺家张振犁教授称它为"东方的阿尔卑斯圣山"。

就是这座闻名遐迩的华夏圣山,其崇高的形象和深奥的内涵,一直吸引着历代的帝王将相、英雄豪杰、名人志士从四面八方纷至沓来,在嵩山瞻仰朝圣、寻真入道、发展学术、建功立业。这些名人的出现,使本来就得天独厚的嵩山如获至宝,如日中天。

在这些接踵而至的朝圣者的队伍中,神话中的三皇燧人氏、女娲氏、神农氏在这里有了火的发明,开始了人类的繁衍和锄耕农业的时代。炎黄二帝在这里创造了辉煌的业绩,奠定了华夏文明的牢固基础。尧帝、舜帝、禹帝、汤王、武王在这里成就了整个中原文化的开发,创造了中华民族古代华夏文明的繁荣景象;夏朝帝王少康(杜康)在这里造出的杜康美酒,名闻天下;周公在这里通过立土圭,测日影,求得地中,营建洛邑(今洛阳)作为东都,确立了周朝统治体制,奠定了中国几千年古代社会的统治基础;郑庄公在这里扩大了势力和疆域,使一个新型的郑国,成为春秋初期诸侯中的强者;汉高祖刘邦和楚霸王项羽对阵鸿沟决战胜利,成为古代战争史上的千古绝唱;西汉武帝划嵩山脚下300户人家,成立崇高邑,专管祭祀山神等事;孝文帝将北魏都城移至洛阳,为匈奴汉化起到了重要的作用;李世民在嵩山发生的"十三和尚救唐王"的故事震惊天下;女皇武则天登嵩山,封中岳,大功告成;乾隆皇帝在太平盛世之时祭祀中岳嵩山,置所有的臣民在岳神的庇荫之下。

除了这些帝王之外,还有无数杰出人物,在这里以其思想和行动或多或少地影响着人类历史发展的进程。上古隐士许由做出了"尧帝禅让,许由不授"的奇事,被公认为是"一个重义轻利的圣人";老子写出了千古名篇《道德经》,标志诸子散文的出现;周公姬旦通过古阳城测景(影)台的测影,确定了嵩山地区为"天地之中";郑国奉韩国君命在秦国设计修筑的我国第一条长渠300多里的大运河——"郑国渠"。嵩山人苏秦佩六国相印,纵横游说于六国之间;虞初根据《周书》写成的小说集《周说》,被推之为中国古代小说家鼻祖;蔡伦完成了对人类历史的最大贡献——发明造纸术;张衡发明了我国历史上最早的观测天象的仪器——浑天仪和测量地震方位的仪器——候风地动仪(简称地动仪),置于京都灵台(当时为国家最大的天文台)之上;许慎撰写的《说文解字》,集西周以来文字之大成,也集古文经学训诂之大成,是我国第一部系统而比较完备的字典;王景主持治理的黄河,后世评价:"王景治河,千年无患";蔡邕在嵩山古洞一住就是3年,撰写出书法专论《九势》《缘书势》《隶书势》,为后世的书法发展,奠定了第一块基石;曹植在这里撰写了《洛神赋》,成为我国文学史上不朽的名篇;马均在这里发明、改进、制作的织绫机、指南车、翻车,创下了我国科技制造业中的奇迹;著名的"建安七子""竹林七贤""金谷二十四友"等在这里谱写了最华彩的篇章;文学家左思以一篇《三都赋》,创造出"洛阳纸贵"的奇迹;杨衒之撰写以京城洛阳佛寺的兴废为题的《洛阳伽蓝记》,记述了当时政治、经济、军事、

夏朝开国君王大禹

人物、风俗、地理及掌故传闻,用优美的文笔描绘出一幅京城洛阳的巨幅图画,成为后世研究北朝城市经济地理的珍贵资料;僧一行在这里观天测雨,计算子午线,编制《大衍历》,成为天文学史上的一大创举;"诗仙"李白在嵩山寻仙访道,观景咏诗,最终为他完成入道的愿望作了最好的艺术铺垫;"诗圣"杜甫沾着嵩山的泥土和露水,走出嵩山,最终成为一名伟大而光荣的贫民诗人;白居易抨击黑暗政治,反映人民疾苦,他的诗作与嵩山同高,与日月共辉;吴道子用嵩山自然的水墨和色彩,画出千姿百态的人物形象,面颊略施淡彩,神情生动鲜活,衣褶飘飘欲举,使其"吴带当风"成为画界永恒;范仲淹以"先天下之忧而忧,后天下之乐而乐"的宏愿,成为中华文明史上的精神财富;欧阳修撰写了成就卓著史籍

《新唐书》《新五代史》，对后世影响巨大；程颐、程颢兄弟开创的伊洛理学继而发展成的程朱理学，曾支配中国学术思想数百年；史学家司马光编撰的《资治通鉴》成为我国史学界的丰碑；思想家、文学家王安石、"三苏"（苏轼、苏洵、苏辙）巨笔写就的诗文，在嵩山的文化史上美名远扬，万古流芳；李诚所撰的建筑巨著《营造法式》，成为宋代建筑科学技术的一部百科全书，也是后来世界许多建筑大师必备的参考书籍；元好问的诗文为嵩山的历史增添了独具特色的一笔；岳飞英勇抗金，为国尽忠的英雄气概和爱国情感名垂青史；郭守敬建造观星台，主持编订的《授时历》，与今天世界通用的公历格里高利历基本相同，早于现行公历300年；旅行家、地理学家、游记作家徐霞客所写的嵩山日记，为嵩山做了永久的纪念……

　　清代的嵩山本土文化名人耿介、王铎、景日昣、杜希春、汤斌、冉觐祖、许勉炖、窦克勤、孙枝荣、张沐、李来章等，他们从嵩山学士，到朝廷命官，再回归嵩山本土，立足嵩山，在嵩山的各大书院授课讲学，吟诗唱和的声音，至今余音未尽，历久弥新。一批又一批的名人都选择了嵩山，走进了嵩山，融入了嵩山，成就了嵩山，也成就了自己。这么多备受鼓舞的名人，这么多至高无上的礼遇，这么多丰硕无比的成果，世上有哪一座山能与之媲美呢！

# 第二章 中岳奉祀

中岳嵩山作为国家尊崇祖神和天神的标志，主祀中岳嵩山之神轩辕黄帝，并以中岳神的夫人天灵妃为配享从祀。

中岳庙是专门的奉祀中岳神的宗庙，既是国家礼制庙宇，也是民间奉祀中岳神的庙宇。在这个庙宇中，除奉祀中岳神轩辕黄帝和天灵妃外，为报本追源，还配享有道教中的众多神仙。这是一个以中岳神轩辕黄帝为中心的王朝，这个王朝在人世间享有至高无上的地位，人间对此有着一套庞大的祭祀礼规。

中国古代统治阶级十分重视嵩山奉祀。嵩山奉祀是古代人以一定的仪式向中岳神供奉酒食等，表示对中岳神的崇敬，祈求他的保佑。

被古人奉为与"北极"之位对应的一座位居天地之中的中岳嵩山，以其威灵镇佑的形象和神圣崇高而深奥博大的内涵，在历史上得到了至高无上的礼遇。历代朝政和宗教之力对于中岳嵩山之神的顶礼膜拜，使其政治地位确实到了无以复加的顶端，由山神到真君、由真君到帝王、由帝王到圣帝，成为一切神圣的统领。

奉祀大典

正如唐代诗人韩愈所言："天假神柄专其雄。"千百年来，中华民族从帝王将相到黎民百姓，始终把祭祀中岳，朝拜岳神，看得神圣无比，以求能得到神灵的支持和保佑。因而，前往嵩山朝圣的流人有增无减，源源不断。

## 第一节 中岳宗庙

宗庙，是古代社会天子、诸侯祭祀神主和祖宗的场所。宗庙之设，对保持以家族为中心的宗法制度和巩固贵族的世袭统治起到了很大作用，所以历代的统治阶级都极力维护宗庙制度，并将宗庙与社稷并列,以为王室或国家的代称。

坐落在嵩山太室山黄盖峰下的中岳庙,是祭祀嵩山最早的祠庙。据《山海经·武帝纪》载,先秦时即已有之。汉以后,嵩山的地位更加重要。汉武帝礼祭嵩山,登中岳太室,行至山中,闻若有三呼"万岁"声。问上,上不言;问下,下不言。故特为崇奉,令祠官加增太室祠,禁伐其草木,以山下300户人家为之奉邑,名曰崇高。中岳庙南有东汉安帝元初五年(118年)建的太室阙,阙系中岳庙门,于汉代立庙于此,直北拓至太室山麓。

中岳庙

中岳庙是专门祭祀中岳嵩山之神轩辕黄帝和华夏始祖轩辕黄帝的宗庙。古人将宗庙看成是宗族和国家生存的象征。在中岳庙内,除举行对中岳神的祭祀之外,还经常举行各种重大的仪典,如出征、献捷、丧葬、册命、婚嫁等。中岳庙内供奉中岳神轩辕黄帝,从古至今,祭祀中岳嵩山大都在中岳庙举行。中岳庙的历史,就是帝王、名人、百姓祭祀中岳嵩山的历史。

中岳庙历汉、魏、唐、宋、金、元、明、清各代,屡加修葺,沿革至今,形成了现在面积约10万平方米,十一进院落的格局。中岳庙是道教在嵩山地域最早的发源之地,尊为"第六小洞天",是五岳中现存规模最大、保存较完整的古庙宇建筑群。

## 一、中岳庙庙义

自从周公在古阳城(今登封告成镇)建造了位于"土中"测景(日影)台,通过测景(日影)以定阳城为地之中心。重礼乐的周人从礼制上确定了嵩山地域为"天地之中"的地位,将国都洛邑建在了嵩山地域上。

位于中岳嵩山脚下的夏朝禹都阳城,距后来位于"土中"的周公测景(日影)台约3公里。阳城的命名当与测日影,寻土中有关。古人认为,以周公测影而定的"天地之中",是"溥天之下"王土的中央,是天地之所合也,四时之所交也,风雨之所会也,阴阳之所合也。按古人王者居天地之中的的理念,从西周起,历经战国、秦汉、三国、两晋南北朝、隋唐五代十国至宋,嵩山地域一直是国家的政治、经济和文化的中心,即使在国家的中心南移以后的金、元、明、清,也始终视此处为天地之中。

嵩岳居天下之中,于五行属土,于星属填。而作为祭祀中岳神轩辕黄帝的中岳庙,其义与中岳庙牌楼所题"配天作镇"的匾额内容相符,恰好正反映了历代以此为地中,上配中天,天人感通,顺治天下的思想。这种追求居于土中,与岳神配天作镇的"中央思想",是最早产生于崇信群星拱北极的宇宙模式的观念,也是中国历代古人所信奉的观念。

《诗》咏"峻极于天",故曰峻极殿。殿楹9间,法"尾宿九子"之义。方广周为360度,以台高10尺,土行数极于十,度同于天。楹覆以象天,台载以象地,当璇玑之中央,司间阖之枢纽,魏魏乎大居正焉。殿后长廊直接寝殿，内奉"天人合一"的轩辕黄帝及黄后像。《唐书》载：万岁通天元年（696年），尊中岳神为天中黄帝，妃为天中黄后。土之正色曰黄，以主宰言谓之帝，妃称黄后，亦因此义而饰也。

## 二、中岳庙制

庙制，即宗庙制度。古人在庙内为其所祭祀的主神及其诸神的关系、坐位、宅祠、庙宇制式等做严格的规定，是为庙制。

中岳庙传承的是封建礼制文化，《说文解字》中记载："礼，履也，所以事神致福也。"祭祀天神，向上天祈福的观念，深深地影响了中岳庙的建筑风格，中岳庙现存的布局方式，来源于清朝乾隆年间的北京故宫，固又有"天中小故宫"的美称。中岳庙坐北向南，从中华门向北至御书楼共11进院落，地势由低至高相差27米，甬道全部用石条平铺而成。庙院南北长650米，宽166米，面积约10万平方米。其中有殿、宫、楼、阁、亭、台、廊等明清建筑400余间，汉至清代古柏300余株。远远望去，规模宏伟，布局严谨，大有皇家园林的气势。整体建筑素有"台阁连天""甍瓦映日"的美誉，两厢再配以廊房拱卫大殿，处处彰显了至高无上封建礼制文明。

中岳庙由汉太室阙而北，为名山第一坊。坊北为遥参亭，仰止展拜地也。亭北为天中阁，俗称黄中楼者。天中阁北为镇兹中土坊。坊北为崇圣门。又北为化三门。《说嵩》谓四气贯三才之中，立天、立地、立人，胥是物也。

中岳庙后的黄盖峰

土实纲纪于四维，四气不能化土，土则化四气，四气实贯三才也，故称化三门。门外东旁有古神库，四铁人守之，极俊伟，背有字，系宋治平元年（1064年）三月二十八日所铸，盖焚燎之所也。再北为峻极门，左右各为掖门，门外两旁，分列四岳殿，今奉风云雷雨之神。再北为坛，曰奠台，又曰填台。填，土星也。北为峻极殿，殿左右两庑为72司，殿后有寝殿。最后为御书殿，明代万历年间，明神宗朱翊钧敕令，降道藏经函贮于此。附庙东为神州殿，宇文周祭后土，神州坛在其右，盖仍祀土意也。庙西为土德观，五帝各职其方，而轩辕黄帝位居中央，土行正位也。西门内有陟方馆，使祭拜者斋宿驻节之所，亦称弭节堂，里面奉祀有火帝神君。据说是"土与火同生"，故附祀焉。

中岳庙是古代祠庙建筑空间处理的优秀典范。建造依山就势，利用山坡的倾斜，由南向北逐层增高，左右对称，结构方正，气势宏伟。既严肃整洁，又井井有条，与统治者的宫殿结构相似，独具敬仰神仙的特色，而且最为突出的特点，是以所供奉神仙的神阶地位来确定殿宇的规格、结构、方位、大小及环围装饰。玉皇大帝是道教中执掌天庭的最高神，位居中央大殿，中岳神为帝君，殿宇规模也相当宏伟，正殿均为黄色琉璃瓦顶，红墙、黄瓦相间，却分殿、寝、堂、阁、宇、门、亭不同的格调，高下、尊卑等级森严。同时，又充分体现道学家的哲学思想，讲究阴阳五行及天人感应，即法天、法地、法道、法自然。

以自然的规律为依据,以八卦的方位定角度,以子午线为中轴,坐北向南,日东月西,坎离对称。木、火、金、水分居四方,与中央土相配。又按一阴二阳之理,开有三座门洞,以示三界。进入化三门,跳出三界外,身得五行,方为真正出家之人。

中岳庙的建筑装饰承袭着传统的皇家建筑装饰特色,又传递出独特的道教文化,是传统建筑美学、宗教和艺术的物质载体,它集道教宫观建筑装饰艺术之大成,充分体现了中岳庙古建筑的宗教吸引力和艺术魅力。中岳庙建筑装饰不但能体现出"阴阳调和,天人合一"的道家思想,更是道教文化和儒家哲学结合的产物,还蕴涵着宗教、民俗、精神观念等文化内涵,彰显出复杂的道教与儒家典型的礼制文化。

嵩山清代文化名人景日昣曰:"今之庙制,古制也。其规画各有取义。垣周三百六十丈,三天两地也,三二相合是为五数。直上径一百丈,大衍之数五十,因而重之;土之成数十,十其十也;《河图》之数五十五,《洛书》之数四十五,天地之全数也。正四门,通四气也;四坊各尊一隅,定四方也;旁二门虚其中一画以象偶也,四门四坊以成八卦也;六门合则六子也,综之得十,土之成数也。历四门为殿,殿正当五数也。土正位也,四岳各定其方,拱向以依归上也。使皆南向焉,气不属矣。木无土不长,火无土不荣,金无土不收,水无土不坚也。分之有合气焉,岳益尊也。亭号生贤,着岳灵也。再为亭配之两地之义,一画先天以生两也;惟岳降神,生生不已也。左右廊南北向者二十间,四其五、二其十也;南向以象阳,北身以象阴也;其数各十,土之位也。东西向者间六十四,全《易》之数,天地、山水、风雷、泽火之递生无穷也。为井者二,通地气于天也,二以应偶也。"东汉大学者蔡邕曰:"古者明堂、太室,其制度各有所法。"中岳庙规模创自古人,其精意可想见矣。

## 三、中岳嵩山之神号及庙宇沿革

中岳嵩山祭祀是国家岳镇海渎礼仪的一部分,享有岁时祭祀的常祭礼仪和因事随祀的礼仪。因此,嵩山中岳庙亦成为国家祭祀的官方庙宇。从古至今,历代朝廷对岳镇海渎祭祀的重视,主要是为了通过祭祀山岳来彰显政区统治的神圣性,通过加强对礼制的建设而进一步维持国家统治的秩序。

中岳庙的始建与发展,同古代人们对中岳嵩山之神轩辕黄帝的崇拜关系甚密。《中岳嵩高灵庙之碑》云:"天有五纬,主奉阳施;地有五岳,主承阴化。王者父天母地,仰宗三辰,府宗山川。夫中岳者,盖地理土官之宫府,而上灵之所游集,四通五达之都会也。"又云:嵩山"则崇峻而神奥"是"作镇后土,配天承化,总统四极,宗祀济济,降福穰穰"的社稷之神。神是支撑社会一切的"圣灵"。有熊之世,嵩高太室是黄帝常游与神会之山。炎帝氏族曾长期聚居嵩山附近,其后裔中的一支,号称四岳,以崇拜嵩山为特征。

中岳庙原名太室祠,先秦时即已有之,此后多次徙置,屡有增建,规模越来越大,成为国家的祭祀大庙。东周时,嵩山是都邑洛阳的近畿,中岳神岁事祭享。秦并天下,令祠官奉祀太室。西汉元封元年(前110年),汉武帝巡狩嵩山,闻山中有呼万岁之声,令祠官增修太室祠,划山下三百户为封邑。这是历史上记载的第一次有关太室祠的增修。东汉时,阳城令吕常在中岳庙门外增建一门,名曰太室阙。据史料记载,历史上,女皇武则天、唐玄宗对中岳庙都有过大的扩建与重修。传说唐朝时,中岳庙占地960亩,约合58万平方米,其气派之大由此可见一斑。宋太祖赵匡胤、太宗赵光义、真宗赵恒对中岳庙都有过大的修建。宋代在唐代整修中岳庙的基础上,按宋室皇宫形式重修中岳庙,除进行大的建筑项目之外,继续栽松植柏,去故就新。其修建次数之多,修建筑时间之长,修建规模之大,是前所

— 48 —

未有的。重修后的中岳庙建筑可谓雕梁画栋,恢宏壮丽,极具皇家建筑风格。此后的古代各朝对中岳庙的修建就没有停止过。金代中岳庙有四次大的整修,明代中岳庙有五次大的整修。进入清代以后,朝廷对中岳庙的整修更加重视,仅国家对中岳庙大的修建就有10次,地方政府及民间对中岳庙的修建也有四次之多。尤其是清乾隆皇帝对中岳庙的修建,又仿北京故宫形制,对其进行大规模整饰,中岳庙殿宇金壁辉煌,庙院内古松柏郁郁葱葱,各朝代所立臣碑无不透着王者之气,它们是中岳独享、配天作镇的至尊地位的见证。

在历史发展中,不但嵩山名称的沿革有变化,中岳嵩山之神轩辕黄帝的名称在帝王的关注下,其名号也在不断地改动、变化。西汉时,武帝置太室祠,初未称神号;唐封中岳嵩山之神轩辕黄帝为"天中王"(黄帝),夫人(嫘祖)为"灵妃';武周时,女皇武则天尊岳神天中王为"神岳天中黄帝",尊天灵妃为"天中黄后";唐中宗时,改嵩山天中黄帝为"天中王";唐玄宗时,改封神岳天中黄帝为"中天王";宋真宗时,封中天王为"中天崇圣帝";元世祖忽必烈时,加封为"中天大宁崇圣帝";到明洪武三年(1370年),由明太祖朱元璋诏去其前代所封名号,仅以山水本名称之。并以刻木为主,一岁一祀之,有司行事,称嵩山为"中岳嵩山之神",一直沿用至今。

嵩岳自开辟至今,阅历几千年,经几盛几衰。其中岳嵩山之神轩辕黄帝之威灵,为历代皇帝所仰拜。嵩山太室祠迁徙不常,或茂草待圮,或踵事增华,然其浑沦磅礴之气,扶舆清淑之质,岩岩峨峨,蟠亘天心。居于天地之中的中岳之神如轮处中,如日当午,统会阴阳,交晖日月,庇佑天下吉祥。经考证嵩山史料,特将庙之祭祀、中岳神号、庙制、庙政、庙史的历史沿革排列如下。

◆中岳庙先秦时即已有之

中岳庙前身是"太室祠",据《山海经·武帝纪》载,先秦时即已有之。旧址在登封城东南岭上。年祀绵邈,莫知其经始之由。

◆汉武帝加增太室祠

据《汉书·武帝纪》载,西汉元封元年(前110年)正月,汉武帝从华山至中岳,登嵩高山,下令祠官加增太室祠,为了专奉祭祀,敕以山下三百户为之奉邑,命曰崇高,并免除国家赋税。

汉武帝刘彻

◆北魏太武帝建庙于嵩岳上

北魏太延元年(435年),太武帝拓跋焘立岳神庙于嵩高山上,置侍史90人,岁时水旱,遣官率刺史来山祈祷,并祭以牲牢玉帛。

◆太武帝遵道

北魏太平真君三年(442年),太武帝亲至道场,受符箓,备法驾,旗帜皆青,以从道家之色。自后诸帝,每即位皆至。

### ◆北魏更造嵩岳新庙

北魏时,太室祠更名为嵩岳庙,又名为中岳庙。太安二年(456)所立之《中岳嵩高灵庙之碑》即记嵩岳庙创建事。《道家金石略》引《金石文字记》云:"魏太武帝因道士寇谦之奏请,更造嵩岳新庙,立碑纪事。碑中直称谦之为天师,为师君,以太武奉道,亲受符箓,故云然。……嵩山碑刻,自汉二石阙铭外,无古于此者。"

### ◆北魏文成帝徙中岳庙于神盖山

北魏文成帝太安年间(455～459年),徙中岳庙于神盖山。今中岳庙后黄盖峰绝顶有庙三楹,登其上远眺,岳庙全势在目,境踞最胜。

### ◆孝文帝亲临祭祀中岳庙

北魏孝文帝迁都洛阳之后,由于中岳已成京畿之地,嵩山成为祭岳的首选之地。北魏太和十八年(494年),孝文帝祭祀中岳,亲临中岳庙祭祀,并撰写《祭嵩高山文》。

### ◆武后改嵩山为神岳,封其神为"天中王",配为"天灵妃"

自唐代开启为五岳加爵号的作法,嵩山中岳神得到了唐帝王的数次封祀。唐武后垂拱四年(688年),武后改嵩山为神岳,封中岳神为"天中王",配为"天灵妃"。嵩山之称神,其有封号配妃自此始。

### ◆武则天嵩山封禅

嵩高中岳,轩辕之象。于星为填,于帝为黄。黄者中土,帝者五帝也。经中所载,详哉言之矣。称曰黄帝,正神之号,尊神之德也。武周万岁登封元年(696年),女皇武则天封禅嵩山,又封岳神天中王为"神岳天中黄帝",尊天灵妃为"天中黄后"。

### ◆唐代汉南元戎荥阳郑公,崇饰中岳中天王庙

唐朝韦行俭《新修嵩岳中天王庙记》载,汉南元戎荥阳郑公,崇饰中岳中天王庙。自中天王、洎夫人,缨緌冕服,首饰步摇,间以金翠,彰用五色。

附文:

#### 新修嵩岳中天王庙记

唐 韦行俭

太室为九州之险,五岳之冠,孕录生贤,作镇地中。自汉武闻万岁之呼,令祠官加增其祠,厥后元魏徙庙于岳之东南。开元十八年,玄宗征元封故事,再饰祠宇。天宝初,又命秩视王礼,封为中天王,编在祀典。每岁六月,天子遣河南尹至岳下,洁斋,具牲圭币以行事,祝史执箧豆樽俎以陈辞。望秩之祭,以崇配天之敬,岁无违者。而年祀寝久,其土偶、木偶,及东序、西序、南向、北向图形像者,皆风落之、日之、雨濡之、尘败之。或墉垣缺,彩缋漫灭,不怒之威,盖阙如也。汉南元戎荥阳郑公,由荥阳守而尹洛邑。用端密温文,宣明教化,为导人之道。聆其积弊,俾改其故。自中天王洎夫人,缨緌冕服,首饰步摇,间以金翠,彰用五色。旁罗四岳、四渎,施于启母、少姨之伦。其余交乎户室,立于阶闼。操大屈,注朴姑,执殳秉钺,环列庑下。由四墉周于墙垣,过祠及门,瞻其容卫者,首如锁,目如瞋,臂如

戟,吻如相,稽擎跽屏息,若交门之有乡坐拜者焉。夫古之牧人事神,必交修之。人仰神之正直,神依人之明德。以享丰福,以荷百禄,真为政之本也。前代五岳视三公,皇家之制宠逾五等。今征郑公崇饰肃祗之旨,盖所以奉国典尊君命也。庚申岁行俭作吏,承命藏事官庭,因款识于石,播美厥后云。

◆唐中宗李显改嵩山天中黄帝为"天中王"

神龙元年(705年),唐中宗李显复位,即改嵩山天中黄帝为"天中王"。

◆唐玄宗命使臣祀中岳嵩山以王礼,封岳神为"天中王",再饰祠宇

唐开元年间,玄宗李隆基诏岳渎祠庙,置斋郎6人。

开元十八年(730年),玄宗李隆基命使臣祀中岳嵩山以王礼,仍封岳神为"天中王",仿效汉武帝增建太室祠,再次修饰中岳庙,时任登封县吏的李方郁奉河南尹之命修葺中岳庙。鸠工藏事,四旬而就,使中岳庙修洁崇盛,面貌焕然一新。李方郁为此次修葺撰有《修中岳庙记》。

附文:

### 《修中岳庙记》碑文

唐朝　李方郁

上四年,用大司计侍郎为丞相。其明年,以我相秉枢机,我公掌纶诰。宜为避嫌,遂自阁下拜河南尹。将辞,上悄然谓公曰:"前时洛水为灾,洛民大溃,四走无逃,至有没死者,岂胜其冤耶?而公今去,我无东顾之患矣!"公既至理事,先以恤民为寄。活生瘗死,大开廪庾,赈贫乏,饱饥肠,暖寒体,极于畿甸,靡不周悉。而又蠲逋租,省徭赋,俾安稳其起居,勤强其事业。故远迩之,相贺而歌曰:"天灾流行兮代有,下民昏晢兮时数。命无以逃兮谅自嗟,岂将天怨,我尹之慰恤兮,实解予之愁苦。夫得耕兮妇得织,日出得作兮,日入得息。此固我君之忧民兮,俾我尹之来即。"又歌曰:"明明在上兮天子圣,四方取则兮我公令。疲民苏息兮公之政,一日将去兮,谁活我之性命!"其都之南,嵩岳横亘。其岳有庙,距都百里。每岁季夏日,上用御署祝文,用牺牲粢盛,醴齐庶品,诏我公有事于王礼。既公周视庙宇,堂殿廊庑,见其崩隆圮毁,剥癣颓堕,垣墉漫靡,榱桷失次,梁栱差敧。顾谓其邑令李方郁曰:"吾闻大地列岳五,嵩山居其一。其岳楼中天,群峰苍翠,异色;其冈峦重叠,异状;其出云叆叇,异气;其草木森耸,异峙;其葩卉荟蔚,异香;其禽鸟间关,异听;其溪涧潺湲,异流。若此之状,触目周匝,四时迭观,吞吐气象。环一山之上,道宫、佛寺、高阁、危楼尽萃其中。我国家以神之灵,塑神之形。俾神之明,福我苍生。峨峨其冠,整整其衣。兵仗骈列,羽卫参差。天子以时视三公礼而祠之。要神之德既厚矣,报神之功亦重矣。所宜盛吐形容,华焕宫宇。奈何以危毁至是?俾尔民之进拜祷祝,将何瞻仰乎?我今出府库十万,赀以助用。尔宜专其事,俾尔心与吾心,不可以异。"方郁谨再拜受命。退而自言曰:"方郁为吏禀指使,上不敢罔公,中不可欺神,下不能苦民,岂或不成耶!"遂鸠工藏事,四旬而就。见若赤白之交映矣,见若金碧之分辉矣,见若榱桷之粉绘矣,见若拱斗之光赫矣,见若檐溜之矗截矣,见若沟垄之端隆矣,见若垣牖之照烛矣,见若垣墉之齐削矣。旭日明媚,夹坛殿之飞翠;朝霞卷舒,助峰峦之起秀。则知公之指制,可以迈古冠今,使海内神庙修洁崇盛,无逾于中岳。公天发晶朗,岳钟秀粹。群妙符识,万顷澄襟。琼树冰壶,涵澈于神宇;黄钟朱瑟,铿奏于文章。况公尹正之能,抚民之美,愚知其不日而将与吾相,连枝于台座之中,致美于庙堂之内。将吾君发立于尧舜之上,措吾民登寿于邃古之际,必矣!方郁忝官在县,行及秩满。特蒙公录以微绩,上表量留,付之修饰。辄敢叙德纪事,刻石以记。

◆唐玄宗命秩视王礼,封中岳神为"中天王",编在祀典

天宝初年(742年),唐玄宗李隆基命秩视王礼,改封中岳神为"中天王",编在祀典。每岁六月,天子遣河南尹至岳下,洁斋具牲牷圭币以行事,祝史执笾豆樽俎以陈辞,望秩之祭,以崇配天之敬,岁无违者。

◆宋太祖制岳神衣冠剑履

宋太祖乾德元年(963年),宋太祖赵匡胤令祠官为岳神制作衣冠剑履。嵩岳之为岳神佩戴衣冠剑履由此开始,一直沿袭至今。今时庙会四方进香,竞献神袍,都由此而来。

◆宋重修中岳庙

骆文蔚撰《重修中岳庙记》载:宋太祖乾德二年(964年),宋河南留守孙禧,差登封镇将郭武等人,监修中岳庙杂用23处,行廊100余间,莫不饰以丹青绘之。部从栽松植木,去故就新。

中岳庙古柏百余株,苍蔚覆两序,大俱数抱。自东南来者,40里外遥见青荫蓊翳,碧瓦晖映,气氛尤佳。高岳藉色,神之栖也。宋时所栽松植木,杂木固易老,而松直寿千年,至今郁郁葱葱。

附文:

## 重修中岳庙记文

宋 骆文蔚

恭闻聪明正直为神,于是乎封五岳,命四渎,以主天地之柄;温良恭俭者人,于是乎位三公,侯万户,以序君臣之政。神之灵,雪霜风雨应其候;人之正,士农工商乐其生。是知,神正则福善,人贵则通神。既感应以相符,在影响而斯契。嵩岳庙者,名高祀典,位冠中央。南汝川而北洛川,地封灵镇;左太室而右少室,天设神宫。国家祭享之外,留守祷祈之暇,每至清明届候,媚景方浓。千里非遥,万人斯集。歌乐震野,币帛盈庭。陆海之珍,咸聚于此。或曰非礼,然事涉余论,且理亦存焉。使人畏其神,则暗室之中有所思也;使人畏其法,则康庄之内有所惧也。若畏其神、惧其法,成政之道,亦在兹乎?其知所献,不可胜纪。虽云庙用,未曰精专。历政以来,罕革厥事。不有明略,无由立功。留守侍中,禀岳之英,得河之灵,许国忠贞,施政肃清。于是奉君之馀,爱民之暇,乃侦斯邑,备聆厥由。一日,命寮佐曰:"食君之禄,岂徒然哉?今欲务本成政,如斯可乎?"四座咸曰:"善。"于是选彼公人,监之于庙。未逾期月,所献宝货币帛,充溢廊庑。仍令掌管,伫俟修崇。乃差军将孙僖相度,又差登封镇将郭武等,曰:"以尔早亲,左右听吾指纵。择彼梓人,臻其必葺。"杂用二十三处,行廊一百余间,莫不饰以丹青绘之。部从栽松植木,去故就新。不可一一尽纪。俄而,吏不敢欺,告厥成功。仍听民歌,靡敢弗录。歌曰:"时之泰兮圣人功,政之清兮君子风。睹庙宇兮严洁,赖明师兮修崇。"足使谒者生肃然之礼,祭者敦如在之恭。则明神贵人,感应之兆,信不虚耳。文蔚夺箠无能,编苦自许。徒寄化风之内,幸窥修饰之功,是馨芜词,直书盛事。虑年代以杳邈,勒贞珉而斯在。时乾德二年八月十五日记

◆中岳庙属北宋时期的官祀庙宇

开宝五年(972)七月宋太祖诏书:"诏五岳、四渎及东海等庙,并以本县令尉兼庙丞,掌祀事,常加案视,务在蠲洁。仍籍其庙宇祭器之数,受代日,交以相付。本州岛长吏每月一谒庙检举焉。"由此说明北宋初期立五岳四渎等庙宇属于国家祭祀的场所,庙宇归属地方县衙管理,庙令和庙丞由所在地的

县令和县尉兼任。

◆宋太祖敕修中岳庙

卢多逊撰《新修嵩岳中天王庙碑》载：宋开宝六年（973年），宋太祖赵匡胤敕修中岳中天王庙。宋留守侍中差军将孙禧，又差登封镇将郭武等，重修中岳庙行廊100余间，饰以丹青，绘之部从，栽松柏木。嵩岳庙修毕，命翰林学士卢多逊撰《重修中岳庙碑》文，遣翰林待诏孙崇望书碑，立于中岳庙。并诏登封县令为庙令，尉兼庙丞。

《新修嵩岳中天王庙碑》载："望仙作宫，遂极土木之费；梦蛇立畤，大设庙堂之飨。虽纪在方册，而无所取法。今之建岳庙、奉岳神，大增其华，而不在奢侈；曲尽其美，而曾无劳役。严殿宇，崇门垣，雕梁彩栋，连甍接庑，庭轩洞邃，瞻之肃然。"

附文：

## 大宋新修嵩岳中天王庙碑铭（并序）

宋　卢多逊

翰林学士朝议大夫行尚书兵部员外郎知□制诰上柱国赐金鱼袋臣卢多逊□敕撰
翰林侍讲朝议大夫行太仆寺丞柱国臣孙崇望□敕书

《广雅》称，山大而高者，嵩也。诗人谓，峻极于天者，岳也。名义昭著，布在文籍。齐德泰华，而独峙于中方；俯视河洛，而助成其秀气。惟神是宅，炳灵孔昭。以太使璇玑察乾文，知其协星辰之守域；以阳城土圭测日景，知其居天地之正中。万山四顾而来向，峭壁高耸而直立。太室、少室，左右之势通；朝阳、夕阳，东西之分正。神仙秘洞府，则浮丘、子晋，隐别馆于岩峦；帝王会众神，则秦皇、汉武着古迹于坛庙。退观历代，厥有祭法。播在典故，垂诸礼文。四簋六甒，崇其仪制；一祷三祀，著为彝章。

我应天广运圣文神武，明道至德仁孝皇帝，平一六合，澄清四海。精诚贯于白日，德教加于百姓。凝旒顾问，侍臣预对。谓："天设神府，阴主人事者，何也？"曰："岳神也。""地迩王畿，位正中土者，何也？"曰："嵩高也。""嵩山何神也？"曰："中天王也。""中天之封何代也？"曰："唐玄宗天宝五载也。"帝曰："吁，我其念哉。尝闻天垂玄鉴，神助阴骘。合道则佑之，反是则祸之。神以我为有道之君，故祈祷应神以我为求理之代。故风雨调，神以我为爱民之心。故稼穑丰穰，神以我为惠物之志。故烟尘扫荡，我今虔意，思以报者。夫祀事，恒典也，何以加焉？封爵，旧制也，无以增焉。将欲隆万人之瞻仰，莫若严绘塑；必欲垂永世之崇重，莫若阐庙貌。"乃命尽轮奂之美，先列于画图；又命择贞干之臣，就护其力役。厥功告毕，有司上言复命。勒铭贞珉，以尽纪录。盛矣哉！圣人之德，冠古无伦。以乾覆坤载为楷模，申之以周物；以尧步舜骤为轨躅，益之以缓辔。犹能不以运祚自大，而让德于元功；不以治平自高，而推谢于神贶。不以丰登开拓骄其志，每志务乎允恭；不以祠祀斋庄邀其福，欲福臻于黎庶。修建既备，瞻奉有所。牲牢蠲洁，甒俎罗列。使四望之礼，焕赫于典章；绵彼岁月，垂诸碑碣。俾百王之道，无偕于法则。夫如是，则每言执大圭，登泰坛，柴燎一举，而天神下降者，信矣。则知岳神奉上天以安物，因我皇而昭应。惟仁是助，潜契宽恕之德；惟明是赞，默协和平之道。是故言必从，祈必应，泰吾国，安吾民者，岂徒然哉？盖人神交感之若是也。上古称以待风雨，易之以宫室。后世谓既勤朴斫，惟其涂丹雘。本以纯素，渐崇壮丽。以至左平右城，着为礼容；范金合玉，穷其华饰。先王或留心祠祷，崇奉虚诞。望仙作宫，遂极土木之费；梦蛇立畤，大设庙堂之飨。虽纪在方册，而无所取法。今之建岳庙，奉岳神，大增其华，而不在奢侈；曲尽其美，而曾无劳役。严殿宇，崇门垣，雕梁彩栋，连甍接庑，庭轩

洞邃,瞻之肃然。有以见我皇稽古守正,为民崇祀之心,形容于斯庙也。不假探策,知神有延洪之贶;不俟磨崖,知我有永久之法。然而冠古立制,敷佑垂德,不有撰录,其何宣著?微臣职备禁署,目睹盛事,奉命叙述,文不逮意。岂独使四海一统,汉臣传华岳之碑;百堵九成,周使颂终南之庙。敢用实录,而为铭云:

惟天保民兮,在乎岁功。惟圣治民,畅乎时风。奉天助圣兮,感而遂通。昭昭岳神兮,镇于寰中。备物有秩兮,祀事是崇。所以古礼之垂文兮,五岳视三公。惟民戴君,尊乎宝位;惟神佑君,伸乎大义。爱民奉神兮,洁诚以祭。皇皇圣王兮,重彼明祀。昭以灵贶兮,显乎嘉瑞。所以汉帝之告功兮,嵩山呼万岁。视三公兮,表崇重于荐绅。呼万岁兮,告洪延于圣人。天地之中兮,嵩高磷磷。寰海一统兮,景福无垠。我皇之圣德兮,超彼前闻。我皇之祈福兮,在于生民。岂比夫献寿之声兮,标汉史而徒云。

开宝六年岁次癸酉十二月辛巳朔日建

◆宋太宗敕修中岳庙

太平兴国八年(983年),宋太宗赵光义赠五岳封号,尊中岳神为"中天崇圣帝",帝后封号为"正明",并命翰林、礼官详定仪注及冕服制度,崇饰神像之礼,按时遣官员礼祀岳神。

◆北宋每年以土王日祭祀中岳嵩山于河南府为常祀之制

宋太宗时期,进一步完善了岳渎祭祀制度。太平兴国八年(983),秘书监李至谏言岳镇海渎虽然奉诏特祭但未定为常祀,请求继承唐代制度实行在五郊迎气日分别祭祀各地的岳镇海渎。宋太宗采纳了李至的建议,订立岳镇海渎祭祀为国家常祀。曰:"土王日祀中岳嵩山于河南府,中镇霍山于晋州。"此前宋太祖虽遣使祭祀中岳或望祀中岳,但未成定制。直至宋太宗太平兴国八年(983年),中岳嵩山才首次随岳镇海渎祭祀一起进入国家的常祀系统。按此规定,北宋每年以土王日祭祀中岳嵩山于河南府为常祀之制。

◆宋真宗为五岳山神加封帝号,封中岳山神为"中天崇圣帝"

大中祥符四年(1011)五月,宋真宗为五岳山神加封帝号,封中岳山神为"中天崇圣帝"。宋真宗不仅为五岳加封帝号,而且为岳渎祭祀制定了一系列完整的礼仪,在国家正礼祭祀五岳的制度中融入了道教的斋醮仪式。其中,宋真宗亲制作五岳醮告文,祭祀岳渎时亦会遣使设醮并用青词祝祷。

◆宋真宗命中使增修中岳庙

陈知微撰《增修中岳中天崇圣帝庙碑铭并序》载:大中祥符六年(1013年),宋真宗赵恒命中使大规模增修中岳庙殿宇,并创造碑楼等850间;移塑尊像,及装修新旧功德画壁等,共470所,可谓中岳庙史的鼎盛时期。至此,中岳庙在北宋恢宏一新。

附文:

### 增修中岳中天崇圣帝庙碑铭并序

宋　陈知微

臣闻融结斯分,岩峣列峙,秀出奠方之势,财成育物之功,岳镇之炳灵也。阴阳靡测,变化难穷,周大块以无方,助鸿钧而不宰,至神之妙用也。交修享祀,对越神祇,望秩于山川,荐馨于簠簋,有国之茂典也。尊崇显号,增葺殊庭,备物以致严,祈禳而庇俗,帝王之精意也。四者还相为用,然后能罄昭事而赝纯锡矣。非圣人抚运,则何以臻于是乎?

岩岩惟嵩,作镇中夏。控制轩辕之域,连延郑郏之区。拳石流形,自胚胚而特起;土圭测影,验寒暑之无忒。舜典纪乎时巡,周诗壮其峻极。加以功宣化育,德辅沉潜。四象相生,惟土也,周流乎八卦;群山既列,惟嵩也,磅礴乎三川。居然珠秀之姿,莫测崇高之状。是使真仙攸托,珍瑞沓臻。石坛腾金璧之辉,天井浚蛟龙之穴。凤笙鹤驭,嘉子晋之嬉游;石髓玉浆,见茂先之博识。草木以之而效异,峰峦由是而标奇。贝叶扶疏,疑生于净土;神芝菌蠢,几秀于中林。许由韬晦而不还,汉武封崇而有自。三台峭拔,想翠辇以曾临;二室穹隆,顾赤霄而可接。宜乎配天而比峻,镇地而称雄者也。洪惟至灵,宅兹胜壤。居中正位,受命于紫清;毓粹含章,显仁于博厚。体妪熙生成之造,茂聪明正直之称。得一生三,冥符于道妙;知来藏往,莫究乎几微。丕应屡彰,群情斯属。眷惟历代,率励明诚。顾名级以是分,亦典章而尽在。衮衣煜耀,视公爵于成周;羽盖葳蕤,进王封于天宝。惟申仰止,未极推崇。允契昌辰,弥昭盛则。

大宋增修中岳中天崇圣帝庙碑局部

烈祖以建邦立极,禁暴胜残。革五代之浇漓,副万方之爱戴。启炎灵之祚,本自一戎;宣震耀之威,咸清九服。荡除僭伪,驯致治平。言念珍祠,实居温洛。式奉苾芬之祀,聿增轮奂之规。正乎信辞,介我殊祉。神宗以时膺下武,化洽同文。彻烽燧于边陲,列胶庠于郡国。干戈载戢,美播乎声诗;俎豆斯陈,动遵乎典礼。瞻彼靖冥之馆,素翳阴翳之仁。寅奉有加,修营靡怠。资绵长于永历,耸壮观于黎氓。诞集蕃厘,爰钟浚哲。

崇文广武感天尊道应真右德钦明上圣仁孝皇帝,抚重熙之景运,嗣二圣之元基。观乙夜之书,详求治本;布阳春之泽,溥浸含生。鉴沿革于前王,洽讴谣于庶品。参天两地,法亭毒以无私;一日万机,示躬亲而靡倦。威加卉服,德被鸿荒。颛顼洁诚,必先乎祭祀;唐尧稽古,用广乎文思。温恭既迈于有虞,勤俭更逾于伯禹。好问则裕,成汤唯务于永图;建官惟贤,周武于荐而大定。升王献于八表,式帝命于九围。钦恤刑章,命輶轩于列郡;昭宣德化,赐束帛于高年。睦邻遂息于征徭,教学遄臻于友悌。下劝农之诏,冀力穑而有秋;精取士之科,以得人而为盛。仁心格乎动植,孝感达于幽遐。按跸诸陵,肃展奉先之志;燔柴吉土,虔伸报本之仪。一变淳风,爰臻净治。然犹兢兢驭朽,翼翼持盈。端委向明,茂对重离之位;储精垂思,深穷众妙之门。黄屋非心,紫虚降鉴。元夷之使,戒之以先期;绿字之书,授之于献岁。谕以大中之旨,崇乎清净之风。同河洛之秘文,冠皇王之嘉瑞。钦承宝命,迭举鸿仪。检玉岱宗,仰答庆灵之佑;莫琮雎壤,止祈丰穰之祥。秘祝无闻,蒸黎是赖。既毕颂祗之礼,仍覃在宥之恩。禹会斯严,俾诸侯之四勤;秦川载览,伤万乘以言旋。惟法御之经途,迨祠官之举职。皆申洁祭,咸秩无文。矧彼嵩高,镇兹京邑。宅中图大,斯惟定鼎之郊;生甫及申,实乃降神之岳。凤存庙貌,多历岁时。厥制未隆,斯民何仰。道不终否,时逢会昌。粤惟守土之臣,实奉保厘之寄。因崇祀事,周览庭除。露奏以闻,冀加必葺。况升名帝籍,早奉于徽章;列象神皋,载严于恭馆。重以覃研圣虑,彪炳乾文。奉神既祈于微言,垂世永存于懿铄。而宅灵之地,栋宇未崇。增肃宸襟,特颁明诏。

大中祥符纪号之六年癸丑岁季夏月,于是乎命中使登高丘,造严祠,敷睿旨,涓吉日,协灵辰。梓匠授其金谟,林衡度其贞干。因乎旧制,焕以新规。砻巨石以瑰琦,膺馀基而显豁。风斤载运,云锸偕兴。鸠工靡夺于农时,经费咸资于御府。崇墉缭绕,屹若云连。秘宇深沉,岈如洞启。文槐镂槛,灿琳碧以相辉;银榜璇题,对烟霞而绚彩。而又神灵之迹,应见之征,假绘事以章施,俾民瞻而悚畏。聿成壮丽,愈洽丰融。龙衮珠旒,端睟仪于正寝;袆衣阙翟,昭盛服于中闱。羽卫骈罗,簪裳拱侍。以至会同四岳,森列群神。环像设于回廊,赫威容于福地。严警巡之次,盖法周庐;敞斋宿之官,爰资洁志。若乃牲牷克备,鼎俎惟寅。加荐尚乎吉蠲,至诚通于盼蚃。垂鸿不朽,率礼无违。至乙卯岁季夏月,载历炎凉,厥功告毕。增修殿宇,并创造碑楼等,共八百五十间;移塑尊像,及装修新旧功德壁画等,共四百七十所。至矣哉!荐兴云构,载拥神休。真介福之奥区,乃集灵之邃宇也。宜乎茂昭纯嘏,丕冒黎元。跻荟蔚之容,涵兹品汇;峻巍峨之质,等固萝图。必资鸿硕之流,式志修崇之美。而臣才非颖曜,学本空疏。徒尘切近之司,莫著揄扬之效。遽承芝检,辄叩芜音。征黄绢之辞,诚惭丽藻;刻翠珉之字,曷畅徽猷。但记岁时,敢为铭曰:

太极肇判,二仪乃分。草木丽地,山川出云。风雷喷薄,气象絪缊。惟兹列镇,实焕前闻。嵩高峨峨,蟠亘千古。如穀处中,如日当午。远控伊洛,挺生申甫。群岳之宗,列真之府。崛起隆阜,削成奇峰。崔嵬既结,纯粹攸钟。山声表瑞,汉益户封。土德符庆,唐致时雍。灵壤开基,明神是宅。庙貌斯存,威严有赫。云帷高张,严扉巨辟。辅彼柔祇,居为胜域。粤惟往古,咸励钦崇。轩裳孔异,爵秩增隆。国章虽盛,臣位攸同。允属昌运,爰推至公。缛典有加,鸿仪载肃。浚发天衷,昭升帝箓。宸座斯皇,珠旒允穆。备极寅恭,惟新戬谷。祠庭夙设,历岁滋深。金铺雨驳,玉舃苔侵。宜崇伟观,式契灵心。守臣飞奏,宸旨逮临。乃降辎轩,爰征梓匠。即旧谋新,重规大壮。架险陵虚,称雄四望。神化难名,翚飞莫状。虹梁偃寒,藻井芬敷。云罗掩映,霞绮萦纡。高齐绝巘,永镇名区。刊诸琬琰,禁以樵苏。笾豆有楚,牺牲是荐。策祝陈信,尊彝致奠。能事斯毕,明灵乃眷。祚我皇图,弥钟锡羡。

◆宋真宗亲自撰写《御制中岳醮告文》

大中祥符七年(1014)九月,宋真宗命令翰林学士王曾撰写《中岳中天崇圣帝碑铭》,记载了册礼中岳之事。而宋真宗亲自撰写的《御制中岳醮告文》碑亦现存于中岳庙内(在本文"帝王祭祀中岳及活动录"一节中有详文)。

◆宋徽宗下令调整对岳镇渎的祭祀

政和三年(1113),宋徽宗御下令新编修了《五礼新仪》,其中对岳镇渎的祭祀作出了调整,改为"诸岳镇海渎,年别一祭,以祭五帝日祭之"。其中,中岳嵩山虽仍在河南府祭祀,但祭祀之日改为五帝日,与其他四岳的祭祀时间一致。

◆宋真宗创建五岳观祭祀五岳神

北宋在岁时祭祀和一般水旱祈福祭祀之外,还创建了五岳观祭祀五岳神。大中祥符五年(1012)八月,宋真宗为了日常能祭祀五岳神祇在开封建立了五岳观。据《汴京遗迹志》载:"会灵观(即五岳观)在南薰门内,东北普济水门西北,宋大中祥符五年创建,内设延真献殿、祝禧斋殿,西则崇元殿以奉灵宝天尊,二夹殿则奉中茅、小茅真君,东西列五岳圣帝五殿,左右二夹殿则奉五岳之储副佐命之山,罗浮、括苍、霍山、抱犊、少室、武当等十山真君。"

◆宋仁宗赵祯派遣使者至中岳庙祭告嵩岳山神

除岁时祭祀外,宋朝廷常因水旱灾患,差遣朝臣或内侍至岳渎祈祷。明道元年(1032)九月,宋仁宗赵祯派遣使者至中岳庙祭告嵩岳山神。太常寺下公文,任命以河南府通判谢绛为首负责在此次祭告活动,又命两位河南府官员欧阳修和杨愈则分别负责读祝和捧币。

◆中岳庙的祭祀活动通常由河南府长官主持

北宋在举行一般的水旱祈福祭祀时,中岳庙的祭祀活动通常由河南府长官主持。元祐四年(1089)三月,宋哲宗赵熙为了祈雨而下诏:"诏诸路阙雨,中岳、西岳、江渎、河渎、淮渎委逐处长吏选日躬诣本庙,精洁祈祷。"

◆中岳庙殿宇多塌废

宋靖康年间(1126~1127年),中岳庙殿宇多已塌废。

◆南宋祭祀五岳方式改为"望祀"

绍兴七年(1137),太常博士黄积厚上言提议恢复岳渎之祀,曰:"百神之祀,旷岁弗修,如中祀未举者,岳、渎、海、镇、中岳、中镇是也。望举而从之。"宋高宗批准了这项建议,并详细规定了祭祀的时间和祭物等诸多细节。

虽然北方领土沦落入金国的版图,但是南宋政权仍然试图在精神上维持国家统一。虽然只有南岳衡山在南宋的疆域内,但是南宋政权仍然试图维持对中岳嵩山、东岳泰山、西岳华山、北岳恒山等地的祭祀,只是将祭祀方式改为"望祀"的方式进行。南宋在实行每年一度的代祀中,基本依北宋旧制"岁时降御书祝文""遣官诣州行礼"等程序进行。其中,嵩山中岳祭祀亦以望祀的方式实现。

◆宋太宗订立订立岳镇海渎祭祀为国家常祀

太平兴国八年(983),秘书监李至谏言岳镇海渎虽然奉诏特祭但未定为常祀,请求继承唐代制度实行在五郊迎气日分别祭祀各地的岳镇海渎。宋太宗赵光义采纳了李至的建议,订立岳镇海渎祭祀为国家常祀。

宋太宗太平兴国八年(983年),中岳嵩山首次随岳镇海渎祭祀一起进入国家的常祀系统。按此规定,北宋每年以土王日祭祀中岳嵩山于河南府为常祀之制。

◆宋高宗作中岳嵩山祭告乐章

绍兴十四年(1144年),宋高宗赵构祭告岳镇海渎的43首乐章,包含中岳嵩山祭告乐章。

◆金朝施行岳镇海渎祭祀

金朝入中原以后,金世宗大定四年(1164年)开始施行岳镇海渎祭祀。其制度大体承袭北宋:"诏依典礼以四立、土王日就本庙致祭,其在他界者遥祀。"

金世宗完颜雍

◆嵩山中岳庙亦成为金朝境内举行国家祭祀的官方庙宇。

金朝为了维护政权的正统性与合法性,承袭北宋之制,维持了对岳镇海渎的祭祀礼制。嵩山中岳庙亦成为金朝境内举行国家祭祀的官方庙宇。

金朝对嵩山中岳实行岁时祭祀的常祭礼仪和因事随祀的礼仪,以季夏土王日祭中岳于河南府。金朝不仅沿用北宋的一般祈福祭祀,还采用了望祀的方式。据史料记载,金章宗、金宣宗、金哀宗或遣使望祭中岳于京城北郊,或遣使致中岳祈雨。

◆金世宗敕修中岳庙

大定十四年(1174年)秋九月,金世宗完颜雍敕遣中官,谕指宰相,诸岳庙久阙修治,宜加增饰。大定十六年(1176年)重修中岳庙,至大定二十二年(1182年)中岳庙成。同年十月,金世宗完颜雍诏臣黄久约撰书其事于《重修中岳庙碑》,立于中岳庙院内。

附文:

### 重修中岳庙碑

金 黄久约

大定二十二年十月庚申,以重修嵩山中岳庙成,未有纪述。制诏臣久约,书其事于石。臣学术荒芜,实惧不克奉诏。然添属禁林,以文字为职。虽甚愚陋,其何敢辞,于是承命战兢,退而书之。

臣闻五岳在宇宙间,鬷胚胎剖判之初,钟造化神秀之气,镇压厚地,奠安一方。喷薄风雷,蒸腾云雨。材用由是乎出,宝藏由是乎殖。形势巍然,非他名山巨镇所可方拟。若夫挺峻极之状,著高大之称,据天地之中央,得五行之正位,嵯峨岌嶪,俯瞰河洛,号众山之英者,惟嵩高为然。爰自书契以来,事迹灵异非一。祝融降而启夏,申甫生而兴周。浮丘公混俗以侨居,王子晋得道而仙去。其余高真游览,玄圣栖迟,图谍所传,不可殚举。维神尸之,聪明正直,克相上帝,保佑生民。是宜历代帝王,靡不崇奉。凡巡狩四方,往往款谒其下。而封爵之隆,所以褒大之,每有加而无替者也。旧有庙在东南岭上。年祀绵邈,莫知其经始之由。魏大安中,尝徒于神盖山。唐开元间,始改卜于此。遭宋靖康兵革之难,海内倥扰,饥馑荐臻,郡邑凋残,寇盗充斥。齐国建立,创痍未瘳。用兵不休,赋役烦重。故伊洛淮甸之间,户口萧条为甚。庙之基构仅存,而缮修不时。上漏旁穿,风雨骞剥。玩岁愒日,殆不能支。岁时祭奠,牲酒寂寥。鼓钟不设,神弗顾享,可胜叹哉!皇朝混一区夏,方隅底宁。解娆除苛,政教清肃。涵养休息,复见太平。自尔公私献功,稍就完葺。然敝积久陋,未足以称神之居。且当国家开拓之初,地大物众,经营缔构,不失先后称神缓急之宜。顾兴仆起弊之功,力或未暇,如有待者,洪惟主上,纂明昌之绪,题熙治之期。搜猎遗文,礼乐备举。严奉宗庙,肇禋郊丘。怀柔百神,无文咸秩。至于崇饰海内前代祠庙,恒敬不忘。况岳渎之在祀典,有功烈于斯民者,宜如何哉?

先是十四年秋九月,敕遣中官,谕指宰相,诸岳庙久阙修治,宜加增饰。其选使驰传,遍诣检视,以闻明年使者复命,即以诸应费财用工徒,与夫百物之数,具图上之。粤十月壬午,乃有重修之命。且诏有司,凡一夫之役、一物之用,悉从官给,无得烦民。仍宽与之期,戒勿仓卒,涉于不敬。以称所以事神、为民祈福之意。维中岳在河南府登封县之境内,尚书省乃以其事下于府,府以是下之县。地官则以其费用属本道转运司,出公帑之钱,合庙中前后供施余利,验其数,以时给之。冬官则以其夫匠均赋,河南及旁近诸郡,发其驵驭役夫之羡卒,阙或不足,则募诸游手之民。随时之高下,而优予其直以付,本县令臣张子夏监护役事。又命同知河南尹事,臣宋嗣明总治之。诹日鸠功,众作毕举。庙制规模,小大广狭,位置像设,悉仍其旧,无事改作。视其栋楹榱桷之挠折朽败者,则彻易之。垣墉阶陀之缺罅摧圮者,则更筑之。髹彤黝垩藻绘之漫灭不鲜者,则加饰之。焕然一新,穷壮极丽。吏无遗力,人不告劳。总为屋二百三十有八间。其西斋厅,以待每岁季夏遣使祭祀之次舍,不与焉。始事于十六年四月丁未,绝手于十八年六月戊子。费钱以贯计之,为一万四千九百六十有四。用力以工计之,为四万八千三百六十有二。落成之日,丁壮垂白,执持香华,远近毕凑,皆大和会。不谋同辞,咸谓物之废兴成败,自有数存乎其间,殆有非人力所能致而致者。夫以五十年因循委靡之弊,一旦变为殊绝伟丽之观。匪夫遭时隆平,圣天子在位,文明勤俭,无为不成,何以臻此!

呜呼休哉!昔汉武帝元封间尝登兹山,从官吏卒,咸谓呼万岁者三,流传后世,至今称美。矧主上崇敬之心出于诚。如此古不云乎?礼冈不答。异时修贡效珍,发祥隤祉,复生贤人,为国藩翰,辅成万世,无疆之休。俾吾君寿考与山齐等,永永无极。其阴相之功,又岂特区区徒见于祝愿之间而已耶?臣既序其本末,以展归美之报,敢拜手稽首,作为颂诗,系之于后。颂曰:

瞻彼嵩高,维岳之雄。穹窿隐磷,屹然地中。奕类神宫,权与东阪。繇魏以来,再徙宽衍。上栋下宇,揭虔妥灵。规模显敞,气象峥嵘。遭时否屯,兵火饥馑。天未厌难,人不堪命。洒扫有□,堕颓弗支。上雨旁风,过者嗟容。大金受命,恢辟疆宇。燠休抚摩,跻民乐土。皇帝御极,寝兵措刑。山川鬼神,亦莫不宁。维时神宫,久未遑恤。皇帝曰嘻,我心之恻。乃论近辅,乃召郡司。去旧取新,经之营之。毋资民财,毋勤民力。一出于公,训其成式。千柱眈眈,万瓦差差。金辅琰题,辉映陆离。落成之初,四远咸集。峰峦增明,云烟改色。笾豆在席,笙鼓在庭。神之格思,松风泠泠。工祝无求,施则甚厚。虽不望报,神其敢后。厥报维何,笃生贤人。左右王室,如甫如申。天子万年,永宅九有。巍巍堂堂,如山之峻。下臣献颂,以相工歌。刻之丰碑,万世不磨。

◆金帝完颜永济敕令重修中岳庙
大安三年(1211年),金帝完颜永济敕令重修中岳庙。

◆金哀宗完颜守绪敕令重修中岳庙
正大五年(1228年),金哀宗完颜守绪敕令重修中岳庙。

◆金正大年间,邑宰蒲察公重修中岳庙
李子樗撰《重修中岳庙碑》载,金正大六年(1229年),邑宰蒲察公重修中岳庙。落成之时,"观其殿宇复完,廊庑载敞,仪像之彩服增饰,楼观之碧瓦更新,门闼附陛,悉加整肃。华不侈,质不陋,一遵曩日制度而润色之。至于三浚寒泉,益祠室之清;六植仆碑,增祠室之观"。

附文:

### 重修中岳庙碑

金 李子樗

名山之在天下为不少矣。其间巍然为国之巨镇者,灵岳有五,嵩其一也。然恒、衡、岱、华,皆据其

区域之偏,孰与夫宅四方之正中,得土行之正位,峻极于天,若是之大者乎!此圣王所以载在祀典,享以帝号,尊而庙之,古今所同也。如汉之元封,增祠太室,创为奉邑,名曰"崇高",亦示其尊崇之意,礼至隆也。唐之登封,用标神岳,因以属县,改曰"登封",亦取其封祀之意,仪至缛也。考厥由来,盖有是祠,然后有是县。县非徒置也,为祠而置之也。则为县宰者,岂可不敬而奉之哉?圣朝有天下以来,岁时之祭,特命有司行之;祠宇之废,亦命有司修之,著为常令。其为人臣者,固当尊奉其令也。然岁时之祭,已闻有司行之矣;祠宇之废,未见有司复修,而崇起之也。

越正大之五祀,蒲察公以廉能辟,来宰是邑。下车未几,已有能声。一日谒祠下,观其栋桴摧折,丹青漫灭,慨然有完葺之志。以为国之事,莫大于祀;礼之经,莫大于祭。今神宇如是,上无妥圣帝之尊严,下无以副邦人之瞻仰。殆不称明天子所以重祀之意,岂君充臣行之道欤?乃具状以闻。既而,公檄委公以本职监董其事。公以得遂所请,即舍于庙侧,朝夕从事,筹计摹度。以官给所贮白金,悉就工役。于是居民子来,荷锸辇土,运斤制木,陶瓴甓,施绘藻,扶倾而正,易故而新,皆忘其役使之劳,盖公能说以先之也。公又喜割己俸,以佐其用。胥吏亦乐出己财,以为之助。故敛不及民而用度足,所费省而其功大。经始于正大己丑之五月,落成于是岁之九月。观其殿宇复完,廊庑载敞,仪像之采服增饰,楼观之碧瓦更新,门闼阶陛,悉加整肃。华不侈,质不陋,一遵曩日制度而润色之。至于三浚寒泉,益祠室之清;六植仆碑,增祠室之观。公之用心,可谓尽矣。所为"经之营之","不日成之"也。宜乎庙祠烜赫炳耀,众目骇视,恍如复幻出一新胜景于斯也。然公犹以为未尽轮奂之美,恐有负朝廷之委任也。菲不矜其能,不伐其功者,能与于此哉!县人张师鲁等,乐观其事,来请于仆以记之。仆喜公政迹之多善,此又善政中之一端耳。姑以经始落成之岁月而识之。敢为之铭,铭曰:

维天之清,有柳其星。精气下降,孕为岳灵。维岳之位,宅中央地。其势巍高,其德刚粹。汉唐之隆,礼具升中。仍置奉邑,崇高登封。国朝累圣,山灵告庆。岁时之祭,有司是命。公来下车,敬谒之初。载瞻栋宇,岁久摧如。乃撼祠命,具以申请。既而公府,委公完整。公意欣然,度官府钱。悉就工役,说以为先。仍割己奉,以佐其用。胥史闻之,亦为风动。及臻厥成,炳耀丹青。俨若仪像,峥然栋楹。县人好事,请仆以记。惟公之功,暨公之治。已播民歌,功成治异。更待仆言,是为言赘。

### ◆金代官吏李侯出资修建中岳庙

金朝皇统五年(1145年),金代官吏李侯出资修建中岳庙。工程造始于孟夏,完工于仲秋,修建"自正殿以至于外门,列岳以至于两庑,仆者兴,缺者全,涂垩之功,丹艧之饰,靡不毕备",落成之后,登封县令随琳写有记文《重修中岳庙记》。

附文:

### 重修中岳庙记

金　随琳(登封县令)

夫太室中土之镇,居四方之中,故独称嵩。自汉武帝闻万岁之呼,增加神宇。唐玄征元封之事,申锡王爵。载诸祀典,其来尚矣。岁月浸久,荐经兵火,殿宇廊庑,悉皆圮坏。岁时祷祀,远迩辐辏,曾不足以称崇奉之意。

粤有龙虎李侯者,尹兹洛师,在任历久,职修人治府中号无事。先是施以白金五百星,兴弊补完,厥功未就,越自皇统乙丑岁,鸠工聚材,命统制孙坚董其役,县令随琳相之。造始于孟夏,完工于仲秋,修建"自正殿以至于外门,列岳以至于两庑,仆者兴,缺者全,涂垩之功,丹艧之饰,靡不毕备。耽耽翼翼,鳞萃莘飞,内外咸新,耀焕群目。落成之日,和气洋溢,灵光下烛。咸曰休哉厥役,神之格思。雨旸时若而丰年应,灾疠殄而民气和,由一邑而达于一府,由一府而达于国中,将见诸福之物,可致之祥,敷为休征,散为太平。斯又保佑我国家无穷之休,则神之功盖与天地并。君子以是知李侯之举也,其利博哉。请绎其义,而作安神之诗以歌之。其词曰:

维神之德兮,亘古今而常新。维神之功兮,同日月而常明。嗟逾时变兮,复丧乱而荐更。致祠宇之既久兮,俱摧颓而莫营。彼有形与数兮,讵能保其不倾。李侯之缮完兮,勉夙夜而力成。咸鼎新而夸丽兮,焕乎镂粲而丹楹。俾远迩之骏奔兮,皆叹美而愕惊。愿神来止兮,永福惠于斯氓。

◆元朝中岳庙境况

元初尚存殿宇750余间,元末多毁于兵火,仅余殿宇百余间。

◆在六月土王日祭祀嵩山于河南府

至元三年(1266年),元世祖定立了详细的岁祀制度。在五岳的岁祀制度中元朝基本沿用了宋金的旧制,实行每年一祭,在六月土王日祭祀嵩山于河南府。

◆元世祖遣使至岳庙祀中岳

至元十四年(1277年)秋,元世祖忽必烈遣礼部尚书许国祯祭中岳于长春宫,又遣使张献佐,道教洞明真人祁志诚到登封祭中岳并投龙简。

元代李谦所撰的《祀岳庙记》,详细地记述了祭祀中岳神的经过。

附文:

### 祀岳庙记

元  李谦

维嵩之为岳,以其得中正之气。□峻极之权,而神所宅焉。无古今,无终给,配天而育物,配地而作镇。卷舒为云雷,呼吸为雨雾。水旱疾疫之所主,生民休戚之所系。望祭之礼,其有由矣。迨乎国朝,因之岁时荐飨,亦不敢有阙焉。圣天子自践祚以来,十有四载,仰承景命,济于艰难。是以深谋远略,所向必克,拓残宋四百所之故壤,建大元亿万载之鸿基,统为一家,靡不臣属。亘古雄大,莫可比拟。尚不以圣德自居,皆归于列祖诸神之佑也。至元丁丑岁秋,遣中侍脱忽思传旨,命大臣平章政事阿合马出内府公帑,礼部尚书许国祯摄行祀事,秘书监焦友直为之辅,设醮于长春宫二千四百位。丙辰壬戌,凡七昼夜而毕。乃召洞明真人祁志诚,命之曰:"汝代祀于岳渎,意不私己,以社稷生民之为心也。惟汝知之,汝往钦哉。"及遣使张献佐焉。驰传由覃怀南抵洛师,河南府路同知马祥福,以御酒名香,诣祠下斋戒,敬□季冬□□行事。列环佩之仪,设香灯之供,磬折尽礼,宵而罢晓。率诸执事登石楼峰,攀跻险阻,神穴在其上,敬投简册而还。是时也,坚凝之气,化而为春。惨烈之威,散而为融。瑞雾蒙蒙,彤云郁郁,惠风甘澍,随车而来。山川为之□色,草木为之争辉。神应所致,灵异之不可掩也。来使谓众曰:"真人被命而出,驰驱千里。虽在路次,斋心洁躬,始终寅畏,俯仰百拜,容止未尝少懈也。"临轩之意,不为负矣。

◆嵩山中岳庙由全真道士入住和管理

嵩山中岳庙由全真道士入住和管理,此后中岳的岁时祭祀基本由道士负责,在因事代祀中亦常派遣道士。据《元史》所记:"岳镇海渎代祀,自中统二年始。凡十有九处,分五道,……既而又以驿骑迂远,复为五道,道遣使二人,集贤院奏遣汉官,翰林院奏遣蒙古官,出玺书给驿以行。中统初遣道士,或副以汉官。

至元二十八年(1291年)正月,帝谓中书省臣言:'五岳四渎祠事,朕宜亲往,道远不可。大臣如卿等又有国务,宜遣重臣代朕祠之。汉人选名儒及道士习祀事者。'"

◆元朝的岳镇海渎制度基本形成岁时祭祀和因事代祀的两种形式。

为五岳加封号的作法,蒙元朝廷系承袭自唐宋加封的传统。实现中国一统后,元朝基本沿用了汉地传统对岳镇海渎的进行祭祀以维持疆域的统一,元朝的岳镇海渎制度基本形成岁时祭祀和因事代祀的两种形式。

◆元世祖为中岳神加封号"中岳中天大宁崇圣帝"

至元二十八年(1291)春二月,元世祖忽必烈为中岳神加封号"中岳中天大宁崇圣帝"。

◆中岳庙的管理者转为全真道士充任

元朝官府放弃对岳镇海渎祠庙的直接管理,大部分岳镇海渎祠庙都是由道士管理的。元代嵩山中岳庙的管理者为全真道士充任。元延祐三年(1316年),元仁宗钦命中岳庙提点杜道元为中岳庙主持。据《皇元制授诸路道教都提点洞阳显道忠贞真人井公道行碑》记载,全真高道井德用曾在文宗天历二年(1329)之后担任全真教诸路道教都提点,兼嵩山中岳庙住持提点。

◆玄教嗣师吴全节和正仪大夫太常卿李允中致嵩岳投龙

《中岳投龙简记碑》记载,皇庆二年(1313年),玄教大宗师张留孙设醮祈雨长春宫后,命玄教嗣师吴全节和正仪大夫太常卿李允中致嵩岳投龙。这说明元朝的五岳祭祀,尤其以嵩山中岳为代表,道教成为负责中岳祭祀的主要力量。

◆皇太后令侍臣赍楮币指中岳设醮

元仁宗延祐六年(1319年)春,皇太后令侍臣赍楮币指中岳设醮。

◆明太祖称嵩山为"中岳嵩山之神"

洪武三年(1370年),明太祖朱元璋不顾前代帝王定制,诏改神号,诏曰:岳镇海渎并去其前代所封名号,止以山水本名称之。在诏五岳神号时,称嵩山为"中岳嵩山之神",依时祀神,遣使祭告。

◆明朝的中岳祭祀

《大明会典》卷九十三:"岳镇海渎,东岳泰山山东泰安州祭,西岳华山陕西华阴县祭,中岳嵩山河南河南府祭,南岳衡山湖广衡州府祭,北岳恒山真定府祭。"明朝所定的中岳地点与前朝一致,仍然为河南嵩山,由河南府承祭。规定:"岳镇海渎及历代帝王陵寝,凡遇登极,必遣官分投祭告,特重其礼"。

除了明朝廷中央政府主要进行的常祀和特例祭祀外,河南府承担对嵩山中岳的地方祭祀。《大明会典》将地方州府所承担的五岳祭祀礼制列入群祀中。中岳在河南嵩山,每年春秋仲月上旬河南府选择时日进行承祭活动。

◆中岳嵩山祭祀的时间

《明实录》的记载,中岳嵩山祭祀一般在皇帝登基,或祈雨、祈晴、祈丰年时进行祭祀。

◆明神宗敕修中岳庙

万历三十年(1602年)五月,明神宗朱翊钧敕修中岳庙。杨守陈所撰《中岳庙碑》,记述了此次修庙的经过。

明神宗朱翊钧

附文:

## 中岳庙碑

明 杨守陈

凡物皆有神。自天地以及三辰五岳,下至坊墉之类,莫非物也,而必有主宰乎?物者,无形与声,至妙不测,斯其所谓神乎?凡神之功利乎人者,人则祀之。故《周礼》以实柴祀,日月星辰,以血祭祭社稷,五祀五岳。此类皆春官掌之,而其他载诸书者众矣。《国语》曰:"天之三辰,民所仰也;地之五行,民所生殖也。及九州,名山川泽,所以生财用也。非是,不在祀典。"《戴记》曰:"山林丘陵,能出云,为风雨,见怪物,皆曰神。有天下者祭百神。诸侯在其地,则祭之;非其地,则不祭也。"观书所言,可谓明乎祀神义矣。

山高而尊者曰岳。《诗》云"嵩高维岳"是也。《白虎通》谓"岳者,角功德",盖演说耳。古文嶽与岳同。《虞书》巡狩至于岱宗,南岳、西岳、北岳。《孔传》谓岱宗,即东岳泰山,而西岳华山、南岳衡山、北岳恒山也。《左传》杜注,亦与孔同。《周礼》郑注中岳为嵩高。馀四岳皆同,历世从之。惟《尔雅》以南岳为霍山,少异。余亦无不同者。

中岳在今河南府登封县治东八里许。东曰太室,西曰少室,而总名为嵩山,又曰嵩高,以其在四方之中而高,故云耳。汉武帝尝登太室。从官在山上闻有言万岁。问上上不言,问下下不言。乃令祠官增太室祠,以山下户凡三百封崇高,为之奉邑,独给祠,复无有所与。自后庙祀不绝,或传像如人。至唐封为中天王,宋进封中天崇圣帝,逮我太祖高皇帝,诏为岳镇海渎。自有天地以至于今,英灵之气,萃而为神,必受命于上帝,幽微莫测,岂国家封号之所可加。故尽去其前代所封名号,止以山水本名称。其神,刻本为主,岁一祀之,有司行事。于是中岳亦去帝号,直称曰中岳嵩山之神,载之礼典。昔胡五峰尝言:"天道与人事,本同一理。在天为皇天上帝,在人为大君。五岳视三公,而与皇天并号为帝,则天道乱矣。大君有二,则人道乱矣。"可谓正大之论。今我之太祖诏命,尤精且当,是千古之特见,可以为万世之定法矣。

庙在太室黄盖峰下,旧殿若九子,若四岳者,凡十有六区,与碑楼及亭,及厨库,及门,总七百五十五间,皆宏伟壮丽。元末兵荒之后,仅存百数间,余皆𡑞矣。存者累岁风雨震凌,浸殆于弊,惟寝殿七间尤甚。殿中有像,盖国初木主虽设,而像不忍毁也。成化丁酉大风雨,寝殿之瓦坠几尽,栋榱亦多挠

崩,独像俨然。而上鲜庇覆,旁无蔽遮,雨沾日炙,且岌乎相压矣!庚子之岁,古雄侯君观仕宾,以进士知登封县事,谒庙至寝殿,拜瞻神像,恻然伤之,辄欲重构。而县政方弊,岁又大侵,不可以劳费,但补漏支倾而已。又明年,政通岁稔,民大信之,乃率僚吏,瞻顾经营。适县治筑垣,得埋钱数万缗,或者以为神助,因用之购材佣匠,悉撤寝殿而重构之,如旧间数,且加壮伟,其余亦皆缮葺可久。经始于壬寅五月朔,至癸卯十二月望日毕工。其邑教谕杨君清、训导靳君愉寓书请记。

夫政在事神治民,二者实相须也。故慢神则民不安,虐民则神不享。敬于神者,所以仁于民也。凡神皆当敬,而况中岳者,功利万姓,秩视三公。而今县长如古诸侯,登封是当其地,礼当敬祀。而或视其殿宇将隳,神像失庇,不葺不构,得为敬乎?君于是可谓修政而敬神者矣。固当书。况君尊父奉璋公,今为金都御史,抚镇西陲,余故所识。而其长兄泰,今为进士,又余所抡之秀也,故书不辞。君材颖迈,绩用昭宣,行且神被征擢之命,其他政尤多足书,以非庙事所系,故不及书。

◆明万历年间增修中岳庙

明万历年间(1573~1620年),神宗朱翊钧敕修中岳庙。焦子春撰有《增修岳庙记》,记述了增修中岳庙的经过。

附文:

## 增修岳庙记

明　焦子春

嵩神之崇,庙祀远矣。望秩有经,代靡沿革。规创存人,时递污隆。严敕乖其禋情,重轻爽于程量,罔图民庇,畴念元工。上田璆珪,仅馨淫祠。相国金钱,翻瞻伍籍。阳灵颂祇,或隶陬陁。灵锁真两栖,讵遑胙饫。盟荐既成故事,葺缮愈等外篇。神元限于诚薄,稔苗酿于积慢。二气未若,五行时沴。矫诬吐弃,崇有觫然。夫摘中奠位,职利万而施鸿;事神治民,道相成而务协。瞻极天于封内,挈匕鬯于司存。庙貌不肃,敬恭遗憾。何以昭景贶。崇丰烈,升德馨,隆美报,称我国家怀柔乔岳至意。乃邀天幸,明德轸接。邢台傅侯,甫缠遗爱于去思;东莱伍唐侯,复畅醇膏于来暮。布恺则齐良,标颖则埒异。譬召父之先杜母,即陆君之继鲜于。宁一有征,百废具举。傅侯之在事也,遇蛊思革,积丰利社,台殿倾圮,聿增轮奂之华。具瞻树楔,无逊雄观之丽。东西二衢,扼要为坊。揭位中四岳之尊,表秩视三公之重。丹雘粢匦,金碧炽耀。璇题兰橑,霞绚云飞。绮疏珠帘,带星卷雨。灵冯依以孔安,制宝枚以垂远。足竖伟观于九阮,兼慰崇奉于邦邑。无前之规,斯已并矣。然燕寝列贞明之仪,中唐欹风雨之庀。先有绪而未遑,后同心而若待。唐侯缘坠为举,补塞以完、属蜃蠙之示祲,更螟蝗之害稼。纳隉以遇畜加惕,营筑与荐信具虔。祥费庀材,程工度务,构楹列槛,亭榭翼然。绘绣镂文,步廊轩煮,游衣冠于月夕,萃环佩于瑶阤。遂申作合之崇,曲尽灵闺之胜。珠宫贝阙之瑰异,方此靡逾;华盖金壶之毛炊,觫兹增概。杰构偕旷宇无穷,隆址与瑶图均固。祝万岁于三呼,岂欺我哉;需灵泽于群生,益无量矣。然则聪明正直之神,无私佑以幸回;精洁惠和之德,不厝神而贪而贪祸。崇山岭樔之降,鉴馨秽以冥爽。邃窜邈绝之表,惟精气之潜符。故琼室银台,悉本地之壮严。虽瓴甋款歃,亦成民之明信。钟灵酝醹,固资亭毒之鸿仁。体国为民,允叶生成之至德。幽明契于无形,神人庆于有象。溪毛所以可羞,维岳所以降灵也。傅侯文章政事,卓越夷伦。穿翥载道,镌勒不磨。唐侯岂弟神明,惠爱兼著。舆颂实验与有成,汴泽尚深于滋至。迹其治行并懋,徽声齐芳。掩卓鲁于往篆,扬轨辙于来踪、必有采之观风,传之杀青者,兹不具述。述其所为尽力于民,而致严于神者如此,亦足延元贶于千室,志不朽之一班矣。

◆明嘉靖年间整修中岳庙

嘉靖四十一年(1562年),整修中岳庙。

◆明成化年间重修中岳庙

明成化十八年(1482年),重修了中岳庙。

◆明登封县修黄中楼,改名为"天中阁"

朱衡撰《天中阁记》载:嘉靖四十一年(1562年),登封县尹刘汝登、署县经历李元实修中岳庙黄中楼,表以崇台,覆之重屋,改名曰"天中阁"。《天中阁记》记述了改建天中阁的经过。

附文:

## 天中阁记

明 朱衡

嵩山居岱、华、衡、恒之中,秩祀有典,栖神有司,盖自古迄今,昭灵炳烈。不特兴云雨,生甫申已也。山去登封县八里而近,为峰二十有四。黄盖峰突兀中起,祠居其阳,弘丽崇赫,亦雅称明禋矣。嘉靖戊午,余承乏中州,得谒祠下。周览历视,乃中门一区,会山之胜,而结楹卑狭,望气览秀,恒不足焉。余集有司,议为改创。而工巨费穰,未敢率作。无何,余亦迁去。袭余议者,谓不可已,乃游扬其说于巨室大贾。而凡衣被神贶于伊洛之间者,咸乐施予。期年,致金百镒,遂白于县,采硕材,伐坚珉,鸠工兴事。表以崇台,覆之重屋,洞辟门阙,钩连檐槛。岩峦因之生色,日月以之蔽亏。诚名岳之冠宇,而全洛之甲观也。经始于壬戌之夏,县尹刘汝登主之。甲子秋,署县经历李元寔落厥成。于是巡抚河南、户部侍郎兼金都御史临朐迟公凤翔,巡按河南监察御史、慈溪颜君鲸,有事岳祠,踵登斯构。顾见河流带绕,王屋、少室夹峙,云冉冉时起封中。欣相谓曰:"嵩高之胜萃于斯,豫土之大萃于斯。不有嘉名,何以标美?"思异时首议为余,乃遣诸生陈涵、刘永澄来属余为之名与记。

余方奉命河沛上,将辞以未遑,而趯然夙心之不能忘也,辄神游焉。惟是

中岳庙天中阁

洛邑当天地之中,而嵩又当洛之中。斯构在嵩中峰下,其为天中奚疑?矧神之降陟,凭氤气,躔光景,恒于天中,而不可即。故史云:"积高之地,神明所隩。"然则岳灵所止,非天中乎?或曰:"嵩非天之中,乃地之中。"夫辰极之不动者,天之体也;充周而不可穷者,天之气也。天之体包络乎地之外,而其气常行乎地之中。繇圭表所测,道理所均,嵩位在地中,而天中亦在焉。苟泥其说,则天地之中多不相值。而资终资始于其间者,不几于爽乎?余又闻之,人受天地之中以生。故帝王为山岳之主,其治统于中;圣贤发山岳之祥,其道通于中。以至万象森罗,品汇充塞。盈宇宙之变化而不可纪极,皆根柢于一中焉。则夫登斯构也,将不有静与天俱,动与天游,而三极大中之矩,浑然在中者乎?因肇名曰"天

中阁"。适吴下周子天球以辟至,俾大书以榜诸楣,而纪其事于石。

◆明崇祯年间中岳庙毁于大火

崇祯十四年(1641年)三月,中岳庙大殿毁于大火,两庑俱烬。

◆中岳嵩山不再由河南府承祭而改为河南登封县祭

清朝将祭祀中岳嵩山归于岳镇海渎,其祭祀地点不变,仍在河南嵩山。只是在顺治、康熙、雍正三朝岳镇海渎祭祀被确定属于群祀。其规定各处岳镇海渎每逢登极亲政、尊加徽号、册立东宫、一应庆贺大典、颁布恩诏,必遣官分行祭告。每年仍令有司以时致祭。因中岳被定为群祀,康熙朝确立中岳嵩山不再由河南府承祭而改为河南登封县祭。

◆清邑王贡募修中岳庙

清顺治十年(1653年),邑民王贡募修中岳庙,庙内建筑规制焕然一新。嵩山名人景日昣曰:嵩于五纬属填,其位长夏,元会运世之所谓未交也。岳之兴也,其于中古乎!或当国家太平久,重熙累治,肇举登封,殷礼作焉。所以明治介休,告成功于神,五行成于土之义也。土岁填一宿,纲纪诸舍虽盛衰有时,而寄体四维,生旺无端。由此推之,巍巍中嵩安可以兴废升沉沦也?原夫混仪初辟,黔黔横甲巳,南面出令,其余四气北面受之。嵩固人君象也,尊为王,加之帝,谬矣,抑赘矣。

◆清顺治年间重修中岳庙

清顺治十三年(1656年)重修中岳庙。

◆登封知县施奕簪倡捐重修中岳庙

乾隆元年(1736年),登封知县施奕簪倡捐重修中岳庙,重修了峻极殿、长廊、两庑、南岳殿、遥参亭、名山第一坊,面貌焕然一新。

◆乾隆朝将岳镇海渎祭祀升为中祀

乾隆朝将岳镇海渎祭祀升为中祀。规定:遇国家大庆典致祭岳镇海渎,以二品至四品京堂官充使以礼部太常寺笔贴士赍祝文香帛,导以伞仗龙旗,諏日发京师往祭东岳泰山于山东泰安府、东镇沂山于青州府、南岳衡山于湖南衡州府、南镇会稽山于浙江绍兴府、中岳嵩山于河南登封县等地。

◆乾隆皇帝亲自至嵩山中岳庙举行祭祀大典

乾隆十五年(1750)十月初一,乾隆皇帝亲自至嵩山中岳庙举行祭祀大典,其礼仪规制与亲祀东岳泰山相同。自乾隆亲祀中岳之后,嵩山中岳庙得到了很好的发展。

乾隆四十年(1775),嵩山道会司从崇福宫移至中岳庙。这说明乾隆时期中岳庙虽是官方祠庙,但已交给道教进行管理并负责日常祭祀。

◆清乾隆年间重修中岳庙

乾隆十五年(1750年),重修中岳庙,为迎接乾隆巡幸嵩山,对中岳庙再次进行了维修,中岳庙现存规模即为这期间以北京故宫为蓝本整修而成,前起太室阙,后止御书楼,是五岳中现存规模最大、保存较为完整的古建筑群。因工匠用料多来自南阳,竣工后,南阳府知府崔应阶撰文《重修嵩山中岳庙碑记》,记载了此次重修中岳庙的过程。

乾隆二十五年(1760年),由胡大中丞捐修中岳庙。因任用得人,体恤工役,仅计时七旬完工。计修饰正殿9间,寝殿5间,陪殿、廊庑、门道若干间,围墙若干丈。动用捐银4829两。工程由河南知府张君挺总监,偃师、登封知县督理。河南分巡陕汝三府州监察御史陈大复撰文书丹立碑记其事。

乾隆四十四年(1779年),重修中岳庙。

乾隆四十八年(1783年),钦命重修中岳庙告成。抚臣李世杰请碑记。因叠庚午虔祀诗韵。命泐石。诗曰:

庚午禋回心每悬,嵩云南望德参天。卅年以久事宜作,此日维新理合然。

庙镇中州崇莫并,殿临黄道正无偏。敬吟长律当碑泐,希佑黔黎惠泽宣。

乾隆五十一年(1786年),河南巡抚毕沅奉敕重修中岳庙,并改建四坊。

乾隆五十四年(1789年),重修中岳庙。

今日中岳庙基本上保留了当时的宏伟规模,具有明清官廷式建筑的规模格局和风格特点。

附文一:

### 募重建中岳圣殿序

清　焦复亨

畴昔承乏星沙,距衡岳咫尺,未得时往登眺。洎奉命守河洛,抵裹野钧阳间,望翠峰矗天,舆人曰:"嵩岳也。"入登封,阮令请谒岳祠,修故事,乃知嵩山隶于郡治。晨夕游其下,毕向子平之志,胜遥思回雁祝融耳。按志,嵩山中岳,乃岱、华、恒、衡之雄者也。配天镇地,孕灵毓贤,妙合阴阳,潜交风雨,载诸经籍素矣。而《礼记》亦称为天子所祭之名山。故历代帝王,或躬诣封禅,或遣官行礼,或水旱盗贼虔恪禳祷,或嗣登大宝柴望祭告。其庆典之隆重如此。昔汉武帝登嵩高山,闻呼万岁者

中岳庙峻极殿

三,因加增太室祠,禁勿伐其草木,以山下户三百为之奉邑,复其口算。北魏太武帝太延元年,立庙嵩岳,置侍祀九十人。唐玄宗开元十八年,敕修中岳祠宇。宋太祖开宝六年,敕修中岳祠,诏县令兼庙令,丞兼庙丞,管勾香火。金世宗大定十四年,奉敕专修,八载始克告竣,咸命翰林待制等官,撰文纪之。历历可考。盖以肤寸之云不崇朝而遍雨天下,岳之灵也。每岁季夏直土日,郡守酌献,间一往,余委县令行事,皆所以代宸望也。而偃、宜、永宁三县,昔有协济牲醴各银八两,今即除荒征熟,而汽羊之名犹有存者。寻当转申藩台,兴复旧额,夫岂寻常百姓鸡豚报赛所敢僭拟者哉?则庙之兴废,关乎中原,非止蕞尔小邑之事也。

徘徊遗趾,想像弘规,诚海内祠宇之冠。正殿九楹,壮丽非常。数败基柱础四十八枚,想结构而上,高阔输广,巍峨相称,俨然王者之居矣。殿后穿廊五楹,寝殿七楹,东西两庑九十二楹。前为峻极门,累朝御祭文立碑其下。左右太尉门,东华、西华门,东西重门,又三十余间。路通前衢为礼乐二坊。庑外东西为御香、御帛二亭。又其西陲方馆,朝祭使臣斋宿于其中焉。以上所胪列者,俱于崇祯十四年,逆闯经过,一时被焚,尽成焦土瓦砾之场。余有若观、若楼、若庑、若遥参亭、若皇篆宝殿、若门与墙之仅仅存者,亦皆倾圮欹歔,咸宜修饰未遑也。神恫其无所栖止,人悲其不堪凭吊,业二十载于兹矣。

大清定鼎以来,郊社方升于告虔岳渎,即次第柴望。顺治八年,上遣太常寺卿段公国璋祭告中岳,陈钦颁香帛于丘墟榛莽间,甚非熙朝所以绥嘉祉、康兆民之盛心也。圣天子敷文隆教,朝野维新,举废兴坠,此为先务。奚必百年乃兴礼乐,第虑军需旁午,帑无羡金,未敢冒昧具闻。本县绅衿耆庶,议倡募化在下善修。盖神能时雨旸,弭灾沴,有功黎庶。且"维岳降神,生甫及申",诗人颂美。其本庙三月圣会,奔走香火之众,肩摩毂击。好善乐施,虽不乏人,然每社诚输止于些须。五六年来,寸积铢累,才完寝殿及峻极门,而两庑工□□□。且大殿之为栋之为梁,度长三十五六尺,非附近凡材可胜巨任。董役公直、王贡、谢君辅等,栋隆有吉,施得务宜,故不惮跋涉,逾陇右,出礼县,穷徼通关。羌族酋首马姓者,招募吐番人众,持斧斤采巨松于源戎山谷。过鸟鼠同穴之山,尚三百余里,呼艰可知矣。浮渭泾河,穿三门七津之险,逆沂洛汭,挽陆□岭方至。盘剥转运,所费不赀。外此槱根、栌榱、碧瓦、文砖、冶钉、磉础,与夫丹臒、藻绘之饰,匠石、土役饮食诸需,又不与焉。量非钜万金未可底绩。念予职司郡务,名山大川得专之。则兴复崇祠,克修典礼,上副当宁。虔恭至望,讵敢怠绥。但一人之力有限,惟冀诸大人君子,缙绅士庶,共成盛举。若论区区登览,旷目烟岚,躡踪丘壑,犹作衡岳游客旧怀,夫岂然哉!辞曰:

二仪剖判,浊坠清扬。厚地磅礴,刚峙柔行。四岳奠位,翠环中央。岩岩嵩高,峻极穹苍。角亢寿次,甘石《经》详。厥德维士,万汇攸昌。奄有两河,遂荒大梁。触石兴云,雨我农桑。降生申甫,诗颂克彰。秩比三公,礼肃太常。代修禋祀,克相家邦。汉武时巡,三呼胙蕃。玉帛继赟,礼与岱亢。劫火不仁,大千灰壤。巍焕庙貌,沦丧榛莽。守来祗谒,慨然悯惶。戒尔乡耆,盍凤宇堂。栋□钜任,需材伏羌。浮泊漆渭,道阻且长。邛须邪许,蒿目勋勩。匪曰锱铢,实待巨锶。鲁废世室,春秋讥伤。转瞬海晏,朝使裸将。俎豆充陈,歌舞致康。聿修灵基,肃共坛场。考循旧制,显敞新章。垣缭野匝,楹窒云香。明德惟馨,神栖有方。遏禳凶札,挚敛吉祥。岁祈屡丰,民悦无疆。

附文二:

## 重修中岳行宫碑记

清 景日昣

窃常旷观宇内,天下之名山有万,而岳居其五。西之山如屏如障者,为太华,其行为秋,其位为兑。其北则恒山,郁郁葱葱,位坎而司冬者也。南顾霍山之嵯峨,于宫为离,于气为夏,东南巨镇,实与泰岱并雄。四岳各于其方,而嵩独峙其中。嵇之诗曰:嵩高维岳,峻极于天,未常不叹。太室之山,平瞰平原,而不与群岳争雄者也。维岳高大,为众山之镇;维神英灵,为群神之宗。观其体势,磅礴扶与清淑之气,其以应灵集秀,陶铸人文,无非昭岳神之灵贶也。凡幸生兹土者,蒙岳神之庇(佑)即远处遐方者,亦未常不被岳神之德泽也。岁值三月圣会之辰,四方宾旅商贾鳞集辐辏,南连吴越,北通秦晋、其熙熙穰穰往来不绝者,踵相接也。非岳神之灵应,而人心竟劝,何以能如是哉?适陕西商人樊必成、周玉等,操其赢居,珍玩货殖,兹土效陶朱公之所为,其获利成百倍焉。岳庙后黄盖峰巅,有岳神故宫,凤雨飘摇,不无倾圮。成、玉等昔常纠同志,捐重赀,修营补葺,重轮重奂,金壁庄严,顿复其珠宫绀殿之观者,皆诸君之功德也。去岁供奉神烛,必诚必敬,虽庭燎之光,亦诸君明心见性之筏耳。夫神非人,实亲惟德是辅,诸君䖃敬诚格,事神惟谨,而神有不降之福乎?常读易曰:"东邻不如西邻之祭,受福",诗曰:"神之吊矣,贻尔多福。"夫敬神则受福,观易与诗,言实与君等,信之非虚谀也。虽然乐善好施者,人之情也,时和年丰者,神明之贶也。设人乐施,与而年不丰登,虽欲从善,不能。今幸逢圣天子,御极五十有四载,万福之物,可致之祥,俱已毕集。阴阳和,风雨时,年谷丰登,民安物阜。岳神以福圣天子者,福天下之民,而即以福天下之民者,福天下之商贾也。成、玉等蒙神之休,荷天之宠,宜志之不忘,爰刻石颂德以垂不朽云。

附文三:

### 重修黄盖峰中岳行宫碑记

清 高一麟

嵩之东麓曰黄盖峰,由太室中峰脱卸而下,以上时有黄云如盖,故名。峰之巅中岳行宫在焉。凿石之锐者为平基,约数丈许,构大殿三楹,拜殿三楹,不缭垣,不立重门。墙外咫尺余皆悬崖绝壑,罔敢逼视。创始者不知何代,惜无断碑残碣可考也。岁久风雨侵蚀,半就倾仄,凭吊者恻之。去年春,邑侯乡宁王公以奉祠展拜阶下,见其破瓦欹壁,错杂于乱石磋砑中,慨然曰:"此峰为庙后主山,而殿宇颓圮,观瞻不肃,□所以尊岳灵也。"乃集邑父老谋修葺之。时三月庙会,四方商贾杂逻辐辏至,咸愿布金共勷不逮。用是庀材鸠工,视旧址稍加敞,栋梁榱桷皆增而大之。措置蟠固结构,穿窿施以丹垩,绘以金碧,煌煌乎称鼎新焉。工成,邑侯落之,余以陪侍得恣登览。南望箕山,则巢、许清风习习,可坡襟而当。西则少室插天,若张右臂。东俯卢岩崖、龙潭诸胜,则蚁封蹄涔,星罗棋置,而布之脚下。世传中岳为五土之主,于此峰得之。行见庙貌重建,明神居歆,时和年丰,民安物阜,将在斯矣。揆厥所由,邑侯修葺之功,何可没哉!爰搦管而为记。

## 第二节 帝王祀典

嵩山历来为中华民族的始祖之山、神居之山、享祭之山,在中岳嵩山对其主神轩辕黄帝祭天法祖是古代帝王的一项重大典礼,在中国古代统治阶级和普通人民的生活中有非常重要的地位。

古代帝王因为登基,因为战争,或因为大的自然灾害、祁寒暑雨、灾祲不若、岁失屡丰,或者其他重大事件等,都要为民请命,都要进行帝王祀典,就是要在此获得正宗的"天命""天意",以便得到天神的庇佑,更好地治理天下。

帝王祀典

这样,嵩山祭祀便成了帝王承受"天命"的重要通天工具。进入阶级社会之后,统治者继承史前时期的传统,以君权为神授,即"君主"秉承天意以从事,进一步把祭祀嵩山作为承受天命、神权的象征,从而为自己的统治服务。尤其是汉代确立了五岳祭祀制度以后,帝王的祭祀活动被固定下来向后世延续。

## 一、阴阳五行衍生祀典

秦代以前的祀典较原始简单,寥寥落落,只有几种。郊以祭上帝,社以祭后土。郊、社之外,又有宗庙,是祭祖先的;又有旅和望,是祭国内名山大川的。

史料记载,秦代祭祀上帝,虽和五行说较接近,但秦文公在鄜衍祭白帝,秦宣公在渭南祭青帝,秦灵公在吴阳祭黄帝和炎帝,都随时随地进行,并没有顾及到五行的方位。这种择方位的建立坛祠,足见其时尚没有严密的阴阳五行说。汉武帝以后,阴阳五行的学说经过经师们的鼓吹,笼罩了一切。他们认为属于木的一定居东,属于火的一定居南,属于土的一定居中,属于金的一定居西,属于水的一定居北,少阴为西,太阴为北,少阳为东,太阳为南,都是一定不移的方位。汉成帝时,就有了祭天于南郊,为的是就阳;祭地于北,为的是就阴。到了王莽时,他不但继承了南郊祭天、北郊祭地的旧制,还更进一步用五行说规定了群神的祭祀。他把群神以类相从,分为五部,这五部分别由五帝统领。他们是中央黄帝、东方太皞、南方炎帝、西方少皞、北方颛顼。这五方之帝便是五行相生说下的古史系统中的帝王。再替这五帝添上五个辅佐,太皞之佐是句芒,炎帝之佐是祝融,黄帝之佐是后土,少皞之佐是蓐收,颛顼之佐是玄冥,后面则是各帝所统的诸神,使得这个系统的地位更加巩固。

同时,这种理念在古史学的两部经典中有了新说法。《左传》中说这是五行之官,生时封为上公,死后祀为贵神的。《月令》中说太皞是春季的帝,句芒是春季的神;炎帝是夏季的帝,祝融是夏季的神;黄帝是中央的帝,后土是中央的神;少皞是秋季的帝,蓐收是秋季的神;颛顼是冬季的帝,玄冥是冬季的神。一年本来是四时,五行说却把它拉长为五时了。

汉武帝初年建立明堂,只是为了朝见诸侯,后来在汶上造明堂,也只是为了把皇天上帝"泰一"和"五帝"祀在堂上。自阴阳五行思想盛行之后,明堂就成为天子居住的一所特别的房子,东南西北各有一个正厅、两个厢房。天子每一个月应当住一个地方,穿一个月应穿的衣服,吃这一个月应吃的饭,听这一个月应听的音乐,祭这一个月应祭的神祇,走这一个月应行的时政,满12个月转完一圈。这大院子中间又有一个厅,是天子在季夏之月里去住;一说每一季里抽出18天(所谓"土王用事")去住的。这把方向的"东、南、西、北"和时令的"春、夏、秋、冬"相配,使天子按着"木、火、土、金、水"的运行去做与"天上相应"的工作,是五行思想的最具体的表现。王莽当权时,建筑了明堂,祭祖先,封诸侯,行大射等都在这里边进行。王莽失败后,长安的明堂毁废,光武帝继续在洛阳兴建。明帝永平二年(59年),下诏祀光武帝于明堂以配五帝,又颁发时令,迎气于五郊等等,更为烦琐。以上这些都是依照五行思想制订出来的祀典。

## 二、五岳制度与中岳祭祀

五岳祭祀源于古代的山川崇拜,古人认为山川锦绣,云缠雾绕,地大物博,高峻雄伟,神秘莫测,令人敬佩又令人恐惧,于是人们祀之为神,顶礼膜拜。古人传说中的五岳山神,是指东岳大帝、南岳大帝、北岳大帝、西岳大帝、中岳大帝。中岳大帝是五岳中信仰起源最早的神,《山梅经·中山经》苦山少室太室,皆冢也。其神皆神面而三首,其余属皆豕身人面也。可见中岳神的形象是半人半兽,这种形象很符合早期人类自然崇拜的特点。中岳主要自太室少室二山组成,因其邻近洛水和古都洛阳,故在五岳中地位较高。《中岳嵩山太室石阙铭》曰:嵩高神君,岱气最纯。春生万物,肤寸起云。并天四海,莫不蒙恩。圣朝肃敬,众庶所尊。

历史上的五岳和五湖、四海、九州、华夏、神州、中原一样,都是古文人代指的国家的江山社稷。《周礼》讲"五岳视三公"。历代帝王祖先对五岳、四渎、四镇的祭祀定位在中祀,排在天地、祖庙等大祀之后,五岳摆在中祀的第一位,可由皇帝亲祭,也可委派王公大臣代祭。首领、帝王对五岳的巡守、封禅、祭祀,既是一种体现热爱江山、敬天亲地的形式,也是一种皇权天授至高无上的炫耀。因而五岳也就成了历代帝王领地与权力的象征,一旦乾坤已定或自认中兴太平,便要兴起对五岳的封禅祭祀大典。

秦始皇驰道于天下,东穷燕齐,南极吴越。江湖之土,滨海之观毕至,故登泰岱,入东海,浮江淮,至南郡。太华中嵩,近当郊圻辇毂之间,车驾所不临,史官阙焉。而太室视华为远,犹领于天子之祠官,得与泰、恒俱列名山之祀。然则始皇未革嵩高,特标太室为名耳。若衡山最远,始皇以潜霍为山之副,固已除衡,而汉遂徙衡山之神为霍丘矣。

汉之前五岳之制因势而异,各有不同。西周建都于丰、镐,以华山为中岳;东周周平王东迁洛邑(洛阳)以后,又以嵩高为中岳,华山为西岳。只有东岳泰山和北岳恒山称呼未变。

五岳在人们心目中真正形成观念是在汉武帝前后。由于祭祖、求仙和封禅都和高山有关系,汉武帝刘彻按照其时盛行的"五行"之说,根据当时的国上疆域范围规定了五岳:中岳嵩高,东岳泰山,西岳华山,南岳天柱山,北岳恒山(实际上是位于河北曲阳的大茂山)。西汉神爵元年(前61年),宣帝刘询依儒家经典定立礼制,独尊五岳于众山之上,颁布诏书,制定了祭祀"五岳四渎"的常礼,建置用于祭祀的祠庙(这便是五岳"岳庙"的前身),并将"五岳四渎"礼确定为国家最高的山川礼,要求历代沿袭,形成祀典。唐宋至明清时期,嵩山中岳祭祀一直被纳入各王朝的岳镇海渎礼仪之中。中岳祭祀地址定于河南嵩山,一直保持不变,嵩山中岳庙亦成为官祀庙宇。宋以后各朝中,中岳祭祀基本上享有岁时祭祀的常祭礼仪和因事随祀的礼仪。虽然各朝代的具体祭祀仪注略有变化,但是五岳祭祀一直被各个王朝视为其维护政权的正统性、合法性的重要祭祀礼制。各王朝在河南嵩山举行中岳祭祀主要用以彰显其政区统治的神圣性,有利于维持国家统一的政治秩序。

祭祀太室山神的嵩山太室祠建于先秦。西汉元封元年(前110),汉武帝登临嵩高,不仅下令祠官加增太室祠,而且为了专奉祭祀敕以三百编户为庙户,并免除国家赋税。

汉代帝王确定的祭祀中岳的制度,三国两晋时基本上沿用,只是祭祀祈祷的内容有所变更。北魏时,太室祠更名为嵩岳庙,又名为中岳庙。道士寇谦之因获宠信和赏识,向北魏太武帝奏请重修中岳庙。此后,北魏孝文帝亲临祭祀中岳庙,并撰写《祭嵩高山文》。

从三国开始的国家分裂状况,除西晋短暂统一外,一直都是南北割据,五岳也同样处于南北两地。隋唐大一统后,五岳重新回到一个"天子"直辖的范围,祭岳最大的盛典封禅在中断了500多年后又重新开始酝酿恢复。

唐代开启了为五岳加爵号的作法,嵩山中岳神得到了唐帝王的数次封祀。其中,垂拱四年(688年)武则天封嵩山神为"天中王",武周万岁登封元年(696年)又封为"神岳天中黄帝"。唐中宗复位

即改嵩山天中黄帝为"天中王"。天宝年间,唐玄宗封中岳为"中天王"。其中,武则天尤为推崇中岳。唐高宗时期,武则天多次劝高宗封禅中岳。唐高宗曾在上元三年(676年)、调露元年(679年)、永淳二年(683年)三次下诏将封禅嵩岳,皆命有司草拟封禅仪注,但终未能实现封禅。万岁通天元年(696年),武则天成功地封禅嵩山。

在宋代的岳镇海渎礼仪中,嵩山中岳祭祀享有国家岁时祭祀的常祭礼仪和因事随祀的礼仪。嵩山中岳庙亦成为官祀庙宇。宋朝对岳镇海渎祭祀的重视主要为了通过祭祀山岳来彰显政区统治的神圣性,通过加强对礼制的建设而进一步维持国家统治的秩序。此前宋太祖虽遣使祭祀中岳或望祀中岳,但未成定制。直至宋太宗太平兴国八年(983年),中岳嵩山才首次随岳镇海渎祭祀一起进入国家的常祀系统。按此规定,北宋每年以土王日祭祀中岳嵩山于河南府为常祀之制。嵩山中岳庙虽然在北魏时期因寇谦之的修缮而一度成为由道教掌管的庙宇,但在北宋时期当属国家祭祀的官方庙宇,系归登封县令和县尉掌管,庙令和庙丞由所在地的县令和县尉兼任。

宋真宗崇尚道教,更加重视岳镇海渎的祭祀活动。大中祥符四年(1011)五月,宋真宗为五岳山神加封帝号,封中岳山神为"中天崇圣帝"。大中祥符七年(1014)九月,宋真宗命令翰林学士王曾撰写《中岳中天崇圣帝碑铭》记载了册礼中岳之事。而宋真宗亲自撰写的《御制中岳醮告文》碑亦现存于中岳庙内。政和三年(1113年),宋徽宗御下新编修了《五礼新仪》,其中对岳镇渎的祭祀作出了调整,改为"诸岳镇海渎,年别一祭,以祭五帝日祭之"。其中,中岳嵩山虽仍在河南府祭祀,但祭祀之日改为五帝日,与其他四岳的祭祀时间一致。除岁时祭祀外,宋朝廷常因水旱灾患,差遣朝臣或内侍至岳渎祈祷。北宋在岁时祭祀和一般水旱祈福祭祀之外,还新创一种五岳祭祀方式,即五岳观祭祀五岳神。大中祥符五年(1012)八月,宋真宗为了日常能祭祀五岳神祇在开封建立了五岳观祭祀五岳神,这充分体现出宋代五岳祭祀中国家正礼与道教的一种结合。

宋南渡以后,北方领土沦落入金国的版图,南宋政权已失去对东岳泰山、西岳华山、北岳恒山以及中岳嵩山的实际统治,虽然只有南岳衡山在南宋的疆域内,但是南宋政权仍然试图维持对中岳嵩山、东岳泰山、西岳华山、北岳恒山等地的祭祀,只是将祭祀方式改为"望祀"的方式进行。其中,嵩山中岳祭祀亦以望祀的方式实现。绍兴十四年(1144),宋高宗祭告岳镇海渎的43首乐章,包含中岳嵩山祭告乐章。

金朝入中原以后,为了维护政权的正统性与合法性,承袭北宋之制,维持了对岳镇海渎的祭祀礼制。金世宗大定四年(1164)开始施行岳镇海渎祭祀,对嵩山中岳实行岁时祭祀,以季夏土王日祭中岳于河南府。嵩山中岳庙在金朝疆域内,亦非常受到重视。大定十六年(1176),金世宗敕令重修中岳庙。金大安三年(1211)、正大五年(1228)又重修中岳庙。金朝不仅沿用北宋的一般祈福祭祀,还采用了望祀的方式。据史料记载,金章宗、金宣宗、金哀宗或遣使望祭中岳于京城北郊,或遣使致中岳祈雨。

宋金时期由地方官吏管理中岳庙,而元朝官府放弃了对岳镇海渎祠庙的直接管理,大部分岳镇海渎祠庙都是由道士管理的。这是元朝五岳祭祀的一个特点。蒙元早期,岳镇海渎制度未定。因全真掌教李志常获宠于蒙哥汗,元宪宗元年(1251年)"诏命掌教大宗师真常真人代礼名山,降香望祭"。这是蒙古汗国立国后首次举行的国家祀典。在蒙古前四汗时期,岳镇海渎的祭祀只采取了代祀方式。蒙哥汗时期,全真道道士李志常被赋予主掌道教的权力。自李志常开始,全真道掌教成为为蒙元皇帝代祀岳镇海渎的使臣,在元初代理了蒙元朝廷在汉地山川神祇的祭祀。全真掌教祁志诚、张志敬都曾受命"代祀岳渎"。蒙元灭金时,全真道借机入主了嵩山。据元河南路总管梁宜《嵩阳崇福宫修建碑》

记载，尹志平和李志常派遣乔志嵩致嵩山传教，并重修了崇福宫。在全真道的努力推动下，蒙廷恢复五岳祀典，并最终促使五岳祀典成为蒙元定制。忽必烈称帝（1260）后发布诏令确立的对岳渎崇祀的常祀制度，命"五岳四渎名山大川，……载在祀典者，所在官司岁时致祭"。至元三年（1266），元世祖定立了详细的岁祀制度。在五岳的岁祀制度中元朝基本沿用了宋金的旧制，实行每年一祭，在六月的土王日祭祀嵩山于河南府。而在元朝平南宋之前，南岳、南海、江渎皆在宋境，则采取遥祭的形式。至元二十八年（1291）春二月，元世祖为中岳加封号"中岳中天大宁崇圣帝"。为五岳加封号的做法，蒙元朝廷系承袭自唐宋加封的传统。实现中国一统后，元朝基本沿用了汉地传统对岳镇海渎的进行祭祀以维持疆域的统一。此后，元朝的岳镇海渎制度基本形成岁时祭祀和因事代祀的两种形式。

道教在元代的岳镇海渎祭祀发挥了很大的作用。元代嵩山中岳庙的管理者转为全真道士充任。元延祐三年（1316年），元仁宗钦命中岳庙提点杜道元为中岳庙主持。据《皇元制授诸路道教都提点洞阳显道忠贞真人井公道行碑》记载，全真高道井德用曾在文宗天历二年（1329）之后担任全真教诸路道教都提点，兼嵩山中岳庙住持提点。

嵩山中岳庙由全真道士入住和管理，此后中岳的岁时祭祀基本由道士负责，在因事代祀中亦常派遣道士。至元二十八年（1291）正月，帝谓中书省臣言："五岳四渎祠事，朕宜亲往，道远不可。大臣如卿等又有国务，宜遣重臣代朕祠之。汉人选名儒及道士习祀事者。"随着汉化程度的深入，蒙古上层开始让儒士参与到岳镇海渎祭祀，代祀人选发展为汉人中的名儒和道士。据《中岳投龙简记碑》记载，皇庆二年（1313年）玄教大宗师张留孙设醮祈雨长春宫后，命玄教嗣师吴全节和正仪大夫太常卿李允中致嵩岳投龙简。

元朝皇帝对代祀中岳不仅基本选用道士，而且允许道士采用道教进行祭祀，也是元代五岳祭祀的一个特征。元朝的五岳祭祀，尤其以嵩山中岳为代表，道教基本取代儒家，成为了负责中岳祭祀的主要力量。

明朝初建，明太祖朱元璋非常重视整理前代祭祀制度，建立本朝的国家祭祀系统。明朝岳镇海渎被定为中祀，取消了宋元时期每年土旺日或五帝日祭祀中岳的礼制传统，改为在京都春秋设山川坛和郊祀合祭岳镇海渎的祭祀方式进行常祀。其中对中岳的祭祀以设中岳坛为主，与其他四岳合祭在山川坛和地祇坛中，而且由天子亲祭。据《大明会典》卷九十三："岳镇海渎，东岳泰山山东泰安州祭，西岳华山陕西华阴县祭，中岳嵩山河南河南府祭，南岳衡山湖广衡州府祭，北岳恒山真定府祭。"

明朝所定的中岳地点与前朝一致，仍然为河南嵩山，由河南府承祭。规定："岳镇海渎及历代帝王陵寝，凡遇登极，必遣官分投祭告，特重其礼。"在《明实录》的记载中，嵩山中岳祭祀一般在皇帝登基，或祈雨、祈晴、祈丰年时进行祭祀。以上皆属于中岳祭祀中重要的非常规祭祀活动。除了明朝廷中央政府主要进行的常祀和特例祭祀外，中岳嵩山，每年春秋仲月上旬河南府选择时日进行承祭活动。

清代因袭明制，《康熙会典》中规定中央朝廷祭祀体系分为大祀、中祀、群祀三等。清朝将祭祀中岳嵩山归于岳镇海渎，其祭祀地点不变，仍在河南嵩山。只是在顺治、康熙、雍正三朝岳镇海渎祭祀被确定属于群祀。其规定各处岳镇海渎每逢登极亲政、尊加徽号、册立东宫、一应庆贺大典、颁布恩诏，必遣官分行祭告。每年仍令有司以时致祭。因中岳被定为群祀，康熙朝确立中岳嵩山不再由河南府承祭而改为河南登封县祭。

乾隆朝将岳镇海渎祭祀升为中祀，规定：遇国家大庆典致祭岳镇海渎，以二品至四品京堂官充使以礼部太常寺笔贴士赍祝文香帛，导以伞仗龙旗，诹日发京师往祭东岳泰山于山东泰安府、东镇沂山于青州府、南岳衡山于湖南衡州府、南镇会稽山于浙江绍兴府、中岳嵩山于河南登封县。

乾隆十五年(1750年)十月初一,乾隆皇帝亲自至嵩山中岳庙举行祭祀大典,其礼仪规制与亲祀东岳泰山相同。自乾隆亲祀中岳之后,嵩山中岳庙得到了很好的发展。乾隆四十年(1775年),嵩山道会司从崇福宫移至中岳庙。这说明乾隆时期中岳庙虽是官方祠庙,但已交给道教进行管理并负责日常祭祀。

五岳祭祀制度是中国皇家祭祀文化最典型和最突出的例证,是中国皇家文化传统的重要组成部分。在中国传统文化及哲学思想的影响下,中国封建社会逐步形成了以五岳祭祀制度为代表的皇家山岳巡狩、柴望、祭祀、封禅制度,而"封禅"逐步演化成为中国古代封建皇家礼仪中最隆盛的国祀大典。中国古代历代帝王以封禅大典来证明其皇权的合法性和权威性,用祭祀五岳来昭告功绩安定天下,用五岳界定其统治疆域,五岳成为江山社稷一统的标志。五岳政治地位的确立,使之成为各民族膜拜、祭祀的共同对象,促进了中华各民族的融合与统一。

## 三、帝王祀典形式

自秦汉以来,古代帝王祭祀华夏始祖和中岳神轩辕黄帝形式主要有封禅大典、明堂祭、庙祭、代祭、望祭、郊祭、社祭、旅祭等。其中封禅大典、明堂祭及特殊的庙祭(如清朝乾隆皇帝亲自在中岳庙的祭祀)的仪礼非常隆重,要按仪礼安排,举行帝王祭祀礼。

帝王祭祀礼是按照国家最高的礼仪,祭祀华夏始祖和中岳神轩辕黄帝。在这套祭祀礼仪中,对黄帝所穿着的冕服,皇家乐队、供品、祭词等都有一套严格的程序。其中乾隆年间皇家制定的祭仪:共分瘗牲、就位迎神、初献、亚献、终献、答福胙、彻馔、送神、送燎等九节,每个小节均有固定的乐曲和颂歌及舞蹈,内容相当完备,已达到较高水平。祭祀礼仪中的供品、祭文、服装、乐曲、舞蹈等都有严格的规定。

### (一)封禅大典

封禅大典是古代祭礼的名称,于山之上祭天谓之"封",于山下祭地谓之"禅",换言之"封为祭天,禅为祭地"。封禅,是中国古代封建帝王举行的国家最高祭祀大典,也是宣示天地认可皇执政合法性的政治仪式,庄严至上,以显示对天下的最高主权(王权)。《风俗通义·山泽,五岳》写道:"王者受命易姓,改制应天,功成封禅,以告天地。"历代封建王朝以封禅为国家大典。

战国时期文献《管子·封禅篇》(《史记·封禅书》引)所记:谓自远古无怀氏(传在伏羲前,见于《庄子》)、伏羲、神农以下,有72帝王曾"受命然后得封(前651年)称霸后,初欲行封禅之礼,而为管仲谏止。"史料记载历史上规模较大的封禅活动有秦始皇封禅和汉武帝封禅。秦始皇统一中国后,曾按秦国祭天之仪,在泰山行封禅之礼。也就是说,封禅泰山本身,在某种意义上可以说是秦王朝向东方文化的一种礼拜。关于汉武帝封禅,司马迁在《史记·封禅书》中写道,汉武帝初即位,心向儒学,尤敬鬼神之祀,曾经让儒生讨论设计封禅的礼仪,然而因为窦太后坚持以黄老之学为主导,压抑汉武帝身边的儒臣,封禅的动议不得不中止。窦太后去世的第二年,汉武帝就到泰山施行了"封禅"大典。

在帝王封禅的历史上,女皇武则天封禅中岳嵩山,不仅是武则天时代最大的政治,也打破了男性独霸封禅盛典与泰山独居封禅之地的政治格局。据《旧唐书·则天皇后本纪》《新唐书·则天皇后本纪》《资治通鉴》记载:万岁通天元年(696年)腊月,武则天皇帝登上嵩山峻极峰,在登封坛封禅,加封中岳,尊岳神天中王为"岳神天中黄帝",岳神配偶天灵妃为"天中黄后"。封祭仪式完成后,武则天诏令大赦天下,改年号为万岁登封,免除了天下百姓当年的租税,并大酺九日。

史料记载:腊月初一日,武则天先到嵩岳太室山中峰上的登封坛行祭天之礼;初三日,武则天来到少室山下万羊岗顶的封祀坛行祭地之礼。至此,武则天完成了一桩大事,了却了一桩心愿。武则天从一名地位卑微的宫女,几经沉浮,竟达到了封建社会女人们所能达到的最高境地,当上了皇后,继而一鼓作气,改唐为周,登基称帝,破天荒地凭女儿之身当上了万姓之主。在位期间,修明国政,抵御外辱,"政由己出,明察善断",成就了一番连众多男姓帝王也未能企及的事业,这一切,如何才能使之名正言顺,合乎天意?惟有封禅。她在中岳嵩山举行了封禅大典,这等于她已将自己的事业向昊天上帝作了汇报,并且得到了天帝的认可,她所作的一切,均属天命攸归。至此,她终于给自己的事业划上了一个圆满的句号。史载:万岁通天元年(696年)腊月,继女皇武则天登嵩山封中岳毕,改元的同时,改嵩阳县为"登封县",改阳城县为"告成县",以示登嵩山,封中岳,祭天禅地,大功告成。

武则天

### (二)明堂祭

明堂为天子大庙,禘祭宗祀,朝觐耕籍,耆老尊贤,乡射献俘治(御名),望气告朔、行政,皆行于其中,故为大教之宫。明堂是古代帝王"宣明政教"的地方,是我国古代著名的礼制性建筑,是古代帝王祭天祀祖、举行朝会、庆赏等大典的场所。上古的国家往往被当作神意在人间社会的表现,要巩固其社会政治秩序,就必须对神明始终怀着一种景仰的心理,通过许多兆象来领会"天意",根据一定时节来举行祭祷神明的仪式。

谨按礼经:"其内官、中官、五岳、四渎诸神,并合从祀于二至。明堂总奠,事乃不经。然则宗祀配天之亲,杂与小神同荐,于严敬之道,理有不安。望请每岁元日,惟祀天地大神,配以帝后。其五岳以下,请依礼于冬、夏二至,从祀方丘、圆丘,庶不烦黩。"

### (三)庙祭

在中岳庙进行对中岳神轩辕黄帝的祭祀,称庙祭。庙祭在中国古代统治阶级和普通人民的生活中有着非常重要的地位。自秦汉以来,历代帝王祭祀中岳嵩山神轩辕黄帝,大都在中岳庙举行祭祀大典。庙祭中又分为祭告、遣官致祭、遣官祭告。

◆致祭

致祭,是对中岳神轩辕黄帝进行的祭礼。致祭有委托中岳嵩山所在地的省、府、县的首职代表皇帝进行致祭中岳神轩辕黄帝,也有皇帝派遣官员到中岳庙致祭中岳神轩辕黄帝。

◆祭告

在新朝初建、新君初立、建都、迁都、封国以及其他国家大事进行之际,皇帝都要遣官到中岳庙对

中岳神进行祭告之礼,以表示事情重大,需要特意报告岳神,求得岳神的认可,取得合法的名义,用以稳定政局,安定民心,此之谓祭告。祭告不同于郊祭,没有相对确定的祀期,也不经常举行;又不同于封禅,无需皇帝亲自到中岳嵩山进行祭祀大典。

祭告属于不定时举行的祭祀。由朝廷事先选定吉日,告于中岳庙,按选定吉日,举行祭告活动,礼仪也不固定。

### (四)望祭

望祭,即遥望而祭,是古代祭礼的名称,指天子和诸侯对山川的祭祀。《尚书·尧典》有"望于山川,徧于羣神",即指此。《孔传》:"九州名山、大川、五岳、四渎之属,皆一时望祭之。羣神谓丘陵坟衍,古之圣贤者皆祭之。"《史记·秦始皇本纪》:"二十八年,始皇东行郡县,上邹峄山。立石,与鲁诸儒生议,刻石颂秦德,议封禅望祭山川之事。"汉王充《论衡·吉验》:"楚共王有五子:子招、子围、子干、子晳、弃疾。五人皆有宠,共王无适立,乃望祭山川,请神决之。"

据史料记载,各地诸侯对山川的祭祀均有规定的范围。如《左传·哀公六年》谓:"三代命祀,祭不越望,江、汉、睢、漳,楚之望也。"又,史载春秋时鲁国亦有"三望",学者以为指东海、泰山及淮水。范宁注引郑玄说(《谷梁传》),超出一定范围的山川,诸侯便无权祭祀。

### (五)郊祭

郊是周代祭礼的名称。郊者,祀天之祭,其意有两种:一是指天子对天地的祭祀,因在郊外举行,故称郊。《礼记·中庸》谓:"郊、社之礼,所以事上帝也。"按周礼,只有天子才有权郊天。《礼记·礼运》有:"故天子祭天地,诸侯祭社稷。"二是指天子和为前朝天子后裔的诸侯对传说时期的远祖的祭祀。

郊祀祭天是周代最为隆重的祭典,是中国古代君王举行祭祀的重要组成部分,它原属于自然崇拜的一种,但至夏殷时,"天"已由自然属性的天,转而为自然属性与社会属性合一的"天",天既是社会的"至上神",又是周人王权的合法性的来源。郊天之祭既反映了用人对上天的敬畏,又反映了人们对自己来自何处的根源性追溯。天既指代高入云端的天帝,又包涵有"地以上皆天也"的崇山信仰。

### (六)社稷祭

社稷祭是国家君王为民祈福的一种。社稷是社与稷的合称,指土地神(地域神)与谷神(农神),即土、谷之神。土神和谷神是在以农为本的中华民族最重要的原始崇拜物。

周代时,社稷祭成为仅次于昊天上帝的重要神祇,社稷祭也成为国之大典。《周礼·春官·大宗伯》有:"以血祭社稷、五祀、五岳。"社稷祭的含义在于拥有王国或封国、地域主权象征,以及对立国根本(农业)的责任,同时成为联结不同血缘的居民的宗教纽带。《白虎通谐·社稷》谓:"人非土不立,非谷不食,故封土立社,示有土尊;稷,五谷之长,故立稷而祭之也。"故社稷亦被视为国家的象征。社稷的建制,为用土(天子用五色土)筑成坛,立树以表其处。先秦时期,社坛与稷坛分开,"社坛在东,稷坛在西"。祭祀时,以牺牲为粢酒贡献于坛上,并举行隆重仪式。

由于古时的君主为了祈求国事太平,五谷丰登,每年都要到郊外祭祀土地和五谷神,即社稷祭,后来"社稷"就被用来借指国家。"社稷之忧""社稷之患""社稷之危""谨奉社稷而以从"都指的是"国家"的忧虑、隐患、安危。

#### (七)旅祭

旅是对古人对山岳的祭祀。《尚书·禹贡》有:"荆(山)、岐(山)既旅。"又载:"九山刊旅,九川涤源,九泽既陂,四海会同。"孔传:"九州名山与槎木通道而旅祭矣。"孔颖达疏:"言九州之内所有山川泽无大无小皆刊槎决除已讫,其皆旅祭。"

按周礼,唯天子与诸侯有权举行旅祭。

## 第三节　帝王祭祀中岳及活动录

由于中岳嵩山之神轩辕黄帝与华夏族先祖主神轩辕黄帝于一身,天人合一,具有天室与华夏族宗庙的双重地位,所以自五帝迄秦,或在畿内,或列侯服,诸侯惟祭中岳嵩山。由于夏、商、周三代的都城大都在嵩山周围,使嵩山成为我国名山的中心和著名国都的京畿之地,古代统治者在万物有灵观念的影响下,对嵩山产生了崇敬、膜拜的宗教感情,从而把举行祭祀嵩山、祭祀河洛的仪典,作为一代有德帝王在极其庄严的历史时刻,所要举行的重要宗教活动被固定下来。这样,他们在这种祭祀活动中,将其出现的祥瑞标志,视为天帝意旨的体现。进入阶级社会之后,统治者将史前时期的文化传统加以利用,以君权神授,即"君主"秉承天意以从事,从而为自己的统治服务。这种活动在不同的历史时刻,又起到了巩固其"君权神授""天与人归"的历史统治地位,起到了强大的舆论作用。

嵩岳居天地之中,镇周藩而护燕都,为四岳所环拱。古人诗云"嵩高维岳,峻极于天"是也。按鹑火、大火、寿星、豕韦,是为中州,其神主于嵩丘,镇星位焉。中央曰土,土爰稼穑,稼穑作甘,民之天也。嵩岳,土官之官,天下万物均依他而生而灭。礼祈上帝,蜡先稷,兴土之利以成民,而致力于神,报本反始之精意至深远矣。

汉唐以来,帝王祭祀中岳嵩山,有至、有不至的,但都对嵩岳怀虔诚之心,毕恭毕敬,"用申秩祭,惟神鉴焉",其殷礼数举翠华霓旌。这些一国之君将国有大事昭告名山大川,如皇帝即位、兵兴鼎新、祈寒暑雨、灾祲不若、岁失屡

祭祀嵩山

丰、祈年报成、为民请命等,祭祀中岳神能明彰应,斡旋化机,潜消灾变,泽我民生。翻阅古代史册,其帝王君主用事于嵩高者,具见其表里。虽然当时交通不便,但亲自来嵩山祭祀、祈福,或求雨、打猎、巡视、游览、求仙的,或者派遣使者专程到嵩山祭告中岳神的帝王数不胜数。

历史上,夏、商、周三代时期为1500多年,在这一时期内,位于嵩山周围的这些帝王,到底有多少位在嵩山祭祀,史料记载很少,这些淹没在历史烟云中的史实,只能成为一种永久的遗憾。本节所录到嵩山祭祀以及在嵩山进行其他活动的帝王,都是史料中有确切记载的。

# 一、上古

◆黄帝都有熊

《帝王世纪》:"(黄帝)有圣德,授国于有熊。郑也,古有熊之墟,黄帝之所都。"汉焦延寿《焦氏易林》:"黄帝有熊国君少典之子。有熊,即今河南新郑是也。"晋皇甫谧《帝王世纪》:"(黄帝)授国于有熊。有熊,今河南新郑县也。"

◆有熊国

有熊国,姬姓,为黄帝之方国,位于姬水。在远古时代,具茨山(今河南新郑市西南)姬水河一带,住着一个少典族部落,人称有熊氏。有熊始于少典,黄帝继为有熊国君(实为部落首领)。

有熊开国始于少典,传至黄帝,相继打败蚩尤与炎帝,遂成为华夏共祖。

仓颉

◆仓颉都阳城

《禅通》载:仓帝史皇氏姓侯冈,名颉。实有睿德,生而能书,龙颜侈哆,四目灵光。及长,登阳虚之山,临铉扈洛汭之水。上天作命,使为百王宪。得《河图》篆字,穷天地之变,仰观父子尊卑之分,天地之蕴尽矣。天为雨粟,鬼为夜哭,龙乃潜藏,文字成而纪着备。着绩别姓,正名号字,封介丘以昭于异世,而文治兴焉。治百有十载,都于阳城。夫子系《易》曰:上古结绳而治,后世圣人易之以书契。古传黄帝史臣仓颉始制文字,未有仓帝史皇之说。阳城号于上古,作都之说,或有自昉与。

◆黄帝太室与神会

《史记·封禅书》载:天下名山八,而三在蛮夷,五在中国。华山、首山、太室、泰山、东莱,此五山者,黄帝之所常游与神会。亦是,则有熊之世,已有嵩山太室之名。

◆黄帝画野分州封五岳

据道教典范《洞天记》云:"黄帝画野分州,乃封五岳。"黄帝远在5000年前,其疆域版图不出黄河流域,黄帝是否封岳无正史可查,但到唐虞三代出现了四岳是无可置疑的。

◆黄帝会西王母于箕山,以青铜铸镜

《山堂肆考》载:轩辕黄帝与西王母会于箕山,以青铜铸12镜,随月用之。又曰:舜臣尹寿所铸。

◆黄帝在云岩宫练兵讲武

《密县志》记载:轩辕黄帝在嵩山新密市的云岩宫练兵讲武。

◆炎帝后裔号称四岳

《中国史稿》称:炎帝氏族曾长期居住在嵩山附近,其后裔的一支号称四岳,以崇拜嵩山为图腾。《诗经》云:"崧高维岳,峻极于天。维岳降神,生甫及申。维申及甫,维周之翰。""崧高",即嵩山。诗意是说,从峻极于天的嵩山上降下神灵,生于"申"氏和"吕"氏,而且后来"申"和"吕"都成为辅佐西周的大臣。

◆帝喾都偃师西亳

《竹书纪年》:"帝喾高辛氏元年,帝即位,居亳。"《水经注》:阚骃曰:"亳,本帝喾之墟,在《禹贡》豫州河、洛之间,今河南省偃师城西二十里尸乡亭是也。"《通典》:"偃师,帝喾所都,亦古亳邑也。"

帝喾

帝喾,黄帝的曾孙,帝尧、帝挚之父。中国上古时期一位著名的部落联盟首领,五帝之一,商、周两朝先祖。春秋战国后,被列为"三皇五帝"中的第三位帝王。帝喾前承炎黄,后启尧舜,奠定华夏根基,是华夏民族的共同人文始祖。帝喾有四妃四子,元妃姜嫄生弃,又名后稷,封于邰,为周族的祖先;次妃简狄生契,封于商,成为商族的祖先;次妃常仪生挚,曾继帝喾为帝,史称帝挚,仍都居于亳,因荒淫无度,仅在位9年被废;次妃庆都生尧,继帝挚之后为帝,是我国原始氏族社会时期,五帝之中著名的第四位帝王。

◆帝喾是最先在伊洛平原偃师境内建都的帝王

帝喾是最先在伊洛平原偃师境内建都的帝王。据《竹书纪年》的记载:"河南偃师为西亳,帝喾及汤所都,盘庚亦徙都之。"西亳,即今偃师尸乡。

◆帝喾在洛西邙山

《竹书纪年》:帝喾高辛氏在"洛西邙山,唐虞在豫州之城。"《水经注》载:"亳,本帝喾之墟,在禹贡豫州河洛之间。"

◆尧帝巡狩崩于阳城

尧巡狩告成,周流五岳,崩于阳城。《河南府志》:阳城位于登封县东南三十里,为告成镇。阳城即古告成。《史记》载,帝尧定巡狩之制,周流五岳,游于阳城。周郑康成曰:尧游阳城而死葬焉,故扬雄《河东赋》以为"瞰帝尧于嵩高兮"。夫帝尧十有二载固尝巡狩方岳,六十载再行之而游康衢,观华封。舜虽摄天子事,尧未尝因倦勤忘天下也。游于阳城,盖亦省方问俗之意。

◆舜帝巡五岳

《虞书》载:舜五载一巡狩。春至岱、夏衡、秋华、冬恒,望于山川。郑康成注《小宗伯》载:四望五岳。马端临曰:舜一岁巡五岳,具望秩之礼,是也。秦博士伏生曰:舜巡狩四岳,八伯乐正定乐名,贡两伯之乐焉。元祀岱泰山,中祀大交霍山,秋祀柳谷华山,冬祀幽都弘山。中祀夏伯之舞,舞谩或,歌声比中谣,名曰初卢。羲伯之乐,舞将阳,歌声比在谣,名曰朱干。夫古者侯伯,贡乐于天子。羲伯、和伯,盖羲和之后,以其知四方之风土气候,分为方伯者也。厥祀元中秋冬而不及南祀,乃中祀则贡乐舞于夏伯,与阳伯、秋伯、冬伯并为四时之声容,何欤？或当日统南祀于中土,而中巡以受夏伯之贡诗,为采南国风谣与。

◆舜巡狩山川

《史记·封禅书》载:"舜帝岁二月东巡狩至于岱宗,望秩山川。……五月巡狩至南岳。……八月巡狩至西岳。……十一月巡狩至北岳。皆如岱宗之礼,中岳者嵩高也。"索引注曰:"不言至者,盖以天子之都也。"

◆帝命夏后有事于太室

《竹书纪年》载:帝舜十五年,帝命夏后(大禹)有事于(祭祀)太室。《全上古三代文》载:"夏禹,姓姒,名文命……颛顼六世孙。尧以为司空,封夏伯,因称伯禹。后受舜禅,号有夏氏,始降称王。亦号夏后氏。"

大禹治水

◆舜迁于负黍

《世说》载:舜迁于负黍(今登封大金店一带)。《河图禄运法》载:舜以太尉为天子。五年二月东巡狩,至于中州,与三公诸侯临观黄龙五采。

◆舜命禹主祭嵩山

据古书《竹书纪年》和《世本》记载:舜十五年命禹主祭嵩山,舜禅位禹后,"禹居阳城"。

◆禹都阳城

《竹书纪年》(古本)云:"夏后氏,禹居阳城。"《汉书·地理志》颖川郡阳翟条臣瓒注引《世本》曰:"禹都阳城。"《史记·夏本纪》《水经·颖水注》《括地志》等均证禹都阳城在今登封市告成镇附近的王城岗一带。

《孟子·万章上》:"舜崩,禹避舜之子于阳城(今登封市告成镇)。"韦昭注《史记》以为夏都阳城。晁氏以为夏后都阳城,南逾洛阳百里而远也。《吴越春秋》:禹让商均,退处阳山之南,阴阿之北。万民追就禹之所,状若惊鸟扬天,骇鱼入渊。昼歌夜吟,登高号呼曰:"禹弃我,如何所戴。"刘熙注曰:今颖川阳城也。禹三年服毕,哀民,不得已,即天子之位。《史记·夏本纪》记载:"舜崩,三年之举丧,禹辞辟舜之子商均于阳城,天下诸侯皆去商均而朝禹。禹于是遂即天子位,南面朝天下,国号曰夏。"

◆夏启与阳翟

《史记·夏本纪》:"启都阳翟。"《帝王世纪》说:"禹受封为夏伯,在豫州外方之南,今河南阳翟是也。"阳翟,今禹州市。《史记·周本纪·集解》引徐广曰:"夏居河南,初在阳城,后在阳翟。"

◆夏都斟鄩

《汲冢古文》:"庆康居斟鄩,羿亦居之,桀又居之。"关于古斟鄩,在今偃师翟镇二里头村一带。《逸周书·度邑》:"自洛汭延于伊汭,居阳毋固,其有夏之居";《史记·吴起列传》:"夏桀之居,左河济右泰华,伊阙在其南,羊肠在其北。"后经考研认定,偃师二里头遗址就是"夏都斟鄩"。

◆帝少康居嵩山纶氏国

《竹书纪年》记载:夏代第五代国君少康居嵩山纶氏(今登封颍阳)。《竹书纪年》:"少康自纶氏归于夏邑。"

◆帝孔甲畋于箕山

夏朝帝王孔甲畋于箕山。晋刘勰《新论》载:夏孔甲畋箕山,大风晦暝,入于人家。主人方乳,或占之曰:"后来而产,是子不胜,终必有殃。"孔甲取其子曰:"以为予子,谁敢殃之。"子长,折薪,斧斩其左足,遂为大阍。孔甲曰:"呜呼,有疾命矣夫。"

◆帝孔甲游洛汭

晋刘勰《新论》)记载,夏第十四代国王孔甲在箕山打猎,遇大风,为避风入民宅。

《竹书纪年》《吕氏春秋》《水经注》《穆天子传》诸书载:"帝孔甲三年,王畋于萯山。"原书注曰:"此山在巩县北,临黄河。""孔甲游于东阳,畋于萯山。"帝王世纪以为即东阳首阳山(今巩义市康店乡山头村)。

◆商侯履迁于亳

《竹书纪年》:帝癸十五年,商侯履迁于亳。《史记》:汤始居亳,从先王居。

◆商汤都西亳

班固《地理志》:"偃师尸乡,殷汤所都。"《尚书注》:"汤自商丘迁焉。"《括地志》:"河南偃师为西亳,帝喾及汤所都。"

◆商汤于桑林祷雨

商汤(前16世纪期间),大旱七年,汤以六事自责,身祷于桑林之野(今巩义市鲁庄一带。也有荥阳、偃师说)。

◆盘庚复徙都西亳

《尚书》:"盘庚迁于殷。"《元和郡县志》:"至盘庚,又自河北徙都于亳。"《括地志》:"河南偃师为西亳,盘庚亦从都之。"

《史记》:帝阳甲崩,弟盘庚立,是

商汤于桑林祷雨

为帝盘庚。帝盘庚之时,殷已都河北,盘庚渡河南,复居成汤之故居,乃五迁,无定处。殷民咨胥皆怨,不欲徙。盘庚乃告谕侯大臣曰:"昔高后成汤与尔之行祖俱定天下,法则可修。舍而弗勉,何以成德!"乃遂涉河南,治亳,行汤之政。然后百姓由宁,殷道复兴,诸侯来朝。

《竹书纪年》:"盘庚十五年营殷邑。二十八年陟。"

◆汤即位居西亳

《汉书·地理志》云:"汤即位居南亳,后徙西亳在偃师西十四里。"又云"河南偃师为西亳,帝喾及汤所都,盘庚亦徙都之"西亳在位于偃师尸乡。

《史记·殷本纪》正义云:"亳、偃师城也。汤即位居南亳,后徙西亳也。"《汉书·地理志》云:"汤即位居南亳,后徙西亳在偃师西十四里。"又云"河南偃师为西亳,帝喾及汤所都,盘庚亦徙都之。"

◆武丁与梦中圣人

殷高宗武丁是盘庚之后的中兴之主。其时,建都西亳,在今偃师。《史记·殷本纪》:"帝武丁即位,思复兴殷,而未得其佐。三年不言,政事决定于冢宰,以观国风。武丁夜梦得圣人,名曰说。以梦所见视群臣百吏,皆非也。于是乃使百工营求之野,得说于傅险(亦作傅岩)中。是时说为胥靡,筑于傅险。见于武丁,武丁曰:'是也。'得而与之语,果圣人,举以为相,殷国大治。"故遂以傅险姓之,号曰傅说。

◆武丁修政行德,天下咸欢,殷道复兴

帝武丁祭成汤,明日,有飞雉登鼎耳而呴,武丁惧。祖己曰:"王勿忧,先修政事。"武丁修政行德,天下咸欢,殷道复兴。

◆周昭王铸"镇岳剑"

《刀剑录》载:周昭王二年(前996年),铸五剑各投五岳,名曰"镇岳剑"。尚方古文篆书,长五尺。

◆周穆王游黄泽

《巩义志》载:西周穆王(前947～前928年)初,东游黄泽(今巩义市和义沟村),宿于曲洛。

◆周穆王游于黄室之丘

《穆天子传》记载:数传至周穆王,八骏驰骋,周游九垓。王游于黄室之丘,以观夏后启之所居,乃入于启室。此《内传》语也。颜师古注云:"黄室之丘,嵩高山也。"

周穆王周游九垓

◆周宣王巡狩东都,及于敖山

宣王八年(前820年),宣王姬静巡狩东都,及于敖山(嵩山之阴)。因以畋猎选车徒,于是有《车攻》《吉日》之诗。夫宣王能修成康东都方岳之礼,《车攻》谓之复古。兵车会同,陟方于嵩高,可知也。时方营谢以封申伯。申甫生于嵩,吉甫有《嵩高八章》之作,在斯时矣。

◆周武王至鲸水讨伐殷纣王

周武王讨伐殷纣王(前11世纪期间),至鲸水(巩义西北部,滨黄河),见殷大臣胶见。

◆周武王封禅嵩山:依天室,定天保,在嵩山脚下建都城洛邑

《史记·周本纪》及《逸周书·作洛篇》称:周武王灭纣后的第12天,他登上了嵩山,即周人心目中的天室山,在山上祭祀上天,告知殷商已亡,并祈求上天保佑大周。周人认为他们是夏人的后裔,嵩山是夏人的神山,"夏之所兴也,祝融降于嵩山"。夏人的先祖还被封为崇伯,那么理所当然嵩山也是周人的神山。周武王的这次祭祀,堪称西周的开国大典,同时也是中国历史上第一次真正意义的封禅。下得山来,周武王便做出了一个重大决定,"依天室,定天保",即要在嵩山脚下的洛邑建立新的都城,以有效控制殷商的旧地。这位膺天受命的君主在嵩山之巅行礼之际产生建立新都洛邑的深谋远虑,为"两周"500年基业奠定了坚实的基础。

周武王封禅嵩山

著名的《何尊铭文》记述了周武王之子周成王迁都洛邑成周,在天室山上为武王举行盛大祭礼,对其宗族子弟进行训诫,并向天宣告定都于成周的史实。

◆周武王迁都选址定洛邑

《周书》载:武王盟津会诸侯,昭告于皇天后土,所过名山大川。嵩去盟津不百里,在昭告名山之内矣。七年,武王登幽之阜,以望商邑曰:自洛汭延于伊汭,居易毋固,其有夏之居。我南望三途,北望岳鄙,顾瞻有河,粤詹洛伊,毋远天室。

◆周公测日影以求天地之中

《史记·周本纪》及《逸周书·作洛篇》称:周灭商之后,欲在人神沟通的嵩高太室附近建立城邑。《周礼·地官

周公测影台

司徒》载:周公姬旦,在嵩高太室之阳的阳城"立土圭、测土深、正日影、以求地中",定嵩山为天地之中,并在靠近嵩山的伊洛之间建造洛邑,作为周朝统治关东的中心。西周灭亡后,洛邑又成了东周的都邑。

周公测得阳城为天地之中。因为这个"中"字,人们认定这里是"中国"的起源地。中岳、中土、中州、中原、中华等词语中的"中"字皆由此而来。当地有一句很有名的民谣,揭示出"中"字蕴含着天地间的秘密:"天有心,地有胆,天心地胆在告县。"

登封市告成镇观星台院内有唐代人照古法仿制的周公测影台。

◆周成王迁都于成周洛邑

成王在丰,使召公营洛邑,如武王之意。《逸周书·度邑解》记载:周公复卜申视,测以土圭之法,卒营筑,居九鼎焉。曰:"此天下之中,四方入贡,道里均也。"成王七年,王至新邑,蒸于文武,命周公留后治洛,是有《洛诰》矣。《洛诰》中有使图卜往复之辞;有迎王往洛之辞;有成王在洛,留周公于后之辞。十有二年,复朝诸侯于方岳。然则土中之嵩,固成王、周公之所经临者矣。

周平王东迁洛邑

◆周平王东迁洛邑

公元前770年,因镐京及王畿遭战争破坏,平王得晋、郑、秦和其他诸侯之助,遂东迁于雒邑(今洛阳),以避戎寇。重建周王朝,始称东周。

西周建都于丰、镐,以华山为中岳。东周周平王东迁洛邑(洛阳)以后,又以嵩高为中岳,华山为西岳。

◆周幽王会盟诸侯于太室

按照周王室有托庇于通天的嵩山以求永保天命之信赖,西周末期,当西周遭受犬戎攻击而面临覆灭的危机时,为抵御戎狄东渐,拱卫京畿,周幽王召集诸侯在嵩山太室结盟,称太室之盟,期盼得到祖先神的佑助而化险为夷。《今本竹书纪年》:"(周幽王)十年春,王及诸侯盟于太室。"《左传·昭公四年》记载:"周幽王为太室之盟,戎狄叛之。"

◆周敬王到洛郊祭祀

春秋时代(前515年前后),周敬王姬匄到洛郊祭祀(巩义市罗庄附近)。

◆周敬王与干脯山

《太平寰宇记》:偃师县有干脯山。《九州要记》:周敬王于此曝干脯,因以为名。

## 二、秦汉

◆秦祀名山

《史记·封禅书》载:"及秦并天下,令祠官所常奉天地名山大川鬼神可得而序……于是自殽以东,名山五,大川祠二。曰太室。太室,嵩高也。……春以脯酒为岁,祷因泮陈。秋惟涸冻,冬赛祷于祠。其牲用牛犊一牢,具有圭币。太祝常主其祀,以岁时奉祀之。"又载,令词官奉祀太室(祠)。不言建祠者,或即周之旧物。

◆始皇帝出巡,经巩东去

秦朝二十八年(前219年),秦始皇出巡,经巩义东去。

◆秦始皇东巡数次必假于嵩山

始皇东巡数矣,东道必假于嵩。盖过而祀焉,而未有驻跸。

◆秦始皇祀洛水

《古今乐录》载:"秦始皇祀洛水。"

◆少林寺有秦槐

少林寺中的秦槐,相传被秦始皇封为"大夫槐"。据此推断,始皇帝东巡曾"登礼于斯"。

◆秦始皇置大仓于敖山

敖山,位于嵩山之阴。秦初,敖氏筑仓于上,因为山名。始皇又置大仓于此。

◆汉管夫人、赵子儿、薄姬侍高祖于成皋台

秦末汉初,汉管夫人、赵子儿、薄姬侍高祖于成皋台。成皋台即荥阳(今荥阳市)太和宫小顶。姬曰:"吾夜梦苍龙据吾腹。"帝曰:"吾为汝成之。"遂生文帝,即此。

◆汉王刘邦据敖山置仓粟

汉之兴,沛公攻颍川,因张良略韩地。闻赵将司马昂欲渡河入关,沛公乃攻平阴,绝河津,南出轩辕。郦食其劝汉王据敖仓粟。

◆汉高祖于成皋,割鸿沟,中分天下

汉高帝刘邦因敖山筑甬道,下汴水。项羽围之,高帝复军成皋,项羽拔其军北渡河。厥后割鸿沟,中分天下,皆左右于嵩山者矣。

汉高祖刘邦

◆汉文帝祀嵩山

西汉文帝刘恒时期,名山在诸侯国者各自奉祀。嵩为畿内地,故领于天子祠官,祀事不改。其后广增诸祀,坛场圭币,典礼为盛。

◆西汉武帝遣印官公孙卿去嵩山太室事供神仙

西汉武帝元鼎元年(前116年),方士公孙卿利用大鼎的被发现,向武帝授成仙之道,遂被拜为印官,去嵩山太室事供神仙。

◆西汉武帝刘彻创五岳制度

汉武帝刘彻规定五岳按照其时盛行的"五行"之说,根据当时的国土疆域四至范围规定了五岳为:中岳嵩高山,东岳泰山,西岳华山,南岳天柱山,北岳恒山。

◆西汉武帝铸埋"八服剑"于五岳

《刀剑录》载:汉武帝元光五年(前130年),铸八剑,各长三尺六寸,铭曰"八服剑"。小篆书,五岳皆埋之。

◆西汉武帝亲幸缑氏

汉武帝元狩四年(前125年),武帝刘彻遣使公孙卿侯祭神于太室山,曾见仙人迹。缑氏城上有物若雉,帝亲幸缑氏视之。

◆西汉武帝遣使候神太室

西汉元狩四年(前119年),汉武帝刘彻使"乃拜卿(公孙卿)东使候神于太室(嵩山太室)"。

◆西汉武帝亲登嵩高,加增太室祠

《汉书·武帝本纪》记载,汉元封元年(前110年)三月,"帝行幸缑氏,诏曰:'朕用事华山,至于中岳,获驳麃,见夏后启母石。翌日,亲登嵩高,御史乘属,在庙旁史卒咸闻呼万岁者三。登礼罔不答。其令祠官加增太室祠,禁无伐其草木。以山下户三百为之奉邑,名曰崇高,独给祠,复亡所与'"。崇高邑,即后来的登封县。《内传》曰:"甲子,祭嵩山。起神宫,帝斋七日。祠讫,乃还。"

附文:

### 加增太室祠诏

汉武帝

朕用事华山,至于中岳,驳获麃,见夏后启母石。翌日,亲登嵩高,御史乘属在庙旁,吏卒咸闻呼万岁者三,登礼罔不答。其令祠官加增太室祠。禁无伐其草木,以山下三百户为之奉邑,名曰"崇高",独给祠,复亡所与。

《武帝内传》记载了汉武帝祭祀嵩山经过:"帝好长生之术,常祭名山大泽,以求神仙。元封元年甲子,祭嵩山,起神宫,帝斋七日,祠讫乃还。"

◆西汉武帝下诏,定嵩山坛于南郊,以中祀迎气日祭之

《说嵩》载:西汉元封三年(前108年),集贤校陈铜言:"《周礼》小宗伯之职,兆五帝于四郊,四望四类,亦如之。郑氏注:四望,谓五岳四渎也。今四望之坛,不设。或遇朝廷有祈焉,则设位地祇坛下,甚非古制。请依周礼建四望坛,以祀五岳四渎,庶合古礼。"诏下,定嵩山坛于南郊,以中祀迎气日祭之。

汉武帝游嵩山

◆西汉元帝礼嵩时,启母已立庙矣

《汉书·郊祀志》载:"孝武(汉武帝谥号)时,立夏后启母石等庙,元帝(刘奭)罢之,候神使者七十余人,皆遣归家。当元帝狩祀嵩时,启母已立庙矣。"

◆荀况奉帝命在嵩溪作汉兵法鼎

《虞荔录》曰:荀况奉帝命在嵩溪作汉兵法鼎,大如五石瓮,表里皆纪兵法。

◆西汉宣帝刘询颁制五岳四渎祭祀常礼

西汉神爵元年(前61年),宣帝刘询颁布诏书,特诏太常颁制了祭祀五岳四渎的常礼,建置用于祭祀的祠庙。"自是五岳、四渎皆有常礼。东岳泰山于博,中岳太室于嵩高,南岳潜山于潜,西岳华山于华阴,北岳常山于上曲阳。……皆使便者持节侍祠。唯泰山与河岁五祠,江水四,余者皆一祷而三祠云。"

◆西汉宣帝刘询颁制五岳四渎祭祀常礼,建置祠庙

西汉神爵元年(前61年),宣帝刘询颁布诏书,特诏太常制定了祭祀五岳四渎的常祀礼。建置用于祭祀的祠庙,要求历代祭祀,这即是五岳"岳庙"的前身。祀中岳太室于嵩高,礼遣使者持节侍祠,一祷而三祀。

◆西汉宣帝遣使祀中岳太室于嵩高

西汉神爵元年(前61年),宣帝刘询遣使祭祀祀中岳太室于嵩高。遣使者持节侍祠,一祷而三祀。

◆王莽、刘秀曾在密县境内作战

西汉末年(23年),王莽、刘秀曾在新密市境内作战。

◆东汉光武帝巡幸嵩高山缑氏,登轩辕山。

东汉建武九年(33年)夏六月丙戌,光武帝刘秀巡幸嵩高山缑氏,登轩辕山。

### ◆东汉明帝巡狩嵩高山
东汉永平十五年(72年)二月,明帝刘庄东巡狩嵩高山。

### ◆东汉章帝巡狩颍阳
东汉建初八年(83年)十二月甲午,章帝刘炟东巡狩,幸颍阳(今嵩山登封市颍阳镇)。戊申,车驾还宫。又据《后汉书·章帝纪》记载,东汉章帝刘炟,于建初八年(83年)十二月甲午视察,在颍阳停留四日,戊甲日,车驾还宫。

### ◆东和帝幸嵩山缑氏,登百坯山
东汉永元十六年(104年)十一月,和帝刘肇幸嵩山缑氏,登百坯山,赐百官从臣布各有差。

### ◆东汉安帝下诏赐地给当地贫民垦种
汉永初元年(107年)二月,安帝刘祜下诏把嵩山汝州的广成游猎地(即广城泽,今温泉镇涧山口水库一带)借给贫民垦种度荒。三年三月,又下令将上林、广成泽中可垦辟的土地给当地贫民。

### ◆东汉安帝于少室山铸"承露鼎"
东汉安帝延光四年(125年),铸一鼎于少室山,文曰"承露鼎",小篆书,四足刀剑录。

### ◆东汉顺帝刘保诣嵩高请雨,并祠河洛
东汉阳嘉元年(132年)正月,京师大旱,顺帝刘保敕郡国2000石,各祷名山川岳渎。遣大夫谒者诣嵩高请雨,并祠首阳山、河洛。

### ◆东汉顺帝赴嵩山汝州广成泽打猎
东汉永和四年(139年)十一月,顺帝刘保赴嵩山汝州广成苑打猎。

### ◆东汉桓帝校猎汝州广成苑,驻跸温泉宫
东汉桓帝延熹二年(159年)冬十月,桓帝刘志校猎汝州广成苑,驻跸温泉宫。

### ◆东汉桓帝刘志校猎汝州广成泽
东汉延熹元年(158年),桓帝刘志校猎汝州广成泽。延熹六年(163年)汉桓帝刘志又赴汝州广成泽校猎。

### ◆东汉灵帝复崇高山名为嵩高山,大雩
东汉熹平五年(176年),灵帝刘宏复崇高山名为嵩高山,大雩。《东观汉纪》云,使中郎将堂溪典请雨,上言改山名崇高山为嵩高山。灵帝于次年下诏复崇高山原名嵩高山。

### ◆东汉灵帝狩猎于汝州广成苑
东汉光和五年(182年),灵帝刘宏狩猎上林苑,巡游函谷关,至汝州广成苑驻跸于温泉宫。在汝

州广成苑狩猎月余,十二月返回洛阳。

◆东汉献帝车驾入轩辕

东汉献帝期间,献帝刘协车驾入轩辕,杨奉、韩暹追之。

## 三、三国两晋南北朝

◆曹操来梁县征讨杨奉

建安元年(196年)八月,曹操逼汉献帝经偃师、登封迁都许昌。屯驻梁县(嵩山汝州一带)的杨奉往轩辕口(少林寺东北)截击,未遇而还。十月,曹操来梁县征讨杨奉,杨大败,其先锋徐晃投降曹操。

◆魏文帝游猎于嵩山大石山

魏文帝时期,魏文帝曹丕曾游猎于嵩山大石山,虎超乘舆。

◆魏文帝依周礼之制致祭中岳

《晋书·礼志》载,魏黄初二年(221年)六月,文帝曹丕依周礼之制致祭中岳。

◆魏文帝礼五岳,咸秩群祀,沉瘞圭璋。

《晋书·礼志》载:魏文帝黄初三年(222年),礼五岳,咸秩群祀,沉瘞圭璋。

◆魏明帝遣使祀中岳

魏明帝太和四年(230年)八月,明帝刘叡东巡,遣使者以特牛祀中岳。

魏文帝游猎于嵩山

◆西晋惠帝遣使诣洛阳山请雨

《晋书》载:惠帝司马衷使校尉陈总诣洛阳山请雨,总尽除小祀,惟存大石祠而祈之。后七日大雨。

◆西晋惠帝幸嵩山偃师

西晋太安二年(303年),成都王颖引兵内向,惠帝司马衷幸嵩山偃师,舍于豆田。

◆后汉帝遣其子亲至中岳祭祀

《晋书》载,西晋永嘉二年(308年,后汉永凤元年),后汉刘渊即位,命其子刘聪率军攻洛阳,又遣其子亲至中岳祭祀。

### ◆西晋孝愍帝避难于嵩山

永嘉四年(310年),晋都洛阳被匈奴族汉帝刘渊所破,晋皇太子司马邺逃难至密县,住云岩宫南侧黄路坡寨,后改为王居城。建兴元年(313年)即皇帝位,史称"孝愍帝"。西晋愍帝司马邺在位末期,时值洛阳倾覆,曾避难于嵩山的荥阳、密县。

### ◆东晋成帝依魏明帝之愿郊祀五岳

《晋书·礼志》载:明帝太宁三年(325年)立坛郊祀五岳未果。成帝咸和八年(333年)正月,依明帝之愿,郊祀五岳于覆舟山之南。

### ◆东晋成帝郊祀五岳

东晋城帝期间,在京都郊祀五岳,修五岳四渎,名山川泽,各有定制。东晋咸和八年(333年),成帝司马衍制五岳,从祀于洛阳北郊。

### ◆前秦皇帝苻坚遣侍臣祷祈于嵩山

东晋宁康三年(375年)六月,丞相王猛积劳成疾。前秦世祖宣昭帝苻坚心急如焚,亲自为王猛祈祷,以求王猛病愈,并遣侍臣前往中岳祈祷。

### ◆南朝宋武帝刘裕祭告中岳嵩山

《说嵩》:南朝宋武帝刘裕将禅,经洛阳祭告中岳嵩山,谢赠玉璧。范泰写有《为宋公祭嵩山文》。

附文:

#### 为宋公祭嵩山文

南朝　范泰

刘裕敬荐中岳之灵。惟岳作镇中畿,拟天比峻,降祉发辉。宜和阴阳,道达幽微。既曰辅顺,亦伐厥违。霜露所均,万人是依。不以虚薄,志归不庭。仰纾国耻,俯拯黎氓。望岭怀仁,践境延情。金壁之赠,愧惧交盈。思乐时雍,终凭威灵。旧都既清,三秦期廓。岂惟人谋,亦仰冥略。逝将言旋,自雍徂洛。何以寄怀,一厄清酌。珪璧云乎,深诚攸托。

### ◆南朝宋武帝刘裕营于嵩山柏谷坞

《武帝纪》:帝西征,营于柏谷坞,西有钩锁垒。

### ◆北朝北魏道武帝于嵩阳铸"镇山剑"

《刀剑录》载:北魏道武帝拓跋珪,以登国元年(386年),于嵩阳铸"镇山剑"二把,一把名曰"镇山",一把名曰"沉水",铭文为隶书。

### ◆北朝北魏明元帝祭祀嵩高山

北魏泰常四年(419年),明元帝拓跋嗣幸洛阳,遣使以太牢祀嵩高山。泰常八年(423年),明元帝使谒者奉玉帛牲牢祭祀嵩岳,迎致道士寇谦之,复如洛阳观石经,遣使祭祀嵩高山。

◆北朝北魏景穆帝祭祀五岳庙

《说嵩》：北魏景穆帝拓跋晃立五岳庙于桑乾水之阴，春秋遣有司祭祀。

◆北朝北魏太武帝建庙于嵩岳上

北魏太延元年（435年），太武帝拓跋焘立岳神庙于嵩岳之上，置侍史90人，岁时天旱祈雨。其春秋遣官率刺史祭以牲牢玉帛。《魏书·释老志》载：太武帝拓跋焘"使谒者奉玉帛牲牢，祭嵩岳，迎致其余弟子在山中者"。

◆北朝北魏文成帝徙中岳庙于神盖山。

北魏文成帝太安年间，徙中岳庙于神盖山。今中岳庙后黄盖峰绝顶有庙三楹，登其上远眺，岳庙全势在目，境踞最胜。

◆北朝北魏孝文帝祭祀嵩山

北魏孝文帝太和十八年（494年），北魏迁都洛阳之后，孝文帝撰写了《嵩山祭祀文》，亲自到嵩山祭祀。

北魏孝文帝迁都洛阳

附文：

### 嵩山祭文

北魏　孝文帝

维太和十八年，敬昭告于嵩高中岳之灵：太极分浑，两仪是生。辰作干宝，岳树坤灵。昭影天地，吐纳五精。唯中挺神，祥契幽经。日月交辉，寒暑递成。万象合和，兆类孳盈。爰自化辟，俶庆胥庭。轩辕曜哲，伊祁载形。逮于有周，实光洛祯。川潜龙光，山隐风亭。三才凭微，七曜依明。人伦倾首，百神柔诚。造厥区夏，历兹三正。应符代绩，孰不斯营。曰乎皇魏，飞虬玄并。螭腾穹象，用九黔赢。新邦兴略，不歆冈清。佗琼指阴，淹翠湿亭。河图旷览，升中阙铭。朕承法统，诞邀休宏。开物成务，载铄成龄。迁宇柳方，阐绳瀍城。则直之兴，百堵若星。日瞳流馥，月陆芬馨。锵旋紫宿，景曜黄衡。鸾声嗜嗜，鹭和嘤嘤。归盖如云，还辀若霆。惟嵩岩岩，峻极吴青；惟邑翼翼，长启魏京。荐玉告虔，用昭水贞。纳兹多福，万国以宁。

◆北朝北魏孝文帝于嵩山汝水西校阅部队

北魏太和十九年（495年）正月十三日，孝文帝元宏于嵩山汝水西校阅部队，大赏六军。

◆北朝北魏孝文帝元宏在小平津（今巩义市康店裴峪）阅兵

北魏太和二十年（496年）九月，孝文帝元宏在小平津（今巩义市场康店裴峪）阅兵。

◆北朝北魏孝文帝南征至嵩山梁城

北魏太和二十三年(499年)二月,南齐太尉陈显达北侵,攻占北魏马圈戍(邓州东北)。孝文帝元宏御驾亲征。三月初四从洛阳出发。三月初五,抵汝州广成温泉,歇息一日。初七日经梁城(即梁县,今汝州一带)南下。初十日至梁城。次日,命振威将军慕容平城率兵马五千援救顺阳(淅川县东)。

◆北朝北魏孝明帝作闲居院于嵩山

北魏正光元年(520年),孝明帝作闲居院于嵩山。

◆北朝北魏灵太后幸嵩山

孝明帝熙平二年(517年)九月,灵太后幸嵩山。夫人九嫔公主以下,从者数百人,升于顶中。初,太后数幸宗戚勋贵之家,车骑大将军崔光表谏曰:"礼,诸侯非部疾吊丧,而入诸臣之家,谓之君臣为谑。不言王后夫人明无适臣家之义。夫人父母在,有归宁,没则使卿宁。汉上官皇后将废,昌邑霍光,外祖也,亲为宰土属赖,含生仰悦矣。"不听。至是将游嵩高。崔光又上《谏灵太后幸嵩高表》。卒不听,竟游焉,数日而还。

附文:

### 谏灵太后幸嵩高表

北魏　崔光

伏闻明后当亲幸嵩高,往返累宿,銮游近旬。存省民物,诚足为善。惟渐农隙,所获栖亩,饥贫之家,指为珠玉。遗秉滞穗,莫不宝惜。步骑万余,来去经践。驾辇杂逻,竞骛交驰。纵加禁护,犹有侵耗。士女老幼,微足伤心。秋末久旱,尘穰委深。风霾一起,红埃四塞。辕关峭岭,山路危狭。圣驾清道,当务万安。乘履洞壑,蒙犯霜露。出入半旬,途越数百。飘曝弥日,仰亏和豫。七庙上灵,容或未许。亿兆下心,实用悚栗。且藏蛰节远,昆虫布列。螺蠡之类,盈于川原。车马辗蹈,必有倾杀。兹矜好生,应垂末恻。诚恐悠悠之议,将谓为福兴罪。厮役困于负担,爪牙窘于赁乘。供顿候迎,公私扰费。厨兵幕士,衣履败穿。昼暄夜凄,罔所覆藉。监帅驱捶,泣呼相望。霜早为灾,所在不稔。饥馑荐臻,方成俭散。为民父母,所宜存恤。靖以抚之,犹惧离散。乃于收敛初辰,致此行举,自近及远,交兴怨嗟。伏愿远览虞舜,恭己无为;近遵《老》《易》,不出户庸。罢劳形之游,息伤财之驾,动循典防,纳诸轨仪。委司责成,寄之耳目。人神幸甚,朝野忻悦。

◆北朝北魏孝明遣使祈嵩岳

北魏孝明帝正光三年(522年)六月,大旱,孝明帝元诩依旧制,分别派遣有司驰祈中岳嵩山并其他四岳。

◆北朝北魏孝武帝幸嵩山

孝武帝永熙二年(533年),孝武帝元修车驾幸嵩高石窟灵岩寺;十二月,复狩于嵩山之阳。《北史·孝武帝纪》载:是年十二月,孝武帝大发士卒,狩嵩山之南,十有六日,中书侍郎魏收上《南狩赋》讽焉。

◆北朝北魏孝武帝狩猎嵩山之南

《北史·孝武帝纪》载:永熙二年(533年)十二月,孝武帝元修大发士卒,狩猎于嵩山之阳(登封南部、汝州北部一带山区)。旬有六日。时天气寒冷,士卒冻馁,朝野嗟怨,中书侍郎魏收乃上《南狩赋》以讽焉。孝武帝元修于十五日引部伍入广成温泉,驻跸八日,洗浴休憩,二十三日返回洛阳。

◆北朝北齐文宣帝祭祀嵩山

北齐天保元年(550年),文宣帝高洋遣使致祭于嵩岳。

## 四、隋、唐、五代十国

◆隋文帝望祭中岳嵩山

隋开皇十五年(595年),高祖杨坚东巡狩,望祭中岳嵩山。

◆杨广下令在汝州广成泽地区置马牧

隋大业元年(605年),炀帝杨广下令在汝州广成泽地区置马牧,设温泉顿于广成温泉,派驻仪同、尉、大都督、帅都督等官员实施管理。

◆隋炀帝到洛口(今巩义市河洛镇洛口村),换乘大龙舟入黄河南下

隋大业元年(605年)八月,炀帝杨广巡游江都(今扬州),从话渠口坐小朱舰到洛口(今巩义河洛镇洛口村),换乘大龙舟入黄河南下。

隋炀帝乘大龙舟入黄河南下

◆隋炀帝从历伊阙县入东京洛阳

大业二年(606年)四月,炀帝杨广从江都北还,历伊阙县入东京洛阳。

◆隋炀帝率众20万自洛口经郑州,游幸江都

隋大业十二年(616年)七月,炀帝率众20万自洛口经郑州,游幸江都。乘坐四层高45尺、长200尺、阔50尺的"龙舟",最上一层有正殿、内殿、东西朝堂等。皇后乘坐的船称次水殿,名曰"翔螭"。另有三层高称作"小水殿"的大船九艘,名浮景舟。此外杂船无数。船只相接长达300余里,仅挽大船的河工就有近万人,均着水服,水陆照耀,过汜水。

◆唐高祖于洛州祭嵩山

唐武德年间,高祖李渊制五岳年别以祭,以五郊迎气日祭之,中岳嵩山,祭于洛州。

唐朝建立之后,高祖和太宗制订了五岳、四渎等常年祭祀礼制:"五岳、四镇、四海,年别一祭,各以五郊迎气日祭之。"中岳的祭祀地点在洛阳。

◆唐太宗李世民在嵩山洛阳破王世充

唐武德四年(621),秦王李世民破王世充,下嵩山轩辕、罗川二县,获将魏隐。击缑氏,沈运艘30舵,遂围东都。

◆唐太宗李世民幸嵩阳祭岳

唐贞观时,沿用武德的祭岳制度,年别一祭,以五郊迎气之日为祭祀时间。《资治通鉴》载:唐太宗李世民于贞观十五年(641年)亲自幸嵩阳祭祀嵩山。

◆唐太宗狩猎、沐浴于嵩山汝州

唐贞观十一年(637年)三月,太宗李世民校猎;沐浴于汝州广成汤(今温泉镇)。

唐太宗幸嵩阳祭中岳

◆唐太宗李世民命大匠修建襄城清暑宫

唐贞观十四年(640年)八月,太宗李世民命大匠阎立德修建襄城清暑宫于汝州西山(今官庄北)。次年一月、三月,太宗至广成温泉洗浴。三月,太宗住进清暑宫,因宫内多蛇,罢阎立德官。其间,太宗派人赐酒宴慰问汝州的高年(60岁以上的老人)。

◆唐太宗驾临巩县石窟寺朝佛

唐贞观十九年(645年),太宗李世民驾临巩义市石窟寺朝佛。

◆唐高宗赴嵩山汝州校阅三军

唐咸亨二年(671年)十一月,高宗李治赴嵩山汝州校阅三军。

◆唐高宗赴嵩山汝州温泉校猎洗浴

唐仪凤元年(676年)二月十九,高宗李治偕皇后武则天幸汝州温泉校猎洗浴,洗浴治疗风眩症。在此设立温泉顿,诏免汝州当年租税50%,赐80岁以上老人帛,并审查赦免轻罪犯一批。他们在温泉驻跸18天,三月初六返回东都洛阳。

◆唐高宗至嵩阳观

《新唐书·高宗纪》载:调露元年(679年)十月,帝如嵩阳观。

◆唐高宗幸嵩山

永隆元年(680年)春二月初八,高宗携则天武后、太子李贤幸嵩山南麓汝州温汤,停住四日;戊午,幸嵩山;丁巳,高宗至少室山拜谒了少姨庙(今少室阙处);召见王远知之子王绍业,追赠王远知太中大夫,谥曰"升真先生";至太室山隐士田游岩、道士潘师正住宅;拜谒启母庙(今启母阙处);到嵩山逍遥谷拜谒著名道士潘师正。高宗在潘师正住所留宿而还,并下令于潘师正所居住的逍遥谷造隆唐观(后改崇唐观),而今岭西别起精思观,让潘师正居住;命在逍遥谷立"仙游门",在苑北置"寻真门"。后又返回汝州温泉歇息四日,十九日返回东都洛阳。

◆唐高宗祭祀嵩山

唐高宗李治一生曾多次驾临嵩山,其目的都是为封禅中岳嵩山做准备。《旧唐书》载,高宗既封泰山之后,又欲遍封五岳。

高宗先后三次下诏定下封祭的时日:仪凤元年(676年),"天后劝上封中岳"。癸未,高宗李治下诏准备封中岳。三月因吐蕃犯境而停封中岳。调露元年(679年)七月,高宗下诏拟于是年冬封禅中岳,后因突厥反叛,冬十月下诏暂停封中岳。

永淳元年(682年),高宗帝既封泰山,欲遍封五岳。于洛州嵩山之南设置崇(嵩)阳县,在嵩山南麓敕建奉天宫(皇家行宫),复置嵩阳县,拟封中岳。

永淳二年(683年)正月,高宗至嵩山,复幸奉天宫,至少林寺,遣使祭祀嵩岳、少室山、箕山、具茨山等,四月还都。"至七月,下诏将以其年十一月封禅于嵩岳。诏国子司业李行伟、考公员外郎

唐高宗幸嵩山

贾大隐、太常博士韦叔夏、裴守贞、辅抱素等详定仪注。"在嵩山最高峰峻极峰建登封坛,在少室山下万羊岗建封祀坛,并议定了"十二日登封,十三日禅祭,十四日朝觐"的方案。于是义立封祀坛,如圆丘之制,诏从。同年冬十月癸亥,高宗命太子李显留守东都。高宗、则天皇后车驾复来嵩山奉天宫住,准备登封中岳。但不久高宗病情加重,遂罢封禅之礼。时次年一月丁未,还东都洛阳,百官见于天津桥南。十二月丁巳,高宗崩于东都。封禅中岳愿望终未实现。

◆武则天称帝前后与嵩山

天授元年(690年)九月,武则天登基称帝,改唐为周,改元天授,定都洛阳。天授二年(691年)一月,地官尚书武思文带头,纠集2800人联合上表,请求封禅中岳。天册万岁元年(695年)正月,武则天为自己加尊号"慈氏越古金轮圣神皇帝"。下制,建洛阳为"神都",尊嵩山为"神岳"。同时宣布"将有事于嵩山,先遣使致祭以祈福,号嵩山为神岳,尊岳神为天中王(黄帝),夫人(嫘祖)为灵妃。嵩山旧有夏启及启母、少室阿姨神庙,咸令预祈祭"。天中王,天的正中之神。汉服虔《左传注》:"黄帝以云纪官,盖春官为青云氏,夏官为缙云氏,秋官为白云氏,冬官为黑云氏,中官为黄云氏。"

◆武则天嵩山封禅

《嵩岳文献》载:万岁登封元年(696年)腊月初一,女皇武则天前往嵩山封禅。十一日封祭神岳。这次封禅,是封太室、禅少室。腊月十一,帝亲登嵩山,并在嵩山峻极顶登封坛祭礼天神,改年号为"万岁登封",改嵩阳县为"登封县",改阳城县为"告成县",以示其"登封"嵩岳,大功"告成"。三日丁亥,禅于少室山。又二日已丑,御朝觐坛朝群臣,咸如乾封之仪。则天以封禅日为嵩岳神祇所佑,遂尊神岳中天王为神岳天中黄帝,尊岳神的配偶天灵妃为天中黄后,夏后启为齐圣皇帝;封启母神为玉京太后,少室阿姨神为金阙夫人;王子晋为升仙太子,并大赦天下,赐脯(醑)十日,免天下百姓当年租税。三日后丁亥日在少室山下万羊岗上的封祀坛禅祭少室。又过二日,在朝觐坛接见群臣朝贺,行元旦礼节。又过四日还都。三月十六日,新明堂建成,规模小于旧者,名曰通天宫。四月初一,女皇行亲享之礼,改年号为万岁通天。

武则天封禅中岳,尊神岳中天王为神岳天中黄帝,这在五岳神之中被封为帝的,中岳神是第一个。由此,奠定了中岳至尊的地位。

附文一:

## 武则天嵩山封禅

封禅是中国古代最隆重的祭祀活动。封禅就是在山顶上筑坛祭天,在山脚下设场祀地,向天地宣告成功,并推功于天地,从而赢得天地的恩典。古人认为皇帝是"天子",是代表上天来统治人民的,作为上天的使者,天子如果统治得好,就应当举行封禅大典,实现人神之间的感情交流,从而得到天地神祇的保佑。这种观念深入人心,一直绵延到唐代。唐朝名臣李峤在《大周降禅碑》文中曰:"上下同德,幽明合契。灵祇有命,既锡造于雍熙;人主推动,必申虔乎报谒。奉符而勒成展宇,修祀而益厚增高,有道存焉,其来尚矣。"封禅的目的主要是出于政治方面的考虑,是为了显示政绩,宣扬天命,从而进一步扩大政治影响,巩固自己的江山社稷。

因此,封禅不是一般的祭祀活动,必须具备一定的条件:只有政绩最佳、天下大治时,才能进行封禅。"封禅者,所以告示成功也。夫成功者,德无不被,人无不安,万国无不怀。"武则天改唐为周后,得到了上天的福佑,政治日益清明,酷吏相继被杀,经济迅速发展,社会相对稳定,少数民族倾心服附,武周政权完全稳固下来,并且出现了大治的局面。在此前提下,武则天通过封禅要向世人宣告:她不仅可以当皇帝,而且治国有方,已经获得了极大的成功。所以,在群臣一再请她封禅时,她最终作出了嵩山封禅的决定,以达到对巩固政权、发展大好形势的目的。

武则天嵩山封禅

证圣元年(695年),武则天皇帝在嵩山举行封禅大典,先遣使者致祭祈福助;下制改嵩山为神岳,尊嵩山神为天中王,尊其夫人为天灵妃。天册万岁二年(696年)腊月十一日,亲行登封之礼,在太室之巅祭天。礼毕,改元万岁登封,改嵩阳县为登封县,阳城县为告成县。腊月十四日,禅于少室山,往少室山下祀地。

两天以后，御朝觐坛朝群臣，礼仪与干封年间封泰山时相同。武则天以为封禅时为嵩岳神祇所佑，遂尊神岳天中王为神岳天中皇帝，天灵妃为天中皇后，夏后启为齐圣皇帝；封启母为玉京太后，少室阿姨为金阙夫人；王子晋号为升仙太子，别为立庙。登封坛南有槲树，大赦日于其杪置金鸡榜。此外，还自制有《升中述志碑》，"树于坛之内地"。

封禅仪程主要有以下五项：

**一、斋戒。** 参加封禅的人员到位后，立即布置好祭祀场所。武则天则入斋宫沐浴斋戒，表示对天地神祇的虔诚："戎乘停镳，百司就列。文物隐地，遗光满于竹宫；舆徒沸川，轻尘埋于石柱。天子乃幸斋寝，披仙幄，麾薛荔之席，陟嬗蜎之台，惟夫蠲意澄心，所以至诚尽敬。"

**二、柴燎。** "壬午（初九），柴燎祀昊天上帝于岳南，显祖立极文穆皇帝、太祖无上孝明高皇帝侑神作主。天子戴圆冕，披大裘，登三垓，植四邸，藉陈菹秸，器用陶匏。高焱四施，耀流沙而烛沧海，广乐六变，来象物而降天神。感霏烟瑞露之征，延熏风景星之祉。"

**三、祭天。** 封禅仪程中最为隆重的仪式。柴燎"大礼既毕，嘉应既臻，思欲契精爽于高明，剖灵符于峻极。甲申（十一日），御金辂，登玉舆，环拱百神，导从群后，遂陵桂萼，攀松磴，跨峥嵘而出烟道，排列阙而班天门，羽节高挥，上干鸟星之次；龟坛下映，俯瞰鹏云之色。琼文秘检，络之以银绳；宝算休期，探之于金策。交大灵于咫尺，受洪厘于亿万。然后徜徉烟霄，怊怅古昔，凝神于九天之上，游目于八纮之表。眷触石之雷雨，爱罩作解之恩；仰斗杓之运行，仍布维新之令。是日大赦，改元为万岁登封元年。欢浃幽明，庆沾动植。千龄之统，由圣代而连九皇；自神山而周四海。休气低而翔荤，神光起而属天。抃舞相趋，以降于行殿。"

**四、祀地。** "丁亥（十四日），禅祭后土于少室下趾东南。显祖妣立极文穆皇后、太祖妣无上孝明高皇后侑神作土，戈矛山立，玉帛星陈，登涧沼之毛，辑江淮之物。禹会之殊方异俗，但执豆笾；汉祠之伟兽珍禽，悉加坛墠。抚空桑之琴瑟，斟郁鬯之樽罍，咸秩众灵，遍祀群望。席以黄琮为镇，书以青石为缄。元封之谒款方邱，仪同东峙；建武之推功太折，祀视北郊。阳乌珥而仙鹤飞，紫云腾而黄雾起。灵之来兮如雨，瑞之委兮如山。"

**五、朝觐。** 封禅大典中的最后一项仪式。武则天登朝觐台接受百官及周边少数民族首领的朝贺。"事毕功宏，礼周庆洽。方欲辑地圭壁，陈軝任，铺六代之礼文，受万邦之朝贺。宏规大业，其盛矣哉！登封封禅，拉宇宙之枢衡；立显崇功，定皇王之轨式，鸿勋上格于穹昊，厚福旁浸于黎元。炜炜煌煌，亘寰区而宣壮丽；巍巍荡荡，横山邱而殷声名。——天下之人功成矣，域中之能事毕矣。"

以上仪程是武则天皇帝嵩山封禅的全部内容，与高宗泰山封禅的礼仪基本相同，但作为女皇帝，她不仅有着男皇帝同样博大的胸怀，而且也有着祭天祀地时"侑神作主"的气派。

武则天是中国历史上唯一主持过封禅大典的女性，也是唯一在嵩山上举行过封禅大典的皇帝。她所举行的封禅活动，在嵩山历史上写下了重要的一页，成为嵩山文化的重要组成部分。

附文二：

## 贺封禅表

唐代 崔融

臣某等言，伏奉某日诏书，有某年月日，有事于中岳。恭闻大礼，不胜忻忭。臣闻巡狩者何？观人风而叶时月。封禅者何？增天高而益地厚。然则圣帝临下，必有玉帛万国之事焉；明王在上，必有柴望，百神之礼焉。伏惟天皇御宝位，膺璇历，宅颢气以开元，鼓淳风以成化。宗文祖武之业，天祚弥光；

制礼作乐之功,皇猷载远。四方无事,不闻犬吠于中国;六合清平,唯睹雁行于道路。恩周道植,德沦洞冥,东鱼西□,□□而自;至元柜黄髯,应图而合牒,嵩维中岳。洛阳下都。三台崛起,五衢相映。风雨交会,实惟天地之中;威灵肃然,固是神明所伏。可以光昭累圣,可以谒款上元。展时迈于仙宫,叶岁巡于福地。象天之道,备法驾而非遥;望君之来,因名山而有日。臣等饮和昌运,冒宠崇班,用虽微于犬马,情谅兼于鸟兽。三呼在听,欣承汉后之仪;群议不行,窃鄙晋氏之德。限以官守,不获称贺,轩墀无任,悚踊之至。□□某奉表申贺以闻。

注:《唐书》高宗诏定封禅仪,寻以不豫遂罢。而此贺表称天皇,其以闻诏而为预进者。

◆武则天撰文并行书《大周升仙太子碑》

唐圣历二年(699 年)春二月,武则天皇帝幸嵩山,因途中患病,遣阎朝隐往少室山祈祷。武则天提前结束行程。在回洛阳经过缑山王子晋庙时,武则天拜谒了"升仙太子",撰文并行书了《大周升仙太子碑》。

◆武则天幸嵩山三阳宫避暑,于石淙河大宴群臣

圣历三年(700 年)正月,梁王武三思造三阳宫于嵩山之南,三月而功成。圣历三年(700 年)四月戊申,武则天幸嵩山三阳宫避暑;五月癸丑,因武则天服僧人胡超所制长生药,疾病康复,遂宣布大赦天下,并改元久视,在石淙河大宴群臣,并命随从的太子李显、相王李旦、梁王武三思、内史狄仁杰、姚元崇等 17 位随臣饮酒赋诗,武则天先作一首《石淙》诗后,各臣赋侍游应制诗一首。后由张易之撰《秋日宴游石淙序》,由薛曜书丹后,刻在石淙河石壁上。这次武则天在三阳宫避暑时间长达 3 个月。其间,曾为重修的许由庙撰写了《重修许由庙碑》,曾作有《同太平公主游九龙潭》诗。

◆武则天带领文臣汝州温泉洗浴

唐久视元年(700 年)二月二十二日,女皇武则天带领文臣苏味道、杜审言、李峤等到汝州温泉洗浴,模仿王羲之兰亭修禊"曲水流觞"的故事,掘大池,建亭阁,命大臣们围池而坐,羽杯流转,饮酒赋诗,编成《流杯亭侍宴诗》,命凤阁舍人李峤作序,秘书丞殷仲容书丹,刻石立碑于池侧,留下"武后宫""武后池""流杯亭""武后碑"等胜迹。

◆武则天遣使于嵩山峻极峰投金简

圣历三年(700 年)七月七日,女皇武则天皇帝在三阳宫避暑期间,因病,遣使臣胡超投献"祈福金简"一通,于嵩山峻极峰登封坛下,乞求三官九府除武曌罪名。

附文:

## 武则天金简

1982 年 5 月,登封县农民屈西怀上中岳嵩山采药时,在太室山顶峻极峰的石缝中发现了一块纯金的简片。经专家鉴定,它是唐代女皇武则天的祈福金简。

金简为长方形,长 36.5 厘米,宽 8 厘米,厚不足 0.1 厘米,重 233.5 克,黄金纯度在 96% 以上。正面镌刻双钩楷书文字 3 行 63 个:"大周国主武曌好乐真道,长生神仙,谨诣中岳嵩高山门,投金简一通,乞三官九府,除武曌罪名。太岁庚子七月庚子七月甲寅,小使臣胡超稽首再拜谨奏。"据史料记

载,公元700年4月即武则天77岁时,她到登封三阳宫游幸得了重病,病好后恰逢七月七"乞巧"日,这天她来嵩山祈福,派道士胡超带上表达自己心意的金简到嵩山山门向诸神投递,以求除罪消灾。金简上的铭文即武则天对中岳祭拜的祈祷词。

◆武则天逭暑嵩山三阳宫

久视元年(700年)四月,武则天皇帝到三阳宫,逭暑秋乃还。左辅阙张说有疏极谏,不从。

附文:

### 谏武后逭暑三阳宫疏

唐　张　说

宫距洛城百六十里,有伊水之隔,萼坂之峻,过夏涉秋,水潦方积。首环山险,不通转远。河广无梁,咫尺千里。扈从兵马,目费赀饟,太仓武库,并在都邑。红粟利器,蕴若山谷。奈何去宗庙之上都,安山谷之僻处。是犹倒持剑戟,示人鐏柄。臣窃为陛下不取。大祸变之生,在人所忽。故曰:安乐必戒,无行所悔,不可一也,告成褊小,万方辐辏,填郭溢郛,并锸无所。排斥居人,蓬宿草次,风雨暴至,不知庇托。孤惸老病,流转衢巷。陛下作人父母,将若之何? 不可二也。池亭奇巧,荡诱上心。削峦起观,竭流涨海。俯贯地脉,仰出云路。易山川之气,夺农桑之土。延木石,运斧斤。山谷连声,春夏不辍,劝陛下作此者,岂正人邪?《诗》云:"人亦劳止。汔可小康?"不可三也。御苑东西二十里,外无垣墙扃禁。内有榛丛溪谷。猛毅所伏,暴戾所凭。陛下往夕轻行,警跸不肃,历蒙密,乘险蠘。卒有逸兽狂夫,惊犯左右,岂不殆哉!《易》曰:"思患豫防。"颇为万姓持重。不可四也。今北有胡冠觎边,南有夷獠骚徼。关西小旱,耕稼是忧。安东近平,输漕方始。臣愿及时旋轸,深居上京。息人以展农,修德以来远。罢不急之役,省无用之费。澄心澹怀,惟亿万年。苍苍群生,莫不幸甚,臣度刍议,十不从一,何者? 沮盘游之娱,闲林沚之玩。规远图,替近适。要后利,弃前欢。未沃明主之心,已掇贵臣之意。然不爱死者,惧言责不职耳。

◆武则天于嵩南建三阳宫,又作兴泰宫于大石岭

《新唐书·则天皇后纪》载:长安元年(701年),则天皇帝作三阳宫于嵩南,五日如三阳宫,又作兴泰宫于大石岭。

◆武则天寻疾嵩山三阳宫

长安元年(701年)五月,武则天皇帝到三阳宫,寻寝疾。令给事中阎朝隐往祷少室山,乃沐浴伏身俎盘,为牲请代。之后疾愈,大见褒赐。秋七月还宫,来去共60天。

◆武则天沐嵩山汝州温泉

唐久视二年(701年)一月,武则天到嵩山南麓被称为"灵泉""神水"的汝州温泉洗浴游玩10天(24年前,武则天曾随李治一齐在这里游玩洗浴),前后达33天。

◆武则天居住万安山兴泰宫

唐长安四年(704年)四月,武则天到嵩山西麓的万安山兴泰宫居住。

◆唐玄宗李隆基到嵩山汝州温汤泉游乐

唐开元十四年(726年)冬十月,玄宗李隆基从东都洛阳到汝州温汤泉游乐十日,返回洛阳。

唐玄宗李隆基

◆唐玄宗遣使祭中岳

唐开元年间,玄宗李隆基曾两次遣使祭中岳。一次遣河南尹张敬中祭中岳,后又遣太子詹事嗣许王李瓘祭中岳。

◆唐玄宗祭祀中岳以王礼

唐开元十八年(730年),玄宗李隆基命使臣祭祀中岳以秩视王礼,仍封岳神为"中天王",再饰中岳祠宇,并制订了祭祀中岳的制度:"每岁六月,天子遣河南尹至岳下,洁斋,具牲圭币以行事。"终唐无改。

唐开元二十五年(737年),敕三时不害,百谷用成。遂使京坻遍于天下。和平之气,既无远而不通;禋祀之典,亦有祈而必报。遣尚书左丞裴耀卿祭中岳,复用道士司马承祯言:"五岳有洞府上清,其职山川风雨,阴阳气序,冠冕服章,佐从神仙,皆有名数,请别立斋祠之所。"帝因敕五岳,各置真君洞一所。

◆唐玄宗遣官祀中岳

天宝元年(742年),唐玄宗李隆基诏今岁西成,颇为善熟,令光禄卿嗣王希言祭中岳。七载、八载、十载,皆以岁丰,遣官祭祀中岳。

天宝十年(751年),又遣秘书监崔秀往嵩山祭告中岳。

附文一:

### 御祭嵩山文

惟神资养万品,作镇一方。式因季夏,谨以玉币、牺齐、粢盛、庶品,朝荐于中岳嵩山。尚享。

附文二:

### 祭五岳礼仪

选自唐《开元礼》

中岳每年一祭,以中郊迎气日祭之。前祭五日,祭官散斋三日,致斋二日。前一日,岳令清扫内外。又为瘗埳埳坛壬地,方深,取足容物。赞礼者设初献位于坛东南,亚献、终献于初献南。少退,俱西向,北上。设掌事者位于终献东南,重行,西面,以北为上。设赞唱者位于终献西南,西向,北上。设献官等望瘗位于瘗坎之东北,西向。设祭官以下门外位于南门之外,东道重行,西向,以北为上。祭器之数为樽六、笾十、豆三、簠二、簋二、俎三。岳令帅其属诣坛东陛升。设樽于云上东南隅,北向,西上。樽皆加勺幂,有坫以置爵。设玉篚于樽之所,设洗于南陛东南,北向。罍水在洗东,篚在洗西南。肆篚中实以巾爵。执樽罍洗篚者,各位于樽罍洗篚之后。

祭日未明,烹牲于厨,其牲用黄色。斋郎以豆,先取血毛置于馔所。夙兴,掌馔者实祭器,牲醴。牛羊豕皆载右胖前脚三节。节一段,肩臂(月+需),皆载之。后脚三节,节一段,去下节,载上股胳二节,又取正脊、脡脊、横脊、短胁、正胁、代胁各二骨以上,余皆不设。簠、实稷黍;簋,实稻粱;笾十,实石盐、干鱼、枣、栗、榛、菱、芡、鹿脯、白饼、黑饼。豆十,实韭菹、醓醢、菁菹、鹿醢、芥菹、兔醢、笋菹、鱼醢、鱼醢、脾菜菹、豚胉。若土无者,以其类充之。

凡祭官各服其服,三品毳冕,四品乡冕,五品绣冕,六品以下爵弁。若有二品以上,各依令。岳令帅其属入诣坛东陛升,设岳神座于坛上。近北,面南向,席以莞。又实樽罍及玉。凡樽一实醴齐,一实盎齐,一实清酒。其玄酒各实于上樽。祭神之玉,两圭有邸,祝版置于坫。岳令又以币置于篚,斋郎以豆血皆设于馔所。其币长丈入尺,用黄色。赞唱者先入就位,祝与执樽罍篚者入,当坛南,重行,北面,以西为上。立定,赞唱者曰:"再拜。"祝以下皆再拜。执樽者升自东陛,立于樽所。执罍篚者各就位,祝诣东陛。升行,扫除于上;降行,扫除于下。

讫,各就位。质明,赞礼者引祭官以下,俱就门外位,立定一刻顷。赞唱者曰:"再拜。"在位者皆再拜。赞礼者进初献之左,白有司谨具请行事。退复位。赞唱者曰:"再拜"。在位者再拜。祝跪取玉币于篚,兴,立于樽所。

凡取物者皆跪,俛伏而取,以兴奠物。奠讫,俛伏而后兴。掌馔者帅斋郎奉馔,陈于东门之外。赞礼者引初献诣坛,升自南陛,进神座前。北向立,祝以玉币东向进,初献受玉币,还樽所。赞礼者引初献进,北向跪,奠于神座,兴。少退,北向,再拜。

赞礼者引初献降,还本位。掌馔者引馔入,升自南陛,祝迎引于坛上,设于神座前。掌馔帅斋郎降自东陛,复位,祝还樽所。赞礼者引初献诣罍洗盥手、

国家祭祀

洗爵,升自南陛,诣酒樽所。执樽者举幂,初献酌醴齐。赞礼者引初献进诣神位前,北向跪,奠爵,兴。少退,北向立。

祝持版进于神座之右,东面跪,读文曰:维某年岁次,月朔日子,嗣天子某谨遣某官某,敢昭告于中岳嵩山。

维神资养万品,作镇一方。式因季夏,谨以玉币牺齐,粢盛庶品,朝荐于中岳嵩山。尚享讫,兴。初献再拜。祝进奠版于神座,还樽所。祝以爵酌清酒,进初献之右,西向立。初献再拜,受爵,跪。祭酒啐酒奠爵,祝帅斋郎以俎进,减神座前胙肉,前脚第二节,共置一俎上,以授初献。初献受,以授斋郎。初献跪取爵,遂饮卒爵。祝进受爵,复于坫。初献毕,再拜。

赞礼者引初献降,复位,于初献饮福酒。赞礼者引亚献诣罍洗盥手、洗爵,升自东陛,诣樽所。执樽者举幂,亚献酌盎齐。赞礼者引亚献诣神座前,北面跪,奠爵,兴。少退,北向再拜,祝以爵酌清酒,进于亚献之右,西向立。亚献再拜,受爵跪,祭酒,遂饮卒爵。祝受虚爵,复于坫。亚献兴,再拜。

赞礼者引亚献降,复位。初亚献将毕,赞礼者引终献盥洗,升献,饮福,如亚献之仪。讫,赞礼者引终献降,复位。祝进神座前,彻豆,还樽所。赞唱者曰:"再拜。"非饮福受胙者皆再拜。赞礼者进初献之左,自请就望瘗位,西向立,于献官将拜。岳令进神座,跪取币。斋郎以俎载牲体黍稷饭诣瘗陷,以馔物置于俎。东西厢各二人,寘土半埳。赞者进初献之左,白礼毕。遂引初献以下立。祝与执樽罍篚幂

者俱复执事位,立定。赞唱者曰:"再拜。"再拜讫,遂出。祝版燔于斋所。终唐之世,遵开元恭祀礼无改。

◆唐玄宗立《大唐嵩阳观纪圣德感应之颂碑》

唐天宝三年(744年),唐玄宗李隆基为其长生不老,命嵩阳观道士孙太冲炼丹九转,服后病体好转之事,立《大唐嵩阳观纪圣德感应之颂碑》于嵩阳观(今嵩阳书院)。

◆唐德宗幸嵩山奉天宫

《新唐书·顾少连传》载:唐德宗李适幸嵩山奉天宫,少连徒步诣谒。

◆唐德宗遣使祭中岳

唐贞元二年(785年),德宗李适诏太常卿裴郁祭祀中岳嵩山。

◆唐德宗遣使诣嵩岳祷雨

唐贞元三年(786年),德宗李适遣使诣嵩岳祷雨。旧礼,皆因郊礼望而祭之。

◆后汉高祖遣使祈嵩岳

后汉乾佑年间(948~950年),高祖刘知远遣使刘聪亲祈嵩岳。

◆后唐庄宗打猎于伊阙

后唐同光二年(924年)十一月,庄宗李存勖打猎于伊阙,命随从官员到伊川县白沙乡常岭拜谒后梁太祖朱温墓。

◆后唐庄宗打猎于伊阙

后唐同光三年(925年),庄宗李存勖打猎于伊阙(今伊川县白沙)。

◆庄宗葬伊川县城关镇

后唐同光四年(926年),庄宗李存勖被伶人郭从谦所杀,葬伊川县城关镇窑底村西。

◆后晋出帝下诏令河南尹祭中岳

据《全唐文·晋少帝诏》载:五代后晋时期(943~946年),出帝石重贵时,曾下诏令河南尹往中岳庙致祭中岳。并制定了后晋祭岳礼制:"今后祭中岳,宣令河南尹往彼行礼。"

## 五、宋代

◆宋太祖赵匡胤敕有司制岳神衣冠剑履

《宋史·礼志》载:乾德元年(963年),太祖赵匡胤敕有司,制岳神衣冠剑履,遣使易之。从此,神岳之神有了衣冠剑履。

宋太祖赵匡胤

◆宋太祖遣使祈雨于嵩岳

《宋史·太祖本纪》载：乾德二年（964年），太祖赵匡胤遣使祈雨于嵩岳。宋留守侍中差军将孙禧，又差登封镇将郭武等，重修中岳庙行廊100余间，饰以丹青，绘之部从，栽松柏木。

◆宋太祖下诏自以五岳所在地县令兼岳庙丞，专主祀事

宋开宝六年（973年），太祖赵匡胤下诏：自以五岳所在地县令兼岳庙令，尉兼庙丞，专主祀事，常加按视务于蠲洁。仍籍庙宇祭器之数，受代日，交以相付。本州长吏，每月一诣庙，察举，县近庙，迁治所就之。

◆宋太宗赵炅赐嵩山北麓西山的山名"太平岗"

北宋太平兴国二年（977年）二月，太宗赵炅到巩义，住洛口（今巩义洛口村），赐西山山名"太平岗"。

◆宋太宗遣使嵩岳祷雨

宋淳化五年（994年），太宗赵匡义遣使诣嵩岳祷雨。

◆宋太宗望祭中岳

太平兴国五年（980年）十一月，宋太宗赵炅北征，望祭中岳嵩山。

◆宋太宗制订以土王之日祭中岳于河南府之制

《宋史·礼志》载：太平兴国八年（983年），太宗制订了祭祀五岳制度，其中有土王之日祭中岳于河南府之制。

◆宋真宗遣使使祭祀中岳及启母、少姨庙。

宋景德四年（1007年）春，真宗赵恒驾临巩义，祭永安陵。从西京（洛阳）还，车驾至郑州，遣使祀中岳及启母、少姨庙。

宋真宗望祭中岳

◆宋真宗望祭嵩岳

大中祥符四年（1011年）二月，宋真宗赵恒有事于汾阴，还经洛阳，望祭嵩岳。

◆宋真宗诏加中岳帝号曰"中天崇圣帝"，中岳后号曰"贞明后"

宋大中祥符四年（1011年）五月，真宗赵恒诏加五岳尊号。诏建册礼。遣使摄太尉、右谏议大夫陈彭年，副使摄司徒、光禄少卿沈继宗，奉玉书衮章，加上中岳中天崇圣王曰"中天崇圣帝"。诏翰林学士李宗谔等，与礼官详定仪注及冕服制度，崇饰神像之礼，其玉册如宗庙谥册之制，以州长吏以下充祠官至祭中岳，充奉册使，付有司。同年十二月，宋真宗赵恒遣使致告中岳，诏加中岳帝后曰"贞明后"之号。

附文一：

## 天安殿册封乐章

名岳奠主，帝仪先举。吉日惟良，九宾咸旅。温玉缕文，纁裳正宇。礼备乐成，荐神之祐。

附文二：

## 宋真宗加嵩岳尊号，祭告乐章

右迎神：钟石既作，俎豆在前。云旗飞扬，神光肃然。当驾飙欻，来乎青圆。言备缛礼，享兹吉蠲。

右册入门：节彼嵩岳，神明之府。秩秩威仪，肃肃云雨。懿号克崇，庶物咸睹。帝籍升名，式绥九土。

右酌献：岩岩神岳，作镇中央。肃奉徽册，尊名孔章。聿降飙驾，载献兰觞。熙事允洽，宝祚弥昌。

右送神：祗荐鸿名，寅威明祀。有楚之仪，如在之祭。奠献既终，礼容克备。神鉴孔昭，福禧来暨。

◆宋真宗命翰林学士王曾撰《中岳中天崇圣帝碑》，纪册礼中岳之事。

大中祥符七年（1014年）九月，宋真宗赵恒命翰林学士王曾撰《中岳中天崇圣帝碑》，记载了册礼中岳之事。

附文：

## 中岳中天崇圣帝碑

宋　王曾

皇宋登封岱宗之四年，有事于汾阴后土，亲奠黄玉，对越柔祇。乃并洪河，抵太华，经途温洛，望秩维嵩。言旋上都，诞受丕祉，无德不报，靡阙不思。于是尊五岳之祠，备加等之礼，分命近列，祗荐徽称。诏建册礼，使摄太尉、右谏议大夫、龙图阁直学士陈彭年，副使摄司徒、光禄少卿沈继宗，奉玉书衮章，加上中岳中天崇圣王曰："中天崇圣帝"。申殊典也。

粤若刚柔既位，形气肇分。上则图盖左旋，星辰为之纪；下则黄图俯察，山岳奠其方。卑高之序以陈，禽辟之精攸托。是昭彰景纬，实参化育之权；错峙崇峦，式表神明之德。用能妥绥厚载，磅礴无垠，宣一气以施生，降列真而主治。事光虞典，备五载之时巡；绩著夏王，正九州之封略。惟中崧之绝巘，直关塞之奥区。京邑在其旁，泾渎流其域。万邦辐辏，霜露之所均；二室天开，风云之所蓄。仙馆冥宅靖其下，玉浆溶溢湛其间。赖木记其幽径，紫芝擢乎灵薮。含珠万颗，始终乎鹑火之墟；碨叠群峰，包举乎坤元之纽。龙蟠月童之陟降，浮丘子晋之游遨。昼夜逶迤，云霄挺拔，寓彼至刚之质，洪惟不测之神。至于辅德降祥，祝融由其兴夏；生贤命世，申伯以之藩周。霈高润于原田，殖宝藏于邦国。博大崇高而可仰，聪明正直以无私。兹所以盛尸祝之仪，首□沉之法，岁时祈报，垂往载以不刊，牲币古蠲，走殊方而骈暨者也。

退观秘纪，博考灵踪，自书契之云兴，即等威之斯辨。异轩冕服章之数，为山林川泽之宗。既秩视于三公，亦礼均于四望。汉孝武之代，爰启户封；唐天册之年，聿遵时迈。洪猷益茂，昭荐惟寅。迨乎土德重熙，坤珍荐委，乃特疏于王爵，用溥洽于神休。虽事焕弥文，而名非极挚。污隆在运，消长从时。若乃巨宋之有天下也，仗黄钺以开阶，建朱幡而统历。扫僭伪荒虐之迹，追皇王揖让之风。烈祖以功格上旻，赫威灵于九服；神宗以德绥群品，薄文轸于四遐。翼子诒孙，重规叠矩。卜年有永，奕世其昌。崇文广武，感天遵道，应真佑德，上圣钦明仁孝皇帝，躬浚哲之姿，雠鸿明之运，出乎震而齐乎巽，就如日而望如云,宣九德以在躬,定一戎而纂业。慎恤刑典,鄙凝脂之烦苛;寅布政经,同驭朽之兢畏。绝滥巾于丘壑,宽盖彻于农桑。宫闱饰于采椽,泽必周于行苇。万民以察,庶绩伊凝。破觚为圜,返群情于太素;怀远以德,笃交聘于殊邻。按历以朝诸陵,志敦不匮;披衮而郊上帝,神享克诚。故得时协混同,岁臻丰楙,高穹委见,真驭戒期,荐锡宝符,丕昭元历。登贷举封崇之礼,临汾展合答之祠。刻翠崖之郁苍,践隆堆之崛峋。升烟瘗玉,明察之义交修;垂象资生,应见之祥继至。遂成先志,对越纯休。洎乎五玉会朝,六飞旋轸,寅缘二陕,旷望三川。既并走于祠官,亦周爰于上训。瞻言翠峤,增肃皇情。方饮至以策勋,益为民而储祉。顺时行庆,大赍及于幽遐;恭己向明,寂卢周乎冲汉。爰稽往诰,肇易鸿名,亟下词于司存,俾讲仪于置绝。用伸昭报,罄达清衷。以为在天者五精,既隆称谓;丽地者列镇,当极推崇。帱载之义则均,佽助之功曷爽。

登于帝箓,允契灵心。先是东巡之年,已加崇圣之号。逮兹间岁,愈洽徽章,于时孟冬戒辰,辂轩饰驾,俨法座,辟端闱,临遣以示乎必躬,信辞以申乎有恪。公卿就列,使介奉涂,拥翠虬之车,载温珉之册。山龙盛服,羽卫多仪,备物孔昭,归尊斯在。戊申发轫于京阙,辛酉致缋于庙庭。四牡趋风,六樽登荐。其始至也,凝露布护,色晦平林。其将升也,霁景晏温,光含邃宇。嘉气吐蜿蜒之状,矞云呈采粹之姿。及清醮之肃陈,复素霙之纷洒。纪殊祯于史牍,浃馀润于农畴。昔者,三境登晨,乃灵气之协兆;五车受职,亦时雪之先期。千古符同,万邦攸仰。矧复铺皇睿训,紬绎微言。发为垂象之文,显述春神之旨。颁于着位,告厥多方。同星日之耀芒,冠典坟而擅美。启蒙昏之耳目,示制作之楷模。遂令率土承流,盈庭献议,欲刊翠琰,扁揭严祠。众欲上通,俞音诞布。琢佗山而列峙,揽丽藻以相辉。文籍以还,莫斯为盛。而又壶闱之式,像设攸存。懿号未彰,群黎安仰。思举正名之典,用昭作合之崇。像服有加,祎衣允穆。即以其年十二月,遣使致告,特尊为贞明后。莫不义敦咸秩,曲尽于精虔;庆洽惟新,永光于仪矩。且夫昊苍有成命,我实受之。神祇有常奉,我实主之。礼文之废坠,惟圣人修之。典册之徽数,惟哲后行之。然则出云播气,福善庇民,启纷杳之殊征,保延洪之景祚,镇静坤轴,控压都畿,纯佑之功,斯为至矣。怀柔之道,庸可阙乎?得不罄昭事之仪,懋寅威之志。翠旒玉藻,饰如在之晬容;骍犊明粢,展惟馨之洁祭。采物于焉而大备,格思由是而可期。赫伟观于八纮,奋炎景于亿载。事存因革,礼浃幽明。煌煌焉,秩秩焉,真竹素之英蕤,而帝皇之盛世则者矣。

是宜发扬懿铄,篆刻丰碑,俾民听之弗迷,协山声而共永。允资丽藻,焕彼殊庭。而臣猥以琐才,滥膺明诏,属辞比事,须慕于阳秋,相质披文,惧遗于德美,旁稽旧典,以为斯铭。其辞曰:

沉潜定位,块圠殊形。或融或结,为纪为经。莫方作镇,含泽储灵。生物不匮,得一以宁。节彼嵩高,峙兹中土。帝宅开疆,仙台胥宇。霜露所均,梯航攸聚。四国是维,千簴式序。奚其主治,邈矣清真。宣功博载,受职高旻。财成庶类,阴骘齐民。列辟严奉,牲牷有伦。乃视公爵,隆周集庆。乃启王封,皇唐累盛。奉若贞期,对扬景命。将极推崇,聿求元圣。炎精抚运,苍震承基。天临赤县,风偃遐圻。祀事肃增,祠官允厘。勤任大宝,交修上仪。谒款降睢,经涂太室。斯慕仙馆,徘徊云跸。何以致诚,于焉望秩。明诏诞敷,微言有述。温珉载刻,羽卫斯皇。登于帝箓,饰以衮章。信辞郁郁,鸾车锵锵。法座临遣,缛礼具扬。四牡于征,殊庭戾止。洁志旁达,灵心谲喜。霙雪霏洒,卿云蔚起。硕德歆馨,发祥锡祉。昔在治古,祇惕明威。道苟中否,神亦靡依。赫赫我后,聿彰鸿徽。祭则受福,先而不违。显号克崇,丕猷允穆。流咏琬琰,飞英笾祀。峻岳孟安,高严云矗。等固瑶图,永绥坤轴。

大中祥符七年九月一日建

### ◆宋真宗自制文遣使醮告中岳

大中祥符八年(1015年)二月,宋真宗赵恒亲自撰写的《御制中岳醮告文》于中岳庙,即建坛之地构亭,立石柱,刻文其上。

附文:

## 御制醮告文

宋真宗

维大中祥符八年岁次乙卯二月壬子朔二十五日丙子,皇帝稽首言:伏以列辟之规。有邦之典,必依凭于神化,用保佑于生民。《礼》存大享之言,《书》着咸秩之训。上下之祀,必在于交修;人神之和,乃臻于多福。所以励明诚于鉴寐,奉嘉荐于苾芬。庶使不测之灵,诞昭于忽怳;无疆之应,允洽于希微。窃念猥以眇躬,绍兹大宝。荷监观于穹昊,承积累于祖宗。致百福之来同,由三神之储祉。向自交驰玉帛,倒载干戈,尉侯聊存,风俗无外。古先盛德之事,罔不繁兴;圆清眷佑之心,由其丕显。发春戒序,吉日协期。夕梦先通,秘文嗣降。既而徇邹鲁之望幸,修云岱之上封。绿错之图,叠承于锡羨;紫烟之燎,言获于升中。以至辑玉于魏脽,旋轸于郏鄏。款后祇而躬祈穑事,朝山园而再展孝思。飚驭下临,璇源邈悟。珍台肇葺,宝宇奉安。将以伸通,追馨乾玑。定圆阳之位,方答乎天棋;诣涡曲之庭,先朝乎道秘。历平台而驻跸,尊艺祖而建都。盛则继扬,弥文悉举。率土修贡,舆诵多欢。律吕回环,未盈七载;礼容首冠,俄已三成。自先置之辰,迄饮至之日。鸿猷景铄,既已有融;美贶祯图,抑复无算。尔乃甘泉滋液,神草纷披。珍木交柯,灵禽接羽。乔云炳蔚,嘉气氤氲。日月扬于荣辉,星宿应于瑞牒。考于曩古,盖文史之未传;萃于方今,乃耳目而咸熟。至若齐璇玑之七政,和玉烛之四时;通范围之书文,惠海域之黎献。千仓之积,盈储峙于大农;三尺之繁,措刑辟于司寇。顾惟眇薄,成此治平。故仰报于百灵,用永安于九寓。乃询甲令于掌礼之官,乃访秘科于修真之士。载念始缮仪于岱岳,俄饮至于谯都。或丰厥牲牷,或洁斯蘋藻。或崇坛而斯建,或靖馆而斯临。虽复钦翼内增,斋明上达,然而茫茫曾庙,杳杳方舆,其载无声,其功不宰。高也明也,岂禋灶之所详知?经之纬之,岂竖亥之所遍步?穹壤之表,非可以臆论;鬼神之形,莫谐乎缕见。塞门所会,既秩序而靡彰;涂山所朝,亦疆宇而曷识。璇台珠阙,邈处于鸿蒙之中;金简琅函,莫尽于杳冥之际。其有默熙妙用,幽赞丕功。或命历之云毗,或造化之攸辅。烈风迅雨,仰其节宣;精气幽魂,资其陶冶。或高处于清都紫府,或下居于名山秘洞。或德及庶物,世罔之闻;或力济群生,人弗之谕。虽茂承于纯嘏,而终阙于丰禋。兹谓弗钦,何伸大报。由是内怀遐刺颛若,远考遍宇。广达奠威,以醻况施。矧复载籍地志,缅眺灵区。挺乔岳以奠方,号下都而分治。神乡福地,咸纪宝章。乘烟御风,常回歆驾。是以择阳和之序,瞻峻极之峰。祗遣辒车,遐修醮席。缕形善祷,馨达至虔。夫国之所保者民,民之所尚者生,生之所切者食,食之所丰者岁。倘或疵疠靡作,富庶允登,寿考可期,顺成常洽。然后八荒之外,俗变风移;九服之中,道德齐礼。衣冠不异,何止于缓刑;文告靡施,孰烦于用武。是则天之佑也,神之顾也。敢不励乃志,惩乃心,以保乎盈成,以戒乎逸豫。兢兢为务,庶协于永图;翼翼在怀,实期乎来格。无任恳祷之至。谨告。

### ◆宋真宗周览伊阙

史料记载:宋真宗在位,周览伊阙。

附文：

## 伊阙名

宋真宗

夫结而为山,融而为谷。设险阻于地理,资手距于国都。足以表坤载之无疆,□□□之大壮者也。矧复洪源南导,高岸中分。夏禹浚川,初通阙塞。周成相宅,肇建王城。风雨所交,形势所在。灵葩珍木,接畛而扬芬;盘石槛泉,奔流而激响。宝塔千尺,苍崖万寻。秘等觉之真身,刻大雄之尊像,岂独胜游之是瞩?故亦景贶之潜符。躬荐两圭,祝汾阴而祈民福;言旋六辔,临雒宅而观土风。既周览于名区,乃刊文于真铭曰:

高阙巍峨,群山迤逦。乃固王域,是通伊水。形胜居多,英灵萃止。螺髻偏摩,雁塔高峙。奠玉河滨,回舆山趾。鸣跸再临,贞珉斯纪。

◆宋仁宗遣使诣嵩高请雨

宋庆历三年(1043年),仁宗赵祯遣使诣嵩高请雨。

《宋史·仁宗本纪》:宋庆历六年(1046年),仁宗赵祯遣使诣嵩高请雨。

◆宋神宗望祭中岳

《宋史·礼志》:宋熙宁元年(1068年),神宗赵顼亲至寺观祈雨,同时命各路官员到包括中岳在内的五岳祭祷,并望祭中岳。

附文：

### 祭告乐章

右迎神:维土作德,维帝御行。含养载育,万物以成。有严祀典,荐我德馨。神其歆止,永用亿宁。

右升降:绅韠襜兮,玉佩璨兮。于我将事,神燕喜兮。帝命望祀,敢有不供。往返于位,肃肃雍雍。

右奠玉帛:祀以崇德,币则有仪。肃我将事,登降孔时。精明纯洁,罔有弗祗。史辞无愧,神明来娭。

右酌献:高广融结,实维中央。宣气报功,利彼一方。坎坛以祀,六乐锵锵。灵其有喜,酌以大璋。

右送神:言旋其处,以奠中域。无替厥灵,四方是则。神永不息,祀永不忒。以享以报,千万斯年。

◆宋神宗下诏,定嵩山坛下于南郊,以中祀迎气日祭之

元丰三年(1080年),集贤校理陈侗言:"《周礼》小宗伯之职,兆五帝于四郊,四望四类,亦如之。郑氏注:四望,谓五岳四渎也。今四望之坛不设,或遇朝廷有祈焉,则设位地祇坛下,甚非古制。请依周礼建四望坛,以祀五岳四渎,庶合古礼。"诏下,定嵩山坛下于南郊,以中祀迎气日祭之。用血祭瘗埋,有事则请祷之。

◆宋徽宗祭中岳嵩山

宋徽宗政和三年(1113年),朝廷议礼局上五礼新仪。岳镇年别一祭,以祭五帝日祭之。宋徽宗赵佶祭中岳嵩山于河南府界。

◆宋徽宗望祭中岳嵩山

政和五年（1115年），宋徽宗赵佶下令建明堂，并望祭中岳嵩山。

◆南宋高宗望祭五岳

《宋史·礼志》载：南宋绍兴七年（1137年），太常博士奏请每年祭五岳，高宗赵构从其议。除南岳外，其他四岳皆在金地，故其祭祀北方四岳为望祭或郊祭。太常博士黄积厚言："中岳之祀未举，望举而行之。"诏每岁以季夏土王日设祭。

宋徽宗祭中岳嵩山

◆南宋高宗望祀中岳

南宋在实行每年一度的代祀中，基本依北宋旧制"岁时降御书祝文""遣官诣州行礼"等程序进行。其中，中岳嵩山祭祀亦以望祀的方式实现。绍兴十四年（1144年），宋高宗赵构望祀中岳嵩山，令有司制岳神衣剑履，遣使易之。

附文：

### 祭告乐章

右迎神：天作高山，屹然中峙。经营厥宇，万亿咸遂。火熙土王，爰举时祀。绳绳宣延，仿佛来止。

右初献，盥洗升降：思来感格，肃雍不忘。礼仪既备，济济跄跄。洁蠲致敬，往荐其方。交若有承，神兮孔飨。

右奠玉帛：练日有望，高灵来下。何以告诚，心惟物假。有篚斯实，有宝斯藉。于以奠之，神光烛夜。

右酌献：与天齐极，伊嵩之高。显灵效异，神休孔昭。饬我祀事，实俎鸾臂。以侑旨酒，其馨有椒。

右亚献：礼乐既成，肃容有常。奄忽消摇，申毕重觞。仰肸所求，降福滂洋。师象山则，以况皇章。

右送神：虞至旦兮，灵亦有喜。寒欲骧兮，象舆已驾。粥音送兮，灵聿归以。长无极兮，锡我以祉。

## 六、金、元

◆金废帝到汝州温泉游猎

正隆六年（1161年）三月十九日，金废帝完颜亮到嵩山南麓汝州广成山原游猎而至温泉洗浴，并视察武则天当年在温泉建的行宫，驻跸十余日。四月初六下诏：在汝州温泉举办贸易大会，凡在汝州周围150里以内的州县，一律要派遣大量商贾来温泉"置市"（进行物资交流）。四月二十四日，又告诫侍从说："汝河南边就是宋朝的地盘，你们万万不要过去。"二十五日，亲临汝州温泉，巡视贸易大会盛况。后来，完颜亮在广成泽打猎中被群鹿撞于马下，吐血数升。五月三十日才回南京（开封）。

◆金世宗完祭中岳于河南府

金朝占据中原之后,为了维护政权的正统性与合法性,和其他各民族建立的政权一样,同样承袭北宋祭岳之礼制,嵩山中岳庙亦成为金朝境内举行国家祭祀的官方庙宇。《金史·礼志》载:

金大定四年(1164年),世宗完颜雍命有司祭谢五岳于北郊,庚午日定祭五岳礼制。

金大定四年(1164年)夏,世宗完颜雍祭中岳嵩山于河南府。

金大定十四年(1174年),世宗完颜雍敕修中岳庙,至二十二年完成。定西斋厅以待每岁季夏,帝遣使祭祀之次舍。

◆金章宗望祭中岳

《金史·章宗本纪》载:承安元年(1196)年夏四月,金章宗完颜璟遣使望祭中岳于京城北郊;承安四年(1199年)五月,天旱,金章宗完颜璟命有司望祭中岳祷雨;泰和四年(1204年)五月乙丑,金章宗完颜璟下诏三祷中岳嵩山。

◆金宣宗遣使望祭中岳

兴定二年(1218年)秋七月,天旱,金宣宗完颜珣遣使望祭中岳于京城北郊。

◆金宣宗置兵于嵩山少室山

《金史·地理志》载:金兴定年间,宣宗完颜珣曾屯兵于嵩山少室山御元军,山因名御寨山。

◆金哀宗遣使祭祀中岳

正大年间(1224～1231年),金哀宗完颜守绪遣礼部尚书赵秉文祭祀中岳嵩山。

◆元太宗窝阔台坐阵新郑

元太宗窝阔台在新郑

金哀宗开兴元年(1232年)正月,大雪,元太宗窝阔台坐阵新郑,派大将军拖雷与金兵在钧州(今禹州市)三峰山大战。蒙古军破钧州,杀金将合达、蒲阿。

◆元代祭祀中岳,投金龙玉简

《嵩山志》载:元时皇帝遣使祭中岳,必奉金龙玉简投诸嵩洞。至大元年(1398年),按礼敦遣提领佑玄通义大师马守心,使者密里吉女,相与投金龙玉简于名山大川。

附文

### 投金龙玉册纪事

元 杨奂

今皇帝接百王之统席,三叶之庆祇,绍烈祖圣考之丕基。极天之覆,罄地之载,齿发之属,靡不臣服。思所以推崇祀事,仰答鸿休。乃诏设大醮三千六百,分位于长春宫。上下神祇,以至于水陆草木所主,咸在焉。戊申(至大元年,公元1308年)春二月望,班净侣于宫廷之内,度材庀司,各肃其事。七昼七夜,无有风雨。嘉气神光,恍如有应。两厢承平故老,举手加额,以谓胜衣以来,未之睹也。事讫,按礼敦遣提领佑玄通义大师马守心,使者密里吉女,相与投金龙玉简于名山大川。是岁夏五月乙丑届洛,甲戌率有司,致命中岳祠所,科范载举,灯烛交辉,涧溜销声,岭松弭响。群卫百灵,拱侍俯听。是以叹嗟不足,穆诵丛兴夫。削繁文,屏末节,重吏之扰也;减从骑,省馈饷,虑物之费也。天既父之以诚,民又子之以爱。所谓人和而神和,于斯征之矣。它时濡兰台之笔,缉郊祀之礼,则黄云之飞,万岁之呼,将不愧于汉矣。

忽必烈征战

◆五岳祀典成为蒙元定制

忽必烈于公元1260年称帝后,发布诏令,确立蒙元对岳渎崇祀的常祀制度,命"五岳四渎名山大川,……载在祀典者,所在官司岁时致祭"。从而促使五岳祀典成为蒙元定制,"至元三年四月,定岁祀岳镇海渎之制"。

至元三年(1266年),元世祖定立了详细的岁祀制度。在五岳的岁祀制度中元朝基本沿用了宋金的旧制,实行每年一祭。在六月的土王日祭祀嵩山于河南府。

◆元世祖遣使祭祀中岳

《元史·世祖本纪》载:至元三年(1266年)六月,元世祖忽必烈遣使祭祀中岳嵩山于河南府境。

◆元世祖遣使至岳庙祀中岳

至元十四年(1277年)秋,元世祖忽必烈遣礼部尚书许国祯祭中岳于长春宫,又遣使张献佐,道教洞明真人祁志诚到登封祭中岳并投龙简。

◆元世祖加封中岳神名"中岳中天大宁崇圣帝"

至元二十八年(1291年)春二月,元世祖忽必烈下诏加封中岳神名"中岳中天大宁崇圣帝",加封之后,世祖本想"朕宜往,道远不可",于是命玄教宗师张留孙、必阇赤、养哥,赍奉锦幡、香帛银盒致中岳祠下。

附文一:

### 御祭中岳文

朕惟名山大川,国之秩祀。今岳渎四海,皆在封宇之内。民物阜康,时惟神休。而封号未加,无以昭答灵贶。可加上中岳中天大宁崇圣帝。仍遣官诣祠致告,以称朕敬恭神明之意。命玄教宗师张留孙、必阇赤、养哥,赍奉锦幡、香帛致祠下。

附文二:

### 嵩岳封祀记

元　张维谨

《诗》曰:"崧高维岳,峻极于天。"而蒸腾云雨,喷薄风雷,储祥衍庆,拥祐皇基,是以国之秩祀,其来尚矣。今宪天达道仁文义武大光孝皇帝敬敬恭神明,岳渎四海,特加追谥。以中岳上为中天大宁崇圣帝,恭遣宣授玄教宗师、总江淮荆襄等路道教都提点,同集贤院商议道教事张留孙、必阇赤养哥赍奉明诏锦幡香币,二月辛卯抵洛。

时方春旱,二麦将枯,农夫辍耕,禾麻未艺。诏书至,止官民肃迓。播宣竟事,天油然作云,沛然而雨。回生意于乾坤,沸欢声于田里。得非圣感而能如是乎?将行,天宇豁霁。丁酉至祠下,以三月一日己亥,敬陈祀事,仍以设斋赈乏,抚耆耋,惠鳏寡,各当其礼。是时祥云缥缈,瑞气氤氲,草木为之生光,山川为之改色。以万岁三呼,曩闻于前代;太平有象,拭目于斯时。乃圣天子诚之所致也。

陪祀官承务郎河南路总管府判官张道、进义校尉登封县达鲁花赤牙失迷、从仕郎县尹刘时中、主簿兼尉董益,请识其事。不敢以不敏固辞,但纪其实用,为之记云。

◆元成宗遣使祭告中岳

元贞二年(1296年)三月,元成宗铁穆尔遣使到中岳庙祭告中岳嵩山;大德十年(1306年)八月,元成宗铁穆耳遣使王德渊等到中岳庙祭告中岳嵩山,并投龙简。

◆元武宗遣使祭告中岳

至大元年(1308年),元武宗海山遣道教宗师马守心到嵩山中岳庙,祭告中岳,并投金龙玉册。

◆元仁宗遣使进香祭告中岳

皇庆元年(1312年)六月,元仁宗爱育黎拔力八达遣使进香祭告中岳。

◆元仁宗遣使进香祭告中岳,并投龙简

皇庆二年(1313年)四月,元仁宗爱育黎拔力八达遣玄教真人吴全节、太常卿李允中前往嵩山祭告,并投龙简于中岳。

附文：

## 中岳投龙简记

元　吴全节

皇庆二年，岁在癸丑，四月甲子，诏玄教太宗师张留孙醮大长春宫，弭星芒祷雨泽也。圣天子敬天爱民，一诚之发，其答如响。礼成，命玄教真人吴全节、正议大夫太常卿李允中，奉金龙玉简投诸嵩洞。入山之初，一雨遄霁，蒇祀之际，轻阴护凉。咸谓使命必当有纪。谨赋五言诗一章，以彰圣治云。

阳城天地中，坤灵莫神岳。积翠千层霄，元气远盘礴。降神生申甫，形势控伊洛。谽谺虎豹蹲，偃蹇蛟龙跃。猛士横戈矛，奇阵出㦒幄。簇簇罗旌旗，巍巍耸台阁。玉镜为谁开，金柜为谁钥。远近列画图，周遭峙郛郭。万状不可名，起伏互连络。皇皇圣帝居，历代重封爵。老柏浮苍烟，古殿蚀丹臒。天朝混华夏，秩礼特优渥。皇庆二载春，宵旰轸民瘼。有旨醮长春，玉简命新琢。诏臣走登封，香币致虔恪。邃洞藏宝符，琼音降笙鹤。三呼今复闻，祥风度天乐。小臣奉明祀，三使陟云崿。箕山胜可家，颍水清可濯。遐想饮牛人，高风动寥廓。赐玦知何时，分我云半壑。歌诗勒嵩珉，用赞圣人作。

### ◆元仁宗、皇太后遣使祭告中岳

延祐六年（1319年）春，元仁宗爱育黎拔力八达遣使祭告中岳嵩山。是年十一月，皇太后遣侍臣赍楮币，诣中岳设醮。

### ◆元泰定帝遣使祭告中岳

泰定三年（1326年）三月，元泰定帝也孙铁木儿遣使祭告中岳，并立碑于嵩山中岳庙。

### ◆元顺帝遣使祭告中岳

至元二年（1336年）二月，元顺帝妥欢帖睦尔遣使到嵩山中岳庙祭告中岳。

### ◆元顺帝遣使祭告中岳

至元五年（1339年），元顺帝妥欢帖睦尔遣使王沂祭祀中岳。王沂所著《代祀中岳记》，详细记述了代天子之礼，敬至于中岳祠下，圣祀中岳神的经过。

附录：

## 代祀中岳记

元　王沂

圣天子即位之九年，有旨，敕：光先体道诚明真人张奉御、达合术，唯是五岳四渎，作镇华夏，膏泽生民，厥功懋哉。朕惟巡狩之礼未备，不获躬诣，若其为朕代礼焉。天语一聆，驲驿星发，用六月二十五日，敬至于中岳祠下。洛阳总管成伯录、□税所大使常德，各以僚属来会。二十七日丁未，祗奉大礼，始终周愻。即又大集境内道释，洎鳏寡老赢，劳赐之恩，咸用沾丐。时则宿霭净尽，朝日方升。岩岫告祥，纤悉呈露。万岁之声，隐隐可听。要神之意，殆若喜之至，而见于形容者也。于是邦人耆老，再拜嗟异，同辞而进曰：庙废于兵久矣。国朝以来，因仍苟且，虽岁时香火不绝，而神之所栖，仅庇风雨。今圣上出内府之财，修历代之典，经营缔构者三岁。适峻极之殿成，而香币来享，使神安新官之洁，而歆圣祀之丰。百年废坠，一朝而复。是举也，真人实纲维之。且夫人神之情通幽明之理，一邦人僚吏犹且不任欣跃,而况于安新官,歆圣祀,而为神者乎!

◆元顺帝遣使祭祀中岳

元至正九年(1349年)春,顺帝妥欢帖睦尔遣内臣资善大夫、宣政院使伯颜忽都驰驿,奉锦幡、白金、银盒往中岳庙祭祀中岳嵩山。

至正十四年(1354年)正月,顺帝妥欢帖睦尔遣使奉帛币祭祀中岳嵩山。

至正二十五年(1365年)春,顺帝妥欢帖睦尔遣翰林应奉李国凤抵汴,路闭,即城中望祭中岳嵩山。

## 七、明代

◆明太祖遣使祭告中岳

明洪武二年(1369年)正月,因平定中原,岳渎镇海皆在明朝之境,太祖朱元璋遣使夏子成前往中岳庙祭告中岳嵩山。

附文:

### 敕祀中岳之记

明　夏子成

洪武二年春,正月四日,群臣来贺。皇帝若曰:"朕自起义临濠,率众度江,宅于金陵。每获城池,必祭其境内山川,于今十有五年,罔敢或怠。迩者,命将出师,中原底平,岳渎海镇,悉在封域。朕托天地祖宗之灵,武功之成,虽藉人力,然山川之神,实默相予。况自古帝王之有天下,莫不礼秩尊崇,朕曷敢违!"于是亲选敦朴廉洁之臣,赐以衣冠,俾斋沐端悚以俟。遂以是月十五日授祝币而遣焉。臣子成承诏,将事惟谨。三月初一日祭于祠下。威灵歆格,祀事孔明,砻石镌文,用垂悠久。惟神含育万类,莫于中土,典礼既崇,纲维斯在。尚期阴阳以和,风雨以时,物不疵疠,民庶乂安,是我圣天子之所望于神明者。而亦神明祚我邦家之灵验也。是年三月初一日臣夏子成谨记。

◆明太祖称嵩山为"中岳嵩山之神"。

明洪武三年(1370年),厘正神号,太祖朱元璋诏曰:岳镇海渎,并去前代所封名号,止以山水本名称之,在诏五岳神号时,称嵩山为"中岳嵩山之神"。七月,遣使典宝彭恭祭告中岳。

明太祖朱元璋

附文一：

### 皇帝诏文

皇帝诏曰：岳镇海渎并去前代所封名号，止以山水本名，称之。嵩山，称中岳嵩山之神。

附文二：

### 御祭中岳文

磅礴中国之中，参穹灵秀，生同天地，形势巍然。古昔帝王登之，察地利以安生民，故祀之曰嵩山。于敬则诚，于礼则宜。自唐始加神之封号，历代相因至今。曩者元封君失驭，海内鼎沸，生民涂炭。予起布衣，承上天后土之命，百神阴佑，削平暴乱，正位称尊。职当奉天地、享鬼神，以依时统一人民，法当式古。今寰宇既清，特修祀仪。因神有历代之封号，予起寒微，祥之再三，畏不敢效。盖神与穹壤同始，灵镇中央，其来不知岁月几何。神之所灵，人莫能测，其职必受命于上天后土，为人君者，何敢预焉。予慎不敢加号，特以中岳嵩山名其名。依时祀神，惟神鉴知。

◆明太祖以建国十年遣使致祭中岳

明太祖洪武十年（1377年）八月，太祖朱元璋以建国十年，遣中山侯汤和并道士陈玉京、刘崇元前往嵩山中岳庙致祭中岳。

附文：

### 御祭中岳文

予荷上天后土之眷命，蒙神之效灵，以致平群雄，息祸乱，君主黔黎于华夏，统控蛮夷，于今十年，中国康宁。然于神之祀，若以上古之君言之，则君为民而祷，载有春祈秋报之礼。于斯之祀，有望于神而祭者，有狩于所在而燎瘗者。今予自建国以来，十年于兹，国为新造，民为初安，是不得亲临所在而祀神也。特遣开国功臣汤和，道士陈玉京、刘崇元，以如予行，奉牺牲祝帛于祠下，以报效灵。自今以后，岁以仲秋，诣祠致祭，惟神鉴知。

◆明太祖遣使张继宗致祭中岳

明洪武十年（1377年），太祖朱元璋遣使张继宗偕太师韩国公李善长、四十二代天师张正常代祀中岳，到中岳庙设醮祭告中岳。

附文：

### 中岳进香建醮记

明　张继宗

嵩山为群岳之纲，镇星之位。奠定四方，表正中极。日月丽此而昭明，风雷由此而鼓舞。今上以圣德神功，垂衣而治。时雍风动，重祭礼神，屡遣大臣驰谕祭报。复亲洒宸翰，赐额殿中。荣光赫奕，山岳增辉。百尔臣工莫不以幸，际清时仰瞻圣化为庆。余不敏，荷恩袭爵以来，凡今五觐天颜。猥以神明微绪，过蒙眷注，御书良马，内缎内茶，骈蕃宠锡，比昔加隆。今春入觐在都，窃以居恒，思报圣恩。惟五岳及武当进香，可以稍展世职之意。缮疏上请，命下之日，会费约从始事北岳，按期届万寿昌辰，建醮祝圣，凡三昼夜礼成之。明日取道走井陉，历三晋，过尧都，读皋陶益契之碑，至今犹想见都俞吁怫之盛焉。惟是人民劫会地震降灾,睹城郭之凋颓,庐舍之倾圮,残黎真有若鸟兽散者。而为国御灾、为民请命之思,益不禁激厉奋迅。于是道出闻喜、夏邑,经傅岩之平陆渡河而南,从事兹山。时余家韦庵兄作令登封来会,盖所以敬君事,明守土也。每事赞襄,诚意符合。余于庙庭蠲吉告斋,如北岳礼昭告皇天后土,祝延万寿,禧皇之余,维民之暨。醮毕,犹忆壬申之岁祷雨中州。后民厄时灾,复醮圣殿,疫获消弭,当留记斯山。今重游胜概,而触目感怀,访诸故老,考诸世录。余四十二代祖,于明初洪武十年,奉敕偕太师韩国公李善长代祀嵩山。当时亦尝镌石记事,而今颓废,逸不复举矣。今余幸奉旨命,两设醮祀于兹山,亦皆山川之神,有以潜符默运。若是夫,岂余之行能足以致焉。且闻嵩山之神,在昔有山呼万岁之声,金简玉策之异,生甫及申之灵。史传所书,班班可考。要之皆精神之所感召。故神明相通,而冥合显应。今兹举也,以皇仁之格,被与崇道之精严,当必有若前事,历历不爽而通乎御座者矣!余之山林未技,敢自命诚通、高厚以为功哉?但岁月纪载不可无,言用昭一代盛典,非欲矜己之行,以取誉所世也。是为记。

◆明太祖遣使岁祭中岳
洪武十二年(1379年)八月,明太祖朱元璋遣使郑允存致祭中岳。

附文:

### 御祭中岳文

惟神钟秀嵩高,中山巨镇,封表有年,功养民社。时维仲秋,礼当报祀。特命使者,奉牺牲祝帛,诣祠致祭。

◆明太祖遣使登峻极致祭中岳
洪武二十六年(1393年)冬十二月,明太祖朱元璋遣使王悦怿登峻极之殿,诣于神位行香。并游于嵩山之阳,历崇福阳道宫、法王岳戒寺、与夫少室山前。

附文:

### 敬奉令旨作祀祀中岳神记

明　贾德明

维兹嵩高,峻极于天。尊居五岳,位奠中央。其钟灵孕秀,万古雄威,而最灵大者也。故古先哲王,罔不禋祀焉。钦惟皇明君天下以来,岳镇海渎,载在祀典,岁时致祭,亦未尝有阙焉。敬惟周王,守国中原,而嵩山实在封内,将有以祀之。乃洪武二十六冬十二月四日乙亥,遣道士沈道崇,赍香币告文,先诣庙所。越十四日乙酉,王驾躬临。是日也,天朗气清,日色妍丽,既而雄风大振,凛然动人。想惟岳神灵威赫奕,不迓王所驾。停之时,西日回照,风静尘清,盖王诚心所感,而神为之效灵也。越十五日丙戌,王登峻极之殿,诣于神位行香。道众严饬,朗诵步虚之辞。香雾空濛,有若霓旌羽盖,而见于其间。斯神之来,是歆是享。于是露珠凝于林麓,天花散乎峰峦,斯神之感既昭既着矣。载厘王车,率同臣下,游于嵩山之阳。倏睹仙鹤飞来,屡舞蹁跹,回翔鸣于万岁峰上。王悦怿询及白发道士:"在昔兹山尝有鹤巢否乎?"道士敛容对曰:"臣住兹山有年矣,未尝见斯鹤也。鹤之来也,其以殿下之诚、之格感召而致然也。"又历崇福嵩阳道官、法王岳戒寺,与夫少室山前。其少室之顶,有石壁光辉发见,五彩灿然,斯乃中和盛德,而诚有不可掩者也。臣德明历记其事矣。又从而为之歌曰:登彼嵩山兮,维

周贤王。以诚感神兮,获兹嘉祥。五谷丰登兮,时若雨旸。德被中原兮,庶民乐康。享国久远兮,既大而昌。

◆明太祖以征广西蛮夷酋长,遣使致祭中岳

洪武二十八年(1395年)七月,明太祖朱元璋以征广西蛮夷酋长赵宗寿,遣道士及国子监生到中岳庙祭告中岳。

附文:

### 御祭中岳文

昔者,元运将终,英雄并起,民受其殃。时,予亦与群雄并驱,辑兵保民。上帝默相,山川受命效灵,所在必克。转战五年余,方乃兵偃民息。众乐生生之计,天下太平二十八年。今洪武乙亥四月间,广西布政司报蛮夷酋长龙州赵宗寿、奉议州黄世铁不循治化,负固殃民。兵兴之事,本重既行,不敢不告。所以告者,兵行十万,各离父母妻子,途间饥饱劳逸,山岚瘴气,染患者有之,此兵行之难。兵入其境,户民受害,荆棘生焉。民惊且移,未有不伤,此其所以告也。其所以告者,但愿瘴疠之方,化烟岚为清凉之气,早殄渠魁,良善安业。军士速回,各得完聚,以养父母。是其祷也。然予未敢径告上帝,惟神鉴之,为予转达。

◆明太祖以征西南苗彝,遣使致祭中岳

洪武三十年(1397年)九月,明太祖朱元璋以征西南苗彝,遣使祭告中岳。

附文:

### 御祭中岳文

昔者元末兵争,伤生者众。予荷皇天眷命,岳镇海渎,山川效灵。诸将用命,偃兵息民,今三十年矣。兵燹之余,民方安定。迩来西南戍诸将,不能昭布仁威,但知肥己虐人,致令诸彝苗民,因窘而奋怒,会攻屯戍,致伤戍守善良者。予非敢用兵,由是不得已,指挥诸将,帅兵进讨。然山川险远,彼方草木茂盛,烟岚云雾,菘郁之气,吞吐呼吸,则必为害。此行人众,各辞祖父母父母妻子,涉险远跋,以清边彝,以安中夏。万冀神灵,达于上帝。赐清凉之气,以清烟岚。早定诸彝,速归营垒。得奉祖父母父母,眷属团圆。是其祷也。今年九月二十六日兵行,特遣人赍香帛牲醴,先诣神所。谨告。

◆明成祖即位,遣使祭告中岳

永乐元年(1403年),明成祖朱棣即位,遣使姜士暄祭告中岳。

附文:

### 御祭中岳文

惟神职司中央,掌天地中和之气。雨旸时若,灾诊不兴,神功有焉。载在祀典,历代咸尊。惟我太祖高皇帝,神武定天下,崇奉礼祭。洋洋感格,三十余载,黎庶雍熙。建文昏愚,奸臣窃柄。神明弗佑,四海离心。朕奉祖训,来清群恶。荷天地山川之灵,战无不捷。堂堂之阵,直抵京师。岂期建文,阖宫自燔。朕以诸王大臣再三推戴,于六月十七日躬即帝位,嗣守高皇帝大业。既已昭告于天地社稷,必当遍告于名山大川。故兹特遣官祭以牲醴,惟神有知,体朕至意。尚祈灵佑,助我皇明。

◆明成祖以征安南,遣使祭告中岳

永乐四年(1406年)七月,明成祖朱棣以征安南,遣道士刘常制、监生李庸祭告中岳。

明成祖朱棣

附文:

### 御祭中岳文

昔者奸臣构祸,屠害诸王,以及于予。不得已,以兵救民。赖皇天眷佑,岳镇海渎效灵,获定内难,遂安宗社。爰自即位以来,休息黎庶,普天率土,均视同仁。今安南贼人黎季犛及子黎苍,骄盈凶悖,屡犯边疆。首侵思明府禄州等处地方,予为宽容,不肯兴师问罪。但遣使谕,使还地。黎贼巧词支吾,所还之地,多非其旧。还地之后,复据西平州,逼胁命吏。又侵宁远州地方,占管人民,杀掳男女。边境之人,数年内罹其荼毒,其可胜言。况安南之人,受其祸害,不遗一家。占城之地,被其劫掠,已逾数岁。遣人告谕,冀其改过。罔有悛心,益骄益盛。予为天人之主,恭天成命,安忍坐视民患而不之救!今特命将出师,声罪致讨,实出予之所不得已。心在救民,岂敢用兵。尚念兵师远行,离其父母妻子,山川险阻,岚瘴郁蒸,跋涉劳勤,易于致疾。予惟念此,深用不宁。万冀神灵,鉴予诚悃,闻于上帝,赐以洪庥。潜消瘴疠,大振兵威。早歼渠魁,永安遐壤。今年七月十六日兵行,特遣人致香币牲醴,先诣神所。谨告。

◆明成祖以平安南,遣使祭告中岳

永乐五年(1407年)五月,明成祖朱棣以平安南,遣道士岳崇高、监生屈伸到嵩山中岳庙祭告中岳。

附文:

### 御祭中岳文

比者,安南逆贼黎季犛及子黎苍,逞凶肆暴,屡侵边疆,夺思明府、禄州等处地方,予加宽贷,不肯兴师问罪,但遣使谕使还地。黎贼巧词支吾,所还地多非其旧。还地之后,复据西平州,又侵宁远州,逼胁命吏,占管人民,劫掠财物,杀虏男女。边境之民,受其残酷;安南之人,并被其害,诛求百端,老幼不宁。占城之地,累年遭其地劫掠。予数遣人告谕,冀其改过,而贼稔恶日甚,罔有悛心。予为天下之主,视民涂炭,安忍弗救?乃命将出师,声罪致讨。志在吊民,岂敢用兵。实出于不得已。赖皇天后土眷佑,岳镇海渎效灵,将士奋忠鼓勇,悉扫荡其尊党,抚安其后良善。尚书将士暴露于外,离其父母妻子,山川险阴,道路迢遥。今天气炎热,恐岚瘴郁蒸,起居失调,易于感疾。予凤夜念此,寝食弗宁。万冀神灵鉴予诚悃,闻于上帝,赐以洪庥,潜消瘴疠,早降清凉。使将士安宁,百疾不作。特令人致香帛牲醴,诣神所祭告。

◆仁宗即位遣使祭告中岳
洪熙元年(1425年)二月,明仁宗朱高炽即位,遣大理寺右寺丞杨复祭告中岳。

附文:

### 御祭中岳文

岩岩嵩岳,永镇中土。时出云雨,用育万物。嗣位之初,聿严告祀,翼我皇祚,尚赖神庥。

◆明宣宗即位遣使祭告中岳
宣德元年(1426年)二月,明宣宗朱瞻基即位,遣右副都御史王彰祭告中岳。

附文:

### 御祭中岳文

惟神永奠中土,阜成民物,参赞之功,国有赖焉。予嗣位之初,特用祭告,神其昭鉴,惠我邦家。

◆明宣宗以祈年遣使祭告中岳
宣德十年(1435年)五月,明宣宗朱瞻基以祈丰年,遣登封县知县梁成致祭中岳。

附文:

### 御祭中岳文

予新嗣祖宗大位,统理下民,夙夜惓惓,养民为务。尚祈神灵,阴隆助相,俾雨旸时顺,灾沴不生,百谷用成,民用康济,国家清泰,永赖神庥。谨以香币,达予至诚,惟神鉴格。

◆明英宗朱祁镇即位遣使祭告中岳
正统元年(1436年)元月,明英宗朱祁镇即位,遣使祭告中岳。

附文:

### 御祭中岳文

惟神巍巍乔岳,奠兹中土,民物育成,允赖神化,予嗣承大统,祗严祀礼,惟神歆格,永佑群生。

◆明英宗以祈年遣使致祭中岳
正统二年(1437年)五月,明英宗朱祁镇以祈年,遣登封知县孙谦致祭中岳。

附文:

### 御祭中岳文

朕祗御下民,永怀保恤,百谷长育,兹惟厥时。颛冀明灵,特隆敷佑,无灾无沴,时雨时旸,作岁丰穰,以谷黎庶。

◆明英宗以天大旱祷雨,遣使致祭中岳

正统九年(1444年)四月,明英宗朱祁镇以天大旱祷雨,遣翰林院编修萨琦致祭中岳。

附文:

**御祭中岳庙文**

于奉天育民,愧凉于德。至兹久旱,灾及群生。夙夜省躬,中心惓切。神司方岳,忧悯谅同。雨旸以时,宜任其责。特兹致祷,尚冀感通。弘布甘霖,用臻丰稔。匪予之惠,时乃神庥。

◆明景帝即位遣使祭告中岳

景泰元年(1450年)闰正月,明景帝朱祁钰即位,遣给事中奚伦祭告中岳。

附文:

**御祭中岳文**

越兹中土,嵩岳惟崇。民物奠安,厥功允茂。予嗣承大统,谨用祭告。惟神歆格,永佑家邦。

◆明景帝以多雨雪,遣使右副都御史王暹祭祷中岳

景泰四年(1453年)三月,明景帝朱祁钰以多雨雪,遣右副都御史王暹祭祷中岳。

附文:

**御祭中岳文**

惟神奠镇兹土,以庇利为职。比闻连岁伏阴,雨雪过多,农事难举,人民乏食,困惫不胜,朕心悯悯。此固朕之不德所致,然念朕与神受育民之责于天,其任惟均;而神则又独司阴阳阖辟之机,物理变化之运,忍令此沴为民病乎?咎固当归于朕,神亦焉得而辞?故敢以告。尚冀神庥,大布阳和之惠,溥成发育之初。专俟感通,以慰舆望。

◆明景帝以天大旱、河决,遣使祭祷中岳

景泰四年(1453年)七月,明景帝朱祁钰以天大旱及河决,遣翰林院编修吴汇祭祷中岳。

附文:

**御祭中岳文**

国以兵民为本,兵民以食为天。仁政所先,孰加于此。方秋百谷将实,重以漕运方殷,雨泽罕敷,河流多决。兵民所望,畴当副之。夫朕为国子民,而神为民捍患,实皆天职。然有司存,朕所能为,岂敢畏难于朝夕。神之易法,讵可辞劳于指麾。沛膏雨以作丰年,助顺流而为通道。愿有祷也,冀无负焉。

◆明景帝以祈年遣使祭祷中岳

景泰五年(1454年)四月,明景帝朱祁钰以祈年,遣给事中何升致祭中岳。

附文：

### 御祭中岳文

兹者农务方殷，所忧旱涝，丰歉所系，尤切朕心。神主兹方，计不异此；雨旸时若，其职在神。尚运神机，俾从民欲。民苟遂丰登之愿，神益彰庇利之仁。专俟感乎，以慰虔祷。

◆明景帝以旱灾遣使祭祷中岳

景泰六年（1455年）闰六月，明景帝朱祁钰以旱灾，遣左副都御史马谨致祭中岳。

附文：

### 御祭中岳文

恭承天命，重付眇躬。民社所依，灾祥攸系。志恒内省，政务外乖。兹者雨泽不敷，河流欠浃。舟船浅滞，禾稼焦萎。灾患由臻，公私所病。穷惟所自，良有在兹。然因咎致灾，固朕躬罔避。而转患为福，实神职当专。夫有咎无福，过将惟一。而转患为福，功孰与均。特致恳祈，幸副悬望。

◆明英宗以复辟遣使祭告中岳

天顺元年（1457年）二月，明英宗朱祁镇以复辟重登帝位，遣通政司参议兼翰林院侍讲刘定之到中岳庙祭告中岳。

附文一：

### 御祭中岳文

嵩高维岳，表兹中土。奠安民物，厥功茂焉。予复正大统，谨用祭告。惟神歆格，永佑家邦。

明代祭祀中的乐舞

附文二：

### 祀中岳嵩山碑阴记

明　刘定之

皇帝重履尊极，涣布维新之治。涓撰休辰，躬御法服，备礼作乐，临遣近臣遍至宇内，咸秩百神，所以告庆而迎釐也。维岳镇海渎，皆有职于地，而岳居其先。维泰华衡恒，皆并列为岳，而嵩处其中，其为神也，尊矣。臣定之忝承命代祀，夙宵戒励，水驰陆走，抵于岳祠，河南登封地也。藩省郡邑之臣，莫不来萃于是，斋戒卜吉，以所赍楮币贸置品物奉所颁祝辞以示来裔，臣敢述其概于碑阴，且系以颂曰：

自判乾坤，即有此山。是为中岳，屹立人寰。东穷日本，西抵月窟。丹陵极南，幽都尽北。此当天心，会总地脉。羲娥黄道，经乎其巅。星宿环绕，以斡化权。雷雨玄功，行乎其下。润泽旁达，以周华夏。古先帝王，孰不来崇。有资灵秀，治化以隆。周宣龙飞，则降其神。是生申甫，辅世长民。汉武虎视，则闻其呼。享国永久，后代所无。于惟圣皇，德迈往古。系心亿兆，复践九五。爰命微臣，躬即岳祠。以告即位，备物缛仪。神知帝德，是用来享。灵官骈罗，阴风森爽。岂惟享之，是降多祉。延洪天寿,恢张人纪。臣忠子孝,岁稔时康。何以为报,祀典永光。

◆明宪宗即位遣使祭告中岳

宪宗成化元年(1465年)二月,明宪宗朱见深即位,遣给事中袁恺祭告中岳。

附文:

### 御祭中岳文

惟神毓秀钟灵,永表中土。奠安民物,万世允赖。兹予嗣承大统,谨用祭告。神其歆鉴,佑我国家。

◆明宪宗以祈年遣使致祭中岳

成化四年(1468年)五月,明宪宗朱见深以祈年,遣河南左市政使孙遇致祭中岳。

附文:

### 御祭中岳文

比岁以来,多方灾沴。雨旸不时,我民用瘁。民之瘁矣,予曷为怀。神矜于民,忍降以灾。德泽崇深,孰与神侔。祈赞化机,普天之休。责躬修行,予敢弗笃。庶几与神,同作民福。

◆明宪宗以灾异遣使致祭中岳

成化十三年(1477年)五月,明宪宗朱见深以灾异,遣右副都御史张瑄祭祷中岳。

附文:

### 御祭中岳文

国家敬奉神明,聿严祠祀,所期默运化机,庇佑民庶。乃近岁以来,或天时不顺,地道不宁;或雷电失常,雨旸爽候;或妖孽间作,疫疠交行。远近人民,频遭饥馑。流离困苦,痛何可言。惕然于衷,罔知攸措。惟神奠镇一方,民所恃赖,睹兹灾沴,能不疚心?是用特具香币,遣官祭告。尚冀体上帝好生之德,鉴于忧悯元元之意,斡旋造化,弘阐威灵,捍患御灾,变祸为福。庶几民生,获遂享报无穷。惟神鉴之。

◆明宪宗以大旱及地震,遣使致祭中岳

成化二十年(1484年)三月,明宪宗朱见深以大旱及地震,遣右副都御史赵文博祭祷中岳。

附文:

### 御祭中岳文

朕在位二十余年,礼神恤民,夙夜在念。何去秋至冬,雨雪全无;方今春首,地震京师。牟麦无收成之望,士民怀艰窘之忧。朕心恻然,惓切曷已。惟神奠安中土,作镇一方,久享民祀,宁不疚心?兹特遣人远赍香币,用告于神。尚冀弘阐明灵,参赞造化,默夺潜消。俾雨旸时若,物阜民康,宗社奠安,而神亦血食永永矣。

◆明宪宗以旱祷雨遗使祭中岳

成化二十三年(1487年)六月,明宪宗朱见深以旱祷雨,遣兵部右侍郎吕爱祭祷中岳。

附文:

### 御祭中岳文

今岁自春及夏,天时亢旱,雨泽不降,田苗枯槁,黎庶忧惶。予甚兢惕,侧身修省,虔致祷祈。惟神矜民,宁不旋斡大需甘泽,以滋禾稼,以济民艰。庶民有丰稔之休,则神亦享无穷之报。

◆明孝宗即位遣使祭告中岳

弘治元年(1488年)四月,明孝宗朱佑樘即位,遣武安侯郑英到嵩山中岳庙祭告中岳。

附文:

### 御祭中岳文

惟神毓秀钟灵,永表中土。奠安民物,万世永赖。兹予嗣承大统,谨用祭告,神其鉴歆,佑我邦家。

◆明孝宗以旱祷雨遣使致祭中岳

弘治四年(1491年)四月,明孝宗朱佑樘以大旱祷雨,遣太常寺少卿李璋前往嵩山中岳庙祭告中岳。

附文一:

### 御祭中岳文

伏自去冬无雪,今春少雨,田苗未能播种,黎庶实切忧惶,予甚兢惕。用是侧身修省,虔致祷祈。惟神矜悯下民,斡旋大造,早需甘泽,以滋禾稼,以济民难。庶民有丰稔之休,则神亦享无穷之报。

附录二:

### 祭中岳祈雨文

明 刘宣

乾上而亢,坤上而战。正值愆期之会,箕星好风,毕星好雨,莫为转旋之机,物则不通神妙之物。兹以河南一境,灾旱连旬,百谷将成,群黎失望。豚蹄每专于致祝,污耶未有于满车。岂惟民哉,是吾忧也。昨者,已率僚吏走告神祈,膏泽虽下于民,德施未普于物。欲终其惠,岂宜泛求。窃闻中岳嵩山,天下重镇,阴阳之所磅礴,蛟龙之所隐藏。嘘气成云,散之即雨。乃若寂然不动,诚则感而遂通。此历代已行之明验,而我朝尤崇信而致隆者也。宣斋宿而后敢言,惟吾民之俯念;听毕而能到应,惟吾神之是依。特此牲帛,用申虔告。

◆明孝宗以大旱祷雨遣致祭中岳

弘治六年(1493年)四月,明孝宗朱佑樘以大旱,遣右副都御史徐恪前往嵩山中岳庙致祭中岳。

附文：

### 御祭中岳文

伏自去岁，一冬无雪。今春天时亢旱，雨泽愆期，田苗枯槁，黎庶忧惶。予甚兢惕。用是侧身循省，虔致祷祈。惟神矜悯下民，斡旋大造，早需甘泽，润兹禾稼，弘济民艰。庶民有丰稔之休，则神亦享无穷之报。

◆明孝宗以亢旱祷雨遣使致祭中岳

弘治十年（1497年）四月，明孝宗朱祐樘以亢旱祷雨，遣右副都御史陈道前往嵩山中岳庙致祭中岳。

附文：

### 御祭中岳文

自去冬及今春以来，亢旱为虐，雨泽少降，麦苗枯槁，田野荒芜，黎庶忧惶。予甚兢惕，侧身循省，虔致祷祈。惟神矜民，斡旋造化，大需甘泽，以济民艰。庶年谷有丰稔之休，则神亦享无穷之报。

◆明武宗即位遣使祭告中岳

正德元年（1506年）五月，明武宗朱厚照即位，遣鸿胪寺卿杨瑢祭告中岳。

◆明武宗以旱祷雨遣使致祭中岳

正德四年（1509年）二月，明武宗朱厚照以旱祷雨，遣河南布政司右参议詹玺致祭中岳。

附文：

### 御祭中岳文

今岁以来，雨旸愆候，田苗枯槁，黎庶忧惶。予心兢惕，虔致祷祈。惟神矜民，旋斡太和，式调和气，以济民艰。庶民有丰稔之体，神亦享无穷之报。

◆明武宗以宁夏平水旱盗贼交作，遣河南布政司胡拱致祭中岳。

正德六年（1511年）十月，明武宗朱厚照以宁夏平水旱、盗贼交作，遣河南布政司右参政胡拱致祭中岳。

附文：

### 御祭中岳文

去岁以来，宁夏作孽。命官致讨，逆党就擒。内变肃清，中外底定。匪承洪佑，曷克臻兹。因循至今，未申告谢。属者四方多事，水旱相仍。饿莩载途，人间困苦。盗贼啸聚，剿捕未平。循省咎由，实深兢惕。伏望神慈昭鉴，幽赞化机。灾沴潜消，休祥协应。佑我家国，永庇生民。

◆明武宗以盗贼、水旱，遣使祭祷中岳

正德八年（1513年）四月，明武宗朱厚照以盗贼、水旱灾异，遣河南布政司右参议董锐祭祷中岳。

附文：

### 御祭中岳文

近岁以来,群盗为梗。生灵被害,在在有之。命将徂征,稍臻平定。馀灾未殄,尚累天和。水旱相仍,妖祥叠见。永思厥咎,良切疚心。爰与群臣,饬躬修政。同期昭格,庸迓神庥。伏冀神明,悯兹黎庶。转灾为福,绥我邦家。不胜惓惓,恳祷之至。

◆明世宗即位遣使祭告中岳

世宗嘉靖元年（1522年）四月,明世宗朱厚熜即位,遣太常寺少卿张衍瑞前往嵩山中岳庙祭告中岳。

附文：

### 御祭中岳文

惟神毓秀钟灵,永表中土。奠安民物,万世永赖。兹予嗣承大统,谨用祭告,神其鉴歆,佑我邦家。

◆明世宗朱厚熜以灾异遣使祭祷中岳

嘉靖八年（1529年）五月,明世宗朱厚熜以灾异,遣河南按察司佥事李顺孙祭祷中岳。

附文：

### 御祭中岳文

朕奉天命,子育万民。所冀岁稔时和,灾患不作,惟神是赖。兹者各处旱干火灾,疫疠流行,变异非常。人民流离,死亡者众。廷臣以告,朕心恻然。惟神庙食兹土,作镇一方。见此困穷,宁不矜悯？用是命官,赍捧香帛。特差抚臣洁斋备仪,诣祠致祭,为民请命。伏望明神,大彰灵应,潜斡化机,时赐雨泽,用消凶沴。变歉岁为丰年,跻贫阎为寿域。庶称朕奉天子民之意,中心恳切,惟神鉴知。

◆明世宗以非常灾异遣使祭祷中岳

嘉靖九年（1530年）六月,明世宗朱厚熜以非常灾异,遣右副都御史徐赞祭祷中岳。

附文：

### 御祭中岳文

比岁各处山崩地陷,产妖陨星,水旱蝗虫,火灾疫疠,人民流殍,变异非常。沴降自天,朕心忧惧。惟神司镇兹土,利济一方,睹斯困穷,宁不矜恻？遣赍香帛,特命抚臣备仪致斋,洁诚申祷。伏望明彰灵应,斡旋化机,时赐雨旸,潜消灾变,丰年有望,泽我民生。庶免朕愆,神其鉴庇。

◆明世宗以祈嗣,遣使致祭中岳

嘉靖十一年（1532年）六月,明世宗朱厚熜以祈嗣,遣河南府知府范鏓前往嵩山中岳庙致祭中岳。

附文：

### 御祭中岳文

维神钟灵孕秀,镇奠一方。阴翊国家,其来尚矣。朕以寡昧,恭承天命,十有一年。于兹敬事神祇,罔敢少懈。顾储官未立,恒切于怀。兹者,特具牲帛醴齐,遣官虔祷。伏望茂着神功,锡予元嗣。则我国家绵庆禩于无穷,而神亦享福祚于有永矣。

◆明世宗诞生元子,遣使祭谢中岳
嘉靖十七年(1538年)七月,明世宗朱厚熜以诞生元子,遣河南知府张承恩祭谢中岳。

附文:

### 御祭中岳文

比岁尝命官祷嗣于神。昨丙午孟冬之吉,仰荷天赐元储,亦神所赞佑者。兹用致谢,神其鉴歆,而永惟默佑焉。

◆明世宗遣使祭祀中岳
嘉靖二十年(1541年),明世宗朱厚熜遣按察使赵正学祭祀中岳。

附文:

### 御祭中岳文

位应天枢,象维黄机。四岳分方,五行顺则。云雨时典,蕃植群生。载钟才俊,寔国之桢。元精运会,天地为经。重华御世,肇称殷礼。百代纪图,爰开秩祀。爰禳爰祈,亦云报美。楠等奉天子命,巡驻岳封。斋明祠下,顾瞻域中,物穰民阜,维岳之功。爰羞涧藻,爰击鼓钟。维纯佑命,愿屡年丰寿民,福国施及无穷。

◆明世宗以凶荒灾异遣使祭祷中岳
嘉靖三十三年(1554年)五月,明世宗朱厚熜以凶荒灾异,遣右都御史邹守愚祭告中岳。

附文:

### 御祭中岳文

朕奉天命,子育万民。所冀岁稔时和,灾害不作。迩者各处地方水旱、兵荒。人民遭厄,危亡载路。灾变异常,朕心忧惕。惟神上奉帝命,奠济一方,谅垂矜悯。爰命洁士,赍捧香帛,特遣抚臣,备仪竭虔,诣祠致祭。所冀明神,大彰灵应,潜斡化机。俾气序顺调,雨旸时若,弭解灾劫,溥资丰泰。庶同朕奉天子民之意,而神亦享祀于无穷矣。

◆明世宗以万寿圣节遣使祭谢中岳
嘉靖四十年(1561年)八月,明世宗朱厚熜以万寿圣节,遣右副都御史蔡汝楠祭祷中岳。

附文:

### 御祭中岳文

维予嗣续丕图,仰承帝眷,恢张治化,又宁邦家。匪资神力匡扶,曷克导迎景贶。兹今八月初十日,实为初度之辰,命官赍捧香帛,前诣祭告。惟神镇奠一方,耀灵炳绩。冀永赞天锡佑,辑福眕躬,集庆迎祥,以延万载之庥。

◆明世宗以万寿圣节遣使祭祷中岳

嘉靖四十三年(1564年)八月,明世宗朱厚熜以万寿圣节,遣户部右侍郎兼右金都御史迟凤翔祭祷中岳。

附文:

### 御祭中岳文

予上承天保,六甲开昌;下抚坤图,百神受职。兹八月初十日,乃予初度之辰。爰命观士,赍捧香帛,前诣祭告。惟神凌霄奠域,拱祚卫邦。所冀袭祥瑞敛福,永固寿基,以崇大庆于一人,以普隆庥于万宇。

国家祭祀

◆明穆宗即位遣使祭祷中岳

隆庆元年(1567年)十月,明穆宗朱载垕即位,遣都督周于德往嵩山中岳庙祭祷中岳。

附文:

### 御祭中岳文

惟神受命昊帝,永表中土。布气宣和,民物允赖。兹予嗣缵丕图,谨用祭告。神其歆鉴,以保定我亿万年隆庆之基。

◆明神宗即位遣使祭告中岳

万历元年(1573年)四月,明神宗朱翊钧即位,遣光禄寺寺丞岳相往中岳庙祭告中岳。

附文:

### 御祭中岳文

惟神受命昊天,永表中土。布气宣和,民物永赖。兹予嗣缵丕图,谨用祭告。神其歆鉴,以保定我亿万年无疆之基。

◆明神宗以旱灾遣使祭祷中岳

万历十五年(1587年)二月,明神宗朱翊钧以旱灾,遣河南巡抚、右副都御史衷贞吉祭祷中岳。

附文:

### 御祭中岳文

比者雨旸不时,灾沴叠见。为民请命,责在朕躬。特兹遣官,虔伸祈祷。惟神默鉴,率职效灵。拯民艰食之灾,锡国有年之庆。

◆**明神宗敕令降道藏经函贮于中岳庙**

万历年间,明神宗朱翊钧敕令,降道藏经函贮于中岳庙御书殿。

◆**明熹宗即位遣使祭告中岳**

天启元年(1621年)九月,明熹宗朱由校即位,遣尚宝司卿柯昊祭告中岳。

◆**明思宗即位遣使祭告中岳**

崇祯元年(1628年)九月,明思宗朱由检即位,遣督馆太常寺少卿朱大启祭告中岳。

## 八、清　代

◆**清世祖遣使祭告中岳**

顺治八年(1651年),清世祖爱新觉罗·福临以亲政,遣太常寺卿段国璋祭告中岳。

附文:

### 御祭中岳文

惟神环通八表,雄峻中天,统会阴阳,交晖日月。朕诞膺天命,祇荷神休。特遣专官,用申殿荐,惟神鉴焉。

◆**清圣祖登极,遣使祭告中岳**

顺治十八年(1661年)八月,清圣祖爱新觉罗·玄烨登极,遣通政司使冀如锡祭告中岳。

附文:

### 御祭中岳文

惟神环通八表,雄峻中天;统会阴阳,交晖日月。朕诞膺天命,祇荷神休。特遣专官,用申殿荐,惟神鉴焉。

◆**清圣祖以亲政,遣使祭告中岳**

康熙六年(1667年)七月,清圣祖爱新觉罗·玄烨亲政,遣户部左侍郎艾元征祭告中岳。

附文:

### 御祭中岳文

惟神环通八表,雄峻中天;统会阴阳,交晖日月。朕躬亲政务,祇荷神休。特遣专官,用申殿荐,惟神鉴焉。

康熙皇帝

◆清圣祖以建储,遣使祭告中岳

康熙十五年(1676年)二月,清圣祖爱新觉罗·玄烨上以建储,遣礼部右侍郎兼翰林院学士加一级杨正中祭告中岳。

附文:

### 御祭中岳文

惟神环通八表,雄峻中天,统会阴阳,交晖日月。朕祗承神佑,懋建元储。特遣专官,用申殷荐,惟神鉴焉。

◆清圣祖以疆圉底定,遣使致祭中岳

康熙二十一年(1682年)三月,清圣祖爱新觉罗·玄烨以疆圉底定,遣内阁侍读学士加二级图纳致祭中岳。

附文:

### 御祭中岳文

惟神尊临方夏,位正土中,统会阴阳,均和寒暑。朕祗承神佑,疆宇荡平。特遣专官,用申殷荐,惟神鉴焉。

◆清圣祖以时迈省方,遣使致祭中岳

康熙二十三年(1684年)十二月,清圣祖爱新觉罗·玄烨以时迈省方,遣户部右侍郎鄂尔多致祭中岳。

附文:

### 御祭中岳文

惟神宅中永峙,雄峻常尊,统会阴阳,交晖日月。朕钦承泰运,时迈省方,肃若旧章,专官秩祀,神其鉴焉。

◆清圣祖以孝庄文皇后升祔太庙,遣使祭告中岳

康熙二十七年(1688年)十二月,清圣祖爱新觉罗·玄烨以孝庄文皇后升祔太庙,遣正白旗汉军副都统对亲祭告中岳。

附文:

### 御祭中岳文

惟神峻极中天,尊临方夏,八埏交会,兆类孳盈。朕缵承祖宗丕基,虔恭明祀。兹以皇祖妣孝庄仁宣诚宪恭懿翊天启圣文皇后神主升祔太庙礼成。特遣专官,用申秩祭,惟神鉴焉。

◆清圣祖钦颁御书"嵩高峻极"扁额

康熙三十三年(1694年),清圣祖爱新觉罗·玄烨遣河南布政使司布政使李国亮钦颁御书"嵩高峻极"扁额,高悬于中岳庙大殿内。

附文一：

## 致祭中岳文

惟神克配乾符,永奠坤极。蟠际两仪,吐纳五纬。屹立中州,辑宁八表。阴阳协和,霖雨时若。我皇御宇,禋祀咸秩。惟岳岩岩,缅怀祗肃。宸翰亲挥,光腾峦嶂。敬悬庙宇,永永作镇。茂膺神庥,于万亿载。

附文二：

## 中岳庙御书扁额及御祭记

清 张圣诰

今上御及三十余年,淳风广被,雅化丕彰。河清海晏,民安耕凿之休;岳峙山环,物普殷繁之象。诰于癸酉春,补令登封。登处嵩麓之阳,倚山为重。自揣凉德短才,膺事神治民之责,夙夜惴栗。茬在初,值亢旱。步祷岳祠,以至龙潭。归未及,邑而澍倾,二麦获收。次年甲戌,飞蝗布境。复祷于岳,随扑旋灭,民得有秋。凡此皆神岳钟灵,故能有求必应。璿宫绀殿,祀事孔明,戴神之德,报神之功,洵不诬也。是岁,天子以前抚中丞阎公之请,钦颁"嵩高峻极"御书仿摹颜扁。孟冬中旬,藩伯三韩李公祗承恭赍。前二日斋宿陟方馆,望旦悬于峻极殿之三楹。俎豆苾芬,雅音龠奏。凝神屏息,对越维严。时祥云暧霼,宝炬燏煌,辉映于天章藻翰间。所谓明德惟馨者,非耶? 越明年,岁次丙子,天子

嵩山奉祀

轸念灾祲,命辞臣撰给鸿文,敦遣少司寇山左田公,传驿于仲春望后三日,洁诚致祀,为民祈福。斋虔迎奠,香币牲粢,率由旧典。陈辞肃穆,默契希微。凛乎监观,赫濯无事。封号之崇,金泥玉检之盛,以及黄云三呼之异,而知灵爽昭回,实式凭之矣。夫治民事,神宰之职也。诰令邑司祀四年,时享之外,恭逢盛典者二,咸得追随陪列。记之者非独为宰幸,正以昭神功炳耀,福我蒸黎,而圣天子文明恭俭,怀柔百神。为他日采风,所及之一助云尔。

◆清圣祖以灾祲,遣使致祭中岳

康熙三十五年(1696年)正月,清圣祖爱新觉罗·玄烨以灾祲,遣刑部左侍郎加一级田雯致祭中岳。

附文：

## 御祭中岳文

惟神峻极中天,炳灵二室,阴阳统会,寒暑均调。朕勤恤民依,永期殿阜。迩年以来,郡县水旱,间告年谷歉登。早夜孜孜,深切轸念。用是专官秩祀,为民祈福,冀雨旸之时,若庶稼穑之屡丰,惟神鉴焉。

◆清圣祖以塞北永清灾祲,遣使致祭中岳

康熙三十六年(1697年)八月,清圣祖爱新觉罗·玄烨以塞北永清,遣翰林侍讲特默德致祭中岳。

附文:

### 御祭中岳文

清圣祖

惟神位次鹑首,峻极中央,统会四时,坐奠八极。朕以剿狡寇,三履退荒,期扫边尘,又安中外。今者祇承神佑,塞北永清,用告成功,专官秩祀,惟神鉴焉。

◆清圣祖五旬,遣使致祭中岳

康熙四十二年(1703年)五月,清圣祖爱新觉罗·玄烨五旬,遣翰林侍读钟申保致祭中岳。

附文:

### 御祭中岳文

惟神峻极称尊,宅中表德,储精二室,统会百灵。朕祇承休命,统取寰区,夙夜勤劳,殚思上理,历兹四十余载。今者适届五旬,海宇升平,民生乐业,见舆情之爱戴,沛下土之恩膏,特遣专官,虔申秩祀,尚凭灵贶,益锡蕃禧,佑我国家,共登仁寿,神其鉴焉。

◆清圣祖以复储,遣使致祭中岳

康熙四十八年(1709年)五月,清圣祖爱新觉罗·玄烨以复储,遣内阁侍读学士李中极致祭中岳。

附文:

### 御祭中岳文

惟神中天定位,二室奠形,和会阴阳,均调寒暑。朕仰荷天庥,抚临海宇,建立元良,历三十余载。不意忽见暴戾狂易之病,深维祖宗洪业,及万邦民生,所系至重。不得已而有退废之举。嗣后渐次体验,当有此大事时,性生奸恶之徒,各庇邪党,借端构衅。朕觉其日后必成乱阶,随不时究察,穷极始末,因而确知病原,皆由镇压亟为除治,幸赖上天鉴佑,平复嫣初。朕比因此事,耗损心神,致成剧疾。皇太子晨夕左右,忧形于色,药饵必亲,寝膳必视,惟诚惟谨,历久不渝。令德益昭,丕基克荷,用是复正储位,永固国本,特遣专官,敬申殿荐,惟神鉴焉。

◆清圣祖六旬,遣使致祭中岳

康熙五十二年(1713年)闰五月,清圣祖爱新觉罗·玄烨六旬,遣兵部左侍郎李先复致祭中岳。

附文:

### 御祭中岳文

惟神宅土居中,极天表峻。储精二室,被德群生。朕缵受鸿图,抚临区宇,殚思上理,夙夜勤求,惟日孜孜。不遑退逸。兹御极五十余年,适当六旬初届。所幸四方宁谧,百姓乂和。稼穑岁登,风雨时若。维庶征之协应,爰群祀之虔修。特遣专官,式循旧典。冀益赞雍熙之运,尚永贻仁寿之休。俯鉴精忱,用垂歆格。

◆**清圣祖以孝惠章皇后,升祔太庙,遣使致祭中岳**

康熙五十八年(1719年)三月,清圣祖爱新觉罗·玄烨以孝惠章皇后升祔太庙,遣翰林侍读魏廷珍致祭中岳。

附文:

### 御祭中岳文

惟神极天表峻,宅土居中,和会八方,滋培万类。朕缵承祖宗丕基,虔恭明祀。兹以皇妣孝惠章皇后神主升祔太庙,礼成,特遣专官,用申秩祭,惟神鉴焉。

◆**清世宗以登极,遣使致祭中岳**

雍正元年(1723年)二月,清世宗爱新觉罗·胤禛以登极,遣内阁侍读瓦浑岱致祭中岳。

附文:

### 御祭中岳文

惟神宅土居中,极天表峻。储精二室,被德群生。朕缵承丕基,新承景命。窃念皇考膺图以来,百灵效顺,四海从风,享升平六十余载。兹当嗣位之始,宜隆祀享之仪,特遣专官,虔申昭告,惟冀时和岁稔,物阜民安,淳风遍洽乎寰区,厚德长敷于率土。尚其歆格,鉴此精诚。

雍正皇帝

◆**清高宗以登极,遣使致祭中岳**

乾隆元年(1736年)十二月,清高宗爱新觉罗·弘历以登极,遣礼部侍郎王鋐致祭中岳。

附文:

### 御祭中岳文

惟神望崇峻极,迥峙中州,和会阴阳,生灵资福,朕缵承大统,仰绍前徽。伏念皇考临御以来,敬祀明神,肃将礼祀。灵祇孚应,昭受鸿庥。清宴莫安,茂登上理。兹当嗣位之始,宜隆望秩之仪。特遣专官,虔申告祭,惟冀雨旸时若,年谷顺成。万方蒙乐育之庥,兆姓荷骈蕃之德。尚其歆格,鉴此精诚。

◆**清高宗以时巡,遣使致祭中岳**

乾隆十三年(1748年)五月,清高宗爱新觉罗·弘历以时巡,遣河南分巡河陕汝道、按察使司副使张学林,祭告中岳。

附文:

### 御祭中岳文

惟神雄标峻极,位镇中央,灵气郁蟠,阴阳和会。朕仰承丕绪,时迈省方,载举旧章,专官秩祀,神其鉴焉。

◆清高宗以中宫摄位,慈宁晋号,遣使致祭中岳

乾隆十四年(1749年)六月,清高宗爱新觉罗·弘历以中宫摄位,慈宁晋号,遣日讲起居注官、翰林院侍读学士顾汝修祭告中岳。

附文:

### 御祭中岳文

惟神位宅天中,德标峻极,阴阳和会,八表具瞻。兹以边徼敉宁,中宫摄位,慈宁晋号,庆洽神人,敬遣专官,用申殷荐,神其鉴焉。

◆清高宗亲至中岳嵩山祭中岳山神

乾隆十五年(1750年)九月,为了彰显"康乾盛世"的伟绩,清高宗爱新觉罗·弘历亲至中岳嵩山;十月初一,入中岳庙峻极殿行礼,初二黎明,亲自祭中岳嵩山神,行三献礼。

附文一:

### 乾隆皇帝祭祀中岳

摘录于清乾隆版《登封县志》

据乾隆二十二年《登封县志》记载:乾隆十五年(1750年),因"大道咸淳,至治翔洽。薄海内外,悉主悉臣,加以年谷顺成,讴歌遍野",乃修唐虞巡狩之典,翠华临幸,达于侯甸,修礼同律,秩祀方岳。山左山右,望及嵩高。乾隆帝选定金秋八月,陪同皇太后携皇后并率文武百官100余人,乘坐銮舆离开北京,前往河南,巡祀中岳嵩山。

简命亲王贝勒,文武僚吏,虎贲郎将,灵移雷动。临于河朔。皇上轸念道途供应,或至劳民。特下制,免其租税之半。

九月二十七日,銮舆由孟县渡河。河伯效灵,平无扬波。片时登南岸,驻跸孟津之郭。

九月二十八日,由孟津道过洛阳,渡洛水,驻跸洛之南原。

九月二十九日,驾幸龙门,登西山宾阳洞。下临伊水,水衡举鱼。顾而乐之,遂渡伊水,东陟香山寺,当晚驻跸李村。

九月三十辰刻,驾过缑山,将到轩辕关。先驱传谕:"驾前宽不警跸,俾接

皇帝巡游嵩山

驾者可以瞻仰皇容,勿庸俯伏。"邑中士庶云集,关内并制彩亭香案,肃候迎驾。轩辕关在嵩少之间,登邑西界也。须臾,圣驾入关,拥盖乘马。乾隆皇帝见这么多百姓都高兴地迎接他,天颜有喜,当即以马策指顾从臣:"耄老民妇,各赐白金一锭。"群呼万岁。未刻至少林寺,是时登邑稍早。酉刻雷起少室,澍雨沛然,中夜而沾。车驾所临,恩膏随至。欢呼之声,遍于岩谷。当晚夜宿少林寺方丈室,御制诗三章,又特制雨诗一章,以志喜。

十月初一,天晴日朗,风和景明。驾自少林寺早发,龙旗鸾章,辉映林麓。巳刻过会善寺,御制诗一章。少憩而出,渡双溪桥,登岸,幸唐碑前,览观碑颂。下马,入嵩阳书院观汉柏,登藏书楼,瞻眺峻极玉柱诸峰,徘徊良久,御制诗二章。出,乘马徐行万岁峰麓,称为佳山。将午,驾至中岳庙,行宫设在中岳庙内东北角的三清殿前。扈从排銮仪,鸿胪太常司达仪礼,协律郎奏国乐。

驾由中岳庙遥参亭,至天中阁外下马,入登峻极殿。殿以圣祖仁皇帝,御制"嵩高峻极"额得名也。乾隆皇帝亲至香案行礼,礼毕,驻跸行宫。御制谒岳庙诗二章。(其间,当日出现一个小插曲:越南国臣数人,来向中国皇帝进贡,先到北京,闻皇帝出巡南下,即一路跟踪至登封。越南国人向乾隆皇帝献上了贡品:玉如意九只(其中水晶一只、云碧二只、白玉二只、翡翠一只、黄玛瑙一只、红白玛瑙二只),共五种颜色,配为九五之数,造型生动逼真,雕工极为精细,个个玲珑剔透,实为稀世珍宝。)

十月初二黎明,致祭中岳嵩山之神。由鸿胪太常司达礼仪、协律郎48人组成的国乐队奏乐,司仪官赞引,乾隆皇帝躬行三献礼。礼毕,御制诗一章。

辰刻,乾隆皇帝乘舆登嵩山峻极峰,数百人排成长蛇阵,前呼后拥。从中岳庙后的黄盖峰北上,经青岗坪,过铁链峡,到达峻极峰顶,遂赐峰顶名为凤凰山。并在山顶垒石为台,举行祭典仪式。乾隆皇帝身穿蟒袍礼服,站在台上,文武官员分立两旁,先由国乐队奏国乐,接着行祭拜礼,并诵读祭文。礼毕,放鹤入云际。祭典仪式完成,赋诗立碑。御制诗《登嵩山峻极峰》,以记登临。跸回至黄盖峰,又放鹿、鹤各三,以彰恩被庶物至意。御制诗一章。未

清代皇帝出行

刻,驾临山麓,只见男女老幼,万民百姓齐拥马前瞻仰。

乾隆皇帝俯顺舆情,为揽辔少停,乃入御营设宴。除诸王和大臣以外,凡经修祠宇道路人员,"咸得与荣焉"。是日,又特下制,谓登封为望秩之所,宜沛优施。并对第二年即辛未年(1751年)租赋,概行蠲免。晚,仍驻跸御营。

十月初三,皇太后、皇后的銮驾自少室西来。乾隆帝亲幸嵩麓,迎皇太后入嵩阳书院。午刻,皇上先行,皇太后、皇后乘辇从嵩阳书院出发,东行去中岳庙。老幼妇女,跪在路旁迎接御驾的有千百人。皇上各赐赉有差。是晚,皇上奉皇太后驻跸御营。御营设在中岳祠东门外,行宫在东门内。行殿崔巍,两相辉映,诸王大臣,分驻左右。协赞万几,俨然帝阙。御制新月诗一章,极称景物之美。

十月初四凌晨,乾隆皇帝将越南贡品九如意赐予中岳庙道士收藏,作为中岳嵩山的镇山之宝,专供每年祭祀之用。临行前,在中岳庙大殿前再次祭祀了中岳神。这次祭祀在中岳庙大殿前增设香案

12张,点燃巨型蜡烛一对,宫灯12只,将国宝九如意摆在中岳神像前的供桌上,按国祭大典配齐各类供品。参祭人员按规章仪制,依次列跪大殿前月台和参拜台上。24名道士分立两旁,各执乐器,诵念经文。由国乐队奏国乐,司仪官赞引。乾隆皇帝身着蟒袍礼服,诵读祭文,躬亲献礼。礼毕,已是黎明时刻,乾隆皇帝御驾先行。皇太后、皇后相继起銮,东出景店,盖登封东界也。此地与轩辕相距仅六十余里。弹丸小邑,处万山之中,徒以名岳在境,得邀我皇上翠华遥临。凡名胜之区,遍锡宸翰。日丽天章,山川增辉。又恩纶叠沛,有加无已。俾黄童野叟,既觐天颜,更沐恺泽。诚与唐虞巡祀方岳之隆,先后同符,而迥非汉唐诸君,玉符金简,游览玩物,可比拟于万一也。

是日至密县。据《密县志》载:"憩留牛儿店镇。尖营膳毕,易骑围猎,射虎于城西北隅之裴家洼。日夕,驻跸于城东大营,百姓顶香,跪道旁迎送。老民、老妇恩赏银牌。"

十月初五日,銮御离开了郑州。

乾隆皇帝此次巡游嵩山,颁赐加恩上谕旨三道,御制诗13章,暨各寺、庙、书院额联数11副,兹谨举登邑所得者,恭纪于篇,以昭千秋盛典焉。

谕旨三道:

### 巡幸嵩洛加恩蠲免钱粮上谕(乾隆十五年)

朕巡幸嵩洛,一切供顿,皆动用正项,丝毫不以累民。惟念安营除道,未免有资民力。直隶所经之地,现已降旨照例蠲除,所有河南经过的地方,着加恩蠲免钱粮十分之三。该部即遵谕办理,务使小民得沾实惠。钦此。

### 巡幸河南全免丁地钱粮上谕(乾隆十五年)

朕此次巡幸河南,省方问俗,所至推恩。尤念祥符为省会之区,登封实望秩之所。銮舆驻跸,宜沛优施。着将该二县乾隆辛未年,应征地丁钱粮,全行蠲免。俾恺泽均沾,以惬小民近光之愿。该部即遵谕行。钦此。

### 巡幸河南优恤高年上谕(乾隆十五年)

朕临幸河南,蠲租肆赦,业经次第举行,而优恤高年,亦应一体加恩。着督抚查,经过州县内,男妇年七十以上者,照前恩诏之例,分别赏赉。钦此。

下谕旨三道的次年,照恩旨,军民年70岁以上者,许1丁侍养;80岁以上者,给与绢1匹,绵1斤、米1石、肉10斤;90岁以上者倍之;至百岁者,题明给与建坊银两。

乾隆皇帝来嵩山巡游前后,当地的清政府官员将嵩山著名的文物古迹全部进行了一次大的整修,有许多整修之后的文物古迹,一直保存至今。南宋以前,中国的国都一直是建在距嵩山不远的地方。南宋以后,随着中国的都城南移或北移,在很长一段时间,曾经是中华民族起源和华夏文明发祥地的中岳嵩山在人们的记忆中,似乎变得有些遥远。然而,在"康乾盛世"的大背景中,正是乾隆皇帝不远千里,专程来到远离北京的嵩山巡游,以行国典大礼隆重祭拜嵩山,以求天下稳定的祭告,又一次确立了嵩山为中华名山的神圣地位。乾隆皇帝巡游嵩山,是在女皇武则天封禅中岳之后,出现的又一次具有重要现实意义和深远历史意义的帝王祭祀。

附文二：

## 乾隆皇帝巡游嵩山御制诗十三章

### 少林寺

少林千载寺，少室一房山。禅悦偶重叩，秋岩此乍攀。
树姿纷绮绣，涧响静潺湲。却见来时路，轩辕云外关。

### 题面壁石

大地那非碧眼僧，九年面壁却何曾。宋云道是逢葱岭，五叶原教到惠能。
片石无端留色相，千秋不必考明徵。我非见布疑赝者，画取由他故事增。

### 宿少林寺用唐沈佺期韵

明日瞻中岳，今宵宿少林，心依六禅静，寺据万山深，
树古风留籁，地灵夕作阴，应教半岩雨，发我夜窗吟。

### 雨

止顿暮山苍，秋霖入夜长。惯经曾塞北，初值此嵩阳。
讵止湔尘净，端资润麦香。来朝林外路，马上试新凉。

### 会善寺

外方多宝地，净域辟云关。自古山川秀，遥看花树殿。
到来尘念息，试坐稚冬间。绀宇怡神静，丹梯举足攀。
龙池喷德水，雁阁礼华鬘。太少无穷奥，于兹见一斑。

### 嵩阳书院

书院嵩阳景最清，石幢犹记故宫名。虚夸妙药求方士，何似菁莪育俊英？
山色溪声留宿雨，菊香竹韵喜新晴。初来岂得无言别，汉柏荫中句偶成。

### 汉柏行

我曾快读杜甫诗，千秋绝作叹莫比。嵩阳今见汉时柏，学步吟怀不能已。
久与公孙并齐名，颍川嵩岳近尺咫。颍川马鬣尚存无。嵩岳龙身犹故尔。
世人安得如汝寿，休论二在一已毁。是时雨后凉飙起，浏苴卉歙声盈耳。
金幢玉节舞其翩，瑞风祥鸾集爰止。柏下平铺金粟纸，写形要欲写其理。
　　浮邱伯，周王子，风雨晦暝翱翔是，倘更逢之亦图彼。

### 谒中岳庙

正正堂堂地，巍巍焕焕京。到业瞻气象，果足庆平生。
还我长年愿，陈兹祈岁情。忽闻鸾鹤韵，疑有列仙迎。

### 岳庙秩祀礼成有述

明禋亲举备宫悬,德并高峰峻极天。秩视三公伊古重,名尊五岳匪今名。
会其有极神如在,允建于中道岂偏。肸蠁愿陈心所原,笃生申甫佐蕃宣。

### 登嵩山峻极峰

嵩山好景几千秋,云雨自飞水自流。远观南海三千里,近望西湖八百州。
万里长江飘玉带,一轮明月滚绣球。好景一时观不尽,天生有份再来游。

### 登嵩山华盖峰歌

嵩高峻极周雅谈,居中镇东西朔南。宇宙以来鲜比参,幸巡秩祀驻绛骖。
殷礼藏事神人忺,一登绝顶众妙探。宿嗤丹药求仙岩,无事登封埋玉函。
侍臣告我初寒添,太室黯默疑云岚。我笑谓之正所耽,不宜返辔山灵惭。
神区奥壤贵静恬,千乘万骑纷奚堪。策马减从遵路巉,异哉所见真不凡。
二十四峰左右咸,中为华盖尊且严。俯视罗列如孙男,不须缕指其名拈。
少室三十六峰尖,向者背者都包含,以河为带颍为襟,为唐为宫复为嵓。
隆崇案衍窊以窔,崒崣巉辥菶萎嵌。丹黄紫翠青碧蓝,声兮卉歆气兮馣。
博大富有莫不兼,幻以云容技毕覃。英英霭霭瀚昙昙,变远为近夷为险。
黄山云海歌德潜,如遇嬗旦矜无盐。泰山昔亦陟岩岩,引兴未似今兹酣。
携来双鹤其羽毿,放去聊任王乔骖。卓午躐影归骖䮘,亲迎老幼围层堪。
警跸不饬任就瞻,尊亲亦可民情觇,呼万岁者奚啻三。

### 登峻极峰

岁山好景几千秋,云雨自飞水自流。远观南海三千里,近望西湖八百州。
万里长江飘玉带,一轮明月滚绣球。好景一时观不尽,天生有份再来游。

### 新 月

过雨疏璃洁,入冬虾蟊冷。武帐冰夜窗,豫天影退岭。
怡情在沉寥,流藻契虚静。可惜别嵩门,未一揽清景。

附文三:

### 乾隆皇帝巡游嵩山御制匾额楹联

少林寺初祖殿匾额:雪印心珠。
少林寺三世祖佛殿匾额楹联:香岩云梵。法印启三明,慧通眼藏;香岩标七净,妙涤心尘。
少林寺毗卢殿匾额楹联:法印高提。山色溪声涵静照,喜园乐树绕灵台。
少林寺方丈室匾额楹联:秀挹嵩云。登封何必全规李,竹室无妨小似庐。
少林寺达摩殿匾额楹联:最胜觉场。玉岫香云开法界,珠林花雨静禅心。
会善寺佛殿匾额楹联:灵鹫真如。一曲香泉应洗钵,千峰花语不沾水。
会善寺菩萨殿匾额楹联:印澄水月。大地山河归宝掌,中天日月绕金轮。

中岳庙前殿匾额楹联:二室集神庥,阴阳式序;三台垂福荫,风雨以和。
中岳庙二殿匾额楹联:神岳崇严。包伊洛瀍涧,并效灵庥;长衡泰华恒,永凝禔福。
中岳庙天仙宫匾额楹联:灵符万万寓。石室灵虚参秘篆,玉膏凝润普元符。
中岳庙行宫匾额楹联:胜萃三门。仙馆挥弦调颖水;书岩琢句撷嵩云。

◆清高宗以正位中宫,慈宁晋号遣使致祭中岳
乾隆十五年(1750年)十月,清高宗爱新觉罗·弘历以正位中宫,慈宁晋号,遣翰林院侍读学士周长发,祭告中岳。

附文:
### 御祭中岳文
惟神位宅天中,德标峻极,阴阳和会,八表具瞻。兹以正位中宫,鸿仪懋举,慈宁晋号,庆洽神人。敬遣专官,用申殷荐,神其鉴焉。

◆清高宗以皇太后六旬万寿,遣使致祭中岳
乾隆十七年(1752年)正月,清高宗爱新觉罗·弘历以皇太后六旬万寿,遣翰林侍讲学士朱基,祭告中岳。

附文:
### 御祭中岳文
惟神位宅天中,德标峻极,阴阳和会,八表具瞻。兹以慈宁万寿,懋举鸿仪,敬晋徽称,神人庆洽。特遣专官,用申秩祭,神其鉴焉。

◆清高宗以平定准噶尔,加上皇太后徽号,遣使致祭中岳
乾隆二十年(1755年)八月,清高宗爱新觉罗·弘历以平定准噶尔,加上皇太后徽号,遣日讲起居注官、翰林院侍读学士、提督山东学政谢溶生,祭告中岳。

附文:
### 御祭中岳文
惟神雄峙中天,德标峻极,均和寒暑,统会阴阳。兹以平定准噶尔,大功告成。加上皇太后徽号,神入洽庆,中外蒙庥。敬遣专官,用申秩祭,神其鉴焉。

◆清高宗以荡平回部,遣使致祭中岳
乾隆二十五年(1760年)正月,清高宗爱新觉罗·弘历以荡平回部,遣内阁侍读学士、兼上书房行走龚学海,祭告中岳。

附文：

### 御祭中岳文

惟神位正中央,体凝峻极,柳张分次,丽乾曜之七星;河洛钟灵,奠坤舆于两戒。四表之阴阳交会,万方之风雨同和。兹以逆回荡平,大功底定。庆六师之克捷,我武惟扬;仰二室之巍峨,鸿庥远庇,敬举告功之典,用申秩祀之文。式荐馨香,伏惟昭鉴。

◆清高宗以皇太后七旬万寿,遣使致祭中岳

乾隆二十七年(1762年)正月,清高宗爱新觉罗·弘历以皇太后七旬万寿,遣经筵讲官吏部左侍郎董邦达,祭告中岳。

附文：

### 御祭中岳文

惟神望重嵩高,位临洛汭,产菖蒲之九节,开贝叶以三花。室判东西,遥仰群真岳降,诚通晋应,曾传夹道山呼。兹以慈闱万寿,懋举鸿仪,敬晋徽称,神人庆洽,仰灵祇于嵩岳,敬奉明禋,修祀典于中州。聿申祇告,特修殷荐,用答神庥。

◆清高宗爱新觉罗努尔哈赤弘历高宗弘历以皇太后八旬万寿,遣使祭告中岳

乾隆三十七年(1772年)正月,清高宗爱新觉罗·弘历以皇太后八旬万寿,遣户部右侍郎范时纪,祭告中岳。

附文：

### 御祭中岳文

惟神配天作镇,应地凝基。填星正位乎中央,山势雅歌夫峻极。石坛春满,贝树长而三花;瑶草云封,菖蒲生而九节。兹以慈闱万寿,懋举鸿仪,敬晋徽称。神入庆洽,仰灵祇于嵩岳,石髓流膏,祀祥瑞于仙台。山呼傲庆,爰申昭告,用答神庥。

◆清高宗以平定两川,大功告成,遣使祭告中岳

乾隆四十一年(1776年)七月,清高宗爱新觉罗·弘历以平定两川,大功告成,遣内阁侍读学士欧阳瑾,祭告中岳。

附文：

### 御祭中岳文

惟神柳曜分躔,洛滨耸峙。环维翊拱,乘土德而居尊,峻极比隆,宅中天而作镇。风雨因兹而和会,岩峦益显其灵奇。兹以两金川、小丑削平,大功底定。张国威于九伐,边徼攸宁;答神祝之三呼,明禋斯秩。敬展钦柴之典,虔申昭告之文。荐此馨香,伏惟歆鉴。

◆清高宗以七旬万寿,遣使祭告中岳

乾隆四十五年(1780年)三月,清高宗爱新觉罗·弘历以七旬万寿,遣詹事府詹事梦吉祭告中岳。

附文：

### 御祭中岳文

惟神配天耸秀，应地凝基。腾光彩于弧躔罐，萃精英于柳宿。德符峻极，载赓周雅之诗，位正中央，永作豫州之镇。兹以朕七旬展庆，九有胪欢。懋举崇仪，特申昭告。荷嘉庥以瞻石室，广被无疆，答灵贶而企仙台，明禋有恪。尚祈右飨，克鉴精诚。

◆清高宗以鸿图锡羡、风纪增绵，遣使祭告中岳

乾隆五十一年（1786年）三月，清高宗爱新觉罗·弘历以鸿图锡羡、风纪增绵，遣礼部左侍郎庄存与祭告中岳。

附文：

### 御祭中岳文

惟神配天耸秀，应地凝基。腾光彩于弧躔罐，萃精英于柳宿。德符峻极，载赓周雅之诗，位正中央，永作豫州之镇。兹当鸿图锡羡，风纪增绵。懋举崇仪，特申昭告。荷嘉庥以瞻石室，广被无疆，答灵贶而企仙台，明禋有恪。尚祈右飨，克鉴精诚。

◆清仁宗以登基，遣使祭告中岳

嘉庆元年（1796年）二月，清仁宗爱新觉罗·颙琰以登基，遣使到嵩山中岳庙祭告中岳。

◆清仁宗以高宗主配享圜丘礼成，遣使祭告中岳

嘉庆五年（1800年）二月，清仁宗爱新觉罗·颙琰以高宗主配享圜丘礼成，遣国子监祭酒玉麟致祭告中岳。

附文：

### 御祭中岳文

惟神极天称峻，宅土居中。昭灵响于登封，三呼万岁；丽璇躔于分野，高应七星。五方之风雨同和，八表之阴阳交会。朕寅成鸿典，懋举崇仪。兹以嘉庆四年十一月二十六日恭奉高宗法天隆运，至诚先觉，体元立极，敷文奋武，孝慈神圣纯皇帝主配享圜丘礼成。特遣专官，虔申昭告。惟冀降神多吉，资人代于天工；兴雨知时，俾土宜于稼穑。钦胪庶品，仁锡蕃厘。

◆清仁宗以三省之大功，遣使祭告中岳

嘉庆九年（1804年）三月，清仁宗爱新觉罗·颙琰以三省之大功，遣太常寺卿邵自昌到登封致祭中岳。

附文：

### 御祭中岳文

惟神辉躔柳度，秀毓芝根。宅乎地而居中，极于天以表峻。乘土功而雨会，登谷斯丰；瞻岳色而云祥，防兵先彻。兹以三省之大功既藏，四方之和听允孚，宣凯乐以扬休，山乎如答；第武功而纪债，岳降堪凭。鉴此苾芬，尚其昭格。

◆清仁宗以万寓胪欢、爰举鸿仪,遣使祭告中岳

嘉庆十四年(1809年)三月,清仁宗爱新觉罗·颙琰以万寓胪欢、爰举鸿仪,遣理藩院右侍郎策丹祭告中岳。

附文:

### 御祭中岳文

维神嵩高奠礼,峻极蟠基。寿星以豫野分躔,福地则坤仪耸镇。祥开中土,会阴阳风雨之和;秩视上公,矗伊洛洞瀍之表。兹以朕五旬开袠,万寓胪欢,爰举鸿仪,用申虔告。遣具僚而持节,蠲吉日以长芗。扶舆钟太少之灵,蔼祥光于望秩;懋典洽庋悬之祀,轶故事于登封。庶鉴精礼,丕荐蕃佑。

◆清仁宗以乾坤讦合、风雨和同,遣使祭告中岳

嘉庆二十五年(1820年)十一月,清仁宗爱新觉罗·颙琰以乾坤讦合、风雨和同,遣河南河北镇总兵官西里德克巴图鲁和马济胜胜祭告中岳之神。

附文:

### 御祭中岳文

维神宅土居中,墟溯轩辕之治;极天比峻,地生申之贤。朕缵受丕基,新承景命,窃念皇考膺图以来,乾坤讦合,风雨和同,函夏庆乎乂安,广轮征夫楙豫。兹当嗣位之始,宜隆遣祀之仪,特沛丝纶,用升圭币。惟冀山灵感应,聿钟二室之祥;祀典辉煌,允视三公之秩。尚其歆格,鉴此精诚。

◆清宣宗以仁宗主配享圜丘礼成,遣使祭告中岳

道光元年(1821年)八月,清宣宗爱新觉罗·旻宁以仁宗主配享圜丘礼成,遣河南南阳镇总兵段琨祭告中岳。

附文:

### 御祭中岳文

维神灵昭二室,秀起三台。白雾青炎分野,应七星之曜;玉人金像登封,效万岁之呼。宅土居中,墟记轩辕之旧;极天称峻,贤思申甫之生。朕懋举洪仪,虔修殷荐。兹以道光元年四月初六日,恭奉仁宗受天兴运、敷化绥猷、崇文经武、孝恭勤俭、端敏英哲睿皇帝主配享圜丘礼成,特遣专官,敬申昭告。惟冀阴阳和会,正日景于垓埏;风雨均调,欣土宜于稼穑。尚其歆格,鉴此精诚。

◆清宣宗以回疆耆定、逆裔俘诛,遣使祭告中岳

道光九年(1829年)正月二十二日,清宣宗爱新觉罗·旻宁以回疆耆定、逆裔俘诛,遣镇守河南河北等处地方总兵官带寻常纪录三次杨明魁祭告于中岳。

附文:

### 御祭中岳文

维神居贞左洛,挺秀东瀍。太室高标,刻王蕴图书之秘;中州屹镇,测圭征风雨之和。降神则申甫

宣勤,奏凯而壬林洽礼。兹以回疆耆定,逆裔俘诛,张九伐于退陬;橐弓志美,听三呼于福地。荐币明虔,敬告武成,伏惟歆鉴。

◆清宣宗以慈寿延洪、愉胪中外,遣使祭告中岳

道光十六年(1836年)二月十五日,清宣宗爱新觉罗·旻宁以慈寿延洪、愉胪中外,遣河南、河北镇总兵官谢金章到登封祭告中岳。

附文:

### 御祭中岳文

维神位定中央,体临四表。太少则基分二室;怀柔而秩视三公。峻极于天,当风雨阴阳之会;宅中为镇,控洞瀍伊洛之流。薜书传洞府,神清辉生四字;柳庋合寿星,分野瑞应三呼。兹以慈寿延洪,愉胪中外,徽称晋奉,庆洽神人。准尺有五之土圭,弥征安阜;陈三十二之玉璧,备致嘉祥。练吉日以升馨,殿隆仪而迓福。鉴歆来格,永荷神庥。

国家祀典

◆清宣宗以风雨兆其和甘、中外同其禔福,遣使祭告中岳

道光三十年(1850年)五月,清宣宗爱新觉罗·旻宁以风雨兆其和甘、中外同其禔福,遣河南南阳镇总兵图塔布到登封祭告中岳。

附文:

### 御祭中岳文

维神作镇寰区,俪九霄而极峻;钟灵太室,定四表而居中。朕缵受丕基,新承景命。窃念皇考御极以来,抚图赞化,握镜调元;风雨兆其和甘,中外同其禔福。兹当嗣位之始,宜修遣祀之仪,用荐馨香,特申咒告。惟冀山呼应瑞,允符吉亥之忱;岳降征祥,重荷生申之祝。尚其歆格,鉴此精诚。

◆清文宗遣使致祭中岳

咸丰元年(1851)中秋,清文宗爱新觉罗·奕詝遣使大臣贾臻祭致中岳。祀中岳礼成至少林观达摩面壁影石,贾臻作有《达摩面壁影石赞》文。此文由张瑛楷书,刻石成碑,嵌少林寺碑廊北壁。

附文:

### 达摩面壁影石赞

清 贾 臻

祀岳礼成,至少林寺观达摩面壁影石,因赞:是人是石,是佛是僧,是精气神,凝聚而成。本无我相,何色匪空。本无定在,不减何生。师目不识孰识,师空不息,则久则征,何以贯之惟一诚。儒耶释

耶,人耶石耶,冥冥者迹耶。

◆清文宗以三旬展庆、九寓胪欢,遣使祭告中岳

咸丰十年(1860年)六月,清文宗爱新觉罗·奕詝以三旬展庆、九寓胪欢,遣河南归德镇总兵官庆文祭告中岳。

附文:

### 御祭中岳文

惟神基凝地厚,位宅土中。炳柳宿以分躔,雄豫州而作镇。备风雨阴阳之和,会二室腾辉;控洞瀍伊洛以来,同三公视秩。兹以朕三旬展庆,九寓胪欢,懋举崇仪,虔修祀典。诗歌岳降四方,瞻峻极之形;史述嵩呼万岁,协登封之颂。允符肸蚃,庶鉴精诚。

◆清穆宗以金陵告捷,遣使祭告中岳

同治四年(1865年),清穆宗爱新觉罗·载淳以金陵告捷,遣河南南阳镇总兵赵鸿举祭告中岳。

附文:

### 御祭中岳文

维神雄标伊洛,秀绕洞瀍。豫野分躔,辉耀瞻寿星之次;坤仪奠位,崔巍仰太室之区。降神则申甫勤宣,奏凯而壬林礼洽。兹以金陵告捷,玉宇清尘。张肆伐以扬威止戈,有庆听三呼而纪瑞。荐币明虔,祗告武成,伏惟歆格。

◆清德宗遣使致祭西岳和中岳

光绪二十七年(1901年)八月,因八国联军攻占北京而逃到西安的清德宗爱新觉罗·载湉和慈禧太后回北京途中,德宗遣官致祭所经过的西岳华山和中岳嵩山。

附文二:

### 慈禧和光绪在洛阳

1. 慈禧和光绪在洛阳

据《洛阳市志》记载:公元1901年(农历九月十六日),慈禧与光绪帝由西安返京路过洛阳,河南知府文悌竭力准备迎接大典,并将洛阳县周南驿扩为行宫,又大修龙门、关林,以备慈禧等人游览。

《洛阳市志》对慈禧和光绪在洛阳的记载很简单,不到100个字。在当时来说,两宫回銮是大事,慈禧和光绪在河南府(洛阳)境内一共历经了10多天时间,其中7个晚上是在洛阳行宫周南驿安寝。

为了迎接两宫回銮,文悌耗银三万两将周南驿扩建为行宫,并整修了洛阳城门和街道,所费银两主要来自卖城西门到周公庙两边的官田和军田。两宫随行人员和护驾兵勇住满了洛阳城内的大街小巷。当时洛阳城内居民只有四五万人,一下子平添这么多人,洛阳城拥挤不堪。

据《慈禧全传》记载,在抵达洛阳的第二天(农历九月十七日),慈禧与光绪帝召见地方官员,最先召见的是河南巡抚于荫霖。于荫霖,吉林省伯讷厅人,咸丰九年进士。光绪十一年升为广东按察使,光绪二十四年升为湖北巡抚。于荫霖是在光绪二十六年(1900年)的十月十日被清廷任以河南巡抚。

慈禧太后

此人是清末著名的清官,勤奋,忠于职守,但是思想比较守旧。于荫霖任湖北巡抚期间,曾对贪官污吏出以重拳,"劾酷吏三十余人",查出的贪吏均予严惩。

农历九月十七日巳时,慈禧太后和光绪帝在行宫召见了于荫霖。据《清宫秘史》记载,于荫霖入宫请安,旁跪。请安毕,慈禧皇太后让光绪皇帝先问话。于荫霖时年已经63岁,身体虚弱,耳朵已经听不清楚,于荫霖回皇上问话时奏请皇上问话的声音大一些。光绪皇帝先是关心地问了于荫霖住在什么地方,什么时候来到洛阳等。于荫霖表达了自己对太后和皇上流离失所的痛苦心情,说到伤心时太后戚然,以巾拭泪。

慈禧太后和光绪皇帝召见巡抚于荫霖后,接着召见了四位当地富绅,下午又召见了在洛阳的部分贵戚。慈禧太后在回銮期间,沿路多有召见地方官员并向其示好,一是为体恤和了解民情,更重要的是向地方官员解说"庚子事变"的起因,以图回避"庚子事变"的责任。

农历九月十七日,两宫一方面在行宫召见地方官员,另一方面等待后续到达的官员和家眷。其间,慈禧太后和光绪皇帝也想顺便看看洛阳城。当时的洛阳城仅限于今天的老城,已经失去了往日古都的辉煌,不过城东门外倒是有一些庙宇和古老的建筑,还有北宋皇帝赵匡胤的太祖庙等遗迹。

清末时,洛阳城东郊祠、庙甚多,比较有名的有千祥庵等,院内有存古阁。存古阁是官办的石刻保存所,专门收集储存当地的碑刻墓志、经幢等文物,收藏了包括西晋韩寿墓表在内的许多稀世珍品。道光年间,存古阁成为当时全国最负盛名的石刻博物馆之一,林则徐流放新疆经过洛阳时,曾造访存古阁。民国初年,常熟人曾炳章任洛阳县长,进一步扩充了馆藏。

光绪皇帝

农历九月十八日上午,慈禧太后和光绪帝从行宫来到十字街,顺便看看洛阳城的市容,然后沿东大街出东门,经由小桥过瀍河到千祥庵烧香。在千祥庵三大殿烧香后顺便来到存古阁,观赏里面的隋唐石刻。

2. 慈禧与光绪帝兴师动众祭拜关林庙

慈禧太后和光绪帝在召见巡抚于荫霖时谈及国家遭难,说到伤心处便谈起忠臣,自然谈到了关公,特别是两宫奔逃的第一天晚上曾住在一座关帝庙中,心中多有感触。慈禧太后听文悌说关林是供奉关公首级的地方,当即表示要去祭拜关公。三国以后,关公的忠义故事在民间流传了数百年,直到明代,帝王们才开始把关公引入殿堂,塑造成忠义的化身。前朝的皇帝为了维护其统治,把关公极力粉饰成千古忠臣,封他为"关帝"、"关圣",因此修建了关林,以此来为大臣们树立忠臣的榜样;清顺治五年谥封关羽为"忠义神武关圣大帝";康熙五年加封洛阳关帝冢为"忠义神武关圣大帝林",立碑奉敕建碑亭。

清朝皇帝是满人,一开始就希望汉人忠于大清王朝,因此更加重视汉学,把关公和孔子封为"武圣"和"文圣",借以培养汉人的忠心。慈禧太后和光绪帝经过庚子国难,深感需要忠臣效力,祭拜关林具有现实意义。

农历九月十九日一大早,慈禧太后和光绪帝及随行大臣100多人前往关林。洛阳关林是明清时期的一处古建筑群。关林庙是朝廷礼制的祭祀庙宇,与当阳关陵、山西解州关帝庙一起有祖庙的美称。据庙内现存碑记所载,关林在宋元以王称,叫"关王冢庙";到明万历时始以帝称,叫"关帝陵庙";康熙时曾叫"关夫子冢庙",到道光元年,皇上要求按照加封新号称呼,从此以后,碑记中才正式书写为"关林"。

清朝第一次对关林进行大规模修葺是在清康熙二年(1663年),当时钦命提督河南全省地方军务右都督许天宠等16位州县地方官吏,联合捐资"重修关圣帝君庙";清康熙四年(1665年)、清光绪三十三年(1907年)又进行过两次整修。民国时期,由于战乱不绝,在几十年的时间中,关林仅得到两次局部修整。1932年1月30日,国民政府迁都洛阳,洛阳一时冠盖如云。当时关林围墙常年失修已近毁坏,张学良、刘峙两人"倡议集资,培而新之"。1949年以后至2005年,关林先后又进行过20余次修葺。

上午巳时,慈禧太后和光绪皇帝在关林举行祭拜关公仪式。慈禧太后动情之时,下旨发帑银两千两,要求进一步整修关林。不过,当时这两千两白银并没有到位。他们离开洛阳后,文悌也随之调离,加上庚子赔款已经让清政府焦头烂额,随后又开始修汴洛铁路,无

慈禧与光绪在返京途中

暇顾及此事,直到1907年才开始整修关林。

祭拜关公以后,慈禧太后和光绪皇帝当场书写了两块匾额。慈禧太后亲书"威扬六合"的匾额挂在仪门,光绪亲书"气壮嵩高"的匾额悬于关林二殿正门上方。两块匾额是在两宫书写之后的半月内刻制完成并悬挂起来的。清朝皇帝大规模写匾是从康熙开始的,而御匾最多的则属乾隆皇帝。慈禧也是个好赐匾的人,她的字是后来练出来的,觉得拿得出手时,才亲自手书。关林的这两块匾额,是光绪和慈禧亲书的匾额。不过,如今悬挂在关林内的这两块匾额是后来的重置品。

3. 慈禧与光绪帝游龙门石窟

农历九月十九日上午祭拜过关林以后,慈禧太后和光绪帝一行紧接着来到龙门,游览了龙门涌珠泉、古阳洞等。古阳洞位于龙门西山南部,隋唐时期开凿而成,进深11.55米,宽6.90米,高11.10米。洞中的主佛释迦牟尼像由于多次遭到毁坏而面目全非。慈禧太后下旨将佛像整修成太上老君像,古阳洞也称"老君洞"。慈禧太后为什么要把这尊佛像整修成太上老君像?原来,光绪初年,慈禧太后被尊称为"老佛爷"。"庚子事变"发生后,慈禧太后西逃西安期间,为了排解胸中郁闷,多次到西安的八仙宫烧香。八仙宫是道观,里面供奉的是太上老君。慈禧太后请道长讲解道家真谛,慢慢地就喜欢上了道教,对太上老君非常崇敬。据说,当她看到龙门古阳洞中那尊佛像被毁得面目全非时,就想在佛教的石窟里增添一尊太上老君的像以示尊崇,这就是古阳洞也称为"老君洞"的缘故。

中午,慈禧太后一行在西山奉先寺前用膳,午膳后过伊水浮桥,赏伊阙美景,游香山寺,登白居易

"九老诗社"故地。香山寺和白园相连在龙门东山,与西山石窟隔河相望。香山寺始建于北魏熙平元年(516年),天授元年(690年)武则天在洛阳称帝,梁王武三思奏请敕名"香山寺"并重修该寺。当时香山寺飞阁凌云、巍巍壮观,武则天常御驾游幸,并留下了"香山赋诗夺锦袍"的佳话。

当天晚上,慈禧太后和光绪皇帝一行驻跸龙门东山脚下临时搭建的帐中。

4. 慈禧与光绪帝赐匾"康百万"

据史料记载,慈禧太后和光绪帝九月二十日回到洛阳行宫。二十一日,慈禧太后去了爽明街,也就是曾经的双龙街。因为在这条街上曾经出生了宋朝的开国皇帝——宋太祖赵匡胤及其兄弟赵匡义,在这条街上还有一座宋太祖庙。民间流传,后唐天成二年(927年),洛阳城北出了一件异事:赵弘殷将军的家被一股红光紫气笼罩,大家惊讶这是天现异象。赵家有儿子出生了,就是后来开创宋朝三百年基业的宋太祖赵匡胤。后来,大宋王朝的军队就驻扎在这里保护赵家的祖基,故称"甲马营",宋以后人们误为"夹马营"。

宋太祖庙西边是赵匡胤和赵匡义的出生地。宋太祖当上皇帝后,下诏对其父赵弘殷的"宣祖旧宅"进行扩建,时经七年,至道元年(995年)正月完工。建筑规模占了整个兴道坊,分为265个小区,宋太祖还赐名"洞真宫"。庙东,明朝福王朱常洵在沟北修建了洛阳城最大的、金碧辉煌的寺院"护国迎恩寺",崇祯皇帝还亲笔为此寺题名,因寺在城东,人称"东大寺"。寺西建有药王庙;寺南在元代后期建起一座岱岳观(泰山庙),为洛阳最大的奶奶庙,面积5400平方米,观内有四进大殿,60间厢房,内供泰山奶奶。泰山庙西北就是慈禧和光绪皇帝18日烧过香的千祥庵以及存古阁。在存古阁北还有一个三贤祠。千祥庵隔街正对有贾谊祠,街南头有洛神庙。可以说,东关爽明街是洛阳老城含金量最高的历史文化街道。

明清两代还特别注重理学。慈禧太后和光绪皇帝在对关公大力表彰的同时,也没有忘记洛阳的两位理学大师程颢、程颐兄弟,后来还为二程故里写了两块匾,并嘱咐文悌制成匾额代为嘉许。

据史志记载,慈禧太后和光绪皇帝农历九月二十四日离开洛阳城,开始向东进发,当天直达偃师,住在偃师县城。

九月二十五日,慈禧太后和光绪帝来到巩县,当时的巩县仍属河南府管辖。巩县的康姓富豪为了迎接两宫回銮,捐资修建了巩县的行宫。慈禧太后和光绪帝听说此事后非常高兴,因此赐匾"康百万","康百万"由此而名扬河洛大地。《巩县志》载:清朝光绪二十七年(1901年),慈禧太后和光绪皇帝从西安返京,途驻驾巩县城(今站街镇老城村)。

出了巩县就出了河南府(洛阳)的境地,慈禧太后和光绪帝经由荥阳、郑州之后,来到河南省会开封,并在开封度过生日。农历十二月十五日,慈禧太后和光绪帝离汴渡河北上。据《河南近代大事记》记载,河南当局奏报清廷,全省为回銮共花费银两187万余两。

慈禧与光绪帝回銮,驻跸周南驿七日,龙门一晚。河南知府文悌迎驾有功,升任贵西道台,相当于今日的副省长。河南巡抚于荫霖于十二月二十日,也就是慈禧太后离开开封的第五天被调任,陈夔龙接任巡抚署理河南。

(摘自《洛阳这百年》紫城 编著)

◆清德宗以宣统皇帝即位,遣使祭告中岳

光绪三十四年(1908年)十一月,清德宗爱新觉罗·载湉以宣统皇帝即位,遣使祭告中岳。

# 第四节 洛汭祭祀

## 一、洛汭祭祀

"河"指黄河,"洛"指洛河,"洛汭"指在黄河与洛河交汇的流域,因洛河至此流入黄河而取名。洛汭之名最早见于先秦文献。《尚书·禹贡》说大禹治水,"东过洛汭,至于大伾"。《河图玉版》载:"仓颉为帝,南巡狩,登阳虚之山,临于玄扈洛汭之水,灵龟负书,丹甲青文,以授帝。"《逸周书·度邑解》记载:周武王伐纣灭商后,曾瞻望中原,指出"自洛汭延于伊汭,居阳无固,其有夏之居。我南望过于三涂,我北望过于有岳,丕愿瞻过于河,宛瞻于伊洛,无远天室"。《尚书·康诰》中说:"周公初基,作新大邑于东周洛,四方民大和会。"孔注说:"初造基建,作王城大都邑于东周洛汭,居天下之中,四方之民和悦而集会。"《史记》中张仪说秦王要想统一六国,就要"下兵三川流不息,塞会谷之口",其地理位置也就在此伊、洛、河三川之地。洛汭的地望,历代史地学家公认的即位于嵩山北麓,巩义市东北部神都山下的洛河入黄河处,即黄河与洛水在此交汇,形成著名的清浊分明的河洛汇流。黄河与洛河汇流处及周围,古称"洛汭",亦称"什谷""洛口"。《资治通鉴》注解曰:水经:洛水

洛汭

东北过巩县东,又北入于河。夏五子俟太康于洛汭,即其地。据先秦典籍记载,洛水与黄河会合处,跟远古时代一些重大事迹有关,因而成为我国典籍文化的河图洛书之源。

洛汭不但是中国文明起源中文献始祖太极图、伏羲八卦的孕育之处,还是上古时期帝王们修坛祭天,出现"龙马负图""神龟献书"的河图洛书之处。《竹书纪年》载:周公"与成王观于河洛,沉璧礼毕,王退。"站在祭坛上能看见黄河与洛河,其地必在洛河与黄河的交汇处。《春秋·运斗枢》载:"舜与诸侯观河洛",也是同时看见河洛的证明。同时看见河洛又能沉璧,在洛汭只有两个地方,一个是洛河黄河交汇口的内夹角洲处,一个是外夹角洲处。《尚书·中候》载:"尧率诸侯群臣,东沉璧于洛。"这说明只有祭坛在洛河西岸,才能面向东沉璧。《水经注》引文说:"殷汤东观于洛,习礼尧坛"也说明尧坛在洛河西岸。洛河从西南流来,接近黄河处,其走向约为南北向,故祭坛在洛河西岸,正在内夹角处。就是在这个夹角处,矗立着一座神都山。

神都山,又名"神尾山",位于巩义市东北部,黄河与洛水汇流处的西侧。《施府志》:"所谓神尾山,北邙尽处。谓神都邙山之尾也。"《水经注》卷十六:"(北邙)北对芝阜,边岭修亘,苞总众山,始自洛口。"清乾隆十年《巩县志·山川志》载:"山在县北三里,西拥峣峣,当河洛之间,为神堤之障,古号'秦头魏尾',即此山之尾。"站居神都山上,能直接体验观览河洛的感受。即使在古代,这里也是筑坛

祭天、观河洛的最佳地点。黄河与洛河的交汇处与洛河西岸的神都山是大自然的绝配,在这个地方祭祀天神,君王与天神能有最好的沟通效果。史书记载,具有深奥哲理的河图、洛书都是在洛汭的黄河和洛河被龙马、神龟送上了神都山上的祭坛。

洛汭祭祀,是一个盛大的帝王祀典,严肃而庄重。上古时期,凡在洛汭修坛沉璧,举行祭天活动的帝王,都以得到"河图""洛书"为结果。换言之,"河图""洛书"的原始符号文字和治国纲领,是天命。他们通过在洛汭祭天,均得到了天命,满足了自己的政治需求,实现了君权神授的理想。史书记载,伏羲、黄帝、尧、舜、禹等帝王都在洛汭修筑祭坛,以相当规模的仪式进行沉璧祭祀,均得到了河图洛书,得到了君权神授的美名,借以巩固自己的政权。北魏郦道元的《水经注》,把历代君王接受河图洛书的事迹注在河洛交汇处的洛汭地带,表明郦道元确认事情发生在洛汭的重要性。

历史走到周成王之后,《河图》《洛书》不再出现。因此,我们说洛汭祭祀是一个千古之谜,以国家名义,由君王沉璧而出现的神秘而庄严的灵异,至今无人破解。

1992年5月,经河南省考古研究所、社科院、博物馆等单位有关专家实地考察,认定洛汭为上古时期的祭祀场地,特命名为伏羲台遗址。伏羲台遗址由于黄河向南滚动,部分塌陷河内,台地上地势平坦,现为农田。现存遗址略呈椭圆形,南北长约300米,东西宽约200米,面积约6万平方米。伏羲台遗址西北有传说中的伏羲台,相传即伏羲就是站在这高台上,"观河水东流、察日月交替、思寒暑循环、构演八卦。"伏羲台附近有羲皇池、羲圣祠、河渎庙等遗址,清乾隆十年《巩县志》载,隋文帝开皇二年(582年)曾在此敕建"羲圣祠",元代曹铎又在祠侧建"河洛书院"。

伏羲台遗址面积大,内涵丰富,地层叠压关系明显,延续时间长,周围遗址分布广泛。从考古发现的裴李岗文化遗址、仰韶文化遗址、龙山文化遗址以及夏商周各代文化遗址便是有力的证明。其著名的遗址有有滩小关遗址、花地嘴遗址、洛口仓遗址、洛口驿遗址、仓西遗址等,这些遗址或连成一片,或隔沟相望,对探讨我国古老的物质文明与华夏文明在洛汭地带的存在形势具有重要关系。2008年6月16日,伏羲台遗址被河南省人民政府公布为河南省级保护单位。

## 二、河图洛书与太极、八卦

通过洛汭祭祀而产生的"河图洛书",历来被认为是华夏文明之滥觞。中华文明的源头,太极阴阳五行八卦九宫皆可追溯于此,被誉为"宇宙魔方"。

它讲了生生不息的道理,讲了自强不息的人格铸造,讲到了治国平天下的社会大法;它对中华民族心智的启迪、血缘的认同、情感的融会、信仰的实现等意义重大,无可替代。

河图洛书究竟是什么?历代学者说法不一:有的说是气象图、方位图;有人说是一种数学公式、数学方程;有人说是祭奠的典礼,也有人说它的基本功能是充当中国上古时代的原始历法。还有相当一部分人认为:河图洛书就是一个神话传说。

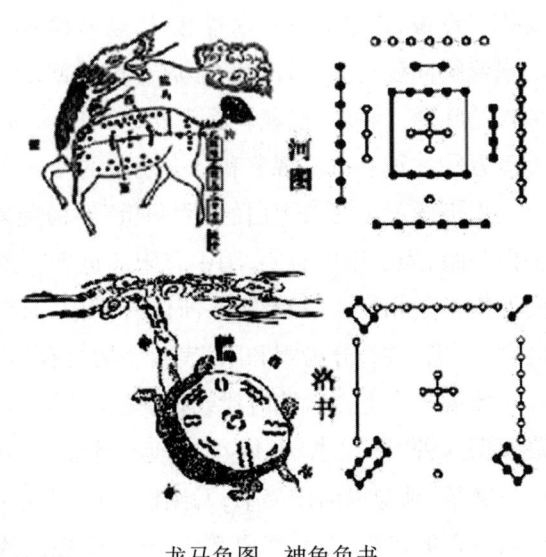

龙马负图　神龟负书

实际上河图洛书是中国古代流传下来的两幅神秘图案,说的是中国易学关于八卦来源的传说,最初是指天赐的祥瑞。它们的产生,不但是八卦灵感的源起,是阴阳五行术数文化的发端,而且是河洛先民部落文化的集中体现,也是中国原始文化的最高成就。它们的存在,与华夏族的生存及中华文明的产生密切相关。

在几千年前的上古,河图、洛书的出现,预示着天象的变化,人间新帝王的诞生。河图、洛书上详细记录古代帝王的兴亡之数和统民治国的道法,只有上天授命的帝王才能得到。河图洛书记载的是天机。人间的一切是上天的安排。天机通过河图、洛书授予帝王,人间帝王才能替天行道。现在,人们把它说成是中华文明的源头,是有根据的。据《周礼·大宗伯》:"以苍璧礼天,以黄琮礼地,以青圭礼东方,以赤璋礼南方,以白琥礼西方,以玄璜礼北方"的记载,确知沉璧为祭天活动。沉璧祭天的结果,均出现了龙马负图和神龟负书,且河图、洛书的内容都与帝王的政治需求有关。

太极图

除了河图洛书外,诞生于洛汭的还有同样是中华文明早期成果的太极图和八卦图。

伏羲先天八卦图

《洛汭与河图洛书》载,作为中华民族智慧象征的"太极图形"是伏羲依据黄河、洛河清浊二水交汇形成的漩涡现象顿悟画成。在科学家的心目中,太极图有着博大精深的文化内涵。这项享誉中外的中国传统文化,与洛汭有关。有专家发表文章说它起源于洛汭,太极图的图像是来自于自然界,受自然界的启发而形成的。相传,伏羲与女娲相识,恰在河洛,遇到山水大发,两人所在的高地(后称卦台山)被洪水环绕,形成一个巨大无比的圆形盆地,黄河与洛水呈"S"形,从盆地中央穿过,清浊相间,正好将盆地均匀地分作两片。这样,这个圆形盆地就变成了一个太极图形,伏羲因此得卦,始作八卦。

太极图象征着河洛交汇的自然现象。据说,这是因为太极图很像是黄河、洛河交汇形成的漩涡。具体一点说,在洛汭黄河水暴涨时,堵截洛水倒流,如洛水同时暴涨,两水在洛汭相撞击,使原本静肃的水流瞬间变得湍急、汹涌,形成奇特的回漩。洛河水清,黄河水浊。两河交汇,清浊分明,确有阴阳两极的味道。相传,伏羲就是由此得到启示,画成两鱼相抱的太极图像,并推演八卦,用以总括天地间万事万物之理及自然现象和社会现象的发展变化。

太极图就是两条黑白的"阴阳鱼"。白鱼表示为阳,黑鱼表示为阴。白鱼中间一黑眼睛,黑鱼之中一白眼睛,表示阳中有阴,阴中有阳的道理。图中的"S"线将太极图清晰地分为两个关联部分,表明世间万物都是相互关联制约的,所以有阴阳,有食物链,有相生相克。太极图的两个部分用不同颜色相区别,一黑一白,分为阴和阳,表明事物具有相对独立性,阴阳有相互独立、不容混淆的一面。

传说远在上古伏羲时代,有龙马从黄河出现,背负"河图";有神龟从洛水出现,背负"洛书"。伏羲根据这种"图""书"画成八卦,是《周易》(易经)的来源。《礼纬含文嘉》载:"伏羲德合天下,天应以鸟兽文章,地应以河图洛书,乃则以作易。"这是说伏羲氏道德高尚,上合天旨,下合地意,所以上天显应以鸟兽的足爪,令其造成文字;于是伏羲氏就以此作为准则,写成了"易"。孔子《易·系辞上》:"圣人选择灵龟和蓍草,效仿天地万物变化无常,用天上星辰分布显示出的吉凶,按照龙马从黄河献上的《河图》,神龟从洛水献上的《洛书》,造出了易经的法则。"这里接受河图的圣人指的就是伏羲。《周易·系辞传》载:"古者伏羲氏之王天下也,仰则观象于天,俯则观法于地。旁观鸟兽之纹,与地之宜,近取诸身,远取诸物,始画八卦,以通神明之德,以类万物之情。"

伏羲八卦图,也称为先天太极八卦图。《易·系辞说》:"易有太极,是生两仪,两仪生四象,四象生八卦。"太极八卦,即是阐明宇宙从无极而太极,以至万物化生的过程。在这个演变过程中,首先是太极,最初阴阳未分、天地混沌。当太极阴阳分离成天地以后,产生两仪,进而诞生春夏秋冬,或金木水火,称为四象;四象再分,则产生天、地、水、火、风、雷、山、泽,也就是八卦。其意指浩瀚宇宙间的一切事物和现象都包含着阴和阳,以及表与里的两面。而它们之间却既互相对立斗争又相互资生依存的关系,这即是物质世界的一般律,是众多事物的纲领和由来,也是事物产生与毁灭的根由所在。

伏羲八卦图囊括了最原始古老的世界万物信息,为后代形成文化律法各种思想奠定了基础,对中华文明产生了极为深远的影响。伏羲八卦以天地为轴引导了人们按自然发展去思考,它在中国历史上是一个不可超越的存在,它的产生和运用对人类发展有着不可逆转的促进作用。

《水经注·河水》中说:"伏羲受龙马图于河,八卦是也。故《命历序》载,河图帝王之阶,图载江河山川州乡之野。"《易·乾凿度》:"帝王始兴,各起河、洛,龙以见察,其首黑者人正,白者地正,赤者天正。""帝王威德之应,洛水先温,九日乃寒,五日变为红、黄、蓝、白、黑五色。"所谓"河图帝王之阶","图载江河山川州乡之野",它已不再具有八卦所蕴含的科学文化知识的内容,而是被视为天赐帝王以国家权力的象征。详细说,是天帝向古帝王授予疆土、政治权力和治国之道的象征。因此,河图洛书在上层统治者垄断与控制下,对取得与巩固权力和地位,提高声威诸方面起着重要的作用,并不亚于武力征服或刑罚等强制手段,这也是上古帝王在洛汭修坛沉璧祭天的起源。

因河图洛书代表着天意,上古时期的君王为治理天下,就要在洛汭修坛沉璧,祭礼天神,以得到他们所要的河图洛书,从而达到君权神授的目的。

《水经注》卷十五引《竹书纪年》载:"黄帝东巡河过洛,修坛沉璧,受龙图于河,龟书于洛。"其中,"巡河过洛"只限于洛汭地区,否则绝不会出现这种现象。在洛汭修坛沉璧祭祀,能同时收到河出图、洛出书的效应。黄帝统一中原,开华夏文明之祖。正像《孟津铭》说的"洋洋河水,朝宗于海,经自中州,龙图所在"。因此,这个仪典所肯定的上古"五帝三五之治",对秦汉以来国君"法先王"的历史规范作用的意义是极为深远的。

中国古籍和各类史书上都有记载,除伏羲、轩辕以外,尧、舜大帝都曾于洛汭修坛沉璧,得到河图洛书。大禹治水时,又于洛汭修坛沉璧,得到河图洛书,做《洪范·九畴》。《汉书·五行志》:"刘歆以为,禹治洪水,赐洛书,法而陈之,九畴是也。"

在《河图》《洛书》图传出之前,除了神话传说之外,没有任何文献对河图洛书做过具体的说明。《尚书·顾命篇》记载:周康王即位,从周成王那里继承了8件国宝:"越玉五重陈宝:赤刀、大训、弘璧、琬琰在西序;大玉、夷玉、天球、河图在东序。"这里首次提到"河图"。《尚书·中候》:"元龟负书出",则与"洛书"有关。《易·系辞传》:"河出图,洛出书,圣人则之。"孔子把河图洛书并列一起。在古代的文献中,上自伏羲、黄帝、尧、舜、禹,下至商汤、周公、成王都与河图、洛书有联系。

河图洛书、太极、八卦以及《易经》在最根本的哲学层面上,是一脉相承的,都是中国古代易理的本源之作。从源流上说,《周易》起源于伏羲太极八卦,伏羲太极八卦又源于"河图洛书"。长期以来,因其特有的不可知性和神秘色彩,受到了历代文人、学者的重视,并给研究者带来了广阔的想象空间和

众多的推测。如,先秦的文化起源论、汉代的神道设教论、宋儒的哲学文本论等,在历史上都有着相当重要的地位。汉代儒士认为,河图就是八卦,而洛书就是《尚书》中的《洪范九畴》。河图、洛书最早记录在《尚书》之中,其次在《易传》之中,诸子百家多有记述。太极、八卦、周易、六甲、九星、风水等皆可追源至此。《周易》和《洪范》两书,在中华文化发展史上有着重要的地位,在哲学、政治学、军事学、伦理学、美学、文学诸领域产生了深远影响。作为中国历史文化渊源的河图洛书,功不可没。到了当今,随着多科文化现象研究的蓬勃兴起,如何进一步认识和看待河图洛书、太极八卦,研究其与嵩山文化、中原文化、河洛文化、河流文化乃至中华文化的关系,再一次受到了人们的关注和重视。2014年11月,河图洛书传说经国务院批准列入第四批国家级非物质文化遗产名录。

综上所述,产生于洛汭的河图、洛书、太极、八卦图是一种描绘天地现象规律的神秘图形。中国文字是象形文字,说到底就是图形文字。但这种图形文字,在科学家的心目中,却抽象地暗含着深刻的哲意和玄机,它阐释了中华文明嬗变的成因和内在逻辑,它有博大精深的文化内涵,是人们公认的华夏文化典籍的源头。

## 三、帝王洛汭祭祀录

发生于洛水与黄河水交汇处的"修坛沉璧",是我国史前文化中最隆重的国家祭礼形式,是具有划时代意义的重大历史事件。沉璧,是君王在水中沉下玉璧。据说,君王沉璧祭祀的结果,均出现了龙马负图和神龟负书的现象。当"河图""洛书"出现时,龙马、神龟都把它送上了洛汭西边的神都山祭坛。史载,黄帝、唐尧、虞舜、夏禹、商汤、周文王、周成王和周公都在洛汭地区修筑祭坛,祭祀时以相当规模的仪式进行沉璧祭天,以求得君权神授的美名,借以巩固其政权。

据史书记载:伏羲在洛汭受河图,画八卦;仓颉在洛汭受河图,造文字;黄帝在洛汭以德受"河图""洛书",得治国方略、图籍。尧舜时的河图、洛书主要是天命禅让,尧禅舜,舜禅禹。其中,帝尧二次到洛汭祭祀,第一次庆祝洪水被制止,第二次是为了选拔接班人。帝舜亦在洛汭设坛祭天,将王位禅让给禹;大禹洛汭祭祀得河图、洛书,求得了治河方法,才得以制服洪水;面对夏桀的荒淫无道,商汤在洛汭祭天,得到河图、洛书内容,主要说夏桀无道,汤应该征伐而代夏于天下;按古籍记载,周文王,周公都是接受了河图洛书的受命君王。《尚书·中候我应》:"文王对武王说:我死之后,你要称太子发,等到受命河洛之后,才能称王。"周武王死后,周公与成王又祭于洛汭,周成王得河图、洛书,主要是陈述天下兴亡大事。

### (一)伏羲

伏羲,中华民族敬仰的人文始祖。以画八卦及教会人们渔猎方法为标志,在中华民族追求文明和进步的进程中,具有奠基和启蒙之功。

◆伏羲受河图,画八卦

《晋书·五行志》说:"伏羲氏继天而王,受河图,则而图之,八卦是也。"《尚书·中候》:"龙马负图出于河,遂法以画八卦。"

### (二)仓颉

仓颉也称苍颉,原姓侯冈,名颉,号史皇氏。是汉字的创造者,被后人尊为中华文字始祖。《春秋元命苞》:"仓帝史皇氏,名颉姓侯刚。龙颜侈哆,四目灵光。实有睿德,生而能书。及受河图绿字,于是穷天地之变化。仰观奎星圆趋知势,俯察龟文鸟语山川,指掌而创文字,天为雨粟,鬼为夜哭,龙乃潜藏。治百有一十载,都于阳武,终葬衙之利乡亭。"

◆仓颉受河图,造文字

《河图玉版》:"仓颉为帝,南巡狩,登阳虚之山,临于玄扈洛汭之水,灵龟负书,丹甲青文,以受帝。"洛汭即为洛书出处。

### (三)黄帝

黄帝,本姓公孙,后改姬姓,故称姬轩辕。居轩辕之丘(今河南新郑),号轩辕氏,建都于有熊,亦称有熊氏。古华夏部落联盟首领,中国远古时代华夏民族的共主。五帝之首。被尊为中华"人文初祖"。

◆黄帝问道于天老

《河图挺佐辅》:"黄帝修德立义,天下大治。乃召天老问焉:'余梦见两龙挺白图,即帝以授余于河之都。'天老曰:'河出龙图,洛出龟书,纪帝录列圣人之姓号也。天其授帝图乎!'"黄帝乃祓斋七日,至翠妫之川,大鲈鱼泛白图,兰叶朱文,以授帝。名曰《箓图》。《诗正义》:六艺论云,太平嘉瑞图书之出,必龟龙衔负焉。

◆黄帝洛汭受河图洛书,得治国方略

黄帝得"河图""洛书"以为是天降祥瑞之兆。《水经注·异闻录》载:黄帝东巡河过洛,修坛沉璧,受龙图于河,龟书于洛,赤文绿字。《水经注·河水》:"洛水又东北流入于河,谓之洛汭。黄帝东巡河过洛,修坛沉璧,受龙图于河,龟书于洛,赤文篆字。"《竹书纪年》"沉注":"龙图出河洛,赤文篆字,以授轩辕,接万神于明庭。"《龙鱼河图》载:"黄帝负图,鳞甲成字,从河中出付。黄帝令侍臣图写,以示天下。"随后,便出现黄帝以德受"河图""洛书",得治国方略、图籍的记载。

黄帝受河图洛书,得治国方略

《帝王世纪》:"黄帝之时,天下大雾三日。黄帝出游洛水之上,见大鱼,杀五牲以醮之。天乃甚雨,七日七夜,鱼流于海,始得图书。今《河图·视萌篇》是也。"

◆黄帝祭洛水受河图,作《归藏易》

黄帝受河图,作《归藏易》。《竹书纪年》:"黄帝五十年秋七月,庚申,凤鸟至,帝祭于洛水。"注:"龙图出河,龟书出洛,赤文篆字,以授轩辕。"《路史·黄帝纪》:"黄帝有熊氏,河龙图发,洛龟书成……乃重坤以为首,所谓《归藏易》也。故曰归藏氏。"

### (四)唐尧

尧禅于舜

尧是黄帝的后代,为上古时期部落联盟首领、"五帝"之一。帝喾的儿子,本名放勋,也称陶唐或唐尧。尧从父亲帝喾那里继承帝位,并禅让于舜。

◆帝尧修坛沉璧得龙马河图

《尚书·中候握河纪》:尧即政十七年,仲月甲日,至于稷,沉璧于河。青云起,回风摇落,龙马衔甲,赤文绿字,自河而出,临坛而止,吐甲回遭。甲似龟,广九尺,有文言虞夏商周秦汉之事。帝乃写其文,藏之东序。"

《宋书·符瑞志》:"帝在位七十年,修坛于河、洛,新闻社舜等升首山遵河渚,乃省龙马衔甲赤文,绿龟临坛而止,吐甲图而去。甲似龟,背广九尺,其图以白玉为检,赤玉为字,泥以黄金,约以专绳。"

◆帝尧与帝舜巡狩河洛受河图洛书

《帝王世纪》载:"尧率诸侯群臣,沉璧于洛河,受图书,今《尚书·中侯》握河纪之篇是也。"《水经注·河水》条载:"昔帝尧修坛河、洛,择良议沉,率舜等升于首山(今偃师首阳山),而导河渚,有五老游焉。相谓《河图》将来,告帝以期,知我者,重瞳也。五老乃翻为流星而升于昴。"

◆帝尧修坛河洛,受书禅于舜

尧让帝位于舜、舜让帝位于禹的事迹,先秦典籍多有记载,举行禅让大典,都是在"受龙图于河,龟书于洛"的情况下,即出现征兆时才举行的。

《竹书纪年》载;"尧修坛场于河洛……乃有龙马衔甲,赤文绿色,缘坛而上,吐甲图而去,甲似龟背,广九尺。其图以白玉为检,赤土为口,泥以黄金,约以青绳。文曰:'闾色授帝舜言虞夏当受末命。帝乃写其言藏于东序。后二年二月仲辛,率群臣沉璧于洛,止于坛。其书于下昃,赤光起,玄龟负书而出,背甲赤文成字,止于坛。其书言当禅舜,遂让舜。'"

《水经注》载:"洛水又东北流入于河……谓之洛汭。……尧帝又循坛河洛,择良议沉,荣光出河,休气四塞,白云起,回风逝,赤文绿字,广袤九尺,负理平上,有列星之分,什政之度。帝王录记兴亡之数,以授之尧。又东沉书于日稷,赤光起,玄龟负书,背甲赤文成字,遂禅于舜。"

### (五)虞舜

虞舜,姓姚,名重华,我国原始社会最后一位部落联盟首领。虞舜以受尧的"禅让"而称帝于天下,其国号为"有虞",故号为"有虞氏帝舜"。

◆帝舜得河图洛书禅于禹

舜是继尧之后的上古圣王。《宋书·符瑞志》：舜乃设坛于河，依尧故事。至于下昃日在西方时侧也。《说文》），荣光休气至，黄龙负《图》，长三十二尺，广九尺，出于坛畔，赤文绿字，其文言：当禅让禹。"舜亦在洛汭设坛祭天，将王位禅让给禹。

◆舜得洛书是为洪范

《类聚》卷十一引"舜东巡狩，登南山，观河渚，褒赐群臣。"《稽瑞》引《世纪》："舜即天子位，洛出龟，六十五字，是为洪范，所谓洛书。《尚书·中候》：舜沉璧于河，荧光休至，黄龙伏卷舒图，出水坛畔，赤文绿字也。"《春秋纬·运斗枢》载："舜与诸侯观河洛，有黄龙负书至舜前，白玉为检，黄金为绳。书授受，龙复入水。"

## （六）大禹

大禹，本名文命，号禹，后世尊称为大禹。黄帝的六世孙，颛顼帝的四世孙。大禹的主要功绩有二：一是建立了我国历史上第一个世袭制国家——夏朝，标志着我国奴隶社会的开始；二是治理滔天洪水，划定中国国土为九州。

◆禹受河图洛书，做《洪范·九畴》

《宋书·符瑞志》曰：当尧之世，舜举之。禹观于河，有长人白面鱼身，出曰："吾河精也。"呼禹曰："文命治淫。"言讫，授禹《河图》，言治水之事，乃退入于渊。禹治水既毕，天锡玄珪，以告成功。夏道将兴，草木畅茂，青龙止于郊，祝融之神，降于崇山。乃受舜禅，即天子之位。洛出《龟书》六十五字，是为《洪范》，此谓'洛出《书》'者也。"《汉书·五行志》："刘歆以为，禹治洪水，赐洛书，法而陈之，九畴是也。"

◆禹治洪水过洛汭

《竹书纪年》："禹贡导河，东过洛汭。"又《禹贡》："（禹）导河积石，至于龙门。南至于华阴，东至于砥柱。又至于孟津，东过洛汭，至于大邳。"《史记·河渠书》："太史公曰：余南登庐山，观禹疏九江，遂至于会稽太湟，上姑苏，望五湖，东阙洛汭、大邳、迎河、行淮、泗、济、漯、洛渠……甚哉，水之为利害也！"以上记载表明嵩山北麓神都山下的洛汭正是大禹劈山开渠、疏浚洪水的重要通道。

春秋时期，周景王的使臣刘夏（即刘定公）旅宿洛汭，曾盛赞禹治水的功绩。《春秋·昭公元年》传："天王使刘定公劳赵孟于颍，馆于洛汭。刘子曰：美哉禹功！明德远矣。微禹，吾其鱼乎！"

## （七）商汤

成汤是契的后代，成汤受天命，征伐夏桀无道，即成汤，子姓，名履，又名天乙（殷墟甲骨文称成、唐、大乙。契的后代。商汤受天命征伐夏桀无道，建立殷商王朝，是殷商的开国帝君。《尚书·汤誓》载："有夏多罪，天命殛之——夏氏有罪，于畏上帝，不敢不正——尔尚辅予一人，致天之罚。"

◆商汤于河洛修坛沉璧，受天命得洛书

《水经注》卷十五引《竹书纪年》曰："殷汤东观于洛，习礼尧坛，降璧三沉。"《竹书纪年》载："汤乃东至于洛,观帝尧之坛,沉璧退立,黄鱼双踊,黑鸟随之,止于坛,化为黑玉。又有黑龟,并赤文成字,言夏桀无道,汤当代之。"《尚书·中候》曰:"汤沉璧于洛水,黄鱼双跃,出济于坛。元鸟随鱼出示生,化为玄玉,赤勒:玄精天乙,受神命代,天下服。"

◆成汤在洛汭祭天,修坛沉璧于河图洛书,征伐夏桀

成汤征伐夏桀,是远古时代的一次著名的军事行动。成汤的军事行动,是借"天意"而行事,在"执行天罚",史书多有记载。《史记》载:"殷汤东观于洛,习礼尧坛,降璧三沉,荣光不起,黄鱼双跃,出济于坛。黑鸟以浴,随鱼亦上,化为黑玉赤勒之书,黑龟赤文之题也,汤以伐桀。"以上记载表明,成汤的征伐活动以及誓师仪式,都是在河洛交汇处受"龟书于洛"的情况下,即征兆出现时才进行的。

商汤灭夏

《尚书·中候》载:汤在亳,东观于洛,习礼尧坛,降三分,沉璧退位,荣光乍启,黄鱼双跃,出跻于坛,黑鸟以雄,随鱼亦止,化为黑玉。赤勒曰,玄精天乙受神福,伐桀克之,三年,天下悉合。

**(八)周文王**

周文王姬昌,周朝奠基者。其父死后,继承西伯侯之位,故称西伯昌。在位50年,是中国历史上的一代明君。

◆周文王受洛书、河图

《易纬乾凿度》:今入天元二百七十五万九千二百八十岁,昌以西伯受命,(汉郑康成注曰:受洛书,命为天子也。)入戊午部,二十九年伐崇侯,作灵台,改正朔,布王号于天下,受录应河图。(汉郑康成注曰:受命五年后而为此者。)《孝经援神契》所谓文王优游典部,即上所纪者,数不可改其名而应图犹如也,如前世圣王,河图言之,其数故应也。

《尚书·中候我应》:"文王之戒武王曰:我终之后,恒称太子发,河洛复告,遵朕称王。"《易是类谋》曰:"文王比隆兴始霸,伐崇,作灵台,受赤雀丹书,称王制命,示王意。"

周公辅成王(汉画像砖)

◆周文王见赤人从洛出,授尚书。

《竹书纪年》载:"尚出游,见赤人从洛出,授尚书。命曰:'召佐昌者子,文王梦日月著其身……。'"

◆禅瑞周文王

《宋书·符瑞志》:孟春六旬,五纬聚

房。后有凤凰衔书,游文王之都。

### (九)周武王

周武王姬发,西周王朝开国君主。姬发继承父亲遗志,于前1046年消灭商朝,建立了西周王朝。

◆周武王伐纣,受河图洛书

西伯逝世,其子姬发继位,伐纣灭商,建立周朝,称周武王。周武王伐纣时在孟津与诸侯会盟。有白鱼跃入武王的船。《宋书·符瑞志》:度孟津,中流,白鱼跃入王舟。王俯取鱼,长三尺,目下有赤文成字,言纣可伐。王写以世字,鱼文消。

### (十)周成王

周成王姬诵,,西周王朝第二位君主,在位37年。周成王继位时年幼,由周公旦辅政,平定三监之乱。周成王亲政后,营造新都洛邑、大封诸侯,还命周公东征、编写礼乐,加强了西周王朝的统治。

◆周成王与周公沉璧得河图洛书

周武王建周后几年逝世,成王继位。成王年少,天下初定,周公旦以王叔摄政。周公平定叛乱,建洛邑王城,制礼作乐,建立了周朝的各项典章制度和礼乐制度,至此确立了周朝的政治体制。史载,周成王与周公也是接受了河图洛书的受命君王。《宋书·符瑞志》:武王没,成王少,周公旦摄政七年,制体作乐,神鸟凤凰见,蓂荚生。乃与成王观于河、洛,沉璧。礼毕,王退,俟至于日昃,荥光并出幕河,青云浮至,青龙临坛,衔元甲之图,吐之而去。礼于洛,亦如之。元龟青龙苍光止于坛,背甲刻书,赤文成字。周公援笔以世文写之。书成文消,龟堕甲而去。其言自周公讫于秦、汉盛衰之符。

《帝王世纪》载:"成王治平,青云浮于河洛,沉璧礼毕,荥光并出。"

附录:

周成王之后,帝王在洛汭修坛沉璧的现象再也没有发生过。但后来发生的帝王祭洛水、祭洛书之事有史料记载。

◆秦始皇祀洛水

秦始皇,嬴姓,赵氏,名政,又名赵正(政)、秦政,或称祖龙,秦庄襄王之子。中国历史上著名的政治家、战略家、改革家,首位完成华夏大一统的铁腕政治人物,也是古今中外第一外称皇帝的君主。

《古今乐录》载:"秦始皇祀洛水,有黑头公从河中出,呼始皇曰:'来受天贤。'乃与群臣作歌——。"

洛阳之水,其色苍苍。祠祭大泽,倏忽南临。洛滨醊祷,色连三光。

◆刘备祭洛书

刘备,西汉中山靖王刘胜的后代。三国时期蜀汉开国皇帝,史家称他为先主。刘备在赤壁之战中,与孙权联盟击败曹操,趁势夺取荆州,而后进益州,建立蜀汉政权。

《宋书·符瑞志》卷二十七载:"刘备身长七尺七寸,垂手过膝,顾自见耳。"《洛书甄耀度》"赤三,

德行昌盛九世会备,应当为帝。"《洛书实予命》说:"天运帝道备称皇,因而掌握统治权,长胜不败。"《洛书录运期》说:"九侯七杰争取百姓的拥戴,尸骸覆盖道路,谁主宰玄且来。"刘备字玄德,所以说"玄且来"。《孝经钩命决》说:"帝三建,九会备。"关羽在襄阳,男子张嘉、王休献玉玺,备后称帝于蜀。

## 第五节 地方祭祀

在祭祀嵩山的历史上,除国家祭祀华夏始祖中岳神轩辕黄帝之外,地方祭祀华夏始祖中岳神轩辕黄帝,也是一件庄重的大事。凡国家在有庆典、变乱等大事上都要举行祭祀大典,地方在重大事宜上也要举行大的祭祀活动,同样要取得神的支持,以使重大决策合法化,籍以巩固自己的政权。即便是祥和丰年,政府也要向天地祖先汇报,希望得到神灵的指导和关照。嵩山所在州(府、郡)、县各级政府祭祀华夏始祖中岳神轩辕黄帝,都有完备的祭祀制度。地方政府在规定的祭祀日中,也组织有政府官员参加的祭祀活动,其规模和形式也有严格的规定。

### 一、地方祭祀等级

地方祭祀华夏始祖中岳神轩辕黄帝,按行政等级的不同,分为州祭和县祭两种。

**(一)州祭**

地方祭祀

即以地府为单位的一级政府出面到中岳庙祭祀中岳神。

在古代,州祭一般没有具体的祭祀时间,一般逢重大节日,或遇自然灾害,或当地百姓平安等有关全州全府全郡的大事,州府都要出面到中岳庙祭祀华夏始祖中岳神轩辕黄帝,以告祭中岳之神,保佑一方平安。

**(二)县祭**

县祭是县一级政府出面到中岳庙祭祀华夏始祖中岳神轩辕黄帝。县一级政府祭祀华夏始祖中岳神轩辕黄帝的活动相对州府来说比较平繁。每岁二月、八月上戊时,由知县主祭。祭品猪羊、币帛,制也。峻极殿行三献礼,四岳殿行分献礼。遇到天灾人祸,亦可即时祭祀中岳。

## 二、田祭银祭

**（一）田祭**

史料记载：嵩山地域的中岳庙，有香火田52亩其来已久，道士掌之，供岳庙香火之需。后来，按亩征赋，庙无祭田矣。

**（二）银祭**

赋役每年春秋二戊日，祭祀华夏始祖中岳神轩辕黄帝，祭品除荒征熟银一两二钱四分七厘，四岳殿分献。祭银则协济于登封及周边县区。其上司谒祭除荒征熟银七钱四分八厘二毫。

## 三、祭祀种类

**（一）庙祭**

在中岳庙进行对华夏始祖中岳神轩辕黄帝的祭祀，称中岳庙祭。庙祭在中国古代统治阶级和普通人民的生活中有非常重要的地位。自秦汉以来，历代帝王祭祀华夏始祖和中岳嵩山神轩辕黄帝，大都在中岳庙举行祭祀大典。中岳庙祭祀又分为以下几种：

1. 行香

每月朔、望日，地方官员按例至中岳庙内对华夏始祖中岳神轩辕黄帝焚香，叩拜、行礼，谓之"行香"。行香时都设有供品。

2. 祭告

祭告属于不定时举行的祭祀。事先选定吉日，告于岳庙，礼仪也不固定。

附文一：

**府尹王侍郎准制拜岳，因状嵩高灵胜，寄呈三十韵**

唐　尉迟汾

雄雄天之中，峻极闻维嵩。作镇盛标格，出云为雨风。
瑞时物不疠，顺泽年多丰。加高冠四方，视秩居三公。
明朝虔昭报，颁祀岁严恭。署祝纡御札，诏贤导宸衷。
皇皇三川守，馨德清明躬。肃徒奉兰沐，竟夕玉华东。
星汉耿斋户，松泉寒寿宫。具修谅蠲吉，曙色犹葱曚。
端仪大圭立，兴俛声玲珑。挹瓒椒桂馥，奏金岩壑空。
灵歆若有答，仿佛传祝工。卒事不遑偃，胜奇纷四丛。
朝霞破灵嶂，错落间苍红。动息形似蚁，玄黄气如笼。

奔倾千万状,群岳安比崇。日月襟袖捧,人天道路通。
冥搜必殚竭,跻览忘崎穹。踏翠遍诸刹,趣绵步难终。
浮丘仙袂接,谢公屐齿穷。龙潭应下瞰,九曲当骇容。
龙门计东豁,三台有何踪。金象语奚应,玉人光想融。
瑶浆与石髓,清骨宜遭逢。况是降神处,迹惟申甫同。
周翰已洽论,伊衡亦期功。诚富东山兴,须陟中台庸。
勉促旋騑辀,未可恋云松。散材事即异,期为卜一峰。

附文二:

### 祭中岳文

明大臣,曾任布政使　刘日材

惟神磅礴,两间絪缊;二气摩昊,穹以植表。上应三垣,压鸿庞以宅中。下临五界,襟江淮而带河洛。虹流贯中国之枢,引恒霍而肩岱华。天柱作四方之极,辅阴阳宣化之令,播乾坤生物之仁。肇自虞封。轶望久崇于邃古;咏传周雅,人文焕发于岁时。于赫厥灵,迈九州而独盛;有严禋祀,联四岳以居尊。材伏念江湖浮梗,庐阜庸樗。荷帝命之光临,蕃宣中土;赖岳祇之助顺,阴骘下民。惟肸蚃之潜孚,肆明禋之昭格。青幢黄盖,俨焉飞石室仙霞;玉镜丹砂,蔼若吐瑶坛瑞雾。伏祈神力广运,灵贶丕釐。风云会而雷雨时,行沛甘霖于函夏;日星明而霜雪时,降消氛祲于寰区。动植昭苏,飞潜咸若。政流教洽,百辟贤其贤而亲其亲;时和岁丰,万姓乐其乐而利其利。呼声动地,永庆万岁之尧年。秀色参天,载诞多方之吉士。庶兹朴𣢾,仰藉骈幪。上纾负扆之怀,内慰倚门之望。抱此下情,用申虔告,神其鉴之。

### 3. 上戊日祭

每年二月、八月上戊日,由中岳庙所在的登封县知县主祭。祭品为猪羊、币帛,制也。在峻极殿行三献礼,在四岳殿行分献礼。

### 4. 节日祭

嵩山地域的各市县在重要民间节日如每年的春节、元宵节、万寿圣节、中秋节期间,都要祭祀华夏始祖中岳神轩辕黄帝。

时逢节日早上,当地官员与百姓都要到中岳庙内祭祀华夏始祖中岳神轩辕黄帝。祭祀时,以牺牲为粢酒、多种祭食贡献于供桌之上,并举行隆重的仪式。

凡祈祷在岳庙、城隍庙、轩辕庙、黄帝庙祭祀华夏始祖中岳神轩辕黄帝。至期五鼓,文武官衣朝服趋立丹墀下,文东武西。设香案,僧、道各一班开坛诵经,鼓吹一班,礼生四名。赞、引至各拜位,行三跪九叩头礼毕。宣疏文毕,再行一跪三叩礼,焚疏文,揖,退。前后三日,俱蟒服坐班。

祈雨则注水盈缸,插柳枝。

### 5. 不定日祭

不定日祭祀,是指除了以上祭祀方式以外,遇到天灾人祸及其他有要事相求,或有大的喜庆报告等,都可以即时祭祀中岳。这种祭祀形式无论在官方或民间,都很普遍。

附录：

### 佑圣酬恩疏

清　顾汧

按：抚臣顾汧委枭胡介祉虔恭岳祠，斋明三日。时与祭者为河南府知府孙居湜、河南府通判朱作舟、登封县知县张圣诰、儒学教谕张大椿、训导王之凤、候选光禄寺署丞傅锡叚、候选主事傅而永、候选知县郭瑛、候选训导焦钦宠、臣高一麟。进士候选知县景日昣、敬随班末，恪凛趋跄。为康熙三十二年（1693年）七月十三日。臣日昣谨记。

伏以嵩高维岳，休征协应于彤庭；□服无涯，灵贶遄臻于紫阙。萃崇闳之纯嘏，嘉惠灵长；鉴悃款之微忱，降临有赫。虔同寮寀，颛叩冈陵。恭惟中岳嵩山之神，清宁永奠，屹峙宅中，日升月恒，巩皇图于孔固；峰回翠绕，声教已无不讫；民安物阜，时雍具见成风。犹恐蔀屋艰难，庙堂轸念，爰开廪以赈乏，复蠲赋以恤灾。自此八郡飞鸿，咸宁干止；两河庶草，胥庆昭苏。允惟宸极之深仁，悉荷神祇之烔鉴。偶以过劳违豫，旋喜万安。斯皆真宰力扶，上灵默相，共保使齐天之福曜，广垂济世之弘体。某等谊切臣工，戴深君父，敢不沥披丹缕，仰答神霄。伏愿四序增华，三辰加灿。氛寢消而嘉祥集，眷一人有道之长；寒暑节而风雨时，乐四海无虞之福。肃将湣末，统冀崇涵。谨疏。

## 第六节　民间祭祀

在嵩山地域，民间简称这位天人合一的华夏始祖中岳神轩辕黄帝为始祖中岳神轩辕黄帝。民间对祭祀始祖中岳神轩辕黄帝特别重视，一年四季，人们按时令、年节或遇重大活动，都把祭祀始祖中岳神轩辕黄帝作为一件神圣的事情对待。民间祭祀不仅有神社祭祀，还有家庭祭祀和个人祭祀。

### 一、民间祭祀种类

**（一）中岳神社祭祀**

中岳神社是民间自发组织的祭祀始祖中岳神轩辕黄帝组织。这个组织中有统一的对始祖中岳神轩辕黄帝的祭祀活动、形式和规模，一般在节日、庙会期间，举行重大的祭祀活动。

**（二）家庭祭祀**

家庭祭祀是以家庭为单位的祭祀。嵩山地域有个民俗，家家户户几乎都有始祖中岳神轩辕黄帝的牌位，并敬有其神像。当地的老百姓说，身在天中之地，在周围很多地方屡屡发生自然灾害的情况下，多亏有始祖中岳神的庇荫，使嵩山地域在历史上没有发生过大的地质和气象方面的自然灾害。因此，老百姓认为是托了始祖中岳神轩辕黄帝的福。因此，家庭祭祀始祖中岳神轩辕黄帝，就是每家都把始祖中岳神作为全家所依附的神灵，无论世界怎样变化，始祖中岳神轩辕黄帝轩辕总是保护着这一方百姓和水土的平安。有些家庭中，时常要在办理大事之前，先在家中给始祖中岳神轩辕黄帝上香，问问路子。如果香上象征好了，就去办理；如果不好，就暂时不办，这种现象一直延续到现在。一般来说,家庭祭祀的时间为每月的初一和十五。除此之外,遇到急事或大事,还可以随时在家里上香或到中岳庙祭告始祖中岳神轩辕黄帝,向神问路,以示得到神灵的庇佑。

### (三)个人祭祀

个人祭祀则是以个人名义祭祀。每逢个人遇到大事,以个人名义给始祖中岳神轩辕黄帝上香,求个平安吉利。在个人祭祀中,以到中岳庙祭告始祖中岳神轩辕黄帝的形式较为常见。

## 二、民间祭祀时间

民间祭祀有集中祭祀的时间,可分为庙会祭、节日祭、月祭、日晨祭、不定时祭。

### (一)庙会祭

每岁三月朔日始,至十八日止;每岁十月初十起,至十二日止。这两个时间为中岳庙会祭。庙会是特定日期在寺庙内及其附近举办的集市活动,故称"庙会"亦称"庙市"。

民间祭祀

虽说是民间的庙会,但当地的知县也要在中岳庙举办祭祀始祖中岳神轩辕黄帝的活动,以此告之中岳神,庙会开始。届时,四方进香者络绎辐辏,商贾贽鳞集,贸迁有无。中岳庙方圆几百里地的人们因市酒糟,搭铺棚博蝇头,资助耕稼所不足。北宋骆文蔚《记》称:"每至清明,届候娱景方浓,千里匪遥,万人斯集,陆海之珍,咸聚于此。"则其来久矣。庙中道士及神社中的香客们要在头天夜里,在中岳大殿上香供神,谓之供盏。每逢中岳庙会,中岳庙方圆几百里的百姓都要要到中岳庙祭祀,以求得到始祖中岳神轩辕黄帝的庇佑,以保天下太平,五谷丰登,百姓平安,身体健康。每岁的三月十八日、十月十二日,为庙会主祭日,由中岳庙所在地的登封知县主祭,行三献礼。

### (二)节日祭

嵩山地域的老百姓在重要传统节日期间,如每年的春节、元宵节、中秋节期间,都要带着丰厚的供品到中岳庙祭祀始祖中岳神轩辕黄帝。

附录:

#### 岳神颂

宋 鲜于侁

云蓊蔚兮山之巅,瞻岳灵兮望青天,崭岩嶒崒兮磅薄无垠,龑峣崒勃兮宁一以为仁。草木杂而罗生兮,人不可名;鸟兽蕃而走集兮,虞不能知因。高错事兮道此跻升,登岱勒成兮,胡为而七十君。齐余心兮不外,高余冠兮其伟。撷芳杜兮为衣,掇紫芝兮作佩。华右体兮兰英,莲肴陈兮玉案。明水湛兮清尊,诚拳拳兮不解,寐接神兮,恍若有言。嵩高峻极兮,生甫与申;周道将明兮,宣以中兴。水旱不常兮,虫螟以灾;稼穑卒荒兮,民生流离。劳来安集兮子之功,祜此下民兮宁遗神羞。

### (三)月祭

每月的初一和十五为民间固定的祭祀日。嵩山地域的人们除参加集体祭祀活动及逢年过节祭祀以外,遇到红白大事,都有到中岳庙进行祭祀始祖中岳神轩辕黄帝,以求平安吉祥。但在集中祭祀时间之外,谁家有了事,还可以随时在家里,或到中岳庙给中岳神上香问事,以求吉利。

### (四)日晨祭

日晨祭大都是乡下妇女,每天清晨起床的第一件事,就是给家中供奉的始祖中岳神轩辕黄帝上香,以求当日全家人的平安吉祥。

### (五)不定时祭

民间祭祀始祖中岳神轩辕黄帝,除了每月初一和十五固定的时间以外,如果平常有事,也可随时到中岳庙祭告神灵,专门上香祭告。

附录:

#### 岳祠盟记

宋　岳飞

自中原板荡,夷狄交侵。余发愤河朔,起自相台。总发从军,历二百馀战。虽未能远人夷荒,洗荡巢穴,亦且快国雠之万一。今又提一旅孤军,振起宜兴。建康之城,一鼓败虏,恨未能使匹马不回耳。故且养兵休卒,蓄锐待敌。嗣当激厉士卒,切期再战。北逾沙漠,蹀血虏廷,尽屠夷种。迎二圣归京阙,取故地上版图。朝廷无虞,主上奠枕,余之愿也。河朔岳飞题。

### (六)神仙诞辰、升真日祭

中岳庙既是祭祀始祖中岳神轩辕黄帝的场所,又是重要的道教庙宇。因此,道教中的神仙诞辰日、升真日,是民间祭祀中的常见的一项活动。一般来说,在民间影响较大的神诞、升真祭祀活动有中岳神轩辕黄帝、无极老母、包公爷、祖师爷、龙王爷、观音母等的诞辰或升真日,一般是在中岳庙道人安排下,由民间神社组织或香客自发所为。

如:崇祯三年(1630年)十月十二日,是中岳尊神成道升真之日。在这个日子里,南京户部侍郎吕维祺,原任太常寺卿郭兴言,翰林院侍讲王铎,兵科都给事中张鼎延,吏部稽勋司部郎中张□,巡按陕西监察御史张应辰,兵部车马司主事刘景耀,汾州府推官潘倬,荆州府经历焦一,在登封县署教谕举人刘鼎,举人何宜健、常克念,恩贡生王镛、傅应星,生员焦复亨、焦蒙亨、储性良、焦贲亨、焦谦亨、焦宗岳、焦宗江的陪同下,到中岳庙祭拜中岳神,仝熏沐顿首上祈。王铎作《中岳庙告文》。

## 中岳庙告文

明　王铎

稽十月十二日,乃中岳尊神成道升真之日。今崇祯三年,复届此日,百神齐集,赴灵效职。策策济济,供事岳神。岳神乃面上帝,揖拜神与。帝语:"凡人间善恶予夺,寿命消长之事,增算绵纪,惟神权之;嗜欲先,惟神兆之;瓜瓞厥生,惟神昌之。今雒阳御史邢绍德,刷心澡品,刮事炼肠,岂神之灵炯所不知,而震夙者屡矣!诞弥口食之后,灾害至又尚未嶷立,岂神之哲睿至彝,好是正直坐视之而不恻动也哉?敢荐香醴剿其略为。"神奏之:"绍德者,清邵居体。自诸生以暨今日,事于老母,有温清色,养不如志耶?曰不矣。豸冠峨峨,铁劲冰寒,懈夙夜而不竭于君耶?曰不矣。利人济物,吝财不救于汤火,俾荣不生枯,生不转死耶?囝耻噬取,钩唊孤寡,宅晦田惨,族凉姻畔,否公然私,交人而貌耶?则又曰不矣。盖修组之间,人所有事,不□其身,而寡往陋非,神代濯也。蓄神选孕,以茂人之阳华,人之善非,人之所得,宜专也。是神之事也。神欲不事,□不得而不事也。神或曰上帝攸统以隮于下,夫惟岳降神,生甫及申,非神之己事乎!昭昭帝庭,茫然无私。况神即请于帝,以绍德孝忠义,二帝必喜,无有不从。闵鲁之修,董汲之才,伊维之学,瑚琏之器。降以麒麟,卿士大夫孰曰不宜?且十余年间亦大可疑矣。或者上帝元居,静摄高幽,不预众务,如人世官尊,多隔山客、江斐,致淫昏僭祀之鬼为之扰,为之窃耶?盖淫昏僭祀之鬼,假盗神威,将以何为?汩扰人之孕嗣,使愚民溺而求福,不告于神问其罪。汩扰忠孝家之孕嗣,使迟其举,更倍其罪。非神所当,式遏其怒。后至曰予则培坏法,曰予则戮小眚,曰予则答郊遂,曰予则屏黜而后愉快哉。况神之所迎者,吉人之善气也。人之善气,神所喜相善诱也。众生中,卿大夫忙修坛豆,洁币裸,非渎非谄,荐实而非食伪,又祷所当祷也。当祷当与,神必允奏于思媚之妇。彩旗是兆,蘅薇是委。东方至始明之期,恶月再相齐之异。李子显,母知之奇。假乐出抱,角犀丰盈,实覃实讦,亦孔之呱,其老寿蓄衍也。如云肤寸山则吐之,如雨蕴悬云则畁之。鉴善如渴,即与之神,聪明正直,与人谋,与帝谋,则淫祀之鬼不为虐,真不足信矣。如是,远迩思髻髻于异童。末俗流醉,欣嫩趋良。人皆蝇喧螺吁,戒恶行而不为。曰法邢御史,恐夸紫乱朱作孽,而为神羞。叩呼人虑世想,因此一变,则神之惠,不仅加于一邢氏子一家而已。如谓受命之柄,神实不司耶;贶善糠恶之心,神实不行耶;予夺消长之数,神实不增减耶。明明在上,凛凛在前,不几以此诬神哉!令为善至于夺气,求仁因而解心。神何以鼓万物而作人善奸,族云仍邪正杂揉而相寇,上帝不宁,神心不乐,有是理欤?有是理欤?敬告。"

## 三、民间祭祀内容

民间祭祀的内容多种多样,祭祀始祖中岳神轩辕黄帝的一个重要特色,就是百姓自编自唱的祭祀歌。他们中有以下几种类型:有许愿、还愿、求子、报喜的、祈福、求神作主的等等,体现了当地人顽强、乐观、趋群、感恩的民族性格和信仰需求。

民间对庙会祭祀始祖中岳神轩辕黄帝特别重视。嵩山周边的老百姓,时逢庙会祭祀,方圆百里的百姓无论男女老少都是带着提前对始祖中岳神轩辕黄帝准备的礼物,大都徒步到中岳庙给始祖中岳神轩辕黄帝进香,以表达对始祖中岳神轩辕黄帝的虔诚之意。

人们说,神是有灵性的,特别是始祖中岳神轩辕黄帝更灵。民间传说始祖中岳神轩辕黄帝就生活在百姓中间,平常谁家遇到红白事要到始祖中岳神轩辕黄帝这儿来报告;化解不了的疑难杂事、冤屈仇恨都会到始祖中岳神轩辕黄帝这儿来上香倾诉。一把香点着,好像人间所有的事情都能在这缭绕的青烟中,消失化解了。逢到庙会之日,百姓们还要到中岳庙的中岳大殿中,当面给始祖中岳神轩辕黄帝唱颂,感谢中岳神的保佑和庇护之恩;还要当面向始祖中岳神轩辕黄帝祷告,为民请命,愿天下盛世太平,民生欢喜。愿一方人民在始祖中岳神轩辕黄帝的庇荫之下,风调雨顺,生活兴旺,和谐兴旺。

除此之外,在嵩山地域的民间,几乎家家都供有始祖中岳神轩辕黄帝、观世音、财神爷等神灵,家中大小事全都由神灵作主。遇到家中要办的大事,就到中岳庙祭告始祖中岳神轩辕黄帝,以求得神灵的保佑。一般的事情,或有事、有病去不到中岳庙给中岳神上香的,就在家里上香磕头,问问运气,探探路子,以求在始祖中岳神轩辕黄帝的保佑和庇护下,家家平安,事事如意,丰衣足食,万事吉祥。

附文一:

### 嵩山祝文

宋　苏辙

辙昔缘吏役,自陈如洛。道出嵩少,秋雨方淫。繁云如絮,缠覆山上。究观诸麓,莫瞩诸岭。据鞍默祷,庶几一见。俯仰未几,豁然云移。如卷重帏,却置山后。连峰角立,草木可数。惊顾窃叹,莫知其由。昔韩愈南征,有感于衡。岂以无似,克配前烈。默然惭愧,不以语众。至于今日,十有八年。永怀畴昔,有不能已。谨遣家兵,以茶酒香烛及佛经疏,伸导簿诚。神鉴不昧,景响昭答。

附录二:

### 祷中岳文

清　耿栋

一阴一阳,推迁之序;为寒为暑,代谢之常。惟天有愆阳伏阴,故人有伤寒中暑所痛者。疠气独播于一家,灾星偏积于屡岁。如栋琴瑟三断,数年声孤。鸡鸣手足再分,九载血洒棠棣。既罹蒙庄之变,旋遭卜夏之伤。家门不幸,愈出愈酷。今栋父年越六旬,柒瘟体痛。返躬自省,皆栋不孝所致。夫栋之不孝凡有殃咎宜加栋身,与父母、妻子、兄弟何辜?昔颛顼三子殁为厉鬼,意栋门祚衰微,屡遭此祟耶!恭惟尊神和会阴阳,聪明正直,岂容此魑魅魍魉,肆毒于光天化日之下?语云:"积善之家,必有馀庆。"栋曾祖保孤城于明季,全活亿万。栋父意气慷越,前年督修神祠,矢志青天白日,福善祸之谓,何其爽之也!伏讫大彰威灵,除退瘟疫,俾栋父体健增福。栋愿减己算以益父寿,惟神鉴之。

## 第七节　其他神灵祭祀

嵩山地域以祭祀华夏始祖中岳神轩辕黄帝为主神的同时,还祭祀有社稷、风云雷雨、山川诸神,有名人庙祠诸神。这些众多的神灵,大都有其专门的庙宇和祠堂。地方政府如何祭祀这些神灵,清朝政府还专门颁有《会典》,对各种神灵的祭祀时间和祭文、祭仪,都作有详细的规定。

# 一、祭祀时间

《会典》载:"直、省、府、州、县、社稷、风云雷雨、山川诸神,以春秋仲月上戊日致祭,至地方正印官主祭。前期即令主祭官于教职内魏监礼官二人。佐二杂职,内委监视祭品官一人,令其虔诚执事。"

清雍正三年(1725年),议准直、州、县境内山川之神;设城隍位于右,称某府、州、县城隍之神。

**(一)《会典》各神坛祭祀日**

◆社稷坛

每岁春、秋仲月上戊日祭。

◆风云雷雨山川城隍坛

每岁春、秋仲月上戊日祭。

◆先农坛

每岁仲春亥日巳时祭,午时行耕藉礼。

◆厉坛

每岁清明日、七月望、十月朔,请城隍神出主其祭,榜无祀,鬼神分祭之。

◆先师孔子庙

每岁二月、八月上丁日致祭,如太学仪。遇有事改次丁或下丁,通行府、州、县、各学遵行。

◆文昌庙

每岁春、秋二祭,以二月初三日圣诞为春祭,八月钦天监选定吉日为秋祭。

◆崇圣宫、名宦祠、乡贤祠、忠义祠、节孝祠

每岁春、秋仲月上丁日,同日祭。

◆关帝庙

每岁春、秋仲月及仲夏中旬三日致祭。雍正三年(1725年),追封关公祖辈三代。曾祖光昭公、祖裕昌公、父成忠公,祭于后殿。

◆八蜡祠

每岁春、秋仲月上戊日祭。

◆刘猛将军庙
每岁春、秋仲月上戊日祭。

◆土地祠
每岁春、秋仲月上戊日祭。

◆马神庙
每岁清明日祭。

◆文昌阁
每岁春、秋仲月上戊日祭。

◆火神庙
每岁正月十三日祭。

◆龙神庙
每岁二月初二日祭。

◆旗纛庙
每岁端午、霜降日,武弁祭。

◆魁星楼
每岁春、秋仲月上丁日祭。

(二)各神坛祀典日
◆黄帝庙
每岁二月二大祭,祭时必须有"祭告文"。

◆汤王庙
每岁春、秋仲月上戊日祭。

◆元圣周公庙
明清时,对周公的祭拜列入河南府的官方祭礼。春、秋共两次大祭,分别是二月初二、八月初二。

◆先师孔子庙
每年二月,八月,上丁日致祭。如太学仪,遇有事改次丁或下丁,通行府、州、县、卫各学遵行。

祭祀华夏始祖中岳神轩辕黄帝

◆古圣贤祠（每县内立有古圣贤祠，祠内敬奉有当地名人志士）
每岁春、秋仲月上丁日祭。

◆两程祠
每岁春、秋仲月次丁日祭。

◆褚公祠
每岁春、秋仲月上戊日祭。

◆薄太后庙
每岁六月六日祭。

◆虫王庙
每岁六月十二日祭。

◆八蜡祠
随社稷坛祭。

◆黄大王庙
新封《祀典》：敕封灵佑襄济黄大王庙。每岁十二月十四日祭。

## 二、奉祀神祇祭文

祭文在古代，人们产生万物皆有灵观念的同时，也就出现了祭祀。当时祭祀天地山川，往往有祝祷性的文字，称作祭文、祈文或祝文。后来，随着人们信仰神灵的增多，祭祀文也就成了必不可少的祭祀内容。

### （一）乾隆八年（1743年）部颁奉祀神祇祭文
◆风云雷电山川城隍祭文
惟神赞襄天泽，福佑苍黎。佐灵化以流形，生成永赖；乘气机而鼓荡，温肃攸宜。磅礴高深，长保安贞之土；凭依巩固，实资捍御之功。幸民俗之殷盈，仰神明之庇护。恭修岁祀，正值良辰。敬洁豆笾，祇陈牲币。尚飨！

◆社稷坛祝文
惟神奠安九土，粒食万邦。分五色以表封圻，育三农而蕃稼穑。悉承守土，肃展明禋。时届仲春（秋），敬修祀典。庶丸丸松柏，巩盘石于无疆；翼翼黍苗，佐神仓于不匮。尚飨！

◆先农坛祝文

惟神肇兴稼穑,粒我孙丞民。颂《思文》之德,支配彼天。念率育之功,陈当时夏。兹当东作,咸服先畤。洪惟九五之尊,岁举三推之典,恭膺守土,敢忘劳民!谨奉彝章,聿修祀事。惟愿五风十雨,嘉祥恒沐于神庥;庶几九穗双岐,上瑞频书于大有。尚飨!

先农坛祭祀

◆龙神祭文

惟神德洋寰海,泽润苍生。允襄水土之平,经流顺轨;广济泉源之用,膏雨及时。绩奏安澜,占大川之利涉;功资育物,欣庶类之蕃昌。仰藉神庥,宜隆报享。谨遵祀典,式协良辰,敬布几筵,肃陈牲醴。尚飨!

◆八蜡神祭文

于惟尊神,实司岁功。驱螟敛螣,五谷乃丰。兹当岁禬,虔具牺牲。神其保佑,惠此生灵。尚飨!

◆文庙祭文

惟先师德隆千圣,道冠百王。揭日月以常行,自生民所未有。属文教昌明之会,正礼和乐节之时。辟雍钟鼓,咸恪荐于馨香;泮水胶庠,益致严于笾豆,兹当春(秋)仲,祗率彝章,肃展微忱,聿将祀典。尚飨!

◆周公庙祭文

惟笃生元圣,儒学启蒙。通测日影,选定地中。营建洛邑,成周定鼎。四方朝贡,东都始兴。思兼三王,心系黎民。平定叛乱,率部东征。封藩建卫,大德先行。制礼作乐,天下太平。兹当春(秋)仲,聿将祀典,永荐馨香。尚飨!

◆孔子三代五王祭文

惟王奕叶钟祥,光开圣绪。盛德之后,积久弥昌。凡声教所覃敷,率循源而溯本。宜肃明禋之典,用申守土之忱。兹届仲春(秋),聿修祀事。尚飨!

◆关帝祭文

惟帝浩气凌霄,丹心贯日,扶正统而彰信义,威振九州岛;完大节以笃忠贞,名高三国。神明如在,遍祠宇于寰区;灵应丕昭,荐馨香于历代。屡征异迹,显佑群生,恭值良辰,遵行祀典。筵陈笾豆,几奠牲醴。尚飨!

◆关帝先代三公祭文

惟公世泽贻庥,灵源积庆。德能昌后,笃生神武之英;善则归亲,宜享尊崇之报。列上公之封爵,锡命优隆;合三世以肇禋,典章明备。恭逢诹吉,祇事荐馨。尚飨!

◆刘猛将军祭文

惟是上赞帝德,下惠生民。时和年丰,螟蝝不兴。兹值岁暮,式荐明馨。神其昭格,庶几鉴歆。尚飨!

◆忠义孝悌祠祭文

惟灵禀赋贞纯,躬行笃实。忠诚奋发,贯金石而不渝;义问宣昭,表乡间而共式。祇事懋彝伦之大,性挚蒿莪。克恭念天显之亲,情殷棣萼。模楷咸推夫懿德,纶恩特阐其幽光。祠宇维隆,岁时式祀。用陈奠籩,来格几筵。尚飨!

◆节孝祠祭文

惟灵纯心皎洁,令德柔嘉。矢志完贞,全闺中之亮节;竭诚致敬,彰壶内之芳型。茹冰蘖而弥坚,清操自励;奉盘匜而匪懈,笃孝传徽。丝纶特沛乎殊恩,祠宇昭垂于令典。祇循岁事,式荐尊醪。尚飨!

(二)地方奉祀神祇祭文选

◆忠义孝悌祠祭文(与部颁忠义孝悌祠祭文同)

惟灵禀赋贞纯,躬行笃实。忠诚奋发,贯金石而不渝;义问宣昭,表乡间而共式。祇事懋彝伦之大,性挚蒿莪。克恭念天显之亲,情殷棣萼。模楷咸推夫懿德,纶恩特阐其幽光。祠宇维隆,岁时式祀。用陈籩簋,来格几筵。尚飨!

◆禜祭城门祭文

诏命临民,职司守土。惟兆人之攸赖,并藉神功;冀四序之常调,群蒙福荫。必使雨旸应候,爰占物阜而民安;庶其寒燠咸宜,共庆时和而岁稔。仰灵枢之默运,聿集嘉祥;襄元化以流形,俾无灾害。尚飨!

◆名宦祠祭文

于惟　诸公,嵩岳先正。彬彬济美,为宪为令。宜民宜人,福有余庆。我后之人,绳武是竞。惟兹仲春(秋),谨以牲帛、醴斋、粢盛、庶品之仪,祇荐于　神。尚飨!

◆乡贤祠祭文

于惟　诸公,嵩岳精英。允文允武,克孝克忠。泰山乔岳,月旦有声。千秋万祀,俎豆光荣。惟兹仲春(秋),谨以牲帛、醴斋、粢盛、庶品之仪,祇荐于　神。尚飨!

◆文昌庙祭文

惟神　迹著西垣,枢环北极。六匡丽曜,协昌运之光华,百代垂灵,为人文之主宰,扶正久彰。夫感召荐馨,宜致其尊崇。兹届仲春(秋),用昭时祀。尚其歆格,鉴此精虔。

◆文昌阁祭文

惟神神功赫奕,圣德昭明。位分天象,职司台衡。朱衣赤舄,耀于七星。赞元开化,启秀育英。普天钦仰,斯文丕兴。今届仲春(秋),虔荐豆登。尚飨!

◆文昌三代祝文

祭引先河之义,礼崇反本之思。矧夫世德弥光,延赏斯及。祥锺累代,炯列宿之精灵,化被千秋,纬人文之主宰。是尊后殿,用答前庥。兹值仲春(秋),肃将时祀,用申告洁,神其格歆。

## (三)奉祀祠楼庙墓祭文选

◆汤王庙祭文

惟兹偃邑,古称西亳。五实居之,灵爽攸托。贤圣之君,六七代兴。深仁厚泽,浃洽民生。靡害不除,靡利不开。民之戴商,阙惟旧哉。旧届仲春(秋),敬陈牲币。(某)忝邑吏,执爵将事。王其来格,永福斯世。尚飨!

◆魁星楼祭文

惟神七星冠首,六合承辉。德耀青阳,佑人才之奋起;祥开紫电,焕文运之光昌。天象照临,士林忭庆。敬修禋祀,肃展微忱。尚飨!

◆古圣贤祠祭文

惟神或德于野,或功于朝,或以节著,或以名标,或经术盛,或理学昭。精英如在,灵爽非遥。今届仲春(秋),敬荐醴牢。尚飨!

◆两程祠祭文

惟两夫子,伊洛名儒。道高理醇,渊源洙泗,启迪后人。今届仲春(秋),敬修明禋,以刘、李二先生配。尚飨!

◆薄太后庙祭文

惟神女中尧舜,汉代母仪,辅帝德以坤元,勤传织室;普祥风于稼穑,害戢螟蝗。万姓歌仁,一方蒙惠。宜崇秩祀,以奉灵祠。爰陈蠲洁之仪,冀报在天之爽。尚飨!

◆土地祠祭文

惟神幽祠公署,赫奕无私。威瘅鼫鼠,德符驺虞。今届仲春(秋),理宜致祭。尚飨!

◆旗纛庙祭文(旗纛：古代军队里的大旗。)

惟神旗纛是司，三军所视。威扬阃外，疆圉是恃。霜露既肃，仰答肤功。神其有灵，歆此菲供。尚飨！

◆河神黄大王庙祭文

惟神灵禀山河，功参天地。奇旱传乎龆龀，入水不濡；绩屡著于乡邦，安澜有庆。合龙稳埽，聿昭利济之勋；锡号崇封，久懋酬庸之典。奉烝盛于子姓，瓜瓞长绵；焕家庙之丹青，松楸在望。兹值诞辰之吉，例修展祀之仪。精诚敬达于苹蘩，灵在爽式凭乎桑梓。鉴兹筵几，灵爽式凭乎桑梓。少驻芝旗。尚飨！

◆颜鲁公(颜真卿)墓祭文

惟公生而忠烈，殁则精英。垂勋唐室，卜葬偃城。洁修岁祀，式享神灵。今届仲春(秋)，殚诚告献。伏冀来格，如闻如见。尚飨！

## 三、嵩山仪注

仪注，即礼节制度。仪注是礼中之仪，讲究的是进退俯仰、登降折旋的仪节，在影响、决定令的面貌方面，它虽然不如具有实质内容的礼，但对令的执行仍有指导、约束作用。制度仪节作为不脱离日常生活对象、日常环境的身体活动、行为方式，既深深地嵌入当下的世俗生活而又自然获得某种超越性，成为某种人文传统绵延的保证。

### (一)国家祭祀华夏始祖中岳神仪注

祭期为每岁仲春/仲秋上戊日。

献官：河南府官致祭。凡遇祭祀于嵩山中岳庙。

长官一员行三献礼，余官止陪祭。武官并不预祭。

正祭前三日。献官并陪祭官执事人等。沐浴更衣。散斋二日。各宿别室。致斋一日。同宿祭所。散斋仍理事务。惟不饮酒。不食葱韭蒜薤。不吊丧问疾。不听乐。不行刑。不判署刑杀文字。不预秽恶事。致斋惟理祭事。正祭前一日。执事者设香案于宰牲房外。赞引引献官常服诣省牲所。赞省牲。执事者牵牲从香案前过。赞引赞省牲毕。遂宰牲。以毛血少许盛于盘。其余毛血以净器盛贮。祭毕埋之。其牲须连皮煮熟供祭。前期，执事扫除坛之上下，并设献官幕次于中门外。执事者依图陈设。其日清晨，执事者各实笾豆酒尊等器，并涤爵。临祭献官免涤。献官具祭服。金祝板于幕次。执事者置祝于案。置帛于篚。取毛血盘置神位前牲案下。将行礼，执事者以牲匣盛牲置于案，未启盖。通赞唱执事者各司其事。陪祭官各就位，唱献官就位。赞引引献官入，就位。通赞唱瘗毛血。执事者以毛血瘗于坎，遂启牲匣盖。通赞唱迎神，鞠躬，拜，兴，拜，兴，拜，兴，拜，兴，平身。献官、陪祭官皆四拜、兴、平身。通赞唱奠帛行初献礼。捧帛者捧帛，执爵者执爵以俟。赞礼唱诣盥洗所，引赞、引献官至盥洗所。赞搢笏，执事酌水进巾，献官盥手帨手讫。盥手帨手不赞。赞出笏，献官出笏，赞诣酒尊所。赞司尊者举□酌酒，执事者各以爵受酒。赞诣神位前，引献官诣神位前。赞跪搢笏，献官跪搢笏。捧帛者跪进于献官之右,献官受帛献帛。以帛授执事者奠于案。执爵者跪进于献官之右。献官受爵,赞献爵。献官献爵,以爵授执事者,奠于神位前。凡进帛进爵,皆在献官之右。奠帛奠爵,皆在献官之左。赞读祝。读祝者,取祝跪读于献官之左,毕,兴,置祝于案。赞俯伏,兴,平身。献官俯伏,兴,平身。赞复位,献官复位。通赞唱行亚献礼。赞引引献官诣酒尊所。赞司尊者举□酌酒,执事者各以爵受酒。赞诣神位前,引献官诣神位前。赞跪,赞搢笏。献官跪,搢笏。执爵者,跪进于献官之右,献官受爵。赞献爵,献官献爵。以爵授执事者,奠于神位前。赞俯伏,兴,平身。献官俯伏,兴,平身。赞诣神位前。同上仪。赞复位,献官复位。终献同亚献仪。通赞唱饮福受胙。执事者设饮福位于坛之中稍北。执事者先于神前取羊一脚置于盘。执事者于酒尊所酌酒一爵。立俟于饮福位之右。赞引引献官诣饮福位。赞跪,搢笏。献官跪,搢笏。执事者以爵跪进于献官之右。献官受爵,赞饮福酒。献官饮讫,以虚爵授执事者。执事者跪受爵于献官之左,以退。赞受胙。执事者以胙跪进于献官之右。献官受胙,以胙授执事者。执事者跪受于献官之左。捧由中道出。赞出笏,献官出笏。赞俯伏,兴,平身。献官俯伏,兴,平身。赞复位,通赞赞两拜。献官、陪祭官皆两拜。通赞唱彻馔。凡事者各诣神位前,以笾豆稍移动。通赞唱送神。赞鞠躬,拜,兴,拜,兴,拜,兴,拜,兴,平身。献官、陪祭官皆四拜、兴、平身。通赞唱读祝官捧祝,进帛官捧帛,各诣瘗所。献官、陪祭官移身分东西立。俟捧帛祝者由中道过献官拜位。通赞唱望燎。赞引赞诣望燎位,引献官至望燎位,执事者以祝帛焚于坎中。将毕。以土实坎。赞引通赞同唱礼毕。

### (二)国家通用祭祀仪注

国家通用祭祀仪注一般用于政府祭祀。祭祀共分九个仪程,即迎神、奠玉帛、进俎、初献、亚献、终献、撤馔、送神、望燎等。各仪程演奏不同的乐章(附录)。跳文、武"八佾"舞(由64人组成的古代天子专用的舞蹈)。清乾隆七年额定地坛设文、武、乐舞生480人,执事生90人。

嵩山仪注

民间推荐献官、执事用玄端、深衣,舞乐生用深衣或襕衫,观礼者汉服。盖深衣,礼服之微者,行礼燕居,古今上下所通用也。明礼舞乐生虽用红衣(尚色也),但亦以深衣为正,则深衣行礼舞乐,未悖明制。玄端周制为亦燕居祭祀,上下通用,到明朝复兴,嘉靖年间为品官所用,明末则放任民间,成为儒服。

1. 人员

献官:初献官、亚献官、终献官,如果有配位,设若干分献官。位置在南,面向神位。但如果场地南北窄,或者不敢直面,则立于东侧,不得立于西侧。献官是行礼的主体,必须注重礼容。按照周制,侍奉于尊者当趋进,是为堂下碎步跑,堂上脚后跟不离地趋,此是礼之本也。但明制似乎无此规定,盖是献官有所威仪,亦区别于执事也。今日行礼亦当庄重为要,宜从明。务要稳重而不失虔敬。

执事:引赞,为每一次献爵的献官设一位引赞(人不够可省略)。捧爵者,每坛位一位。捧帛者,每坛位一位(人不够可以捧爵者兼任)。读祝。司洗(献官洗完供巾)。司樽。乐生,舞生。位置以接近

其工作为要。以上是协助行礼人员,他们的不为礼容,捧物则求稳,其他转移执事,应趋走,减少先哲等待时间。

古制除家礼妇人不参与。当日若执礼,则应从家礼例,女子立于西阶下,男子在东阶下。女子西阶下盥洗(男女不同巾帨),升自东阶。为女献官配女执事,若没有,则递送时应以盏盘,以免接触。

参礼者:古代祭祀只为致敬,程序中不需要人人各自为礼的。但今日行礼,参礼者多,则一律分男女立于南侧,男在东侧,女在西侧,随众官具礼即可。

观礼者,不作威仪要求,在参礼者之后。

2. 流程

流程四个:迎神(通过四拜);—献爵(三献,一献也可);—辞神(四拜);—饮福散胙。

3. 祭祀过程

①斋戒,读古人言行,以思其人。

②就位。陈设完毕,献官、执事行四拜礼,盥洗,就位。执事焚香。如果有牲牢之献,瘗毛血。焚香是迎神于阳,瘗(埋也)毛血,是用阴物迎神于阴。先人以人死之后魄属阴,归于大地,而魂属阳,则无所不在,故祭祀于阴阳皆有所沟通。今天瘗毛血是无法做的,可以先在一旁土地上酹酒,或焚香后由初献官酹酒于香炉后茅沙中,达到意义。行礼必着履,履者礼也,饰足以行礼也。况古有舄,特为木底,以免潮湿害足也。饮酒礼,则曰有俎在,不敢脱屦,盖脱屦为宴乐也。

③迎神。奏乐。乐属阳,也是迎神于阳。所以乐奏半时,神其来格,乃行四拜礼迎神。四拜:鞠躬,拜兴拜兴拜兴拜兴,平身。

④奠帛、初献礼。奏乐。引赞引献官诣盥洗所。然后诣酒樽所,此时司樽为所有捧爵者斟酒,捧爵者及捧帛者立刻到神位前东侧朝北立,配位在神位南,朝北立。初献官诣神位前,跪奠帛,奠爵,俯伏兴,平身。然后到读祝位,读祝在献官左侧,乐止,众官皆跪,读祝,读毕继续奏乐,众官俯伏兴,平身。然后如果有配位则行分献礼,如果只有一个配位,则献官行礼。如果多个配位(这样配位应为偶数),那么献官向前两个或四个(按照具体情况)配位奠帛奠爵,当献官想最后一个他负责的配位行礼时,其他各有分献官一起奠帛奠爵,与献官同时完成。礼毕复位。如果献官只负责主位,则在主位面前拱立,待分献完成一同复位。帛用素帛,是古人行礼的信物。献爵而不侑食,因为我们只是示敬。食物早已陈列,但并不进献食物,因为饮食属于宴乐,而对师长只是敬意。注意进出门时,只有捧主神位的器物的执事是从中门出入,其他人皆从东门出入。因为东侧是主人(先哲)所走的路,弟子不敢自称宾客于先师抗礼,如果是在现实中,是要随主人身后走东侧的。那么事死如事生,也要走东侧。但执先哲器物者走中门,盖重先哲之物也。乐是礼的一部分,所以是在奏乐同时行礼。古代没有单独奏乐的。礼仪当中皆立,唯读祝需跪听。读祝也不需话筒,且面向东方或神位,读与先哲听,非读与大众。盖古之教化多端,自有社学书院传达。祭祀则唯礼之所在,不必作秀也。注意上下台阶要聚足:上下台堦先迈外侧脚,上下一级,两脚并拢,还是外侧迈出。但执事不必。

⑤亚献,由亚献官献爵如上,但不献帛。

⑥终献,由终献官献爵如上。

⑦饮福受胙。奏乐。初献官到位,跪饮福酒,受福胙,俯伏兴,平身。复位。执事捧胙出,众官再拜:鞠躬,拜兴拜兴,平身。礼尚往来,所以弟子一起分享酒蔬,其乐也融融。

⑧撤馔。执事象征性移动一下酒爵。盖弟子服其劳也。

⑨辞神。奏乐,四拜。以上事死如事生,一如现实中迎宾、献酒、共餐、送宾。

⑩望瘞。通过焚祝文、焚帛,上达于天。如果用的是纸制牌位,则亦当焚烧。今日若不能举火,则封存。

礼成,散胙。凡与祭者,皆受福胙,也是恩礼广博也。古代的家族祭祀一般以宴会告终,盖于先人同时也。所以祭以示敬,宴以尽欢,正是礼之用,和为贵。显是先王一张一弛之道。至于散胙,以示无论亲疏,依次受福,只有次序之先后,并无礼遇之厚薄,此先人之泛爱众也。

### (三)祭祖仪注

每岁于除夕、清明、端阳、中元、冬至(或十月一)为祭祖日。一般家族都要在一年之内举行2~3次祭祖活动。准备锣鼓、管弦乐队伴奏,为祭礼增添热烈。气氛。要求,至期,要求同一姓氏宗族祭拜者身穿盛装参加祭祖活动。

#### 1. 人员

献官:初献官、亚献官、终献官。献官是行礼的主体,必须注重礼容,有所威仪,亦区别于执事也。行礼亦当庄重为要,宜从明。务要稳重而不失虔敬。

执事:引赞,为每一次献爵的献官设一位引赞(人不够可省略)。捧爵者,每坛设一位。捧帛者,每坛设一位(人不够可以捧爵者兼任)。司洗(献官洗完供巾)。司樽、乐生。位置以接近其工作为要。以上是协助行礼人员,他们不为礼容,捧物则求稳,其他转移执事,应趋走,减少先哲等待时间。

祠堂祭祖

参祭者:参祭者多,一律分男女立于南侧,男在东侧,女在西侧,随众官具礼即可。

观礼者,不作威仪要求,在参礼者之后。

#### 2. 祭祖流程

流程四个:迎神,献爵,拜神,饮福散胙。

#### 3. 祭祖过程

(1)仪式准备。祠堂外,参祭者分男女列队,三献官在前。司仪宣读相关纪律和事项。由上供的童男送净水,参祭者依次净脸、净手。由上供的童男送擦手毛巾,参加祭祖孙依次擦手。

(2)进入祠堂。参祭者队伍进入祠堂。请掸尘、整冠、肃立。司仪台前行礼,宣布:祭祖典礼开始。请执事者各司其职,鼓三声。请主祭者(初献官)就位(音乐《故宫的神思》)。请副主祭者(亚献官)就位。请陪祭者(终献官)就位。请全体子孙后裔肃立。三献官净手净身:司炉,执香炉绕三献官一圈。

司洗,执盥洗盆、毛巾请三献官再次净手。

（3）恭迎列祖列宗。主祭官把香朝外舞半圈,说:"今黄道吉日吉时,恭请列祖列宗一同前来亨用肴馔果蔬,莅临发谱。"司仪:请三献官至门口迎祖,全体参祭者面向大门。

（4）初献礼。上香,敲钟擂鼓,两鼓一声。初上香,司仪献给初献官上香。初献官跪,众人鞠躬。全体参祭者三拜,一拜一钟声。二上香,司仪献给亚献官上香。亚献官跪,众人鞠躬。全体参祭者三拜,一拜一钟声。三上香,司仪献给终献官上香。终献官跪,众人鞠躬。全体参祭者三拜,一拜一钟声。进馔,献三牲,猪头、全鸡、全鱼,献饭羹、献帛、献酒、献馔盒、献胙肉,献供果,献鲜花。由三献官行三献大礼（跪拜、叩首、再叩首、三叩首、平身、复位）。上酒,敲钟擂鼓,两鼓一声。执事倒酒呈上,三献官跪接酒后,拜过祖宗,将酒轻洒至供桌前。参拜天地祖先。主祭者跪,众人鞠躬。全体族人按辈份、分长次列队,先男后女,分批依次上前向列祖列宗三磕头三跪拜,一拜一钟声。司仪唱颂:日吉时良,天地开张,焚香祭祖,百福千祥。

（5）亚献礼。请亚献官就位。亚献官上香,祭拜,钟一声,进香。初献官跪,再献爵（鼓一声）拜（钟一声）,行三叩首礼,一叩首一钟声。司仪唱诵:穆穆再献,礼酒祝嘏,锡福绵绵,佑我裔孙兴,请亚献官让位。

（6）终献礼。请终献官就位。上香,全体陪祭者拜,钟一声,进香。终献官跪,三献爵（鼓一声）拜（鼓一声）进行三叩首礼,一叩首一钟声。司仪唱诵:雍雍三献,俎豆既陈,灵爽不昧,来格来歆兴,请陪祭者让位。

（7）诵读祭文。主祭人诵读祭文。读毕,全体祭拜者行三鞠躬礼。主祭者行三叩首礼,一叩首一钟声。奉请列祖列宗,伏冀,神祇降临。一来到会,二来鉴纳,三来庇护本姓家族子孙。主祭人将祭文交执事焚烧。

（8）祭拜列祖列宗。三献官祭拜,向列祖列宗行三跪九叩大礼,一叩一钟声。全体族人按辈份、分长次列队,先男后女,分批依次上前上前向列祖列宗行三跪九叩大礼,一叩一钟声。肃立！司仪唱诵:感恩祖德,励志图强,发愿精进,祈求保佑。全体族人承因祖德向列祖列宗三鞠躬。礼成。

（9）望瘞。主要指焚烧纸钱,俗称"送钱粮"。本族的家家户户将提前准备好的祝文、布帛、纸钱、提前交到捧祝官与进帛官那里,一并到焚烧炉进行焚烧。通过焚烧祝文、焚帛,上达于天。

（10）礼成。请主祭者、从祭者、大众依次退场。最后,司仪退置祭台前,行鞠躬礼,平身,礼成。退场。

4. 饮福受胙

大家认为经过祭献之酒及肉,已受神之福,故称饮福受胙。福,指祭酒;胙,指祭肉。凡举行重大祭祀,于祭祀完毕,参加祀礼的主祭官将猪肉、羊肉等祭品分给参祭代表。也有将祭品用于宴请参祭人员,只给少数的行祭人员与乡绅、长老等发点祭品。

**（四）拜牌仪注**

万寿圣节,前一日于县（某处）设龙亭。至期五鼓,文武官衣朝服趋立丹墀下,文东武西。礼生四名,赞、引至各拜位,行三跪九叩头礼毕,各退。前后三日,俱蟒服坐班。

皇后千秋令节,元旦、长至节,仪注俱同,不坐班。

## (五)接诏仪注

诏书至,文武官员皆朝服,具龙亭(在距公庭不远处设置)、彩舆、仪仗、鼓乐出郭肃迎。朝使捧诏书置龙亭中南向,朝使立亭东北,礼生、赞行三跪九叩头礼。众官及鼓乐前导,朝使随亭后,行至公庭门外,众官先趋入,文武分东西序跪,候龙亭至公庭中,使朝立龙亭东,西向,礼生、赞行三跪九叩头礼。朝使捧诏书授展读官,展读官跪受。诣香案前开读,众官跪听,毕。三品以上官员跪请圣安,退易服,与朝使行礼。如诏书经过及止宿,文武官员朝服,具鼓乐出城迎接,跪道右,候诏书过方起。随至邮亭,设香案供奉,礼生、赞行三跪九叩头礼,毕。易服与朝使行礼。临行,仍具鼓乐在道右跪送。如但经过,不进邮亭,则但迎送,不行礼。如有出使官员,亦同行礼迎送。路遇官员,军民人等俱俯伏道旁,候过方起。如本市(县)遇有恩诏,本府委礼生恭赍跪迎。开读仪注照前。执事以礼生代之。在龙亭宣谕。

接诏仪注

## (六)迎春仪注

每岁先期塑造春牛(土制的牛),并塑芒神(古代管木之官)。立春前一日,各官朝服于东郊,祭芒神,行三跪九叩礼。本日衣告服祭芒神,同前。礼毕,各执采杖,正官击鼓三声,环鞭土牛者三下。

旧时立春造土牛,以劝农耕,象征春耕开始。

## (七)塑望仪注

每月朔、望黎明,长官及僚属谒文庙、武庙、文昌庙,行三跪九叩头礼。及各祠庙行礼毕,遂率僚属暨乡约、木铎老人(当地宣扬教化的人)、司约人(掌管乡约券书的人)等至讲约所,设香案。礼生唱:"序班,行三跪九叩头礼,兴。"退班齐至讲所,军民人等环列肃听。礼生唱:"恭请开讲——"司讲生按上谕登台,木铎老人跪,宣读毕,礼生唱:"请宣讲上谕——"司讲生按次讲毕,退。

## (八)祈祷仪注

凡祈祷在城隍庙、龙王庙,设香案,僧、道各一班开坛诵经,鼓吹一班,礼生四名。各官衣素服,步行至庙,礼生引至拜位。赞,行一跪三叩头礼;宣疏文毕,赞,再行一跪三叩头礼。焚疏义,揖,退。祈雨则注水盈缸,插柳枝。

## (九)救护仪注

凡日月薄蚀,先期设香案于露台(指露天舞台),金鼓列仪门(明清官署的第二重正门),乐人列台下,设拜位于台上,俱向日月。至期各官俱素服齐集,阴阳生报初亏,礼生、赞行三跪九叩头礼,正印官上香毕,击鼓三声,金鼓齐鸣。食甚,再行三跪九叩头礼。报复圆,鼓声止,各官仍素服行三跪九叩头礼,毕。

### (十)到任仪注

凡新官到任,行至郭外,更衣蟒服,先祭城门,行一跪三叩头礼。入东门,避簧宫,绕后街行走,至本衙仪门前下轿。祭仪门,行一跪三叩头礼。从中道上露台,更朝服,望阙谢恩,行三跪九叩头礼。拜印行一跪三叩头礼。更蟒服至宅内祭灶神,行一跪三叩头礼。连发三梆,出升公座,皂隶排衙,阴阳生报吉时,用印三颗;捕衙禀参免,各书吏、众役叩贺,堂吏禀堂事毕回署。次早诣各庙行香。

### (十一)开印仪注

届期阴阳官报吉时,发三梆,鼓吹、升炮、开门,设香案于大堂。正官穿朝服上堂拜印,各官随班行三跪九叩头礼,望阙谢恩,亦行三跪九叩头礼。回署更衣蟒服,出升公座,各官禀贺,庭参免;堂吏请开印,禀发签押牌,九房挨次签押毕缴牌;皂隶排衙,书役叩贺毕,鼓吹、升炮、封门,典吏捧印进署。

### (十二)封印仪注

届期阴阳官报吉时,发三梆,鼓吹、开门,正官穿朝服,上堂升公座,升炮、鼓吹、开门,各官禀庭参免。吏房请印,印"封印大吉"四字,用印三颗。堂吏跪禀高升,典吏、书役分班叩贺毕,设案,率领各官随班拜印,行三跪九叩头礼。各官旁立,升炮、掩门、鼓乐,迎印进署。

### (十三)乡饮酒仪注

每岁正月十五日、十月初一日,于儒学行礼。前一日,执事者于儒学之讲堂陈设坐次,司正率执事者习礼。至日黎明,执事者宰牲具馔,主席及僚属、司正先诣学,遣人速宾、僎(僎作遵,遵为乡人为卿大夫来观礼者)以下。

比至,执事者先报宾至,主席率僚属出迎于庠门之外以入,主东宾西,三揖三让而后升堂,东西相向,赞两拜,宾坐;执事又报僎至,主席又率僚属出迎,揖让升堂,拜坐如前仪。宾介俱至,既就位,执事者唱:"司正扬觯(古代酒器)——"执事者引司正由西阶至堂中北向立,执事者唱,宾僎以下皆立,唱:"揖——"司正、宾僎以下皆揖。执事者以觯酌酒授司正,司正举酒曰:"恭惟朝廷,率由旧章,敦崇礼教,举行乡饮。非为饮食,凡我长幼,各相劝勉:为臣尽忠,为子尽孝;长幼有序,兄友弟恭;内睦宗族,外和乡里;无或废坠,以忝所生。"语毕,执事者唱:"司正饮酒——"饮毕,以觯授执事者。唱:"揖——"司正揖,宾僎以

乡饮酒仪注

下皆揖;司正复位,宾僎以下皆复位。唱:"读律令——"执事者举律令,案于堂之中,引读律令者诣案前,北向立,唱:"宾、僎以下皆立,行揖礼如前,读毕复位。"执事者供馔案,执事者举馔案至宾前,次僎、

次介、次主、三宾以下各以举讫。执事者唱:"献——"宾主起,席北面立,执事酌酒以授主;主受爵诣宾前,置于席,稍退。唱:"两拜——"宾答拜讫,执事又酌酒以授主;主受爵诣僎前,置于席,交拜如前,仪毕,主退,复位。执事者唱:"宾酬酒——"宾起,僎从之,执事者酌酒授宾;宾受爵诣主前,置于席,稍退。唱:"两拜——"宾、僎、主交拜讫,皆就位坐,执事分左右立,介三宾、众宾以下以次酌酒于席讫。执事者唱:"饮酒——"或三行,或五行,供汤。又唱:"斟酒——"饮酒、供汤三品,毕。执事者唱:"撤馔——"候撤馔案,毕。唱:"宾、僎以下皆行礼"僎、主、僚属居东,宾、介、三宾、众宾居西,赞两拜讫。唱:"送宾——"以次下堂,分东西行,仍三揖出庠门而退。

凡乡饮酒礼,序长幼,崇贤良,别奸顽。其坐席间,年高德邵者居上,高年淳者笃次之,以次序齿而列(按年龄长幼定先后次序)。其有违条犯法者,不许干于善良之席,违者罪以违制。敢有喧哗失礼者、扬觯者以礼责之。主,知县为之,位东南。大宾,以致仕官为之,位于西北。僎,择于里年高有德之人,位于东北。介,以次长,位于西南。三宾以下之次者为之,位于宾、主、介、僎之后。除宾、僎外,众宾序齿列坐,其僚属则序爵。司正以教官为之,主扬觯以罚。赞礼者,以老生员为之。

初歌《鹿鸣》(《诗经·小雅》)之首章;

次歌《南山》(《诗经·国风·齐风》)之首章;

三歌《湛露》(《诗经·小雅》)之首章;

终歌《天保》(《诗经·小雅》)之首章。

## (十四)乡约仪注

凡县城内及四乡大村店,各立讲约所,设约正一人,以老诚有学行者为之,选朴实谨守者为直月(值班之月),三四人。置二籍,德业可劝者为一籍,过失当规者为一籍,直月掌之。每月朔,预约同乡之人夙兴劝集约所,俟约正及耆老、里老皆至,相对三揖,众以齿分左右立,设案于庭中,直月向案北面立。抗声宣讲《圣谕广训》,众皆肃听。约正复推其说,必剀切(切实)丁宁,务期警司通晓,未达者许其质问,但不得喧哗。讲毕,乡人有善者众推之,有过者直月究之。约正询其实状,众无异词,乃命直月分书于籍。直月高声读《记善籍》一遍,其《记过籍》呈约正及在约众人默视一遍,直月收之,事毕揖而退。岁终则考核其善过,汇册报知县行劝惩之法,有能改过,一体奖励之。

## (十五)宾兴仪注(宾兴:科举时代感,地方官设宴招待应举之士,谓之宾兴。即仿古乡饮酒礼。后又迳称乡试为宾兴。)

凡大比之年(科举时代称乡试为大比),先试期一月,知县择吉,具启延致应试诸生。届期大堂设宴、演剧。驾登瀛桥于中门外,诸生至,谒知县,行四拜礼,见学师三揖。即席,知县命送酒,酒三巡诸生簪花披红,由彩桥出,送至大门外。礼毕。

送学仪注

### (十六)送学仪注

凡岁科试,新进红案到县,择日设席于大堂。至期,诸生皆蓝衫,分班参见,行四拜礼。即席,给花红,鼓乐导送至文庙墀下,行三跪九叩礼。退诣明伦堂,知县与学师交拜,新生参见学师,行四拜礼,宣读《卧碑》。即席饮三巡起立,新生向上三揖,辞退。

清代顺治九年(1652年),礼部奉旨规定八条规则,颁《卧碑》于天下学校,令士子必须遵照。

# 第三章 嵩山灵异

苍茫宇宙,浩淼时空,掩藏了多少真理,记录了多少沧桑巨变;神奥嵩山,雄峙中天,尊临方夏,创造了多少世间神话,惊现了多少奇闻趣事;中岳之神,配天作镇,环通八表,造化了多少生灵万物,富泽了多少山川田谷,化解了多少风雨雷电。灵异,一个永恒而神秘的词汇,一直萦绕在科学的边缘,自有人类史以来,绵绵不绝。它伴随着历史的脚步同我们一起走来,至今却仍然玄机不断。

嵩山在上古时期,就是一座被民间拥为上神所居住的"天室"之山。夏、商、周三代建都也都要无远于天室,以求得上天的庇佑。而嵩山的太室、少室都介于河洛之间,居阴阳之会,圣贤之所,仙释所托,至其奥深幽远,亦鬼神之所凭也。中岳嵩山之神,位居天中,其在人间的威望和作用及影响巨大无比,历代帝王把华夏始祖中岳神轩辕黄帝和国家民族的利益联系在一起,把祭祀中岳作为一件为国为民的大事。翻阅历史的篇章,有很多史料记载了中岳神明的灵验和效应,书写了嵩山神秘奥妙的灵异环境,述说了嵩山灵异的惊世骇俗。嵩山历史文化名人景日昣曰:"含泽宣气以生万物者,山也;蓄精储奇生物不测者,山之灵也。嵩当堪舆之中,统阴会阳。阴阳之变化,形其无形,象其无象,其为耳目不经者多矣。"

灵异事件指的是各种非自然,无法用科学解释的超乎常理、稀奇古怪的事物或现象。根据史料记载的大量灵异事件传说,中岳之神是位居天中、配天作镇的轩辕黄帝,而他所居的中岳嵩山是我国灵异的发源地。嵩山灵异表现之多,方方面面,实为另一番繁华世界。在这一番繁华世界中,有配天作镇的轩辕黄帝,有神奇的龙马神龟,有抽象的河图洛书,有帮人实现大业的神灵和典籍,有很多修炼成功的高僧名道,有千年不遇的各种禽兽飞鸟,有世间罕有的树木百草——世间任何形形色色、梦想成真、不可思议的事情,都可能在这神奇奥妙的地方发生和出现。

嵩山灵异,本是文学作品中的传奇故事,却在民间流传成真。尤其是在佛道儒三教共存的嵩山,高僧名道大儒对这座神山情有独钟,百姓对华夏始祖中岳神轩辕黄帝更是信仰有加,在这样的信仰环境中,灵异故事在嵩山及佛道史料中大都有专门的记载,加之民间流传,灵异与神奥就成了嵩山独有的神山特色。人们在神灵的信仰中,灵异故事

嵩山灵异

的流传随着年代的久远,愈加扑朔迷离,神奇诡异。

随着社会的发展和进步,随着人们对嵩山古建筑群申报世界非物质文化遗产的成功,嵩山作为中华民族的发祥地,作为古文化遗存最多的一个文化区域,在得到世界遗产委员会认可的同时,愈来愈多的人对这座神山肃然起敬,愈来愈多的人怀着崇敬的心情到嵩山朝圣。尤其是现在,中岳嵩山已被中华民族誉为万山之宗、华夏之源、文明之根、文化之源,得到了众望所归的地位。

自古至今人们祭祀神灵,信仰名山大川必有神祇主之。大千世界,生祥致瑞,御灾捍患,兴善除恶,神奇羽化,其神的魅力无处不在,其赫然灵异者俱载祀典。祭飨有坛,奠谒有庙,儒传书院,佛奉寺庵,神所依归而使人得以瞻仰,礼不辍也。

为了全面展示史料记载的嵩山灵异事件和人物,特将嵩山灵异分为几个部分列出。让读者跨越历史,走进一个虚幻的人与神、仙、鬼、怪同在的灵界,穿过震撼灵魂的迷局,探索未知的世界,感受灵魂的战栗,体验一场穿越历史的奇妙旅行。

## 第一节　上古灵异

嵩山地域是华夏先祖最早的集聚地,这里传说着许多"天""地""人"在这里衍生的故事和过程。上古灵异中的神灵神话在嵩山地域普遍流传,从盘古开天辟地到女娲造人,从有巢氏的"落地而居"到燧人氏的"钻木取火",从神农尝百草到种植粮食,从炎黄二帝联手战蚩尤到黄帝集团的成功,使遥远的神话一步步走进文明的人类。

特别是有巢氏的筑巢,可谓是人类建筑的鼻祖。他的发明是生存的需要,是蒙昧意识中的文明。燧人氏的人工取火,使人类从蒙昧跨入文明的大门,也是人类文明的一次伟大进步。从嵩山地域中走来的华夏先祖繁衍生息,逐渐进步、发展,形成疆域,走向文明。嵩山地域也从此成为中华民族的形成中心!

上古时期,五帝时期的各种灵异在嵩山都有发生,从人类最初的盘古开天地、女娲造人、燧人氏钻木取火、神农尝百草种五谷等,特别中华民族之父——轩辕黄帝的灵异,在嵩山神话传说尤为之多。黄帝是中华文明之始,礼乐之祖,在位百年,其经历尤为传奇。因黄帝生在嵩山的新郑,所以嵩山地域的本土人除了对有轩辕黄帝这样的伟人感到自豪以外,当地还流传有大量的有关黄帝灵异的神话。这些神话,将黄帝彻底地变成了一个完全超越于民间之上的神灵。

◆ 盘古物祖

《述异记》:盘古氏,天地万物之祖也。其没也,头为五岳,目为日月,脂膏为江海,毫发为草木。一云头为东岳,腹为中岳,左臂为南岳,右臂为北岳,足为西岳,泣为江河,气为风雷,喜为晴,怒为阴。又徐整《三五历记》云:天地浑沌如鸡子,盘古在其中万八千岁。天地开辟,阳清为天,阴浊为地,盘古在其中一日九变,神于天,圣于地。天日高一丈,地日厚一丈,盘古日长一丈。如此万八千岁,天数极深,地数极厚,盘古极长。后乃有三皇,数起于一,立于三,成于五,盛于七,处于九,故天去地九万里。又真书曰:二仪未分,溟津洪蒙,未有成形,日月未具,状如鸡子,浑沌玄黄,已有盘古真人,天地之精,自号元始天王。

◆嵩山是由盘古的头和身子所变

民间神话:在人类的先期,天地还没有开,宇宙是一片混沌,像个大鸡蛋一样。盘古就生长在这个混沌当中。经过18000年,混沌有了晃动,盘古在晃动中惊醒。眼前混沌一片,什么也看不清。他伸手乱挥乱摸,想把混沌驱散,顺手摸到一把利斧,向混沌劈砍起来。只听"啪啪"几声响,他见混沌初开,从"大鸡蛋"中产生了两种气体:清而轻的升起来,变成了天;浑而重的沉下去,变成了地。天越升越高,地越沉越低。盘古在天地之间也越长越高大,成了一个顶天立地的柱子。盘古支撑着天地,始终不让它再合住,这样过了18000年。他实在太累了,看看天地早已经凝结牢固了,便躺了下来休息。可是,他一躺下,便再也起不来了。

盘古临死,让口里呼出的气变为风和云,发出的声音变为雷霆,左眼变太阳,右眼变月亮,四肢躯体变为广阔四野和五岳名山——东岳泰山、西岳华山、南岳衡山、北岳恒山、中岳嵩山,血液变成江河,筋脉变成道路,肌肤变成沃土,毛发变成树木,就是身上的汗也变成了雨露。盘古的头和身子,变成了嵩山,位于天地之中。由于它比四肢哪个部位都高大,又在四肢中间,而且构造比哪部分都复杂,所以山上山下都含有无穷的奥秘。

◆五岳奇说

《述异记》载:秦汉民间俗说,盘古氏头为东岳,腹为中岳,左臂为南岳,右臂为北岳,足为西岳;泣为江河,气为风,声为雷,目瞳为电,喜为晴,怒为阴。南海盘古冢,亘300余里,后人追葬其魂也。

《云麓漫钞》载:大五岳者,中岳昆仑,在九边中,为天地心。神仙所居,五常所理,去嵩高5万里。

◆五岳为盘古之身所化

《述异记》载:"盘古之死,头为东岳,腹为中岳,左右臂为南、北岳,足为西岳。"

◆莲生伏羲女娲

盘古开天辟地活活累死以后,他的眼睛变成了大湖,湖里慢慢生出了莲叶,长出来一根花梗,上头结着两个花骨朵。两个花骨朵吸收了日月的精华,天地的灵气,越长越大。后来花骨朵开了,中间坐着两个娃娃,一个是男的,一个是女的,男的就是伏羲,女的就是女娲。他们出世后,天下才有了人。

◆女娲捏泥造人

女娲神通广大,她是造物之神。相传,自盘古开天辟地之后,人类有了女娲自己和伏羲,但不免感到孤单和无聊。女娲掘取池边的泥土,用水与黄土和泥,仿造人的模样,捏成男人和女人。等晒干后,他们便成为真人夫妻,还可以生孩子。生的孩子都向女娲叫奶奶。有的孩子长大又生了孩子,就叫女娲为老奶奶。有些男女虽结了婚没生孩子,就向女娲要孩子,有的还偷孩子。这样以来,女娲真成了包送孩子的老奶奶了,人们便称她为人类的始祖。嵩山地区的各地县有不少的女娲庙、奶奶庙,也是民间所

女娲捏泥造

说的送子娘娘庙,庙里神像下面的桌案上放着很多泥娃娃,据说,这都是女娲给民间送子的。

◆钻木取火燧人氏

相传"燧人氏"是第一个"钻木取火"的人。人类发明用火,是很重要的一种进化。原始人不知道熟食,猎取到野兽后就连毛带血地生吃。经过长期观察,他们才慢慢发觉由于雷电或火山爆发所引起的森林大火不但可以取暖,而且可以吓跑野兽;同时,还发觉被火烤焦的兽肉,吃起来比生肉更香、更有味、也更容易消化。于是,他们逐渐地学会了如何保存天然火种不让它熄灭,用火来烧熟食物、驱逐寒冷、围猎猛兽。原始人发现燧石加工或久钻一块坚硬的木头时,往往由生热而迸出火光,根据这个道理,他们慢慢学会了"钻木取火"。

◆伏羲氏与浮戏山

伏羲为古代三皇之一。也称伏戏、包牺、密羲,亦称牺皇、羲皇。姓风,我国上古时期的帝王。据说他生于成纪(今甘肃省秦安县北),活动于嵩山、河洛,死于淮陈(今河南省淮阳县)。传说母亲叫诸英,是古代化胥国君的公主。他与女娲是兄妹。相传伏羲氏教人结网捕兽捕鱼,"养牲畜以供庖厨",又说他"教民嫁娶之礼"和琴瑟之乐,在洛汭画八卦以代结绳。由于伏羲有大量的活动在嵩山,因此,嵩山系列山脉中的浮戏山的山名"伏戏"实际上就是"伏羲"。

◆伏羲河洛画八卦

伏羲是创业之王,在历史的过程中,他的功绩是在发现"河图""洛书"之后而画八卦。《周易·系辞上》记载:"河出图,洛出书,圣人则之。"说的是上古的时候,有一次,伏羲氏观于黄河,有龙马忽然在河上出现,背负"河图";后来,伏羲氏又观于洛水,又有神龟在水上出现,背负着"洛书"。伏羲氏得到了河图洛书以后,就以此作为准则来治国治民。

◆有巢氏造房

有巢氏生活在距今约几十万年前的旧石器时代,开创了巢居文明。史传有巢氏是人类原始巢居的发明者、巢居文明的开拓者。由于年代久远,没有文字记录有巢氏是何方人氏。有巢氏的传说在先秦古籍即有记载。《庄子·盗跖》曰:"且吾闻之,古者禽兽多而人少,于是民皆巢居以避之。昼拾橡栗,暮栖木上,故命之曰有巢氏之民。"《韩非子·五蠹》载:"上古之世,人民少而禽兽众,人民不胜禽兽虫蛇。有圣人作,构木为巢以避群害,而民悦之,使王天下,号曰有巢氏。"

◆宓妃与洛神

传说很古的时候,洛河岸边住着一个美丽的宓妃姑娘,她是伏羲的女儿。宓妃不但聪明美丽,而且会打猎,能捕鱼,还会唱歌、跳舞,洛河岸边的人们都很喜欢她。洛河里有个龙头人身的怪物,也被宓妃的美丽弄得神魂颠倒,它常常无端地把河水弄得泛滥成灾,淹没岸边的庄稼,冲倒居民的住房,使无数人流离失所。它说:只要宓妃答应嫁给它做妻子,洛河的水患就会停止,人们便可以安居乐业。宓妃知道了洛河怪物的意图后,为了拯救两岸的百姓,决心牺牲自己,毅然跳进了洛河之中,从此成为洛水之神。

◆神农尝百草发明医药,教人种植五谷

神农用赤色的鞭子鞭打各种草木,品尝百草之味,全部了解了它们的无毒、有毒、寒热、温凉等药性,以及酸、咸、甘、苦、辛等五味所主治的疾病,又根据这些经验播种各种农作物,所以天下的百姓叫他"神农"。嵩山地区的神话中,有很多关于神农氏尝百草,教人种植五谷的故事。

◆司雨之神赤松子

赤松子,是神农时候的司雨之神。他服用一种叫水玉散的神药,并教会神农也来服用。他能进入火中而不被焚烧。赤松子到昆仑山,经常进入西王母的石室之中,随着风雨来来去去。炎帝的小女儿追随他,也得仙道,跟他一起飞升仙境。到高辛帝的时候,他又做了雨师,曾到人间游玩。现在的雨师都把赤松子看成始祖。

◆黄帝活动范围

《抱朴子》载:黄帝东到青邱,过风山,见紫府先生,受三皇内文,以劲召万神。南到园陇荫建、木观,百谷之所登,采若乾之华,饮丹巒之水。西见中黄子,受九如之方;过洞庭从广成子,受自然之经。北到洪隄上具茨,见大隗君,黄盖童子授神芝图;还陟王屋,得神金诀;到峨嵋山见天皇真人于玉堂。

◆黄帝生而能言,役使百灵,可谓天受自然之体者也

《抱朴子》载:黄帝生而能言,役使百灵,可谓天受自然之体者也。犹复不能端坐而得道,故陟王屋而受丹经,到鼎湖而飞流珠,登崆峒而问广成,之具茨而事大隗,适东岱而奉中黄,入金谷而咨滑子。论导养而质元素二女,精推步则访山稽力牧,讲占候则询风后,着体诊则受歧雷,审攻战则纳五音之策;穷神奸则记白泽之辞,相地理则书青鸟之说,救伤残则缀金冶之术。故能毕该秘要,穷道尽真,遂乘龙以高跻,与天地乎罔极也。

◆黄帝是哥,炎帝是弟

《国语·晋语》载:"昔少典氏娶于有蟜氏,生黄帝、炎帝。黄帝以姬水成,炎帝以姜水成。成而异德,故黄帝为姬,炎帝为姜。"黄帝、炎帝同出少典与有蟜部落,在迁徙与发展过程中成为后世既有亲缘关系又有共同文化特点的两大氏族与部落集团。相传黄帝是少典之子,原生于"有熊国"。传说有巢氏之后有蟜氏的一个女儿嫁给了有熊氏的首领,两人情投意合,非常相爱。有一天两人同在姬水边,忽然天渐渐暗了下来,空中响起一声闷雷,接着又是一道闪光,姑娘本能地震颤了一下,便身怀有孕。两年之后在姬水青丘生下了黄帝,取名轩辕。有蟜氏生黄帝后不久又生炎帝,故民间有传黄帝和炎帝本是兄弟,黄帝是哥,炎帝是弟。

◆黄帝身世

《帝王世纪》载:黄帝,少典之子,姬姓也。母曰附宝,见大电绕北斗枢星,照郊野,感附宝,孕二十四月,生黄帝于寿丘。长于姬水,有圣德,受国于有熊,居轩辕之丘,故因以为名,又以为号。

◆黄帝授命,乃推分星次以定律度

《帝王世纪》载:黄帝授命,乃推分星次以定律度。刘昭补《汉志》亦曰:黄帝定星次,即今《尔雅》

所记12次与28舍之度,皆是黄帝创之。

◆黄帝

《河图始开图》载:黄帝名轩辕。北斗,黄帝之精。母,地祇之女。附宝之郊野,大电绕斗枢,星耀感附宝,生轩,胸文曰黄帝子。

◆天遣玄女下授黄帝兵信神符

《龙鱼河图》载:黄帝摄政,有蚩尤兄弟81人,并兽身人语。铜头铁额,食沙石子。造立兵仗刀戟大弩,威振天下,诛杀无道,不慈仁。万民欲令黄帝行天子事,黄帝以仁义不能禁止蚩尤,乃仰天而叹。天遣玄女下授黄帝兵信神符,制伏蚩尤,帝因使之主兵,以制八方。

◆黄帝之将兴,黄云升于堂

《春秋感精符》载:黄帝之将兴,黄云升于堂。文命之侯,元龙御云。天命于汤,白云入房。

黄帝大战蚩尤

◆黄帝将兴,时有黄雀赤头立于日傍

《春秋佐助期》载:黄帝将兴,时有黄雀赤头立于日傍。黄帝曰:"黄者土精,赤者火荧,爵者赏也。余今当立大功乎!"黄雀者,桑也。

◆元女助战

《黄帝内传》载:黄帝伐蚩尤,元女为帝制夔牛鼓80面,1震500里,连震3800里。元女为帝制司南车当其前,记里,鼓车居其后。

◆黄帝道宗

《道学传》:黄帝,少典之子,姓公孙,号常鸿氏,一号归藏氏,又有缙云之瑞,亦号缙云氏赤多白少曰缙,又有土德之瑞,故号曰黄帝。弱而能言,圣而预知,好道希妙,故为道家之宗也。

◆王母会帝于嵩山

《黄帝内传》载：王母会帝于嵩山。饮帝以护神养气、金液流光之酒，又有延洪寿光之酒。

◆仙人广成子之道

黄帝"膝行"问道的广成子，住崆峒山石室。《神仙传》载：广成子者，古之仙人也，居崆峒山石室之中。黄帝闻而造焉，曰："敢问至道之要。"广成子曰："尔治天下，云不待簇而飞，草木不待黄而落，奚足以语至道哉？"黄帝退而闲居三月，复往见之……膝行而前，再拜，请问治身之道。广成子蹶然而起曰："至哉！子之问也……我守其一，以处其和。故千二百岁而形未尝衰。得吾道者，上为皇；入吾道者，下为王……"

◆造字官仓颉

张怀瓘《书断》载：古文者，黄帝史仓颉所造也。颉有四目，通于神明。仰观奎星圜曲之势，俯察龟文鸟迹之象，博采众美合而为字，是曰古文。《孝经援神契》云：奎主文章，仓颉仿象是也。

◆具茨大隗

具茨有大隗者，即上世之泰隗氏也。能设于无垓之宇，而游于泰清。访之者多迷其涂焉。襄城有神牧者，牧马童子也，得七元、六纪、三纲之法，能知具茨之山，又知大隗之所存，是之谓天师。

◆道乃可成

《春秋合诚图》载：黄帝请问太乙长生之道。太乙曰："斋戒六丁，道乃可成。"

◆黄帝像赞

《春秋纬》载：黄帝像赞云："黄帝龙颜得天，匡阳上法，中宿取象文昌。"

◆轩辕氏获飞黄独角

《说楛》载：轩辕氏获飞黄、独角。

◆爪苦手毒

《黄帝书官能篇》载：爪苦手毒为一善伤者，可使按积抑痹。手毒可使按龟，置龟于器下，而按其上，五十日而死矣。手甘者复生如故。

◆黄帝战蚩尤

《古今注》载：黄帝与蚩尤战于涿鹿之野，蚩尤作大雾，兵士皆迷，于是作指南车以示四方，遂禽蚩尤，而即帝位，故后常建焉。黄帝与蚩尤战于涿鹿之野，常有五色云气，金枝玉叶止于帝王，有花蓓之象，故因而作华盖也。

◆蚩尤环

《古玉图考》载：雕玉蚩尤环以黍尺度、圆径3寸5分，厚5分。色如赤璃，而内质莹白。循环作五

蚩尤形,首尾衔带,雕镂古朴。盖黄帝平蚩尤,同大雾作指南车,饰以文玉。今其文作蚩尤形,当时舆服所用之物也。

◆黄帝七辅

《论语摘辅象》载:黄帝七辅:风后受金法,天老受天(录图的□),五圣受道级,知命受纠俗,窥纪受变复。地典受州络,力墨受准斥,州先举翼佐帝德。晋陶潜《圣贤群辅录》同。

◆黄帝与华胥氏之国

《列子》载:黄帝昼寝而梦,游于华胥氏之国。不知距今中国几千万里,盖非舟车足力之所及,神游而已。黄帝既寝,怡然自得。又28年,天下大治,几若华胥氏之国。

◆黄钟之宫律吕之本

《吕氏春秋》载:昔黄帝令伶伦作为律。伶伦自大夏之西乃之阮𪨶之阴,取竹于嶰溪之谷,以生空窍厚钧者断两节间,其长3寸9分,而吹之以为黄钟之宫,吹曰舍少次制12筒,以之阮𪨶之下听凤凰之鸣以别12律。其雄鸣为6,雌鸣亦6,以比黄钟之宫适合。黄钟之宫皆可以生之,故曰黄钟之宫律吕之本。黄帝又命伶伦与荣将铸12钟以和5音,以施英韶,以仲春之月乙卯之日,日在奎,始奏之,命之曰《咸池》。

◆土气胜

《吕氏春秋》载:黄帝之时天先见大螾、大蝼。黄帝曰:"土气胜",土气胜,故其色尚黄,其事则土。

◆轩辕氏获飞黄

《说楛》:轩辕氏获飞黄,独角。

◆黄精与钩吻

张华《博物志》载:黄帝问天老曰:天地所生,岂有食之令人不死者乎?天老曰:太阳之草名曰黄精,饵而食之可以长生;太阴之草名曰钩吻,不可食,入口立死。人信钩吻之杀人,不信黄精之益寿,不亦惑乎?

◆左彻

《博物志》载:黄帝登仙,甚臣左彻者削木象黄帝,帅诸侯以朝之七年,不还。左彻乃立颛顼,左彻亦仙去也。

◆黄帝300年

《博物志》载:黄帝治天下百年而死,民畏其神百年,以其数百年,故曰黄帝300年。上古男三十而妻,女二十而嫁。曾子曰:"弟子不学古知之矣。贫者不胜其忧,富者不胜其乐。"

### ◆具茨大隗氏

罗泌《路史·前纪》载：大隗氏见于南密。或曰：泰隗。昔者黄帝访泰隗于具茨。盖设于无垠之宇，而台简以游泰清者，后有隗氏、大隗氏。

### ◆黄帝时期天地奇说

王应麟《困学纪闻》载：《黄帝书》曰：天在地外，水在天外，水浮天而载地。又曰：地在太虚之中，大气举之。道书谓：风泽洞虚，金刚乘天。佛书谓：地轮依水轮，水轮依风轮，风轮依虚空，虚空无所依。风泽洞虚者，风为风轮，所谓大气举之。泽为水轮，所谓浮天载地也。金刚乘天者，道家谓之刚风。岐伯谓之大气。葛稚川云：自地而上四千里外，其气刚劲者是也。张湛解《列子·汤问》曰："太虚无穷，天地有限。"朱文公曰：天之形虽于地之外，而其气常行乎地之中，则风轮依虚空，可见矣。

### ◆黄帝风经

王应麟《困学纪闻》载：《黄帝风经》曰：调长祥和天之善风也，折扬奔厉天之怒风也。

### ◆黄帝之易大成

焦竑《笔乘》载：世知神农作《易》，不知黄帝亦作《易》。伏羲重卦六十四，卦之名已具。又命子襄为飞龙氏造为6书。黄帝时苍颉第从而衍之耳。干宝《周礼》：太卜掌3易之法。注云：伏羲之易，小成为先天。神农之易，中成为中天。黄帝之易大成，为后天。神农黄帝皆作易矣。然未知何据，或曰神农曰连山氏。故连山为炎帝之易，所谓中成也。黄帝曰归藏氏，故归藏为轩辕之易，所谓大成也。

### ◆黄帝骑龙升天

《论衡·龙虚篇》载：世称黄帝骑龙升天，此言盖虚，犹今谓天取龙也。

《论衡·道虚篇》载：儒书言，黄帝采首山铜，铸鼎于荆山下。鼎既成，有龙垂胡髯下迎黄帝。黄帝上骑龙，群臣、后宫从上七十余人，龙乃上去。余小臣不得上，乃悉持龙髯。龙髯拔，堕黄帝之弓。百姓仰望黄帝既上天，乃抱其弓与龙胡髯呼号。

黄帝骑龙升天

### ◆黄帝天地言

王应麟《困学记闻》：黄帝书曰："天在地外，水在天外，水浮天而载地。"又曰："地在太虚之中，大气举之。"道书谓，风泽洞虚，金刚乘天，佛书谓，地轮依水轮，水轮依风轮，风轮依虚空，虚无所依。风泽洞虚者，风为风轮，所谓大气举之也；泽为水轮，所谓浮天载地也。金刚乘天者，道家谓之罡风；岐伯谓之大气。葛稚川云："自地而上四千里之外，其气刚劲者是也。"张湛解《列子·汤问》曰："太虚无穷，天地有限。"朱文公曰："天之形虽包于地之外，而其气常行乎地之中。"则风轮依虚空可见矣。

◆黄帝游于河洛,得箓图文

《河图挺辅佐》载:黄帝游于河洛,至泽鸿之泉,有大鲈鱼,负图以授帝,兰叶朱文,名曰箓图。浑浑咳咳,芬芬雉雉,与物俱化。

◆黄帝使百辟群臣受德教者,皆列珪玉于兰席。

焦周《说楛载:》黄帝使百辟群臣受德教者,皆列珪玉于兰席。上然沉榆之香,春宝为屑,以沉榆之眅和之为泥,以涂地。齐王融疏云:集三烛于兰席,聆万岁之贞声,岂不踦哉。

◆主芣隗而食溱洧

方以智《通雅》载:芣隗即大隗具茨山也。《水经》:溱水出河南密县大隗山(即具茨山)。黄帝登具茨,升洪堤,受神芝图于黄盖童子。史伯答桓公"主芣隗而食溱洧",《郑语》作"主芣隗而食溱洧"。

◆五帝亦未尝非家天下

李子金《隐山》鄜载:传云:五帝官天下,三王家天下。按《帝王世纪》云:黄帝次妃女节生少昊。黄帝之前虽远不可考,而此为黄帝之传子,明矣。颛顼为昌意子,乃黄帝之孙,是少昊传位于侄也。帝喾为黄帝曾孙,是颛顼传位于从侄也。帝喾元妃生挚,则帝喾又传位于子。帝喾次妃庆都生尧。则挚又传位于弟。舜为黄帝八代孙,则尧传位于五世侄孙。颛顼五世生鲧,则舜传位于六世祖之从兄弟。由是言之,则五帝亦未尝非家天下也。

◆黄帝访泰块于具茨

《路史·前纪》:"大隗氏,见于南密,或曰泰块。昔者黄帝访泰块于具茨,盖设于无垓(垓)之宇,而台简以游泰清者。"

◆舜拾玉历

舜在历山耕地,在黄河边的岩石上拾到一只玉历。舜知道天神的意旨是把天下托付给自己,所以努力行道而不知疲倦。舜长得眉骨突起,嘴巴宽大,手握褒。宋均注解说:"握褒,是手掌中所至着'褒'字,说明他出身劳苦,但后来受到褒扬嘉奖,以致得到了大福。"

◆赤将子

赤将子舆,是黄帝时候的人。他不吃五谷,而吃各种草木的花。到唐尧时代,他做了木工,能随着风雨来来去去。他又经常在集市中的商店门口卖拴在箭上的生丝绳,所以人们也叫他"缴父"。

◆宁封子

宁封子,是黄帝时候的人。传说他是给黄帝管烧制陶器的陶正。有一个神异的人来拜访他,为他掌控烧陶的火候,能在五彩缤纷的烟火中进出。过了一段时间,这位异人就把这法术教授给封子。封子堆起了柴火自焚,随着烟火上下飘动,结果被烧成了灰烬。人们仔细察看那灰烬,还有他的骸骨在里面呢。当时的人就一起把封子埋葬在宁北的山中,所以人们叫他宁封子。

## ◆蒙双氏的由来

古时高阳氏的时候,有两个同一母亲生下来的人结成了夫妻,颛顼帝把他们流放到崆峒山边的原野上,两人互相抱着死了。仙鸟用不死之草覆盖了他们。7年后,这男女两人长在同一个身体上,又活了,两个头,4只手,4只脚,这就是蒙双氏。

## ◆崇伯鲧与夏禹

黄帝的玄孙帝喾高辛氏"都亳,今河南偃师是也"《括地志》;鲧,是黄帝的曾孙(皇帝—昌意—颛顼—鲧),被"封于崇",因而被称为"崇伯鲧"。而崇山就是今天的中岳嵩山。鲧在尧时奉命治水,无功被杀,其子大禹在舜时继续受命治水,凿开"龙门"和"三门"(今三门峡市境内),因功被封为夏伯,封地在"豫州外方之南,今河南阳翟是也"。阳翟,就是现在的禹州。

## ◆帝喾时期的祝融氏之墟

《史记·楚世家》云:"高阳生称,称生卷章,卷章生重黎,重黎为高辛氏居火正,甚有功,能光融天下,帝喾命曰祝融。共工氏作乱,帝喾使重黎诛之而不尽。帝乃以庚寅日诛重黎,而以其弟吴回为重黎后,复居火正,为祝融。"据后人研究证实,祝融之族起源甚早,但其兴盛时期大体上在帝喾高辛氏居于华夏集团盟主地位之时。……祝融之族活动地域最早在豫中的嵩山地域,其范围包括今新郑、新密、登封一带。

## ◆祝融之续

《路史·高阳氏纪》:"帝之曾孙曰黎及回。黎为祝融,淳曜敦芒,天明地德,临照四海,是食火土。黎卒,帝喾以回代之,回食于吴,是曰吴回。生陆终,陆终生会人。"

## ◆炎黄母族有蟜氏

炎黄母族有蟜氏在何处呢?乔字从虫,乔声。《山海经.中次六经》云:"缟羝山之首,曰平逢之山,南望伊洛,东望谷城之山,无草木,无水,多沙石。有神焉,其状如人而二首,名曰骄虫,是为螫虫,实惟蜜蜂之庐。"有乔蟜是以骄虫为图腾的部落,他们的活中心是平逢山。平逢山为嵩山以北的邙山中的一座山。

## ◆昌意之子

司马迁《史记·五帝本纪》曰:"帝颛顼高阳者,黄帝子孙而昌意之子也。静渊以有谋,疏通而知事;养材以任地,载时以象天,依鬼神以制义,治气以教化,絜诚以祭祀。北至于幽陵,南至于交阯,西至于流沙,东至于蟠木。动静之物,大小之神,日月所照,莫不砥属。"

于此其中"黄帝子孙而昌意之子也"之"昌意",司马迁《史记·五帝本纪》曰:"虞舜者,名曰重华。重华父曰瞽叟,瞽叟父曰桥牛,桥牛父曰句望,句望父曰敬康,敬康父曰穷蝉,穷蝉父曰帝颛顼,颛顼父曰昌意:以至舜七世矣。自从穷蝉以至帝舜,皆微为庶人。"

## ◆大隗真人

《庄子》载:"昔黄帝将见大隗于具茨之山,方明为御,昌寓骖乘,张若,謵朋前马,昆阍、滑稽后车。

至于襄城之野,七圣皆迷。适遇牧马童子问途焉,曰'若知具茨之山乎?'曰:'然。''若知大隗之所存乎?'曰:'然。'黄帝曰:'异哉小童! 非徒知具茨之山,又知大隗之所存,请问为天下。'小童曰:'夫为天下者,亦若此而已矣。又奚事焉! 予少而自游于六合之内,予适有瞀病,'有长者教予:'若乘日之车,而游于襄城之野。''今予病少痊,予又且复游于六合之外。夫为天下亦若此而已。予又奚事焉!'黄帝曰:'夫为天下者,则诚非吾子之事,虽然,请问天下。'小童辞。黄帝又问。小童曰:'夫为天下者,亦奚以异乎牧马哉! 亦去其害马者而已矣!'黄帝再拜稽首,称大师而退。"

火神祝融

◆祝融

《路史·通禅记》:"祝诵氏,一曰祝和,是为祝融氏,未有嗜欲,无所造作。师于广寿,以毓共德,刑罚未施,而民劝化,三纲正、九畴序,是以天下洽和,万物咸若。于是听弇州之鸣鸟,以为乐歌,作乐《属续》以通伦类,谐神明而和人声,是以耳目聪明,气血和平,而寿命长,移风易俗,天下大治,则乐歌为之节文也。以火施化,号赤帝,故后世火官因以为号。祝融氏,号也,祝融职也,本非人名。黎为祝融,回为祝融,皆职。都于郐,故郑为祝融之墟。其治百年,葬衡山之阳,是以谓祝融峰也。"

◆师门

师门,是啸父的徒弟。师门能用火自焚而升入仙境。他吃桃花。他是孔甲的御龙师。孔甲因为他不能遵循自己的意志办事,所以把他杀了埋葬在郊外的荒野之中。有一天,大风大雨接他升天,山上的树木全都烧光了。孔甲因而建祠向他祈祷,但还没有回家就死了。

◆陆终娶鬼氏之妹

《世本》:"陆终娶于鬼方氏之妹,谓之女嬇。是生六子,孕三年,启其左胁,三人出焉;启其右胁,三人出焉。其四曰求言,是谓之郐国。"

◆陆终氏娶鬼方氏之女生子传奇

郑樵《通志·氏族略》:"陆终氏娶于鬼方氏之女,孕而不育,十一年开其左胁而出三人焉,又开其右胁而出三人焉。长曰昆吾,名樊,己姓,封卫墟。次曰参胡,董姓,封韩墟,周时为胡国,楚灭之。三曰彭祖,名翦,彭姓,封于韩,大彭之墟,即彭城也。四曰会人,妘姓,封于郑墟。五曰晏安,曹姓,封于邾墟。六曰季连,芊姓,其后为楚。昆吾氏为夏伯,汤伐桀灭之。彭祖氏为商伯,商之末始亡。干宝以为先儒多疑此事。谯周作《古史考》废而不论。然六子之世,子孙有国,数千年间,迭为伯主,天将远之,必有尤物。若夫前志所传,修巳背坼而生禹,简狄胸坼而生契,历代久远,莫足相证。近魏黄初五年,汝南屈雍妻王氏,生男从右胁下,水腹上出,而平和自若,数月创合,母子无恙。"

◆楚之先祖

司马迁《史记·楚世家》曰:"楚之先祖出自帝颛顼高阳。高阳者,黄帝之孙,昌意之子也。高阳生称,称生卷章,卷章生重黎。重黎为帝喾高辛居火正,甚有功,能光融天下,帝喾命曰祝融。共工氏作乱,帝喾使重黎诛之而不尽。帝乃以庚寅日诛重黎,而以其弟吴回为重黎后,复居火正,为祝融。吴回生陆终。陆终生子六人,坼剖而产焉。其长一曰昆吾;二曰参胡;三曰彭祖;四曰会人;五曰曹姓;六曰季连,芈姓,楚其后也。昆吾氏,夏之时尝为侯伯,桀之时汤灭之。彭祖氏,殷之时尝为侯伯,殷之末世灭彭祖氏。季连生附沮,附沮生穴熊。其后中微,或在中国,或在蛮夷,弗能纪其世。周文王之时,季连之苗裔曰鬻熊。鬻熊子事文王,蚤卒。其子曰熊丽。熊丽生熊狂,熊狂生熊绎。熊绎当周成王之时,举文、武勤劳之后嗣,而封熊绎于楚蛮,封以子男之田,姓芈氏,居丹阳。楚子熊绎与鲁公伯禽、卫康叔子牟、晋侯燮、齐太公子吕伋俱事成王。"

◆桑林祷雨

汤战胜了夏桀后,大旱7年,洛水都干涸了。汤就用自己作为祭品在桑林向上天祈祷,他剪掉了自己的指甲和头发,把自己当作祭祀的祭品,向上帝求福。于是,大雨马上降临,全国都湿润了。

◆郐,祝融之后,复居祝融之墟

孔颖达《毛诗正义》:"郐,祝融之后,复居祝融之墟。《郑谱》以郑因虢、郐之地而国之,先谱桧事,然后谱郑。郐、曹国小而君奢,民劳而政僻,季札之所不讥,风次于末宜哉!"苏氏曰:"郐诗皆为郑作,如邶鄘之于卫也。"《困学纪闻》:"郐有疾恣之诗。"(序隰有苌楚,疾恣也。)《周语》富辰曰:"郐之亡也由叔妘。"

◆黎为高辛氏火正,故名之曰祝融

《郑语》史伯曰:"黎为高辛氏火正,故名之曰祝融。能昭显天地之光,以生柔嘉材,其后八姓,于周末有侯伯。"王庆麟注:谓祝融之后。巳、董、彭、秃、妘、曹、斟、芈八姓也。

◆郐国地理位置

郑元《诗谱》:"郐者,古高辛氏火正祝融之墟,国在禹贡豫州外方之北,荥波之南,居溱洧之间。祝融氏名黎,其后八姓,惟妘姓郐挺生其地焉。周夷王、历王之时,郐公不务政事,而好洁衣服,大夫去之,于是郐之变风始作。其国北邻于虢。"徐广曰:"郐在密县东北,不得在外方之北也。"

◆郑灭虢、郐之源流

马骕绎《史论》曰:"历王之少子友,宣王封之,食采于咸林,是为郑桓公。"《纪年》:"谓王子多父者也。幽王八年为周司徒,以王室将乱,谋于史伯,寄孥赂郐、虢之间。骊山之败,桓公死之。其子武公掘突,从平王东迁,遂灭虢、郐以为己国,史伯之谋验矣。夫史伯知周室之必弊,虢石父褒氏必乱周也。又知灭周者必西戎与申缯,而秦楚齐晋必且代兴,其于天道人事察之审矣。有臣如此而幽王不用,安得不亡?顾其所以为郑谋虢、郐者,始寄赂以诱之,终构隙以取之,以诈术得人国,何爱于郑而憎二国哉?然自是以后,南北之形势常视郑,而郑在春秋遂无世无晋楚之争矣。史伯亦见及否耶?"

◆郑国渊源

《诗谱》:"幽王为犬戎所杀,桓公死之。其子武公与晋文侯定平王于东都王城。卒取史伯所云十邑之地,右洛左济,前莘后河,食溱洧焉。"

《竹书纪年》:"晋文侯二年,同惠王子多父伐郐,克之。乃居郑父之丘,名之曰郑,是曰郑桓公。"

《郑语》:"桓公为司徒,甚得周众与土之人,问于史伯:'王室多故,余惧及焉,其何以逃死?'史伯对曰:'其济、洛、河、颍之间乎!是其子男之国,虢、郐为大,虢叔恃势,郐仲恃险,是皆有骄奢怠慢之心,而加以贪冒。君若以周难之故,寄孥与贿焉,不敢不许。是骄而贪,必将背君,君若以成周之众,奉辞伐罪,无不克矣。若克二邑,鄢、补、丹、依、疄、历、华,君之土也。若前华后河,右洛左济,主隗而食溱洧,修典刑以守之,是可以少固。'公说。乃东寄孥与贿,虢、郐受之,十邑皆有寄地。"

《史记·郑世家》:"桓公为司徒一岁,幽王以褒后故,王室治多邪,诸侯或畔之。于是桓公问太史伯曰:"王室多故,予安逃死乎?"太史伯对曰:"独雒之东土,河济之南可居。"公曰:"何以?"对曰:"地近虢、郐,虢、郐之君贪而好利,百姓不附。今公为司徒,民皆爱公,公诚请居之,虢、郐之君见公方用事,轻分公地。公诚居之,虢、郐之民皆公之民也。"公曰:"吾欲南之江上,何如?"对曰:"昔祝融为高辛氏火正,其功大矣,而其于周未有兴者,楚其后也。周衰,楚必兴。兴,非郑之利也。"公曰:"吾欲居西方,何如?"对曰:"其民贪而好利,难久居。"公曰:"周衰,何国兴者?"对曰:"齐、秦、晋、楚乎?夫齐,姜姓,伯夷之后也,伯夷佐尧典礼。秦,嬴姓,伯翳之后也,伯翳佐舜怀柔百物。及楚之先,皆尝有功于天下。而周武王克纣后,成王封叔虞于唐,其地阻险,以此有德与周衰并,亦必兴矣。"桓公曰:"善。"于是卒言王,东徙其民雒东,而虢、郐果献十邑,竟国之。"

◆周地

《汉书·地理志》:周地,柳七星张之分野,今之河南、雒阳、谷城、平阴、偃师、缑氏,是其分也。

◆韩、郑分野

《前汉书·地理志》:"韩地,角、亢、氐之分野也。韩分晋,得南阳郡及颍川之父城、定陵、襄城、颍阴、颍阳、长社、阳翟、郑。东接汝南,西接宏农,得新安、宜阳,皆韩分也。及《诗·风》陈、郑之国与韩同星分焉。郑国今河南之新郑,本高辛氏火正祝融之墟也。及成皋、荥阳、颍川之崇高、阳城,皆郑分也。自东井六度至亢六度,谓之寿星之次。郑之分野与韩同分。"

## 第二节 中岳神灵异

中岳嵩山主神——中岳大帝,名为轩辕黄帝,华夏民族之始祖,古代黄老学派的创始人,被道教称之为道宗。周平王东迁后,因嵩山位居京畿,又因三代之居皆在河洛之间,故称中岳。中岳大帝是五岳中信仰起源最早的神。中岳嵩山因其邻近洛水和古都洛阳,故在五岳中地位较高。同时也赢得古代帝王的尊崇,为五岳中率先得到帝王封祀者。先秦时,中岳已立有太室祠,以供奉华夏始祖中岳嵩山主神轩辕黄帝。秦统一中国后,诏令祠官向太室、恒山、泰山等名山祠庙供奉牛犊、圭币及脯酒等。

汉代有方士入嵩山寻仙采药,或存思诵神以治病驱邪。《后汉书·刘根传》云:"刘根者,颍川人也,隐居嵩山中。诸好事者自远而至,就根学道。"因此随着神仙家和方士在嵩山的开拓,中岳神的人格化更为明显了。

汉武帝游历中岳时,因闻听有"山呼万岁"之声,遂亦加增太室祠。东汉安帝元初五年(118年),又在太室祠前建造了"中岳太室阳城神道阙"和石翁仲雕像。《中岳嵩山太室石阙铭》曰:嵩高神君,岱气最纯。春生万物,肤寸起云。并天四海,莫不蒙恩。圣朝肃敬,众庶所尊。北魏《中岳嵩高灵庙之碑》:"上应悬象镇星之配,而宿值轩辕,璇玑玉衡,以齐七政。"武则天垂拱四年(688年)七月,武后改嵩山为"神岳",封中岳神为"天中王",并配"天灵妃"。中岳神封号配妃自此始。万岁登封元年(696年),武则天封禅嵩山后,尊岳神天中王为"神岳天中黄帝",尊天灵妃为"天中黄后"。开元十八年(730年),唐玄宗李隆基命祀嵩山以王礼,封岳神为"天中王"。天宝初年(742年),唐玄宗李隆基命秩视王礼,封中岳神为"中天王",编在祀典。宋乾德元年(963年),太祖赵匡胤令祠官为岳神制作衣冠剑履。嵩岳之为岳神佩戴衣冠剑履由此开始,一直沿袭至今。今时庙会四方进香,竞献神袍,都由此而来。宋太平兴国八年(983年),太宗赵光义赠五岳封号,尊中岳神为"中天崇圣帝",帝后封号为"正明",并命翰林、礼官详定仪注及冕服制度,崇饰神像之礼,按时遣官员礼祀岳神。宋大中祥符四年(1011年)二月,真宗赵恒诏加中天王为"崇圣中天王",五月诏加五岳封号:中岳曰"中天崇圣帝",西岳曰"金天顺圣帝",东岳曰"天齐仁圣帝",南岳曰"司天昭圣帝",北岳曰"安天元圣帝"。同年十二月,宋真宗赵恒又为五岳神加封五岳后号:东岳曰"淑明后",南岳曰"景明后",西岳曰"肃明后",北岳曰"靖明后",中岳曰"贞明后",并命翰林官详定仪注及冕服制度,崇饰神像之礼,其玉册如宗庙谥册之制,以

中岳神轩辕黄帝

州长吏以下充祠官至祭五岳,充奉册使,付有司。自此,五岳之神有了帝号。但还不够全面,元代至元二十八年(1291年)春二月,元世祖忽必烈在加封五岳封号时,加封中岳,名"中天大宁崇圣帝",遣使诣祠致告,以称朕敬恭神明之意。洪武三年(1370年),明太祖朱元璋不顾前代帝王定制,诏改神号,岳镇海渎并去其前代所封名号,止以山水本名称之。在诏五岳神号时,称嵩山为"中岳嵩山之神",依时祀神,遣使典宝彭恭祭告中岳。

在我国古代,五岳之神的信仰已深入民间,古代文学作品和一些野史、记文及神话传说中有关中岳神灵异的说法也被神话得五花八门。《山海经·中山经》苦山少室太室,皆冢也。其神皆神面而三首,其余属皆冢身人面也。可见中岳神的形象是半人半兽,这种形象很符合早期人类自然崇拜的特点。中岳神黄帝也被民间变幻成多种姓名:有说叫闻聘,有说叫寿逸群,有说叫恽寿逸,有说叫浑善,有说叫角普生等。有多种书籍还把中岳神的形像、服饰和其职责都描绘得活灵活现,真实具体。《道经》载:中岳神服黄袍,戴黄玉太乙之冠,佩神宗阳和之印,乘黄龙,领仙官玉女3万人。《五岳名号》载:中岳大帝"主世界土地山川陵谷,兼牛羊食稻"。《神异经》载:"中岳者主于世界地泽川谷沟渠山林树木之属。"在名义上,中岳为五土之主,因此道经载:中岳神君,太上常用三天真人有德望者居之。关于中岳嵩山神的人格化,本节就各种典籍、文学作品及民间中对中岳嵩山神的描述和多种说法选录如下:

◆苦山、少室、太室皆冢也

《山海经》:"苦山、少室、太室皆冢也,祀之以太牢之具。"《山海经》在此部分开首说:"中次七山苦山之首,曰休与之山。"此部分结尾说:"凡苦山之首,自休与之山至于大騩之山,凡十有九山,千一百八十四里。其十六神者,皆豕身而人面。"其祠之:毛牷用一羊羞。婴用一藻玉瘗。苦山、太室、少室皆冢也,其祠之:太牢之具,婴以吉玉。其神状皆人面而三首。其余属皆豕身人面也。"

◆中岳,黄元大光合德真君

《五岳名号》云:"中岳,黄元大光合德真君。"

◆中岳神有青骢马

《封神榜》载:"中岳嵩山中天崇圣大帝(闻聘)青骢马。"

◆中岳神君

《重修纬书集成》卷六《龙鱼河图》曰:中央嵩山君神,姓寿名逸群。《中岳嵩山太室石阙铭》曰:嵩高神君,岱气最纯。春生万物,肤寸起云。并天四海,莫不蒙恩。圣朝肃敬,众庶所尊。

◆中岳神黄帝其神后土

蔡邕《独断》:五方正神之别名,中央之神其帝黄帝,其神后土。又五帝三代乐别名黄帝曰玄门。

◆中岳崇山君,姓角讳普生

《云笈七籖》载:"中岳崇山君,姓角讳普生,头建中元黄晨玉冠,衣黄锦飞裙,披玄黄文裘,带黄神中皇之章,乘黄霞飞轮,从中岳仙官十二人,悉乘飞麟,手把玄黄十二节。"

◆中岳嵩高君形象

《太平御览》载:"中岳嵩高君,冠黄玉太玄之冠,佩黄神中皇之章。"

◆中岳神是五土之主

道经称,中岳神君服黄素之袍,戴黄玉太乙之冠,佩神宗阳和之印,乘黄龙,领仙宫玉女三万人。主治土地山川陵谷,山林树木之属。按"五行"观念,中央属土,故道教认为中岳为五土之主。

《五岳古本真形图》载:"中岳嵩高君,服黄素之袍,戴黄玉太乙之冠,佩神宗阳和之印,乘黄龙。"又云:"中岳是五土之主,太上常用三天真人有德望者以居之。"

◆轩辕氏为黄帝,治嵩高山

东晋葛洪《枕中书》则以太昊氏为青帝,治岱宗山;祝融氏为赤帝,治衡霍山;金天氏为白帝,治华阴山;颛顼氏为黑帝,治太恒山;轩辕氏为黄帝,治嵩高山。

◆轩辕为中岳之象

嵩山"上系轩辕,得土行之正位,中岳象也"。轩辕黄帝都于嵩山,嵩山天象标志是轩辕星群。《史记·天官书》中说:"轩辕,黄龙体。"按五行理论,黄帝为五帝之一,位居中央,五行属土,色黄。《说嵩》曰:"唐天文成于一行,一行故嵩浮屠也。其论填星(土星)为嵩丘之主,轩辕为中岳之象,最为精确不易。"

◆中岳神姓名

东方朔《神异经》云:中岳神姓恽,讳善。

◆中岳神职管范围

《五岳名号编》云:"中岳,黄元大光合德真君。""女几、少室二山为副岳神。"又云:"岳神姓恽,名燮,主世界、土地、山川、豀谷,兼牛羊食稻之种。"

◆中岳仙官

《丹台新录》:朱伦,字德元,凝心抱一不替,感太上下降,开琼蕴,给丹符,与之曰:尔能精修上道,守之能坚,保尔升度,淡虚驾烟。遵则福降,慢则祸缠。子能行之,慎勿轻传。伦道成,景王时太上授书除中岳仙官。

◆中岳嵩山君

《无上秘要》云:"中岳嵩山君头戴黄龙衣冠,衣黄锦飞裙,披玄黄文裘,带黄神中黄之章。常以四季、月、干支俱土日,乘黄霞飞轮,奏真仙名录,上言于帝。"

◆中岳神之队伍

《玉清隐书》载:"中岳嵩山仙官二千四百人,黄素玉女十二人,侍文右卫,佩符着身。"

◆中岳神灵像

《嵩高山记》载:"中顶南下二百步有岳庙,画为神像。有玉人高五寸,玉色甚光润,制作亦佳,莫知早晚所造,盖岳神之像,相传谓明公。山中人悉云:屡常失之,经旬乃见。"

◆中岳嵩山名上帝司真之天

《潜确类书》载:中岳嵩山,名上帝司真之天。少室、武当为佐命,太和、陆浑为佐理。嵩山绵亘150里,高2800丈。

◆呼嵩山神名,人不病

《鱼龙图》云:"嵩山神君姓寿,名逸群,呼之令人不病。"

◆中岳君名鵬

《综蓝宝讳》载："中岳君,讳鹏"。

◆汉武帝登嵩高遇中岳之神

葛洪《神仙传》载：汉武帝登嵩高，见有仙人，长及二丈余，耳出颔下，垂至肩，曰："吾九嶷山人也，来采石上菖蒲。"帝对诸臣曰："彼非服食之徒也，是中岳之神，以此喻朕耳。"

◆避疟人闻岳神言北魏称都年数

《广古今五行记》云：魏太武时，嵩阳太室中有宝神像，长数寸，乍见。孝文帝太和中，有人避疟于此庙，见太武来造神，因言："今日朝天帝，帝许移都洛阳，当得四百年。"岳神言："昨已得天符矣。"太武出，神谓左右曰："虏性苟贪，天符但言四十，而乃言四百。"次年，孝文帝迁都洛阳，后果唯得40年。

◆岳神受戒　北树东移

《高僧传》载：永淳时，嵩岳闲居寺释元珪，庐岳之庞坞。一日，有伟丈夫从部曲来谒，曰："我岳神也，请受正戒。"释元珪与讲论甚久，授以五戒。神言："愿报慈德。"师曰："东岩寺之障，莽然无树。北岫有之，而背非屏拥。神能移此树于东岭乎？"神曰："闻命，幸无骇。"是夜，暴风吼雷，物不安听。诘旦和霁，则北岩松柏尽移东岭，森然行植焉。

◆嵩高神以黄金玉璧致刘裕

《宋书》载：冀州有沙门法称，将死，语其弟子普严曰："嵩高神告我云，江东有刘将军，是汉家苗裔，当受天命。吾以三十二璧、镇金一饼，与将军为信，刘氏卜世之数也。"普严以告同学法义。法义以晋义熙十三年(417年)七月，于嵩高庙石坛下得玉璧32枚、黄金1饼，符彩润洁。河南太守毛修之以灵岳降瑞送诸神府。

戴延之《西征记》载："宋公谘议参军王智先停柏谷，遣骑送道人惠义。"疏云："有金璧之瑞，公遣迎取，军进，次于崤东，金璧至修坛拜受之。"

◆岳神管虎

清代乾隆年间《登封县志》载："唐天历间有虎孽，县簿顾少连移文岳神，虎不为害。"

明代《登封县志》载："永乐八年(1410年)，有秃尾虎昼入城，居民任守中的侄被啮死。知县谷庸焚牒中岳祠，不旬日，虎忽自投守中废圃井内以死，人称为德政所致。"

◆中岳神役吏

相传崇祯年间，新密西关有民，日暮抱孙坐惠政桥上，见一人西来，行色仓皇，类递邮者，闯然入城而去。时干戈扰攘，人心不靖，民即送孙于家，入城进衙控消息，至则毫无踪迹，心异之。次日黎明，伺于城西岗，见此人从城出。民诘之，曰："余中岳神役吏也，向尔邑城隍神提册子。登封李际遇、申靖邦不久作乱，各邑造册，余奉命来提，汝何疑焉？"民大骇，乃哀乞曰："册子内有吾姓名否？"吏启册，首一人即此民也，民惧甚。吏曰："但谨言，闻登封有变，即向东逃可免。"民默然记之。未几李、申戕官劫库，邻邑骚动，民即携侄遁。欲东而西，与李、申之众遇，遂遇害。其侄中一枪而逃。

◆七星系轩辕,得土行正位,中岳象也,河南之分。

《唐书·天文志》:"柳、七星、张,鹑火也。初,柳七度,余四百六十四秒七少。中,七星七度,终,张十四度。北自荥泽、荥阳、并京、索,暨山南,得新郑、密县,至外方东隅。斜至方城裕州抵桐柏,北自宛、叶,南暨汉东尽汉南阳之地。又自洛邑负北河之南,西及函谷,逾南纪,达武当,当汉水之阴,尽宏农郡,以淮源、桐柏、东阳为限,而申州属寿星,古成周、虢、郑、管、邰、东虢、密、滑、申、邓,及祝融氏之都。新郑为轩辕,祝融之墟,其东鄙则入寿星。柳,在舆鬼东,又接汉源,当商、洛之南阳汉阳,接南河上流。七星系轩辕,得土行正位,中岳象也,河南之分。张,东,与鹑尾同占。"

## 第三节　中岳嵩山灵异

相传道教的三十六洞天,七十二福地,皆仙人居处和游憩之地。世人以为通天之境,祥瑞多福,咸怀仰慕。嵩山作为道教的第六洞天,被古人认为是栖神之灵薮,其中,充满了奇事、异物、仙境。千百年来,梦幻般地牵引着朝圣的人们身向往之,希冀能够看到、做到,甚至梦想通过修行磨炼,能够羽化成仙。

◆中岳嵩山洞

司马承祯《天地宫府图·三十六小洞天》云:"第六为中岳嵩山洞,周回三千里,名曰司马洞天,在中都登封县,仙人邓云山治之。"

◆嵩山为洞天福地

《岳渎名山记》载:天下有三十六洞天,第六洞天为嵩山司真洞天。又有七十二福地,第六十为缑氏山王子晋升天处;第六十二为少室山。

◆嵩山是栖神之灵薮

卢元明的《嵩高山记》载:"嵩山高二千八百丈,周回七十五里。嵩山最是栖神之灵薮,长松绿柏生于岭涧左右。古人住址处,有铜铫器物。东北出云,有自然五谷、神芝、仙药。东脚下,有众树,云是汉果园。后有小山,名牛山,多香树。昔有阳翟妇人,妊身三十月生子,五岁便入嵩山学道,道成,为母立祠,号开母祠。"

嵩山灵异

◆嵩高山东南大岩下石孔有神
《初学记》载：嵩高山东南大岩下，石孔方圆1丈。入西北五六里有大室，高30余丈，周围300步，自然明烛，相见如日月无异。中有16仙人，月光童子常在天台，时亦往来此中，非有道不得望见。

◆嵩高山大岩下有金像
《初学记》载：嵩高山大岩下有浮图奇妙，有一大金像在中，或语寺僧密公。密公时在嵩寺，寺在嵩山脚下，闻之欣然，即与人披林求索。时白雾昏迷，密公失路，一往看之，即入山中。惟睹一麝香，去入三四步，侧足双跳，步步若有所引，良久回顾。去10步中，忽有青焰出，视之，有自然天地。

◆洛汭伏羲台
位于嵩山北麓的巩义市河洛镇洛口村东的黄河南岸，黄河与洛河交汇处东部的夹角地带，有一高出滔滔的黄河50多米，呈椭圆高台，此台伏羲台遗址。距伏羲台遗址不远处，有伏羲八卦台，传说这是伏羲画八卦的地方。

◆中岳诸仙
《玉壶遐览》载：中岳真人有高丘子、王仲甫、王元甫、苏林；少室真人有刘千寿、万山伯、陶弘景；少室山伯有王远知、吴涵卢。
陶弘景《真灵图》载：少室山伯：郎千寿；中岳真人：王仲甫；中岳仙人：宋子来。

◆嵩岩石孔中有16仙人、月光童子
月光童子，道教神仙。《玄门宝海经》云："阳精为日，阴精为月。"道教日月神有多种。《仙经》载，有人误入嵩高山，见东南大岩下石孔，方圆一丈。西方北入五六里，有大室，高30余丈，周围300步，自然明烛相见，如日月无异。中有16仙人云："月光童子常在天台，时亦往来此中，非有道不得望见。"

◆汉武帝三台山见三仙女
《杂道书》载："自岳神庙东北二十里，至一山，名曰东龙门，其东有三台山。昔汉武帝东巡过此山，见三仙女。帝观之，遂以名焉。"卢元明的《嵩高山记》载：汉武帝登嵩，见三仙女，因以名台。

◆汉时王母使玉女现身嵩山
《汉武帝外传》载：元封元年（前110年），帝登嵩山，起道宫，斋戒七日。祠讫，帝闲居，东方朔、董仲舒在侧。忽见一女子，着青衣，美丽非常。帝愕然问之，女对曰："人塘宫玉女王子登也。向为王母所使，从昆仑山来。"语帝曰："闻子轻四海之禄，寻道求生，降帝王之位，而屡祷山岳勤哉，有似可教者也。从今日，清斋不闲人事。至七月七日，王母暂来也。帝下席跪诺。"言讫，玉女忽然不见。

◆少室女子食日精
《刘根别传》载：汉武帝登少室，见一女子以九节杖仰指日，闭左目，开右目，气且绝，久乃苏息。帝使人问之："所行何等？"女子不答。东方朔曰："妇人，食日精者。"
《仙人传》载：汉武帝见少室女子食日精者，服日精月华自有法。日初出时，东向叩齿九通，微咒日魂名。日中五帝,字曰日魂、珠景、照缘、韬映、回霞、赤童、元英、飚象,呼此16字,日中五色流霞入口中。月初中,西向叩齿,微咒月魂名。月中五夫人,字曰月魂、暖箫、芳艳、翳寥、婉虚、灵兰、郁华、结翘、淳金、清莹、炅客、素标,呼此24字,月中五色精光入口中。

◆ 嵩高山穴有围棋仙馆

《世说》云:嵩高山北有大洞穴。晋朝初年,曾有一老叟误堕穴中,寻穴而行十几日,忽旷然见明,有草屋一区,中有二仙对棋。棋旁放了一杯白饮。叟告以饥渴,下棋人指着白饮说:"你可把它喝下",此人喝了以后,只觉精神抖擞,气力倍增。下棋人问:"你愿留在这里吗?"此人答:"不愿意。"下棋人说:"从此处向西走,有一天井,井里有蛟龙,只要投身入井中,可自然出去。若饿时,可取井中食物吃。"老叟照下棋人的话去做,大约半年光景,从蜀中走出,得回洛下。老叟以此事问张华,答曰:"下棋人是仙馆大夫,你喝的是玉浆,吃的是龙穴石髓。"老叟遂寻洞,却往不知所之。《仙传拾遗》亦有记载。

◆ 王子晋有7000年资粮留于少室山

顾野王《舆地志》云:"少室山有自然五谷、甘果、神芝、仙药。周太子王子晋学道上仙,有七千年资粮留于少室山。"

《神仙传》曰:"少室山有自然五谷、甘果、神芝、仙药,周太子王子晋学道上仙,有千年资粮留于山中。下有石室,中有自然经书,自然饮食,与世无异。石室前有石柱,似承露盘,有石脂滴下,食之一合,与天地毕。"

◆ 汉武帝登嵩,闻山呼万岁声

《西汉史》载:"武帝登嵩岳,山下闻呼万岁者三。"《嵩书》载:汉武帝登太室,闻山呼万岁,乃于其地建万岁亭,山下建万岁观。《西征记》载:万岁亭,武帝元封元年建。

◆ 嵩山东麓破荆山奇说

古称承云山。位于新密市平陌镇

汉武帝巡游

与超化镇交界处,长约1.2公里,宽约1.5公里,总面积约1.8平方公里,主峰破荆山,海拔557.5米。相传,唐僧师徒四人西天取经返回经过洧水,过河时碰见乌龟相助,乌龟向唐僧要真经不与,遂怒将经担沉下河去,渡河后路经承云山,唐僧让徒弟将经担打开把经取出,在山上晾晒,大风聚起将经全部刮跑,孙悟空腾空追赶仅抓住一片,上有"阿弥陀佛"四字。当地人对唐僧失经非常惋惜,遂将承云山改名为破经山,现演变为破荆山。现晒经台、捉经窝遗址尚存。山顶有四仙庙一座,山上遍植刺槐、梨树等木。

◆ 铜铫

卢元明《嵩高记》载:嵩山是栖神灵薮,古人往止处,有铜铫器物。

### ◆自然明烛
《仙经》载:嵩山大石岩下石孔,入五六里,有自然明烛,如日月无异。

### ◆瑞镜
《谈芸》载:太室玉镜峰,峰上现瑞镜,晶光如玉。

### ◆石磬
裴漼《少林寺碑》载:跋陀寤寐之际,若有神人致一石磬,长4尺,规制自然,声律咸具。

### ◆嵩岳寺神妇蹋泉显异
《神僧传》载:嵩岳寺有百人,泉水才足。忽见妇人敝衣挟帚,却坐阶上,听僧诵经。众不测为神也,便诃遣之。妇有愠色,以足蹋泉,水立枯竭,身亦不现。众以告僧稠,稠呼"优婆夷",三呼乃出。稠便谓曰:"众僧行道,宜加拥护。"妇人以足拔于故泉,水即上涌,众叹异之。

### ◆嵩山石室石床
潘岳的《关中记》载:"嵩高山石室十余孔,有石床、池水、饮食之具,道士多游之,可以避世。"

### ◆嵩山老史
《广记》:嵩史,嵩山老史也,晋人。因堕嵩山洞穴中,巡穴而行,见穴中一物如青泥,史食之不饥。遂巡穴出,忽到家,问张华,曰:此乃洞府也,所食者玉浆也,子其仙乎。

### ◆嵩山多产奇士、前贤、先哲
晋黄甫谧《高士传》载:许由,字武仲,阳城槐里人也。为人据义履方,邪席不坐,邪膳不食,后隐于沛泽之中。《帝王世纪》载:尧以尹寿,许由为师。《巢父传》载:巢父是上古尧时的隐士,居深山不营世利,年老以树为巢,就寝其上,故被人们称为"巢父"。相传,尧以天下让许由,许由不接受尧的禅让而逃之。《艺文类同》载:巢父闻由言,以为污,乃临池水洗其耳。而池主樊仲父怒曰:"何以污我水!"《路史》载:巢父适闻之,洗耳于颍水。樊仲父刚好牵着牛犊来饮水,看到巢父在洗耳,乃驱去之,耻牛饮其洗耳之下流。即牵牛犊到上流饮之。三国魏著名文学家曹植写有《三士赞》以颂之:

尧禅许由,巢父是耻。秽其洄听,临河洗耳。
池主是让,以水为浊。嗟此三上,清足厉俗。

《汉纪》载:朱宠为颖川太守,以正月岁首,宴赐群吏。问公曹吏郑凯曰:"闻贵郡山多产奇士、前贤、往哲,可得闻乎?"对曰:"鄙郡炳嵩山之灵,受中岳之精,是以圣贤龙蟠,俊乂凤集。昔许由、巢父耻受尧禅,洗耳河滨;樊仲父志洁心邈,贱天下之重,俱出阳城。"由此观之,三人皆嵩山产也。

### ◆中秋夜入中岳仙境
《虞初志》:"洛阳二生田璆、邓韶,唐代元和年间中秋望夕,携觞晚出建门春门,求地望月。遇二书生,问其姓氏,多他对。延二生至一车门,始入甚荒凉,俄有异香迎来,则豁然真境矣。乃以瑞露酒、烛夜花为二生觞。顷之,群仙降,赐二生以熏髓酒,问召二生者谁,则卫符卿李八百也。二生立于群仙后纵目,宴会歌曲甚艳。俄有玉女数十,引仙郎入帐,令田璆、邓韶行礼,礼毕赐以延寿酒。二童复引田璆、邓韶去。既别,行四五步,杳失所在,惟见嵩山嵯峨倚天。及还家,已岁余。"

◆武宗元奇画"中岳庙出队壁"

郭若虚《闻见录》载:虞曹外郎武宗元画"中岳庙出队壁",奇绝。《过庭录》载光禄于东坡书籍中,见一小策。东坡写道:武宗元画手妙一时,中岳告成,召武宗元图羽仪于壁,以名手十余人从行。既至,武宗元独占东壁,遣群工居西,幕以帷帐。群工规模未定,武宗元乃画一长脚幞头,执挝者在前,诸人愕然,且怪笑之。问曰,比部以上命至,乃画此一人何耶?武宗元曰,非汝所知。既而武画先成,其间罗列森布,大小臣僚,下至厮役贵贱行止。各当其分,几欲飞动,诸始大服。南海碑首曰:海于天地间万物最巨?亦何意哉?其后运思设施,极画其怪,宗元之画是以似之也。

◆少室有歌山、舞水、织锦堂,有洞穴诸异

宋《河南志》载:少室有歌山、舞水,在诸峰内。阿育王塔,在山北;玉女织锦并堂在东北,堂内石色斑斓,焕如纹锦;钟乳穴在山东南,穴中有钟乳,径头大一丈;光明穴在山东南角,深3里余,直上500尺,昼夜长明;云钟洞,樵人往往闻钟声;石穴井,昔有二人得道,一误伤而死,一人化为鹤,求其死者,衣鸣泣血,滴而成穴。

◆崇福宫真武神像显圣

《启圣录》载:西京嵩山崇福宫,有北极紫微阁,右角檐颔,一椽斜堕,损真武右肩。判府侍郎富弼,方拟奏闻。未发,忽内侍岑静奉敕专诣崇福宫,计验紫微阁真武神相有无动损。因言皇帝近于宫中,梦见崇福宫土地奏言:"今有紫微阁神,因攻赵元昊,化黑蜂遍满军前,特助元帅庞籍获胜,为施神功护国。今右臂伤重,若不奏闻,陛下无缘得知。"言讫辞去。时征西士马尚无消息,富弼乃以檐倾缘堕事,付岑静回奏。旋即奉命重新其阁。

真武大帝

未几,庞籍札子到,称奉委征讨赵元昊,方大军临三凤川对战,忽有土蜂起如云雾,竞趋西兵,见蕃众伤仆万数。取数人验视,并非兵刃所伤,或只面目三五黑点,甚于矢石。赵元昊被蜇头,如中一大斧,负痛败归,知有天助,遂奏表降,纳地图也。

◆小童锄地掘出丽质妇人

《侍儿小名》载:唐韦讽家于嵩颍间。遣小童理草锄地,忽见人发,锄渐深,渐多而不乱。讽异之,即掘深尺余,乃一妇人,肌肤容色,俨然如生。再拜言曰:"某是郎君之祖女奴,名曰丽质。娘子嫉妒,生埋此园中。"

◆新郑名人墓葬

王士正《蜀道驿程记》:"初六日,晨发禹州,暮抵新郑。县城北五十里,过周世宗陵,三十里过裴晋

公墓,里许涉洧水。《经》云:'洧水出密县西南马岭山,又东过郑县南。'注:洧水自郑城西北入,而东南流迳郑城南,其上即子产乘舆济人处。县,故轩辕有熊氏国,郑灭郐,徙居此,曰新郑。郑君乙二十一年,韩哀侯灭郑,复徙居之。所云郐居阳郑之间,食溱洧焉。溱水亦出密县,东南流至新郑城西北与洧合。班志云:'洧水东南至长平入颍,行五百里。县为高文襄拱故里,宋名臣王沂公、鲁简肃公、欧阳文忠公、吕正献公,皆葬于此。'盖颍川在宋时为近畿,卿相多赐葬地。如范蜀公葬襄城,杨文公、蔡文忠公、晏元献公、宋元献公兄弟皆葬禹州,不归葬也。"

◆邙山万年灯

《旧志》载:明成化年间,邙山上有火,夜照不灭,俗呼为万年灯。后农人掘地,见一珠子滚于地上,光焰耀目,转动如飞,惧而碎之,嗣是光不复见。或云,人伐冢取之。今窑头山冢,人谓万年灯云。

◆梦中立名象极洞、双龙井

《嵩书》载:太室之麓有大石焉,方广几十丈。南面有自然小洞,可容20人,厥形正圆,俗称鸡卵洞。内塑老君像,又名老君洞。两旁密迩石上有二自然井,手可探汲,泉味甘冽。因去潘师正居不远,遂名潘真人井。嘻!是洞与井,天造地设,奇绝古今,他山恐不多见。惜往牒不为详记,游者略之,且名不雅驯,遂致无闻于世,负屈千载。而道士又建瓦屋3间,蒙冒其上,烟火日熏之,使二奇幽闭黑狱中,竟不得见天日焉,岂不冤哉?明代辛亥午日,登封知县傅梅邀客饮此,相与扼腕者久之。傅梅欲改锡以佳名,别为作记,属思不就。客去,傅梅以小醉,昼寝未熟,梦中仿佛若有教他者,曰:"何不名为象极洞、左龙井、右龙井乎?"傅梅遂跃然而起,援笔记之。

◆游云岩,遇仙翁

马士芳《游云岩宫记》:朴丽子入云岩,见老翁欹膝端坐于岩内。须眉如雪,面奕奕有光,知非常人,趋前致敬。老翁曰:"子何来?"对曰:"游风后顶。"曰:"风后之游乐乎?"曰:"乐。""风后与云岩孰胜?"曰:"风后顶高而露足,大而无林,孤峙天表,而无所包含蕴育,此外状也。云岩在大壑中,远望之,窈然无所见,比至前,岭角一转,万家轩呈,恍惚变幻,惊目骇瞩,岩之中云气森然,嘘吸巅壁,酝酿霖泽;岩之外,谽岈怪石,如入武库,矛戟森森,深窟寒潭,蛟龙盘据,以时出没,感雷霆而神变化,又有苍松翠竹,奇花异草,禽鸟五色,飞鸣上下,斑斓成文,韵谐韶濩,此内状也。老夫爱之,故常居之。"徐又曰:"观子衣冠动止,岂业儒者乎?"对曰:"然"。曰:"既业儒,知儒之真乎?"曰:"小子寡昧,何足以知之。"老翁曰:"孔孟而后,真儒辈出,代不乏人。其失也,汉芜、唐浮、宋陋,祛此三者,可以知真儒矣。"朴丽子唯唯拜教。欲有所请,顾视老翁,目已瞑,遂退。

◆嵩山多奇景

周梦旸《嵩少游记》:"余生平有山水癖。一移中州。由郑州入密,多行夹道中。若涧底忽平壤,则西山一抹,隐隐眉睫间。将至密三四里,有松数十仞。一株出地而三岐,自七尺许。品分之,肤白如雪,柔泽如凝脂。指掐之,液辄津津出,香气可挹。相传黄帝时,有三女,俱得道。一夕逝,合葬其下。明年松生焉。即未必实然,然亦奇矣。出密县而西,上下冈阜,嵩山青翠,英英来逼人。而迤南一孤峰,峭然独秀。问其名,曰御寨也。余视御寨,若嵩山首耳。即至嵩,乃知远数十里,为少室,派不相蒙矣。

"周子曰:'余既游嵩山少林寺,已惬夙愿,而尤以卢岩未至为憾。卢岩者,唐隐士卢鸿潜修处也。泉从山巅飞瀑流,景绝胜。盖在登封东二十里。余自密县来过其岩,道甚近,顾无有知之者。至少林,始访求,远矣。岂天不欲穷吾观,留存异日耶?"

## 第四节　经书文字灵异

在神秘奥妙的嵩山石室之中,蕴藏着许多奇异的经书文字。其中,既有古帝王文字,还有仓颉所造之字,又有大量的神仙书籍与道教经典。它们像一个个充满了无限遐思的谜团,引导着人们探求、寻觅。

◆古三皇文
《云籍七签》载:晋鲍靓入嵩山石室清斋,见三皇古文。

◆三皇羽文
《列仙传》载:张道陵于嵩山中峰石室掘得三皇羽文、九鼎太清、丹经、琅函玉籍之书。

◆阴符本经
《神仙传》载:唐李筌得黄帝《阴符》本经于嵩山虎口岩。黄庭坚曰:《阴符经》出于唐李筌。熟读其文,知是黄帝书也。盖欲其文奇古,反诡异不经。盖揉杂兵家语作此言,又妄托子房、孔明诸贤训注,尤可笑。惜不经柳子厚一掊击也。《神仙传》载:李筌得《阴符经》于嵩山,题为寇谦之藏。《隋志》始载其名,其为寇谦之书明矣。

◆相鹤经
陶氏《说郛》载:李浮丘授《相鹤经》于王子晋。崔文子得其文,藏嵩山石室,淮南子采药得之。

◆异书
卢元明《嵩高记》载:刘居中居嵩山控鹤庵,遇石壁摧,得异书甚多,阴阳方伎、修真黄白之学、无所不有。

◆自然经书
卢元明《嵩高记》载:嵩山石室中,有自然经书饮食。少室自中定思出,崖下有石室,内有自然经书。

◆素书
张怀瓘的《笔断》载:后汉蔡邕,字伯喈。入嵩山学书,于石室内得一素书,八角垂芒,篆写李斯并史籀用笔势。邕得之,不食三日,乃大叫欢喜,若对数十人。喈因诵读三年,便妙达其旨,于是自书五经于太学,观者如市。解缙《春雨杂述》载:蔡中郎于嵩山石室中,得八角垂芒之秘,遂为书家授受之祖。晋人书皆其渊源也。

◆古篆隶书

《神仙感遇传》载:吴善经在嵩山学道,入一洞岩下,有仙人五六。仙者指石床上有书数轴,令取一轴来,盖古篆隶书也。曰:"读此,可于人间整叙经书,辩识文字耳。"

◆仙书

《神仙传》载:嵩高山谟觞室内,有仙书无数。仙人方回读书于内。

◆仙人广成子于石经峪授黄帝《自然经》

浮戏山的乳头峰下有一块石英石,石上有似字非字的痕迹,其上覆盖一层岩石,犹如一本书的封面。相传,仙人广成子授给黄帝一本包罗万象的《自然经》,曾藏于新密浮戏山乳头峰山下一石室中。天长日久,风浸雨蚀,石室坍塌,自然经便裸露在外。河南大学于安澜教授曾有"石经峪《自然经》摩崖第一页"题辞。

仓颉造字

◆仓颉造字之异

张怀瓘的《忆断》载:古文者,黄帝史官仓颉所造也。颉首有四目,通于神明。仰观奎星圜曲之势,俯察龟文鸟迹之象,博采众美合而为字,是曰古文。《孝经授神契》云:奎主文章,仓颉仿象是也。

◆古帝王文字

罗泌《路史》曰:箕山有古帝王文字。

◆造字官仓颉

张怀瓘《书断》载:古文者,黄帝史仓颉所造也。颉有四目,通于神明。仰观奎星圜曲之势,俯察龟文鸟迹之象,博采众美合而为字,是曰古文。《孝经援神契》云:奎主文章,仓颉仿象是也。

◆洛上有三文成字

《帝王世纪》载:黄帝服斋于中宫,坐于元扈。洛上乃有大鸟,鸡头、燕啄、龟颈、龙形、麟翼、鱼尾,其状如鹤,休备五色,三文。成字:首文曰顺德,北文曰信义,膺文曰仁智。不食生虫,不履生草。或止帝之东园,或巢阿阁。其饮食也必自歌舞,音如箫笙。

◆五老讲尧舜巡狩河洛

《论语比考谶》:仲尼曰:"吾闻尧率舜升首山,观河渚,乃有五老游渚。五老曰:'河图将浮,龙衔玉苞,刻版题命,可卷金泥玉,检封书成,知我重者重瞳黄姚。'视五老,飞为流星,上入昴。"

◆黄帝得五始之文

《春秋纬》载：黄帝坐于扈阁，凤凰衔书致帝前，其中得五始之文焉。《春秋合诚图》载：黄帝游扈洛上，与大司马容、左右辅周昌等百二十人临之，有凤衔图以置黄帝前。

◆嵩山下谟觞室有仙书无数，方回读书于内

《路史》载：上古高士巢父、方回、严禧，皆为许由好友。《记事珠》载：舜师于方回。嵩山下谟觞室有仙书无数，昔方回读书于内，玉女进以饮食。

◆少室山有三定思及《自然经书》

卢元明《嵩高山记》载：嵩山石室中，有《自然经书》。嵩山有三定思，《舆地志》云："少室，在嵩山西17里。从东角上40里，得下定思；又上10里，得上定思；10里中，有大石门，为中定思。自中定思而出，至崖头，下有石室，中有水，多白石英，室内有《自然经书》，自然饮食，与世无异。石室前有石柱似承露盘，有石脂滴滴下，食之一合，与天地相毕。"

◆李浮丘作《相鹤经》藏于嵩山石室

《巢县志》谓："李浮丘尝作《相鹤经》授王子晋，藏于嵩山石室。淮南王采药得之，遂传于世。"

◆谟觞室内有仙书无数

《潜确类书》载："《记事珠》云，嵩高山下有石室，名谟觞，内有仙书无数。昔仙人方回读书于内，玉女进以饮食。"

◆"万古丹经王"魏伯阳在嵩山炼内外丹，著述《周易参同契》

被誉为"万古丹经王"的嵩山新密人魏伯阳在嵩山炼内外丹，著述《周易参同契》。

《周易参同契》全书共约6000余字，基本是用4字1句、5字1句的韵文及少数长短不齐的散文体和离骚体写成的。该书"词韵皆古，奥雅难通"，并采用许多隐语，所以历代有很多注本行世，仅《正统道藏》就收入唐宋以后注本11种。《周易参同契》是一部用《周易》理论、道家哲学与炼丹术（炉火）三者参合而成的炼丹修仙著作。魏伯阳认为修丹与天地造化是同一个道理，易道与丹道是相通的。所以能用《周易》的道理来解释炼丹的道理，这使本来就比较复杂的炼丹术变得更加神秘，影响了后世炼丹家的哲学思维。

魏伯阳嵩山炼丹

◆神禹大篆

东方朔《十洲记》：禹治洪水既毕，经诸五岳，使工刻石识其里数高下，其字蝌蚪书。罗泌《路史》：霍、潜、嵩、岱、衡、华、恒山、会稽、空峒、熊耳、碣石等处，皆有禹所纪。傅梅《嵩书》：玉女峰北，上有大篆7字,人莫能识。

◆阴长生写《丹经》1通,封以文石之函,置嵩高山

相传为东汉和帝永元八年(96年)所立皇后阴氏之曾祖。新野(今属河南)人。生富贵之门而不好荣位,潜居隐身,专务道术。闻马鸣生得度世之道,就甘心自愿为马鸣生当仆人,给他干脱鞋扫地的下贱活儿。然而马鸣生并不传授他成仙的道术,整天与他高谈阔论,如此20余年,阴长生终不懈怠。和阴长生一块来向马鸣生学道的12个人先后离去独有他敬礼弥肃。马鸣生为其至诚所感,偕赴蜀青城山中,立坛盟誓,授以《太清神丹经》。阴长生得其术,归家后合丹,举门皆寿。《神仙传》载:阴长生于嵩山修炼,得度世之道。煮黄土为金食之。周行天下,与妻子相随。一门皆寿而不老,在世300余年。尝裂黄素,写《丹经》1通,封以文石之函,置嵩高山。《神仙传》《云笈七签》《历世真仙体道通鉴》等有其传。

◆古《九州图》

任昉《述异记》:有《九州图》在太室山。

◆鲍靓于嵩山石室得《三皇文》《太上洞神经》

鲍靓,字太玄,东海人,为葛洪岳父。《云笈七签》卷四《三皇经说》记载:上古三皇所授之经分为天皇、地皇、人皇共合3卷。关于《三皇文》的行世,《三皇经》说:"晋惠帝时,有晋陵鲍靓,官至南海太守,少好仙道。晋元康二年(292年)二月二日登嵩高山,入石室清斋,忽见古《三皇文》,皆刻石为字,尔时未有师,靓乃依法以四百尺绢为信。自盟而受,后传葛洪。"

史料又载:晋惠帝元康二年(292年),鲍靓修道于嵩山石室中,忽有天文大字出现于石壁上,就告而受之,此文后为《太上洞神经》所本。

据《广弘明集·二教论》曰:"晋元康年间,鲍靓造《三皇经》被诛。"可见《三皇经》实为鲍靓所著。《三皇经》的主要内容是"劾召鬼神"的符图及存思神化的"真形"之术。

◆蝌蚪古书

曹学佺《名胜志》载:嵩山太室天门西岩石室中,汉张芝于此获蝌蚪古书。

◆古石鼓篆

《嵩书》:颍阳西石鼓岗,传山上有石鼓,镌刻篆隶之文,今不知所在。

◆老子居嵩山用浮提金壶墨写《道德经》

道家鼻祖李耳(老聃)在洛阳周王室任柱下史和守藏史,形成了自己的思想主张,所著《老子》五千言,又名《道德经》,成为道家学派的经典。据史料记载,老子曾在嵩山老母洞撰写《道德经》。其中,《壬子年拾遗记》有奇异的详细记载:"老君居景室之山,与世人绝迹,惟与老叟五人,或乘鸣鹤,或着羽衣,共谭天地之数。所撰《书经》,垂十万言。有浮提国献神通善书二人,乍老乍少,隐形则出影,闻声则藏形。时出金壶器四寸,上有五龙玉检,封以青泥。壶中有墨汁,状若淳漆,洒地及石,皆成篆、隶、蝌蚪之文,记造化人伦之始,辅佐老子撰《道德经》,垂十万言,写以玉牒,编以金绳,贮以玉函。及金壶汁尽,二人乃欲剺心沥血以代墨焉。"《道德经》成,二人不知所往。《仙传》云:老子以金壶墨泻经

峰下,余墨洒林,皆黑也。《道书》云:"洛州景山,太室、少室也。"太室山有金壶峰,源于老子居嵩山用浮提金壶墨撰写《道德经》泻墨峰壁而得名。

◆束皙识汉明帝《显节陵中策文》

《晋书·束皙传》载:晋时,有人于嵩高山下得竹简一片,上两行蝌蚪书,传以相示,莫人知者。司空张华以问束皙,皙曰:"此汉明帝显节陵中策文也。"检验果然。

◆巾器书

《锦绣万花谷》载:汉武帝登嵩岳祠斋讫,西王母降,帝视其巾器中有小书,乞瞻览。王母曰:"此五岳真形图也。乃三天太上所出,岂汝宜佩乎?"帝乞不已,与之藏析梁台。

◆鲁女生于嵩山得《五岳真形图》

据《汉武帝内传》记载:汉末方士鲁女生采药于嵩山,遇一神女,自称为三天太上侍官,以《五岳真形图》授之,并告以施用节度,据称其图"可以威制五岳,役使众灵"。其实,此图系方士实地考察山岳的鸟瞰图,为入山之指南,后经配以老君符文,而被神话化,认为具有护符保身之功能。

老子居嵩山写《道德经》

◆神奇《五岳真形图》

《中岳真形图》:"汉武帝元封二年七月七日夜,西王母降巾器,中有书卷,紫锦囊盛之,曰《五岳真形》。"

东方朔《五岳图序》载:"五岳真形者,山水之象也。盘曲回转,陵阜形势,高下参差,长短卷舒,波流涌于奋笔,锋芒畅乎岭崿。云林玄黄,有如书字之状。是以天真道君,下观规矩,拟踪趋和,因如字之韵,而随形名山焉。"

《五岳古本真形图》载:"黑者,山形;赤者,水源;黄点者,洞穴口也。画小则丘陵微,画大则陇岫壮。葛洪谓高下随形,长短取象,家有蓄图者,善神守护其家,众邪恶鬼,灾害疾病,皆自消灭也。若上佩之,则万神皆为朝礼矣。"

《抱朴子》云:"凡修道之士栖隐山谷,须得此图佩之,则山中魑魅、精灵、虫虎、妖怪一切毒物皆莫能近矣。"

◆神符《五岳真形图》灵异图说

五岳的形图,各有特点,彼此形象表明什么,历来说法不一。

"五岳真形图"是一幅灵异图,对于图上的符号与文字所内涵的意义和作用,各家众说纷纭,其灵异图说有如下几点:

(1)是五岳的地形图,表示五岳地貌形状特征,属道教的地学范畴,即"泰山如坐""华山如立""恒山如行""衡山如飞""嵩山如卧"。

（2）是由古代"五行"演化而来代表方位及五种物化（即金、木、水、火、土）的符号——西岳图表示"金"，东岳图表示"木"，北岳图表示"水"，南岳图表示"火"，中岳图表示"土"。

（3）是形象化的象形学，东岳为"龙"字，西岳为"虎"字，北岳为"龟"字，南岳为"鸟"字，中岳为"奥"字。

（4）东岳图绘的是象形的青龙，西岳图绘的是象形的白虎，南岳图绘的是象形的朱雀，北岳图绘的是象形的玄龟，中岳图绘的是象形的土屋内住土神。

（5）右上为东岳泰山，"主世界人民官职及定生死之期兼注贵贱之分长短之事也"该符像一个篆书"天"字（或"雨"字），象征上天主宰芸芸众生，主管世人的命运。右下为南岳衡山，"主世界星象分野兼水族鱼龙之事也"，该符像一条鱼，暗喻鱼龙变化。

五岳真形图

左上为北岳恒山，"主世界江河淮济兼四足负荷之类管此事也"，该符像一个多足的水族或灵龟。左下为西岳华山，"主世界金银铜铁兼羽翼飞禽之事也"，该符像一个熊熊燃烧的炼丹炉。正中为中岳嵩山，"主世界土地山川谷峪兼牛羊食稻之种管此事也"。

（6）以嵩岳居中，左一为华岳，左二为衡岳，右一为泰岳，右二为恒岳。

（7）据《藏经》记载："五岳之神，分掌世间人物，各有所属。如：泰山乃天地之孙，群灵之府，为五岳祖，主掌人间生死贵贱修短；衡岳主掌星象、分野、水族鱼龙；嵩岳主掌土地、山川、牛羊食嚼；华岳主掌金、银、铜、铁、飞走蠢动；恒岳主掌江河淮济、四足负荷等事。"

（8）据晋代著名科学家道士葛洪《抱朴子》文，道教徒们最重视的秘文计有两种——《三皇文》和《五岳真形图》，这两件宝贝隐藏着无比巨大的能量，可以避邪。

（9）按照东方朔的说法，如果得到东岳《真形图》，就会"神安命延"；如果得到南岳《真形图》，就会"五瘟不加"；如果得到中岳《真形图》，就会"致财巨亿"；如果得到西岳《真形图》，就会"刀刃不伤"；如果得到北岳《真形图》，就会"百毒灭伏"。如果五岳《真形图》全部都得到，皆五岳之作用都有，大吉大利。

◆《三皇文》和《五岳真形图》避邪

晋代著名科学家道士葛洪《抱朴子》文，道教徒们最重视的秘文计有两种——《三皇文》和《五岳真形图》，这两件宝贝隐藏着无比巨大的能量，可以避邪。

◆蔡邕入嵩山得《素书》

《道藏》载："蔡邕，中郎将，入嵩山学书。于石室中得《素书》八卷，八角垂芒，写史籀，若对数十人。邕因诵读三年，便妙达其旨。尝独居一室，不寐，恍然一客至，厥状甚异，授以笔法，言毕而没。"于是，自书五经于太学，观者如市。走出了嵩山的蔡邕，以笔势洞达的隶篆八分书，一鸣天下。特别是蔡邕的书法理论专着《笔论》与《九势》问世后,又相继创作出了书法理论专着《篆书势》《隶书势》,从而开创了中国书法理论的体系,奠定了中国书法理论的基础,成为中国书法理论长河的主要源头。解缙《春雨杂述》曰:蔡中郎于嵩山石室中,得八角垂芒之秘,遂为书家授受之祖。晋人书皆其渊源也。

◆张道陵入嵩山得《三皇羽文》《九鼎太清》《黄帝丹经》《琅函玉籍》等经书

《列仙传》载:张道陵"隐鹤鸣山,炼龙虎大丹,遇神告曰:嵩山中峰石室,藏《三皇羽文》,《九鼎太清丹经》《黄帝丹经》《琅函玉籍》等书,得而修之,乃升天也。于是,赴而掘得之。能飞行遥听,分形散影。

《群仙录》载:"汉张道陵入嵩山,遇神人告之曰:'石室藏《黄帝丹经》《琅函玉笈》之书,子行必获矣。'遂从之,果得其书。"张道陵在"嵩高山石室,隐斋九年",潜心参悟,精思积感,真降道成。

◆魏夫人于洛阳得神授《黄庭内景经》

西晋司徒魏舒之女魏夫人,从小随父任朝廷官职,长期居住洛阳,后结婚成家,生有两子。因幼年时就接受天师道,羡慕神仙,静默养炼。及年长,信道修炼,日益强烈。待儿子长大后,就和丈夫分居,斋戒别室。道教传说,魏夫人与丈夫刘文分居之后,经过了三个月,忽有清虚真王褒及众真人降临夫人斋室,告诉夫人说:"你专注三清,勤苦到如此境地,我等受扶桑大帝君之命,特授你神真之道。"于是,让玉女打开玉笈拿出《上清真经》31卷,说:"我昔潜心学道,遇南极夫人,西城王君,授我宝经三十一卷,诵经习行,以成真人,住有小有洞天仙王,今日所授,乃昔日的文本。"随后,清虚真人王褒起立向北,毕恭毕敬,执书而祝说:"奉泰帝的命令,于今良辰吉日,以褒昔精思于阳洛山(王屋山主峰)所授的宝书,传与魏华存,计三十一卷,华存当谨守明法,修真成仙。有泄我书者,身为下鬼,族及一门。"祝罢又说:"此书当传真人,不仅我得如此,你今获此,皆泰帝的命令。自我之后,当有七人得到它,至华存即是第四个人了。"于是,亲手授予夫人。随后,王褒又摘经中之节度,行事之口诀,一一传于夫人。接着,景林真人又授夫人《黄庭内景经》,令其昼夜存念,诵习万遍之后,可洞观鬼神,调和三魂五魄,可致长生久视。授已毕,众真人隐形而去,留言他日将会见于阳洛山中。

◆寇谦之于嵩山得神授《云中音诵新科之戒》和《录图真经》

寇谦之"早好仙道,有绝俗之心;少修张鲁之术,服食饵药,历年无效",后遇"仙人"成公兴,在他的点化和引导下,先是随之入华山,采食药物不复饥。后隐居嵩山修道30余年,"守志嵩岳,精专不懈",终成大器。魏明元帝神瑞二年(415年),寇谦之自称太上老君降临嵩岳,授以"天师之位",赐以《云中音诵新科之戒》20卷,给他以神的启示,授予他为"天师"之位,令其"清整道教,除去三张(张道陵、张衡、张鲁)之伪法",租米钱税及男女合气之术,专以礼度为首,而加之以服食闭炼。让他辅佐北方"太平真君"(即北魏太武帝)。自此,寇谦之以"天师"身份,宣扬道教,并对"天师道"进行"三整

太上老君降临嵩岳,授寇谦之于天师之位

顿",使天师道以新的面貌在世间传播。

魏明帝泰常八年(423年),寇谦之又称太上老君玄孙李谱文临嵩岳。正当秋高气爽、晴空万里的金秋季节,寇谦之端坐石室,正诵老君音诵诫经,忽然少室山巅,云蒸霞蔚,灵光普照,老君玄孙李谱文端坐在五彩缤纷的云上。寇谦之立即走出石室,仰望拜谒。上师曰:"受老君之命,特为授汝能'劾召百神',定'坛位礼拜,衣冠仪式'的《录图真经》60余卷,并传授销炼金丹、云英、八石、玉浆之秘法,望谨慎奉持,命其辅佐北方泰平真君(指北魏太武帝拓跋焘),统领'人鬼之政'。"

北魏始光元年(424年),寇谦之至魏都平城(今山西大同),献道书于太武帝。最初,太武帝对谦之献书之举漠然处之,"令谦之止于张曜之所,供其食物"。左光禄大夫崔浩以其"辞旨深妙"上疏盛赞。

"世祖欣然,乃使谒者奉玉帛牲牢,祭嵩岳,迎致其余弟子在山中者"。翌年,于平城南立天师道场,重坛五层,尊其新经之制,集道士120人,每日祈祷6次。太延六年(440年),寇谦之声称太上老君复降,授太武帝以太平真君之号,帝遂改元为太平真君。又二年,太武帝亲至道坛受箓,封寇谦之为国师。至此,天师道乃大盛,终北魏之世,崇信不衰。后周承魏,崇奉道法,每帝受箓,如魏之旧。

◆寇谦之刻石记载:嵩山隐言唐代之事

《宣室志》载:寇谦之,后魏时得道者也。常刻石为记,藏于嵩山之上。唐朝上元初年(760年),有洛川鄩城县民,因采药于山得之以献。县令樊文言于州,州以上闻。高宗皇帝诏藏于内府。其铭记,文甚多,奥不可解,略曰:"木子当天下。"又曰:"止戈龙。"又曰:"李代代不可移宗。"又曰:"中鼎显真龙。"又曰:"基千万岁。"

所谓"木子当天下"者,盖言唐氏受命也。"止戈龙"者,言武氏天后临朝也。"李代代不移宗"者,谓中宗中兴,再新天地也。"中鼎显真容"者,"显"实中宗之庙讳,"真"为睿宗之徽谥也。"基千万岁"者,"基",玄宗名也;"千万岁",盖历数久长也。后中宗立极,樊文男钦贡以石记本上献,上命编于国史。

◆白龟年于嵩山遇李白得神书一卷

《体道通鉴》载:白龟年至嵩山,遥望东岩古木,帝幕窣地,步至其旁,尊俎罗列。有一人前曰:"李翰林相召。"龟年趋进。其人裹衣博带,色泽秀发,曰:"吾李白也。子之祖,乃白乐天(白居易)也。虽不同朝,以其道同。今相往复,吾自水解后,放遁山水之间,因思故乡,西归嵩峰。中岳帝飞章上奏,见辟于此,掌笺奏已百年矣。"因出素书一卷,遗(赠送)龟年曰:"读之,可辨九天禽语,九地兽言。"

◆吴善经嵩山修道读仙书

《神仙感遇录》载:吴善经嵩山学道十余年,周历幽胜。忽直一洞门,广丈余,高五六尺。徐行入二三里,即觉似浓烟雾中;又数里,豁然明朗,山川洞开,四顾极远。岩下有仙人五六,奔往礼谒,比至,唯一人在焉。善经拜礼修谒,自幸遭遇,拜而求道,乞延生度世之要。仙者欣然曰:"度世之道,须青箓著名,天挺仙骨,未易言也。然子慕道之志,亦可悯焉。"仙者指石床,上有书数轴,令取一轴来,依教取之,仙者笑曰:"未可教以出世之道。且读此,可于人世间整叙经书,辨识文字矣。"即授以指诀。吴善经了然顿悟,一一详识。即令出山,指以他径。顷之,已在洛下矣。自此,经中玉篆隶书,宝章真诀,展读详熟。唐宪宗修内殿,于斗拱内得符一函,中外无有识者,召吴善经入内殿示之。披读悉,殿无凝滞。赐以金帛,即令注解以进。善经在嵩山洛下,年90余,貌若婴孩,齿发不衰。后游五岳,不知所在。《唐书·吴善经传》中有录。

◆刘居中隐居嵩山得《异书》

宋代道士刘居中,京师人,少时隐于嵩山,居山颠最深处,曰控鹤庵。初与两人同处,率一两月,辄下山觅粮,登陟极艰苦,往往跻攀葛藟,穷日力乃至。两人不堪其忧,皆舍去,独刘居之自若,凡二十年,遭乱南来。绍兴间,尝召入宫,赐"冲静处士"。今庐于豫章之东湖,每为人言昔日事。云嵩山峻极处,有平地可为田者百亩。别有小山岩岫之属,常时云雨。只在半山间,大蜥蜴数百,皆长三四尺,人以食就手饲之,拊摩其体,腻如脂。一日,聚绕水盎边,各就取水,才入口即吐出,已圆结如弹丸,积之于侧,俄顷间累累满地。忽震雷一声起,弹丸皆失去。明日,山下人来言,昨正午雨雹大作,乃知蜥蜴所为者此也。又闻石壁间老人读书,逼而听之,寂然。既退,复尔。其后石壁摧,得异书甚多,阴阳、方技、修真、黄白之学无所不有。既下山,独取其首尾全者数十篇,馀悉焚之。又尝闻异香满室,经日乃散,不知所从来也。刘生于元丰七年甲子岁。

《舆地志》载:"嵩高山石崖下,有自然经书。刘居中居嵩山控鹤庵,遇石壁摧裂,得异书甚多,诸如阴阳、方伎、修真、黄白之学无所不有。乃知二室多遗书也。"

◆禹遂于嵩山石洞学《易经》得道

禹遂家住嵩山荥阳徐家沟,少孤贫。传说禹遂为人家饲牛时,常常夜半燃灯苦读《寻苑易解》。人家问他为何读此书?他说,听说天下精医者没有不学《易经》的。为解《易经》,彻夜思其理。母亲有病需要诊治,他想从《易经》上寻其辩证,但不得其解。后入嵩山求之,遇廖道人内谈论《易经》,他从此得道。回去后,他为师教子,令数童弟子瞑目而思。他能各见弟子心中所想之事,并将所说之事纤细如绘。

◆杨肇写字之异

王僧虔的《能书录》:荥阳杨肇,晋荆州刺史,善草隶。潘岳诔曰:"草隶兼善,尺牍必珍。是无辍行,手不释文。翰动若飞,纸落如云。"杨肇孙经,亦善草书。

◆李筌于嵩山得《黄帝阴符本经》

《阴符经》又称《黄帝阴符本经》,据《骊母传阴符玄义》一卷注云:李筌,号少室山达观子,于嵩山虎口岩壁得《黄帝阴符本经》本,题云:"魏道士寇谦之传之名山。"按《仙传》:李筌得《黄帝阴符本经》于嵩山,题为寇谦之藏。周《隋志》始载其名,其为寇谦之书明矣。"阴符"的含义为暗合天道,天人合一。全书分为三篇,上篇《神仙抱一演章》以阴阳五行学说阐明"天人合发,万变定基"之理;中篇《富国安民演法章》指出天地盗取万物,人人盗取万物的三者"更相为盗"的关系,强调必须天机,足时而动,固躬养命;下篇《强兵战胜演术章》说明学道须戒目收心,合乎天道,"自然之道不可违",如此方可长生久视。李筌遂着《阴符经注》,他在注中用阴阳五行思想阐述道教的教理教义,含有朴素的辩证思想,不仅在道教思想史上,而且在中国哲学史上都有一定地位。

《神仙传》载:唐代道人李筌好神仙之道,居少室山修道期间,常至嵩山虎口岩,在一个山洞里得到了一卷书,红漆的轴,白帛的字,盛在玉匣里面。上面题字:"大魏真君二年七月七日上清道士寇谦之

李筌与骊山老母

藏诸名山,用传同好。"书名就是《黄帝阴符本经》。他见书帛快要烂了,小心抄了下来,但读数千遍,竟不知晓其义理。后入秦地,在骊山下遇一老母,衣衫敝破,扶一拐杖,在看着一棵正着火的树,并自言自语说:"火生于木,祸发必克。"李筌惊而问之:"此黄帝阴符,老姥何得而言之?"姥曰:"吾受此经,已三元六周甲子矣。少年从何得之?"李筌再拜,具告所得。老母听后说,"少年贯生于生门,命门齐于口角,血脑未减,心影不偏,德贤而好法,神勇而乐智,真吾弟子也"。遂出丹书符一道,贯于杖端,令筌跪受之,坐石上与说《黄帝阴符本经》之义数百言,直到傍晚。老母曰:"日已晡矣,吾有麦饭,相与为食。"老母从袖中拿出麦饭,取出瓢,令筌到谷中取水,既满矣,瓢忽重百余斤,力不能制,而沉于水。及还,老母不见了,但留麦饭数升。李筌食之,自此绝粒,辟谷修道,成为仙人。

后传李筌从嵩山虎口岩山洞所得的《阴符经》,为上清道士寇谦之所藏《阴符经》,讲的是修真养性、长生久视。该书在唐代引起了道教的重视,被列为道教五大经典之一,是道徒必诵的经卷之一。今《道藏》中收载的《黄帝阴符经李筌注疏》,相传就是骊山老母传授的。

◆李奉时撰《嵩山太无先生气经》

《嵩山太无先生气经》又称《太无先生气经》,道家行气异养类典籍。该书无撰书人所在时代和姓名。相传,此书由唐代李奉时在嵩山修炼时所得,故得名《嵩山太无先生气经》。《新唐书·艺文志》已着录,书名下原注云:"失名,大历中(776~779年)遇罗浮王公传。"宋《通志·艺文略·道家类》着录《太无先生气经》2卷,注元李奉时撰。宋《秘书省续编到四库缺书目》着录李奉时撰《太无先生气经》2卷。又《云笈七签》卷59收藏《太无先生服气法》即本书之序与服气诀,同卷末还载有《嵩山李奉时服气法》。

此书篇首序称形气相须而成,气全角全,气竭形亡,故摄生之道,在于养气炼形以保生。自云大历中遇罗浮山王公授以理身吐纳之要道,谓2景、5牙、6诸服气法皆外气,不宜服,而胎息内气,则自身固存、不假外求。本书所录,皆承师旨。全书分上、下2卷,共18篇。其法则为胎息惜气,慎守三田,毋令亏损,致气漏精泄,精泄则气散,精全则气全,养生之道,厥在精气两全。该书文简意赅,条理秩然,实为养生佳作,为《道藏》《道典》所收录。

◆薛生见五仙人朱书篆字

《北梦琐言》载:后唐清泰年间,进士庞式于嵩阳观聚课。有薛学子者,因上山采樵次见道士5人,曳轻罗羽帔,身长大,欲携此子同去。薛辞之,乃裰其衫,背上朱篆1行8字,道士乘虚而去。薛归观,话其事,无有识其篆者。

◆司马承祯据王子晋嵩山升天成仙编撰《上清侍帝晨桐柏真人图赞》

《上清侍帝晨桐柏真人图赞》为道教赞颂类典籍。一卷。原题"天台白云司马承祯录"。此书盖司马承祯"早处嵩岳",谒桐柏真人庙堂,"钦影响之余灵","乃观仙传、追伊洛之发迹,复披《真诰》,慕华阳之降形,轻运丹青,敬载图像。"附以赞述,庶表诚心。(卷首序)考上清侍帝晨桐柏真人,即周灵王太子晋。据《史记》:太子圣而早卒。据《列仙传》:"隐而登仙。"《国史》载其前卒之踪,道书着其后仙之事。王子晋即王子乔,始见于《逸周书·太子晋解》。谓其成仙之后,登天堂,诣金阙,朝拜玉晨玄皇大道君。道君策命为"侍帝晨"。侍帝晨,亦作"侍帝臣",乃仙官之名,领五岳,治天台桐柏山金庭洞,故称"侍帝晨桐柏真人"。

司马承祯

此书系司马承祯采《列仙传》《逸周书》《真诰》等书中有关王子晋在世以迄升真之十一事编撰而成。每事皆有叙、有赞、有图,叙文长短不一,赞词则皆为4言8句。与《天台山志》载唐崔尚之《桐柏观碑》所云:桐柏山"中有洞天,号曰金庭宫,即右弼王子晋之所处也,是之谓不死之福乡,养真之灵境"之言相合。本书对真人的神圣英聪,以及恬退高隐之节,修真体道之迹,叙述甚详,图文并茂,非同虚构。收入《道藏》洞玄部赞颂类"养"字帙中。

司马承祯(647年或655~735年)唐道士。字子微,法号道隐,自号白云子,河内温县(今属河南)人。师事嵩山道士潘师正,受符箓、辟谷、导引、服饵等方术。隐居天台山。睿宗、玄宗迭次召见,玄宗还从他亲受法箓,命于王屋山自选形胜,筑阳台观以居之。吸收儒家正心和佛教止观学说,主张修炼要收心、守静、简事、真观、去知识、绝欲望,对北宋理学"主静说"有直接影响。善篆、隶,自成一体,号"金剪刀书"。曾受命书《老子石经》,刊正文句,定著5380言。卒谥贞一先生。

◆嵩阳孙思邈因伊洛二龙指点撰《千金方》后升仙

《独异志》载:唐天后朝,处士孙思邈居于嵩山修道时,大旱,有敕选洛阳德行僧徒数千百人于天宫寺讲《仁王经》,以祈雨泽。有二人在众中,须眉皓白。讲僧昙林遣人谓二老人曰:"罢后可过一院。"既至,问其所来,二老人曰:"某伊、洛二水龙也。"林曰:"讲经祈雨,二圣知之乎?"答曰:"安得不知。然雨者,须天符乃能致之,居常何敢自施也。"林曰:"为之奈何?"二老曰:"有修道人以章疏闻天,因而滂沱,某始可效力。"林乃入,启则天发使嵩阳,召孙思邈入内殿飞章。其夕,天雨大降。孙思邈亦不自明,退诣讲席语林曰:"吾修心五十年,不为天知,何也?"因请问二老,二老答曰:"非利济,生人岂得升仙?"于是孙思邈归蜀青城山,撰《千金方》30卷。既成,而白日冲天。

◆石堂山壁上见字

史料载:欧阳修游登封县颍阳,见山中石壁上有丹书"神清之洞"4字。明日复寻,不见。欧公《戏石堂山隐者》诗,内有云"四字丹书万仞崖,神清之洞锁楼台。云深路绝无人到,鸾鹤今应待我来。"可知洞在颍阳石堂山,公不见字,兼亦见其楼台也。

明朝庚戌秋的一日,登封知县傅梅到颍阳,登石堂,心怀诚愿,凝目睇观,回环良久,见北岩一壁,苔藓剥泐处皆成鸟迹,蝌蚪之文不能悉识,中亦有似大篆者,似八分者。大者如斗,小者如钵。他仅能辨识三字,为"甲",为"癸",为"天",然又不在一行。久之雾生,遂灭。

◆匿深草中不闻人声的著述

宋田诰,历城人,隐居嵩山。好著述,聚徒数百人,有著作百余篇传于世。每构思,匿深草中,绝不闻人声。俄自草中跃出,即一篇文成矣。北宋淳化中,以韩丕荐诏,令赴阙。未至而卒。

## 第五节 道佛灵异

秦汉之际,嵩高太室在人们的心目中,已经不单是人神相通、天地一理的社神之山,而且成了人们经过内修真性、外服丹药,从而进行吐故纳新,以长生不死、白日腾飞,升入天界的神仙之山,进而在人间越传越神,于是相继有了列仙灵异传说的出现。与道人不相上下的是嵩山佛僧,包括西域外来的佛僧,其灵异手段的诡异更是天外有天,他们不但能呼风唤雨,而且行走如飞,治病、求医、建寺等无所不能。因此,嵩山的神奥更是闻名天下。秦汉以降,嵩山的道佛灵事件更是数不胜数。

道人在嵩山修炼

### 一、神仙鬼怪灵异

◆黄盖者

鸿堤有黄盖者,阳城之童子也。得神芝之道,永为童子而不老。

◆一事两占皆验

《日知录》载:襄公二十八年(前545年)春,无冰。梓慎曰:"宋郑其饥乎!岁在星纪,而淫于玄枵。以有时灾,阴不堪阳。蛇乘龙,龙,宋郑之星也。宋、郑必饥。玄枵,虚中也。枵,耗名也。土虚而民耗,不饥何为?"神灶曰:"今兹周王及楚子皆将死。岁弃其次,而旅于明年之次,以害鸟帑,周、楚恶之。"十一月癸已,天王崩。十二月,楚康王卒。宋、郑皆饥,一事两占皆验。

◆ 王仲伦含石百日不饥

王仲伦,西周时卫人,周宣王时入嵩山少室得道。晋太康中,有田宣者,隐高唐县鸣石山,岩高百余仞,其石声甚清越,宣常扣石自娱。每见一人着白单衣,徘徊岩上,及晓方去。宣于后击石,住岩上潜伺。俄然果来,遽撮袂诘之。仲伦自言姓字世代,频适方壶去来经此,爱此石响清越,故辄留听云。宣求之留一石,如鸡卵,初则凌空,百余步犹见,渐渐烟雾障之。宣得石,含百日不饥。

《王氏神仙传》:王仲伦时居鹤鸣山,石自响,田宣见而问之曰:彼何人也。曰:我神仙王仲伦也,爱此石之奇响,故留连而听之耳。

◆ 洛川宓妃

据《墉城集仙录》记载,洛川宓妃为宓栖氏之女。得道为水仙,主治洛川。常游于洛水之上,以众女仙为宾友,以游宴为适,祥化多端。曹植撰《洛神赋》,谓其状翩若惊鸿,婉若游龙,荣曜秋菊,华茂春松,体迅飞凫,飘忽若神。

◆ 虎牢之说

《穆天子传》载:穆王射猎鸟兽于郑国,命虞人探林。有虎在林中,七萃之士高奔戎生擒虎而献之。天子命为柙,蓄之东虢,是曰虎牢。

◆ 王子晋所乘之马亦升仙

《体道通鉴》载:浮丘公接王子晋登嵩山数年,友人桓良遇子晋于缑山之上。王子晋对桓良曰:"七月七日,我当升天,可与故人会别也。"至期桓良与故人、群官登山,见王子晋弃所乘马于涧下饮龅如初,子晋升乘白鹤,挥手谢时人,升天而去。是时,群官拜别。回拜所乘马,马亦飞空而去。今有拜马涧在焉。

◆ 苏林得长生之法

《真仙通鉴》载:苏林,字子玄(一作元),中岳仙人也。两目瞳子正方。自言生于春秋卫灵公末年,少得练身消灾之术,后来遇到仇公,教以服习之法、还神守魂之术。还曾求学于涓子,涓子教给他三一之法。曰洞真,曰妙经,曰素灵。道经《索灵》上说:"一则消除万害,一则形体不败,乃地仙之术,长生之真法也。"苏林拜受修习后,游翔于各大名山数百年,后自称黄泰。其事迹见之于《神仙通鉴》。

◆ 风高老梦纯阳祖师三年不醒

陶九成《辍耕录》载:偃师人风高老,幼为铺长。尝昼寝,梦老人蹴之曰:"纯阳祖师至。"高惊起视,不见,复寝。梦老人蹴如前。又起视,见一疯道士自西而来,遂拽其衣而呼且行。过孙家湾,迄不放。道士叱曰:"此子疯矣!"以手挥之,高遂魔。常行乞市中作秽,屡被殴辱。三年乃醒,后不知所终。

◆ 魏伯阳隐于嵩山炼内丹

东汉时期,著名炼丹家魏伯阳所炼的内丹,达到了当时炼丹水平的最高峰。传说,魏伯阳在炼制神丹的时候,带了3个弟子隐于嵩山。大丹炼成后,魏伯阳看到其中有两个弟子用心不诚,就心生一计来考验他们。他先拿出一粒丹药喂了白狗,白狗吃了就立即倒地而死。弟子们面面相觑,随即又把目光不约而同的集中到师傅魏伯阳身上。魏伯阳看着他们微微一笑,就拿出一粒丹药吞服而下,接着倒地而死。另一位弟子深知师傅不会骗人,也吞服一粒,就地倒下而死。另两位弟子,暗自庆幸,没有服用丹药,也不敛葬师傅师兄的遗体,就卷起包裹下山而去。二人走后,魏伯阳方才起身,重新拿出真正的丹药,给弟子和白狗服下,于是一同成仙而去。

◆八仙人弈棋于太室山

《嵩书》载:汉武帝登嵩,见八仙人弈棋于太室山上,因建八仙坛于峰顶。按世所传八仙,皆为唐人。《神仙传》载:汉淮南王好道,有八公诣门,须眉皓白,阍人以无驻衰之术,不敢通。言未竟,八公皆变为童子。王迎登于思仙之台求教焉,八童子乃复为老人,遂授王《丹经》36卷。后安与八公俱白日升天,所踏山上石,皆陷成迹,至今人迹犹存。武帝闻之,乃叹曰:"使朕得为淮南王者,视天下如脱屣耳。"乃作台候之。

八仙人弈棋于太室山

据是,则汉时八仙非张果、钟离、吕岩辈也。

◆汉武帝梦绣衣使者乘龙请少君

《汉武帝外传》载:汉武帝夜梦与李少君共上嵩山。半道,有绣衣使者乘龙持节从云中下,言:"太一请少君。"帝觉,即遣使问少君消息,且告廷臣曰:"如朕梦,少君将舍朕去矣。"次日,少君病,帝自往视,并使左右人受其方书。未竟,而少君绝。既殓,忽失衣带,不解如蝉蜕也。

◆毛女大变法王寺

很久以前,在石洞里住着一个修行的毛氏女,其法力无边,保佑着附近的山民。毛氏女能呼风唤雨,如果天旱了,就会及时降雨润泽农田,并且在洞下500米处开一个大泉源,供此处山民和牲畜饮用。

峰岭西边就是闻名于世的大法王寺,寺院里一个老和尚不知怎么得罪了毛氏女,毛氏女警告老和尚说:"你再不思悔改,我把你寺院给平了!"老和尚哈哈大笑说"我就躺在寺院里大睡,看你能奈何我啊!"

毛氏女发怒,站在峰顶做法,瞬间大雨倾盆,不多时从峰顶卷起数丈高洪浪顺山而下,小和尚看到了,都赶紧向寺院两边峰岭跑去,只有老和尚还在大睡。

洪浪急剧而下转眼就把大法王寺全部冲走了。把寺院所有东西一直冲了8里左右到申半坡村西边的峡谷里,把峡谷都填平了,变成了一处20亩左右的平地,现在平地那里还有砖头瓦片,那里的几十棵大柏树就是从大法王寺被洪水冲下来的。

洪水过后,跑到山上的小和尚向毛氏女求败认输,然后,毛氏女又恢复了法王寺的原样。

## ◆鲁女生少壮色如桃花能日行300里

鲁女生,西汉长乐人。初饵胡麻及术绝,80 馀年日,少壮色如桃花能日行300里。

## ◆费长房得奇术

东汉时期道士费长房,曾为市掾,汝南(郡治今河南上蔡西南)人。曾在嵩山地区学道成仙,云游四方。一日,独见一卖药老汉,在散市后,跳入药壶中。后随老汉入山学道,老汉授其驱鬼神之术,又授其一竹杖骑上可腾空行走,日行千里。从此,费长房能医百病,驱瘟疫,令人起死回生。

在嵩山修炼的道人

## ◆一个孩子两个头

《搜神记》载:汉灵帝光和二年(180年),洛阳上西门外有个女人生了个孩子,两个头,两对肩膀同长在一个胸膛上,都向前。那女人认为不吉利,所以孩子一落地就把他抛弃了。从此之后,朝廷混乱,政权落到了权贵的手中,君主与臣下没有区别,这是两个头的象征。后来董卓毒杀何太后,将不孝的罪名加在汉少帝身上,废除放逐了少帝,后来又把他毒杀了。汉朝建立以来,灾祸没有比这更厉害的了。

左慈

## ◆天帝派我来做天子

东汉光和四年(181年),洛阳南宫中黄门官署内,有一个男人,长9尺,穿白色的衣服。中黄门解步责问道:"你是什么人?竟敢穿了白衣服乱闯宫廷!"那人说:"我,是梁伯夏的后代,天帝派我来做天子。"解步想上前逮住他,他却忽然不见了。

## ◆建发年间的一个儿子两个头

建安年间(196~220年),有个女子生了个儿子,两个头同长在一个身体上。

## ◆左慈阳城山变山羊

《后汉书》载:曹操欲收杀左慈,慈屡变形避之。后人逢慈于阳城山头,因复逐之,遂入走羊群。操知不可得,乃令就羊中告之曰:"不复相杀,本试君术耳。"忽有一老羝,屈前两膝,人立而言曰:"遽如许。"即竟往赴之。而群羊数百,皆变为羝,并屈前膝,人立云:"遽如许。"于是遂莫知所取焉。

### ◆神人蓟子训

东汉时,蓟子训来到洛阳,拜见了几十个大官,每次拜见时都拿一杯酒一片干肉来招待他们,并说:"我远道而来,没有什么东西,只能用它来表示感谢一点小小的心意。"宴席上几百个人,吃吃喝喝一整天总是吃不尽喝不完。蓟子训离开后,人们都看见有白云升起,从早晨直到傍晚都这样。当时有个百岁老人说:"我小时候,看见蓟子训在会稽集市上卖药,面色也像现在这样。"蓟子训不喜欢住在洛阳,就悄悄离开隐居去了。正始年间(240~249年),有人在长安东面的霸城,看见他与一位老人一起在抚摸铜像,并对老人说:"当时看见铸造这铜像,到现在已快五百年了。"这看见的人向他喊道:"蓟先生,等一等。"蓟子训一边走一边答应着,看上去好像在慢吞吞地走,但奔跑着的马也追不上。

### ◆中央黄老君之教

《仙鉴》载:紫阳真人周义山,巡行名山,寻索仙人。登嵩高山,遇中央黄老君,教以存洞房之内。

### ◆钟繇与女鬼

三国著名书法家钟繇,字符常,颍川郡人。钟繇在东都洛阳为官时,曾经几个月不上朝,他的神色气质与平时不同。有人问他这是什么缘故,他说:"这几个月常常有一个美女到我这儿来,她漂亮得非同一般。"问他的人说:"这美女一定是个鬼,你可以把她杀了。"那美女后来又来了,却不马上走到钟繇跟前,而停在门外。钟繇问她:"你为什么不进门?"那女人说:"因为你有杀我的念头。"钟繇说:"我根本没有这种想法。"并殷勤地连声呼唤她,她才进了屋。钟繇心里很恨她,却有点不忍心,但还是砍了她一刀,伤了她的大腿。这女人马上出了门,用新棉花揩擦,鲜血滴满了她走过的路。第二天,钟繇派人按照这血迹去找她,便来到一座大坟前,棺材中有一个漂亮的女人,身体就像活人一样,穿着白色的丝绸衫、红色的绣花背心,被砍伤了的左大腿,还用背心中的棉絮揩擦了鲜血。

### ◆妇女发型的征兆

刚开始做木屐的时候,把妇女的头做成圆头,把男人的做成方头。这种做法大概是想把男女区别开来。到西晋太康年间(280~289年),妇女都做方头的木屐,与男人没有什么两样。这是西晋惠帝的贾皇后专制嫉妒的征兆。

晋朝的时候,妇女梳发髻的,已梳成,又用丝绸紧扎发环,人们把它叫作撷子髻。这种发髻开始出现在皇宫内,后来全国都仿效它。到晋朝末年,就有怀帝、惠帝被杀之事。

### ◆卜成

《四竹堂纪异》载:"密县有卜成者,身游九山之上,放浪不拘之乡。山即巩县之九山,有庙碑,晋永康二年(301年)立。其文云,九山府君太华元子之碑。"

### ◆男女器官合一人

晋惠帝的时候,洛阳有个人,一个身体上长着男女两种器官,既能与女人进行交媾,也能与男人进行交媾,而他的本性特别爱好淫乱。天下的战乱,是由于男女的元气混乱而怪现象出现的缘故。

◆神人商丘开

西晋时期在嵩山修炼的仙人。《晋书》载：商丘开幼好道，居姑射山，能蹈水火而吞不焦溺，或救覆舟，或噀水而灭火。善丹青，然身常贫。客隐范氏家，诸客莫不狎侮之。范氏一朝家大火，诸客莫能救。商丘开独入火，取锦往还，埃不漫，身不焦，火大炽，对诸客噀水即灭。众方疑其为神人，惭谢。后入嵩山不出。

神人商丘开

◆谦之师位

《高道传》：道士寇谦之隐嵩阳修炼，感太上道君下降，劲仙伯王初平引谦之而前曰：吾得中岳主表云：自张天师登真之后，而作善之人无所师授，今道士冠谦之行合自然，宜处师位。

◆中岳嵩山是寇真人得道处

《五岳名号》：中岳嵩山是寇谦之真人得道处。

◆钱参政识嵩山童子异人

《龙川别志》载：参知政事钱若水，少时读书嵩山佛寺，有一童子日来嬉扰，禁之不可。寺僧曰："此田家子，此寺乃伊父所建也，昨为衙校，今其家破死亡略尽，以此子见属，吾怜其功，不忍禁也。"钱若水曰："然。"则试以经授之。不数日，诵寺中所有经殆遍，遂去，不知所往。钱若水既贵，护宗室葬事，舆者若干人。将宿，常失其一，行则复在。怪而阅之，则昔之童子在焉。钱若水曰："子乃在是耶。子实何人也？"对曰："世之如我者多矣，顾公不识耳，姑置我，我将食而复见。"置之，则走入众中，不复识。

◆鬼谷犬履

《仙传拾遗》：鬼谷，晋平公时人，隐居嵩阳鬼谷，因以为号。先生姓王名诩，苏秦、张仪从之学纵横衍，智谋相倾夺，不可化以至道，临别去，先生与一只履，化为犬以引二子，即日到秦矣。先生在人间数百岁，后不知所之。

◆夏统风至，刘庆云举

《晋逸史》：夏统，字仲御，会稽人。时上巳洛中王公已下并至浮桥，士女骈阗，车服烛路，统坐舟中不顾，太尉贾充怪而问之，统徐应之曰：会稽夏仲御也。充曰：昔尧亦歌，舜亦歌，子与人歌而和之可乎。统曰：先公朝会，万国恩泽，云布圣化，犹存百姓感咏。遂作一慕歌，于是以足扣船，引声喉啭，清激慷慨，大风应至，叱咤则雷电冥集，长啸则沙尘烟起，诸公相顾曰：若不游洛，安得见是人。统归会稽，后不知所终。吴天师《玄纲论》云：或问古有神仙，今胡为而不见。答曰：清浊殊流，真凡异境，安可得而见也。又曰：令威千载而暂归混元，至今而屡降，何谓不复见乎。又曰：今仙者为谁乎。答曰：自唐已来，可略而言之，刘庆云举于蜀土，韦使龙腾于嵩阳，道合蝉蜕于太一，洞元骨飞于异方。

◆王子乔墓奇闻

传承先民之说:王氏墓,东晋永和元年(345年)十二月当腊之时,夜上有哭声,其音甚哀。附居者王伯怪之,明则登而祭焉。时天鸿雪,下无人径。有大鸟迹在祭祀处,左右咸以为神。其后有神着大冠,绛单衣,杖竹立冢前,呼采薪孺子伊永昌曰:"我王子乔也,毋得取我坟上树也。"言罢,忽然不见。后来人们根据王子乔的话,感精瑞之应,乃迁灵庙,以休厥神。正熹八年秋八月,皇帝遣使者奉牺牲致祀,祗惧之敬,肃如也。

◆死后还生之比丘

《伽蓝记》载:嵩山崇真寺比丘惠凝死后还生,说是阎罗王检阅,以错勾放免。据说,惠凝见有五比丘与他同检:一是宝明寺智圣,坐禅苦行。二是般若寺道品,诵40卷《涅盘》,并升天堂。三是融觉寺昙谟,讲《涅盘》《华严》,领众千人。阎罗曰:"讲经者心怀彼我,以骄凌物,比丘中第一粗行。"令付司即送昙谟,向西北门,屋舍皆异,似非好处。四是禅林寺道弘,自云教化檀越,造一切经及佛象十躯。阎罗曰:"沙门须摄心守道,志在禅诵,不干世事,不作有为。若造经像,正欲得他人财物,贪心即起,便是三毒不除,具足烦恼。"亦付司。五是灵觉寺宝明,自说曾作陇西太守,造灵觉寺,寺成即弃官入道。阎罗王曰:"曲理枉法,劫夺民财。"亦付司,俱送入黑门。胡太后闻之,遣访各寺,皆有其人。于是供养禅僧百人。世之布资以为福德者,亦可少休矣。

◆王猛卖畚遇嵩山仙人

《晋书》载:王猛,字景略。少贫贱,以鬻畚为业。尝货畚于洛阳,乃有一人贵买其畚而云无直,自言:"家去此无远,可随我取直。"王猛利其贵而从之。行不觉远,忽至深山,见一父老,须发皓然,踞胡床而坐,左右十许人。有一人引猛进,拜之,父老曰:"王公何缘拜也?"乃十倍偿畚直,遣人送之。王猛既出,顾视,乃嵩高山也。

◆避疟人闻岳神言北魏移都年数

《广古今五行记者》载:魏太武帝时,嵩阳太室中的宝神象,长数寸,乍见。孝文帝太和中,有人避疟于此庙,见太武来造神,因言:"今日朝天帝,帝许移都洛阳,当得四百年。"神言:"昨已得天符矣。"太武出,神谓左右曰:"虏性苛贪。天符但言四十,而因言四百。"明年,孝文帝迁都洛阳,后果惟得四十年。

◆廖冲乘虎执蛇

梁武帝时期在嵩山修炼的道人。《佛家经典》载:廖冲,字清虚。保安人也。自幼聪慧,及长成,学问渊博,精通诗文、经史。后以才德见称,以研究经书成名。梁武帝时为官主簿、西曹祭酒。善词章,多得梁武帝嘉赏。后辞其印绶,游探道要,居嵩高山,潜心修行。久之,过荆渚,公安二神作妖,起风浪阻船,遂伏之护船。渡至南岳,于融顶遇太平真君传道要。复谓二神曰,吾居郴阳作丹,可为吾守炉。他日丹就,汝亦有分,丹成归乡。常乘一虎,执蛇为鞭,年百余。南朝陈光大二年(568年)风云晦冥而升举。

◆柳氏悔过,断舌平复

《朝野佥载》:后魏末,嵩阳杜昌妻柳氏甚妒。有婢金荆,昌沐令理发,柳截其双指。无何,柳被狐刺螫指双落。又有一婢名玉莲,能唱歌,昌爱而叹其善。柳乃截其舌。后柳氏舌疮烂,事急就向稠禅师忏悔。师曰:"夫人为妒,前截婢指,已失指,又截婢舌,今又合断舌,悔过至心,乃可以免。"柳顶礼求哀经七日。师令张口,呪之,有二蛇从口中出一尺以上,争呪之,遂落地,舌亦平复。自是不复妒矣。

◆上帝命张孝基主理嵩山

《泊宅编》载:许昌有个有学问的人张孝基,娶同里富人女为妻。富人只一子,不成器,斥逐之。富人为此生病而死,将家财全都给予张孝基。孝基料理后事,依礼进行埋葬。富人死后月余,其子在途中乞讨,被孝基碰见,感到非常伤心,恻然将其收留。先是让他管理田园,后又让他保管仓库。其子听话且负责,无其他过错。孝基慢慢地察觉到,其子能够悔过自新,不像以前那样。随后,就把他父所委托的家产给了他。从此以后,其子治家严谨,成为乡间善士。不数年,孝基卒。他的朋友们游嵩山途中,忽见旌幢驺从满野,如守山大臣,并见他乘以专车。便向前作揖询问事情的经过,张孝基说:"我归还财产之事,上帝知晓后,就命我镇定此山。"言讫不见。

◆生育奇说

郑樵《通志·氏族略》:"陆终氏娶鬼方氏之女,孕而不育,后开其左胁出三人焉,又开其右胁而出三人焉。长曰昆吾,名樊,巳姓,封卫墟。次曰参胡,董姓,封韩墟,周时为胡国,楚灭之。三曰彭祖,名翦,彭姓,封于韩,大彭之墟,即彭城也。四曰会人,妘姓,封于郑墟。五曰晏安,曹姓,封于邾墟。六曰季连,芊姓,其后为楚。昆吾氏为夏伯,汤伐桀灭之。彭祖氏为商伯,商之末世始亡。干宝以为先儒多疑此事。谯周作《古史考》废而不论。然六子之世,子孙有国,数千年间,迭为伯主,天将兴之同,必有尤物。若夫前志所传,修巳背坼而生禹,简狄胸坼而生契,历代久远,莫足相证。近魏黄初五年,汝南屈雍妻王氏,生男从右胁下,水腹上出,而平和自若,数月创合,母子无恙。"

◆嵩山四铭纪异(自然)

《纪异》载:嵩山之上,有玉女捣帛石,莹彻光洁,人莫能测。岳下之人云:"立秋前一日中夜,常闻杵声响焉。"岳之西北一峰,号望都峰云,天气晴朗即望见洛阳,隐如车盖之状。又岳之东北一峰,号鸡鸣峰云,五更之初,便见日出。岳顶有中天池。唐开元中,隐士卢鸿一凡有绝境之处皆勒铭,其最妙者为上四铭也。

◆进士赵合起死回生

《艳异编》载:进士赵合,以葬奉天李女骸骨事,明日道侧遇女子,授以演《参同契》,续元经元。遂舍家究其元微,居于少室。烧之一年,能使瓦砾为金宝;二年,能起毙者;三年,饵之度世。后有人遇之于嵩岭。

◆八梦生八子

《庄子》曰:傅说得之以相武丁,奄有天下。乘束维,骑箕尾,而比于列星《拾遗记》:帝喾之妃,邹

屠氏之女也。黄帝去蚩尤之凶,迁其民善者于邹屠之地,迁恶者于有北之乡。其先以地命族,分为邹氏、屠氏。女行不践地,常履风云游于伊洛,帝乃期焉,纳以为妃。妃常梦吞日,则生一子,凡经八梦则生八子,世谓为八神,亦谓八翌。翌,明也。亦谓八英,亦谓八力。其神力英明,翌成万象,亿兆流其神睿焉。

◆鬼谷子乃古之真仙

《录异记》载:鬼谷子者,古之真仙也,姓黄氏。自轩辕之代,历于商周。随老君西化流沙。泊周末,复还中国,居颍滨阳城鬼谷。

◆韦安与泰岳冥官张道同业少室

《太平广记》曰:韦安之者,河阳人,前往少室寻师。至登封逢一人,名张道,亦至少室读书。二人乃约为兄弟,韦安之年长为兄。同师李潜。学经一年,张道博学精通。一日,张道对韦安曰:"我的学业是不能完成了,从今天起,学习五年方能成名,做官也不过是县佐。"韦安之惊异曰:"弟何以知之?"张道曰:"我不是人,乃冥司主典也。泰岳主者欲重用,为余才识尚寡,给一年假来人间学习。今限满业成,将辞兄去,慎勿泄于人。"言讫,辞其师。韦安将其送至山下,涕泣而别。张道曰:"兄成名之后,有急当呼道,必可救矣。"韦安之五年乃赴举,当年擢第,授杭州于潜县尉。被州遣部将抵河阴,至淇泽浦,被淮盗所抢劫。韦安之遂虔诚地启于张道。顷刻间,雷雨暴至,群盗皆溺。韦安一生,官至龙兴县丞。

◆李光元少室遇元寿仙翁得道

《谈苑》曰:渤海李光元,历游名山,至嵩高少室,独步岩谷。忽于松下遇一老人,问李光元曰:"子求道几年,有所遇乎?"光元曰:"予游历二十余年,数年前,曾于船中遇一道人,教以保养精气,导引四肢。依而行之,亦有少验。"曰:"如斯,则道成矣,夫复何求?"光元曰:"窃闻仙家更有金液还丹之道,是以留心寻访耳。"老人微笑曰:"子识吾否?吾元寿先生也。子求金丹大道,将为己乎?"光元曰:"既能为己,亦将提拔有分之人。"曰:"斯可传矣。"光元即再拜称谢。老人曰:"若非夙缘,虽辛劳没齿,亦不能遇。子仙骨已彰,神基渐就,果能听吾说矣。"乃置杖,共坐石上,而授以道焉。

◆李昭微妻子隐于嵩山

《正统道藏》载:隋李昭微,志好隐逸,慕葛洪之为人。为师访道,不远千里。为高唐尉。大业中,将妻子隐于嵩山,时号黄冠子。

◆宝镜照妖

隋王度《古镜记》载:汾阴侯生临终,赠王度以古镜,曰:"持此,则百邪远人。"度受而宝之。大业十年(614年),度弟勣自六合丞弃官归,将遍游山水,求兄所宝镜,即以与之。至大业十三年(617年)始归。谓兄曰:"此镜真宝物也。"勣辞兄之后,先游嵩山少室,陟石梁,坐玉坛。属日暮,遇一嵌岩,有一石堂,可容三五人,勣栖息止焉。月夜三更后,有两人,一貌胡,有鬓眉皓而瘦,称山公;一面阔白,鬓眉长黑而矬,称毛生。谓勣曰:"何人斯居也?"勣曰:"寻幽探穴访奇者。"二人坐,与勣谈文,往往有异义出于言外。勣疑其精怪,引手潜后,开匣取镜。镜光出,而二人失声俯伏,矬者化为龟,胡者化为猿。

悬镜至晓,二身俱殒,龟身带绿毛,猿身带白毛。

◆知人生死的郭式

唐代汾阳王子仪有8个儿子,其一即封郡为家。五代兵荒,后裔流寓邑东25里史村,宋初占借于此。郭式出生的那一天,有5个道士坐在门口,好导引事,精于坎离龙虎。曾炼黄茅紫车丹,以药施济,皆为海上仙法。静养日久,五窍皆灵,先期知人生死。一日以大石凿为棺,置坟中,在上建塔。妻问其故,曰:"汝于某年某月日,当葬此处。我于某年某月日,亦同葬此。"后果如所言,妻死,郭式自身淋浴,趺坐塔内石棺上,召子孙温语慰而逝。肌不青,皮不皱,目光不毁,子孙就肉身加涂金漆,塑为像,至今塔碑俱存。

◆谭峭不衣不食

《唐书》本传载:谭峭,字景升,号太极子。父洙,官国子监司业。幼好黄老书,靡不精究。出游终南山,历太白、太行、王屋、嵩华泰岳,游历不归。父驰责之,峭谢曰:"茅君昔为人子,亦辞父学仙,今峭慕之。"乃师于嵩山道士十余年,得辟谷养气之术。唯嗜酒常醉腾腾,周游无方。夏乌裘,冬绿布衫,或卧风霜雨雪中经日,人谓其已毙,视之,气出蒸然。父念之,寄衣。峭与分寒者,及寄酒家,一无所留。人问之曰:"何能着得?盗之所窃,必累于人,不衣不食,固无忧也。"后炼丹成,服之入水不濡,入火不灼,亦能隐形变化。

谭峭

◆张安儒外遇女鬼

稗海本《搜神记》卷七载:张安儒,东洛人也。其家大富,贾贩淮南。晋永和年中,自广抵于洛下,既至而患痼,……不逾一旬,安儒身死。男女哀擗。未及棺敛,忽有一女子,缟服重戴,莫睹其面,自门而入。仆使借问,亦不应。直至尸前,不去帽,乃尽哀泣,其声清怨,伤切不胜。男女亲姻,惊愕莫测其由。须臾,弃其帽见之,乃丑胡女鬼也。这位丑胡女鬼显然是张安儒的外遇。

◆李白得仙在嵩高山乘赤虬东去

《龙城录》载,唐朝文学家韩愈曾言诗仙李白得仙去。《异人录》载:唐朝元和初年,有人自北海来,(在海上)见李太白与一道士在(嵩高山)上谈笑风生。久之,道士于碧雾中跨赤虬而去,李太白耸身健步追及,共乘之而东去。

◆以成我直臣之气

《唐书》载:天后幸嵩山三阳宫,有胡僧邀车驾,亲葬舍利,后许之。狄仁杰跪于马前曰:"佛者,戎狄之神,不足以屈天下之主。彼胡僧诡谲,且欲招致万乘,以惑远近之人。"后中道而还,天后曰:"以成我直臣之气。"

### ◆萧旷遇神女

《艳异编》载：唐朝太和年间，处士萧旷遇神女，赠以明珠翠羽，曰："君有奇骨异相，当出世。清襟养真，妾当为阴助。"萧旷保其珠绡，多游嵩岳。

### ◆阿胡学道焦炼师

《广异记》载：唐开元中，有焦炼师修道，聚徒甚众。有黄裙妇人自称阿胡，就焦学道术，经三年，尽焦之术，而固辞去。焦苦留之。阿胡云："己是野狐，本来学术，今无术可学，义不得留。"焦阴欲以术拘留之，胡随事酬答，焦不能及。乃于嵩顶设坛，启告老君，自言："己虽不才，然是道家弟子，妖狐所侮，恐大道将隳。"……坛四角忽有香烟出，俄成紫云，高数十丈，云中有老君见立，因礼拜陈云："正法已为妖狐所学，当更求法以降之。"老君乃于云中作法，有神王于云中以刀断狐腰，焦大欢庆。老君忽从云中下，变作黄裙妇人而去。

### ◆顾元续求人守丹鼎不终

《道书》载：唐天宝中，中岳道士顾元续，于天宝中尝怀金游市中。历数年，忽遇一人强登旗亭，扛壶尽醉，日与之熟。一年中，输数百金。其人疑有所为，拜请所欲。元续笑曰："予烧金丹八转矣，要一人相守，忍一夕不言，则济吾事。予察君神静有胆气，将烦君一夕之劳，或药成相与期于太清也。"其人慨然许之，遂随入中岳。上峰险绝岩中，有丹灶盆，乳泉滴沥，元续取干饭食之。即日上章封鼎。及暮授以一板，云："可击此知更。五更当有人来此，慎勿与言也。"其人曰："如约。"至五更，忽有数铁骑呵之曰："避！"其人不动。有顷，若王者仪卫，甚盛，问："汝何不避？"令左右斩之。其人如梦，遂生于大贾家。及长成，思元续不言之戒。父母为娶，有三子。忽一日，妻泣："君竟不言，我何用男女为？"遂次第杀其子。其人失声，豁然梦觉，鼎破如震，丹已飞矣。

### ◆嵩山老道士化石

《仇池笔记》载：曹焕游嵩山，遇老道士盘礴石上。未尝与人语，谓焕曰："我与汝以某年月日同集神清洞，我当以某日化为石。"复坐不语，后果真化于石上。

### ◆张延奇见潘师正

《云笈七签》载：嵩阳观西有龙湫，居人张延者以秽触湫上。俄为人所摄，行可数里，至一甲第，门前悉是群龙，入门十余步，有大厅事，见潘师正当厅而坐，手持朱笔理书，问曰：汝是观侧人，亦识我否？识是潘尊师。师正问延何以污群龙屋？张延载拜罪。又问汝识司马道士否？张延曰，识之。师正曰，今放汝还。遂持几上白羽扇谓延曰，为寄司马道士何不来？而恋世间乐耶？使人送张延出水上，奄然如梦。司马道士见羽扇，悲涕曰，此吾平素所执，亡时以置棺中，今君持来，明吾师见在不虚也。乃入深山，数年而卒。

### ◆白发变黑的朗然子

朗然子是唐朝（618～907年）末年著名的道士，本名刘希岳，福建人。他的家庭是世代富豪，又是当地的名门望族。他从小接受儒家教育，精通儒家经典，但接连几次参加科举考试都没有成功。他感到十分绝望，于是弃家入道，离开故乡，浪迹天涯。这时期他访问山林隐士高道，阅读大量道教典籍，在异人的指点下,开始修炼道家功法。这一年,他四十挂零,已是鬓发斑白,满面皱纹,筋力甚感困乏。

大约在他45岁时,来到嵩山,选定了嵩山洛水南岸的通元观(今安乐栖霞宫)传道。通元观始建于后唐,北宋初曾重修,为洛阳南最大的一所古道观,其西侧为唐宋古壕,周围数里不见人烟,翠柏围绕,古树参天。观内住持和几位道士,除了晨钟暮鼓、早晚诵经外,高道修炼,小道看护。观内幽径生苔,人迹罕到。相传,朗然子入观之后,勤于修炼,足不出观,勤苦修炼内丹派"周天功",不到十年时间,这位半路出家的举人,竟然达到功成道圆的境界,身体也发生了异变:原来斑白的鬓发完全变黑了,脸上的皱纹不见了,身体强健有力,六十挂零的道士,俨然中年壮男一般。西京洛阳的道俗,闻听朗然子功法大成,不少人来参访取经。来来往往的人群,使昔日寂寥的古观,成为洛阳的一个大市,变得川流不息。据记载,有一天,朗然子要离观远行,不少道俗信众来送他,只见他拥衲端坐,闭目养神,可是忽然又不见了踪影,接着一阵蝉声震耳欲聋,众人抬头向村上看去时,又见树梢祥云缭绕,朗然子端坐云端。

◆任生成仙

《云笈七签》:任生隐于嵩山读书,一夕见黄衣人执手牒追去曰:子命已尽。约行数十里,幢节婵盖迤逦不绝,有女子乘翠竹,侍卫数10人,黄衣者与生辟易隐于墙下,女子遥见,问何人,黄衣具以实对。女子取牒视之曰:今既相遇,不能无情。索笔判云:更与三年。生再拜谢之,因问使者,黄衣云:此三素元君,仙之最贵也。生果再苏,后三年乃卒。

◆神人丁居士

丁居士,定陶人,不知其名。专勤梵行,尝往来嵩山,礼事普寂禅师,得其深法。将终,合掌跏趺,俨然而绝。远近诸寺院,钟磬不击自鸣,人多异之。既葬三载,为开元十五年(727年),西域僧安静振锡东游至定陶,直问:"丁居士何在?"乡人以实告之,静曰:"伊乃在家菩萨也。"遂至坟所,躬自开发。时五色云气腾腾而上,取视其骨,皆金色,连环若锁,可5丈许,铿然响亮,摆杖头而行。别树塔重葬,众咸惊叹。未几,静不知其所之。

◆董威百结

《逸士传》:董威在洛阳居白社,以残絮缕帛为衣,号为百结。修通行者,袁滋士流。

◆邢和璞奇术

唐代嵩山道士。早年喜欢老子的道家学说,善算心术,凡人心之所计,布算而知之。卜居嵩颍间石堂山之洞,著《颍阳书》三篇。开元十二年(724年),至都。《酉阳杂俎》记载,邢和璞善长方术,身边常常带有计数的竹签。如果有人请他算命,他便用竹签摆成卦形,纵的横的都有,一共要动用100多根,摆满一床。摆完之后,就告诉人家是吉是凶,是福是祸,说出那人的年龄寿命大小以及官禄等,说得极准,像神一般。他能算出人的寿命长短,帮人增寿,又能起死回生,把死人救活。有友人居白马坡下,已死去两夜。和璞至,把死人抬放在床上,和死人一起睡,闭户良久,起具汤沐,须臾即活。死者的母亲问儿子是怎么回事,儿子说:"我被关在阴间的牢房里拷问得正苦的时候,忽听外面喊道:'大王叫这个人!'负责拷问的官吏不肯,说:'审讯没完,不能去!'过了一会儿,又有一个惊慌跑来的人说:'邢仙人亲自来叫这个人!'那官吏出去迎接,连连下拜,很害怕的样子,于是就让我跟着邢仙人回来了,所以又活了。"

登封颍阳紫云山中的紫云洞,相传为道士邢和璞隐居地。

◆风道士

云游海岛,有吸风饮露之术。后入嵩山超化寺。有鸾题度化碑,记其事,文多不可句读。

◆风高老

陶九成《辍耕录》:偃师人。幼为铺长。尝昼夜,梦老人蹴之曰:"纯阳祖师至。"高老惊视,不见,复寝。梦老人蹴如前。又起视,见一疯道士自西来,遂拽其衣而呼且行。过孙家湾,迄不放。道士叱曰:"此子疯矣!"以手挥之,高遂魔。常行乞市中作秽,屡被殴辱。三年乃醒。后不知所终。

◆召鬼神者明崇俨

洛州偃师人,梁国子祭酒山宾五世孙。少随父恪令安喜。吏有能召鬼神者,尽传其术。乾封初,应岳牧举,调黄安丞,以奇技自名。高宗召见,甚悦,擢冀王府文学。试为窟室,使宫人奏乐其中,召崇俨问:"何祥邪?为我止之。"崇俨书桃木为二符搭室上,乐即止。曰:"向见怪龙,怖而止。"盛夏,帝思雪。崇俨坐顷,取以进,自云往阴山取之。四月,帝忆瓜,崇俨索百钱。须臾,以瓜献,曰:"得之缑氏老人圃中。"帝召老人问故,曰:"埋一瓜,失之土中,得百钱。"累迁正谏大夫,帝令入阁供奉,每谒见,陈时政多托鬼神为言,至为武后作厌胜事。又言章怀太子不德。仪凤四年,为盗所刺于东都。好事者为言,崇俨役鬼劳苦,为鬼所杀。而太后疑太子使客杀之。故赠侍中,谥曰"庄"。擢子珪为秘书郎,命御史中丞崔谧等杂治,诬服者甚众。及太子废死,状乃明。

◆刘德本济民成仙

唐代道士。字孝叔,人称"刘仙翁"。鄂州(治所在今湖北武汉市武昌)人。好古多能,曾篆书写六经子史。家豪富,不求仕进,往来大江商贩。僖宗乾符二年(875年)后,黄巢陷鄂州,德本遂携家舍舟陆行。时岁大饥,饿死者甚多。德本以其所贩米数万石赈济饥民,全活万余家,死者得葬,远近推仰,避乱庐山五老峰下,有鹿裘道士来访,一同入深涧丹井,游洞天仙境,遇九天使者真王之侍卫,告诉严持戒行,澄莹心神,济物利生,必垂拔度等意。自此遍游五岳名山福地。据称,忽一日乘鹤仙去。

◆居士紫金精

《宣室志》载:唐宝历中,京兆韦思元游嵩山,有道士教曰:"饵金液,可以延寿,子当先学炼金。"于是思元求炼金之术,积十余年。一日,有居士辛锐者,貌甚清瘦,愀然有寒色,衣敝裘,扣门曰:"吾穷无所归,闻先生好古尚奇,集异人方士,故来谒耳。"思元留之。居士身患疾癞,溃血秽甚,其家人尽恶之。韦思元尝召术客会食,居士突至,溺于筵席。客怒起,韦氏家僮詈之,居士遂辞去。行至庭,忽不见,乃异之。视其溺皆紫金也,奇光灿然,直旷代之宝。韦思元惊叹曰:"居士,紫金精也。"

◆摩石人能治病

《抱朴子》载:汝阳有彭氏墓,近大道,墓口有一石人,田家老母到市,买数片饵以归。天热,过荫彭氏墓口树下,以所买饵暂着石人头人,及去,忘取之。后来者见石人头上有饵,求而问之。或人调云:"此石人有神,能治病,病愈者以饵来谢之。"如此转以相语。云头痛者,摩石人头;腹痛者,摩石人腹;亦还以自摩,无不愈者。遂千里来就石人治病,初具鸡豚,后用牛羊,为立帷帐,管弦不绝。如此数年。前忘饵母闻之,乃为人说,好事者碎之,惟墓存焉。

◆冯太和霓裳眇然置壑独立
陈子昂《序》曰:冯太和霓裳眇然,置壑独立。

◆王秀才遇修月户授玉屑饭,并指点迷津
《酉阳杂俎》载:唐太和中,郑仁本表弟,不记姓名,常与一王秀才游嵩山。扪萝越涧,境极幽夐,遂迷归路。将暮,不知所之。徙倚间,忽闻丛中有鼾睡声,披榛窥之,其一人,布衣甚洁白,枕一襆物,方眠熟。王秀才即呼问之:"某偶入此径迷路,君知向官道否?"其人举首略视,不应,复寝。王秀才又再三呼之,乃起坐顾曰:"来!"此二人因就之,且问其所自,其人言曰:"君知月乃七宝合成乎?月势如丸,其影日烁。其凸处也,常有八万二千户守修之。"予即一数,因开襆,有斤凿数事,玉屑饭两裹,授于二人,并曰:"分食。食此虽不足长生,可一生无疾耳。"乃起,与二人指一支径:"但由此,自合官道矣。"言罢不见。

◆仙翁上士
陈子昂《序》曰:杨仙翁元默洞天,贾上士幽栖牝谷。玉笙吹风,瑶装驻鹤。

◆薛玉遇高道
《洛中纪》载:唐初,进士庞式、薛玉俱课业嵩山。薛玉采樵,见一山椒有道士,曳轻罗帔,守一炉,薛玉拜之。道士曰:"汝肯随我去乎?"薛玉辞之。见炉中黄金灿然,须臾乘虚而去。薛玉归语其事。

◆孙太冲炼金丹神异
唐明皇时,有方士不召而至,帝命道士孙太冲亲承密诏,对授真诀,炼金丹于嵩阳。明年,移药鼎于缑氏升仙太子子庙内,制造之工,神异之效,愈于初焉。

◆石元懿嵩阳遇老叟识为良弼
《谈苑》:石元懿熙载游嵩阳道中,遇一叟,熟视之曰:"真太平良弼也。吾幼为唐相房玄龄检书,苍头公酷似房公。"语讫即灭。太宗朝,石为左仆射。

孙太冲

◆卢生报案
《逸史》载:唐卢叔敏居嵩山缑氏县,即故太傅贞公崔佑甫之表侄。天佑初拜相,有书与卢生令应明经举,生遂自缑氏赴京。行李贫困,有驴两头,叉袋一个,奴才十余岁而已。初发县,有一紫衣人擎小幞与生同行,云送书状至诚,辞退气甚谨。卢生和小童仆作伴,扶接鞍乘。每到一店,必分以茶酒,紫衣者亦甚知愧。至崿岭,早发十余里,天才明,紫衣人与小奴驱驴在后。卢生忽闻小奴叫呼声,他看到紫衣人殴击小奴。卢生曰:"奴有过,但言,必为科决,何得便自打他?"言讫,见紫衣人怀中抽刀刺奴,洞肠流血,卢生乃惊走。卢生骑驴前行数十步,见紫衣人迤在后,惊惧得弃驴并靴,驰十数步,紫衣追上来,以刀将其刺倒,与奴同列于岭上。

缑氏尉郑楚相与卢生为中外兄弟。晨起,于厅中忽困睡,梦见卢生披头散发,血污面目,对他说:"我已被贼杀矣!"问其由,卢生说:"我枉死,然此贼未捉。乃牵白牛来,跛左脚。"卢生见他不解此意,又说:"明年八月一日,平明,贼从河中府与同党买牛来,如此过入西郭门,最后驱此者即是。"郑君惊醒,遂言于同僚。至明日,府牒令捉贼,方知卢生已被贼所杀。于书帙中得崔相手札,河南尹捕捉甚急,都无踪迹。至来年七月末,郑君与县宰计议,至其日五更,潜布弓矢手立于西郭门外。郑君领徒自往伏于路侧。至日初出,果有人驱牛西来,后一白牛跛脚行迟,不及其队,有一人驱之。牛乃郑君梦中所见卢生牵者,遂擒掩之,并将同党六七人同时抓获。驱跛牛者,乃杀卢生贼也。问之,悉伏。云:"此郎君与某有恩,某见其襄中书,谓是绫绢,遂劫杀之,及开之,知非也,唯得绢两疋耳。自此来,常仿佛见此郎在侧,如未露,尚欲归死,已就执,岂敢隐讳乎?"因具言其始末,与其徒皆死于市。

因果不昧,善恶有报

◆烟萝三友

《真诰》:郑邀,字云史,举进士不第,唐末振衣远去,入嵩山少室为道士,有二青童、一鹤一琴从之游处,与梁室权臣李振友善,振欲禄之,拒而不诺。既而振得罪南迁,邀徒步千里往省之,由是闻者益高其行。邀闻华山有五粒松脂,沦地千年化为药,能去三尸,因徙居华山,与道士李道盛、罗隐之三人为烟萝友,世目之为三高士。

◆董五经的心静功

董五经,宋朝嵩山隐士。程子闻其名,往造不值。还至途中,遇一老人负茶果归。曰:"君非程先生乎?某闻先生来,特入城置茶果以待也。"程子问何以能尔,曰:"只是心静,静而后能照。"故习静,全是功夫,惟其功夫在"强内"耳,与用动功以"强外"者不同。此等告知神通,以及其他更大神通,道佛门中俯舍皆是,惟常被一般人目为怪异耳,实则潜修之士,有之亦讳莫如深,不肯以炫人。程子很是惊异。同至其家,语甚款,亦无大过人者。但久不与物接,心静而明耳。

◆王胡叔死有奇遇

《太平广记》载:宋元嘉中,有王胡者,长安人。叔死数载,忽形见还家,语家人云:"吾今欲将胡游历幽途,使知罪福之报,观毕当还,不足忧也。"胡即顿卧床上,泯然如尽。叔于是将胡来至嵩高山。诸鬼遇胡,并有馔设,其品味不异世中,唯姜甚脆美。又至一处,屋宇华旷,帐筵精整,有二少僧居焉,亦为设杂果、槟榔等。胡游历久之,备见罪福苦乐之报,乃辞归复活,遂赴嵩山游学。偶入寺,于众中忽见前二少僧,胡大惊,与叙乖阔。问:"何时来?"二僧答:"贫道本住此寺,往日不忆与君相识。"胡复说嵩高之遇,众僧云:"君谬耳,岂有此耶?"至明日,二僧不辞而去。胡具告诸沙门,叙说往日嵩山所见,众咸惊怪。即追求二僧,不知所在,乃悟其神人焉。

◆王仔昔汤沃疗宫妃赤目

《宋史》本传载:仔昔,宋朝洪州人。始学儒,自言遇许逊,得《大洞》《隐书》,豁落七元之法的秘传。游居嵩山,能道人未来事。政和年间,以蔡京荐,宋徽宗赵佶召见,赐号"冲隐处士"。王仔昔善符箓咒术,每遇天旱,徽宗即遣小黄门持纸请其画符祷雨,因得宠信。一日,小黄门又圣,仔昔知为宫妃疗赤目,乃篆符纸上,细书"焚符、汤沃而洗之"。然小黄门不知真相,惧不敢受。仔昔强其遵行,方持去。徽宗依照其法,"一沃立愈"。故再予恩赏,进封王仔昔"通妙先生",令居上清宝箓宫。

◆嵩山高道为宋太祖测寿

赵葵的《行营录》载:宋太祖潜耀日,常与一道士游关河,无定姓名,自曰"混沌",或有时曰"真无"。每剧饮烂醉,且善歌,能引其喉于杳冥之间,作清微之声。时或一二句,随天风飘下。惟太祖闻之,曰:"金猴虎头四,真龙得真位。"至醒诘之,则曰:"醉梦岂足凭邪!"至膺图受禅之日,乃庚申正月初四也,自御极不再见。下诏草泽遍访之,或见于嵩山轩辕道中,或嵩洛间。后16载,乃开宝乙亥岁也,上已被禊,驾幸西沼,道士忽醉坐水次木阴下,笑揖上曰:"别来安善。"上大喜,亟遣中人密引至后掖。恐其遁,急回跸见之,一如平时,抵掌浩饮。上曰:"久欲见汝决一事,我寿还得几多在?"道士曰:"但今年十月二十日。夜晴则可延一纪,不尔,则当速措置。"上酷留之,俾居后苑。苑吏或见宿于木末鸟巢中,数日忽不见。上切切记其语,至所期限之夕,上御太清阁以望气。是夕果晴,星斗明灿,上心方喜。俄而阴霾四起,天地陡变,雪雹骤降。移仗下阁,急传宫钥,开门召开封尹,即太祖也。延入内寝,酌酒对饮,宦侍宫妾悉屏出。但遥见烛影下,太祖时或避席,有不可胜之状。饮讫,漏三鼓,雪已数寸。上引柱斧戳雪,顾太祖曰:"好做好做。"遂解带就寝,鼻息如雷。是夕,太祖留宿禁内。将五鼓,周庐者寂无所闻,帝已崩矣。

◆嵩阳观遇道士

《北梦琐言》载:后唐清泰中,薛学子聚课嵩阳观,上山采樵次见道士5人,欲携同去,薛辞之。乃褫其衫,背上朱篆1行8字,道士乘虚而去。薛归观,话其事,无有识其篆者。

《洛中纪异》载:唐初,进士庞式、薛玉俱课业嵩山。薛玉采樵,见一山椒有道士,曳轻罗帔,守一垆,薛玉拜之。道士曰:"汝肯随我去乎?"薛玉辞之。但见垆中黄金烂然,须臾乘虚而去。

◆死而复生,忠厚之报

《麈尾余谈》载:监生王逢庚,字明九。家世忠厚,至逢庚尤好义。五十余,始举一子,周岁豆殇。瘗之野已二日矣,密邑人侯勋过之,见群犬吠。迫视,则土中有呱呱声,启之得一黄口儿。勋大惊异,抱至家,付其女适张者乳之。一年后,人有传其事者,逢庚微闻之,偕其弟豫震、恒震诣勋家验视,果其子也。先是其子右目微大,舌上曾结疔毒,疤痕宛然,以及衣钏等物一一俱在。逢庚喜甚,重酬勋父女,而携其子归。邻里以其死而复生也,因名之曰苏,且啧啧以为忠厚之报。

◆马进朝学道

马进朝，嵩山新郑人，中年丧妻，结庐于大隗山辟谷不食，每至数月。明徽王欲访之，进朝已先知，避去，不知所往。后60余年，为黄冠，乞食其家，遗一瓢去。其子忆为父旧物，追之无及矣。

◆訾仙翁

初家世博州。赋性淳厚，平居寡言。尝游历济南，逆旅中遇丹阳真人马钰，从而师之。又往拜长太子丘处机，人称訾仙翁，自号守真子。杖履南游，抵钧台。蓬首垢面，衲衣草履，缄口结舌。昼则乞食于市，夜则发于河鼋。泰和间，冬大雪丈余，人冻馁多死。先生不出十余口，人以为死矣。各执畚锺欲往埋瘗。除雪视之，俨然端坐殊无寒馁色，人方惊讶。贞祐间，大兵破关陕，犯京师，军民恐惧。先生曰："无妨。必自颍亭过郑，何必忧惧。"三日果如其言。至大四年，久旱。请先生行祈雨醮事，立获沾足。金主哀帝驾幸，下问百官，天下城池尽皆攻陷，此城独安，其故何也？百官佥对以訾尊师保佑之力。遂掷笔返。真人年八十有一，未及葬，翌日城陷矣。

◆司牡丹还魂

明太祖洪武二十四年（1391年）八月，河南府龙门内有妇人司牡丹者，为夫蹴，其魂到薄姬庙中服事。三年后，有本地袁马头死，牡丹遂借尸还魂，言前事甚详。时懿文太子往陕西，回至河南，府官启袁马头还魂事，太子回朝奏之，遂遣内官取来，廷问是实，仍赏以钞帛，仍诏令两家同给养之，事在本年八月。

◆姓王者遇已死者肃公

明正德七年（1512年），禹州有姓王者，自叶县商回，遇端肃公于途。驺从如云，若出师状，自北而南。王拜伏道傍。旋家，公卒已二日矣。

◆箕山遇招隐客

傅梅笔记：明万历壬子（1612年）仲春，吾登箕山，遇一客，神色非常，似有道者。邀许由人祠共谈，极博洽蕴藉，语次多微讽予宜弃官。予曰："固知今天下资格世界，其何能为？第此时，未可去。或旦暮量移，便投簪耳。"客曰："今有人于此，聚卫共姜、陈夏姬一处而防闲之。朝诘曰：'得无逾墙乎？'暮诘曰：'得无钻穴乎？'明日又诘曰：'得无与金夫共枕乎？'守宫之血不离臂，夏姬无耻，必不以为辱。若共姜者，便当羞死，尚何待也。"吾知其见诮也，心甚愧服，良久不能应。客笑而别，才出门，便不见。

◆果如所梦

新郑秦瑞明先生毓秀与弟毓庆，万历年间俱有名。场屋苦不第，尝于除夕试镜卜，时街市寂然，遂循城行至东门，闻敌楼上似有人语。兄弟伫立听之，忽有人持溺器欲泻于城下。一人曰："倘城下有人，奈何？"泻者曰："夜深矣，便城下立着举人进士，那里管他。"兄弟闻之大喜。其后毓秀果中进士，毓庆亦登贤书。又瑞明先生万历戊午遇乡试，方病热稍间，谓家人曰："吾今科必中试矣。"家人曰："试期已迫，尚宛转床褥间，奚中试之有？"先生曰："顷恍惚至天宫，见放今科乡试榜中列我名，鬼神岂欺吾乎？"已而贡院灾，试期改至十月，先生病愈，遂获隽。天启乙丑春闱，复梦至天宫，见数女织榜，问曰：

"有吾名乎？"女曰："有。"喜而出，女送至之门，见悬一人首甚巨，惊问何人？女曰："刘梃也。"因戒以慎忽泄漏。是年登进士第，寻刘梃御边被杀，果如所梦。

◆空中神雷雨击人

明嘉靖二十八年（1549年）五月二十七日，机兵刘东汉同安姓者携娼妓小迎寒以官事逃罪。是夜至城东琅城冈。俄有雷雨大至，电光闪烁。刘东汉惊仆地。但见四围如城，俱有旗帜。空中神曰："闭目闭目。"霹雳绕身将娼妓安姓同击死，入地三尺。刘东汉病数月始愈。

◆错死者误正

万历二十三年（1595年）初一日，禹州乡民李昌焚香城隍庙，见神举手让起。至东司，神答之揖。仲冬，李昌卒。次年，医人任济病死复苏，告家人曰："我为二青衣摄至城隍庙，见李汝茂冕而坐于庑下。顾予，惊怪。检视鬼簿，告青衣曰：'误矣！本命摄康城任某，此顺镇里也。'俾送予归。"汝茂，昌字也。

◆人逢冥世

张得玉，邑人，没于明季之乱。康熙十年（1671年）七月初四日，同村有郝岗者，遇张得玉于途，衣蓝褐，持纨扇，独坐大树下。郝岗素识张得玉，见之辄避。张得玉起招之，揖而言曰："数十年不见君矣。吾今在冥世中，与令兄讳魁者，同为中岳公报司听用官，奉差来查吾里中不平事耳。"偕行四五里，且行且言，无一语及其家，郝岗心终怪之，问曰："我见君，想亦当死乎？"张得玉答："无恙也。"适有刘姓者来，遂拱而别。刘亦遥见而识其为张得玉也，亦奇矣。张得玉之子尔储戊戌进士，以其事属鄢陵刘佑为传作诗悼之，唱和者甚多。

◆颜真卿奇说

偃师颜真卿墓的碑阴刻有米芾书，公之使贼也，谓饯者曰："吾昔江南遇道士陶八八，授以刀圭碧霞，服之可不死。"且云："七十后有大厄，当会我于罗浮。"后公葬偃师北山，有贾人至南海，见道士奕，托书至偃师颜家，及造访，则茔也。守家苍头识公书，大惊。家人卜日开圹，棺已空矣。

颜真卿

◆神示生死

朱浚明，阳翟人。早年坎坷不达，每起怨叹，遂设醮冯道士奏章自诉。忽得纸尾上有16字，若篆籀不可识。浚明闻何仙姑有道，裹粮往见之。仙姑盟手烧香曰："此天篆也，不须问，亟归家。"浚明苦叩之曰："受金五两，折箅十年，枉杀二人，死后处分。"浚明还家即死。

### ◆张氏夜宿火神庙登城

明崇祯十二年(1639年)六月,禹州人张氏子夜宿火神庙,三更有人掖以登城,令回首望。见满城皆火,尸横于道。越城而下,昏卧化严寺。次日午,家人寻至始觉。

### ◆新郑相公李增福

清康熙中,新郑人李天培官国子监学正,永城李增福相国以乡谊兼同宗,相交甚厚,往来无间。天培引年归,相国犹音问不绝。历十余年,天培忽梦相国至,谓之曰:"若知之乎?吾新郑增福相公也。"天培以梦语之无凭,漫不之省。次夜,复梦如前。旋阅邸报,知相国已捐馆舍。始大异之。先是西门内有增福相公祠,盖祀晋人李诡祖也。天培遂醵资新之,颜其额曰:"增福李相公祠。"

### ◆阴德必报

《麈尾余谈》载:吾师白任重先生士魁与里人王锡伯同年友也。乾隆丙辰,同上公车。比至京,锡伯遘疾甚重,同寓者争避匿。先生独为延医调治,手煎汤药以进,历久无厌色。乃锡伯弥留时,执先生手曰:"吾累若,吾累若今死矣,无以报。当报于地下。"既殁,一切周身之具皆先生为之经纪。甫终场,即护其丧归。阅十余年,先生成进士。令四川井研。子耿斋先生昭亦登丁卯贤书,戊辰应南宫试闱后,梦人谓曰:"吾瑞亭也,凤荷尊公厚恩,今佐汝成进士矣。"榜发果获隽。已而谒房师,房师一见遽曰:"吾有异事欲询子,初闻中获子文以誊录多误,已置之落卷中矣。及阅他卷,则子文仍在案也。如此数四,予因细为点勘以荐,遂蒙主司收录。意者子其有阴德乎?"耿斋述前梦,房师甚异之。然未晓瑞亭为何人也?归家语其事于伯父士魁,士魁曰:"行毋王锡伯耶?第锡伯未闻有此号,可疑也?"无何,耿斋入城过锡伯家,见其门匾曰"瑞绍兰亭",乃悟。所谓瑞亭者,盖以此耳。呜呼!晋公还带莒公渡蚁,阴德之必获报,实有凿凿不诬者。故备纪之,以为好义者劝。

### ◆转世城隍

《麈尾余谈》载:白耿斋先生令高邑,禁苞苴,绝弊端,讴歌之声遍四野。数年,与夫刘氏同日终,年甫四十。先是先生病笃,城隍庙有道士黄冠梦先生冠带坐殿上。黄冠讶曰:"公不居衙署而坐此,何也?"先生曰:"衙门为于公所居,予已移任此职矣。"黄冠醒,为人言,人皆不信。及先生卒,摄事者果金坛于公易简也。卒之日,庙中笙乐冉冉,且有呼拥之声。黄冠辈与附近居民尽闻之,于是高邑咸谓先生为城隍云。

### ◆城隍庙夜听

相传崇祯十三年(1640年),城内韩姓仆女,为主妇捶楚不堪,逃藏城隍庙塑像后。夜见城隍神检点鬼簿。吏唱曰:"星君案临!邑人某当死,某应一刀致命,某应二刀致命。"默记了了,回述于主人。主人以为饰词冀免责也。后李自成、过天星攻破邑城。邑人死难者悉如仆女言。

### ◆曲洧神话

《曲洧新闻》:"新郑子产庙,土人以为生产之神,塑翁媪二像其中,及群婴儿于左右,祈子者男女沓至也。又有皮场公庙,其神乃汤阴张森,唐宋累封'惠应王'者,今人不知,以为子皮,固误。乃有皮匠二十余人,认为祖师,敛钱谷祷赛之,尤可捧腹。此可与杜十姨同入笑薮!"

◆郑大王聘妇

皇甫牧《三水小牍》:许州长葛令严郜,衣冠族也。立性简直,虽羁束于官署,常畜退心。咸通中罢任,于陉山下,置别业。良田万顷,桑柘成荫,奇花芳草,与松竹交错;引泉成沼,疏阜为台,尽登临之志矣。夫人河东裴氏,有三女:长适荥阳郑氏,次适京兆杜氏,幼曰阿珊,特端丽妍莹。乙巳岁年十五矣。时清明节,严公令尽室登陉山,山西岭有郑大王祠,乃于祠内荐酒馔,令诸女从观,日晚方归。降及山之半,旋风忽起于道左,缭绕诸女,尘坌阴晦,众皆惊惧;而阿珊独仆于地,色变不能言,鬟上失双金翘,乃扶持而归。告巫者视之,巫译神言曰:"我郑大王也,今聘尔女为三子妇。"其家遽斋酒肴纸钱,令巫者诣祠祈之。既至,得金翘于神坐上。巫者再三请祷,神终言不可。明日阿珊殒,便凭巫言以达。所以严氏遂令送服玩,设礼筵于祠内。厥后每有所需,必託巫言告其家。严公夫人,即余室之诸姑也,故得其实而传之。

◆井水俄沸溢,人以冤抑所致。

安敬,明天顺间生员。继母高氏每见憎,偶犯糦母子,被诬于禹州系狱。井水俄沸溢,人以冤抑所致。商肃公往视之,白于州守。事解,水消如故。

◆公卒已二日矣

禹州有姓王者,自叶县商回,遇端肃公于途。驺从如云,若出师状,自北而南。王拜伏道傍。旋家,公卒已二日矣。

◆李孟传奇

《元史》:"太子爱育黎拔八达监国时,以其傅李孟参知政事。孟以武宗銮舆未至,不可冒承大任,固辞不许,乃逃去。武宗至大二年(1309年),诏征前参知政事李孟,命人搜访得于钧州之陉山。召见,帝曰:'此皇祖妣命为朕宾师者。'乃受中书平章事。后相仁宗兼掌国子学,赐秦国公。仁宗皇庆间,学校大兴,人材日盛,皆孟之力也。"

◆李自成与司空靳玉中

相传靳玉中,作牧时,李自成犯法当死,系于堂柱。司空夜梦巨蟒,盘据柱上。惊醒,使人视之,则李自成系焉。司空奇其人,曲释其罪。后李自成初次至密,特至靳寨,拜谢不杀之恩。札营于寨东南胡坡嘴,求见司空,司空命仆人着己衣冠见之,李自成率众罗拜,仆人惊吓立毙。李自成言寨西土阜,高与寨等,若被人据之,此寨危矣,宜屯兵于其上。过密三次,未极杀戮之惨,或为司空之故。至崇祯十四年(1641年)攻汴不下,有人言密为汴之锁钥,宜先撤其藩篱。于是移兵攻密,驾大炮于城南岗,望十字街打入,伤人甚多。城内有人献城,贼由城东北隅入,屠戮甚惨。

◆农民起义首领李际遇

《密县志》载:相传李际遇之始乱也,以欠粮被执,系登封县衙前石狮,以石击断狮足而遁。据嵩顶北虾蟆山上为乱,与密接壤,其抄略不可胜纪。后破少林寺,夺据御寨,势更猖獗,尝至超化寺,札营三台岗。张问明设筵超化寺,请李际遇赴宴,伏兵以待。李际遇慨然往。酒半,李际遇觉有变,乘间至寺门外,马已去鞍,以刀断索,骑而走。伏兵齐起,惟金花泉一面无人,潭深数丈,李际遇纵马加鞭,凌波飞渡,如履平地。郭龙、郭凤伏五龙庙湾,骤起击之,李际遇坠马,复起而乘,仅以身免。李际遇忿甚,阴图报复,后潜师袭超化,造云梯,夜半鱼贯上。关帝示梦,问明惊觉,寨上已纷纷矣。急令家将力拒十字口,堆柴燃火。火光四照,郭龙夫妇仓皇持长枪血战。又令人断其上寨路,云梯中折,李际遇之众歼焉。有剖腹而走,死于寨下者,其肠尚挂于寨树之根。后屡次侵扰,互相报复。

李际遇掠禹、许诸郡米谷,运而归。问明使杨线匠,截于刘背坡,运粮者乃李际遇之兄,绰号大挠头,膂力过人,惟杨线匠能敌之。至则与之约,不许施枪刀弓矢,但较拳棒,不胜则十分抽一,如是者屡。一日,拟下寨截粮,线匠诣关帝庙拜祷,盔忽落地。识者知其不祥。至刘背坡,为李际遇所杀。

## 二、佛释灵异

◆白马寺齐云塔来源

《释源大白马寺舍利塔灵异记》载:东汉永平己巳之岁(69年)二月八日,孝明皇帝刘庄驾临鸿胪寺,会见摄摩腾、竺法兰二位印度高僧。当时摄摩腾问道:寺之东南是什么馆室?汉明帝答道:很早以前,那里忽然涌起一个土阜,高一丈有余,人们把它铲平了,接着又很快隆了起来。土阜之上,经常放出光芒来,当地老百姓感到很奇怪,都称它为"圣冢"。自周代以来,经常祭祀,祷求灵验,把它看成是"洛阳土地之神"。不知这是为什么?摄摩腾答道:在如来佛灭度后100余年。

印度有一位阿怒伽王,安放佛舍利(指释迦遗骨)于天下,共计有8万4千处(据说保存到今天的,以北印度的桑奇大塔为最好)。东土中国境内则有19处。陛下所言"圣冢"者,即19处中之1处。汉明帝听到这里就偕同二位高僧,百官臣寮等一同去观看"圣冢"。当他们走近"圣冢"时,只见上面涌现出一个圆影,汉明帝和二位高僧三人身现圆影之中,如鉴照容,分明可见,看到此情,众人皆叹:真是从未见过这样的事。汉明帝十分感慨地说:我要不遇到你们二位大师,咋能知道佛在保佑我呢?于是便诏令主管衙署,在"圣冢"之上,依腾、兰所传印度佛塔样式,兴建佛塔。当年三月一日动工,次年十二月八日完成。塔9层,高500余尺。"珠宫幽邃,遥瞻丈六之光,窣堵凌云,依稀尺五之上"。"岌若岳峙,号曰齐云"。后来到了后周二年(952年)四月八日,齐云塔上现出一团五色神光,自神光中间又伸出金掌1只,端着1只宝塔。那宝塔约高1尺余,色如琉璃,内外透明,自午时至申时(上午11时~下午5时)方才慢慢隐去。其时皇帝、大臣和老百姓皆来尝玩。白马寺内所住的9个梵僧说道:这正和当年阿怒伽王所造的佛塔一模一样。

◆佛寺墙中出现黄人

汉灵帝熹平二年(173年)六月,洛阳的老百姓谣传说:"虎贲寺的东墙中有黄人,容貌胡须眉毛部分看得清清楚楚。"去看的人有几万,连宫中的人也都出去看,道路都被堵塞了。到中平元年(184年)二月,张角兄弟在冀州起兵,自称"黄天"。他们分兵36方,各地都出来响应,将军元帅星罗棋布,官吏也都在外地归附他们。因为他们后来疲乏饥饿了,所以才被牵制住打败了。

◆奇医妙术　人愈树青

西晋时期来嵩山传播佛教的天竺国僧人耆域,是一位精通法术的人。他在嵩山传播佛教期间,除了传教弘法外,以自己奇特的法术,服务于社会各界,产生了良好的社会效应,在嵩山地区影响深远。

史料记载,耆域在洛阳给人治病有绝招。当时衡阳太守,南阳人滕永文在洛阳述职,寄住在满水寺。忽然得病,一年了还不见轻,两脚经常痉挛蜷屈,不能起身走路。后特请耆域到寺中给其看病。耆域看到滕永文后,说:"你的病很快就会好的!"于是,叫人倒了一杯净水,折了一根柳条。他拿着杨柳枝,沾着水,举起来朝着滕永文身上绕着,口里还念念有词。这个动作,连续做了3次。接着,用双手握着滕永文的两膝,同时说:"起来,起来!"话音一落,滕永文就立即站起来走起路了,和他无病时一样,轻松自如。

耆域不但能给人治病,还能给树治病。洛阳满水寺院内有数十株思维树,原来枝叶繁茂,树干参天,两年前不知什么原因突然叶落枝枯,都成了孤单单的光杆了。当滕永文走起路来对耆域表示感谢时,无意中提到了这几十棵思维树。耆域问:"这些树死有多长时间了?"永文答:"两年多了。"耆域便走到树前,向着树念念有词,念着念着,棵棵树便开始从枝头透出嫩芽,嫩芽慢慢伸大,不到一刻功夫,满树绿叶丛生,随风招展,似乎都在向耆域招手表示谢意。寺内外僧俗人等都跑来看新景,一时惊动洛阳城。

洛阳府衙尚方署中有一个身患重病将死的人,家属听说耆域是神医,就请他来医治。耆域手拿应器放在病者的腹部上,并用白布覆盖着,然后口中念念有词,一直念有几千字的时候,忽然屋内充满一股扑鼻的臭气,这个病人说:"我活了,我活了。"耆域立即叫人把病人腹部上覆盖的白布去掉,发现应器中有好几升像是污水坑中的淤泥,臭不可近。病人随即康复了。

◆西域僧犍陀勒

《九都释道》载:犍陀勒,西域僧人,在周游西域各国后,又东渡华夏,最后在洛阳大市寺住有十余年。一天,犍陀勒在讲经说法后,对众僧说:"洛阳东南有一座盘至山,山上原来有座古寺,现寺已毁,而寺址犹在,大家如果有兴趣的话,可去看一看,或者说把它修复起来。"

众僧人一开始不相信犍陀勒的话,因为洛阳僧人压根儿就没有听说过盘至山有座寺院。众僧人不好意思当他的面提出反对意见,但都知道犍陀勒能预知别人不知晓的事情。于是,众僧人商量着派几个僧人到盘至山验看个究竟。谁知,犍陀勒师知道了众僧的安排,便决定同众僧一起前去盘至山。

会飞的犍陀罗

中午过后,他们进入林木葱茂、山果累累的盘至山腰,在一处四面平坦的地方,犍陀勒查看后,示意僧友们说:"这里就是古寺的基础呵。"僧友们用带来的工具,照着犍陀勒指示的地方就立刻挖了起来,不一会儿,在2尺多深处,探出了青石条铺的石基。众僧友都非常惊喜。犍陀勒却不动容色地在这块没有作任何痕迹的平地上,又给他们指出了山门和各层大殿的位置,尤其是指示到这处是讲经堂,那处是僧舍址时,众僧友很想当面验看。犍陀勒同意,大家又挖掘起来。不大一会儿,这些被指认为具体位置的地基都裸露出来了,众僧友十分惊叹犍陀勒师的预测功夫。

一年后,犍陀勒想方设法和众僧友们恢复了盘至山寺院。洛阳众僧都推荐犍陀勒为该寺寺主。

洛阳远近僧俗,都慕名前去盘至山寺,听经闻法,弘扬佛教。盘至山距洛阳约有100余里远,犍陀勒师每天被邀到洛阳各寺讲经说法,但他决定不住洛阳,仍回盘至山。所以,他每天一早就起身去洛阳,不误讲经时间,一到黄昏,就到洛阳大街上化一钵油,回寺点灯,就这样,长年累月,不曾间断。

洛阳僧俗中,也有健步疾行的人,总想给犍陀勒比试一下快慢程度。一天黄昏,犍陀勒准备返回盘至山。有一人紧紧跟在犍陀勒后边,速度如飞马奔跑,直跑得气喘嘘嘘,通身大汗。才跑了一半路,就叫苦不迭:"跟不上啦!"

犍陀勒却轻松自如,不快不慢地回过头看看这个精疲力尽的人说:"来,来,拉住我的袈裟角。"这人赶快照办,随后这个人只听大风在耳边呼呼作响,顿失疲倦。转眼见,和犍陀勒一同到了盘至山寺,僧人们便接过油钵点燃了油灯。

犍陀勒在洛阳和盘至山传法讲经数十年,后不知去向。

◆ 习坐禅　开清流

《九都释道》载:西晋襄阳僧人诃罗竭,是一位修头陀行的僧人,独自一人常住山野里。晋武帝太康九年(288年),诃罗竭到洛阳修行。晋惠帝元康元年(291年),诃罗竭到洛阳以西的娄至山传教弘法。他在娄至山的石洞中坐禅修炼。但这个山洞距离水源很远,原来没有住过人。自从诃罗竭住到这里后,来投师学经习禅的人络绎不绝,因缺水,给来这里的僧俗人员带来很多不便。一天,诃罗竭坐禅之后,环视这个山洞,站起来用左脚蹬踩洞室的西石壁,突然"扑通"一声,脚下蹬出一个大坑,左脚整个陷了进去,诃罗竭立即用力拔出左脚,可是,在顺着拔出左脚的一刹那,一股清水,汩汩地流出来了,很快翻流洞坎往山下漫流。诃罗竭和众僧俗都拍手高兴,大家又共同想办法修了一道小水渠,让水从渠道里向外流去。

凡来娄至山上的僧俗,饮到此水的人不但能止渴,还能治病。这个消息就这样一人传十,十人传百,来娄至山取水治病人,越来越多。凡来山上的人,都虔诚地顶礼膜拜这开水源人。

晋元康八年(298年),诃罗竭在洞中端坐从化,他的弟子们按佛教的规矩,在洞前进行火化。谁知火化了几天,而遗体完好无损,于是,弟子们只好把诃罗竭力的遗体移到石洞中,平坐在一个小石龛内。后来,不分年月时节,来娄至山观瞻诃罗竭肉体的人很多。东晋咸和年间(326~334年)一位名叫竺定,字安世的西域僧人,来到娄至山,亲自观瞻诃罗竭的肉体,30多年了,肉身仍然是平坐无损。竺定后来到渡江京都建业,在僧俗间传布了这件事。

◆ 洛阳佛寺神像奇

《伽蓝记》载:永宁寺丈八金像1躯,人长金像10躯,绣珠像3躯。长秋寺浮图作六牙白象负什迦在虚中。四月四日,此像常出辟邪,猩导引其前,吞刀吐火,腾骧诡谲,奇伎异服,观者跂跃。景乐寺佛殿像辇,雕刻巧妙。昭仪尼寺1佛2菩萨,像塑工绝。四月七日出像诣景明寺。景明3像恒出迎之。宗圣寺像高3丈8尺,端严殊特。此像一出,市井皆空,炎光辉赫,独绝世表。景兴尼寺有金像辇,去地3尺,施宝盖,四面垂金铃七宝珠,飞天伎乐,望入云表。像出之日,常诏羽林100人举此像,丝竹杂伎,皆由旨给。平等寺金像一躯,高2丈8尺,相好端严,常炳祥异。孝昌时像目垂泪,明年,有尔朱荣之变。时俗好崇福,四月七日期,各寺像皆集于城南景明寺,像各有名,有1000余躯。至八日,以次入宣阳门,向阊阖宫前,受皇帝散花。于时,金花映日,宝盖浮云,幡幢若林,香烟似雾,举国靡靡,上下如狂。未几,佛场净土即为尔朱总元颢聚兵之地。国乱都移,而1367寺,仅余421寺。殿庑灰烬,范镕奇巧之像竟安在哉！曌之金像,或犹魏时之遗留,而珍为国宝者欤。

◆佛图澄预知"擒获刘曜"

前赵光初十一年(328年)刘曜亲自率兵攻打洛阳。石勒欲亲自率兵抵抗刘曜,朝廷内外,文武大臣,无不劝谏石勒不要亲率出兵。石勒心意不定,因而前去拜访西域高僧佛图澄,以决行动。佛图澄对石勒说:"佛塔相轮上的铃声,告知说:'秀支替戾冈,仆谷劬秃当。'这是羯语。秀支是军队,替戾冈是出征,仆谷是刘曜胡位,劬秃当是擒捉。此言是说:军队出征,刘曜必擒。"于是石勒留下长子石弘,和佛图澄共同镇守襄国(邢台),亲自统率步兵和骑兵,直指洛阳。两军激烈交战,刘曜军马大败而逃。刘曜落荒,乘马落入水中。石勒之子石堪乘机活捉刘曜,押送至石勒帐前。此时,佛图澄用麻油胭脂掺合,涂在掌心,看到手掌中有许多人,其中一人被绑缚,朱红丝线束在脖子上。佛图澄因此告诉石弘:"刘曜已擒。"佛图澄相告之时,正是刘曜被擒之时。

敦煌壁画:佛图澄灵异事迹

敦煌莫高窟初唐第323窟北壁东侧中部上层的故事画,据敦煌研究院孙修身先生考证,内容为"擒获刘曜"一事:此幅故事画上层画一佛塔,佛塔下是石勒拜访佛图澄。所描绘的就是佛图澄以铃声预言刘曜生擒之事。

◆死后还生之比丘

《伽蓝记》载:嵩山崇真寺比丘惠凝死后还生,说是阎罗王检阅,以错勾放免。据说,惠凝见有五比丘与他同检:一是宝明寺智圣,坐禅苦行。二是般若寺道品,诵40卷《涅盘》,并升天堂。三是融觉寺昙谟,讲《涅盘》《华严》,领众千人。阎罗曰:"讲经者心怀彼我,以骄凌物,比丘中第一粗行。"令付司即送昙谟,向西北门,屋舍皆异,似非好处。四是禅林寺道弘,自云教化檀越,造一切经及佛象十躯。阎罗曰:"沙门须摄心守道,志在禅诵,不干世事,不作有为。若造经像,正欲得他人财物,贪心即起,便是三毒不除,具足烦恼。"亦付司。五是灵觉寺宝明,自说曾作陇西太守,造灵觉寺,寺成即弃官入道。阎罗王曰:"曲理枉法,劫夺民财。"亦付司,俱送入黑门。胡太后闻之,遣访各寺,皆有其人。于是供养禅僧百人。世之布资以为福德者,亦可少休矣。

◆少林寺跋陀叱水西流

《嵩岳志》载:嵩山少林寺,跋陀三藏开创时有谶云:"后五百年当有女主来,俗葬此。"因叱水不令东流。至唐,则天后果幸此,欲夺其地,竟以无水而止。此王敬美述润公之言,人之记文者。吾遍阅释书,俱不载此事。

万历戊申巳西岁,登封连遇大旱,寺井尽竭。僧人取汲于五里外,甚苦之。少林寺住持道公率人往寻泉脉,拟为穿引。至寺右一峡,古名虎涧。吾谓:"虎,西方之兽也,五行属金。金能生水,下必有

泉。"正徘徊之时，一负薪者过，曰："此处夜静听之，地下泠泠有声，自东而西，盖水从山之内转矣。"道公等人察地势，西方甚峻，涧水东流，自其常理。乃叹：今乃地下倒转，岂真跋陀力有异耶？遂坐石上，侯夜听之，寻以风起而归，无暇再往。

◆僧稠灵异

《高僧传》：少林高僧。姓孙氏，系出昌黎。性度纯懿。一览佛经，焕然神解。后诣怀州西王屋山，闻两虎交斗，咆响震岩，乃以锡杖中解，各散而去。

◆达摩只履西归

《魏书释者志》：南天竺婆罗门神门种，神慧疏朗，闻皆晓悟。梁武帝普通初至广州，刺史表闻，梁武帝遣使诏迎至金陵。帝亲问曰：朕即位以来，造寺舍经，度僧不可胜数，有何功德？师曰：并无功德，此但人天小果有漏之因，虽有非实。帝曰：如何是真功德？师曰：净智妙圆，体自空寂，如是功德，不以世求。帝问：如何是圣谛第一义？师曰：廓然无圣。帝曰：对朕者谁？师曰：不识？帝不省。师遂去梁。折芦一枝渡江，北趋魏境，寻至雒邑。初止嵩山少林寺，终日面壁而坐，九年逝焉？葬熊耳山。后三岁，魏宋云奉使西城回，遇师于葱岭，见手携只覆，翩翩独逝，云问师何往？师曰：西天去！又谓云：汝主已厌世。云闻之茫然，别师东迈，暨复命，即明帝已登遐矣，追孝庄即位，云具奏其事，帝令启圹，惟空棺，一只革覆存焉。

◆慧可出家，神人指点

嵩山荥阳虎牢人。本姓姬氏，出家于永穆寺，忽于寂默中见神人，谓曰："将欲受果，何滞此乎？大道非遥，汝其南矣。"遂至少室山，师事达摩，晨夕参承，尽得其传。师将示寂，西返天竺，乃顾慧可而告之曰，"昔如来以法眼传迦叶，展转传授，以至于我，我今传汝，汝当护持"。并授袈裟，以为法信，可跪受其益。今称二祖云。

◆生公说法，地涌金莲

嵩阳寺碑：生禅师隐无方，沈浮嵩岭。道风远播，德香普薰。皇帝倾心以师资，朝野望风而屈膝。卜兹福地，创立神场云云。法王寺亦传生公说法，地涌金莲。

◆双林大士

北朝竺业，姓傅氏，名翕，义乌人。娶妻生地子。遇一沙门曰：吾与汝毗婆尸佛所，同誓。今兜率宫衣钵现今在，何日归乎？因命临水观其影，见员光宝盖。惠曰：良医之门足病，人思度生，何谓彼乐？后于嵩山顶，因双梼树，创寺而居，故称双林大士。日自营作，夜则行道。梁武帝诏见，问以真谛。答临财勿苟得，临难勿苟免。又曰：非道不安，非礼不乐，辞退还双林终焉。

◆西域高僧善无畏法术灵异

中天竺乌茶国高僧善无畏在嵩山传播佛教密宗期间，流传有不少神奇的故事，大都与法术灵异有关。传说，善无畏是一位能工巧匠，无师自通，在国内时他曾聚沙为塔，铸银为塔，到大唐后，曾铸铜为塔，手出模范，妙出人天。一次，就在寺院冶炉铸造，僧人们觉得庭院狭隘，担心扇起风来，恐酿火灾。

善无畏笑着说:"大家不必担惊受怕,我知道不要紧呵!"开铸这一天,大雪纷飞,灵塔出炉,瑞花飘席,众寺僧惊叹他的神算。

善无畏不但有高超的预知能力外,不能呼风唤雨。有一年,因多日不雨,天气干旱,庄稼枯萎,大家都盼着雨水降临。一次,善无畏与唐代大臣高力士在洛阳的天津桥上说话,并说大雨就要到来。高力士抬头看看头顶同,蓝天白云,不信。可眨眼功夫,电闪雷鸣,乌云自西向东,遮蔽了皇宫。高力士赶快骑马回宫上奏,半途中,倾盆大雨淋得高力士象落汤鸡似的。唐玄宗礼应善无畏,再三致谢。

有一次,洛阳城内有百姓相传,说有人见邙山有个大蛇常出来伤人。善无畏听说后,亲自到邙山找到了这条大蛇,对蛇说:"你想祸患洛阳城吗?"说罢,就用梵技除掉了这条巨蛇。人们传说这是安禄山侵犯洛阳城的预兆。

善无畏

◆ **为钵而死的夏腊者**

《嵩书》载:华严和尚学于神秀禅师,谓之北祖。尝在洛都天宫寺,弟子300余,每日堂食齐集。有夏腊者,道业高而性褊。时因卧疾,一沙弥欲上堂无钵,向腊借之,腊坚不与。恳求再三,腊乃借之,曰:"吾爱钵如命,傥有损同杀我也。"沙弥持钵食毕下堂,误蹴碎之,沙弥惶惧至腊所,长拜谢过,腊大叫怒病亟遂死。后华严于嵩山岳寺与众讲经,沙弥在列,忽闻山谷声震,华严遂隐此沙弥于背后,须臾,见一大蛇,长七八丈,直入寺来,怒目张口,左右骇,欲奔。华严戒令勿动。蛇升阶睥睨,若所求。华严喝云:"住!"蛇至座前,遂俯首闭目。华严以锡杖叩其首曰:"既明宿业,今当回向三宝。"传令诸僧,齐声念佛,与受"三皈""五戒",蛇乃宛转而去。时夏腊弟子亦在列,华严谓曰:"此蛇汝师也,修行累年,合证果位,为临终时惜一钵,嗔怒不化,遂至此,适来欲杀此沙弥耳。若杀之,当永堕地狱,无出期也。赖吾识破,与受禁戒,今当舍此身矣,汝往寻之。"弟子寻蛇十里之外,所过草木开靡,皆如车路。至深谷间,已死矣。华严曰:"伊今已受生在裴郎中宅作女,年十八当亡,即转为男,然后出家修道。裴即我门徒,汝可入城为我省问之。其女今欲生,而甚艰难,汝便可救之。"弟子受命至裴家,郎中出见,神色甚忧,云:"妻欲产,已六七日不下,奈何?"僧曰:"某能救之。"遂令于堂门外净床席,焚香击磬,呼和尚者三,大人安然而产一女,后果十八而卒。

◆ **嵩山竹林寺示现**

古碑记载:唐朝蜀僧法藏来游嵩山,于长安道稠桑店逢一梵僧语次,便托附一书与竹林寺上座,且曰:"是寺随机应缘,隐现不常。"但到嵩岳寺,入石三门,登逍遥台望之,山腹是也。"法藏至岳寺,袖书登台,逢一老人访问之,老人曰:"随吾手看。"乃见祥云缭绕,瑞气蟠空,竹林耸翠,梵刹峥嵘,丹雘彩绘,金碧交光,周遍相罗,如宝丝网,天雨天花,纷纷散坠。遂趋前瞻仰,有二童子来迎。入寺,参礼堂中上座,投书问次。忽见云附阶前,天使持书,帝释请500尊者斋。须臾,钟磬齐鸣。观诸尊者,各运神通,掸锡掷盂,骑獐鹿虎,乘龙像马,敷坐移岩。上座呼法藏乘云车同到天际门。帝释出迎,天乐拥从,升殿布斋。儭三铢绢,每位一匹。法藏执绢,心生爱着,默羡奇异。忽觉身坠岩前,天宫、圣寺都失,绢犹在袖。谘嗟,寻径复到岳寺,众僧问故,法藏曰:"我幸入竹林瞻敬,又随尊者赴帝释斋,因得儭三铢绢,心生贪羡,不觉身坠岩前,圣境都失矣。"时有耆年僧曰:"汝为出家人,得至圣寺,同诸尊者受天王供养,事非小,缘何故未除流俗,爱物生心,自犯戒律乎?今此天绢非汝用物,当献至尊。"法藏具表进于朝,明皇受之,圣恩抚问,倍加宣赐。尔后岩洞圣迹屡常应现焉。

◆藏奂至止二十年

《嵩书》载:唐朝僧人藏奂,俗姓朱氏,苏州华亭人。为儿时,尝堕井,有神人接持而出。弱冠出家,诣嵩岳受戒。母丧,用儒礼守制,庐墓3年,由此显名。大中十二年(858年),鄞水檀越任景求施宅为院,迎藏奂居之。时有郯寇执兵昼入,藏奂瞑目晏坐,了无惧色。盗异之,叩头谢过。寇平,州奏其事,诏改额为栖心寺以旌之。数年,禅望大著,徒众云集。藏奂学识泉涌,指鉴歧分。诘难排纵之众,攻坚索隐之士,皆立褰苦雾,坐泮坚冰,一言入神,永破沉感。咸通七年(866年)秋八月,预命香水剃发,谓弟子曰:"吾七日在矣。"及期而灭。焚化之日,异香凝空,远近郁烈。获舍利数千粒,其色红翠。弟子诣阙请谥,奉敕易名曰:"心鉴",塔曰:"寿相"。初,任生将迎藏奂,人或难之。任生曰:"治宅之始,有异僧令大其门,云20年后,当有圣者居之。"藏奂至止,果20年矣。

◆法藏

唐朝僧人。蜀僧游嵩山,路逢梵僧,附书与竹林寺上座曰:但到嵩岳寺,入石三门,登逍遥台望之,山腹是也。法藏至寺登台,遂有二童来迎。入寺,参礼上座,投书问次。见天使持书,帝释请500尊者斋。

◆金刚智传密教,施法术

南天竺摩赖耶国高僧,著名佛教密宗创始人金刚智到嵩山传教时,就碰上从正月到五月久旱不雨,唐玄宗请他祈祷请雨。但他各种祈祷用尽,均无效应。无奈,玄宗便让他在住所结坛祈雨,亲自绘张七俱胝菩萨像,立即开光,并说明日定要下雨,玄宗派一行禅师到现场验看。到第七日,炎暑蒸人,天无片云。午后,方开眉眼,即时西北风大作,拔树倒屋倾盆大雨下了起来,洛阳城士庶人等都十分震惊,争相传说:"金刚智擒获一龙,穿屋飞去。"每天都有成千上万的人,来到金刚智的坛所观看究竟。

金刚智还会用法术给人治病。玄宗第25位公主很受宠爱,但就是久病不愈,后来,把她放置到咸宜外馆,一直闭目不语十多天了。玄宗下诏让金刚智授戒法,让她终命算了。金刚智到了馆所,挑选宫中两个7岁童女,用绸缎蒙缠着她们的面目,并让他们躺到地上,又写了一张诏书焚了。金刚智用密语发咒,二女童都能诵念出来,不少一字。金刚智进入三摩地,用自己不可思议的力量,让女童持诏面见琰摩王。顷刻间,琰摩王让公主的已故保母刘氏,护送公主来见二女童。于是,公主起身坐着,睁开眼目,说话和常人一样。玄宗听说后,等不及侍卫跟随,便一个人到馆所,见了公主,疼爱万分。公主说:"冥数有定,今琰摩让我回来会见一次圣颜罢了。"停了半天,公主就去世了。自此之后,玄宗更加崇拜金刚智了。

金刚智的法术灵异,预测功能也很强。武贵妃宠异六宫,善玩珍宝,他预测到她的寿限不长,偶然一次在宫中见到她,就立即劝她赶快造一尊金刚寿命菩萨像;另外,河东郡王也是如此,金刚智劝他在毗卢遮那塔中绘一尊像,郡王也迅速完成了。金刚智对他人说:"这两个人寿命不长了,赶紧来修造功德呵!"不多久,金刚智的话应验了。

金刚智所住之处,都建有金刚界大曼荼罗灌顶道场,有时奉敕为国祈雨,或为妃嫔、公主加持除病等。

◆一行显智

《异僧传》:姓张氏,读书不再已成诵矣。出家弟染于嵩山,师事普寂禅师。师尝设食于寺,大会群僧。时有卢鸿者,道高学富,隐于嵩山。因请鸿为文,赞叹其会。至日,鸿持其文至寺,其师授之。致于几案上,钟梵既作,鸿乃谓普寂曰:某为文数千言,况其字僻而言怪,盍于群僧中选聪悟者授之。寂乃令一行,既至,伸纸微笑,止于一览,复致几上,鸿轻其疏脱而窃怪之。俄而群僧会于堂,一行壤袂而进,抗音典裁,一无遗忘。鸿惊愕久之,谓寂曰:非君所能教也。

一行执着学习佛教经典,后成为佛教一派——密宗的领袖。因受天台山异人数学,著有《大衍玄图》及《义决》一卷,其最主要的成就是编制《大衍历》,在制造天文仪器、观测天象和主持天文大地测量方面有重大贡献。开元末,一行灭度于嵩山。

金刚智立坛祈雨

◆慧安遗嘱

《高僧传》:姓卫氏,支江人。隋大业中,朝廷招集庶民开通济渠,结果百姓流离失所,饥殍相望。慧安禅师将自己乞讨的食物救济病困,善名远播。久视元年(700),慧安禅师120岁,与神秀禅师同应则天皇帝征召入京,《嵩山会善寺故大德道安禅师碑铭》说:"禅师顺退避位,推美于玉泉大通也。"慧安禅师辞归嵩山。将寂,嘱门人曰:吾死置尸林中,待野火焚之。门人遵其遗命,将遗体安置林间,待野火焚之,如其言果获舍利80粒,门人建塔安置。

破灶堕

◆破灶堕的由来

唐朝僧人。此僧不称名氏,言行叵测,居嵩岳山坞。有庙甚灵,惟一灶僧,远近祭祀不辍,多烹杀物命。师一日以杖敲灶三下,曰:"此灶只是泥瓦合成,圣从何来,灵从何起。怎么烹宰物命!"师又打三下,灶乃倾破堕落。须臾一青衣入拜师曰:"我是灶神,久受业果,今日蒙师,说无生法,得脱此处。"再礼而没。侍僧等问之,师曰:"本有之性,汝等为甚不理会?如灶只是泥瓦合成,别无道理。"人遂以此名之。

### ◆神人丁居士

丁居士,定陶人,不知其名。专勤梵行,尝往来嵩山,礼事普寂禅师,得其深法。将终,合掌跏趺,俨然而绝。远近诸寺院,钟磬不击自鸣,人多异之。既葬三载,为开元十五年(727年),西域僧安静振锡东游至定陶,直问:"丁居士何在?"乡人以实告之,静曰:"伊乃在家菩萨也。"遂至坟所,躬自开发。时五色云气腾腾而上,取视其骨,皆金色,连环若锁,可5丈许,铿然响亮,摆杖头而行。别树塔重葬,众咸惊叹。未几,静不知其所之。

### ◆潘老宿少林空屋,自用葫芦中卧具肴馔

《原化记》载:嵩山少林寺,唐宪宗元和年间,尝因风雨后,有一老人策杖叩门求宿。寺人以闭门讫,指寺外空屋令宿,亦无床席。入更后,僧人见寺外灯火,感到奇怪,出外探查,见其屋内陈设布置华丽,桌上摆着丰盛的饭菜和果品,老人饮啖自若。直到天亮,老人睡起,漱盥讫,取床、席、帐幕装于葫芦中,空屋如故。僧人上前问其姓名,老人云:"姓潘氏,是从南岳北游太原,路经此地。"后来有人见到他。

### ◆信公和尚

宋仁宗披度僧也。幼聪慧,博闻善悟。往往绝尘凡想,弱冠游东都洛阳。偶从娄道者讲涅盘经,即洞彻禅旨,虽宿望老僧,莫能难。仁宗雅重之,为建圣寿寺于密县。遂祝发焚修其中。卒,证上果。

### ◆王胡叔死有奇遇

《太平广记》载:宋元嘉中,有王胡者,长安人。叔死数载,忽形见还家,语家人云:"吾今欲将胡游历幽途,使知罪福之报,观毕当还,不足忧也。"胡即顿卧床上,泯然如尽。叔于是将胡来至嵩高山。诸鬼遇胡,并有馔设,其品味不异世中,唯姜甚脆美。又至一处,屋宇华旷,帐筵精整,有二少僧居焉,亦为设杂果、槟榔等。胡游历久之,备见罪福苦乐之报,乃辞归复活,遂赴嵩山游学。偶入寺,于众中忽见前二少僧,胡大惊,与叙乖阔。问:"何时来?"二僧答:"贫道本住此寺,往日不忆与君相识。"胡复说嵩高之遇,众僧云:"君谬耳,岂有此耶?"至明日,二僧不辞而去。胡具告诸沙门,叙说往日嵩山所见,众咸惊怪。即追求二僧,不知所在,乃悟其神人焉。

### ◆倚箔僧

宋《马纯录》:僧极山野,衫衣蓝缕,居倚箔山洞中。一日僧坐椅诵法华经,俄白蛇出水中,其大如梁。由椅前绕盘于左,高如椅。僧怖,厉声曰:"龙出必欲闻经,僧为龙讲此一品。既终,龙由旧径,右绕入潭中。"

### ◆紧那罗王传奇

《嵩书》载:紧那罗者,西天菩萨也。元至正初,有一僧至少林,蓬头裸背跣足,止着单裩,在厨中作务。数年殷勤,负薪执爨。朝暮寡言,暇则闭目打坐,人皆异之,莫晓其姓名。至正十一年(1351年)三月二十六日,颍州红巾贼率众突至少林,欲行劫掠。此僧乃持一火棍而出,变形数十丈,独立嵩峰。贼众望见,惊怖而遁。僧大叫曰:"吾紧那罗王也。"言讫,遂没。人始知为菩萨化身也。众感其德,塑像寺中,遂为少林护法伽蓝神,至今灵异。

按《传灯录》载:"隋开皇中,天台顗禅师居刑荆州玉泉山,有神通谒,称蜀汉前将军关羽,以战功庙食此山,欲营精蓝,愿庇役事。七日而成,捷出神功。事闻,敕封关羽玉泉山护伽蓝神。现今寺院皆奉关公,独少林寺奉紧那罗王。"后来,天下寺院,皆奉关公,独少林寺以紧那罗王代也。

◆宝岩大师

大师姓李,氏讳崇闵。家世邢之任县,父母徙居汝南。髫龀年,二亲俱丧。兵变后随亲友还本乡。时年八十出家,参礼邢台大士可安菩萨为师,肄习经业,修建塔缘。誓曰:"鹰翔十二级,须要围兔食十万斤。"倏然夜吞铁佛三尊。逮至晨,觉勇力百倍。惟神之助,一举成就宝相轮。众口称为铁菩萨。丁未,以二亲留汝南,浅土收遗骨,归葬本乡。成化年,行化至禹州钧台。范史君识师器量标格。请住持本州善财寺,重修宝塔。后化导盛行,祈晴得晴,祈雨得雨,毙者获苏,病者即愈,感应良多。至元间,特赐曰:"宝塔大师。"

◆铁佛寺老僧

名洪权,号大畏,密县曲梁马姓子。生于明万历年间,入铁佛寺为僧。崇祯末乱,其父母殁,葬毕,游五岳及名山胜地。国朝顺治五年(1648年)始归寺。常买动物放生,遇畜产亦未尝以恶语相加。每行必持钵携铲,遇白骨咒而埋之。或盘膝端坐,数日夜不火食。康熙年间端坐而化。鼻珠下流至足,一手上握,神气如生。其夕,郑之青龙寺小僧,见其趋入佛殿;又有遇之邑西者,问其何往,答以西去。

# 第六节　嵩山羽化

道教的基本信仰是长生不老、得道成仙。因而,道教以此为最终目标,从而实现天人合一。自战国神仙家兴起以后,人们逐渐形成一种观念,即:神仙是一些能轻身飞举的超人,他们居处于天界,常"乘云气,御飞龙,而游乎四海之外"。《逍遥游》和《齐物论》等篇中,有关于神仙的描述,称"肌肤若冰雪,绰约如处子。不食五谷,吸风饮露,乘云气,御飞龙,而游乎四海之外",《南华真经》还说到这些神仙,大火烧着不觉得热,江河冰着不感到冷,雷电飓风打着也不会惊慌。《战国策·楚策》中还有奉献不死之药的故事,尽管它是讽刺楚王,揭露进药人"欺王"的,但是它反映出追求长生不死是人生的最大理想。为此,

羽化成仙

道人特别重视医药学及修炼、辟谷、餐风饮露、炼丹、吸精、羽化等保命延生之术。

古人所说仙人,是由气功、药物养身而不得病、久活不死的特殊人。仙人的生存空间,一般分为三

等:上等肉体升天(飞升),永远生存于天上,称为"天仙";中等长生不死,优游于名山海岛,称为"地仙";下等却老延寿,但肉体不得不死,死后蜕化为仙,进入神仙世界,称为"尸解"。

道教认为:神仙不同凡人,其所居之处不与世人相杂,故古代道士入山修道,大都居山洞,或于其旁立茅舍。道教视嵩山为神仙洞府所在地和道士修行佳处,称其为三十六洞天之第六洞天。司马承祯《天地宫府图·三十六小洞天》云:"第六中岳嵩山洞,周回三千里,名曰司马洞天,在东都登封县,仙人邓云山治之。"嵩山居天地之中,既是五岳名山,又是古人信奉为"天室"的神山,与古人的仙境信仰密不可分。那里远离尘嚣,温度适宜,空气清新,四季分明,是采药炼丹、呼吸吐纳的理想场所,故为道人、隐士修行地的首选之区。

历史上在嵩山修炼的隐士和道人很多,但能通过修炼而得到延生或羽化成仙的人毕竟是少数。况且大多数人又都是长期隐于嵩山深处,不为人世所知的隐士和道人,加之古代书写用具落后,传播有限,而被侥幸留下姓名载入史册的人更是少之又少,所以,愈发显得这些资料的珍稀可贵。为了准确反映隐士和道人在嵩山修炼成仙的事迹,我们从多方面查找嵩山史料,广泛采集信息,将以下这些羽化成仙的事迹,汇集于此,从中可见嵩山神奥之妙,玄之又玄。

◆王子乔乘白鹤升天

道教仙人。周灵王太子,又名王子乔,字子晋。生而神异,幼好道,喜吹笙,作凤凰鸣。后游于伊、洛二水之间,道士浮丘公接往嵩山。三十年后七月七日,家人见之于缑氏山巅,乘白鹤升天飞去。道教尊称为"右弼真人",治桐柏山(在今河南境内)掌吴越水旱。五代时封"元弼真君"。宋徽宗政和三年(1113年)封为"元应真人"。宋高宗绍兴中加号为"善利广济真人"。

◆王观香白日冲天

《真仙通鉴》载:字众爱,周灵王第三女。母宋姬,与子乔为异母妹,传与飞解脱网之道,入缑氏山中。又与子乔入陆浑山中,积39年,道成,白日冲天。《仙志》载:子晋入嵩岳学仙,其妹亦随晋入山。兄妹不相见,惟通水道于地下,筒中传书受道术。今太室山有观香峰。

一说观灵,字众爱,观香成道受书,为紫清内侍妃,领东宫中侯真夫人,俱子乔妹。又,观香同生兄眉寿亦得道。子乔史弟登仙凡7人。

◆李阳正年逾八旬尚如童颜

居嵩山逍遥观。普施药饵救济世人。日诵道德经,演先天数。年逾八旬,尚如童颜。一日,他忽然对其徒弟说:"我三日后当辞尘世。"等过了3日,他果然端坐瞑目,容貌如常。鼻垂涕流尺许,光明照人。时为康熙三十八年(1699年)正月十三日也,其徒弟为他建塔奉祀。

◆太清真人宋伦

道教神仙。字玄德,洛阳人。专心修道,服黄精(中药名)20多年,精神益旺。周厉王时,他得受太上老君的通真经,遂彻底悟解大道。传说他道术高超,能预知人世吉凶,并能飞行天上,与仙人同游,喜好与病人同睡,病者醒后自然痊愈。居于嵩山,时游五岳焉。周宣王时他90多岁,升天成仙。天帝封为"太清真人"。

◆祝鸡翁飞升吴山

《列仙传》《搜神记》载：祝鸡翁者，洛阳人，居偃师尸乡北山下。养鸡百余年，鸡千余头，皆有名字。暮栖树上，昼放之。欲取，翁呼之名，则种别后至。后卖鸡及子，得千万钱，辄置去。之吴，开池养鱼。登吴山，有白鹤、孔雀数百，尝止其旁。后飞升吴山。

◆刘奉林修道成地仙

周时著名的嵩山高道。一说姓娄，又作娄奉林。学道于嵩高山，服黄精积400年，而得以不死，曾3次炼合神丹，都因邪鬼捣乱而没有成功，于是就到委羽山修道，能闭气三日不息，在那里修成了地仙。其事迹见之于《神仙通鉴》。

◆邛疏服石髓寿数百年

《列仙传》载：邛疏，周封史也。能行气炼形，煮石髓而服之。谓石钟乳，寿至数百年。往来入太室山中，有卧石床、枕焉。

◆飞空乘雾之毛女

毛女，字玉姜，秦时宫人。得道后，遍体生毛，能飞空乘雾，往来于嵩山和华山之间，常栖居于嵩山的山洞中，洞在嵩山法王寺东北毛沟之左，后人称谓"毛女洞"。其事迹见之于《神仙传》明代傅梅的《嵩书》。

◆姜叔茂炼丹得道成仙

《嵩书》载：秦时封巴陵侯，嵩山隐逸。隐于山，种五果五辛菜，然后卖掉买丹砂来炼丹。今山间犹有韭薤，即其遗种。得道后，曾作书与太极官僚云：我学道于鬼谷，得道于少室，修真养性于华阳句曲山，待举于逸域。成仙后，常乘飙车，宴于句曲山中。

◆鲍姑得父传道要

晋代女道士。据《墉城集仙录》记载，鲍姑为南海太守鲍靓之女，晋散骑常侍葛洪之妻。其父鲍靓学通经纬，从左慈受中部法及三皇五岳劾召之术，能役使鬼神，封山制魔。鲍姑得父传道要。亦登仙品，后出嫁葛洪，随洪南下广州，居罗浮山炼丹修道，后鲍姑与葛洪相继登仙。

◆张道陵弟子王长

北魏仙人。据《龙虎山志》记载，王长为张道陵弟子。通黄老，习天文。从张道陵最早，同居龙虎山炼大丹。负书行歌，不交人事。随侍张道陵至嵩山、西蜀。张道陵以九鼎之要付王长。后与赵升随张道陵同日上升。

◆嵩山隐人丁实面若桃花

秦朝嵩山隐士。《疑仙传》云："疑是地仙。"史传曰：丁实者，常游洛阳，自称嵩山隐人。发白如丝，面若桃花。有人问曰："您看起来像有百岁，何时隐居嵩山？"丁实曰："我本是秦时儒士。始皇坑儒焚书，我即逃入嵩山，遇一老叟，授我一丸药吞之，至今已不记得我多少岁了。仙人都是白日升天，我不是神仙,但修得了长生驻颜之道,不得乘虚御气之理,故不能升仙也。"每岁春和,必至洛阳城。如此数十年,人们都认识他。唐朝天宝末年,安禄山造反,丁实对人说:"我须避胡。"说罢就离开了,再也没有回来。人皆疑他是地仙耳。其事迹见之于《集异记》。

◆中岳真人

《真诰》:王玄甫授仙人吞日景之法,积34年乃能内见五藏,冥中夜书。道成,太上遣羽车迎玄甫,乘云驾龙,白日登天。今在玄圃台,受化为中岳真人。

◆宋德玄得玄灵之道

西周时期在嵩山修炼的道人。《真语》载:宋德玄,西周宣王时人也,服灵飞六甲得道,能一日行三千里,数变形为鸟兽,得玄灵之道,今在嵩高山,乃中岳真人。

《真诰卷之十四》载:九疑真人韩伟远,久随宋德玄学道,乃得受法,行之道成,今处九疑山。

◆章震泥马

《抱朴子》:章震在周幽王时,屡召不起,师长桑子得其衍,能分形化影,折草化为龙虎,喷水为珠玉。一日与弟子行,即以泥圆化为马乘之,日行千里。后入崆峒山,白日上升。

列御寇御风而行

◆列御寇御风而行

任昉的《述异记》:列御寇,郑人。御风而行,常以立春日归乎八荒,立秋日游于风穴。风至,即草木皆生;去,则草木皆落。谓之离合风。

◆施存乘豹升天

施存,春秋时齐人,自号婉盆子,人称胡浮先生,或壶公。师黄卢,得授《三皇内文》中的"遁变化景之道,役御虎豹之术"。先居南岳石廪峰修道,每出行则乘白豹。时步还山,豹即迎之。或隐或显,后常在中岳少室山。晋代永康初年(300年),施存乘豹升天。宋徽宗重和元年(1118年),赐号冲和见素真人。其事迹见之于《神仙传》。

◆左彻成仙而去

古代仙人。传说他做过黄帝的臣子,当黄帝登仙以后,他用木头刻制成像黄帝一样的雕像而领着诸侯们前往朝拜。7年后,黄帝还没有还朝,他便立了颛顼为帝,自己也成仙而去。

◆宋伦日期行千里

西周时期在嵩山修炼的道人。字德玄,洛阳人。周厉王时感老君来降,出灵飞六甲符授之。伦得经精修,自然感通,察物如神,言无不验。能望岩申步,凌波涉险,不由津路。日期行千里,变形易质,翱翔原陆。居于嵩山,时游五岳焉。

◆ 王兴白日飞升羽化成仙

西汉嵩山隐逸。《神仙传》载:王兴,阳城人,居于壶谷中。汉武帝上嵩高山,忽见一仙人长及二丈余,耳出额下垂至肩。帝礼而问之。仙人曰:"吾九疑人也,闻中岳有石上菖蒲,一寸九节,服之可以长生,故来采之。"言讫,忽不见。武帝顾谓侍臣曰:"彼非学道服食之徒也。恐是中岳之神,以此喻朕耳。"乃采菖蒲,服之二年,而武帝性好热食,服菖蒲每热者,感到烦闷不快,乃止。当时跟从汉武帝的官员也多有服食者,然而都未能持久。只有王兴闻说仙人的话后,坚持服食不息,遂得长生。后来白日飞升,羽化成仙。魏武帝时犹在,其邻里老小皆云传世见之,视兴常如50许人,其强健,日行300里,后不知所之。著名诗人李白着有诗《嵩山采菖蒲者》,其事迹见之于《神仙传》。

◆ 鲁女生于嵩山遇神女得《五岳真形图》

东汉嵩山隐逸。张万福《传授三洞经戒法箓略说》卷上载:汉末方士鲁女生,长乐(今属陕西长安县)人。少好道,服胡麻、苍术,绝谷80余年。日更少壮,色如桃花,日行300里。在嵩高山采药时,忽遇到一个神女,坐山涧中,鲁女生知是神人,稽首乞长生之要。良久,女人曰:"我三天太上侍官,汝当得仙,故得见我。我授汝宝文秘要,可以威制五岳,役使众灵。"乃出《五岳真形图》与之。鲁女生道成后50年,有人见女生于西岳华山庙前,颜色更少,乘白鹤仙去,寄语谢其乡里故人。事迹见之于《汉武帝外传》。

◆ 刘根成仙能驱鬼辟谷

西汉嵩山道人、汉代神仙。字君安,嵩山颍川人。年轻时就精通诗、书、礼、易、春秋"五经"。汉成帝绥和二年(前7年)举孝廉,除郎中。后辞官修道,隐居嵩山一石室,石洞在悬崖绝壁上,直下5000余丈。刘根冬夏不衣,身毛长一二尺,颜如14岁人,深目多须,鬓长三四寸。有时他和人对面坐着说话,忽然就变成穿黑袍戴高帽的装束,对坐者却无法觉察他是什么时候穿戴起来的。传说他在嵩山修道期间,碰上一神异的人,把神仙的秘诀教给了他,于是他就得到了仙道,能召见鬼魂,能驱鬼、辟谷。颍川大疫,死者过半,刘根禳解,病者即愈,疫气登绝。诸好事者自远而至,跟刘根学道。颍川太守史祈认为这是妖怪作祟,便派人传唤刘根,想杀死他。刘根到了太守府上后,史祈便对他说:"你能让人见到鬼,必须让人看见鬼的形状,否则就杀了你。"刘根说:"这很容易。请借一下你面前的笔墨让我写下一道符。"他写好后拿起这道符箓敲了一下桌子。一会儿,忽然看见五六个鬼绑着两个囚犯来到史祈眼前。史祈仔细一打量,竟是父母亲。父母亲向刘根磕着头说:"我儿子无礼,罪该万死。"又训斥史祈说:"你这不肖之子不能光宗耀祖就算了,为什么还要得罪神仙,让你父母亲也受到这样的拖累!"史祈惊恐万状,悲哀地哭泣着,向刘根磕头请罪,请求刘根赦免双亲,情愿自己伏罪受死。刘根默不应声。待史祈如大梦方醒地恢复神志,刘根已不见踪影。

《禹州志》:刘根常服枣核中仁,百邪疾不复于。晚唐诗人皮日休有诗曰:"刘根昔成道,兹坞四百年。"

◆ 乐羊子之妻

河南郡乐羊子的妻子,不知道是哪一家的女儿。她身体力行来瞻养婆婆。曾经有别人家的鸡误入了她家的园子中,婆婆偷偷地把它杀了准备吃。乐羊子的妻子对着烧好的鸡不吃,反而哭了。她婆婆奇怪地问她哭泣的缘故,她说:"我伤心我们的生活太贫穷了,以至于使我们的食物中有别人家的肉。"婆婆最后把鸡扔了。后来有个强盗想侮辱她,就先劫持了她的婆婆,她听见声音,拿着刀冲出来。强盗说:"放下你的刀!顺从我,可以保全你们;不顺从我,就杀掉你的婆婆。"乐羊子的妻子对着上天长叹一声,将刀往自己的脖子上一抹就死了。这强盗也没有杀死她的婆婆。太守听说了这件事,把强盗抓住处死了,并赏赐给乐羊子的妻子一些绸缎,按照礼仪把她安葬了。后来传说,有人梦见乐羊子的妻子成了仙人。

神奥嵩山

◆成公得仙

《博物志》载:晋代嵩山密县有成公,其人出行,不知所至。复来还,语其家云:"我已得仙。"因与家人辞别而去。其步渐高,良久,乃没而不见。

◆颍川陈元方、韩元长仙去

《博物志》:"颍川陈元方、韩元长,时之通才。所以并信有仙者,其父时所传闻,河南密县有成公,其人出行,不知所至。复来还,语其家云:'我得仙。'因与家人辞诀而去,其步渐高,良久乃没而不见。至今密县传其仙去。二君以信有仙,盖由此也。"

◆紫虚元君魏夫人

晋阳侯任城魏阳元之女,修武令刘幼彦之妻。幼好道,志慕神仙。相传晋成帝咸和八年(333年),在洛阳山得道成仙,时年83岁,为紫虚元君,封南岳夫人,故立祠,俗号"阿夫神"。

◆成公兴化仙

相传成公兴为胶东人,字广明,精通九章算术。曾给嵩山道士寇谦之做佣工,一次逢谦之演算七曜,久而未决,于是指点他用《周髀算经》推算,才得解决。《寇谦之传》载:谦之少习张鲁之术,后遇中岳仙人成公兴,将谦之入嵩山。有三重石室,令谦之居第二重。历年,兴谓曰:"我去后,当有人将药来,得但食之。"寻人持药至,皆毒虫秽物,谦之惧走。兴还问状,谦具对。兴叹曰:"君未便得仙,政可为帝王师耳。"兴相伴7年,忽曰:"明日中应去。"乃入第三重石室中卒。又明日,尸欻欻而去。

◆寇谦之在嵩山遇大神

《魏书》记载:"谦之守志嵩岳,专精不懈,以神瑞二年十月乙卯,忽遇大神,乘云驾龙,导从百灵,仙人玉女,左右侍卫,集止山顶,称太上老君,谓谦之曰:'往辛亥年,嵩岳镇灵集仙宫主,表天曹,称自天师张陵去世以来,地上旷职,修善之人,无所师授。嵩岳道士上谷寇谦之,立身直理,行合自然,赐汝《云中音诵新科之诫》20卷,号曰《并进》'。言,'吾此经诫,自天地一辟以来,有传于世,今运数应出。汝宣吾《新科》,清整道教,除去三张伪法,租米钱税,及男女合气之术。大道清虚,岂有此事?专以礼度为首,而加之以服食团练。'使王九疑人长客之等十二人,授谦之服气口诀引导之法,遂得辟谷,气盛体轻,颜色殊丽,弟子十余人,皆得其术。"

◆仙人潘师正居逍遥谷20余年,唯服青饭叶食,饮水而已

著名高道潘师正于隋大业中,居嵩山高道潘师正居逍遥谷20余年,唯服青饭叶食,饮水而已。唐高宗幸东都洛阳,因至谷中,问师正山中何所须。对曰:"所须茂茂松清泉,山中不乏。"又命作符书,辞曰:"不解。"帝与天后叹异而去。明日步辇载至行宫,与语,留连信宿乃还。寻敕所司于其所居造崇唐观,岭上别立精思院以处之。及营奉天宫,又敕所司于逍遥谷口特开一门,号曰仙游门。又于苑北面置寻真门,皆为潘师正也。步辇迎至之时,太常奏新造乐曲,帝令以《祈仙》《望仙》《翘仙》为名,前后赐诗凡数十首,甚见尊礼。永淳元年(682年),将卒,谓弟子曰:"吾默道于此,乃复过劳之世,惊扰灵岳,诚罪人也。汝等学道,不厌深渺。"年98岁,谥体玄先生。

潘师正居嵩山修炼

◆刘道合羽化,背上开坼若蝉

刘道合,陈州宛丘人。初与潘师正同隐嵩山,高宗闻其名,令于隐所置太乙观居焉。数召入宫,及将封泰山,属久雨,帝命道合禳祝,俄而霁,帝大悦。咸亨中,为帝作丹剂成,而卒。及帝营奉天宫,迁道合之殡室,弟子开棺改葬,其尸惟空皮,而背上开坼,若蝉蜕者。高宗闻之,恨曰:"为我合丹,乃自服矣。"

◆王希夷隐嵩山40年尽传其闭气导养之术

唐王希夷孤贫好道,隐于嵩山,师道士黄颐,40年尽传其闭气导养之术,尝饵松柏叶及杂花,散博通子史尤明庄老及易。景龙中年已70馀气力益壮。

◆司马承祯羽化如蝉蜕

司马承祯,唐朝在嵩山修炼的道士。字子微,法号道隐,又号白云子,洛州温(今河南温县)人。21岁时师事潘师正于嵩阳,受金根上经、三洞隐书,学习符箓及辟谷导引之术。高宗和武则天驾幸嵩山潘师正居所时,司马承祯也随同受到接见。后隐于天台玉霄峰,自号白云子。唐天后累征,不起。至睿宗时,召见,问阴阳之数,及理国之道,深加赏异。唐明皇好道术,征司马承祯入内殿,大加礼敬。司马承祯善篆隶,号金剪刀书,玄宗命以三体写《老子》,刊正文句。文静师尝与承祯隔屏宿,忽闻小儿诵经声,玲玲如金玉响。密窥之,见承祯客上有小日光耀一席,逼听,乃脑中之声也。《黄庭经》云:左神公子发神语,此之谓也。久之,复往天台山,一时告弟子曰:"东华君召,须往。"俄顷化去,如蝉蜕。弟子葬其衣冠焉。

◆义福临终预言成现实

唐玄宗开元年间,有个高僧叫义福,是上党人。他精心修习佛道,为人端庄高洁,无论公卿大臣还是庶民百姓,都乐于跟他学道。他曾跟从皇帝去东都洛阳,沿途经过的郡县,人人都仰慕他,专门给他的施舍就多达数万,他都没有接受就走了。忽有一天早上,他召集自己的门徒,告诉他们说自己即将逝世。兵部侍郎张均、中书侍郎严挺之、刑部侍郎房琯、礼部侍郎韦陟等,平日常来拜访他,这天他们也都来了。义福像往常一样准时登上讲坛,给门徒们讲说佛法。他说道:"我要在今天死去,要跟诸位诀别了。"过了好长时间,张均对房琯说:"我常年服用长生不老的金丹,从未参加过别人的丧礼。"说完,张均便偷偷地溜走了。义福突然间对房琯说:"我与张公交游多年了。张均有非同寻常的灾难,要在名誉与节操方面都蒙受损害。如若他能一直坚持到法会的终了,那就足能免除其灾难。实在可惜呀!"他握着房琯的手说:"您一定会成为唐朝中兴的名臣。您要善自为之!"说完就死了。等到安禄山谋反篡位时,张均为叛贼抓获,在安禄山临时朝庭内被授为重要官职,果然气节名节皆亏。房琯则在平定叛乱,唐朝中兴之后,再次襄赞皇朝,最终保持了大节。

◆李筌食老姥留麦饭数升,后辟谷修道成仙

《神仙传》载:唐代道人李筌至嵩山虎口岩,在一山洞里得《黄帝阴符本经》。但读数千遍,竟不知晓其义理。后入秦地,在骊山下遇一老姥,授《黄帝阴符本经》之义数百言,别后留麦饭数升。李筌食之,自此绝粒,辟谷修道,成为仙人。

◆白凤载裴元静飞升

飞升图

裴元静(? ~854年),唐代道教女居士。缑氏县令裴升之女,户县尉李言之妻。幼而聪慧,母以诗书示之,皆诵之不忘。及笄好道,请父母别置一静室,披戴道服,父母亦崇道,深念许之。日以香火瞻礼道像,若别有女伴相谈,父母窥见,却不见人。年20岁,不愿嫁,唯愿入道修真,以求度世。父母逼之以归李言,妇礼臻备。未过一月,告诉李言:"以素修道,神人不许为君妻,请绝俗。"李言亦早慕道,从之,任其独居静屋焚修。夜中闻笑声,李稍疑。潜壁隙窥之,见明光满室,异香芬馥,有二女子年十七八,凤髻霓裳,姿态婉丽,侍女数人,皆云髻绡服,绰约在侧。李异之而退。及旦问,元静答曰:"此昆仑仙女,慎勿窥也。然元静与君宿缘甚薄,非久在人间。念君后嗣未立,候上仙来,当为言之。"后,一夕,有仙女降李言之室。经年,复降,送一儿于李,言"此君之子也,元静即当去矣。"后,二日,有五云盘旋,仙女奏乐,白凤载元静飞升,向西北而去。

◆王子芝遇樵仙河神

《列仙传》载:王子芝,字仙苗,自云河南缑氏人。据《神仙感遇传》,常游京洛间,耆老言其50年来状貌常如40岁许人,不知其年龄。好养气而嗜酒,子芝居紫极宫,蒲帅王重盈待之甚厚。又闻其嗜酒，日以三榼饷之。间日，子芝出，遇一樵者，荷担于宫门，其貌非常，意甚异焉。因买其薪，付以高价。樵者得钱，亦不谦让而去。子芝令人随其后，樵者径趋酒肆以归。他日再来，对子芝说："酒佳则佳矣，然殊不及解县石氏之酝也。"子芝问石氏芳醪可致否，樵者因丹笔书符一置于火上，烟未绝，有小童立于前听命。樵者敕之："尔领尊师之仆，往石家取酒。"时既昏夜，门已扃禁。小竖谓芝仆曰："可闭目。"因搭其头，人与酒壶偕出自门隙。已及解县，携酒而还，因与子芝共倾焉，其甘醇郁烈，非世间可比。中宵，樵者谓子芝曰："已醉矣，余召一客伴子饮，可乎？"子芝曰："诺。"复书一朱符置火上，瞬息间，异香满室，有一仙人堂堂美须眉，拖紫秉笏，揖樵者共坐，伴二人痛饮。饮满两巡，二壶且竭。时东方明矣，遂各别。樵者对子芝说："识向来人否？少顷，可造河渎庙祀之。"子芝送樵者讫，因过庙所，睹夜来共饮者乃河神也。其后子芝再遇樵仙，别传修炼之诀，久之，子芝亦仙去。

◆元阳子与弟同仙
元阳子，姓姬，自号元阳子，山东海丰人。与弟挺阳同学道，后修炼于嵩山缑氏中。一日，同飞升去。

◆郗鉴辟谷不息
《博物志》载：鉴字孟节，阳城人。能行气导引，辟谷不食，号200岁人。《别传》载：阳城郗鉴，少时行猎堕空冢，饥饿，见冢中先有大龟，数数回转，所向无常，张口吞气，或俛或仰。郗鉴素亦闻龟能导引，乃试随龟所为，遂不复饥。百余日颇苦极。后人有偶窥冢中，见鉴，而出之。后竟能咽气断谷。魏王召置土室中，闭试之，一年不食，颜色悦泽，气力自若。文帝《典谕》载：郗鉴能行气，善辟谷，自王与太子，及予兄弟，咸以为调笑，不全信之。然尝试之，辟谷百日，犹与寝处行步起居自若也。夫人不食7日则死，而鉴乃能如是。议郎李覃学鉴辟谷食茯苓饮水，中寒泄利，殆至殒命。人之逐声若此夫。至晋惠帝末，鉴犹健强。

◆柏叶仙人田鸾
唐代道教居士，传为柏叶仙人。长安（今陕西西安）人。出身士族，至鸾家富。兄弟五六人，皆年未至30而夭亡。鸾25岁，母甚忧虑，鸾亦自惧。常闻道士有长生药，遂入华山，求问道士。有道士对他说，柏树即长生药。鸾乃取柏叶曝干为末服之，稍节荤腥味。服至六七十日，但觉时时烦热。至二年余，发热病，头目如裂，周身生疮。至七八年，热疾更甚，其身如火，人不敢近，都能闻到柏叶气，诸疮溃烂，黄水遍身如胶。母以为他必死，而鸾却于斛中沐浴而寝，3日后身下谒疮皆已扫去，眉须绀绿，顿觉耳目鲜明。自称睡梦中遇道士引谒上清，遍礼古来列仙，都说"柏叶仙人来此"，并授以仙术。鸾自此绝粒，不思饮食，隐于嵩阳。至德宗贞元（785～805年）中，年已123岁，而有少容，忽告门人，无疾而终。人以为尸解。

◆少室仙伯
王仙君，唐代时期嵩山道人。《王氏神仙传》载：王仙君，以唐昭宗天初（901年），自上党云游，经北邙缑氏，入嵩山。同侣相接，莫知其所为。旷度虚怀，淡然无迹，虽放志林谷，飘忽无滞，遂迷其所之。岁余，其门人与其弟侄自壶关太行，南及嵩少，历询所经宫观，物色求之。乃于嵩山西北绝崖下，见仙君端居嵌窦，晏坐凝然，高耸且百仞，壁立悬绝，非攀援所到。门人等灶香瞻礼，涕泣恋慕。良久，仙君忽谓曰："太上以我夙有微功,召为少室仙伯。仙凡路隔,勿复悲恋。"言讫,腾空而去。

羽化成仙

◆玄同羽化

恭氏,河中少尹冯徽妻也,道号玄同。嫁20年,常托疾独处,誓焚香念道,别居一室,持《黄庭经》,日三两遍。唐咸通十五年(874年)七月夜,忽有青衣玉女二人降其室,曰:"紫虚元君将亲降于此。"如是凡五夕。薛玄同焚香以候,元君果与侍女降于其室,憩之良久,示以黄庭填神存修之旨,赐九华之丹一粒,谓玄同曰:"可八年后吞之,当遣玉女飚车迎汝于嵩岳矣。"言讫散去。玄同是冥心静神,往往不食。后八年,唐中和二年(882年)二月,玄同沐浴,饵紫虚所赐之舟,二仙女密降其室,促嵩高之行。乃有仙鹤36只翔集室宇之上。玄同尸质柔暖,状若生人,额中有白光一点,化为紫气。沐浴之际,玄发重生,立长数尺。次日之夜,云彩满室,忽闻雷电震霆之声,棺盖飞起,庭中失尸所在,空衣衾而已。

◆谷神王征君

碑铭曰:征君名元宗,临沂人。殃葬太室山中顶石室。铭其口授,词理真率,生死脱洒,无碍腐滞之气。末云:"风云聚散,山水虚盈;谷神不死,我本长生。"仙风道骨,犹或见之。

◆李含光与司马真人

李含光,广陵江都人。本姓弘,以清行度为道士。唐开元年间,从司马承祯于王屋山,一见目之曰:"真玉清客也。"后居嵩阳20余年。司马承祯死后,玄宗召诣阙与语,叹曰:"吾见含光,知司马真人犹然在世。"一日,问及金鼎。李含光对曰:"道德,公也;轻举,公中之私耳。若忽道德而求生徇,欲则似系风。"玄宗深感异之,赐号玄静先生。大历四年(769年)冬十一月,从蜕于紫阳别院,执简如生时,年87岁。

◆靖长官静坐立亡

靖长官,唐朝道士。姓应名靖,不知何所人也(一云真定人)。唐朝僖宗时,为嵩山登封令,有惠政。黄巢犯东都,分兵徇属邑,登封吏民惶惧无计。应靖曰:"吾邑无郛,库无后,廥无粟,何以守乎?"应靖率吏民住嵩高山,自为殿。贼追及,应靖力战以捍之,贼解去,登封之人获全。应靖既而弃官学道,遂仙去。隐其姓,以名显,故谓之靖长官。靖长官喜抵掌谈笑,饮酒至斗余,然静坐立亡,倏忽千里,不可测度。宋哲宗元祐中,刘几常遇嵩高山中,天姿疏散浩然也。

◆贺兰栖真仙逝,大雪三日,顶犹热

《宋史》载:贺兰栖真,北宋嵩山道士。五代北宋谯国(今安徽省)人。师事骊山白鹿观主冯洞元出家为道士。"善服气",内炼功甚深,乃至不避寒暑,常常绝食,臻于"辟谷"佳境,超然尘俗,自言百岁,善服气,不惮寒暑,往来不食,或时纵游市廛间,能啖肉数斤。贺兰栖真隐身岩壑,潜心道法,仙骨飘飘;时或纵酒,开怀豪饮,修然街市,偶"能啖肉至数斤"。景德二年(1005年),宋真宗诏访天下奇士,内侍省(掌侍奉宫廷内部生活事务)官员李怀赟奉命召贺兰栖真入朝廷对答朝政。真宗问曰:"知卿有点化术,可言之。"栖真不自夸其道法如何高明,而答称"臣请言帝王点化之术,愿以尧舜之道点化天下,可致太平。"并恳请真宗切勿听信"方士伪术"。其所谓"尧舜之道",当指"尧舜垂衣裳而天下治"的无为之道,此乃道家修行最高境界,足见贺兰栖真长期修炼已得"道"旨。真宗闻言"大奇",对栖真愈加礼敬。作二韵诗赐之,封号"宗真大师",并赐以紫服、白金、茶帛、香药等;特免贺兰栖真所在道观之田租,且度其随从为道士。不久后,贺兰栖真请求返回旧居。真宗大中祥符三年(1010年)贺兰栖真仙逝,享年113岁。据称其时大雪三日,而栖真"顶犹热,人皆异之"。

◆张润之炼精服气升仙

北宋仙人。嵩山新郑人。少耽玄学,结庵于县西兴寺前,遇至授以炼精服气之术,栖真40余年,于宋政和间仙去。旧有升仙台。

◆仙人相遇

《谈苑》载:宋石元,懿熙载游嵩阳,道中遇一叟,熟视之曰:"真太平良弼也。吾幼为唐相房玄龄检书苍头,公酷似房公。"语讫即灭。唐太宗朝,石为左仆射。

◆高仲振终日燕坐,骨节嘎嘎有声,所谈皆世外事,有人叩门打搅,辄不复语

《说嵩》载:金代嵩山隐逸高仲振,字正之,辽东(今吉林省农安县)人。其兄领开封镇兵,仲振依之以居。由东北沃土而及中州大地,面对金兵的铁马金戈和北宋的沦亡,高仲振为尘世的纷扰浊乱所震撼,渐渐有志于道家的飘然离俗。所以,到开封后不久,高仲振便将家业尽数托付于兄,携妻挈子,隐居嵩山。高仲振博极群书,尤深《易经》、邵雍的《皇极经世》之学。醉心道妙,安贫自乐。尝与其弟子张潜、王汝梅行于山谷间,人望之翩然如仙。据传,高仲振曾遇异人教以养生术,故"终日燕坐,骨节嘎嘎有声,所谈皆世外事,有人叩门打搅,辄不复语。"

◆田璆邓韶嵩山会群仙

《嵩岳》载,田璆与其友邓韶博学能文,皆以人昧,不能彰其明。家于洛阳。唐代元和年间,中秋之望,携榼出门,求望月地。遇二书生,邀入别庄,飞泉松桂,奇草异花。顷见群仙相会,歌诗和乐。复出来时,惟见嵩山嵯峨。比归家,已岁余。其家人招魂葬于北邙之原,坟草宿矣。于是田璆、邓韶捐弃家室,同入少室山。

◆洪山真人瞑目而逝

元代时期在嵩山修炼的道人。不知姓名,嵩山密县人。元初混迹耕牧,为人佣工,以所得易豆饲牛。牛或不行,跪拜于前,不用鞭策,牛即解意拽。后在嵩山修炼得道,趺坐于汜水之金谷堆,瞑目

而逝。汜人称之为使牛郎,因立庙焉。

◆李铎

李铎年近八十,善服气导引。尚书卢损以铎之遐寿有道术,酷慕之。乃以颍川带城卜居阳翟立隐。舍诛茅,种药山,衣野服,逍遥于隐几之间。出则柴车鹑衣,自称具茨山人。晚年与同游五六人于大隗山中古宫观疏泉凿坯为隐,所誓不复出。时年八十余,齿发不衰而有壮容。

◆智广

姓董氏,子产里人。少有佛性,恶其父屠,谏之徙业,不从。逃入伏牛山从释苦修十年,恍然有悟。归视禹州南山,东峰可立丛林抑誓为之,族父封翁捐资助。王公贵人闻风施拾,即旧观音堂拓为殿阁禅堂50余间,金碧辉煌,法像庄严。又募置赡田十顷,度徒十余众。凿山移石,铲地种树为众倡。年七十余不倦。守戒律甚严,雇工化之,亦不茹荤。忽沐浴毕,跏趺而化。人以为向西方云去。

◆颜道人羽化

明代时期在嵩山修炼的道人。颜道人,不知何许人也。明穆宗隆庆末,于中岳少室山巅凿洞,深丈余,谓弟子曰:"吾欲入洞修道,汝可筑土实洞口,令内外不相闻乃止。3年后可启视,如身欹,则道不成也。"弟子如命筑之。逾3年,其弟子同百余人启洞审视,师果两手抱卵,端然而坐。洞去白道洞四五里,在御砦东顶,后仍封闭矣。

◆明耕道人

吴姓,字习之。操南音,结庵崇福宫侧,自号无名耕夫,人即以吴明耕称之。每日早晚焚香,敬礼天地君亲师,不事道家习气。善鼓琴,饭罢抚一曲。每饭饮酒数杯,一日两餐,惟食麦糁,无别味。寝未尝解带,三十年如一日焉。尝制一短木榻,置蒲团其上,倦即倚枕横卧。枕一石形似柳叶,名柳叶枕,咏诗数首纪之。自题庵楹联云:"小臣饥欲死矣,君子病无能焉。"门扇云:"有此山水,自管清闲。"额书"穷得干净"。有其手题《望空乞食图》诗,遒劲古宕,直与唐人长歌颉颃,味其题词,殆功名中人,不知何故沦于此。日夕时常于庵门外,或病其扰,曰:嘻嘻!贵贱荣辱,人自生欣厌于其间耳,吾何容心焉?体偶不适,不服药,命僮携琴至山僻处弹之,霍然解,是非有得于中者,能如是耶。来时年已耄,问及寿,辄应曰八十,计其年约百余岁矣。咸丰末,张勤果公曜,平寇至登封,来谒,钦其人。后西征剿问匪数年,弁来豫,恒贲以金,置宫厨库中,弗问也。羽化于同治甲戌仲冬。

◆王教童神话

清代嵩山上街卢医庙道士。山东人,武艺绝伦,远近闻名。一日,有异常的人从庙前经过,向他授以道法,并让王教童将他送到黄河岸边,其人在水上行走如飞,他令王教童随他一样在水上行走。王教童子到水上试行,水亦不沾身,乃随之渡行。后又遇火如山状,其人入进,他又让王教童随行,王教童不肯,其人叹息说:"君当晚成矣!"话毕,转瞬,失其人。王教童返庙后,渐悟通灵。后上街会命王教童去禹州办差,往返百里,仅半日而归。不几日,王教童便端坐而逝。门人为其塑像于庙旁,盖骨胎也。后有官送官银于西方者,途遇寇抢劫。危急中,突有青衣道人执铁烟具击将劫贼打散。官问其姓名,青衣道人回答:"汜水上街卢医庙旁,姓王氏。"官归,问其人,无之。官偶游上街卢医庙中,看见庙旁的塑像,识得此像为青衣道人也。乃捐金修其庙。

## 第七节　诗歌谣语灵异

古代的嵩山,有很多名僧高道来这里修炼,过一种与大自然溶为一体的生活,通过修心性,去执着,去私欲,最终进入神界仙界,实现天人合一。这个修炼的过程多有诗歌谣语灵异相伴,仔细玩味,颇有预兆预知的意义。这种艰苦而浪漫的修炼与归宿,引得很多古代著名诗人的仰慕和向往,他们在追寻、接触这些具有灵异技能的名僧高道的同时,为这些奇异的修炼者也写下了许多珍贵的诗篇。因此,本节选录的嵩山诗歌谣语灵异有两部分,一是来自于名佛高道本人的预言和当时社会流传的歌谣;二是来自于一些著名诗人们追寻名僧高道的诗歌。

◆避难洛汭的平安之奇

禹传位其子启,建立夏王朝。启传位其子太康,太康为夏弟三世王。古史记载,太康在位时荒淫暴虐,被有穷氏之君后羿所逐。《春秋说题辞》载:"'河以道坤出天苞,洛以流川吐地符',王者沉礼焉。……昔夏太康失政,为羿所逐,其昆弟五人,须于洛汭,作《五子之歌》,于是地矣。"

当时,太康建都斟鄩,其地在嵩山的巩义与偃师境内外,太康到洛水南游猎三个多月不归,有穷国君后羿攻占夏都,夏亡。洛汭与夏都近在咫尺,太康的五个弟弟与其母尚能避难于洛汭,却能在"敌占区"的安全地带平安无事,并"述大禹之戒"各作一歌,真乃是平安之奇。

太康尸位,以逸豫灭厥德,黎民咸贰,乃盘游无度,畋于有洛之表,十旬弗反。有穷后羿因民弗忍,距于河,厥弟五人御其母以从,徯于洛之汭。五子咸怨,述大禹之戒以作歌。

其一曰:"皇祖有训,民可近,不可下,民惟邦本,本固邦宁。予视天下愚夫愚妇一能胜予,一人三失,怨岂在明,不见是图。予临兆民,懔乎若朽索之驭六马,为人上者,奈何不敬?"

其二曰:"训有之,内作色荒,外作禽荒。甘酒嗜音,峻宇雕墙。有一于此,未或不亡。"

其三曰:"惟彼陶唐,有此冀方。今失厥道,乱其纪纲,乃厎灭亡。"

其四曰:"明明我祖,万邦之君。有典有则,贻厥子孙。关石和钧,王府则有。荒坠厥绪,覆宗绝祀!"

其五曰:"呜呼曷归?予怀之悲。万姓仇予,予将畴依?郁陶乎予心,颜厚有忸怩。弗慎厥德,虽悔可追?"

◆仙人浮丘公的《原道歌》

《消遥虚经》载:仙人浮丘公,姓李,名李浮丘。隐居嵩山修炼,服黄精20余年,发自返黑,齿落更生,久之道成,白日飞升。周灵王时,接引太子晋,往来于嵩高山修道。后太室有浮丘、子晋二峰,皆因之得名也。浮丘公著有《相鹤经》。作有《原道歌》:

虎伏龙亦藏,龙藏先伏虎;但毕河车功,不用提防拒。

诸子学飞仙,狂迷不得住,左右得君臣,四物相念护,

乾坤法象成,自有真人顾。

王子乔乘鹤飞升

◆童谣王子乔

《王氏神仙传》：王乔，字子晋，周灵王之太子，生而神明，幼而好道。好吹笙作凤鸣之音，而白鹤、朱凤翔集。复过浮丘公，授以道要，接上嵩山，不归。初补南岳司命侍宸，再补桐柏真人。一日忽乘鹤驻山巅，童谣曰：

王子乔，好神仙，七月七日上宾天。

◆郭璞《游仙诗》中说鬼谷

《神仙传》载：鬼谷子，姓王名诩，亦称王诩，战国时卫国人。常入云梦山，后居嵩山脚下阳城之鬼谷，故以为号：鬼谷子。长于持身养性和纵横术、精通兵法、武术、奇门八卦，著有《鬼谷子》兵书传世，世称"王禅老祖"。道家说他是上天一位神祇，法力高强，除了擅长兵法之外，鬼谷子还擅长修身养性之术和纵横捭阖之术。鬼谷子遗之书，有"爱女不极席，男欢不毕论"之语。传说授黄帝兵书的九天玄女就是他的师妹，二人曾经一同跟随太上老君学道。嵩山登封阳城有鬼谷子洞，鬼谷子在此隐居修炼。卢元明的《嵩高记》载：鬼谷子于嵩山东南学道。苏秦、张仪师事之，学习权谋纵横之术，三年辞去。苏秦以一己之力促成山东六国合纵，使强秦不敢出函谷关十五年，又配六国相印，叱咤风云。张仪曾两次为秦相，亦曾两次为魏国国相。后来鬼谷子得到了太上老君的真传，成为了太上老君的弟子，最后终于得道成仙。东晋诗人郭璞《游仙诗》14首，其中一诗写道：

青溪千万仞，中有一道士，云生梁栋间，风出窗户里。

借问此何谁，云是鬼谷子。

◆周栖野的狂歌

西汉时在嵩山修炼的道人。据《嵩高志》记载，周栖野为中岳人。相传常穿破衣，隐姓名，如风如狂，常往来于九衢。狂歌曰：

巾金巾，入天门。呼长精，吸玄泉。鸣天鼓，养泥丸。

人们都认识他，但没有人能理解他。汉之卿相闻其歌，颇感神异，但不解其奥义。惟留侯张良知是仙人，微服拜访，延入密室，潜有所授，并约定后会于嵩山小有洞天。留侯张良佐汉高祖成功，周栖野和张良竟得以相会嵩山，周栖野跟随张良学道。其事迹见之于《神仙传》。

◆王兴服食菖蒲，白日飞升羽化成仙

西汉武帝时嵩山隐逸。《神仙传》载：王兴，阳城人，居于壶谷中。汉武帝上嵩高山，忽见一仙人长及二丈余，耳出颔下垂至肩。帝礼而问之。仙人曰："吾九疑人也，闻中岳有石上菖蒲，一寸九节，服之可以长生，故来采之。"王兴闻说仙人的话后，坚持服食菖蒲，遂得长生。后来白日飞升，羽化成仙。魏武帝时犹在，其邻里老小皆云传世见之，视王兴常如50许人，其强健，日行300里。著名诗人李白在嵩山闻听王兴之事迹后，著有诗《嵩山采菖蒲者》：

神人多古貌,双耳下垂肩。嵩岳逢汉武,疑是九嶷仙。
我来采菖蒲,服食可延年。言终忽不见,灭影入云烟。
喻帝竟莫悟,终归茂陵田。

◆汉灵帝末年歌谣
《搜神记》载,汉灵帝末年,京城流传的歌谣说:
侯不是侯,王不是王,千乘万骑上北邙(指埋葬北邙山)。
到中平六年(189年),史侯登上了最高的位子,汉献帝当时还没有爵号,被中常侍段圭等劫持,公卿百官,都只好跟在他的后面,一直被劫持到黄河边上,才被尚书卢植等追回。

◆奏傀儡,唱挽歌的应验
汉朝的时候,京城洛阳在迎宾结婚等吉利美好的宴会上,都吹奏傀儡,饮酒尽兴以后,就接着唱挽歌。傀儡,是丧失家轩时奏的乐曲;挽歌,是扶着牵引棺材的绳索下葬时相互应和而唱的歌。上天的禁戒这样说:"国家马上要遭殃了,所以各种受推崇的音乐都是死亡之曲。"自从汉灵帝死了以后,京城被摧残,家门中有吞食尸体的虫再自相吞食的。奏傀儡,唱挽歌,是这些事的应验吗?

◆三国文学家陆云的《刘根颂》
《刘根别传》载:要弃世学道,入中岳嵩山石室中。峥嵘上东南,见一人,冬夏不衣,长毛长一二寸,颜状如年十五时。三国著名文学家陆云曾写诗《刘根颂》,对仙人刘根的灵异人生进行赞颂:
刘根登嵩,遗世盘桓。形委服容,口厌琼兰。
把彼呼翕,为尔朝餐。景绝岩穴,光茂云端。

◆地仙黄敬与陆云的《黄伯严颂》
东汉嵩山隐逸,自称地仙。字伯严,武陵人。少读颂经书,仕州为部从事,后弃官学道,于霍山80余年,后复入嵩山,专精服气,断谷吞吐之事,能胎息内视,至200岁,转还少壮。道士王紫阳数往见之,求要言。黄敬告王紫阳曰:"吾不修服药,但守自然,盖地仙耳,何足诘问。闻新野阴君神丹升天之法,此真大道之极也,子可从之。人能除遣嗜欲如我者,不可以学我所为也。"王紫阳固请不止,黄敬乃诗曰:
大关之中有辅星,想而见之禽习成;赤童在焉指朱庭,指而摇之炼身形;
消遣三尸除死名,审能守之可长生,失之不久沦窈冥。
王紫阳受之,遂得长生。
晋朝诗人陆云曾作诗《黄伯严颂》曰:
伯严志道,翻飞自南。北入中岳,炼形嵩岑。
奔星凌颜,朱光垂阴。云精九□,握耀盈襟。

◆天竺僧人留偈辞洛阳
西晋永嘉五年(311年),洛阳发生"永嘉之乱",匈奴攻陷洛阳、掳走怀帝,嵩山地区动荡不安。这时,在嵩山传播佛教的天竺国高术僧人耆域打算辞别嵩山,返回天竺。洛阳城中有个沙门叫竺法行

耆域画像

的,是僧中的佼佼者。当时人把他比作高雅人乐令。他和耆域有交往,甚得耆域赏识,因此二人感情深厚,听说耆域要走了,心中恋恋不舍,于是,他请求耆域说:"可以跟众僧会一会面吧?"当众僧都会聚在讲经堂时,耆域升上高座,面对众僧,朗声诵道:

守口摄身意,慎莫犯众恶。修行一切善,如是得度世。

诵毕,便进入禅默。竺法行停了一会儿,重向耆域请求说:"愿上人应再教给我们没有学过或听说过的东西,如刚才老师诵咏的那首偈诗,就连8岁小孩子也会谙诵,倒背如流,这不是我们所希望的得道人吗?"耆域笑着说:"8岁小孩会背诵,百岁之人不能施行,会背诵有什么用处?社会上的人都知道尊敬得道的人,却不知道,施行了自己也会得道的。我的话虽然很少,但对施行的人来说,那收益也是够多的了。"于是,他走下讲堂,辞别了众僧。

◆歌辞《折杨柳》的应验

西晋太康末年(289年),洛阳唱《折杨柳》的歌辞:

(一)

上马不捉鞭,反折杨柳枝。蹀座吹长笛,愁杀行客儿。

(二)

腹中愁不乐,愿作郎马鞭。出入擐郎臂,蹀座郎膝边。

(三)

放马两泉泽,忘不著连羁。担鞍逐马走,何见得马骑。

(四)

遥看孟津河,杨柳郁婆娑。我是虏家儿,不解汉儿歌。

(五)

健儿须快马,快马须健儿。跸跋黄尘下,然后别雄雌。

《折杨柳歌辞》是《乐府诗集》收入横吹曲辞梁鼓角横吹曲,共五首,内容相贯,主要为征人临行之际与其情人相互赠答之词。折杨柳是古代送别的习俗,送者、行者常折柳以为留念。这曲子开始是写"行客"告别亲友远行之际,"上马"理当挥鞭启程,可他却"不捉鞭",反而探身去折一枝杨柳。柳者,留也,在古代习俗中是作为惜别的象征。最后以"跸跋黄尘",动人心魄,展示出万马奔腾的壮阔景象。这是作者的揣想之辞,故云"然后"才能决一雌雄。可到后来,西晋时期权臣、外戚杨骏争权被杀,杨骏的女儿杨太后也被幽禁而死,民间所传这是"折杨柳"的应验啊!

◆猴山——仙人王子晋升天的仙山

嵩山是一座举世公认的神山,山上山下的神话故事很多。其中,少室山西北,出崿岭口12公里,偃师市府店之右的缑山,虽然只有海拔308米,但它的确是传说中的一座著名的仙山。它的出名却是因了两位神仙的缘故,一位就是大名鼎鼎的西王母,据说她曾在缑山修道。因为她姓缑,故该山名缑氏山,后简称缑山。另一位是周灵王的太子,又称王子晋,王子晋升天的故事就发生在这里。汉刘向《列仙传》说,王子乔"好吹笙作凤鸣,游伊洛间,道士浮丘公接以上嵩高山。30余年后,求之于山上,见桓良,曰:'告我家,七月七日,待我于缑山氏山头。'至时,果乘白鹤驻山头,望之不得到。举手谢时人,数日而去"。这个流传千年周王子晋升天的神话故事,古今往来,曾引得多少人的向往和憧憬。历史上有不少帝王和众多的文人雅士都对此作过诗咏颂唱,每个朝代都有名诗佳作,为后人留下了许多千古名篇。其中,东晋简文帝萧纲写有诗《升仙篇》,对少室仙山进行赞咏。

少室堪求道,明光可学仙。丹绘碧林宇,绿玉黄金篇。

云车了无辙,风马讵须鞭。灵桃恒可饵,几回三千年。

南朝著名诗人鲍照的《缑山引》一诗,更是描写了仙人飞升之后的缑山缥缈空灵的意境,表达了作者对王子晋飞升的怀念。

王子吹笙去不还,当时旧物惟缑山。山深老树藏遗庙,秋月春风空自闲。

轩辕左界连伊洛,碧瓦朱栏露华薄。径时掩户庭草深,永昼无人对花落。

徘徊未下日将夕,遥望嵩阳烟景微。鹤驭飘飘向何许,林间空见白云飞。

◆达摩天竺之谶

《宝林传》载:达摩祖未入中国时,问般若多罗曰:"我既得法,当往何国而作佛事?"答曰:"吾灭后六十余载,当往震旦高双法,药直接上根,所化之方,获菩提者不可胜数。惟南方不可久留。听吾偈曰:

路行跨水复逢羊,独自栖栖暗渡江。日下可惜双象马,二株嫩桂久昌昌。

末句盖谶在少林寺传法无穷也。

◆释智命临终口咏般若,索笔题诗

释智命,隋朝僧人。荥阳人。初仕隋为羽骑尉,逃官流俗,备历讲会。及元德作贰。杨素荐之,迁为中舍人。越王即位,历官御史大夫。伪郑开明,连任不改。频请郑主为国修道。不遂。乃剃发,法服擎锡,迳至宫门。世充怒,敕下斩之。口咏般若,索笔题诗:

幻生还幻灭。大幻莫过身。安心自有处。求人无有人。

达摩一苇渡江

◆陈陶赋诗《贺自真飞升》

唐朝在嵩山修炼的道士。贺自真,久居嵩山修道。有学,为事高古,常焚修精勤。年老,人亦不知岁数,然道俗相传,见之多年矣,皆不甚为异。《高道传》:一日,云鹤满空,声乐清亮,贺自真忽飞升而去。陈陶在东都,见洛城人观望瞻礼,惊叹不已,乃赋诗《贺自真飞升》:

子晋鸾飞古洛川,金桃再熟贺郎仙。三清乐奏嵩丘下,五色云屯御苑前。

朱顶舞翻迎绛节,青鬓歌引驻香輧。谁能白昼相悲泣,太极光阴亿万年。

### ◆武则天与王子晋

《河南府志》载:"缑山,在县南(指偃师老城)四十里,孤峰突出,周灵王太子晋升仙于此。"《山拇助》云:"缑山之山,无草木,多金玉泉水出焉,上有饮鹤池。"

周灵王的太子晋于缑氏山升天后,人们在缑氏山巅升仙的遗址上,建有太子庙以示纪念。后来,唐朝女皇武则天在缑山太子庙的遗址上,立有《升仙太子碑》,并亲自撰写了碑文和书额。武则天在缑山上夜宿时,写有《缑山》一诗,描写了当时缑山的秋夜景色和她思慕王子晋吹笙飞仙的心情。

秋风寂寞秋云轻,缑氏山头月正明。帝子西飞仙驭远,不知何处夜吹笙。

其上建升仙太子庙,立有武则天御制碑。

### ◆花妖夜饮中的对歌

《酉阳杂俎》载:唐代天宝中,缑氏处士崔元微,领童仆辈入嵩山采芝,一年方回。时春夜,风清月朗,有十余女主侍女过此暂歇。一会儿,有封家姨来。崔元微出来,见封氏言词泠泠,有林下风气。他们相揖入座,以酒相待,相互间并以歌伴酒。红裳人向白衣敬酒,唱歌曰:

皎洁玉颜胜白雪,部乃青年对芳月。沈吟孙敢怨春风,自叹容华暗乐歇。

白衣酬歌曰:

缝衣披拂露盈盈,淡染胭脂一朵轻。自恨红颜留不信,莫怨春风道薄情。

封姨持杯敬酒时,情态轻佻,翻酒污石氏衣。石氏作色,拂衣而起,至门外别封姨南去。诸人西入苑中,发现她们全是众花之妖。

### ◆嵩山童谣

《新唐书·五行志》载:高宗自调露中欲封嵩山,属突厥叛而止。后又欲封,以吐蕃入寇,遂停。时嵩山传童谣曰:

嵩山凡几层,不畏登不得,但恐不得登,三度征兵马,傍道打腾腾。

### ◆任生读书嵩,拒仙女求姻

《云笈七签》载:任生隐嵩山读书,夜有女子来说:"冥数合与君为姻。"该女长相绝代,服彩异常。任生坚拒不纳。女取生纸笔,赠诗曰:

我名籍上清,谪居游五岳。以君无俗累,来劝神仙学。

写毕去。

三日后,该女又来,复向任生赠诗曰:

葛洪亦有妇,王母亦有夫。神仙尽灵匹,君子意何如?

任生竟不纳。女子重赠诗曰:

阮郎迷不悟,何处伸情素。明日海山春,彩舟却归去。

女子诗罢,遂绝迹。

《全唐诗》题下注:"任生,隐嵩山读书。夜有一女子可二十许,冶容艳美,二青衣侍前开帘入。自云冥数合为姻,为诗书案上求偶。生疑妖怪,拒之再。女子复赠诗别,冉冉飞空去。"

◆ 封陟艳遇

《艳异编》载:唐朝宝历年间,孝廉封陟,居住少室山。时夜将半,俄有辎軿自空而降,睹一仙姝,对封陟作揖曰:"特谒光容,愿侍箕帚。"封陟谢焉。姝赠诗曰:

谪居蓬岛别瑶池,春媚烟花有所思。为爱君心能洁白,愿操箕帚奉庭帏。

后七日夜,姝又来,封陟复又向她表示感谢。姝又赠诗给他:

弄玉有夫皆得道,刘刚兼室尽登仙。君能仔细窥朝露,须逐云车拜洞天。

后七日夜夏至,封陟目辞之。姝随去,又留诗于他:

萧郎不顾风楼人,云涩回车泪脸新。愁想蓬瀛归去路,难窥旧苑碧桃春。

◆ 白居易嵩阳观夜奏《霓裳》

唐朝著名诗人白居易在嵩山活动期间,曾写有《嵩阳观夜奏"霓裳"》,其诗写在嵩阳秋夜的凄凉意境之中,又奏着非常浪漫的《霓裳》之曲。

开元遗曲自凄凉,况近秋天调是商。爱者谁人惟白尹,奏时何处在嵩阳。

迥临山月声弥怨,散入松风韵更长。子晋少姨闻定怪,人间亦别有霓裳。

◆ 李白诗寄元丹丘

元丹丘,唐代道士。玄宗天宝初(742年),"厚礼致屈",师从上清派胡紫阳,得其真传。遂隐居嵩高,餐霞饮露,苦修冥想,矢志九霄圣界。亦曾云游天下,与著名诗人李白交往甚厚。《李太白全集》中有关嵩山高道元丹丘的诗文达10多篇,或歌其仙人气韵,抒同游之乐;或忆同隐故实,叙深交之情。为了表现李白与嵩山高道元丹丘的交情,这里选录李白所写的嵩山高道元丹丘的诗歌。李白的《元丹丘歌》中,写下了对嵩山仙人元丹丘的印象:

元丹丘,爱神仙,朝饮颍川之清流。暮还嵩岑之紫烟,三十六峰长周旋。

长周旋,蹑星虹,身骑飞龙耳生风。横河跨海与天通,我知尔游心无穷。

李白游嵩山,与元丹丘结为好友之后,常出入元丹丘山居,曾写诗《题嵩山逸人元丹丘山居》赠与元丹丘。他在诗前写有这样的序:

白久在庐霍,元公近游嵩山,故交深情。出处无间,岩信频及。许为主人。欣然适会本意,当冀长往不返。欲便举家就之。兼收共游,因有此赠。

家本紫云山,道气未沦落。沉怀丹丘志,冲赏归寂寞。

揭来游闽荒,扪涉穷禹凿。夤缘泛湖海,偃蹇涉庐霍。

凭云蹑天窗,弄景憩霞阁。且欣登眺美,颇惬隐沦诺。

三山旷幽期,四岳聊所托。故人契嵩颍,高义炳丹臒。

灭迹遗纷嚣,终言本峰壑。自矜林湍好,不羡朝市乐。

偶与真意并,顿觉世情薄。尔能折芳桂,吾亦采兰若。

拙妻好乘鸾,娇女爱飞鹤。提携访神仙,从此炼金药。

李白在《观元丹丘坐巫山屏风》一诗中,是这样写的:

昔游三峡见巫山,见画巫山宛相似。疑是天边十二峰,飞入君家彩屏里。

寒松萧瑟如有声,阳台微茫如有情。锦衾瑶席何寂寂,楚王神女徒盈盈。

高咫尺,如千里,翠屏丹崖灿如绮。苍苍远树围荆门,历历行舟泛巴水。
水石潺湲万壑分,烟光草色俱氤氲。溪花笑日何年发,江客听猿几岁闻。
使人对此心缅邈,疑入嵩丘梦彩云。

李白在《闻丹丘子于营石门幽居……》一诗中则述怀念之情:

离居盈寒暑,对此长思君。思君楚水南,望君淮上北。
梦魂虽飞来,会面不可得。畴昔在嵩阳,同衾卧羲皇。
绿萝笑簪绂,丹壑羡岩廊。晚途各分析,乘兴任所适。
仆在雁门关,君为峨眉客。心悬万里外,影滞两乡隔。
长剑复归来,相逢洛阳陌。

李白渴望有朝一日与元丹丘再度携手,骑龙跨海,遨游青天,共探玄理。后来,二人果然再度会于方城寺青莲宫,谈玄悟道,相得甚欢。元丹丘与李白信件往来频繁,曾邀"诗仙"共同山居,"许为主人"。而李白亦早有此心思,期冀长往不返,"欲便举家就之"。

李白与元丹丘

李白在与嵩山高道元丹丘的交往中,先后作有诗《元丹丘歌》《题嵩山逸人元丹丘山居》《题元丹丘山居》《题元丹丘颍阳山居》《观元丹丘坐巫山屏风》《闻丹丘子于城北营石门幽居,中有高凤遗迹,仆离群远怀,亦有栖遁之志,因序旧以寄之》《将进酒》《颍阳别元丹丘》《寻高凤石门山中元丹丘》《以诗代书答元丹丘》《酬岑勋见寻就元丹后对酒相待以诗见招》《与元丹丘方城寺谈玄作》《西岳云台歌送丹丘子》等诗十余首诗,并与元丹丘结下了深厚的情谊。正因为有了李白慕道寻仙,和元丹丘交往的经历,才有了后来李白的入道。

◆ 著名诗人与中岳焦炼师

中岳焦炼师为唐代女道士,一作焦静贞。生于齐梁时,隐居嵩山,羽化成仙,非常有名。据说焦炼师已经200多岁了,其年貌五六十岁,于嵩山修上清法,常胎息绝谷,居无室庐,身体轻健,游行若飞,倏忽万里。世传其入东海,登蓬莱,竟不能测其往也。人称"神人"。《续仙传》载云:"女真焦静真经海诣蓬莱求师,至一山,见道者指言曰:天台山司马承祯名在丹台,身居赤城,真良师也。静真既近,诣承祯求度,未几升天。"《河南府志》所载唐焦炼师即此人。

唐朝著名诗人李白、李颀、钱起、王维等对焦炼师皆写有诗。其中,李白访道少室,闻焦静真之风,登36峰,寻师,终究未悟。李白慕之,只好赋诗《赠嵩山焦炼师》,闻风有寄,洒翰遥赠:

二室凌青天,三花含紫烟。中有蓬海客,宛疑麻姑仙。
道在喧莫染,迹高想已绵。时餐金鹅蕊,屡读碧苔篇。
八极恣游憩,九垓常周旋。下瓢酌颍水,舞鹤来伊川。
还归空山上,独拂秋霞眠。萝月挂朝镜,松风鸣夜弦。
潜光隐嵩岳,炼魄栖云幄。霓裳何飘飘,凤吹转绵邈。

愿同西王母,下顾东方朔。紫书倘可传,铭骨誓相学。
李颀的赠诗为《寄嵩山焦炼师》:
得道凡百岁,烧丹唯一身。悠悠孤峰顶,日见三花春。
白鹤翠微里,黄精幽涧滨。始知世上客,不及山中人。
仙境若在梦,朝云如可亲。何由睹颜色,挥手谢风尘。
钱起的赠诗为《题嵩阳焦道士石壁》:
三峰花畔碧堂悬,锦里真人此得仙。玉体才飞西蜀雨,霓裳欲向大罗天。
彩云不散烧丹灶,白鹿时藏种玉田。幸人桃源因去世,方期丹诀一延年。
王维的赠诗为《赠中岳焦炼师》:
先生千岁馀,五岳遍曾居。遥识齐侯鼎,新过王母庐。
不能师孔墨,何事问长沮。玉管时来凤,铜盘即钓鱼。
竦身空里语,明目夜中书。自有还丹术,时论太素初。
频蒙露版诏,时降软轮车。山静泉逾响,松高枝转疏。
支颐问樵客,世上复何如。

◆ 李白与杨山人
杨山人大约是李白早年"访道"嵩山时结识的道友。该诗之前,李白还有诗《驾去温泉宫后赠杨山人》:
幸陪鸾辇出鸿都,身骑飞龙天马驹。王公大人借颜色,金章紫绶来相趋。
当时结交何纷纷,片言道合唯有君。待吾尽节报明主,然后相携卧白云。
在朱紫盈门的境遇里,与李白言行契合的只有这位杨山人,两人情谊很深。李白在嵩山寻仙时,曾写有《送杨山人归嵩山》:
我有万古宅,嵩阳玉女峰。长留一片月,挂在东溪松。
尔去掇仙草,菖蒲花紫茸。岁晚或相访,青天骑白龙。
李白终其一生都在遍访名山,都在升仙,做着升天之梦。此诗中"玉女"为天宫仙女,"万古宅"则暗隐仙人之居,"玉女峰"传说也是人间玉女羽化成仙的地方,李白的"我有万古宅,嵩阳玉女峰"之诗,表达了诗人期望在嵩山羽化成仙的理想。

◆ 李绅《灵蛇见少林寺》
李绅,唐代宰相、诗人。与元稹、白居易交游甚密。他一生最闪光的部分在于诗歌,他是在文学史上产生过巨大影响的新乐府运动的参与者。《全唐诗》存其诗四卷。其中,李绅的《灵蛇见少林寺》一诗,生动地描述了当时灵蛇出现在少林寺的情况:
琐文结绶灵蛇降,蠖屈螭盘顾视闲。鳞蠥翠光抽璀璨,腹连金彩动弯环。
已应蜕骨风雷后,岂效衔珠草莽间。知尔全身护昆阆,不矜挥尾在常山。

◆ 韦氏子与爱妓返魂相见
《唐阙史》载:京兆韦氏子举进士,门阀甚盛。尝纳妓于洛,颜色明秀,尤善音律。韦曾令写杜工部诗,得本甚舛,妓随笔改正,文理晓然。年二十一而卒,韦悼痛之甚。一日,有言嵩山任处士者得返魂

之术,韦召而求其术。任命择日斋戒,除一室舒帏焚香,仍须一经身衣,以导其魂。韦搜衣笥,尽施僧矣,惟余一金缕裙。任曰:"事济矣。"绝人屏事,且以昵近悲泣为诫,然蜡炬于香前,曰:"睹烛然寸,即复去矣。"是夜,万籁俱止,河汉澄明。任忽长叹,持裙面帏而招,如是者三。忽闻吁叹之声,俄顷,暎帏微出,斜睇而立,幽芳怨态,若不自胜。韦惊起泣。任曰:"无庸,恐迫以至倏回。"生忍泪揖之,无异平生,或与之言,领首而已。逾刻烛尽及期,歘欲迫之,纷然而灭。生乃捧帏长恸既绝。而苏尝作诗曰:

惆怅金泥簇蝶裙,春来犹见伴行云。不教布施刚留得,浑似初逢李少君。

◆李颀诗《送王道士还山》

唐朝著名诗人李颀在嵩山活动中,与高道有往来,曾写有《送王道士还山》,详细地叙述了嵩阳王道士的神采与踪迹:

嵩阳道士餐柏实,居处山花对石室。心穷伏火阳精丹,口诵淮王万毕术。
自言神诀不可求,我师闻之玄圃游。出入彤庭佩金印,承恩赫赫如王侯。
双峰树下曾受业,应传肘后长生法。吾闻仙地多后身,安知不是具茨人。
玉膏清冷瀑泉水,白云溪中日方此。从今不见数十年,鬒发容颜只如是。
先生舍我欲何归,竹杖黄裳登翠微。当有岩前白蝙蝠,迎君日暮双来飞。

◆常建《宿五渡溪仙人得道处》

唐朝著名诗人王建在嵩山的活动中,曾夜宿五渡溪仙人得道处,并写有《宿五渡溪仙人得道处》一诗:

五渡溪上花,生根依两崖。二月寻片雪,愿宿秦人家。
上见悬崖崩,下见白水湍。仙人弹棋处,石上青萝盘。
无处求玉童,翳翳唯林峦。前溪遇新月,聊取玉琴弹。

◆许浑《赠萧炼师》

唐朝著名诗人许浑《赠萧炼师》诗序云:"炼师贞元初,自梨园进为内妓,善舞《柘枝》,宫中莫有伦比者,宠锡甚厚。及驾幸奉天,以病不获从,遂失所止。洎复宫阙,上颇怀其艺,求之浃日,得于人间。后闻神仙之事,谓长生可致,乞奉黄老,上许之,诏居嵩南洞清观,迨今八十余矣。雪肤花颜,与少无异,则方龟鹤之寿,安得不由所尚哉!因赋是诗,题于院壁。"诗曰:

闲于独鹤心,大于高松年。迥出万物表,高栖四明巅。
千寻直裂峰,百尺倒泻泉。绛雪为我饭,白云为我田。
静言不语俗,灵踪时步天。

并再次写诗《赠萧炼师》:

曾试昭阳曲,瑶斋帝自临。红珠络绣帽,翠钿束罗襟。
双阙胡尘起,千门宿雾阴。出宫迷国步,回驾轸皇心。
桂殿春空晚,椒居夜自深。急宣求故剑,冥契得遗簪。
暗记《神仙传》,潜封《女史箴》。壶中知日永,掌上畏年侵。
莫比班家扇,宁同卓氏琴。云车辞凤辇,羽帔另鸳衾。
纲断鱼游藻,笼开鹤戏林。洛烟浮碧汉,嵩月上丹岑。
露草争三秀,风篁共八音。吹笙延鹤舞,敲磬引龙吟。

旌节纤腰举,霞杯皓腕斟。还磨照宝镜,犹插辟寒金。
东海人情变,南山圣寿沉。朱颜常似渥,绿发已如寻。
养气齐生死,留形尽古今。更求应不见,鸡犬日骎骎。

◆皇甫冉《少室韦炼师升仙歌》

唐朝著名诗人皇甫冉曾写有《少室韦炼师升仙歌》:

红霞紫气昼氤氲,绛节青幢迎少君。忽从林下升天去,空使时人礼白云。

◆张仲素、厉玄、钟辂作同题诗《缑山月夜闻王子晋吹笙》

嵩山仙人王子晋在缑山吹笙之事,古今闻名,使多少人想往之。唐朝诗人张仲素、厉玄、钟辂曾结伴游历缑山,在此诗兴大发,曾作同题诗《缑山月夜闻王子晋吹笙》:

缑山月夜闻王子晋吹笙　　张仲素
王子千年后,笙音五夜闻。逶迤绕清洛,断续下仙云。
泄泄飘难定,啾啾曲未分。松风助幽律,波月动轻文。
凤管听何远,鸾声若在群。暗空思羽盖,馀韵自氤氲。
缑山月夜闻王子晋吹笙　　厉　玄
缑山明月夜,岑寂隔尘氛。紫府参差曲,清宵次第闻。
韵流多入洞,声度半和云。拂竹鸾惊侣,经松鹤舞群。
蟾光听处合,仙路望中分。坐惜千岩曙,遗音过汝坟。
缑山月夜闻王子晋吹笙　　钟　辂
月满缑山夜,风传子晋笙。初闻盈谷远,渐听入云清。
杳异人间曲,遥分鹤上情。孤鸾惊欲舞,万籁寂无声。
此夕留烟驾,何时返玉京。唯愁音响绝,晚色出都城。

王子晋吹笙

◆伍乔写诗《龙潭张道者》

五代诗人伍乔曾写诗《龙潭张道者》:

碧洞幽岩独息心,时人何路得相寻。养生不说凭诸药,适意惟闻见一琴。
石径扫稀山藓合,竹轩开晚野云深。他年功就期飞去,应笑吾徒多苦吟。

◆欧阳修诗赠许道人

许道人,名为许昌龄。《西清诗话》称其为"真神仙中人也"。《宋史》本传载:许昌龄,字安世,北宋人,乃许旌阳真人(许逊)之后裔,早得神仙术。《西清诗话》载:颍阳石堂山,一峰雄秀,上有石室,即邢和璞算心处也。治平中,许昌龄安世蚤得神仙衍,策杖来居,天下倾焉。后游太清官,时欧阳文忠(欧阳修)在嵩山公守亳社,公生平不道释,闻之,邀至舍与语,豁然有悟,写诗《赠许昌龄》:

绿发方瞳瘦骨轻,飘然乘鹤去吹笙。郡斋独坐风生竹,疑是孙登长啸声。
绿发青瞳瘦骨轻,飘然乘鹤去吹笙。郡斋坐觉风生竹,疑是孙登长啸声。

一日,欧阳修问道,许昌龄告以"公屋宅已坏,难复语此,但明了前境,犹庶几焉"。又说公昔游嵩

山见神清洞事,欧阳修默有所契,又写诗《再赠许昌龄》:

南庄相对北庄居,更卜深山十里余。幽路每寻樵径上,真心还与世情疏。
云中犬吠流星过,无外鸡鸣晓日初。昨日有人相问讯,旋将落叶写回书。

史料记载,欧阳修对许昌龄屡屡相赠。其《赠嵩山许道士》一诗为:

洛城三月乱莺飞,颍阳山中花发时。往来车马游山客,贪看山花踏山石。
紫云仙洞锁云深,洞中有人人不识。飘飘许子旌阳后,道骨仙风本仙胄。
多年洗耳避世喧,独卧山岩听山溜。至人无心不算心,无心自得无穷寿。
忽来顾我何殷勤,笑我白发老红尘。子归为筑岩前室,待我明年乞得身。

后欧阳修归汝阴,临死以诗寄赠。

欧阳修与许道人有过多次交往。其中,欧阳修在《送龙茶与许道人》中写道:

颍阳道士青霞客,来似浮云去无迹。夜朝北斗太清坛,不道姓名人不识。
我有龙团古苍璧,九龙泉深一百尺。凭君汲井试烹之,不是人间香味色。

除以上几首诗外,欧阳修在与许道人的来往中,还写有《戏石堂山隐者》诗:

石堂仙室紫云深,颍阳真人此算心。真人已去升寥廓,岁岁岩花自开落。
我昔曾为洛阳客,偶向岩前坐盘石。四字丹书万仞崖,神清之洞锁楼台。
云深路绝无人到,鸾鹤今应待我来。

从以上多首诗中,可见诗人欧阳修与嵩山道人许昌龄有过多次交往,并用诗真切地表达记录了他当时对许道人的印象与感情。

◆李颀诗赠王道士

唐代著名诗人李颀写有《送王道士还山》一诗:

嵩阳道士餐柏实,居处山花对石室。心穷伏火阳精丹,日诵淮王万毕术。

又诗曰:

出入彤廷佩金印,承恩赫赫如王侯。

◆边洞玄嵩山鄂岭遇神仙得诗

唐代洛阳人边洞玄,幼慕老庄,因隶籍为道士。凡游四方,以卖药自给。登嵩山鄂岭,遇一书生,以木简负数册书,又携一大壶,同憩于古松之下。边洞玄问他:"君何往?"书生答曰:"往嵩阳肆业。"复曰:"壶中酒,命师饮之,可乎?"曰:"幸甚。"于是连饮十数杯,洞玄乃醉。书生曰:"小子有术,可与师醒酒,然慎勿惧之。"遂取木简摩拭,俄而化为剑,对他说:"欲借师之肝脏之可乎?"边洞玄惧而醒,乃俯伏乞命。书生曰:"观子有仙风道骨,然未有所遇。"遂挥剑浮空而去,掷下一卷书,对洞元曰:"收之,请相访于五云溪。"他展开是数幅纸,五彩画研茶槌20枚,殊不晓其意。纸尾有诗云:

邂逅相逢崿岭边,对倾浮蚁共谈玄。拟将剑法亲传授,却为迷人未有缘。

边洞玄感叹不遇,皇皇若有所失。久之归洛阳,乘醉入水,不复出。后有其法属、亲友自衡湘来,言边洞玄在南岳观中,托附书至洛阳。亲旧辨其墨迹,乃边洞玄亲笔,好事者传为水解。

另有《畿辅通志·边洞玄传》载,唐玄宗开元(713—741年)末,一老叟赠与边洞玄丹药,服之白日升天。

◆皇甫冉赠诗韦善俊《少室山韦炼师升仙歌》

韦善俊,唐代在嵩山修炼的道士、仙人。唐初道士。本长安人,因祖父宣敏为巩县令,移家遂为嵩山巩县人。母初娠,每遇血食则连夜腹痛,遂改蔬食。13岁时即长斋,喜诵《道德》《度人》《西升》《升玄》诸经。壮年时,到嵩阳观师事黄元赜参悟道法,后又从汝州洞元观道士韩元最学道,又得秘要。后复归嵩阳观。唐中宗嗣圣年(684年),寓籍嵩山北麓升仙观。唐高宗调露元年(679年)初,有刘文儿过山之西,见神人长丈余,介甲而坐,见韦善俊来,神人起迎之。从此,韦善俊过坛墟店,遇黑驳犬,绕旋不去,因蓄养之,呼为"乌龙"。后韦善俊游少林,以斋食食犬。僧不悦:"人未食而食犬可乎?"韦善俊谢曰:"吾过矣。"即乘犬去。望之愈远,犬愈大,长数丈,化为龙。韦善俊乘之归嵩阳,绝迹不复出。长寿中,忽谓弟子曰:"吾学道已九十九年,今则百矣。太上召我,当往。"唐朝诗人皇甫冉闻说韦善俊升仙之事,写有《少室山韦炼师升仙歌》颂之:

红霞紫气昼氤氲,绛节青幢迎少君。忽从林下升天去,空使时人礼白云。

◆卢纶诗赠麻道士

嵩山麻道士,盖亦历仕途而退隐者。唐代著名诗人卢纶曾赠诗麻道士《嵩山麻道士》:

开云种玉嫌山浅,渡海传书怪鹤迟。阴洞石幢微有字,古坛松树半无枝。

又诗曰:

几年亲酒会,此日有僧寻。学稼功还弃,论边事亦沉。

道士静坐

◆嵩山三炼师

唐代时,嵩山有著名的三炼师焉。其中:焦炼师居凡顶之石堂,萧炼师居嵩南之洞清观,冯炼师不着其居,或中岩下之炼师庵,为冯居欤。

在唐朝文人雅士寻仙的浪漫之途中,嵩山三炼师的传说与特有的灵异功能,自然成了他们找寻的仙人。除以上诗人李白、李颀、钱起、王维等写有焦炼师的诗和许浑的《赠萧炼师》诗以外,唐朝诗人崔曙也写有《嵩山寻冯炼师不遇》诗:

青溪访道凌烟曙,王子仙成已飞去。更值空山雷雨时,云林薄暮归何处。

◆悟真三十首 传世周天功

唐代著名道士朗然子在嵩山洛阳修炼期间,不断总结前半生执迷于儒学的大谬,以此来对比修炼所获的至妙。他认为人生在世,不注重身家性命,只贪爱荣华富贵、财帛货物,更攀求金章紫绶,高官大宦,在人际场上纠缠于是是非非,荣荣辱辱,到头来,"未及中年身已老,正当强壮鬓先秋","一朝染疾医无效,万种求神道自灾","兀兀甘髓逝水流","亡命亡躯自此来",自食恶果。所以,朗然子以自己的现身说法来警示世人说:

尽求点化要肥家,忘却形枯改岁华。慕色将身为异物,贪财轻命比泥沙。

口中解说修仙道,意内原来似夜叉。此辈顽愚终不悟,达人休要为伤嗟。

朗然子虽然身为出家人,但他只是坚持修炼身心,成仙得道,却反对天命,反对神鬼塑画。他认为,"世间最贵真堪重,除却人身总是空",此在人身上下功夫,修真养性延年益寿。他说:"功勤未及于旬年,人惊不老,寿算已俞于五纪(一纪12年),自觉如新。"这种体会是极为深刻的,身家性命的改变,是通过实实在在的修炼获得的,不是上天赐给的,他作诗说:

只此云霄应有路,算来人命岂有天?莫言古道人难会,自是顽夫不学仙。

朗然子诗

朗然子明白坦诚地告诉世人,应重今生,不求来世:

今生不悟望来生,据算来生甚未明,争似便修天上路,何须更入地中玩?

朗然子公开反对信神弄鬼,盲目礼拜祈求神灵保佑,来求得长生延年:

礼拜焚香求塑画,争如努力自修行。勤吞津液过千口,长记存神听五更。

莫失常规频道引,更须仔细远元精。虽然未得升天去,应有神仙录姓名。

朗然子修炼大成,并将自己的体会用诗歌形式公之于世,让真心学道者,踵行其后,保生有成。他学道是半路从师的,炼功是50岁开始,60岁炼成的,当"人惊不老""自觉如新"之后,他感到"有此灵通,故难缄默,谨吟30首,号曰朗然子诗,呈同道,望回心圣意,非遥人自疑惑。时大宋端拱戊子岁(988年)季冬,住西京通玄观内,偶然述之"。

朗然子炼的是"周天功法",气从尾闾穴至泥丸宫,泝流而上,再从泥丸宫下贯丹田,再接尾闾,周而复始,循序渐进。他说:

夹脊双关至顶门,修行径路此为根。华池玉液频频咽,紫府元君遣上奔。

常使气冲关节透,自然精满谷神存。一朝得到长生地,须感当初指教人。

朗然子把炼气的循行路线,基本要领,最后效果,叙述得一清二楚,让后学者寻文就学,便于掌握。他要求修炼者抛弃名利,一心修炼。他说:

一种名利心不羡,万般荣辱眼前休,争如心静忘机虑,未胜身闲绝惑疑。

朗然子要求修炼者坚持不懈,久炼成功。他说:"悟处如同观返掌,迷时似隔数重山","报效全由功满日,希夷不离自家身","身中每运无穷药,鼎内常烧续命丹","摄养不教气散,修行常遣谷神存,""炼药岂辞千日苦,运精常遣四肢通,""外药已知消息火,内丹常运泝流津""强强烧丹终九转,勤勤运气彻三清。"

朗然子最后告诉你炼功效果,有无限乐趣:"饥餐舌下津还饱,寒发丹田火便温","发因运气苍还黑,脸为存精皱复舒","存得元气无老耄,去除情欲似婴儿","存得阳精终济老,烧成金质定冲虚","欹枕任从春日永,运精不遣鬓毛衰","出世只消餐一粒,蓬瀛昆岛尽知音"。

朗然子修炼非凡,事迹灵异,隐世百载,后于西京洛阳桃花坊通无观无疾而终,时在宋太宗端拱二年(989年)。敕改通元观为集真观。宋徽宗政和元年(1111年),集真观主张道言,小师周抱真将朗然子诗30首刻石5块,存于观内。敕改集真观为万灵朝元宫。

◆梅圣俞诗赠仙姑

吕氏,唐代女仙。据《旌德县志》,尝结茅舍于栅山旁学道修真。后因仙去,人称其所居之处为"仙姑坛"。梅圣俞有诗云:

百丈危峰绝顶观,万山周匝翠屏环。仙姑已作飞龙去,留得佳名在世间。

◆吕洞宾写诗《北邙下》

相传,道教神仙吕洞宾在他64岁时,被钟离权点化入道,收为弟子。钟离权在终南山传授给吕洞宾延明之术、炼丹之功和《灵宝毕法》《火龙剑法》,然后离去。吕洞宾遵照师傅的指点,前往华山莲花峰下的羽谷修炼。在羽谷的九岩洞中,吕洞宾潜心修研钟离权传授的长生秘诀。功成之后,便时常下山,游于东西两京之间。他对洛阳情有独钟,对洛阳的百姓也充满关切,曾写诗《北邙下》表达对不觉悟的百姓的担忧:

金钟灼灼物天价,独自骑龙去又来。高卧白云观日窟,闭眼秋月擘天开。

离花片片乾坤产,坎蕊翻翻造化栽;晚醉九岩回首望,北邙山下骨皑皑。

仙人吕洞宾

◆吕仙显真

宋代某年,四川绵竹县张彦设千道会于禹州万寿宫。偶一贫妇敝衣抱一小儿,携瓦罐至会所。手出二指气曰:"可怜俺二口儿。"彦曰:"三口儿待何如?"妇人曰:"三口儿却是品字"。出门将罐掷碎,飞出一贴,翰墨鲜明。其诗曰:

铅中养就药通神,汞里丹砂不记春。两口分明重说破,犹然不悟洞中宾。

彦追之不见,乃悟为吕仙也。

◆猴氏崔元徽

《酉阳杂俎》:猴氏崔元徽,春日遇救美人,自谓李氏、桃氏、石醋醋、封十八姨。诸女伴曰:"每苦恶风,常求封十八姨相庇。处士每岁但作一朱幡,图日月五星则免。"崔从之,其日暴风拔木,而园中桃、李、石榴等花皆无恙。

一说诸女郎衣服颜色各异,自言俱在苑中,邀封家十八姨。命席,各歌以送酒,红裳人歌曰:

绛衣披拂露盈盈,淡淡胭脂一朵轻。自恨红颜留不住,莫怨春风道薄情。

白衣人歌曰:皎洁玉颜胜白雪,况乃当年对风月。沉吟不敢怨春风,自叹容华暗消歇。李氏,李花精;桃氏,桃花精;醋醋,石榴精;十八姨,风神也。

◆雷琴见朱书

宋姚宽《西溪丛话》载:洛中董氏雷琴,中题云:

山虚水深,万籁萧萧。古无人踪,惟石嶕峣。

状其声也。其外漆下,有朱书云:

洛水多清泚,嵩高有白云。圣朝容隐逸,时得咏南熏。

### ◆郑孺得白玉蟾题诗

宋代道士。嵩山荥阳人。一名清恺,号翠房。少慕仙道,矢志修真。闻白玉蟾在武夷,不惜千里之遥,跋山涉水前往拜访,然不遇。于是转而去罗浮山,师从朱橘,得授内炼丹诀,云"气归脐为息,神入气为胎"。遂笃志修炼,日有所进,终于能绝粒休粮,辟谷食气,所谓"不食亦不饥,气力百倍"。世传仙宫中有寥阳之殿、蕊珠之阙、翠英之房,"道君在中而说经",郑孺心中向往,因改名为清恺,号翠房,并正式出家为道士。后复往三山天庆观,见白玉蟾,即拜为祖师,恭谨求学,尽得其传,及归冲虚,白玉蟾题诗赠曰:

铁作桥梁云作盖,石成楼阁水成帘。归时猿鹤烦传语,记取前回白玉蟾。

从此诗中,足见其师徒感情至深。

### ◆慧昭昼梦作歌而逝

宋朝嵩山高僧慧昭,河东绛人,母娠合掌而生,人谓宿世僧也。少年尚武,轻财重义。好任侠,义中有斗,而直者将败,遂佐之,为吏所执,逃之永安昭孝院为僧,终不言其姓。叩之则曰:"幼孤,不知,吾第姓佛耳。"日诵经文数千言。元丰三年(1080年),结侣游方,礼嵩山法王寺冲禅师参究,言下便契,强记博闻,为禅流所宗。朝廷赐紫衣袈裟,号慧昭大师。政和七年(1117年),昼梦有灵异,作颂曰:

缘生二十八,地水火风别。梦觉向谁言,三春花雨雪。

歌罢,遂奄然而逝。

### ◆报恩怪论

北宋嵩山僧报恩,黎阳人。幼读儒书,举方略擢上第,请于朝,谢簪缨为僧。时丞相韩缜,请报恩开法于西京少林。一日上堂,报恩拈起拄杖曰:

看看大地雪漫漫,春来特地寒。灵峰与少室,料掉不相干。休论佛意祖意,漫谓言端语端。铁牛放去无踪迹,明月芦花君自看。

其传授议论多隐怪,状多奇诡,皆此类也。

金代诗人元好问

### ◆陈尧佐答诗

黄鉴《说苑》载:陈尧佐修《真宗实录》特除知制诰。旧制须召试,唯杨忆与陈尧佐不试而授。兄尧叟、弟尧咨皆举进士第。一时贵盛,当世少比。陈尧佐退居郑圃,尤好诗赋。张士逊判西京,以牡丹花及酒遗之。陈尧佐答以诗曰:

有花无酒头慵举,有酒无花眼懒开。正向西园念萧索,洛阳花酒一齐来。

### ◆元好问少姨庙见仙诗

雷渊《中州集》载:金兴定庚辰,河南元好问、赵郡李献能、浑源雷渊同游嵩山玉华谷,又将历嵩前诸刹,因憩少姨庙。元好问周行廊庑,得古仙人词于壁间,云:

梦入云山宫阙幽,鸳鸯同侣鸳凤流。桂月竟夜光不收,世俗扰扰成嚣湫。

醉飞星驭鞭金虬，八仙浪迹追真游。龟玉筌蹄二十秋，摩霄注鏊须人求。

觅剑如或笑刻舟，阳燧非无用绮襦。元鼎以来虚昆丘，东井徒劳冠带修。

松餐竹饮渡蜃楼，嵩顶坐啸垂直钩。只应惭愧刘幽州，知音者莫惜迹留。

雷渊观其体，则柏梁；事，则终始二汉。字画在钟、王间。东井又元鼎所都。幽州必贤宗子虞也。夫眷眷不忘幽州者，非吾田畴尚谁欤？田复所事之雠，却曹瞒之赏，衰俗波荡中，挺挺有烈丈夫风，气死而不亡，盖无疑其能道此语，亦无疑仙山灵岳，宜有闳衍博大之真人往来乎其间，而人莫识也。予三人乃见之，岂偶然哉！再拜留迹，以附知音末。

◆ 虚明教亨的灵异诗

虚明教亨，字虚明，济州任城（今山东省济宁市）王氏子也。7岁出家，依济州崇觉寺园和尚薙染。13岁受大戒，遇苦瓜先生，为他相面说："此小儿将来坐道场，必领僧万人。" 15岁时，教亨西上郑州，投普照宝公法席。据说当教亨走到开封那夜，宝公做了一个梦，天空中的祥云是像金色的莲花一样，缤纷乱坠。他对弟子们说："我十年不做梦了，今夜此梦是什么兆头呢？"次日，教亨投到了宝公门下。教亨勤奋，朝夕参扣，宝公也特别用心指教。一次，教亨与师弟德满去睢阳（今河南睢县），在马上忽忆击竹因缘，凝情入定，到了河边还浑然无觉。德满大声喊他，他才惊醒，悲喜交集。回寺后，含泪向宝公报告心得。宝公说，"这不变成'僵人了'？要苏醒过来才是。我要教你参诸方掉下的禅！但参去，自会有心得"。一天，他在云水堂静坐，忽闻打板声，霍然证人，遂呈偈语一首：

日面月面，流星闪电。若更迟疑，门面着箭。咄！

宝公见后赞曰："我怠慢不得你了！"

教亨先后讲法在郑州普照寺、嵩山戒坛寺（会善寺）、嵩山大法王寺，韶山云门寺（渑池县北）、林溪大觉寺五座道场，名扬四方。在教亨住持过的嵩山大法王寺大雄宝殿西侧墙壁上有嵌入石刻一方，内容是少林寺著名住持木庵性英为教亨撰诗并书丹的"玄悟老人劝请亨公住潭柘寺"七律诗一首，诗云：

最胜西山古道场，三年南贝棣华芳。钧怀不忍虚潭柘，省檄专驰下法王。

烟醮晓波游鸭绿，雪痕春草乍鹅黄。后生力可持吾道，正好乘云入帝乡。

此后不久，教亨应金国左丞相夹谷清臣及金代大书法家玄悟老人（溥光）之请，住持金中都（今北京市）潭柘寺，后到济州（今山东济宁）普照寺，没多久金章宗下诏书，请教亨为中都大庆寿寺（原在北京西长安街路北，今已无存）住持，当时的金大寿寺有沃田20顷，僧万人，教亨在此3年。金代大安元年（1209年），受官府之命出任嵩山少林寺住持，使少林法席大盛。教亨还精于书法，所书《苏东坡观音赞碑》颇具功力，大有东坡书风。后教亨退闲庵居，乃徜徉于嵩少之间，或放歌，或长啸，如此数年。金兴定三年（1219年）七月十日，教亨杜门谢客，淋浴说偈，末句是：

咦！一二三四五六七！

教亨偈罢端坐而逝，年70岁，僧腊58年。

◆ 重阳作诗

全真道鼻祖王重阳从陕西启程赴山东传道途中，特地攀上北邙山到洛阳上清宫瞻仰圣迹，道风飘逸，欣然作《题上清宫壁》诗一首：

丘谭王风捉马刘，昆仑顶上打玉球，你还般在寰海内，赢得三千八百筹。

走出北邙山,王重阳一路乞讨到山东。怪巧的是,他先后收度马丹阳、丘处机、谭处端、王玉阳、刘处玄等"全真七子",暗合了诗中玄机。他们在重阳祖师登仙后,纷纷传道立宗,彪炳全真大旗。

◆兴崇作偈别世

兴崇,法名兴崇,俗姓侯氏,汾阳西河(今山西省汾阳县)人。幼年失父,笃养于母。在童稚时,母病,自剔身肉,令母服之为药,以孝名乡里。冠岁(1185年)愿意求出家,母亲便送他到汾州太平法兴院,礼主僧忠上人为师。大定二十七年(1187年),诵《法华经》中选,受具戒,为比丘。泰和四年(1204年)五月,南京路统军镇国徒单、荣禄大夫、六附马都尉、国子司业刘奉直(即卜居洛阳的刘昂),同知孙中顺、治中武奉直等人,联名具疏,请兴崇为少林禅寺住持。兴崇在少林寺5年,极力经营。铸造大铁钟一口,今仍保存寺内,重1万1千斤,上铸铭文:"奉为皇帝万岁,文武官僚位禄常居,法界众生同登觉岸。"他还因天旱祈雨,多有神难验。但后因疾病在身,退闲庵居。金泰和八年(1208年)九月二十七日作偈告别大众:

四十三年一梦中,如今撒手任西东。密密不行凡圣路,绵绵独步太虚空。

兴崇圆寂时世寿43岁,僧腊27年。

◆损庵洪益的别世偈语

损庵洪益,法名洪益,号损庵。俗姓徐氏,应山人。曾住持嵩山法王寺、少林寺。洪益持律严格,布衣粝食,蒲团竹几,甘淡苦节,几十年都是坐着入睡,所谓"胁不至席者数十余年"。他认为,修佛坐禅,"佛"与"魔"同为关键。洪益正知见,宴坐觉场,摄化四众,一时事迹彰于江汉,美声闻于中原。至元六年(1340年)八月,78岁的洪益在少林专使的再三恳请下,到少林寺住持宗盟。同年十二月十六日,洪益吩咐把自己的衣钵、财务留给常住诸僧。十九日,他淋浴更衣,挝鼓升座,给寺众们讲解"无生忍"的意义。他说:"无生无灭的诸法实相,就是'无生';彻悟此道,了法无生,就是无生忍。我已快证我的无生身了!"言毕,众僧号哭动情,请他留世。洪益瞪目叱曰:

大无生身会重生!

洪益乃闭目跏趺而逝,卒年78岁,

僧人在嵩山修炼

法腊64年。

◆金山的诀别诗

金山,讳德宝,俗姓刘,山东阳津人。自幼从北京海眼寺惟安老宿出家。受学三载,游历诸方,参无忘禅师于山西榆次。依止七年,大有发明。继参月舟文载禅师于嵩山少林寺,巾侍九载,获授衣拂。后于燕赵大地开堂,诸方竞相迎请,前后坐道场二十有余。晚年隐居顺德内丘表善观音院。隆庆四年(1570年)三月四日,忽将道具尽付门人祖通,嘱其代为扬化,随后说偈辞世:

来世无影去无踪,生死轮回好说空。今日翻身云外路,一轮明月任西东。

言讫,金山瞑目而逝。

◆息庵义让的诀别诗

息庵义让,俗姓李,名义让,元真定(今河北省正定南)人。是封龙山古岩禅师弟子。息庵曾随古岩禅师在灵岩寺(山东第清东南方山下)、嵩山少林寺习法。几年中,息庵与古岩晨昏相随,服侍参禅,非常投机。于是,古岩"密付衣颂,使续洞上宗风,且令掌书记。"后息庵禅师游南阳,在香严寺领会法度,并掌管香山。后来,他又回到嵩山,在法王寺被推为众僧之首。至治二年(1322年),39岁的息庵开堂于洛阳天庆寺,后迁熊耳山空相寺和山东灵岩寺,凡所住之处,革故鼎新,百废俱举,变换新貌。惠宗至元二年(1336年)秋,息庵受请为少林寺住持。息庵在少林寺五年,使少林寺院佛风大振,名声很高,学徒闻风而至。息庵传道说法之余,还注意殿堂修建,使殿宇宝刹为之改观,修整仓库、庄园、水井、廊庑、寮房等所有房宇,全部予以修整。仓储的积蓄,也十倍于往常。

至元六年(1340年)息庵染病,弥留之际,命门人说:"这病使我不能再起身了,我已经不行了,急需造塔了。"五月二日,塔造成时,息庵又召回知事门人等安排后事,遂要笔写下一偈:

来时未静,去亦圆周,虚空作舞,任意忧游。

息庵写罢,向右倒下而逝五月十四日火化。门人分得灵骨,部分葬于少林寺塔林,部分葬于灵岩寺。曾在少林寺习法的日本高僧邵元为之撰写了《息庵禅师行实碑》。

◆杂艺奇人刘逸民

明代宋濂《赠刘逸民先辈诗》:

自言宅偃师,家有千金富。

又云:

又恐误儒冠,杂艺亦兼究。雅琴辨商宫,古文参篆籀。
六物推休祥,八卦占爻繇。更参九箴法,俞穴别肤腠。
弹棋与握槊,睹胜起欲斗。不觉疾声呼,有若熊虎吼。
最便结风舞,惟恐技难售。偶逢玬筵张,肴核列饤饾。
酒酣两耳热,徐起整衿袖。文鸾侧翩翎,皓鹤仰寒噣。
蹑酣节,眄盘鼓,回旋逐音奏。

◆袁珙看相之谣

明太祖封诸王时,择名僧为诸王傅,释道衍语燕王曰:"大王臣得侍,奉一白帽与王戴。"盖白冠王之其文皇也。燕王乞道衍得之,靖难之功,道衍居多云。后名姚广孝。时有鄞人袁珙精相术,常游嵩岳,见衍,密语曰:"异日当佐兴王为宰相。"故道衍出游京师。既随燕王至燕邸,荐珙相术,王使召之。至,令使者与饮于酒肆。王服卫士服,偕卫士9人入肆沽,珙趋拜王前曰:"殿下何自轻如此!"召入,详扣之。珙稽首曰:"殿下异日太平天子也。"故时有"识宰相于嵩山佛寺,辨真主于长安酒家"之谣。道衍随靖难军至南京,过访其姊,拒户不见,曰:"安有做和尚不终,而为好人者乎!"

◆明耕道人的《望空乞食图》诗

明耕道人在嵩山修炼数年后,羽化成仙。生前擅长诗作,曾题有《望空乞食图》诗一首,真实地记录了此人当时的思想和境况。《望空乞食图》诗:

性道不谈书不读,妄冀修仙夸辟谷。烟花三月下扬州,兴尽归来意瑟缩。不言不笑似喑哑,如醉如痴类尸祝。须识繁华由盛衰,亦如天道有剥复。忆自君年十五六,丰姿眉宇如冠玉。叔宝相见语犹愁,安仁对之跪欲哭。识君学业本诗书,其君气质在鸿鹄。轻裘肥马正鹰扬,赵北燕南旷遐邈。春风顾盼绝随肩,光景依稀迅转轴。由来阮籍少坦途,徒效邓林苦奔逐。轮囷肝胆沥涂泥,富足傥来非所欲。抛却人间傀儡场,别裁云外草野服。下穷壤上重霄,人海人山恣腾踔。方丈瀛州亦等闲,圆峤蓬莱期信宿。令名所至尽倒屣,群真驾驭为推毂。或骑竹杖或凥车,或跨青鸾或麋鹿。琪花瑶草灿庭除,舞女歌童气芬馥。繁弦急管夜不收,烹凤炮龙陈水陆。不获东方共举觞,但见梅福守鼎药。解脱腰缠十万钱,炼就长庚丹一握。沧桑几度变陵谷,不期重逢遇嵩岳。相将把袂共悲欢,一倾胸中所抑郁。胡为兀坐似痴聋,露足垂头藏面目。望穿肩臂费疑猜,大叫急呼莫予属。

得非大道了手已成仙,不屑凡人拉杂相溷浊。或者五官改换丑态畏人讥,抑或别有秽行防旁捉。而今世上重黄金,纵有奇祸能转福。胡不投刺于达官,或为瑜掩免玷辱。否则安排香案叩宸聪,复君衣冠反君禄。君家所储之曲尚有七百斛,腴田三百顷,种粟兼种怵。羊万头,花满幄,左视弹丝右吹竹,饮酒食肉坐听曲,磅礴居游无拘束。君不闻瑶池上界尤清寒,一年一度盼桃熟。如君服食殊非薄,先天不死后天续。不然徒令终日坐荒崖,谁拔一毛与一粟?若只观空想未空,乞食毋乃遭摈僇。噫吁嚱!下莫立锥上无屋,非佛非仙亦非俗。要知地老天荒尚有一十二万年,堕此浩劫何了局?大书一纸镇巉岩,遑问李峤之记,谪仙之录。

◆嵩山诗僧彻空法本

明代嵩山著名高僧、禅学大师法本,是个传奇式人物。相传,他出生时有文在手,成"慈"字。少时即祝发洛阳福先寺,礼贞公为师。贞公没,法本回家业儒。三年,经史皆通,复入寺,师咏公。昼习释典,夜温儒书,寒暑无间,如是又三载,豁然贯通。明成化二年(1466年)请度为真僧,参定国寺从公,得曹洞真宗。从公将《僧伽黎印证法语》手卷及拂尘尽付之。时法本年方二十有五也。明成化八年(1472年)春,入檀榆山三载,闭关习静。时蝗虫遍野,惟法本木庵地禾稼蔚然。夏中亢旱,居民瓣香叩请法本出山祷雨,即大降。洛阳僧俗举于郡,请视僧篆,法本辞之。法本作诗曰:

松窗竹户影沉沉,名利场中寄好音。许大乾坤今古事,秋云几片挂疏林。

未几,从公来住少林,法本随侍三载。是冬,少林主席者礼请开堂演法,法本升座垂语,机辨飙驰,四众叹服。曾游吴楚江湖之间十余年,法幢高建,远播宗风。弘治辛亥(1491年)还山,复入少林安禅,与座者53员,就食者几千余众。旬日,后禅堂中外金光烛天,三日方息。俄供厨泉竭,法本随祷而泉涌。次年,遂主福先寺。法本以高僧兼工词赋,请诗乞文者,户外履常满。

法本一生精研禅学,精研禅学,并得曹洞真宗,名冠四方。主席者礼请开堂,法本升座垂语,机辨飙驰,四众叹服。法本是著名的禅学大师,为后世所推崇。后法本升任河南府僧纲司副都纲、都纲,总领河南郡释教。

◆月舟文载呈偈得印可

月舟文载,名文载,号月舟,俗姓王氏。原籍山后广宁(今辽宁省义县),后父亲王才因护从燕王征讨有功,升任通州亲军指挥使,赠武德将军,做了千户长(正五品),落户于通州。父清,早岁无子,尝礼事广济寺白庵禅师受戒,发愿曰:"若生子,必命出家。"至景泰甲戌(1454年)腊月十日夜,清梦一僧人入室而载生。童稚时,或结草为庵,或聚沙成塔,或塑泥为像,或撮土为香,或采花为供,戏作种种佛事,人皆异之。成化二年(1466年),文载入北京万安寺,礼白庵空公薙染。成化九年(1473年),文载受具足戒于杭州。依传承而言,文载是明初大天界寺住持、总领全国释教的觉源慧昙禅师(慧昙为从二品的大僧官,曾率20余人出使西域,病死于僧伽罗国)的法裔。文载从杭州回到北京后,周历讲肆,慕禅宗之直指顿悟,到嵩山少林寺参扣无方可从长老三年。文载向无方曰:"某阅评唱,有言前露刃、句里藏锋之妙。而大慧要劈碧岩之板,其过安在?"无方可从长老遽曰:"推不倒在!"此后屡呈见解,无方可从长老均已喝止:"驴年去!"逼拶三年,文载廓然大悟,急呈偈:

月舟文载

山花开似锦,涧水湛如蓝,此岂不是大龙底转身句!

无方可从长老喜而印可:"这汉桶底脱也。"文载始蒙印可。此后文载回京,栖身于白塔妙应禅寺,研习《大藏经》20多年。足不越阈,潜心专志,声名远播。后于正德五年(1510年),成为钦命少林寺住持。

◆古梅祖庭挝鼓颂偈,曳杖下座

古梅祖庭,名号古梅,祖庭,大明府滑县人。弘治十年(1497年),37岁的祖庭被登封县原县令安公等请为少林寺住持。此后凡过往官吏、文人名士皆求与祖庭接谈,迭相应酬,不胜其烦。他厌人事繁冗,遂休隐于伊阳岘山(今汝阳县南三屯乡)。弘治十四年(1501年)春,因少林寺法筵久虚,积极务色方丈人选。众人一致推荐祖庭担任住持之职,于是遣执事玉华等人持专疏前往岘山礼请之。祖庭于九月升堂于少林寺,自此宗风大振,祖道光扬。祖庭率领500多位寺僧夜参昼讲,只将本分钳锤。寺内原有一座"单传堂",早已损毁。祖庭请梵僧(西域僧)主持化缘,历五载重建了"单传堂"。

弘治十八年(1505年),祖庭主动要求退休。他命敲钟集合全体寺僧,将大红色纻丝禅衣、罗缎纱偏衫、袈裟等共6件,都交给了常住,挝鼓颂偈一首:

休休休处更休休,万事从今一笔勾。誓与青山为故识,愿同缘水作良俦。
人间好事如春露,世上浮名若水沤。一任海枯松石烂,此心终不混常流。

吟罢,曳杖下座而去。退休后的祖庭,在寺左侧作一小室,取名"休心堂",闲居独处,专心习法。

◆少林武僧匾囤悟须灵异诗

匾囤悟须,法名悟须,字无空,号匾囤。俗姓陈,嵩山禹州名宦陈氏子。匾囤和尚曾结庐于峨眉绝山顶结茅以居,益悟禅理。据说,一天,他见到阿弥陀佛,执《大阿弥陀经》一部,对他说:"藏内有经,藏外全无。付授于汝,广令传化。"于是,匾囤便周流宇内,遍蹈九州,广说《大阿弥陀经》并印造多部流传。他在京都讲法,"名振京师",王公及士庶皆礼尊之。宫中御史张暹等在京都为之创建吉祥庵让其传法,此庵宏敞、严丽,收有《大藏经》,他便和弟子们在此宣扬净土法门。若干年后,悟须返回少林寺,把张公所施白银300两转施少林寺,并出资创办大法会。明嘉靖四十二年(1563年),匾囤和尚重返四川峨眉山,当行至夔州(四川奉节县,即古白帝城)时,他忽然说偈:

道旷无涯,逢人不尽。

偈罢,遂登岸端坐而逝。

◆幻休常润的曹洞宗风

幻休常润,法名常润,字大千,自号幻休,称幻休润公、大千润公、少室常润。江西进贤县人。常润幼年到伏牛山,礼平公祝发,嘉靖末年,常润到少林寺拜少林宗师住持小山书公为师,谒小山宗书长老,告香入室,勤求四载,究宗乘向上事,针芥相投,方得传法,得蒙印可。后离开嵩山遍参诸方。明隆庆元年(1567年)小山书公圆寂以后,嵩山少林寺方丈空位7年。明万历二年(1574年),神宗朱翊钧钦命幻休常润为嵩山少林寺第25代方丈,任职6年。幻休住持少林寺,力弘曹洞宗风。有僧求教问曰:"如何是洞上宗风?"常润答曰:

月下三花树,峰前双桂枝。

以此表达他追寻达摩祖师之意,后声名大振,时侍席者凡百余人,其中有名者有无言正道、洪断诸缘、慈舟方念、敬堂法忠等人。

◆抗倭名将俞大猷和少林武僧宗擎的师生诗

小山宗书任少林住持期间,少林武术就曾得到了明朝武学名家、抗倭名将、诗人、兵器发明家俞大猷的指教。嘉靖四十年(1561年),俞大猷因抗倭自北方奉命南征,途经河南。因素闻"河南嵩山少林寺有神传长剑之技",故特别造访少林寺。所谓"长剑之技",即棍术。寺僧自负其技,有数百人参加了少林棍术的表演。俞大猷观看后,发现少林寺僧的棍术因久失传,直言不讳地对方丈小山宗书说:"此寺以剑技名天下,乃传久而讹,真诀皆失矣!"小山宗师恳请俞大猷指教。俞大猷告知众僧,学习棍术必须掌握总诀,即刚柔、阴阳、攻守、动静、审势、功力、手足等动作的运用。小山方丈慨然说:"剑诀失传,请示真诀,则有望于名公。"俞大猷说:"此必积之岁月而后得,非旦夕可授而使悟也。"为向少

俞大猷和少林僧兵在抗倭前线

林寺回传少林棍法真诀和《剑经》(实为《棍经》),小山方丈挑选了两位年少而勇力的僧人宗擎、普从,随俞大猷南行抗倭前线。俞大猷在出入营阵之中,不断地"时授以阴阳变化真诀,复教以智慧、觉照之戒",教之实战少林棍法三年之间,二人皆得真诀,虽说未入得心应手之神通,但"十步一人,千里不留行"。后二僧请归,俞大猷令二人"以所授之教转授寺众,以永其传"。二僧北归少林寺,将战场上所学剑诀传给寺众,所学最深者达百人。从而,使完善之后的少林棍法得以继传。

万历四年(1576年),宗擎赴京师戒坛受戒并留下听经论。次年四月某日,他专程去神机营拜访调兵马粮草的俞大猷。师徒相逢,一叙往事。宗擎除告知普从早已去世外,并禀报恩师云:"回寺以剑诀传之众僧,所得最深者近百人,其传可永也。"俞大猷甚喜,赠以《剑经》,勉其精益求精。临别时,俞

大猷赠诗一首《诗送少林寺僧宗擎有序》,以表师徒情谊之长。

学成伏虎剑,洞悟降龙禅。杯渡游南粤,锡飞入北燕。

能行深海底,更陟高山巅。莫讶物难舍,回头是岸边。

宗擎感动地流下了眼泪,当时写诗回赠:

神机阅武再相逢,临别叮咛意思浓。剑诀有经当熟玩,遇蛟龙处斩蛟龙!

宗擎将《剑经》带回了少林寺。后在住持安排下,组织武僧学练。鉴于俞大猷向少林僧人宗擎回传少林棍法的历史意义,福建泉州洛江区俞大猷纪念馆亦塑其弟子少林僧人宗擎像侍于俞大猷塑像右侧。

◆无言正道与与师幻休常润的诗来诗往

钦命少林寺住持无言正道,俗姓胡,法名正道,字无言,自号雪居。俗姓胡氏,江西洪都新建人。正道20岁时,至南岳净瓶崖随知休禅师习修禅定,久而未契,继而谒逊庵禅师于树屏,听法于东岩大方。从此,"遍参诸方,受戒于无尽"。万历初年(1573年),无言来到少林寺,参学业于幻休常润禅师座下,他锐志参宗,无间寒暑,请益入室,孜孜不倦,八年如一日。在幻休数百个得法弟子中,无言最出色,深得幻休真传。传说正道问幻休师:

如何是洞上家风?

幻休答曰:

月下三花树,峰前双桂枝。

正道语中大悟,即呈偈语:

云攒峰顶,月锁幽岩,木人拊掌,石女舒颜。

正道遂得幻休印可,付以大法,为曹洞宗第26世。幻休对无言深寄厚望,特授记曰:

无言的旨不离言,玄唱玄提妙绝传。今日单传亲印授,他年双柱利人天。

幻休命正道的字为无言,因法堂露柱上有联云:

一灯常不灭,万法总无言。

◆性空的别世偈语

性空,新郑东里高氏子。年十九于兴福院投师落彩,恪守戒节。与同学诣大乘山礼真空和尚,示以万法分宗之旨。性空精勤不息,过中不食。因随板负薪,忽然顿觉,有颂曰:

囫地一声,方知不空,山河大地,全露法身。

后诣宝岩,举似岩云:"子既如是,善自护持,勿令放逸。"授其徒明全拂子为助道之信。自是复回天麻山,卓期千日,缁素参印发明者,不可胜记。于成化己丑(1469年)秋,语门徒曰:"吾归云矣!"弟子流涕固请,性空乃书偈曰:

法性非生灭,着相妄分别,返本还源去,云散一轮月。

言毕,性空端坐而逝。

## 第八节　植物灵异

嵩山地域所产灵异植物,种类繁多:有帝休、大松、桑麻、侧柏、冬竹、银杏、帝尾等木,有灵芝、菖蒲、寿荣、黄精、何首乌、贯众、牛伤等草,有金莲、合蒂、玫瑰、月季等花,这些极具灵性的植物,人服者或不怒,或不妒,或不厌,或不昧,或解饥,或通神,或复活,或长生,各有益处。植物灵异的奇异现象在嵩山地域屡有出现。古人认为,植物灵异大都与当时的政局有关。

灵异之花

◆贝多树一年三花

三花树树名,又称贝多、思惟树。《述异记》载,少室山有贝多树,与众木有异,一年开三次花,其花白而香美。《杂道书》云:"汉世有道士,从外国将贝多子来,于嵩高西脚上种之。有四树与众木异,一年三花,花白,香美。"《酉阳杂俎》曰:"贝多,出摩伽陀国,长六七丈,经冬不凋。此树有三种,西域经书用此三种皮、叶写之。"《嵩山记》称:"嵩高寺中有思惟树,即贝多也。"

◆自然树木不能正常地弯曲或伸直

汉灵帝熹平三年(174年),右校作坊中有两棵臭椿树,高度都在4尺左右。其中的一棵一下子猛长,长长了1丈多,长粗了1围,变成了外国人的形状,头、眼睛、胡须、头发都具备。熹平五年(176年)十月壬午日,正殿旁边的槐树,都有六七围大小,竟然会自己拔起来倒竖着,树根向上,树枝向下。还有中平年间(184~189年)在长安城西北六七里远的老树洞中,那树干长成了人的面孔,还长着鬓发。这些事以《洪范》的观点来看,都是树木不能正常地弯曲或伸直。

◆树木流血

建安二十五年(220年)正月,魏武帝曹操在洛阳修建始殿,砍伐濯龙园中的树木,那树木竟然流出血来。又掘梨树搬迁,那梨树的根被碰伤了也流出血来。曹操很厌恶这件事,于是就卧病不起,当月就死了。这一年是魏文帝黄初元年(220年)。

◆自然五谷神芝仙药

《神仙传》曰:"少室山有自然五谷、甘果、神芝、仙药。顾野王《舆地志》载:少室山有自然五谷,神芝仙药。"

◆二室之木,服者有益

《山海经》载:"少室之山,百草木成茵。其上有木焉,其名曰帝休,叶状如杨,其枝五衢,黄华黑实,服者不怒。"又载:"太室山,其上有木焉。其状如梨,白华黑石,泽如蘡薁,其名曰蕠草,服之不昧。"

◆古松精变青牛、伏龟

《嵩高山记》载:"嵩岳有大松,或百岁,或千岁,其精变为青牛,或为伏龟。采食其实,得长生。"明代登封知县傅梅曰:白鹤观、初祖庵及绝崖各处,俱有林松。

◆木连理生嵩山
晋元帝建武元年(317年)闰月己丑,木连理生嵩山。

◆服栯木不妒
《山海经》载:"太室之山有木焉,叶状如梨而赤理,其名曰栯木,服者不妒。"

◆神芝仙药
陈继儒《香案牍》载:秦时疫死者,有鸟如乌,衔草覆其而遂活。始皇遣使赍草以问鬼谷先生,云:"此琼田中养神芝,其叶似菰而不丛,生一叶能起一人。"
卢元明《嵩高记》载:嵩山灵薮,有神芝仙药。《名医别录》载:黄芝生嵩山。

◆得神芝之道,永为童子
鸿堤有黄盖者,阳城之童子也。得神芝之道,永为童子而不老。

◆汝颍桑麻
《述异记》载:汉桓灵之世,汝颍间桑麻为蒿莠,桃李不实。花而落,落而复花,而官仓有朽粟。

◆石上菖蒲
《神仙传》载:汉武帝上嵩高,忽见有仙人,长二丈,耳出额下垂肩。帝礼而问之,曰:"吾九嶷山人也,闻中岳有石上菖蒲,一寸九节,服之可以长生。故来采之。"言讫不见。帝谓臣曰:"彼非学道服食之徒也,恐是中岳之神,以此喻朕耳。"

◆仙花
《三才藻异》载:嵩山仙花,一年三花。色白香美,即道士所植也。赞曰:神三呼,花三笑。借道士琼浆,献君王丹灶。

◆少林寺冬竹抽笋
垂拱年间(685~688年),少林寺的冬竹抽笋,塔院后又有藤生,被视为祥瑞之兆。武周证圣元年(695年),"圣神皇帝"武则天派中使送钱于藤生处,用以修理台阶,修缮"普光佛堂"。

◆少林寺产灵芝十二茎
《嵩岳志》载:宋徽宗建中靖国元年(1101年),嵩山少林寺生神芝12茎,名曰抱石黄,小紫团,胜金黄、双头黄,黑团、卵子黄、鹅黄、小双红、僧笠紫、鸭脚黄、花叶紫、大紫团。守臣图本奏状。翌年五月,遣御药阁守勤降御香于达摩庵。竣事,帝诏具进诸御府,令将灵芝图磨刻石碑于少林寺壁。

### ◆明伦堂产灵芝三茎
清顺治七年(1650年)春,密县文庙告成,明伦堂产灵芝三茎。夜间魁星楼有光如火。

### ◆岳庙柏树现字
《谚传》载:"明天启间,有人私伐中岳庙柏,偶剥树肤,见树身现字字云:'伐岳庙树,死人七口。'初剥无迹,少顷乃现,其色淡黄,如虫之状。'岳'字乃篆体也,伐者不敢动。值庙会,商贾及进香者各折小枝,回家供奉。枝大小不一,剥其肤,俱有字。"

### ◆牛金子茶
傅梅《嵩书》载:叶似茶,稍厚。实如英莫,微长而坚,色似翠羽光泽。春间取叶可作茶。赞曰:彼美奇卉,气钟嵩颖。春叶旗翻,秋实翠冷。孰与虎丘,何如龙井。曰茶则茶,代耕有永。

### ◆怪松
怪松生长在会善寺内。金代冯壁、雷渊俱有诗。

### ◆杏解饥馑
卢元明《嵩高记》载:太室东脚下,后有小山,多杏树。至五月烂然黄茂。自中国乱,百姓饥馑,资此为命,人人充饱,而杏不尽。

### ◆新郑兰草
《严粲诗辑》载:《郑风》:士与女方秉蕳兮,蕳即兰也。《春秋》传曰:"刈兰而卒。"《楚辞》云:"纫秋兰。"孔子云:兰当为王者,香草皆是也。其茎叶似药草。泽兰广而长节,节中赤,高四五尺。汉诸池苑及许昌宫皆种之。可着粉中藏衣,着书中避白鱼。

### ◆将军古柏
《广博物志》载:嵩山嵩阳观东,古柏三株,积翠婆娑可爱。中有一株尤大,石刻曰:"汉武帝封大将军。"

### ◆毛女仙菜
傅梅《嵩书》载:毛女菜,野苗也。初春发生,在百卉未出之先,贫家用以佐米。嵩山有毛女,世传其仙,兹岂其遗种耶。

### ◆寿荣草通百神
《典要》载:寿荣草,出少室金山丘下。服之令人不老。服叶服之,可通百神,令人不老。

### ◆南烛草木
《太元先生气经》载:木中之王,名曰南烛草木。每丛72茎,每茎24枝,每枝5叶,以应72候、5行、24气也。少室山有之,作饥食之,可以长生得仙。

◆神物蓍草

《本草经》载：蓍实，生少室山谷。其茎为筮，以问鬼神，知吉凶，故圣人谓之神物。

◆仙人余粮黄精

陶弘景《别录》载：黄精为仙人余粮，以嵩山者为佳。《博物志》载：太阳草名黄精，饵之可以长生。

◆希夷饵柏

《唐史属辞》：王希夷隐嵩山，饵松柏杂叶，年七十余筋力柔强。明皇东巡，诏见行在，访以政事，与语甚悦。

◆冬竹得赐书

裴潗《少林记》载：唐垂拱中，有冬竹抽笋，塔院后复有藤生。武后赐书有"鸾宫冬节，生兹凤箨。三处抽筠，一茎标质"等语。

中岳古柏

◆金莲花

《登封县志》载：法王寺殿前有金莲花。相传神光说法，地涌金莲，其花似菊，紫色秋开。

◆合蒂迎辇花

唐代颜师古《隋遗录》载：洛阳进合蒂迎辇花，云得之嵩山坞中，采者异而贡之。会帝驾适至，因以迎辇名之。花外殷紫，内素腻，菲芬粉蕊，心深红。跗争两花，枝干烘翠，类通草，无刺。叶圆长薄，其香气秋芬馥，或惹襟袖，移日不散，嗅之令人不睡。帝令宝儿持之，号曰司花女，令表同春馆。

◆御凶帝屋

《山海经》载：讲山有木焉，名曰帝屋。叶状如椒，反伤赤实，可以御凶。《注》：反伤，刺下勾也。

◆石髓紫芝

《神境记》载：荥阳郡西灵源山，有石髓紫芝。昔有采药此山，闻林谷间有长啸者。今樵人往往犹闻焉。

◆嵩洛何首乌

《开宝图经》载：何首乌，以西洛嵩山为胜。唐李翺著有《何首乌传》。

◆少室贯众

《别录》载：贯众生少室山。叶青黄色，两两相对。茎有黑色丛毛，冬夏不死。

### ◆御兵牛伤草
《山海经》载:大䓪山有草焉,其状叶如榆,方茎而苍伤,其名曰牛伤。其根苍文,服者不厥,可以御兵。郭璞《注》曰:牛伤,犹言牛棘。

### ◆倒柏天长地久
《抱朴子》载:嵩山大谷,倒生之柏皆与天齐其长,地等其久。

### ◆少室大竹
《河图》载:少室之下,大竹堪为甑器。其笋长伟,堪食。

### ◆嘉荣草
《山海经》曰:"半石之山,其上有草焉,生而秀,其高丈余,赤叶赤华,华而不实,其名曰嘉荣。服之者不霆。"注曰:"初生先作穗,却着叶,花生穗间。不霆,不畏雷霆。"

### ◆碧色玫瑰
《群芳谱》载:嵩山深处,有碧色玫瑰。《酉阳杂俎》载:洛中鬻花子言碧玫瑰出少室。

### ◆服蘳草不昧
嵩山有草焉,其状如术,白华黑实,泽如蘡薁,其名曰蘳草,服之不昧。

### ◆兰草都梁香
盛宏之《荆州记》:都梁县有山,山下有水清泚,其中生兰草名都梁香,因为号。其物可杀虫毒,除不祥,故郑人方春三月,于溱洧之上士女相与秉蕳而拔除。

### ◆祥桑与修德
《史记》载:帝太戊立伊陟为相。有祥桑谷共生于朝,一莫大拱。帝太戊惧,问伊陟。伊陟曰:臣闻妖不胜德。帝之政其有缺与? 帝其修德,太戊从之,而祥桑枯死而去。

### ◆偃师产嘉禾,知县作颂献于朝廷
宋崇宁三年(1104年),偃师产嘉禾,穗异本同,颖茎长3尺,穗长1尺8寸。知县作颂献于朝廷。

### ◆神奇偃柏
中岳庙天中阁前有一偃柏,枯柎倾覆,去地尺咫联缀无多,而枝叶苍翠,岁久如故。明万历中,周梦旸记称为汉唐间物。盖其偃仆,亦不知始自何年矣。

### ◆老松变人入梦
《嵩岳志》载:明万历己酉(1609年)冬十月,袁中郎吏部、朱非二兵部自秦中典试回,与登封知县傅梅同游少林卢崖并嵩前诸刹,凡三日。至第四日,拟登太室绝顶。是夜,傅梅梦一道士,形容臞怪,色甚不平,揖予而言曰:"部民铁器见伤,安得不问,明发,请自验之。"及晓,同二公至白鹤观故址,见观前孤松为樵者斧伤尺余。松身油浸作琥珀色,其坚如石,已非木质,必刃缺不能入方止耳。傅梅恍然有悟,笑谓松曰:"梦中肤诉者,子耶。"即立命工甃石作一垣卫之。又檄禁山中民,不得更有翦损。傅梅想:《记》称嵩山老松能变青牛、伏龟,予初不信,今方知且能变人入梦矣。

◆禹州出奇麦

顺治八年(1651年)夏四月,麦一茎二穗者甚多,收获之丰前所未有。

◆偃师出奇谷

康熙二十七年(1688年),偃师瑞保生庙前村齐荣贵地内,谷一茎二重穗或三穗。知县王泽长详报具题。

◆荞麦

朱弁《曲洧旧闻》载:麦,秋种夏熟,备四时之气。荞麦叶青,花白,茎赤,子黑,根黄亦具五方多色。然方结实时最畏霜,此时得雨则于结实尤宜。且不成霜,农家呼为"解霜雨(禾祭)",西北人呼为"黍子"。有两种,早熟者与麦相先后,五月间熟者,郑人号为"麦争场"。

◆曲洧红蓼

朱弁《曲洧旧闻》载:红蓼即诗所谓游龙也,俗呼水红,江东人将泽蓼呼之为火蓼。道家方书亦有用者,呼为鹤膝草,取其茎之形似也。然红蓼有二种,味辛者酒家以造曲,余不入用也。

◆密县西岗禾出双穗

《密县志》:雍正五年(1727年),密县西岗禾出双穗麦。乾隆六十年(1795年)夏季,麦禾大熟,多两岐双穗。

◆密县李家冈产芝草八本

《密县志》:清嘉庆二十一年(1816年)秋七月,密县李家岗产芝草八本。

## 第九节 动物灵异

历史上,嵩山地域的动物中有龙、龟、麒麟、凤凰、白鹤、老鹰、老虎、驳麋、狼、狐狸、豪豕、沙鸡、松鼠、麻鹊等,都出现过灵异,都附载有一个神秘诡异的故事。

◆黄帝之时见蟥螾

《吕氏春秋》载：黄帝之时天先见大蟥、大螾。黄帝曰："土气胜。"故其色尚黄，其事则土。

◆鸟神牵率

《博物志》载：子路与子贡过郑，神社社树有鸟神牵率，子路、子贡说之，乃止。

◆郑人化螴

干宝《搜神记》载：晋献公二年（前675年），周惠王居于郑。郑人入王府，多蜕化为螴，射入。

◆马生人

《搜神记》载：秦孝公二十一年（前341年），有匹马产下人来。

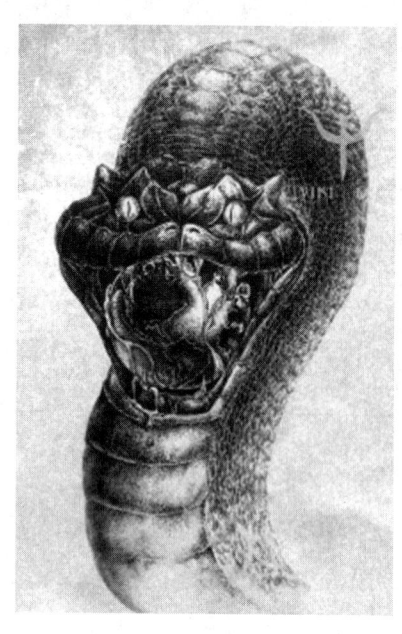

动物灵异画

秦昭王二十年（前287年），有匹雄马因为生小马死了。刘向认为这都是马生的灾祸。京房写的《易传》说："诸侯分享天子威势，那怪异事情的征兆是雄马生小马。上面没有天子，诸侯互相征伐，那怪异的事情的征兆就是马生人。"

◆猪生祸福

《搜神记》载：周哀王时期，晋国有头猪生了个人。鲁庄公八年（前686年），齐襄公在贝邱打猎，看见一头猪，随从说："这是公子彭生。"齐襄公发火了，便拿箭射它。那头猪人一样站起来啼叫。齐襄公十分恐惧，从车上摔下来跌伤了脚，丢了鞋子。刘向认为这是猪生的祸福。

◆人生龙

《搜神记》载：周烈王六年（前370年），林碧阳君的侍女生了两条龙。

◆蛇相斗

《搜神记》载：鲁庄公的时候，在郑国的南门口有城内的蛇与城外的蛇相斗，结果城内的蛇死了。刘向认为这是蛇生的灾祸。京房写的《易传》说："把别人的儿子立为自己的继承人而疑虑不定，那怪异的事情就是蛇在国都城门内相斗。"

◆龙惹灾祸

《搜神记》载：鲁昭公十九年（前523年），有龙在郑国时门之外的洧水深渊中搏斗。刘向认为这是龙惹的灾祸。京房写的《易传》说："人心不稳定，那怪异事情的凶兆就是龙在国中相斗。"

鲁定公元年（前509年），有九条蛇盘绕在柱子上。占卜的结果认为是有九世祖庙没人来祭祀。于是，就建造了炀宫。

### ◆恶声鸟鸺枭

佛经《长者音悦经》曰:有鸟名鸺枭,见鹦鹉独得优宠,即问鹦鹉何缘致此?鹦鹉答言:"我悲鸣殊好,国王取我,常置左右。"鸺枭怀嫉妒心,即言:"我亦当鸣,令殊于卿。"王时卧,鸺枭鸣,王即惊然毛竖,如畏怖状。王问左右:"此为何声?"侍者白言:"有恶声鸟,名曰鸺枭。"主恚,遣大众推索。即得,王令生拔毛羽。到野田,鸺枭瞋恚,不责己身,反言正坐鹦鹉,故得此患。佛言:"善声招福,恶声置祸,罪报由己,反怒鹦鹉。"按诸书俱称土枭,佛经独载鸺枭。

### ◆飞雉登鼎

《史记》载:帝武丁祭成汤,明日,有飞雉登鼎耳而响,武丁惧。祖已曰:王勿惧,先修政事。武丁修政行德,天下咸欢,殷道复兴。

### ◆天鹅求神,云散雷息

刘义庆《幽明录》载,前秦王符坚时,有一个射手,路过嵩山,看见树上有一双白鸟,象天鹅,但比天鹅还大。树下有一蛇,长5丈,爬上树去吸天鹅。天鹅想飞,但被蛇吸住,飞跑不得。射手见此,连射三箭,蛇中伤落下,天鹅飞上天空。刹时乌云密布,雷声发作,只见天鹅在空中盘旋,羽毛纷纷下落,好象求援一样。如此多次往复,云散雷息,射手得救,天鹅也飞上天空。

### ◆禹州出现麒麟

汉安帝延光三年(124年),颍川言麒麟见于阳翟(今禹州市)。

### ◆大蛇现身于宫殿

《搜神记》载:汉桓帝即位,有条大蛇出现在德阳殿上。洛阳市令淳于翼说:"蛇身上有鳞片,这是铠甲兵器的象征。出现于皇宫内,是将有皇后亲人当大官的遭受军队诛杀的象征。"因此,他就丢下市令的官职逃跑了。到延熹二年(159年),汉桓帝诛灭了梁皇后的哥哥大将军梁冀,逮捕惩治他的家属,在京城中动用了兵力。

### ◆母鸡变雄鸡

《搜神记》载:汉灵帝光和元年(178年),南宫的侍中府内有只母鸡快要变成雄鸡了,全身的毛都像雄鸡,但头和鸡冠尚未变化。

### ◆戴文谌奇遇五色大鸟

《搜神记》载:沛国的戴文谌,隐居在嵩山太室南麓的阳城山中。有一次他吃饭时,忽听见有个神仙对他说:"我是天帝的使者,想下凡来依靠你,可以吗?"戴文谌听后十分吃惊。那神仙又说:"你怀疑我吗?"戴文谌便宜跪下来说:"我很穷,恐怕不值得你下凡依靠吧。"接着戴文谌就把家中打扫干净,设立了这神仙的牌位,天天献食物,十分谨慎。后来他把这件事告诉了妻子,他妻子说:"这恐怕是妖怪想依靠我们吧。"戴文谌说:"我也怀疑。"等到他再进献祭品的时候,那神仙便对他说:"我跟随你,刚想帮你的忙,想不到你对我还有疑心,还说我的鬼话。"戴文谌正在向他道歉的时候,厅堂上忽然发出像几十个人呼叫的声音。他出去一看,只见一只五色大鸟,有几十只白鸠跟随着它,飞进东北方的云中,从此就消失了。

五色大鸟

◆ 五色大鸟群至临汝镇西

东汉光和四年(181年)八月,新城(临汝镇西)发现五色大鸟,有多鸟跟随,人们认为是凤。次年八月,新城又现五色大鸟又至。

◆ 万只麻雀齐悲鸣

《搜神记》载:汉灵帝中平三年(186年)八月中,怀陵上有一万多只麻雀,开始非常悲哀地鸣叫,接着便胡乱地博斗,互相残杀,结果都断了头,悬挂在树枝与荆棘丛上。到中平六年,汉灵帝逝世。陵,是高大的象征。雀,就是爵。上天的禁戒这样说:"各个享有爵位俸禄而尊贵的人,很快会自相残害,直到灭亡。"

◆ 鹰鹊异象

《搜神记》载:魏文帝黄初元年(220年),未央官中有老鹰出生在燕子巢里,嘴和脚爪都呈红色。到青龙年间,魏明帝建造凌霄阁,刚开始架屋,就有喜鹊在那上面做巢。魏明帝拿这件事去问高堂隆,高堂隆回答说:"《诗经·召南·鹊巢》说:'惟鹊有巢,惟鸠居之。'现在你兴建宫室而喜鹊却来做巢,这是房屋还没有落成,而你自己已不能去居住的象征。"

◆ 中岳驳麋

《汉书》载:"武帝用事于中岳,获驳麋。"按《乐雅》《说文》俱云驳如马,倨牙,食虎豹。《山海经》载:驳麋状如马,白身黑尾,一角虎牙,声如鼓,能食豹。《尔雅》载:麐,大麋也,牛尾一角。郑注以为獐。据此,则驳、麋为二物明矣。

◆ 阳城麒麟

《晋书·五帝纪》载:咸宁五年(279年)九月甲午,麒麟见于阳城之嵩山。

◆ 地仙九馆

《鹅坏集》载:洛下有洞穴,有人恨堕其中,见宫殿人物非凡处。又有大羊,羊髯有珠,人取食之,不知所以。问张华,华曰:此乃地仙九馆也,大羊乃痴龙也。

麒麟

◆马长角

《搜神记》载：晋武帝太熙元年（290年），辽东郡有马长角，长在两只耳朵下面，长3寸。到晋武帝逝世，朝廷便遭到了兵乱的毒害。

◆地陷鹅出

《晋书·五行志中》："孝怀帝永嘉元年（307年）二月，洛阳东北步广里地陷，有苍、白二色鹅出，苍者飞翔冲天，白者止焉。此羽虫之孽，又黑白祥也。陈留董养曰：'步广，周之狄泉，盟会地也。白者，金色，国之行也。苍为胡象，其可尽言乎？'是后，刘元海、石勒相继乱华。"后诗文中以"双鹅"为兵乱之典。

◆秃鹙集洛阳宫太极殿

北周大象二年（580年）二月，有秃鹙集洛阳宫太极殿。其年帝崩，后宫常虚。

◆柳氏口出蛇不复妒

《朝野佥载》载：后魏末，嵩阳任昌妻柳氏，甚妒。有婢为任昌理发，柳氏截其双指；又一婢能唱歌，任昌爱之，柳氏截其舌。后柳氏被狐刺，螫指双落，而舌疮烂甚，急就稠禅师忏悔。师曰："夫人为妒，合落指断舌。悔过至心，乃可以免。"令柳张口咒之。有二蛇从口中出一尺以上，急咒之。遂落地，舌亦平复，自此不复妒。

◆武安善变虎复还

《报应录》载：隋蒯武安，蔡州人，有巨力，善弓矢，常射虎。闻嵩山南虎暴甚，往射之。至深山，见有异物如野人，以虎皮蒙武安身上，推落涧下。及起，已为虎矣。惶怖震骇，莫知所为。忽闻钟声，知是僧居，往求救。见一僧念《金刚经》，即闭目俯伏。其僧以手摩头，忽爆作巨声，头即破矣。武安乃从中出，即具述前事。又抚其背，随手而开，既出全身，衣服尽在，有少虎毛，盖先炙疮之所黏也。从此武安遂出家，专持《金刚经》。

◆千年之狐，姓赵姓张；五百年狐，姓白姓康

《广异记》载：唐洛阳思恭里，有唐参军者，立性修整，简于接对。有赵门福及康三者投刺谒，唐未出见之，问其来意，门福曰："止求点心饭耳。"唐使门人辞云不在。二人径入堂所，门福曰："唐都官何以云不在，惜一餐耳。"唐辞以门者不报。引出外厅，令家人供食，私诫奴，令置剑盘中，至则刺之。奴之，唐引剑刺门福，不中；次击康三，中之，犹跃入庭前池中。门福骂云："彼我虽是狐，我已千年。千年之狐，姓赵姓张；五百年狐，姓白姓康。奈何无道，杀我康三，必当修报于汝，终不令康氏子徒死也。"

◆腊者化蛇

《嵩山文献》载：唐朝僧人华严曾在洛都天宫寺，弟子300余，每日堂食齐集。有夏腊者，因借钵于沙弥，误碎之，腊因怒而死，遂化蛇，来杀沙弥。华严以锡杖叩其首，禁戒而去。

### ◆鼠妖
《新唐史》：武德元年（618年）秋，李密、王世充隔洛水相拒，密营中鼠，一夕渡水尽去。占曰："鼠无故皆夜去，邑有兵。"

### ◆猫鼠同处
《新唐史》：龙朔元年（661年）十一月，洛州猫鼠同处。鼠隐伏象盗窃，猫职捕啮，而反与鼠同，象司盗者废职容奸。

### ◆野鸟入处，宫室将空
唐乾符六年（879年）夏，很多雌雉集于偃师城南楼及县署。刘向《说苑》云：野鸟入处，宫室将空。

### ◆大蜥蜴作雹
《夷坚志》载：刘居中少隐嵩山，尝见山颠有大蜥蜴数百，皆长三四尺。人以食，就手饲之。抚摩其体，滑腻如脂。一日，聚绕盎边，各就取水，才入口即吐，出已圆结如弹丸，积之于侧。俄顷间，累累满地。忽震雷一声起，弹丸皆失。明日，山下人来言，昨正午雨雹大作。乃知晰蜴所为者，所也。

### ◆龙子可祈雨
《草本》载：此物生山石间，能吐雹，可祈雨，故得龙子之名，亦呼猪婆蛇。刘居中在嵩顶，见蜥蜴含雹，即此物。

### ◆凤凰飞集嵩峰
《唐书》载："高宗永淳元年（682年）幸嵩山，有凤凰飞集峰上。"《嵩岳志》载：唐高宗登嵩山时，有凤凰飞集其上。

### ◆二生烹蛇遭报
《博异志》载：唐朝元和六年（811年），京兆韦思恭与董生、王生于嵩山岳寺肄业。寺东北百余步，有取水盆在岩下，围丈余，而深可容十斛，旋取旋增，终无耗一寺所汲也。七月中，三人乘暇欲取水，见一大蛇长数丈，黑若淳漆，白花似锦，蜿蜒盆中。三子见而骇异。王、董议取食之，韦曰："不可。"二子不纳，乃投石扣蛇死，烹之未熟，忽闻山中有声，憎然地动，风云暴起，天地晦冥。寺中人闻云："莫错击。"须臾，雨火半下，书生之宇焚荡且尽，王与董皆不知所在，韦于寺廊下无事。其二子尸，迨两日于寺门南隅下方索得。

### ◆嵩阳龙湫
羽扇《云笈七签》载：嵩阳观西有龙湫，居人张延者，以秽触湫上，俄为人所摄。行可数里，至一甲第，门前悉是群龙。入门十余步，有大厅事，见潘师正当厅而坐，手持朱笔理书。问曰："汝是观侧人，亦识我否？"曰："识是潘尊师。"师正问延："何以污群龙室？"延载拜谢罪。又问："汝识司马道士否？"曰："识之。"师正曰："今放汝还。"遂持几上白羽扇谓延曰："为我寄司马道士，何不来，而恋世间乐耶！"使人送延出水上，奄然入梦。司马道士见羽扇，悲涕曰："此吾师平素所执，亡时以置棺中。令君持来,明吾师见在,不虚也。"乃入深山,数年而卒。

◆嵩山病鹤出人语

《云笈七签》载:唐相李石未达时,颇好道,常游嵩山。荒草中闻有呻吟声,视之,乃病鹤,鹤乃作人语曰:"某已为仙,厄运所钟,为樵者见伤,一足将折,须得三世人血数合,方能愈也。"李公解衣,即欲刺血,鹤止之曰:"世上人少,公且非纯人。"乃授一眼睫,曰:"持往东都,但映照之,即知矣。"李公中路自视,乃马首也。至洛阳,所遇颇众,悉非全人,或犬竟驴马首。偶于桥上见一老翁骑驴,以睫照之,乃人也。李公拜揖,具言病鹤之事。老翁忻然下驴,宣背刺血,李公以小瓶盛之,持往鹤所,濡其伤处,裂衣封裹。鹤谢曰:"公即为明时宰相,后当轻举,相见匪遥,慎勿堕志。"李公拜之,鹤冲天而去。

《酉阳杂俎》所载裴沆从伯自洛赴郑州,在嵩阴路见病鹤事,与此略同。

◆珪之德能动龙神

唐朝僧人崇珪,俗姓姜氏,郏城人。先居南岳慈和寺,抵嵩山居岳寺。太和时,洛都亢阳,惟嵩下多雨,或谓珪之德能动龙神也。卒年86岁,白侍郎为撰塔铭云:夫五岳之山,兴云布雨。予家世嵩山下,每旱时原野细濡,山椒滂薄,其常也。而以为龙神感珪师之德,则俗论之不经者矣。

◆鼠粪灵异

《酉阳杂俎》载:登封尝有士人客游十余年归庄,庄在嵩山下。夜久,士人未睡着,忽有星火发于墙下,初如萤,稍稍芒起,大如弹丸,飞烛四隅,渐低,轮转来往,去士人面才尺余。细视光中,有一女子,贯钗,红衫碧裙,摇首摆尾,具体可爱。士人因张手掩获,烛之,乃鼠粪也。鼠粪大如鸡栖,子破视有虫,首赤身青,杀之。

◆龙门异蜂

《酉阳杂俎》载:东都龙门兰若,庭中古桐,枝干拂地。一年桐始华,有异蜂声如人吟咏。谛视之,具体人也,但有翅长寸余。以卷竹幂网获其一置纱笼中,若有吁嗟声。忽有数蜂翔集笼旁,若相慰状。又一日,其类数百,有乘车舆者,积于笼外,语声甚细,亦不惧人。人乃隐于柱听之,有曰:"孔升翁为君筮不祥,君颇记否?"有曰:"君已除死籍,何惧焉。"语皆非世人事,终日而去。于是举笼放之,自是遂绝。

◆麝引路

《仙经》载:嵩山大岩下,浮图奇妙,有一大金像在中。密公在岳寺披林求索,一麝引路,步步回顾,随见青岩。就视之,其中有自然天地。

◆白鹤

《嵩书》载:李八百炼药于嵩山,尝有3只白鹤飞集峰头。

◆醉卧万羊家

《清波杂志》载:北宋淳化年间,宰相张齐贤布衣时,尝春游嵩岳,醉卧巨石上,见人驱万羊过前,

张齐贤

曰："此相公食羊料也。"既贵，每食数斤，犹未厌饫，健啖，世无比者。

此与李德裕梦人谓平生合享万羊之兆，符合。今邑西有万羊冢。

◆清虚真人汲水饮虎

金元间道士周志明，居嵩之林凤山朝阳观长达数十年，冬夏坐卧一室，不出户。人罕见其言笑。与之食则食之，不与之则旬日不饥。忽夜起汲水贮庭前，有二虎就饮不足，周志明又汲水让其饮，遂著名于世。元代封为"清虚真人"。

◆兰岩山上两只鹤

王韶之《神境记》载：荥阳县南一百多里，有座兰岩山，峻峭挺拔，高达千丈。那山上曾经有一对鹤，白色羽毛洁净明亮，它们或飞翔，或栖息，总是日夜形影不离。人们互相传说道："从前有一对夫妻，隐居在这座山中几百年，后来变成了一对白鹤，在这座山上来往不断。忽然有一天，一只鹤被人杀害了，剩下的那一只鹤，一年到头常常哀叫。直到今天那鹤鸣的回声还震动着山谷，没有谁能知道它究竟叫了多少年。"

《重修汜水县志》载："兰公夫妇，化为双鹤飞去。今岩下有石相偶，形如双鹤。"

传说中的龙犬

◆犬变龙升天

《惊德录》载：嵩山道士韦老师常养一犬，多毛，黄色。每以自随，或独从山林，或宿雨雪中，或三日五日至岳寺，求斋余而食，人不能知也。唐开元末，复牵犬至寺，向僧徒求食以食犬。僧发怒漫骂，令奴盛残食与之。韦老师悉以与犬。僧又漫骂，欲殴之。犬视僧，色怒，韦老师抚其首。久之，众僧稍引去。韦老师乃出，于殿前池上洗犬。俄有五色云遍满溪谷，僧骇视之，云悉飞集池上。顷刻之间，其犬突变长数丈，成一条大龙。韦老师亦自洗濯，服绡衣，骑龙坐定，五色云捧足，冉冉升天而去。寺僧作礼忏悔，已无及矣。

◆嵩山隐士李元之遇

《逸史》载：李元谏议尝隐于嵩山，茅舍冬寒，当户炽火。有老人戴大帽子直入炙脚，良久，问李曰："颇能同去否？"因自言某秦时阉人，避祸得道。乃去帽，须髯伟甚，曰："此皆山中所长也。"李公思之良久，乃答曰："家事未了，更数日得否？"老人揭然而起，曰："公意如此。"遂出门径去。李公牵衣愧谢，不可暂止。明日寻访，悉无其迹。

◆射蛇救鸟

刘义庆《幽明录》载：苻坚时，有射师经嵩山，见松上有一双白鸟，似鹄而大。树下有一蛇，长5寸，上树取鸟，鸟欲飞，蛇张口噏之，鸟不能去。射师射三矢，蛇落，鸟得去。须臾云起雷发，见白鸟徘徊其上，毛落纷纷，似相援者。如此数阵，云息雷灭，射师得免，鸟亦高飞。

◆虎从人言

《虞初新志·汪价三侬赘入广自序》载：余于行路，凡三遇虎。壬申，先君命余至荆州谒贺惠藩，道经玉泉山，有虎踞崖。仆夫骇走，虎跃入田，攫一鸡，掠余马尾越涧去。庚子，游密之超化寨，饮于张鉴空山斋，红蕊侑酒。不觉狂醉，扶置马上，鼾然据鞍而行。闻从人谨噪声，次日始知有虎引二子饮涧中，都无动色。甲辰，游富春山，登子陵钓处，因访桐君，见山凹绝巘，一白额虎坐涧溪流。余与众客方侧行岩下，虎张爪竖尾，欲来扑人。众客噤战俯地，余拱手语之曰："山君山君，闻声久矣，今日得瞻神采，幸勿妨我去路。仆所携三寸弱管耳，当挥斥或长律奉献。"虎点首者三，一啸跳入丛莽。与众客越宿樵子之庐，燃灯疾书五排60韵。天方曙，以诗焚故处，祝之曰："一言相赠，余不爽约。君有英神，能无印可乎？"是夜梦虎头人来谢教，持鹿酒共酌。兴正酣，为役夫催起，乃惊失之。

虎从人言

◆黑虎定夜食道

郑还古《博物志》载：天宝中，河南缑氏县东太子陵仙鹤观，常有道士70余人，皆精专修习，法箓斋戒皆全。有不专者，自不肯往矣。常用每年九月三日夜，有道士得仙，已有旧例。至旦，则具姓名申报，以为常。其中道士每年到其夜，皆不扃户，各自独行，以求上升之应。后张竭忠摄缑氏令，不信。乃令二勇者，以兵器潜觇之。初无所睹，至三更后，见一黑虎入观来，须臾衔出一道士。二人逐射，不中，奔弃道士而往。至明，并无人得仙，具以此竭忠。竭忠申府，请弓矢大猎于太子陵东石穴中，格杀数虎，获金简玉箓、洎冠帔，或人之发骨甚多，斯皆谓每年得仙道士也。自后仙鹤观中，即渐无道士。今并休废，为守陵使所居也。

◆倚箔僧为龙讲经

马纯《倚箔山录》载：倚箔山有洞，若3间屋大，洞中潭水深不可测。人或渎，多致雷雨之变。时有笙箫闻于邑中，移时乃止，盖龙吟也。宋宣和末（约1125年），有张道人，居倚箔山洞前茅屋中。其人清瘦强健，眼睛碧色，举止若儿童。前人居洞，率不过数月必有怪，恐怖而去，甚者雷雨挚置山下。独张居已三年，无所见。又一僧极山野，衫衣蓝缕，与张同处，亦已数月。张云：凡潭水微动，须臾有云生于水上，稍出洞去，即下必雨。雨止，云覆山，有龙归。数日前，僧坐椅诵《法华经》，突有一白蛇出水，其大如梁，由僧之前右，绕盘于左，其高如椅。僧恐怖，不如之何，厉声曰："龙王之出，必欲闻经。老僧

为龙王讲此一品,既终回施。"甫毕,蛇由旧径右绕入潭中。张又云,走遍此山中,有洞数十,皆不知名,往往有骨积于傍。一日至洞中,行数十步,觉地软,扪之,乃知行大蛇背上,急奔走而出。又云:亦有好洞穴,但深僻不可居。路险,常人难到,盖张登山由石壁,其上如飞,故能深历也。

◆嵩山龙潭神异

《集古录》载:武后封禅处有石,记戒人游龙潭者毋笑语以渎龙潭,龙怒则有雷恐。又《云麓漫抄》载:韩愈于元和四年(809年)三月二十六日同李渤、卢仝自龙泉寺酌龙潭水,遇雷。至次月三日,韩愈题名记述此事。宋代欧阳修后于治平元年(1064年)三月为此作跋。《登高志》有"天封观石上有韩文公题名,欧阳文忠公跋。"

◆物大如席黑气蒙之

《宋史》载:元丰末,常有物大如席,夜见寝殿上。元符末又见。至大观间,渐昼见。政和以后大作,每出,若列屋摧倒之声,形仅丈余,仿佛如龟,黑气蒙之,不大了了。气之所及,腥血四洒。又或变人形,或为驴。昼夜出无时,多在掖庭及内殿,习以为常,人亦不大怖。又西都洛阳畿内,忽有物如人,或如犬,其色正黑,不辨眉目。始夜,则掠小儿食之。后虽白昼,入人家为患,所至喧然不安,谓之黑汉。有力者夜执枪自卫。亦有托以作过者,二年乃息。论者以为国家丧亡之征。

◆会善寺龙听经送泉

《嵩岳志》载:"嵩前会善寺,亦名刹也。寺西北数十山麓,一泉甚甘冽,自佛殿后三叠而过右廊,宛转流通,未出山门便没入地下。相传,寺中旧无水,唐时有高僧晏公者讲《法华经》,有龙作人来听。晏公知之,告以乏水,乃送此泉。仅供僧汲,不以资灌溉之用。

明朝万历戊申(1608年)之夏,时方大旱,登封有名士督率居民,自泉发源处力改水入畦,俾浇禾黍,泉脉遂微,涓滴亦不下,才复故道,则仍旧奔流。大家无可奈何,因叹:实地势使然也。"

◆小儿化鹿

《艳异编》载:嵩山有一老僧,结茅修持不出。忽见一小儿,礼求为弟子。僧问之曰:"本居山前,父母皆丧。幼失所依,必是前生不修善果所致。是以发愿舍离俗尘,欲求来世福业也。"僧遂与落发。小儿为弟子后,精进勤劬,罕有伦等,僧深重之。后数年,时值深秋,万木凋落,凉风乍起,溪谷凄清。忽慨然四望,朗吟长啸。良久,有一群鹿过,小儿跃然脱僧衣,化一鹿,跳跃随群而去。

◆荥阳廖家养蛊的福与祸

《搜神记》载:荥阳郡有个人姓廖,几代人都蓄养蛊,靠这一行当发了财。后来他家娶了个新娘子,没有把这事告诉她。有一次,碰巧家里的人都出去了,只有这媳妇看家。她忽然看见屋子里有只大缸,就好奇地把它打开,看见那缸里有大蛇,她就烧了开水,把蛇浇死了。等到家里的人回来,媳妇说明此事,全家的人都十分吃惊惋惜。没过多久,这一家人遭到瘟疫,差不多死光了。

◆九龙池请水现真龙

李桢《请水少室记》载：明宣德辛亥(1431年)夏，登封缺雨特甚，予按县深以为忧。翌日丁卯，率属吏行香，遣通判俞延辅赍祝文，取水九龙池。是日，郊外雨。戊辰，再遣请水少室。水至，予免冠跽候道左，过乃起，奉安于僧寺。礼成，廷辅进曰："方取水时，有物浮水上，意谓断梗，弗之顾。俄而昂首振尾，谛视之，蜿蜒也，其色赤黄，悠然而逝。"父老喜曰："龙视，雨至矣！应在午未，赤黄午未色也。"予未信。少焉，云起潭上，绵亘嵩岳，午刻尽，果大澍，逾时乃止。已巳，予率如县要毅、县丞魏吉、教谕刘锐暨父老等，躬送水于潭，俱牲醴以祭。呜呼！神可谓灵也。已苗稿而苏之，岁俭而丰之，神之爱民，何其仁哉！

◆群虎搏噬，勇士捕打，民赖以安

明万历元年(1573年)，禹州磨窝山群虎大肆搏噬，勇士马恕率众百余人捕打三四只，民赖以安。

◆天雨虫蛾形如麦大

明万历二年(1574年)，天雨虫蛾形如麦大，白色四翅昼飞如雪，拂面迷目人不可行，禹州城中尤甚。

◆苍龙探母，雨雹碎砂器，神示其人索器钱

钧州(今禹州)郡北风后山顶，下有大潭，水碧如靛，渊深莫测。临之令人股栗毛辣。岁旱祷雨，辄应。中有苍龙潜伏，每四月上旬间异常云气突出其上，循山东南附近州县必大遭雨，雹伤禾稼，每岁为常。大约不过初八日，旧传泗州井有锁蛟在焉，乃其母也。龙往为之省探，则雨雹。万历五年(1577年)四月二日，富城里民方姓者担鬻砂器，道经襄城县东南。冰雹聚至，野无所避，砂器尽为击碎。其人无聊，夜宿一神庙。梦神示曰："缘苍龙过，尔器尽碎，路费安出？村南有张姓者，其家麦三顷并无伤毁，尔往报之，可索钱三百。"至则视麦果然。张惊喜。张家厚为饮食，仍倍赠钱数使之归。

◆玉柱峰下纵白鹿

《嵩岳志》载："万历戊申(1608年)秋七月，马峪居民于山中获一小白鹿献于登封县衙。通身如雪，目睛周围如丹砂，而瞳子则如点漆。问之山中人，亦从来未见，真异物也。予以银五镮酬之，豢于公廨，殊甚或驯扰。至庚戌四月，鹿壮，且生角矣。后知县傅梅考虑既是罕世动物，当纵之丰草长林，令自适其性耳。遂命从者牵至山中，放于玉柱峰下。知县傅梅、主簿杜绍德、典史李逢霖偕往法王寺门观焉。鹿登高崖，犹回首，顾视良久，若相恋者。已而，遂不知所之。

◆凤凰集于钧州

明天启二年(1622年)，凤凰集于钧州(今禹州)北紫金山。按院丘兆麟以状闻。

◆少室鱼刺可作簪

明崇祯十四年(1641年)，有嵩山土人于少室山获一物，雅谓之豪豕，项毛如骨白，类鱼刺，作簪令发不臭。

◆沙鸡群飞

《说嵩》载：崇祯十四年（1641年），莎鸡至太室山，登封邑有沙鸡毛色如鹑而大，兽蹄，不树栖，飞有声。《尔雅》注云鸎鸠，冠雉也。大如鸽，似雌雉，鼠脚，无后指，岐尾。憨急群飞，出北方沙漠地。盖兴王之兆，鸟得风气之先矣。邵子曰："天下将治，地气自北而南。"旨哉言也。

沙鸡群飞

◆三足龟

《山海经》载：狂水中多三足龟，食之者无大疾，可以已肿。《论衡》载：鳖三足曰能，龟三足曰贲。郭璞《注》曰：吴兴阳羡县有君山，山有池，水中有三足六眼龟。鳖龟三足者多贲，出《尔雅》。

◆金鱼应祷

嵩山龙泉寺庙前有井产金鱼，大者盈尺。丐鱼者致祷则得，不祝祷无所见也。

◆麝香侧足双跳

《仙经》载：密公在嵩山脚下，雾迷失路，惟见一麝香，侧足双跳，步步回顾，复去。

◆䱉鱼

《山海经》载：半石之山合水出于其阴。中多䱉鱼，状如鳜，居逵。苍文赤尾，食者不痈，可以为瘘。郭璞《注》载：鳜鱼，大口，大目细鳞，有班彩。逵，水中之穴道交通者。

◆白蝙蝠

傅梅《嵩书》载：小熊山乳洞中产白蝙蝠。

◆鳖

《韩非子·外储说》载：郑人乙子妻之市，买鳖归，过颍水，以为渴也。纵而饮之，遂亡其鳖。

◆食鲭无蛊疾，可以御兵

休水出焉，而北流注于洛河。其中多鲭鱼，状如盩蜼而长距，足白而对，食者无蛊疾，可以御兵。

◆黄燕巢署

傅梅《嵩书》载：明万历年间，有燕一双，俱正黄色，来巢登封署内。

◆白鹿游嵩

傅梅《嵩书》载：白鹿峰，土著人常见有白鹿来游，田者竟莫得之，盖仙鹿也。《东观汉记》载："东汉安帝延光三年(124年),颖川守上言:白鹿见嵩山少室。"

◆白鹿至登封寺庄
明英宗正统五年(1436年)登封寺庄获白鹿进之。

◆张福遇鳄鱼
荥阳人张福,撑着船回家时停泊在野外的河边。夜里有一个女子,容貌很美丽,独自划着小船来投靠张福,说:"天黑了,我怕老虎,所以不敢在夜里赶路。"张福说:"你姓什么?怎么作这样轻率的旅行?你没有竹笠,却还在雨中行驶,可以进我的船里躲雨。"因而两人互相调戏了一番,于是女子便来到张福的船里睡觉,并把她乘坐的小船缚在张福的船边。三更左右,雨停了,月光照来,张福细看那女子,竟是一条大鳄鱼,把头枕在他胳膊上躺着。张福惊恐地爬起来,想捉住它,它急忙逃进水里。刚才那只小船,只是一截干枯的木筏断头,长一丈多。

◆虎懂人言
《虞初新志·汪价三侬赘人广自序》:"余于行路,凡三遇虎,壬申,先君命余至荆州谒贺惠藩,道经玉泉山,"有虎踞崖。仆夫骇走,虎跃入田,攫一鸡,掠余马尾越涧去。庚子,游密之超化寨,饮于张鉴空山斋,红蕊侑酒,不觉狂醉,扶置马上,鼾然据鞍而行。随从人谨噪声,次日始知有虎引二子饮涧中,都无动声色。甲辰,游富春山,登子陵钓处,因访桐君,见山凹绝巘,一白额虎坐涧溪流。余与众客方侧行岩下,虎张爪竖尾,欲来扑人。众客噤战俯地,余拱手语之曰:'山君山君,闻声久矣,今日得瞻神采,幸勿妨我去路。仆所携三寸弱管耳,当挥斥或长律奉献。'虎点首者三,一啸跳入丛莽。与众客越宿樵子之庐,燃灯疾书五排六十韵。天方曙,以诗焚故处,祝之曰:'一言相赠,余不爽约。君有英神,能无印可乎?'是夜梦虎头人来谢教,持鹿酒共酌。兴正酣,为役夫催起,乃惊失之。"

◆神鸟如鹰
清顺治五年(1648年)夏,淫雨连月,禾稼溃毁。蝗自南来,入至嵩山地域,忽有鸟如鹰,百十为群,喜吃蝗。每鸟吃蝗一升许,遂不为害。

◆天雨虫蛾
清顺治《禹州志》:天雨虫蛾,形如麦大,色白四翅,昼飞如雪。城中尤甚,拂面迷目,人不可行。是夏,嵩山地域遭遇大旱。

◆异鸟群集大隗山
康熙十五年(1676年)八月,有大群的异鸟集于大隗山,五彩羽毛,群鸟随之,越宿始去。

◆龙起新郑书院
乾隆三十七年(1772年)二月,有龙起于新郑书院旁佛阁,所伏穴在泥像带间窍。如虫,透屋飞去,柱有爪痕,深寸余。

◆洧水、杨水出火虾

清嘉庆三年（1798年）夏，洧水、杨水出火虾。

◆驺虞见于禹州之神后山。

明永乐二年（1404年），驺虞见于禹州之神后山。

◆牛冢

民国初年，山东女道人吴援舟到少室山待仙峡结庐修行。一天夜里，月明星稀，夜深人静，蒙胧中听到棚外有响动之声，由窗望去，见月光下有头小牛犊席地而卧，摇头摆尾。第二天一大早起来，见是一头既没有上鼻具，又无长犄角的小牛犊，十分可爱。几天过去，无人认领。一天，有个人说是自家牛犊，但赶它不走，打它倒退，最后还是强行拉走了。没过几天，小牛犊又跑回来了，晚上照旧卧在棚外野地上。吴援舟在少室山待仙峡修建安阳宫，砖、瓦、灰、砂、石的运料任务很大。大家把车路修好以后，就用牛犊拉车调试运料。谁知小牛犊懂人情，通人性的牛，调试很快成功，并且往返路上不用人赶照应，只要车上装满料，它就自动拉往工地，当人们把料卸完，它就空车返回料场，天天如此，运料不停。

安阳宫工程很大，牛车拉料一年之多。突然一天，牛病累倒下，四蹄颤动，双眼无神，张嘴也叫不出声音，黄牛永远倒下了。这时，刚好工程竣工，为了纪念这头通人性，人们含泪将牛埋在它劳作的待仙峡内，堆起了一个大大的墓冢，当地人称之为"牛冢"。

## 第十节　金石灵异

古人认为，金石是有灵性的。在一些史料典籍、地方志书中，就有不少记载有关嵩山金石灵异的传说与故事。其中，嵩山有启母石、玉璧、文石、影石等，有玉人、承露石、石蟹、放光石等，还有石胆、玉膏、金像、金罂浆、石脂、石流丹、石桂英、玉浆等，都发生过灵异之事，且非常神秘和奥妙。

金石灵异

◆苍玉

《山海经》曰：讲山又北，曰婴梁之山，多苍玉，錞于玄石。郭璞注曰：苍玉依黑石而生也。《抱朴子》载：苍玉不能自剖于嵩岫。则嵩不止苍玉矣。

◆白石瑛

叶封《嵩山志》载：金壶洞之上有一洞，洞中通体皆白石瑛。《舆地志》载：少室崖头下，石室中有水，多白瑛。

◆石钟乳

《名医别录》载：石钟乳，生少室山谷。傅梅《嵩书》载：钟乳穴在少室山东南，穴中有钟乳，径头大一丈。

◆石蟹

《名胜志》载：少室山有龟泉，水出石蟹。

◆玉浆

《登封县志》载：玉浆生嵩山北大穴，一名玉液，亦名琼浆。

◆金罂浆

《云籍七签》载：少室山西金门山，有金罂浆，服之得道。

◆玉女沙

《名胜志》载：三交水岸，有沙细润，可以漂濯。隋代常进后宫，杂以香草，足当豆屑，号曰玉女沙。

◆瑞石

《唐史演义》载：嵩阳令樊文揣摩迎合，献呈文石。武氏命列置朝堂，作为瑞征。尚书右丞冯元常奏言："樊文迹涉诡诈，不可诬罔天下。"说了数语，被黜为陇州刺史。

◆文石

《晋书》载：杜预遗令，集洧水自然文石，以为冢藏，不劳工巧。

◆石面

《登封县志》载：少室山洞中有石面，遇大饥，百姓取作饼。

◆黄帝玛瑙瓮

李日华《六研斋戒二笔》载：黄帝时玛瑙瓮，尧时犹存，甘露尚在其中，盈而不竭，以赐群臣谓之宝露，至舜时渐减。

◆箕山石桂

《神仙传》载：许由，巢父于箕山得丹石桂英，今在中岳。《抱朴子》载：石桂英生箕山岩穴中，似桂树而实石也。

◆汉武帝解鸣鸿刀赐东方朔

《拾遗录》载：汉武帝解鸣鸿刀赐东方朔，曰："此刀黄帝时采首阳之金铸为，此刀雄者已飞，雌者独在。"

### ◆三代彝器

《容斋一笔》：三代彝器至今存者，人皆宝为奇玩。然经传所记：如晋赐子产莒之二方鼎；郑赂晋之襄钟，当与郜大鼎、纪甗、玉馨并传矣。

### ◆云母

《嵩山记》曰："少室山有云母井，出云母。"

### ◆钟磬不击自鸣

《法苑珠林》载：丁居士，定陶人，居嵩山，礼事普寂，得其深法。将终，跏趺而寂，远近诸寺，钟磬不击自鸣，人多异之。

### ◆妇女饰品与兵器

《搜神记》载：晋惠帝元康年间（291～299年），妇女的饰品有仿照五种兵器形状而制成的。又用金、银、象牙、兽角、玳瑁之类，做成斧、钺、戈、戟而佩带它，把它当做簪子。男女之间的分别，是国家的重大礼节，所以穿的吃的男女都不同。现在妇女以兵器作为饰品，这是极其反常的事。因此，便有贾皇后荒淫暴虐的事情。

### ◆大钟流泪

《搜神记》载：晋元康三年（293年）闰二月，洛阳太极殿前的六只大钟都流泪，到五刻时才停止。前年贾皇后把杨太后杀死在金镛城，而贾皇后做了恶事不愿意悔改，所以大钟流泪，好像在为她忧伤。

### ◆玉璧黄金

《宋书·高祖表》载：冀州有沙门法称将死，语其弟子普严曰："嵩高神告我云：江东有刘将军，是汉家苗裔，当受天命。吾以三十二璧，镇金一饼，与将军为信，刘氏卜世之数也。"普严以告同学法义。法义以晋义熙十三年（417年）七月，于嵩高庙石坛下，得玉璧32枚，黄金1饼，符彩润洁，刻曰："宋卜世之数也。河南太守毛修之，以灵岳降瑞，表送诸府。时裕为宋公，有祭谢岳神文。"三十二者，二三十也。宋自受命至禅齐，凡60年云。

### ◆嵩山天降雨石玉玺

《南齐书》载：永明三年（485年）四月，荥阳郡人尹午，于嵩山东南隅见天雨石坠地，石开有玉玺在其中，玺方3寸，文曰："戊丁之人与道俱，肃然入草应天符，扫平河洛清魏都。"又曰："皇帝运兴。"尹午奉玺诣雍州刺史萧赤斧，表献之。

### ◆岳神玉人

卢元明《嵩高记》载：嵩山中顶下200步有岳庙，画为神像，有玉人高5寸，色甚光润，制作亦佳，莫知早晚所造，盖岳神之像。

《嵩书》载：汉武帝于嵩峰上得玉人，为庙主。

◆嵩岳石胆

《玉洞要诀》载：石胆，阳石也，出嵩岳。禀灵石异气，形如琴瑟。其性流通，精感八石，能化五金，变化无穷。

◆玉膏

《山海经》载：峚山（密岵山）之上，丹水出焉。中多玉膏，其源沸沸扬扬，黄帝是食。玉膏所出，五色乃清，五味乃馨。

◆少室山白玉膏，服之得仙道

《河图玉版》载：少室之山有白玉膏，服之成仙。郭璞注：少室北山巅有白玉膏，服之即得仙道，世人不能上也，时含神雾云。

◆嵩岩金像

《仙经》载：嵩山大岩下，有大金像在其中。《郡国志》曰："少室有金像，人往视之则有白雾起迷人。"《道书》曰："少室之阳，可避兵水之灾。"

◆启母嵩高山化石

《汉书》载：禹治洪水，通轩辕山，化为熊。先谓涂山氏曰："欲饷，闻鼓声乃来。"禹跳石，误中鼓。涂山氏往，见禹方化熊，惭而去，至嵩高山下，化为石。方孕子，禹曰："归我子。"石破北方而启生。

《汉书》载：元封元年，武帝幸缑氏，诏曰："朕用事华山，至中岳，见夏后启母石，遂敕建启母庙。"文颖注曰："在嵩高山下。"颜师古注曰："启，夏禹子也。其母，涂山氏女也。禹治洪水，通轩辕山，化为熊。先谓涂山氏曰：欲饷，闻鼓声乃来。禹跳石。方孕启，禹曰：归我子。石破北方而主启生。事见《淮南子》。"

大禹化熊图

《楚辞》注云："禹治水时，身化为熊，以通轩辕之道。涂山氏见之面惭，遂化为石，时方孕妇。禹曰：归我子。于是，石破北方而启生。其石在嵩山太室山之下。"

◆承露石盘

卢元明《嵩高记》载：嵩山石室，有承露盘，中有石脂，滴滴流下。食之一合，寿与天地相毕。

◆五色石脂

《别录》载：黄石脂生嵩高山，色如莺雏。黑石脂生颍川阳城。又载：五色石脂，一名五色符。黄符生嵩山,色如犹猁雁雏。白符、赤符俱生少室山,绛滑如脂。

陶弘景曰:石脂随采随生,赤白入剂,惟堪固涩。黑者供丹青作绘。

◆ 石户中的石滴蜜芝

《抱朴子》载:石蜜芝,生少室石户中,有深谷不可过。以石投谷中,半日犹闻其声也。去户外十余丈,有石柱,柱上有偃盖石,南度径可一丈许。望之,蜜芝从石上入偃盖中。良久,辄有一滴,有似屋漏雨后余滴,时时一落耳。然蜜芝堕不息,而偃盖亦终滴也。户上刻石为蝌蚪字,曰:"得服石蜜芝一斗者,寿千岁。"诸道士共思,惟其处不可得住,惟当以碗器,置劲竹木,端以承取之。

◆ 中岳石硫磺

《神仙传》载:刘凭学道于稷丘子,尝服石桂英及中岳石硫磺,年300余岁。

达摩面壁

◆ 面壁石

又称达摩影石。《河南通志》载:初祖影石,白墨绘,酷似应真像。《登封县志》载:少林寺初祖庵有达摩影石,亦名面壁石。苍质黑纹,石面隐隐约约现出一胡僧坐于石中。据传北宋初年,少林僧人在五乳峰一石洞里发现禅师打坐的影像,认为是达摩面壁九年精诚所至影入于石,于是将其从洞中挖出供奉入少林寺。宋宣和间建初祖庵,将此石移入初祖庵中。石称"达摩面壁石",一称"照石"。明代袁宏道称其"白地墨绘、酷似应真像"。明代霞客称其"高不及三尺,白质黑章,俨然西僧立像"。

◆ 少室金罂浆

《云笈七签》载:少室西金门山,有金罂浆,服之得道。

◆ 定光铜像

赵明诚《金石录》载:魏永平中,造定光铜像1躯,高2丈8尺,置于闲居寺。

◆ 玉玺

《南齐书》曰:永明三年四月,荥阳人伊午于嵩山见天雨石,堕地石开,中有玉玺,方三寸,文曰"戊丁之人与道俱,肃然入草应天符,扫平河洛清魏都"。又曰"皇帝运兴"。午奉玺诣雍州刺史萧赤斧表献之。

◆ 洧水文石

《晋书》载:杜预遗令,集洧水自然文石,以为冢藏,不劳工巧。

◆白龟泉石蟹

《名胜志》载：少室龟泉，水出石蟹。《嵩岳志》载："道士杨洞微不知何许人，住房崇福观，尝与客共观白龟泉石蟹。客曰：'蟹旁行，天性乎？'杨洞以手指之，蟹即直行。"

◆玉刻狻猊

司马光诗曰：法王魏氏离宫，玉刻狻猊向有。

◆得雨活石

产于少室岩洞僻处，盖《本草》孔公蘖之类。旱殷蘖，有大至满岸，长盈数里者。辟之，内涵小枯树，或虫蚁败叶之类，无所不有。有卷区成太湖石，玲珑之形，可供盆玩。置盘中，得水则渍润遍满，植海棠菖蒲甚宜。其大者掘垒为假山，久之绣结为一。山中人云："此石得雨能长。"呼为活石。

◆上水石

出自嵩山上水洞。洞底有坑，水漏其内，缘而上，复滴而下，居人用以饮蜂，又谓饮蜂石，云岩亦有。

◆粉土

出自密县超化寺西冈。掘井丈余得之，尽，以土实之，不数年仍化粉土，外省人呼为超化粉。凡塑神像必以此敷面，有生色。

◆石乳放光

叶封《嵩山志》载：文殊洞有石光莹，其形如乳，大者长寸许。嵌于沙石之中，璀璨如星，俗谓之放光石，盖亦白石英也。

◆石精流丹

《抱朴子》载：石流丹者，石之赤精，亦硫黄类也，浸淫于崖岸之间。其濡湿者可丸服，坚结者可散服。五岳皆有，而箕山为多。许由、巢父服之，即石流芝是已。

◆嵩穴玉浆

《玉浆》载：玉浆生嵩山北大穴，一名玉液，亦名琼浆。

◆徽府钟响

嘉靖二十七年（1548年），禹州徽府有钟，日午无故自鸣。一日晡时，王升楼开窗忽见群羊无数，遍满假山。令人视之，无所见。每早起视之如故。占者知为凶兆，次年果以罪废。

## 第十一节 气象灵异

"天人感应"是中国古代哲学史上的一个重要命题。这种观点认为,天地是一大宇宙,人体是一小宇宙,天地与人体之间虽然有大小之分,但是二者之间却是一一对应,可以互相感应的。在古人的天地感应思想和法天观念中,人们普遍认为,星辰的变化、虹霓雷电、日食月食等自然现象的出现,与人间是密切联系的,或是代表上天对人类的警戒和惩罚,或是代表上天对人类的庇护和嘉奖。如果天象有了什么变化和兆头,人间相应势必也会发生什么祸福。在历史发展的进程中,以气象预示人间朝代更改、自然变化、吉祥祸福的事情屡有发生。因此,在众多的嵩山灵异中,人们总把气象灵异看得特别重要。在古代从官方到民间,都有观测天象的机构或专业人员,专管观测分析天象的变化和异兆,以星云变化兆示人世间的吉祥祸福,以冰雹黑风带来灾难,以植物动物的异常象征人间的吉或凶等等,大自然万物有灵,天气变化更是大起大落,气象无常。

气象灵异

◆风不鸣条,雨不破块

徐整《长历》载:黄帝时风不鸣条,雨不破块。

◆聂政刺韩相,白虹贯日

《战国策》载:"聂政刺韩相,白虹贯日。"

◆蝗虫遍野

北齐天保八年(557年),从夏至秋,蝗虫遍野,遮天蔽日,声如风雨。

◆洛阳城西见天子气

《北史》载:孝武帝于废帝逊位时,诸王逃匿,帝在田舍。嵩山道士潘弥望见洛阳城西有天子气,候之,乃帝也。

◆乌鸦奇迹

唐贞元四年(788年),郑州、汴州两地,成群的乌鸦飞进田绪、李纳管辖的境内,衔木棍做城墙,高达二、三尺，方十几里。李纳、田绪心中厌恶就命令焚烧，过了两宿就又堆了出来，乌鸦嘴都衔树枝弄得流血。民俗以为等到乌鸦翅膀重飞行不高或不远时，天就要下雨。

◆羊祸

雍正《河南通志》卷五："唐乾符二年（875年），洛阳暴雨，有物坠地，状如殺羊。"

◆是夕大雨，蝗尽死

《汝州志》：宋淳化三年（992年），六月甲申，飞蝗自东北来，蔽天，经西南而去。是夕大雨，蝗尽死。

◆洛阳城西见天子气

《北史》载：孝武帝于废帝逊位时，诸王逃匿，帝在田舍。嵩山道士潘弥望见洛阳城西有天子气，候之，乃帝也。

◆旱魃——火光怪物

《癸辛杂录》载：金贞祐初，洛阳大旱，登封告成村有旱魃为虐。有一物，长3尺，行如风，出没不常。父老云：至必有火光。少年辈凭高望之，果见火光入农家，以大棓击之，火光散乱，有声如鼍。古人说旱魃形如兽，人立，长三尺，其行如风，未闻有声也。

◆月星雨冰奇景

《辍耕录》载：元至正乙巳（1365年），翰林应奉李国凤代祀嵩岳，抵汴，路闭，即城中望祭嵩岳，时闰月下旬也。二月十三日，游相国寺池上。群僧方聚观，从而仰视日旁，一月一星，月如初弦者。又10日，雨水冰，状如楼阁人物，冠带鸟兽、卉木百态具备，殆非人工。高林大树，珠葆羽幢，弥望不绝，凡五日始解。又10日，复冰，自汴至中滦皆然。不一岁，盗陷汴，据之。

◆黑风

《汝州志》：万历十六年（1588年）三月，有黑风自东北来，白天黑暗如夜，人伏地不敢行，有不少鸟兽误入水中淹死。

明万历十八年（1590年）三月三日，新郑一带有黑风自北来，昼晦如夜，次日方息。

◆焚旱魃乃雨

明崇祯癸酉年（1633年），密县民妇生旱魃，焚之乃雨。

◆马之瑶入潭乞雨

《河南府志》载：马之瑶，明代道士，太康（今属河南）人。弃家游嵩山，居太室绝顶，善吸引导气之术。雨雪时绝粮，或数日不食；人召之饮食，又能大吃。当邑旱，持书一轴画对人说："吾与龙王祝寿，为汝辈乞雨。"耸身入潭中，须臾复出，衣履不沾湿，曰："某日当雨。"后果然灵验。与人语，多颠狂不经，不能知其高深，人不能测。又说某日当降雨，后果然又应验。

◆以瓶授雨

《广异志》载：登封颍阳里正某，曾乘醉还村，到少妇祠拴了马，躺在门下休息。久之，闻有人击庙门，声音甚厉，自言叫所由，令他觅一人行雨。门内云："举家往嵩岳庙作客，现在家中无人。"其人云："只将门外卧者亦得。"门内人想再争执也不行。遂将正某喊起，两人遂至一处，蒙蒙悉是云气，只见有一物像骆驼。其人即把正某抱上驼背，并给他了一个瓶子，瓶中的水像雨点一样纷纷落下。时天气久旱无雨，向下看看自己住的地方，恐雨不足，因而倾瓶。行雨已毕，所由将正某放还。到庙门乘马回家。因以倾瓶之故，其住处全被水淹没，家人尽死。正某自此发狂，数月卒。

◆苍龙雨雹

陈大忠《新郑志》载：风后山顶下有大潭，水碧如靛，渊深莫测。岁旱祷雨辄应。中有苍龙，每四月上旬云气其上，邻邑必大遭雨雹。旧传泗州并有锁蛟在焉，乃其母也。龙往看，则雨雹。明万历五年四月二日，富城里民方姓者担鸶砂器，道经襄城县，冰雹骤至，沙器尽碎。夜梦神示曰："缘苍龙过，尔器尽碎，村南有张姓者，其家麦三顷并无伤坏。尔往报之，可索钱三百。"至则视麦，果然。张惊喜，厚为饮食，仍倍赠斧资，使之归。

◆龙潭走雹

冯嗣京的《新郑志》载：郡北具茨山下有潭，水深不可测。旁有孙氏数家，某常戒其宗人，曰："潭有龙，不可亵也。"宗人不听，一日湔秽污于潭上，见小蛇浮水面，共讶之。某曰，"安知非龙？"宗人不听，仍棒之，蛇去。须臾，云起潭中，疾雷走雹，雨下如注，潭水溢数十丈。至夜，房屋渐没，宗人急趋车房，须臾水自房孔入，电光烛之，见鬼负瓮灌房。忽二人共扶某登树，曰："闭尔目。"某窃视之，皆怪也。见庭除若水牛状者数十，负车辇水，房与人俱空矣！惟某一家无恙。民间至今传其事，呼为"龙潭孙家"。

◆玉黄峡潭龙作雨雪

玉黄峡者，少室之东界也。有小潭，在密树之下。相传其中有龙潜焉，素著灵异。明正德乙亥（1515年）冬，旱，登封令关中李居仁以祈雪致祭。方宣告文，忽见一青蛇自潭出，蜿蜒升树杪，寻复下树，跃入潭中。顷之，有云如缕，结于潭上。瞬息间，遍满一峡，雨即暴至，继以大雪。四境无不沾被者。

◆诅龙潭致雨

《嵩书》载：嵩山龙潭，自古灵异。昔人游此者，笑语俱不敢，恐遭雷震，盖其崖深谷险，地势使然耳。登封知县傅梅记载，万历戊申（1608年）大旱，三次虔祷，杳然无应。六月六日，有异人教予储菜子。逾旬，而公私之种俱积，仰观天色，殊无雨意。闻乡民亦有空其室以去者，予心欲焚，乃召诸父老议曰："古人祈祷法，用之已尽。吾欲出一新意求之，如有祸，则身当耳。"父老问故，予曰："欲亲打龙潭也。"众共谏之，不听。至十八日，昧爽，予选健卒十人，督往龙潭。各给熟肉二斤、胡饼、烧酒，极其醉饱。令环坐潭边，投石喊骂，言词粗厉，或比之豕犬，或诅以斩杀。久之，潭中微有波涛声，众稍稍引去。已而声渐大，去者益多，予着绯衣，坚坐寺中不动，有劝予先回岳庙待之者，予曰："我朝廷命吏。龙亦兽耳，自有正神御之，何敢妄加祸于我？况我为民请命，三次虔祷，先有礼矣。今日之事，与游观亵玩者不同，岳神有灵，亦当阴相，何以避为？"言讫，忽黑云从潭中起，咫尺昏暗，小雨如丝。及午，而云渐宽,雨亦渐大。予乃肃衣冠拜于潭上,撤卒先归。顷之,雨降如注。漏下二鼓,方息。四境溥遍,然始终竟不闻一雷声,尤为可异也。

◆嵩山屡见赤衣童子

《嵩岳志》载:明宣德丙午(1426年)春三月,翰林编修周叙以使命假道嵩阳。自少林赴会善寺,过郭店东南,行五里许,见道傍有赤衣童子趋走。时方大旱,谓赤色,南方火象,疑是旱魃之类。遂名其地曰赤童子山。然此非旱魃也。万历辛亥(1611年)六月,邑方苦多雨,登封知县傅梅以公务趋府,侵晨冲泥过此地,见赤衣童子二人,盘坐石上,前导将近亦不惊,徐步入林。从人皆见之,良久始灭。傅梅所想:深山大泽,何所不有?二童子者,非神即仙也。

◆夜闻妇人哭,凶兆为天大旱、土寇起、人相食

崇祯十三年(1640年)二月,禹州城内每夜闻哭声如妇人群泣。街民鼓噪升屋,道州皆不宁,昧爽乃止。是月不雨,至于八月。土寇起。六月,人相食。

◆山鸣

《河南通志》载:清顺治十六年(1659年)正月,登封县西北山鸣。

◆天鼓

康熙五十五年(1716年)冬,十月戌时,高空隆隆作响,群众称之为"天鼓"。新郑、新密一带人观看,天空有流星大如车轮,光芒四射,夜间亮如白昼,很快落于东南方。

天鼓流星,大如车轮

◆康熙年间的异灾

康熙十八年(1679年)夏旱,秋淫雨数十日,谷尽腐烂成灰。二十二年(1683年)闰六月,颖阳谷秀双岐。二十九年(1690年)正月,风霾昼晦20余日乃止。四月,天雨土麦不登。六月雨雹,大如鸡卵,牛大疫。三十年(1691年)六月十一日,飞蝗自东南来,障日蔽天,集地厚尺许。食秋禾立尽,遍野蝻生。至十月不绝,米贵如珠,民多转徙饥死。三十三年(1694年)闰五月十四日有蝗,嵩山各县,奉旨捕灭,设法捕打殆尽,寻蝻生,圣浩冒暑传餐,督众掘坑,且焚且瘗,幸未成灾。三十四年(1695年)四月初六日,戌时地震。六月二十一日,暴雨如注,三日不止,水涨浮天,人畜淹毙。冲坏田地,沙压石堆,多成河汊。

◆魁星象

康熙十七年(1678年)元旦,新郑文昌阁吐光,中现魁星象,士民聚众观看。

◆嵩山五色云

《新郑志》:雍正元年(1723年)十月,新郑城西崆峒山上空有五色云出现,经久不散。

清雍正十三年(1735年),世宗雍正帝敕修少林寺,有五色云见诸于西方。精彩夺目,千人共见。督工、守臣绘图呈报。

◆黑雪

清乾隆十年(1732年),汝州下黑雪,白日如夜。

◆黑风岁旱

清乾隆三十五年(1770年)四月二十八日,新密、新郑一带有黑风自北来,逾时始霁。五月初二日,风霾竟日夜。是岁旱。

◆红风黑燄

清乾隆三十九年(1774年)春,多红风,黑焰。

◆日食白虹

《新郑志》载:清嘉庆二十二年(1817年)三月初一,新郑地震;新郑四月朔日食;十月朔日又食。十二月二十六日,白虹如环贯日,其数有三。

◆嵩山五色云

清雍正十三年(1735年),世宗雍正帝敕修少林寺,有五色云见诸于西方。精彩夺目,千人共见。督工、守臣绘图呈报。

雍正元年(1723年)十月,新郑城西崆峒山上空有五色云出现,经久不散。

◆黑风岁旱

乾隆三十五年(1770年)四月二十八日,新密、新郑一带有黑风自北来,逾时始霁。五月初二日,风霾竟日夜。是岁旱。

◆有星如虹

咸丰十一年(1861年),嵩山南有星如虹竟天,东西莫见其首尾。

龙卷风

◆日食白虹

清嘉庆二十二年(1817年)三月初一,新郑四月朔日食;十月朔日又食。十二月二十六日,白虹如环贯日,其数有三。

◆龙卷风

民国三十一年(1942年)4月22日(阴历三月十五日)刮龙卷风,伊川鸣皋古会上部分货物被刮上天。

# 第四章  自然灾害

中原是河南省的古称,是我国古代九州的中心。嵩山地域不仅位于天地之中,而且处于中原的核心位置,是一个国家疆域的自然地理要素中心。如果形象地把我国国土比喻为一只昂首挺立、栩栩如生的大公鸡,那么郑州市是这只五彩斑斓的大公鸡的心脏。嵩山地域不仅是我国的"国土中心",而且甚至是亚洲的"洲域中心",嵩山所处的一直被认定为是"心脏"的位置。

嵩山地域是一个以农业种植为主的地区,政府对自然灾害很重视,各种灾害在史料和方志中都有反映,如天气中的干旱、水灾、大风、冰雹、地震等,这些历史资料是一笔很大的财富。在科技快速发展的今天,可以用这些资料来探索自然灾害发生的规律,更好地用以预报和预防。

自然灾害

史料记载,嵩山地域由上古时期的洪水泛滥,到暴雨、大雨造成的河流陡涨溢流,农田水淹到旱灾频繁,在这一漫长的过程中,历史上经常发生的自然灾害有旱、涝、风、雹、虫、地震等。但相对其他地区来说,破坏性的地震很少。历史从远古一路走来,历经各种各样的自然灾害,人类在自然中生存、成长、发展,一直在和自然灾害作斗争。

嵩山在 30 多亿年前,周围还是一片汪洋大海时,嵩山在大海中已经形成了小块的陆核,之后在漫长的造陆和造山运动中,骚动、碰撞、裂变、聚集、成山,山体开始在海水中沉浮,慢慢地发育成长,终于显现出今天的雄浑壮阔。因此,由于地质变化的原因,上古时期的嵩山地域最突出的是洪水灾害。传说黄河流域洪水泛滥,嵩山地域的水灾连年不绝,百姓深受其害。大禹治水就是先从嵩山周围开始,然后逐渐推向黄河两岸、中原大地、淮河和豫北的沥水,才到全国九州各地的。但后来,经过漫长的历史进程和地质运动的自然演变,嵩山地域由上古时期的洪水泛滥,到后来水量逐渐减少,从水灾频繁到干旱频繁,经过漫长的变化,至今干旱已成为当地农业生产的第一大灾难。

# 第一节 自然灾害类型

嵩山地域因受冷暖气团交锋影响,大陆性季风气候特别明显,所以干旱、暴雨、连阴雨、霜冻、雨淞、大风、低温、干热风等灾害性天气较多,尤其干旱、雨涝、干热风危害性最大。

## 一、干旱

干旱是因长期少雨而导致的空气干燥、土壤缺水的气候现象。仅仅从自然的角度来看,干旱和旱灾是两个不同的概念。干旱通常指淡水总量少,不足以满足人的生存和经济发展的气候现象,一般是长期的现象。而旱灾却不同,它只是属于偶发性的自然灾害,甚至在通常水量丰富的地区也会因一时的气候异常而导致旱灾。干旱和旱灾从古至今都是人类面临的主要自然灾害。即使在科学技术如此发达的今天,它们造成的灾难性后果仍然比比皆是。

根据嵩山地域各市县志书气象记载,干旱对农业的危害最大。旱灾高发时,几乎每年一次,给当地的农业生产带来了极大的危害。而在这些旱灾中,以伏旱最多,基本上2年一遇;秋旱最少,3年或4年一遇。初夏旱较为严重,其次是春旱和伏旱,秋旱较轻。

嵩山地域的旱灾有以下几种:

### (一)春旱

4月上旬至5月中旬,正值大秋播种、小麦拔节、抽穗灌浆时,年均降雨量仅82.5毫米,占全年降雨量的12%。春旱的年发生频率为30%,平均三四年一遇。

旱灾

### (二)初夏旱

5月上旬至6月中旬,正值喜温作物旺盛生长和夏玉米播种时节,年均降雨量为53.9毫米,占全年降雨量的8%。据史料记载,初夏旱的年发生频率为38%,平均两年一遇,且干旱时间较长。

### (三)伏旱

7月上旬至8月中旬,正值玉米抽雄需水的高峰期,年均降雨量167.6毫米,占全年降雨量的24%。伏旱的年发生频率为25%,平均4年一遇。

## (四)秋旱

9月至10月正值晚秋作物成熟、小麦播种时期,年均降雨115.7毫米,占全年降雨量的17%。年发生频率为22%,平均四五年一遇。

## 二、涝灾

涝灾是由于降水过多,地面径流不能及时排除,农田积水超过作物耐淹能力,造成农业减产的灾害。造成农作物减产的原因是,积水深度过大,时间过长,使土壤中的空气相继排出,造成作物根部氧气不足,根系部呼吸困难,并产生乙醇等有毒有害物质,从而影响作物生长,甚至造成作物死亡。

涝灾分春涝、夏涝、秋涝。据史料记载,嵩山地域在历史上,春涝为4~5年一遇,夏涝为7年一遇,秋涝为2~3年一遇。

涝灾主要由暴雨和连阴雨所致。

## (一)暴雨

嵩山地区暴雨成灾者多为短时间在局部地区造成。据历史资料证明,嵩山地域出现暴雨次数平均为5年一次,特大暴雨为4年一次,特大暴雨量为1544毫米。

## (二)连阴雨

连阴雨是初春或深秋时节接连几天甚至经月阴雨连绵、阳光寡照的寒冷天气,又称低温连阴雨。因此,连阴雨又分为春季连阴雨和秋季连阴雨。主要特点是温度低,没有日照或日照少,雨量并不大。连阴雨的灾害,主要在低温方面。初春连阴雨,往往出现在水稻播种育秧时节,易造成大面积烂秧现象。秋季连阴雨如出现较早,会影响秋季农作物的收成。

史料记载,嵩山地域的连阴雨在历史上最多持续下二十五六天,严重地影响了农作物的生长。

## 三、风灾

风灾主要指平均风力达6级或以上(即风速每秒达10.8平方米以上),瞬时风力达8级或以上(即风速每秒达17.8平方米以上),以及对生活、生产产生严重影响的风称为大风。大风除有时会造成少量人口伤亡、失踪外,主要表现为破坏房屋、车辆、船舶、树木、农作物以及通信设施、电力设施等。由大风所造成的灾害称为风灾。

风灾的种类有以下几种:

## (一)大风

大风是指平均风速12米/秒以上或瞬时风力达8级以上者,主要由冬春季节的寒流或强冷空气南下造成。有时伴有冰雹和雷雨。冬春季大风强度较大,夏秋季大风危害严重。

## （二）干热风

干热风,亦称"干旱风""热干风",习称"火南风"或"火风"。干热风出现在春末夏初,小麦抽穗到成熟时期,分轻型和重型。干热风时,温度显着升高,湿度显着下降,并伴有一定风力,蒸腾加剧,根系吸水不及,往往导致小麦灌浆不足,秕粒严重甚至枯萎死亡。

干热风危害的气象指标,冬麦、春麦不同。一般说,高温低湿型为轻干热风为日最高气温大于或等于29~34℃,14时风速大于或等于2~3米/秒。重干热风为日最高气温大于或等于32~36℃,14时相对湿度小于或等于20%~30%,14时风速大于或等于2~4米/秒。雨后热枯型为小麦成熟前10天内有一次降雨过程,雨后转晴升温,2~3天内日最高气温达30℃以上。

## （三）龙卷风

龙卷风是一种强烈的、小范围的空气涡旋,是在极不稳定天气下由两股空气强烈相向对流运动,相互摩擦形成的空气漩涡。这种漩涡造成中心气压很低,能吸起地面的物体抛向天空,其破坏性极强。一般龙卷风都伴有雷雨,有时也伴有冰雹。

嵩山地域在民国以前的自然灾害中,龙卷风的记录较少。

## 四、雾凇雨凇

雾凇

雾凇是寒冷的北方冬季可以见到的一种类似霜降的自然现象,其实也是霜的一种。

初冬或冬末,有时会出现一种奇怪现象:天上的雨滴落在树枝、电线或其他物体上和地面上,马上结起透明或半透明的冰层,使电线变成粗粗的冰棍,使地面上积起厚厚的冰层。这就是雨凇,俗称冰凌或冻雨。

雨凇是一种灾害性天气,可以使电线不胜重荷而断裂,几公里以至几十、上百公里的电线杆成排倾倒,使通讯和输电中断,农作物和树木受损严重,严重影响当地的工农业生产。

## 五、冰雹

冰雹俗称"冷子",是一种固态降水物,它是一些小如绿豆、黄豆,大似栗子、鸡蛋的冰块,多系圆球形或圆锥形,由透明层和不透明层相间组成。直径一般为5~50毫米,最大的可达10厘米以上。冰雹灾害是由强对流天气系统引起的一种剧烈的气象灾害,它出现的范围虽然较小,时间也比较短促,但来势猛,强度大,并常常伴随着狂风、强降水、急剧降温等阵发性灾害性天气过程。冰雹常砸坏庄稼,威胁人畜安全,是一种严重的自然灾害。雹的直径越大,破坏力就越大。冰雹夏季或春夏之交最为常见。

雹灾是嵩山地域的严重灾害之一。因嵩山地域的地形复杂,天气多变,冰雹多,受害重,对农业危害很大。猛烈的冰雹打毁庄稼,损坏房屋,人被砸伤、牲畜被砸死的情况也常常发生;特大的冰雹甚至能比馒头还大,会致人死亡、毁坏大片农田和树木、摧毁建筑物和车辆等。嵩山地域各市县每年都会受到不同程度的雹灾,但都是在一个乡或几个村庄里,受灾面积相对较小。据史料记载,一年中以6月出现冰雹的次数最多,4至5月较少,8至9月最少。降雹范围一般长1~1.5公里,宽2.5~5公里。降雹时间一般持续5~30分钟。常见冰雹直径为1~3厘米。

## 六、霜冻

霜冻是指空气温度突然下降,地表温度骤降到0℃以下,土壤表面和植株表面的温度下降到足以引起农作物遭受伤害或死亡的温度。因此霜冻发生时,近地层的气温一般可以在0℃以下,也可在0℃以上、5℃以下的范围内。它与霜不同,霜是近地面空气中的水汽达到饱和,并且地面温度低于0℃,在物体上直接凝华而成的白色冰晶。有霜冻发生时,不一定有白色冰晶出现,这种情况有的地方把它叫作暗霜。

霜冻是一种较为常见的农业气象灾害,发生在冬春季,多为寒潮南下,短时间内气温急剧下降至0℃以下引起;或者受寒潮影响后,天气由阴转晴的当天夜晚,因地面强烈辐射降温所致,这就是人们常说的"雪上加霜"。霜冻对园林植物的危害,主要是使植物组织细胞中的水分结冰,造成冻害,导致生理干旱,而使其受到损伤或死亡,给农作物生产造成巨大损失。

霜冻在秋、冬、春三季都会出现。霜冻又分春霜冻和秋霜冻。春霜冻出现在春末许多农作物已恢复生长的时期,这时期农作物的抗冻力较弱,容易受低温的伤害而影响生长。秋霜冻特别是早秋的霜冻出现时,天气还比较暖和,农作物还没有停止生长就进入越冬期,因此霜冻会使秋熟作物过早地停止生长,引起产量降低,收获物质量变坏。

## 七、虫灾

嵩山地域的虫灾,主要指蝗灾。蝗灾,是指蝗虫引起的灾变。一旦发生蝗灾,大量的蝗虫会吞食田禾,转眼之间就能将作物一洗而空,使农作物完全遭到破坏,引发严重的经济损失以致因粮食短缺而发生饥荒。

蝗灾常常与旱灾相伴而生,有所谓"旱极而蝗""久旱必有蝗"。雌蝗产卵时能够分泌集群外激素,引诱其他的雌蝗前

虫灾

来聚集产卵。而从卵中孵出的跳蝻,为了获得生长发育所需要的高温,经常挤到一起。集群和迁飞是蝗虫大面积成灾的原因。蝗虫迁飞的根本原因是由于雌性个体的卵巢没有成熟,需要经过一段时间的迁飞才能发育完全。雄虫虽然已发育成熟,但是跟随雌虫迁飞。等到雌蝗卵巢成熟才降落下来,交配产卵。由于蝗群中的蝗虫数量多、食量大,因此所到之处,绿色植物被大量吃掉,转眼便成不毛之地。

嵩山地域历史上曾多次发生过蝗灾,最严重时,蝗虫遮天蔽日,"草木兽皮虫蝇皆食尽,父子兄弟夫妇相食,死尸载道。"新中国建立之前,蝗灾给人民带来了深重的灾难。新中国建立之后,党和人民政府十分重视对蝗灾的防治工作,制订了"改治并举"的治蝗方针,进行了人工、农业和化学方法的防治,同时积极改造蝗虫孳生的荒地、芦苇滩,从根本上防治了蝗虫,取得了防治蝗虫的辉煌成果。建国以来,蝗虫从未大面积成灾,已经基本上控制了蝗虫的危害。

## 八、地震

地震,广义地说,是地球内部运动引起的地表震动的一种自然现象。狭义而言,人们平时所说的地震是指能够形成灾害的天然地震。地球上板块与板块之间相互挤压碰撞,造成板块边沿及板块内部产生错动和破裂,是引起地面震动(即地震)的主要原因。地震的发生是受到地质构造这个条件控制的。因此,地震的分布,多发生在那些活动构造体系内的活动构造带上,而且主要分布在存在着活动断层的地方。也就是说,地震的发生主要与活动断层有关。

根据我国地震带的分布情况,嵩山地域的地质构造有几条大断层带,但又都处于地震带边缘。嵩山地域从历史渊源上看,包括嵩山地域小"中国"所在地,也是古代建都的"风水宝地",从已有的历史资料看,小的地震在历史上发生的次数不少,但嵩山地域没有发生过一次大地震。嵩山地域的地震记载很早,代代都有记录,但大都比较简单。史料记载,古都郑州不在我国的地震带上,历史上很少发生过地震。古都洛阳虽处于华北地震带的南端,历史上发生过 7 次地震,从震级上看,均属于中强震。中强震震级大于 4.5 级、小于 6 级,属于可造成破坏的地震,但破坏程度的轻重历史资料无记载。荥阳、登封、巩义、偃师、新密、新郑、汝州、禹州、伊川等地,在历史上也有几十次地震的记录,但震级都不大,大都在 5 级左右。轻的物体晃动,重的达到"社坏裂""城街署倾圮""在霖雨地震山崩"。另有一次"嵩山有声"的地震记录,未记破坏程度。其余皆为有感地震。这此史料的存在,对研究嵩山地区的地震发生,发展的规律提供了真实的依据。

## 第二节　嵩山地域自然灾害录

嵩山地域自然灾害录是从各市县或有关专业灾害史料中摘录而来。

## 一、上古

◆帝喾十年,伊洛竭,特大旱。

◆夏禹八年六月,夏都一带大雨3日,雨中带有金属之物。
◆夏帝癸十年,旱灾,洛河竭。
◆桀五十三年,天大旱,伊水竭。
◆商汤十四年,大旱。

## 二、春秋战国

◆郑庄公二十三年(前721年),大旱。
◆周襄王三十年(前622年),旱灾,洛水绝。
◆郑穆公十一年(前617年),大旱。
◆周灵王二十七年(前545年)春,无冰,郑饥。
◆周景王十九年(前526年),郑定公四年九月,郑大旱。
◆周景王二十年(前525年)夏五月,火昏现。壬年郑灾。
◆周景王二十二年(前523年),郑定公七年,大水。
◆郑定公八年(前522年),大水。
◆韩懿侯九年(前366年),大雨3个月。
◆韩昭侯二十五年(前338年),韩大旱。
◆周显王三十五年(前334年),韩旱。

## 三、秦汉三国两晋南北朝

◆秦始皇帝二十一年(前226年)大雪,深82厘米。
◆西汉高祖四年(前203年),伊洛泛涨,冲流1600家。
◆西汉高后三年(前185年),伊水溢。
◆西汉高后四年(前184年),黄河、伊河、洛河发生特大水灾,河水暴涨。河堤多处决溢,洛阳、偃师、伊川、巩县、荥阳、广武、氾水一带洪水泛滥,房屋倒塌,庄稼淹没,冲走淹死百姓无数。
◆西汉建元五年(前136年),颍川大水。
◆西汉元凤三年(前78年)四月,大水。
◆西汉绥和二年(前7年)秋,颍川大水,死人甚多,房屋大都被毁。
◆东汉建武七年(31年)戊辰,洛水溢。
◆新莽末年(23年),连岁旱、蝗,黄金1斤,粟1斛。
◆东汉建武三年(27年)七月,洛阳因旱灾引起的饥馑,1斤黄金值豆5升,人相食。
◆东汉建武七年(31年),水灾。
◆东汉永平八年(65年)秋,大雨。
◆东汉永平十五年(72年),蝗起泰山,弥行兖豫。
◆东汉永元元年(89年)六月,颍川大水,淹毁庄稼。

◆东汉延平元年(106年)九月,洧水盛涨,泛滥伤秋稼。
◆东汉永初元年(107年),伊河发生特大洪水,冲坏良田,漂流民舍。
◆东汉永初三年(109年)三月,京师洛阳一带发生饥荒,人相食。《汝州志》:五月,帝诏上林广城苑,可垦辟者分与贫民。
◆东汉永宁元年(120年)十月,京师洛阳雨33天,发大水。
◆东汉建光元年(121年)水灾,大雨伤稼。
◆东汉延光二年(123年)三月,颍川大风拔树。
◆东汉永建三年(128年)河南三伏大旱,五谷伤灾。
◆东汉永建四年(129年),司隶荆、豫、兖、冀部,淫雨伤稼。
◆东汉阳嘉元年正月,京师旱,遣大夫谒者诣嵩高、首阳山,并祠河洛请雨。
◆东汉阳嘉三年(134年),大旱,五谷伤灾。
◆东汉永和元年(136年)七月,偃师出现蝗灾。
◆东汉建和二年(148年)八月,新密、荥阳、荥泽、汜水一带发大水,淹没庄稼32.8万亩,淹死男妇老幼300余人。
◆东汉永寿元年(155年),伊、洛河发生特大洪水。
◆东汉延熹九年(166年)一月,豫州饥饿,人口死亡过半。
◆东汉建宁元年(168年)六月,京师洛阳雨60余日,发大水。
◆东汉熹平五年(176年)夏大旱,开三府请雨使者与郡县户曹掾吏登首阳山并祠求雨,见(后汉书注蔡邕伯夷叔齐碑)。
◆东汉建安十七年(212年)七月,大雨,洧水、颍水泛滥。
◆魏黄初元年(220年)六月,暴雨,伊河水溢,洛阳、伊川、偃师、巩县漂溺数千家,人畜死亡甚多。
◆魏黄初四年(223年)六月,大雨,伊、洛河溢,洛阳、偃师、伊川、巩县流民舍千余家。
◆北魏太和元年(227年),大雨20余日,伊河溢。
◆西晋泰始四年(268年),大水,伊河溢。
◆西晋泰始六年(270年),大雨霖,伊、洛水涨溢。
◆西晋泰始七年(271年),伊水溢。
◆西晋咸宁三年(277),发生大蝗,食草木牛马毛皆尽。
◆西晋太康四年(283年)七月,大水,河溢。
◆西晋永嘉三年(309年)五月,大旱,蝗灾,洛河可涉。
◆西晋永嘉六年(312年)蝗虫大起,五月不雨直至于十二月。
◆东晋十一年(355),蝗虫大起,百草无生,牛马相啃毛,猛兽及狼食人,路断行人。
◆东晋太和四年(369年)大雨三十余日,洛河溢。
◆东晋太元六年(381年),河南连续大旱6年,嵩山地区百姓大饥。
◆东晋义熙四年(408年)汝河干。
◆东晋义熙十年(414年)五月,汝河泛滥,汝州千余人被淹死。
◆北魏延昌二年(513年),旱灾,春饥,死者数万。
◆北齐天保八年(557年),从夏至秋,蝗虫遍野,遮天蔽日,声如风雨。

## 四、隋唐五代

◆隋开皇五年(585年),水灾。

◆隋开皇六年(586年)秋七月,大水。

◆隋开皇十八年(598年)八月,嵩山地域登封、新密、汝州、禹州一带大水,禾死1/3。

◆隋仁寿二年(602年)秋七月,嵩山地域普遍大水。

◆唐武德元年(618年),嵩山之阴有回风,激沙砾飞空。

◆唐贞观十一年(637年),伊河发生特大洪水。

◆唐贞观十七年(643年)春,大旱。

◆唐永徽六年(655年),秋水害稼。

◆唐永淳元年(682年),六月,大雨3日,雨如悬河,洛水暴涨,毁洛阳天津桥,淹立德、弘善等坊。水灾,洛水溢。

◆唐神龙二年(706年),水灾,洛水溢。

◆唐太极元年(712年)六月,先是地震,后水灾,嵩山巩义大水环城邑损居民数百家。

◆唐开元四年(716年)七月,水灾,洛水暴涨,沉没各州商船数百艘。八月,蝗虫大起,蝗虫遮天,所经之处,苗稼皆尽。

◆唐开元五年(717年),暴雨连日,人死者70余人。

◆唐开元八年(720年),"六月,东都(今洛阳)暴雨,谷水暴涨,溺死者二万余人,水入上阳宫,宫人死者十七八。瀍水暴涨,涨溺者二千余人"。伊川、偃师、巩县、荥阳遭受特大水灾,黄河、洛河皆决溢,沿河舍荡尽。

大水漫过庄稼地后

◆唐开元十年(722年)五月二十一日,汝河、伊水陡涨,淹没千户人家。

◆唐开元十四年(726年)秋,大水。河水横溢,人或巢以舟居,死者万计,家、苗稼无遗。

◆唐开元二十九年(741年)秋,大水,洛水溢。

◆唐天宝四年(745年)六月,大水,伤禾,秋减收。

◆唐广德二年(764年)五月,大水,没禾。

◆唐贞元元年(785年)夏,嵩山地域大旱,郑州、荥阳一带先旱后涝。全区域蝗虫大起,所至草木及畜毛靡有孑遗。秋,田稼无收,粮米价格直涨到斗米千钱,百姓饿死过半,死者枕藉,无人掩埋。

百姓饥捕蝗为食。从春到秋,先旱后涝,岁大饥,饿殍枕道。

◆唐贞元四年(788年)夏,郑州、汴境内有乌飞入,乌皆群飞,衔木为城,高二三尺,方十里。绪、纳恶而焚之,信宿又然,乌口皆流血。

◆唐元和八年(813年)五月,大雨,大隗山摧,水流出溺死者千余人。

◆唐咸通十年(869年)九月,水灾,嵩山孝义山水深至10米。

◆唐中和元年(881年),四月甲申朔,汝州大雨风,拔街衢树十二三;东都大风,长夏门内表道古槐树自拔者一十五六;雨雹大如杯,鸟兽殪于川泽。京师及东都,汝州雨雹,大风拔木。

◆后唐同光三年(925年)七月,河水泛涨,河堤破,廒仓。

◆后晋天福四年(939年),水灾,洛水溢。

◆后梁开平元年(907年)六月,汝州蝝(蝗的幼虫)生遍地,有野禽成群飞来,将蝝啄食净尽。

◆后晋开运元年(944年)六月,黄河洛河泛溢堤堰。

◆后周太祖广顺二年(952年),大水,伤禾。

## 五、宋代

◆宋建隆元年(960年),旱灾。

◆宋乾德二年(964年),大旱。秋,蝗,秋禾被吃光,大饥。

◆宋乾德四年(966年),嵩山地区大旱。

◆宋太平兴国四年(979年)夏,特大雨,洛、伊水暴涨16米,河水横溢,伊川、偃师、巩县遭水灾,沿河官署及民舍被冲荡尽,死人数万。

◆宋太平兴国八年(983年),六月,伊洛瀍涧四水同时暴涨,淹死万余人,城内寺观、官署、兵营、民宅淹毁万余间。

◆宋淳化元年(990年),正月至四月,大旱。

◆宋淳化二年(991年)夏,溴水汜滥。秋,大旱,蝗虫毁秋禾,岁饥。

◆宋淳化三年(992年)六月旱,飞蝗自东北来,蔽天,经西南而去。是夕大雨,蝗尽死。秋七月,有蝗起东北,趋至西南,蔽空如云翳日。

◆宋至道二年(996年)七月,嵩山地域蝗蝻吃苗。

◆宋咸平五年(1002年)七月,霖雨,洧河溢。

◆宋景德四年(1007年),索河水涨,淹没荥阳居民42家,有溺死者。

◆宋大中祥符二年(1009年)大旱,百姓大饥。七月,洛水泛涨。

◆宋真宗大中祥符九年(1016年)夏,蝗灾严重,来势凶猛,危害极大。

◆宋天圣四年(1026年)六月,大水。洛水溢。

◆宋治平元年(1064年),春旱,秋涝,久雨不止。

◆宋神宗熙宁七年(1074年),嵩山地域普遍大旱,其中新郑、密县、阳翟大旱,自上年六月至是年四月,300天不下雨。

◆宋熙宁九年(1076年),黄河决,洗广武。

◆宋元丰五年(1082年)十月,洛河、黄河溢。

◆宋元丰六年(1083年),水灾,民被溺者十有五六。

◆宋元丰七年(1084年)七月,洛、伊河发大水,水灾。

◆宋绍圣元年(1094年)夏,大旱,蝗,岁大饥。

◆宋绍圣元年(1094年)夏,水,饥。
◆宋徽宗大观元年(1107年)夏,大水,伤禾。
◆宋建炎四年(1130年),郑州、汴京大饥。

## 六、金元

◆金大定十六年(1176年),四至七月,嵩山地域大雨,坏稼。
◆金贞祐四年(1216年),旱灾。
◆金正大二年(1225年)四月甲午,钧州(今禹州)大雨夹冰雹。
◆金天兴元年(1232年)五月,大寒如冬。
◆元至元三年(1266年)四月至七月,禹州、新郑、新密、荥阳、登封淫雨害稼。
◆元至元五年(1268年)夏,嵩山地域久雨害稼。
◆元至元八年(1271年),禹州、新郑淫雨害麦。
◆元至大二年(1309年),汝州水灾,淹死92人。
◆元延祐二年(1315年),大水,冲坏郑州城。
◆元延祐六年(1319年),钧州城大雨雹。
◆元至治元年(1321年),旱灾。
◆元泰定三年(1326年),汜水河暴涨,多处决口,洪水冲郑州、阳武,冲毁民舍1.65万余家,10余万百姓流离失所。
◆元天历二年(1329年),嵩山地域皆大旱,食人肉事件屡有发生,饿死人无数。
◆元统二年(1334年),夏、秋旱,百姓大饥。
◆元至元二年(1336年),嵩山洛阳、偃师、巩义、登封、伊川等县大旱,冬大雨雪,人相食。
◆元至元四年(1338年),嵩山地域特大水,嵩山荥阳黄河决堤,淹禾。洛河溢,漂民居数百家。
◆元至正元年(1341年),钧州大水。
◆元至正三年(1343)新郑、禹州、新密、登封地震。夏,大水。河阴县官署民舍尽被冲毁。
◆元至正四年(1344年)四至七月,大雨,荥阳、郑州发大水,水深2丈许,麦禾无收,百姓大饥,饿殍遍地,以至人相食。
◆元至正五年(1345年),伊、洛河水泛涨,漂没百姓数千家。
◆元至正八年(1348年)五月,禹州、新郑淫雨害麦。
◆元至正十四年(1354年),伊河、洛河溢,漂民居,死者300余人。洛阳、偃师、伊川、巩义受灾严重。
◆元至正十六年(1356年),郑州、河阴县官署民舍尽废。
◆元至正十八年(1358年),黄河决堤,没河阴城廓。荥阳城廓宫室漂没,徙县衙至大峪店。嵩山地域普遍水灾,蝗虫蔽空,大饥荒。元至正三年到至正十八年(1343~1358年),四至七月,郑州、巩县、荥阳、汜水、河阴、荥泽、新郑、密县,连年大水,黄河、洛河、伊河、汜水河多次决溢,灾害严重。荥、汜、河三县大水,淫雨害稼。
◆元至正十九年(1359年)五月,河南、山东、河东、关中大旱。嵩山地域出现大白天飞蝗蔽日,人

马不能行,填坑堑皆盈,庄稼草木被食殆尽。饥民捕蝗为食,或晒干作粮。蝗尽,人相食。

◆元至正二十二年(1362年)秋,嵩山地域大旱,蝗虫遮天,人相食。

◆元至正二十六年(1366年)七月,大雨坏稼。

## 七、明代

◆明洪武五年(1372年),嵩山地域特大旱,洛河、黄河竭,行人可涉。出现蝗灾。

◆明洪武十二年(1379年)四月,嵩山巩义境内发生雨雹,伤麦苗。

◆明洪武十七年(1384年),大水无禾。

◆明永乐元年(1403年)夏,蝗灾严重。

◆明永乐十四年(1416年)七月,蝗灾。

◆明宣德九年(1434年)七月,蝗蝻盖地,尺余厚,伤害庄稼。

◆明宣德十年(1435年)四月,蝗蝻成灾,伤害庄稼。是岁大饥。

◆明正统二年(1437年),春旱,蝗灾。夏大水,河决。岁大饥。

◆明正统三年(1438年),岁大饥。钧州人董英献粮1050石赈济饥民,受明室褒奖。

◆明景泰七年(1456年),冰雹,大如鸡蛋。伊洛河泛涨,水入偃师县城。

◆明天顺五年(1461年),伊水溢,洛阳、伊川境内漂民舍数百家,死人甚多。

◆明天顺六年(1462年),旱灾。

◆明成化四年(1468年),旱灾。

◆明成化七年(1471年),伊洛河水涨,水入偃师城内,漂没很多居民。

◆明成化十二年(1476年),大饥,人相食。

◆明成化十五年(1479年),大旱,人相食,饥民逃荒者甚众。

◆明成化十八年(1482年),荥阳、新密一带特大水,渠毁,房舍被淹,死者众。

◆明成化十九年(1483年),民大饥,人相食。伊、洛河水涨,入偃师县城。

◆明成化二十年(1484年)五月,伊、洛河出水入偃师县城。后嵩山地域遭遇特大旱天,庄稼绝收,1000钱1斗米。百姓大饥,树皮、野草、麻糁搜净食尽,饥民相食,饿死者无数。时山西、陕西、河南3年大祲,饥殍横途,加以瘟疫,朝廷特颁府帑及3省大臣改拨江左运粮10万余艘赈济。其京官藩职会于孙家湾分赈,构亭于偃师龙泉寺,名曰"筹运亭"。

◆明成化二十一年(1485年)四月,大旱,飞蝗兼至,遮日蔽天,禾穗树叶食之殆尽,人皆相食。流亡者大半,时饥民啸聚山林。

◆明成化二十二年(1486年),大旱,蝗灾。

◆明成化二十三年(1487年)六月,大旱,蝗虫危害庄稼。

◆明弘治七年(1494年),升粟十钱。

◆明正德三年(1508年),暑期大旱,途有渴死者。冬无雪。

◆明正德六年(1511年),夏涝,氾水暴涨,溺176人,坏城垣170堵。

◆明正德七年(1512年),大饥,民食荞花、荆子,人相食。

◆明正德十一年(1516年)十一月,嵩山地域东南部,新郑、禹州、密县一带整月大雨不停。

◆明正德十三年(1518年),黄河淹敖仓。

◆明正德十六(1521年)正月至六月,无雨,大旱。钧州城开渠引颍水灌注城壕后,天降暴雨,洪水冲决30余丈。

◆明嘉靖六年(1528年),大旱,庄稼无收。

◆明嘉靖七年(1528年),嵩山地域特大旱,蝗虫成灾。遍地皆蝗,人大饥,人相食,民饿死者大半。

◆明嘉靖八年(1529年)秋,大水成灾。蝗蝻遍境,厚尺许,有司令民捕之,斗给斗粟。禾不尽伤,民赖以安。从嘉靖六年至八年,嵩山地域连年旱灾,井泉干涸,庄稼无收,百姓大饥,饿死者过半。洛阳、偃师、伊川、汝州、登封、巩县、密县、荥阳、新郑、禹县蝗灾严重,飞蝗蔽日,田禾尽没,人相食。

◆明嘉靖十七年(1538年)七月十五日,大雷雨水骤起数丈,没民田禾,荡民庐舍,人畜溺死不可数计。

◆明嘉靖十八年(1539年),大饥,人相食。次年夏,大疫。

◆明嘉靖十九年(1540年)夏,疾病流行。

◆明嘉靖二十年(1541年)夏,雨雹如剩的鹅卵,间有一二如缶瓮者。是秋飞蝗蔽天。嵩山普遍大饥,民食树皮、草子,人相食,饿莩盈野。

◆明嘉靖二十一年(1542年),蝗蝻遍四境,厚尺许,有司令民捕之,斗给斗粟。禾不尽伤,民赖以安。

◆明嘉靖二十二年(1543年)七月十五日,嵩山聚响大雷,普降雨水聚起

蝗虫过后,庄稼无存

数丈,没民田禾,荡民庐舍,人畜溺死不可数计。秋旱,人相食。巩义县城倾颓。

◆明嘉靖二十三年(1544年)冬,民大饥,人相食。次年夏,大疫。

◆明嘉靖二十四年(1545年)夏,有雨雹如鹅卵,间有一二如缶瓮者。是秋,飞蝗蔽天。

◆明嘉靖二十五年(1546年)四月初十,禹州下雨雹大者如奋杵,打死飞禽。

◆明嘉靖二十六年(1547年),春旱。至夏五月有雨,后大疫。

◆明嘉靖二十九年(1550年),大旱。夏,冰雹。

◆明嘉靖三十(1551年)四月初十,雨雹大者如奋杵,损伤禾稼,砸死家畜家禽。新郑、禹州尤甚。

◆明嘉靖三十一年(1552年)四月,巩义境内冰雹如卵,经旬不消,麦尽伤。

◆明嘉靖三十二年(1553年)六月,大霖雨,伊洛河水泛涨。洛阳、伊川、偃师、巩义遭灾。其中,河水入偃师县城内,水深丈余,民舍公办漂没殆尽,人畜死者无数。民不得食者有7日,惟取生棘咽之。百姓逃亡,死者无人掩埋。

◆明嘉靖三十三年(1554年)春正月,不雨。至夏五月十五日雨,大疫。

◆明嘉靖三十五年(1556年)三月,汝州、禹州、偃师下雨雹。

◆明嘉靖三十七年(1558年)春,偃师、巩义、登封一带发生紫虫食麦。

◆明嘉靖三十九年(1560年),大雨,伊、洛河水泛溢。

◆明嘉靖四十年(1561年)四月,嵩山地域普遍下大雨雹。六月,偃师出现地震,后下大雨雹。

◆明嘉靖四十一年(1562年),夏大旱。五月五日雨,麻子、荞麦生苗,秋亦实。

◆明嘉靖四十四年(1565年)六月蝗灾;七月大雨。

◆明隆庆二年(1568年)夏,大旱,人相食。

◆明隆庆三年(1569年),伊、洛河水溢涨。水入偃师县城,知县王环三面筑堤。

◆明隆庆四年(1570年),夏秋大水。

◆明隆庆六年(1572年),水灾。

◆明万历元年(1573年),禹州磨窝山群虎大肆搏噬。勇士马恕率众百余人捕打三四只,民赖以安。

◆明万历二年(1574年)禹州出现天雨和虫蛾,虫蛾形如麦大,白色四翅,昼飞如雪,城中尤甚。拂面蔽目,人不能行。夏,嵩山地域大旱,大饥。

◆明万历三年(1575年),雨霉着屋墙,经岁不落。

◆明万历八年(1580年),大旱,大饥,人相食。

◆明万历九年(1581年)夏,大水,洧水暴涨,平地水深丈余,沿河数百家人、畜多溺死。

◆明万历十年(1582年)六月,颍水泛涨,禹州城北关民舍漂流殆尽。

◆明万历十一年(1583年),登封、伊川县境内有雹。溱、洧水暴涨,平地深丈余,新郑城南沿河数百家人、畜多溺死。

◆明万历十三年(1585年),伊水暴涨。

◆明万历十四年(1586年)二月,大风,昼晦,人对面不能相见。后大旱7个月,谷、豆皆坏,物价飞涨,荞麦每斗300钱。大饥,人相食。

◆明万历十五年(1587年)春,地一日三震。春旱,麦不收。九月十二日,下雪一尺半厚,晚秋作物全被冻死,每斗麦子400钱。

◆明万历十六年(1588年)春,嵩山地域普遍大旱,大饥,人相食。又加瘟疫流行,百姓病饿交加,死者近半,白骨遍野,悲惨至极。

三月,汝州有黑风自东北来,白天黑暗如夜,人伏地不敢行,有不少鸟兽误入水中淹死。夏,大疫,死者甚众。

◆明万历十八年(1590年)三月三日,黑风自北来,昼晦,顷天稍赤,空中若有旌旗状,次日方息。

◆明万历二十年(1592年)五月,大雨,至于七月,禾头生耳。

◆明万历二十一年(1593年),自夏至秋阴雨连绵,有处积水1丈多深。大饥,人相食。

◆明万历二十二年(1594年),大旱。

◆明万历二十七年(1599年),大旱。

◆明万历三十一年(1603年)二月,残树叶剥尽,大饥;四月,登封、巩义境内有雹;夏雨连绵不断至八月,大水淹没民田。

◆明万历三十四年(1606年),飞蝗蔽天,自北面南,食禾殆尽。民大饥。

◆明万历三十五年(1607年),雨雹大如鸡卵,打死禽鸟,害稼。

◆明万历四十年(1612年)六月,大雨。平地水深二丈,禹州东北城门俱漂没。居民溺死甚众。

◆明万历四十一年(1613年)秋,洧水、洛河、伊河大水,平地深丈余,人、物漂没无数。水后不久飞蝗蔽日,食禾苗,草木叶皆尽。

◆明万历四十四年(1616年)夏六月,嵩山各市县普遍出现大蝗蔽日,小蝻匝地一尺,寸草几尽,食人衣帽。七月,雨,蝗蝻死,是岁稍有收成。

◆明万历四十五年(1617年)夏六月,飞蝗蔽天,旱蝗蝻复生,厚一尺。越城升楼,街衢莫不有之。禾尽,食有衣帽。嵩山地域上下开始捕虫。其中,新郑知县陈大忠令捕近千石,埋之。七月,雨。蝗蝻死。

◆明万历四十七年(1619年)春二月,黄雾四塞,遮天蔽日。大旱,无麦禾,人相食。

◆明万历四十八年(1620年),大旱,无禾。

◆明天启三年(1623年),伊河暴涨。

◆明天启四年(1624年)四月二十九日,新郑烈风雨雹齐至,须臾深尺余。雹大如斗,小似鸡蛋,禾稼尽毁。

◆明崇祯元年(1628年)秋,淫雨两月,平地涌泉,民房多塌。

◆明崇祯三年(1630年)夏五月,大旱。汝州境内有黑风自东北来,遍地都是钱印,大小不一,3日后不见。

◆明崇祯四年(1631年),登封、密县一带大雪连下5日夜,平地深2米许,沟涧皆平,人、畜冻死近半。百姓缺食少柴多绝炊火,很多人冻饿而死,雪融现尸者随处可见。

◆明崇祯五年(1632年),特大雨。六月淫雨连下60日夜,后复大雨3昼夜。洧水暴涨,陵谷变迁,新郑、密县、禹州城垣、民舍多塌。秋雨多,黄河在孟津决口,淹数百里。

◆明崇祯六年(1633年),春、夏、秋三季大旱。瘟疫流行,死亡无数。汝州城内有鸟千百成群自西北来,比鹌鹑稍大,爪无后趾,因此不能栖树,多停息于平地,人称"番鸡",多杀而食之。

◆明崇祯七年(1634年),蝗飞蔽天。日出色如火,怪风屡作,觌面莫能识。铁器皆有火光。沙鸡自北来,荥阳、新郑尤多。

◆明崇祯八年(1635年)正月,流寇数十万屯聚密县,屡薄城下,焚杀甚惨。秋复大蝗,蔽天布野。

◆明崇祯十年(1637年),汝水味变臭,饮用的人多有病。七月,蝗虫成灾。

◆明崇祯十一年(1638年),天大旱,大蝗。川竭井栖,饥民塞途,后瘟疫流行,死伤甚众。三月庚子,登封文庙大殿灾,延及戟门两庑。

◆明崇祯十二年(1639年),春无雨。四月蝗虫成灾,民相食。八月蝼生,井水臭秽不能饮用。

◆明崇祯十三年(1640年),嵩山地域春夏无雨,麦秋无收,特大旱。蝗蝻复生,蝗虫成灾,"草木兽皮虫蝇皆食尽,父子兄弟夫妇相食,死尸载道",人死者半。史料记载,由于连年大旱,汝州县内斗米十串钱,树皮蒿叶人皆食,树叶每斤100钱,鸟鹊南飞一空,老鼠千百成群,纷纷渡河翻山南迁。八月二十四日,登封、密县、荥阳、新郑、郑州发生了霜杀荞麦。秋末,新郑西南20里桐树张家庄,地裂,阔2尺余,长30余丈,水溢出。洛水深不盈尺。斗米价至二两,道殣枕籍,饿莩盈野,父子相食。

◆明崇祯十四年(1641年),春大旱,夏麦无。秋蝗复至,禾无收。大饥、大疫双至,人相食,父子相食,死者相枕藉。斗米5000钱,升麦440余钱。

《密县志》:"闯寇围密,三日城破,知县朱毓汻、教谕岳士瞻死之。百姓屠戮殆尽。"

◆明崇祯十五年(1642年)五月。中岳庙大火,大殿两廊,峻极门俱烬。

◆明崇祯十六年(1643年),大旱,无禾,大饥。食榆皮、桑椹,有数日不火食者,民多逃徙河北。荞麦每斗价6000钱。

本年十月,禹州城中出现一罕见奇闻:土贼武刚入禹州城,杀人为粮,拆屋充薪。凡宴会脍炙无不以人为之烹调,割切一如猪羊肉式。居63日始去。城中白骨成堆,瓦砾满地,晡时即闻鬼哭,30余日无一人迹,为旷古未有之变。

登封农民起义领袖李际遇盘踞偃师山寨,人不得耕,但食榆皮、桑椹,有数日不火食者,民多逃徙河北。

从崇祯八年至十六年(1635~1643年),近十年间,嵩山地域旱荒连接,蝗蝻频起,瘟疫持续发作流行,一直是春荒、夏旱、秋冬大饥疫,嵩山地域赤地千里,禾枯粮绝,盗贼蜂起,骨肉相食,百姓饿而死者无数,仅郑州市郊死亡灭绝者就有数百家,以至十室九空,道路罕有人行。

◆明崇祯十七年(1644年),因上年大旱,春饥,人相食。七月,引发农民起义,李际遇、申靖邦率众攻登封城。是年,旱、蝗、疫、兵等灾交加,民死逃殆尽。

## 八、清代

◆清顺治元年(1644年)秋,大水,人相食。

◆清顺治四年(1647年)春,无雨,伊、洛河发大水,无禾。

◆清顺治五年(1648年)夏,淫雨连月,禾稼溃毁。蝗自南来,入至嵩山地域的禹州一带,忽有鸟如鹰,百十为群,喜吃蝗。每鸟吃蝗一升许,遂不为害。

◆清顺治六年(1649年)夏,大旱。《密县志》:顺治六年(1649年)春,群狼入城吃人,知县李芝兰祷于城隍庙,即日获狼十余,患遂息。

◆清顺治八年(1651年)夏,大水成灾,西城墙被冲毁。

◆清顺治十一年(1654年),五六月大雨,嵩山新密塌房十之有七。

◆清顺治十四年(1657年),伊、洛河溢,没民舍,洛无禾。洛阳、伊川、偃师、巩县无疾而死者甚众。

◆清顺治十五年(1658年),伊洛水溢,无禾。夏六月,偃师窑头村寇宗武家,六口人无病一日死。接着,周围出现无疾而死者甚众。

水灾

◆清康熙元年(1662年),伊、洛河水涨至堤。

◆清康熙二年(1663年),蝗蝻蔽野。

◆清康熙四年(1665年)夏,大雨如注,民屋倒塌数间。

◆清康熙八年(1669年),大雨,伤稼。

◆清康熙十一年(1672年)夏旱,蝗飞蔽天。秋大雨,害稼。

◆清康熙十三年(1674年)六月,大旱。

◆清康熙十四年(1675年)正月,雪霰结如球。五六月大旱。

◆清康熙十七年(1678年),膳食谷天。密县出现蛇灾。

◆清康熙十八年(1679年)夏旱,秋淫雨数十天,谷尽腐烂成灰。

◆清康熙十八年(1679年),春夏大旱。入秋,阴雨连绵数日。八月发大水,秋禾淹没。民有食者十无二三,树皮草根食尽,谷尽腐烂成灰。

◆清康熙十九年(1680年),春夏大旱,秋大雨。民大饥疫。

◆清康熙二十年(1681年),瘟疫伤人甚众。

◆清康熙二十二年(1683年),夏大旱,大饥。

◆清康熙二十三年(1684年)秋,飞蝗蔽日,食禾,秋无收。

◆清康熙二十四年(1685年)夏、秋大旱,禾死,大饥。秋,暴雨数日,密县衙房倾倒。

◆清康熙二十六年(1687年),春夏大旱。

◆清康熙二十七年(1688年)夏,大旱,岁饥。

◆清康熙二十八年(1689年)春夏大旱,九月早霜,乔麦枯。

◆清康熙二十九年(1690年)正月,风霾昼晦20余日乃止。春大旱,四月,天雨土麦不登。五月始雨。六月局部发生冰雹,大如鸡卵,牛大疫。秋禾尽枯,遍野蝻生。夏、秋大旱,牛瘟十死八九。人大饥。

◆清康熙三十年(1691年),春无雨,麦枯萎。飞蝗自东南来,障日蔽天,集地厚尺许。至十月不绝,米贵如珠,民多转徙饥死。秋无禾,大疫。

◆清康熙三十一年(1692年)春,大风、不雨,麦绝收。夏秋瘟疫盛行,百姓死亡甚多。

◆清康熙三十三年(1694年),正月至六月,无雨,大旱。登封旧志载:有蝗遍地,奉旨捕灭,知县张圣浩率领县士民,设法捕打殆尽,寻蝻生,知县冒署传餐,督众掘坑,且焚且瘗,幸未成灾。

◆清康熙三十四年(1695年)夏,嵩山地域大水。四月初六,登封地震。六月二十一日,暴雨如注,三日不止,水涨浮天,人畜淹毙。冲坏田地,沙压石堆,多成河(石+八)。

◆清康熙三十五年(1696年),大旱,蝗成灾。

◆清康熙三十六年(1697年)夏,禹州地震。六月,大水,八月,出现蝗灾。

◆清康熙四十七年(1708年),大旱,岁饥。

◆清康熙四十八年(1709年)夏,伊、洛河发大水,涨至堤。民大饥,大疫。

◆清康熙五十二年(1713年),大旱,麦种不能播。

◆清康熙五十三年(1714年),大旱,民大饥。

◆清康熙六十年(1721年),大旱,夏无收,粮停征。

◆清康熙六十一年(1722年),大旱,水泉枯竭,牛疫流行。夏无麦,秋无禾,民多饥死,粮食停征。各县政奉宪煮粥以赈。

◆清雍正元年(1723年),大水,伊水涨,冲田舍。三月,瘟疫流行。

◆清雍正六年(1723年)三月,落霜伤麦。

◆清雍正七年(1729年)六月,大雨。索河水涨及荥阳城楼。夏,旱,大饥。

◆清雍正八年(1730年)六月三日,大雨,洧水啮新郑县城,西门、南门、北大王庙圮于河。密县大水,民房倒塌,砸死数百人。各县灾情不同,多有民居倒塌,压死人数不等。洧河上下,冲民田4万余亩。

◆清雍正十二年(1734年)秋,伊、洛河水泛涨,大水,平地水深数尺,巩义淹没十几个村庄。

◆清雍正十三年(1735年)四月,洪水冲坏禹州城东、西两门外石桥。五月,颍水漫溢,冲坏城墙。秋,嵩山地区普降大雨,浸巩义县城。

◆清乾隆二年(1737年),阴雨为患,巩义回郭镇被浸百余家。

◆清乾隆三年(1738年)六月,汝州城降大雨雹,洗耳河涨水,西关新修大石桥连桥基被冲走;州东泰山庙前大石桥也被冲毁。

◆清乾隆四年(1739年)六月,大雨三昼夜,洧水环新郑南门,入南门没石阶,不尽者有3级。

◆清乾隆五年(1740年)三月,汝州遍地生蚕虫(如蚕大,青黑色),专食麦叶。州官命人扑打,并规定每上交1斗虫奖赏100钱。百姓捕捉踊跃,不久即消灭。

◆清乾隆六年(1741年)五月,偃师出现雨雹。六月,伊、洛河水涨至堤。

◆清乾隆七年(1742年)夏,大水。

◆清乾隆八年(1743年)六月,天旱,秋稔。

◆清乾隆九年(1744年),旱灾,民饥。

◆清乾隆十年(1732年),汝州下黑雪。

◆清乾隆十三年(1748年),春旱,大饥。

◆清乾隆十四年(1749年),七月初一、初九、十五、十六等日大雨,沟渠皆平满,洼地禾田受损。大水坏民居,岁欠,牛疫多死。

◆清乾隆十五年(1750年)三月,大雨雪,并有强风拔树塌屋。秋旱,麦难下种。

◆清乾隆十七年(1752年),春饥。夏旱。秋,大水无禾。后水去,有蝗虫。

◆清乾隆二十一年(1756年),淫雨害稼。

◆清乾隆二十二年(1757年),大水,冬大雪大寒,饥馑,饿殍遍野。

◆清乾隆二十三年(1758年),春大饥。夏大旱,疫病流行。秋大水,冬雪大寒。

◆清乾隆二十四年(1759年),春旱。七月,大雨,颍水泛滥成灾。

◆清乾隆二十六年(1761年)七、八月间,特大水灾。黄河、洛河水交涨,洛阳南关华藏寺前水深丈余。汜水山水暴涨,黄河涨溢溃决,偃师、巩县、荥阳部分房舍田禾被淹。荥阳须河涨发,多个村庄房屋多被浸塌。郑州贾鲁河决溢,郑河、东赵、西赵等十多个村庄被淹,房屋倒塌,秋禾尽没。

◆清乾隆二十七年(1762年)夏,大旱。

◆清乾隆三十年(1765年)夏,新郑、密县大雨雹。秋、冬普遍大旱。

◆清乾隆三十二年(1767年),大风从西北来,到新郑城拔木,西城段墙倒。

◆清乾隆三十三年(1768年)四月,雨雹。秋、冬旱。

◆清乾隆三十五年(1770年)四月二十八日,新密、新郑一带有黑风自北来,逾时始霁。五月初二日,风霾竟日夜。是岁旱。

◆清乾隆三十六年(1771年)春,大旱。二月二十七日,大风损麦。三月初二日,大风,微雹。秋大风雨,损禾稼。冬又旱。

◆清乾隆三十九年(1774年)春,多红风,黑祲。岁欠。

◆清乾隆四十二年(1777年),夏大旱,秋无收,民大饥。

◆清乾隆四十三年(1778年),自上年秋不雨至当年六月,麦绝收。是年,正月初六大风,昼响。

◆清乾隆四十八年(1783年),夏旱。旱。

◆清乾隆五十年(1785年)春,大旱,自上年冬到当年三月未雨雪。夏无麦,多大风。秋无禾,始种甘薯。密县缓征钱粮,年征一半。

◆清乾隆五十一年(1786年),春、夏大旱,人相食,瘟疫大作。

◆清乾隆五十六年(1791年),洧水、杨水瀑涨。

◆清嘉庆元年(1796年)夏,蝗飞蔽日不为灾。

◆清嘉庆二年(1797年)冬,大雪3日,平地积雪三尺。

灾情图

◆清嘉庆三年(1798年)夏,旱。

◆清嘉庆六年(1801年)秋七月,大风坏田禾。民大饥。

◆清嘉庆七年(1802年)夏,旱。嵩山地域大面积出现飞蝗过境。

◆清嘉庆八年(1803年),大旱,蝗成灾,收成甚微。

◆清嘉庆十四年(1809年)正月十六日,大风。

◆清嘉庆十五年(1810年),秋旱。

◆清嘉庆十七年(1812年)春,淫雨。麦欠收。秋、冬大旱。

◆清嘉庆十八年(1813年)春,蚕虫孳生,将麦苗食尽,大旱。风灾,秋未种。七月透雨种荞麦,八月下霜,荞麦全部冻死,群众以榆皮、草根为生,死者甚多,人相食。九月酷霜尽毁。冬,密县地震,房屋倒塌严重,人无食粮,畜无草料,官府蠲缓钱粮,并抚恤赈灾。嵩山地域岁大饥,人相食。1斗米值2800钱。禹州集市上出现以人肉诈称牛马肉出售。

◆清嘉庆十九年(1814年)春,大雪,道殣相望。夏,全地域瘟疫大作,死者无数。是年大旱,斗米2200文,人相食。

◆清嘉庆二十年(1815年)夏,淫雨,人多疟疾。

◆清嘉庆二十一年(1816年)春,夏淫雨,人多疥疾。

◆清道光元年(1821年),伊水涨,漂没田庐。史料记载,二月初一,日食。四日午刻,有红黑风自西北来,昼昏如夜。七月自东而西,瘟疫盛行,霍乱流行,病状不同,病者二三日即死,有全家甚至全村死绝的,群众称为"翻病"。相传来年方能痊愈。于是,群众都以八月初一为元旦,中秋节为元宵节。八月初一,又日食。九月,疫病逐渐绝迹。

◆清道光三年(1823年)五月,旱。

◆清道光七年(1827年)夏,大水伤庄稼。伊水涨,危及村庄。

◆清道光十一年(1831年)冬,大雪50余天,飞禽多冻饿而死。

◆清道光十二年(1832年)八月,洛河、伊水涨,民逃。

◆清道光十四年(1834年)春,大旱,麦子每斗3000钱。

◆清道光十五年(1835年)夏,大水,河暴涨,毁房,伤稼。溱水暴涨,沿河村庄淹没殆尽。密县、新郑重灾。

◆清道光二十三年(1843年),特大洪水,禾被淹,秋大减。

◆清道光二十四年(1844年)夏,大水,毁禾。

◆清道光二十五年(1845年),黄河决口荥阳,洪水经郑州东北直趋中牟,大溜夹城而过,凡40华里平原尽成泽国,洪区百姓死亡过半。其他县市为旱灾,洛水枯,舟楫不通。后大雨,平地成沼。

◆清道光二十六年(1846年)夏、秋大旱,大风,秋薄收。麦未播种,大饥。

◆清道光二十七年(1847年),春饥。秋、冬大旱,大饥,乡民逃离,人相食。

◆清道光二十八年(1848年),旱灾,春饥,夏麦大稔。

◆清咸丰三年(1853年)正月,禹州城内红雾蔽日,灯烛无光,次日晴。

◆清咸丰六年(1856年),大旱,蝗灾。

◆清咸丰七年(1857年)春,大雪;秋旱,飞蝗蔽天,遭蝗灾。

◆清咸丰八年(1858年),连续三年秋旱,连续遭蝗灾。蝗虫来临,蔽天布野,禾稼尽毁,收成绝望。

◆清咸丰十一年(1861年)七月,伊川鸣皋一带降暴雨,伊水陡涨,溺死男女数十人。

◆清同治二年(1863年),立夏前三天大雪,人畜多冻死。

◆清同治六年(1867年),嵩山大部分县,旱灾,秋禾歉薄。伊川县境白泽河水涨,冲房没地,人畜伤亡。

◆清同治七年(1868年),旱灾,春荒春饥。夏季连降暴雨,嵩山地域各条河流涨溢,大水泛滥成灾。农历六月二十三日夜,荥阳大雨如注,山水暴涨,漂没畜甚众,东城及东门尽毁;同日密县亦大雨,河水涨溢,冲坏房屋、田地无数。黄河决荥泽冯庄,洪水所过之处,田舍尽被冲毁,郑州沿黄河6个保157个村尽被淹没,河南受灾十余县。

◆清同治九年(1870年)春,膳食麦苗。四月,密县地震。六月,大雨,索水涨及荥阳城东门,颍水泛滥遍及禹州城。十月又雨水连绵,全地域麦种两成。

◆清同治十年(1871年),大旱,10个月无雨,麦播3/10。后荥阳、新密、郑州一带暴雨,索水涨深丈余。

◆清光绪元年(1875年),夏,大旱,秋作物减产四成。

◆清光绪二年(1876年),春夏大旱,麦半收,秋无种,饥民逃荒要饭。

灾民逃荒

◆清光绪三年(1877年),特大旱,秋冬大饥,人相食。从光绪元年至光绪三年(1875~1877年),嵩山地域连续三年出现特大旱灾,赤地千里,庄稼颗粒不收,树皮草根食之净尽。整个区域,饿死者屡有发生。竟有父子兄弟骨肉相食者。百姓或饿毙、或逃亡,十室九空,路断人绝。

◆清光绪四年(1878年),持续干旱,大疫。饥民饿死十之八九,因大疫而死者无算。后刮大红风,风过雨下,秋季丰收。光绪元年至四年(1875~

1878年)洛阳连续大旱四年,伊洛不流,五谷不收,人饿死者十之八九,为300年来所罕见。

◆清光绪七年(1881年)五月,洛阳冰雹大如鹅卵,城乡居民房屋多毁,庄稼损害殆尽。

◆清光绪十三年(1887年)八月上旬,嵩山地域连续10日大雨如注,十三日午夜黄河在郑州下汛十堡(即石桥)决口,决口处宽300余丈,水深1.7丈,淹没郑州以下40余州县,人畜死亡无算。其他县区秋雨连绵45天成灾。冬,雪花大如掌,树木多冻死。

◆清光绪十六年(1890年)夏,禹州城每夜遍地磷火。近看没有踪迹,民众慌恐,以为盗至,全境戒严。

◆清光绪二十年(1894年),夏、秋大水,秋禾多淹死。

◆清光绪二十一年(1895年)五月,大雨,毁禾。疫病流行。

◆清光绪二十四年(1898年)闰三月,十八日,密县地震。五月十二日,全区大面积雷、电、大风交加,冰雹大如拳。树木多拔,洧水两岸尤甚。夏季淫雨连绵,害庄稼,密县、禹州大水。秋洛水溢,巩县一带庐舍秋禾俱没。

◆清光绪二十五年(1899年)三月,雨雹,小麦欠收。秋冬大旱,玉米无收,麦未播种。次年春,大饥,人相食。

◆清光绪二十六年(1900年)九月十九,大风,天昏地暗。大旱,夏、秋无收,饥民市镇夺馍。冬大饥。

◆清光绪二十七年(1901年),秋、冬旱。洛水溢,秋禾淹没。春间红风起数次,二月初九最剧,人畜死者无数,是年谷价昂贵,乞丐充斥。

◆清光绪三十年(1904年)五月,汝州冰雹,麦田尽毁,知州龄昌(旗人)施放稀饭,一人一瓢,舀完为止。

◆清光绪三十二年(1907年)四月下旬,连下大雨,民房有坍塌。秋旱,薄收。

◆清光绪三十三年(1907年),大旱,秋薄收。

◆清宣统元年(1909年)五至八月,洛水连涨3次,洛水一带麦未种。六月,连阴雨霉变。

◆清宣统年(1887年)七月,害虫吃谷。

◆清宣统三年(1911年)六七月间,伊川一带降雹,大如核桃,地积一尺多厚。

## 九、民国时期

◆民国元年(1912年)旱灾,八至十一月无雨,麦未种上。

◆民国二年(1913年)春旱,五月,淫雨40余日,麦无收。七月十五日,伊川鸣皋以西降暴雨,顺阳河水进鸣皋村。秋旱,麦无种,讨饭者成群。

◆民国三年(1914年)夏,暴雨,双洎河涨水,房屋倒塌。麦子无收。八月,蝗虫害庄稼。从具茨山(今禹州浅井镇一带)起,南至颍水南岸,所有谷子、玉米,几乎被吃尽。

◆民国四年(1915年)六月二十四日夜,大雨,历时8时,山洪暴发,颍河泛滥,冲坏铁路桥,房塌无数。

◆民国五年(1916年),嵩山地域大面积雨淞,冰折树枝。秋,大旱,禾尽枯。

◆民国六年(1917年)七至八月,大水,河水泛滥成灾,秋禾被淹。

◆民国七年(1918年)二月,大雨昼夜,洛水、伊水、汝水等河水暴涨,水灾严重。

◆民国八年(1919年),春少雨,棉难种,麦减产。七月,伊川、偃师、巩义一带普降暴雨,洛河、伊河陡涨。沿河部分良田变成河身。秋发生旱灾,秋禾枯死,庄稼基本绝收,人外逃。

◆民国九年(1920年),嵩山地域遭遇特大旱灾,自春至秋数月无雨,麦禾尽枯死,粮食绝收。密县粮价涨到斤价百文,大批饥民外出逃荒要饭。当年农历九月荥阳又发生霍乱,流行蔓延遍及全境,全县病饿而死者1684人,有一家伤及数口者。其他县区,均遭旱灾。伊川县鸣皋、杨海山一带,遇六月大风,许多大树被刮倒。七八月间,顺阳河涨,水漫徐阳村。八月有大霜害稼。秋继旱,20日无雨,秋禾枯死,饥民外出逃荒。

◆民国十年(1921年),春旱,大饥。六月初九洛水涨溢成灾。八月十五日,大雨昼夜,河水暴涨。

◆民国十二年(1923年)夏,大水,新郑北部平地积水33至56厘米。

◆民国十三年(1924年)五至六月,嵩山地域大部连降暴雨。秋旱,百日无雨,秋禾枯死。

◆民国十四年(1923年)春大旱,秋大减,饥。六月八日至十一日,大雨倾城倾盆,河水横向溢,田禾被淹,房屋倒塌。

◆民国十五年(1926年),夏、秋,淫雨,害稼。

◆民国十六年(1927年),巩义八里庄落雹,积尽厚,月不消。

◆民国十七年(1928年),春少雨,水地麦半收,旱地部分绝收。七月,蝗虫蔽日,早秋无存。巩义仓西一带落雹,大小如杏。早秋作物旱死。八月,大霜伤害荞麦。是年,旱魔肆虐,野无寸草,民以藜藿、石面充饥。

◆民国十八年(1929年),去冬无雨雪,春夏旱,部分地区绝收。秋无收,人外逃,巩义境内向黑龙江移民。三月下旬,伊川窦村一带下冰雹大风,1小时地积3寸,大如鸡蛋,打死1人。五月,新郑南陉山蝗蝻如蚁,麦子尽毁。八月十一日夜,部分村庄雨夹雹,玉米、谷子叶落净头,红薯断身。山洪暴发,颍水两岸良田变为沙碛。九月,鸣皋一带降雹,大如核桃,地积4寸。十一月冬,嵩山大部分县区大雪冰封,树鸟坠地。人贫、病多死。

◆民国十九年(1930年)。河南已经持续3年春夏大旱,灾情甚为严重。密县连降两次冰雹,更是灾上加灾。农历五月四日,密县、新郑降落特大冰雹,大者如碗,二麦尽被砸毁,颗粒无收。房屋损坏甚多,人畜伤亡无算。农历六月十五日,密县、新郑暴雨倾盆,继而冰雹复降,平地积雹四、五寸厚,秋苗全被摧折,秋季绝收。八月三十日,暴雨,伊水涨。其他县区春、秋大旱,秋收不及三成。

◆民国二十年(1931年)秋,洛阳、伊川、登封、荥阳一带蝗虫蔽天。八月,暴雨,河水暴涨。秋禾被淹。巩义一带发生洛水决堤,沿河村庄水深1至3米,两岸树木被冲,全县5个区56个乡受灾,淹农田近2000亩,冲毁农田170公顷,灾民40342人,冲塌浸坏民房2万余间,淹死牲畜4800余头,死亡174人,损失财物382.3万元。荥阳自入秋以来,大雨连绵两旬,山洪暴发,汜水、黄河河水泛滥,沟满涧平,广武汜水城内平地水深1~2米,深者没顶,浅者三、四尺,田禾谷物多被冲走淹没,受灾人口11.3万,房屋倒塌625间。

◆民国二十一年(1932年)三月十一日,狂风奇冷,降严霜。

◆民国二十二年(1933年),黄河泛滥成灾,沿河被淹。

◆民国二十三年(1934年)四月廿八日,大风,伊川一带的五六把粗的大树刮倒很多。九月,伊川部分村庄一带下冰雹,大如桃,小如豆。

五月,因黄河决口,滑县沦为泽国。禹县接纳滑县灾民500余人。县民众组织为灾民筹备住处、生活用具及口粮。一月后,水患平息,经监护300人回滑县种秋,所余灾民,仍就食于禹县各区。秋,西华、扶沟等县灾民3000余人进入禹州,索取口粮。禹人组织灾民委员会购馒头千斤。12月中旬,禹县再次接受滑县难民486人,全部安置于城内各会馆。

◆民国二十四年(1935年),半载无雨,麦薄收。六月初六大雨,河水横溢,房屋倒塌无数。七月二十二日,伊川境内部分乡村风雹大作,秋作物受害。

郑州境内发生流行天花,据河南省各县法定传染病报告记载:郑县(郑州古称)全年发现患者1389例,死亡110人。

◆民国二十五年(1936年),全年少雨,夏半收,秋大部分绝收。小麦难种,饥民一半逃荒要饭。

◆民国二十六年(1937年),继上年之旱,夏少雨,灾荒严重。八月大雨,洛河、伊水暴涨,龙门流量达7180立方米/秒,大部分秋禾被淹。1月,密县暴发借粮运动,当地农民提出"吃大户"口号。其中,岳村乡农会组织农民6000余人强行向地主借粮,从农历正月十三日到二十四日,向富户借粮26万余斤,波及方圆30里。

◆民国二十七年(1938年),春夏少雨,小麦严重减产,部分田绝收。四月六日上午10时,北风骤起,尘土蔽日,室内燃灯,至夜半大风息。八月,暴雨。九月,伊川降雹1小时,打坏秋苗。

◆民国二十八年(1939年),大水。夏,淫雨,山洪暴发,双洎河泛滥成灾,田禾被淹,房屋倒塌。秋,洛河涨,农作物受害。

◆民国二十九年(1940年)夏,嵩山巩义境内站街集沟落雹,麦受损。

◆民国三十年(1941年),春季少雨,庄稼薄收。七月,蝗虫自东飞来,秋苗被毁,绝收。

◆民国三十一年(1942年),特大旱灾、蝗灾。上年秋至夏初滴雨未落,井河干涸。赤地千里,饿殍遍野。四月

民国年间的灾民大逃荒

廿二日(阴历三月十五日)龙卷风,伊川鸣皋古会上部分货物被刮上天。六月,嵩山地域有飞蝗,遮天蔽日,方圆数十里,落地二三寸厚,数时禾苗叶茎尽被吃光。6天6夜,蝗虫过处,庄稼、野草、树叶全无。八月十八日至廿三日,伊川大面积降雹,冰雹大的如拳,小的如杏,雹多棱角。秋禾打坏,无收成。秋又大旱,此年麦收二成,秋一成,民无食,以黏土、棉籽饼、草根、树皮、雁屎充饥,逃荒要饭、背井离乡者络绎不绝,卖儿、卖女、卖田地、弃婴者随处可见,逃亡者将半。有的灭门绝户,尸骨无人掩埋。其中,郑州地区以郑、密、荥、禹为最重,有475702人携儿带女外出逃荒,仅禹州饿死者就达121000多人,这是嵩山地区历史上为害最大的一次蝗灾。据1942年10月报载:巩义、登封、新密等县树木草根均刨食殆尽,郑州洛阳间灾民成群沿途逃亡。1942年12月《解放日报》消息:河南省全年粮食收成不及十分之一二,灾民1000万人,饿死者150万以上。

◆民国三十二年(1943年),春旱秋涝。特大旱灾、蝗,庄稼绝收。五月,蝗虫大群大群地从东北向西南飞来,似乌云密布,遮天蔽日,吃光麦叶咬掉穗,食尽树叶、秋禾,压折树枝。村民男女去田里驱蝗或将捕蝗晒干作粮。多者1户捕100至200公斤。百姓以玉米芯、荞麦叶、花生皮、雁屎充饥。全地

域树木草根均刨食殆尽,城乡饿殍载道,路弃尸体无人掩埋,灾民成群沿途逃亡。

从 1942 年至 1943 年,嵩山地域连续两年发生特大蝗灾,飞蝗遮天蔽日,落地则将禾稼吞啮净尽。加之水、旱、风、雹诸灾相随,受灾面积占 90%,粮食基本无收。饥饿丧生者以万计。外出逃荒者不绝于途,卖儿鬻女者随处可见,亦有人相食者,愁云惨雾,灾象空前。据 1943 年的调查资料,嵩山地域饿死几十万人。其中郑县 95121 人,荥阳 30347 人,新密 30593 人,新郑 34353 人,登封 23517 人,巩义 19100 人。仅巩县、密县外出逃荒者就有 30 多万人。

◆民国三十三年(1944 年),因上年飞蝗繁殖,又生蝗蝻,危害甚烈。嵩山地区以水、旱、蝗、雹交错发生,且以蝗害为主。春旱。六月,嵩山五指岭一带和伊川鸣皋、邢庄一带落雹,雹积 3 寸厚,大如杏,棉花、红薯、瓜菜都被打坏。七月,8 级大风,窦村一搂粗的楝树被刮倒。8 月汝河水高到 20 多丈,两岸街市如黄庄、吕屯、沙沟岗、张槐、木植街等 9 处,都化为乌有。绝门灭户几十家,坍塌房屋,损失物品的不计其数。

◆民国三十四年(1945 年)八月,伊川县葛寨一带降雹,大如核桃,小如豆。九月,蝗灾,玉米、谷子减产。

◆民国三十五年(1945 年)一至六月,风雨成灾。密县发生雹灾,秋作物被毁。

◆民国三十六年(1947 年),九月至十月间,阴雨 43 天,粮食严重欠收。

◆民国三十七年(1948 年)八月,伊川葛寨降雹,大如核桃,地积 4 寸厚。

◆民国三十八年(1949 年)夏旱。九月二十二日至三月十三日,淫雨连绵,风、雹成灾,蚜虫滋生蔓延,秋季收成大减,导致次年春荒严重。许多人外出逃荒。

## 第三节　地震录

据史料记载,历史上,嵩山地域的地震次数不少,但造成危害的大级别的地震次数少,没有造成危害的地震次数较多。由于地震没有给当地造成危害,有些当地志书就没有系统地记录,只是笼统地记载一个总的数字。遍查史书,嵩山地域各市县有关地震的记载有三四十次,震级最大的为 6 级,烈度为 8 度。

### 一、夏商周

◆公元前 1767 年,偃师市东南发生 6 级地震,烈度为 8 度。

◆夏桀十年(前 1558 年),《竹书纪年》载"五星相错,夜中,星陨如雨、地震,伊洛竭。"这是历史记载的伊、洛河间发生的第一次地震。史载,"伊洛竭而夏亡",足见破坏之大。

◆周敬王元年(前 519 年)八月,嵩山地域大面积发生 5.5 级地震,烈度为 7 度。

◆周威烈王二十三年(前 403 年),洛邑地震。是年,"三家分晋",中国进入战国时代。

## 二、东汉

◆东汉永元七年(95年)九月,洛阳地震。这是两个月前河北大地震引起的余震。

◆东汉元初二年(115年),洛阳、新城(今伊川)地震。

◆东汉元初三年(116年),缑氏地裂。

◆东汉元初六年(119年)二月,洛阳发生6.0级地震,烈度为8度。洛阳及42个郡国(相当于现在的地级市)地震,地坼裂涌水,入民室,淹杀人。

◆东汉延光元年(122年)七月,洛阳地震。此后连续3年,洛阳皆有地震。

◆东汉永建三年(128年)正月,洛阳东南发生6.0级地震,烈度为8度。洛阳及汉阳(甘肃武山)地震,汉阳坏屋杀人,地裂涌水。

◆东汉阳嘉二年(133年)四月,洛阳地震。余震持续到六月,宣德亭地裂,长85丈。

◆东汉阳嘉四年(135年)十二月,洛阳地震。

◆东汉永和二年(137年)四月,洛阳地震。十月,洛阳再次地震。此后三年,洛阳又多次发生地震。

◆东汉汉安三年(144年)九月,洛阳地震。

◆东汉桓帝建和元年(147年)四月,洛阳附近发生5.5级地震,烈度为7度。九月,洛阳又震。

◆东汉建和三年(149)十一月一日,嵩山地域的荥阳发生地震。洛阳附近发生5.75级地震,烈度为7度。

◆东汉延熹八年(165年)六月,偃师、登封、巩义地震,缑氏地裂。

## 三、唐、五代、宋、元

◆唐元和八年(813年),大隗山崩裂。五月大雨,千余人被溺死。

◆唐延和元年(712年)六月,嵩山一带地震。其中,偃师李材村出现大震雷,地裂,阔丈余,长15里,深不可测;或冲冢墓,柩出平地无损。

◆唐乾符六年(879年)夏,很多雌雉集于偃师城南楼及县署。刘向《说苑》云:野鸟入处,宫室将空。

◆后唐天成三年(928年),新郑大地震。

◆宋庆历七年(1047年)十月,阳翟(今禹州)地震。

◆元延祐元年(1314年),汝州地裂。

◆元至正三年(1343年),钧州(今禹州)、新郑、密县地震。

◆元至正二十六年(1366年)七月,大霖雨,嵩山巩义境内地震山崩。

## 四、明清

◆明成化二年(1466年)四月初八,以钧州为中心发生地震,周边新郑、密县登封有连带地震,连续23天方止。

◆明成化六年(1470年)正月丁亥,钧州地震。

◆明弘治十七年(1504年)七月癸酉,钧州地震有声。

◆明嘉靖元年(1522年)正月初一,嵩山地域普遍地震,有声响,鸡犬皆鸣。

◆明嘉靖十九年(1540年),嵩山禹州地震有声,鸡犬皆鸣。

◆明嘉靖二十七年(1548年)十二月十二日,禹州夜半,大震,有声如雷,枥马皆惊。

◆明嘉靖三十四年(1555年)十二月十二日,嵩山地域普遍地震。其中洛阳、偃师、巩义、登封、新密、新郑、禹州、汝州大震,有声如雷,枥马皆惊,人不敢进屋睡。

◆明嘉靖三十五年(1556年)二月二日,陕西省华阴县发生8级地震,波及嵩山汜水、荥阳、巩义、新密、偃师、登封、伊川一带,造成山颓屋塌。《汜水县志》(民国版)载:"元武顶太和宫被震塌。"

◆明嘉靖四十年(1560年)四月,偃师一带地震。

◆明万历十五年(1587年)春,新郑、禹州一带地震,一日三震。

◆明天启二年(1622年),嵩山洛阳、偃师、孟津、伊川等7个市县同日发生地震。

◆明崇祯九年(1636年),荥阳窝村北发生地裂,宽约3米,长1500米。

◆明崇祯十一年(1638年),汝州境内发生地震。

◆明崇祯十三年(1640年),新郑县城西南桐树张村地裂,宽0.7米,有水溢出。洛阳发生5级地震,震中在北纬34.7°、东经112.5°,烈度为6度。

◆清顺治十六年(1659年),嵩山西北处有山鸣声。

地震

◆清顺治十七年(1660年),嵩山东北处发生山崩。登封旧志载,是日晴霁,嵩山青童峰迤西,倏有声如雷,众咸望之。白气亘天,绕而东复直上良久乃散,人登之见山崩矣。

◆清顺治十六年(1659年)正月,嵩山西北出现山鸣声,持续近2个时辰。

◆清康熙三十四年(1695年)四月初六戌时,洛阳地大震,隐隐有声,屋壁皆倾。

◆清顺治十七年(1660年)嵩山东北崩。旧志载:是日晴霁,嵩山太室山青童峰迤西,倏有声如雷,众咸望之。白气亘天,绕而东复直上良久乃散,人登之见山崩矣。

◆清康熙十六年(1677年),禹州地震。

◆清康熙三十四年(1695年)四月初六,汝州、荥阳、密县、登封地震。五月十八日,洛阳、偃师、登封、伊川地震,隐隐有声,屋壁皆倾,越五六日又震。

◆清康熙三十六年(1697年)四月,新郑、禹州地震。六月,大水,八月,出现蝗灾。

◆清康熙五十二年(1713年),嵩山偃师、洛阳地震。

◆清乾隆三年(1738年)十一月二十一日,新郑半夜地震。

◆清乾隆二十年(1755年)夏,禹州地震。

◆清嘉庆六年(1801年)十二月二十六日,开封、尉氏、鄢陵、新郑、临颍地震。

◆清嘉庆十八年十二月十九日(1814年1月10日),荥阳贾峪(北纬34°6′,东经113°5′)发生5.7级地震,震中烈度6度,孤山庙颓崩,这是郑州地区有记载的最强烈的一次地震。据贾峪乡谷山庙《重修祖始庙碑》记载:"未时地震,庙宇颓崩——饥馑荐臻,人相食,继之瘟疫流行,死者大半。"同时发生地震的还有密县、巩县。

◆清嘉庆十年(1805年)十二月,荥阳、密县、新郑、郑州、禹州地震。

◆清嘉庆十九年(1814年)十二月,新郑地震。

◆清嘉庆二十年(1815年)冬十月,登封、密县、荥阳大地震。

◆清嘉庆二十二年(1817年)三月,新郑、禹县、洧川地震。《新郑志》载:三月初一,新郑地震;四月朔日食;十月朔日又食。十二月二十六日,白虹如环贯日,其数有三。

◆清嘉庆二十五年(1820年)六月二十六日,禹州、新郑发生地震,有声如雷。秋又地震,声如雷。

◆清道光七年(1827年)春,禹州、新郑地震。

◆清道光十年(1830年),禹州地震有声。

◆清道光二十七年(1847年)三月、五月,嵩山地域新郑、禹州、汝州、密县、登封、伊川、洛阳一带两次地震。

## 五、民国

◆民国五年(1916年),嵩山地区新郑一带地震。

◆民国九年(1920年)十一月七日晚,密县地震。十一月十八日,禹州、汝州地震。

◆民国二十六年(1937年)七月二十五日,新郑地震。八月一日,密县部分险房、险洞倒塌,曲梁黄台一带出现了东西向1公里多长的地裂,平均宽度为0.1米,最宽处为0.33米。

◆民国二十九年(1940年)八月,荥阳乔楼乡双庄村北沟边有一长100米、宽8米地段,突然下陷8米,同时伴有"隆隆"声,尘土冲天。

◆民国三十六年(1947年),新郑地震。

# 第五章 嵩山地理

人类文明的创造与地理环境有着密切的关系,中华民族对哺育其成长的大地有着极为深厚的感情,我们的祖先从一开始就对周围的地理环境怀着无比的激情,积极认识它,世代相袭,步步进取,为人类认识自然,改造自然作出了自己应有的贡献。特别是在自然地理方面几乎涉及各个分支领域,诸如气候气象方面的气温、降水、节气、季风等;地形方面除流水,岩溶地形外,还有地震、冰川、沙漠、海岸等特殊地形;水文方面的水位、汛期、流速、流量、泥沙等;土壤方面还有土壤改良利用;生物方面的动植物的分布及其变迁等,勤劳勇敢的中华民族在认识地理环境,改造地理环境过程中,不断地发展了中华文明。

神奥皆在嵩山一草一木间

嵩山位于河南省西部,地处河南省登封市西北面。嵩山古名为外方、嵩高、崇高。五代后称中岳嵩山,与泰山、华山、恒山、衡山共称五岳。1982年,嵩山以河南嵩山风景名胜区的名义,被国务院批准列入第一批国家级风景名胜区名单。2004年2月13日被联合国教科文组织地学部评选为"世界地质公园"。

## 第一节 嵩山概貌

嵩山位于河南省中北部,北有黄河,南为外方山、伏牛山,西为秦岭与关中平原。中部邙山东西穿越,东部为豫东大平原,整个地势西、北、南部高,中、东部偏低,形成以洛阳盆地为中心的伊洛涧平原,境内山势低缓,谷地平坦开阔。嵩山居天地之中,其泰山、华山、衡山、恒山四山拱四方,为群岳之宗也,故嵩山又为"天中之山"。

嵩山属秦岭山脉伏牛山系东延的系列山脉,向东北、东、东南方向扇形展开,地势自西向东逐渐降低。区内地势起伏较大,地貌类型复杂多样。嵩山自嵩县东北的外方山分出,迤逦于洛阳、伊川、汝州、偃师、巩义、登封、新密、荥阳、新郑、禹州境内,与洛阳、郑州相连一体,主体部分的太室山与少室山在登封市境内。嵩山东西绵亘近200公里,主体面积约450平方公里,地域面积约11110平方公里。

嵩山的范围自龙门以东,由西向东依次有香山、万安山、八风山、马鞍山、五佛山、挡阳山、少室山、轩辕山、君子山、太室山、讲山、牛山、东龙门山、五指山、浮戏山等。山体从浮戏山起分为三支,往北有敖仓山,往东有青屏山,往南有马岭山、密岵山、荟萃山。荟萃山东延为具茨山、大隗山,西延隔颍水为箕山、小鸿山、大鸿山、风穴山。主体部分的太室山与少室山在巩义以南,登封以北,地理坐标为北纬34°26′至34°33′,东经112°44′至113°15′。嵩山的各大山脉的高度一般在700米至1500米之间。太室山的最高峰为峻极峰,海拔1492米,少室山的最高峰为连天峰,海拔1512.4米,两山对峙相距约8.5公里。其他山脉都低于少室山和太室山,其中马鞍山海拔1254米,挡阳山海拔1224米,浮戏山海拔1108.5米,具茨山海拔793米。另外有两条与嵩山主脉平行的山脉,一是箕山山脉,一是熊山山脉,这两条山脉均在颍水以南,海拔在723米至990米,是嵩山的组成部分。诸多的支系山脉构成矗立中原大地的嵩山山系。嵩山西连秦岭,北依黄河,南临颍水,东西横卧,如一条巨龙盘踞在中原腹地,形成了气势磅礴的巍峨壮观景象。

在嵩山主要的分支山脉之间,都有独立的水系分布,蜿蜒着黄河、洛河、伊河、颍河、汝河、洗耳河、洼水、绥水、溱水、洧水等密密麻麻的河流。挡阳山与少室山相连,称少室通阜,为颍水发源地;鸿山贯宝山南麓是南流洗耳河的发源地;八风山是洼水的发源地,洼水西流入伊河;马岭山是洧水的发源地,洧水入新密后,纳溱水,称双洎河;轩辕山北麓的休水河、五指岭北麓的石子河、东西泗河,均北流入洛河;伊河、洛河在巩义神堤村会流,叫伊洛河;黄河、洛河在巩义神都山下会流的地方,叫洛汭。这些河流在古代比今天的流量大得多,它们孜孜不倦地奔流不息,使这里有着充沛的水源。山脉与水系相间排列,每条较大河流都与一些山间谷地和盆地相串通,较大的盆地有伊川盆地、洛阳盆地、临汝盆地、巩义盆地、告成盆地等。谷地和盆地相串连,形成了地势低凹的开阔地带和盆地。而这些盆地和河流谷地,正是人类最早开发的地区,也是早期人类选择居住条件最好的生存地方,这是早期文明产生的最佳地带,是中华文明的天然"摇篮"。

嵩山地域一座座高大的山脉形成了层层天然的屏障,在这些屏障内,有充足的水源,有繁茂的林木,有远古时期的亚热带雨林地区的气候。这些肥沃的自然地理条件和良好的生态环境,为华夏的原始先民聚居、生产与生活,提供了极为有利的因素。

## 第二节 嵩山地质

中岳嵩山在中华大地上,山虽不高,资历却老。五岳的形成虽非开天之祖盘古的身形所变,但其地质地貌遗迹却都可以称得上是一个天然的地球演化的博物馆。

在地球演变的编年史上,地球的年龄约在40亿年左右,那时的地球全是被一个水圈包围着。后来地壳不断运动后才形成陆地、海洋。据地质学家研究,嵩山是世界上最早露出大海的古陆地。30亿年左右,当地球尚处在天地茫茫,混沌未开,一片汪洋之时,嵩山在大海中已经形成了小块的陆核,之后在漫长的造陆和造山运动中骚动、碰撞、裂变、聚集、成山,山体开始在海水中沉浮慢慢地发育成长。

大约在6亿年前后,当时的陆地还没有完全浮出地表,但是北边的中国已开始浮出地表,这里面也包括了嵩山。也就在这一时期,当嵩山最后一次升出海面,雄姿矗立于自然天空时,以高著称于世的喜马拉雅山和整个秦岭都还在海底沉睡。嵩山岩龄有的已届30亿年,无愧于"地球上的老寿星"这一赞誉。

在嵩山,我们可以探索华北古陆30多亿年的沧桑变化:太古宙的岩浆侵入,元古宙的地壳运动,古生代的海进海退,中生代的滑动构造,新生代的山岳冰川。险峻壮美的嵩山因岩龄古老和发育完全、出露完整、类型齐全的独特地层构造而被冠以"五代同堂的地质史记"。嵩山历来为国内外学者所重视,中国地质科学院第五任院长、联合国教科文组织地质公园专家组惟一的中国专家赵逊这样赞美嵩山:"嵩山与美国的黄石公园、加拿大的苏必利尔湖、俄罗斯的卡拉半岛等相比,科学价值在其之上。"马杏垣教授在向国际文化与自然遗址保护委员会推介嵩山地质遗址时说:"嵩山地域地质现象中最可贵的是它的重力滑动构造,这是世界上最宏伟的,可以说也是独一无二的。世界上前寒武纪重力构造虽然在西南非也有,但不如中国嵩山精彩。从古构造观念上讲,它们是沉积物的变形,琳琅满目。"联合国教科文组织地学部主任伊德博士对嵩山地质景观考察后激动万分地说:"嵩山不仅拥有全球罕见的五代同堂地质现象,还融合了地球的历史和文化,真是太奇妙了,期待全世界的人都来此参观。"

嵩山地质

嵩山是石头与人文景观的完美融合,其地层构造在全球有重要的地学对比意义。嵩山地区发育着集典型、稀有、系统性于一身且不可再生的珍贵地质遗迹,是研究地壳演化规律、追溯地球演化历史的理想场所。在不到400平方公里的区域内,嵩山地区连续完整地出露着太古宙、元古宙、古生代、中生代、新生代五个地质时期的沉积和构造,清晰地保存着发生在距今25亿年、18亿年、5.43亿年分别被命名为嵩阳运动、中岳运动、少林运动三次全球性前寒武纪造山、造陆运动所形成的不整合接触界面及构造形态遗迹,嵩山以其丰富的地质文化内涵受到世人的青睐。

嵩山地域现代意义上的地质调查开始于上世纪初期。1950年,地质学家张伯声在登封嵩岳寺塔西南山沟中发现了片麻岩与石英岩之间的不整合接触关系,随即命名为"嵩阳运动"。1954年,张尔道教授把五佛山一带分布的轻微变质或不变质岩层称为五佛山系,并把五佛山系与石英岩之间的不整合接触命名为"中岳运动"。1960年,王曰伦教授发表了论文《嵩山地质观察》,在证实肯定嵩阳运动、中岳运动的同时,把五佛山系与寒武系之间的不整合接触命名为"少林运动"。不久,走遍了嵩山山山水水、沟沟坎坎的马杏垣教授在五佛山群葡萄岭组页岩与骆驼畔组之间发现了微弱交角不整合接触关系,创立了举世闻名的重力滑动构造理论。

嵩山山系中最古老的岩石是太古代花岗绿岩系,它是距今36~25亿年由海底基性岩浆喷发和酸性岩浆侵入而形成的火山岩和侵入岩,后经地壳运动的应力作用和温、压效应,使其褶皱造山、变质变形的片麻岩,地质学家把不同类型的片麻岩总称为登封群。距今25~18亿年古元古代滨海、浅海沉积物变质而成的石英岩、片岩和白云类岩石,地质学家总称为嵩山群。距今18~10亿年中元古代滨海、浅海沉积的砾岩、石英岩状砂岩、泥岩、页岩、白云岩等,地质学家称其为马鞍山群和五佛山群。

大约从30亿年前开始,嵩山地域的海底发生了来自地幔的基性熔浆喷发和酸性岩浆侵入,形成了被称为结晶基底的花岗绿岩系。在距今25亿年前后,嵩山地域发生了被称为"嵩阳运动"的剧烈地壳运动。嵩阳运动是指太古宙登封群片麻岩与元古宙嵩山群之间不整合界面所代表的一次造山运动。嵩阳运动的结果使海底沉积的花岗绿岩系受到近南北向的应力作用、温压效应而发生褶皱隆起,慢慢露出海面,形成山脉,这是嵩山首次露出峥嵘。后来经过长期风化剥蚀,嵩山渐渐被夷平了,加上地壳不断下降,嵩山又被淹没在海水之下,形成滨海和浅海环境,接受了被称作嵩山群的碎屑物质、泥质及钙镁等物质的沉积。到了距今18亿年前后,嵩山地域发生了被称为"中岳运动"的全球性地壳运动,中岳运动是指发生在中元古代和古元古代之间嵩山地域五佛山群与嵩山群不整合界面所代表的一次褶皱造山运动。"中岳运动"期间,来自东西方向的应力作用和温、压效应使海底的碎屑岩——碳酸岩地层慢慢隆起成山,露出海面,嵩山第二次屹立于中华大地。"中岳运动"是嵩山地区地质发展演化史中最重要的构造事件,它形成了区内统一的基底,是基底演化阶段的结束、沉积盖层演化阶段开始的标志,它还标志着华北统一大陆的形成。"中岳运动"后,嵩山再次慢慢风化、剥蚀、夷平、下降,逐渐被海水吞噬,形成滨海、浅海等环境,先后沉积了被称作马鞍山群、五佛山群和罗圈冰碛层的地层层序,到了距今5.43亿年前后,嵩山地域又发生了被称为"少林运动"的地壳运动。少林运动指嵩山地域寒武系关口砂砾岩与五佛山群之间的不整合界面所代表的褶皱造山运动。"少林运动"使嵩山一带大范围地升出海面,形成了现在的嵩山山系,后来虽然发生了古生代广泛的海侵,但嵩山山系的主要山峰始终未被海水淹没。"少林运动"结束了地质史上的元古代,进入了古生代。这次运动的证据在少林寺南面的山坡上清晰可见。少林寺的位置正代表着这段地质史的分野,少林寺前面是元古代地层,后面是寒武纪地层。从寒武纪到奥陶纪,嵩山地区大部分仍然被海水覆盖,又经过了两亿年,这里的地壳最终上升到海平面以上,嵩山从此扬眉吐气,昂首屹立于天地间。

三叠纪时,发生了一次延续时间很长的被称为"燕山运动"的地壳运动,我国的很多山脉都是在这次运动中形成了现在的基本格局。嵩山这次受到南北方向力量的挤推,形成了东西方向的主轴,又因受力部位不均匀,一方面形成了嵩山南北两侧的东西方向大断层,形成了壁立千仞的悬崖峭壁,使得嵩山挺拔峻峭;一方面出现了两组剪切断裂,沿着东西方向的大断层,太室山相对少室山北移,五指岭又相对太室山北移,形成了现在嵩山的山势和地貌。

在嵩山世界地质公园内,连续出露着太古宙、元古宙、古生代、中生代、新生代五个地质历史时期的岩石地层序列,地学界称之为"五代同堂"。

太古宙地层,嵩山地域最老的一代,已有约27亿年的高龄,由海底火山喷发物和海洋沉积物固结、变质而成,代表性岩石为片麻岩和片岩,叫做"登封岩群"。

元古宙地层,嵩山地域第二代,分下部和上部两套,由海洋沉积物固结而成,代表岩石为砂岩、页岩、石灰岩等。

嵩山岩石地层

下部叫"嵩山群",上部称"无佛山群",后者含丰富的微古生物化石——叠层石。

古生代地层,嵩山地域第三代,分上下两套,下套为寒武奥陶系,已有 5.43~4.9 亿年,由海洋沉积形成,主要岩石为石灰岩,含丰富的动物化石,三叶虫最多;上套叫石炭二叠系,形成于 3.54~2.5 亿年间,为滨海、湖沼沉积形成的砂岩、页岩、并含铝土矿和多层可采煤层,动植物化石丰富。

中生代地层,嵩山地域第四代,区内仅出露三叠纪地层,为一套红色为主的砂岩、泥岩,年龄 2.5~2.05 亿年,由内陆湖泊沉积形成。新生代地层,新生代底层属于嵩山地域的第五代,为 6500 万年以来的陆相沉积物。

五代地层至今都有出露,而且层序清晰。嵩山的地质历来为国内外学者所重视。其地质构造以其岩龄古老,类型齐全,构造复杂,形迹各异,发育完整而蜚声海内外,被地学界誉为"地学百科全书"和"天然地质博物馆"。

嵩山复杂的地质地理条件,经过漫长的地质作用,形成独特的气候条件,造就了种类繁多的地质遗迹。内外力的地质作用形成了宏伟壮阔的构造形迹,典型的地层层型剖面,灭绝的动植物化石,重岩叠峰的断块山体,千尺飞泻的悬流瀑布,清流晶莹的素湍绿潭,幽静宜人的湖光山色,形成了巧夺天工的地学景观,神奇秀美的自然风光。嵩山地质不但给地质科学的研究留下了各历史时期千姿百态的地质变化遗迹,而为人类提供了适宜居住的生活环境。

## 第三节 嵩山地貌

嵩山地域位于华北平原西部,在黄河下游南岸的黄河冲积扇的西角,属于淮河流域。它的最北面是东北——西南走向的太行山脉;西南部是断落隆起的秦岭山地,秦岭是我国南北地理的分水岭;东部和南部是一望无际的黄淮平原。这一带的地形,黄土高原和华北平原错综交替,秦岭山地向东蜿蜒伸展,豫西山地群山起伏,黄河切穿秦岭山地和黄土高原冲出山口,画面壮观,景象万千。

嵩山地貌

嵩山山脉属秦岭山系东延的余脉,它由西向东北、东、东南方向呈扇形展开。地势自西向东呈阶梯状逐渐降低,山脉亦变得分散、破碎,至东部则形成低山丘陵地貌和平原。区内地势起伏较大。地貌类型复杂多样。总体来看,形成了以高、低丘陵为主,兼有盆地、谷地和河流冲积形成的小平原的完整的地貌序列,以高丘陵、低丘陵所占面积最大,其次是深低山和浅低山、深中山和浅中山,平原、盆地的面积较小。其中,西部、西南部中低山分别由嵩山、箕山组成,二者呈东西向近于平行地展布在西部中间地带和西南部边缘。嵩山地形标高一般 500~1200 米,相对高差 30~600 米,形成登封、新密与巩义、荥阳的自然分界,其最高峰玉寨山海拔 1512.4 米。箕山地形标高一般 500~800 米,相对高差 200~400 米,构成郑州市西南部边界;构造剥蚀丘陵位于中低山前部,地形标高

200～500米,相对高差100～200米。受地层岩性影响,一般灰岩及砂岩分布区常形成园山秃岭式的正地形,而页岩、泥岩分布区多形成相对低洼的负地形;黄土丘陵位于区内西北部、中北部地区,地形标高200～300米,相对高差30～150米,地面沟壑纵横,地形支离破碎;倾斜平原位于丘陵前面,近南北条带状展布在中部地区。地形标高100～150米,自西向东,纵向上从丘前到下游呈倾斜状,坡度一般3°～10°,自南向北,横向上呈岗状相间的波状起伏形态;冲积平原广泛分布于东部地区,系黄河冲积形成,地势平坦,地面标高80～100米,由西北向东南倾斜。

在丘陵之间为河流下切的谷地,有些谷地较为宽广,面积较大,为重要的农业区。如黄河、洛水、伊水、颖水、汝水、狂水、洧水及其支流所经过的地方多属之。有些河流冲积形成小平原,如巩义、偃师南部、登封西南部、新郑的东部、汝州的东部、禹州的中部则属这类地貌。

嵩山地域位于豫西山区向东的过渡地带,整个地势西、北、南部高,中、东部偏低,地势西高东低,地形一般主要分为山脉、丘陵、谷地、盆地、沟壑、平原兼有。其地形地貌大致包括北部山地丘陵区、南部山地丘陵区、西南盆地区、东部平原区。

## 一、北部山地丘陵区

北部山地丘陵区的的地质发育有四级夷平面。第一级夷平面海拔约1500～1600米,相当于少室山主峰顶面;第二级夷平面海拔约1100～1200米,相当于嵩山东部的跑马岭(1178米)和五指岭(1215米);第三级夷平面海拔约750～950米,相当于低山的峰顶,如嵩山东部的具茨山(793米)、青岗坪(959米)、蛤蟆山(968米)、龙山(972米)等;第四级夷平面海拔约400～500米,相当于山前丘陵的丘顶面,如蝎子山(434米)、石站山(449米)和登封城西的万羊岗(472米)。北部山地丘陵区有巩义、偃师、登封、荥阳、新密、新郑、洛阳盆地、偃川盆地、汝州、郑州平原、颖川平原等。北部山地丘陵区可分为嵩山山地、五指岭山地、嵩山山前丘陵。

### (一)嵩山山地

嵩山山脉西起洛阳龙门,东至新郑西境,延伸于登封市与伊川、偃师、巩义、荥阳、新密之间。中段主要位于登封市境内,山势巍峨,多数山峰海拔在1000米左右,少数山峰超过1400米。少室山海拔1512米,相对高度1134米;太室山海拔1492米,相对高度1114米,属深切割中山类型,偃师西南和巩义中南部分山体,相对高度仅800米左右,属浅中山类型。深中山和浅中山的外围,是分布面积较大的深低山和浅低山。

嵩山山地由中间向东西两端逐渐降低。嵩山山地的西段主要在偃师和伊川交界地带,东段主要位于巩义、荥阳和新密境内。东西两段的山势都比较低,海拔400～900米,大部分相对高度500～600米,属深低山;部分山地相对高度250～450米,属浅低山类型。

嵩山山地主体由质地坚硬、褶皱发育的嵩山群石英岩、石英片岩组成。其主要特征有四个:其一,整个山势北坡缓,南坡陡。北坡一般在15～25度左右,南坡达40～60度以上,不少地方近于直立,如无极洞、法王寺以北,高差百米的断层崖达2～3级。其二,山地内部多锯齿状山岭和尖锥状山峰。其间风化剥蚀、重力崩塌、坡面冲刷及沟谷侵刨地貌皆很发育,谷地多为深谷和"V"形峡谷,并有季节性瀑布和跌水,谷坡折向处的线状侵蚀沟常形成干石河;山洼及山麓缓坡处,倒石锥及巨大滚石比比皆是。其三,褶皱断块及单斜构造地貌发育。如太室山、少室山、五指岭为海拔1200~1500米的褶皱断块中山,蛤蟆山、尖哨山等为海拔700~1000米的褶皱断块低山,登封背斜北翼有单斜低山。其四,断裂构造在地貌上亦有较明显的反映。如沿南北向断裂发育的龙门峡谷,沿北西方向断裂发育的逍遥谷,以及其他许多大大小小的断层谷,谷间形成小平原或盆地。

### (二)嵩山山前丘陵区

主要集中分布于新密、荥阳、巩义和登封境内,海拔在200~400米之间。绝大部分丘陵的高度在相对高度变化较大,既有相对高度为100~300米的高丘陵,也有相对高度为60~80米的低丘陵。丘陵的顶部大都平坦,土层多为瘠薄梯田,本地人则称之为"坪"或"岗"。大部分丘陵有基础丘陵和黄土丘陵两类组成。基础低丘陵多由石秤花岗岩体构成的侵入体构成,基岩裸露,海拔400~450米,相对高度50~60米。黄土丘陵主要分布在嵩山山地的西侧和南侧边缘,一般海拔250~400米,顶部较平坦,起伏较小,冲沟发育,沟深30~50米。地表物质系晚更新世冲积、坡积黄色土,直立性较好,可形成黄土崖。

### (三)五指岭山地

系伏牛山系嵩山余脉,古称方山,大方山,《山海经》称浮戏山。山上有一峰,上面有五个石柱并立,状如五指,故名。五指岭西接嵩山,北到巩义、荥阳、郑州市郊接邙山,往南至登封、禹州的颍水北岸。往东过新密、新郑到陉山。范围约4000多平方公里。是罗水、汜水、贾鲁河、黄水、缓水等河流的发源地。五指岭山地以中山为标志,又分中山南区和中山北区。

中山南区的山峰均在海拔1000米以上,最高峰鸡鸣峰位于巩、密、登交界,海拔1215.9米,峰南部断崖千尺,峰北大致呈10°~15°缓坡下降。局部山势陡峻,峡谷罗列,悬崖峭壁,河谷深切,峰与谷间落差500~700米,巩义老庙村河底与鸡鸣峰落差801米,区内峡谷发育较出名的有大峪、二峪、三峪、大桃花峪、翟峪、雪凹等。

中山北区向北呈现扇形展布一系列剥露构造的低山,又明显分为两台阶:东自掫刀泉,西至青龙山,中间较出名的峰有二郎寨、香炉山、鸡冠山、石人山、牛家寨、八峰等,海拔均在800~1000米之间。再低台阶在新山、民权、大山槐至杨树沟一带,较著名的峰有杨树门寨、武家岭、小青龙山等,海拔在600米左右。该区地貌特征是山高谷深,峡谷罗列,但石灰岩广泛出露,岩溶发育,有溶洞、裂隙、地下河等喀斯特地貌。峰与谷落差300~500米,较著名的峪谷有后寺河、玉仙河及小桃花峪、峡峪、回峪等。该区西部呈现一套西北、东南向的侵蚀为主的低山,从罗泉至山川一带的平顶山、婴梁山、凤凰山等,海拔400~600米。也有三迭系上石千峰紫红色砂岩出露,坚硬壁立,下部为砂页岩,故多呈缓坡陡峰地貌。

## 二、西北山地丘陵区

西北丘陵区主要指嵩山西北部,分布在偃师、登封、巩义境内。位于偃师市寇店镇与伊川县吕店镇交界处的万安山,山势由东向西降低,海拔300~900米,海拔937.3米。山区基岩裸露,沟谷纵横,山势陡峭,最高点香楼寨,海拔高度1303米。山在层峦叠嶂中巍然耸起,东接少室山,西达伊阙龙门山,是嵩山山脉的西段。万安山北侧为丘陵和洪积冲积坡地,海拔150~400米。丘陵区位于嵩箕山复背斜的北翼,背斜核部出露太古宇或古元古界变质岩,北翼出露古生界沉积岩。由于背斜轴部纵张断裂、裂隙发育,抗风化能力差,已被强烈剥蚀,又由于斜向、纵向断裂的切割、错断,使山体破碎,开启程度较好。西北丘陵区地势起伏大,山丘较破碎分散,北部相对高度在900米以上,山势峻峭,谷深狭窄。东部相对高度在百米左右,岭坡低缓,谷地平坦开阔。故地势起伏特点也是由西向东逐渐减弱。

## 三、邙山黄土丘陵区

位于洛阳市北,黄河南岸的邙山,起自洛阳市北,沿黄河南岸绵延至郑州市北的广武山,长度100多公里。主要分布在洛阳、偃师、巩义、荥阳、郑州境内。

邙山为较典型和著名的黄土丘陵形态,它是由于黄河下切侵蚀所造成的黄土阶地。邙山因受雨水冲刷和黄河水流长期侧蚀坍塌,顶面较平,整个丘陵坡度7°~10°。邙山以伊洛河为界为分为二段,西段介于黄河谷地与涧河谷地、洛阳盆地之间,海拔在250~450米,高出两侧盆地或

邙山丘陵区

谷地100~300余米,焦枝铁路以西地势较高,且顶面广阔平缓,海拔400米左右,具有黄土塬的特征;焦枝以东,地势较低,除偃师西北的邙岭呈南陡北缓的单面山形态,主峰海拔303.9米,较为突出外,其他地区顶面平缓,呈窄长的黄土梁形态。东段主要由黄河南岸的黄土丘陵组成,分布在泥水东北,北陡南缓呈单面山形态,海拔在180~230米。其中郑州市北黄河南岸,邙山呈东西向的梁状突出在平原之上,完全由黄河土组成,出露厚度约40~90米,总厚度约80~130米,黄土梁顶面海拔高度200~250米,高出黄河130~150米,顶面平坦,微有起伏,保留着黄土塬的残迹,四周树枝冲沟特别发育,冲沟短而窄,但切割很深,常常到数十米至百米,北坡靠近黄河,极为陡坡,南坡较缓。

邙岭黄土丘陵区地势自西向东缓慢下降,山体没有明显脉络,被水切割得支离破碎,有梁、有V型谷、有峁,呈残塬形态地貌。区内皆被侵蚀剥蚀成大小沟壑,沟深几十米至上百米,谷底狭窄,谷坡陡峻,有的地方基岩出露。在黄土岭的坡前,常有"土柱"或天然桥等黄土微观地貌出现。黄河与洛河之间和峁之间也有明显凹下的"分水鞍",多辟为大路。

## 四、中东部山地区

中东部山地区主要由五指岭向东延伸到密县尖山,及巩密关村的老庙岔,分三支往东走、往南伸展。一支脉、二支脉平行东进。第一支脉沿荥阳、新密边界到香炉山止,山势向北逐渐下降为丘陵,海拔600~900米左右。第二支脉向正东方向延伸,穿过尖山中部,到石坡口进入袁庄镇,又岔为三支,

称北、中、南三道横岭,北横岭沿荥阳、新密界到新密白寨镇西北的摩旗山止,海拔421.8米左右。再向东延伸海拔为250米左右,进入郑州市消失;中横岭穿过袁庄中部,进入新郑市西北部,海拔600~300米;南横岭沿新密袁庄、城关边界到云蒙山,海拔410米,向东伏岭伸展,南入新郑西部消失。第三支脉,从巩义老庙岔南行,沿登封、密县界到李湾水库,海拔800~400米,向南到香山,海拔586米,再向南禹、密、登三县交界处的荟萃山,海拔792米,向东南沿禹州、新密边界到大隗山,海拔638.1米,入新郑市称风后岭,东为径山。

## 五、箕山山地丘陵区

箕山山地丘陵区主要以箕山山地和南部丘陵为主体。

### (一)箕山山地

箕山山地包括荟萃山东西山地,西起洛阳伊川,东至禹州市境内,分布于登封市和汝州市二地交界地段和新密市、禹州市二地交界地段,部分山体海拔高度在1000米以上,如老婆寨1063.7米,密蜡山1060.5米,大鸿寨1150.6米,相对高度500~800米,属浅中山类型。大部分山体海拔在500~1000米,相对高度在500米以上,属深低山类型。在深低山外围,浅低山呈带状连续分布,登封市南部箕山、山神庙山和北部焦山坡、连山、龟坡均在700米,形成两单斜,东西延伸50公里长的条山背(猪背岭),海拔400~900米,相对高度200~500米。箕山山地中段主要由古老变质岩组成。山脊狭窄,断层构造地貌较明显,多呈单面山形态,山地南坡陡,坡度30°~50°,北坡缓,坡度20°左右。坡面上冲沟发育,主沟多为南北向,横剖面呈"V"形。

### (二)南部丘陵区

箕山丘陵集中分布于箕山山地的南部、东南和西南部。主要分布在伊川、登封,新密、汝州、禹州、新郑等地。箕山西起伊川和汝州市交界地段,沿登封南部,汝州市北部边缘向东延伸,至禹州的东部边缘。山脉略呈西北—东南方向延伸,构成汝河、颍河间的分水岭。由于众多支流的侵蚀切割,山体较为破碎,山势也比较低缓。箕山多由古老变质岩构成,山岭狭窄,断层构造地貌较明显,多为单面山,北坡缓,坡度20°左右;南坡陡,坡度30°~50°,冲沟发育,主沟多南北向,绵亘在北部一带的丘陵岗地,多属箕山南侧的山前丘陵。东南部丘陵绝大部分为石质丘陵,海拔200~400米,相对高度120~200米,属高丘陵类型,其余小部分多为相对高度80米左右的低丘陵,流水侵蚀强烈,冲沟发育。西南部的丘陵,绝大部分是黄土丘陵,地表物质主要是晚更新世的洪积、坡积浅黄色土,海拔300~500米,冲沟发育,横剖面呈"U"形,深40~60米。

## 六、西南盆地区

嵩山地域山脉绵延起伏,在它的山脉和丘陵的起伏间,自然形成有一些大大小小的盆地。每个盆地中,都有独立的水系分布,山脉与水系相间排列,每条较大河流都与一些山间盆地、谷地相串通,谷地和盆地相串连,形成地势低凹的开阔地带和盆地底较为平坦的开阔地。嵩山西南盆地内的典型盆地和谷地有洛阳盆地、伊川盆地、汝州盆地、告成盆地和登封宽谷。

### (一)洛阳盆地

洛阳盆地地处黄河中游的河南省西部黄河南岸,北依邙山,南抵嵩山,西有秦岭,伊、洛河贯流其间,中东部为伊洛河冲积平原。从东西方向看,这里正处于黄土高原的东南缘,中国地势的第二阶梯和第三阶梯的过渡地带。其地形构成三面环山,向东敞开的箕形地形。总地势呈西高东低,南北高中间低,由中心至周边,地形渐次升高,由低到高地貌类型依次为伊洛河河谷平原区、黄土丘陵(台塬)区、基岩山区,且整体由西向东倾斜。即,北部为邙山,中部为伊洛河河谷平原区,山丘与河谷平原之间为洪积扇及洪积倾斜平原。

从东西方向看,这里正处于黄土高原的东南缘,中国地势的第二阶梯和第三阶梯的过渡地带。该区域的地貌大体可分为山地、丘陵、平原三大类型。盆地内南北高,中间低,略呈槽形。北部为邙山黄土丘陵,中部是呈三级阶地的伊、洛河冲积平原,南部为万安山低山丘陵和山前洪积冲积坡地。盆地呈东西狭长的椭圆形,地势自东向西倾斜,盆地内西部海拔150米左右,向东逐渐降至110余米,整个盆地的总面积逾1300平方公里。

洛阳盆地地形起伏,地貌类型复杂。按其成因、物质组成和形态特征,可以分为黄土丘陵、黄土台塬、洪积扇及洪积倾斜平原、洪流平地、河谷二级阶地、一级阶地、漫滩冲积平原。主要的河谷阶地及冲积平原为伊洛河河谷平原,西高东低,阶地、漫滩呈阶梯状相连,沿河两侧不对称分布。盆地内是广袤的平原,地势平坦开阔,交通便利;气候温暖,物产丰茂。肥沃的冲积平原保证了农业生产的丰收,使之能够养活密集的人口。相对封闭的自然环境显然也有利于军事防卫,盆地周围山峦相交处的交通孔道上,历代设有多处关隘要塞,号称"东有成皋轩辕之险,西有降谷崤函之固"。因此,洛阳盆地历来为兵家必争之地,帝王建都之所。

洛阳盆地所具有的多重过渡性特征:气候方面,这里处于北亚热带向暖温带的过渡带;地形方面,这里处于二级阶梯向三级阶梯的过渡带;纬度方面,这里处于中纬度向高纬度的过渡带;经济文化类型方面,这里处于粟作农业和稻作农业的过渡带;水源方面,洛阳水系环绕,也形成围合水网:洛阳地势西南高、东北低、东南次低,其间大小河流呈扇形均匀辐射,像撒开的水网,形成多个"河汭"地貌,土地肥沃,水源多多,适合人类居住,容易形成聚落;土质方面,秦岭的另一条支脉崤山向东延伸时,地表覆盖着厚厚的黄土,慷慨地把土壤送到洛阳城边,为农业生产提供了肥沃的耕地。文化传统方面,这里则是四方文化的辐辏之地。这些过渡性特征及其所具有的多重边缘效应,使洛阳盆地不仅具有多重的生态适宜性,而且具有很强的环境承载力,从而成为早期王朝建国立都的理想生境。

洛阳市位于洛阳盆地的西部,洛阳是举世闻名的历史文化名城,素有"九朝古都"之称,在中华民族五千年文明史上,曾几度繁荣,占有重要的历史地位。因此,洛阳盆地历来为兵家必争之地,帝王建都之所,曾有"五都荟洛"之称。

### (二)告成小盆地

告成小盆地为四面丘陵,中间是一个小型盆地。告成是登封市的一个镇,镇政府就坐落在盆地之中。此盆地面积不大,但这里是周公测影地中的地方。因为这里有了周公测影台和元代观星台,所以这里自周开始,就是人们公认的测影天地之中的所在地。

### (三)伊川盆地

伊川盆地是豫西一个中新生代叠合多旋回陆相沉积盆地,其形成主要经历了前中生代克拉通被动大陆边缘盆地、早中生代坳陷盆地、晚中生代前渊盆地和新生代断陷——坳陷盆地等演化阶段,构造演化具有明显的多期次叠合,多构造作用的特点。

伊川盆地

### (四)汝州盆地

汝州全境四周高,中间低,呈西北——东南走向的盆地形状。盆地南部、北部为低山丘陵,占总面积的78.1%;盆地底部为北汝河平川地和星罗棋布的洼地,占总面积的21.9%。境内山川起伏,沟河纵横,形成丘陵、平原、洼地等多种地形。境内大小山峰1025座,其中海拔在1000米以上的有69座。最高点在汝州南部的岘山,海拔1165.8米;最低点在小屯镇路寨村东北,海拔仅145米。平原区地表宽阔、平缓,土层深厚肥沃,灌溉条件好,为重要的粮食、棉花、烟草生产基地。

### (五)嵩箕盆地

嵩山和箕山之间,是东西向延伸的宽谷地带,称为嵩箕盆地。位于登封市东、中部。东北围为嵩山山脉,南围为箕山山脉,东南有荟萃山,西北有马鞍山,东西长33公里,南北宽34公里,面积约1100平方公里,边缘海拔800~1000米。其北部发育有嵩山山前洪积——冲积平原,海拔340~380米,略向东南倾斜。由于近期地壳上升,平面受侵蚀,地面呈波状起伏,并有长条状垄岗;盆地南侧有颍河自西向东流过,河谷较宽,形成地势平缓的冲积平面,海拔300米左右。颍河沿岸发育有较宽的河漫滩和三级阶地。

## 七、东部平原区

东部平原区包括郑州平原、禹州平原。

### (一)郑州平原

荥阳自西向东逐渐倾斜,形如簸箕,西高东低,自然形成了荥阳以南的属半平原半丘陵地形的郑州平原。

郑州平原又分为倾斜(岗)平原和冲积平原。倾斜(岗)平原位于丘陵前面,近南北条带状展布在中部地区。地形标高100~150米,自西南向东北,纵向上从丘前到下游

郑州平原

呈倾斜状,坡度一般3°~10°,自南向北,横向上呈岗状相间的波状起伏形态;冲积平原广泛分布于东部地区,系黄河冲积形成,地势平坦,地面标高80~100米,由西北向东南倾斜。该区水利条件尚好,多为井灌区及河库灌区,是粮、棉、烟主要产区。

郑州平原主要分布在京广铁市的路以西,西南山地丘陵以东地我,包括荥阳市的高山乡以北,二七区候寨、刘胡垌和新郑市小乔、郭店,新密市曲梁、大隗以东,是山地向平原的过渡地带,是由季节性河流的洪积为主导成因的一种地貌类型。

### (二)禹州平原

位于禹州境内的中部和东南部。以横贯西北、东南的颖河为界,构成北部(具茨山)、南(箕山)两大山系,环抱而成。处于伏牛山余脉与豫东南平原的交接部位,北部、西部为山地丘陵,其中部和东南部为冲积平原,面积为608.74平方公里。整个地势西高东低,由西北向东南倾斜。

## 八、其他平原区

### (一)伊洛河河谷平原

西起洛阳,东至巩义与偃师交界处,处于伊、洛河的下游与汇流地段,在两河的长期共同作用下形成,是区域内最宽的河谷平原,面积约700平方公里。此地段平原由洛河北侧平原、伊河南侧平原以及两河间的夹河平原三部分组成,北边与黄土丘陵相连,向南侧斜,海拔120~200米,比高一般20~30米,宽2000~4000米。伊河南侧平原,也是二级堆积阶地和漫滩构成,海拔120~250米,比高25米左右,宽2500~4000米。伊、洛河两河间的夹河平原,又称夹河滩地,西起关林附近,东至偃师杨村,由堆积阶地和漫滩构成,大部海拔115~130米,比高10~20米,地势平坦,地面开阔,南北宽3000~5000米,地表物质为黄色亚粘土和夹沙粘土,水源充裕,土质肥沃,为农业稳产高产地区。

### (二)巩义平原

位于巩义市境内,包括河滩地。洛河自偃师入境,向东北流入黄河,在巩义市境内形成东北—西南向的冲积平原,全长33公里,沿河河滩海拔120米左右,最低点在沙鱼沟镇洛口滩,海拔104米。巩义平原面积为98.8平方公里。

### (三)汝川平原

汝州北靠巍巍嵩山,南依茫茫伏牛,南北山连绵起伏向中部延伸,形成了两山(伏牛、嵩山)夹一川,汝水流中间的地理格局和丘陵和河川相间的地貌,西部为丘陵区,东南为汝川平原,面积338平方公里。

## 第四节　气象水文

嵩山地域早在距今60万年以前,已有人类在此生活。嵩山猿人比北京猿人文化还早10万~20万年,从嵩山地域发现的象牙和象的下颌骨及身躯骨骼化石看,当时的象牙长达3米多,估计为身高4米左右的纳玛象品种。同时还发现有水牛、猕猴、水龟、河蚌以及树木等化石。根据这些遗骸推测,可知距今100万年到50~60万年以前,嵩山一带的气候炎热,雨量充沛,大约相当于现在珠江流域的亚热带气候。

从考古学的发现可以看出,当人类在陆地一生存并开始活动的时候,出于人类自身的本性,都是选择最优厚的自然环境作为生存条件的。而嵩山地区正是具备人类生存不可缺少的自然气候及环境。从世界四大文明古国发生的地域来看,恰如事先约定好一般,都有大体相同的自然环境,它们都诞生在地理环境特别有利的温带和亚热带。温带和亚热带在自然条件方面富于差异性和自然资源的多样性,自然环境有利于人类生存,只有这样的地理环境才是"形成社会分工的自然基础,并且通过人所处的自然环境的变化,促使他们的需要、能力、劳动资料和劳动方式趋于多样化。"而自然条件恶劣的地区,如寒带、亚寒带,无论如何也发生不了早期文明。

嵩山地域地处我国中纬度地带,经过漫长的地球气候变化,已变化为典型的暖温带半湿润大陆性季风气候。在太阳辐射、地形地质、大气环流等因子的共同作用下,形成了冷暖适中、四季分明、雨热同期、干冷同季、气象灾害频繁等特征。经多年的天气资料表明春季温暖有风沙,夏季炎热雨丰沛,秋季晴朗日照足,冬季寒冷雨雪少的基本气候特征。嵩山地域在全国气候区划中属暖温带半湿润气候区,低空盛行风向及相应的盛行气团,具有季节性变化。1月盛行西北和东北风,极地大陆气团占据优势,寒冷干燥;7月盛行西南风和东南风,热带海洋气团居统治地位,炎热多雨。区内海拔高度相差悬殊,嵩山主峰峻极

嵩山云雾

峰海拔1492米,与颍河谷地相比,高差1000米以上。嵩山地域地形复杂,地势起伏较大,使得气候在空间上尤其是在垂直方向上出现明显差异。

### 一、气温

由于气温随海拔高度增加而递减,而降水在一定高度范围内则随海拔高度而递增,因而气候具有明显的重直变化。海拔500米以下地区,春季大致从3月下旬到5月中旬,约为60天;夏季从5月下

旬至9月初,约为110天;秋季从9月上旬末到11月初,约为55天;冬季从11月上旬末到次年3月中旬,约为140天。显示出冬长夏短,四季分明,各具特色。当地人的四季谚语为:春季干旱风沙多,夏季炎热雨集中,秋季晴和日照长,冬长寒冷雨雪少。海拔500米以上地区,夏季逐渐缩短,冬季相应延长。在海拔1200米以上地区,全年无夏,冬季和春秋季各占一半。

嵩山地域全年平均气温在12.0~14.8℃之间。颍河谷地因海拔较低及北部山地对冷空气的屏障作用,形成了一个年平均气温高于14℃的高值区;海拔1000米以上的嵩山及箕山地区,年均气温则在4~12℃之间这一低值区。气温的这种分布特点,不受季节变化的影响。这种相对稳定的气温分布形式,反映了海拔高度和地形对气温分布的决定性作用。

嵩山地域气温变化比较明显,嵩山山麓水平地带的气温状况可以其南麓的登封市区气温为代表。年平均气温14.2摄氏度。一年中7月气温最高,平均气温24~27.1℃,极端最高气温40.5摄氏度;1月最冷,平均气温-2~2℃,绝大部分山地在0℃以下,山顶附近温度可低到-7℃,极端最低气温为-19.7℃。颍河谷地区1月气温均高于0℃,是本地区最温暖地区。7月最热,气温在18.0~30.7℃之间,炎热时高达40℃,极端最高气温为42.5℃。其中,4~10月份7个月的月均温均高于年平均气温,气温在4~16℃之间。5~9月份均在20℃以上。11~次年3月份,月均低于年平均气温。冬季月均温在-4~3℃之间,秋温略高于春温。自春入夏和自秋入冬时期温度上升和下降的幅度最大,而夏季、冬季期间各月温度变化幅度小。气温年较差为25.9℃。气温年内的这种变化显示了本区温带大陆性气候的特点。各月平均日较差在8.4~11.6℃之间,全年平均日较差为9.7℃。各月中,7月、8月和1月气温日较差较小,而3~6月份日较差较大,9~11月份日较差居中。据嵩山气象站多年观测资料显示,嵩山山下全年平均温度14.3℃,山上平均8.5℃,山上年降雨量864毫米。嵩山秋温比春温高1.1℃。嵩山地域的各县市之间的气温在一年之中的不同月份也有差别,但差别不大,大约为1~2℃。但也出现过特殊天气,例如《汝州市志》载,1966年6月20日汝州气温曾高达44.6℃,为全省之最,但这是在此前后从未有过的高温天气。从年较差来看,颍河谷地年较差较大,为25~27℃,山岭地区年较差较小,而且随着高度的增高,年较差逐渐减小。

## 二、日照

据1952年至1980年24年的资料,全年年均日照时数为2322个小时。最多年份是1965年,2602个小时。最少年份是1972年,2150小时。全年日照高峰期在6月,低峰期在2月。

年均日照百分率为53%,每年每亩受太阳辐射总量为7.7亿千卡。大田作物利用率为0.5%~0.6%。光源丰富,适合各种农作物生长需要。

山脉和高地的向阳面的日照时数高,气温、地温高,作物生长期短,成熟早;而山沟和背阴面日照时数短,气温、地温低,作物生长季节长,成熟晚。但早与晚都是相对而言的时间相差为7~20天。

太阳光直射程度的改变,导致当地获取太阳辐射量的变化,形成了嵩山地域太阳辐射量从冬到夏逐日递增的特点。嵩山地域全年太阳总辐射每平方厘米为116408千卡。其中,六月份最多,达13915千卡;2月份最少,只有5970千卡。其中,六月份最多,达13915千卡;元月份最少,只有5970千卡。

## 三、霜冻与无霜期

霜冻

嵩山地域的平均霜期为 131～159 天,初霜期多在 10 月 30 日到 11 月 8 日之间。东部的新郑、郑州的初霜日期较早,西部的偃师、伊川、登封、巩义初霜日期较晚。其特点为,自东南向西北初霜期依序推迟。

终霜日期多在 3 月 8 日到 4 月 5 日出现,少数年份有推迟或提前一个月的。和出现初霜期早晚顺序相反,郑州市区、新郑等地终霜较晚,荥阳、登封、巩义、偃师终霜较早,形成无霜期(春季终霜到秋季初霜之间的时段)自西向东逐渐变长的现象。

嵩山地域县市区平均无霜期为 230 天左右,最长的 1978 年为 273 天,最短的 1973 年只有 197 天。地域内因地形地势的影响也有一定差异。海拔高度越高,初霜越早,高山之上背风面重,迎风面轻;低洼谷地出现次数多,山岗坡尖出现次数少。沿河滩地、沟地和凹地,易遭霜害。

## 四、大风

嵩山地域冬季受蒙古冷高压影响,天气寒冷干燥,雨雪稀少,多西北偏西大风。春季冷暖气流交换频繁,冬季风仍占优势,天气冷暖多变,风速加大,大风较多,降雨量较小。由于受变性极地大陆气团的控制,气温回升快,降水稀少。又由于冷空气影响,时常出现 6 至 7 级西北偏西大风。空气干燥,往往形成春旱。夏季蒙古高压已消失,太平洋上副热带高压加强北上西伸,嵩山地域受到热带高压影响,吹东南风。夏季风来自温高湿重的热带海洋地区,带来了大量的暖湿空气,当与北方南下的冷空气相遇时往往产生降水,且雨量较大,形成 6 至 8 月的雨季。

全年最多风向是西、西北风和东、东北风。风顺山脉走向及河谷而吹,年中有 8 个月受北方极地大陆气团和变性极地大陆气团控制,盛行西北风,北风很少出现。

嵩山地域年平均风速为 2.9 米/秒,全年各月平均风速为 2.2～3.3/秒之间,正负距离不超过 11 米/秒。平均风速,春季为 3.6 米/秒,夏季为 2.8/秒,秋季为 2.7/秒。

## 五、降水

嵩山地域地处中纬度地带,位于豫西黄河沿岸全省降水量最少区域的南侧,冷暖气团频繁交替,雨降变率比较大,降水量稍偏少,年平均降水量在600~800毫米之间。

由于嵩山地域地形起伏西南高东北低,降水受地形、气流影响,其分布规律为北边小,南边大,东边小,西边大,淮河流域大于黄河流域。贾鲁河、双洎河、汜水河分水岭处及颍河、双洎河南侧往往形成两个降水高值区,中心降水量年平均为740毫米;荥阳、邙山及郑州市区和陇海铁路以北地区,年平均降水量约600毫米。黄河沿岸平均降雨量差异较大,一般以高山最多,平原稍次,丘陵地区较少。各县市降水量最多的是新郑市,为707毫米,最少的是登封城区,年降水量为509.5毫米,巩义由于受大地形的影响,年降水量也少,为604.7毫米。其他地区处于中等水平。山区的降水量也有随海拔高度增高而增加的趋势,如登封境内的嵩山顶,年降水量为864.2毫米,平均比山下多300毫米左右。

由于山地对东南暖湿气流的屏障作用,年降水量自东南向西北减少。降水时间分配很不均匀。降水时间变化较大,一般集中在7~9月,约占全年降水量的50%。4~10月集中年降水量的85%~89%;11月至来年3月降水很少,仅占年总量的11%~15%。前者的降水量是后者的6~8倍。从连续降水最多的7~9月和连续降水量最少的12月至来年2月的降水量来看,两者差值更大。7~9月和12月至来年2月的降水量占全年降水量的百分率分别为50%~55%和3%~6%,前者为后者的9~17倍。7月是全年降水最多的月份,降水量占年降水量的20%~26%;1月是全年降水量最少的月份,降水量仅占年总量的1%~2%左右;7月降水量为1月份的13~30倍。

嵩山地域的年平均蒸发量为1300毫米。其中,5月~6月最大蒸发量为380毫米,占全年蒸发量的29%,12月到来年1月蒸发最小,为105.3毫米,占全年蒸发量的8%。年干燥度为0.4,属半干旱,除7月份较湿润外,其余各月均为半湿润月。

## 第五节 嵩山土壤

土壤作为土地的重要载体,是农业的基本生产资料、人类赖以生存的根本资源。土壤生产力的好坏关系着作物生长,影响农业生产的结构、布局和效益。嵩山前山地的土壤有明显的垂直分布,从峻极峰至河谷土壤分布是裸露岩石—山地棕壤—淋溶褐土—褐土性土—碳酸盐褐土—褐土。土壤大体可分为棕壤、褐土、红粘土、潮土、风砂土、新积土、石质土、紫色土类、水稻土10大类。

嵩山地域土壤属于暖温带落叶阔叶林干旱森林草原棕壤褐土地带—豫西西北丘陵立黄土区。该区因水土流失严重,沟壑纵横,梯田连片,土壤母质多为风积、洪积、黄土母质,还有第四纪红土,质地粘重。丘陵旱薄地分布广泛,少雨易遭旱灾。

# 一、棕壤土

棕壤土,也称森林棕色土。是暖温带落叶阔叶林和针阔混交林下形成的棕色土壤。棕壤的植被以落叶阔叶林为主,其次为松栎混交林。棕壤的成土母质以变质岩、砂板岩类为主,其次为灰岩、泥页岩、花岗岩等残坡积物,在沟谷地带有零星的冲洪积母质。砂岩、泥页岩发育的棕壤土层较厚,粘粒和粉砂含量较高;板岩类发育的棕壤粘粒含量较少。

棕壤土主要分布于海拔800米以上,坡度大于30°的中山山地上。这里山势高峻,多断层峭壁,气候较湿润,植被类型繁多,以落叶阔叶林占优势,也有针叶林分布,森林覆盖率在60%以上。目前原始植被已遭破坏,多为次生落叶阔叶林、灌木林和部分针叶林,成土母质为基岩风化残积坡积物。土壤剂面以黄棕色为主,表土有腐殖质呈暗色,无石灰反应。其成土母质多系由花岗岩、片麻岩和灰岩碎屑组成的残积物和坡积物。棕壤土的酸碱度为6.5~7.5,通常山南呈弱碱性,酸碱度为7~7.5。山北呈弱酸性,酸碱度为6.5~7.0,有机质含量一般在3%左右。适合树木、草类、中药材生长。

棕壤地表枯枝落叶来源较丰富,在湿润和干冷交替作用下,有利于有机质的积累和腐殖质的形成。未耕垦的棕壤都有明显的枯枝落叶层和较薄的腐殖质层。但由于棕壤分布地势高,除生物气候因素外,土壤属性受地形、母质影响也十分明显。

# 二、褐土

褐土为半湿润暖温带地区碳酸盐弱度淋溶与聚积,有次生黏化现象的带棕色土壤,又称褐色森林土。褐土的表土呈褐色至棕黄色,剖面中、下部有粘粒和钙的积聚,呈中性(表层)至微碱性(心底土层)反应。土壤剖面构型为有机质积聚层—粘化层—钙积层—母质层。

嵩山地域由于植被稀疏,垦殖过度,因此水土流失严重。褐土具有三四千年历史,具有深厚的土壤熟化层,其性状主要有两点:一是粘化过程明显。褐土的形成过程受气候干湿季节影响显著。褐土的发育层次很明显,通常由腐殖质层、残积粘化层和钙积层3个层次组成,再向下与底部母质层相连。土壤呈中性、微碱反应。二是具有碳酸盐淀积层。褐土的母质主要源于黄土,而黄土母质中含有大量的碳酸钙,一般在10%~15%。碳酸钙受淋溶在一定深度形成碳酸钙积聚层,以砂姜状聚积于土体内或以白菌丝状穿插于孔隙之间,成为褐土的主要标志之一。褐土主要分布在海拔200~800米的浅低山丘陵、黄土丘陵和谷地两侧的阶地上,上限与棕壤相连,下限与潮土相接。成土母质多是第四系黄土及其坡积、洪积和冲积物。植被以中生夏绿林和旱生阔叶林及草灌相伴。同棕壤分布相比,褐土区降水量较少,地表植被郁闭度较低,甚至为灌草丛或农田。

嵩山地域的褐土大多已开垦种植,生物累计作用弱,有机质分解迅速,故有顶质含量较低。在农业生产上,褐土区是小麦、玉米、烟草生产基地。此外,还盛产豆类、谷子、红薯等作物。果树生产较为普遍。但由于地处丘陵和山前斜坡平原一带,水源缺乏,地下水位深,故常造成干旱缺水。嵩山地域的褐土主要有山地褐土、淋溶褐土、黄褐土、炭酸盐褐土、典型褐土、潮褐土7个亚类,23个土属,58个土种,主要分布在京广铁路以西,黄河以南的黄土、丘陵及浅山丘陵区。

## (一) 山地褐土

淋溶褐土的土体中砾石较多,土层薄,土属耕层养分含有有机质、氮、磷、钾、物理粘粒等。

## (二) 淋溶褐土

淋溶褐土是指湿润土壤水分状况下,石灰充分淋溶,具有明显黏粒淋溶和淀积的土壤。即土层中可溶性物质,如碳酸钙、碳酸镁、及其它更易溶解之物质,为渗漏水所溶解并随之流失至下层,部分此类土层也有自整个土壤剖面中淋溶而流失的土壤。但由于淋洗程度较极育土弱,加上农民常常在其上施用大量之肥料而使土壤较肥沃,因此土壤肥力较极育土高。

主要分布于冲积平原地区中,常为农业生产重要地区之土壤。

## (三) 黄褐土

黄褐土,也称黄黏土,是一种重要的矿物原料。是颗粒非常小的可塑的硅酸铝盐。除了铝外,黏土还包含少量镁、铁、钠、钾和钙,一般由硅酸盐矿物在地球表面风化后形成。黏土是一种重要的矿物原料,嵩山地域的黄黏土多分布于山地、丘陵或岗地,可用于制造陶瓷制品,耐火材料,建筑材料等。

## (四) 碳酸盐褐土

碳酸盐褐土因淋溶作用弱,全剖面都有石灰反应,有明显的钙积层。碳酸盐褐土土层深厚,通体疏松,透水通气,怕旱不怕涝。PH值为7~8,养分含有有机质、氮、磷、钾等,属于中等肥力的土壤。

## (五) 典型褐土

典型褐土一般分布在丘陵缓坡地带,土层发育良好,养分含有有机质、氮、磷、钾等,pH值为7~8,是保水保肥熟化程度较高的土壤。典型褐土的腐殖质层厚度一般为10~15cm;粘化层明显,紧实并有的胶膜淀积;钙积层的石灰多呈假菌丝状和结核状。

## (六) 潮褐土

潮褐土主要处于平原地区,雨季期间有可能短期使地下水位抬高到3m以上,或者土体下层短时间的水分饱和,因而在底土中具有潴育化现象,其主要特征:表层有机质含量较为丰富,粘化层表现较弱,特别是成土时间短。有由古土壤水文过程而遗留下的沙姜结核。

# 三、红粘土

红粘土是指在湿热气候条件下,经历了一定红粘土化作用而形成的一种含较多粘粒,富含铁、铝氧化物胶结的红色粘性土。红粘土在形成过程中依次经历了风化作用,微团粒化作用后期对微团粒改造的成土作用,当母岩经历了这一完整的成土过程之后,现代意义上的红粘土便形成了,并具有了特殊的工程地质特性。

该土种多为荒草地,植被稀疏,水土流失严重,缺水易旱。实行乔、灌、草结合,发展林、牧业生产。

对宜垦为农用的要修筑梯田,或修埂筑堰,进行土地深翻,提高土壤的蓄水能力,并实行等高种植耐旱植物,增施有机肥、磷肥,实行粮-豆,粮-肥间作,养用结合,培肥地力。淋溶褐土主要分布在海拔550～650米的石质低山丘陵区,即浅山中部、丘陵上部的沿河地区。土体常处于湿润状态,质地粒重,怕旱涝,土壤耕作困难,宜耕期短,属低产土壤。主要分布于偃师、伊川、汝州、新密、新郑、登封、禹州等地。

## 四、潮土

旧称浅色草甸土。潮土是河流沉积物受地下水运动和耕作活动影响而形成的土壤,因有夜潮现象而得名。属半水成土。其主要特征是地势平坦、土层深厚。嵩山地域的潮土主要分布在河流两侧的冲积平原上和地势低平的洼地、河滩地,呈条带状分布,面积较大,大都已垦殖为农田。

潮土是河流冲积物经人类耕种熟化而成的农业土壤,因此其腐殖质积累过程的实质是人类通过耕作、施肥、灌排等农业措施,改良培肥土壤的过程。潮土腐殖质积累过程较弱。潮土类分潮土、褐土化潮土两类。5个土属,即砂土、两合土、洪潮土、堆垫潮土、褐土化两合土。

## 五、风砂土

土壤剖面发育微弱,有机质含量低。土质砂性,有强石灰反应,呈碱性。风沙土的特点是:土壤质地沙性、漏水漏肥、土壤瘠薄肥力差。可以种植对土壤肥力要求不高、较耐旱的作物。风砂土主要分布在嵩山地域的局部岗丘地区。

嵩山地域风砂土包括流动风砂土、半固定风砂土、固定风砂土三个亚类。郑州风砂土为第四系全新统近期黄河沉积物,经风的再搬运堆积的母质上发育成土壤。流动风砂土通体细砂,能随风吹移,母质为砂性风积物。半固定风砂土地表仅在稀疏植被生长,大风能吹扬部分表土,地表呈不连续结壳状,其母质为砂性风积物。固定风砂土地表覆盖度大,地表有薄层腐殖质层,色泽较暗。土属为固定风砂土,砂层较厚,土壤养分含量低,通气透水性能好,水热条件变化剧烈,只能发展林牧业生产。

## 六、新积土

新积土是由河流流水沉积物或山丘、河谷低处的洪积物和堆积物发育而成。由于新积土母质来源于河流沿岸不同的土壤母质,其不同的土壤母质影响着新积土的性质,即不同类型的沉积物发育不同的土壤。其土壤颜色多为灰棕、紫棕色、黄色,养分较为丰富,土壤中不仅钾、钠、钙、镁等金属元素高,微量元素也常比一般土壤的平均含量高。新积土多处于海拔较低的河谷地带,水热条件较好,可作为造林地或农田,但要防止洪水冲刷。

新积土只有新积土一个亚类,主要分布于巩义、荥阳、偃师、郑州市区北部黄河新近流失沉积物,其上没有或很少有植物生长,洪水季节仍遭到高水位淹没。

## 七、石质土

石质土即"粗骨土",指与母岩风化物性质近似的土壤。一般见于无森林覆被、侵蚀强烈的山地。多发育于抗风化力较强的母质上。成土作用不明显,没有剖面发育。质地偏砂,含砾石多。地表水土流失严重。由于不同土壤带的粗骨土有所不同,有人主张将其列为相应地带性土类的亚类,如粗骨性棕壤、粗骨性黄棕壤等。

石质性土类依据石质山地基岩类型,划分为硅铝质石质土、钙质石质土与硅质石质土3个亚类。主要分布于巩义、登封、新密等地剥蚀残丘上部,没有植被或有稀疏植被覆盖的各类不同石质山地上。土层薄,含大量砾石,属土壤的初期发育阶段,一般为荒山秃岭,是非农业土壤。

## 八、紫色土

紫色土是由侏罗纪、白垩纪紫色砂岩、泥岩时代形成的紫色或紫红色砂岩、页岩,变来的,据说其紫色可以保留很久而不褪色,而土壤中的紫色大都富含钙质(碳酸钙)和磷、钾等营养元素,很是肥沃。一般含碳酸钙,呈中性或微碱性反应。有机质含量低,磷、钾丰富。由于紫色土母岩松疏,易于崩解,矿质养分含量丰富,肥力较高,是中国南方重要旱作土壤之一,除丘陵顶部或陡坡岩坎外,均已开垦种植。

紫色土

紫色土分为中性紫色土与石灰性紫色土两个亚类,是紫色砂岩上发育的土壤。主要分布在偃师、伊川、巩义、登封、汝州、新密、禹州的紫色丘陵顶部或坡地上。紫色土水土流失快,风化也快(主要是物理崩解作用)。紫色土土层薄,透水性能良好,土壤受侵蚀较重,易发生干旱现象。

## 九、水稻土

水稻土是指在长期淹水种稻条件下,受到人为活动和自然成土因素的双重作用,而产生水耕熟化和氧化与还原交替,以及物质的淋溶、淀积,形成特有剖面特征的土壤。这种土壤由于长期处于水淹的缺氧状态,土壤中的氧化铁被还原成易溶于水的氧化亚铁,并随水在土壤中移动,当土壤排水后或受稻根的影响(水稻有通气组织为根部提供氧气),氧化亚铁又被氧化成氧化铁沉淀,形成锈斑、锈线,土壤下层较为粘重。

嵩山地域水稻土类面积较小,嵩山地域的水稻土主要分布在郑州郊区黄河冲积平原较低处的泉水地上及汝州、禹州、伊川等水利条件较好的地方。水稻土类土质疏松,孔隙度较大,渗水,透气性能良好。由于长期湿耕,出现了坚实的难以透水的梨底层,保肥、保水性能较好,形成肥力较高的土壤。

## 十、粗骨土

粗骨土,由于山丘地区地形起伏,地面坡度大,切割深,上体浅薄,加之风蚀、水蚀大多较重,细粒物质易被淋失,土体中残留粗骨碎屑物增多,因而具显著的粗性特征。还有部分母岩,在干湿条件下,物理风化尤为强烈,在漫长的成土年代可形成较深厚的半风化土体,细粒物质少,而砂粒含量尤高。这些粗骨土,大部分分布于边缘山丘地区,植被多为稀疏灌丛草类,覆盖率较高,地面有较多的凋落物积累,土壤持水量较大,有明显的生物积累特征。

粗骨土土类依据母质不同,划分为硅铝质粗骨土与钙质粗骨土两个亚类。嵩山地域的粗骨土主要分布于登封、巩义、荥阳三市的山丘地区。这些地区植被覆盖较差,侵蚀较严重,土层薄,一般厚度小于30厘米,多和石质土呈复区分布。粗骨土宜发展林业生产。

## 第六节　嵩山矿藏

嵩山地域自然资源丰富,物华天宝,沃土生金,矿产资源丰富,开发前景广阔。已探明有钼、铝、金、银、钨、煤、铁、锌、磷、水晶、铅、铝矾土、铌钽、耐火粘土、水泥灰岩、硫铁矿和石英砂、水晶、钾长石、石棉、石灰岩、花岗石、铁矿石、石油、玉石、脉石英、白云岩、粘土、天然油石、麦饭石、建筑用沙和石材等50多种矿产。其中,耐火粘土品种齐全,储量约占全省总储量的65%;铝土储量2亿吨,占全省总储量的40%;天然油石矿质优良,是全国最大的油石基地之一。

## 一、金属矿藏

嵩山地域已探明金属矿藏有铝矿石、铝矾土、铁矿石、磷矿石、硅石、钾长石、铜矿石、铅矿石、硫铁矿石、硅石、锡矿石、铌矿石、镓矿石、银矿石、铀矿石、钒矿石、锗矿石、钡矿石、锆矿石、锰矿石等。其中,对铁的记载最早可追溯到2800多年前的春秋战国时期。《山海经·中次七经》记载:"少室之山其下多铁"。《山海经·五藏小经》记录了当时产铁之山有34处,在今河南省境内的有6处,少室山即是其中之一。

## 二、非金属矿藏

嵩山岩石类型齐全,既有各种类型的片麻岩及片岩等变质岩,又有砾岩、砂岩、粘土岩、碳酸盐岩等系列沉积岩,还有基性——酸性的辉长岩——花岗岩等侵入岩及其喷发岩。

嵩山地域已探明非金属矿藏有煤炭、耐火粘土、白云岩、石棉、硅石(石英砂岩、石英岩、脉石英)、石灰岩、石灰石、白云岩、大理石(兽纹石、核形石、条纹石、竹叶青、石花石、墨石)、嵩山玉(油石、玉石)、水晶、重晶石、嵩山药石(麦饭石)、萤石、云母、石棉(蛇纹石石绵、角闪石石棉)、石英砂、花岗岩(黑云母花岗岩、花岗伟晶岩脉型、黑云钾长花岗岩)等。其中具有较大开采价值的是石英岩,主矿层产于嵩山群罗汉洞组,其规模为大型——特大型。

## 三、矿藏类简介

### (一)主要金属类矿石

嵩山地域的银、汞、铜矿物,由热成因,主要产于寒武系下统辛集组的灰岩中。其中,新密的银矿点,为热液成因,产于寒武系下统辛集组钙质砂岩中,厚 0.5～1 米,铅含量为 1.64%,银含量为 10.6 克/吨。另外,新密的超化、苟堂镇南山有铜、铅等金属矿点多处,含量在 0.01%,主要岩层为五指岭组,次为寒武系辛集组。

嵩山矿藏标本

◆铁矿石

《山海经》载:少室之山,其下多铁。傅梅《嵩书》曰:大熊山下亦多铁,山民鼓铸为业。《汉书》载:阳城有铁宫。指此。嵩山地域各地都有铁矿。

◆铅

何孟春《余冬录》载:嵩阳产铅,居民多造胡粉。产二熊山下,时有时无。

◆硬锰石

嵩山小金牛山二迭系上石合子组砂质页岩中,新一代有含锰 8%～12% 的砂岩层,出露长约 100 米之多,厚 0.3 米,1958 年曾作炼铁熔剂。

◆铁钢

大冶、马峪等处俱产,掘土二三尺即见。其色类土,红黄体甚重。击之,应手碎。工人炼之成铁,以铸犁面,再炼为钢。

◆黄铁矿

荥阳黄铁矿储藏量为2221.7万吨。巩义在石炭系铝土矿底部的铝土页岩中,赋存有黄铁矿,直接覆于奥陶系古侵蚀面上,远景储量为2000余万吨。

◆银精石

产太室炼师庵南岩下。

◆银矿

汝州发现有银矿洞遗址,据史料记载,宋代曾在汝州蟒川、大峪乡一带开采银矿。

◆铜矿石

赵明诚《金石录》载:魏永平中,造定光铜像一躯,高2丈8尺,置于嵩山闲居寺。嵩山地区禹州、登封、新密、新郑都有铜矿点。

◆金屑

清《登封县志》载:县南五里,溪中有金屑如麸。

◆金矿石

嵩山地区的金矿石主要在禹州市南部。金矿化受近东西和北东向断裂控制,矿化石英脉,走向近东西,断续延伸150~200米,厚5~15厘米。

◆铁豌豆

生土岸中。似石非石,似土非土,似蛇黄而色黑,俗称铁豌豆。

◆铁矿石

巩义、荥阳、登封、伊川、偃师等地都有铁矿,其中,巩义、登封、荥阳、伊川储藏量较大。

◆高铝黏土

嵩山地区的高铝黏土储量大,储藏地主要分布在新密、登封、巩义、荥阳一带。主要用于耐火材料。其中,荥阳有高铝粘土矿,储量约198.61万吨。同时,伴产有低级铝粘土矿208万吨,耐火粘土矿163.6万吨。

◆低铝黏土

嵩山少室山、太室山有低铝黏土,分布面积大,含三氧化二铝平均为53.37%,主要用于耐火材料和粗瓷加工等。

◆铝石

矿层赋存于石炭系中统本溪组地层中，在嵩山地域各县市都有出露，而且储量非常大，矿石内含有氧化铝、二氧化硅、三氧化铁、二氧化钛和铝化硅。主要用于炼铝、耐火材料、研磨材料、化工、电瓷、矾土水泥等。

◆铝矾土

铝矾土为嵩山地区储藏量最大的金属矿产，其出口量占全国的1/6。

◆金矿

傅梅《嵩书》载：太室阳有金矿岭。

◆高岭土

主要分布在太室山以北，含三氧化二铝33.8%，三氧化二铁0.91%，二氧化硅52.3%，可用于陶瓷、电瓷、搪瓷、耐火材料等。

◆锗、镓

新密市平陌至超化矿区煤近底板处发现有锗、镓，高度富集，其中锗含量在4.8PPM~54.6PPM；镓0.0015%~0.008%，平均含量为0.0033%。均达到工业要求。

◆辰砂

荥阳、新密市发现辰砂含量矿点，每30公斤河流量重砂样中辰砂含量为，48粒、45料、32料，均达到工业品位要求。新密苟堂西部和超化镇张家门，为辰砂高含量矿点，每30公斤河流重砂中辰砂含量为：苟堂西部这48粒，张家门为32粒，均达到国家工业品位要求。

◆钡、锆、锰

五指岭以南，有高含量矿点多处，钡、锆、锰的含量不等，主要岩层为五指岭组

◆钾长石

主要分布于伊川孙窑至江左乡一带，东西长7公里左右，南北宽3余公里，面积约12平方公里，属韦晶光型矿床，预计钾的地质储量在200万吨以上，为中型矿床。

◆钛矿

主要分布在新郑市柿树行，储量约300万吨。

◆钛磁铁矿

钛磁铁矿主要分布在禹州市扒村、摘星楼山、鹁鸽崖山一带。

◆铀、钒

1964年,在密县杨家庄井田发现煤中含有铀、钒。测定含量铀为0.001%,五氧化二铝为0.006%。

### (二)主要非金属类矿物

◆煤炭

煤,俗名石炭。《酉阳杂俎》及《夷坚志》所称石墨,即此。又有一种墨石、红石、紫石,溪涧杂石中俱有,童蒙拣之,磨以点书,舐之粘舌,盖五脂之类。嵩山地区在25.8亿年前的太古代为一浩瀚大海,接受沉积形成基层古老的岩层。至2.8亿年前晚石炭纪地壳震荡频繁,时海时陆,气候温润,陆上植物繁茂,大地一片翠绿。由于植物堆积在下沿盆地与凹陷地带,形成了海陆交相的石炭纪煤层。含煤地层为石炭系上统太原群、二叠系下统山西组、下石盒子组及上统上石盒子等地层所组成,均为海相—过渡—陆相沉积,总厚度为661.23米,所以嵩山地区素有"嵩山煤海"之称,煤炭在荥阳市、禹州市、新密市、巩义市、登封市、伊川市、偃师市、汝州市均为主要矿产,都是当地发展经济的支柱产业。

◆麦饭石

嵩山南麓的象鼻山下,有我国稀有神仙药石。李时珍《本草纲目》曰:麦饭石,象形也。众团聚成堆,处处山溪有之,嵩高尤多。中岳山人吕子华,有麦饭石膏秘方,治发背。

另据嵩山地域各县志记载,登封、伊川、偃师、巩义、密县等地都发现有麦饭石的储存。

孙思邈《千金月令》,南宋的《图经本草》等书,都分别记载了嵩山麦饭石的医疗价值。近代麦饭石又被日本学者誉为"健康药石",朝鲜人称它是"神药石",台湾医学界认为是"长寿石"。嵩山麦饭石经郑州大学化学研究所测试及国家医院临床试验证明,嵩山麦饭石含有钾、钠、钙、镁、硅、铁、锰、锌、锗、硒、铌、锶、铀、磷、碘等64种微量元素,其中人体必需的也有20多种,能补充人体内所缺乏的重要元素,对保肝健胃,利尿化石,软化血管,稳定血压,促进血液循环,调整代谢,防病抗痛,延年益寿都有效果。

◆矿泉水

嵩山地域的矿泉水,主要分布嵩山南麓莲花山下的颍源、浮戏山中小龙池和老君洞左侧的逍遥谷。泉水清澈甜润,恒温14.8至17.5℃,春、夏、秋、冬四季不断,天旱天涝保持恒量,泉水周围村庄无特殊病患者。嵩山矿泉水经化验分析泉水属"重碳酸盐矿泉水",每升含碳酸根为295毫克,并含有钾、钠、镁、铬、硫及固定二氧化碳等60多种对人体有益的矿物质。对人的肠、胃、肾、关节、皮肤、气血不和、肢癣、偏症等病均有一定疗效。据《登封县志》载,唐人住嵩山逍遥谷30余年,饥食茂松,渴饮清泉,寿至近百岁,无恙而卒。老君洞下泉水经化验内含锰、锌、氢、氯化物、碳酸盐,属天然重碳盐钙型水。

◆大理岩

嵩山地域分布广,各市县都有很大的储藏量,有的市最高储藏量高达8亿吨。嵩山大理岩有灰岩、角砾状灰岩、鲕状灰岩、白云岩和不同颜色的白云质灰岩或灰质白云岩等。品种以寒武系为最多,颜色有鳖子黑、银品白、少林红、鸡血红、松香黄、虎皮黄、油松绿、红斑黑玉、黄斑墨玉、波纹石、连串珠、采彩条石、隐纹墨玉、羊脂白玉等。主要矿物方解石占80%以上,白云石占有10%以上。

嵩山大理岩就其颜色可分为13个品种:嵩山红、松茶黄、彩云、鸭蛋青、红豹皮、黄豹皮、灰豹皮、荥阳灰、角砾花、荥阳黑、荥阳紫、圆砾花、竹叶、鸡血红、虎皮黄、鏊子黑、银晶白、荥阳豆青等。

◆ 硅质大理岩

硅质大理岩俗称硅石,由碳酸盐岩经区域变质作用或接触变质作用形成的岩石,是硅质耐火材料的主要原料。硅石也称石英岩,主要矿物是石英 $SiO_2$。硅质大理岩主要分布在巩义、新密、登封、荥阳、新郑等地,仅登封的储藏量就达 8 亿吨。硅质大理岩主要有石英砂岩、石英岩和石英砂,次为脉石英。石英岩主要产于第四系沙层,大部地区均有。硅质大理岩中有嵩山玉、苍玉、玫瑰石、天青石等品种。

花岗岩原石

◆ 花岗岩

花岗岩是一种岩浆在地表以下凝结形成的火成岩,主要成分是长石和石英。因为花岗岩是深成岩,常能形成发育良好、肉眼可辨的矿物颗粒,因而得名。花岗岩不易风化,颜色美观,外观色泽可保持百年以上,由于其硬度高、耐磨损,除了用作高级建筑装饰工程、大厅地面外,还是露天雕刻的首选之材。嵩山地域的花岗岩主要分布在巩义、偃师、伊川、荥阳、登封、新密等地。这些地方大都有开发花岗岩的厂矿。

◆ 石灰岩

有水泥灰岩、化工灰岩、熔剂灰岩等多种工业类型,储藏量极大。产于寒武系、奥陶系、石炭系、上第三系,在嵩山地域各县市都有分布。石灰岩中的水泥含量一般都在48%~53%,各项指标达一级品位要求。

◆ 白云岩

嵩山地域各市县都有白云岩储藏,以偃师、荥阳、巩义、新密、登封、新郑为多,层位稳定,厚度大,储量丰富。MgO 平均含量为 20.15%,其他指标均符合工业要求。

◆ 紫砂陶土

矿石呈肝红色,厚 2~6 米。主要矿物为伊利石、蒙脱石,约占 75%,石英约占 15%;次要矿物为赤铁矿,约占 10%;微量矿物质为电气石。

◆ 耐火粘土

耐火粘土分为高铝粘土和软质粘土。嵩山地区的耐火粘土分布较为普遍,是耐火材料、陶瓷工业的原料。

◆耐火石

嵩山地域的耐火石主要分布在登封、新密、禹州市一带。

◆脉石英

脉石英主要分布在嵩山五指岭、墓坡等地的下元古界嵩山群与上元古界震旦系马鞍山组地层中,脉状产出,宽20~30厘米。二氧化硅含量高,乳白色,有的被铁质浸染,有红色痕迹。

◆石英细砂岩

主要分布于九朵莲花山、五指岭、墓坡震旦系马鞍山组地层,二氧化硅含量在95%~98%。可用于玻璃工业及磨机风衬,其中质地细、光泽好者,可用于天然油石或玉雕。

◆白垩土

黄白色粉状或块状结构,大部裸露,厚3~4米,氧化钙含量为45~48%。在电子显微镜下,白垩土大部分由方解石细微粒状钙质藻组成。据此可以认为它是在温暖气候条件下,在湿地环境沉积生成。白垩土为水泥原料。嵩山地域的白垩土资源丰富,主要分布于第三系地层中,新密、巩义、汝州境内都有。其中,新密市已开发利用。

◆石英砂岩

石英砂岩有石英岩、石英砂、脉石英等品种。

◆风化煤

风化煤是经风化后形成,可提取腐植酸,用于制腐植肥,也可提取黄腐酸用于医药。煤露头处多赋存有风化煤。

◆陶瓷粘土

在嵩山分布较广。主要用途为细瓷原料。

◆煤矸石

煤的顶底板及夹矸层多为碳质泥岩。当灰分在70%以下时可作低热燃料,超过时可作煤矸石砖,或水泥掺合材料。

◆红黄黏土

嵩山地域的黄土丘陵遍地皆是,厚者达数十米以上。土质纯净可制砖瓦,自古已被大量利用,部分红土可作为农药填充料。

◆白粉黏土

嵩山之阴有白色粉状态黏土,曾作卷烟纸的涂料。

◆ 水泥黏土矿

在嵩山地区分布很广,为石灰系中统本溪组铝土页岩,分布区与铝土矿相同。

◆ 硅石

硅石矿主要有石英砂岩、石英岩和石英砂,次为脉石英。马鞍山组石英砂岩,在嵩山地区巩义、荥阳、新郑、新密、登封、偃师、伊川等市县基本上都有分布。

◆ 油石

油石是颗粒细密的石英岩,产于下元古界庙坡山组。主要分布在嵩山地区的新密市牛店乡助泉寺、白河一带,储量约有60余万吨。

◆ 砂砾

砂砾主要有现代河床砂砾,第四系全新统岭丘沙砾及第四系中更新统至上更新统的层间砂砾,嵩山地区广有分布,是一种建筑石材。

◆ 石灰岩

石灰岩俗名青石。三种:一种通透,如太湖石者,石淙近处有之;一种横理,可为碑碣翁仲;一种长大,竟亩无垠,作坊柱。辟碎烧为炭,即垩也。

◆ 石髓

《世说》云:"晋初,有人堕嵩山大穴。西行,入天井内,有蛟龙。此人饥则取井中物食之,半年方出。以问张华,华曰:'所食者,龙穴石髓。'"

◆ 石流丹

又称石流赤。《抱朴子》曰:石流丹者,石之赤精,亦硫黄类也,浸淫于崖岸之间。其濡湿者可丸服,坚结者可散服。五岳皆有,而箕山为多。许由、巢父服之,即石流芝是已。

◆ 石胆

《玉洞要诀》曰:"石胆,阳石也。出嵩岳。禀灵石异气,形如琴瑟。其性流通,精感八石,能化五金,变化无穷。"

◆ 水绣石

产岩涧僻处,盖《本草》孔公孽之类。旱殷孽,有大至满岸,长盈数里者。辟之,内涵小枯树,或虫蚁败叶之类,无所不有。有卷区成太湖石,玲珑之形,可供盆玩。置盆中,得水则渍润遍满,植海棠菖蒲甚宜。其大者掘垒为假山,久之绣结为一。山中人云:"此石得雨能长。"呼为活石。

◆ 石硫黄

《神仙传》曰:刘凭学道于稷丘子,尝服石桂英及中岳石硫黄,年300余岁。

◆石蜜芝

《抱朴子》曰：石蜜芝，生少室石户，中有深谷，不可过。去户外十余丈，有石柱，柱上有偃盖。望之，蜜芝从石上入偃盖中。良久辄有一滴，有似屋漏后余滴，时时一落耳。然蜜芝堕不息，而偃盖亦中滴也。户上刻石为蝌蚪字，曰"得服石蜜芝一斗者，寿千岁。"诸道士共思，惟其处不可得往，惟当以碗器，置劲竹木端以承取之。

石流赤

◆石流赤

一名石流丹，一名石流芝。按《抱朴子》云："石流丹者，石之赤精，亦石流黄之类也，浸溢于涯岸之间。其濡湿者可丸服，坚结者可散服。五岳皆有，而箕山为多。许由、巢父服之，即石流芝是矣。"

◆白石英

叶封的《嵩山志》载：金壶洞之上有一洞，洞中通体皆白石。《舆地志》载：少室山崖头下，石室中有水，多白英。《嵩书》载：石之似玉而有光泽者，六棱如削，长短不一。含硅量9878%～9921%，是玻璃、结晶硅、矽砖、陶瓷的原料。

◆白玉膏

《山海经》曰：崟（同密）山之上，丹水出焉。中多玉膏，其源沸沸扬扬，黄帝是食。玉膏所出，五色乃清，五味乃馨。《山海经》：少室之山，其上多玉。郭璞注：山巅有白玉膏，得服之即得仙道，世人不能上也，时含神雾云。

◆玉

《山海经》：大苦之山，多㻬琈之玉，多麋玉。《骈雅》云："沙棠不沈，思傿不腐，女贞不凋，蓟柏耐寒。"其阳多㻬琈之玉。

◆金罂浆

《云笈七签》：阳生者佳。少室西金门山，山有金罂浆，服之得道。

◆朱砂

楼异注曰：丹砂峰出朱砂。

◆云母

《初学基》曰：少室山下有云母井，出云母。汝州境内有云母矿产。

◆封石
陶弘景《别录》曰：封石生少室，主治消渴热中。

◆紫薇石
傅梅《嵩书》曰：二室多紫薇，少室有紫薇峰。

◆石钟乳
《名医别录》曰：石钟乳，生少室山谷，山洞中俱有。傅梅《嵩书》曰：钟乳穴在少室东南，穴中有钟乳，径头大一丈。

◆石蟹
《名胜志》曰：少室龟泉，水出石蟹。

◆放光石
叶封《嵩山志》曰：文殊洞有石光莹，其形如乳，大者长寸许。嵌于沙石之中，璀璨如星，俗谓之放光石，盖亦白石英也。

◆璆琈玉　縻玉
《山海经》曰：大之山，多璆琈之玉，多縻玉。

◆石桂英
《神仙传》曰：许由、巢父于箕山得丹石桂英，今在中岳。《抱朴子》曰：石桂英生箕山岩穴中，似桂树而实石也。明代登封知县傅梅曰："右二芝各引巢、许，且异名同色，岂一物耶？"

◆礜石
《草本别录》云：礜石生少室，能拒火。火烧但解散，不可脱其坚。又云：少室礜石有粒，细理。今嵩下砖瓦内多有小石子，经火泥土成砖，而石如故，或礜类欤。《通志》曰：少室山礜石，性大热，置水中不冰。

◆礓石
盘薄土中，有立者、卧者，田中有此为瘠。卧者犹可犁，立者根竖最难耕。亦或大至数尺，俗呼泐礓，《本草》所谓殷蘖也。

◆黑砣
形如磨脚浮石，而体重，击之有锋，甚利。俗呼溏滓。

◆水晶
嵩山地域有水晶，但专家通过测试，结论为工业价值不大。

◆ 美石

《山海经》曰：太室山多美石。郭璞注：美石，次玉者也。

◆ 石脂

卢元明《嵩高记》曰：嵩山石室前，有承露盘，中有石脂，滴滴流下。食之一合，寿与天地相毕。

五色石脂

◆ 五色石脂

陶弘景曰：黄石脂生嵩山，色如莺雏；黑石脂生颍川阳城。吴普曰：五色石脂，一名五色符。黄符生嵩山，白符、赤符俱生少室。

◆ 金像

《仙经》曰：嵩山大岩石下，有大金像在其中。

◆ 苍玉

《山海经》载：讲山又北，曰婴梁之山，多苍玉，錞于玄石。郭璞《注》：苍玉依黑石而生也。《抱朴子》载：五玉不能自剖于嵩岫。则嵩不止苍玉矣。

◆ 玉璧

《宋书·高祖表》载：东晋义熙十三年（公元417年）五月，沙门普严于嵩高庙石坛下，得玉璧32枚，黄金1饼，符彩润洁。

◆ 玉浆

《登封县志》曰：玉浆生嵩山北大穴，一名玉液，亦名琼浆。

◆ 金罶浆

《云笈七签》曰：阳生者佳，少室西金门山，有金罶浆，服之得道。

◆ 密玉

有绿色、肉红色、黑色和白色多种。因以绿色为主，又称翠玉。其产地、层次，同于天然油石矿，多在新密市。

◆ 玉女沙

《名胜志》曰：三交水旁，有沙细润，可充澡濯。隋代常进后宫，杂以香草，足当豆屑，号玉女沙。

◆文石

《晋书》曰：杜预遗令，集洧水自然文石，以为冢藏，不劳工巧。

◆石面

《登封县志》载：少室山洞中有石面，遇大饥，百姓取作饼。

◆砚石

矿床位于禹州市浅井乡扒村北的大磺山。

◆花石

俗称"五彩石""娘娘石""面疙瘩石"。分布在禹州市浅井乡的爱鹤坪山北，光滑如玉，水浸后五彩缤纷，大如鸽卵，小如珍珠。

◆塑性黏土

分布在嵩山西北一带。含三氧化二铝 30.44%，二氧化硅 49.29%，三氧化二铁 2.25%，灼碱 12.2%。

◆燧石

嵩山地域各县市都有。可用于制造电瓷、瓷器、精瓷器、磨球、球磨机内衬等。

◆磷矿石

嵩山地域新密、禹州、汝州、伊川市境内有磷矿。

新密磷矿点位于牛店一带。禹州矿带位于五指岭组三段上部，含 1~4 层，矿带长约 6400 米，被断层切为 6 个矿段。

伊川县磷矿石主要分布在葛寨乡石梯至酒后乡翟沟一线。河南省地质三队、化工地质队曾先后进行过地质勘测，估计储量在 1000 万吨以上，下部品位越来越高，为大型矿床。

◆硫铁矿

硫铁矿又称黄铁矿，是地壳中分布最广的一种硫化物矿物，在石炭系铝土矿底产的铝土页岩中赋存有黄铁矿，直接覆于奥陶系古侵蚀面上。嵩山地区各市县都有，其登封、巩义、禹县都有开采，其中巩义水头、茶店、竹林、钟岭、涉村等地的疏铁矿分上下两层，远景储量为 2000 万吨。禹州市佛山硫铁矿点为一小型矿床，储量为(C+D)198.8 万吨。

◆陶瓷土

登封、巩义、伊川、禹州、汝州都有。因为这种自然资源的存在，嵩山地区历史上才有著名的洛阳、巩义唐三彩，更出现了北宋时期驰名全国的禹州、汝州官窑和登封、密县民窑的陶瓷生产基地。

◆料石

建筑料石主要有石灰岩、砂岩、白云岩或三岩石的过渡岩石,次为板岩等。产于前第四系,主要分布在嵩山地区巩义、偃师、伊川、登封、新密、荥阳等县市。

◆黑毛土

又称干子土。产于二迭系煤系地层和粘土页岩共生的软质矿层,外观一般呈暗紫色、褐色或红褐色,可塑性好,是提高坯体强度,改善泥浆流动性的主要用料。

◆方解石

方解石是一种碳酸钙矿物,天然碳酸钙中最常见的就是它。因此,方解石是一种分布很广的矿物。方解石的晶体形状多种多样,它们的集合体可以是一簇簇的晶体,也可以是粒状、块状、纤维状、钟乳状、土状等等。

◆长石

长石是长石族矿物的总称,它是一类常见的含钙、钠和钾的铝硅酸盐类造岩矿物。长石是地表岩石最重要的造岩矿物。长石在地壳中比例高达60%,在火成岩、变质岩、沉积岩中都可出现。嵩山地域的长石主要分布在汝州。

◆白云石

伊川县半坡乡、鲁沟一带,发现地质储量为1亿至2亿吨。

◆重晶石

重晶石主要分布在伊川县酒后乡高洼、梁圪垯等地,属热液脉型断裂构造控矿,矿脉宽几厘米至2米,长约10至150米。矿石储量约10万吨,属小型矿床。

◆石棉

石棉又称"石绵",为商业性术语,指具有高抗张强度、高挠性、耐化学和热侵蚀、电绝缘和具有可纺性的硅酸盐类矿物产品。它是天然的纤维状的硅酸盐类矿物质的总称。石棉矿藏主要在汝州市。

◆氟石粉

氟石粉,又称氟石、萤石,萤石粉。是一种矿物,等轴晶系,其主要成分是氟化钙。自然界中的萤石常显鲜艳的颜色,部分可发出荧光。嵩山巩义、登封、汝州一带有氟石粉。

◆泥岩

一种由泥巴及黏土固化而成的沉积岩,其成分与构造和页岩相似但较不易碎。一种层理或页理不明显的粘土岩。汝州市发现有泥岩矿藏。

◆滑石

在新郑风后岭、大槐树等地,探明储量约1万吨。

◆黄土矿

黄土矿不仅是烧制砖瓦的主要原料,而且还是水泥工业的重要配料之一。嵩山地域各市县都有黄土矿,并开多座有砖瓦厂、水泥厂。据已探明的上街矿区,远景储量为2000万吨。

◆钠长石

钠长石是长石的一种,是常见的长石矿物,为钠的铝硅酸盐。钠长石一般为玻璃状晶体,可以是无色的,也可以有白、黄、红、绿或黑色。它是制造玻璃和陶瓷的原料。钠长石主要分布在偃师。

◆大砂、型砂、细砂

建筑上有的砌筑材料。大砂、型砂、细砂的标准是按砂的粗细程度按细度模数而定的。嵩山地区的巩义、偃师、登封、伊川、新密、荥阳、汝州等地都有相当大的储量。各地都建有石料厂,可就地取材,通过破碎机、制砂机、筛料机等程序的加工制作,分类而成。

◆河沙、水洗沙

建筑上有的砌筑材料。沙是指自然形成的石粒,比如河沙、海沙。嵩山地域各市县都有。

◆碱土、黄油土

汝州市境有碱土、黄油土。

◆坩子土

坩子土是粘土的一种,产于北方地区。它的矿物组成以高岭土为主,其次还有石英等、是北方常用的制瓷原料。嵩山地域储藏的坩子土有多种颜色。嵩山地域多数市县都有。

◆石墨石

石墨石是一种战略资源材料。素有黑金子美称。汝州市境发现有石墨石。

◆碳石

碳石因其极高的含碳量而得名,就是含碳高的石头而已。碳石是具有一定特点的一类石头,如煤矿就是一种碳石。箕山以南有碳石。

◆黄砾石

砾石是指平均粒径大于2毫米,小于64毫米的岩石或矿物碎屑物,地质学中将粒径小于2毫米的定义为砂,大于64毫米至256毫米的为卵石。是由暴露在地表的岩石经过风化作用而成;常沉积在山麓和山前地带;或由于岩石被水侵蚀破碎后,经河流冲刷沉积后产生;砾石胶结后形成砾岩或角砾岩。黄砾石指的是砾石的颜色。

# 第六章  嵩山地域与文明

从地理位置上看,嵩山地域位于天地之中,从历史上讲,这里是黄河流域的腹心地带,是最早被称为"中国"的所在地。从考古发现中,在中华远古文明的产生和发展中,嵩山地域是远古文化的中心,它是华夏文明的发源地。而在这个地域范围内所孕育的文化,在中华文明的生成和发展史上,有着不可低估的作用,可以说是构成华夏文明的主脉与源头,它以独特的正统、兼容、连续性在华夏文明史上,占有很重要的位置。

天地之中

嵩山地域内,嵩岳高山纵横,河、洛、伊、颍、汝、溱、洧等诸水横贯其间,这就形成了原始先民们居住、生产、生育、繁衍的最理想的地区。这个地区具备了山林、丘陵、河流等地理位置优越的自然条件,气候温润,土地肥沃,物产丰富,适宜人类生存,具有发展农业生产,铸造农耕文明的无比优越的自然地理环境,自然孕育了人类的迅速发展。

根据史前传说与考古发现的上古时代,人类以部落形式群居于各地,但主要围绕在适合他们生存的地域。嵩山区域,作为人类最初聚集地区之一,大体上构成了一个强大的部落中心,形成最早的中原人类之祖。

在远古时期,黄帝的各部落大都集中生活在嵩山地区。到了夏商周时期,人们将嵩山称之为"天室""大室""崇山"等,当时由于各部落活动的范围的局限性,古人的生活要"无远天室"。因此,夏商周时期,古人建都大都在以嵩山为中心的附近。

从目前的考古资料来看,这里有肇始于斯、贯通古今的嵩山文明,其发展脉络是比较清楚的。当今地下考古所证明在嵩山地域有许多类型的文化,不仅有多处距今50万~60万年前的旧石器文化遗存,还有密集的新石器文化遗存。早在旧石器时代,嵩山地域就已有人类居住与生产。从早期的裴里岗文化起,一直到仰韶、龙山、二里头、夏、商、周都有。这些遗址在嵩山地域分布的特别密集,因此,有学者称嵩山地域是华夏族的的老家。裴里岗文化最早是从嵩山区的新郑裴李岗村发现的,仰韶文化最早是从嵩山地域附近的仰韶村发现的,其遗迹在嵩山地域是星罗棋布。龙山文化、二里头文化的遗址的发现,可以和炎黄时代相联接。传说中的黄帝就出身在嵩山的新郑,黄帝在嵩山地域的活动频繁。黄帝在嵩山访高道广成子,黄帝在嵩山太室与神会,黄帝的妻子嫘祖在嵩山发明了蚕丝作衣,黄帝的文字官仓颉在嵩山发明了文字等,嵩山的民间流传有大量的有关黄帝的神话。

大量的历史遗迹说明,嵩山地域是人类最早生活居住的地方,早在8千至1万年以前,这里就已经是农业文化生产的稳定时期,物质文明和精神文明都已达到了相当高的水平。炎黄族系的形成和发展,经历了漫长的复杂演变过程。在中原聚居的众多部族之间,由于利害冲突,部族之间经历了长期的的侵吞、兼并、融合、斗争、战争,直到黄帝集团才开创了大一统的新时代,在中国历史上首次结束了各个氏族和部族林立的局面,构成强大的华夏族,实现了民族的大融合,开疆拓土,奠定了中国版图的初基。

嵩山之所以成为中华文化起源,华夏文明的摇篮,就因为嵩山地域的炎黄先民们在这天然的自然条件中,开发、经营了近万年的原始物质文明和精神文明的巨大勋业,竖起了中华民族的历史丰碑。因此,在人类历史的发端上,形成了以嵩山为中心的中华文明的发祥地,并向外辐射的嵩山文化核心地区。换言之,嵩山文化之所以在华夏文明中具有开创性的渊源作用,就因为我国历代博大精深的传统文化的发荣、滋长,离不开"嵩山文化"这一母体。

## 第一节 地域与文明

中国文明起源于何时,文明的标志是什么?中国文明的起源这一问题,一向是中国史学和中国考古学中的一个重要课题,也是世界文化史上的一个重要课题。当今史学界一般把"文明"一词用来指一个社会已由氏族制度解体而进入了有了国家组织的阶级社会的阶段,文明的标志中以文字最为重要。夏代是我国建立国家之始。因此说,中国的文明起源于夏代。史料记载,以嵩山为中心的豫西地区是夏族迁徙后的主要活动中心,在中国历史上,首先进入阶级社会和文明时代。

中国文明是在中国土地上土生土长的,中国文明有它的特殊风格和特征。中国新石器时代主要文化中已具有一些带中国特色的文化因素,中国文明是在这些因素的基础上发展起来的。商代殷墟文化是一个灿烂的文明,是一个灿烂的中国文明,它在都市、文字、青铜器三要素上,都具有中国色彩的特殊性。其他如玉石雕刻、甲骨占卜等,也有中国文明的特殊风格和特征。如果从史前文化说起,大约可以追溯到一万年。而且从历年考古发掘的情况看,当时全国的发展程度和水平差不了太多。北起辽东,南至两粤,东越于海(台湾),西及流沙(新疆),都有着丰富的新石器时代文化遗存,这当然是中华民族共同创造的,这些成为深远而丰厚的民族文化基础。

从新石器时代初期以来,嵩山地域各时期的文化一脉相承,有自己的传统,并且一直在全国居于领先地位,经过几千年的长期不断的发展,由于居住在当地的夏族人民的辛勤劳动,加以适宜的自然地理条件,在公元前21世纪左右,夏王朝建立,终于首先进入了文明时代,像一把巨大的火炬,照亮了古代中国大地。此时的嵩山文明与全国其他文明相比,不仅发展速度最快,最为先进,而且内涵最为丰富。突出的特点是出现了文字、青铜礼器及城市。这些文明特点自此一直不断地随历史前进而发展,成为中国古代文明及传统文化的重要内容。

由于文明时代较之野蛮时代是人类社会发展的一次大的质的飞跃,因此,当时的嵩山地域的文化对周围地区具有极大的吸引力,加以嵩山地域位于"天下之中",水陆交通便利,素有"十省通衢"之誉,使嵩山地域与周围地区的联系和交往更加密切。一方面嵩山地域的文化对周围地区文化产生了空前强烈的影响,促使他们加快了向文明发展的步伐,逐步被融合于中国古代文明区域之中,使中国古代文明区不断扩大;另一方面又不断吸收周围地区的优秀文化因素不断地充实自己,使嵩山文化先进更为先进,更上一层楼。这就更使周围地区的人民向往嵩山地域,使嵩山地域具有更大的凝聚力和融合力。就这样,随着中国古代历史的不断向前发展,随着中国古代文明区域的不断扩大,嵩山文化发展成为中国古代文明的核心,在中国古代文化的发展过程中,始终发挥着轴心的主导作用,使中国古代文明得以稳定地向前发展,以中华民族创造的光辉灿烂的成就,使中国成为世界四大文明古国之一。

嵩山地域

我国学术界对中国古代文明的起源,有黄河摇篮说和遍地开花论,即一元说和多元论之论争。但对于中原文化的认识是一致的,那就是在中国境内的各个文化中,"中原夏人地区发展速度最快,水平最高,在全国处于领先地位。"考古资料研究证明,"到了龙山文化晚期,即夏代初期,已经出现了文字、青铜器与城市,最先进入了文明时代。"

文字的出现,是文明真正的曙光。中国有5000年的文明史,指的大约是有文字记载的历史,其源概出自司马迁。司马迁作《史记》,始于《五帝本纪·太史公自序》中说:"余闻之先人曰:'伏羲至纯厚,作易八卦。尧舜之盛,《尚书》载之,礼乐作焉,汤武之隆,诗人歌之。春秋采善贬恶,推三代之德,褒周室,非独刺讥而已也。'汉兴以来,至明天子,获符瑞,封禅,改正朔,易服色,受命于穆清,泽流罔极。海外殊俗,重译款塞,请来献见者,不可胜道。"司马迁用以上短短几句话,把中国古代文明史大体上画出了一个轮廓。《书序》里也说:"古者,伏羲氏之王天下也,始画八卦,造书契,以代结绳之政,由是文籍生焉。"《尚书》之作,始于《典》《谟》,汤武盛世,化于《关雎》,孔子作《春秋》,"上明三王之道,下辨人事之纪,别嫌疑,明是非,善善恶恶,贤贤贱不肖",使君臣、父子、夫妇、长幼、朋友等人际关系有了一个规范化的行为标准。到了汉代,"萧何次律令,韩信申军法,张苍为章程,叔孙通定礼仪"由朝廷把中国古代的传统法纪,正式用律令固定下来。这就是中国古代文明发展的一个大概过程,也就是后来所说的"史官文化"。这种文化2000年来在中国文明史上占着统治地位,也对我国民族文化起着深远的影响。

从一般的民族文化集中而体现为"史官文化",这个升华过程就是国家的产生。因为没有国家,一切政治、经济、文化都不可能集中体现出来,再发达也还是"大众文化"。近代学者根据发掘材料,把中国史前文化说成有许多中心,这个说法遭到了许多历史学家的否定。事实上在国家没有出现之前,在原始公社条件下,形成不了一个文化中心,也不可能升华为代表一个民族文化。因此在古代,不论是奴隶社会,还是封建社会,代表民族文化的只能是"史官文化"。

中国的史官文化起源于黄河中下游,中华民族有文字可考的历史就从这里产生、发展、繁荣,并且逐渐扩展,它是由华夏民族首先发展起来的。夏、商、周三代在王国建立伊始,无不首先据有中岳嵩山周围的所谓"中国"之地。历史文献记载的有夏为禹都阳城(登封)、启都阳翟(禹县)、桀都斟鄩(偃师,太康居斟鄩、羿亦居之、桀又居之),(商)汤都西亳(偃师尸乡沟)、商都亳(郑州商城)、嚣都(商朝荥阳),有西周管都(西周初期诸侯国管国的都城——郑州),战国郑都(战国时期郑国、韩国的国都,此都历经五代十王,历时至少150年以上)或诸侯国国都。公元前770年,周幽王的儿子姬宜臼继位,号周平王。由于镐京残破和犬戎的威胁,周平王于公元前770年,在晋文侯、秦襄公、郑武公等的护送下,于公元前770年将都城由镐京迁至洛阳王城,定都于此,是为东周。周平王东迁,郑国取其地,乃属郑。战国时期韩国灭郑,遂属韩。从此,就有更多的朝代把嵩山地域作为建都之地。嵩山地域前后有20代政权在嵩山周围建都,其中主要朝代为黄帝、夏、商、东周、东汉、曹魏、西晋、北魏、隋、唐和五代时期的后梁、后唐等12代。此外西周、西汉、新莽和十六国后赵、五代后梁、后唐、后晋、后汉、后周以及北宋、金等朝代均以洛阳为别都,故又有"十一代别都"之说。

因此,嵩山地域是一个特殊性的地域。她不但是中华民族的重要发源地,还是一直是我国古代的王都最为集中的地域;不但是政治、经济、文化、军事发达的地域,也是历史留给我们文明遗迹最多的一个地域;这里不但有着得天独厚的自然环境,还有着无与伦比的历史底蕴。中华民族在这里如旭日东升,不断发展,并向四方辐射,逐步形成光芒万丈、经久不衰的中华文明。通过这个地域,可以揭示贯通古今的中华文明即肇始于斯。

## 第二节  地理环境与文明

嵩山地域文明的产生虽然存在着众多的因素,但从自然因素来讲,纬度的适宜及气候、河流、地形、黄土、动植物矿藏五大因素对文明的产生有着重要的影响。尽管优美的自然环境并不必然产生古代文明,河洛文明产生的五大自然因素,并不是文明产生的唯一因素,它对文明影响的重要性,表现在延缓和促进文明的产生。

自然资源的丰富和自然资源的优劣直接影响着生产力发展水平的高低和文明产生的早晚。马克思在《政治经济学批判》和《资本论》中反复论证了自然条件的贫瘠还是富饶对劳动生产率的决定作用。他指出:"同一劳动在开采不同金属时提供的采掘量有大有小,这要看这些金属在地壳中蕴藏多少而定。同一劳动在丰收年可以物化为两蒲式耳的小麦,在歉收年或许只物化为一蒲式耳小麦。在这里,因为自然条件的贫瘠还是富饶决定着自然条件限制的生产力。"因为,人类劳动所处的自然生态条件的优劣,就意味着劳动资料和劳动对象的优劣;假定其他条件相同,同优等的劳动资料和劳动对象相结合的劳动力,比同劣等的劳动资料和劳动对象相结合的劳动力来说,生产力各要素综合作用产出使用价值的合力就大,社会生产力水平就高。

一般剩余劳动的增多,是加速生产发展和社会进步的重要条件。但剩余劳动的积累,与地理环境的优劣有一定关系。嵩山地域早在石器或青铜时代,就获得了剩余产品,产生了生产资料私有和剥削,进入了阶级社会。而在自然条件较差的地区,要到铁器时代才有剩余劳动的积累。我国境内一些少数民族在建国之初尚停留在原始社会,地理环境则是其中的原因之一。

自然条件的差异性和自然产品的多样性,直接影响着劳动对象的特点,而劳动对象的特点,又使劳动工具和劳动条件以及劳动者的生产技术都具有相应的特色。如在没有金属的地方,就不能发明优于石器的工具;在没有野生马和野生牛的地方,就不能有作为运输工具和生产工具的驯服的马牛;在没有海洋和河流的地方,就不能发展行船的技术。

地理环境的差异性,对劳动分工也有影响。它首先促成了古代氏族内部成员按性别和年龄及随着季节而改变的劳动的自然条件的分工,如男子从事渔猎、畜牧,妇女从事采集、种植、纺织、制陶。种植季节多数成员从事农业,农闲时从事编织,狩猎等。摩尔根曾说,西半球缺乏适于畜养的动物和东西半球植物区系的特殊差异,使得两个半球居民的社会发展进程从而使人们的生活方式也有很大区别。恩格斯也曾说,在野蛮时代,东大陆发展了农业和畜牧业,而西大陆只能种植玉蜀黍和驯养羊驼,"由于自然条件的这种差异,两个半球上的居民,从此以后,便各自循着自己的独特的道路发展,而表示各阶段的界标在两个半球也就各不相同了。"

嵩山地理环境

地理环境不仅通过对生产力的影响而对社会发展产生推动或延缓作用,而且它对社会文化的许多特质也有重要影响。如早期嵩山地域先民们出现的是半穴居住址,而同期长江流域则为巢居或半巢居,这种差异直接与地理环境有关。从建筑艺术上来说,嵩山地域的建筑艺术与古代希腊的建筑艺术就存在着极大差异。古代希腊地区属地中海型气候,无严寒也无酷暑,雨季在冬天,其他季节晴朗温暖,宜于户外活动。境内多山岩,少树木,又盛产可以精细加工的优质大理石,因此建筑材料以石料为主。为了防备骤雨和炽热的阳光,通风而又蔽光并能满足户内外活动的过渡的柱廊成为希腊建筑的主要特征。它的一系列建筑艺术风格,都是在古代希腊的自然条件、建筑材料与结构的基础上形成的。

而嵩山地域,冬季寒冷,雨量集中在夏季,并时有暴雨,建筑遮风避雨防寒的功能比希腊重要,石料虽有,但黄土地带的土(随后还有以土为原料的砖瓦)更易获得,因此建筑材料沿袭了早期的半地穴式房屋特点,主要以土(砖瓦)和木料为主。由于土的承受能力差,建筑结构主要采取了梁柱式的木构形式,土墙只起屏障和隔断作用。这类土木结构的建筑,如何防雨防潮防朽是突出的问题,这就使得嵩山地域的古代建筑具有高台基、大坡形房顶,宽深的出檐,以及为节约木材,更好地利用木材的力学性能以加宽柱列间跨度及出檐深度的斗拱等一系列独具的特色,并在此基础上形成了黄河流域古代建筑艺术的特殊风格。除上例之外,嵩山地域的古代神话、宗教禁忌,文学艺术、风俗习惯都有一定的自然烙印。

地理环境对嵩山文化的影响,不仅使其物质文化、精神文化的创造与自然有关,而且许多社会组织及制度性文化也都由自然环境的需要派生出来。例如黄河文明和埃及文明都产生在大河流域,并且古代都是中央集权的国家。但由于埃及与黄河流域自然环境的某些差异,所以它的社会结构与中国封建王朝有一定的区别。例如在中国国家不控制土地买卖,将土地分配给自耕农就可以了。土地一旦分配、登记、造册完毕后,第二次更新登记往往要经过很多年(大约是土地兼并严重,不得不变法之际),而并没有必要对自耕农加以严密的控制。但古埃及则不行,由于尼罗河年年泛滥,地界经常被覆盖,随着地界每覆盖一次,就必须重新登记分配一次。对于埃及社会,是不可能形成拥有小块土地的中国式的自耕农的,土地经常要由国家重新丈量、分配、核对。由于管理上的困难,不允许农民离开土地。正由于黄河流域与埃及自然环境的差异性,从而使管理土地的方式也不尽相同。

再一个例证是进入封建社会后,西欧长期处在封建领主制的阶段,而黄河流域早在战国时期就形成了地主经济。除了其他因素外,地理环境不同也是一个原因,西欧地势平坦,处于盛行的西风带,雨量较多,土壤性能较好,气候稳定性强。大面积的粗放耕作对技术要求较低,生产环节较少,农具也多是大型和通用,这就使生产带有一定的集体性。在这样的情况下,封建主需要也可能对农业生产进行直接的管理和监督。这就形成了西欧封建剥削方式的主体——以徭役劳动为特色的庄园农奴制。而黄河中下游在年度的季节上雨量分布不均,春夏往往还有旱涝灾害,再加上中国人多地少,所以中国农业的核心是精耕细作的集约化耕作制度,土地也因此分成小块,分散经营。因此,中国封建主无法也无需对农业生产实行直接管理和监督。出现的剥削形式是把土地分租给农民自己经营,以实物地租为主的租佃制的地主经济。

## 一、地理纬度及气候与文明

嵩山地域的地理纬度大致在北纬35°~34°之间,属于暖温带大陆性季风气候。从考古学的发现可以看出,当人类在陆地一生存并开始活动的时候,出于人类自身的本性,都是选择最优厚的自然环境作为生存条件的。而在嵩山地域,早在距今60万年以前,已有人类在此生活。嵩山猿人比北京猿人文化早10万~20万年,从嵩山地域发现的象牙和象的下颌骨及身躯骨骼化石看,当时的象牙长达3米多,估计为身高4米左右的纳玛象品种。同时还发现有水牛、猕猴、水龟、河蚌、以及树木等化石。根据这些遗骸推测,可知距今100万年到50万~60万年以前,嵩山一带的气候炎热,雨量充沛,大约相当于现在珠江流域的亚热带气候。而这种气候正是嵩山文明产生不可缺少的自然因素。

从世界四大文明古国发生的地域来看,恰如事先约定好一般,都是在这种环境中发生和发展的,这些文明都处在北纬30°到北纬40°之间。都有大体相同的自然环境,它们都诞生在地理环境特别有利的温带和亚热带,这是为什么呢?原来温带和亚热带的自然环境有利于人类生存,这儿有充足的水源,气候湿润,光热充足,地势平坦,适合人类生存。在自然条件方面富于差异性和自然资源的多样性,只有这样的地理环境才是"形成社会分工的自然基础,并且通过人所处的自然环境的变化,促使他们的需要、能力、劳动资料和劳动方式趋于多样化。""资本的祖国不是草木繁茂的热带,而是温带。"而自然条件恶劣的地区,如寒带、亚寒带,无论如何也发生不了早期文明。

史料所说的北纬30°主要是指北纬30°上下波动五度所覆盖的范围,北纬30°线贯穿四大文明古国,是一条神秘而又奇特的纬线。国家自然科学基金委员会研究员宋长青说,从自然条件看,北纬30°这条温度带是处于亚热带和温带的过渡地带,应该说是最适于人生存的地带,它的降水相对比较丰

沛,植物相对比较茂盛,温度也比较适合人的生存,尤其是在生产力水平比较低的情况下,人可以靠自然的供给,就获得一个比较良好的发展,所以在这里早期人类可以比较容易生存下去,在这种情况下,早期文明和社会就容易在这个地带发展起来。更加令人神秘难测的是,这条纬线又是世界上许多令人难解的著名的自然及文明之谜所在地。

由此看来,温带及适宜的气候是古代文明产生的有利条件。我们说世界古老文明的发生地,多在中纬度大河流域。哲学家黑格尔认为,在极热和极寒的地带就找不到世界历史民族的地盘,因为这些地方的酷热严寒使"精神"不能给自己建筑一个世界,使人类不能作自由运动,历史的真正舞台只能是北温带,因为地球在那里形成一个大陆,有着一个广阔的胸膛,而且自然物产也丰富多样,远比南半球那分裂的地形和贫乏的资源要优越得多。

前苏联史前学家柯斯文认为,世界文明国度,"所在地理区域是地球上一个并不很宽的地带,大约在北纬15°~40°之间。虽然所指地理区域的地球纬度不尽合乎实际,但却均在温带和亚热带之内。从当今世界来看,中纬度地带,不仅是人口分布最多的地区,而且也是经济、文化、科技发展较快的地区,这也从一个侧面证明了为什么早期文明都产生在这一区域。

## 二、河流与文明

嵩山地域之所以出现古代文明,是多种因素综合影响的结果。从地理环境上讲,纬度和气候只是影响文明的一个方面,其他的因素还很多,其中河流对古代文明产生就有着重要的影响。

从嵩山地域的古文化遗迹来看,主要分布在河流两岸的谷地及盆地之中,并且对地形有进一步的选择,那就是河流两岸的台地成为聚落及城市形成的最佳地带。早期人类不仅傍水而居,而且多在河流交汇处、转弯处。人们选择此处的台地,使河水高涨时不至于被洪水淹没,另一方面就近开发河川谷地,在时间及经济上都最佳的选择,可及时发挥效益。

在嵩山地域连绵起伏的山脉之间,分布着发达的河流。嵩山北有黄河,腹心地带有黄河、溱河、洧河、贾鲁河、金水河、汝河、伊河、洛河、瀍河、涧河及颍河上游等大小河流等几百条。这些河流在古代比今天的流量大得多,它们仿佛纵横贯穿的脉管,为嵩山文明输送着血液。在它们先后汇合的地方,形成了数千平方公里肥沃的伊洛盆地和嵩箕盆地,这是早期文明产生的最佳地带,是文明的天然"摇篮"。

从世界四大文明古国来看,在黄河流域出现了中国文明,在恒河印度河流域出现了印度文明,在幼发拉底河和底格里斯河流域出现了古巴比伦文明,在尼罗河流域则出现了埃及文明,四大文明古国几乎都在河流的中下游发展起来。世界的文明的出现,似乎都离不开河流。

嵩山文明是黄河文明的中心,从考古发掘情况来看,在嵩山区域内,到目前为止,我国发现最早的旧石器时代早期在汝州张湾村的简单石器劳动工具,是人类最早的活动遗物,距今已有100多万年的历史。而汝州就在嵩山支脉崆峒山南麓。在荥阳发现的旧石器时期的古人类居住的洞穴遗址织机洞,距今约有10万年的历史,从出土的旧石器和相关遗存观察,其文化面貌传承性明显,是中国猿人文化的继承和连续发展的结果。在洛阳市凯旋路东端发现了属旧石器晚期距今约5万年左右的古纳玛象化石及石核石器。到了新石器时代,先后在嵩山地域发现了裴李岗文化和仰韶文化。最早发现的新石器时期的裴李岗文化遗址,也是在嵩山地域内的新郑市裴李岗村,它的上限在距今8000年以前。尤其是仰韶文化遗址在嵩山地域的分布更为密集。特别是龙山文化晚期,嵩山先民的聚落已经是相当的稠密了。这些大量的分布密集的新石器时代早期的文化遗址,主要在嵩山周围地带。其原始文化序列清晰,说明嵩山文化区的形成是经过了一个漫长的历史发展进程,中原人类生活的环境早在8000至1万年以前,这里已经是农业文化生产的稳定时期,物质文明和精神文明已达到了相当高的水平。

从新郑的唐户遗址、郑州的大河村遗址、伊川的土门遗址、新密的新砦遗址、洛阳的王湾遗址和矬李遗址等的考古与发现,出土遗物不仅量大丰富,而且石器制作精美,特别是登封王城岗夏代阳城遗址中还发现了我国最早的青铜器残片及陶器上的文字"阳城仓器"。这些新旧石器文化遗址,都有一个共同的特点,那就是与河流有着密切的关系,几乎所有文化遗址都分布在河流的两岸,特别是河流交汇及转弯处。如洛阳古城位于洛水与黄河交汇处的

嵩山河流

三角地带,王城岗城址位于登封告成镇西颖水和五渡河交汇处,新密洼沟北岗文化遗址位于洧水和绥水交汇的三角地带,新郑沙窝李遗址是在十八里河的转弯处,二里头遗址正处于伊洛河交汇的夹洲角地带等等。

为什么早期的遗址都集中在河流两岸?为什么古代城市首先在大河流域出现?这是因为,水是人类生存的根本。河流地带不仅有利于农业生产,为城市提供足够的水源,便利的交通,而且河流还能起到军事上的防御作用。在河流的交汇处,由于河道为天然屏障,安全不必考虑,并且土地肥沃,交通便利,是古人建造古城的理想之地。就拿当今来说,我国长江入海口的上海,珠江入海口的广州,闽江入海口的福州,海河入海口的天津。再如,特茹河入海口的葡萄牙首都里斯本,哈得逊河口的纽约等,这些都从另一方面证明了河流对河洛文明影响的重要性。

## 三、地形地貌与文明

嵩山山系的各大山脉,山峰都不是很高,但山与山的分支山脉之间都有独立的水系分布,山脉与水系相间排列,每条较大河流都与一些山间小盆地相串通,谷地和盆地相串联,形成地势低凹的开阔地带和盆地底较为平坦的开阔地。在这些盆地和河流两旁,正是人类最早开发的地区,也是人类选择居住地址最好的地方。地形一般主要分为平原、盆地、高原、山地、丘陵五大类,而对于早期人类来说,盆地(或称河流谷地)是人类最好的居处。因此,从旧石器时代开始,嵩山地域就有人类的活动。从考古发现的汝州寄料乡郭沟村张湾旧石器时代遗址、荥阳织机洞遗址、巩义市洪沟、新密李家沟遗址、登封西施遗址、洛阳市区凯旋路等遗址出土的石器看,早在几十万年前,人类就已经使用石器,并与自然作斗争。这些大量的古遗存发现,充分证明嵩山地域是人类发祥地之一。

特别是登封西施旧石器遗址发现了距今25000年的史前人类生产石叶的加工场,石制品大小混杂、且以生产石器的副产品占主导地位的情况说明,西施遗址的主要功能区应该是石叶加工场。从遗址中出土的石制品种类包括石锤、石核、石片、石叶、细石叶、工具,以及人工搬运的燧石原料等。这些石制品及其分布状况,清楚地展示出该遗址石器加工的技术特点,完整地保留了石叶生产的操作链。该遗址地层清楚、文化遗物典型丰富,史前人类生产石叶各环节的遗存均有发现,完整保留了旧石器时代居民在此处理燧石原料、预制石核、剥片、直至废弃等打制石叶的生产线或称操作链,是我国及东亚大陆腹地首次发现典型的旧石器时代晚期石叶工业遗存。

登封西施旧石器遗址与这里的地形地貌的因素有很大关系。该遗址所处位置属于低山丘陵地带,区域地势整体上呈北高南低。海拔高度约270米,黄土堆积发育。遗址北边出露的基岩为石英砂岩,南边则属于石灰岩,部分石灰岩基岩中夹杂有燧石团块,是西施遗址生产石叶的原料产地。遗址位于两座低山之间的平缓谷地上,属于淮河水系的洧水河发源于遗址西北方的石板道,由西北向东南流经遗址的南侧,上游部分目前已经干涸,但河道仍清晰可辨。西施旧石器遗址就坐落在洧水河该河段左岸的二级阶地之上。登封西施遗址新发现的石叶工业清楚显示,中国及东亚大陆的主体部分的旧石器时代晚期文化发展与现代人类行为特点,与同期的旧大陆大部分地区并无明显区别,也已熟练掌握了被西方史前学者称之为石器技术模式四的石叶技术。

在嵩山地域考古发现的新石器时代遗址就更多,而且非常密集。从发掘的新石器时代早期的裴李岗文化遗址,到中期仰韶文化遗址、龙山文化遗址,再到晚期的二里头文化遗址,都有大量的石器、陶器、青铜器出土,而且各时期的都有比较丰富的代表性遗物,说明早在3000年至8000年以前,嵩山地域就是黄河、溱河、洧河、伊河、洛河、汝河、颍河上游流域人口稠密,生产比较发达的先进区域。

嵩山地域,狭义指包括北至黄河,南至河南襄城一带,东至虎牢关,西至华山,方圆数千里的(包括河洛文化)的地域。广义就是中原文化的泛称。简单地说,嵩山地域基本上涵盖了中原腹地的沿黄河、洛河、伊水、颍河上游两岸的广大河谷、盆地、平原的肥沃地带。嵩山地域的地形地貌主要分为山地、平原、盆地、丘陵、高原五大类,而对于早期人类来说,盆地和谷地是人类最好的居处。

从嵩山地域的古文化遗迹来看,也主要分布在河流两岸的谷地及盆地之中,并且对地形有进一步的选择,那就是河流两岸的台地成为聚落及城市形成的最佳地带,前边我们已经谈到,早期人类不仅滂水而居,而且多在河流交汇处、转弯处。人们选择此处的台地,使河水高涨时不至于被洪水淹没,另一方面就近开发河川谷地,在时间及经济上都可及时发挥效益。

嵩山地域在史前文化中,有两个概念特别突出,一是"嵩山",二是"洛邑"。著名河洛文化学者徐金星在谈到嵩山与洛阳的关系时,曾经有过一个形象的比喻。他说洛阳是一个天然盆地,而嵩山则是在这个天然盆地的盆沿之上,它们之间是无法分割的。古人认为,嵩山是家庙、祖山,是华夏始祖神轩辕黄帝及先祖神灵所在之处;嵩是天室,是中岳嵩山神轩辕黄帝居住之所。在古人以天为命的理念中,嵩山就是神都洛阳所依附的一座神山和祖山,周人要想建国立业,必须要像夏人一样,把国都建在嵩山地域。因此,夏商周三代之所以要在已被周公测定为天地之中的嵩山地域建都,首先是以"天室""祖庙"的嵩山为先导,必须是在"无远于天室"的前提下,依靠嵩山来建立国家,以取得祖先和天神的佑护。

中国历史上从没见过在一个地域之内有过这么密集的古国和古都城了。就嵩山地域古代的都城来说,如郑州商都、新郑的黄帝故里和郑韩故城、登封告成的夏都阳城、禹州的启都阳翟、偃师的商都西亳,而在洛阳先后就有东周、东汉、曹魏、西晋、北魏、隋、唐、后梁、后唐九个朝代在这里建都,累计建都时间,长达1000多年。这么多朝都在此建立,与嵩山地域所处的地形地貌及地理形势有着密切的关系。春秋时期的墨子主张城市的位置要选择有利防守的地形。管仲主张"因天材,就地利",说"凡立国都,非大山之下,必于广川之上。高毋近旱而水用足,下毋近水而沟防省",还说"圣人之处国者,必于不倾之地而择地形之肥饶者。乡山左右,径水若泽,内为落渠之写(泻),因大川而注焉"。他明确指出都城选址要在土地肥沃,有利于农业生产的地区;选择依山傍水的地形,以免受旱涝威胁,节省开渠引灌筑堤防涝等工程。

嵩山地域不仅地理位置适中,地形地貌也是千变万化,而且地理形势也十分险要。以古都洛阳的地形来说,群山环抱,地势险要,素有"河山控戴,形胜甲天下"之誉。从近郊看,它背依邙山,面对龙门,西傍周山,东为平野良田,邙山构成了洛阳古代的城防和防御黄河水患的天然设施,连绵嶙峋的秦岭一直至洛阳城南的龙门山,形成了层层天然屏障。东汉赋学家张衡在《东京赋》中指出:"昔先王之经邑也,掩观九隩,靡地不营。土圭测景,不缩不盈。总风雨之所交,然后以建王城。审曲面势,溯洛背河,左伊右瀍。西阻九阿,东门于旋。盟津达其后,太谷通其前。迥行道乎伊阙,邪径捷乎轘辕。太室作镇,揭以熊耳。底柱辍流,镡以大岯。"在这里张衡指出洛阳地理形势的险要,尤其是整个嵩山地域有很多重要的关隘。关隘,是在狭窄而险要的地方或国界设立的守卫处所和关口,也是重要的交通门户。

嵩山东西横卧,绵亘200公里,山岭逶迤,阻断南北交通。嵩山地域的函谷关、伊阙关、广成关、大谷关遗址、轘辕关、旋门关、孟津关、小平津关遗址,合称"八关都邑"。其中,洛阳城环卫四塞,雄关林立,形势险固,西周王城500里的四面边境上,各有三处关口,对当时各诸侯国的沟通和王朝京城的保卫作用很大。还有虎牢关、玉门关、黑石关、氾水关在历史上都是十分险要的通道。清人陈心传说:"虎牢东镇,函谷西封,伊阙扃其南,大河环其北。"这些重要的关隘,同为洛阳门户,设防守卫,使洛阳成为进可攻,退可守的军事要地。

## 四、黄土与文明

黄帝、黄土、黄河、黄皮肤以及闻名于世的黄土文明,在中华大地的出现,或许只是一种偶然的巧合,但黄土在中国文明产生的过程中,确实有其一定的作用。

文化、民族、国家、社会是在人类不断迁徙、不断融合中诞生的。而迁徙的原因又基于自然驱使、战争逼迫、经济吸引这三个主要方面。远古时期,人类的生产力十分薄弱,抵御自然灾害的能力非常差,即使到了今天,人们对一些大的自然灾害仍然是束手无策。远古时期冰川的融、冻、洪水的升、降,驱使人类不得不像侯鸟那样不断迁徙。冰期到来时,气温下降,冰川从高海拔地区向低海拔地区延伸。人类不得不随着向低海拔地区迁徙。而到了间冰期,温度升高、冰川融化、雨量增加,由于低海拔地区往往是盆地或平原,这时除一部分向高海拔地区返迁以外,大部分人停留在水丰草肥、便于渔猎农耕的土地上,除非洪水再逼他们走向高岗外,是舍不得轻易往它处迁移的。于是在这些地方就形成了比较密集的部落群,促成了部落之间生产技术和文化的交流,或者发生摩擦和战争,促使这些群体部落不断分合,形成新的群体。

上古史中记载的一些著名部落,都是沿着由西向东、由高向低这条路线向嵩山地域会集、融合、接受新文化的熏陶,再向东向南迁徙的。考古发现的北京猿人、山顶洞人等以及中原地区旧石器时期的人类,大都生活在山崖高处的自然岩穴之中,为了躲避野兽、严寒、保留火种、衍生后代,在他们还没有足够的时间、没有能力去建造房屋时,只有住在这些睡自然洞穴里,但是到了冰期或者附近食物枯竭时,就不得不往下迁移。但是石洞不会到处都有,就只有住到迁徙中的自然土洞里,然后发现用原始木器、石器挖不出石窟,却可以挖成土洞洞穴,这些洞穴也能和石洞一样避风寒、野兽,保留火种、生息延存;缓慢转移过程中可以随时挖造新的洞穴,年复一年地向温和丰饶的地区迁徙。

嵩山黄土与文明

就人类发源地的黄河流域来说,由甘陕黄土高原和向东延伸的黄土带,到豫西地区厚达100～1500米,从嵩山地域的巩义到郑州以西厚达50～100米,正好为古人提供了迁徙的基本条件。再向东就是黄泛区,已不具备挖地穴的条件,因而原始各部落在嵩山周围,尤其是土肥水丰的河洛盆地,要作较长时间的居住、交流、融化。这是大自然的规律。我国考古发现的北京猿人、山顶洞人等以及嵩山地区旧石器时期的人类,为了躲避野兽、严寒,保留火种,繁衍后代,他们大都生活在山崖高处的自然岩石洞穴之中。到了冰期或者附近食物枯竭时,就不得不往下迁移。但是石洞不会到处都有,就只有住到迁徙途中的自然土洞里,然后发现用原始木器、石器挖不出石窟,却可以挖成土洞地穴,这些洞穴也能和石洞一样避风寒、野兽、保留火种,生息延存。利用这样的黄土质地,可以在缓慢的转移过程中,随时挖造新的洞穴,年复一年地向温和丰饶的地区迁徙。在这个迁徙过程中,黄土的作用不可忽视。所以,尽管长江等河的流水比黄河清,地比河洛暖,但由于缺乏绵延数千里,由高向低的黄土带,却始终形不成连续不断的上古文化中心。

黄河、长江均位于温带地区,而今天长江流域气候优于黄河流域,但为什么古代文明首先在黄河流域产生,这除了有气候变迁的原因外,黄土也是其中的原因之一。据著名气象学家竺可桢研究,距今3000～5000年时,黄河流域平均气温约比今天高2℃,冬季气温高3～5℃。相当于今长江流域的气温,降水比现在丰沛。当时的嵩山地区,山上森林被覆,平川河网密布,到处山清水秀,郁郁葱葱,在谷、盆地的冲积平原,覆盖着深厚的黄土,具有较好的成土母质。黄土表面构造团粒细微,组织均匀疏松。良好的森林植被增加了土地的腐殖质,使黄土具有较高的肥力。因为早期农业,生产工具是非常原始的,在很长的时期内,耕田的主要工具是一些树枝、木棒和天然石块,生产效率是很低的,即使后来慢慢知道进行一些简单加工,有了所谓揉木为耜,斫木为耙,依然是拙笨的木器,开发土地的能力是不大的。因此早期人们开始经营农业时,在生产条件限制下,必须选择容易开发的地方来定居。相形之下,长江流域过于炎热潮湿,不如黄河流域宜于住人,不少地区覆盖着大片的热带的原始森林,平原地区则湖泊沼泽四布,再加上土质紧密,所以不仅原始工具开垦困难,而且不易扩大交往,使长江流域早期文化发展落后于黄河流域。

嵩山地域,气候宜人,水源充足,土壤肥沃且易开垦耕作,区域平均年降雨量虽不很丰沛,但却相对集中在作物生长季节,无霜期也相当长。这一切,对于生产工具还相当原始和生产力较低的古代人民来讲,确实是一个比较适宜于经营简单农业和适合于聚合的地点,所以从远古直到有文字记载的历史时期,嵩山地域一直是中国开发较早的一个经济区域,形成了中国古代政治经济文化的中心。

黄土不仅对早期农业有影响,而且对文明的许多方面都有一定的影响,正如张新斌同志在《黄土与中国古代城市》一文中说的那样,"中国城市的建设是以黄土夯实的城垣为标志;以黄土高台的夯筑为基础的土木混合结构为特色;以广袤无垠的黄土平原而布局设计,平面铺开为基调;从而形成独树一帜的鲜明风格而自立于世界文化之林。"在嵩山地域,复杂地貌所带来的城市与建筑的多样形式均带有明显的黄土气息,嵩山文明同样是带有浓郁黄土芳香的文明。

## 五、动植物矿藏与文明

动植物矿藏对嵩山文明的影响,主要表现在为文明的产生提供一定的劳动资料和劳动对象。嵩山地域旧石器遗址中,有大量的石器工具的发现,如在嵩山地域发现的荥阳织机洞中,有距今 10 万年左右的旧石器晚期的文化遗存,出土有用锤击法打制成的石核石器和石片石器,质料分别为石英岩、沉积岩等。到了新石器时期,不仅石器的品种更加丰富,而且还出现了陶器和骨器。如在裴李岗文化遗址中,曾发掘出有石铲、斧、镰、凿、磨盘和磨棒、弹丸等生产工具,有鼎、钵、壶、罐、碗、勺等陶器,还有骨簪、绿松石珠和陶塑猪、羊头等装饰品和艺术品。这些新旧石器时期的遗物,虽然经过了人类的加工,但都是来自嵩山地域的自然环境。这与嵩山地域的所有的石料、燃料有关。如果嵩山地域没有石料,没有烧制陶器的燃料,那将延缓文明的产生。正如美国人类学教授罗伯特·路威在《文明与野蛮》一书中所说:"为什么格兰查科印第安人没有石器?在过去,他们的祖宗一定有过石器的,因为剥石作器是人类工艺中顶早出世的一种。干脆回答一句:他们现在住家的地方连石头的影子也没有。密克罗尼西亚也是如此,走到

植物化石

这些岛上来的大洋洲人不久便把制造石斧的技术丢了,因为那些珊瑚岛上找不出适当的材料。有许多事情不是人类做不来,只因老天不让他们做。比如说,在他住的地方要没有野牛野马,他决不能养家牛家马。"

反观社会和历史变迁,自从人类诞生,人类就以捕获生动物作为自己食物来源的一部分。在旧石器时代早期人类生存于大猛兽之间,对动物的恐惧心理(或者其他什么心理)比较重,他们主要以采集植物的果实、坚果、根等作为食物,对肉的需求也只是小型动物或者偶尔拣到野外死去的动物腐肉,他们过着一种茹毛饮血的生活。到了旧石器时代中期,人类知道了用火,这是人类在进化史上的一次革命。但采集仍是食物的重要来源。同时,随着最初武器即棍棒和标枪的发明,渔猎作为食物来源的作用越来越明显。旧石器时代晚期,由于弓箭和细石器的发明,猎物成了通常的食物,而打猎也成了常规的劳动部门之一。

后来，人类经过几百万年的发展，人口压力日益严重。迫使不得不去尝试各种取食方式，迈出了向农业起源具有转折性意义的一步——以渔猎、采集为主的广谱经济，或称之为复杂渔猎和采集经济。这就是考古学上所称细石器时代。以后，人类继续受环境变迁和人口压力所迫，渔猎和采集越来越不能满足人们生存的需要，他们努力寻求一种更广泛、更稳定的食物来源，为此，农业起源的契机产生了。

人类的文明源远流长，究其根源来自于1万多年前原始农业的出现。在原始农业出现以前，人们的生活方式是狩猎—采集模式，其基本人群单位的人数很少，一般不会超过30个，总人数也很少。由于农业能够在单位面积上养活更多的人口，因此发展出原始农业的部落人口迅速增长，迅速向四周扩张，在适合农业的地区取代采用狩猎-采集模式的原始人群。原始畜牧业是和原始农业几乎同时出现的。定居农业的出现和驯养动物的产生，正是在相互结合中被人类所发现而为人类服务的。人类对自身存活率的追求引导了农业的发展，但若无可食用和役用的动物，也不没有所谓的农业。在嵩山地域发现的裴李岗遗址证明，早在8000多年前，华夏族的先民们已开始在嵩山地域定居，从事以原始农业、手工业和家畜饲养业为主的氏族经济生产活动。到了仰韶文化时期，农业生产比较发达，粮食作物品种不仅是一种粟，同时还掌握了蔬菜种植技术。在洛阳孙旗屯、郑州林山砦等遗址，也都发现了粮食遗迹。家庭饲养马、猪、狗、鸡等家畜家禽也较裴李岗文化时期，都有了大的进步。在临汝大张村、郑州大河村等遗址，还出土一种大型、通体磨光的长条形石铲或有肩石铲。这一时期收割谷穗改用磨光的长方形石刀，有的还带穿孔，生产效率也因此得到提高。

动物既是祭祀与财富的载体，又是劳役和战争的工具。动物作为驯化动物除食肉、祭祀以外，还可以用来劳役。它与人类的关系紧密相连。最晚到商代晚期，即距3300年左右，马车开始出现。这种大型动物经过驯化后，成为交通的工具。春秋战国时期，距今2500年左右，骑兵出现，马成了人们在战争中厮杀的帮手。动物可以催生市场的形成与复杂化，并最终产生了城市。有动物作为商品，作为交换的媒介，甚至有动物提供交通工具，随之而来的是人与人之间的交流机会大大增加，可以在一个相对较大的区域内聚集，从固定下来形成市场。长期以来，仰赖动物所提供的肉品、乳品、衣着，乃至交通工具，文明才得以酝酿。在某种程度上，动物还是我们承载思想的工具。驯化动物从一开始就注定了被交换的命运，家养动物被用来换取自己需要的其他东西，甚至还被用来作为交换的媒介。如果没有驯养的动物，市场就不会出现，商队就不会出现，语言交流就不会大规模的发生。可以说，在那些作为运载工具的动物的背上，不仅是用来进行贸易的沉甸甸的商品，也承载着没有实际形体，最可贵的无形思想。

嵩山地域从裴李岗文化时期已有了种粟、饲养家禽、简单的石器等，到了仰韶时期有了更大的发展，仰韶文化成了一个以农业为主的文化，各个部落继承了前仰韶时期各种文化的传统生产方式，农业生产仍以种植粟类作物为主，采集和渔猎经济占有比较重要的地位。仰韶文化的历程很长，大约存于公元前5000~3000年左右，延续约2000年之久。在这2000年的发展过程中，生产工具以发达的磨制石器为主，常见有刀、斧、锛、凿、箭头、纺织用的石纺轮等，骨器也相当精致。各种水器、甑、灶等日用陶器以泥红陶和夹砂红褐陶为主，主要呈现红色，红陶器上常彩绘有几何型图案或动物型花纹，在造型和纹样方面，都体现出独特的装饰美感，这是仰韶文化最明显特征，故也称为彩陶文化。嵩山地域的各种矿土，为彩陶的制作与发展，都是一个天然的基础。到了二里头文化时期，已有大量的玉器随葬，并已出现了铜器。特别是后来青铜器的出现，使嵩山文明进入一个新的阶段。这与嵩山地域存在着天然铜矿不无关系。洛阳西周铸铜遗址、南关外青铜冶铸作坊遗址、登封告成冶铜遗址、新郑大吴楼冶铜遗址、荥阳楚村铸铜遗址等的发现,更说明了这个问题。

周得京、张万武同志在《"四大发明"与洛阳》一文中说:"造纸术和印刷术最早发明于洛阳。指南针和火药的发明也与洛阳有极其密切的关系。"而四大发明也离不开特定的自然资源,指南针的发明,首先要有自然的磁石,火药的发明离不开自然界的疏磺和硝石,据考证,位于洛阳汉魏故城近郊的偃师缑氏和纸庄,可能就是汉代造纸作坊所在地。这两个地方,附近有造纸需要的优越的地理环境,有比较丰富的造纸资源(如麻、楮材等)。

动植物矿藏对嵩山地域文明的影响,还表现在其它许多方面,有的是直接影响,有的是间接影响,比如它对建筑材料,原始动物崇拜,以及宗教活动等都有很大影响。

# 第七章　嵩山地域与华夏民族

汉族的得名,是因他们建立汉代大帝国,先秦时期原名华夏,或称华,或称夏,是汉族的先民。传说炎黄二帝是华夏民族英雄,所以人们常说汉族是炎黄子孙或黄帝子孙。华夏民族是最早在嵩山地域繁衍、生存、发展、壮大起来的,所以,华夏民族和嵩山地域有密不可分的联系。

位于黄河中下游的嵩山地域是华夏文明的摇篮和发祥地,华夏族在这里肇兴,中华民族的主体民族——汉族在中原地区形成,有众多的少数民族从东北、西北、西南进入中原地区并建立了政权,后来又因融入汉族而消失于史乘之中。少数民族与汉族之间既有刀光剑影、桴鼓相攻的一面,也有经济文

华夏民族

化交流,互通婚姻,最后融合为一体的时期。追溯嵩山地域历史上的民族融合与同化,是了解中国历史上民族融合与同化的一个窗口。嵩山地区实际上是一个以汉族为核心的民族熔炉,许多少数民族被中原地区的汉人所融合而成为汉人,从传说中的炎、黄二帝以迄明清,民族融合同化时间之长,被融合的民族之多,融合情况的多样、复杂,均非其他区域所能比拟。

## 第一节　华夏族根

华夏民族的历史,传说从"三皇""五帝"开始,以后就是"三代"——夏、商、周(周又分为西周、东周,东周包括春秋、战国二段)。在春秋战国之际,"华""夏"和"华夏"作为民族名称,正式见于史籍。

"三皇""五帝"说法不一。"三皇"或说是伏羲、神农、燧人,或说是伏羲、神农和女娲,或说是伏羲、神农和祝融,或说是伏羲、神农和黄帝,还有说是天、地、人三皇等等。"五帝"或说是太昊、炎帝、黄帝、少昊、颛顼,或说是黄帝、帝颛顼高阳、帝喾高辛、帝尧、帝舜,或说是少昊、颛顼、高辛、唐、虞等等,因为这是神话传说时代理论,也许他们将是一个永恒之谜,成为史学家提倡的"模糊史学"。

从华夏根脉上说,黄帝和炎帝是华夏民族的人文始祖,是华夏民族的根脉。说炎黄二帝,要从少典说起。少典,是中国原始社会时期有熊部落的首领。因生于有熊国(新郑附近),少典便被称有熊国国君。《国语·晋语》载:"昔少典娶于有蟜氏女,生黄帝、炎帝。黄帝以姬水成,炎帝以姜水成。成而异德,故黄帝为姬,炎帝为姜。二帝用师以相济也,异德之故也。"《国语·晋语四》《世本》原著载"少典娶于有蟜氏女,分别生黄帝轩辕氏、炎帝(神农氏)。黄帝祖母华胥氏。"《史记·五帝本纪》记载:"黄帝者,少典之子,姓公孙,名轩辕。"有熊开国始于少典,传至黄帝。相继打败炎帝与蚩尤。从此,中原各部落咸尊黄帝为共主。炎、黄等部落在黄帝的领导下渐渐融合成华夏族。华夏族在汉朝以后称为汉人。故中华民族素自承为"黄帝后裔",又因炎、黄两部落融合成华夏民族,故也称为"炎黄子孙"。

史传炎帝、黄帝都为少典之子,都是来自有熊氏的一个分支,后世也称炎帝为神农氏、黄帝为轩辕氏。因此华夏民族尊少典是中华民族始祖黄帝和炎帝的共同祖先,而有熊国也是华夏民族的前身。

史料记载,"黄帝元年即位,居有熊,初制冕服",就说明了华夏始祖黄帝的国都为有熊。有熊是上古时期居住

黄帝时期

在有熊地区(今新郑)的华夏集团建立的氏族部落,后世称有熊国。有熊国居住在什么地方呢?历史地理学家谭其骧先生主编的《中国历史地图集》中,夏、商时期的地图上有这样的标注:有熊氏地域内有两大地貌特点,南有颍水,北有大隗山。《汉书·地理志》记载:河南郡有大隗山,盖压禹、密、新三县也。"北魏时期的地理学家郦道元,通过实地踏勘,在他写的《水经注》里确切地说:"大隗即具茨山也。"《禹州市志》《禹州市地名志》记述的非常详细:具茨山就在禹州北部,苌庄乡北部的荟萃山起头,蜿蜒东南行,在浅井乡北边的大鸿寨山分为两支:一支经无梁镇延续出境,在新郑、长葛两县交界处消失;一支由无梁镇南部,经朱阁乡、郭连乡进入许昌县。由此推断,黄帝的主要活动区域就在今禹州市北部具茨山以南,颍水以北,荟萃山以东,古城镇、郭连乡以西大约700平方公里的范围之内。

有熊氏族居地望位于河南新郑,古史确有记载:《帝王世纪》云:"或言(新郑)县故有熊氏之墟,黄帝之所都也。"《括地志》云:"郑州新郑县,本有熊氏之墟也。"根据战国以来的文献记载,特别是汉晋以来的相关史志,都记有河南新郑为有熊之墟(即故有熊国),而又与新郑境内的有关传说和考古资料相印证。祝融之墟又名有熊之墟。

黄帝在位时间很久,国势强盛,政治安定,文化进步,有许多发明和制作,如文字、音乐、历数、医学、宫室、舟车、衣冠和指南车等。史载黄帝因有土德之瑞,故号黄帝。黄帝以统一华夏部落与征服东夷、九黎族而统一中华的伟绩载入史册。

史载黄帝共有25个儿子,其中14人被分封得姓。这14人共得到12个姓,依次为:姬、酉、祁、己、

滕、葴、任、苟、僖、姞、儇、衣。另外,青阳、苍林与姬同姓。而少昊(己姓)、颛顼(次子昌意之子)、帝喾(长子之孙)、唐尧(长子玄孙)、虞舜(次子八代孙),以及夏朝、商朝、周朝的君主都是黄帝的子孙,这些后裔在黄帝到尧、舜、禹时期大都已经脱离黄帝母族,建立了大批的氏族方国或部落,有了独立的姓和氏。后来,周武王(姬发)从陕西东出中原建立了周朝,分封诸侯或方国,其中姬姓国53个,这些姬姓国的后代多数改以国名,封邑名以及祖父名、号为姓这些姬姓国的后代多以国为氏,或以封邑名以及祖父名、号为姓,姬姓反而不多了。加上唐代的时候为了避李隆基的讳,把姬姓改为周姓。这样一来,虽然姬姓曾是很大的姓,但今天却已经不多见了。

华夏始祖轩辕黄帝

黄帝最出名的儿子是少昊。少昊是汉族神话中的五方上帝之一,又作少皞、少皓、少颢,史称青阳氏、金天氏、穷桑氏、云阳氏或朱宣,又名玄嚣,黄帝长子。是远古时代华夏部落联盟首领,同时也是早期东夷族的首领。他为五帝之一,也是华夏共祖之一,在汉族神话中被尊为西方上帝。从太昊伏羲到少昊的羲和部落再到皋陶、伯益的东夷部落联盟,一直是中国早期华夏族的主干,为早期华夏文明奠定了坚实基础。据记载其部族以鸟为图腾,在他的部落里诞生了原始的凤文化,成为汉民族的图腾之一。

在黄帝的后人中,最著名的共主有唐尧、虞舜、夏禹等人。尧、舜、禹时代是一个洪水泛滥的时代,"洪水横流,泛滥于天下"。相传尧的末年,禹父奉命治水,花了九年时间而一事无成,而被尧处死。及舜即位,禹奉命继其父治理洪水。用疏导的方法,广修沟渠,终于根治了水患。才历经千辛万苦,终于根治了水患。又划定中国版图为九州。那时候,部落联盟首领由推荐产生。尧年老了,召开部落联盟首领会议,大家推举有才德的舜为接班人。尧死后,舜继承了尧的位置。舜年老了,用同样的办法,把位置让给治水有功的大禹。大禹在诸侯的拥戴下,禹王正式即位,以阳城为都城,国号夏。

在大禹立国以前,华夏民族是多元的,没有一个中心,自大禹立国开始,华夏民族由部落联盟形成国家,并有明确的国号(夏后)和行政区域(九州)。才开始形成一个中心,多元一体的中华民族才开始形成。夏王朝的建立,首先使奠定了我们华夏民族统一发展的基础,让中国从原始社会过渡到奴隶社会。

夏禹是为中华民族的历史发展做出了巨大贡献的伟大历史人物。我国上古文明时代是从夏代开始的,而文明时代的诞生又与禹的业绩密不可分。夏禹的重大功绩不仅在于治理洪水,发展国家生产,使人民安居乐业,更重要的是他敢于并善于打破旧传统,推动社会文化观念的转变,结束中国原始社会部落联盟的社会组织形态,创造了"国家"这一新型的社会政治形态。正是这些功绩,使禹超越了他以前的尧、舜等诸多英雄,为英雄时代做了总结,又为文明时代铺平了道路。因此有人说,大禹是站立在中国由野蛮迈向文明门槛上的第一人。

纵观历史,从神话传说时代到文字记录,一直流传下来并已被史学家公认了的远古历史,活动于黄河中下游的唐尧、虞舜以及夏、商、周三代,亦即华夏族,均出于黄帝,可列为以下简表:(按左右顺序排列)

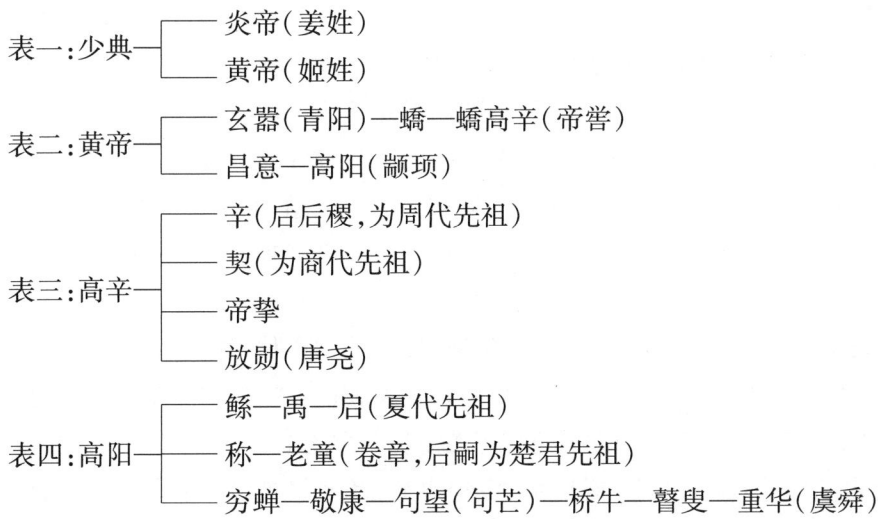

按以上华夏族的远古历史源流表,华夏族的夏、商、周三代同出一根,为同源异流;但作为三个不同的共同体,他们各有自己活动的基本地域,各有自己祖先历史的传说,各有自己的风俗习惯以及社会生活,各自的经济水平也有差别,即使三代出于同源,在一两千年的演化中,难免量变和质变,如果按层累造成和渗透观点解释以上表格,可能更为适当。

华夏族在三代时期及其以前,显然存在许多民族部落或方国,所以古代有"诸夏"或"诸华"一词,其中以夏、商、姬、姜4个共同体或族系的史迹最为丰富。他们之间相互渗透融合。

## 第二节 "华夏"族名

"华夏"一词,最早出现在先秦典籍中。《尚书·武成》:"华夏蛮貊,罔不率俾。"指古代居住于中原地区的汉民族的先人以区别四夷(东夷、南蛮、西戎、北狄)又称中华。当时,中原地区的华夏族与其周围的部族或部族集团东夷、西戎、南蛮、北狄等合称"五方之民",华夏族居中,所以又有"内诸夏而外夷狄"之说法。华与夏曾相互通用,"中华"又称"中夏"。在甲骨文中,"华"这个字的地位非常崇高。

"华夏"之名,源于夏代。其"夏"的得名,显然与夏王朝的建立有关,古人解释"夏"为"大国",乃处称美名;周人往往自称为"夏",历史上有"周人尊夏"的记载。至于"华夏"之"华"名,似由一望可辨的服饰而来,和披发左衽不同,夏人冠冕衣大带采饰,《周礼》解"冕服采章曰华",亦当为自称美名。《左传》定国十年:"中国有礼仪之大,故称夏,有服章之美,故称华。"故华为美好之义。《左传》载:"冕服采章曰华,大国曰夏。"《疏》:"华夏为中国也。"系释"华夏",乃文物典章制度最盛的汉族中国而言。

有专家考证"华"与"夏"二字之初源,应为地名、国名,亦民族部落名之转化,民族愈发展,地理范围愈广大,慈"大国曰夏"之意,后逐沿称"中国"。

说华,非今陕西之华山,陕西之"华",古称"太华",似乎东周始而显名;华夏之"华",是另一地,当在嵩山一带。嵩山地域古有华国。考其地望,"华"应在嵩山之南。《国语·郑语》云:"前华后河,右洛左济。"说的是公元前773年,郑桓公姬友见西周衰败,西周将乱,诸侯多叛,为预避国难,求教于太史伯。太史伯救之曰:只有出居"前华后河,右洛左济"之地,"主芣騩而食溱洧"才能逢凶化吉,兴旺发达。即《史记》中所说之"独雒之东土,河济之南可居"之地,荣魏,山名,溱、洧,水名皆在嵩山地域的密、郑一带。然而,此地当时已先有东虢、郐国两个国家居住,因其国君皆贪心好利,有失民心。这为后来郑桓公灭两国是一个有利的条件。此地西陲与东周王室为邻。考东虢、郐两国具体位置,《国语·郑语》说"其济洛、河颍之间,是其子男之国,虢、郐为大",《史记·郑世家》裴骃解,"虢在成皋,郐在密县","右洛左济"其左陲,在黄河与济水交汇处,与"夏桀之居"之"左河济",两左陲东疆正相一致。因此,可证虢、郐两国国土,正包括在夏桀时的国土之内,不言而语,"前华后河"的"华"地,也必然在嵩山地域的范围之内。

考证华,嵩山地域有古华国。同样是《国语·郑语》记载,郑桓公问史伯:郑国何处可以立国。史伯对桓公曰,"虢、郐十邑,华其一也"。华,即指华国。史伯谓郑桓公曰:华,君之土也。华,西周时期封国,都城为华阳。简称"华"或"莘"。华国地域位于嵩山南麓,在今新郑、新密一带。《潜夫论·志氏姓》云:"华氏……子姓也。"《水经注·洧水》对华城的记述颇详:洧水又东与黄水合,《经》所谓潧水(溱水),非也。黄水出太山南黄泉,东南流迳华城西。

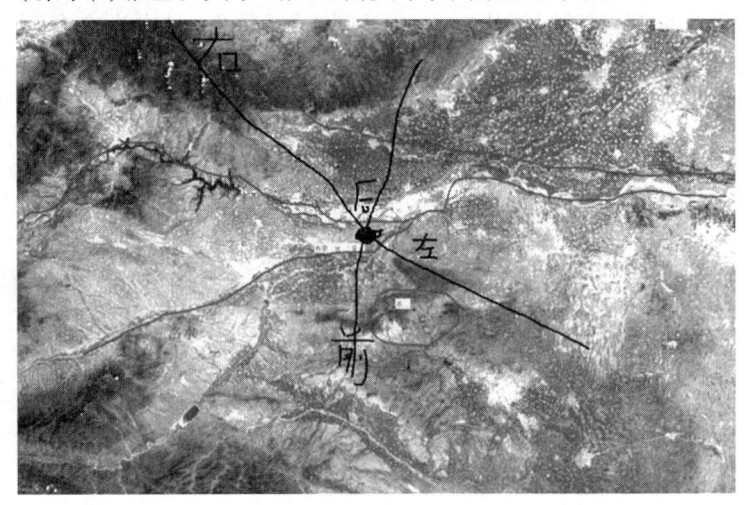

前华后河,右洛左济图

华阳故城位于新郑市区北20公里的郭店镇华阳寨村周围一带,平面呈南北长方形,各面城墙中部均有折曲,周长2300余米,面积约36万平方米。华阳故城城南、城东是一条古河道,宽20~70米,深4~8米,古名华水,现今潮河的源头。华阳故城就座落在古华水北面较高爽的岗地,距其源头郭店村南仅1.5公里。据《水经注》《新郑县志(乾隆版)》记载"为七虎溪,亦谓之为华水也"。西晋史学家司马彪曰:"河南密县有华阳山"。国在山水间,故而名华。

幽王十一年(前771年),周幽王在骊山同犬戎、申、缯的联军作战中兵败而死,西周灭亡。平王东迁雒邑(今洛阳市),郑国随之东徙。《汉书·地理志》颜师古注引《春秋外传》说:"幽王既败,郑桓公死之,其子武公与平王东迁。"公元前773年,郑国东迁。《汉书·地理志》注引臣瓒曰:"幽王既败,二年而灭郐,四年灭虢。"郑武公秉承父志,于公元前769年灭郐,前767年灭东虢,郑建都于新郑。华阳遂成为郑国重要城邑之一。后郑被韩所灭,韩替代郑,华阳以韩辖。

战国时期,著名的华阳之战就发生在这里。当时赵魏联军攻占了韩国华阳城,韩国向秦国求救,秦大将白起率兵救援,最终打败了赵魏联军,赵魏联军付出了15万将士的生命。秦简《编年记》载:"三十四年攻华阳。"《史记·韩世家》载:韩僖王"二十三年赵魏攻我华阳,韩告急于秦。……八月而至,败赵魏于华阳之下。"《史记·白起王翦列传》:秦"秦昭王三十四年,白起攻魏,拔华阳,走芒卯,而虏三晋将,斩首十五万。"《史记·赵世家》:赵惠王二十五年(前274年)"与魏共击秦。秦将白起破我华阳,得一将军"。

司马彪《郡国志》曰:"华阳亭在今洛州密县。"《方舆纪要》:"县北四十五里,亦曰华阴亭。《括地志》:"故华阳城在郑州管城县南四十里"。《正义》引《括地志》云:"故华阳城在郑州管城县南三十里。"这里所说的华城与华阳亭,是一个地方,均因古华国而得名。但古华国地的说法不一致,史料证明,由于历史上行政区域的变化,华阳在汉、晋属密县,在唐代属管城县,今华城今名华阳寨村,属今新郑市郭店乡,在市区北约20公里处。

华阳故城春秋属郑,战国归韩。秦灭六国后堕城毁门,华阳故城遭到严重破坏。隋代伊斯兰教徒入住城内。唐以后对城墙整修,局部增高并增加马面设施。华阳城又叫卸花城。五代后周周世宗柴荣死后,葬在华阳故城西(今陵上村)。相传柴荣的女儿柴公主每年前来祭奠父亲,都在此城稍停,卸下佩饰和凤冠,换上孝服,前往祭吊。因此,当地人又叫"卸花城"。清咸丰年间华阳寨村建清真寺,整修南门,门上刻青石门额"古华邑"。华阳城自古就是很重要的城邑。2013年5月被国务院核定为第七批全国重点文物保护单位。

说"夏",夏是指夏民族和夏民族所分布的地区而言。夏民族历史悠久,就自立国说起,自禹至夏桀17世,用岁471年,是历史上最早的一个朝代,文化与经济都有长足的进展,开辟了我国阶级社会的政治制度与物质文明的先河。

首先,从禹的族源上说:司马迁在《史记·五帝本纪》中云:"黄帝者,少典之子,姓公孙,名曰轩辕。"突出地把黄帝列于中华民族的始祖地位。《集解》云:黄帝"号有熊"。皇甫谧云:"有熊,今河南新郑是也。"《史记·夏本纪》把禹和黄帝直接联系在一起,云:"禹之父鲧,鲧之父曰帝颛顼,颛顼之父曰昌意,昌意之父曰黄帝。禹者,黄帝之玄孙而帝颛顼之孙也。"夏人认为自己的祖先是与黄帝一脉相承的。《国语·鲁语上》云:"夏后氏禘黄帝而祖颛顼,郊鲧而宗禹。"所谓"禘""郊""祖""宗",都是古代祭祀拜神的仪式。夏后氏禘祭黄帝,是因为认定自己与活动在新郑一带的古老的黄帝族有着悠久的血缘关系。

《尧典》"蛮夷猾夏"。可见唐虞之时,这个民族就存在。《说文》:"夏,中国之人也。"段注"中国之人谓,以别于北方狄,东方貉,南方蛮,西方羌,西南焦烧,东方夷也。"史料记载,嵩山地域是夏王朝的中心地区。

夏朝早期的居住地就在以嵩山为中心的伊、洛、颍河一带。诸如《逸周书·度邑篇》载:"自洛汭延于伊汭,居易无固,其有夏之居。"鲧是黄帝的后裔、玄帝颛顼之子,是夏朝开国君主大禹的父亲。《史记·夏本纪》《索隐》引《连山易》载:"鲧封于崇",鲧被尧封于崇地,为伯爵,故称崇伯鲧或崇伯,公元前2037年至公元前2029年在崇伯之位。相传,大禹治理洪水有功,受舜禅让而继承帝位,开国建都,定国号为夏,建阳城为都城。《世本·居篇》载"禹都阳城"或"夏禹都阳城,避商均也";《史记·夏本记》则说"禹辞避舜之子商均于阳城"。

《国语·周语上》:"昔有夏之兴,融降于崇山。"《左传·昭公十七年》载:"郑,祝融之墟也。"即春秋时的郑国,在今新郑一带,曾为祝融族居地。韦昭注:"崇,崇高山也,夏居阳城,崇高所近。史书记载,夏王朝的核心领土范围,是西起河南省西部、山西省南部,东至河南省、山东省和河北省三省交界处,南达湖北省北部,北及河北省南部。这个区域的地理中心是今河南偃师、登封、新密、新郑、禹州一带。"

又如禹都阳翟者。阳翟,今禹州,出入数百里间;又如《史记·夏本纪》载:"太康居斟鄩,羿亦居之,桀又居之。"("斟鄩"今偃师)"夏后帝启崩,子帝太康立。帝太康失国,昆弟五人,须于洛汭,作五子之歌。"史料记载,夏代第一个帝王在嵩山地域治理洪水,辟山筑道,开拓了夏朝统治的基地,而且夏启、太康、胤甲、孔甲、帝皋、夏桀6个帝王先后都居于此,同时连后羿、寒浞、少康都攻占过这里。嵩山地域是夏王朝建都时间最长,都居帝王最多的地方。

综上所述,可有力证明夏族是黄帝后裔,到了鲧和禹的时期,在嵩山地域逐渐发展成为一个强大的部族。

夏朝在上古为中央大国,"夏人"即为"中国之人","华夏"即为中国的代名词。文化高的地区称为"夏",把文明程度高的人或族叫"夏人"。"华夏"合起来就代表了中国是一个有高度文明和发达文化的中央大国,"华夏"久而久之便成了中国的代名词。

夏商之华虽不见经传,西周时期则于史有证。周穆王时的命簋铭云:"唯十又一月初吉甲辰,王在华,王锡命鹿,用作宝彝,命其以多友飨饮。"著名考古学家唐兰也在他的《西周青铜器铭文分代史微》中说:"华、地名……在河南省密县,西为嵩山,是夏族旧居,所以华即夏,中华民族起源于此。"

汉族的前身即先秦的华夏。华夏在战国已稳定地形成为民族,但还未能统一。许慎在《说文解字·序》中指出,当战国时,"分为七国,田畴异亩,车涂异轨,律令异法,衣服异制,语言异声,文字异形",当时华夏虽已具备民族的基本特征,而地区差异还比较明显。

秦统一以后,继之以两汉4个世纪的大统一华夏不仅形成统一的民族,而且在与其他民族的交往中,其族称亦因汉朝的影响深远而被称为汉人。秦汉是统一多民族中国形成的发端,秦汉以后民族关系虽不断发展变化,但华夏族无论作为统治民族或是被统治民族,均在多民族统一的国家形成和发展中发挥着主体民族的作用。这一贯穿中国古代历史的基本格局在秦汉时已经确定。

东晋十六国时,嵩山地域的民族仍自称"华""夏"。《晋书·食货志》谓汉中"杂有獠户,富室者参夏人为婚、衣服、居处、语言们,殆与华人无别。"

在后来的历史发展中,"华夏"一词,中国人经常使用,或自称为"华夏民族",或称中国为"华夏"。《说文》将"华"解释为"荣",将"夏"解释为"中国之人","华夏"即为中国的代名词。过去的"中国",即指当今的"中原""中州""中土"等。

## 第三节　华夏族早期的形成

嵩山地域,是传说中炎帝和黄帝两个部族集团活动的核心地带。以后便以这两个部族集团为基础,与周围各部族集团经过长期战和、纷争、交流,进而构成强大的华夏族。可以认为,从野蛮到文明的过渡期,各部族集团最终在中原地区形成一个以华夏族为主体的融合中心。

华夏民族的历史可以上溯至传说的三皇五帝时代,经夏商周三代,最终形成。从约公元前5000年起,当今汉族的主体华夏族在黄河流域、黄河中下游中原地区起源并开始逐渐发展,进入了新石器时期,并先后经历了母系和父系氏族公社阶段。

上古时期,古代的氏族发展为姓族的部落集团,姓族内部又分为宗族和家族。"万邦",就是同一姓族不同宗族分别建立的联合体,就是不同姓族的联合体的联盟。当时黄河中下游各氏族部落相互征战,一派混乱。以黄帝和炎帝为首的部落联盟是其中最强大的两支。炎帝和黄帝都出于原始氏族时期的有熊氏。《国语·晋语》载:"黄帝以姬水成,炎帝以姜水成。"姬水位于陕西北部,姜水在渭河上游一带。黄帝和炎帝后来都向东迁徙至黄河中下游。黄帝为了实现自己"抚万民,度四方"的理想,与炎帝战于阪泉之野,并取得胜利,又战蚩尤于冀州和涿鹿。经过一番东征西讨,南战北伐,最终统一了黄河中下游各部落,成为部落集团的共主,华夏族的前身由此产生。

— 388 —

夏后氏是黄帝苗裔的一支,众多炎黄部落集团中的一个。关于夏后氏的世系,据《史记·夏本纪》记载:"禹之父曰鲧,鲧之父曰帝颛顼,颛顼之父曰昌意,昌意之父曰黄帝。禹者,黄帝之玄孙而帝颛顼之孙也。"禹,姒姓,号夏后氏(先秦的姓、氏含义不同)。后来,夏后氏团结有扈氏、有男氏等其他11个姒姓部落,组成以夏后氏为核心的部落联盟,这便是最初的夏族。

根据《左传》"芒芒禹迹,画为九州"的记载可知,自禹开始,实现了最初的区域统治。夏族的活动区域,也由早期的河南西部、山西西南部慢慢扩大至河北、河南、山东等地。《吕氏春秋》说:"当禹之时,天下万国,至于汤,而三千余国。"可见部落联盟之间出现过大规模的兼并与融合。夏族在发展中也不断融合其他民族,在这些被兼并的民族中,东夷与夏族的关系最为密切。东夷是黄河中下游的一个少数民族,因其由众多的氏族部落组成,比较复杂,所以又称"九夷",与夏比邻而居,或交错杂居。两大部落或和平相处,或多方征战,"夷夏之争"延续了几百年。期间,也曾有过后羿、寒浞等东夷氏族部落酋长取代夏族的情况,但大多时候都是东夷臣服于夏。夏族主要由姒姓、古羌人和一部分颛顼族的苗裔构成,而颛顼部主要的则来自夷人。

公元前2100年前后建立了夏王朝,这标志着我国历史进入到文明时代,华夏族的名称也随之产生。嵩山地域是夏、商、周三代的政治、经济、文化中心。禹都阳城、偃师商城、商汤的西亳、郑州商都、西都东都洛邑、东周都洛邑,都在嵩山周围。这一时期,在嵩山地域与夏人、殷人、周人错杂而居的还有蛮、戎、夷、狄等少数民族。

华夏族在形成的过程中,除与"诸夏"进行渗透融合外,还和杂居的以及周边的异族渗透融合。他们之间在文化上、血缘上、社会上、经济上、政治上均有千丝万缕的联系。游牧起家的商族本是东夷人,几经迁徙到达河南东部。最初活动于渭水流域的周族,原是西戎的一支羌人,灭商后势力扩大到黄河中下游的中原地区。这些异族,古代泛称为夷、蛮、戎、狄,或统称为夷、四夷。他们在最初和华夏有显著的区别,正如戎人自己所说:"我诸戎饮食、衣服,不与华同,贽币不通,言语不达。"夷蛮戎狄诸部与华夏之间,饮食、衣服、言语均不相同,这正是不同族属的共同体之间应有的现象。

夏后来为商取代。商族是黄河中下游的一个部落联盟,起于漳水流域,最初活动于河北省南及河南省北部等地区。《诗经·商颂》曰:"天命玄鸟,降而生商。"引出一则神话传说:商的始祖契由帝喾次妃简狄吞玄鸟卵所生,被舜封于

炎黄二帝

商。玄鸟可能是商族的图腾,而在众多部落中,夷人多以鸟为图腾,所以商族很可能是夷人的一支。这则神话还反映了契以前还未脱离母系氏族。自契至汤历经十四代,有八次迁徙,自汤至盘庚,历十代,有五次迁徙。期间与许多民族杂居融合,直至盘庚迁殷,才形成了稳定的地缘基础,完成了由部族到民族的转化。汤自立为天子,夏族遗民大多为商所并。

历史到周代,华夏族已经是一个内涵广泛的民族了,它包括接受了东方文化的夏商周三族的华夏人,以及华夏化了的戎人、狄人、夷人等。所以,华夏族是多元的民族共同体。

周族崛起于西部,关于周的始祖弃,有这样一则传说:帝喾元妃姜□有感于巨人脚印而孕,生弃,善稼穑,被舜命为后稷,封在邰地(今天的陕西省武功县西南),赐姓"姬"。后来武王伐纣,战于牧野,灭商立周,从此周族就留在了渭水中游的黄土高原一带,其族源应该是未曾东迁的炎黄部落,或者是

西戎的一部分羌人。

西周时期,各族矛盾统一的进程日趋激烈,当时人们提出"夷不乱华""裔(按即夷)不谋夏",应当"用夏变夷"。"蛮夷猾(乱)夏"是当时社会上的严重事件,当时最有威望的政治家是能够"尊王攘夷"的人。当时一方面有华夷的区别,或称为"严夷夏之防";但另一方面,对这类区别并不绝对化,而是采取灵活方针。从个人讲,三代时期不断地出现四夷人、华夏化,而华夏人也不断地有四夷化的现象;至于整个氏族部落的渗透融合,史迹斑斑可考。所以古人总结为"进于中国,则中国之";"进于夷狄,则夷狄之"。不论民族是谁,只要接受中原华夏文化,就是华夏人;即使中原华夏族人,只要接受四夷文化,也就不是华夏族人,而是四夷人了。

(东)周春秋时期,周王朝的王畿、齐、秦、晋、楚等诸侯国土以内,与夏人、殷人、周人错杂而居着许多夷、蛮、戎、狄等少数民族部落,如东周都城洛阳附近便有陆浑之戎、伊雒之戎。到了战国时期,除去四周边区以外,绝大部分均融合于华夏族中。汉代学者曾明确提到这一历史现象:"唐虞国界,吴为荒服,越在九夷,黡衣关(贯)头,今皆夏服。"中原地区的一部分少数民族消失于史乘之中,表明他们已与华夏族融合,成了新的华夏族。这个华夏族是由黄河中下游的炎黄集团及部分东夷集团为主体形成的。这其中除了夏人、殷人、周人的血统,还有一部分少数民族的成分,可见华夏族本身便是多民族融合的共同体。

华夏族在后来的历史发展中,继续同华夏杂居及周边各族,进行了融合。一步一步发展壮大。主要原因就是因为周边各族生产力低下,文化不够先进,他们当中或者正生活在恩格斯所说的"以掠夺为光荣"的军事民主主义阶段,或者正生活在封闭的村社组织中,无论是粗耕农业或畜牧业的生活方式,均不大稳定,时常迁徙。由于居处不定,从而随地异名,随时异名。他们或用泛名,或用自称,或用他称,或用专名。而中原华夏族的文化发达,经济发达,农业和手工业生产水平高,在这种情况下,黄河流域许许多多的氏族部落在东周时期逐渐融合于华夏族。

中国古代历史,从民族史的角度讲,应该说就是一部众多共同体相互渗透融合的历史;虽然各族之间常有战争年代发生,但融合的主流,始终贯穿在中国古代历史之中。各族之间长期的通婚、战争、迁徙、结盟、通商等交往的过程,既是一个矛盾统一的过程,又是一个渗透融合的过程,在这个过程中,他们的社会生活诸方面渐趋一致。语言相通,生产与生活方式大体一致。有着基本相同的自觉意识。具体表现在饮食、居住习惯、葬俗、服饰、占卜、祭祀等方面。上面诸种因素在华夏族内部不断发展、深化,按辩证法则、矛盾统一进行渗透融合。

华夏族,即是后来的汉族——中华民族的主体民族。换言之,汉族则是在华夏族的基础上从汉代开始形成的,它的血统里融合了许多少数民族的血液。公元前221年,秦始皇统一中国,一个幅员辽阔、人口众多、空前统一的中央集权国家出现了。其后,华夏族也曾称为秦人、汉人,甚至唐人。更后来的"中华民族"一称,则是涵盖了我国境内所有(56个)民族。汉族的形成是中华民族的一个重要里程碑,在多元一体的格局中产生了一个强有力的凝聚核心。

中原地区历史上民族融合的事实证明:少数民族对中原地区发达的经济、文化的认同是形成中华民族凝聚力的至关重要的因素。汉族理所当然地成为凝聚力的核心,也证明了马克思"野蛮的征服者总是被那些他们所征服的民族的较高文明所征服"的论断是颠扑不破的真理。

夏、商、周三代族别不同、发祥地各异,但都尊奉黄帝为共同祖先。直到魏晋以降,南下建立政权的北方少数民族还尊奉黄帝、夏禹为祖先。千百年来人们却一直把炎黄二帝作为中华民族始兴与统一的象征,不管走到哪里,都自称是炎黄子孙。这种发端于远古而历久弥新的观念,成为不同地域的人们所共有的华夏民族意识。

## 第四节　嵩山地域与华夏民族

以嵩山为中心及其周围的黄河中游、伊河、洛河、颍河上游流域为核心的嵩山地域,在古代,这里土地肥美,气候温和,四季分明。得天独厚的地理环境和优越的自然条件,给早期人类提供了生存和发展的基础。因此,从远古时代起,华夏祖先就这里繁衍生息,创造了华夏民族早期的古代文明。

华夏族的历史,从炎黄二帝开始,之后是颛顼、帝喾、尧、舜和夏商周三代。在周朝之前便有"华"或者"夏"的单称。从西周开始出现华夏的连称。按照左丘明、司马迁等古代历史学家的观点,五帝同根、三代同源。但是,作为一个民族,无时不在运动、发展、变化的过程中。生活在中原地区的众多氏族部落,长期的通婚、战争、结盟、通商等,是一个渗透融合的过程,他们在生活诸方面渐趋一致。所以在华夏族形成的过程中,共同的血缘认同是第一位的,即都是炎黄子孙。嵩山地域作为炎黄二帝的故里,也正是华夏族的发源地。

### 一、嵩山地域与华夏族根

**(一)嵩山地域与华夏族根**

地理因素是人类社会历史上经常起作用的因素,所以华夏族和华夏文化难免打上地理的烙印。三代以前的"三皇""五帝"时期,相传有龙马负图出于河,伏羲据此画八卦,神农氏在嵩山地域尝百草,制造耒、耜等农具,始种五谷等大量神话传说的存在。《国语·晋语四》载:"昔少典娶于有蟜氏,生黄帝、炎帝。"《史记注》记载:"炎帝母有蛟氏,游华阳,感生炎帝";"黄帝与炎帝战于阪泉之野";"黄帝都新郑";如尧帝巡狩,崩于阳城;如舜帝的负黍城;《世说》载:舜迁于负黍(今登封大金店一带);如帝喾都西亳(今偃师)等。史载,玄嚣降居江水,昌意降居若水,颛顼生自若水,黄帝以姬水成,炎帝以姜水成,还有"九州"("九国""鬼方""芜野")、齐州、独鹿之山(即涿鹿山、蜀山)等地,经不少历史学家考证,均在黄河、洛水、伊水、济水流域,即黄河中下游一带。

从社会发展史而论,中华民族必然有过旧石器时代和新石器时代。豫西的嵩山地域在旧石器时代和新石器时代,不论是在裴李岗文化时期,还是在后来的仰韶文化时期和龙山文化时期,都有在当时最适合人类居住的环境和气候。当时的嵩山地域,温暖、湿润、植被富厚是它的特点。这里有连绵起伏的嵩山系列山脉,山与山之间,有发达的水系,纵横着黄河、伊河、洛河、汝河、溱水、洧水、颍河上游水流,这就是最早被称为"中国"的地方。这个地方具备了山林、丘陵、河流、气候、土壤等优越的自然条件,具有发展农业生产,铸造农耕文明的无比优越的自然地理环境。

今地下考古证明,嵩山地域在史前时期,经历了许多类型的文化,如经历了距今100~1万年之间的旧石器时代,经历了距今1万年~3600年之间的新石器时代中的距今9000~7000年的裴李岗文化、距今7000~5000年的仰韶文化、距今5000~4000年左右的龙山文化、距今4000~3600年二里头文化等,从1万年至今,一直延续不断,前后相接,形成了一个完整的文化传承系列,即裴李岗文化-

仰韶文化-龙山文化-二里头文化。这些遗址在嵩山地域分布的特别密集,是华夏族,是汉族的祖先。而古人类学所提及的"北京人""德阳人""元谋人",就不是汉族。

通过分布在嵩山区域的这些遗址发掘,可以看到,华夏族所创造的文化,就是分布在中原地区范围内的远古不同时期的文化遗存,我们称这种区域性文化为"华夏文化"或"嵩山文化"。其文化面貌及分布区域从早到晚的变化,强烈、鲜明地反映着华夏族的兴起与发展、壮大的进程。

就裴李岗文化而言,是我国新石器时代距今8000多年的一种考古学文化,也是中华民族文明起步文化。20世纪50年代后,在陆续出土一些石斧、石铲和石磨盘等。1977年春,考古工作者在新郑县新村乡的裴李岗村一带,发现了一处距今七八千年的新的文化遗存,这种新的文化遗存在嵩山地域发现了几十处。由于这类文化遗存以磨制石器为代表,因此被确定为新石器文化。又因最早在河南新郑的裴李岗村发掘并认定而得名。

考古发现嵩山地域是我国早期农业发达的先驱之一。从裴李岗遗址出土的文物内涵分析,考古学家认为中国的农业革命最早在这里发生,裴李岗居民已进入锄耕农业阶段,处于以原始农业、手工业为主,以家庭饲养和渔猎业为辅的母系氏族社会。在这个时期,社会已有明确分工,男子主要从事农业生产和渔猎劳动,女子则主要从事粮食加工和家务劳动。裴李岗时期已种植了粟类作物,从遗址中出土的农业生产工具种类基本齐全,包括磨制的石斧、石锄、石铲、石镰和石磨盘、石磨棒等。考古学家张松林在《嵩山文化圈》一书中也说:"嵩山周围发现的占全国裴李岗文化时代80%以上的距今7000~9000年前的新石器时代遗址,反映出嵩山地域是我国农业起源最早,原始农业最发达的地区也是裴李岗文化最发达的地区。"

就仰韶文化而言,是我国新石器时代分布最广阔,上下延缓2000多年的一种原始文化,它在华夏族的形成方面有着特别重要的地位。这种生命力很强的远古文化的分布,下和文献记载中炎帝、黄帝部族及以后华夏族的活动区域相一致。大约距今6000年左右,仰韶文化得到长足的发展和扩大,并对周围相邻其他原始文化施加巨大影响,成为一个较大范围的文化中心,在当时各地先后形成的许多文化中心中居于主体文化地位。这种情况与文献所载华夏族的发展壮大相应。

被认为炎黄两族始创的仰韶文化,由于它所处的优异的地理环境,发达的原始农业,加之华夏族自身非凡的创造力、吸引力和凝聚力,使华夏以其高度发展的灿烂文化而屹立在世界东方,从而使嵩山地域成为我国最早跨入文明时代,最早进入阶级社会的先进地区,并在国家的形成过程中起了非常重要的作用。夏代,以嵩山地域为中枢地带,出现了国家政权的雏形,并开始形成中原地区为"天下之中"的意识,即"中天下而立以经营四方"。《周书·度邑篇》:"自洛汭延于伊汭,居易无固,其有夏之居。"《帝王世纪》载:"帝王始兴,各起河洛。"这种形势,就决定了处于嵩山地域核心部位的伊洛流域从远古时代开始,长期作为"天下辐辏"的中心,在政治、经济、文化、贸易等方面居于领先地位。

从仰韶文化本身看,关中地区的半坡类型、豫晋陕交界地区的庙底沟类型、郑洛之间的大河村类型、豫北地区的后岗类型、大司空村类型、晋南的西王村类型、冀南的下潘汪类型等各个类型的分布区域,除个别地带有交错外,都有其中心地带。各个类型之间的差异,反映了它们是不同血统的部族或部族集团所创造;它们之间在生产工具、房舍建筑、埋葬习俗以及陶器形制特征等方面的共同因素或一致性,反映了各部族或部族集团的交往和文化上的交流;共同因素的日益增多,反映了华夏族的形成前后,各部族集团彼此交流、汇合,最后融为一体的趋势。这种趋势也为在嵩山地域建立第一个统一国家——夏王朝,创造了条件。

仰韶文化晚期,特别是由仰韶文化向河南龙山文化过渡期,似有一个较大的变化,在考古学文化上的反映是：大汶口文化西来，屈家岭文化北来，逐渐进入仰韶文化的腹心地带。生产力与社会性质有了重大变革，表现在居址、生产工具、手工业、生产规模、人祭、兽祭等方面。如排房、连间房以及较大规模聚落的出现，以大型复合工具（犁、耙、有把石铲）为代表的农业生产，制作陶、石、骨器技术的提高及纺织、编织等各种手工业的进一步发展等。

总的说，大汶口文化因素与仰韶文化因素共存；屈家岭文化因素与仰韶文化因素共存；以及陶鼎由东向西的发展、小口尖底瓶由西向东的发展等等，既显示了文化上的交流与融合，也同时反映了部族或部族集团的往来、混居与交融。这应是华夏族同化其他民族的现象。从仰韶光文化晚期和由仰韶文化向河南龙山文化过渡时期文化面貌呈现的综合性与多样性，一方面可以看到不同生活习俗的冲突，另一方面也看到了不同部族渐趋统一、渐趋同一的进程。

华夏族兴起于仰韶文化时期，发展于仰韶文化向河南龙山文化过渡时期，壮大于河南龙山文化时期，脉络基本上是清楚的。华夏族是在两千多年的历史进程中，由多个民族汇合而成，是多民族同化、融合的结果。它的形成，是在多元因素彼此撞击、融汇的复杂运动中进行的，这种情况也反映在黄河中下游各种原始文化演进过程中的动态联系方面。

仰韶文化晚期，中原地区从事大规模农业生产的部族集团共同发展成华夏族之后，又以自己发达的农业经济优势向周围扩展，民族的融合、同化过程仍在继续，使嵩山地域成为中国古老文明的发祥地，中华民族的发祥地。

### （二）嵩山地域与三代同源

夏商周时期，嵩山是神之所在，是天下的中心。嵩山古称"天室"。何谓"天室"，天神所住的地方。在古人看来，嵩山是天，头顶上方的无边苍穹，至高无上；嵩山是神，在人的认知里，神是天上来的，也指天上有神灵。人们在感慨的时候都会抬头仰望天空，就好比天上有神灵在保佑或者引导人们似的。《诗经·嵩高》篇曰："嵩高维岳，峻极于天。"人们把嵩山当作天神，作为信仰崇拜的对象，意义重大。在早期不发达的社会，人们对天神的信仰很重要。把嵩山看作是神灵之所钟的天室，那种神圣的地位崇高无比。所以说，嵩山并不是一般意义上的山脉，它的影响出现在中华民族的早期，是在中国文明史上占有重要地位的山脉。

嵩山在历史上影响很大，这种影响从夏商周起，绵延在整个中华民族发展的历史中。到西汉时，武帝刘彻曾多次派方士来求神仙，并且亲自到嵩山祭天。唐时，高宗李治与武则天多次到嵩山祭祀；周时，女皇武则天举行了封禅大典，改嵩山为神岳，尊嵩山神为神岳天中皇帝，灵妃为天中皇后；一直到清代，乾隆皇帝在太平盛世之时，不远千里，专程来到远离北京的嵩山巡游，行国典大礼隆重祭拜嵩山，以求天下稳定的祭告，又一次确立了嵩山为中华名山的神圣地位。至于五岳中的其他四岳，那是战国时期才定下来的。到了秦汉，疆域扩大了，建立了空

夏朝国都所在地

前的封建大帝国,汉武帝根据当时的国土疆域、四至范围,创立了"五岳制度",成为后来的五岳。

鉴于嵩山在华夏民族初始中的重要地位,嵩山一直是华夏民族奉祀的始祖山、神山,是华夏民族的文化圣山,中岳神轩辕黄帝与华夏祖先轩辕黄帝是一个天人合一的形象,享有至高无上的崇高地位。人们将祖先神灵与中岳神灵一起祭祀,祈望祖先与天神共佑天下太平,五谷丰登,国泰民安。

夏商周是大一统,为天下制度,官方有标准的文字和官话。中国文化的起源向来是从夏商周三代说起,夏商周三代是中华文明肇始时期,国家在此阶段形成,中国历史上从传说走向有文字记载的历史时代从此开始。以嵩山为中心及其周围的伊洛河一带是古人认定的天地之中,这里因夏商周三代奠基,在华夏文明发展的每个阶段,一直是中原地区的核心区域。

因此,嵩山地域是华夏民族的老家,三代文化起源于嵩山地域,它是由华夏民族首先发展起来的。

1. 夏族主要活动区

中国的国家起源于夏代,夏代的始基就在以嵩山为中心及其周围和伊、洛河、颍河上游流域。史载,夏禹因治水有功,发展了生产,安定了人民的生活,受到了百姓的爱戴,在嵩山脚下的阳城(今登封市告成镇)建立了中国第一个朝代——夏王朝。史料记载"禹都阳城"。中国国家产生后的第一代君主、大禹之子夏启,据说就是嵩山降灵所生。这里流传有中国最早的神话,大意为大禹之妻启母,在大禹治水中,为给大禹送饭,出现了大禹变熊,启母变石,石裂生启的神话。出生夏启的那块巨石,现在还在嵩山的太室山脚下,即历史上著名的"启母石"。《汉书·武帝纪》颜师古注引《淮南子》云:"禹治洪水,通轩辕山,化为熊。谓涂山氏曰:欲饷,闻鼓声乃来。禹跳石,误中鼓。涂山氏往见,禹方作熊,渐而去,至嵩高山下,化为石。石方启,禹曰:'归我子!石破北主而启生。'""启母石"虽然这是一个神话,但起源很早,同时也说明了启母和启都曾在嵩山所居《穆天子传》载:数传至周穆王,八骏驰骋,周游九垓。王游于黄室之丘,以观夏后启之所居,乃入于启室。此《内传》语也。颜师古注云:"黄室之丘,嵩山也。"《淮南子》有记。后见《汉书·武帝纪》,汉武帝登嵩山时就亲自去看过,上面还有三代人的题记。东汉时,嵩山为纪念启母的伟大,还专门建有启母庙、启母阙。现在启母庙无存,启母阙已被列入世界文化遗产。

关于夏族的起源,《史记,夏本纪》:夏出自帝颛顼,颛顼为鲧之父,夏禹王之祖,封于阳翟,是嵩山登封人(古阳翟)。史载"禹生石纽",而石纽就在中岳嵩山少室山脚下的祖家庄(今登封左庄),大禹父亲封地崇国在此。嵩山少室山下的马庄、尚庄、张庄、王庄、左庄,古称"一溜石纽屯儿",当地群众将音念转为"一溜水牛屯儿"。其中的左庄,原名祖家庄。

偃师二里头遗址一号宫殿复原图

夏朝立国之后,初都阳城(今登封),启都阳翟(今禹州)、后都斟鄩(今偃师)也是见于史书记载的。关于有夏之居,《逸周书·夏邑篇》和《史记·周本纪》有相同的记载,其云:"自洛汭延于伊汭,居易无固,其有夏之居。"启的儿子太康迁都斟鄩,"太康居斟鄩,羿亦居之,桀又居之。"今本《竹书纪年》又载:"仲康即帝位,据斟鄩。"斟鄩位置在洛阳盆地故洛州巩县西南58里处。

由于太康昏庸,被羿所驱逐。太康兄弟五人逃到洛河流域避难。后来,后羿被他的亲信寒浞所杀,夺取了王位,仍都斟鄩。太康逃到洛汭,不久去世。仲康子相逃到帝丘,相子少康中兴复国,杀寒浞,定都商丘。子杼都嵩山以北的原(今济源市),后迁至老丘(陈留县),直到第11世第13个帝王胤甲又迁至西河。孔甲帝和帝皋又回到伊洛一带。史料记载,孔甲曾到东阳蕢山打猎,因"天大风晦冥,孔甲迷惑,入于民室"。蕢山即偃师的首阳山。可见,孔甲的居地距首阳山不远。或许仍在太康之都伊洛之汭的斟鄩。孔甲死后,其子夏皋继位,史书上没有帝皋迁都的记载,当仍居孔甲之旧地。

史料记载,上古时期,嵩山地域洪水泛滥,所以治水成了关系到人们生活、生存的大事。《国语·周语上》:"昔夏之兴也,融降于崇山。"韦昭注:"崇,崇高山也。夏居阳城,崇高所近。"嵩山古称"嵩高""崇山"。《太平御览·地部四》嵩山条又引韦昭注云:"古崇嵩字通用,夏都阳城,嵩高在焉。"嵩山西接熊耳山,东临豫东平原,地域内有伊、洛、溱、洧、颍、汝、洗耳等河谷,主体山脉太室山与少室山都在登封。夏部族的祖先鲧和禹,被称为"崇伯鲧"和"崇禹",即说明他们曾是嵩山地区的族首领。夏部族最早是在嵩山一带兴盛起来的。其中,治水活动就发生在这里。传说,禹是治水英雄,他当时领导人民"疏川导滞""合通四海""尽力乎沟洫",立下了很大功劳。嵩山地域到现在还有大量的大禹治水的遗存。

关于夏禹之都城,文献中多言在"阳城",如《孟子·成章上》《史记·夏本纪》《汉书·地理志》、古本《竹书纪年》及《世本》等。此外,还有一些文献提到禹又居"阳翟",如《汉书·地理志》《帝王世纪》等,阳翟之地望,学者们一致认为在河南禹州市,而阳城之地望在河南登封告城镇,其根据是文献记载阳城之地望与考古发现吻合。《水经注·颍水》云:"颍水又东,五渡水注之……其水东南流径阳城西……颍水径其县故城南……亦周公以土圭测日景处……县南对箕山。"今告成镇西半里余外百余步就到周公测景台。汉朝的阳城县经历魏晋至隋,名无大异。直到唐万岁登封元年才改为告成县。因此,今告成镇附近应为《水经注》所言阳城之地。

我国在考古发掘中,发现的时代最早的古代城市遗址是位于嵩山脚下的登封王城岗遗址,其修建与使用年代为距今4000多年前,约相当于夏代初期及稍早的原始社会末期,它虽然始建于原始社会末期,但继续使用了很长时间,一直到夏代初期为"禹都阳城"。史料记载,在使用期内,城市继续建设,包括大型宫殿建筑"使城市的内涵与功能逐渐完备与丰富,成为真正的城市"。因此,城市的出现是一个过程,即从原始社会末期开始萌芽,尔后有一个发展完善时期,到了阶级社会产生之时,真正的城市随之出现。所以,城市的出现,是中国古代阶级社会产生的具体反映,是国家形成的物质体现,也是社会发展进入文明时代的标志之一。

从20世纪50年代到80年代,有当代学者相继发现:河南中部的伊洛平源及其附近,尤其是颍水谷的上游登封禹县地带;夏文化早期分布于嵩山周围,以后开始向更远的地区扩展,直到黄河以北的晋西南地区;夏族的活动地区原是在河南中部的洛阳平原和颍水上游上游一带;最初的活动中心就在当今的登封县和禹县;这里是夏文化的发祥地;夏文化的中心地带就是分布在河南的龙山文化和二里头文化。

约公元前2070年,帝舜封禹于阳城建立夏朝。帝舜在位33年时,正式把天子位禅让给禹。17年以后,舜在南巡中逝世。三年治丧结束,禹避居于阳城,将帝位让给舜的儿子商均。但天下的诸侯都离开商均去朝见禹王。在诸侯的拥戴下,禹正式即王位,国号"夏"。

夏桀是夏朝最后一个帝王,一直仍然建都在偃师的斟鄩。《史记》曰:"夏桀之居,左河济,右太华,伊阙(龙门)在其南,羊肠在其北(在沁阳县,为太行八陉之一,极险要)。"《竹书纪年》载:夏桀"十三年迁于河南",居"斟鄩"。斟鄩在古代河南靠近洛水的地方。从历史记载与考古发掘看,斟鄩在今偃师县西南的伊、洛夹河地区的二里头村。

1959年,中国科学院研究所,调查"夏墟"时,发现了二里头遗址。二里头夏文化遗址的规模很大,面积约3平方公里,在大奴隶主居住的宫殿遗迹,有极为精美的青铜器和大型玉器,阶级分化迹象很清楚。距测定,时间在公元前1900~1600年之间,和夏代的历史相当。据史书记载,这里有夏代太康所建的国都斟鄩。从时间、地点、条件为依据,遗址又在夏文化地区的中心,同夏都斟鄩的地望相当,同夏代的历史时间和文化内容相合,而又具有都邑规模的夏代旧墟,考古界确认它夏的国都。夏代是奴隶社会,国家已经形成,社会规模空前扩大。

夏文化的中心就在嵩山周围,由于后来在登封、禹县、偃师建都,比较发达的是嵩山地域。向外可以辐射到山西南部和河北南部、山东西部以及豫南和豫东这个方圆大约一千里的地区。

2. 商族主要活动区

商人传说是帝喾之子契的后裔,因契佐禹治水有功,故被舜封于商。约在公元前16世纪,一个以鸟为图腾的氏族——商在黄河下游兴起。经过五百年的发展,到成汤时,已经成为以亳为都城的强大方国。在大臣伊尹、仲虺等人的大力辅佐下,开始了伐桀的战争。先消灭了个葛、韦、顾、昆、吾等夏的盟国,剪除了夏桀的羽翼,后又在有娀之墟与鸣条两次大仗,夏桀兵败逃至南巢而死。成汤回师亳邑后,便正式即位为王,各路诸侯前来朝贺,商王朝正式建立。

商汤

商朝的祖先在古史上就是殷契,其母简狄是帝喾的次妃,因契佐禹平治水有功,舜封于商,兴于唐、虞、大禹之际。禹治洪水主要在以中原一带,他的主要伙伴基本上也是应该出自一个部族,那时还不可能从太远的外地调入,他应是河南人,"商"是后来封的。《史记》载,"汤始居亳,从先王居""古薄邑,帝喾所都"。《正义》进一步阐明:"河南偃师为西亳,帝喾及汤所都,盘庚亦徙都之"。《偃师县志》载:"汤始迁居,曰'殷薄'。外丙、中壬、太甲、沃丁、太康、小甲、雍己、太戊诸王皆都西亳。直到仲丁时才迁于隞(今嵩山荥阳北)。"后来,盘庚又"渡河南,复居成汤之故居"。前后加在一起,总计建都西亳,时间长达230多年。可见,偃师为西亳,不仅是帝喾都、汤都、盘庚都,这个都城还有那么多帝王为都。商的老家不会离嵩山太远。所以,商汤灭夏之后,定都偃师,实际上是回老家。

商汤灭夏后,在斟鄩附近另建新都,称西亳。《括地志》云:河南偃师为西亳,帝喾及汤所都,盘庚亦从都之。《水经注》:阚骃曰:"亳,本帝喾之墟,在《禹贡》豫州河、洛之间,今河南偃师城西二十里尸乡亭是也。"

经过考古发掘证明,这个商的西亳,就在偃师。偃师商城遗址是一处商代早期二里岗文化时期的都邑级遗址,为商汤灭夏后所都,总面积约2平方公里。遗址坐落于嵩山北麓,洛阳盆地的东部,现河南省偃师市区以西。偃师商城遗址是商代的第一座都城遗址。城址始建年代约为公元前1600年,延续使用200多年,距今已有3600多年的历史。

偃师商城遗址于1983年被中国社会科学院考古研究所发现,已被联合国教科文组织列为1983年世界十七大发现之一。考古工作者已进行了多次有计划的考古发掘,现已证实该城址大体为长方形,范围与二里头遗址相仿,较郑州商城略小。除南面城墙已被洛河改道冲毁外,其它三面城墙遗址都基本保存完整。城址内发现有大城、小城、宫城、三重城垣多组宫殿建筑基址、民房、作坊及墓葬等遗迹。偃师商城经考古工作者十几年的调查和发掘,结合文献资料,确定该城址便是商灭夏后的首座都城遗址西亳,并把城址内的小城定为考古学上夏商年代分界的"界标",被列为了夏商周断代工程的"标志性成果之一"。

在嵩山地域发掘的商代都城,不仅有偃师西亳。20世纪50年代初期发现的郑州商城遗址有两座,一个是位于市中心的郑州商城遗址,一个是位于西北部高新区的小双桥遗址,均是商代中晚期都城遗址。通过商城遗址,可以看到商代中期的文化与历史。还在商人以郑州为都城的时期内,出现的青铜文化。

"郑州商代遗址",一般是指郑州市中心的郑州商城遗址,又称二里岗遗址。它是中国商代中期都城遗址,占地约25平方公里。该遗址分宫城、内城和外城,出土大量青铜器,至今保存几段约7公里长的商代城墙。从政治形势上分析,居此不远的洛阳偃师境内的夏王朝,政权在握,不易进入。而要想推翻它,必须建立自己的政治中心,因此,作为商人建立起来的商邑亳都无论在距离还是财力上,都是建立政治中心的首选之地。还有一个重要的因素,就是历史因素。商部落很久以前就在这里居住,据史书记载,商兴起于黄河下游的古老部族,相传其始祖名契,因佐禹治水有功,被舜封于商(今河南商丘西南),赐姓子氏。商族在中期经常迁徙居地,自契至成汤共14世,都邑凡8迁,到成汤时才居于亳(今商丘南),亳是商部落的一个最重要的城邑。大约夏朝建立后不久,商族就一直臣服于夏,成了夏的一个属国。长期以来,商部落在这里建立了根深蒂固的政治中心,为后来推翻夏王朝奠定了政治基础。

首先从地理位置上说,隞都北临黄河;西依嵩山,有两个大片的沼泽地,是天然的军事屏障;南为广阔的黄淮平原,物产丰盈,有着可靠的后勤保障;东边也是大平原,成为粮食基地。这些优越的自然环境给当时的商王成汤推翻夏王朝,建立自己的政权,打下了坚实的经济基础。有人依据文献中"帝仲丁迁于隞"的记载,认为郑州商城可能是仲丁所迁的隞(隞)都;认为郑州商城是仲丁所迁的隞都。郑州商城距今3600多年,规模在世界同时期城址中首屈一指。无论从哪方面说,嵩山地域有两座商遗址,这在世界上也是少见的。这说明嵩山地域确实是商代重要的活动地区。

3. 周族主要活动区

周族原是活动于我国中原西部黄土高原的一个古老部落,与夏、商两族同称为我国原始社会末期的三大部族。夏、商两朝时期,周是它们地处西陲的属国。据《史记·周本纪》,传说该部族起源于黄帝族,黄帝曾孙帝喾的元妃有邰氏女姜嫄生后稷,名弃,是周的始祖。弃在帝舜时担任农师,号称后稷,教民耕稼有功,分封于邰。所谓"封弃于邰,号曰后稷,别姓姬氏"。因此,周的始封地为"邰"。古邰国在今陕西武功县,是周部落的发祥地。邰又称漦,位今陕西咸阳阳陵区南2000米的杜家坡村,东北距武功约1万米。弃精于农业,子孙世代为夏朝农官,故"后稷"成了农业官名,后世尊弃为农业之神。

周族因其主要活动在西方的岐山一带,而初封为西伯侯,周文王时统治区域已达到洛水流域。周武王时,周族已经强大起来。当时,商朝的最后一个国王纣暴虐无道,武王伐纣,一举推翻了殷商的统治。

传到弃的儿子不窋时,逢夏末商初,因周为夏的与国,当商灭夏后,周人受到牵连,被迫西迁,"自

周武王灭商

窜于戎狄之间"(《国语·周语》),并与羌族联姻,组成强大方国。商王武丁时期,被商封为侯国。公叔祖类之子古公亶父即位后,鉴于幽处于戎狄之中,为求发展,乃向关中平原迁移,辗转徙至岐山下的周原定居下来,逐渐发展成一个新兴的西部势力,建立都城岐邑(位今陕西扶风、岐山之间)。古公在此兴建城郭宫室,建立宗庙,立国号为周,后世追认古公为周太王。从此,岐邑为周围的重要政治中心。即使后来迁都丰邑及镐京(今陕西西安西南),岐邑因系宗庙所在地,仍为重要的政治、文化中心。此后,再传至文王,侍殷为西伯,文王的外婆家也是河南人"自彼殷商,来嫁于周"(《诗经·大明》)。

武王灭殷而有天下,建立了周朝。据周人自己说他是继承夏的基业,尊礼嵩山,"奄有下土,缵禹之绪"。《史记·周本纪》及《逸周书·作洛篇》称:周武王灭纣后的第12天,他登上嵩山,即周人心目中的天室山,在山上祭祀上天,告知殷商已亡,并祈求上天保佑大周。周人认为他们是夏人的后裔,嵩山是夏人的神山,"夏之所兴也,祝融降于嵩山,"夏人的先祖还被封为崇伯,那么理所当然嵩山也是周人的神山。

这次祭礼嵩山,周武王便做出了一个重大决定,"依天室,定天保",即要在嵩山脚下的洛邑建立新的都城,以有效控制殷商的旧地。这位膺天受命的君主在嵩山之巅行礼之际产生建立新都洛邑的深谋远图,为两周500年基业奠定了坚实的基础。

史载:"武王克商,迁九鼎于洛邑",并"营周居于洛邑而后去"。周武王为何将九鼎迁于洛邑,并在此营建周居?这可从武王与周公的一段对话来说明。"武王至于周,自夜不寐。周公旦即王所,曰:'曷为不寐?'王曰:'告女:维天不飨殷,自发未生于今六十年,麋鹿在牧,悲鸿满野。天不享殷,以至今。我未定天保,何暇寐?'"可见,武王忧虑的是"未定天保",难以巩固统治,当下最要紧的办法是"定天保,依天室"。"天室",指的就是嵩山,也就是依靠嵩山来建立国家。嵩山,曾是夏人心中的神山,在中国古文化渊源中占有重要地位的嵩山。

《逸周书·度邑解》记载:周武王伐纣灭商后,曾瞻望中原,指出自洛汭延于伊汭,是有夏之居。并亲自察看了地形,"南望三涂,北望岳鄙,顾瞻有河,粤瞻雒伊",最后确定要"无远天室"。即以"天室"嵩山为中心,建立国家。后经周公在嵩山脚下的阳城测日影,以定天地之中,并营建洛邑而后去。

"天室"这个名字,在古代史书中和周初的铜器铭文中都有记载。《逸周书》:周武王灭殷之后,就提到要在"毋远天室"之地建都。周武王时期的"天亡簋"(即大丰簋)上有"乙亥,王又大丰,王凡三方,王祀于天室降,天亡又王。"1965年,在陕西宝鸡县贾村镇(今宝鸡市陈仓区),发现的西周酒铜器《何尊》上面的铭文中,就记述了周武王之子周成王迁都洛邑,在天室山上为武王举行盛大祭礼,对其宗族子弟进行训诫,并向天宣告定都于雒阳(洛阳)成周的史实。铭文中有:"唯王初迁宅于成周,复禀武王礼,福自天。在四月丙戌,王诰宗小子于京室,曰:"昔在尔考公氏,克弼文王,肆文王受兹大命。唯武王既克大邑商,则廷告于天,曰:余其宅兹中国,自之乂民。"铭文中的这个"天",指的应是"天室"。"中国"一词是最早出现,就是指地处天地之中的洛邑。武王战胜了"大邑商"以后,曾告祭于天说:"我要以此天下四方的中心作为都城,以这个地方来统治四方的民众。"

嵩山,是夏、商、周崇仰的神灵对象,现在的四岳,是战国以后来才定下来的,那时候在人的观念中只有嵩岳,所以把它说的高与天齐。周宣王把他的两个重臣申伯和甫侯,也说成是嵩山降灵所生的,所以才能赞助周王安抚南国。

周人把嵩山看作是天,主要表达了他们对心里向往天室之山的崇拜和敬仰。公元前775年西周幽王废太子宜臼,宜臼出奔申国。幽王立褒姒之子伯服为太子。申国的申侯出自开国功臣姜太公姜尚一族,家世显赫,西周中后期申国国势强大,一度挟制周天子,百年前周孝王曾欲越级封赏非子,以扶持秦人抗衡申国,遭到申侯反对而失败。而周幽王废掉的申皇后及太子宜臼回申国后,申侯暗地里联合当时的强国缯国勾结远方的犬戎伺机收拾周幽王。周幽王的改立太子之争,不排除带有笼络西戎中的一些族群为己所用,而这又影响了原有的政治格局,导致现有利益集团的反弹,为周幽王带来了杀身之祸。公元前771年,申侯顾忌自己与周室开战无法应对诸侯的抵制,便联络犬戎和缯侯结成联盟。公元前770年,周幽王召集诸侯在太室(今登封嵩山)结盟并盟誓,史称太室之盟。好像于"天"(嵩山)盟誓,本身就含有严肃、庄重的宗教之意义

嵩山地域是夏的国都所在,而后来的周人以夏文化的继承者自居。因此,《尚书》中常有"区夏""有夏""时夏"等词。周灭后,按照周本身的组织形式分封了许多诸侯。这些诸侯国的文化和周是一个系统,周国既然自称为"夏",这些诸侯国,尤其是在其逐渐强大起来后,也就自称为"夏",因为诸侯不止一个,所以称为"诸夏"。以区别于不同文化系统的"夷狄"。

武王之后,成王、康王也都在洛阳建都,把原来陕西的镐京称为"宗周",而所洛阳称作"周""成周"或"洛邑"。并把有夏以来作国家象征的"九鼎"迁到洛阳(洛阳周公庙的主殿叫"定鼎堂",门前的道路叫定鼎路就是由此而来)。不过到康王之后,特别是昭王以后,西周的国势渐衰,以后诸王只在陕西"宗周"看望老家,洛阳也渐失国都的作用。但到了东周—春秋、战国时期,洛阳还是周朝的国都,都城就在洛河、涧河会流之处,叫王城。陕西宗周受西方少数民族的侵袭就放弃了。从族系源流看,周代通过周公测影,定嵩山地域为天地之中,而建都洛阳,也算是沿袭了夏的旧居,回老家了。

据《尚书·洛诰》《逸周书·作雒解》所述,西周时期的成周城北依郏山(即邙山),南系洛水,西至涧河,东逾瀍河,其中心区域在洛河北瀍河下游两岸。营建洛邑,最早是周武王之意,但未及实施;成王即位,周公辅政,在诛武庚、灭管蔡、东征诸夷之后,始大规模进行营建。新建成的洛邑初称"新大邑""新邑"或"东国洛",又称"成周"。西周时期的成周城,是西周王朝的东都,在西周历史和中国古代都城发展史上,都占有极为重要的地位。

西周成周城址,至今还未找到。1964年,在洛阳市瀍河西岸的北窑村,发现了分布集中的西周贵族墓葬群,先后发掘了370余座,出土了大量的青铜礼器、兵器、车马器、玉器和陶瓷器。据青铜器上的铭文,表明这里的众多死者都是西周贵族。1974年,又在西周墓地南侧发现了规模巨大的王室铸铜作坊遗址,以铸造青铜礼器为主,兼铸兵器、车马器。此外,在瀍河西岸还发现了西周的祭祀坑、车马殉葬坑和大批带有商文化特征的殷人墓。这些重要发现表明,成周城并非是一般贵族的居住地,而应为西周国都所在。

西周末年,周幽王昏庸无道,被犬戎杀死,都城镐京被毁。周平王即位后,于公元前770年迁都洛邑(今洛阳),是为东周之始。周平王为东周第一代君王,他所居之地即为王城。王城,位于周代洛邑城西。东面是成周,是殷商故民之所在。西面是王城,是宫寝之所在。王城为周成王时周公所筑。在今河南洛阳市王城公园一带,在涧水之东,瀍水之西。周平王东迁洛阳,定都于此。公元前516年,周

敬王避王子朝之乱,迁都成周城,赧王又还都于此。

20世纪50年代初,中国科学院考古研究所的考古人员在洛河以北、涧河两岸发现了东周时期的文化层堆积,在涧河东岸的小屯村发现了汉河南县城遗址。汉河南县城与东周王城之间存在着沿袭关系,考古人员就以汉河南县城遗址为基点,确定了洛河以北涧河入洛处为东周王城遗址,半个多世纪的考古发掘证实,东周王城平面大体呈正方形,整个王城周长约15公里,有四面城垣和三个城角。举世震惊的"天子驾六"就是在发掘遗址中发现的。东周时期,尽管诸侯称霸,王室衰微,但东周王城作为天子之都的重要意义,依然是其他诸侯国都城所无法比拟的。

## 二、华夏民族融合与华夏文化发展

以嵩山为中心的伊、洛、颍河上游一带是华夏文明的摇篮和发祥地,并中华民族的主体民族——华夏族在这里形成。华夏族从野蛮到文明的过渡时期,是从不同部族混居同一地域而在"部族融合"当中开始的。所以,华夏族已非原始社会的民族,而是进入文明时代的文明民族。其转化过程,即原始时代的人们共同体向文明民族的转化。

在历史发展的长河中,有众多的少数民族从东北、西北进入中原地区并建立了政权,后来又因融合入汉族而消失于史乘之中。少数民族与汉族之间既有刀光剑影、桴鼓相攻的一面;也有经济文化交流,互通婚姻,最后融合为一体的时期。我国历史上有过4次较大的民族间的融合,形成中华民族主体的前两次,则主要是在中原乃至嵩山地域展开的。

第一次为先秦时期,形成中华民族的主体——汉族。因为这种民族主体的构成,主要是在中国的腹心地区,整个黄河流域展开的。这一时期是中华民族的孕育时代,也是中华民族历史上第一次大迁徙、大融合的时代。炎、黄二帝是传说时代的英雄人物,是远古两大部落集团的领袖,其活动区域主要是黄河中下游的中原地区。黄帝打败炎帝,两族便进一步融合。郑州大河村遗址是仰韶文化中晚期遗址,从出土的陶器看,不但有典型的仰韶文化,而且还有东部的大汶口文化及南方的屈家岭文化的因素,表明这一时期已经实现了中原文化与东夷文化、南方苗蛮文化的融合,华夏民族文化已初露端倪。

夏、商、周三代来源各不相同,夏部族是黄帝后裔,居住在嵩山地域,公元前2100年前后建立了夏王朝,这标志着我国历史进入到文明时代,华夏族的名称也随之产生。游牧起家的商族本是东夷人,几经迁徙到达嵩山地域。最初活动于渭水流域的周族,原是西戎的一支羌人,灭商后势力扩大到以嵩山为中心的伊洛河一带。嵩山地域是夏、商、周三代的政治、经济、文化中心,夏朝二里头文化,偃师商城、商汤的西亳(郑州、偃师),东周的都城洛邑,都在嵩山区域内。这一时期在嵩山地域与夏人、殷人、周人错杂而居的,还有蛮、戎、夷、狄等少数民族,如东周都城洛阳附近便有陆浑之戎、伊雒之戎。到了战国时期,中原地区的一部分少数民族消失于史乘之中,表明他们已与华夏族融合,成了新的华夏族。这个华夏族是由黄河中下游的炎黄集团及部分东夷集团为主体形成的。这其中除了夏人、殷人、周人的血统,还有一部分少数民族的成分,可见华夏族本身便是多民族融合的共同体。中华民族的主体民族——汉族,则是在华夏族的基础上从汉代开始形成的,它的血统里融合了许多少数民族的血液。

夏、商、周三代族别不同、发祥地各异,但都尊奉黄帝为共同祖先。直到魏晋以降,南下建立政权的北方少数民族还尊奉黄帝、夏禹为祖先。尽管考古发现与文献记载已经证明华夏民族并非来源于一个祖先,而千百年来人们却一直把炎黄二帝作为中华民族始兴与统一的象征,不管走到哪里,都自称是炎黄子孙。这种发端于远古而历久弥新的观念,成为不同地域的人们所共有的民族意识。

第二次是魏晋南北朝时期的民族融合。自东汉末年,由于政治的日益腐败,统一的多民族大帝国分崩离析。之后,历三国和西晋的短暂统一,又出现了东晋十六国并立和南北朝对峙的局面。在这政权分裂、战乱频仍的三百多年中,中国社会处于一个巨大动荡的旋涡之中。与此同时,由于民族大迁徙和民族大杂居,出现了中国历史上第二次空前的民族大融合。

这一时期,与汉族及其前身华夏族有着密切联系的各族,他们出现在中原政治舞台上以后,骤然间加快了民族融合的过程,纷纷离散聚合。建立过政权的许多民族都纷纷与汉族融合。不论南方还是北方,民族之间双向或多向的迁徙出现对流,形成了周边少数民族和内地民族间的南北大融合。即一部分汉族往周边去,周边的少数民族往内地来。

在北方,史称"五胡"的匈奴、鲜卑、羯、氐、羌等塞外民族纷至沓来,在黄河流域建立了许多政权。这些民族政权,一般不管哪个民族居统治地位,大都与汉族世族阶级相联合;同时,在政权的组合上又往往采取多种形式的联合。北方民族徙居中原,纷纷建立政权,一个最为直接的后果是:在中原地区形成了胡汉杂居的局面,为各民族的

嵩山地域是华夏民族的发祥地

融合提供了先决条件。这些民族在与汉族的长期杂居相处与通婚中,互相依存、互相吸收,建立了千丝万缕的联系。渐渐地,他们与汉族在经济、文化、语言、服饰、姓氏、习俗乃至宗教信仰上的差异逐渐缩小,与汉族逐渐融为一体。如至北魏后期,匈奴、羯、氐、羌等少数民族已不见于史乘,柔然、吐谷浑、敕勒等也与汉族逐渐融合。到隋朝统一黄河流域,从北方迁入中原的少数民族差不多都被汉族融合了,连鲜卑族也最终完成了汉化。

在这一时期的民族融合大背景下,北魏孝文帝迁都洛阳与汉化改革是具有里程碑意义的重要事件。孝文帝建立北魏政权后,为了巩固统治,发展经济,增强国力,他顺应民族融合的发展趋势,模仿汉政权建立了封建政治制度,实行了三长制、均田制,改胡姓为汉姓,改胡服为汉服,提倡胡汉联姻。其中均田制的推行,使北方经济逐渐恢复和发展,有利于少数民族由游牧生活向农耕生活的转化,对民族融合产生了有力的促进作用。迁都洛阳,更可以直接地接受汉族先进文化,这大大加速了胡汉民族融合。

在南方,自秦汉以来,就有不少华夏或汉族大批进入蛮族区、西南夷及岭南地区。进入魏晋南北朝时期,汉族为了逃避战乱和苛重的税役,或迁往河西陇右,或随晋室南迁而偏居江左,甚至在传统的蛮、俚、僚、爨等族聚居区,也能看到他们的踪迹。与此同时,豫州蛮、荆、雍州蛮向北推移,爨人被征调内地,成为南朝的编户齐民。通过这种双向的、对流式的迁徙杂居,以及不间断的武力征伐、联姻结盟和左郡左县的设置等多种渠道,南方地区汉族的夷化和夷族的汉化现象也日渐普遍。

第三次是辽宋夏金元时期自五代十国以后,历史又进入一个大分裂、大混乱之后的大统一的辽宋夏金元时期。这一时期民族融合有两个主要的特点:一是民族融合先在各民族政权统治区域内进行,亦即主要在边疆进行。二是在北宋—辽—西夏、南宋—金—西夏对峙、纷争、冲突与逐步走向统一的

过程中,由于民族大迁徙而再次改变民族分别格局,从而促进了一次新的民族大融合,为元的空前统一奠定了基础。

在宋的北部,辽夏金北族王朝的建立,促进了这一地区的民族融合。

建立辽的契丹源于鲜卑。它是在东灭渤海,频繁征伐回鹘、新罗、吐蕃、党项、室韦、沙陀、乌古等民族和不断向南扩张而逐渐发展起来的。随着向南发展,辽治下的汉人日益增多,在与中原的冲突和交融之中,缩小了差距,民族融合的最后结果是形成了以汉文化为核心又带有契丹民族特色和时代特色的辽文化。

西夏为党项族所建,而党项族又是以党项羌为主体,吸收氐、羌、吐蕃以及西北地区其他民族成分而形成的重要民族,其发展曾经历了一个漫长的民族融合过程。西夏建国后,势力迅速扩大,相继与北宋、辽、金、南宋形成鼎立局面,盛时辖今宁夏、陕北、甘肃西部和内蒙古的一部分,为我国西北部的开发、统一与西北民族融合作出了贡献。

源于黑水靺鞨,崛起于东北的女真,灭辽亡宋建立了金。金灭辽,承继了辽文化,直接与汉文化相碰撞。尤其是在南下的过程中,金把大批俘获的汉人迁往东北,又把大批的女真人迁出故地,散居契丹、汉人地区。这种民族间的迁徙、杂处,促进了民族融合与文化交流。

在宋的南部,吐蕃统治下的青藏高原诸部族,大理国统治下的乌蛮、白蛮等民族,南僚蛮诸族,也在一定程度上加强了彼此间的融合以及与宋的交融。

这一时期,各大政治实体之间,在冲突与纷争的同时,还通过遣使、朝贡、互市、联姻等方式进行频

华夏民族的融合与发展

繁交往,进行更为广泛的经济文化交流。其结果不仅有大量的少数民族融于汉族,还有不少的汉族融合于少数民族。具体如契丹人在南宋时大批进入中原,至元代中叶已被元朝政府视同于汉人。陶宗仪在《南村辍耕录》中所列汉人8种就有契丹人,元代后期"契丹"之名便逐渐消失了。女真人的内迁从金太宗至金末,一直没有停止,特别是金宣宗因受蒙古人的压迫迁都汴京,内迁的女真人更多,约占女真人总数的一半。他们与汉人错杂而居,互为婚姻,改用汉姓,提倡儒学,女真人的民族特色已逐渐丧失。元代统治者将女真人、汉人、契丹人同列为第三等级,政治待遇相同,这在客观上消除了女真人与汉人的民族畛域,促使女真人更加汉化。迨至元末,中原地区的女真人已完全融入汉族之中。

此外,元、清两代,蒙古与满族还建立全国性的政权。在这种民族与文化的大融合过程中,给华夏文化注入新的血液、赋予新的动力、形成新的整合。此外,与新疆、西藏地区,从汉、唐以后,由于民族迁移、政治与经济等原因,不仅彼此文化上有密切联系,而且使华夏文化有所扩大。

几千年以来,在民族大迁徙的过程中,民族大融洽更稳定地向前发展,华夏文化也随之传播。"野蛮的征服者总是被他们征服了的民族的较高文明所征服"。生产关系落后的少数民族在和汉族人民的不断交往中,很快被汉族的高度文明所征服。他们在和汉族人民相处中,发展了经济,交流了文化,逐渐与汉族融合,形成了我们今天人口繁衍的中华民族。

几千年的历史发展证明,华夏民族不仅有强大的吸收、包容、融合和凝聚其他部族、民族的文化来丰富自身的力量,而且还影响、辐射周边其他民族(包括外来民族)文化,把自己的文化传播出去,渗透出去。从而经过长期的交融,既促进了自己文化的发展,也带动了周围的文化的进步,逐渐形成我国多民族博大精深的中华民族整体文化。

# 第八章　嵩山地域与文化

嵩山文化是产生于嵩山地域的一种传统文化,是华夏文明——黄河文化摇篮的核心和象征,它有别于其他区域性的文化,在中国文化史上,占有重要地位。

关于嵩山文化地域的界定,从大的范围说,我国著名民俗专家张振犁教授称:"嵩山文化,狭义指包括北至黄河,南至河南襄城一带,东至虎牢关,西至华山,方圆数千里的(包括河洛文化)的地域。广义就是中原文化的泛称。简单地说,嵩山文化区基本上涵盖了中原腹地的沿黄河、颍河、洛河、伊河、汝河、溱水、洧水两岸的广大河谷、盆地、平原的肥沃地带。嵩山地域之所以它被称为中原文化及后来华夏文明的摇篮,就因为炎黄先民在这块土地上开发、经营了近万年。就像埃及原始先民开发尼罗河,巴比伦先民开发美索不达米亚(希腊语:底格里斯河和幼发拉底河中间的地方,意为两河之间)和印度先民开发洹河、印度河流域,而创造世界文明古国一样,中国中原地区的'嵩山区'先民开创华夏文明,首先是由独特的地理环境和自然条件所造就。"

从小的范围说,嵩山地域就是当今我国考古界、地质界、历史界的一些专家将以嵩山主要山脉的太室山与少室山所在的登封以及嵩山余脉的所在地伊川、偃师、巩义、荥阳、新郑、禹州、新密、汝州的九个县级市,以及为邻的古都郑州和洛阳的这个地域,称之为"嵩山历史文化核心区"或"嵩山文化圈",本套书将此称之为嵩山地域。这与考古中发现的以嵩山为中心及其周围的黄河、颍河、洛河、伊河、溱水、洧水一带的中原腹地的范围完全一致,实际上也是秦汉以前,以"中国"一词称名的小"中国"。嵩山地域从上古以后各历史时期的古代文明不断代,原始文化序列清晰,历史遗迹随处可见,它不但是一部完整的嵩山区域文化史,还是中华文明史的一个完整的缩影。完全可以说,这是一个在中华民族发展史上占据着重要位置的地域。因此,我国著名环境考古学家、国家文物局专家组成员、中华文明探源工程专家组组长周昆叔称"嵩山文化是中华文化的发动机、孵化器。"

孕育、诞生、发展、繁荣、传承于嵩山地域的嵩山文化,就是在一定的历史、经济条件下,产生的古代文明,这一文明的产生、发展,并由此奠定了华夏民族文化的基本模式,同时也包容了几乎整个封建社会主体文化的发展和演变历史。在中国历史的长河中,嵩山地域由于有着自己的历史和独特的地理环境,"具备有中国全部历史上下5000年的缩影与侧面"。因此,中国文化史上的大事几乎都和神奇的嵩山地域有着难分难解的关系,而许多中国文化上的大事也都是嵩山文化中的内容。

中国古老的传统文化起源于嵩山地域,是传统有绪,有经史可考的。产生于嵩山地域的嵩山文化以时代发展为序列,在几个重要时期,分别都有具体的文化标志和成果。

## 第一节 原始社会时期

原始社会是人类社会发展的第一阶段。人类出现,原始社会也就产生了。但是他的消亡则各地参差不一。处于原始社会的人类生产力水平很低,生产资料都是公有制的。原始社会的主要阶段分为旧石器文化时期、新石器文化时期、新石器文化中期、新石器文化晚期。在新石器时代以后,都有相对应的文化命名,如新石器文化早期为裴李岗文化,中期为仰韶文化、龙山文化,晚期为二里头文化。从河南省的考古学文化研究成果看,裴李岗文化与伏羲文化年代相对应,黄帝文化与大河村类型仰韶文化年代相对应,龙山文化与颛顼、帝喾、尧、舜的年代能够对应,夏代中心区域与二里头文化相对应。

### 一、旧石器文化时期

劳动创造了人类的证据就是石器。它是人类劳动的"化石"。在人类社会的金属工具出现以前,生活在石器时代的人类赖以生存的主要工具都是用石头加工成的,这些石质工具就叫作"石器"。考古学研究说明,约在距今1万年以前的漫长时期,人类使用的石器是打制石器,称为旧石器,使用打制石器的时代叫做旧石器时代。

从嵩山地域考古挖掘的旧石器文化遗址中,汝州寄料乡郭沟村张湾旧石器时代遗址距今约100万年左右,早于山西蓝田人,晚于云南元谋人。荥阳织机洞为一原始洞穴,洞内有厚20多米的第四纪堆积物。上层为新石器时代堆积,出土有裴李岗文化和仰韶文化陶片,中下层为旧石器时代晚期堆积,并有多处用火烧痕迹。有专家认为,织机洞是中国北方地区目前发现的规模最大、遗存最丰富的2万到10万年间古人类居住的洞穴遗址,从出土的旧石器和相关遗存观察,其文化面貌传承性明显,是中国猿人文化的继承和连续发展的结果。荥阳织机洞展示了旧石器时代与新石器时代的过渡和交替,对于追溯嵩山古文化的渊源和研究嵩山古代环境面貌及其与人类的关系都十分重要。巩义市洪沟旧石器文化遗址是距今13万~11万年前早期智人生活的场地。特别是近年来,在登封、新密调查发现就有100多处旧石器地点。旧石器文化遗址的发掘,说明嵩山地域是原始人类最早活动的区域之一,嵩山地域在人类起源过程中,曾起过极其重要的作用,这里曾经生活过人类最早的祖先。

### 二、新石器文化早期

大约距今一万年左右,以嵩山为中心的嵩山地域进入新石器时代,新石器时代与旧石器时代相比,人类社会有了质的飞跃,首先是陶器的出现,石器的精致化;其次是原始农业的产生,我们的先民已进入了农业定居阶段,早期的聚落已经形成。从考古学上看,嵩山地域的新石器早期文化是裴李岗文化,在此基础上形成仰韶文化、龙山文化、二里头文化。

人类进入新石器文化时期之后,裴李岗文化是分布在黄河流域中游的新石器时代早期偏晚段文化。1958年,在新郑市裴李岗村发现的并由此命名的"裴李岗文化",在此发掘的新郑裴李岗文化遗址,石器有石铲、石斧、石镰、石磨盘、石磨棒及少量的细石器和燧石等;陶器有壶、钵、罐、碗、勺和鼎等;骨器有骨针、骨锥;还有一些猪、羊骨骼和陶纺轮、陶塑猪头、羊头等原始艺术品以及弹丸、酸枣核、核桃等。房基周围还发现有炭化腐朽了的粟粒(谷子)。从裴李岗文化遗址发掘的遗物看,裴李岗文化时期已种植了粟类作物,以后扩大到黄河流域大部分地区,成为中原文化区的主要作物。

新郑裴李岗文化遗址

由此可以判断,人类已开始处在农耕生活时代,并开始有了制陶业的发展。从该遗址出土的木炭标本经中国社会科学院考古研究所碳—14测定,距今约8000多年,绝对年代早于仰韶文化1000多年。裴李岗遗址的发掘,证明裴李岗文化时期已形成了聚居的村落,先民们从事着以原始锄耕农业、手工业和家畜饲养业为主的氏族经济生产活动。它的发现,对研究我国农业史、制陶史、纺织史以及仰韶文化的来源提供了新的资料。在嵩山地域的裴李岗文化遗址还有新郑唐户遗址、汝州中山寨遗址、巩义水地河遗址、新密马良沟遗址等几十处重要遗址,发现了大量的文化遗存。如从新密莪沟北岗文化遗址遗存的半地穴房屋、灰坑、陶器、石器看,当时已有先民定居。其经济生活是以原始的锄耕农业为主,狩猎和采集为辅,还从事制陶、制作石器、纺织等手工业生产活动。社会发展已进入母系氏族社会的繁荣时期。裴李岗文化的发现,填补了我国新石器时代早期文化的一段空白,对进一步研究中华文明历史提供了实物资料。

伏羲作为中华民族的人文始祖,早于炎黄二帝。在考古学文化中,伏羲文化应早于炎黄文化。目前学术界多将炎黄文化对应于仰韶文化。有学者专门将史料记载的伏羲传说与裴李岗文化遗址的发掘成果相对应,发现裴李岗文化的分布范围不仅与伏羲传说的地区相一致,而且裴李岗文化的墓向也与伏羲族源的方向相一致。从文献记载来看,伏羲的功绩如治屋庐、作网罟、养牺牲、作琴瑟、画八卦、造书契、制九针等在裴李岗文化中都能得到印证。从裴李岗文化的考古发现看,文献记载的伏羲的功绩绝不是一个人所能为,也不是一个部落所能为,而是伏羲部族在伏羲时代共同创造的结果。由此可见,裴李岗文化应是伏羲文化。

## 三、新石器文化中期

新石器时代中期,嵩山地域古文化遗存非常丰富。以仰韶文化为标志,开始出现了村落,以父系氏族文化为特征的经济形式起主导作用,并且制陶业的发展进入一个发达时期,即产生了彩绘和原始人类对鱼蛙等图腾崇拜,并有与其生活相关的简单图画。

1921年10月,由受聘于中国北洋政府农商部为矿业顾问的瑞典地质学家安特生和中国学者袁复礼、陈德广等5位工作人员对河南渑池县仰韶村遗址进行了第一次发掘,在获得了大批珍贵文物资料后,确认此遗址为新石器时代文化遗址,并命名为"仰韶文化"。仰韶文化遗址的发掘,第一次证实了中国在阶级社会之前存在着非常发达的新石器时代,并从此开始,把考古学的研究领域扩大到旧石器时代、青铜器时代和铁器时代。因此,安特生把他自己命名的"彩陶文化"称之为"中华远古之文化"。

20世纪50年代以来,考古工作人员在嵩山地域发现了郑州大河村遗址、后庄王遗址、尚岗杨遗址、西山遗址、后庄王遗址,荥阳秦王寨遗址,青台遗址、点军台遗址,洛阳王湾遗址,偃师高崖遗址,汝州大张遗址、洪山庙遗址,禹州谷水河遗址,伊川土门遗址等几十处仰韶文化遗址,经过考古发掘,都发现大量的文化遗存,并出土有多种石器、陶器、骨器等,对研究仰韶时期的社会性质、婚俗、建筑、墓葬等提供了重要的实物资料,也对嵩山地域的仰韶文化的分期、类型划分、发展阶段等方面的研究,具有重要的参考价值。

仰韶文化是我国新石器时代分布最广阔,上下延续了2000多年的一种原始文化,它在华夏族的形成方面有着特别重要的地位。这种生命力很强的远古文化的分布,正与文献中记载的黄帝氏族文化具有相同的文化特征。其中以鼎、釜、罐、鏊等主要饮器,不仅起源早,种类多,时代特征明显,具有系统的发展演变序列,而且以其独有的生命力影响其他文化圈,进而奠定了其在中国历史上特殊的象征性意义。因此,仰

郑州发掘的仰韶文化晚期聚落遗址

韶文化被史学界认为由炎黄二族始创,大约距今6000年左右。由于它所处优异的地理环境和发达的原始农业,仰韶文化得到长足的发展和扩大,并对周围相邻其他原始文化施以巨大的影响,成为一个较大范围的文化中心。在当时各地先后形成的许多文化中,居于主体文化的地位。

仰韶文化晚期,特别是由仰韶文化向河南龙山文化过渡时期,似有两个较大的变化:一是出现仰韶文化的氏族部落与山东大汶口文化,湖北屈家岭文化的氏族部落在河南省东部、东南部以及豫中地区交错相处的现象。在考古学文化上的反映是:大汶口文化西来,屈家岭文化北来,逐渐进入仰韶文化的腹心地带。二是生产力与社会性质有了重大变革。表现在居址、生产工具、手工业、生产规模、人祭、兽祭等方面,如排房、连间房以及较大规模聚落的出现。以大型复合工具为代表的农业生产,以及制作陶、石、骨器技术的提高及纺织、编织等各种手工业的进一步发展等。

考古学家们根据黄帝时期的国家、居住、世袭、年代等史料记载,在调查了大量的大河村类型仰韶文化遗址之后,将其黄帝文化与大河村类型仰韶文化遗址的测试年代、活动范围,遗址遗存相比较后,认为黄帝都有熊的历史阶段,对应考古学文化就是大河村类型仰韶文化。

距今5000年至4000年的龙山文化,是距仰韶文化之后在黄河中下游发展起来的一种新石器时代晚期文化。河南龙山文化遗址的文化面貌以饰绳纹、篮纹、方格纹的灰陶器为显著特征,与山东地区发现的以磨光黑陶为主要特征的龙山文化有所不同,大约在20世纪50年代后期,考古学家就称之为"河南龙山文化",这与其他地区的龙山文化相区别。

龙山文化在嵩山地域的分布也很广泛,而且大都是叠加在仰韶文化层之上,集中分布在嵩山中心地带的登封和新密等地。嵩山地域已发现的龙山文化遗址有很多处,其中禹州瓦店、登封王城岗、新

密古城寨、汝州煤山、洛阳矬李等遗址都经过考古发掘,有不少重要发现。

嵩山地域发现的龙山文化遗址有着长达千年的历史进程,涵盖了父系社会由新石器时代向着青铜时代发展过渡,使生产关系开始有所改变,使生产力有所提高。加之一批古城址的发现,其中的防御设施,反映了私有制和阶级的产生。此时,父系氏族社会已经崩溃,已开始出现了国家、进入了文明社会。此外,还发现有龙山文化晚期城址,可能已经进入到夏代早期。按照学术界比较一致的看法,河南龙山文化就是夏文化的母体文化,夏禹时代应相当于龙山文化晚期,而夏桀的年代则相当于二里头文化的某一阶段。

## 四、新石器文化晚期

到了新石器时代晚期,出现阶级分化,王权开始形成,文明在嵩山地域最先产生。这一时期,豫西地区的二里头文化,是夏代中心区域的代表性文化。

二里头文化是指偃师二里头遗址一至四期所代表的一类考古学文化遗存,是介于河南龙山文化和二里冈文化的一种考古学文化。二里头文化于1953年首先在河南省登封县王村遗址发现,当时出土的遗物不多。自1954至1957年,在洛阳东干沟村附近又曾几次发现这种文化的墓葬与灰坑。这个遗址的晚期堆积中发现有青铜小刀和青铜锥,器形和铸造工艺都很原始。从地层关系上可以清楚地判断出这种文化的年代晚于人们熟悉的河南龙山文化,又早于商代。后又在偃师二里头和灰咀、郑州洛达庙、巩义稍砦等地都发现了这类古文化遗存。随着中国社会科学院对洛阳二里头遗址的大规模科学发掘,资料越来越丰富,许多碳14测定数据集中在公元前21至前15世纪。考古界遂把这种文化定名为二里头文化,并做为夏文化探索的主体内容。

二里头遗址出土的绿松石龙

新石器文化晚期,登封王城岗与偃师二里头两座遗址说明嵩山地域已进入文明时代。从考古的发现推论,王城岗遗址为龙山文化中期产物,历史典籍不断称"禹都阳城",大约可以表明,禹都之地与所发现的王城岗遗址十分相近。二里头遗址是一处夏代晚期的都城遗址,遗址内发现有宫殿、居民区、制陶作坊、铸铜作坊、窖穴、墓葬等遗迹。出土有大量石器、陶器、玉器、铜器、骨角器及蚌器等遗物。从二里头文化的遗迹和遗物,可以看出夏代社会经济的基本状况。夏朝的经济生产比以前有了显著的提高,反映在物质文化上更加丰富。

到了偃师二里头文化的发现,考古学界基本上已断定了在夏朝400多年间活动的区域大致都在嵩山地域这一事实。夏朝的建立,标志着奴隶社会的开始。夏王朝是奴隶主贵族作为统治阶级对奴隶和平民实行专政的国家。夏文化不仅有城邦、有青铜器,同时有了文字符号,夏是在原始部落的基础上合并起来的脸盘儿,这正是父系发展到了顶峰阶段。这时,嵩山地域的人们已摆脱了单一的农耕生活,产品有了剩余,使手工业的出现成为可能,并有了以货币为主要形式的产品交换。从而进入农、猎、渔、手工等多业合一的生活。生产的发展,又必然产生与其相适应的文化,最突出的就是由众多图腾的崇拜,随着国家的建立,演变为单一对天的崇拜,围绕着以帝王皇权为中心不可动摇的崇奉观念衍化成一系列忠亲节孝等伦理,这是农业民族由原始文化走向封建文化的突出特性。

中华原始先民的华夏族系的前身炎黄文化(从盘古、伏羲、女娲、神农、黄帝、尧、舜)等,是经历了长期开发、经营创造才完成的。这些正是我国上古历史文化系统框架构成的依据。而这个历史框架中的历代创业先祖的政治、军事、经济、文化活动,正是围绕以嵩山地域为中心进行的。后经夏、商、周三代大发展,使古代的中国才具有如今的规模和5000年中华文明的巨大成就。

约公元前3000年至前1500年这一千多年间,中国历史上发生了急剧动荡的社会大变革。这一变革可以用文明化、国家化或社会复杂化来概括,作为中华文明最早阶段的夏商周三代王朝文明,即诞生肇始于这一时期。这一时期一个大的分水岭是公元前2000年前后。此时,数百年异彩纷呈的中原周边地区的各支考古学文化先后走向衰落;中国历史上首次出现了覆盖广大地域的核心文化,即以河南偃师二里头遗址为典型代表的二里头文化,在极短的时间内吸收了各地的文明因素,以中原文化为依托而迅速崛起。二里头文化与后来的商周文明一道,构成华夏文明形成与发展的主流,确立了以礼乐文化为根本的华夏文明的基本特质。

## 第二节　奴隶制向封建制过渡时期

春秋战国时代是奴隶制向封建制过渡时期,也是我国奴隶制解体和封建制形成时期,社会处于大变革,政治上诸侯争霸,思想界由百家争鸣,到独尊儒术,反映的根本问题是专制主义中央集权制度加强,说明了古老的中华思想正逐渐从分裂走向统一。

### 一、以嵩山为活动中心的夏商周文化

夏王朝是我国最早出现的奴隶制国家,约在公元前16~公元前21世纪之间。以嵩山为中心及豫西地区是夏族迁徙后的主要活动中心,在中国历史上首先进入阶级社会和文明时代。

据说,夏代有治国大法九条。至商,商太师箕子独得其说。周武王克殷,访问箕子,箕子言禹治水有功,上帝予其"洪范九畴"(大法九种)。旧传为箕子向周武王陈述的"天地之大法"。今人或认为系战国后期儒者所作,或认为作于春秋。《汉书·五行志》曰:"禹治洪水,赐《洛书》,法而陈之,《洪范》是也。"故亦称"洛书"。其中提出水、火、木、金、土"五行"及其性能作用。主张天子建立"皇极",实行赏罚,使臣民顺服。又提出"正直""刚克""柔克"三种治民方法。认为龟筮可以决疑,政情可使天象变化,后成为汉代"天人感应"思想的理论基础。

此后的"汤武革命",是说夏朝的贵族商汤推翻夏朝。商汤始都亳(今商丘县),灭夏后决定在夏都附近另建新都,新都建成后,商汤从南亳迁此,史称西亳,其地望为今偃师市。于"仲丁元年辛丑即王位,自亳迁于嚣。"后又迁回"郑亳"。有专家认为,郑州商城是商代早期成汤的亳都,简称郑亳。较偃师商都相比,郑州商城(已发掘的郑州商都遗址)更符合早商亳都的条件。史料记载,郑亳、西亳近大伾。《尚书·正义》曰:"(大伾),成皋山也。"依《禹贡》所述伾的方位,在洛汭之东,其地望在今巩义市和荥阳市交界一带。史料记载,仲丁都傲,其地望暂无定论,一说为郑州商城,一说为郑州郊区小双桥,依文献当在荥阳一带。

从商汤起,商代就不断地迁都。《史记·殷本纪》又载:"帝仲丁迁于嚣,河亶甲居相,祖乙迁于邢……帝盘庚之时,殷已都河北,盘庚渡河南,复居成汤之故居。乃五迁,无定处。"又云"帝庚丁崩,子帝武乙立,殷夏去亳,徙河北。"由此可以看出,商朝曾两次都西亳。商人迁居原因,史料记载,或说殷人尚田猎,或为水患,但大致上是多重原因,耕种次数多了,土地需要休息就不得不改换别的地区,也许的确由于灾患太多,迫于生活太艰辛,因为商代非常重视宗教祭祀,奉行"率民以事神"(《礼记·表记》)。祭祀的内容主要是祈求丰年和人畜平安,以耕织为业的民众,之所以重视祭礼,恐怕也就是在于生活有太多的不幸,而无瑕顾及其他。因此商殷文化一大特点是尚鬼,信巫,多所占卜,所以精治祭器,钟鼎尊彝之制大兴。由此可知,嵩山地域也是商王朝的中心区域。在此,商民族从先商开始,在嵩山地域就留下了丰富的文化遗存。

1983年,考古工作者在偃师尸乡沟发现大型商城遗址,它与文献记载的汤都"西亳"的位置相吻合。早在1955年,考古工作者发掘了郑州商代城址和官殿遗址,虽然学术界有"西亳""郑亳"和"隞都"之争,但它毕竟是商代前期的都城之一。

夏王朝是中国建国之始

到了周代,则开辟了一个新的时期。周代姬姓,是生活在黄土高坡的渭水流域,是发展农业而壮大起来的部族,关中因周人的努力逐渐成为一个新的农业开发区。后来,周灭殷后,由于政治形势的变化,与统治范围的扩大,周王朝首先考虑的就是迁都的问题。其实,周一开始就视洛邑为"地中",并在后来做了仔细的测量,周公的主要任务就是为了统治的需要制定一套行之有效的国家制度。并首次明确地称以嵩山为中心及其周围的伊洛河一带为"中国"。所以,周王朝王都不得不由镐京迁到了洛邑。

周定都镐京时,就担心不能驯服殷士顽民。因此,他们除了实行迁徙殷民于洛邑的办法之外,则主要的把军事力量也集中在洛邑,这种考虑当然并非是仅仅便利于管治殷顽民,除政治的原因外,尚有经济和文化的原因,而后者通常是更重要的原因,也就是如何改造殷文化为周文化的问题。

周和夏商比较,它的经济更为发达。更为重要的,周对国家管理统治方法更为完善,对后世影响极大。

周王朝由其部族的发源发煌到兴兵灭纣,一统天下,多少带有氏族公社的性质,实行土地王室所有的分封制与当时的生产力水平相适应,并起到稳定社会、促进生产向前发展的杠杆作用。由于周朝国土面积大,但是当时的交通条件很差,周天子无法对这么大的国土进行有效管辖,于是就分封自己的亲族、大臣去管理,这就形成了我们所说的诸侯国。诸侯国在管理上完全是自主的,只是每年诸侯都需要朝觐周天子和交付大量的进贡。周天子在需要打仗时就召集诸侯国的军队为周天子效命,有诸侯国不听召集,就视为犯上叛乱。周不仅把中原地区(即黄河下游地区)的社会发展导向了封建制,而且使中原四周的发展较为落后的各族,也向封建制度过渡。在周的范围内,虽然发展是不平衡的,但主导的、统治的生产关系属封建主义性质,则是确立的。

周公姬旦,是农业国度里成长起来的哲学家、政治家,文王虽以武功取天下,但重德治,周公继其衣钵,崇尚文德,并提出治国的大政方针。《尚书·康诰》称"周公居摄三年,制礼作乐"。周公制礼乐,"优游之三年不能作",是以观天下心,始先营洛,四方诸侯皆来献力,周公才说:"示之以力役且犹至,况导之以礼乐乎?"然后才始作礼乐。周礼者,国家社会组织大法,举凡朝聘之议,官司之守、道路之政、田地之制、礼俗乐舞,皆有详细条文。在礼乐制度发展过程中,周朝是最早对"礼"和"乐"作出规定的时代。这一重大措施,是通过周初的周公制礼作乐而开始实现的。周公在洛邑"制礼作乐",奠定了儒家学说的初基。周公制礼作乐,对巩固周王朝发挥了重大作用。成王、康王之时,天下安宁,40年不用刑罚,史称"成康之治"。由于周礼所规定的至为详细,公共生活及社会生活无所不包,一言一行,无不有其仪式。因此,也就成为陶冶后代国民的道德规范。

以上事实说明,周初的制礼作乐建有一整套制度,它可以从后来一些文献与考古发掘的材料得到证实。这一整套制度,在中国文化史上占有极其重要的地位。因此,史学界有专家认为,周初周公营洛邑及在洛邑完成"制礼作乐",在中国历史上有着重大作用及意义。

周公制礼作乐

西周时期在洛阳兴建了王城和成周,作为周王朝统治东方的中心,春秋时期平王正式迁都洛阳。考古工作者在洛阳发现了西周前期大型青铜器造作的遗址,也曾对东周王城进行勘探试掘,基本上搞清了东周王城城廓的范围。郑、虢两国是周代两个重要的诸侯国。新郑的郑、韩故城遗址尚存,近年又出土了不少精美的窖藏铜器。另外,考古工作者还在登封、荥阳、巩义、汝州、禹州等地发现有汉代的冶铁遗址、唐代的三彩窑址,禹宋代的汝瓷窑遗址,从出土的大量遗物看,充分表明嵩山地域的冶铸工艺和制陶技术之早及其成熟与发达。这些手工业作坊遗址多处被列为全国重点文物保护单位,说明它们的发现为研究古代嵩山地域的经济地位及其制造工艺技术等提供了宝贵的资料。

## 二、由百家争鸣到独尊儒术

进入文明社会后,中华文化转入了以人伦为本的史官文化。考古研究表明,夏代已经是奴隶社会,国家已经形成,社会规模空前扩大,社会的经济、政治、军事及文化活动空前复杂,于是文字、文书成为国家管理必不可少的工具,史官成为必置的官职。据文献记载,夏代已有了记事、掌管档案之官——太史令。而且在夏代的官吏中太史令是以谏桀无效而闻名于世的。商代史官不仅负责文书的撰写与档案的保管,而且掌管占卜、祭祀等职责,因此,"孝""礼""德"的字样已出现在殷代文献里。到了西周,"敬德""保民"就成为统治者的施政大纲。

周的文化主要在史官文化。所谓"史官文化"是指由封建史官所记载、推广联系上下历史的文化。从现有的资料看,史官和文图资料也主要在洛邑。周初周公不仅制礼作乐,而且一些重要典籍也都在洛邑完成。西周史官的兴起,所记《八诰》《召诰》《洛诰》《多士》《无逸》等篇,大都与新洛邑有着密切关系,其中有的就是在新洛邑完成后,由史官记其事的。所以西周史官及其史学的兴起,也当在洛邑,在中国史学史上占有重要地位。"根据古代文献记载,并经考古发掘证明,夏、商、周三代均建都于嵩山地域。"史官文化的主要凝合体是儒学(其次是道家学说)",而儒家学说、道家学说则分别由周公、老子开创于洛阳,这就更进一步说明了史官文化和洛阳及嵩山地域的渊源关系。

周东迁以后,文化盖为史官所扬。开初,官师合一。史官读书多,晓天下大势,并收诸生弟子为徒,这是东周文化滥觞的萌芽,或是春秋百家的启蒙者。至春秋,天子失官。《左传》昭公十七年(前525年),"仲尼曰,天子失官,学在四夷。"所以后人称诸学皆以史学为渊薮。

职权分明的史官文化机构不仅拥有着记史事,撰史书,掌典籍、天文、历法、方志等文化职责;还掌握着策命诸侯、卿、大夫,废置其爵禄,发布京畿外区的王令等政治职责;更主宰着时代的文化精神。所以,龚自珍《古史钩沉论》谓:"周之世官大者史。史之外,无有语言焉;史之外,无有文字焉;史之外,无人伦品目焉……若道家,若农家,若杂家,若阴阳家,若兵家,若术家,若方技,诸学也者,周史之支孽小宗也。"由官师之学分裂为私家之学,这是当时天下诸侯割据争霸的又一必然结果。

百家争鸣

在当时,史官是社会文化的代表人物,他们世代承袭,按照一定的规范和要求,记载历史。东周王室的老子、鲁国的左丘明等,都是当时的史官。《尚书》的内容,就是史官所藏的重要典诰,即所谓"言为《尚书》"。如其中的《洪范》篇,据说就是史官所记录的箕子所言的殷朝政治文化的纲要。

东周时期,中国社会处于历史经历着划时代的变革,周王室衰微,诸侯坐大,维护封建宗法等级制度的"周礼"遭到极大破坏,诸侯争霸,社会处于大变革大动荡时期。经济上,铁器牛耕推广,生产力提高,社会经济发展,提供物质条件。在科技上,天文学,医学等科技取得较大进步。在文化上,私学兴起,形成许多学者和思想流派。这是百家争鸣形成的原因。诸子百家的学说在政治思想文化领域对后世影响深远。

在这个时期,社会发生了急剧的变化,历史由分裂走向统一,针对社会的急剧变化,代表各阶级利益的知识分子异常活跃,成为一支重要的社会力量,产生了各种思想流派,如儒、法、道、墨等,各学派热烈争辩,他们著书讲学,互相论战,阐述各自的思想和政治主张。代表各阶级、各阶层,各派政治力量的学者或思想家,都企图按照本阶级(层)或本集团的利益和要求,对宇宙对社会对万事万物作出解释,或提出主张。他们著书立说,广收门徒,高谈阔论,互相诘难,于是出现了思想领域里"百家争鸣"的繁荣局面。在这个局面中,影响最大的是儒家、法家、道家,他们各自为新兴的地主阶级设计了一套结束割据,实现统一的治国方案,为秦汉以后的社会治国思想的选择奠定了基础。

当时代表社会各个阶级、阶层利益的诸子百家,在纷纷提出各自主张的同时,其中一个最主要的争论焦点就是如何对待传统文化的问题。学术与言论的开明为儒家思想的形成创造了条件。孔子决心通过恢复周礼,承担继承文化和改善人际关系的社会道义,从而创立了以仁和礼为核心的儒家思想。孔子主张以仁爱之心处理人际关系。在政治上把"德""礼"作为首要的统治手段,要求以德治民,爱惜民力,反对苛政和刑杀,主张"克己复礼",后渐成为中国传统文化的主流,对中国古今的社会政治经济发展,民族心理素质的养成产生了重要影响。孔子整理编订《诗》《书》《礼》《乐》《易》《春秋》六经,兴办私学,突破官府垄断,扩大教育对象的范围,学生达3000人,贤良72人。他主张"因材施教",教育学生要"温故而知新",把学和思结合起来。倡以积极的入世精神,其自然依顺了文王、周公的伦理道德思想,不以宇宙人生,万象森罗深奥的哲理待之,去专使入世之法,使得这些濒临灭绝的官学通过私家讲学流传发扬光大。孔子之妙,尽在此处。而孔子思想的精华,自然得益于洛邑的周公的《制礼作乐》。

邮票:独尊儒术

因此说,嵩山地域在儒学发展过程中,有着非常重要的意义。她既是儒学的发源地,又是其传播、发展、演变的重要地区。追根溯源,周王朝东都雒邑的创立者周公是儒家文化的先驱,儒家学说的奠基人孔子是在继承殷、周文化的基础上而创立的理论学说。礼乐是儒家思想的核心内容,而追寻礼乐产生就成为追寻儒学发展脉络和一个关键。

在华夏文明的起源与形成过程中,存在着两条主线。一是以神祇信仰为内核的非礼乐系统文化由盛而衰,二是以祖先崇拜为内核的礼乐系统文化从无到有,由弱到强,二者形成鲜明对比。而夏商两代的礼乐文化的勃兴与扩展,成为礼乐文化的集大成者,确立了礼乐文化成为华夏文化的主流。

正是因为周公封于鲁、周公后人治理鲁,故鲁国成为保存西周典籍及文物制度最多、最丰富的国家,成为周公思想、儒家思想的根基深厚之国,所谓"周礼尽在鲁也"。后鲁国诞生孔子,孔子向往周,故又有了"孔子入周问礼乐"之事。就是说,孔子不但长期受周文化熏陶,还不远千里到周王室学习。孔子向老子请教诸如"先王之制""礼乐之源""道德之归"等许多事情。在此基础上,孔子倾毕生精力,丰富、发展、弘扬周公开创的儒家学说,终成一位伟大的思想家和教育家。鉴于周公在儒家学说中的创始作用,历代儒家尊周公为"元圣"。因此说,嵩山地域实为儒学渊源之乡。

以上所说夏、商、周三代,主要为嵩山地域的古代文明之初,作为当时的天地之中,大体上形成了农业文明古国的文化模式,经济以农业为主,所以其经济发展的特点是自给自足性的农耕自然经济,由此形成的文化也就是在这样一种条件下,以独创的方式萌芽并成熟起来,其文化呈现了它早熟的特质,以《易经》为代表,即敬天,又法祖,依顺自然,倡以忠伦大道德。同时,文化

孔子入周问礼

上的繁荣和建树之多,是中国古代社会文明史上一个非常奇特的现象。这一特点表现在两个方面:其一,文化的创立与制定,从其开始就显示了它特定的模式和稳定;其二,文化的广泛传播和学术派别的产生,则进一步使政治、文化显示出它的向心力和凝聚力。由于这两个特点的存在,才有了后来的嵩山文化的传播和发展,有了后来的华夏民族的溶合与壮大。因此,毋庸置疑,上古三代史官所创造的最早文化是中国的史官文化,并作为中国古代文化的源头而对后世乃至全世界都产生了深远的影响。

## 第三节　封建社会中的文化演变

在封建社会鼎盛时期,嵩山文化的发展主要经历了五次大的文化演变。

### 一、中国传统文化的官学化

在古中国传统文化中占有重要地位的道教,是中国本土的传统宗教,历史渊源流长。上古时期的人们对万物有灵的自然崇拜和神仙崇拜是道教多神信仰的渊源,秦汉时期的仙术方士、阴阳五行是修道成仙的思想,尊崇黄、老,平治天下是道教的伦理基础,老子五千文即《道德经》是道教的主要经典。道教以"道"为最高信仰,认为"道"是化生万物的本原。道教教祖老子把"道"作为宇宙本体、万物规律,是超越时空的神秘存在,以"道"为基点建立道教的神学理论体系。道教的名称来源,一则起源于古代之神道,二则起源于《老子》的道论。道家的最早起源可追溯到老子,故道教奉老子为教主。后世把春秋战国时期老子和庄子的学说称为道家,把老子的思想和黄帝结合起来称为黄老学说。西汉建立后以黄老学说治理国家,崇尚无为而治。

儒学文化,一统天下

汉朝建立后,废除了原秦朝的禁书政策,原战国各学派思想逐渐恢复,尤以儒家、道家两派为盛。汉朝初期,各君主主要奉行黄、老之术,旨在"与民休息,无为而治"的道家思想,但七国之乱平定后,汉朝中央政府权威空前强大,为了巩固自己的地位,急需大一统的思想标准。但是随着国家的发展,到汉武帝时,日益需要完整、深厚的哲学思想来维护政权的权威。由于当时的学者还是各尊各道,没有统一的思想。在这种情况下,汉武帝于元光元年(前134年)征召天下著名儒生入长安策问。其中著名儒生董仲舒提出:"诸不在六艺之科孔子之术者,皆绝其道,勿使并进",应"罢黜百家,表章六经"。汉武帝对董仲舒的这种大一统思想非常赞同。元光元年(前134),汉武帝将不治儒家《五经》的太常博士一律罢黜,排斥黄老刑名百家之言于官学之外,提拔布衣出身的儒生公孙弘为丞相,优礼延揽儒生数百人,还批准为博士官置弟子50人,根据成绩高下补郎中文学掌故,吏有通——艺者选拔担任重要职务。

政治的"大一统"要求思想界要统一,为此董仲舒建议"罢黜百家,独尊儒术",确立儒学独尊的地位。独尊儒术以后,在全国的思想、仕进上只采用儒家思想的观点。此后,汉武帝大量任用儒生为官,同时张汤、杜周等人主张以《春秋》决狱,逐渐使通晓儒学经典成为为官为吏的必要条件之一,儒学逐渐成为中国传统文化的官学化。举凡制度、杀伐、律令等，都要用儒家经学的理论来润饰。"经"的地位大大提高了。训解和阐述六经及儒家经典的学问，称为"经学"，是学术文化领域中压倒一切的学问，成为汉以后历代的官学。但是，汉武时酷吏政治是出了名的，仅此一点也就明瞭了儒术实质依然是法家主张的改头换面而已，儒术不过是一个招牌罢了。但是，汉武帝尊崇的儒术同孔子的思想，已经出现了很大的区别，这时的儒术，已经成为以原儒家思想为主体，大量吸纳其他诸子百家思想的一种新的思想体系。独尊儒术以后，在全国的思想、仕进上只采用儒家思想的观点。此后，官吏主要出自儒生，儒学逐步发展，成为此后二千年间统治人民的正统思想。

把中国古老文化形成一套完整的儒家典籍是在汉代，这就是后来的《诗》《书》《易》《周礼》《仪礼》《礼记》《春秋》《左氏传》《公羊传》《谷梁传》以及《论语》《孝经》《尔雅》《孟子》等13部经典著作，合称为"十三经"。当然《十三经》也不是同一时间完成的。只是到了汉代，汉武帝才正式设立"五经博士"作为学官，到东汉在洛阳设立太学，作为国家的中央官学。

在先秦，儒学不过是诸子百家中的一家，但是一旦成为"经"，在政治力量的推动下，便渗透在精神文化和物质文化的各个领域。不论是史学、哲学、教育、科学、艺术、法律，无一不渗透着经学的影响。

随着儒学的官学化，加强中央集权，中国的"大一统"局面得到巩固；高度集权的专制主义政治体制大体定型；儒学地位上升，汉王朝开始重视思想、文化和教育的发展，以汉民族为主体的文化共同体基本形成。这种大的治国理念的发展和社会面貌的变化，到了东汉才真正显示出儒家文化的特质来。前汉重今文，国事方定，文化建树不多。至东汉、魏晋时期，文化建树特别显著：

一是兴建太学，传播教育。《后汉书·儒林传》："建武五年，乃修太学。""处是游学书盛，至三万余生。"盛况空前，人才济济，也是世界教育史一大壮观。光武帝时设立五经学官14博士，专门传授儒家经典。太学是传授儒家学说的古代国立大学，有许多著名的经学大师在这里执教，培养了大批才华出众的卓越人才。东汉倡导学术，班固作《东都赋》："四海之内，学校如林，庠序盈门。"

二是石经之刻。东汉定都洛阳后，人们在书写上有用小篆的，也有用隶书的，于是，篆隶开始并驾齐驱。文字的写法影响了文字的统一，故东汉灵帝时期，在都城洛阳镌刻石经，藉以统一文字。如同立于洛阳太学的东汉《熹平石经》为隶体，曹魏《正始石经》则并列古文、小篆、隶书三体，作为法度森严的官定儒家标准范本。

三是在哲学、文学、书法及科学技术方面取得了特有的成就。

经学本系阐释儒家经典之学，在汉、魏、晋以后的相当长的一个时期内，一直是中国文化的正统，对我国传统文化的哲学、史学、文学、艺术等产生过重大的影响。东汉时，今文经学派和古文经学派在洛阳展开了空前热烈的大讨论。当时古文经学大师辈出，最有名的如桓谭、班固、王充、贾逵、张衡、许慎、马融、服虔、郑玄等。许慎的《说文解字》是文字学、古文经训诂的一大总结；郑玄则是古文经学的集大成者，"郑学"成为魏晋以后经学的主流；而东汉洛阳太学则是当时讲授儒经、抒发己见、著书立说、相互诘难最重要的学术场所，立于洛阳太学的《熹平石经》，更是经学的范本。

魏晋时期，以国都洛阳为中心，玄学大为流行。这种哲学思潮用唯心主义解释天道自然，以老庄思想糅合儒学经义，以虚无玄远的"清淡"相标榜，成为当时的风气。早期的代表人物是何晏和王弼。何晏撰有《论语解释》《道德论》等；王弼撰有《周易注》《老子注》《老子指略》等。他们认为"无"是宇宙万物的本体，"凡有皆始于无"，名教出于自然。接下来的代表人物有嵇康、阮籍，他们反对司马氏为夺权而标榜的名教，"非汤武而薄周孔"，主张"越名教而任自然"。再后来，经西晋重臣、曾任中书令、尚书令等诸多要职的王衍的大力提倡，玄学更为盛行，其势力甚至已超过原来的经学，从而取得了思想

上的支配地位。西晋玄学的另一派代表人物是向秀、郭象。向秀认为万物自生自化，主张合儒道为一，撰有《庄子注》等；而洛阳人郭象，将向秀的《庄子注》述而广之，另成一书，阐述老庄思想。

中国四大发明的造纸术和雕版印刷术，都是发端于嵩山地区的古代科技成果，它们的出现不仅对中国文化的发展起到重大推动作用，而且促进了全人类文化的交流与传播。东汉时在京城洛阳皇宫里任专管宫内杂事的中常侍蔡伦，在嵩山地域利用廉价易得的树皮、废麻、旧布、破鱼网等作原料，制造出质轻、价廉、适合书写的植物纤维纸，史称"蔡侯纸"，取代了笨重的简牍和昂贵的缣帛。蔡伦纸的发明，对于人类文化传播和世界文明进步作出了巨大贡献。东汉探索天体奥秘的科学家张衡，在洛阳任太史令，主管天文、历算，制成天文仪器"浑天仪"和测定地震的"候风地动仪"，撰写天文著作《录宪》一书，绘制了第一张完备的星图《灵宪图》，被称为地动仪的鼻祖。曹魏时的马钧，在洛阳发明翻车、改进织绫机，试制攻城器具"转轮式发石机"，连续抛射悬石。射程达数百步。指南针虽发明在北宋，而在此以前，最早的记载见于《韩非子·有度》，说在战国时已有用天然磁铁矿琢磨成的指南车，称为"司南"。马钧在都城洛阳曾制成了指南车，是在独辕的轮车上立一个木人，运用机械齿轮的转动作用，不管车行的方向怎么变，木人的手总是指向南方。这与罗盘针磁极磁性的原理使磁勺在罗盘中指示方向的指南针，起到了异曲同工的效果。罗盘针的发明，不能不说与战国时的司南，曹魏时的马钧的指南车是一脉相承，或者说是在前人发明的莽原再创造。也就是说罗盘针的发明，是对司南、指南车制造经验的总结与升华。这一时期，因生产发展，各民族政治经济联系加强，对外交往的扩大，科技文化的进一步发展，奠定了中国科技文化在当时世界上领先的地位，对世界文明产生了影响。

而道教中的黄、老之学到了东汉，已演化成阴阳谶纬之学，或云《河图》《洛书》，穷神知变。至魏晋，玄学大兴，儒道法之思想归为一体，虽或标以儒术，已断然无其本义矣。因此我们说，中国传统文化的形成，根本上是由东汉开始的，是以经儒之学并杂揉了各家文化的精髓，以互补为特征而形成的，而嵩山文化无疑是这一形成过程的主体。

## 二、吸收和改造佛学并使儒道佛融为一体

在我国历史上，发生于东汉时期的古代印度佛教的传入，是一次大规模的外来文化输入。佛教作为宗教，它有着一套严密的体系，东汉魏晋所译的一些经典并不怎么受到汉人的欢迎，但汉人还是建了寺庙让佛教居留下来。它最终逐渐为中国文人士大夫所接受，很大程度上是改变了其作为宗教的性质而演化成一种哲学、一种教义，佛成了人生处世劝善学说，不仅劝喻上层而更重要的是渗透在民间。在当时的形势下，佛的接受实质上是一种需要，社会动荡，民不聊生，对生的幻灭也就希望死后灵魂得到超脱，得到救援和幸福。而道家的仙丹羽化之术，儒家的伦理纲常，此时已不太切合人生的需要，也正是农业民族无法摆脱困苦希望逃避的一种自欺方法。

在佛教初传时期，一些著名的外来译经大师聚集在嵩山地域，译出了大量的佛教经典，形成了以嵩山地域为中心的大规模的译经和传经活动。正是这些大量的汉译佛典，为佛教由此推向全国更广泛地区的传播提供了基础。

魏晋南北朝，在大量翻译佛教的基础上，中国僧侣佛学论著纷纷问世，般若学出现了不同学派，民间信仰日益广泛和深入。重要佛学思潮，一是般若学空论，二是因果报应和神不灭论。这时，佛学受到了当时玄学的影响。所谓玄学是以《老子》《庄子》《周易》这几部书作为基础结合当时的现实政策

而发展成的一种不同于汉代经学的新理论。它研究体用、有无、本末这样一些比较抽象的理论，广泛地影响了当时佛教的发展。所以，这个时期可以说是佛玄时期。由于般若学一开始就受到玄学的影响，而且通达般若的僧人又多精通玄学，再加上僧人有意无意的装饰，般若学是以接近于玄学的面目走上思想舞台的，因而并未受到玄学家的抵制。因为玄学本身是儒、道兼综，因而两晋的玄佛合流实际上也就具有了三教融合的意义。

三教合一图

这一时期，佛教在与中国固有思想文化的相互冲突与相互融合中得到了迅速的传播与发展，特别是社会的分裂与动荡不安，百姓的苦难与被拯救的渴望，为佛教的传播提供了良好的土壤，使佛教得以赶超中土原有的各种宗教信仰而与传统的儒、道并存并进，为隋唐时期与儒道形成三足鼎立之势奠定了基础。

经过魏晋南北朝数百年的吸收消化，逐步与中国传统文化融合为一体后开始枝繁叶茂，至隋唐之际，佛教便蓬蓬勃勃地发展起来，以至达到鼎盛。隋唐时佛教翻译过来的佛教典籍已极为丰富，随着政治的统一，经济的发展，文化交流融合趋势的加强，佛教得到空前的发展，创立了不少新宗派。如天台宗、法相宗、华严宗、禅宗、三论宗、净土宗、律宗、密宗等。每一宗都有自己的理论和修持体系，师道相传，谨守不变。唐统治者（除唐武宗外）实行儒、佛、道三教并行政策，使佛教得以昌盛，同时促进了儒、佛、道的融合。封建统治者利用儒学治世、佛学治心、道教养身的不同功能，使其作用互补，以达到维护统治的目的。

在我国历史上形成的众多佛学流派中，禅宗堪称是具有中国文化特色的一个最有代表性的佛教宗派。禅宗的创造者是嵩山少林寺的菩提达摩。

相传达摩在嵩山西麓五乳峰的中峰上部、离绝顶不远的一孔天然石洞中面对石壁，盘膝静坐。双眼闭目，五心朝天。不说法，不持律，在"明心见性"上下工夫，在思想深处"苦心练魔"。面壁九年，终正成果，终得一学——达摩禅法，为"拂尘看静——力主渐修，即所谓"惠念以息想，极力以摄心。"禅之谓"静虑""弃恶"，正适时地提供给人们在大动荡的社会变迁中的思考方法。我国著名宗教学家、复旦大学文史研究院院长葛兆光先生在《禅宗与中国文化》一书中认为禅宗"虽然植根于印度佛学，却融汇了印度佛教其他方面的理论，并与中国土生土长的老庄思想及魏晋玄学相结合，形成了一个既具有精致的世界观理论，又具有与世界观相契合的解脱方式和认识方法的宗教流派。"佛教东传，以白马寺为先导，以嵩山地域为基地，以大量的中外佛教译经者在此翻译了大量的印度佛教经典为媒体，由此走向全国。

从此，中国传统文化以儒家学说为主体，以儒释道三教文化为精髓而千古流传。儒家和道家是中国土生土长的文化体系，长期以来影响了一代又一代中国人。佛教自从印度传入以来，就植根于中华文化的土壤，发扬光大并广为传播，成为了世界佛教文化的中心。

历史发展到唐代，开明的政治造就了经济和文化空前繁荣。即使是后来的少数民族政权，也无不被汉文化所征服，各民族文化以及外来文化与主体文化融合互补，长期共存，说明了三教文化强盛的生命力。

## 三、寇谦之在嵩山改革道教

北魏太平真君年间(440~451年),嵩山道士寇谦之在崇信道教的魏太武帝拓跋焘和宰相崔浩的共同支持下,以儒家礼教为原则对五斗米道进行了大刀阔斧的改革。他根据《云中音诵新科之诫》,"清整道教,除去三张(张陵、张衡、张鲁)伪法",革除五斗米道的旧制度,摒弃租米钱税和房中术,减轻了道徒的负担,维护了道家清心寡欲的教义。他建立了政教合一的上层组织机构,奉太上老君为最高尊神,宣扬上有36天,下有36土,天有30宫,宫中皆有主神。他改革道教的修行方法,以清虚为本,以礼拜为主,重视符箓,斋戒沐浴,炼制金丹,召神劾鬼,强调通过养生修炼和服食丹药达到长生不老。他吸收佛教的教义礼制,改革道教的斋醮科仪制度,即道教礼神颂经的制度,制订乐章诵诫新法,建立了一套完备的科仪制度,使道教由民间散乱的礼拜走向固定的丛林(宫观)礼拜。寇谦之吸收儒家礼教,"专以礼度为首",采取儒家礼教为道教的第一要义,即以封建礼法制度为准则,凡符合的就保留和增加,不符合的就革除。强化道教戒律,制订道教清规,使道众修行有了规范的法则。他倡导全力拥护、支持和服务封建统治者,创建符合统治者需求的"新科"以佐国扶命。通过这些改革,使道教自身具有了较强的宗教力量,完全适合于统治者的需要,得到了帝王的支持,成为官方宗教,并从形式到内容都得以健全和充实,从此走上了中国的政治舞台,并逐步走向鼎盛,从而成为我国道教发展史上的里程碑。

原本信奉佛教的太武帝拓跋焘转而极端崇信道教,特意派遣使者持玉帛前往嵩山举行祭岳大典,而且把寇谦之在嵩山的40余名弟子迎往京都平城,并在京城东南建立重坛五层的天师大道场,由官府供给120名道士衣食,每月设有数千人参加的大法会,严格按照寇谦之改革后的科仪制度进行礼拜,可谓极盛一时。据《魏书·释老志》记载:"于是崇奉天师,显扬新法,宣布天下,道业大行。"太武帝拓跋焘的诏令不仅崇奉寇天师,宣传和发扬新天师道,而且还将其颁行于天下,从此道教大兴。经寇谦之改革之后,新天师道与王权相结合,获得了前所未有的殊誉。

寇谦之不仅使道教走上了政治舞台,而且自己成为帝王的国师,成为帝王政治和精神的灵魂人物。太武帝拓跋焘每遇军国大事便向他求教,他积极参与谋划军政。始光二年(425年),太武帝拓跋焘将攻夏主赫连昌,朝中群臣多迟疑难决。太武乃问"幽微"于国师寇谦之,谦之答曰"必克"。于是太武帝连年出击,先后消灭赫连夏、北燕、北凉等割据政权。至太延五年(439年),最终帮助太武帝完成了统一北方的宏图大业。

太武帝奉寇谦之为国师

太武帝拓跋焘因寇谦之、崔浩等人助军有功,更加崇信道教,而且依道教规矩,于太平真君三年(442年)备法驾,执青旗,亲至天师道场,登坛接受国师的天命符箓,以示鲜卑人入主中原乃奉天承运,神灵所许。为此,太武帝拓跋焘成了一个彻头彻尾的道教信徒,这在中国历史上是空前的。此后,北魏每代皇帝即位,都依此例登坛受箓,成为定制,道教遂作为官方宗教,达到了极盛。

寇谦之在北魏时发动的对中国道教的改革运动的影响是极其深远的。寇谦之改革后建立的新天师道理论体系成为其后道教发展的基石,而且道教从此和儒教、佛教一起成为中国的三大宗教,并对中国的社会、政治、宗教、文化的诸多方面产生重要的作用。而作为在中国最有影响的新天师道改革发祥地的嵩山,也因此在中国道教史上占有极其重要的地位。

## 四、宋儒对中国文化彻底全面地加以改造

中原自经历晋室之乱后又近300年的战乱,中国士大夫阶层显示出他们在继承传统文化上的脆弱的一面,这就是魏晋玄学和北朝的佛事,这说明了当时人们思想观念中的无力改变现状的厌世与逃避心理。隋唐300多年的复兴,使嵩山文化达到了历史上的一个高峰。但这种振兴一方面显示出中土文化的开放与宽容心态,但更重要的是由于异族文化、域外文化和中土文化交相融合的结果。唐"安史之乱"后,社会政治、经济、文化一厥不振,从巅峰跌入谷底,中原文化再度受挫,也就越加趋于保守。至宋,赵皇帝释众将兵权,不竟武事,尤昌学术。宋在立国期间有许多特点,很重要的一点是整理国故。其上承汉唐,下启明清,继往开来,对政治、经济、文化都试图做些改革。但是,最终这种传继关系成效不大,反而适得其反。宋朝在文化上有两个重要的建树:一是在官学上组织了以司马光为首的大学士们对前朝史实进行大清理,大反思,这就是《资治通鉴》;二是以洛学带头形成了宋儒理学。

儒学在嵩山地域取得真正的正统地位是在宋代。北宋时期,儒家经学新学派吸收了佛、道哲学,出现了儒、佛、道三家结合派生出来的理学,其中以程颢、程颐为代表的道义理派影响最大。因创始人程颢、程颐起于伊洛间,他们创立的唯心主义哲学体系,故称为"洛学"或"伊洛理学"。洛学是宋明理学中的重要学派,由程颢、程颐兄弟二人开始创立,后来与朱熹之学结合则称作"程朱理学"。

二程创立的"洛学",以"理"("天理")为最高哲学范畴。所谓的"理",既是指自然的普遍法则,也是指人类社会的当然原则,适用于自然、社会和一切具体事物。这就把儒家传统的"天人合一"思想,用"天人一理"的形式表达了出来,中国上古哲学中"天"所具体的本体地位,现在开始用"理"来代替了,这是二程"洛学"对中国古代哲学的一大贡献。他们继承发展了孟子的"王道"思想。把君道、臣道、父道、子道这些封建伦理规范都说成是天理的体现。公开宣布:"父子君臣,天下之定理""无所逃于天地之间"。安分守己就是"知天命,达天理",人人都要"顺天理,去人欲",不去反抗任何压迫势力。二程"洛学"的思想,就是高扬孔孟儒学的精神,强调道德原则对个人和社会的意义,注重内心生活和精神修养。在经学方面,二程除与时儒一样重视《周易》和《春秋》之外,特别重视后来被称为"四书"的《大学》《中庸》《论语》和《孟子》,他们曾说过:"《大学》,孔氏之遗书,而初学入德之门也"(《大学章句》);"不偏之谓中,不易之谓庸;中者天下之正道,庸者天下之定理。此篇乃孔门传授心法"(《中庸章句》);"学者当以《论语》《孟子》为本。《论语》《孟子》既治,则六经可不治而明矣。"(《河南程氏遗书》卷二十五)在治经方法上,二程反对沉溺于经文的训诂章句之学,强调"独见""自得",重视"经"与"道"的关系,主张"知道""求道"。正因为如此,其学术思想在当时又得名曰"道学"。洛学第一次把"理"作为宇宙本源,阐述了天地万物生成和身心性命等问题,奠定了以"理"为核心的哲学命题,以"理"为最高范畴,继承和发展了儒家学说。

《宋史·道学传》中以周敦颐、二程、张载、邵雍、朱熹、张栻为主,程朱门人亦从类从,记述了理学

的形成过程。洛学初近于禅,其实洛学是以道学为其内核,孕化了儒学的伦理,并以禅学为其掩饰。洛学讲究修身之法,不事空谈,格物致知。《伊川语录》曰:"函养须用敬,进学则在致知。"洛学首兴私家讲学,力倡书院,门徒弟子从二程之学如追星赶月,洛学演习哲学,以象数为要,所据《周易》《洪范》,有阴阳之说。洛学一开始即有着融汇儒、道、佛三家学派为一体的意图。因此,它的形成,标志着儒、道、佛三家已紧密地融为一体,这也是嵩山文化极盛的时代。

洛学原本是一个地方性学派,但因其义理之学的普遍性、哲学系统的开放性而具有了向多方向发展的可能性。宋室南迁后,洛学得到继续发展。朱熹在他所师承的二程洛学的基础上,融合了其它理学派别,更加完备了唯心主义哲学体系,世称"程朱理学",成为官方学术。从此,程朱并称,程朱理学成为两宋学术的主流。

由二程的"洛学"后经朱熹丰富并发展至程朱理学的这一过程,史料作了最真实的记载:"程朱理学亦称程朱道学,是宋明理学的主要派别之一,也是理学各派中对后世影响最大的学派之一。伊洛理学,其由北宋河南人二程(程颢、程颐)兄弟开始创立,其间经过弟子杨时,再传罗从彦,三传李侗的传承,到南宋朱熹集为大成",最后形成了程朱理学体系。

程朱理学的传播与发展

程朱理学的基本观点包括:一是理一元论的唯心主义体系,认为理或天理是自然万物和人类社会的根本法则;二是理一分殊,认为万事万物各有一理,此为分殊。物、人各自之理都源于天理,此为理一;三是存天理、灭人欲,天理构成人的本质,在人间体现为伦理道德"三纲五常"。"人欲"是超出维持人之生命的欲求和违背礼仪规范的行为,与天理相对立。理学根本特点就是将儒家的社会、民族及伦理道德和个人生命信仰理念,构成更加完整的概念化及系统化的哲学及信仰体系,并使其逻辑化、心性化、抽象化和真理化。这使得理学具有极强的自主意识,形成了理高于势,道统高于治统的政治理念,为抑制君权,让中国政治在宋明两朝走向了平民化和民间参政议政提供了理论支持。也使得逻辑化、抽象化、系统化的伦理道德化的主宰"天理""天道",取代了粗糙的"天命"观和人格神,是中国及世界哲学思想的一次巨大飞越。

程朱理学是儒学发展的重要阶段,适应了封建社会从前期向后期发展的转变,封建专制主义进一步增强的需要,他们以儒学为宗,吸收佛、道,将天理、仁政、人伦、人欲内在统一起来,使儒学走向政治哲学化,为封建等级特权的统治提供了更为精细的理论指导,适应了增强思想上专制的需要,深得统治者的欢心。程朱理学在南宋后期开始为统治阶级所接受和推崇,经元到明清正式成为国家的统治思想,曾支配中国学术思想数百年,对中国社会影响极为深重,成为套在中国人民思想上的精神桎梏,在民族精神的塑造及价值观念的形成等方面发挥决定性的作用。

## 五、金末元初的"孔门禅"

金朝在灭辽灭北宋南进中原后,佛教开始大规模传入。金代帝王对佛教都采取了有节制的扶持政策。金代统治者皆崇奉佛教,他们不仅在内廷供奉佛像,还在各地兴建寺院,布施币帛良田。皇族有病,亲临寺院求佛许愿,有时还召高僧入内廷说法。这个时期,社会安定繁荣,佛教事业也趋于兴盛,佛教各宗派都有相当规模的发展,禅宗仍是佛教主流,发展最盛。

金元之际的北方佛教著名领袖万松行秀,属曹洞宗第十九世祖。他虽治禅学,而平时恒以《华严》为业。圣安澄公说他"儒释兼备,宗说精通,辩才无碍"。万松行秀兼有融贯三教的思想,常劝当时重臣湛然居士耶律楚材以儒治国,以佛治心,极得耶律楚材的称颂,说他"得曹洞的血脉,具云门的善巧,备临济的机锋",一时传为好评。万松行秀曾通过耶律楚材向元太祖成吉思汗建议:"欲治其国,先正其心。未有心正而天下不治者。"而"治心唯有佛",即"以佛治心,以儒治国"。这条治国之策为元初诸帝所采纳。后来,元朝诸帝在进行灭金绝宋战争的同时,又采取了许多文治措施,其中派万松行秀的门人到地处中原的嵩山弘扬佛法,就是许多文治措施中的一个。

自金宣宗贞祐元年(1213年)以来,蒙古铁骑屡屡南侵,江淮河汉纵横万里悉为战区。金宣宗匆匆迁都汴京(1214年),中都沦陷(1215年),金国又升洛阳为"中京府"(1217年),派移剌粘合在嵩岳少室山修筑工事,囤积兵戈粮草以备战。在兵戈战乱、动荡不安的形势下,位于开封、洛阳之南的嵩山深处,尚可称作安然的一隅,中都文人学士纷纷南渡,不少人侨居嵩山,在嵩洛山地区汇集了一大批顶尖级的社会精英。如金代首相耶律楚材的全家、金代官员赵秉文、李纯甫、元好问、刘从益、雷渊等,仅见于《金史·隐逸传》的就有杜时升、薛继光、张潜、王妆梅、辛愿等。在这大批的名人中,万松行秀的俗家弟子有闲闲老人赵秉文、屏山居士李纯甫、湛然居士耶律楚材及诗人元好问等。万松行秀的僧弟子有雪庭福裕、林泉从伦、华严至温、复庵圆照、东林志隆、木庵性英、乳峰德仁、和公、皓公、洪倪等,而北倚五乳峰,面对少室山的少林寺,就成为北方僧人、居士所常常聚集的参禅之地。一时香火,盛于北宋。

这一大批地主阶级文人在政治上愤世嫉邪,在人格上清高自尊,在文风上言之有物,文笔高雅。这些人既是文学家,又是儒者,还信佛学禅,在哲学上都有自己所独特的理论。他们出入佛儒,与朝廷紧密合作,把禅宗思想和儒家精神结合起来,"以佛治心,以儒治国",充分发挥了应有的作用。他们聚集在嵩山,更多的是常常聚集在少林寺,或论文作诗,或谈孔论禅,纵横儒佛。在金末元初的战乱时期,在远离闹市的嵩山深处,满怀激情地开辟出一个极具浓郁文化氛围的另一番天地,不断地创造出乱世之中的神话。

禅宗对于佛教和中国传统思想文化的巨大影响是不言而喻的。在金元交替时期,社会的巨变和禅宗自身的发展又催生了新的禅宗思想形式,即"孔门禅"。

我国北方金元更迭之时,在国破家亡、人心动荡的时代,多年的战乱,对士人和佛教高僧多有影响,传统的儒家道德思想和理论亦受到了挑战,而禅宗思想本身也有适应历史的自身要求,由是形成了禅宗思想的一次重大变革。

禅法大师万松行秀从佛门到儒门,融会佛、道、儒三教思想,形成了释、儒兼融的新型禅学。他言于表,行于实,后来又常劝其皈依弟子耶律楚材"以佛治心,以儒治国"。万松行秀自称其法是:"忘死生,外身世,毁誉不能动,哀乐不能入,因缘时会以治国家。"他把自己的禅法学说"显诀"比之为孔门《大学》,公开承认其法是禅门儒学。李纯甫、性英、福裕、元好问等士大夫们,遂从"外佛内儒",转而为"外儒而内佛"的形态,进一步把万松行秀的"显诀"发展为"孔门禅"。

万松行秀门下弟子数以千计,而且多是释、儒兼备,其中最突出的大儒要算是屏山居士李纯甫。李纯甫,为金代著名文学家,金承安进士,宏州(今河北省原县)人。少年习儒,后在邢台遇到著名禅宗高僧万松行秀,转而由儒入佛。李纯甫是一位有着"一条生铁脊,两片点钢唇""啸歌祖裼,出礼法之外""宁为时所弃,不为时所囚"的叛逆型人物。腐朽的时风令他深恶痛绝。《五灯全书》卷六十一记载:李纯甫"尽翻内典,遍究禅宗。注《金刚》《楞严》等经,序《辅教》《原教》等论。"撰《鸣道集说》,"援儒入释,推释附儒",倡导三教合并,以助其师说。他还认为,儒释融合,自唐代李翱始,至宋代王安石父子、苏东坡兄弟而渐趋成熟。理学家们对释老也是"实而文不与,阳挤而阴助"。

孔门禅的代表人物李纯甫

金代佛教的主流是禅宗。"孔门"就是儒家孔夫子的门,"孔门禅"就是儒释融会的禅,即把禅宗思想和儒学思想结合起来,以经禅门而渗透孔门,以佛法比拟儒学,或经孔门而入禅门,以儒学证佛法,从而寻求治国修身的新途径。

以禅宗祖庭嵩山少林寺为活动中心,其周围汇聚了万松众多的僧俗弟子,他们出入佛儒,与朝廷紧密合作,把禅宗思想和儒家精神结合起来,把万松行秀的"显诀"发展为"孔门禅",遂从"外佛内儒"转而为"外儒而内佛"的形态,"以儒治国,以佛治心",这便是"孔门禅"即脱胎于这一思想的文化背景,这是少林寺有史以来最重要的一次思想变革。

"孔门禅"一般被认为是曹洞宗的派生物和儒、佛融通的结晶。万松行秀是曹洞宗鹿门自觉一系第七代传人,融儒、佛为一炉,在当时名扬两河三晋,且本人号为国师,与金元两朝统治者关系密切。在他的传教下,耶律楚材、雪庭福裕等人积极入世。耶律楚材为著名的政治家、文学家,官至封王拜相。而雪庭福裕为少林寺住持,担任全国高级僧官。

"孔门禅"思想的参与实践者们以具体的行动,对当时政治以及禅宗自身的发展产生了积极影响,扩大了禅宗的思想体系,也使众多的万松门人积极入世,构成了元朝崇信佛教的一个条件。万松门人相继担任高级别的僧官,参与管理领导佛教。其中,全一至温禅师乃万松嗣法弟子,与刘秉忠同乡,同受元世祖宠信。史料记载,元世祖征云南还,刘公(刘秉忠)请承制,锡师号曰佛国普安大禅师,总摄关西五路河南南京等路太原府路邢洛磁怀孟等州僧尼之事。当时少林寺为禅宗曹洞宗万松行秀、雪庭福裕一系所住持。其中万松弟子有东林志隆、木庵性英,乳峰德仁、雪庭福裕、复庵圆照都住持过少林寺。雪庭福裕被尊为"少林寺中兴之祖",由于他是禅宗曹洞宗第二十世祖,由此标志着曹洞宗的正式回归祖庭,延续至今。由于福裕本人与朝廷的密切关系,被忽必烈授予"统领全国释教"之职,致使少林寺在元代获得了很大的发展,因而也继续扩大了"孔门禅"的影响力。

李纯甫在佛禅理论的影响下提出的"师心独造"的主张对文学创作产生了积极的影响。其诗文作品也突出地反映了自己的文学宗尚。"孔门禅"与金末元初的文学活动有密切的联系,二者的互动、互融主要通过李纯甫以及赵秉文、耶律楚材等人的诗文创作和理论得以体现,这充分体现了李纯甫重要的历史功绩和地位。

在两宋思想文化的影响下,儒学在北方得到了更为广泛的传播,也呈现出了儒佛道相整合的趋势。当时的许多名儒都兼信佛道,于是一些儒家就开始援儒入佛。在此背景下,这种援儒入佛的主张也就成为儒佛道相济的一股新风。援儒入佛,就是把儒家的思想援引到佛教的教理之中。其实在翻译佛经的时候,以及对佛学的一些义理进行解释、诠释的时候,已经充满了援儒入佛这种思想了。在金元之后的文化发展中,就把忠孝这样的思想深深地引入到中国的佛教思想里边,但是明代禅宗大师仍然继承了禅宗自心觉悟、不求知解的思想。他们仍然以开悟为最高准则,主张"以悟为则"。所以最后形成了中国最有代表性的修行方式,民间的净土和知识分子的禅宗相结合,使禅宗的生存得到了发展、延续。

"孔门禅"是唐、宋以来三教融通历史潮流的结晶,是金明昌至蒙古统一中国北方后数十年间引人瞩目的文化演变现象。

## 第四节 嵩山文化——中国传统文化的源头

嵩山地域在进入奴隶社会晚期和封建社会早、中期,由于这一地区成为统治者的政治中心,而在此形成的早熟而又强大的文化,构成了中华民族封建文化的主线,同时也构成了中华民族文化的基本内容,成为我国民族文化的摇篮和圣地。

孕育、诞生、发展、繁荣、传承于以嵩山为中心及其周围的黄河、伊河、洛河、溱河、洧河、汝河及颍河上游流域的嵩山地域文化,经历了距今100万~1万年之间的旧石器时代,经历了距今1万~3600年之间的新石器时代中的距今9000~7000年的裴李岗文化、距今7000~5000年的仰韶文化、距今5000~4000年左右的龙山文化、距今4000~3600年二里头文化的发展序列,是以华夏先祖尊奉信仰的嵩山"山"文化和"中"文化为渊源,以闻名天下的"神山""祖山"和"天地之中"为根本,以轩辕黄帝、华夏部族以及后来商、周部族的文化系统为先导,涵盖了古代各历史时期的山水文化、神祇信仰、礼乐制度、三教源流、军事战争、文学艺术、文献典籍、民俗风情、少林武术以及姓氏、名人、建筑、教育、科技、考古、天文等多种传统文化元素的根基文化。著名民俗学家丁慰南所说:"嵩山文化的本体决不是某单一的文化现象的遗迹,而是我国几千年来历史上多种文化'元素'积淀融合而成的产物。"

嵩山文化除了上面几个部分对中国传统文化有深刻的影响并做出过重大贡献以外,在历史上还有嵩山地域的神话传说故事、河图洛书、诗歌文学、史学、教育、名人等方面在中国传统文化发展中,也都占有举足轻重的地位。

### 一、嵩山地域的创世神话

神话、传说、故事是一个民族最古老的记忆。文字出现以前的历史,就是神话、传说、故事相传的历史。早在远古时代,在进入有文字记载的历史之前,实质上是一个"传说的时代"。虽然文字还没有产生,但有关史实就是靠口耳相授而流传下来的。

民俗学家张振犁教授说:"庞大的嵩山山系及其所覆盖的河洛、伊洛流域是中国远古神话产生的圣地,是世界东方的奥林匹斯圣山,就因为这里流传的远古神话概括了这一地区漫长的远古中原人类居住、活动的社会生活的实际和对纷繁多变的大自然的幼稚、幻想的认识和理解。"

古老而巨大的嵩岳山系,及其所覆盖的黄河、洛河、颍河、伊水、溱水、洧水、汝河等两岸河谷、盆地和广大平原的肥沃土地是原始先民的最佳居住环境;嵩山地域从1万~8000年前,先民经过历代开发、繁衍生息,众多部族、部落战争,融合的史前社会生活的历史;神秘诡异的"太极""八卦""河图""洛书";还有嵩山原始先民的种种图腾、宗教信仰在神话中的呈现,等等,都说明一个事实:嵩山地域所蕴藏的远古神话遗存非常丰富。因此,学术界称中原神话是中原乃至中华民族远古的"文化奇迹"。

盘古开天地

在嵩山地域的神话中,首先是引人入胜的开辟创世神话。像《盘古开天地》《盘古初分》《女娲补天》《后羿射日》《伏羲八卦》《牛郎织女》《嫦娥奔月》《滚磨成亲》《神农播五谷》《黄帝造指南车》《仓颉造字》还有夏朝时的《大禹治水》《启母石》《龙的传人》《龙马负图》等此类神话有很多篇,如此"地点的确定性"和传布的"大扩布性",在中国神话史上都是罕见的。显然,嵩山系列的山川河岳自然空间的客观因素与原始人类所进行的物质文化和精神文化的创造活动,给神奇的嵩山神话的产生,提供了最适宜的土壤与环境。

嵩山地域流传的远古神话概括了远古中原人类居住、活动的社会生活的实际,以及先民对人与自然、人与人关系的认识和理解,内容丰厚,影响深远,反映了表现了中华民族不断与自然、灾难、环境作抗争的英雄气概,歌颂了"劳动创造生活,人民创造世界"的光辉历史,展示了我们的祖先不惧恶魔,不怕困难,战天斗地的大无畏精神,从而探寻了人的生命和命运这一永恒的主题,表现了先民的心理愿望和生活渴求,折射着人类进步的足迹,集中了中华民族神圣亲切的情感,散发着圣洁的人性光辉,充分展示了嵩山地域的文化特色。

## 二、河图,洛书,太极,八卦与洛汭

在古人心目中,嵩山是神秘的"天室",嵩山地域也是神秘的历代统治者封禅祭拜天地山川的中心。闻名古今的洛汭就在嵩山北麓的神都山下黄河与洛水的交汇处,这也是中国文明起源中文献始祖太极图、伏羲八卦和上古时期帝王们在史前时期的洛汭修坛沉璧,出现"龙马负图""神龟献书"的河出图、洛出书之处,她反映了嵩山地域的史前文化在中华文明史上独特而重大的作用。

河图洛书的出现及历代皇帝祭祀河流山川的地点就在巩义市南河渡村,北至堤村,黄河以南的洛河湾的"洛汭"。在此周围称为洛汭地区。这一地区早在远古时代便是人烟稠密、物产丰富的地方,从考古发现的许多裴李岗文化遗址、仰韶文化遗址、龙山文化遗址,以及夏、商、周遗址便是最好的证明。据先秦典籍记载,洛汭是中华文明发源的集中地,又是向四面八方辐射华夏文化的核心地区。河图、洛书、太极图、八卦,在科学家心目中,它有博大精深的文化内涵。令人匪夷所思的是,这几项享誉古今中外的传统文化,都与洛汭有关。

相传伏羲氏时,神都山下的黄河与洛河交汇处的洛汭中,有一匹龙马从黄河浮出,背负"河图";还有一只神龟从洛河中浮出,背负"洛书",伏羲依此"图"和"书"画"太极"与"八卦",这就是后来《周易》一书的来源。《易经·系辞上》曰:"河出图,洛出书,圣人则之。"孔安国认为:"河图则八卦是也,洛书则九畴是也。"

有人发表文章说太极图起源于洛汭,认为太极图虽然含有深奥的哲理,但它的图像是来自于自然界,受自然界的启发而形成的。具体一点说,在洛汭黄河水暴涨时,堵截洛水倒流,如洛水同时暴涨,黄、洛两水在洛汭交汇相撞击,形成旋涡,清浊分明。通过这个自然现象触发灵感,启迪了伏羲创造出"太极"和"八卦"。太极是中国古代的哲学术语,意为派生万物的本源。太极图形象化地表达了它阴阳轮转,相反相成是万物生成变化根源的哲理。而八卦是表示事物自身变化的阴阳系统,用"—"代表阳,用"— —"代表阴,用这两种符号,按照大自然的阴阳变化平行组合,组成八种不同形式,叫做八卦。八卦其实是最早的文字表述符号。它在中国文化中与"阴阳五行"一样用来推演世界空间时间各类事物关系的工具。每一卦形代表一定的事物。乾代表天,坤代表地,巽代表风,震代表雷,坎代表水,离代表火,艮代表山,兑代表泽。八卦互相搭配又变成六十四卦,用来象征各种自然现象和人事现象。《易经·系辞上》曰:"易有太极,是生两仪,两仪生四象,四象生八卦。"伏羲依河洛而画八卦,文王依八卦而演《周易》,遂使河洛八卦成为华夏文明的源头活水。

河图洛书神话中所包含的科学文化因素,是我国上古游牧时代(伏羲时代)广大牧民的生活实践中创造的高度发达的文化结晶。它是我国自然科学的萌芽,也是人文科学发展的基础和起点。特别是由"河图""洛书""太极"与阴阳五行结合而创造出八卦。

《周易》之后,不仅对中原华夏文明产生了不可估量的启源作用,而且对我国五千年的传统文化的形成具有核心和骨架的意义。

除伏羲氏时代以外,洛汭还跟远古时代帝王祭天,决策国家重大事件有关,因而成为上古帝王祭天的圣地,是"君权神授"传统文化现象之源。史料记载,黄帝、尧、舜、大禹、商汤、周武王都曾在洛汭祭天,修坛沉璧,受命、禅位,均得到了自然界赐予的龙马负图,神龟负书的奇观圣景,达到了君权天授的目的,从而实现了他们的政治理想。尽管上述记载传说性、神话性很强,但是这些帝王们利用古人对天神的信仰,来达到自己的政治目的,则是完全可信的。可见,这里是中华文明的发祥地之一,又是向外辐射的文化核心地区。至今这里尚有神都山、伏羲台、羲皇池、羲圣祠、图门、龙峰、图录文、洛璧书、河渎庙等遗址。

河图洛书是以天地之数的奇妙组合来涵盖天人合一思想的宇宙图式。图中数字的结构和方位,是按照阴阳五行的生消原理配置的。河图洛书的基本内容是代表"天命""神意",应帝王圣君出世而出现。《三国志·魏志·文帝纪》:"君其祗其大礼,飨兹万国,以来承天命。"裴松之注引《献帝传》:"河图洛书,天命瑞应。"后世人将其内容总结为一是天文占验,二是地理情况,三是受命帝王的祥瑞、符命之类的神话。河图洛书的文化性质是古代神话传说与古代历史传说的结合体,在神话外衣里,包含古代各方面的文化知识。后经过东汉《七纬》对其内容的充实,使其内容更加丰富,涉及古代哲学、史学、文学、地理、天文、历法、气象、几何、数字、预测、礼制、宗教、歌谣、民俗等,是极有价值的文献资料。这是河图洛书长期存在、长期流传的根本原因。

河图洛书之说,文字部分,距今已有2000余年;图样部分,距今已经1000多年。是嵩山文化中的重要组成部分,有着重要的文化价值。2000多年来,它不仅对我国古代多种学科起到了极为重要的奠基作用;而且对现代的哲学、预测学、数学、物理、化学、生物学等也有很大影响。因此,以"河图""洛书"和太极、八卦起步的《易经》,历来被尊为中华文明之始,中国文化的百科全书,甚至被人誉为"中国先民心灵的最高成就。"河图洛书所反映的天人合一思想是东方哲学的精髓,因而对我国古代的政治、经济、军事、科技、文化等,都产生了深刻的影响。尤其是在当今,河图、洛书、太极、八卦,在海内外已成为中华文化独特的文化标志。

但是,在人们对它崇拜、解释、研究、评论的同时,也存在着很大分歧,褒贬对立,伴随着难解使人们疑窦丛生,它们的起源、真伪、内涵、演变及其与周易的关系等问题,遂成为学术界争讼纷纭的重大课题,被称为华夏文明史上的千古之谜。

## 三、主要学术成就与宗教信仰

嵩山地域是宗教信仰、学说学派的重要起源。在中国文化史上,儒学长期以来居于正统地位。嵩山地域在儒学发展过程中,有着非常重要的意义。她既是儒学的发源地,又是其传播、发展、演变的重要地区。追根溯源,周王朝东都洛邑的创立者周公是儒家文化的先驱,儒家学说的奠基人孔子是在继承殷、周文化的基础上而创立的理论学说。

依据传统说法,儒家学派的创立者是春秋战国末期的重要思想家和教育家孔子。然而,在孔子以前已经出现了诸多儒学思想的要素。在儒家学说的构建过程中,这些要素有着重要的意义。礼乐是儒家思想的核心内容,而追寻礼乐产生就成为追寻儒学发展脉络的一个关键。在华夏文明的起源与形成过程中,存在着两条主线。一是以神祇信仰为内核的非礼乐系统文化由盛而衰,二是以祖先崇拜为内核的礼乐系统文化从无到有,由弱到强,二者形成鲜明对比。而夏商两代的礼乐文化的勃兴与扩展,成为礼乐文化的集大成者,确立了礼乐文化成为华夏文化的主流。这在儒学乃至整个华夏文明的发展过程中,均具有里程碑式的作用。

周公的《礼乐》制度

在礼乐制度发展过程中,周朝是最早对"礼"和"乐"作出规定的时代。这一重大措施,是通过周初大政治家周公制礼作乐而开始实现的。周公的"制礼作乐",奠定了儒家学说的初基。周公制礼作乐,对巩固周王朝发挥了重大作用。成王、康王之时,天下安宁,40年不用刑罚,史称"成康之治"。正是因为周公封于鲁、周公后人治理于鲁,故鲁国成为保存西周典籍及文物制度最多、最丰富的国家,成为周公思想、儒家思想的根基深厚之国,所谓"周礼尽在鲁也"。后鲁国诞生孔子,孔子向往周,故又有了"孔子入周问礼乐"之事。就是说,孔子不但长期受周文化熏陶,还不远千里到周王室学习。孔子向老子请教诸如"先王之制""礼乐之源""道德之归"等许多事情。在此基础上,孔子倾毕生精力,丰富、发展、弘扬周公开创的礼乐学说,整理编订《诗》《书》《礼》《易》《乐》《春秋》等古代典籍,兴办教育,诲人不倦,成为一位伟大的思想家和教育家。鉴于周公在儒家学说中的创始作用,历代儒家尊周公为"元圣"。因此说,嵩山地域实为儒学渊源之乡。

经学本系阐释儒家经典之学,在汉、魏、晋以后的相当长的一个时期内,一直是中国文化的正统,对我国传统文化的哲学、史学、文学、艺术等产生过重大的影响。东汉时,今文经学派和古文经学派在洛阳展开了空前热烈的大讨论。当时古文经学大师辈出,最有名的如桓谭、班固、王充、贾逵、张衡、许慎、马融、服虔、郑玄等。许慎的《说文解字》是文字学、古文经训诂的一大总结;郑玄则是古文经学的集大成者,"郑学"成为魏晋以后经学的主流;而东汉洛阳太学则是当时讲授儒经、抒发己见、著书立说、相互诘难最重要的学术场所,立于洛阳太学的《熹平石经》,更是经学的范本。

魏晋时期,以国都洛阳为中心,玄学大为流行。这种哲学思潮用唯心主义解释天道自然,以老庄思想糅合儒学经义,以虚无玄远的"清谈"相标榜,成为当时的风气。早期的代表人物是何晏和王弼。何晏撰有《论语解释》《道德论》等;王弼撰有《周易注》《老子注》《老子指略》等。他们认为"无"是宇宙万物的本体,"凡有皆始于无",名教出于自然。接下来的代表人物有嵇康、阮籍,他们反对司马氏为夺权而标榜的名教,"非汤武而薄周孔",主张"越名教而任自然"。再后来,经西晋重臣、曾任中书令、尚书令等诸多要职的王衍的大力提倡,玄学更为盛行,其势力甚至已超过原来的经学,从而取得了思想上的支配地位。西晋玄学的另一派代表人物是向秀、郭象。向秀认为万物自生自化,主张合儒道为一,撰有《庄子注》等;而洛阳人郭象,将向秀的《庄子注》述而广之,另成一书,阐述老庄思想。

理学是佛学和道家学说渗透到儒家学说后而形成的一种新儒家学派。它不但是两宋300多年的支配思想,而且对宋以后的中国社会、中国文化都产生过重大作用。宋代理学的创立者邵雍和程颢、程颐兄弟不但祖籍在嵩山地域,且他们长期在嵩山地域聚徒讲学,著书立说,进行理学研究、讲学传播,这种学术思想的重要传播场所就是嵩山的伊川书院和嵩阳书院。

程颢、程颐兄弟创立了一套系统的客观唯心主义体系。程颢著有《明道文集》《明道先生语录》等;程颐著有《伊川文集》《易传》《经说》等。后人收集整理,编为《二程全书》。他们把儒学提高到了"本体论"的层面,把"理"或"天理"作为哲学的最高范畴,"理"是宇宙天地万物的本源,是人类社会的最高准则。理是第一性的,它产生出天地万物,又存在于天地万物之中,"一草一木皆有理","理"是永恒的。他们又把"理"作为封建伦理道德的最高准则,认为"为君尽君道,为臣尽臣道,过此则无理","父子君臣,天下之定理";还把"三纲""五常"纳入"理"的范畴,进行"饿死事小,失节事大"的说教。理学中有价值的内容,是它包含有朴素辩证法的因素,认为事物的矛盾具有普遍性,对立面相互作用是事物发展变化的原因,"万物莫不有对""天地间无一物无阴阳",还提出了"动静相因""物极必反"的辩证观点。同时理学重视气节,把气节置于生命之上,有它积极的一面。宋代理学对中国影响很大,对塑造中国文化,对塑造中国民族性格起了重要作用。

老子是公认的道家学说和道教的鼻祖。姓李,名耳,字伯阳,谥号聃,亦称老聃,曾作过京都洛阳周王室守藏室之吏,是春秋时期嵩山地域的学者。他生活的时代,社会动荡。他纵观社会的治乱祸福、历史兴衰成败,并融合多种思想观点,创建出自己的学说。他认为:"道"是世界万物的根本。"道生一,一生二,二生三,三生万物",而"道"则是"先天地生""惚兮恍兮""寂兮寥兮""不可名状""视之不见、听之不闻、博之不得"的精神实体。"道"创生万物,在万物创生后,还要守着"道"的精神,依"道"而行。"万物道既是万物之母,又是万物之宗,道是天地万物的根源,又是天地万物的依据。"《道德经》五千言,又名《老子》被称作道家学说或道家学派的最高经典。道家构筑了中国历史上第一个严格意义上的形而上学体系,是中国哲学、科技、政治、宗教、文学艺术及风俗习惯得以创生及发展的活

水源头。不仅对中国哲学、科技、社会、实学等产生了重大而深刻的影响,而且对世界文明的发展也具有积极影响。

道教是中华民族的本土宗教。道教在嵩山形成与发展,主要与古代人们对嵩山岳神的崇拜有关。道教是在汉代及以后特定的历史条件下,在中国原始宗教信仰的基础上,以"道"为最高信仰,综合进古老的巫史文化、鬼神信仰、民俗传统、各类方技术数,以道家黄老之学为旗帜和理论支柱,囊括儒、道、墨、医、阴阳、神仙诸家学说中的修炼思想、功夫境界、信仰成分和伦理观念,在度世救人、长生成仙,进而追求体道合真的总目标下的神学化、方术化为多层次的宗教体系。

史料记载:道学创始人张道陵先是在嵩山古洞里修炼九年,后在四川鹤鸣山继续修炼,创立了天师道(即五斗米道)。自张道陵创立天师道后,常被农民用作组织和发动起义的旗帜,统治阶级对它怀有戒心,也深为当时士大夫所不满。北魏时寇谦之居嵩山修道,声名渐著。神瑞二年(415年),他宣称太上老君亲临嵩山授予他"天师之位",赐《云中音诵新科之戒》20卷,传授导引服气口诀诸法,并令他清整道教,除去伪法,专以礼度为首,而加之以服食闭炼。寇谦之亦依之对道教进行清整;泰常八年(423年),他又称老子玄孙李谱文降临嵩山,亲授《录图真经》60余卷,赐以劾召鬼神与金丹等秘法,并嘱其辅佐北方太平真君(北魏太武帝)。始光中(424~428年),寇谦之亲赴魏都平城(今山西大同),献道书于太武帝拓跋焘,倡议改革天师道、五斗米道,制订乐章,建立诵戒新法。帝赐于平城东南建立新天师道场,重坛五层,遵其新经之制,后人称为"新天师道";太延年间(435~444年),太武帝听从寇谦之的进言,改年号为"太平真君",并亲至道坛受箓,成为道士皇帝,封寇谦之为国师。至此,天师道乃大盛。终北魏之世,崇信不衰。后周承魏,崇奉道法,每帝受箓,如魏之旧。由此,寇谦之的改革使民间道教走向官方道教。中岳庙内被称为道教立碑之始的《中岳嵩高灵庙碑》记述的就是寇谦之改革道教的事迹。而后金代王重阳的全真教在河洛地区兴起后,王重阳所传七弟子,其四派在河洛为开教祖庭:丘长春在嵩阳崇福宫传全真龙门派;谭长真在宜阳韩城传全真南无派;孙不二在洛阳三井洞传全真静修派;刘处玄在洛阳云溪观传全真随山派。《云笈七签》载:"北邙为天下七十二福地之第七十,中岳嵩山为道教三十六小洞天之第六小洞天。"嵩山中岳庙是我国最大的道教建筑群,嵩山崇福宫是我国北宋时期最大的道宫,邙山上的上清宫是我国的四大道观之一,修真胜地,分列南北,堪称钟灵毓秀。今天,我们仍然依稀可以看到当年的胜迹。

儒、道是中国本土产生的传统文化,而佛教则是从异域移植到中国的菩提树。在我国历史上,发生于东汉时期的古代印度佛教的传入,是一次大规模的外来文化输入。佛教的教义,包括苦、集、灭、道"四圣谛"、灵魂不灭、生死轮回、因果报应、慈悲为本等。佛教初传于东汉的国都洛阳,最先在当时的政治、经济、文化中心区——嵩山地域生根、开花,经过魏晋南北朝数百年的吸收消化,逐步与中国传统文化融合为一体后开始枝繁叶茂,至隋唐之际,佛教便蓬蓬勃勃地发展起来,以至达到鼎盛。在佛教初传时期,一些著名的外来译经大师聚集在嵩山地域,译出了大量的佛教经典,形成了以嵩山地域为中心的大规模的译经和传经活动。正是这些大量的汉译佛典,为佛教由此推向全国更广泛的传播提供了基础。佛教依附与迎合中国传统文化的思想文化,以适应儒家、道教为主要代表的中国传统的社会伦理,不断迎合中国信仰者的心理,在依附里求生存,在调和中图发展。从僧人的增多到寺院的增建,从创宗立派到各宗派大师风起云涌,并逐渐形成规模。

在中国佛教史上,嵩山地域有许多寺院闻名遐迩,白马寺是中国早期佛经翻译、佛教传播和进行各种佛事活动的中心,法王寺是东汉时期全国广建寺院的首唱,永宁寺是一座接待安置外国僧人译经的重要场所,嵩阳寺是北魏孝文帝的离宫,永泰寺是全国第一所皇家尼僧寺院,会善寺在唐代则是以戒坛而响誉于佛教林丛,著名的禅宗祖庭少林寺早期则是以译经而闻名于佛教丛林,后则以禅宗与武术结合而名扬天下。嵩山地域中的慈云寺、清凉寺、刘碑寺、龙门奉先寺、乾元寺、石窟寺、灵岩寺、乾元寺、广化寺、崇训寺、宝应寺、嘉善寺、天竺寺、香山寺、唐僧寺……历史上的嵩山地域高僧云集,寺院密布,佛塔林立。无论是在不同文化的协调中和佛教经典的最初翻译中,还是在佛教寺院的广建中,嵩山地域都为中国佛教的传播与发展,都作出了巨大的贡献。

在中国佛教传播与发展的这个过程中,外来佛教对中国文化的影响是多方面的,虽然也一直存在着与中国传统文化的冲突,但最终与中国传统文化融合,如水乳交融一般密不可分。尤其在一般民众心中,佛教观念已成为日常生活的价值观念。时至当代,佛教文化已成为传统文化的一部分,在中国这块土地上扎下了根,已长成了中国传统文化的参天大树。正是在儒、道、佛诸家多元融合和各家思想多向演化的历史文化洪流中,佛教日益民族化、中国化,成为了中国传统文化的重要组成部分,并在推动中国传统文化的发展上作出了重要贡献。在这个过程中,嵩山地域和嵩山文化在佛教民族化、中国化过程中起到了不可忽视的重要作用。

自中国原始社会解体,进入文明时代后,中国思想学术史上先后出现了儒家学说、经学、玄学、道家学说、佛学、理学等学说学派,嵩山文化在历史上,出现了五次大的文化演变:一是中国传统文化的官学化,二是吸收和改造佛学并使儒、道、佛融为一体,三是寇谦之在嵩山将原来民间的五斗米改革为官方的新天师道,四是宋儒理学对中国文化彻底全面地加以改造,五是金末元初的儒释融会。这些学术思想和文化演变的出现,对形成和决定中华民族、中国人民的思想观念和"品格",对中国人民的社会生活、文化生活都产生了关键性的影响。甚至从某种意义上说,它决定了中国历史的走向。古代的嵩山三教荟萃,多种著名学说和学派同在一地共存与发展,百家争鸣,百舸争流,各种宗教伟人和文人志士迸射出来的博学睿智、真知灼见的火树银花,照亮了历史的天空,指引着文明古国在历史的洪流中乘风破浪,勇往直前。

## 四、史料典籍与科学艺术

历数中国五千年文明史,文化艺术瑰宝如繁星盈天,举世瞩目。寻根溯源,博大精深的中国文化——哲学、历史、伦理、政治、医学、农桑、文学、美术、书法、音乐、舞蹈等,大都发端于嵩山地域。

嵩山地域诞生了中国最古老的文化经典,孕育了中国最原始、最具生命力的艺术萌芽。素有美术起源之称的仰韶文化中的陶绘代表作《鹳鱼石斧图》,就是出土于嵩山汝州。在古老的洪荒时代,人类就已经知道利用声音的高低、强弱等来表达自己的意思和感情。随着人类劳动的发展,逐渐产生了统一劳动的节奏号子和相互间传递信息的呼喊,这便是最原始的音乐雏形。音乐与诗歌、舞蹈同源。产生于黄帝时期的二言诗《弹歌》,是我国最早的诗歌。我国最古老、最具代表性的舞蹈,用于国家大典和宫廷祭祀活动的《六代乐舞》(包括黄帝时期的《云门大卷》、唐尧时期的《大咸》(也称《大章》)、虞舜时期的《韶》、夏禹时期的《大夏》、商汤时期的《大濩》以及周武王时期的《大武》),是远古时期华夏族乐舞,也是周公制礼作乐时的经典之乐。被学术界称为我国最早表现文化思想起源的《易经》与哲学,《尚书》与史学,《诗经》与文学,《道德经》与伦理学,《山海经》与地理、民俗学,《周礼》与政治学,书学与蔡邕的《笔论》等,这些占据着源头地位的经典之作,其根大都在嵩山历史文化核心区内。

同样,嵩山地域也是中国典章文化的策源地。历史上,许多著名的史学典籍都是出自于嵩山地

老子在嵩山写《道德经》

域,而后流播于全国。西周时,周公姬旦营建洛邑后,在主持东都政务时,制定《礼乐》,成为西周奴隶制国家的统治纲领;东周时,孔子入周问礼于老聃(老子),访乐于苌弘。道祖老子在这里写出了千古名篇《道德经》,成为道家哲学思想的重要来源;西汉司马迁在洛阳受命写《史记》;大学者蔡邕鉴于"经典去古久远,文字多谬,俗儒穿凿,颇误后学"的情况,于熹平四年(175年)奏定《七经》文字,刻石《熹平石经》立于东汉太学,作为法度森严的官定标准范本;东汉班固撰《汉书》,许慎撰《说文解字》,三国陈寿撰《三国志》,北宋司马光撰《资治通鉴》,欧阳修撰《新五代史》与《新唐书》等,这些历史上的皇皇巨著,都与嵩山地域有着不解之缘。

嵩山地域的古代科学技术成果作为嵩山文化的一个重要组成部分,同样有着惊人的辉煌历史,并处于当时那个时代的最前列。从早期的仰韶文化历经龙山文化到二里头文化,反映了从黄帝的农耕、陶绘,尧、舜的农业开发,到夏王朝偃师二里头文化巨大成就的取得,无一不是在以嵩山为中心的广大中原地区发展起来的。从上古时期起,聪明智慧的嵩山人就有了许多发明创造。如旧石器时代的石器,新石器时代的陶器、骨器、青铜器,夏代杜康(少康)酿造的美酒"杜康",都是迄今人类历史上最早的智慧结晶。

追溯嵩山的历史,嵩山以其沟通天地的神奇和奥妙,使其一批又一批纵横八方、威名远播的名人志士和英雄豪杰,在嵩山开始了科学与艺术的创造,百舸争流,绵延不绝。春秋时期的老子在嵩山写出了千古名篇《道德经》,标志诸子散文的出现;战国时期水利专家郑国奉韩国君命在秦国设计修筑了我国第一条长300多里的大运河——"郑国渠";西周初期,周公姬旦通过古阳城测景(影)台的测影,确定了嵩山地域为"天地之中";西汉小说家虞初在这里根据《周书》写成了小说集《周说》,被推之为中国古代小说家鼻祖;东汉太史令张衡因探索天文奥秘而创制天文测具浑天仪、候风地动仪,撰写天文著作《灵宪》,绘制我国第一张完备的星图《灵宪图》等,被称为"地动仪的鼻祖";东汉蔡伦在这里发明了造纸术,创制成"蔡侯纸",成为世界发明的先驱;东汉水利家王景主持治理的黄河,后世评价:"王景治河,千年无患";蔡邕在嵩山古洞里学书三年,写出了流传千古的论著《笔论》《九势》与《篆书势》《隶书势》,为后世书法发展奠定了第一块基石;文学家曹植在这里撰写的《洛神赋》,成为我国文学史上不朽的名篇;魏晋时期的机械制造家马均在这里发明、改进、制作的指南车、织绫机、龙骨水车、水转百戏、翻车、转轮式发石机等,创下了我国科技制造业的奇迹;魏晋数学家刘徽注《九章算术》,太医令王叔和著《脉经》,西晋司空裴秀创制《制图六体》,当时在国家引起了巨大轰动;著名的"建安七子""竹林七贤""金谷二十四友"等文学名流在这里谱写了最华彩的篇章;左思一篇《三都赋》,曾一度出现了"洛阳纸贵"的奇迹;散文家杨衒之以京城洛阳佛寺的兴废而撰写的《洛阳伽蓝记》,用优美的文笔描绘出一幅京都洛阳的巨幅图画,成为后世研究北朝城市经济地理的珍贵资料;唐代天文学家和佛学家僧一行在这里观天测雨,计算子午线,编制《大衍历》,成为天文学史上的一大创举;"诗仙"李白在这里寻仙访道,赏景咏诗,为嵩山留下了千古不朽的诗篇;杜甫从这里走出,沾着嵩山的泥土和露水,带着乡亲的眷顾和牵挂,最终成为"诗圣";诗人白居易以所作大量感叹时世、反映人民疾苦的诗篇,成为唐朝现实主义诗歌的巅峰人物;画圣吴道子用嵩山自然的水墨和色彩,使其"吴带当风"成为画作艺术的永恒;出自于嵩山地域的"唐三彩""汝瓷""钧瓷"是唐宋时期专给朝廷的贡品,他们的光彩和美丽至今还是中国陶瓷业的骄傲;北宋王安石、欧阳修、司马光、苏洵、苏轼、苏辙、范仲淹、梅尧臣等一批思想和文学家相继在这里著书作诗,他们的诗文与嵩岳同高,与日月同辉;北宋建筑大师李诫所写的建筑巨著《营造法式》,成为当时建筑科学技术的一部百科全书;金元时期被称为"北方文雄"的元好问,正逢国家危难、山河破碎之时,和其文友们一起在嵩山腹地创作了大量的忧愁诗,用诗记录了当时国破家亡的现实,成为嵩山文化特有的一道风景;天文学家郭守敬在这里建造观星台,主持编订的《授时历》,比西方发明的、当今世界上通用的公历《格里高利历》要早300多年;旅行家、地理学家徐霞客在这里旅行考察,所写的嵩山游记,给嵩山留下了永久的纪念……他们每个人都在中华民族的历史上留下了浓墨重彩的一笔。嵩山地域的古代科技成就与艺术成果,不但对于中华民族几千年来的屹立于世界民族之林作出了巨大贡献,而且对东方各国乃至西方世界都产生了重要影响。这些千古不朽的壮举,这些人类智慧的结晶,在华夏民族漫长的历史长河中,世代传唱,历久弥新。

## 五、嵩山民俗与风情

以嵩山为中心的嵩山地域,是我们的先民、传说中的三皇五帝时期的众多氏族、部落生活、活动的主要区域,是中国古代文明的发祥地。进入文明时代之后,又长期是中国政治、经济、文化、交通的中心,因此不管是在姓氏开始形成的时期,即三皇五帝时期,还是在姓氏发展的夏商二代、在姓氏普及时期的周代,以及北魏孝文帝实行汉化政策等时期,嵩山地域均是姓氏形成、起源的一片沃土,给形成姓氏的种种方式,如:以图腾取姓,以氏族、部落取姓,以封国、邑、亭、乡名取姓,以先人名或字、先人谥号、爵位、官职、技艺取姓、赐姓、改姓等提供了最理想的条件。如伏羲氏、有河氏、有洛氏生活在这里,黄帝族生活在这里,帝喾居偃师,夏后氏生活在这里,涂山氏也生活在这里。《史记·五帝本纪》载:"自黄帝至舜、禹,皆同姓而异其国号""帝禹为夏后而别氏,姓姒氏;契为商,姓子氏;弃为周,姓姬氏",以上姓氏均与嵩山地域有渊源关系。夏、商、周三代,嵩山地域为王畿之地,封国甚多,不少姓氏渊源于此。北魏太和二十年(496年),孝文帝在国都洛阳下诏,将鲜卑族117个(或说118个)复姓改为汉族单姓,共改得114个姓。著名学者袁义达先生说:"姓氏是中国人一直使用的代表血缘关系的一种符号,代表中国几千年来父系相传的一种文化。"众多姓氏,根在嵩山地域,充分证明了嵩山地域在"中华民族形成和进化"过程中的重大作用。

由于嵩山地域奴隶制最早取代原始公社制,在以后的长时期里,又是我国境内各地区、各民族以至境外不少地区、国家、民族交往的中心,这就决定了嵩山地域的民风民俗,必然会具有表率及示范作用,从而对周边及其他地区甚至境外产生深远的影响。同时,各地的民俗时尚也传流到嵩山地域,而被有选择的、程度不同的吸纳和接受。

民间舞龙

嵩山地域的民风民俗是在漫长的时期内逐渐形成、演变,反映在广大人民群众一年四季日常生活的方方面面,内容极为丰富多彩。如农业、手工业、餐饮业、商业等经济活动,日常生活中的衣、食、住、行,节日庆典,集会结社,人生礼仪、婚丧嫁娶、信仰崇拜、邻里乡亲、游戏娱乐、民间艺术等无处不在,无时不有,和广大民众的生活水乳交融。嵩山民俗文化既受不同时期政治、经济、文化、宗教等发展变化的影响,又具有相对的独立性,能够多侧面、多角度的反映各个时期的社会现实。嵩山民俗特有的先导性、正统性、开放性,是和嵩山地域独特的历史地位、嵩山文化独有的特征和优势相吻合的,但它同时也在更多方面体现了我们民族共同的风俗时尚。

## 六、源于嵩山地域的教育

文化的兴盛和发展,除经济、政治的原因之外,嵩山地域文化成就的取得,最重要的在于教育的发达。在中国的传统教育中,重伦理、倡道德,始终处于核心地位,德教为先,育人重德。从先秦的孔孟荀一直到宋明以后的程朱理学、陆王心学都始终把伦理道德教育作为中心,以"明人伦"为宗旨。

早在裴李岗文化时期,这里的先民们已进入以原始农业、畜禽饲养业和手工业生产为主,以渔猎业为辅的原始氏族社会。从裴李岗遗址出土的文物内涵分析,考古学家认为中国的农业革命最早在这里发生,裴李岗居民已进入锄耕农业阶段,处于以原始农业、手工业为主,以家庭饲养和渔猎业为辅的母系氏族社会。从考古挖掘的出土的一些石斧、石铲和石磨盘证明,制作生产工具、制作陶器、渔猎等生产技术、生活经验的传授都是在生产、生活的实践中进行的。在当时,这些知识在母系氏族的大家庭内,通过母传女、舅传甥进行的。可以说,这时最初的家庭教育。

大约在五六千年以前,嵩山地域进入了金石并用的时代。轮制陶器和冶金技术是这个时期工艺技术发展最突出的标志。父系氏族公社时期经济文化的发展,促使这里的教育活动从萌芽状态,进至有意识有目的状态,开始和别的社会现象有了一些分化,以偃师西亳为都的帝喾时代,不仅"教万民而利诲之",而且他的儿子契曾受舜命"敬敷五教",制有"教刑"。到了夏禹以阳城为都的时候,更是"声教讫于四海"。

学校的萌芽和文字的产生紧密相连。孔子在《周易·系辞上传》中记载:"河出图,洛出书,圣人则之。"据今人考证,河图、洛书系我国虞夏之际的甲骨文,并断定以"洛书"代表的嵩山文化是中华民族文化的始源。当今考古发掘工作人员考证,仰韶文化时期就出现了毛笔,而属于这个时期的洛阳孙旗屯出土的彩陶钵上有规则的刻画符号可以作为嵩山地域文字创造进程中的一个证据。由此推想,伏羲时代始"画八卦,造书契,以代结绳之治",黄帝时期仓颉造字等传说,都可以作为嵩山地域产生文字的一个过程。

1959年以来,考古工作人员在发掘偃师二里头夏代文化遗址时,就发现在出土的陶器上刻画有20多种有规则的符号,这些符号请专家研究后,认为是甲骨文之前接近成熟的文字。这种文字可以和山东大汶口文化陶器文字相衔接,古文字专家唐兰认为,大汶口文化和嵩山地域的仰韶文化是同样古老的文化,并断定中国的文明历史是从黄帝开始的。

文字是以书本为主的教育所不可缺少的工具,文字的发明是学校产生的重要标志。《左传》《国语》等书经常引用《夏书》文句。《礼记·礼运》引孔子的话说"我欲观夏道,是故之杞,而不足征也。吾得《夏时》焉"。由此可知,孔子很可能看到了《夏时》这本有关天文历法的书。这说明夏代已经进入了文字记载的文明时代,就是在夏代文明的基础上,嵩山地域出现了我国最早的学校。

《孟子·腾文公》记:"夏曰校。殷曰序。周曰庠。学则三代共炎。"《礼记·明堂位》载:"序,夏后氏之序也。《礼记·王制》则认为"夏序有东序、西序之分"。根据古文献记载,可以认为序、校、学都是夏代的学校。据文献和考古相互印证,今偃师二里头文化遗址中夏都斟鄩宫殿前,发掘有一座宗庙式大学的遗址,教育史家名之为夏代"庙堂大学"。这是我国目前已发现的有址可考的最早的教育处所。

公元前十六世纪,商汤伐桀取胜,定都于偃师西亳,即今偃师尸乡商城遗址,已出土的商代甲骨文中关于"教""学""庠""师""大学"的名称。还是继夏以后在嵩山地域有文字可证的大学。《礼记·王制》记"殷人养国老于右学,养庶老于左学"。商代崇右和西,为表示尊重,设大学于京都西郊,故又称"西学",设小学于东郊,故又称"左学"。当时,学校并非纯粹教育机构,常和政治、祭祀活动在一起,商王经常在这里活动,故又称"明堂"。商汤都亳,传八王至仲丁迁都于隞。230年间,西亳一直为商都,这个时期商代的嵩山地域已出现了学制的萌芽,其右学左学之设已成定制。

西周是我国奴隶社会教育制度逐步完善的时期,周武王死后,其子成王在周公旦的辅佐下,曾都洛阳30年。在教育上承继商制,并有增益和发展。创造了对后世影响很大的"成周"学制。其主要内容是在王城所庙学校分国学、乡学两类;大学、小学两级。国学中大学有五学之称,五学所学内容各异。这已经含有分设科分教之意。乡学校地方区域大小分别设有塾、庠、序、校等。"所谓弦诵之声闻于四郊,士质而文,实乃洛邑之风"。

西周创造了灿烂大备的一代文明,首创敬德保民思想和阴阳辨证学说的周公,辅佐成王于洛阳制礼作乐,创制典章制度,初成古代教育的内容和制度,对中国以后教育的发展,奠定了一个基础。周公被后世儒学崇为先圣。据清人考证,《周易》之驳辞,《诗经》之《幽风》,《七月》《鸱鸮》等篇,《尚书》之《如诰》、《洛诰》《多士》《梓材》《大传》《仪礼》及《周官》等后儒所称的六经,半为周公为之。儒家鼻祖孔丘到洛阳太庙观礼后,曾感叹万千地对学生说:"周监于二代,郁郁乎文哉,吾从周!""吾从先进!"无怪乎孔子在已名重于世时,仍风尘仆仆,不远千里入周问礼,乐于老聃、苌弘,并尊称老子为"犹龙",成为所世尊师之美谈。而老子,柱下授言,《道德》五千,"行不言之教",倡"常善救人",主"不弃主义",法"天道自然",开道家之始。其自然主义的不弃主义教育思想和辩证法思想对我国古代教育发展产生过积极影响。

公元前七世纪至六世纪,周王室内部发生两次争夺王位的战争。世代掌管王室典籍的司马氏离周去晋,后转赵、卫、再转至秦。王室典籍也随之扩散到各诸侯国。此后,王子姬朝将老子所管理用的图书典籍抢劫一空而奔楚,老子也随着去周奔楚,再转而至秦。这是东周文化最大的一次扩散和转移。周王室的学者、教师也随之星散到各地讲学、谋生,逐步沦而为士。这次劫难,教育由"学在官府"变为"学在四夷"。由于原来在周王朝做官的都掌握一定文化资料,各有所长,所以他们在各诸侯国士阶层中,逐渐形成了儒、墨、道、法等学派,为春秋战国间学术上的百家争鸣奠定了基础。这是中国古代教育史上的一个大飞跃,为中国封建文化、教育奠定了基础。

在封建社会,随着社会生产力的提高,社会经济的发展和人类文化知识的右键积累,嵩山地域的教育理论、教育思想得到了新的发展。

到了东汉,光武帝刘秀定都洛阳不久,便于建武五年(29年),在洛阳城南开阳门外,离宫八里,修建太学。太学的建立构成了中国古代教育最为完备的形式与内容的统一。太学规模之大,"诸生横巷,为海内所集"。太学创建伊始,光武帝刘秀曾亲临太学视察,汉明帝刘庄还亲自在太学讲学,"诸儒并听,四方欣欣"汉顺帝时,又扩建太学240房,1850室。东汉太学在其发展鼎盛时期多达3万余人,规模如此之大,不能不说是世界教育史上的一大奇迹。学校的建立培育出一代代的才学之士,史学家班固,思想家王充,科学家张衡,文字学家许慎,数学家马续,教育家班昭、郑玄、蔡邕等人,无一不是在这种大兴教育的熏风沐雨中脱颖而出的人杰。其后魏、晋继续在在洛阳建都。魏文帝黄初五年(224年),在东汉太学基础上重建太学。西晋时教育体制的重大变化,是为五品以上官僚子弟专设了国子学,形成了贵族与下层士人分途教育,国子学、太学并立的双轨制。

汉明帝刘庄在东汉太学讲学

西晋初年,晋武帝亲自到太学讲学,于咸宁二年(276年)在太学立有《三临辟雍碑》,碑阴所记有学官,如太常、散骑常侍等行政学官,并博士、助教、司业、主事、司仪等教职人员以及学员如礼生、弟子、门人、散生、寄学等的郡籍姓名,多达400余人。从学生的籍贯看,他们来自15个州,70多个县"东越于海,西及流沙。"这些都说明了当时统治者对教育的重视。后来的隋唐开科举,在炀帝之时即设国子监,为中国教育行政之发端。到了唐朝洛阳除设国子监、太学、四门学以外,还设有弘文馆,教育的兴旺发达对中国封建社会的进步与发展直接起到了推动作用。

隋唐五代间,我国封建社会进入鼎盛时期,因为社会定定,经济繁荣,民族融合,嵩山地域教育长足发。隋炀帝承北齐及乃父之业,相继改国子寺为国子监,总辖国子、太学、四门学等学,成为中央管理学务的机构,开中国教育行政之先河。炀帝大业三年(607年),诏令"文武有职事者,五品以上,宜依令十科举人"。专门用考核的办法挑选人才进士、科举制度便从此开始。武则天时又于洛阳伸殿试,设武举、立制科。用科举制度代替腐朽的九品中正制的选举制度,乃是历史的进步。但越到后来它越成了绞杀知识分子的武器,学校也从此逐步成为科举制度的附庸。

从唐朝开始,各种科技、艺术专科性学校在洛阳大兴,自唐高宗龙朔二年(662年),于东都洛阳设国子监后,在监学生多达千余人。玄宗时,于邙山玄元庙设崇玄馆,司《老》《庄》《文》《列》,立玄学博士、助教,每岁以明经应举,并曾于玄元馆及道院置大学士,由宰相为之,领两京,招生约百人,实为道家高等专门学院。此外,东京洛阳设教坊两所,搜集民间音乐,训练各种乐工和歌妓。这种教坊实谓音乐艺术专科学校。在东京国子监管理下,除设国子学、太学、四门学外,还设有书学、算学、律学和弘文庙,此类专科学校的设立比欧州要是一千多年。

嵩山教育到了宋代,儒学在嵩山地域的传播除了官学和私学之外,最重要的传播形式就是书院教学。书院之设始于唐代,而至宋代大兴。书院教学是以私人创办为主,教学、研究、藏书三结合的高等教育机构。宋代书院的兴起及其教学组织形式,受到了佛教禅林制度的影响。真正具有聚徒讲学性质的书院至五代末期基本形成,北宋初年发展为较为完备的书院制度,成为中国传统教育制度的重要组成部分。

"二程"是理学的奠基者,又是中国封建社会后期具有相当影响的教育家。在长期教育实践中,"二程"形成了较为完整的教育思想,以人性为依据,"二程"提出了一系列符合人性,至今依然可取的道德教育的原则与方法。如在教育目的上,提出"教育王化之本",把教育看作是封建政治的组成部分和巩固封建统治的重要手段,主张培养重人生品行、求道传道和建设国家的实用人才,认为教育的作用在于转变气质,熏陶德性;关于道德教育,"二程"作了系统的发挥,把它提到"天理"的高度,进而总结出一套道德教育的教育规律,提出"存诚""居敬""集义"等方面的道德教育的要求和方法;在教材上,"二程"主张要以学习儒家经典著作为主,并开创了《四书》与《五经》并列的局面,从四书的探幽发微,创造了一个从孔子到曾子,再到子思至孟子的义理道学体系。至南宋,经朱熹阐发四书、五经成为封建社会后期教育的基本教材和科举的必试科目;在教育方法和原则上,注重因材施教,启发诱导,学以致用,学贵自得,以约取博,循序渐进等。

程颢、程颐创立洛学以后,主要在嵩山地域的嵩阳书院、伊皋书院进行教学和传播。这期间,最大的亮点是嵩阳书院。特别是宋代出现的王安石变法后,当朝将宫廷中与当朝政见不一的名儒,集中到嵩山的崇福宫来,而崇福宫与嵩阳书院仅一步之遥,学院在开课讲学之时,在崇福宫里的司马光、王安石、李纲、杨时、范仲淹、王曾、韩维、吕诲、范纯仁、李纲、朱熹等一大批著名的大儒,也常在嵩阳书院讲学,使本来就已经出名的嵩阳书院,成为成为当时全国影响最大的儒学传播中心。

程颢、程颐在这里传播他们创立的理学,学生常达数百人。当时的嵩阳书院置山长,拨土地,名声大振,生徒日增,使嵩阳书院成为理学尤其是洛学的重要传播基地,是北方最大的著名书院,也是我国宋代四大书院之首。"二程"在嵩阳书院的讲学,主要是用洛学的观点来宣讲《论语》《孟子》《大学》《中庸》等书。程颢还亲自为嵩阳书院制定学制、教养、考察等规条,吸引了全国各地许多仁人、志士前来就读,而且后来多有政绩和建树,知名学者有范纯仁、杨时、邵伯温等百余人,这使嵩阳书院声名大振,天下四方求学者接踵而至。

"二程"的教育思想、方针和方法,是严格按照孔孟的儒家思想办学,完全适应宋代封建统治的需要,也是历代封建统治者所极为赞赏和大力推行的。在此后的元明清时期,"二程"的这种教育方针,不但一直成为嵩阳书院顶礼膜拜的圣条,而且成为长期以来中国封建文化教育的准绳和法规。

从文字之兴到政教之建,从教官之设到学校之立,从庠序之设到学制完备,从以养老武事为主到设科分教,再到专科教育的出现,从选举贡士到科举制度的建立,嵩山教育从源头起步一路走来,已成为一部完整的古代教育史。

## 七、嵩山地域的名人文化

在以黄帝文化和夏、商、周文化为主干的嵩山文化中,名人文化是非常重要的一部分。

以嵩山为中心的嵩山地域,是最早意义上的"中国",也是河出图,洛出书、太极八卦出洛汭的地方,是中华民族文明的源头与核心,是中国传统文化的精神家园。从上古时期的夏、商、周三代直至北宋,在相当长的历史时期内,嵩山地域都曾是我国政治、经济、文化中心,也曾是国家精英、名流汇聚之地。因此,有许许多多对中国历史产生过重大影响,或对中国文化做出重大贡献的帝王、伟人、政治家、军事家、哲学家、史学家、文学家、艺术家、科学发明家等都生活或活动在这里,正是这些民族的骄子、国家的栋梁,在一定的历史时期和一定范围内,以自己的政治地位、突出贡献、活动成就、创作或发明成果等,对人类社会的发展都有着这样或那样程度不同的影响,并直接或间接地不同程度地影响了历史的向前发展,为后人树立了彪炳千秋的榜样。

在这些熠熠闪光的名人队伍中,有人文始祖燧人氏、伏羲氏、神农氏、女娲;有华夏始族炎黄二帝;

有华夏先祖唐尧、虞舜、帝喾；有造字史官仓颉、火神祝融、上古隐士许由；有夏朝开国君主大禹，有帝王夏启、后羿、杜康；有商朝开国君主商汤，有名人伊尹、伯夷、叔齐等；有周朝的周文王、周平王、周武王、周公与周成王，有老子、孔子，有水利家郑国、政治家子产、救国英雄弦高、谋略家鬼谷子、纵横家苏秦、孙滨、张仪、农民起义领袖陈胜、巨商吕不韦、军事将领项羽；有两汉时期的刘邦、张良、贾谊、桑弘羊、刘秀、刘庄、刘彻、马援、司马迁、班固、蔡伦、马钧、张衡、马援、许慎、蔡邕、张道陵等。

李白与杜甫

东汉以降，出自历史典籍的名人有三国的华佗、曹操、曹植、曹丕、袁绍、董卓、吕布、司马师、刘禅等，两晋南北朝时期的司马炎、左思、祖逖、刘琨、嵇康、阮籍、刘禅、潘岳、拓跋宏、达摩、寇谦之等；隋朝的杨广、韩擒虎、宇文恺、贺若弼等；唐朝的李世民、长孙无忌、武则天、狄仁杰、李龟年、杜甫、李商隐、杜牧、李白、白居易、韩愈、颜真卿、郭子仪、柳宗元、储遂良、玄奘、神秀、慧能、僧一行、潘师正、王维、卢鸿一、李隆基、张旭、吴道子等；五代十国的朱温、李存勖、李煜、石敬瑭；宋朝的赵匡胤、吕蒙正、范仲淹、欧阳修、苏轼、颜真卿、王安石、司马光、程颢、程颐、邵雍、朱熹、李纲、李诫、文彦博等；金元时期的邱处机、耶律楚材、赵秉文、李纯甫、元好问、王重阳、赵孟頫、郭守敬等；明清时期的董其昌、王铎、王应鹏、俞大猷、唐顺之、高拱、朱载堉、乾隆、冯时可、程宗猷、耿介、景冬旸、王士祯、冉觐祖等，他们有的是雄才大略的开国君臣，有的是超越于帝王将相的文化圣人，有的是叱咤风云的英雄豪杰，有的是激扬文字，指点江山的仁人志士……正是有了这些历朝历代的名人在嵩山地域创造的业绩和贡献，才使中华民族在文明发展的进程中，谱写了最为华美的篇章，为嵩山的经济和文化增添了无穷的内涵和外延。他们的思想、精神、品格、业绩，甚至和他们有关的传说、趣闻、逸事、遗存，为嵩山文化留下了千年传承，万古流芳的绝唱。

尽管这些名人早已逝去，但从他们的思想、精神、品格、业绩，甚至和他们有关的传说、趣闻、逸事、遗存中，所显现出来的精神却弥漫在漫长的岁月里，存活于继往开来的后人心目中。这些已逝的名人蕴藏着人类文化所特有的力量，超越时空，至今依然在激发、交流和传播着他们的思想和感情。读他们的人生，可以知兴衰、明因果、受启迪；品他们的事迹，可以共悲愤、同抒怀，有助于后人以史为鉴。他们的事迹，永远是嵩山文化中宝贵的精神财富。

鉴于嵩山地域在中国历史上的特殊地位，研究嵩山地域中的历史名人，对他们本人的历史行为及其遗留下来的文化遗迹认真地进行清理和总结，不仅有利于弘扬嵩山文化，而且对于认识整个中华民族的历史，促进整个民族文化的健康发展，都具有重要而深远的历史意义和现实意义。

## 八、源于嵩山地域的文学

嵩山作为我国古代文化的发祥地，其文学创作以上古神话为开端，诗歌、散文、小说根皆在嵩山地域。

一是中国文学的首唱是诗。

说嵩山地域的诗,要从诗的源头说起。商周之际,四音化为十五国之风,西周设有采诗之官,采入庙堂,与庙堂之歌小雅、大雅、颂一起并称为"诗",经孔子删定后,称为《诗经》或《诗三百》,计305篇。《诗经》是我国文学的光辉起点,它的出现以及它的思想性和艺术成就,是我国文学发达很早的标志,在我国乃至世界文化史上都占有极高的地位。《诗经》具有鲜明的地域特征。《周颂》的颂是一种宗庙祭祀用的舞曲,出于镐京。"二雅"乃朝廷的正声,王畿之乐(西周都镐京,东周都洛邑及其周围地区),风是诸侯各国的乐歌,其中大部分是周代民歌,是《诗经》的精华。"国风""风""周南"其名称大都标明了产生的地域,有很多诗都出自于嵩山地域。

从春秋《诗经》到大唐歌飞,从北宋的名人诗集到乾隆皇帝的巡游诗赞,在漫长的历史长河中,有那么多帝王将相、英雄豪杰、名人志士都慕名来到嵩山,他们在瞻仰嵩山风采的同时,给嵩山留下了大量的诗篇,成为嵩山文化的一份宝贵遗产。

诗在历史发展的进程中,也是起了大作用的。隋统一全国,隋炀帝迁都洛阳,南北诗风出现融合趋势。炀帝首创进士科,亲自作诗,以诗赋文学作为选拔官吏的依据,极大刺激了诗歌的发展,为后来唐朝诗坛的高度繁荣奠定了基础。唐代皇帝李世民、武则天、李隆基和著名诗人李白、杜甫、白居易、宋之问、柳宗元、王维、岑参、李商隐,宋代的王安石、欧阳修、苏轼、苏辙、司马光、程颢、程颐等许多大家,都曾在嵩山咏歌会友,为嵩山地域留下了千古不朽的瑰丽诗篇。

二是万能的嵩山散文

散文是一种抒发作者真情实感、写作方式灵活的记叙类文学体裁。《辞海》认为:中国六朝以来,为区别韵文与骈文,把凡不押韵、不重排偶的散体文章(包括经传史书),统称"散文"。后又泛指诗歌以外的所有文学体裁。这样一来,散文真的是天下文章了。

夏、商、周三代都于嵩山地域,其历史文献结集为《尚书》,这《尚书》不仅是文告、会议记录等应用文体的滥觞,其独特的贡献在于开启了古代散文的先河。因此说,《尚书》是我国最早的散文集。在《尚书》篇章中,其结构和表现手法相当成熟,理所当然成为中国古典散文之祖。此外,记述周代历史的《逸周书》和嵩山出土的钟鼎铭文都是早期的优秀散文作品。春秋时期,哲学家老子为官洛阳,在嵩山著《道德经》,标志着诸子散文的出现。《道德经》凡5000言,结构严谨,论理玄妙,想象丰富,词语精美。作为一本专题论著,它标志着先秦论说文体的完全成熟。

战国时期的诸子散文佳作,如《庄子》《孟子》《韩非子》《荀子》等,莫不受《道德经》的影响。另外,成书于春秋时期的《国语·周语》,成书于战国的《战国策·东周》《战国策·西周》中的诸多篇章也是嵩山地域散文的精品。秦丞相吕不韦招集门客所著《吕氏春秋》,是这个时期文化学术的总结,其中不少名篇是这个时期散文的杰出代表。

在嵩山散文体裁中,有政论文、祭吊文、祈祷文、记叙文、游记、序跋、辞赋、公文、纪实等,种类之多,范围之广,成就之大,令世人瞩目。中华文明上下五千年,上至帝王,下至平民,嵩山散文在每个朝代都有名人佳作。题材大到国之命运,小到一个人物,凡人间万事,散文无所不能,内容丰富多样,被誉为万能的嵩山散文,给嵩山历史给文化增添了绚丽无比的文学光彩。

三是肇始于嵩山地域的小说

两汉时期嵩山地域的文学除了诗歌、散文之外,已经出现了小说。据《汉书艺文志》记:汉武帝时,洛阳人虞初著《周说》943篇。书虽不存,但为小说之最早者,后世尊他为小说家之祖。《汉书·艺文志》著录小说15家,其中包括《虞初周说》。班固注曰:"河南人,武帝时以方士侍郎,号黄车使者。"张衡《西京赋》曰:"小说九百,本处虞初。"《汉书·艺文志》著录小说共1384篇,而其中篇幅最巨者为

《虞初周说》943篇,占全部小说的70%。

唐代是一个文学高峰,诗歌、散文和小说都有大量的作品问世。作者的创作题材多来自嵩山地域发生的故事,作者将现实主义和浪漫主义相结合,在当时的小说故事创作中,把故事叙述曲折动人,真实可信。将人物刻划得性格突出,形象描写得惟妙惟肖。使作品都具有深刻的思想内涵。在嵩山地域小说中,有人物中有纪实、有神怪、有人物传奇等。特别是文言短篇小说,内容多传达奇闻轶事,主要题材已不限于鬼神灵怪,还有爱情、历史和侠义等,反映面广,生活气息浓,展现了丰富多采、充满喜怒哀乐的人间风俗画面。

特别值得一提得是,清代李绿园的长篇小说《歧路灯》算是清代文学的代表作品之一。该书108回,60余万言,记述了一个书香门第子弟谭绍闻从堕落到改邪归正,又在忠仆王中的帮助下浪子回头重振家业的故事。全书人物众多,中原俚语风情尽入书中,有很高的思想性和艺术性,被誉为中国古代第一部长篇教育小说。

作为文学之根,从嵩山地域源出诗歌、散文、小说三大文学形式,从远古中一路走来,经过了百川汇流,以波澜壮阔的气势,一泻千里。走过先秦,走过汉魏,走过唐宋,树起了一次又一次的文学高峰。从当今散存的文化遗迹和如峰的圣典中,仍能明显地勾勒出嵩山古代文学的辉煌曲线。

## 九、碑刻文化

碑刻是一种特殊的历史文化的传播载体,以其独特的方式记录着当时社会政治、经济、文化、乃至军事、宗教、民俗等方方面面的信息,它的补史证史、记载各时代书法的作用,在我国传统文化史上有着重要的、不可替代的作用。嵩山的碑刻漫山遍野,林立如树,密密麻麻,这些碑刻文字所反映的社会经济和历史文化领域的内容十分广泛,是嵩山地域文化研究中的第一手原始资料,具有较高的历史、科学和艺术价值。嵩山碑刻主要分布在嵩山的太室、少室、偃师、邙岭之中,由此向四周放射,由密集到疏散,逐渐分布在嵩山系列山脉及其所在县市区的寺庙宫观、园林建筑、城镇村庄、丧葬墓地及古文化遗址上。嵩山碑刻作为嵩山文化的重要组成部分,在数量、质量、品类、内容、规模年代诸方面占天下之先。嵩山碑刻不仅是我国石刻档案的大宗,也是我国书法演变发展的真实记录。嵩山碑刻向来以数量庞大、内容丰富、书法精湛、史料性强而著称于世,是我国重要的文化遗产和旅游资源。

嵩山地域的现存碑刻上自东汉、三国、西晋、北魏,下至唐、宋、金、元、明、清,时代绵延不断,碑刻发展变化明显,碑刻形式多种多样,书法遗迹充分,碑文内容十分丰富,涉及面很广。既有人物传记、改朝换代经过、军事战争纪实、重大历史事件纪实、自然灾害实录、建筑物兴废史记、官方诏令和牒文、典章制度、道家经箓、佛教经典、民间守则,又有民间生产组织机构及分配形式、诗赋名作等。涉及哲学、宗教、历史、地理、经济、政治、军事、文化、艺术、教育、科学、技术、民族等许多方面,它们以石刻的形式记录了古代文明。这些重要的石刻不但有其重要的政治意义,也有着珍贵的历史价值、文学价值和书法价值,能代表各个历史时期的史实和时代精神。它们不仅对纂志征事、正经补史、考字习书、研究嵩山古代社会发展史和中国书法演变发展史有着重要的实证作用,还给当今社会发展提供极为详实的历史依据。

嵩山地域中有众多的石窟及摩崖、造像、石碑、刻石、碑刻、石阙、石经、墓志、画像石等,还有满布纹饰的陛石、碑额、石柱、额枋等,这些珍贵碑刻文物,反映了2000多年来历代石刻艺术创作的伟大成就。据不完全统计,嵩山历史文化核心区的碑刻现有2600余通,有龙门石窟、巩义石窟及分散于嵩山各市县的造像题记3500余品,还有出土的古代墓志5000余方。石刻文献,林林总总,堪称是一部绵延2000余年的中华石刻通史。

## 十、少林武术

少林武术是指在嵩山少林寺这一特定佛教文化环境中形成的以佛教信仰为基础,以佛教禅宗智慧为文化内涵,以少林武术完整的技术和理论体系,以少林寺武术技艺和套路为主要表现形式,以佛教信仰和禅宗智慧为其文化内涵,是中国武术界各大派系中历史最悠久、种类最繁多、体系最庞大的门派。

佛教作为异国宗教,自汉时传入中国,它与中国传统文化产生了互动互融的影响,并最终形成了中国化的佛学宗派——禅宗。禅宗简单易行的修行方法,使传统佛教摆脱了繁琐高深的理论和严酷的修行戒律,迅速适应了中国社会,这为僧人习武现象的出现营造了理论依据,从而为少林武术的诞生奠定了基础。佛教以普度众生、大慈大悲为主旨。禅宗以宽容开放的精神接纳了武术,并集寺院武术融民间武术、军事武术于一体,在汇集百家武术的基础上创造了少林武术。

少林六和拳演练

少林武术源于北魏,然而嵩山作为华夏文明的发源地,早已是中国政治、经济、文化的中心。从黄帝起,到大禹在此建立第一个华夏王朝,在漫长的人类历史中,人与天斗,人与兽斗,人与自然环境斗,嵩山人民的生活与原始武术的萌生相辅相成,共同产生,发展提高。早在少林寺建寺之前,少林寺北侧的轩辕关自周至秦到汉都是军事重镇。在冷兵器时代,武术与军事的关系十分密切,少林寺地区频繁的发生战争,两军对垒,力者胜,这对居住在这里的人们习武风俗的形成和少林武术的孕育产生起到了巨大的影响与促进作用。少林武术的产生由跋陀落迹嵩山、达摩面壁少林,寺僧生存生活的需要及禅宗的世俗化缘起,到习武维护寺产经济的需要,体现了少林武术健身与护教的价值;从唐初少林僧人助唐平定王世充,到明代少林僧人御敌抗倭,体现了少林武术在军事实践中的价值。少林武术不但使少林武僧超越与世隔绝的修行生活,英勇报国,更使佛教少林寺院同搏斗格杀的暴力武术融为一体,在众多的武术流派中独树一帜,成为中国武术的杰出代表。可以说,少林武术的发展过程是传统的中国文化与异国宗教文化的融合与张扬的过程。

翻阅少林武术发展史,少林僧人正义、爱国的精神,始终贯穿于少林武术发展提高的过程中。少林武术得以名扬天下,除了武技高超之外,还因为少林武僧在民族危难的时刻能挺身而出,为民族、为人民而赴沙场、洒热血。少林寺僧人从唐初帮助李世民战王世充至明代镇守边关、平叛抗倭、抵御外

敌,保家卫国,也就是为国家所用。当战争作为政治的一种延续时,即使是诸如佛教以不杀生为首要戒条的宗教,也难免与军事有所牵连。清廷禁武,使少林武术从历代政治的重心中游离出来,在复杂的社会民族矛盾中,依托广大的民间爱国志士反清复明,强烈的爱国热情使少林武术产生了自身的发展动力,促进了少林武术更快地传播发展。

回顾少林武术发展史,少林武僧在历次大的正战中,都充分体现了佛教禅宗教义中慈悲为怀、普渡众生、扶正祛邪、弃恶扬善等思想。这与中国传统文化中儒家思想的核心"仁"是一致或相通的。"仁"与"禅"相融合,形成了少林拳"武德"的主要精神。这种精神体现了中国传统文化中的"天人合一"的精神,又体现了"以人为本"的精神。

禅文化与儒家修齐治平、立身报国思想的结合,又使少林武僧超越与世隔绝的修行生活,英勇报国。武以禅魂,禅以武传,禅拳相融,相得益彰。这就是少林武术的特点"禅武合一"。

古德所谓"拳者小拳,禅者大拳",一代代禅宗祖师将禅宗智慧赋予少林功夫,使之从优化人体运动技能和攻防格斗的武艺,到两军对垒时排兵布阵的武学,在持戒修行的武德相贯穿和约束下,提升为放下我执的武道,最终追求的至高境界,是无我、空性的"禅武合一"。当少林功夫成为佛教禅宗的一个方便法门,实际上打破了佛教禅宗令当代人疑惑的神秘性,从而为普通人开辟了一条通过自身心合一的训练,步入明心见性的内在超越的大道。这条慈悲平等的人生成就之路,正是佛陀所开创;众生皆有佛性,只要破除无明障碍,人人皆可成佛。所以,少林功夫的最终主体是禅者,禅心运武,透彻人生,内心无碍无畏,表现出大智大勇的气概。禅武合一不仅将少林功夫提高到民间武术难以企及的精神品格的高度,更重要的是,它为相当大的一类人群提供了一条有着完整方法的内在超越之路。"天下功夫出少林"作为民间流传的说法,透露出传统社会对"禅武合一"理念与方法的广泛认可。少林武术以禅入武、以武扬禅、禅武不二的文化内涵,已得到世界武术界的赞同,当今,少林武术作为中国传统文化的杰出代表和人类文明的生动展示,已经成为中华民族的精神财富和全人类共同享有的文化遗产。

# 十一、嵩山古文化遗存

嵩山地域山川壮美,景物秀丽;古文化遗址漫山遍野,星罗棋布,是我国分布最为密集的地区。从嵩山地域出土的大量动物化石、火迹灰坑和石器、骨器、陶器的石器遗址中可知,嵩山地域经历了距今100万年至1万年之间的旧石器时代和距今1万年至4000年之间的新石器时代的裴李岗文化、仰韶文化、龙山文化、二里头文化等历史发展时期。

嵩山地域发现的旧石器文化遗存非常较密集,这些原始人类在地层中遗留下来的所有遗物,都是我们认识远古的钥匙。嵩山地域的洛阳北窑旧石器文化遗址除了出土有动物化石及人类用火痕迹,还有近800件石制品连续分布在黄土地层内,在国内外十分罕见,这就把旧石器考古与黄土研究紧密联系起来,对研究全球气候变化和探索黄土时期的人类生活环境有着重大的意义。荥阳织机洞遗址展示了旧石器时代与新石器时代的过渡和交替,对于追溯嵩山古文化的渊源和研究嵩山古代环境面貌及其与人类的关系十分重要。当人类进入新石器时代后,嵩山作为中国史前文化最发达的地区之一,孕育了著名的裴李岗文化、仰韶文化、龙山文化、二里岗文化等,其遗址数量之多,分布之密,为全国之冠,它们反映了嵩山地域原始社会时期的繁荣景象。

远古时期,许多古国都建都于嵩山地域。这里古称天地之中,中者为土,诚如《太平御览》所载:"王者受命创始,立都建国必居中土,所以控天下之和,据阴阳之正,均统四方,以制万国者也。"由于山川阻隔,交通极为不便,周王朝为了有效地控制广大被征服的地区和部族,分封姬姓贵族、功臣和联盟的异姓部落首领为诸侯,到各被征服地区去建立政权。西周以来实行分封制,在嵩山地域形成了封国密集,都城林立的局面。如夏、商、周王朝在嵩山地域建都的有羲、昆吾、西莘、陆浑、扬、费、辗、邬、费滑、刘、斟鄩、巩、东周、鄏、补、邹、密、郑氏、梅、华、有熊、郑、韩、嵩、纶氏、程、颍、蛮氏等几十个封国。在长期的历史发展中,各诸侯国创造的光辉灿烂的物质文明成果,是嵩山文化发展的基础。分封制凝聚了各国古老的人群,建立了统一的政治后,文化的统一和精神的统一才上升为历史的主导趋势。因此,春秋时代的文化是以诸子百家为代表的,以各个重要的诸侯封国为中心,逐渐形成了各具浓郁地方色彩的封国文化。这些封国文化像小溪汇入江河一样,使嵩山文化远源流长,博大精深。近年来,随着考古工作的开展,许多古国的城址、墓葬和带铭器物的发现,使我们看到了古国的史实。将文献记载与考古资料结合,使我们对于嵩山地域中的一些古国的兴亡、迁徙、历史状况和文化特征,有了概括性的了解。

有国家,就有都城。城,作为一种大规模的永久性防御设施,这一历史久远的社会形态在人类文化发展中起着里程碑的作用。中国古代,许多诸侯国都建都于嵩山地域。《太平御览》载:"王者受命创始,立都建国必居中土,所以控天下之和,据阴阳之正,均统四方,以制万国者也。"在古代历史上,嵩山地域中的新郑、登封、阳翟(今禹州)、偃师、郑州、洛阳都曾为国家的都城,也是当时的政治、经济、文化中心。

嵩山历史文化核心区内保存的新石器时代和历代王朝的古城址很多,它们清晰地勾画出中国古代城市发展的轮廓。大量的历史文献记载和文物佐证,嵩山地域的新郑是中华人文始祖轩辕黄帝出生、创业、建都之地,他带领先民们在这里奠定了中华民族的根基,肇造了光辉灿烂的中华文明。距今5000余年的仰韶文化时期的郑州西山城址,是目前我国发现的惟一一座仰韶文化城址。距今4000余年的龙山文化时期的登封王城岗、新密古城寨等一批夏代早期古城址的发现,标志着嵩山地域已从村落文化步入城邑文化阶段。偃师二里头文化遗址规划明确、布局严整、规模空前的夏代晚期王都遗址,开启了中国古都营建规制的先河。

在历史上,嵩山历史文化核心区从黄帝建都于有熊(新郑)时期开始,中国最早的夏、商周王朝的活动范围大多在以嵩山为中心的周围。已发现的夏朝都城偃师二里头遗址以及临汝煤山、禹州瓦店、新密新砦、巩义稍柴、登封王城岗等遗址,商代都城偃师商城和郑州商城两座都城遗址,西周的东都城洛邑、东周都城洛邑,春秋战国时期新郑的郑韩故城是郑、韩两国先后在此建都达500年之久的都城遗址,都说明了嵩山地域是夏商周王朝活动和建都的重要地域。嵩山地域夏商周时期的城址不但传承了更早的古国文明的精华,又开启了秦汉帝国文明的先河。秦汉以降,先后在嵩山地域定都的有东汉、曹魏、西晋、北魏、隋、唐、后梁、后唐、后晋

裴李岗发现了最早谷物脱壳用的石磨和石棒

等朝代相继在此建都,是中国建都最早、朝代最多、地点最密集,都城历史最长的一个地域。其中东汉王朝在洛阳建造的汉魏洛阳城为当时全世界最大的城市,隋唐时期的洛阳隋唐城和北宋时的开封东京城都是当时世界上最大的著名都城,它们在中国古代城市发展史上都占有举足轻重的地位。

随着原始社会晚期生产力的发展及生产技术的提高,手工业从农业、畜牧业中脱离出来成为一门独立的行业,冶炼铸造、烧制陶瓷器、制酒、制骨作坊应运而生。从仰韶文化和龙山文化时期的青铜冶铸遗存到战国至汉、唐、宋时期的几十处冶铁遗址和近百处烧制陶瓷器的作坊遗址,以及新石器时代遗址中大量陶器的出现,充分表明嵩山地域的冶铸工艺和制陶技术之早及其成熟与发达。这些手工业作坊遗址多处被列为全国重点文物保护单位,它们的发现为研究古代嵩山地域的经济地位及其制造工艺技术等提供了宝贵的资料。

嵩山地域位居天地之中,很自然地成为历史上的帝王将相、英雄豪杰安营扎寨、争霸中原的军事要地,因而造就了一个个充满刀光剑影的古战场,惊心动魄的古关隘,防守严密的古山寨,至今有迹可寻的古长城,传递物流信息的古驿递。黄帝时期的洛口伏羲台、八卦台、力牧台,夏朝的古钧台,西周的测景台,唐朝时期佛教界向十方僧徒传授戒律的会善寺琉璃戒坛,女皇武则天祭祀嵩山的登封坛、封祀坛、朝觐坛,元代著名的观星台,这些不可尽数的古迹,神秘奇异的建筑构思以及它所发挥的服务于农、牧业生产发展和人民生活的历史作用,为嵩山文化增添了丰富多彩的内容。

嵩山地域古建筑历史悠久,内容丰富,包括东汉、北魏、北齐、隋、唐、五代、宋、金、元、明、清等十几个历史时期。特别是登封的"天地之中"历史建筑群,包括周公测景台和观星台、嵩岳寺塔、太室阙和中岳庙、少室阙、启母阙、嵩阳书院、会善寺、少林寺(包括常住院、塔林和初祖庵)等8处11项优秀历史建筑。历经汉、魏、唐、宋、元、明、清,构成了一部中国中原地区上下2000年建筑史,是中国跨度最长、建筑种类最多、文化内涵最丰富的古代建筑群,是中国先民独特宇宙观和审美观的真实体现。2010年8月1日第34届世界遗产大会宣布"天地之中"历史建筑群成为世界文化遗产。

嵩山地域的遗存种类丰富多彩。从新、旧石器文化遗址的发掘到寺、庵、塔、庙、宫、观、祠堂、宫殿、寺庙、会馆、桥梁、戏楼、古台、古关、古寨、作坊、古地名、古战场、古县衙、园林、名人故居、民居、石窟、碑刻、皇陵、名人墓葬、壁画墓、古国、古城址等各类古文化遗存,都从不同侧面反映了中国古代政治、经济、宗教、文化等许多领域的发展变化,为绵延的嵩山历史文化增添了无穷的内涵。

通过嵩山地域古文化遗存的考察及古文化遗址的发掘,嵩山古文化遗存呈现出以下几方面的特点和优势:

一是嵩山地域古文化遗存是全国最密集的地域,且属于世界文化遗产、全国重点文物保护单位和省级文物保护单位的数量之多,密度之大,在全国来说首屈一指。

二是嵩山古遗存的时代跨度长,且连绵不断。从五六十万年前的旧石器时代,后经新石器时代的裴李岗文化、仰韶文化、龙山文化及夏、商、周、秦、汉、两晋、南北朝、隋、唐、五代、宋、元、明、清,历代文化遗存应有尽有,从不间断,完全是中华民族史的一个缩影。

三是嵩山古文化遗存价值高,有许多是全国之最的项目,如新石器时代的裴李岗文化遗址,就是以新郑裴李岗文化遗址命名的,作为中国新石器时代文化的较早遗存,拉开了中国农耕文化的帷幕,孕育了中华民族近万年的农耕文明。仰韶文化遗址在这里的发掘也是非常密集,考古学上的黄帝文化与仰韶文化中晚期相对应,黄帝都有熊文化与仰韶文化晚期大河村类型相对应的研究与发现,都证实了嵩山地域作为中华民族发祥地的历史源头地位。夏商周文化遗址成为断代的标尺,已发现的夏朝都城遗址——登封王城岗古城址(禹都阳城)、偃师二里头遗址(夏都斟鄩);商朝都城遗址——偃师商城遗址和郑州商城遗址；西周东都洛邑遗址和东周都洛邑遗址，更是有力地证明了黄帝文化及夏、商、周部族文化是嵩山文化中的先导与核心。

四是嵩山古文化遗存种类丰富多彩。从新、旧石器文化遗址的发掘，到以宗教文化为代表的古建筑遗存；从古国古城址的遗存，到古代书院、会所、桥梁、作坊、古台、古关、古寨、古县衙、古园林；从名人故居、民居、到皇陵、古墓葬、石窟、碑刻等，几乎是涵盖了整个古代社会的方方面面，完全是社会发展的生命根基，是我们宝贵的精神家园。

五是历代名人史迹众多。据本套书中的《嵩山名人传》一书，就收入了几千位名人的史迹，如伏羲画八卦之处的洛汭，轩辕黄帝故里新郑，大禹治水太室与少室、龙门、崇国、禹都阳城等，周公营建的洛邑及周公庙、周公测景台及周公祠，周武王祭祀嵩山太室祠，老子写《道德经》的嵩山，孔子入周问礼的洛阳，等等，这些历史遗迹犹如撒在嵩山地域上的灿烂明珠，光芒万丈，闻名遐迩。

在历史发展的进程中，嵩山地域各个时期的文化发展一脉相承，具有自己的优良传统，而各个时期的文化在全国又一直居于人类领先地位，这些源于人类早期的文明现象和各个时期的文化成果，是永远的嵩山文化的滥觞，内涵着嵩山文化的历史见证和生存发展的精神基因，蕴含着中华民族特有的人生价值和思维方式，体现着中华民族的想象力和创造力，是人类智慧的结晶，是不可再生的珍贵资源。

## 第五节　嵩山文化的影响与历史地位

嵩山文化在中华民族的发展进程中，不仅是最先进入文明时代的先驱，而且一直是华夏文明的策源地，黄河摇篮的核心。因此，对中国乃至世界人类的发展和进步，产生了巨大的影响，在中国古代文化史上占有崇高地位。

学术界对中国古代文明的起源存有论争。有黄河摇篮说和遍地开花论，即一元说和多元论之论争。但对中原文化的认识是一致的，那就是在中国境内的各区域文化中，"中原夏人地区发展速度最快，水平最高，在全国处于领先地位。"考古研究证明，"到了河南龙山文化晚期即夏代初期，已经出现了文字，青铜礼器与城市，最先进入文明时代。"而处于中原腹地，也就是黄河摇篮心脏部位的嵩山文化，则是其核心，在中国古代文化发展史上，始终发挥着轴心的主导作用。

嵩山文化是黄帝与华夏部族以及后来的商周部族为主体的文化系统。嵩山地域的黄帝华夏部族和东夷、苗蛮等部族有过战争和交往，也有着不同文化的交叉和融合。嵩山地域大量的远古创世神话可以证明这一点。黄帝是母系转向父系氏族社会的部落首领，也是由氏族部落转向"部落联盟"的古帝。在原始社会，是黄帝联合炎帝，战胜蚩尤，结束了战争，统一中原部落，奠定了中华各民族先民的大团结、大统一的基础。黄帝时代的文化发展对后来的中国文化的发展有很大的影响，许多后来的思想观念都可以追溯到这里，特别是后世的一些思想家和宗教家都以黄帝为其思想渊源和崇拜对象。尤其是黄帝时代所奠定的农业生产成为后来中华民族生存的经济基础，为中华文明这棵根深蒂固、花繁叶茂的参天大树提供了深厚肥沃的土壤。

黄帝的年代约为公元前4420～前2900年。黄帝时代所对应的考古学文化主要是仰韶文化（前5000年～前3000年）的中晚期。在考古学上被称为距今7000～5000年以前仰韶文化时期，相当于炎帝和黄帝时期,正是中国原始社会发生重大变革的时期,是中国社会由农牧业经济过渡到以农业经济为主的时期。仰韶文化遗址是分布在黄河中下游地区的一种新石器时代晚期文化,涵盖了母系氏族社会从繁荣到解体甚至迈入父系氏族社会门坎的漫长发展历程。

嵩山地域有着相当密集的新石器时代的文化遗存,又是最早使用青铜器和铁器的地区,这里有最早的城址和刻画文字。自中华人民共和国成立以后,嵩山地域在基本建设中发现了很多处新石器时代聚落遗址,其中嵩山地域的新石器早期文化是裴李岗文化,在此基础上形成仰韶文化、龙山文化、二里头文化等,确立了黄河中下游新石器时代文化的考古编年序列,反映了嵩山地域原始社会时期的繁荣景象。

黄帝治国

从考古学而论,嵩山地域的古文化系统——裴李岗文化、仰韶文化、河南龙山文化与夏文化,和黄河上游的文化系统——仰韶文化、马家窑文化、齐家文化,黄河下游的文化系统——北辛文化、大汶口文化、山东龙山文化,河北地区的磁山文化,长江中游的文化系统——大溪文化、屈家岭文化、湖北龙山文化等,在历史上都有过交叉和渗透,关系比较密切。

考古发现嵩山地域是我国早期农业发达的地区之一。裴李岗文化时期的农业生产已经相当发达,当时以原始农业、畜禽饲养业和手工业生产为主,以渔猎业为辅的原始氏族社会。在仰韶文化时期,其房屋建筑、生产方式都有了大的改变,人们以畜牧、渔猎和采集为一体,不但以各种磨制石器作为生产工具,而且在烧制红陶、彩陶为特色制陶业有了大的发展。到河南龙山文化时期,是父系社会由新石器时代向着青铜时代发展过渡的时期,锄耕农业得到了飞跃性的发展,使生产关系开始有所改变,生产力有了大的提高。荥阳娘娘寨遗址,还发现了水井、陶窑。汝州李楼遗址还出土了炭化稻米标本,并确认是人工栽培的籼型稻和粳型稻,这表明河南龙山文化的农业生产是以粟作为主,兼营水稻和其他粮食作物的多种经济。农业的发展为家庭副业及畜牧业的发展提供了有利条件,促进了手工业与农业进一步的分离,为嵩山地域走向文明奠定了物质经济基础。因此,当中国其他地区尚处于蒙昧野蛮时代时,而先进的嵩山地域已经率先迈入文明的门槛。

嵩山地域对周围其他处于野蛮时代的地区,具有强大的吸引力和影响作用,先进的嵩山文化冲击着周围各文化区域,使其原来那种地域性发展进程被打断,从而与嵩山文化紧密相关,受其直接影响,促使周围其他地区生产的发展和文化的进步。特别是那些社会发展已达到文明时代门槛的地区,加快步入文明时代,并同时汇入中国古代文明这一总体进程之中,从而使中国古代文明区域随历史发展而逐步扩大。

夏朝的建立,标志着我国早期国家的产生,标志着我国进入文明时代。在此基础上,嵩山地域继尔成为夏、商、周王朝的中心活动区,在历史发展中,这一地域的先进文化逐渐向四周辐射,对周围地区乃至边远地区产生了很大影响。发生于东周时期的孔子入周向老子问礼,就说明了创始于嵩山区域的周公姬旦的礼乐制度对其它地区的影响。东汉时期的经学,魏晋时期的玄学,南北朝及隋唐时期的佛学、宋代的理学等等,都以嵩山地域为中心向四周传播,对其他地区产生了重要的影响。与此同时,嵩山文化在与周围地我的交往和联系中,不断地吸收其他区域文明中的优秀的文化因素,充实并加强自身的文化,使嵩山文化更加先进,而最后就像是百川入海一样,形成统一的华夏民族的民族文化体系。

此外,在历史上发生多次的民族迁徙过程中,嵩山地域不仅吸收了外来的文化,同时也将自己的文化传播、参透出去,在发展了自己的同时,也影响和带动了周围文化的进步。

嵩山地域在历史上是中国建都最早、朝代最多、地点最密集,都城历史最长的一个地域。从黄帝时期开始,以后朝代陆续在这里建都。史料记载:黄帝都新郑(新郑),禹都阳城(登封),启都阳翟(禹州),太康、仲康、夏桀的都城斟鄩(偃师),商都西亳(偃师),商都郑州(郑州),西周东都洛邑(洛阳),东周都城洛阳,郑国都城新郑(新郑),韩国都城阳翟(禹州),以及西汉、东汉、曹魏、西晋、北魏、隋朝、唐朝(东都)、武周、后梁、后唐、后晋均以洛阳为都城。在陪都制度上,洛阳先后有新王莽东都,隋朝东都,五代十国西都、西京,北宋西京、西都洛阳,金代的中京金昌府洛阳。从漫长的历史发展看,嵩山地域是我国的政治、经济、文化的中心。如果说远古时代嵩山地域的黄帝华夏部族文化主要依靠它自身的先进性对其他地区施加的话,那么进入阶级社会以后,嵩山地域的经济、科技、礼乐政刑和教化,则主要是由统治者采取行政手段,推广到其他地区。这就决定了嵩山文化既带有地域性,也带有全国性,远非一般的区域性文化所能比拟。

嵩山地域以优越的地理条件,不仅孕育了远古文化,创造了夏文化,而且还孕育了周文化,应是嵩山文化的重要内容,也是以后儒家思想形成的基地。在孕育我们祖先文化中,经历了反反复复的变异之后,从河图、洛书、太极八卦始到东汉、魏、晋的传统文化的大业,从辉煌的汉唐文明到宋儒理学,从上古至中古,几千年的哲学、政治、经济思想、伦理道德、民族习惯以及天文、历数、历史、文学、艺术甚至中国的医学原理,无不受到这一传统文化的深刻影响,可以说包孕了中国整个文明史的生成、发展、兴盛的历史过程,这是中国古老文明的结晶,也是中华民族文化的核心,在中国古代文化的发展过程中,始终发挥着轴心的主导作用。所以说,中岳嵩山是中华民族的族根,嵩山文化是中国传统文化的源头与核心。

同时,嵩山文化作为华夏文化的代表,从她创立到形成,在数千年的发展中经历了多民族文化及外来文化的融合与发展,嵩山文化的构成虽然重迭交叉,常有异化分离,但最终以汉民族文化为主体、以儒家学说为代表,以儒道释三教文化为精髓,形成了统一性与多样性相结合的发展态势,使起着主导作用的正统文化始终树大根深,枝繁叶茂。

我国文化发展的趋势是由黄河流域进而发展至长江流域、珠江流域以及辽河流域。由此,而形成的以黄河中游为中心的中原论,以长江中游为中心的荆楚文化,与珠江流域为中心的闽粤文化和以辽河流域为中心的东北文化,即学术界称之为四大块。而居于嵩山地域的华夏先民所创造的嵩山文化,则是以中原文化为代表的黄河文明的核发和发祥地,是在全国率先进入文明时代的先驱。因此,我们说,嵩山文化就是中华民族的摇篮文化。

# 第九章 山野

中岳嵩山山势雄伟，群峰耸立，层峦叠嶂，景色诱人，是中国大山中山龄最长的名山。嵩山历经多次地壳运动，形成了群山耸峙、拔地腾霄、巍峨秀丽、奇峰异谷、断壁悬崖等复杂多变的断块山地的地形地貌特征，孕育了千奇百怪的山峰、丘陵、盆地、峡谷、平原、怪石、洞穴等奇特的山野风光，构成了嵩山独特而美丽的自然景观。

## 第一节 山野

在庞大的嵩山山系中，以少林寺河分界，东为太室山，西为少室山。太室少室各有36峰，共有72峰，各峰皆有名有典。太室为嵩山的主山，论及山的气势，多就太室而言，即谓"大抵嵩山，胜在气概"，但细细观察，两山又各具特色。明代傅梅在《太室十二峰赋》中，对两山的特点曾作过如下比较：太室山"雄伟而丰"，少室山"森削而秀丽"；太室山"广阔以能容"，少室山"挺拔以自异"。嵩顶为太室主峰，因《诗经·大雅》有"崧高维岳，峻极于天"之句，故唐宋以后，改称嵩顶为峻极峰。太室和少室虽为二山，但又毗连，其相接之处，在登封县市西北的崿岭口，古称轩辕关，为古今交通要冲。

按嵩山系列山脉说，大大小小的山脉都有其名，但按其大的山脉分布来讲，本章只选择在当地来说是主要的或有名山脉，而夹在主要山脉中或旁出的小山峰或小山，这里就不再一一列名。

嵩山山野

## 一、山脉

### (一) 太室山及三十六峰

太室山,位于登封市北部与巩义市、偃师市的交界处。太室山东起猎渔沟,西至崿岭口,北至倒拜沟,南至中岳庙,长15公里,宽11公里,面积60平方公里,主峰海拔1492米。五指岭在东,轩辕山居西,颍河位南,黄河、洛水在其北。太室山胜景多在山阳,绵亘横阔,高耸如立。由山阳正面望之,浑沦端整,如长城障天,不见崚嶒参差之势。及登绝顶,周遭俯瞰,峰岭纷出,脉络分明,如乔木卧生,枝干历历可指。日初出时,看见海气天晴,北多峻阪,东多断峤,西多重嶂。至其大洞、深穴,处处有之。太室山体呈西南至东北走向,状如巨龙横卧,自古有"嵩山如卧""嵩如眠龙"之说。岭脊较为宽阔,且多横向山岭。岭脊地带山势高峻,不少山峰海拔多在1000米以上,如太室山1492米,五指岭1215.9米。岭脊两侧及东部边境,山势低缓,低山丘陵分布广泛。在地质上,为前寒武纪地层经"嵩阳""中岳""少林"三次造山运动,又受"燕山"运动影响断裂而成。山表属棕壤土类,南麓为褐土类,山体属嵩山石英岩体。

太室山有36峰。宋代时由登封知县楼异定名为24峰,后由明代登封知县傅梅新增太室12峰,共为36峰,与少室山等数,以后称嵩山二室有72峰。这些山峰都是根据其座落方位、形状、外貌、名人遗迹、神话传说而命名。古人有诗这样描绘了太室山与少室山:"巍乎太室何嵯峨,傍曰少室差肩磨。总号嵩高几千丈,覆压百里睨洪河。"

1. 峻极峰

位于登封市城北6公里处。俗称嵩顶或中顶,也称华盖峰。旧志云:势覆诸峰,为最高,故名华盖。居太室36峰之中,故称中峰。

峻极峰面积1平方公里,海拔1492米,为太室山最高峰,取嵩高峻极之意为名,登上峻极峰可环顾群峰。大周武则天、清高宗爱新觉罗·弘历制碑于其上,故峻极峰亦称"御碑峰",亦称"御碑尖"。峻极峰西北面为深涧,东南面向下倾斜30~40米,500米处有东天中池,西南300米处有西天中池;南200米有天爷庙一所。

峻极山景

### 2. 青童峰

位于峻极峰138°18′方向3051米处,海拔905.0米。汉武帝游嵩山时至此,遇二青衣童子捧书迎驾,故名。

### 3. 黄盖峰

位于登封市北部,峻极峰152°48′方向5377米处,海拔635.9米,中岳庙在峰南之下。相传汉武帝登嵩山时,有黄云盖顶而名;又因山小峰尖,俗称小顶山。京房《易飞候》曰:"黄云如覆车,大丰也。"《东方朔别传》曰:"凡占,长吏下车,当视天,有黄云来覆车,五谷大熟。"黄盖峰南起中岳庙,北通青岗坪。前寒武纪地层经"嵩阳""中岳""少林"运动推挤断裂而成。山体属嵩山石英岩,山表属褐土类,遍植栎、柏、刺槐等,覆盖率48%。

### 4. 浮丘峰

位于峻极峰162°50′方向4278米处,海拔880.9米。因古代仙人浮丘公曾隐居此山而得名。

### 5. 三鹤峰

位于峻极峰136°40′方向562米处,海拔1414.0米。道士李八百炼丹于此,有三白鹤翔其峰上,故名。

### 6. 遇圣峰

位于峻极峰160°40′方向3942米处,海拔930米。汉武帝登嵩山遇仙人,高约1丈2尺,两耳垂肩,说:"吾九嶷山人,听说嵩山上有石上菖蒲,一寸九节,吃了可以长生不老,特来采食。"说罢忽然不见。后命此峰为遇圣峰。

### 7. 万岁峰

位于峻极峰167°20′方向3360米处,海拔999.0米。汉武帝于元封元年(前110年),登中岳嵩山太室,路过此峰时,惊闻山呼万岁声而得名,峰上建有登仙台和万岁亭,峰下建有万岁观。

### 8. 玉镜峰

位于峻极峰155°42′方向3247米处,海拔1068.0米。峰下曾出现一镜浮空,光色如玉,故名。有诗云:"皎皎冰盘营百围,广寒宫殿见依稀。春山万叠浑如洗,浮翠光中一镜飞。"

### 9. 狮子峰

位于峻极峰159°45′方向3865米处,海拔945.9米。狮子峰因山形似卧狮而得名。

### 10. 虎头峰

位于峻极峰173°50′方向2992米处,海拔964.0米。此峰如虎伸颈,状如虎头而得名。峰上有虎口崖,为唐朝高道李筌得《黄帝阴符本经》处。

### 11. 起云峰

位于峻极峰152°20′方向1370米处,海拔1334.7米。因该山峰每出云,必下雨,故名。

### 12. 凤凰峰

位于峻极峰168°05′方向2510米处,海拔1005米。唐高宗游嵩山时,有凤凰集于其上而得名,亦称凤凰台。

### 13. 金壶峰

位于峻极峰174°06′方向887米处,海拔1285.6米。据史料记载,老子在嵩山老母洞撰写《道德经》。其中,《王子年拾遗记》有奇异的详细记载:"老君居景室之山,与世人绝迹,惟与老叟五人,或乘鸣鹤,或着羽衣,共谭天地之数。所撰《书经》,垂十万言。有浮提国献神通善书二人,乍老乍少,隐形则出影,闻声则藏形。时出金壶器四寸,上有五龙玉检,封以青泥。壶中有墨汁,状若淳漆,洒地及石,皆成篆、隶、蝌蚪之文,记造化人伦之始,辅佐老子撰《道德经》,垂十万言,写以玉牒,编以金绳,贮以玉函。及金壶汁尽,二人乃欲刳心沥血以代墨焉。"《道德经》成,二人不知所往。《仙传》云:老子以金壶墨泻经峰下,余墨洒林,皆黑也。《道书》云:"洛州景山,太室、少室也。"太室山有金壶峰,源于源于老子居嵩山用浮提金壶墨撰写《道德经》泻墨峰壁而得名。

### 14. 玄龟峰

位于峰极峰347°48′方向410米处,海拔1477.8米。亦称元龟峰,取北方玄武之义。山形如龟,且多墨石,故名。

### 15. 卧龙峰

位于峻极峰294°55′方向3783米处,海拔1440.2米。其峰势蜿蜒,状似卧龙,故名。有诗云:"头角低回薛蔓封,蛇蜒端似卧真龙。旱干岁祷多灵应,时见油云出此峰。"

### 16. 会仙峰

位于峻极峰298°13′方向2113米处,海拔1441.0米。因汉武帝登嵩山时见有八仙奕棋于此,故名。据《嵩书》卷三,山顶有汉八仙坛,唐武则天时重修。

### 17. 子晋峰

位于峻极峰209°42′方向5582米处,海拔1073.0米,周灵王太子晋跟随浮丘公学道30余年于此而得名。上有饮鹤池,下有太子沟、太子庙、太子池。

### 18. 玉柱峰

位于峻极峰217°55′方位911米处,海拔1229.4米。该峰直立如柱,挺拔陡峭,近观直插云天。

### 19. 老翁峰

距峻极峰222°25′方向1288米处,海拔1010.9米。峰巅有石,高50丈。老翁峰因山形青苍瘦劲,佝偻天成,俨然如翁而得名。有诗云:"翳雾埋云皓首翁,难将书传考前踪。商山羽翼朝家后,化作中天一石峰。"

太室山风光

### 20. 玉人峰

位于峻极峰215°50′方向310米处,海拔1443.7米。汉武帝于峰上得玉人,高5寸,色甚光润,为庙神之像,传为明公。

### 21. 玉女峰

位于峻极峰229°05′方向563米处,海拔1365.3米。北宋诗人楼异曰:峰北大石如玉女,上有天篆七字,人莫能识。

### 22. 金匮峰

金匮峰,又称独秀峰。位于峻极峰290°50′方向2921米处,海拔1405.0米。金匮峰其状方形,石如金色,因形似金匮而得名。

### 23. 积翠峰

位于峻极峰258°12′方向4192米处,海拔892.0米。积翠峰因峰多碧石而得名。此峰且草木独茂,名刹会善寺在其峰下。

### 24. 太白峰

位于峻极峰295°40′方向6571米处,海拔936.0米。太白峰在岳西太白一方,或云峰上多白玉石,或言金星帝在上而得名。太白,庚星也,于五行属金。位于太室山之西。

### 25. 鸡鸣峰

位于峻极峰125°48′方向2880米处,海拔997.0米。《纪异》云:"嵩岳东北,一峰号鸡鸣峰,五更之初,便见日出。卢鸿勒铭其上"。当地群众称羊旦山。

### 26. 春震峰

位于峻极峰87°46′方向1895米处,海拔1020.0米。此峰在太室山正东,于方为震。往下有龙潭,雷乃发,声自此峰始,故以春震命名。

### 27. 悬练峰

距峻极峰 124°40′方向 3806 米处,海拔 733.0 米。卢崖寺后有卢崖瀑布,此峰踞其上,从下边观望,如瀑布从上至下,如白练高悬。

### 28. 周道峰

位于峻极峰 143°00′方向 3538 米处,海拔 762.3 米。在黄盖峰之后。汉、唐帝王登嵩山,乘座舆经过此地。老百姓称为御路。

### 29. 胜观峰

位于峻极峰 160°30′方向 2580 米处,海拔 1161.5 米。在此峰望嵩阳形胜,一目了然。道边有古时凿出的圆孔数处,人称"槊旗孤朵"。

### 30. 石幔峰

位于峻极峰 159°10′方向 1920 米处,海拔 1104.0 米。陡峭高矗,壁立千仞。其南峭直而围圆,上接云端如幔垂。游人从下经过如行幔中。

### 31. 松涛峰

位于峻极峰 147°48′方向 410 米处,海拔 1407.0 米。前边为白鹤观。该峰形如龙鳞,峰上古松覆盖,长风吹来,满山松涛滚滚,借以命名。

### 32. 河带峰

位于峻极峰 314°57′方向 797 米处,海拔 1487.0 米。比峻极中峰稍低,踞其上北眺黄河如带。

### 33. 桂轮峰

位于峻极峰 137°38′方向 870 米处,海拔 1336.7 米,亦称天门峰。其西有法王寺。峰顶为两崖对峙,中豁如阙,故称天门。中秋,在法王寺中望月,月从此出,古人将此景谓之"嵩门待月"。登其上南望诸山,皆在百里之外。峰西有蝌蚪岩,为汉张芝获蝌蚪古书的地方。

### 34. 立隼峰

位于峻极峰 276°50′方向 3488 米处,海拔 1220.2 米。山峰之巅有一石如砥柱之状。万里晴空,常有立隼居其上。

### 35. 观香峰

位于峻极峰 287°50′方向 4165 米处,海拔 1371.0 米。在太室山之西,南边有永泰寺。世传周灵王太子晋入嵩山学仙,其妹亦从晋入山。兄妹不相见,惟通水道于地下,筒中传书,授受道术。今耕者常于峰下得石槽拉连。相传,王子晋实有妹名王观香,是宋姬所生,亦白日升天。因名观香峰。

#### 36. 望都峰

位于峻极峰293°46′方向4952米处，海拔1284.0米。位于太室山西北最远之山峰，可望东都洛阳而得名。《纪异》云"岳之西北一峰号望都峰，天气晴暖，可望见洛阳。隐如车盖之状，卢鸿勒铭其上"。

### （二）少室山及三十六峰

少室山位于登封市北部，于太室山西偏南，相距8公里，峰壁耸立，形似凤舞。《郡国志》云："少室，一名负黍山，有负黍城在其南，故因山以名城。"《金史》：金宣宗曾置御寨于山上，亦称御寨山。少室山东有少林河，西至草庙沟，北起崿岭口，南至水磨湾，东西长9公里，南北宽10公里，面积58平方公里，海拔1512米。少室山体东西走向，岭脊狭窄，山势险峻，突出的山峰海拔多在1000米左右，如万安山937.3米，小槐树山948.3米，马鞍山1258.1米，香楼寨1303米。少室山主峰连天峰（御寨山）为嵩山最高峰，海拔1512.4米。连天峰，自南望之，峰顶若莲，俗名九顶莲花寨，又名御寨山。唐人作《石淙》，序

少室山群峰

有"少室若莲"之句，至今远近之人亦有称少室为九顶莲花寨者。在地质上，为前寒武纪地层经"嵩阳""中岳""少林"三次造山运动，又受"燕山"运动推挤扭曲而成。土壤以褐土为主，山阴为棕壤土。林木覆盖率47%。

少室山36峰与太室诸峰并峙，山势磅礴，陡峭峻拔。少室山36峰分布为东有13峰，南有11峰，西有12峰。各峰拔地接天，悬崖绝壁，合沓突兀，险奇雄秀。

少室山东13峰：

#### 1. 连天峰

位于登封市西北9公里处。连天峰，俗称摘星楼，为少室山主峰，也是嵩山最高峰，面积1平方公里，海拔1512.4米。峰势独高，自下向上望之，仿佛此峰连天接地，因而得名连天峰。山顶宽平，分上下两层，并有四天门之险。古有诗："天连嵩岭岭连天，晓抹青云晚带烟。且说匡庐高万丈，与天连也未相连。"

#### 2. 迎霞峰

位于连天峰95°50′方向2182米处，海拔1138.1米。为朝霞最先照到的山峰。

#### 3. 朝岳峰

位于连天峰116°40′方向2516米处，海拔976.0米。以东望岳祠有朝拱之状而故名。赋云："东

朝岳祠,俨百神兮。"

### 4. 太阳峰

位于连天峰 49°00′方向 2678 米处,海拔 1086.5 米。峰顶高敞,日光普照。有诗云:"榻摇经影来山麓,锡柱晴光出岭头。独步高明时正午,顷令万壑失阴幽。"

### 5. 少阳峰

位于连天峰 63°35′方向 2162 米处,海拔 1077.0 米。比太阳峰稍低。早晨太阳出来,必先及之。下有少阳河,东南入于颍。赋云:"太阳少阳,山之明兮。"

### 6. 明月峰

位于连天峰 40°00′方向 1958 米处,海拔 1240.0 米。宋登封县令楼异注云:峰中时现圆象如满月。或曰在太阳峰的西边,因相对峙,故名明月峰。

连天峰

### 7. 紫霄峰

位于连天峰 78°40′方向 575 米处,海拔 1488.0 米。因其峰如紫霄状而得名。自东望紫霄峰与连天峰相依并矗,直刺云天,且双峰高挂天上,亦称并玉峰。

### 8. 天德峰

位于连天峰 88°00′方向 2160 米处,海拔 1019.4 米。山峰上,有石文呈天然"帝"字,旧名帝字峰,后改为天德峰。

### 9. 檀香峰

位于连天峰 50°15′方向 1483 米处,海拔 1271.0 米。山峰有檀树,木紫而香。

### 10. 丹砂峰

位于连天峰 34°02′方向 3767 米处,海拔 886 米。山峰为红色石英岩,也产丹砂。古人云:"檀香丹砂,宝所钟兮。"

### 11. 玉华峰

位于连天峰 65°28′方向 1917 米处,海拔 1039.8 米。又名玉华山。峰上有质地细腻美润的白色云母。清《嵩山旧志》曰:峰上常有金玉气。

### 12. 药堂峰

位于连天峰 92°58′方向 772 米处,海拔 1273.1 米。此峰多产药草,美而称之曰堂,故称药堂峰。

### 13. 白道峰

位于连天峰69°28′方向430米处,海拔1485.0米。古时有隐士白道猷居此峰,山峰上有白道人洞,高邃险绝,人迹罕至。

少室山南11峰为:

### 14. 金牛峰

位于连天峰128°45′方向3040米处,海拔642.0米。金牛峰因颜色金黄,状如卧牛而得名。

### 15. 宝柱峰

位于连天峰209°28′方向800米处,海拔1387.0米。宝柱峰以石头多色,屹然如柱而得名。古人云:"玉华宝柱,金石莹兮。"

### 16. 卓剑峰

位于连天峰11°40′方向361米处,海拔1495.0米。山峰形如宝剑,卓立地上。有诗写卓剑峰,其状为"一峰卓立列嵩中,紫气腾腾射斗虹。昨夜洞宾经过此,却遗长剑倚崆峒。"

### 17. 清凉峰

位于连天峰206°27′方向1157米处,海拔1159.0米。峰下有清凉寺,寺因山而得名。

### 18. 宝胜峰

位于连天峰207°18′方向2662米处,海拔729.0米。峰下原有尼姑寺,亦名宝胜寺,寺因山而得名。

### 19. 紫薇峰

位于连天峰197°28′方向297米处,海拔1451.5米。此峰上多有野生紫薇花。古人云:"药堂紫薇,花草灵兮。"

### 20. 紫盖峰

位于连天峰74°50′方向758米处,海拔1499.0米。华盖峰因峰色多紫,云烟中如仪士亭立,似幢盖之状而得名。

### 21. 翠华峰

位于连天峰34°58′方向242米处,海拔1507.0米。翠霭华茂,以其形状及颜色而得名。

### 22. 琼碧峰

位于连天峰232°50′方向388米处,海拔1487.0米。峰上石头光滑玉润,日出照射,明亮耀眼,故名琼碧。古人云:"瑞应琼壁,祥光纷兮。"

### 23. 凝碧峰

位于连天峰46°24′方向1162米处,海拔1410.2米。山峰上多碧石,下望苍翠之色耀眼夺目。

### 24. 瑞应峰

位于连天峰157°13′方向798米处,海拔1018.5米。相传有神人在其山峰上,通体红色。

### 25. 望洛峰

位于连天峰292°30′方向867米处,海拔1393.8米。登其山峰之巅,东都洛阳依稀可见。古人赋:"西望洛邑,郁千宫兮。"有诗云:"凭高懒上三山顶,望远偏惊两月空。试向此间登眺处,洛阳形胜在嵩中。"

少室旭日

### 26. 石城峰

位于连天峰293°41′方向1821米处,海拔1250.0米。因该峰山石壁立,自下望之如城而得名。

### 27. 石笋峰

位于连天峰339°10′方向1358米处,海拔1177.0米。其峰尖直挺出,其状如笋。古人云:"石城石笋,天所形兮。"

### 28. 钵盂峰

位于连天峰350°00′方向2080米处,海拔958.0米。钵盂峰因峰顶圆平,石表土中,状如钵盂而得名。峰上建有少林寺二祖庵,庵内有酸、甜、苦、辣四孔井。

### 29. 香炉峰

位于连天峰262°45′方向3090米处,海拔1302.2米。在登封市北部,君召乡东北境。香炉峰因突兀上平,形似香炉而得名。

少室山山体

古人曰:"钵盂香炉,状所肖兮。"该峰东临御寨山,西有马鞍山,南接挡阳山,北界偃师市。山体属嵩山石英岩,为褐土类。山坡植栎、栗、山槐、化香、枫杨等林木,覆盖率55%。矿藏主要有石英岩、花岗岩等。颍河支流后河源于南麓。

### 30. 罗汉峰

位于连天峰25°10′方向1565米处,海拔1256.0米。其峰因形状如罗汉而得名。

### 31. 系马峰
位于连天峰266°17′方向3428米处,海拔1228.7米。系马峰因山形像拴马柱子而得名。此峰下有拜涧河,乃王子晋升仙遗马于此,而人拜之也。或曰拜马涧,在缑氏山。

### 32. 七佛峰
位于连天峰12°00′方向2390米处,海拔963.0米。峰峰连接,似七尊佛像。

### 33. 灵隐峰
位于连天峰255°48′方向3269米处,海拔1166.0米。传为群仙所隐居的灵境之地,故曰灵隐。

### 34. 来仙峰
位于连天峰248°05′方向3400米处,海拔1064.0米。峰上有大洞,传为仙灵居住的地方。古人作赋:"灵隐来仙,洞府深兮。"

### 35. 白鹿峰
位于连天峰307°25′方向610米处,海拔1456.7米。当地人常见有白鹿在山峰游乐,寻又不见,疑是仙鹿。古人云:"系马白鹿,神仙众兮。"

### 36. 白云峰
位于连天峰5°35′方向413米处,海拔1499.0米。岫中不时出现白云,山民祈雨,若见岩谷生雾,三日内必下雨,屡屡应验;若见片云朵朵,油然入谷,白云转瞬忽失,知天必晴。

## (三)嵩山山系其它山脉与山峰

### ◆乳头峰
位于新密市尖山乡东北部,神仙洞上方。浮戏山上有两座对应的山峰,远望酷似两个乳头。相传,这是黄帝之妻嫘祖等候黄帝的地方。嫘祖为纪念黄帝修行之地,特意在此点化而成,示意哺育万民。神泉和庙子柏池的水就是两个乳头溢出的乳汁。乳头峰上有裸露的石头最为奇妙,游人敲击石头能听到清脆悦耳的声音,因名"灵石"。善男信女多为婚姻美满或是生儿育女来至此处敲击灵石,以求如愿。

### ◆邙山
亦称邙岭,周代称郏山,北魏称芒山、北芒,孝明帝以后作邙山。位于黄河以南,陇海铁路以北,西起三门峡,东至伊洛入河处,连绵200公里。石珍河岸和云罗山以东,东止京广线,东西绵延方向延伸100公里。《中国古今地名大辞典》中"北邙山"条云:"在河南洛阳县东北,接孟津、偃师、巩三县界。亦作芒山,一名郏山;又名北山,亦作北芒。后汉城阳王祉葬于北邙,其后王侯公卿多葬此。后魏命代人迁洛者,翻葬邙山。《水经注》洛阳谷门,北对邙阜,连岭修亘,苞总众山,始自洛口,西踰平阴,悉芒垄也。旧说此山是陇山之尾,乃众山总名,连亘400余里。"

其特点是整个山体被黄土覆盖,顶面宽阔平缓,南北两坡陡峻,沟谷发育具有较典型的黄土地貌特征。以伊洛河为界分为两部,西段界于黄河谷地与涧河谷地和洛阳盆地之间,海拔在450～250米左右。东段叫北邙山,由黄河南岸的黄土低山丘陵组成,分布在汜水东北部,北陡南缓,海拔在180～250米。这里有许多古代帝王陵墓,古有"生在苏杭,葬在北邙"的俗语。这里紧靠黄河,山势雄伟壮丽,是嵩山地区最为著名的浏览胜地。

◆ 五乳峰

五乳峰位于登封市西北11.5公里,与偃师市交界线上。自嵝岭口向西南迤至少室山,为太室、少室联接部,形如5个乳房,故名,亦称五乳岭。长3.5公里,面积3平方公里,海拔932米,南端东侧有梯子沟,少林河发源于此。峰东侧为嵩山风景区少林寺景区等。

嵩山除太室、少室各36峰外,五乳峰是嵩山非常著名的一座山峰。

五乳峰

◆ 具茨山

又名大隗山、七堌堆,亦称苤䯄山、大䯄山、七峰山。因黄帝曾在此山间得道于大隗而得名。系伏牛山系嵩山余脉,位于新郑市西南千户寨乡及观音寺镇南部,在新郑、新密、禹州三市的交界处。新郑至新密公路从此经过。此山东西长14公里,南北宽3.5公里,面积49平方公里。《山海经》中所记:"(敏山)又东三十里,曰大隗之山。"《汉书·地理志》载:"密,故国,有大隗山。"唐李吉甫《元和郡县志》:"大隗山在县(密县)东南五十里,本具茨山,黄帝见大隗于具茨之山,故亦谓大隗山,溱水出于此。"《大清一统志》:"大隗山,在禹州北,亦曰具茨山。相传,黄帝曾问道于此。《开封府志》:"大隗山在禹州北40里,接密县东界、新郑县西南界,有轩辕避暑洞,其顶有风谷。"

大隗山山体石质为下元古代前震旦纪千枚岩、石英岩、石英片岩、硅质灰岩组成。山体从新郑的岳口向西绵延,经石固堆、老山坪、风后岭、七谷堆、尖山等山峰入新密市境,形成一天然屏障,山势险要,为历代兵家必争之地。《水经注》载:"大隗山即具茨山也,黄帝登具茨山。"

主峰风后岭,位于新郑市千户寨乡西部,海拔高793米,山峰周围皆悬崖峭壁,唯东南石门下有一人工凿的83级台阶可登顶峰。

清顺治、乾隆年间的两个版本的《新郑县志》均说:"轩辕庙在县西大隗山巅。""从古至今,每年三月三日,新郑、密县、禹州等地大批群众,登具茨山朝拜黄帝祭祖。"

◆ 浮戏山

系伏牛山系嵩山余脉,位于嵩山北麓,今巩义市、荥阳市、登封市、新密市交界地带。一名戏童山,古称大方山、玉仙山、老庙山、阳城山、寒战山、五指岭、五枝岭。其中,老庙山之名,因有玉仙庙、老君庙而得名。五指岭南之名,因山上有一峰,上面有5个石柱并立,状如五指而得名。浮戏山名,《山海经》称浮戏山。以群山拱峙,烟霞弥漫,晨视则烟环雾绕,风动犹如凫戏云海,而得名。

浮戏山，春秋时期郑国地。道人张道陵、寇谦之曾修练于此，为道教之圣地。五指岭西接嵩山太室，北到巩义、荥阳、郑州市郊接邙山，往南至登封、禹州的颍水北岸。往东过新密、新郑到陉山。范围约4000多平方公里，山峰均在海拔1000米以上，最高峰鸡鸣峰，位于巩、密、登交界，海拔1215.9米，峰南部断崖千尺，峰北大致呈10°~15°缓坡下降，局部山峰陡峭，直插云霄。峡谷罗列，悬崖峭壁，峰与谷间落差500~700米。山上多寨，始于宋人抗金、抗元，后为躲避兵灾之所。抗日战争时期为豫西抗日先遣支队根据地。境内风景名胜有雪花洞、老君洞、玉仙庙、小龙池等，为省级风景名胜区。巩、密公路越过东峰山腰，巩、登路直达西峰山巅。1988年后，陆续开辟了神仙洞等名胜景点，称为浮戏山游览区。

发源于此山脉的河流有罗水源于西北处，入伊洛河。汜水发源于北部，入黄河。贾鲁河发源于东北处，入颍河。黄水发源于东部，入双洎河。双洎河发源于南部，入贾鲁河。溱水发源于东南部，入颍河。颍水的东支流发源于东龙门，绕五指岭西部和南部诸山脚下流过，入淮河。

浮戏山一景

◆马鞍山

春秋战国时称大蕢山，汉时称阳乾山，今称马鞍山。在登封市西北部，君召乡北境，少室山西侧。东西走向，东连少室山，西接鞍坡山，东南有挡阳山，西界偃师市。为登封与偃师的分界线。山有三峰东西并列，长3公里，海拔1258米。中岭端正方广，东西两峰尖削拱峙，自伊川东望，西峰陡立，形如倚箔，古称倚箔山；自偃师南望，东峰状似马鞍，故名马鞍山；又因三峰并列，俗称笔架山。山南一岭，名缶高山，乃颍河、狂河两水分水岭。颍水在其东，东南流，狂水在其西，西南流，折而西流入伊水。其山产糜玉。有牛伤（亦称牛棘）草，可医治气病。《山海经·中山经·中次七经》："大苦之山……多糜玉。有草焉……其名牛伤……服者不厌。……其阳，狂水出焉。"即指此山。

因居山阳城之乾位（西北方），汉称阳乾山。《括地志》载，颍水源出洛州嵩高县东南30里阳乾山。今俗名颍山泉，源出山之东谷。其侧有古人居处，俗名为颍墟，即郦道元所注《水经》所谓颍谷也。《汉书·地理上》载："阳乾山，颍水所出。"张华《博物志》则曰："颍出少室"。由此观之，阳乾为少室之一支。该山为前寒武纪地层经"嵩阳""中岳""少林"三次造山运动，又受"燕山"运动影响而成。山体以嵩山石英石为主，次为片岩、片麻岩。以褐土为主，生长松、栎、刺槐、红榆等林木，覆盖率35%。产紫参、柴胡、桔梗、血参、山药等中药材。矿藏有石英石、硅石、花岗石、云母、麦饭石等。

◆石淙山

在今登封市东南15公里的大冶镇西南部，以石淙河流经其下而得名。其山峰秀丽，溪水环绕，为著名胜景。唐武后则天曾游于此，与群臣会饮、题诗、铭刻等，其遗迹尚存。

◆箕山

位于今登封市南部,为大金店镇、白坪乡、徐庄乡之界山。因其山形如箕,故谓之箕山。传说远古唐尧时期隐士许由葬于此山,故又名许由山。相传,尧让天下于许由,许由不受,避隐此山,山上有许由庙、许由墓。《孟子》曰:"益避禹之子于箕山之阴",亦此地也。颍水自山阴东流而去,世称箕颍。

◆三涂山

一作涂山。在今登封市西北部,即太室山西部。相传为禹娶涂山氏和他会合诸侯之地。周武王灭殷之后,欲营洛邑,观察地势,以此山为南面屏障,《尚书·益稷》载,禹"娶涂山"。《左传·哀公七年》:"禹合诸侯于涂山。"《逸周书·度邑解》:"南望过于三涂。"均指此山。

◆阳城山

俗名车岭山,又今称马岭山。秦汉至魏晋时期,指坐落在今巩义市东南、荥阳市西南、登封市东北、新密市西北接界处之五指岭为阳城山,以处于古阳城县之北境而得名。隋唐之后,由于阳城县境域缩小而南移,乃称太室山东麓,自北向南延伸之岭为阳城山。《水经注·洧水》:"水出山下,亦言出颍川阳城山,山在阳城县之东北,盖马岭之统目焉。"均指此山。清代以后,因山较低,俗称礁河岭。阳城山之名遂废。

《孟子》载:"禹避舜之子于阳城",即此地也。《国语》注云:"禹居阳城,崇高所近。"汉于此置县,属颍川郡。《周礼》疏曰:"周公欲求土中,乃立五表,以土圭测日景。颍川阳城为中表。"

汉魏时该山名又称马岭山,指今登封市卢店镇景店至新密市超化镇超化一段山体。《水经》:"洧水出河南密县西南马岭山。"

◆鄩山

位于今荥阳市广武镇北境,黄河南岸,即广武山之东段。春秋时期郑国地。周定王十年(前597年),晋楚泌之战前,晋国军队渡过黄河,曾在此山东、敖山西停留。晋国将帅与郑国使臣于此讨论作战事宜,以对付楚军。《左传·宣公十二年》:"晋师在敖、鄩之间。"即指此山。

◆三台山

位于中岳庙东北20余里。昔汉武帝东巡过此山,见三仙女,帝观之,遂以名焉。卢元明《嵩高山记》载:"山有玉女台,去汉武帝见三仙玉女,因以名台。"

◆七敏山

又名摘星楼,古称敏山,今称七敏山。位于新密市东南部,苟堂镇西南部与禹州市交界处。因敏水出其下,故名。山体东西向,东连刁嘴山,西北接火门山,长约3公里,宽约2.4公里,总面积7.2平方公里。主峰七敏山,海拔779米。山势北陡南缓,为石灰岩结构。其山古有蓟柏树,白花而赤果,服之可以御寒。《山海经·中山经》:"(役山)又东三十五里,曰敏山。"即指此山。

◆ 破荆山

古称承云山,以山上有石穴,天将雨则云雾出,故名。今称破荆山。在新密市西南部,平陌镇东南与超化镇西南交界处。相传,唐僧师徒三人西天取经返回经过洧水,过河时碰见乌龟相助,但乌龟向唐僧要真经不与,乌龟怒将唐僧的经担沉下河去,渡河后路经承云山,唐僧让徒弟将经担打开,把经取出,在山上晾晒,大风骤起,将经全部刮跑,当地百姓对唐僧失经非常惋惜,遂将承云山改名为破经山,后演变为破荆山。《水经注·洧水》:"洧水又东流,南与承云二水合,俱出承云山。"即指此山。破荆山长约3公里,宽约1.8公里,总面积4.8平方公里。主峰破荆山,海拔557.5米。山坡遍植刺槐、梨等林木。

◆ 横山

今称横岭。实为新密市北部诸山之总称。因山体为东西横列,故名。分南北二列:北列称北横山,西起米村镇北部之伞盖山,沿荥阳、新密二市界东伸,止白寨镇西北部之摩旗山;南列称南横山,西起袁庄乡中部之雷嘴山,东止岳村、白寨二镇界上之老锅岗。

◆ 开阳山

即今开山。在今新密市城关镇与袁庄乡交界处。因雪降其顶即消,故名。隆冬季节,雪降即化,形成"开阳雪霁"之佳景,为新密市八景之一。

◆ 泰山

古称太山,春秋战国时期郑国、韩国地。今名泰山,位于新郑市龙湖镇西南22公里处,系五指岭山余脉,低山,山体似乳形,长、宽各2公里,主峰海拔312米,相对高125米。《山海经·中山经》:"(少陉之山)又东南十里,曰太山。"即指此山。《山海经》泰山谓太山:"太水出太山之阳。"《水经注》:"黄水出太山南黄泉。"太水出其南坡而东南流,注入役水。承水出其北坡而东北流,亦注入役水。山上有黎草,其叶如荻树叶,花赤色,可治痈疽毒疮症。山体石质为中生代三迭纪紫红色石英砂岩,是良好的建筑材料。该山距郑州较近,战略位置十分重要。

◆ 末山

春秋战国时期郑国、韩国山名。在今新郑市郭店镇东境、孟庄镇西境。末水出其北麓。古称山上有赤金矿。《山海经·中山经》:"(太山)又东二十里,曰末山。"即指此山。

◆ 役山

春秋战国时期郑国、韩国山名。在今新郑市孟庄镇西南部。山上有"白金"、铁矿。役水出于此山。《山海经·中山经》:"(末山)又东二十五里,曰役山。"即指此山。

◆ 岇嶂山

汉魏时称捕嶂山,又名抱章山,今称岇嶂山,位于新郑市薛店镇西部。《清顺治·新郑县志》:"狍岇獐山在县北二十里。"传说山上有狍子和獐子。主峰海拔197.8米。捕章山水源于此山。《水经注·洧水》:"捕章山水注之,水出东捕章山,西流注入黄水。"即指此山。系山前丘陵岗地,山体呈南北走向,长约 600 米,宽约 200 米,面积约 1 平方公里。该山主峰海拔 198 米,相对高 45 米,山体表面起伏较小,有新生代第四纪黄土覆盖,下有新生代第三纪白色、红色中细砂岩。

◆广武山

俗名邙山,位于荥阳市北部,濒临黄河。西起汜水镇口子村,东至郑州黄河游览区,沿河长约 30 公里,为嵩山余脉。山体为次生黄土堆积,无嵯峨错跌之势,山阴俯冲黄河,峭崖壁削,山阳坡度倾斜,多南北向沟壑,最高海拔 253 米。地据南北险障,古今均为战略要地。秦末楚汉之战,唐初李世民、窦建德之战以及抗日时期的邙山战役均在此地。现存汉王城、霸王城、秦王寨等遗址。沿山建有李村、孤柏嘴等提灌站。

◆万山

位于荥阳市崔庙镇北部。主峰高 497.1 米,300 米以上山体面积约 2 平方公里,山体为三叠纪红砂岩构成,石质坚硬,上边有清咸丰年间所建的万山寨。荥密公路盘山而过。原来林木茂密,"万山叠翠",是荥阳十景之一,现已光山秃岭。

◆大伾山

又称邳山、九曲山,位于荥阳市西北部,西起巩义市洛河口,东至荥阳汜河口,沿黄河约长 13 公里,最高海拔 182.1 米。山体沟谷纵横,为次生黄土堆积,长期洪水冲刷,黄河切山东流。《禹贡》有:"大禹导河至于大伾",即此。古为西通陕甘咽喉,历为兵家必争之地。今虞灵公路已向南移,仅陇海铁路穿隧洞通过。山上有汉成皋城、虎牢关、汜水关、旋门关等遗址。

《国语·周语上》说:"商之兴也,梼杌次于邳山。"据历史考古学家考证,这里说的邳山就是这座大伾山。

◆五云山

也称雾云山、塔山。位于荥阳市刘河镇北部,主峰高 589.4 米。山体为三叠纪红色砂岩构成。山上有清凉观、观内有九级佛塔,故又名塔山。《汜水县志》:"五云山在城东南四十二里,高绝千仞,形势嶣峣,与三峰、佛山东西相对,巍然耸起,关阖邑旺气。山上有古清凉观,汜人士或读书其上,每见五云

荥阳五云山

灿烂,穿窗入户,因名。观中旧有浮图九级,不知建自何时,故至今仍以塔山名。"山上另有九级塔、野狐泉、白猿洞、一柏担、八庙等古迹。

◆三山

位于荥阳市刘河镇与城关镇、乔楼镇的交界处。主峰高521.8米,300米以上山体面积约4.4平方公里,山体为三叠纪红色砂岩构成,上覆黄土层。山中有太古石沟、跑马岭、梨花寨、老羊山等遗迹。又传山下为金将完颜合达大战元将拖雷处。以山有三峰雄峙,也称三峰山。

◆马头山

位于荥阳市崔庙镇南部。主峰高704.8米。山上有双峰,远望之,如马耳,眼鬃无不具备。山下有马奶泉、马尿泉、桃花岭、石坑洞等景点。清咸丰年间,山上修有龙驹寨。

◆陉山

陉山,亦称少陉山。陉绵亘于嵩,阻塞于河,索水发源其下。位于荥阳市东南部,是荥阳、新密二市边境上一列山脉。《太平御览》曰:陉在荥阳,盖南北之隘道,楚为塞以御北方。故苏秦于韩曰"南有陉山",于楚曰"北有陉塞",其地一也。陉山在荥阳境内有清峰寨、横岭寨、双峰山、窝岭山、圆顶山、皇姑寨、塔山、红毛山、小横岭、东光岭、焦山等山峰,最高海拔571米,属嵩山余脉。山体多为奥陶纪石灰岩构成。中部塔山上有宋建千尺塔一座,为省级重点文物保护单位。

◆大周山

又名塔山。在荥阳市崔庙镇东南6公里和贾峪镇西南7公里处。塔山,因山上有北宋曹皇后塔(千尺塔)而得名。主峰高544.2米。300米以上山体面积3平方公里。山体为奥陶纪石灰岩构成。山上原有宋建圣寿寺、曹皇后砖塔,在20世纪60年代的"文化大革命"中被毁。山上有龙山文化遗址。山上修有叠石寨墙,名铁佛寨,现有润笔泉、写字崖、忽雷石、牧畜泉等名胜。

◆岵山

位于荥阳市贾峪镇北部。高292.8米,呈圆锥体形,东北缓而西南陡。山体为三叠纪红砂岩构成,石质坚硬,可作建筑材料。

◆翠屏山

位于今荥阳市区高阳镇竹川村南汜水河西岸。其山西连睡虎山,南接金谷堆(今金谷堆村一带),层峦叠嶂,联络如屏,因以得名。

◆鹊山

位于荥阳市王村镇北部,为广武山之一段,即今之西广武山。唐武德四年(621年),王世充被围洛阳,窦建德率兵援之,曾置阵于此山之北,汜水之东,为秦王李世民(后称唐太宗)所败,活捉窦建德等人。《资治通鉴·唐纪五》载,高祖武德四年五月窦建德"自板渚出牛口置陈(阵),北距大河,西薄汜水,南属鹊山,凡二十里。"即指此山。

◆轩辕山

一名崿岭。位于巩、登、偃交界一带，嵩山太室与少室之间，太室之西，少室之北，中分界也。从巩义鲁庄西南入境向东十里接山，境内峰高海拔520米。其势陡峻，山道盘旋，将去复还，谓之"十八盘"。因状似轩辕而名轩辕山，上有轩辕关，为汉置八关之一。《淮南子》所载，禹治洪水，通轩辕山，化为熊，即在此地。《管子·地图篇》云："轩辕之险"，房玄龄注：谓路形若辕，而又轩曲，緱氏东南轩辕道是也。古为东都洛阳通往东南的关隘要道，今有偃登公路通过，山南有著名古刹少林寺。

◆白云山

位于巩义市西南部，地跨鲁庄、西村两镇，曾名九山、树山。据传商汤桑林祈雨，此山白云陡起，喜得大雨，遂赐山名曰白云山，系嵩山太室北伸余脉，按峰排列数九，山体呈东西走向，南北倾斜，主峰海拔731.2米，面积20平方公里，属泖泊沉积岩，上层多是三叠系红色砂岩，下层为二叠系黄色砂岩。矿藏有煤、黄铁矿石、磷块岩和少量水晶石。山上药材丰富，有全虫、公英、二龙等品种。抗战时期，皮定均曾率部在此抗击日寇。

◆锦屏山

位于巩义市鲁庄镇东南部，南接轩辕山，向北走曹山坡、五顶坡、虎山坡，折向东接白云山。山下有曹河、曹河水库。山上盛产紫砂岩，易开采，近年以此为原料基地发展墙地面砖厂30多家。

◆金牛山

位于巩义西南、西村镇东南至夹津口镇西北部。车园、山东峡谷向东，坞罗村西为大金牛山，向南为小金牛山，海拔分别为711.4和460.3米。《嵩记》："太室后有小山名牛山。其中多杏。"山上有孟良寨。

◆青龙山

位于巩义市中部偏南，古称霍山、天陵山，亦曰东西盘龙山，宋时建陵于此之阳，遂得名青龙山。山体呈东南、西北走向，海拔1042米，面积56平方公里，中有后寺河将山分东西青龙山，异山合体，中有数十峰。属下古生界寒武系结构，下部为砾岩及杂色灰岩，上部为馒头页岩，中夹数层青灰色、黄色泥质灰岩。矿藏有煤、石灰石等。1958年在后寺河中段建有后寺河水库，山中有汉明帝时所建慈云寺。

◆婴梁山

位于巩义市夹津口镇石井以东，涉村镇大平头、罗泉以西，小平山以北至坞罗五里湾，统称婴梁山，走向近南北。《河南府志》："婴梁山在讲山北，牛山东，与牛山中夹罗水，水出峡处谓之罗口。"山上有宋将狄青墓。

◆黑石山

黑石山，因山上多黑色岩石而得名。位于巩义市黑石关洛河东侧，峰高海拔178米，山势陡立，下有关隘、古道渡口、铁路。历史上为汴洛两京大道。《读史方舆纪要》："黑石山在巩县（老城）西二十五里。下为洛水津济处。

◆黑云山

位于嵩山西麓巩义境内。以成汤祷雨,黑云忽降因名。山下为桑林。《史记》载汤祷于桑林之野,以六事自责。附近村曰"六庄"。

◆龙尾山

位于巩义市老城西龙尾村南,为黄土岭,最高海拔不及200米。《读史方舆纪要》:"青龙山尾接洛水者,曰龙尾山,在巩西三里。"明清以来县志皆有记载。

◆小平山

又名金塬丘,也称东首阳山,自董柏坡至裴峪,为邙山之一段。《水经注》:"巩北有山,临城(康店故城)谓之金塬丘,下有穴,谓之巩穴。"《郡国志》:"小平城,汉县废址,在巩县(老城)西北小平津,所谓小平山者,当以故城得名。"

◆神都山

位于洛河与黄河汇流的西南夹角部,是邙岭的东延部分。据传因喜神泰逢氏建都于此而得名。其形似天然大堤,又叫神堤山。史书称魏头秦尾,方志称神尾山,俗称邙山头。山下有渡口,古为交通要道,军事要冲,南有北魏石窟寺,东隔洛河与伏羲台遥遥相对,西南有古东周都城。当地有关帝、尧、舜、禹的传说及古文物颇多。近年辟为神都山游览区。

◆伏山

又名伏儿山、夫人山、云梦山。位于巩义市大峪沟镇东北、小关镇西北交界处。主峰在大峪沟镇董陵村,海拔676米。上有神师庙和伏山寨。清《巩义县志》载:"伏儿山在县(老城)东南三十里,传说汉光武经此纳左氏夫人,后左氏夫人终于此山。"

◆猴山

位于巩义(老城)东南20里大峪沟镇北部山区。分东西两山,合称猴山,大致南北走向,海拔分别为593米、481米。猴山以山峰高峻如猴,故名。昔晋王亥隐居于此,明帝累征不就,居址石刻尚存。山中产磨石,行销数省。

◆青堆山

又名青石山,青狮山。位于巩义市大峪沟镇西北,柏坞塔以西,海上桥东北,大致南北走向,海拔410米。旧县志:"猴山西北青堆山,其山四时苍翠,故名。"

◆铁山

位于巩义市大峪沟镇东北部至米河镇西部。俗称铁山岭,海拔392.8米。有杨二郎担山赶太阳在此支锅造饭的传说,故名。境内有铁山村,支锅石沟村。

◆ 玉仙山

位于太室山之东北,巩义市以东。崖谷险峻,中有银矿。清《巩义县志》载:"万历己酉冬,忽群不逞之徒聚众数千官为驱逐之,遂至负固拒捕,有所杀伤,逾时不能清。予恐祸延邻村,计以先声折之。乃下命调集少林僧兵,择日于近郊操演器械。先选二健卒传檄入山,许其悔过投戈为良民。一夕尽散,而矿始得封闭至今矣。此事予向不自言,上官亦无知者,聊识于此。"

◆ 挡阳山

亦称半石山、少室通阜,春秋战国时期山名,今称挡阳山。位于登封市西部,石道、君召两乡北境。东北连少室山西北临马鞍山,东北—西南走向,海拔1225米,系嵩山山脉。系少室山向南延伸之高地,似通往少室山之阜,故北魏前称少室通阜;明清以后,以其位挡少室山阳,遂改称挡阳山。该山山势峻拔,风景秀丽。西北有古瀁水(今称后河)源。《水经注·颍水》:"颍水有三源奇发……中水导源少室通阜。"即指此山。前寒武纪地层经"嵩阳""中岳""少林"三次造山运动,又受"燕山"运动推挤扭曲而成。山体以嵩山石英石为主,次为片岩、片麻岩。山表以褐土为主,覆盖松、柏、栎、刺槐、红榆、化香、山槐等林木,覆盖率35%,产紫参、柴胡、桔梗、血参等药材。矿藏有铜、石英石、硅石、花岗石、钾长石、麦饭石等,西北侧钾长石、花岗石已大量开发。颍河中源和左源发于西、东两侧。

挡阳山最高峰

◆ 鞍坡山

鞍坡山,又称安坡山、方山、紫云山、灵山、钟灵山、大苦山、石堂山、怀州寨。该山顶是一处天然山寨,山巅地势平缓,四面绝壁,仅一羊肠小道潜藏于荆棘中,明环王曾避难其上,故名怀州寨。鞍坡山巅,地势平坦,乱世避难其上,可安然无事。相传,公元前秦军灭滑之时,滑军率领嫔妃王侯逃到这里隐蔽。山顶有寨门石墙,为乱世避难,有当地人在山上安寨得以自保而得名安坡山;今以居马鞍山西南,似马鞍之坡面,称鞍坡山;古以山体为方形,称方山;以山势挺拔险峻,大雾弥漫,紫云缭绕,无法领略其全貌,而得名紫云山;又因山上有石洞,亦称石堂山;峰顶一处地方腹空如鼓,脚踏山石,"咚咚"作响,故又称灵山;还因淮阳有东灵山,宜阳有西灵山,确山有南灵山,巩义有北灵山,鞍坡山居中,故称为中灵山(亦称钟灵山)。鞍坡山最早的名字是《山海经》里记载的大苦山,是女娲"抟土造人"和补天之地。《山海经·中山经》载:"苦山、少室、太室皆冢也,祀之以太牢之具。"

鞍坡山坐落在少室山西麓,登封市君召、颍阳两乡镇之北境交界处。距登封市中心以西35公里处。属嵩山山脉,山体呈东北——西南走向,宽有1华里,主峰海拔1318.7米。四周峭壁,状如刀削,只有西北部一条羊肠小道,可通其上,堪称"鞍坡自古一条路"。鞍坡山东有马鞍山,西连小槐树山,西南青泉沟,北界偃师市。前寒武纪地层经"嵩阳""中岳""少林"三次造山运动,又受"燕山"运动影响

而成。山体以嵩山石英岩为主。山上多洞穴,人们据其特点,称之为雪花洞、五门洞、紫云洞、黑虎洞、老龙洞、黄龙洞、药王洞等,共计19个,故有"九妖十八洞"之说。山上著名的紫云洞,即唐邢和璞所隐之地。北宋文学家欧阳修曾写有《戏石堂山隐者》诗,末云:"四字丹书万仞崖,神清之洞锁楼台。云深路绝无人到,鸾鹤今应待我来。"北宋的许昌龄闻其奇,亦卜居焉。山表以褐土为主,林木茂密,西侧设李庄林场,植被多栎、松、刺槐、红榆、化香、山楂等林木,覆盖率40%。出产黄芩、柴胡、桔梗、苍术等百余种中药材。矿藏有云母、花岗岩。洧河支流常寨河源于南麓。

◆ 玉案山

《说嵩》载:山东尽处,为竹园岭,即玉案山也。古嵩祠在其上,谓嵩丘。《乐雅》载:天下名丘五,三在河南,嵩为其一也。按唐韦行俭《碑》,庙旧在东岭上,后徙神盖山。元魏时改卜于岳之东南,为今祠。邑东南别无岭,惟竹园岭近似。潘后《怀旧赋》云:"前瞻太室,傍眺嵩岳。"傅亮称别有嵩丘,去太室17里。昔人岂不知嵩高峻极,乃指坏培□为巍巍神岳哉。当晋时,庙固未徙,指嵩祠所在之地,目为嵩丘,非竟以丘为嵩也。斯岭在太室外旁,道里相去,甚为吻合。然则竹园岭之为古嵩丘之也,无疑义矣。

◆ 风门山

位于登封市西北,颍阳与偃师、伊川的结合部。属嵩山山脉。东西走向,东连小槐树山,西接伊川境内的歪咀山。海拔986.3米。因山下有风溪水(即颍阳东河),古称八风山,又因处登封、偃师的过风口,今称,风门山。前寒武纪地层经"嵩阳""中岳""少林"三次造山运动,又受"燕山"运动影响而成。山体以嵩山石英岩为主,山表为褐土为主。

◆ 讲山

位于登封市北部,唐庄乡北境,与太室山南北相对。属嵩山山脉。西南—东北走向。西南连马头岩,东北有五指岭,南起哈蟆头,北界巩义市,为登封与巩义的分界线,海拔1016米。隋炀帝大业三年(607)在此凿储粮仓窖3000个,即"洛口仓"。隋大业十三年(617)李密带领瓦岗农民起义军袭取"洛口仓"放粮赈民,并在此讲义,遂呼讲山。今有窖粮坑遗址。前寒武纪地层经"嵩阳""中岳""少林"三次造山运动,又受"燕山"运动影响而成。山体以石英岩为主,次为石灰岩。山表以棕壤土为主。据《山海经》载:"讲山其上多玉、多柘、多柏。"今有栎、刺槐、核桃、柴胡、桔梗、血参、银花等中药材。矿藏有花岗岩、大理石等。

◆ 林台山

位于登封市东北部,唐庄乡北境。系嵩山山脉。西起赵家闱,东至岩棚(门),南起天井洼,北至王发沟,海拔992米。前寒武纪地层经"嵩阳""中岳""少林"三次造山运动,又受"燕山"运动影响而成。山体以石英岩为主,山表为褐土,多植栎、刺槐、杏、梨、核桃、苹果等林木,覆盖率20%,产紫参、柴胡、桔梗、血参、金银花等中药材。矿藏有铁、铝、白云岩等。为颍河支流石淙河与淮水支流玉台河的分水岭。古时,此山林茂密,明崇祯十一年(1638年)李际遇揭竿起义,曾在此处筑台祭刀,得名林台山。

◆密岵山

位于登封市东部的大冶镇与宣化镇结合部,古称崟山。系嵩山山脉,因林木茂密而得名。东北——西南走向,东与荟萃山、香山相连,西北与马岭山隔镇相望,西南连峙岈寨,主峰海拔669米。山势为东北西南走向,至小密岵,转南北走向。前寒武纪地层经"嵩阳""中岳""少林"三次造山运动,又受"燕山"运动影响而成。山体为火成岩结构,山表为褐土。密岵山远看是丘陵,进入腹地,则别有洞天。林密沟深,悬崖如削。群峰峥嵘,叠岭横天。山上遍植栎、柏、刺槐、化香、山楂、苹果等林木,覆盖率35%。矿藏有铁、熔剂灰岩等。密岵山南崖处,有一面平如磨的巨石,石上天然纹路,似文似图,这便是传说中的黄帝到此探寻天书玉策,祭告天地,以承帝位的"天书玉策石"。后人称此石为"南崖天书碑"。

◆崟山

位于新密市境。《山海经·西次三经》:"崟山,其中多白玉,是有玉膏,其原沸沸汤汤,黄帝是食是饷。是生玄玉。玉膏所出,以灌丹木,丹木五岁,五色乃清,五味乃馨。黄帝乃取崟山之玉荣(华),而投之钟山之阳。……天地鬼神,是食是飨,君子服之,以御不祥。"《说嵩考》《穆天子传》《汲冢周书》俱云:"黄帝探密山之玉策,注玉华也。密一作崟……故嵩东之山尽于密,而密实屏翰于嵩。"

◆荟萃山

位于登封市宣化镇与新密市、禹州市结合部。东北—西南走向,北有鸡冠山,西南接九坡山,海拔792.1米,因林木荟萃而得名,又以山势峻拔称凌云山。属嵩山山脉,前寒武纪地层经"嵩阳""中岳""少林"三次造山运动和"燕山"运动的影响而成。山体为火成岩结构,山表以褐土为主,遍植栎、刺槐、化香等木,覆盖率55%。产柴胡、桔梗等中药材。矿藏有磷、磁铁等。佛垌河发源于此。

◆窑坡山

位于登封市东部大冶镇境内,属嵩山山脉,东西走向,西起朝阳沟,东至双庙。海拔369米,因古时在山坡筑窑烧陶冶铁而得名。前寒武纪地层经"嵩阳""中岳""少林"三次造山运动,又受"燕山"运动影响而成。山体以嵩山石英岩为主,山表褐土覆盖,略有植被,矿藏丰富,主要有煤、铁、铝矾土、粘土矿等。

◆蝎子山

又名懊来山,位于登封市中部太室山南侧,北与迎仙阁对峙。属嵩山山脉,北山体为孤丘状,海拔431.9米,因此山多生蝎子,故名。前寒武纪地层经"嵩阳""中岳""少林"三次造山运动,又受"燕山"运动影响而成。山体以嵩山石英岩为主,山表为褐土。北有登封市林场,东临嵩山名胜风景区之中岳庙景区。

◆小槐树山

位于登封市西北颍阳镇北境部,东南西北走向,东南连鞍坡山,西北接风门山,南起杜窑,北界偃师市,海拔1190米,因山上有小槐树而得名。系登偃分水岭,属嵩山山脉。前寒武纪地层经"嵩阳""中岳""少林"三次造山运动,又受"燕山"运动影响而成。山体以嵩山石英岩为主,次为片岩。山表为褐土,山上多植栎、柏、刺槐、核桃、杏等林木,覆盖率23%。矿藏有花岗岩。南麓有李庄林场,伊水支流颍阳东河源于此。

◆ 黑山

位于登封市中部城关镇南境边。嵩山石英岩山体,以褐土为主,远观呈黑色,故名。北临金屑河,南临茶庵岭,山体不大,呈孤丘状,海拔431.8米。前寒武纪地层经"嵩阳""中岳""少林"三次造山运动,又受"燕山"运动影响而成。

棋盘山公园

◆ 棋盘山

位于登封老城之东南。山霭甚怪,为登封城水口之砂,形象所谓罗镇水口也。山上平石如砥,有天然棋盘形,俗传仙人弈棋处。东为玉案山。

◆ 龙山

位于登封市北部太室山积翠峰南麓,自西北向东南延伸,南临万羊岗,形如龙,故名。又似象鼻,亦称象鼻山。属嵩山山脉,海拔649米。前寒武纪地层经"嵩阳""中岳""少林"三次造山运动,又受"燕山"运动影响而成。山体以嵩山石英岩为主,次为片岩、片麻岩。山表为褐土类,多植松、柏、栎、刺槐等林木,覆盖率50%。

◆ 伏牛山

位于登封市南部东金店与白坪的交界处。系箕山山脉,东西走向,状如卧牛,故名。海拔717.1米。前寒武纪地层经"嵩阳""中岳""少林"三次造山运动,又受"燕山"运动影响而成。主体以嵩山石英石为主,次为片岩、片麻岩及灰岩。为褐土,多植栎、柏、刺槐、杏、核桃、苹果等林果木,覆盖率为40%。矿藏有煤、铁、高岭土、熔剂灰岩等。南侧为白坪乡西部重点矿区。

◆ 奶头山

位于登封市南部东金店乡与大金店镇南部的交界处,系箕山山脉,东连伏牛山,西临三尖山,山为双峰,故名,亦叫双圭山、双圭咀。海拔609.8米,前寒武纪地层经"嵩阳""中岳""少林"三次造山运动,又受"燕山"运动影响而成。主体为嵩山石英岩,次为片岩及灰岩,山表多为褐土。有栎、柏、刺槐、核桃、杏等林木。覆盖率30%。矿藏有煤、铁、焦宝石等。南麓有磴槽、桑楼煤矿。

◆ 三尖山

位于登封市西南部大金店、石道二乡镇南端与送表乡东部交界处,系箕山山脉,东西走向,东起王堂水库,西连磴山。山有三峰甚尖,故名。又因形似骆驼,俗称骆驼岭。主峰海拔624米。前寒武纪地层经"嵩阳""中岳""少林"三次造山运动,又受"燕山"运动影响而成。主体为嵩山石英岩,次为片岩及灰岩,山表以褐土为主。有栎、柏、刺槐、杏、桃等林木,覆盖率25%。南麓有煤、白云岩、重晶石等矿藏。

◆药山

位于登封市东南部告成与徐庄交界处,西临箕山,东至道泉沟,南起玉皇池,北至石拉杈,海拔481米,因产中药材,故名。属箕山山脉。前寒武纪地层经"嵩阳""中岳""少林"三次造山运动,又受"燕山"运动影响而成。山体为嵩山石英,次为片岩、片麻岩及灰岩。山表为褐土,有栎、栗、柏、刺槐、核桃、杏等林木,覆盖率30%。产伏苓、山楂等中药材。矿藏有煤、熔剂灰岩等。

◆贯宝山

位于登封市西南送表乡东南部,属熊山山脉,南北走向,西起四方沟,东至大贾沟,北起安庄,南至高坡。海拔821.4米。此山因谓仙界宝库而得名。前寒武纪地层经"嵩阳""中岳""少林"三次造山运动,又受"燕山"运动影响而成。山体以石英岩为主,次为石灰岩,山表多为褐土。多植松、栎、榆、刺槐、杏、核桃等林果树,覆盖率40%。矿藏有铁、重晶石、熔剂灰岩等。

◆密腊山

位于登封市西部白坪乡西境,属熊山山脉,东北—西南走向,东北起堂子坡,西南至汝州境,山有三峰,又呼笔架山。前寒武纪地层经"嵩阳""中岳""少林"三次造山运动,又受"燕山"运动影响而成。山体以石英岩为主,次为灰岩,山表为褐土。植松、柏、化香、刺槐、桃、杏、梨等林木,覆盖率38%。矿藏有铜、银、铝等。

◆峻磴山

位于登封市西南部石道与送表乡交界处,系箕山山脉,东西走向。东有三尖山,西临青石岭,中有隘口称峻磴坡。明代知县侯泰在此筑有石铺坡道,为登封通往汝州的古道,山以坡为名。主峰海拔633.9米,前寒武纪地层经"嵩阳""中岳""少林"三次造山运动,又受"燕山"运动影响而成。主体为嵩山石英岩,山表以褐土为主,多植栎、柏、刺槐、杏、苹果、核桃等,覆盖率40%。矿藏有煤、铝等。

◆马岭山

位于登封市西南境,颍阳镇陈沟与伊川县段岭的交界处。东西走向,东连青石岭,西接黑龙山,因山状如马,故名。海拔799.5米。前寒武纪地层经"嵩阳""中岳""少林"三次造山运动,又受"燕山"运动影响而成。山体以石英岩、灰岩为主,山表为褐土,山阴多植栎、刺槐、杏、山楂、苹果等林木,覆盖率25%。矿藏有铁、熔剂灰岩等。

◆小熊山

古称小熊山,亦称交崖山、交牙山,今称小红寨。位于登封市南部,位于少室山南20公里。《嵩书》卷二载:"小熊山,在太室南四十里,下有二洞,深不可测。"白坪乡南寨沟与汝州过风口的交界处,西北有密腊山,东南连大熊寨,东北西南走向,海拔771米,系熊山山脉。后居民筑寨,沿今称。前寒武纪地层经"嵩阳""中岳""少林"三次造山运动,又受"燕山"运动影响而成。山体以石英岩为主,次为石灰岩。山阴多植栎、刺槐、化香、杏、核桃、山楂等林果树,覆盖率45%。矿藏有铁、石英砂、硅石、灰石等。

◆白页山

位于登封市东南部徐庄乡南境,系熊山山脉,东北西南走向。西南起柳树泉,东北有五旗山,海拔625.4米,因山体多为白页岩,故名。前寒武纪地层经"嵩阳""中岳""少林"三次造山运动,又受"燕山"运动影响而成。山体以石英岩为主,山表为褐土。山阴多柏、栎、刺槐、化香、杏、核桃、山楂等林果木,覆盖率45%。矿藏有石英砂、铝石等。西南临柏树岩,山脚有徐庄烈士墓。

马岭山峡谷

◆五旗山

位于登封市东南部徐庄乡屈沟与禹州太平寨交界处,系熊山山脉,东北西南走向,西南临白页山,东北接南山,因山有五段似五面旗帜,故名。前寒武纪地层经"嵩阳""中岳""少林"三次造山运动,又受"燕山"运动影响而成。山体以石英岩为主,次为片岩、灰岩。山表为褐土,山阴多植栎、柏、刺槐、化香、杏、核桃、山楂等林果木,覆盖率40%。矿藏有铁、煤、铝等。

◆小南山

位于登封市东南境,登封与禹州交界处。因位于登封市南部,较西南侧的南山小,故名。主峰小龟山,海拔244.8米,系熊山山脉。前寒武纪地层经"嵩阳""中岳""少林"三次造山运动影响而成。山体以石英岩为主,次为片岩和灰岩,山表为褐土。山坡多植刺槐、侧柏等林木,覆盖率25%。矿藏有铁、铝矾土等。西、北、东三面为白沙水库环抱,南侧有许巩公路通过。

◆蛤蟆头

位于登封市唐庄乡境内。南北走向,南起王河,北连马头岩,形如蛤蟆,故名。属嵩山山脉,海拔922米。山体以石英石为主,山表为褐土。山阴有冯沟林场,多植栎、刺槐、桃、杏、山楂等林木,覆盖率40%。矿藏有大理石。

◆尖哨山

位于登封市唐庄乡境内。南起磨沟,北连林台山,西起南坡,东至天井洼。海拔932.1米,因峰峻顶尖古称尖山,后沿今名。属嵩山山脉。山体以嵩山石英石为主,山表为褐土。多植栎、刺槐、杏、核桃等林木,覆盖率20%。石淙河一支源于西侧。

◆老婆寨

位于登封市南部大金店镇与汝州交界处,属熊山山脉,东西走向,东连摩天寨,西北临祖师庙,因山寨住一老太婆,得名。海拔1063.7米。山体以石英岩为主,次为灰岩,山阴为褐土,遍植栎、刺槐、化香、杏、梨等林木,覆盖率50%。矿藏有铁、花岗岩等。北麓有新新煤矿。

◆祖师庙峰

位于登封市西南部送表乡与汝州交界处,属熊山山脉,东南临老婆寨,西北连贯宝山,海拔991米。峰顶有祖师庙,山以庙为名。山体以石英岩为主,次为灰岩,山阴为棕壤土。遍植栎、刺槐、化香、杏等林木,覆盖率55%。矿藏有大理石。

◆青岗坪

位于登封市东北6公里的太室山上,东西走向,东南起寺后沟,西临气象站,长约2公里,宽约1公里,总面积2平方公里,海拔高950米。此地多生青栎树,故名。属嵩山石英岩山体,山表为褐土。有青岗栎、侧柏、槐、化香、杏、核桃等林果木,覆盖率55%。为颍河支流五渡河东西两源的分水岭。

◆槐树坪

位于登封市城东南15公里处,卢店、大冶、告成三镇交界处。因岗顶路旁有株古槐而得名。东南西北走向,东南起黑鹿沟,西北接蛟马岭,长约3公里,宽约2公里,面积6平方公里,海拔368米。表层为褐土覆盖,多为耕地。许昌至巩义公路经此。

◆兰崖山

位于新密市西北部尖山乡与荥阳市庙子乡交界处。相传,昔密人兰公夫妇于此山化鹤而去,今山崖下有石成对,形如双鹤,因名兰崖山。山体东西向,为石灰岩体。长约2.5公里,宽约2公里,总面积5平方公里。主峰兰崖山,海拔880米,山体陡峭,南北均为悬崖峭壁。据宋代干宝著《搜神记》记载:"兰崖山,峭拔千丈。常有双鹤,素羽皦然,不绝往来。忽一日,一鹤为人所害,其一鹤岁常哀鸣。至今动响岩谷。"

◆双牛山

又名横山,位于新密市西北部尖山乡境内。因此山有大、小两个山峰东西对峙,形似两牛相斗,故名。山体东西向,石灰岩结构。长约3.8公里,宽约2公里,总面积7.6平方公里。主峰双牛山,海拔840米。山阳坡略有植被,北侧建有长沟峪水库。

◆鸡冠山

位于新密市西北部尖山乡与荥阳县庙子乡交界处。因山体形似鸡冠，故名。山体南北向，长约2公里，宽约1.6公里，总面积3.2平方公里。主峰鸡冠山，海拔668米。山阳坡广植栎树、刺槐、核桃、山楂等用材林和果木林。

◆香山

在新密市西南部平陌镇与登封市大冶镇交界处。以山脊为界，东为新密境，西为登封市境。相传白居易任河南尹时，曾到香山视察，并在周山村的白岗泉上方山洞和塔湾村山涧（白家洞）居住，教民用煤冶铁烧陶，百姓感其恩德，以白居易号香山而得名。后在山顶建纪念白居易的庙宇，俗称香山庙。每年清明节，有古刹会，相邻的登、密、禹三县百姓多有朝拜。

香　山

香山山体由西向东延伸，长约2.5公里，宽约2.2公里，总面积5.5平方公里。主峰香山，海拔586米，为火成岩结构。香山植被丰厚，生机盎然，奇花异草遍布山涧。南与熊耳山、密岵山、荟萃山、鸡冠山相连。东部群山连绵，山峦迭翠。山坡遍植杏、刺槐、松柏等果木林和用材林。2005年12月，经河南省林业厅批准，在此成立"河南省登封市香山省级森林公园"。

◆大顶坪

位于五指岭南部，新密与登封的交界处，海拔799米。

◆小顶山

古称香炉山，位于新密市西北部，尖山乡和荥阳市崔庙镇交界处。因山顶小，故名。山体南北向，为灰石岩体，长约2.5公里，宽约1.9公里，总面积4.7平方公里，主峰小顶山，海拔606.8米，有福古泉。明天启三年（1623年）著名地理学家徐霞客曾游览此山，在《徐霞客游记》中写到："山形三尖攒立如覆鼎，众山环之，秀色娟娟媚人。"

◆伞盖山

位于新密市北部米村镇境内。因山顶呈圆形伞盖状而得名。山体南北向，为石灰岩结构，长约2.8公里，宽约1.5公里，总面积4.2平方公里。主峰伞盖山，海拔623.1米。山阳坡略有植被。

◆凤凰山

位于新密市西部牛店镇与登封市唐庄乡交界处，相传因凤凰集其上，故名。山体南北向，长约6公里，宽约4公里，总面积24平方公里。主峰凤凰山，海拔609.1米。山势较缓，山表土壤覆盖，多已耕作。

◆ 柏崖山

又名侯家坪。位于密岵山以东的禹州和新密二市的交界处,海拔640米。山下涧水溪流颇多,山中有唐代白龙庙古刹遗址。

◆ 火门山

又名火煤山,位于禹州市苌庄乡与新密市南部的交界处。山上有一种红色砂岩,像用火烧过似的,故名。山体东西向,西接寨山,东南连七敏山。长约4.5公里,宽约2.5公里,总面积11.25平方公里。主峰火门山,海拔728.6米。山势北陡南缓,山表遍植果木林和用材林。

◆ 开旸山

又名雪花山,位于新密市城关镇与袁庄乡交界处。因该山具有雨雪停止,云开日出之特点,故名。山体东西向,为石灰岩结构。山势北陡南缓,长约3.8公里,宽约3公里,总面积11.4平方公里。主峰么么顶,海拔494.8米。隆冬季节,降雪即融,形成"开雪霁"的独特景观,为新密市八景之一。西侧有宋代孙姨娘和孙光普墓。

◆ 大鸿山

又名大鸿寨,位于禹州市西部浅井乡与新密市南部的苟堂镇的交界处。相传,黄帝大臣大鸿屯兵于此,故名。山体东西向,西连刁嘴山,东接石牛山。长约5.3公里,宽约3公里,总面积15.9平方公里。主峰大鸿寨,海拔787.8米。山势北陡南缓,为石灰岩结构。名胜古迹有南泉寺、书堂庙等。

大鸿山

◆ 石牛山

又名石楼山,位于禹州市西部浅井乡与新密市东南部苟堂镇的交界处。因山顶有一巨石,似牛卧其上,故名。山体东西向,西接大鸿山,东连七峰山,长3公里,宽2.5公里,总面积7.5平方公里。主峰石牛山,海拔609米,山势较陡,为火成岩结构,山表多植刺槐、山杏、松柏等果木林和用材林。

◆ 青屏山

位于新密市北侧。以山青雅峻秀,形若屏风,故名。山体东西向,西连开旸山,东接战鼓山,长约2.5公里,宽约1.5公里,总面积3.75平方公里。主峰青屏山,海拔459.4米。山势北陡南缓,为石灰岩结构。山顶多植松柏、刺槐等树木。新密电视台发射台设此。名胜古迹有屏峰塔。

◆ 香峪山

位于五指岭南部，新密市西北部尖山乡境内。海拔 788～971 米之间，主峰周家寨海拔 971 米。因山高谷幽，林木森蔚，又多芳香之草，故名。山体东西向，北缓南陡。为二迭纪紫色页岩构成。长约 6.7 公里，宽约 1 公里，总面积 6.7 平方公里。山前有唐代香峪寺遗址，山下有佛泉、黑龙泉、灵感泉等。

◆ 战鼓山

又名张果山、灵山，位于新密市东北部。因形似战鼓，故名。山体东西走向，东接云蒙山，西连青屏山，为石灰岩体。长约 2.5 公里，宽约 1.5 公里，总面积 3.75 公里。主峰战鼓山，海拔 451 米。

◆ 云蒙山

云蒙山，又名云陇山，位于新密市东北部岳村镇与来集镇交界处。因天欲雨而云无出，其气蜿蜒南注，形若云蒙，故名。嘉庆二十二年《密县志》：云陇、云蒙、云母、侵云、东承云，实一山而异名也。下有交花泉，悬流深涧，漱石如花，故名。云蒙山主峰海拔 410 米，山体由石灰岩构成。东西走向，长约 3.5 公里，宽约 2.8 公里，总面积 9.8 平方公里。主峰云蒙山，海拔 410 米。山表已部分绿化，南坡育林，田林各半，北坡多梯田。

新密云蒙山

◆ 讲武山

位于新密市东南。清嘉庆二十二年《密县志·山水志》："讲武山在县东南三十五里。按：旧碑谓黄帝常与风后讲武于此，因名。山东坡有柏成林，山阳大泉涌出，山阴、山左各有小泉，俱流入马关河。"

◆ 分山

又名岔山，位于新密市东北部，白寨镇与岳村镇交界处。双阜对峙，中间凹，前坡水入于溱、洧，后坡水流于汴，故名。山体东西走向，为石灰岩结构。长约 2 公里，宽约 1.2 公里，总面积 2.4 平方公里。主峰分山，海拔 430 米。

◆ 龙岩山

又名双峰山，位于伞盖山东北。新密、荥阳市交界，海拔 574～564 米。

◆摩旗山

位于新密市东北部,白寨镇与荥阳贾峪镇交界处。山体为石灰岩结构,南北走向,长约4.7公里,宽约2.5公里,总面积11.7公里。主峰摩旗山,海拔421米。清嘉庆二十二年《密县志·山川志》:"在县东北四十里。地界荥阳,冈阜匝布,中起一峰有孔,以石投之,咚然有声。相传轩辕立旗于此。其东南有议事台,西南有屯粮凹,西岩有泉水,名翻花,出地北行十余步,复入地。"

一说李自成当年在此屯兵,"闯"字大旗插于山顶,现存旗杆穴孔一处。故名摩旗山。山顶有1石寨,阔20余亩,曰"旗山寨"。此寨建筑于清同治元年(1862年),现有西南二门,南门是一石匾,镌刻寨名;西门外有一石,刻字排列无序。当地人说若能断章成句,则石开水出。至今无人破译。

◆陉山

位于新郑市观音寺镇西南部,新郑、长葛、禹州三市交界处。以山脊为界,东北属新郑市,南属长葛市,西南属禹州市。具茨山东南延伸之余脉。《尔雅》:"山绝,陉。"疏谓:"山形连延忽中断绝者,名陉。"山体呈东南—西北走向,长2.5公里,宽1.5公里,主峰海拔329.7米。有郑南公路自山体西端岳口村通过,战略地位十分重要。山体由元古震旦纪肉红色石英岩构成。自长葛至陉山山下筑有铁路专线。山顶有子产墓、祭仲墓等古遗迹。

◆梅山

位于新郑市西北27公里处,系五指岭山余脉,至此隆然突起,似乳形,旧多梅花,故名。东西略长,面积1平方公里。主峰海拔274.3米。山体为中生代三迭纪紫红色石英砂岩构成,是良好的建筑材料。该山距郑州较近,战略位置十分重要。

◆敖山

位于今郑州市邙山区西北境,黄河南岸,即广武山之东段。以山处商代之敖地而得名。春秋时期郑国地。周定王十年(前597年),晋楚邲之战前,晋国军队渡过黄河后,曾在此山停留。晋国将帅与郑国使臣皇戍于此讨论作战事宜,晋军并于山南坡设下七处埋伏,以对付楚军。《左传·宣公十二年》:"晋师在敖、鄗之间",以及"巩朔、韩穿帅七覆于敖前"。均指此山。《水经注》:"济水东径敖山北,其山上有城,即仲丁所迁。"

◆首阳山

位于偃师市西北15里,北接孟津县界。《水经注》:"河水径平县故城北,河水南对首阳山",春秋所谓首载也。"上有夷、齐庙,即邙山最高处,日出先照,故名。《吕氏春秋》曰,夏后氏孔甲田于东阳萯山,遇大风雨,迷惑,入于民室。皇甫谧《帝王世》世以为即东首阳山也。盖是山之殊目矣,昔帝尧修坛河洛,择良议沈,率舜等升于首山,而导河渚,有五老游焉。相谓河图将来,告帝以期,知我者重瞳也。五老乃翻为流星而升于昴。即于此也。

◆百坯山

位于偃师偃师市南。尔雅云"山一成曰坯"。《偃师志》:"和帝幸此。此有凤凰岚,上建少姨庙。"

### ◆虎头山

位于偃师市市北,虎头山海拔567.56米,因形似虎头而得名,远看就像平地上卧了只巨大的猛虎,近看山西部酷似虎头,眼眶、鼻梁、额头栩栩如生,中东部凸出部分犹如老虎后腿,强健有力,东部向北就像老虎的尾巴摆向北方。因虎头山地理环境的优越,偃师市将之前光秃秃的山坡改造成为虎头山生态公园,成为城区北部的绿色屏障。先后在虎头山植树20余万株,修建了公园广场、环山公路、登山道、休闲长廊等设施,6座造型别致的凉亭散布山间,园内有各种花木1万余株,公园四季常青,三季有花,绿草如茵,步移景异,成为当地一个集健身、娱乐、休闲为一体的综合性开放公园。

### ◆覆舟山

《太平寰宁记》云:"偃师县有覆舟山,陶李述京邦记云;周迥二十里,下有白水苑是也。"专家考证,位于偃师省庄、杨庄之南,有一个凸起的山丘,形若覆舟,应为覆舟山。今称为枕头山(因形似枕头故名)。

### ◆訾王山

亦称凤凰山,位于偃师市东。因北宋天圣八年(1030年)于山上建太祖、太宗、真宗会圣宫,改名凤凰山。

### ◆白马山

古地名,又称司马坂,位于洛阳市东北。北魏孝昌三年(527年)萧宝寅以关中叛。萧赞在洛阳闻之,惧而出走,至此被获。

### ◆牛心山

亦称文印山,俗称南台山,万安山主峰之一。它和西边的牛嘴山(海拔631.1米)绵延相连,牛心山位于偃师市西南24公里大口乡南部,海拔583.7米,以形似牛心而得名。牛心山突兀耸立,孤傲高峻,气势威严。山上原有大土殿一座,殿前有一石牌坊,在20世纪年代"文革"中殿宇被毁,唯石牌坊完好无损。山下有村名山张,每年农历二月十四为牛心山庙会。

### ◆缑氏山

缑氏山,周时又称"抚父堆"。位于少室山西北,出崿岭口12公里,偃师市府店之右。《河南府志》载:"缑山,在县南(指偃师老城)40里,孤峰突出,周灵王太子晋升仙于此。"《山拇助》云:"缑山之山,无草木,多金玉泉水出焉,上有饮鹤池。"其上建升仙太子庙,立有武则天御制碑。虽然,缑氏山只有海拔308米,但他确是嵩山山系中的一座名山。它的出名确是因了两位神仙的缘故,一位就是大名鼎鼎的西王母,据说她曾在缑山修道。因为她姓缑,故该山名缑氏山,后简称缑山。另一位是周灵王的太子晋,又称王子乔、王子晋。

### ◆大熊山

古称梁山,俗名马峪,亦称大红寨、大鸿寨(以黄帝大臣大鸿而得名)。该山南北长5公里,东西宽2公里,呈南奔大熊状,故称大熊山。位于太室山东南25公里,汝州市大峪乡和禹州市、登封市三县交界处,属嵩箕系山脉,主峰大红寨海拔1150.6米。《嵩书》卷二载:"大熊山在太室东南五十里,与小熊山相接,顶上宽平,四围陡峻,昔人多避兵于此。其下多铁,山民鼓铸为业。"《汉书》载:"阳城有铁官。"即指此地。大小二熊山并列嵩高之阳,东西长20公里。历史上这里为原始森林,大面积的山体造就了这里的山川秀丽,自然风光旎美,奇石林立,洞幽泉清,谷深山秀的秀美景观。因其地势险要,历来为兵家必争之地。唐初滑县瓦岗寨部分将士曾在此驻扎;唐时樊梨花曾驻兵于此。大红寨山的植被中,有大量的红叶林,该红叶林以黄栌树为主,分布于大红寨山的北部、中部一带。该红叶林与小红寨红叶林连成一体,面积超过2000亩。每到秋季这些植物的树叶由绿变红,层林尽染,漫山遍野一片红色,体现了大"红"寨的真实含意。

大熊山

◆倚箔山

位于登封颍阳镇石堂山之西,一名天箔山。《名胜志》载:"其形峭峻,望如立箔。西北崖下有石钟乳,隋代充贡。"《唐书》载:"颍阳倚箔山有钟乳,贞观七年采。"

◆象鼻山

位于嵩阳书院右翼,太室山积翠峰之东。有一小山崛岜,形如象鼻,故象鼻山。

◆禹王山

禹王山简称禹山,位于禹州市西南15公里,方岗乡与文殊镇交界处。该山东西走向,长3公里,高350米,山体由石灰岩构成,属箕山山脉。因大禹居此山,指挥治理颍淮河而得名。相传,4000多年前,大禹治水,从雍州、梁州、冀州、兖州,一路东下,劈壶口,凿三门,度九泽,挖九河,使丰水东流,注入大海,解除了黄河危害。然而,经由长江而东入大海的汉水流域和颍淮河流域,依然是河浸湖泡,沼泽千里。为解除豫州东南部的水涝灾害,大禹坐镇禹山,指挥附近的申、陈、蔡、许、息、黄、鄝、江、道、弦、沈、蒋、吕等110个国,同心协力,治理颍淮河。大禹治水时,曾召颍河流域110个诸侯国国君集中到禹山,开誓师大会。在山顶置石棺材一具,凡不听令者,完不成任务者,赐死,赏石棺材一副。至今,禹山山顶还遗存有一副天然的石棺材。大禹指挥治水的帐篷外边,有大禹亲手栽植的柏树一棵,直到明万历年间尚在,树龄3000多年,树干5搂多粗。一年夏天,忽遇雷雨,被天火击中,燃烧半个多月。

◆诸侯山

位于禹州市城北12公里皇路河南岸,属具茨山脉,海拔350米。山体以石灰岩构成,少林木,多裸露,山坡陡峻,状如蜘蛛伏地,群众俗称"蜘蛛山"。

近年来,由于人工采石,使山体多处呈切割状,如盆景一般秀美可爱。世传大禹治水时,曾召集北方各路诸侯在此山聚会,商量治水良策。当时蜘蛛山与东边的灵山连在一起,形成一道屏障,使洪水不能归颍入淮,造成禹州地面洪水泛滥,民不聊生。大禹提议斩断灵山,开通河道,把洪水引入颍淮河,再东导入海。众诸侯一致同意。于是大禹王便率众将蜘蛛山与灵山相连处拦腰截断,使洪水从两山中间飞泻而下,东流入颍淮河,解除了禹州地面的洪水灾害。后世,人们为了纪念大禹和各路诸侯治水的伟大功绩,便把原来的蜘蛛山改称为"诸侯山"。

◆三峰山

位于禹州市西南方 5 公里处,有连绵三座山峰组成,故名曰三峰山。三峰山呈东西走向,绵延三四十公里,属伏牛山余脉,三峰山在历史上特别是史前时期是华夏文明的重要活动区域。史称,唐代大画家吴道子便出生于此山。山不算高,山上多石头,多灌木,虽没有奇树异草、飞瀑流泉,但也沟沟坎坎,山路曲折迂回。十年前,响应国家号召退耕还林,全部栽上了一排排的速生杨,如今已是林深叶密,郁郁葱葱,被村人亲切地称为"绿色银行"。

三峰山

◆祖师庙山

祖师庙山又名玉泉山、大石山,位于洛阳东南侧的偃师市李村镇、寇店镇与伊川县交界处。《名胜志》说:"玉泉山在洛阳东南三十里,上有泉,水如碧玉色。泉上有白龙祠,祈祷甚应。"祖师庙山是万安山的主峰,海拔937.3 米,属于嵩山余脉,东接嵩岳,西达伊阙,自古就是洛阳南面的屏障。因祖师庙紧临南边崖嘴,故又称"北金顶",与南边武当山金顶相对而言。

祖师庙山也叫石林山。山上怪石嶙峋,那峻极连天的峰峦,有的挺拔林立,犹如刀削斧劈一般,有的则象斜生的笋尖,可攀缘而上。"石林雪霁"为旧时洛阳八小景之一,顾名思义是一个嶙峋耸立,冰雪覆盖,风霜酷寒,别有天地的景致。每至冬季,山巅积雪颇厚,犹如披上了一层银白的素装,雪后转晴,其他山上的雪都已化去,只有此山仍是白雪皑皑,映着阳光,石林就会反射出绚烂的光彩,壮丽的美景与古都互相辉映,尤为壮观。

◆大仙山

位于具茨山南麓。明成化年间《河南总志·山川》:"大仙山,在钧州(即禹州)西北五十里,昔轩辕氏修炼之处。"清代蒋廷锡编《(钦定)古今图书集成·方舆汇编·职方典》:"在州西北五十里,相传黄帝修炼于此。"清顺治十七年《河南通志·山川》:"大仙山,在禹州西北五十里,轩辕修炼于此。"

◆跑马岭

位于新密市和禹州市交界处,属具茨山系。此山海拔高度700 余米。跑马岭是几道光秃秃的山岭,山顶比较平缓。近年来,在跑马岭的主岭上部和岭侧坡面上,及另一山坡的坡项和山坡的斜面处,约25万平方米的山体上发现了300多处神秘的石刻符号。具体说,许多青色或灰白色的岩石中,只要是比较平整的石面上,大都刻有神秘符号。这些神秘石刻符号,大的有数10平方米,小的形如棋盘。符号以圆点、直线、斜线、方形小坑和圆形小坑等组成不同的图形,变化十分丰富,有着独立而严密的体系。这些图形有的已经风化,但仍可辨认其原来形状,并且有许多图形十分清晰。在有的山体岩石上,还刻画有河流、湖泊的平面图,也有立体的水坝、河湖模型,这些石刻,规模宏大,内容丰富。

◆四寨山

位于汝州市西南寄料镇境内,与鲁山县西北交界,因有4座形似轿顶的山峰而得名四寨山、轿顶山,也曾因山顶有玉皇庙而名玉皇山、水寨山等。四寨山风景秀丽、美景醉人,主峰海拔800多米,山峰陡峭、壁立千仞,峡谷幽深、神秘莫测。

四寨山的九女峰、擂鼓台、锯齿岭、接官梯等自然景观美不胜收。四寨山怀抱马跑泉,悬崖峭壁之上清泉喷涌而出,潺潺溪流透迤蜿蜒,所过之处石潭清澈见底,瀑布悬崖高挂令人流连忘返;山上植被茂密,鲜花丛生,鸟兽出没,植物种类繁多;山上的楚长城、玉皇庙、神仙洞、莲花洞、天井、枯井等名胜与自然风景更使四寨山锦上添花。四寨山地处宛洛要道庙洪线东侧,交通十分便利,而又处在郑州、洛阳等大城市及石人山景区的咽喉要道,地理位置十分优越。

◆蒋姑山

位于河南省汝州市城南20公里处的蟒川乡罗圈村境内。蒋姑山属伏牛山系,主峰海拔787.4米,因主峰顶建有蒋姑神庙,故此得名。清道光《直隶汝州志》记载:"蒋姑山(又名焦古山),形如翠屏,壁立千仞,松竹葱郁,有水环抱,山巅座蒋姑庙,山角藏罗圈寺。"蒋姑山地层发育完整,岩石出露明显,在蒋姑山的生成过程中,形成了奇特的地表地貌,奇峰林立罗汉字、层峦叠嶂、沟壑纵横、飞瀑深潭、深洞怪石、植被繁茂、云蒸霞蔚,自然景观旖旎诱人。

蒋姑山为独特的罗圈冰碛地层。罗圈冰碛地层是世界四大冰川遗址之一,属元古代震旦系,为地质学中一个独立的地层单元。罗圈冰碛地层厚度大,总厚度达306米,东西宽2公里,南北长2公里,出露较完整。冰碛地层自20世纪50年代以来引起了国内外地质学界的关注。1958年地质学家在这里考察后,首先提出了冰碛成因的观点;1959年中科院地质学家刘长安、林尉兴对该处冰碛地层进行了专题研究,将其命名为罗圈层;之后,英、美、加等国专家先后前来考察;我国地质学家李四光曾亲临考察此处遗址;1976年河南省地质科学研究所将其所属时代划归震旦系。

◆九峰山

位于汝州市西南与鲁山县西北交界处,因自西向东有九座奇峰而得名。九峰山主峰海拔900多米,原始生态保护良好,植被茂密。汝州古为南梁、周南,九峰山因位居其疆域之南,又称"南山"。《诗经·樛木》曰:"南有樛木,葛藟累之。乐只君子,福履绥之。"可见,自周朝以来皆为人们寻幽、祭祀、求福之地,盛名"福山"。

九峰山其核心景点四寨山峰巅,都遗存有石头砌成的古寨墙,故而得名。据专家考证,这些石墙、石垛,是公元前540年左右春秋战国之交时期,楚国称霸,征战要地,所修筑的北部长城遗址,是我国迄今发现最早的长城。此外,还有天子坟、臣驾沟、龙居山、石门寺、玉皇庙、祖师顶、古洞穴、古炭窑等春秋战国时期文化遗址。

◆蜈蚣山

位于汝州市石门寺西南,此山呈岭状自西向东走向,约2华里,山北麓有较为均等的小山岭均向前伸,恰似蜈蚣的腿,岭东端略弯曲且低,并有约20米宽的居形连山石伸到山头低,跟蜈蚣头上的硬壳一模一样,因而叫蜈蚣山。

◆銮驾山

明正德《汝州志·山川》载:"銮驾山,在州西五十里。俗传轩辕问道广成子,驾经此岭故名。"銮驾山周围方圆近百里,西至临汝镇与汝阳搭界,东至温泉街,南至汝河,北至洛汝公路,汉唐之时为广成苑,是皇帝狩猎、后妃游玩之地。

◆玉羊山

玉羊山(又名汝州禹王山)位于汝州市西北部,夏店街以西,小山沟村以东,山势呈东南至西北走向,长约十多华里,海拔884米,是汝州西北部众山之冠。清道光《直隶汝州全志》记载:"玉羊山与柏崖山两峰对峙,中间荆水通焉。荆水源出于此,其在山之阴者曰金马泉。此山旧名金华,俗传,自黄初平'叱石成羊'始改今名。"

◆风穴山

位于汝州城东北10公里处,海拔460.7米。山麓有风穴寺,群峰环抱,松柏葱茏,山水林俱全,是汝州境风的一处名胜风景区。

◆许羊山

位于汝州城东北20公里邢窑村西北,海拔156米。相传汉光武帝刘秀曾避难于此,许以少牢(羊)酬祭而得名。

◆庀山

古名皮山、脾山,位于汝州城西北10公里陵头村南。分南、北两峰,海拔分别为480米、487米。北峰有花姑庙(今废),泉塔尚存。山前有市、乡办煤矿,山后为一小盆地。

◆高台山

位于汝州城东志16公里的黑龙庙村南,海拔306米,山上有祖师殿,山下有黑龙庙。周围山岭环抱,地势险要,日本军侵略军曾于此挖巨洞贮存武器弹药。

◆三寨山

又名三山寨。位于汝州城东南15公里处,海拔279米,面积3万平方公里。因三山状类三台,亦称三台山。分东、西、中三峰,上各有宫。东曰太清、西曰神清、中曰慈清。中峰有清代塔一座,俗称塔尕山。东峰独峻,上有一石寨,系清末民初,居民为防匪所筑,宫、寨早废,砖塔独存。

### ◆九皋山

又名鸣皋山,系外方山余脉。位于伊川县城南30公里处的伊河东岸,山势陡峭,自西南向东北绵延。东西长17公里,南北宽2公里,主峰海拔930.6米。山体多为砂岩石。山上有鹤鸣观。该山因《诗经·小雅·鹤鸣》有"鹤鸣九皋,声闻于天。它山之石,可以攻玉"的诗句而得名。《史记·周本经》记载周武王卜定洛阳王城时,曾"南望三涂,北望岳鄙,顾瞻有河,粤瞻伊洛,毋远天室。""三涂"即九皋山。九皋山是古都洛阳的南屏障。《嵩县》(光绪版)载:"九皋之颠有三池,相距各籽武,水分黄、白、黑色,冬夏不涸。悬崖石洞中,白蝙蝠大如鹤。"位于伊川酒后乡石墙沟和潘家窑一带的脑子山和绝金顶二座山,分别海拔为635.8米和880米,都是九皋山的余脉。

### ◆娘娘山

位于伊川白沙乡上贾村南。相传因刘秀夫人死于此故名。该山海拔658.6米。东连和尚山、暴雨山,南邻长虫山,山西北是汝阳县,东南是汝州市,站在山顶可闻三县(市)鸡鸣。

### ◆和尚山

位于伊川白沙乡焦沟南,西连娘娘山,东接暴雨山,海拔665米。

### ◆暴雨山

位于伊川白沙乡东南边缘,西接和尚山,东连方山,海拔764.8米。

### ◆方山

因山顶系方形故名,位于伊川县白沙乡东南与半坡乡交界处,海拔749米。

### ◆赤龙山

位于伊川县半坡乡的南张庄、三岔口一带,东西走向,海拔773米。东连马铃山,两山交将半坡乡分为南北两半。

### ◆樱桃山

位于伊川县半坡乡的半坡村东南。属伏牛山脉,东西走向,海拔799.5米,长约5公里,坡度35°左右,山体系石英质砂岩石。

### ◆老君山

位于伊川县吕店乡东北边缘,是嵩山山脉西延部分,海拔651米。

### ◆万安山

万安山位于偃师市寇店镇与伊川县吕店镇交界处,海拔937.3米。山在层峦叠嶂中巍然耸起,东接嵩岳少室山,西达伊阙龙门山,共同构成洛阳南面的屏障。因脊背起伏较多,大部分象"马鞍形"故名"万鞍山",后演变为"万安山",又称"玉泉山""大石山"。因位于马鞍山之西,是马鞍山的延续。主峰(北祖师山)937.3米,是伊川县的最高点。

万安山

山上石怪林密,果木尤多,清泉涌流,曲径通幽。山北坡较缓,从李村镇南宋沟登山,山腰依次有白龙王庙、玉泉寺、朝阳洞、磨针宫等古建筑。山东坡稍陡,半坡处有自然山洞"仙姑庵",山脚下为寇店镇水泉村,古有名关"大谷口"。水泉村有著名的水泉石窟,窟内二主佛并立的结构在北魏造像中尚属罕见。山南坡最陡,高处山崖壁立,人须绕行。山西边峰峦连绵,有"南天门"险景。山最高处,紧临南边崖嘴建有祖师庙,山因此又称"北金顶",与南边武当山金顶相对而言。

◆岘山

位于伏牛山东麓,在汝州市西南、汝阳县东南、鲁山县丁北三县(市)交界处,海拔1165.8米。《金史·地理志》载:"汝州梁县有霍阳山"。并作注释:"汝州梁县霍阳山,俗谓岘山,在县西南七十里。"岘山是汝州西南山中的一座较高的峰峦,在群山之间有如鹤立鸡群。岘山叠翠,曾是汝州古代八大景之一。

◆龙门山

位于洛阳市郊和伊川县境,以龙门石窟闻名于世。因龙门东山(又名香山)和西山(又称龙门山)两山对峙,伊水河切谷中流,使河谷两岸崖石壁立,形似天然门阙,又名伊阙山。春秋战国时,这里即有"阙塞"之称,秦国名将白起曾在此大破韩魏联军。龙门山西起熊耳,东连嵩山,自古以来就是洛阳南面的天然门户,为洛阳南面的险要关隘。龙门山海拔263米,是少室山的西延部分,山体主要由寒武系灰岩等构成,山坡角约45°。我国三大艺术宝库之一的龙门石窟十万尊佛雕,就布列于伊阙两侧的悬崖峭壁之上,琳琅满目,是中外闻名的旅游胜地。

◆郁山

位于洛阳市西南,距洛阳市区20公里,高速公路直通郑州、开封和三门峡。郁山海拔在380～613米之间,其中峰奇石怪,主峰海拔600多米,为当地的最高点。因地质造化,山上象形石众多,或似人或似动物,其中最为神奇的要属骆驼石。在郁山南麓有一泉,人称"龙泉",一年四季长流不息,经化验为优质矿泉水。山上春来百花竞放、万水吐绿、飞鸟成群;盛夏树木葱郁、遮天蔽日;秋天万山红遍、层林尽染;冬天古柏参天、白雪压枝,蔚为奇观。

◆周山

周山又名秦山,在洛阳西南侧,位于洛阳高新技术产业开发区孙旗屯乡境内。西起崤山,东止洛阳,经洛宁、渑池、宜阳、新安、洛阳五市县,蜿蜒起伏,长达180多公里,海拔216.93米。近洛山阜有周灵王墓冢,周代称冢为山,故名曰周山。山下有周谷,为周之采地。周山又是洛阳扼阻关陇的咽喉之地。

◆坷垃垛山

位于禹州市西,属箕山山系,坷垃垛山海拔1200多米。主要分布有赤铁矿、磁铁矿。

嵩山雪景

◆九山

位于禹州城西南20公里处。《水经注》记载,阳翟(今禹州市)城西侧有九山寺,且有碑记,后废。九山生铁。

◆荆山

位于禹州市西北50里。《禹州志》载:"齐武帝于此采玉。"

◆大刘山

即禹州神垕山。位于禹州西60里。上有汉高祖庙,今废。但随着钧瓷文化的发展的传播,位于神垕镇大刘山北麓的大刘山陶艺村的钧瓷文公窑,已成为世界上海拔最高的钧瓷窑。

◆逍遥山

位于禹州北60里,白沙店北。相传汉中郎将墓北临颍水,磨崖作碑,刻篆字多剥落难读。

◆殿山

位于禹州市西北60里。因山势形象极像宫殿,故称殿山。

◆崆峒山

又名尖山寨、寨山。位于禹州和新密二市的交界处,海拔647米。也是颍水与洧水的分水岭。《河南通志》记载:"此山为逍遥观山,下有黄帝问道处。"邵阳徐明善作有《崆峒山》一诗:

柴门虽设未尝关,闲看幽禽自往还。白壁易求千丈石,黄金难买一生闲。

雪消晓嶂闻寒瀑,叶落秋林见远山。古柏烟消清昼夜,是非不到白云间。

◆ 大龟山

位于禹州北 50 里。因山势形象似龟,故名大龟山。

◆ 太白山

龙虎山位于禹州市无梁镇境内,主峰老山坪(老官山,明代叫做钧州明山),又称太白山,属具茨山脉。

◆ 玲珑山

即辋山,位于禹州市西 30 公里处。山上石皆玲珑,好石者取之以供玩赏。山阴崖石耸立数丈,东西约百步,崖腹多窟,大者如屋,中刻佛像,下为清凉寺,明改辋山书院,后复为寺,一名玲珑堂,清道光间知州朱炜题名"钧天胜地",产上水石。

◆ 娄敬山

位于禹州驾子山东。相传娄敬曾隐于此。

◆ 吕梁山

位于禹州南 35 里。唐口河源出其下。民间相传吕不韦故居于此。

◆ 昆仑山

位于禹州西南 40 里,其山形巍峨,风光秀丽。昆仑山的北坡有昆仑寺,坐北朝南,因山就势而建。昆仑寺与昆仑山相映生辉,使得这里的风光更具文化的深厚。昆仑寺的大殿内有壁画,东西两山壁画画面大小对称,保存比较完整。昆仑寺壁画(含大殿等建筑)为禹州乃至许昌市所仅有,具有较高的历史、艺术和科学价值。

◆ 柏山

柏山位于禹州市境内西南城南 5 公里,属箕山山系。相传上古时代高士许由曾在箕山隐居,长期以来它是禹州文脉地气的象征。柏山峰顶有著名的柏山文峰塔,又称为白沙塔,是河南省重点文物保护单位。

◆ 三磴山

位于禹州西 50 里,其山上下有龙潭。《禹州志》载:嘉庆六年,星陨於三磴山。

◆ 孝山

位于禹州市城东约 13 公里处,源于孝山的一条小河叫孝水河。孝山上因黄香墓而得名(二十四孝中有黄香为父亲"扇枕温衾"的故事)。墓前有通 1958 年原禹县人民委员会树立的"县级文明保护单位汉丞相黄香之墓"碑(原碑已损,碎片犹存)。

◆辋山

即玲珑山,在禹州市西30公里处。山阴崖石耸立数丈,东西约百步,崖腹多窟,大者如屋,中刻佛像,下为清凉寺,明改辋山书院,后复为寺,一名玲珑堂,清道光间知州朱炜题名"钧天胜地",产上水石。

## 二、岭、岗、坡

嵩山地域的一些知名的山岭、山岗及古怪的山坡,都有着奇妙的历史传闻和有趣的说法。

### (一)岭

一般来说,山岭是山的两侧具有陡峭的山坡,中间有明显的分水线,绵延较长的高地。

◆崿岭

又称崿岭阪、轩辕山,位于今登封市西北部与偃师市接界处之岭口。该岭地势险要,道路弯曲,轩辕关处其地。历为洛阳东南行之重要关口,唐李光弼谓:"守洛阳,则氾水、崿岭、龙门皆应置兵。"

◆象岭

位于太室山之南,与天门相对,西去登封市城区5公里。岭旧无名,因其形酷似大象之昂鼻也,故名之。

◆清烟岭

位于太室山之万羊岗东南,登封市老城正南。岭阴为金屑溪,岭阳为少阳河,岭之东为双溪河。

◆望朝岭

又名迎仙岭。位于太室山东南,与懊来山相对,即中岳庙之西岭也。岭巅巨石嵯岈,草木不荣,为中岳庙之西砂,形家所谓白虎也。其下过峡处,为邑通衢。洛下士女谒神者,过此岭望见峻极殿,辄东向拜,故谓之望朝岭。

◆琅玕岭

位于太室山东南10公里。岭下有聚落,名竹园村。其地多竹,故名琅玕,以此所名。

◆石屏岭

位于太室山正西、少室山东北。其南为二室道,岭似界之,又似通之,婉转如屏,长逾数里,故名石屏。石屏岭与天门相对西去登封县城5公里。

◆问耕岭

位于少室山东南,下多美田。古人劝稼至此,常坐岭头树下,与农夫相语,故名问耕。

◆憩鹤岭

位于少室山南。上有松桧,下有水泉,白鹤成群,多憩于此。因此名曰憩鹤岭。

◆铁围岭

位于少室山之阴,即少林寺横岭,可缘以登御寨者。少林僧人曾戏称该岭为"瘦驴岭"。

◆七星岭

岭自太室山玉柱峰蝉联而下,凡起七顶,若七星然。其尽处开一小嶂为嵩阳书院后屏。

◆孤柏岭

宋代岭名,位于荥阳市区西北王村镇西北部孤柏嘴一带。实为广武山西段山体之名称,以古柏孤峙而得名。宋神宗熙宁四年(1071年),因汴河水口浅淀,应舜臣议新汴河口应开在孤柏岭下。《宋史·河渠·汴河》:"有应舜臣者,独谓新口在孤柏岭下,当河流之冲,其便利可常用勿易,水大则以斗门,水小则为辅渠,于下流以益之。(王)安石善其议。"即指此岭。

◆横岭

又名长冶岭,俗称老犍脊,位于巩义市东北部河洛镇南部丘陵区。横岭东南逶迤20公里,北面黄河,南有深涧,山脊海拔450米,向东陡降,向西缓坡。沟壑纵横,山道崎岖,有古道东通汜水,设官殿驿站,道旁为百花谷,地势险峻,隋末李密与裴仁基在此争战,清末慈禧、光绪西逃回京经此抵汴,官殿设有行宫(实为茶亭)。西段有隋唐洛口仓城。

◆青石岭

位于登封市西南部,颍阳镇与汝州、伊川交界处。此岭多青石,故名。山体东西走向,东临崚磴山,西连马岭山。长约3公里,宽约1公里,总面积3平方公里,海拔712米。山阴为褐土,多植刺槐、柏、杏、梨、油桐等,覆盖率26%。矿藏有煤、铁等。

◆黄岭

位于登封市区西6公里的少室山南麓。山表层黄沙覆盖,故名。山体以嵩山石英岩为主,次为片岩、片麻岩。地表为淡沙土。南北走向,南起黄岭前,接少室山,长约3.2公里,宽约2.5公里,总面积7.5平方公里,海拔665.7米。主产花生,多植栎、柏、刺槐、山楂、杏、梨、苹果等。矿藏有花岗岩、锡和石棉。北部有嵩山风景名胜区之三皇寨景区。为颍河支流太后庙河和顾家河的发源地与分水岭。

◆金牛岭

位于少室山之南,顾家河之东,发脉于少室山金牛峰。左有少阳河,右有顾家河,两水夹行,结东华镇。

◆红岭

在登封市北部少林办事处与偃师市老马庄交界处。山岩呈红色,故名。山体以嵩山石英岩为主,次为片岩、片麻岩。地表为棕壤土。南北走向,南接化尖山,北连五乳峰,长约2公里,海拔730米。岭坡多栎、松、刺槐、杏、梨等林果树,覆盖率38%。东北麓临少林寺风景名胜区。

◆摩天岭

位于登封市北部,少林办事处西北境,以其高而得名。山体以嵩山石英岩为主,次为片岩、片麻岩。东南—西北走向,东南起郭店,北至偃师交界处。长约3公里,宽约2公里,总面积6平方公里,海拔801米。阴坡为褐土,多植侧柏、刺槐、柿、桃、石榴、杏、梨、山楂等林果树,覆盖率45%。矿藏有大理石。

◆跑马岭

位于登封市东北6公里的太室山上。山坡势缓,据传耿翰林和傅拔贡曾在此跑马比武而得名。山体属嵩山石英岩结构,山表为褐土。南北走向,南连白石尖峰,北接灯盏锅峰,长约2公里,宽约1公里,总面积2平方公里,海拔1005米。植有栎、栗、柏、红榆、山楂、化香、杏、苹果等,覆盖率45%。矿藏有硅石、水晶石等。登封市气象站设此,颍河支流五渡河源于东麓。

◆花椒岭

又称凤凰山、花微岭。在登封市卢店镇与大冶镇大路北村的交界处,相传古时花椒林和栗树林茂密而得名。呈东西走向,长约1公里,宽约0.7公里,海拔384米。为沙石土,多为耕地,登封至禹州市故道经此。多植花椒、刺槐、葡萄、桃、杏、梨、苹果等果林木。为洧水和颍河支流的分水岭。

◆分水岭

位于登封市东北部。以地处唐庄乡塔水磨与巩义市桃园镇交界处,故名。山体为嵩山石英岩结构,山表为褐土,呈东南西北走向,长约3公里,宽约1.5公里,总面积4.5平方公里,海拔687米。山坡植栎、刺槐、杏、梨、核桃、山楂等,覆盖率45%。矿藏有硅石、铝矾土等。许昌至巩义公路经此。

◆风后岭

又名风后顶。位于新郑市西南19公里处的新郑市千寨户乡西部,系嵩山余脉具茨山之主峰。风后顶南北长4公里,东西宽3公里,面积12平方公里。主峰海拔793米,在新郑境内。山体为下元古前震旦纪千枚岩、石英岩、硅质灰岩构成。南坡有白龙池泉,西坡

新郑风后岭

有黑龙潭泉。风后顶四周皆悬崖峭壁,只有东南石门下有一人工凿的83级台阶可登顶峰,而风后顶的顶部却颇为平坦,状似莲朵。《史记·五帝本记》:"黄帝举风后、力牧、常先、大鸿以治民,郑康成云风后黄帝之三公也。"后人以人名命山名,以示纪念。据传风后被封到具茨山后,具茨山的山神为了讨好风后,让山体下不停地往上长,直到风后喊停。从此,风后顶便成了圆顶。

◆ 黄帝岭

又名风后岭,位于新密市白寨乡西北部皇帝岭村。东临圣水峪,西连摩旗山,海拔430余米,岭南有一青石,石上有二坑,形似马蹄,故名马蹄坑。

黄帝岭名称由来说法不一。一说轩辕黄帝战蚩尤曾屯兵此岭,马蹄坑即是当年黄帝坐骑路过时留下的。一说是宋代蔡王自称帝,路过此岭见一金马驹,追赶时忽又不见。蔡王恐此宝被盗,立碑于此,上书"皇帝岭"。一说朱元璋幼时与数顽童在此嬉戏,戏曰,谁若能以十筲头相叠坐其上并望见南京城的金銮殿,便日后为帝。其他顽童屡坐均不能,独朱元璋似得神助,果能坐于十筲头之上而不倒并望见南京城的金銮殿。他当即许愿,日后为帝必使此地与我同名。后朱元璋为帝,故名"皇帝岭"。

◆ 马脊岭

位于新密市东南13公里的杨河东侧。因山岭形似马脊,故名。东西横跨大隗、来集、刘寨3个镇,西起来集镇的马武寨,东至刘寨镇的云岩宫水库。长约4公里,宽约1.5公里,总面积6平方公里,最高海拔251.7米。是新密市名优特产桑权的集中产区。

(二)岗

高起的土坡称之为岗。岗在嵩山地域分布较为普遍,但以下所录的均是在历史上有名的岗。

◆ 牧子岗

位于太室山中岳庙东3.5公里,俗名破鞋岭。横长数里,水草蕃茂,牛羊依为乐土。传说,明人登封令傅梅过其上,见牧子辈长蓑短毯,优游偃仰,意甚羡之,因以名岗。牧子岗为中岳庙之左砂,形家所谓青龙也。

◆ 问尧岗

位于太室山西脚下。山民依樵采以为生,四境皆然,而邑西北为甚。斧斤相错,山不至童。此岗,其总会之径也。传说,古代一文人每过之,未尝不群遇负薪者,此辈相野不识忌讳,询及疾苦,尔汝相答,大有开益,乃以问尧名其岗。

◆ 万羊岗

万羊岗,亦称为万羊冢。位于太室山之南,东去登封市区1公里。《清波杂志》载,宰相张齐贤,布衣时醉卧嵩石,见人驱万羊过前,曰:"此相公食料也。"即此地,因之得名。《尔雅》云:"山顶曰冢。山脊曰岗。"其实一地也。唐朝武则天曾立封祀坛于此地,前有丰碑。万羊岗山体以石英岩为主,次为片岩、片麻岩。山表为淡石土,呈圆球状,面积1平方公里,海拔473.5米。东、南两面坡势较陡,多为梯田,栽有树木,覆盖率45%。西、北两面坡势较缓,为耕田。革命烈士纪念碑竖于岗峰北侧,碑后有皮定均、徐子荣墓。

◆拜风岗

位于太室山万岁峰前。万历戊申(1608年),大旱。每山中出云,辄被怪风吹散,因以得名。明代登封知县傅梅曾率僚吏拜风于此岗之上,因以名焉。

◆青林岗

位于太室山南。山多林木,青翠蔚然,因以得名。

◆石鼓岗

位于少室山之阳也。山形圆满,如鼓之状。或曰山上曾有石鼓,镌刻篆隶之文,今不知所在。

◆老锅岗

古称鸡络坞,位于新密市东北部,岳村、白寨两镇交界处。因形似大锅覆盖于顶,故名。山体东西向,上有黄土覆盖,下为石灰岩体。长约3.8公里,宽约1.4公里,总面积5.3平方公里。山势较平缓,西高东低,最高海拔379米,溱水发源于此。

◆杨树岗

位于新密市东北部白寨镇境内。因古时岗上多杨树而得名。地跨郑州—新密公路两侧,南北走向,北起田河,南至鱼池沟水库,长约4公里,宽约2.5公里,总面积10平方公里。表面黄土覆盖,下部为石灰岩结构,岗周围建材工业发达。石料厂、石灰窑多集中于公路两侧。圣水峪泉位于岗西山谷中,是贾鲁河的主源。

◆马陵岗

位于新郑市东部与中牟县交界处,南北长23公里,东西宽1~1.5公里,为南北走向的条形岗地。最高海拔149米,岗体由新生第四纪沙土组成,今已遍植刺槐林。岗下有孙膑庙、庞涓庙。《新郑县志·山川志》载:"孙庞之战乃新郑之马陵岗。"

(三)坡

山坡是单指山、岭、岗、脊与平地间的倾斜面。山坡的形态是复杂的,有直形、凹形、凸形、S形,较多的是阶梯形。山坡地形往往记录并反映了整个山地的演化历史和构造性质。

◆怪坡

汝州市北9公里处有一神奇的"姊妹怪坡","下坡如逆水行舟,上坡如顺风扬帆",更奇怪的是雨后水往高处流,似乎牛顿"万有引力定律"在这里丝毫不起作用。汝州怪坡新发现,高低上下颠倒颠。究竟是什么原因制造了"怪坡"之"怪",是磁场作用,是重力位移,这一奇怪的自然地理现象,使得这里成为一个著名的景点。

汝州怪坡景区位于大红寨省级地质公园内,景区及其周围地质遗迹、地质现象非常集中,而且出露明显,发育完整,具有很高的地质学研究价值,是大红寨省级地质公园的支撑部分。

相传东汉初年,武帝刘秀逃难到汝州北边怪坡,前有大山挡路,后有王莽穷追不舍,刘秀正在愁眉不展之时,猛抬头看见一座玉皇庙,庙内一棵大树遮天避日。他走进庙内在大树下恭恭敬敬点燃一柱香,屈膝跪下,祈求大树保佑。正当刘秀跪拜站立之时,一块青砖从头顶飞落下来,正好落在刘秀的面前脚下,只见青砖上写有"西北"二字。刘秀不觉一怔,顿时勇气倍增,飞身上马一路疾驰,朝西北方向而去。刚刚翻过一座大山,王莽大军已经随身后追来,刘秀身子一缩钻进路旁树丛之中,任由战马脱缰而去。刘秀躲进树丛三天三夜才钻出来,想赶快离开这个鬼地方,不料,又被王莽大军发现。为活捉刘秀,王莽带一面大鼓下山,并命令大军听到鼓声,说明自己无法捉住刘秀,士兵方可下山,否则,任何人不可轻举妄动。追到一缓坡处,见刘秀近在咫尺,已经无路可逃。王莽欣喜若狂,干脆把鼓扔在一边,径直走向刘秀。当时,王莽虽走下坡路,奋力追赶却停步不前,而刘秀走上坡路,却轻松自如。于是,刘秀趁机跑到山下,躲进了西边山沟里的林子中。而王莽扔掉了战鼓,大军听不到命令,也不敢贸然下山追赶,就这样眼睁睁地看着刘秀跑掉了。从此,刘秀经过的神奇山坡就被人们称为怪坡。

◆暮旋坡

位于太室山西南,距登封市区2公里。颍阳、吕店一带居民,离市百里之外,有事入城者,必由此坡。望见雉堞,喜其到也,故又名望城坡。清《登封县志》载:"予素与百姓约,无论输租、听讼,当日即返,不得宿城。即予偶以多冗入夜者,亦必开城门遣之。乡民朝来暮往,坡下爨饭之家豫饮以待,不失期也,故谓之暮旋坡。"

◆渔乐坡

位于少室山正南,面临颍川之水,左跨少阳之河。茂树连村,奇石如错。渔人举网得鳞易米,不尽者易酒相呼,沾及妇子。选树挂蓑,选石晒网,烟云共适,鸥鹭不疑。露冕经过,觉我形秽,题曰渔乐,感触良多

◆墓坡

位于巩义县城南夹津口乡南部,嵩山太室之北,峻极峰西侧,玉柱峰顶。因后魏孝文帝时京兆王元太兴埋葬于此而得名。峰峦突兀峻峭,林木葱茏,玉柱峰海拔1487米。墓坡西与少室山隔川相峙。北望洛水如带,晴日远眺,可见太行王屋。山上有旗杆窝、娘娘脚下、垒垒石、拜台崖、殿坪、京兆王池、油泉、酒泉、高登崖、天门、天池、玉女窗、捣帛石、空心石、娘娘床、三醉石、太子沟、皇姑沟、东西野沙台、京兆王墓等景观。京兆王殿坪,殿基柱础依然存在。山中涧谷幽邃,有黑龙潭、真龙潭、九龙潭、胡家潭、井沟大小瀑布等景观。

## 三、岩、崖、石

嵩山石厚土薄,山体多处裸露。山上岩、崖奇形怪状,嵯岈突兀,更有些石头,大的有半座山为一块整石,小的有河中如沙粒样的小碎石,自然形体多种多样。人们根据它们的形象特点、传说、故事为之取以各种各样的名称,使之生动有趣。天长日久,这些有了名称的岩、崖、石头,就成为嵩山中的名岩、名崖、名石。

太室山山体

### (一)岩

岩是构成地壳的矿物的集合体,分为火成岩、沉积岩和变质岩三类。这里所说的岩,主要指屹立在地貌上高峻的岩石。

◆蝌蚪岩

位于太室山天门(嵩门待月之嵩门)之西岩,岩下有石室,境僻路险。《嵩高志》载:"汉张芝于此获蝌蚪古书"处,因以得名。

◆虎口岩

位于太室山虎头峰上,因其险如虎口得名。相传,唐朝道士李筌至嵩山虎口岩,得《黄帝阴符本经》习之,后遂成仙。

◆日华岩

位于太室山东南。朝旭甫出,必先照临,亦名海曙岩,与春震峰相近。

◆赤脚岩

位于嵩山太室山顶南下,嵩岳寺后。相传仙人张赤脚曾栖息岩下,因此得名。

◆锦带岩

位于太室山南,启母石之左。岩高无际,岩上有五色石一层,如束腰锦带,因此得名。

◆云林岩

位于太室山之阴。山有数岫,刻露攒立,舒冈布麓,若翔若舞。岩壁方者、锐者、仆者、蹲者、倾欲坠者,争相献奇。每岫谷云生,碧篸篸现,苍翠点染,霞鬓烟鬟,宝寇螺髻,缥缈攸忽,不可端倪。

### ◆摘星岩
亦称摘星楼。位于少室山御寨之东南,挺出云表,壁直如岑楼之状,比喻其高可摘星斗。

### ◆摩苍岩
位于少室山钵盂峰上,有石刻"觅心台",北有二祖庵。该岩古称"炼魔",明代文翔凤游此,以名不雅,命邑人焦复亨改题"摩苍"。

### ◆柏厦岩
又名柏洞岩,位于少室山待仙峡。岩势削直,穹上摩云,其高无际。高岩半空悬一洞,洞上有老柏倒挂,如虬龙下云端,忽昂首攫拏,扶疏枝干,盘屈垂缨,正如天然广厦,故名为柏厦洞,意为必飞仙所居之处也。

### ◆芙蓉岩
位于日华岩稍南,与黄盖峰相近。石瓣层叠,有含苞吐华之状,如万仞芙蓉,削出云表。

### ◆宝丰岩
位于少室山前,清凉寺西。该石崖,形亦如半舫,而视高登岩更长大,俗传有曾名宝丰者栖此,因名。岩侧有泉,自上瀑下,冬夏不涸。少室山有宝胜峰,下有宝胜寺,疑此"丰"当作"峰"。

### ◆少室东岩
位于少室山东。相传唐白居易步行其上,曾题诗于石壁。

### ◆云母岩
位于少室山。因岩下有云母井,因井以得岩名也。少室山有云母井,见《嵩高山记》。采者候云头起处,于下掘之,无不获也。

### ◆弃瓢岩
位于箕山之阴。相传许由隐于箕、颍之间,于颍水河边,以手掬水饮之。人遗一瓢,饮罢挂于树上,风吹沥沥响动有声。许由以烦,弃瓢于该岩下,故名弃瓢岩。

### ◆石梯岩
亦名半云峰。位于少室山西侧。因岩高,云出其腰而没其半。有石级如梯,攀梯而上,可达岩顶,故名。

### ◆龙蜕岩
位于太室之奥,下有石洞,可容十席。正面一石,大逾数寻,俨如龙头之状,耳、角、颔、颏,无不肖者,若自岩下初蜕,方欲奋飞也。因以为名焉。

◆纵鹿岩

位于太室山玉柱峰之右,其下为法王寺。清《登封县志》载,乡民有献白鹿者,予豢之。二年,头角方生,纵之于此。鹿登岩回顾,良久始去。丰草长林,今不知所之矣。

◆云林岩

位于太室中峰西北,山有数岫,四面云生,缥缈如林,可怪悦也。

◆鼎腹岩

位于太室山中峰之阴,以状名。

◆翻照岩

位于太室山正西,太白峰之右。日薄崦嵫,山色如染,故名翻照岩。《尔雅》云:"山西如夕阳。"

◆雉羽岩

位于少室山南清凉寺附近。山多锦石,如华虫斑,五色相错,皱股叠彩,故名雉羽。若微雨新沐,色更绚然,如堆五色菽。岩中有穴,产钟乳。

◆云华岩

位于少室山南。时成五彩,故云:"山多宝玉气"。此其近之。

◆滴水岩

位于太室山黄盖峰后。清席书锦《嵩岳游记》载:"岳庙后有黄盖峰,为登嵩初级。迤逦西北上,约五里,地名滴水岩。泉出山半,巨石当其冲,上刻纯皇帝题诗。"

嵩山岩石

◆剑脊岩

位于少室山。山形峭脊而尖,中间一路微高,如悬准之直,像剑脊也。

◆石梯岩

位于少室山。岩际有阶如梯,登者攀梯可至其顶,其高无际,亦名半云峰。

◆黄甑岩

位于少室山之西南。山岩呈黄色,其圆如甑,故以状得名。自剑脊岩至此,皆在少室山之南。

◆骆驼岩

位于登封城区之西南,老薄山之东北。其聚落名骆驼苑。岩之东南有双峰,圆面秀,俗称双圭嘴。

◆苍鹰岩

少室山北麓梯子沟畔,有巨石如鹰,面向北方,栖息山头,缩头翘嘴,跃跃欲飞,人称苍鹰岩。

(二)崖

崖,亦作"山崖",指山石或高地的陡立的侧面,亦泛指高山。

◆卢崖

位于太室山正东,中岳庙之北,转折4公里。山至此忽开两翼,最后一崖削壁行仞,形如半弓,顶悬而根却,石纹有天然卷云回波之状。瀑布水自其丫口处飞流直下,远望如练,近视如帘,直落如丝,斜如珠,入耳如雨,沾衣如雾,风激日射,姿态万千。崖下有古刹,即名卢崖寺。世传为唐隐士卢鸿一故居,故至今犹袭其姓云。

◆栖静崖

亦称高登崖,位于太室山顶南下1.5公里处。崖半有石室,浅而横长,形如半舫。石室之外,岩边地仅馀丈许,上壁直削,地下临深洞矣。游人自西南数十步穿石窟而入,度一独木梁,攀缘蛇行,方可入室。实境之幽奇,可栖静者。岩中石隙滴水不绝。崖半石室为石楼洞。

◆积雪崖

位于太室山之北,因经年不见太阳,积雪至夏不消,故名。

◆雀尾崖

崖上石纹如孔雀尾之状,日光射之,炫然有光。

◆鹰愁崖

位于太室山玉镜锋至浮丘峰途中。崖面北,陡峭如削,直立而上。崖壁风化,碎裂纵横。攀登者如胆小,至此而回。当地人称为鹰愁崖,意为鹰飞此崖亦发愁也。

◆鳞云崖

位于太室山之南。相传崖下出云,鳞鳞成片,因此景致得名。

◆黑蟒崖

位于太室山之阳迎仙山之东北侧。因崖上石理埵峋蜒拖,颓岸偶向,故因形似得名。崖内一掌平阔,为唐洞清观址,著名的唐朝萧炼师就居住其中。萧炼师自梨园进为内妓,善舞柘枝,后奉黄老,诏许之。唐朝诗人许浑曾赠诗院壁。

◆挂冰崖

位于少室山西麓,是游览三皇寨的入口处。其沟内有一断崖,高达 20 余米,溪水由崖头跌流而下。雨季成瀑,平时漫流跌落入潭,水珠四溅,形似银链,每到冬季,溪水凝结成无数巨大冰柱,悬挂崖上,犹如钟乳石林,巍伟壮观。

◆养龙崖

位于少室山阴,五乳峰南,初祖洞之西。傍陷一隙,自下上穿,传为火龙洞。达摩入洞,龙自隙遁,崖因洞得名。王士性游记曰:"达摩洞旁有一洞,名石乳,入洞寒冽不可禁,傍陷一隙,其深无底。僧云,洞初为火龙所居,祖师至,龙始去。"

◆望汝崖

位于少室山之阳,站居崖头之上,能望见南边的汝水。

◆清微崖

位于少室南麓,亦胜地也。距清微宫不远,故因宫名得以崖名。

◆水镜崖

位于少室山西南,崖根有泉,水停泓如镜,故名。

(三)名石

石头是构成地壳的坚硬物质,是由矿物质集合而成的。这里所说的名石,大都与历史传说有关,赋予了一种人文的色彩与文化的含义。

◆启母石

启母石,也叫启母化石。位于嵩山的太室山之阳、登封城北 3 公里处的万岁峰下。该石高约 10 米,宽约 10 米余。石西北有坎形大窑,可容数 10 人。石上方裂下一块,登上巨石,可见明代文学家袁宏道题字其上。石西南裂口缝隙内原有古钱币,用铁丝触及,琅琅有声,但不可取出,又名"金钱石"。

《汉书》注曰:启,夏禹子也。其母,涂山氏女也。禹治洪水,通轩辕山,化为熊。先谓涂山氏曰:"欲响,闻鼓声乃来。"熊凿石掘土,石落中鼓,禹妻涂山氏闻鼓声送饭。见夫变熊,羞惭而归,至嵩山下化为石。方孕启,禹随后追来,大喊:"归我子!"石破北方而生启(事见《淮南子》)。汉武帝祀中岳见之,遂令建启母庙。今石之南有东汉延

启母石

光二年(123年)所立的启母石阙,古篆铭有"祀圣母乎山隅"之句,以此知庙所由来久矣,后废。金代诗人元好问有诗曰:

书载涂山世共知,谁传顽石使人疑。
可怜少室老突兀,也被人呼作阿姨。

### ◆天心石

黄帝统一天下,定都有熊台,把具茨山定为天下中心,山巅天然一石柱因此得名。

### ◆贞石

位于新密市白寨乡西部摩旗山南麓拜石岗处。在一青砖蓝瓦、坐北朝南的六角亭子内立一巨石,高丈余,宽4尺许,名曰"贞石"。相传,奸臣魏忠贤当年看中这块巨石,意作生祠拜石之用,不料此石不畏权势,坚贞不屈,拒作拜石。魏忠贤恼羞成怒,遂举钢鞭,猛抽巨石。如今石上三道鞭痕清晰可见。后人崇拜此石品格,建亭纪念,故名"贞石亭"。清朝举人韩城写有《贞石记》,密县知县景纶写有《贞石亭序》,巡抚吴熊光、举人李元泸写有《贞石歌》,员外郎吴赓枚写有《贞石行》。

### ◆三仙石

位于嵩山少室山三皇寨上的三皇殿南50米处为三皇口。口外是巍巍壮观的悬崖峭壁。三皇口上有一片奇石仙景,极饶游兴。其中尤以龙石、骆驼石、茄子石,维纱维肖,睥睨傲世,素称三仙石。龙石为龙头石,龙尾石在三皇殿北面的悬崖处,三皇殿就建在龙背上。龙石象征当年伏羲氏开天辟地驾乘黄龙。茄子石上粗下细,直径约8米,高约12米,浑圆光滑,象征炎帝神农氏教民稼穑之代表。骆驼石为黄帝轩辕氏战蚩龙的坐骑,古云嵩岳黄辰(十二生肖为龙)。三石镇山优美的传说,丰富的想象,为奇石涂上了神秘的色彩。奇瑰的仙石为三皇寨增添了诱人的魅力。

### ◆卧游石

位于嵩山南麓的逍遥谷东侧。紧挨石崖有一石,顶凹如床,两端有两个略略翘起的小石,好似天生的一对石枕,名卧游石。谷中另有籁心亭、福石、石屏、存古石等奇观。

### ◆支锅石

位于嵩山南麓的挡阳山南面的山坡上,有3个巨石,高10余米,围粗各10米左右,三石鼎立,称为支锅石。相传为上古时期,燧人氏钻木取火,引导人类进行熟食,曾在这里支石烧火。亦谓此石为黄帝时期参拜黄帝的拜台,原有古刹数间,年久已毁。

### ◆罗汉石

位于会善寺后,在柏林凝翠,草径铺茵,中有纵横委错,厥形惟肖者,僧曰:"此五百罗汉石也。"北魏以来,竞造佛像,灾及山石,糜费不胜计。而此石者,攒列岩隙,宛如罗汉,浑然天成,不事雕琢。或独坐、或对奕、或袈裟蹁跹、或卓锡庋止、或听经而点头、或送客过溪相视而笑,石上精神,宛然如睹,会心殊不远也。旁边山崖上题有:"石顽留佛性,云冷失机心。"

◆承露石

《嵩高山记》载:"嵩山石室中有石柱,形似承露盘,中有石脂滴滴流下,食之一合,寿与天地相毕。"

◆苍鹰石

位于少室山北麓、梯子沟畔。巨石如鹰,面向北方,栖息山头,缩头翘嘴,跃跃欲飞,人称苍鹰石。葛怀有诗曰:

栖息山岩一苍鹰,犹记云天唤长风。
锐眼瞄得狡兔在,铁嘴利爪何留情?

◆鸡鸣石

位于太室山南、登封城北。原埋于地下,仅露掌大。行人来此拍手或以手击石,身边便有"叽叽"的鸡鸣声响,故名。此地叫鸡娃地,今建有鸡鸣街和鸡鸣公园。

◆寿星石

位于太室山南麓中岳庙后。高约2米,状若扶杖仙翁,故名。传说为清同治年间,洛阳府台蒋星的化身。石上遍生绿苔,隐见"介石"二字。民国年间,吴佩孚中原战败,将石炸毁。

◆五彩石

位于太室山东部,登封唐庄乡北部的王河滩上,有很多这样的彩色大石头,它们的外表像是女人织成的花布一样,在淡褐色的底纹中,有许多五彩斑斓的花石融合点缀其中,乍看又是浑然天成的一块块整石,真让人叹服大自然的鬼斧神工,同时也对大自然神奇的造化敬畏无比。

◆定心石

位于太室山顶。《嵩岳志》载:"人至其巅,凝然若有所守。"登嵩者,千岩万壑应接不暇,意多迷惑。游人至嵩顶,可居高临下,历历分明,定心观赏山下风光,此古人名定心石之义也。

◆井田石

位于太室之南,少室之东,土人所谓石场也。石方广300步许,光洁坦平,与土场无异。石傍田家皆于此分区收获,遂成聚落,即名石场村。碾碓之属,悉就石为之,不复别置。妇子往来,守望相助,饮食笑乐,鸡犬不惊。清《登封县志》载:游人每过此,辄徘徊不忍去,叹其有成周太和之风也。因书"井田石"三字镌之于上。

◆三公石

又名三醉石,位于嵩山的太室山南麓玉柱峰下。石形如三人醉酒欹卧之状,故名。宋代的范仲淹、欧阳修、梅尧臣诸公登嵩期间,曾观此石,并各有诗咏之。清代耿逸庵改名"三公石",题字于其上。三石鼎立,大者雄伟高耸,拉手可以攀上,高低排坐,可容10余人;次者秀丽挺拔,上有雨水一涡,常年不涸,石上裂口内有野生荆棘数株,枝干疏落,为百年古物;又次者,形如峦嶂,当中崩裂,林梢丛生,无

土而繁茂。三公石之南另有小石,高约3米,玲珑洒脱,位于其下,甘拜下风。诗人葛怀有诗曰:

三公何嶙峋,鼎立在嵩岑。千古聚仙客,万方醉游人。

◆墨浪石

位于太室山之南卢崖南涧中。卢岩瀑汇,迤逦南南,下注于涧,涧与山为曲折,蹋石渡涧,与之将迎。涧深处崖石多白,中有黑线界纹,似水波之状。如泼浓墨脱,挥洒淋漓。明代著名文学家袁宏道游此,曾题"墨浪石"3字于西壁石上。

◆试剑石

位于登封市西7.5公里二室道上,一石截然两分,似刃擘之状。当地人称名试剑石。

◆琴台石

位于少室山东少室阙附近。此石长仅3尺,上平中空,宛然卓几,疑昔人锥琢为之。石质质理天然,绝无斧凿痕迹。凝然长松之下,面临流水,背倚修岑。如有仙人伯牙在此,当再弹一曲高山流水间矣。

◆卓笏石

位于嵩山石室中。此石,柱形,似承露盘,中有石脂,滴滴流下,食之一合,寿与天地相毕。

◆虎石、羊石

二石俱位于太室东由河里,颍水北岸。岸有上下两层。虎石约长8尺,在上一层,有伏地伸头、俯瞰欲搏之状。羊石约长3尺,在下一层,有缩颈窃窥、畏惧欲匿之状。两石俱酷肖,造物之奇如此。土人习见,不以为异也。

◆日月石

位于嵩山东麓、荥阳东山坡中部。青石板下有圆形白色半透明石柱,大的如拳头,小的如钮扣,光彩照人,故名。

◆地胆石

位于嵩山南麓、告成镇东门外。椭圆形,胆状,赭红色,高2米,因其近测影台,谓之"地胆"石,故名。

◆玉女捣帛石

一名玉女捣衣石。位于太室山中峰顶,旁有玉井、玉女窗。相传玉女捣帛其上。《述异志》:捣石"莹彻光洁,立秋前一日中夜尝闻杵声"。

◆禹州奇石

禹州市山地主要分布在北部、西部和南部,属伏牛山脉,境内共有大小山峰913座,以颍河为界,构成北(具茨山)、南(箕山)两大山系。禹州属中期准地台嵩箕台隆和华北凹陷两个二极构单元,沉积地层有太古界、下元古界、震旦系、寒武系、奥陶系、石炭系、二叠系、三叠系及第三系第四层,独特的地理环境为奇石的产生创造了有利条件。颍河石以白沙水库为起点,分布在花石、顺店、火龙、朱阁、褚河、范坡等乡镇。颍河石硬度高,意境美,常有奇妙之作现身。

◆天然石龙

位于伊川平等乡上元村南龙头沟北侧沟壁上,现出露石龙部分长约90多米,高近10米。龙的吻、牙、眼、角、身、翼、足等俱全,呈伏卧欲腾飞状。全由自然形成的料礓石构成。附近有以九条龙命名的沟,附近有望龙台、龙王屯、黄龙庙、凰龙泉、炎帝庙等。天然石龙的龙尾恰巧指向伊阙龙门。天然石龙一年四季随季节不同而变化,以春分至清明看得最清楚。

1993年,伊川普查地下石油,在龙头沟中发现这条巨型天然石龙。据地质考古学家考察,这条巨型石龙,是地下水中碳酸钙离子长期自然聚集,又经一系列地质变化而形成,年代久远,龙形逼真,属天然石龙奇观。附近有著名的距今36万年的穆店旧石器遗址,有距今8000余年古城南裴李岗文化遗址

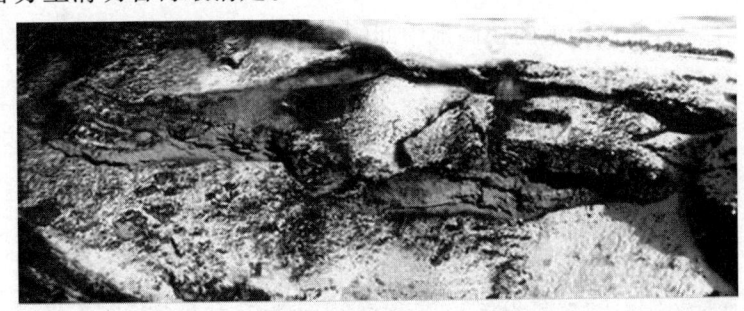

伊川县天然石龙

和距今4000年至5000年马回营北遗址。在天然石龙附近出土有古人为祭龙而摆放的石器,表明先民早已将石龙作为崇拜的神物。《说文解字》记:"龙,春分而登天"。在龙头沟附近,曾出土有西汉时期的空心画像砖,上面模印有八条龙的图案,龙尾模印有一个撒网欲扑龙的人。

史料典籍《春秋纬元命苞》记载:"少典妃安登游于华阳,有神龙首,感之于常羊,生神农。"《帝王世纪》载:"炎帝神农氏,姜姓也,母曰任巳,有娇氏之女,名女登,为少典正妃,游华山之阳,有神龙首,感女登于常羊,生炎帝,……始教天下种谷,故人号曰神农氏。"据考证,我们常说的"炎黄子孙,龙的传人",就是源于这个传说。《图说中华文明大典·三皇五帝时代》载:伊川天然石龙即文献中的"神龙"。

几千年来,龙文化始终是维系炎黄子孙奋发图强、生生不息的精神纽带,是民族文化的标志。每年的"二月二,龙抬头"至"春分龙登天"时节,天然石龙地区均要举行盛况空前的祭龙庙会等传统民族文化活动。百姓们把炎帝神农的神像从神庙中请出,坐在八抬大轿内,游遍大街小巷,并到石龙那里祭祀。舞龙、舞狮、旱船、高跷、杂耍、铜器、民乐、戏曲、腰鼓、毛驴、焰火等等,应有尽有,热闹非凡。人们欢庆太平盛世,祈盼风调雨顺,国泰民安。

《中华龙源流文化》一书,把南龙头沟的这条天然石龙称为"世界第九大奇迹"。《洛阳市旅游地质景观分布图》把它列为淋滤钙华型石龙景观,距今约300余万年。

◆雄鹰石

位于具茨山顶峰。从山半腰上望,可望见远处一块外形相似苍劲的雄鹰的石头,蹲在山巅,傲视苍穹。

## 四、谷、峡、峪、门

不同历史时期的造山运动,给嵩山留下了纷繁复杂的地质遗迹,除了山、岭、岗、坡、岩、崖、石以外,谷、峡、峪、门也多种多样,成为嵩山地域自然风景中重要的组成部分。嵩山系列山脉之多,其形成谷、峡、峪、门的风光也是千姿百态,各有特色。

### (一)谷

谷是两山或两块高地中间的夹道。谷地,为两个山脊或几个山脊背之间的低凹地域。谷地中又分为山谷、河谷。

太室山逍遥谷

◆逍遥谷

古称承天谷,位于登封市北3公里的太室山南麓金壶峰下。逍遥谷自中峰而下,其口称逍遥谷,背有千仞峭壁,势如接天应地,故名承天谷。逍遥谷东倚万岁峰,西依七星岭,长1.5公里,宽80～620米,南北走向,前寒武纪地层,经嵩阳等三次造山运动,山体隆起断裂后,受燕山运动影响而成,东侧为石岩体,西侧为砂、砾岩体,谷底多砾质砂土,谷中蜿蜒小道,为古人登嵩之路。唐高宗于调露二年(680年)游此,隐士田游岩出迎,答曰:"既逢圣代,幸得逍遥。"遂改承天谷为逍遥谷至今。后敕有司于所居建隆唐观,岭上别立精思院以处之。此谷双岭夹涧,谷呈内狭外扩喇叭形,站在谷里向外张望,视野忽扩,心旷神怡,逍遥自在。唐名道潘师正隐居此处。

逍遥谷内有流水,右通银子石谷,左源高登崖,水走石上,蜿蜒下注,乍深乍浅,潆洄映带,两岸野卉,抱石丛生,藤萝参发。谷尽处,上临中峰,千仞危崖,悬石如厦,据高俯下,天险崭塞,一夫当隘,千虎插翅亦难飞上。一石下坠,跳跃砰击,如奔马放垒。谷中涧流于坂石之上,巨石叠垒,名叠石溪。两山群流,澎湃于丛石之间,由谷口折而向西,如开闸泻涛。一道清流,川行万石之间,奔逸喷薄,跳跃直注,其声铮铮如击金鸣弦。沿坂南下数十步有泉出于岸侧,淳淳澄洁,名逍遥上泉。谷沿石坂西折,泉水也随着滚去。西岭层石巅奇,绿林荟翠,又称为承天宫,宫前水源,汩汩涌出,名逍遥泉。

逍遥谷左为虎头岩,右为七星岭,稍北为老君洞。左岩上有颜回洞,右岩上有金壶洞。又北上为银子石沟,可通嵩顶。

◆紫虚谷

位于嵩阳书院后,与逍遥谷相毗邻,谷中有紫虚观,谷以观名,谷在七星岭下,亦名七星谷,有泉数处,通于谷底。昔人以砖砌,次第曲列,如斗柄状,名七星泉。谷上临高峰,下俯河流,故仙灵话之以冥栖,贤达慕之以长往,有山有水,顾而乐之。相传宋代嵩山隐士张升结庵于此。清代耿逸庵,常游此谷,上有"仁智亭",为逸庵所名。

紫虚谷上,玉柱峰下,有三石鼎立,大者雄伟高耸,石上参差列座可容十人。次者秀丽挺拔,有天然蹊径,石上有水一涡,清洁不涸,隙裂之中荆棘数株,为数百年古植物。再次者形若岱嶂,中裂为洞,荟林丛植,无土而茂。

◆ 罂子谷

一名婴子谷。位于今荥阳市汜水镇廖峪村西、黄河南岸。五代唐庄宗同光四年(926年),庄宗征讨李嗣源,行至中牟万胜镇,闻李嗣源已据大梁。庄宗遂班师回洛阳,出汜水关西行,过罂子谷。《资治通鉴·后唐纪三》载:"帝还,过罂子谷,道狭。"即指此谷。

◆ 颍谷

位于登封市西南部,阳乾山之东谷,古处周、郑交界,为西周颍邑之谷,故名。西起君召乡报庄村,东至石道乡龙泉寺村,长3公里,宽0.5～0.8公里,面积2平方公里。南有龙窝岭,海拔517米。北有水神头岭,海拔605米。谷底海拔420米。石炭二迭纪地层,主体为片岩、灰岩、泥灰岩,属褐土性土。颍河右源发源于报庄村西,经此谷入隐士沟水库,东流至石道村东南汇中源。颍水右源三支,所经之处,泛指颍谷。颍水所出,其北侧有古人居处,俗名颍墟,为颍考叔故居。

◆ 蛇谷

春秋战国时期谷名。位于今新密市米村北部和荥阳市崔庙镇南部,小顶山和伞盖山之间。南起新密市米村镇茶庵村北石婆口,北至荥阳市崔庙镇王宗店峡谷地带,全长5公里。《山海经·中山经》:"浮戏之山,……其东有谷,因名曰蛇谷。"郭注:"言此中出蛇,故以名之。"即指此谷。

◆ 鬼谷

古地名,位于今登封市告成镇肖家沟。沟东侧有云梦山,山左前侧一丘腰有鬼谷宅,相传为战国时期鬼谷子先生之居地。现存2洞,东洞已坍塌,南洞淤半,宽2米,深20米,洞壁有灯窝。《嵩高山记》载:"鬼谷先生于嵩山东南学仙。"传说东壁为鬼谷子王诩讲学洞,旁有庞涓洞、孙膑洞等。《史记·苏秦传》"苏秦……而习之于鬼谷先生。"《集解》引徐广曰:"颍川阳城(今告成)有鬼谷,盖是其人所居,因为号。"即指此地。

◆ 鸿谷

也叫鸿沟,或称广武涧,在嵩山东麓、荥阳城东北广武山下,涧深800米,宽300米,为楚汉两军对峙的天堑。涧东有霸王城遗址,涧西有汉王城遗址。

◆ 新密鬼谷

位于新密市尖山乡神仙洞东南部,沿龙溪而上,经大龙潭直到鬼潭,这段峡谷称之为鬼谷。其间有两大瀑布,且地势险峻,"山深树密切,幽不可测,似非人之所居。"据说,《东周列国志》中的"辞鬼谷

孙膑下山"写的就是这里,诸多文献资料记载的孙膑、庞涓、张仪、苏秦等人便是在此向鬼谷子求学拜艺、研读兵法后习练游说的。

◆ 柏谷

又称柏谷坞,柏谷庄。位于少室山西北,洛水经流处,距少林寺50里许。原来谷中无回车地,柏林阴霭,白日幽暗,深谷逶迤,其险可见。裴漼的《少林寺碑》载:"群峰合沓,深谷逶迤。复磴缘云……傍临鸟道。"汉置柏谷亭,武帝微行投之,亭长不纳,即此地。晋、宋时,名柏谷坞。刘裕军至洛阳,曾屯于此。隋开皇中,诏赐少林寺地百顷于此,称柏谷屯。唐太宗为秦王时致书少林寺,称柏谷坞。

◆ 壶中谷

位于少室山东南。清《登封县志》载:"予欲入谷中,路险舆不能进,乃息辕于谷口,缓步当之,深入三里,转觉宽阔,盖壶中景也,加以是名。"《云仙杂记》载:石崇砌上,就苔藓刻成百花,饰以金玉,命曰"壶中景",即指此谷。传说,壶中谷为神仙王兴所居。

◆ 好音谷

予以暮春穿少室之奥,才入是谷,客鸟交鸣,声如笙管,憩石听之,遂尔忘归。乃题"好音谷"3字于石上,以志是日之乐云。

◆ 凤凰谷

位于偃师市缑氏镇东北的凤凰山下。凤凰谷之南是相传王子晋升天所在地缑山。原有清澈的河水穿谷而过,河谷东岸有村庄名陈河,就是唐代著名高僧、翻译家、旅行家玄奘故里。

◆ 山阴谷

位于少室山之北。自钵孟峰东下,沿涧而行,奇石怪树,令人应接不暇。比之越中山阴,恐未肯让。

◆ 黑石谷

位于少室山之北,与缑氏山相近。唐朝诗人岑参写有《缑山黑石谷》诗。

◆ 青烟谷

《魏书·地形志》:密县有青烟谷。即今新密市西北的兴云洞,常有烟出其中。

◆ 玉华谷

位于少室山之下,即玉华谷也,清凉寺之西溪。金代诗人李献能曾作诗《玉华谷同希颜裕之》:
玉龙落峡喷飞流,空翠霏霏晚不收。软脚山堂一壶酒,暮凉闲对两峰秋。

◆ 石门峡谷

位于汝州市五朵山风景区中部。长约150米,峡谷两边是高耸矗立的陡岩绝壁,谷内有台阶式瀑布飞流直下成水帘,是经千百万年来河水冲刷而自然形成的峡谷。峡谷上窄下宽,最宽处约3米,最窄处仅1米,故称一线天。谷内水面平静,水深约5米,清澈见底。谷口水域扩大,约2000平方米。峡谷内树木与岩石于一体,风景优美,如诗如画。

◆大谷

河南府东南五十里。亦曰大谷口。章怀太子贤曰:自嵩阳县西北出八十五里,对故洛阳城,张衡《东京赋》所云大谷通其前者,亦灵帝时八关之一也。初平二年,孙坚讨董卓,进军大谷,距洛阳九十里。坚盖军于登封县界。王世充置谷州,以在大谷口而名。

**(二)峡类**

峡为两山之间有水流的地方。峡谷,即为狭而深的谷地。一般因水流强烈向下侵蚀而成。嵩山的峡谷真是平中出奇,变化无穷。平静的山泉刚只流了百余米,山峡一个急转弯,就把这股泉水抛向了另一个山峡之中。

◆天门峡

位于太室山稍西,天门之下。唐宋之问有《嵩山天门歌》,略云:"纷窈兮,岩倚披以鸿翅;洞胶葛兮,峰棱层以龙鳞。松移岫转,左变而右易;风生云起,出鬼而入神。吾亦不知其灵怪如此,愿游者冥兮见羽人。"读之可想见其奇也。

◆大铁梁峡

位于太室山顶南。出天门峡不远,为登嵩顶必经之道。相传汉武帝登山时,山路中断不得越过,从官祷于岳神。夜大雷雨,次日见峡上横置铁梁,御辇方得通过。

◆小铁梁峡

位于太室山大铁梁峡之南,峡谷较前略小,峡底通青童峰,西端与御道相接,游者往往自青童峰入谷,自谷底攀援上至御道,或由御道下,出谷而至青童峰。可谓登峰之捷径。

◆玉皇峡

也叫玉黄峡,位于少室山正东。峡中多黄石,光润如玉,故倒名之曰玉黄也。入峡里许,两崖壁立,步步渐高,流水潺潺,古木蒙密。中间忽有一处稍平阔,有小石潭,其深无底。相传,潭中有神龙,相传祷雨辄应。潭东,攀葛深入约20公里,洞壑深邃,别是另一番世界。

◆待仙峡

也叫待仙沟、大仙峡,待仙者,顾名思义,是仙人待过的地方。因当地人习惯于将峡谷称为"沟",故多以"待仙沟"称之。后来这个峡谷里出了一个很有名的修道人,善士们尊之为"大仙",就又有了"大仙沟"的称谓。

待仙峡位于少室山东侧的玉华峰下,山谷呈东西走向。东面是谷口,较平缓开敞。其余几面皆奇峰兀立,峭壁万丈,中间豁然形成一峡谷,这峡谷即是待仙沟。待仙峡与玉黄峡中隔一岭,山势奇险。

两岩巉峭,耸出云表,日月蔽亏。行七八里,山忽开朗,中有腴地数百亩,四壁包含,可耕可庐。稍西北折,望见大岩之畔,空中一洞,古柏覆之,传说是古代天际真人洞。待仙之名,因洞而起。峡长3公里,险峻清秀,山泉潺流,鸟语花香,一派世外桃源景象。峡口有安阳宫,为今音乐大典实景演出场地。此峡为嵩山少室山中的著名风景区。

少室山待仙峡

◆灵霄峡

俗称"擂台沟",位于三皇寨东南,长2.5公里。谷中林木葱郁,曲径通幽,两侧峡窄壁挂,直插云天,天成一线,直劈山脊,人称"一线天"。峡底溪水奔流,怪石嶙峋。峡内有"懒和尚""猴子观天"等景观自然天成,风光独秀,别有洞天。

◆斗龙峡

位于新密市西北部边缘的神仙洞风景名胜区。斗龙峡四面群山狭持,丛林隐没河道,宛如世外桃园。峡内的"龙潭"瀑布落差75米,悬挂于崖石之上,像一条闪光白练一样耀眼夺目。瀑布下依次排列3个大小形状相似的池潭,一个清澈见底,一个黑如墨玉,另一个刚黄如泥潭。传说,这是青龙、黑龙、黄龙由此携轩辕黄帝升天的地方。幽谷、暗河、桃园、溶洞,封闭超常的自然美是斗龙沟区域主要特色。

(三)峪

峪,就是山谷之意。如峪口,指山谷或山峪开始的地方。嵩山的山谷大都宽窄变化大,两侧峻峰林立,壑奇崖秀,林草繁盛。

◆圣水峪

位于新密市白寨乡圣水峪村北山谷间。此水系泉水,出自石穴,常流不息。穴直径六七尺许,深数丈,上以砖石垒砌,高六七尺。周围两丈余。水出其中,清而泛黑,有小鱼出没其中,游至洞口即回,人可望不可得。有说此水与海相通,曾有海菜自穴翻出,此水逆而西流,行5华里许入郑州郊区,为贾鲁河主源。水出自山谷谓之峪。加上水之传奇颇多,故名圣水峪。圣水峪中有圣水寺,始建于北魏后期,毁于解放前的战火之中。圣水峪沟壑环抱,树木葱郁,"圣水"潺潺,堪称一道著名的景观。清朝李统一著有《圣水峪记》。

◆桃花峪

位于郑州市西北30公里、荥阳东北28公里的广武镇境内,景区面积约5平方公里,海拔193米,史迹名胜繁多,自然景观和人文景观20余处。相传上古时期燧人、伏羲、神农氏在此播谷、采药、施化于民,留下许多动人的故事。还有凤凰地、红嘴乌鸦、张俭成仙等许多美丽的传说广为流传。

桃花峪位于广武山上,位置恰在中国阶梯的第一大台阶和第二大台阶的交接处。因此中国黄河水利委员会根据黄河的水文地理特点,于20世纪50年代将桃花峪定为黄河中下游分界线。现景区有黄河中下游分界标志碑、桃花峪、仙台陵园、仿古卷长城等景观,其中桃花峪在盛唐时即为皇家果庄园,现作为黄河中下游的分界点,也是观赏黄河中下游不同风貌的最佳位置。桃花峪景区新建界碑一座,该界碑呈"H"形,是黄河拼音的首位字母,意指黄河。碑高21米,寓意21世纪。登碑远眺,黄河中下游的状观景象可尽收眼底。

三皇山景点有三皇塑像,高13米,居中手托太极八卦者为伏羲氏,右边手持火种者为燧人氏,左边手持禾穗者为神农氏。在塑像的台基前有两座汉白玉碑,分别记述三皇像和三皇山由来。

◆环翠峪

位于郑州市西南40公里处的荥阳市庙子乡境内,面积25平方公里。环翠峪是以自然山水为主体,以古城堡为特色的山岳型风景名胜区。景区内有梅山瀑布和两座人工湖。梅山瀑布在丰水期,如雪的飞瀑从六七十米的山崖倾泻而下,白练如虹。在枯水期瀑布则似烟若雾,缥缈无定。曾有诗人写到:"梅山群峰云拱奇,壁连绝顶水长语。仙鹤惊寒飞下潭,云高水帘倾玉池"。两座人工湖似两面明净的镜子点缀景区,更使其秀丽有加。这里山清水秀,

荥阳环翠峪

空气清新,四季风景各具千秋;春天杏花烂漫,十里飘香;夏季浓荫蔽日,飞瀑流泉;金秋红叶满山,层林尽染;隆冬松柏凝翠,冰挂银条。

环翠峪内因河流长期的侵蚀,大自然千年万载的变迁,使许多坚硬的岩石形成了现在的险峰峻岭、峪谷断壁,造就了谷深幽静、飞瀑喧泻、流泉萦回、鸟鸣林茂的自然环境。环翠峪内象形怪石林立,有灵龟羞水、天鼓岩、石景苑、牛头岩、悟空尊师、石玫瑰、仙童望月等,形肖神似,且各有其美丽的传说。

环翠峪内有稀世古木檀树,3000年以前的山海经中有载:"檀树,古木也。"檀树枝繁叶茂,树干直径3米有余,长在一巨石上,站于树前难见土壤。王庄檀树较之前者年代更久远,更奇特,生于悬崖处,据说有500年历史,树干直径1米有余,树冠如巨伞,遮天蔽日。此外还有降龙木、大辣椒、连根树、多根树(老楝树)等10多种稀有奇树。

环翠峪景区的古迹名胜景点有郑韩长城、古城堡群、卧龙台、紫云宫、圣母泉、启蒙观、神仙洞等。自然景观美不胜收,人文景观锦上添花。

◆牛口峪

隋唐时期地名。位于今荥阳市北邙乡秦王寨西北部和高村乡西部。地处古代自板渚(今荥阳市北邙乡刘沟村北黄河道中)越广武山南行之交通要道,常为兵家所用。唐武德四年(621年),秦王李

世民与夏王窦建德战于此。

◆石经峪

位于新密市浮戏山的乳头峰下。这原是一块石英石,石上有似字非字的痕迹,其上覆盖一层岩石,犹如一本书的封面。相传,仙人广成子授给黄帝一本包罗万象的《自然经》,曾藏于乳头峰山下一石室中。天长日期久,风浸雨蚀,石室坍塌,自然经便裸露在外。

(四)门

这里所说的门,即山门,指山的自然出入口,类似山门一样的豁口。

◆嵩山天门

位于太室山中峰之西,两岩对起,中豁一门,自下登之,极天无际。门之左右,峰峦层叠,奇形怪势,不可弹述。宋延清在《天门》一诗中有"出鬼入神"之语,可见嵩山天门自然形胜之怪异。唐代著名诗人宋之问的《嵩山天门歌》一诗中,曾有"登天门兮,坐盘石之嶙岣,前淙淙兮未平,下漠漠兮无垠。"之描述,并赞曰:"试一望兮夺魄,况众妙之无穷。"

◆西天门

位于少室山西角的御寨下。峰峦峻绝,划然如阙。自下望之,阙中仿佛一铁楞窗,玲珑通朗,竟不可践。此所谓少室西天门也。嵩山东、南、北三门,虽断崖陡立,尚可攀跻石梯而上,独西天门无路,俨然玲珑,无可攀处。

◆南天门

位于太室山峻极峰南,登峰顶必经之道上。两峰对峙,中豁如门,风云出其中。称天门峡,又称南天门。

◆四天门

位于少室山,峰峦峻绝,少室四面依次称东、南、西、北,号四天门。

◆少室山石门

位于少室山西,有石如门,中为通道。山上风光秀丽。传为唐代高道元丹丘幽居。嵩山除少室山石门以外,其他还有太室东麓的石门、大鸿山北的石门等。

◆太室山石门

位于太室山东麓的交崖南,世称王莽寨。传王莽曾避汉兵于此。《水经注》载:颍川王莽之左队也。盖莽篡汉鼎,屯兵于此,以卫东都,非避兵也。唐朝著名诗人骆宾王着有《登石门》一首。

◆白栗坪石门

位于小熊山北,王莽坪之东。两崖削石壁立如门,北为白栗坪,南通汝州。

◆嵩门

位于法王寺东玉柱峰下,有两座山峰夹峙,形如门阙,故称嵩门。中秋时节,站在法王寺院东望,可见月从峡出,如月出门,名曰"嵩门待月"。此景为嵩山著名景观。

◆轩辕门

位于新密市境。清嘉庆二十二年《密县志·山水志》:"轩辕门,又讲武门。云岩为黄帝讲武处,后世建门立石,以志其迹。二石俱系横书,于土中掘得之。今尚存。钱青简的《讲武门诗》:'战败蚩尤犒旅徒,云岩深涧藏兵符,千秋永罢干戈事,蔓草寒烟锁阵图。'"

◆仙游门、寻真门

唐高宗在嵩阳营奉天宫,与逍遥谷相邻,特于谷口辟一门,曰仙游门。又于苑北面置一门,曰寻真门,与隆唐观相接。皆为潘师正而立门也。

◆万岁门

位于登封城北门。即出门望见万岁峰之意。

◆龙门

龙门位于河南洛阳城南12公里,自古以来就是洛阳南面的天然门户。龙门山是秦岭余脉熊耳山的分支,走向自西向东,到龙门突然断裂,分为东山(又名香山)和西山(又称龙门山),巍然对峙,伊水河从谷中穿过,形似天然门阙。相传大禹治水时凿开龙门山,伊水畅流,兴利除弊,昔日泽国渐成良田

沃野。春秋战国时,这里即有"阙塞"之称,秦国名将白起曾在此大破韩魏联军军24万,创下了以少胜多的"伊阙之战"的奇迹。东汉时,傅毅作《反都赋》,其中有"因龙门以畅化,开伊阙以达聪"之句,"龙门"之称才见于字面。隋朝隋炀帝欲迁都洛阳,登邙山观察地形时,南望伊阙说道:"此非龙门耶?自古何不建都于此?"大臣苏威奉承说:"自古非不知,以俟陛下。"隋朝建都洛阳后,因宫城门面对"伊阙"而始称"龙门","龙门"的名字就广泛流传开来。

东山又名香山,因出产香葛而得名,其北为琵琶峰,因平面形似琵琶而得名,是唐代大诗人白居易的墓园所在地,峰南为香山寺。西山又称龙门山,为龙门石窟精华所在,石窟是顺着西山由南向北依

次开凿的,延绵约1公里,其中闻名遐迩的卢舍那大佛就矗立在百米高的峭壁上。唐代大诗人白居易曾有"洛都四郊山水之胜,龙门首焉"的赞美佳句。龙门石窟在2000年11月30日被联合国教科文组织列为世界文化遗产。

## 五、洞、穴、道、坞

在嵩山千奇百怪的地质遗迹中,洞、穴、道、坞是非常靓丽的一道风景。

### (一)洞

洞、穴同义,山的洞穴,实际上就是山洞。嵩山山系有大大小小的山脉几十座,仅太室、少室二山就有洞室百余。史料记载,古代来嵩山修炼的道人,就是隐居在嵩山洞穴里,享受着大自然所赐予的宁静和淡泊,在山野中慢慢地悟道修炼成仙。嵩山古洞,高在山崖,谷深静幽,风光醉人。

◆荥阳织机洞

荥阳织机洞位于荥阳市崔庙镇王宗店行政村北部半山腰上,大路山北端西坡,这里为嵩山北麓浅山丘陵地带。荥阳织机洞是一个依山坡而自然形成的山洞。洞穴呈石厦状,洞口宽13～16米,高5米,现存进深22米,面积约为300平方米。1984年第二次全国文物普查时发现,1989～2003年共发掘7次,洞内发现有古人类用火痕迹,出土遗物有陶片、石器、动物化石和石制品,遗址出土旧石器的种类、形状、打制方法等均体现了中国北方的小石制品传

荥阳织机洞遗址

统文化的特点,遗址处于旧石器时代南北交流的重要有利地位,对研究人类起源以及旧石器文化等重大学术问题,均具有重要价值。

由于织机洞内出土的丰富的烧火痕迹、石制品和动物骨骼化石在研究古人类方面有很大的价值,在考古界被誉为"河南第一洞"。有专家认为,织机洞是中国北方地区目前发现的规模最大、遗存最丰富的2万到10万年间古人类居住的洞穴遗址,从出土的旧石器和相关遗存观察,其文化面貌传承性明显,是中国猿人文化的继承和连续发展的结果。织机洞晚于周口店中国猿人文化和大荔人石制组合,又早于南阳小空山组合,这表明它具有旧石器文化南北交流甚至于哺乳类南北迁徙的"驿站"作用。

◆莪沟化石洞

位于新密市南8公里超化镇莪沟村。有两个洞穴,分别称为麻参洞、龙洞。洞内发现有鱼、鹿、马、野驴、牛、鬣狗、鼢鼠等动物化石。据传,洞内曾发现有人头盖骨化石,在洞外西50米处也发现人

骨化石,可惜已经丢失。莪沟化石洞属旧石器时代文化遗址。

◆蝙蝠洞

位于荥阳市庙子乡东沟,东距织机洞不远。该洞穴属旧石器时代遗址,1992年4月河南省文物考古研究所进行试掘,试掘面积8平方米。地层厚度2.1米,分四层:第一层为浅黄色粘土质砂层,化石较少;第二层为灰黄粘土质粉砂层,化石、石制品多出于此;第三层为微红色砂质粘土层;第四层为浅黄色粉砂层,均含少量化石。该遗址共出土石制品17件,类型有石核、石片、刮削器等;出土化石400余件,动物种类有鹿、羊、鬣狗等。

◆无极洞

位于登封市区以北太室山南麓的金壶峰下、逍遥谷北的山梁上。无极洞,亦称象极洞、老母洞、老君洞。该建筑始建于唐代,历经多次翻修形成了如今规模,中轴线上有山门、无极洞、无极老母殿共3进院落。从大门至大殿,中间凿石为阶,相互连接,均为无木砖石结构,规制玲珑紧凑。大门前有3段108级石阶。大门高高凌起,青砖灰瓦,悬脊卷檐,朱门棂窗,石鼓门蹲,栏板望柱,十分别致。门内有无极洞,洞高2米,深4米,宽1米余。

无极洞为唐代著名道士潘师正隐居之处。无极洞有大石焉,方广约十丈。南面有自然小洞,厥形正圆。因形如鸡卵,也称"鸡卵洞"。无极洞内供太极、无极、皇极老母像。洞门外两侧,刻"峻极峰嵩阳胜地,古灵山金壶洞天。"门额"老母洞"3个字为明代登封知县丁应泰所书。洞外两边相对有清光绪年间修建的金钟楼、玉鼓楼,楼各高8米,上有花卉盘龙、

嵩山无极洞山门

人物故事浮雕。洞上有八角桃檐,风格别致的壶室,门额有明登封知县丁应泰书写的"壶室"题字。室后有卷棚,彩绘栋梁。卷棚两侧上下各有6孔券洞,为12老母洞。当地百姓对无极老母极为崇拜,经常有不少人到此求药、祈子、许愿,相当灵验。再后为正阳门,两边书写"天中""福地",滚脊灰筒瓦房。最后为大殿三间,硬山,黄琉璃瓦顶。两边各有配殿三间。这里还存有各类碑刻40余通,主要记载了老母洞不同时期的修建情况。

◆黄帝避暑洞

位于新郑市西南风后顶之畔。宋郑樵《通志》:"今其山有轩辕避暑洞。"明李贤《大明一统志·山川》:"大隗山,……今其山,有轩辕避暑洞。"清顺治十六年《新郑县志·古迹》:"避暑洞在大隗山畔,世传黄帝避暑于此。"清雍正九年《河南通志·古迹下》:"避暑宫,在新郑县城西南四十五里大隗山畔,世传黄帝避暑于此,旧有祠后废。"

◆罗汉洞

位于太室山南麓卧龙峰南,三祖庵后重岩之下。这里山崖陡峭,重崖下有二洞,洞外绿树青梢蔽

掩,洞内深广阴凉幽暗。洞内有五色石,据传:昔年洞前常现罗汉形,故名罗汉洞。左洞大如六架屋,其西一洞口甚小,可伏入,折而南,又侧转而西,又蛇行而北,忽然开旷。洞体纯石,黝深莫测,津液时滴;时而有勇者入而出,不能穷其边际。据传入洞斜行约七八里,可上通其山顶。洞下不远处有竹林寺,因此洞中置有五百罗汉铁像,姿态各异。《灵绪篇》载,唐时有蜀僧法相,曾于其地见圣竹林寺示现,有500尊者显形。金、元时,洞前有神宇金像,屡常放光示异。竹林寺后毁,洞中像失,只有青草杂树蔓长。今洞中无从见,唯有大蝙蝠成群结队,飞鸣不断。洞口一通残碑,为民国初年所立,叙述百姓于洞中避乱之事。

明代诗人方应选有诗《罗汉洞》曰:

岩栖咫尺隔经尘,抱膝长吟乐自真。人间白云留不住,至今洞草暗生春。

◆嵩阳洞

位于登封市区以北的太室山三皇口东南深涧。此处三面环高崖,一面临险壑,径小林幽,蜿蜒曲折。紧靠西崖有一高大的天然石洞,穿过石洞,崖半腰有一独木小桥,桥上空岩石突兀。过桥,需要手扣岩石,吸起肚子,故名吸肚岩。过了吸肚岩,迎面耸立的高崖上,有汝南吴同春"高登崖"题字。崖下又有一洞,并有庙宇,叫做嵩阳洞。洞殿东侧又有云崖,立陡如削,荆棘横空,常有云雾缭绕。洞殿南边,下临涧谷,茂林修竹,山泉遍布,风过沟底,竹摇水唱,满谷作响,好一幅秀美画卷。传说孤竹国君的儿子伯夷、叔齐因互让君位,先后逃到这里,看环境静幽,便在此洞修炼。听说周武王伐纣,前者扣马进谏,不成,不食周粟,采薇而食,饿死在首阳山上。后人便在他们修炼之地建庙祭祀,俗称"二仙洞"。清末陈报来此修炼,梦中飞升,次日清晨便从洞东崖上"飞渡"跳下,一命呜呼。人们便把他跳下的高崖叫"舍身崖"。明代诗人熊皎写诗《游嵩阳洞》曰:

独背焦桐访洞天,暂攀灵迹弃尘缘。深逢野草皆疑药,静见樵夫恐是仙。

翠木入云空自老,古碑横木莫知年。可怜幽境堪长往,一任人间岁月迁。

◆蔡邕洞

位于登封市区以北的太室山南麓的玉柱峰南山半腰间。洞前左右两侧巨石矗立,洞后崖壁悬空,周围树木茂密葱郁。此处有洞穴4个,但主洞较大,面积约30多平方米。洞口有石垒小门,旁边石上有臼。洞壁与玉柱峰崖壁形成一条自然巷道。洞中有块特大的石板,像条桌案。主洞两边各有一个小洞,东边的可作贮藏室,西边的还有流水。主洞门外不远的石头下面有一个小洞,如一间房子大小,可以居住。这就是东汉时期大书法家蔡邕在此学书并著述《笔论》《九势》和《篆书势》的洞穴。

◆紫云龙洞

紫云龙洞,也叫老龙洞。位于登封市颍阳镇北紫云山(也叫石堂山)南半山腰间。洞高5米,宽11米,深13米,洞顶崖上有天然形成的"安宫"等字。每夏月时,常有紫云自洞飞出,如赤龙上腾之像,盖地灵堂使然也。洞壁为光滑的五彩砾石,石成文字,隐约可辨。洞内一泓清泉,泉水四时不竭,四季色彩各异。传为龙王沐浴之所。遇到天旱,农民把水舀干,祈求龙王下雨,天就降下甘霖。

◆紫云洞

紫云洞,亦称神清之洞。位于登封市颍阳镇北紫云山安阳宫西北薛老崖上。紫云洞是一天然石洞,俗名道士窑,现在洞内外尚存有锅台遗迹。洞深4米,高3米,宽4米,洞内有一石板,高尺余,宽长如床,洞旁有一清泉可饮可濯。洞端常有紫云飞出,如紫龙上腾,故名紫云洞。紫云峰也由此得名。洞外南崖上有古篆隶"神清之洞"4个字。疑苔藓成文,又疑自然造化之笔。洞西极高处名判官垛。清《登封县志》金石录载:薛老岩有天然"神清之洞"4个大字。盖石质攒筠叠垠,远瞩成画,逼近惟妙惟肖,嶙峋嵯岈,高低破绽,全无纹理矣。洞内有一石板如床,高1米,传为唐代隐士邢和璞隐居之处。洞口一股清泉长流不断,春、夏、秋季四周花果簇拥。宋代欧阳修曾为此洞写诗《戏石堂山隐者》:

石堂仙室紫云深,颍阳真人此算心。真人一去升廖廓,岁岁崖花自开落。

我昔曾为洛阳客,偶向崖前坐盘石。四字丹书万仞崖,神清之洞锁楼台。

云深路绝无人到,鸾鹤今应待我来。

唐代著名高道元丹丘、邢和璞,宋代名道许昌龄都长期在此隐居,元丹丘的挚友"诗仙"李白曾多次来看望元丹丘,互相酬诗,过往甚密。很多学者、游人来此探古究道,赞赏此洞为"天然石谒,华夏一绝"。

◆始祖母洞

始祖母洞,也叫女娲洞。在嵩山西麓的登封市颍阳镇北紫云山(也叫石堂山)主峰北侧悬崖之上。石洞面北,分前后两洞,前洞如一大厅,洞壁为花岗岩石构成,可容百人,后洞至前洞丈余的石壁上搭梯可以上下。洞顶为乳白色石英岩,洞壁石缝中有水晶颗粒。夏秋之时,泉水叮咚,洞内凉气宜人。游人有诗曰:

悬崖幽洞一重天,山花丛中藏神仙。女娲补天造盛世,赫赫应灵在人间。

◆雪花洞

位于巩义市新中镇东南嵩山北麓的老庙山中。为一天然溶洞,地质为喀斯特地貌。因洞中寒武纪溶岩石壁酷似雪花得名。1987年被列为省级风景名胜区。

雪花洞是发育在石灰岩地区的一个天然溶洞,全长1110米,面积约4000平方米。雪花洞洞中有山,洞中套洞,浑然天成。洞内有迎宾、通天、白龙、雪林、玉林、水晶六大厅。雪花洞是一个奇妙的地下世界,它"寂静、幽雅、深邃,洞内终年恒温,保持在15℃左右,是游

巩义雪花洞内景

览观光的宜人去处。洞中晶莹漏玉、玲珑剔透的石花、石葡萄和石珊瑚等次生化学沉积物布满整个雪花走廊,其面积之大,形态之美,在国内外目前发现的洞穴中均属罕见,可谓是"天下第一雪花洞"。雪花洞内的片片鹅毛大雪般的石花堆积于洞壁上,长达173米的"雪花走廊",恍如两扇巨大的玉屏,洞壁上朵朵、簇簇、串串的石花、石葡萄、石珊瑚、玉色斑斓、碧光银花、鸟语花香。整座洞犹如玉砌银装,虽是自然造就,却胜似雕梁画栋,人间仙境。

### ◆神仙洞

古称崆山洞,明清时代又称"仙宇灵源"。位于新密市境内浮戏山区的尖山乡神仙洞村西侧,系冰川运动自然形成的钟乳石溶洞。

神仙洞全长 5 公里,宽 2 米余,高 3 米余,洞中流水不断。洞内结晶有大片的珊瑚、玉树之类的奇景,各种石柱莹洁如玉,两壁有石佛、石龙盘于道中,石钟乳垂于洞顶,犹如仙女、罗汉、雄狮、小鸟等,千姿百态,美不胜收。在洞内约前行 0.5 公里处有石井,井旁有门,内有石炕、石枕,皆天然生成。再往前,洞突然低,人只可俯身前行。每走一段,便有大厅。现经探险测定开发 2000 余米,计有 7 个大厅,最高处 20 多米,最宽处 18.8 米,最大的厅可容纳万余人。行至 2.5 公里处,有石屏风挡道,冷气浸骨,人莫能入。洞内白蝙蝠大如箕。

神仙洞由石笋、钟乳石、雪花石、石林、石沟、溶斗、暗河、溶河、育谷组成。这里的钟乳石和石笋一色洁白,玲珑剔透,造型奇特。有的如石林、石柱、石树、石花,有的如石龙、石虎、石羊、石牛,有的则如殿台楼阁、海市仙山,还有的如石人、石佛、石瀑布等,形态各异,琳琅满目,美不胜收。

相传古时有叫"比何"和"古俩"的二位神仙每年到此聚会,久之留下各自的化身。古传说此洞为黄帝时期(约前 2600 年)的仙人广成子高士所居之地。晋人葛洪著《神仙传》称"广成子者,古之仙人也。居空同之山。石室之中,黄帝闻而造焉"。华夏始祖轩辕黄帝曾在此拜问修身治国之道。神仙洞现已列入河南省浮戏山旅游区重要景点之一。

### ◆盘古洞

盘古洞,也称韩愈洞、中顶石洞。位于登封市区以北的嵩山太室山峻极峰顶北侧南下 10 多米处。洞口朝北,整体山洞为自然形成的不规则石英砂岩,洞口部分岩石风化坍塌。洞宽 8 米余,高 3 米,斜深 4 米,总深约 7 米。洞内山石嶙峋,上下左右石棱突出,阴暗潮湿。传说,盘古在浑浊的大气里,抡斧开天辟地,使清气上升为天,浊气下降为地,地上出现嵩山。他就在这洞里歇息。也有的说盘古开天辟地累死后,四肢化为"四岳",头和身子化为中岳,这石洞就是他头上的耳朵眼,故叫盘古洞。唐时著名文学家韩愈于唐元和四年(809 年),曾偕同其友李渤、卢仝、道士韦蒙等人登嵩山夜宿此洞,后人又称韩愈洞。传云著名的《原道》《谏佛骨》等哲学论文均出于此。后人敬仰盘古,便在洞南,盖了盘古庙、盘古殿。庙后来倒塌,1986 年登封唐庄农民又集资重修,并金妆盘古塑像。

### ◆天爷洞

古称羚羊洞、灵羊洞、灵岩洞。位于太室山东 30 公里处山岭之阴,新密市平陌乡龙泉村与超化镇莪沟村交界处的灵岩山上。

相传,三皇(天皇、地皇、人皇)看中居此,故名。《河南通志》记载:"轩辕修炼于此。"此地山势陡峭,石穴玲珑。天然溶洞如群星点缀,大小溶洞计 72 个。洞壁上千孔百穴,洞穴相通,内如迷宫。各洞泥塑彩绘神像,栩栩如生。唯山顶三皇殿较大,塑有三皇肖像。清《重修天爷洞碑记》云"洞之中间有玉皇像。"因洞祀玉皇大帝和轩辕黄帝在此拜天祭祖,因而总称天爷洞。洞中出土动物化石骨器 1 件及打制石器 3 件,经鉴定属新生代更新世晚期,距今 5 万~3 万年,是一处旧石器时代文化遗址。

1958 年因修水库,原有建筑被毁。1987 年四方香客、百姓捐资复修,现天爷洞已被修葺一新,人文景观与自然景观于一体。远看是金碧辉煌的大佛大殿、二天爷和南海大士,往上看是拜天阁、祭祖亭和三皇大殿。169个望天梯犹如自天而降,悬挂在峭壁上。从天门桥拾级而上,经一天门、拜天阁、二天门、南天门,途经九连洞、龙眼洞等10余个洞,直达山顶的祭祖亭和三皇大殿。祭祖亭东侧有祖母殿,内塑女娲圣像。驻足此地观望羚羊峰,奇石怪峰,风情万种,如众僧赴会,如八仙过海,如雄狮怒吼,如猛虎下山,如松鼠觅食,如雄鹰展翅,千姿百态。

◆天仙洞

《名胜志》元许有壬游《天仙洞记》:"密县城东三里许,有天仙洞。四山平旋高障,覆拥于外,古庙隐垣。冈周会群流,中繁奇石,莹如玉,点如垩,其白其黑,采如缥霞,结如缊绵。垣外古柏成林,庭畔老桧竟直,约五六仞。殿后白松如傅粉,一木三干,高十数仞,本大四抱余;本畔一窍常流液,其甚;周岁两脱肤,根盘据,枝若拿虬,叶秀翠且硬,世世汉有闺女仙仙葬焉,此其冢上物也。庙前百武许,有绣石状架棚;其左,泉滴吉雨,兹游故乡异云。"

◆文殊洞

位于少室山西三皇寨景区北端分水岭东岩壁上。相传,文殊菩萨曾居于此洞,故名文殊洞。石洞宽约3米,深约20余米。洞内文殊菩萨座位处有一石,其形如乳,光莹温润,夜中放光,璀灿如星,俗谓之放光石。洞中有泉瀑注洞下,亦奇观也。

◆灵岩洞

又称云岩宫、黄帝宫,位于新密市东20公里云岩山下。清嘉庆二十二年《密县志·山水志》:"在县东四十里云岩下。一山突起,水四环之,高下岩洞,大小十余。号灵岩者稍深,广可容数十人,悬萝垂巅,复坦然高敞可庐,相传黄帝问道、风后讲武处。"此岩自顶至踵,石皆玲珑斑驳,碎之乃栎叶层累,惟色近黄赭,不莹为憾耳。其后水流峡中,树出石罅,琴匡尘展,良助幽致。

◆庄子蝶梦洞

亦称蝴蝶洞。位于伊川白元村东的蝴蝶山下,传说是庄子隐居的山洞。《中国文物地图集》记载,白元村有庄子洞和周漆园吏庄子墓。庄子墓仅存一小土丘,庄子洞保存完好,洞内有泉水涌出,被称为"不老泉"。庄子洞内石壁上有密密麻麻的料礓石结核,朦胧看去这些石结核犹如各种姿态的蝴蝶。《庄子·齐物论》记其事:"昔庄周梦为蝴蝶,栩栩然蝴蝶也,不知周也。俄然觉,则蘧蘧然周也,不知周之梦为蝴蝶与?蝴蝶之梦为周与?周与蝴蝶则必有分矣。"

庄子蝶梦

◆张良洞

位于新密市壶瓶嘴,当溱源之下。岩半有洞三,深不可测者二。其北岩如凤凰飞骞,西南岩如龙蛇蜿蜒。古木成林,森耸郁积,世传汉留侯(张良)辟谷修炼处。又后人避金兵于其中,俗呼为避金洞。

### ◆留侯洞

即张良洞,位于禹州城东关颍河北岸的石壁上,俯临潺潺颍水,远揽三峰晓晴。此洞是汉留侯张良早年读书求道的洞穴。清康熙年间,禹州知州刘国儒增拓张良的恩师黄石公洞和訾仙洞。三条洞并列开凿在面临颍河的石壁上,前留2.5米宽的拜谒通道,临颍筑有护壁。其中张良洞进深6米,宽3米,洞高3米,洞口由青砖浆砌,门额书"张良洞"3个字;洞内设祭坛、神塑。由于张良洞曾为清初兵备沈荃修禊之地,后任知府逐渐辟建成大成殿三楹,环以斋舍,有亭有堂,有轩有囿,间植花木,成为人们拜谒、游览的胜地。历史上,有很多文人雅士游览此洞,大多留有诗词感怀。明代诗人徐明善的《题留侯洞》诗曰:

赢秦并六合,韩国其坠哉。子房为报仇,击车倾崔嵬。
遁名下邳桥,受书聘奇才。辅汉际隆准,万里风云开。
智术超园绮,立志扶纲摧。见机从赤松,青山路莓苔。
冥鸿迅然去,高峰马能回。昔日栎邑南,颍水嵩少来。
宦游一眺览,怅快无疑猜。邈思知进贤,云崖屡徘徊。

### ◆颜回洞

位于太室山阳之半。洞门崖壁上有"颜回洞"3个字,苍劲古拙,约出秦汉人之手。山东《兖州府志》载,颜回飞升于嵩山石室中。

### ◆石楼洞

位于太室山之阳登高崖上。洞内有上下两层,中有穿隙,石梯可通,故名石楼。明代诗人王宠写有《和黄勉之怀嵩岳》诗,有一联云:"何日攀缑岭,相携卧石楼。"即指此洞也。

### ◆毛女洞

位于太室山顶西南深沟内,崎曲幽暗,深不可测。相传,秦宫侍女在此隐居得道,遍体生毛,能飞空乘雾,往来嵩、华之间。

### ◆天际真人洞

位于少室山东面,高岩之上,缥缈云端,去地不知几千仞也。洞门之傍,斜生古柏一株。清《登封县志》土人言,昔有道士,望见仙人往来洞中,欣然愿往。无路可陟,乃身坐畚内,令多人自其巅悬绠下之。甫入洞,忽有怪风吹出。道士不敢停,急投畚。拔上,两耳竟聩矣。予亲至岩下望之,见云霞拥护,不觉生天际真人之想,故以名洞云。

### ◆云钟洞

位于少室山,游人常听到洞内有钟声传出,随之飘入云端。

### ◆桃花洞

《名胜志》载:"阳城有桃花洞,左有龙华寺,俱称幽胜。"旧志作桃花女洞。

◆浮丘洞

即洛洞,位于少室山西北、偃师市东南,与缑氏山相近。相传,仙人浮丘公修道曾居于此洞。刘义庆《幽明录》:洛下有洞,昔有妇人推其夫下岸,乃得一穴,行百余里,觉践如尘,噉之,裹以为粮。行至文州,以问张华,云:"洛洞,仙人所处,在县东南。"

◆兰花山溶洞

兰花山溶洞位于禹州市鸠山乡金盆水库以下1500米处。洞体高、宽均在2~10米不等,长度约1200米,岩溶发育较好,钟乳石笋,石幔、石柱举目可见,是长江以北罕见的石灰岩溶洞。四周植被繁茂,松柏翠绿,溪水环绕,景色宜人。

◆千佛洞溶洞

位于禹州市鸠山乡政府所在地西北约8公里的崔家村北坡。最长洞穴探明有2400米,最宽处40米,最高达80米,从上到下分4层,形状像手掌,掌心部位是从上到下贯通的大洞,像手指一样的洞穴分布周围。洞内大部分地层为寒武系灰岩、白云岩,沉积物以滴石类石钟乳、石笋、石柱和流类石曼、石帘、石板等为主。该洞喀斯特岩溶景观特征明显,观赏性较强,被专家誉为"江北第一洞"。

◆乳洞

乳洞分为前乳洞与后乳洞,前后二洞相接,俱在太室山之南、箕山之东、小熊山之下。土人言:洞口向南,人须先足下,丈许即履地。洞内玲珑高旷,别是一境。行须导以烛,非烛则高下转折,莫知所从。行过处,又须印以灰,非灰则旋迷失道。静坐时,可闻流水声,亦不知水自何来,又自何去。此洞因产钟乳石,故名乳洞。亦有称为汝洞者,相传,谓洞底有路南通汝州也。明末大乱,居民多避兵于此。洞中生白蝙蝠,服之可长生。

◆雪莲洞

位于新密市七里岗乡石羊山下,距新密市城区3公里。溶洞距地面52米深,洞长3000米,为南北走向。因洞内石壁酷似雪莲而得名。在洞中,可观赏到由钟乳石、海花石构成的离奇诱人的自然景观。由于深置地下,胜似宫殿,人们又将此洞称为"地下雪莲宫"。洞内有可容纳数百人的大厅,布满雪莲的石壁犹如夜空的群星,耀眼夺目。这一景观名为"群星灿烂"。在星光照耀下往前行,一座弓形桥梁挡住了去路,它光泽如银,与"天穹"接近,叫"飞天银桥"。顺着"银桥"往前,是一潭泉水,人们称它为"玉泉"。走过"8"字中心,可以看到一位身着白色衣服的"女子"在那里朝拜,前方坐着一个敞胸露怀的佛,这便是"素女拜佛"。素女拜佛后是"雪山飞瀑",也是由钟乳石构成的。在雪莲洞游览,可观赏到千姿百态、争奇斗艳的奇观。

◆太子洞

位于太室山子晋峰下百丈悬崖石壁上有一天然门洞,洞口古藤盘绕,洞内冷风习习,相传为太子晋当年读书修道居住过的地方,称太子洞,亦称太子门、太子走游洞。

### ◆皇姑洞

位于嵩山子晋峰下。相传,子晋胞妹观香,随同哥哥来嵩山修道,居于子晋峰下的一个天然石洞中,后人称此洞为皇姑洞。洞下 30 米处有一天然奇石,像一位年青貌美的女子,面西端坐,高约 4 米,身着黑色素装,发如凤冠,轮廓清晰,传为观香遗像石。观香和哥哥虽然仅一峰之隔,但也互不相见,为疏通联络,传书修道,在山坡上用石管和陶管修筑一条地下管道,进行传书,名水道传书。太子庙中存有四节陶管,即近年农民耕地中挖出。

### ◆五门洞

位于登封市西北的紫云山上。洞口西侧有 4 个小窗,称五门洞。

### ◆黄爷洞

位于登封市西北的紫云山上。洞内高低宽窄直曲不等,因洞太深,没人能探到尽头。

### ◆黄龙洞

位于登封市颍阳镇古黄城北马脖峰下密林丛中的石岩上。该洞为一天然石洞,宽约 6 米,高 3 米,洞深莫测,洞中经常滴水若漏,积流溢出,洞门青藤垂幔,山荆屏避。相传洪荒时代,江左、海渚一带,一片汪洋,黄龙常浮游水面,栖卧此洞。大禹治水,疏浚九河,凿开龙门,落下洪水,黄龙不知何去。

据当地老人们说,在洞里点着一大捆柴,过大半天,烟从洛阳那边出来了。根据这个说法推算,此洞约有 100 多里长。

### ◆鬼谷子洞

位于登封市阳城北 1 公里处的北沟崖上有一崖洞,名鬼谷子洞。距沟底 4 丈,为鬼谷子着书讲学之处。近旁有孙膑洞,高 2 米余,宽 1 米,深 20 米,洞壁上有灯窝。《说嵩》载:鬼谷子。姓王名诩,战国时楚国贵族,自幼入云梦山,采药得道,鹤发童颜,相貌甚奇,常闻嵩岳名胜,云游到此,在这里讲学着书。卢元明《嵩高记》载:鬼谷先生于嵩山东南学仙。徐广曰:颍川阳城有鬼谷。张仪、苏秦师之。孙膑、庞涓也曾于此求教鬼谷,后出仕齐、魏。

### ◆三皇洞

位于嵩山遇圣峰上。三皇洞为 3 个山洞。史料中有称三皇洞为三仙之馆,又称接仙馆。晋陵鲍靓入嵩山石室清斋,见古三皇文刻石为字,是洞称三皇洞。该洞北连三鹤峰。

### ◆吕祖洞

位于嵩山野猪坡潦泉近处,崖窟穿透,避喧邃区,内祀吕嵓,故称吕祖洞。吕嵓居此采药为民疗疾,故人敬之。

### ◆大仙洞

位于太室山二仙洞东侧。因洞有古柏覆之,又称柏洞。该洞为一天然石洞,约 20 平方米,相传洞内为仙人所居,洞比二仙洞大,故称大仙洞。《嵩岳志》载:"昔有道士望仙人往来洞中,欣然愿往,乃身坐畚中，令人自其巅悬縆下之。甫入洞，忽有怪风吹出，道士不敢停，急投畚上，两耳竟聩矣。"

◆ 水帘洞

位于三皇寨东部的玉皇沟中。松树洼东，从白云宫上行东去，一群石峰如鹰，过峰东下，转北有一石洞。这里群山环抱，林木苍翠，潺潺溪水蜿蜒流至洞的上方，由10米多高的断崖上排空而下，犹如珠瀑如帘，故称水帘洞。飞流泻入崖下潭中，涌起千堆雪花，太阳直射其上，奇光异彩，灿烂夺目。

◆ 玉女洞

亦称玉女窗。位于太室山中峰（峻极峰），于此可窥见太室中峰西十二峰之一的玉女峰。《嵩书》卷二云："玉女窗，在太室之上，石洞幽洁，上通日月，四壁朗然，古人谓之玉女窗。梅都官有咏，范、欧二公和之。玉女捣衣石去此不远。"玉女石洞修洁，其上有孔，日光、月光由窗射入，洞内朗然通明。因与玉女捣帛石相近，故称玉女窗。

◆ 白道洞

位于少室山白道峰下，清微宫之北。相传有仙人白道猷居住，故名。洞不甚大，前有小坪，侧有泉水，大旱不竭。

◆ 人祖洞

人祖洞，亦称王母洞。位于嵩山南具茨山上。为游人凭吊轩辕黄帝的一个古洞。

◆ 纳水洞

《巩县志》载："万山之中为众水汇集之处，水入即涸，绝不停蓄。以物投之，至荥汜、二水流出，通达甚远。"

◆ 朝阳洞

位于少室山阴。数柏蔽荟，诚栖静奥区。靠崖多自然岩穴，俱壁劂诸佛，寺僧多坐静其中。

◆ 嫘祖洞

位于新郑市具茨山主峰。该洞是古时人们在悬崖绝壁上凿挖的大石洞，内供有嫘祖、嫫母塑像。扶石梯攀登到洞门口，可见洞内烧香拜祖的游人成群结队，烟雾缭绕。站在洞口，已是身居云雾中，眼望处丛林片片，绿海泛波，紫气升腾。

◆ 达摩洞

位于少林寺西北的五乳峰中峰顶下100米处。石洞面南，内窄外宽，深约7米，高3米，宽3.5米。东壁有无名氏刻字"本来面目"。内供石刻佛像4尊。石洞幽邃，石痕如水面波纹，连蜷层叠。洞外有石平台，宽4.2米，纵8米，外围石栏杆。台上有双柱单孔石坊一座，为明万历三十二年（1604年）建，坊宽2.2米，高4米，跨度1.9米，南额题刻"默玄处"，北额题刻"西来肇迹"4个字。上下坊面均饰有二龙戏珠和双凤朝阳图案。洞外西边石壁上有明代苏民望题刻七绝一首：

西来大意谁能穷？五乳峰头九载功。

若道真诠尘内了，达摩应自欠圆通。

少室山五乳峰达摩洞

洞门右边立有明万历三十三年（1605年）修碑坊无量功德碑一通。在面壁洞西旁，自下上穿，深陷一隙；相传为火龙洞。自达摩入洞后，火龙自隙而遁，洞西还有养龙崖，峰下有饮龙池，此地高玄意爽，云雾缭绕。寺僧曰："火龙治之，烈石成土，道屈如龙。"

当年达摩来到少林寺后就在这里整日面对石壁，盘膝静坐，不持律，不说法，默然终日面朝壁，双目闭合，五心朝天，在明心见性上下功夫，在思想深处孤意练魔，一坐九年。达摩入定后，连飞鸟都不知这里有人，竟在达摩肩膀上筑起巢来。开定后站起来活动一下四肢，稍有恢复，继续坐禅。日复一日，年复一年，从公元527～536年整整面壁9年，终成正果，传为佛教史上的伟大创举。

达摩在他坐禅面对的石壁上，竟留下一个达摩面壁姿态的形像，衣褶绉纹，隐约可见，宛如一幅淡色水墨画像，人们把这块石头称为"达摩面壁影石"，把这个石洞称之谓达摩洞。

◆求子洞

位于禹州市白沙水库景区钓鱼台西南崖上，为一天然洞穴。传说一对夫妻，久婚不育。一夜里仙人托梦指点其妻到该洞求子：拣一石子，投入洞内，便可得了。该夫妻如其指点，果投石得子。消息传开，来此求子者络绎不绝，自此香火不断。另，该洞有人考证为商代石姬娘娘养鸡处，故又称"石鸡洞"或"石姬洞"。洞口略呈椭圆形。洞口朝向烟波浩淼的白沙水库，洞前有一突出的平台。站在平台上，脚下是碧绿的水面，拍打着山崖"啪啪"作响，微风扑面。湖面上水鸟咽鸣，翩然来去；湖中小岛树木葱郁，芳草萋萋。眺望北岸，亭台楼阁隐约可见，嵩山依稀可望。

◆禹王洞

禹王洞为一天然溶洞，位于禹州市白沙水库支流马峪河北岸。相传禹王曾在此治水。洞外山势雄伟，森林茂密，风景秀丽，鸟语花香。洞内洞连洞，路连路，宽者同时容纳六七百人，窄者仅一人能通过。四壁到处是石花、石瀑、石笋、石柱、石塔，奇洞怪石，气象万千。禹王洞究竟有多深，至今仍然是个谜。目前已探明的共有2000多米，已开发可供游览的约700米。洞有3厅10洞，50多个景点，其中"群狮迎宾""禹王观瀑""金龟出洞""二仙对弈""瑶池仙境""蓬莱仙岛""镇海宝塔"等形象逼真，造型奇特，是我国北方不可多得的天然溶洞。

◆王母洞

又称仙人洞，汜水城东门外金龟山上，祀王母娘娘。山上有玉清宫，"殿阁嵯峨，祠宇掩映""琳宫瑶宇，飞霞焕彩"（民国《汜水县志》）。

◆马仙洞

位于嵩山余脉风后顶上,邑人马乾坤的修仙处。

◆金壶洞

位于太室山金壶峰下。旧志记载,金壶洞内有五色石。金壶洞之上还有一洞,无名,洞中通体皆白石英,大小不一,灿烂如星。

◆鬼谷子洞

鬼谷子洞位于白沙水库景区内,又称"谷宅"。该洞高3.2米,深4米,阔3.4米。内塑有鬼谷子像,身穿道袍,容颜奇伟,正站着讲书。下面坐着两名学生在认真听讲,即孙膑和庞涓。

鬼谷子姓王名诩,字禅,战国时人,为楚国贵族。自幼入云梦山采药得道,鹤发童颜,相貌甚奇,闻嵩山名胜云游到此。先前这个山谷很幽静,传说有很多鬼怪,人称鬼谷。自从王诩住在这里以后,魔鬼全消失了,所以后人称王诩为"鬼谷子",所住的山洞称"鬼谷子洞"。

◆升天洞

位于新郑市南10公里溟南岸的崖壁上。附近崖上有升天寨,寨中有卞宪石刻诗存焉。

◆禹母洞

禹母洞,即禹母所居之地,也是禹母生禹之地。位于禹州市城西25公里的石家峪玲珑山。该洞深30多米,分前洞后洞,前洞如殿,后洞如房。洞壁有青翠色钟乳石,或如奇花,或如奇草,或如飞禽,或如走兽,或如仙女,或如石佛。壁上刻有"钧天"二字,字迹高古难认,据说是大禹所刻。从"钧天"一侧,有通道可入后洞。后洞地平如镜,靠左侧有一条石,10米见方,相传是禹母下榻的地方,曰"禹母床"。从床头,沿石磴,过洞道,弯弯曲曲,约50米,可达玲珑山顶,纵览四周无数山光水色。

史籍记载,禹父鲧被帝尧封于崇山(即嵩山)之阳,即今禹州方山一带。封地方圆百里,称崇侯或崇伯。娶妻有辛氏女,叫修己,亦曰女志,生禹于高密。《史记索隐》曰:"高密,禹所封国。"《帝王纪》载:"封国在豫州外方之南,今河南阳翟是也。"另外,在玲珑山下金盆石家峪一带有山坳深潭,而后东流,地称"石纽",即史载"禹生石纽"处。

◆练兵洞

位于禹州市玲珑山南0.5公里许,有一座岳山,东北山腰有一条洞,相传是禹王练兵洞。洞口紧临涌泉河,洞深曲曲折折绵延1000多米,出口处在岳山西侧的山半腰里。洞道有宽有窄,宽处大如房子,窄的地方人只可以让人侧身而过。洞壁有的段落非常光滑,像是天然的;有的地方又非常粗糙,像是人工凿的;有的岩壁呈棕红色或紫红色,有的岩壁呈灰黑色或浅灰色,当地群众称这些岩石叫彩釉石。彩釉石相传是大禹练兵时,各种兵器相击迸发出的火花,长久迸击岩石所形成。

练兵洞内,每到洞道转弯处,左右两侧就会各有一个"猫耳洞",大小能容三四人。洞内冬暖夏凉,而且不生蚊子、蟑螂、老鼠和蝙蝠,所以,兵荒马乱之时,老百姓就逃到洞里来避难,平时,每到夏季,百姓们也喜欢到洞里来避暑。

◆启母洞

启母洞也叫楼洞,位于禹州市城西25公里的石家峪玲珑山,与禹母洞相距不远。因为是两条洞上下相叠,好似楼房一般,所以俗称"楼洞"。

从下洞进入,洞体深约20米,宽约10余米,可容数百人。洞壁多钟乳石,形态各异,如花如草,如佛如兽。靠东壁有一石床,约4米见方,平滑如镜,青面有红斑,据说是启的姨母女娇睡觉的地方。床边又有一石,高50厘米,大约一米见方,相传是女娇教夏启读书的书桌。沿夏启的小书桌后边,有一条通道,长约40米,登阶而上,亦可到玲珑山顶。洞口东侧临崖处,有一巨石,形似一妇人坐在山头,遥望远方,相传是女娇每天傍晚眺望东方盼禹归的地方,后人称为"望夫石"。站在望夫石前朝东眺望,约4公里,有一座圆形的山头,就是禹山,那就是她和大禹结婚拜天地的地方。

◆汝州蝙蝠洞

位于汝州市西南的三峰山景区内。蝙蝠洞是一个经过数百万年天然神工造化逐渐形成的大型群体溶洞,是北方罕见的喀斯特地貌现象。因此洞长年栖息有蝙蝠,故名蝙蝠洞。洞口位于西10米高的崖壁上,只能容1人进入,入洞后攀援而下5米处有一大厅,大厅内可容纳100多人,洞内各种类型的石笋、石花、石柱、石瀑、石龟、石钟等错落有致,妙趣横生。特别是玉柱擎天、神龟探宝、天坛盖顶和众多正在生成中的各种钟乳柱造型。溶洞内向四周横向延伸几个小洞,洞中泉水潺潺,奇石鳞次栉比,真可谓洞中有洞,景中有景,既是观光胜地,又是探险乐园。木厂村80多岁的李银涛老人当年穿越此洞,探知深度在3000米以上,由蟒川乡木厂村向南延伸至鲁山县境内。

◆巢父洞

位于禹州市城北关橡胶坝水库上游犊水沟河港湾处。相传,沟西岸上有一石穴,原可容一人,是巢父耕牧休息的地方叫做"巢父洞"。

巢父,尧时著名隐士。姓樊名仲,号巢父。《高士传·巢父传》载:巢父是上古尧时的隐士,居深山不营世利,年老以树为巢,就寝其上,故号为"巢父"。相传,许由不愿接受尧的禅让,而遁耕于嵩山南麓颍水之阳的箕山。尧又让许由为九州长,许由不想再听到这种话,就到颍水之滨洗耳朵。刚好巢父牵着牛犊来饮水,看到许由在洗耳朵,便问其缘故。许由回答:"尧欲召我为九州长,恶闻其声,是故洗耳。"巢父听后说他:"你如果生活在高岸深谷、人道不通的地方,谁能见到你?你为什么不将你的光芒隐藏起来?你为什么要让别人看到你呢?我看你只不过是浮游欲闻、沽名钓誉罢了。"巢父还埋怨许由:"你洗耳怎不到下游去,在这里把水污了,岂不也要玷污我的犊口吗?"于是,巢父牵着牛犊到颍水的上游饮牛去了。

巢父洞下有一水潭,渊深清澈,游鱼可见。潭上自东向西横出青石平台数丈,形成天然石棚,可供游人乘凉洗濯。平台上面名曰"琴床",是巢父闲暇时常邀友人聚饮或抚琴赏月,或对景吟诗之处。巢父洞右侧有一巨石高数尺,状若仰盂,或似水瓢,巢父常在上面取水做饭,故曰"瓢岩"。右上方有一石龛,名曰"石楼"。巢父洞西南约半华里处有一土岭,当年树木葱郁,杂草萋萋,巢父常到岭上牧牛,名曰"牧岭"。巢父洞上方原有瓦房数间,杂以花木,名曰"犊水园"。因巢父为上古时代的奇人,有高世之才,故巢父洞也成为当地名胜。

### ◆ 吴公洞

位于汝州市风穴寺锦屏风下。相传，汝州名人吴几复，在未考进士以前，自幼好学，刻苦攻读，为避开城里的喧嚣专心致志读书，曾在风穴寺锦屏风下凿一石洞，闭门读书，杜绝交往，连寺中僧徒也不识其面。他在洞中孜孜勤学，下了9年苦功，经史子集，无不精通，成为当代大儒。宋仁宗庆历年间，吴几复到京参加会试科举，考中进士，即中进士。宋仁宗皇祐年间，国家大兴太学，培育人才。因他通经明义，行为端正，被任命为太学直讲。他知识渊博，讲解经典能深入浅出，条分缕析纵横自如，一时四方学徒云集，从学者达数千人。后晋升为国子监祭酒，成为宋代最高学府的一号人物，管理全国教育工作，官居四品。是已知汝州任教育长官最高的一人。后人为纪念他这种刻苦学习的精神，就把他读书之洞称为吴公洞。

### ◆ 水镜洞

位于禹州城东关外背阴寺侧，以汉颍川司马徽居此讲学而得名。司马徽（174～208年），字德操，东汉末年颍川阳翟（今禹州市）人，住城东南二十余里洞林寺侧（今曹徐村与小刘村之间）。以知人、育人、荐人、克己助人著称于世，被誉为"水镜先生"。城东关老桥西岸（今中医院后边），有一高阜处，下临颍水，面对远山，便是司马徽晚年躬耕讲学的地方，名曰"水镜洞"。此处有一组古建筑，亭堂殿阁，曲径廻廊，景致幽雅。而今只剩下了一座大殿、三间卷棚，青砖灰瓦，朴素简陋，毫无引人之处。只有门额上砖刻的"人鉴"二字。历史上，有文人雅士游览此洞，多写有诗赞。清朝诗人魏文征写诗《水镜洞》：

当年心似水，今日水如镜。不见洞中人，空留一水横。

### ◆ 遏风洞

巩义市回郭镇东有约2.5公里许，有一岗，称之为"古柏南岗"，巩县八景之一，唐郭子仪庙亦在此，庙旁有洞，俗称"恶风洞"。相传，古时，每岁禾稼将熟时，洞出黑风伤害田禾，以致附近居民岁闹饥荒。郭子仪平乱班师，取道洛阳归京，领兵至此，索粮不获里人告以是，南岗常有毒雾为灾，故田谷不收，无以供饷。汾阳王乃旋军登其上以压之，毒以因息。年年丰登，里人蒙福，遂立庙祀之。"恶风洞"改名为"遏风洞"。现在除洞尚有迹可观外，其余不复存在。

### ◆ 风穴洞

据《风穴志略》载：龙山阳侧有大小二风穴洞。大洞内为重关，可达钧（今禹州市）、密二县。内栖蝙蝠，朝暮群飞。每将天变，洞内发出吼声，出来之风猛不可挡。小风穴洞似瓦瓮，口小肚大，洞中经常发出雾气。洞口仅容一人，虽有石梯，因生青苔滑溜可下。往下不见其底，侧耳听之喔喔有声。明代诗人王尚䌹曾写有《风穴赋并序》。

### ◆ 云岩洞

又称云岩宫、黄帝宫，位于新密市东南21公里处的刘寨村西南部。云岩洞开凿在一个高达100多米的巨大岩石上，由于岩石石质松软，毛细孔多，吸水性能强，岩石中水份被蒸发后如白雾般围绕岩石徐徐升腾，酷似云烟，云岩因此得名。云岩上有大小岩洞10余个，唯云岩洞较大。洞中塑有黄帝及大臣风后的肖像，相传黄帝在打败炎帝、战胜蚩尤之后，曾在此埋藏兵符、练兵讲武，大臣风后著有《八阵图兵书》数卷。岩洞顶上无土,但绿树成荫,景色绮丽。宋开宝二年建云宕宫一座,三层三院,有四师殿、藏经阁、玉皇阁、轩辕门、讲武门等。现在的碑碣中,有唐独狐及《风后八阵图碑》和元代的重修碑。

◆过仙洞

《偃师县志》:过仙洞,在县南石桥保,其洞可通人行。今首阳山关蹄峰东有黑山凹,清雍正初,人掘石得洞,取火视之,其中宽者数丈,狭者才通人行,咸有劈凿痕,行二里许火灭,不敢复前,不知深几里也。疑即此洞。

(二)穴

山穴,相当于山中的洞、窟窿。

◆龙穴

《世说》载:嵩高山北有大穴。晋初,一人误堕其中。行久,忽明朗,见二人围棋,有酒饮之。此人便与围棋者饮酒一杯,顿感气力十倍。谓曰:"从此西行,有天井,其中有蛟龙。但投入,自当出,则取井中物食之。"堕者如言,后乃出于蜀中。归洛下,问张华,方知为龙穴也。

嵩山古穴

◆龙简穴

位于太室山。金、元时期,凡朝廷遣祭中岳,必投金龙玉简于山上大穴之中。蒲理翰的《中岳投龙简》一诗,有"金龙投处蛰龙惊"之句,足为据也。

◆钟乳穴

位于少室山东南的雉羽岩上。宋代《河南志》载,钟乳穴中有钟乳,径头大一丈。古人赋有"一丈之钟乳兮可餐"之诗句。站居穴中,仰视石脉涌起处,即成乳床,白如玉雪。乳床下垂,如倒数峰小山,峰端渐锐且长,如凉柱。术端轻薄,有也窍,中空发鹅管。其形则有如人物仙佛、鸟兽器具,种种逼肖。半为石乳,万古滴沥不已,且滴且凝,盖高山含量泽气,渗渍而然。

◆光明穴

位于少室山东南角。宋代《河南志》载,光明穴深3里余,直上500尺,昼夜常明。宋代登封知县楼异赋有"光明之穴兮昼所铄"之诗句。

◆鹤泣穴

宋代登封知县楼异赋有"石井泣哀鸣之鹤"之诗句。自注曰:"昔有二人得道,一误伤而死,一人化为鹤,求其死者,哀鸣泣血,滴而成穴。"今赋刻碑于嵩山少林寺中。

◆麾旗穴

位于新密市境。清嘉庆二十二年《密县志·山水志》:"麾旗穴在力牧台顶,深丈余,团围如瓦筒,节节垒甃,纹以旋螺。相传为黄帝拜将麾旗处。"

(三)道

道,即是路。嵩山地区的地形地貌,复杂多样,被人走出来的山道也多如牛毛。但留下名称的名古道不多,有的已不存在。以下所述,完全是史料中的摘录。

◆三皇寨栈道

位于登封市三皇寨景区。北起分水岭,南至三皇寨,全长3100米,为三皇寨通往少林寺景区的旅游道路。它像条巨龙蜿蜒缠绕在千仞如削的山壁腰间,是一处雄伟壮丽、惊险无比的人工奇观。

踏上悬空栈道,沿途经过横跨吊桥、悬天洞、飞来石、老虎嘴、仙人洞、古榆迎宾、山神叹岳、三拱桥、握手崖、三友石、悬阳洞等奇观,奇峰怪石,令人拍手叫绝。尤其是到雨季云雾缭绕之时,雾在山间飘,人在雾中游,眼观千姿百态的景观,耳听风涛鸟语、泉水叮咚,犹如进入神仙境界。

三皇寨悬空栈道

◆轩辕道

位于登封市和偃师市交界处的轩辕山上,俗称十八盘。《元和志》载:"道路险阻,凡十二曲,去将复还,故曰轩辕。"唐人周俶、宋人梅尧臣、清人刘姓皆有《轩辕道》的诗作。

◆崆磴道

位于登封市区西南17公里的崆磴坡上,以坡名之。明世宗嘉靖六至九年(1527～1530年),登封知县侯泰修建。此道为登封至临汝(今汝州市)两地间主要通道。北起大路沟,南到崆磴庙,长2公里,宽2米多,尽铺石板,依坡势盘旋而建,有"十七拐道路"之称。1949年,公路开通,此道遂废。

◆罗口道

古道路名。为巩义、登封交通要道。此道可由登封市东北部经长罗川通巩义、洛阳等地。《读史方舆纪要》载:"隋大业十三年,李密自罗口袭兴洛仓,破之,又密将张善相为伊州刺史,据襄城,自襄城北出罗口,即长罗川口矣。"《施府志》载:"今罗口有罗口保,乃罗水出山之口,其自襄城北出罗口,必

经登封,由登封西北出轩辕,乃东北趋巩,其道迂远,故径自登封东,逾大山,北至罗口道。"其中所提"罗口道"即指此道。

◆虎马道

位于新密市摩旗山下。山路狭窄,二马不能并行。相传汉高祖困荥阳,饮马陆贾河,马回鱼贯而过,因使人数其多寡,故名。

(四)坞

坞,一般可以理解为山间的平地,四面高起,中间凹下。也可以理解为建筑的小城堡。嵩山地域的坞和嵩山的洞穴一样,都曾给人们提供了最为天然的居处与方便。

◆袁公坞

《水经注》载:罗水(又)西北经袁公坞北(东),盖公路"始固"有此也。《施府志》《水经注》曰:始固者,对偃师袁术固而言也,固即城也。在今西村镇东坞罗村一带。

◆鸡络坞

位于今新密市东北11公里处,岳村、白寨二镇交界处老锅岗一带。因岗上岩石嵯峨如坞,石穴似鸡,有飞、卧、斗、食状态,妙趣横生,故名。《太平御览》作"鸡洛坞"。此坞为古溱水之发源地。《水经注·漕水》:"邻水出邻城西北鸡络坞下。"即指此地。

◆鸡洛坞

即"鸡络坞"。《太平御览》引《水经注》将"络"作"洛"。见"鸡络坞"条。

◆零鸟坞

亦称响水潭,位于今新密市刘寨镇刘寨村南。《水经注·洧水》:(武定水)"西南流,又屈而东南流,经零鸟坞西,侧坞东南流。侧坞有水,悬流赴壑,一匹有余。直注涧下,沦积成渊,嬉游者瞩望奇为佳观。俗人睹此水挂于坞侧,遂目之为零鸟水。"此"零鸟水",即指此坞。

◆马领坞

今称超化寨,魏、晋以后之坞堡名。位于今新密市超化镇超化寨,洧水河南岸。以坞筑于马领山,故名。《水经注·洧水》记:(经文)"洧水出河南密县西南马领山。"(注文)"又东径马领坞北,在山上,坞下泉流北注,亦谓有别源也,而入于洧水。"

◆柏谷坞

古城堡名。位于今干沟河以东的巩义市回郭镇柏峪村、干沟村,古称柏谷坞。这里地处丘岭,北临洛河。据《水经注》《河南府志·巩县志》诸书载:坞在川南,固高为坞,其地面连干沟,东西寨如钩锁,因此称钩锁垒,柏谷坞高出地面数十丈,危立洛河岸边,是水陆要塞,古屯兵之所,自古以来兵家必争之地。《读史方舆纪要》载:晋义熙十三年(417年)刘裕伐秦,军至成皋,秦遣赵元屯守柏谷坞。刘裕攻破柏谷,屯兵于此,以其子义真留守柏谷坞。元熙初(419年),司马楚之避刘裕,逃亡河南屯守柏谷坞。北魏景明二年(501年)宣武帝幸小平津,咸阳王元喜谋反,被朝廷发觉后,逃亡,逃至柏谷坞被捉,赐死。南北朝梁大同四年(538年),骠骑将军杨㧑攻下东魏重地柏谷。大同九年(543年),开府于谨平柏谷坞。北齐武平二年(571年)太宰段韶,兰陵王长恭,将兵御周,攻柏谷城,拔之而还。唐初武德二年(619年)讨王世充,派王君廓攻轩辕关。两年后,王君廓与王世充大战于洛口,李世民率军增援,被困于柏谷坞,少林僧兵救出李世民。后来,李世民将柏谷庄赐给少林寺僧人。

◆石梁坞

在故洛城东,洛水北。晋永嘉末,将军魏浚聚流民屯洛北石梁坞,刘琨在并州,承制假浚河南尹。建兴初,刘曜攻陷之。大宁三年,后赵将石生据金墉,刘曜遣将刘岳攻之,岳拔孟津、石梁二戍。未几,石虎围岳于石梁,寻拔之。孟津戍,胡氏曰:时置于河阴。

◆庞坞

位于嵩山太室山之下。唐永淳时,高僧元珪居庐于庞坞。一日,庙神来谒,遂受正戒。神言:"愿报慈德"。元珪曰:"神能移北岩之树于东岭乎?"神许之。是夜,风雷大作。诘朝,则北岩松柏尽移东岭矣。

◆灵星坞

灵星坞位于今偃师市府店镇一带。《太平寰宇记》:"缑氏县有灵星坞。相传为浮丘从接周灵王太子晋登仙处。《卢氏嵩山记》云,此坞有道士浮丘公,接太子晋登仙之所也。"

## 六、山之杂类景观

为了此书在条目上更加清晰,除以上所述嵩山山野中的形胜景观之外,将一些单个奇怪的名称景观并入山之杂类。

◆三皇寨

少室奇景之最。三皇寨是一处悬挂于少室山主峰半山腰的天然山寨。何时称寨不详,据说是人们为了纪念人祖三皇在嵩山一带开天辟地之功而命名。此寨坐东向西,东西南三面涧深莫测。海拔1200米。山体峭如峻,山顶平宽如寨,寨分大寨小寨,大小寨周围有四天门之险,寨上有院、房、洞30多间,碑碣多通。

三皇寨主要名胜古迹有嵩莲宫、三

少室山三皇寨风光

皇庙、玉皇阁、盘古洞等。其中,盘古洞,坐北向南,内祀盘古氏。北面有三洞,坐东向西,内祀三皇。南面有3间坐北向南的小殿堂和一些石拱洞室敬祀诸神。殿堂内新塑3尊高大庄严的三皇金身。居中者头上两只角,手握八卦图,是伏羲氏。居左者怀抱谷物,乃是尝百草、种五谷、教民稼穑的炎帝神农氏。居右者皇冠顶戴,端庄魁伟,是黄帝轩辕氏。他们是中华民族的三位先祖。踏遍嵩山的寺庙宫观,唯有这里敬奉的神灵游离于三教之外,以人祖为宗、虔诚奉祀。曾有对联称:"跳出红尘三界外,入注白云一洞中"。

登三皇寨,有"蜀道难,难于上青天"之称。从少室山麓到三皇寨顶,只有昔日避兵者,开凿一条羊肠石磴小道挂在绝壁上,行人只能顺绝壁、沿石缝、登石坎、攀铁环、拽钢丝上下。尤其是三皇行宫至南天门一段,两侧绝壁如削,直插云霄,险如"华岳",世称"云梯"。沿途有众多离奇险绝的山景,曲折盘旋,扶摇直上,像一架天梯直通南天门。南天门则是三皇寨的大门,三面环高崖,一面临深壑,上看巨石侧立千尺,下看洞内别有洞天,大有"一夫当关,万夫莫开"之势。

三皇寨顶,道庙周围,茂林修竹,环境古幽。四周群山环抱,壁立千尺,涧深莫测。寨南奇峰怪石,惟妙惟肖;寨北石人临危,活灵活现;西面群山碧绿,林海荡漾,云雾飘渺。暮春时节,寨上杏花开,杜鹃放,百花芬芳,姹紫嫣红;深秋漫山遍野,层林尽染,万山红遍;严冬则山舞银蛇,垣弛蜡象。世人称此景为"皇寨仙景"。

◆ 御寨

金宣宗曾屯兵少室山,因名御寨。明末中州丧乱,土寇李际遇窃据其上。

◆ 小寨

位于御寨之东,隔一深涧。小寨南为玉皇沟,东为瓦旋坡,西北与瘦岭相连,乃少林寺登小寨之道也。

◆ 长官寨

长官者,靖长官也。唐僖宗时为登封令。本传黄巢犯东都,徇属邑,登封吏民惶惧无计。靖长官曰:"吾邑无郭,库无后,廥无粟,何以守乎?"靖长官率吏民住嵩高山,自为殿。贼追及,靖长官力战以捍之,贼解去,登封之人获全。焦贲亨曰:长官寨不详其处,诸志皆不载。按罗汉洞之上有一大石岑,去地200丈,上平下削,深5丈,长20余丈,可容三四百人。明末,土人避兵其上,疑即长官寨也。

◆ 吸风口

位于御寨山之东,高峰峻削,峰下两峡夹断,左为玉皇沟,右为天门涧。其玉皇沟之西尽处,横顶天门涧,止有一系如花蒂,以与小寨相连。沟中之风上嘘谷顶,常习习不断,故俗谓之吸风口。

◆ 嵩山三定思

嵩山三定思为上定思、中定思、下定思。《舆地志》载:"少室,在嵩山西十七里。体艺活动角上四十里,和下定思;又上十里,和上定思;十里中,大石门,为中定思。"

对嵩山三定思之名,古人无解者。清《嵩山志》载:"予反复思之,此必指山上可休息之处而加以是名,亦犹太室之有定心石耳。定心石,旧亦不得其解,予谬为注于前矣。大凡山之生也,有干有支,有向有背,有停有去。得其解者,万壑千岩可收一掬;不得其解者,举足成迷,转眸成惑。噫!游山者不见何能解,不思何能见,不定何能思?然非自下而上,循循入之,则思亦何能定哉!故知三定思之言,非圣于烟云者不能道也。"

◆ 子晋垒

《郡国志》云:"少室有王子晋垒。积有9000年资粮在山中。"宋代登封知县楼异赋有"王子晋环之以为垒兮"之诗句。

◆ 钩锁垒

也称钩锁,是指伊洛二水在偃师境内汇流入巩,休水自南部轩辕山间川谷流出汇入洛河,在休水、洛河交汇的东南山原上,临河突出三座高崖,崖上筑兵寨,如钩锁相连,史称钩锁垒。因古时临河崖上柏林森然,崖下洛河船舶往返,所以统称"柏谷坞"。柏谷坞南凭轩辕崇峻,北望洛河浩渺,东扼黑石要塞,正是东部进入洛阳的咽喉要道,历来是兵家必争之地。

◆ 织锦台

宋代《河南志》载:"少室有织锦台,并堂在山东北,堂内石色斓斑,焕如纹锦。"堂乃自然岩洞,非人所缔构也,故录于此。

◆ 袁术固

位于登封市西南17.5公里的少室山后,今属偃师。汉末,袁术与曹操相拒时,置此固。袁所筑,四周绝涧,可容十万人。一夫守隘,千夫莫当。广四五里,有一水渊而不流,即公路涧也。隋大业二年,设猴氏县于公路涧西,凭岸为城云。

◆ 汉果园

位于太室山东。卢元明《嵩高山记》云:"嵩山东脚下有众树,云是汉果园。后有小山,名牛山、多香树。"

◆ 期仙磴

位于太室山。卢鸿《嵩山十志》中写期仙磴:"危磴穹窿,回接云路。灵仙仿佛,若可期及。"

◆ 涤烦矶

位于太室山。卢鸿《嵩山十志》中写涤烦矶:"穿谷峻崖,发地盘石。飞流攒激,积漱成渠。"

◆ 并玉所控诸峰

这个名字出自于金代诗人冯璧所诸的《雨后看并玉所控诸峰》诗名。诗的开始就写"并玉如高人,壁立九千仞"。根据诗句之意,必嵩傍之山,两峰并高,而群峰拥挤之众者。古今易称,不知何山是也。

### ◆委粟丘

位于嵩山西南的洛阳城东9公里,跨洛水,前直轩辕。西晋后魏皆都焉。汉时的委粟丘正当汉都南30余里,故曰郊坛,于今城东南也。魏明帝景初年间,营山上为圆丘以祭天。今开制尚存。《水经注》载:伊水东北,至洛阳县圆丘,曹魏郊天之所。史载,曹魏高堂隆议,准汉故事,营魏粟山为圆方丘。坛八阶,中又为重坛,奉皇帝为天,皇皇后为地,位于其上,以虞舜及舜妃伊氏配。据说,圆丘不止一坛。汉魏郊祀之礼,合祭天地矣。夫圆丘高以象天,方泽卑以象地。圆丘南郊,祀天于冬至,阳时阳位也。方泽北郊,祀地于夏至,阴时阴位也。祀天而日月星辰从,祀地而山川岳渎从,则本天本地之类也。为合祭天地之说,光武帝因之,毋乃求非其位。

### ◆乱石趴

乱石趴乃大禹之遗迹。位于禹州市禹山南坡,因山石奇特,嵯峨成形,成为一景,谚曰"乱石趴"。乱,不是杂乱,是多姿多彩的意思。当地群众口传,说禹王庙原本在禹山南坡,北宋年间,胡人南侵,入主中原,宋室南迁。忽一天禹王显圣,借的来禹山周围十数个村庄牲口,一夜之间,将禹王庙拉到禹山北坡,禹王面向北方,正襟危坐,注视着胡马如何肆虐。那胡人来到当地,望禹王而生畏,不战而退,从而保住了宋朝的半壁江山。就因为拉庙的原因,在禹山南坡留下了两到深深的车辙。车辙两旁所有的草都向两边分开,所有的石茬都向北方报着。禹王庙原来的基石,全都变成了乱石趴,禹王庙原来的花草、树木,全都变成了细泉,在石隙间汩汩流淌。禹山之石,本为红、白二色,属花岗岩类,盘根土中,牢不可动。惟此石趴区,其石色青,色黄,色绿,色紫,五彩缤纷,斑驳陆离。且离出地表,推而可动。大者丈余,小者尺许。

石趴中间,常有细泉涌出,顺石缝曲折蛇行,如银线闪亮;或从石孔中渗出,滴滴如珠,跌入凹处,形成水汪,有大有小,清澈明亮。据说泉水有三大益处:一解酒,二滋阴,三宜子。因此,许多人在农历三月三日早晨,日头发红前,前来汲取,回去做茶,供7天饮用,效用明显,非常灵验。

# 第十章 水流

嵩山地域有庞大密集的水系，其中，挡阳山与少室山相连，称少室通阜，为颍水发源地；阳城山是洧水的发源地，入新密后，纳溱水，称双洎河。八风山是浘水的发源地，浘水西流入伊河；轩辕山北麓的休水、五指岭北麓的石子河、东西泗河，均北流入洛河。伊河、洛河在巩义神堤村会流，叫伊洛河。黄河、洛河在巩义神都山下会流，叫河汭。发源于鸿山挂宝山南麓，向南流的叫洗耳河。在嵩山所经之地的黄河、洛河、伊水两岸，中间有很多的水流河谷与丘陵、山峡、盆地，有充足的水源，有繁茂的林木，是古代时期的亚热带雨林气候。这些肥沃的地理条件和良好的自然生态环境，为华夏的原始先民聚居、生产与生活，提供了极为有利的因素。

嵩山地域河川密集而发达，嵩山水流中的河、溪、瀑、潭、沟、泉、渠、湖、浦、池、泽、涧、川、井等，构成了嵩山河流如麻，纵横交错的万千景象，与山野、动物、土壤、植物、气候等形成了一个在历史上适宜人类生存的好地方。

嵩山水流

## 第一节 河流

嵩山地域的河流，通常是指地壳表面成线形的自动流动的水体。嵩山地域的河流一般是在高山地方作源头，然后沿地势向下流，一直汇入其他的河道或湖泊、水库为终点。嵩山地域的河流大都发源于太室山或少室山中，源头大都是山泉水。每一条河流根据水文和河谷地形特征，分为上、中、下游三段。

在上古时期，嵩山地域是属于亚热带雨林气候，在这种湿润和温热的气候中，嵩山地域雨水充沛，水系发达,河流、小溪、泉水、湖泊、泽、沟、川、涧比比皆是,非常适合人类的生活、种植、生产。因此,它成为华夏民族古代的小"中国"。随着人类的发展和自然界的变化,嵩山地域的气候变成了温带气候,水流相对以前来说,也要少得多。现在,嵩山地域中仅流程在80公里以上的河流还有几百条,但大部分河流属于季节性河流。一般来说,夏秋雨汛期之季,河水流溢。而到了冬春季节,很多河道流水变得很小,一些河流甚至断流。这是现在嵩山地域中水流的一个特点。

一般情况下,河流大小之分的标准,是除去夏季多雨涨水状况,平均水深在2米左右,宽度在隐约看到对岸的称为大河;平均水深为1米宽度在100米之内的称为小河。小溪一般是指流经高低曲折山间清澈见底的小水流,或是经河水分叉出来的涓涓细流。

## 一、大河

◆黄河

我国第二大河。发源于青海省的巴颜喀拉山北麓约古宗烈盆地,流经青、川、甘、宁、蒙、陕、晋、豫、鲁9省(区),在山东省的垦利县注入渤海。全长5464公里,流域面积75.24万平方公里。黄河从巩义的曹柏坡入郑州市境后,河床由窄变宽,水势平缓,泥沙逐渐淤积,至市区邙山头以下形成"悬河",高出南岸地面2~7米,1949年后,花园口站实测黄河特大洪水2.23万立方米/秒(1958年7月17日),次大洪水1.53万立方米/秒(1982年8月2日),最小流量16立方米/秒(1981年6月7日),正常流量200~800立方米/秒。黄河为郑州提供大量水源,对郑州的工农业生产和人民生活用水起着重要作用。黄河在郑州境内的支流有伊洛河、汜水河和枯河。

黄河

◆洛河

黄河下游南岸大支流之一。古称雒水。发源于陕西省蓝田县境华山南麓,从西南向东北流经卢氏、洛宁、宜阳三县至马赵营入洛阳市。在经白马寺入偃师市境之杨树村,于伊河相会,后经巩义市境神堤入黄河。全长467公里。流域面积1.8881万平方公里。其中土石山区占45.2%。黄土丘陵区占51.3%,冲积平原占3.5%。主要支流有伊河、涧水等。其中以伊河为最大。流域地势西南高东北低,干流自河源至卢氏鸭九河为上游,河长187.4公里,除洛南盆地外,余多峡谷。鸭九河至偃师杨村为中游,河长214.3公里,河谷川峡相间。有卢氏、故县、洛阳等盆地,洛河在偃师与伊河汇合。其河床一般宽54～70米,水深0.5～1.5米。洛河长年有水,每年7～9月份为汛期,水位受季节性变化明显,据1971～2003年白马寺水文站资料统计:多年平均径流量45.04立方米/秒,最大洪峰流量5380立方米/秒;多年平均含砂量8.4公斤/立方米。洛河接纳伊河后,杨村以下为下游,长35.3公里,两岸修有堤防。

◆伊河

发源于熊耳山南麓的栾川县伏牛山北麓陶湾乡三合村闷顿岭。呈西南至东北向流经嵩县、伊川县,于龙门入洛阳市。又经石人乡西石坝村入偃师境,在偃师岳滩乡杨庄村注入洛河。全长368公里,流域面积6100平方公里。著名的龙门石窟就在伊河两岸。伊河河道大致分上下两段:上段从河源到崖口,长154公里,为深山区,河床落差大,水流急,特别是庙子至故城之间,河流穿过太古代结晶岩地区,形成长约50公里的长峪谷,有多级跌水,水力资源丰富;崖口以下河长114公里,除嵩县陆浑和龙门有小的峡谷外,河道宽阔,水流缓慢。伊河支流流域面积在100公里以上的较大支流有10条,长度在3～10公里以上的有117条。受伊河陆浑水库影响,动态变化较大,龙门水文站观测资料,最大流量为120立方米/秒,最小流量为13.63立方米/秒,多年平均径流量22.89立方米/秒,径流量为$9.05\times10^8$立方米,而枯水年(1972年)最大流量72.5立方米/秒,最小流量为零,年径流量为$3.4\times10^8$立方米。

伊 河

◆伊洛河

河南境内黄河最大的支流。在偃师市杨庄村附近由洛河和伊河汇合而成,最后切穿邙山,于巩义市神堤注入黄河。伊洛河全长446.9公里,总流域面积19056平方公里。河宽200～300米,最窄处在黑石关约100米。常年流量50～60立方米/秒,最大流量曾达9450立方米/秒(1958年)。支流有狂水河、干沟河、曹河、天波河、坞罗河、后寺河、西泗河、东泗河、石子河等季节性河流。在河南境内的流域面积为15983平方公里。其中,山区流域面积占70.26%,平原占20%以上。

◆绥水

发源于新密市西北五指岭绥溪,沿登封、新密两市交界处的凤凰山南流,经登封市的土观、玉台折而东南,进入新密市牛店镇境,经月台、李湾、石匠窑、牛店、谭村湾、补子庙、张湾、打虎亭、夏庄河、城关镇的东瓦店,超化镇的湖地、龙潭,到河西注入洧水,全长34公里,河床宽100～300米,流域面积319平方公里。建有李湾水库和总长49公里的南北干渠,可灌溉土地1680公顷。

◆颍河

是嵩山地区一条较大的河流,以发源于登封少室山的颍谷而得名。从发源地登封市流经禹州市,在禹州市境内水流变大。颍水在嵩山地区的流域面积达1600多平方公里。颍河是四渎八流之一,除四渎河(黄河)、江(长江)、淮(淮水)、济(济水)外,与渭水、洛水(黄河支脉)、汉水、沔水(长江支脉)、汝水、泗水、沂水(淮水支脉)同为八流之一,为四渎之支脉。出于名川,得之于天,行于王化之区,与黄河、伊洛河一同成为中华文明之源。

《水经注》曰:颍水三源奇发。其一右源水发于登封阳乾山之颍谷、少室南溪。周公营洛,左瀍右涧,为东西方名之定称。其二,中源为《水经注》载:"石道南,泽馀沟水入之。又东,后河水入之。"其三,左源水导源少室通阜,东南流,径负黍(今登封市大金店镇)东,东与右水合者也。又东,顾家河水入之。此左源也。左水出少室南溪,东合颍水者也。凡三源之间,东西数十里。在这其中有文殊洞洞水,有龙泉寺泉水,有三皇寨泉水,有挡阳山上泉水,有清微宫溪水,有太后庙龟泉水,有白道坪泉水,俱自北会之。南则耿山溪水、岖嶝坂溪水、粟家砦涧水、金店砦泉水、骆驼岩谷水会之。又东过寺庄北,东流北屈,过东金店东,与少阳水合,过箕山,颍源之水皆入焉。

至告成东入白沙水库,出水库后自西北向东南贯穿禹州市境中部,流经花石、顺店、火龙、朱阁、韩城、钧台、颍川、褚河、范坡等乡、镇(办),于范坡乡前柴村入许昌境2公里,复勾回1公里,由范坡乡董庄村流入襄城县境。又东经临颍县西,合沙河,东入于淮河。清代《禹县志》载,清代颍河可行船。河床最宽时,达二三百米。1953年,禹州登封交界修建了白沙水库,颍河如同披锁的蛟龙,逐渐变得温顺起来。颍河两岸有很多古老的中华文明遗迹,登封、禹州市境内已经发现旧石器时代文化遗址和新石器时代文化遗址几十处,是华夏民族早期生活的重要地域。颍河在登封和禹州境内的沿河途中,有很多支流汇入,使该河从小河逐渐变为大河。后因自然界的变化,如今的颍河水量和古代相比,水量小得多。

今登封西南石道保有颍源庙,俗称水神里,即《水经注》所谓颍谷也。《博物志》云:"天下有八流水出名山。颍出少室。"

《竹书纪年》说"殷商成汤",笺按:"殷以潩水得名。"引郑氏《通志》曰:"潩水出阳城……与颍水合流,古人谓颍为殷,故命以殷焉。"殷之名起于先商,如果追根溯源,潩水就是颍水。

◆吕梁江

吕梁江为禹州市三峰山南麓的一大河流。发源于柏山、金山、三峰山阴,有大小涧溪20余条,经过梁北、小吕、张得,逐渐汇合,称为柳河,为吕梁江东源。另有父城河发源于晏窑村,北承九龙山和三峰山阳坡之水,为吕梁江西源。此水向东经过张得村,再东至小吕乡七娘庙吕不韦祠以北汇入柳河,向南流入吕梁江。向南通过吕梁山与父城冈之间的一个缺口——"龙门",向南泄入郏县境。吕梁江水面最宽处约270米,最窄处约30米,为长年流水。每当夏秋多雨,山洪暴发,则有浊浪滔滔,甚为壮观。甚而泛滥成灾,岗陵为之淹没,成为一片汪洋,需以舟船交通。今从岗陵地表上淤积的卵石、蚌壳、翻地挖出的铁锚,可以想见吕梁江当年波涛浩淼的壮阔景象。大禹治颍之后,打开了阻碍颍河东南流的峡靡口,就是大陵与靡山岗相连的一处缺口,使颍河水能够顺利南泄,经襄县颍桥,最终注入淮河。而不再漫入柳河,由吕梁江泄出,使吕梁江劲流大减。同时,大禹还打开了吕梁山与父城岗相连的一处缺口——龙门口,使吕梁江可以向南直泄,通过郏县,经汝河、沙河再回归颍河,汇入淮河。因此,群众中有"打开峡靡口,湖泊旱地走"和"打开龙门口,干了吕梁江"的俗语。

◆涧河

发源于河南省陕县观音堂,经渑池、新安,于谷水入洛阳市,并通过瞿家屯入洛河。全长104公里,流域面积14300平方公里,于洛阳市区瞿家屯流入洛河。洛阳市内长15公里,均为"U"型河谷。东周灵王时,曾引涧河水入洛阳,作为洛阳地区的农业用水和生活用水。

## 二、河

◆熊儿河

季节性排水河。源起于郑州市区西南与新郑市交界处的铁三官庙。该河由西南向东北流注,至潘家村再经郑州老城南部,至飞机场专用线向东会七里河,接东风渠。全长21.4公里,流域面积77.7平方公里。由于源头枯竭,加之沿途污染,现已沦为一条污水沟。传说古代有名熊儿的人,带领群众挖河排洪,保护庄田,人们为了纪念他的功绩,故名熊儿河。明清时期,曾立有碑记。后因修治河道,石碑没入地下,不知其处。后人或误书为"熊耳河"。河道比降1/1000,建有交通桥14座,铁路桥1座,拦河闸1处,渡槽2处。下游排洪能力80立方米/秒,是郑州市城市防洪骨干河道之一。

◆瀍河

古河流名。发源于孟津县横水镇东面的寒亮村,途经会瀍沟、马屯、班沟、九泉、寺河南,由牛步河入瀍沟。进入瀍沟以后,偎着山崖,穿过刘家寨、前李、后李,由洛阳瀍河区的下园汇入洛河。全长35公里,流域面积180平方公里。如今的瀍河平时河水清浅,褰裳可涉;唯夏秋水涨,急流奔腾,常激岸没禾。

瀍河的年龄可以追溯到远古时代,因河两岸古人类生活遗迹被考古学者屡屡发现。在瀍河源头寒亮村西头500米,有一水泉,过去是一片绿洲,古称"梓泽",是瀍河的发源地。

◆王祥河

原名谷水,发源于新安县石人洼,于陈家村边入洛阳市,在孙旗屯乡和工农乡入涧河。全长10公里,流域面积20平方公里。

该河原名谷水,传说王祥在此"卧冰求鲤",故改名王祥河,又称孝水。"卧冰求鲤"是我国《二十四孝》中的一孝。史料记载,王祥(184~268年),字休征,为魏末晋初人,曾做过温县县令、大司农、司空、太尉、太保等。传说他小时生母早丧,继母朱氏多次在他父亲面前说他的坏话,使他失去父爱。继母患病,想吃鲤鱼,适值天寒地冻,河里结冰无法捕鱼。王祥解开衣服卧在冰上,冰忽然自行融化,跃出两条鲤鱼。继母食后,果然病愈。后来,王祥卧冰求鲤的故事流传开来,王祥也成为中国古代孝的典范。新安县磁涧镇老井村王祥祠堂旧址上,有元代官府为王祥所立的"晋太保孝王祥之碑"。

◆金水河

涧河的一条重要支流。发源于河南省新安县五头镇,经孟津于黑龙洞村边入洛阳市,在红山乡党湾注入涧河。全长25公里,流域面积210平方公里。该流域辖18个行政村,流域面积36.73平方公里。金水河在该区域内,植被茂盛,灌溉农业发达,在北邙尤为难得。上游有"养马水库""舜王庙水库",下游有"金水河水库"。

◆ 涌河

发源于洛阳市孙旗屯乡东沙坡西南,于东马沟村入防洪渠,全长10公里,流域面积6.2平方公里。

洛阳金水河

◆ 丈八河

古名八丈沟。发源于新郑市北部薛店镇佛潭村,入中牟境后经八岗、黄店、张庄、姚家、韩寺、刁家6乡镇。由胡辛庄东南入贾鲁河。长53公里,流域面积396平方公里。河床宽35米,最大流量120立方米/秒。汇入张家庄、焦沟、河刘沟、湛庄沟、单家沟、小清河等6条支流。河上建筑物有桥梁18座,跌水闸5座,涵洞8座,水库4座,滞洪区2处。排涝能力70~120立方米/秒。

◆ 子节水

又名襄荷水。发源于新密市尖山下寺沟子节溪。因水出子节溪,故名。经来村镇月寨、范村、慎窑、方山、于湾,到牛店镇的郭湾注入绥水。全长11.5公里。

◆ 杨河

发源于新密高明来集镇如堂庙附近,经马武寨、红石峡、大隗镇、河屯入洧水。全长10公里,中游建有红石峡小型水库1座。

◆ 泽河

古称马关水、敏水。发源于新密市苟堂镇境的七敏山,经孙家庄、玉皇庙、养老湾、苟堂、靳寨、山头湾入洧水。全长约15公里。

◆ 顾家河

古称洞水,今以中游岸边的顾家河村为名。发源于少室山南麓莲花寺。东南流经清微宫、三王庄、文村、顾家河、袁桥、游方头汇入颍河。全长12.9公里,河床平均宽60米,流域面积59.2平方公里。

◆ 太后庙河

季节性河流。又名石崖河。因流经太后庙,故名。发源于少室山南麓,流经清凉寺、石崖河、太后庙、黄村、雷村,于大金店东南汇入颍河。该河全长13.7公里,河床平均宽度70米,沿岸有书堂沟、雷地、姜家窑、郑沟水库,上游有嵩山风景名胜区之三皇寨景区。

◆后河

　　季节性河流。亦称氵水,古人以其水隐隐而出,因此得名。后人因该河流经后河村,故明、清以来,俗称后河。发源于登封市西部的少室山西麓的挡阳山西侧。源头分为3支,东河支起小车沟,中支起青杨沟,西支起眼干河,汇入君召乡水磨湾,东南流经宋沟、后河、阎坡、庄头、毕家村,于大金店村西南,注入颍河,全长20.3公里,沿岸有陈家等水库。《水经注·颍水》:"颍水有三源奇发……中水导源少室通阜……或谓是水为水。"此水为颍水之中源,亦即主源。

◆少林河

　　源于登封市少林寺西南,故名。旧称水牛屯河、少阳河,民国初易名少林河。颍水上源支流,发源于少室山梯子沟,东北流经少林寺、郭店入少林水库流向东南,经玄天庙、西十里铺、马庄、王庄、耿庄、大王村、任村、郭村、少阳寨入颍河,全长24.1公里,流域面积60平方公里,河床平均宽70米。沿河有少林水库、马庄水库,上游处为嵩山风景名胜区之少林寺景区。

　　《明史·地理志》:河南府"登封……西南少阳河,主流入颍"。《读史方舆纪要》:"少阳河在登封西南十五里,源出少室山,流入颍。"均指此河。

◆书院河

　　季节性河流。又称双溪河,位于登封市中部,因流经嵩阳书院,故名。发源于太室山南麓,由嵩岳寺、法王寺、老母洞三支汇流于书院后,流向东南,经登封市区、菜园村,至北旨村南纳沙锅河,再经河、石桥入颍河。全长14公里,流域面积38平方公里,河床平均宽60米。书院河上游处为嵩山风景区名胜区之嵩阳书院景区。

◆白坪河

　　因流经白坪,故名。位于登封市南部。发源于密腊山东侧,起白坪乡程窑,经石门里沟,纳南窑水,流向东北,至白坪乡驻地东汇南寨沟、东白坪、沙锅窑水入券门水库,至东金店入颍河。全长14.9公里,流域面积34平方公里,河床平均宽70米,沿岸有水库。

◆王堂河

　　又称蔡沟河。因流经王堂水库,故名王堂河。位于登封市南部。发源于送表乡刘楼北坡,东流经安庄、梁庄,至大金店西南汇入颍河。全长11.2公里,流域面积29.3平方公里,河床平均宽60米。沿河有王堂水库和群英大渡槽,下游有负黍城遗址。

◆玉台河

　　亦称绥水。位于登封市东北部,唐庄乡东北境。因流经唐庄乡玉台村,故名玉台河。有三源:西源于五指岭西南的石门里沟,中源在五指岭南的何家岭,二源汇于井湾村北,流向东南。东源在五指岭东南的龙池,沿登密交界线南流,至井湾转向西南,经花峪三源相会。全长13.7公里,流域面积48平方公里,河床平均宽70米。沿岸有井湾水库和寺沟水库。

◆ 洼河

位于登封市西部，发源于马鞍山南麓距君召乡周洼村北约 1.5 公里的山谷里，南流至谢村，西南流至海诸北，西至王庄，东汇君召东河，至颍阳镇竹园村南纳常寨河，经刘村至郭寨西南纳颍阳河出境入伊河。全长 18.1 公里，流域面积 140.5 平方公里，河床平均宽 50 米，沿岸有水库、干渠和电灌站。

◆ 送表河

又名洗耳河，季节性河流。发源于登封市送表村南，经登封市西侧由北而南注入北汝河。因在送表乡境内，故名送表河。支流有三：西支称西送表河，源于送表乡西南碾盘洼，东流经马窑；中支源于马家寨北，南流经东送表；东支称东送表河，源于上老坟沟。河流全长 40 公里，平均宽 130 米。最大洪峰流量为 740 立方米/秒，枯水流量为 0.1 立方米/秒。沿岸有蓄水池。

◆ 焦河

俗称五渡河、四里河。古谓五渡水，因河道曲折多端，古时登封至阳城必沿此水来往渡过 5 次，故名。发源于太室山之东南，今登封市中岳办事处东北部，流经告成镇，注入颍水。上游三支：南支源于迎仙阁，东流纳中岳庙圣水池水至新店东南入中支；中支四里河，源于青岗坪，流向东南，至新店东南纳南支，至五渡村西会东支；东支名焦河，源于塔湾，流向东南。全长 16.7 公里，河床宽 60 米。沿岸有水库，上游处为嵩山风景名胜区之中岳庙景区，下游有观星台、周公庙、王城岗遗址和八方遗址等。

焦河风光

◆ 马峪河

古称涝水。河流经马峪川，故名马峪河。位于登封市东南徐庄乡境内。发源于小红寨东麓，西南起梁家，汇箕山南麓诸小沟溪流向东北。全长 13.7 公里，河床平均宽 50 米，沿岸有王屯水库和天河水库。

◆ 和沟河

季节性河流。位于登封市西南部。因源于送表乡和沟村附近，故名和沟河。发源于贯宝山西侧四方沟，西流经和沟，于黑龙潭西转向南流出市境，入汝州。登封境内长 4 公里，流域面积 30 平方公里，沿岸有和沟水库。

◆ 石淙河

南北朝时称平洛水、平洛溪水，唐代称石淙水，即今之石淙河，因河水击石淙淙有声，故名石淙河。位于登封市东北部，发源于太室山东麓玉女台下平洛涧，因以为名。河道呈西北东南向，流经登封市唐庄、卢店、大冶、告成四乡镇，至告成村东入颍河。全长 35.7 公里流域面积 90 平方公里，河床平均宽100米,沿岸有水库、干渠、电灌站,下游处于嵩山风景名胜区之观星台景区。《水经注·颍水》:"颍水又东,平洛溪水注之,水发玉女台下平洛间,世谓之平洛水"。即指此水。唐武则天曾多次游石淙(指石淙河大冶段),并于唐久视元年(700年)石淙会饮,大宴群臣,即席赋诗。石淙河摩崖石刻武则天及群臣诗,至今仍为胜迹。

◆佛垌河

季节性河流。位于登封市东南部、宣化镇境内。因流经佛垌,故名。发源于嵩山余脉荟萃山西侧,流向西南,经申家沟、三岔、佛垌、朱垌、钟楼,注入白沙水库。长10公里,流域面积58平方公里,河床宽35米,沿岸有佛垌水库。

◆君召东河

季节性河流。位于登封市西部君召乡境内,因流经君召村东,故名君召东河。

发源于鞍坡山南麓陈家沟,南流经黄城、陈窑、君召、胥店,至王庄东入狂河。全长8公里,流域面积32平方公里,河床平均宽30米,沿岸有陈窑水库和水塘。

◆常寨河

位于登封市西部,因流经君召乡常寨村,故名,又因源于嵩山倚箔峰南麓,古称倚箔水。北起君召乡郝窑,流向西南,经范堂、大呼沱至常寨西南入颍阳境,又经夏庄、庄王、至竹园村西南入河。长8公里,流域面积45平方公里,河床平均宽30米,沿岸有水库。

◆颍阳东河

季节性河流。位于登封市本部颍阳镇境内。因流经颍阳村东,故名颍阳东河。古以其源于八风山南麓称八风溪。北起琉璃岩,南流至王窑纳李洼水,至袁寨西纳西范寨水,至郭寨南入河。长11公里,流域面积5平方公里,河床平均宽40米。沿河有宋窑、青泉沟、西范寨、后河、杨窑水库和宋窑水库西干渠、东干渠及电灌站。

◆干沟河

古称休水,上游称暗河,中游称滑城河,下游称青龙河。发源于巩义市西部的轩辕山麓,由南向北沿巩偃边境至刘村西北入洛河。全长27.35公里,宽5~30米,境内流域面积37平方公里,沿途有赵城水库、桑家沟水库等。

◆曹河

发源于巩义市鲁庄镇南部山区,至回郭镇李邵村北入洛河。全长19.05公里,宽10~30米,流域面积36平方公里,坡降1.18%。中游鲁庄河段称东沟,下游回郭镇河段称西河沟。上游于1958年建有曹河水库。

◆沙沟河

季节性河流。发源于巩义市白云山北麓,张嘴寨、东候、北候三条沟水于北候北汇流,又称仁沟

河,经北罗北入洛河。全长11公里,流域面积25平方公里。

◆天坡河

源于巩义市西村镇南部山区。上游支流有二,东为讲山北麓诸水,古称白桐涧水,又称车园河;西为白云山南麓各水,古称九山溪,又称山东河。两水于李家窑汇合北流天坡水库,在芝田南入坞罗河。长约15公里,流域面积80平方公里。

◆坞罗河

古河名。占称长罗川、罗水,今称坞罗河、坞罗川、长罗川。发源于巩义市嵩山北麓夹津口镇南部山区、五指岭西南部山麓的罗口村。上游支流有涉村南河、夹津口罗汉寺水、凌沟水、姜沟河等,北流至坞罗又西北经罗口、芝田、北石等村入洛河。全长30.9公里,流域面积238平方公里。1958年,在坞罗村北修一中型水库,蓄川水灌田,川水遂断流。

《读史方舆纪要》载:"长罗川在巩县西南……隋大业十三年,李密自罗口袭兴洛仓,破之,罗口中,即长罗川口矣"。

◆石子河

发源于巩义市场南部山区五指岭北麓。上游大峪、二峪、三峪溪水汇流后,称三峪河。西北流入洪河水库,东汇雪凹水后向西北,称为洪河。再西北汇胡脑水,过慈云寺称后寺河。再汇黄牛寨水,经后寺河水库,至南山口出峡谷,北流,称为石子河。经过巩义市区至石灰务村西入洛河。全长40.3公里,宽10~80米,流域面积96.4平方公里,坡降1.5%。慈云寺附近建有后寺河水库,有灌溉之利。

◆西泗河

古称市水,又称涧水。发源于巩义市大峪沟镇南部山区。流经薛庄、新山、民权等地,经水地河、白河、黄冶河,至老城东北入洛河。长19.32公里,流域面积56.7平方公里。

◆东泗河

发源于巩义市大峪沟镇东南部山区,候山和伏山之间。古称魏氏河。大峪沟以下称岳杨河,经过整理河道,改河造田数百亩,北流又称驻驾河,再北经北窑湾入洛河。长19.27公里,流域面积67.4平方公里,坡降0.83%。中游有凉水泉水库,有灌溉之利。

◆小关河

发源于巩义市竹林、段河、水道口等山沟诸水。小关以下全年有水。经口头向东至两河口汇入来河。长10.5公里,宽12米,流域面积48平方公里。

◆玉仙河

发源于巩义市新中镇南部石城山,古称石城河。老庙以下称庙路河。因通过玉仙圣母庙而通称玉仙河。至灵官殿出峡谷向东北经茶店、温堂入米河。长21公里,流域面积44平方公里。有小龙池泉水注入。上游两侧为浮戏山风景区,有雪花洞、老君洞、玉仙庙等多处景点。

◆水头河

发源于荥阳西南庙子乡,上游称反坡河。北流至水头入巩义市,经米南入米河。长8公里,境内流域面积18平方公里。

◆米河

发源于巩义市东南山区,上游支流主要有刘河、水头河、玉仙河。古称鄩河,至两河口东北经草店北入汜水河。干流总长25.15公里,流域面积131.3平方公里。

◆东泛水

本为泛水,春秋时期郑国水名。因与西泛水(今称泛水,在荥阳市西部)相对,后人称东泛水。发源于苑陵县(今新郑)之役水。役水由新郑入中牟县,在和庄街东北分出支流曰泛(泥)沟水,即此水。经中牟、开封于开封东流入渠水。《左传·僖公三十年》:"秦军泛南",即指此水。

◆汜水

古河名。

其一,发源出今巩义市东南,北流经今荥阳市西北汜水镇西,北注入黄河。

其二,发源于巩义市东南至新密市尖山乡,北经巩义的米河,荥阳的庙子、刘河、峡窝、高阳等乡(镇),在汜水镇口子村注入黄河。常年平均流量为1.3立方米/秒,干流长39.1公里,流域面积500平方公里。河床宽10~15米,年正常流量为0.58~2.23立方米/秒。最大流量2371立方米/秒。支流有水头河,源于荥阳市庙子乡,长8公里;玉仙河,源于浮戏山东侧,长21公里;小关河,源于竹林寺一带山沟,长10.5公里;刘河,源于荥阳,长13公里。

其三,东汉时期水名。古称泛水。东汉以后写作汜水,沿用至今。水出浮戏山(今称五指、五枝、五至岭)东麓,今新密市尖山乡田种湾村,北流入荥阳市区西南部,西北流入今巩义市东南部。先后汇车关水、杨兰水、蒲水而北流。再入荥阳境,经其西部,北流注入黄河。《山海经·中山经》:"浮戏之山……汜水出焉,而北流注于河。"即指此水。西汉刘邦四年(前203年),楚大司马曹咎为汉兵所败,自刭于此水之上。

◆济水

亦称济渎,为古四渎(江、河、淮、济)之一。《尔雅·释水》:"江、河、淮、济为四渎。四渎者,发源注海者也。"济水包括黄河南、北两部分。黄河北部发源于今济源市西北部王屋山,潜流至济源市区流出地面,东南流,注入黄河;黄河南部原为黄河之分支水流,其分流处当在今荥阳东北、郑州市西北之黄河道中。郑州市西北部之古荥泽,其水源即由来于此。《尚书·禹贡》:"导水,东流为济,入于河,溢为荥(泽)。"即指此。春秋时期济隧水亦与此水相连通。战国时期魏惠王所开凿之鸿沟,其水源是首受此水。其后连通东南之水利工程,以黄河为其源者,多为扩大济水流量以充水源。济水自今郑州市北境东流经原阳、封丘等县,至今山东定陶、巨野、梁山、平阴、历城、博兴等县入海。经历代多次变迁,故道或埋、或为黄河和其它河道所夺。

◆惠济河

清代人工河。乾隆六年(1714年)命邑令姚孔针负责开挖此河,用以分减贾鲁河秋汛期水。西至中牟城西十五里堡接贾鲁河,东至县东老湾嘴出境入祥符(今开封)界,长35公里。清末废。

◆官渡水

即鸿沟之一段。《水经注·渠水》记:"渠又左经阳武县故城南,东为官渡水。"即是此段。

◆微水

古河名,位于今新密市南部,超化镇境内,即里泉河。以水出微山(今寨山)而得名。源出新密市、禹州市界上之寨山东侧,北流经草庙、新庄,折而东北流,经圣帝庙、申沟,北流注入洧水。长约13公里。《水经注·洧水》:"洧水又东,微水注入,水出微山,东北流入于洧。"即指此水。

◆承云水

古河名,位于今新密市南部,超化镇境内。以发源于承云山(今破荆山)而得名。水有左、右二源,俱出承云山之东北麓。东北流经杏树岗、阎家寨,又经东店西入洧水。《水经注·洧水》:"洧水又东流,南与承云二水台,俱出承云山,二源双导,东南(北)流,注于洧,世谓之东、西承云水。"即指此水。

◆武定水

古河名。位于今新密市东部,刘寨镇与大隗镇界上。以发源于武定岗而得名。仿称邵家河。水出武定岗(刘寨村之大岗)南侧,西南流,又曲而东南流,经苏河、杨楼入云岩水库。又沿刘寨镇与大隗镇界,东南流经新寨入洧水。《水经注·洧水》:"洧水又东合武定水,水出北武定岗,西南流,又屈而东南流……入于洧。"即指此水。

◆琐泉水

古河名。位于今新密市苟堂镇西北部和大隗镇西南部。其水发源于苟堂镇石庙村刘家寨,北流经大隗镇窑沟、纸房,于纸房村东会龙池水东流入洧水。《水经注·洧水》:"洧水又左会琐泉水,水出王亭西,北流注于洧水。"即指此水。

◆马关水

古河名。位于今新密市南部苟堂镇。以其流经马关而得名。今名泽河。发源于苟堂镇西南部之七敏山北麓孙家庄,东北流经玉皇庙、养老湾、苟堂、靳寨,至大隗镇山头湾,东北入洧水。全长15公里。《水经注·洧水》:"(洧)水又东南与马关水合,水出王亭下,东北流历马关,谓之马关水,又东北注于洧。"即指此水。

◆朝阳水

古河名。位于今新密市中部,七里岗镇与来集镇境。以流经朝阳寺而得名。发源于七里岗镇战鼓山南麓岑路沟,南流经楚沟、来集镇西于沟、宋楼,至朝阳寺入洧水。全长8.5公里。

### ◆ 济隧水

古河名,春秋时期郑国北境之水名。位于今郑州市邙山区北境黄河道中。其故道,汉以后称之"十字沟"。其水上承河水于卷之西北(今武陟县东南),南经卷故城东(今原阳县西境),又南经衡雍西(今原阳县西南境),又南注入荥泽(今郑州市邙山区北境)。《左传·襄公十一年》:"诸侯伐郑,……西济于济隧,郑人惧。"即指此水。后其水被阴沟所截,济隧水遂断。东汉永初七年(113年)于岑在此造八激堤以抵河水冲击,此水道湮没。

### ◆ 泌水

古河名。位于今邙山区敖山北黄河道中。《春秋经》:"宣公十二年(前597)夏六月乙卯,晋荀林父帅师楚子战于泌,晋师败绩。"《水经注·济水》:"次东得宿须水。济水与河浑涛东注。《春秋》宣公十二年,晋楚战于泌,即是水也。"《宋史·河渠志》:汉灵帝建宁四年(171年)于敖城西北,垒石为门,谓之石门。渠水东合济水,济与河、渠浑涛东注,至敖山北,渠水至此又兼泌之水,即《春秋》晋楚战于"泌"。

### ◆ 贾鲁河

古河名,即小黄河。位于今郑州市东北部。发源于密县白寨的圣水峪和二七区的冰泉、暖泉、九娘庙泉,东北流经候寨、市区西部西流湖,至北郊老鸦陈折向东流,经柳林、姚桥,再经中牟的白沙,绕县城东南至胡辛庄流入尉氏县,后至周口市入沙颍河,再入淮河。全长255.8公里,境内长137公里,流域面积2750平方公里。多年平均径流量2.99亿立方米。它的支流主要有:索须河、贾峪河、贾鲁支河、金水河、熊儿河、七里河、潮河、东风渠、小清河等。贾鲁河以往水量充沛,古时可通舟楫。据郊区历史洪水痕迹调查:特大洪水曾达3590立方米/秒(1835年);次大洪水1680立方米/秒(1906年);建国后常庙站实测较大洪水400立方米/秒(1956年)正常流量2立方米/秒,现基流量0.5立方米/秒。

贾鲁河

### ◆ 京水

古河名。位于今郑州市区西北20公里。京水即贾鲁河上源一支。据《水经注》,黄水发源古京县南黄堆山,东南流,名祝龙泉。西南流渭之龙项口,又屈而北注,鱼子沟水出焉。历经变迁,习惯以郑州北京水镇以上称京水,以下谓之贾鲁河。今又统称之为贾鲁河。

### ◆ 五龙坞

汉魏时期河名。宋代称五出池。以其处低洼地,有五溪出水,故名。在今荥阳市东北21公里,广武镇桃花峪村东北黄河道中。历为引黄河水东南流之源头。战国时之鸿沟,汉之茛荡渠,皆出于此。

《水经注·河水王》:"河水又东径五龙坞北。"即指此坞。

◆旃然水

春秋时期郑国河名。以源于旃然地而得名。即今荥阳市境之索河上游,发源于今崔庙镇三山西南之石岭寨,东北流,经翟沟、丁店,与器难水汇而北流。周灵五七十年(前555年),楚国攻伐郑国,其右师渡过颍水北进,曾驻扎于些水源头之旃然地。《左传·襄公十八年》:"楚师伐郑,右师城上棘,遂涉颍,次旃然。"即指此水发源地。

◆索水

魏晋时期河名。古旃然水为其上源。今称索河。以流经小索亭(今荥阳市乔楼镇东郭村南)而得名。水有二源:西源于今荥阳市西南之石岭寨,名东关水,即古之旃然水,东北流;东源于少陉山,名器难水,西北流,二水合,经故京城,北流经小索亭,水以亭名。

◆卞水

古河名。汉以为汴水上源,称卞水,亦称旃然水,或称鸿沟水。即今荥阳市境之索河和郑州市区北境之索须河。《汉书·地理志》:"荥阳"下之"卞水"。《后汉书·郡国志》:"荥阳"县之下"鸿沟水"。"成皋"县之下"旃然水"。《水经注·济水》引杜预曰:"旃然水出荥阳城皋县东,入卞。"均指此水。

◆汴水

古河名。即卞水。《汉书·地理志》:作卞水,指今荥阳市境之索河和郑州市北境之索须河。《后汉书》始作汴渠。魏、晋后,自荥阳汴渠东循蒗荡渠至开封,又自开封东循汳水、获水至徐州转入泗水一道,统称为汴水。汴水源出荥阳大周山,合京、索、须、郑四水,流入中牟、开封。隋开通济渠,后唐、宋人称通济渠为汴河、汴水或汴渠。故也将汴水荥阳段称为古汴水。金、元后,汴河全流皆为黄河所夺,汴水一名即废弃不用。

◆黄水河

古称黄崖水。春秋战国时期郑国、韩国河名。《水经注》载:"黄水出太山南黄泉,东南流,经华城西,……黄,即春秋之所谓黄崖也",故名。水出今新郑市龙湖镇西南部之泰山(古称太山)南麓黄泉。流经今新密市曲梁乡东部,东南流入新郑市郭店镇西南部,经新村镇东境,至郑韩故城北,东流屈而南,经城关镇,和庄镇界上,南流入洧水(今郭店镇华阳寨)西,又东南流,经黄崖邑,即《左传·襄公二十八年》:"(郑)伯有延劳(鲁襄公)于黄崖"之黄崖邑。又东屈而南流,经升城东,又南流,经春秋战国时封郑国大夫烛之武之烛城西,又南流,注入洧水。

◆潩水河

常年河,属颍河水系。发源于具茨山主峰风后岭南白龙池,自西北向东南经孙河、老虎垌、范河、太清观、前河刘、杨庄、唐寨至潩水寨入长葛。新郑境内河段长约24公里,流域面积102.5平方公里。年平均流量0.1~0.3立方米/秒。河床宽5至10米,岸高5至20米。年平均行水深0.3米,河底坡降 1/150 至 1/300。河底岩性为壤土。沿河建有青岗庙、赵陈庄、五虎赵、杨庄、唐寨等水库及范河、祝岗、黄岗等机电灌站，可灌田 7 万亩，年产成鱼 1 万多公斤。

◆溱水

古水名，即今天河南新郑市的黄水河，属颍河水系。它源于河南省新密市的鸡络坞，在新郑与洧水会流后注入贾鲁河。桑钦《水经》：记溱水在郑韩故城北。郦道元《水经注》：记郑武公迁都于新郑，将郑韩故城北之溱水搬迁到密县，改溱水为黄水。

溱水

◆梅河

季节性河流，属颍河水系。古称长明沟水，发源于新郑市薛店乡岳村西北约 200 米处。梅河自西北向东南流经枣岗、牛村、霹雳店、庙前刘、高夏、刘店至赵楼村出境，入长葛与双洎河汇合。境内河段长 26.5 公里，流域面积 106.4 平方公里。河床宽 3 至 5 米，河岸高 3 至 10 米，年平均流量 0.25 立方米/秒，年均行水深 0.2 米。河底坡降 1/300 至 1/1900。河底岩性为粉质沙土，是新郑市东部易涝地区排涝河道。

◆十七里河

季节性河流，属贾鲁河水系。俗称倒流河，发源于新郑郭店张半坡乔村，境内河段 8.5 公里，故取名十七里河。自西南向东北流经郭店乡的莲花寨沟村，至小乔乡段家村入郑州市郊区与十八里河汇流。境内外内河段长 11.4 公里，流域面积 38.03 平方公里，河床宽 3 至 5 米，河岸高 12 至 20 米，年均流量为 0.05 至 0.1 立方米/秒，年均行水深 0.2 米，河底坡降 1/100 米至 1/380。河底岩性为沙壤土。河道上建有罗垌、莲花寨沟、太平沟和林锦店水库，可灌田 7500 亩。

◆十八里河

季节性河流，属贾鲁河水系。古称承河。发源于新郑小乔乡孟庄南沟，流经小乔乡崔垌村入郑州市郊和十七里河汇流。境内河段长 12.6 公里，流域面积 44.1 平方公里，河岸高 15 至 30 米，河床宽 3 至 5 米。年均流量 0.05～0.1 立方米/秒，年均行水深 0.2 米。河底坡降 1/80 至 1/200。河底岩性为粉质沙壤土。河道上建有山后杜、古城及后胡水库，可灌田 1500 亩。

◆潮河

季节性河流。古称役水，俗称倒流河。发源于新郑的嶂山北，西南东北流向，流经郭店乡小范庄，至孟庄乡唐河村入郑州郊区贾鲁河。境内河段长 13.3 公里，流域面积为 52.2 平方公里，河床宽 3～5 米，河岸高 8～15 米，年均流量 0.1 立方米/秒，年均行水 80 天，年均行水深 0.35 米，河岸坡降 1.100 至 1/2600。河底岩性为沙壤土。河道上建有小范庄水库及张辛庄提灌站，可灌田 4000 亩。

### ◆洧水

古称双洎河,属颍河水系,是中国最古老的河流之一。中华民族的始祖黄帝曾在洧水一带建立部落,号为有熊氏。当时,此河还无名,黄帝一部下建议在有熊氏的"有"前加三点水取名。黄帝领首,也就定下了一个"洧"字。

洧水发源于今登封市阳城山。溱水发源于新密市的鸡络坞,在新郑与洧水会流后注入贾鲁河。明万历三十一年(1593年),洪水暴发,溱道雍塞,洧、溱二水于新郑、新密交界处的交流寨南汇合,入境后称双洎河。流经新郑戴湾、人和寨、云湾、泥河寨、小寨、新郑县城、冯庄、双龙寨,至梨河乡黄湾村出境入长葛。境内河长35.5公里,流域面积239.96平方公里,河床宽10至30米,岸高10至25米,正常流量2立方米/秒,平均行水深0.5米,河底坡降1/200至1/1200,河底岩性为沙壤土。最大洪水流量,清光绪三十二年(1906年)5320立方米/秒,1957年3610立方米/秒,最小流量0.52米/秒。结冰期一般为11月16日至次年3月4日,计109天。北宋开始通航至1959年。主要支流有黄水河、莲河、杨家河、梨河、柳河、高路河、梅河。双洎河两岸建有裴李岗、马安垌、张庄、九龙口、穆庄、黄甫蔡等提灌站,可灌田5万亩;建有云湾、县城西关水闸,建有周庄、县城西关、南关3座公路桥梁及陆庄京广铁路桥、南关地方小铁路桥。河中产鱼虾。

洧水

### ◆莲河

季节性河流。发源于新郑的薛店乡岗周村南,流经草庙马,车站乡的周庄、河西郊、河赵、小沈庄,至杜楼村入双洎河。长15.3公里,流域面积为35.6平方公里。季节河,河床宽5~10米,河岸高6~15米,年均流量0.05~0.1立方米/秒,年均行水100天,年均行水深0.2米,河底坡降1/120至1/400,河底岩性为沙壤土。河道上建有高老庄和杜楼水库,可灌田3500亩。

### ◆洧渊

古洧水一段之称谓。在春秋战国时期郑国都城南门外,即今新郑市区南双洎河一段。周景王二十二年(前523年),郑国发大水,人相传有龙斗于此,请子产进行祭祀,子产认为祭之无益,制止了祭祀。《左传·昭公十九年》:"龙斗于时门之外洧渊。"即指此。

### ◆惠民河

本闵河、蔡河之改称。北宋漕运四河之一。五代周显德年间(954~960年),东京汴梁仰赖蔡河运输东南物资,由于蔡河流量不大,运力不足,乃自开封东导汴河入蔡河,以通漕运。北宋太祖建隆元年(960年),又于今新郑市南部导溱、洧诸水入闵河,扩大其流量,即闵河线。贯通以入蔡河,又自京都开封东南流入蔡河,扩大蔡河流量,增加其漕运。自此以后,为导闵河蔡河,又自许昌引水入闵河以广水源,形成闵、蔡二河连为一水,水源充足,漕运大畅。蔡河遂以闵河为源,合成京西南、东南运输网。宋开宝六年(973年),闵河改名惠民河,后又通称闵河、蔡河为惠民河。元、明之后,由于黄河多次决口淤积,河道遂废。

◆暖泉河

汉魏时期称捕章山水。以水出捕章山(在今新郑市薛店镇西南部,现名嶂山)而得名。其水南流,于今新郑市区北注入黄水(今称黄水河)。《水经注·洧水》:"捕章山注之,水出东捕章山,西(南)流注于黄水。"即指此水。

◆太水

春秋战国时期郑国、韩国河名。水出太山(今新郑市龙湖镇西南部之泰山)之阳,故名。东南流,于今新郑市东北境注入役水。《山海经·中山经》:"(少陉之山)又东南十里,曰太山……太水出于其阳,而东南注于役水。"即指此水。

◆末水

又称沫水。春秋战国时期郑国、韩国河名。源出于末山(今新郑市北境)而得名。北流,入今郑州市东南部,至圃田折而东流,于今中牟县城东北注入役水。《山海经·中山经》:"(太山)又东二十里,曰末山……末水出焉,北流注于役(水)。"《水经注·渮水》用作"沫"。其记:"(役水)又东经曹公垒南,东与沫水合。"即指此水。

◆干石河

源出自于巩义市青龙山,河道皆石,溪涧之水至此皆潜入石下,故谓之干石河。

◆湟水

古河名,在今巩义市孝义镇南2公里和义沟村,水顺沟向西流两公里注入洛河。1978年沟内筑坝一座,水断。《水经注》:"洛水又东,浊水注之,即古湟水也。"《后汉书·郡国志》:"巩县有湟水。"即此水。

◆郑水

旧河名,亦称郑河。即今七里河。《隋书·地理中》:"管城、旧中牟……有郑水。"位于今郑州市区东南4公里。该河有北、中、南三个源头。北源分二:一出梅山前,一出泰山西。中源出战马屯南,南源二:一出泰山前,一出郭店西。这些多源的水,都曲曲折折到距老县治东南约七华里的岔河相汇,总名之曰七里河。下经水磨周村,越铁路、公路流入祭城镇与金水河会合后流入东风渠。

◆圃田河

旧河名。位于今郑州市区东南16公里处。曾名栾河,今潮河。其源有二:一出新郑郭店东南栾相公庙前,一出毛家砦,二派合流后,东北流经席村、南曹、圃田及三十里铺、列子观前东流入中牟,故叫圃田河。又因其有定期涨的潮汐现象,故俗称潮河。今下流汇入东风渠,以潮河为名。

◆滩头河

元名贾鲁河,明称滩头河,亦称小清河。上源出于荥泽县(今郑州市郊古荥镇)惠济桥。东流经中牟城北2.5公里,凡县境东、南、西三河水皆汇入。东南流,经尉氏、项城,注入颍河。明万历年间(1573年~1614年)因贾鲁河泛入淤塞,中牟知县乔壁星、陈幼学曾屡加疏导。

◆海子河

明、清时期,排泄中牟城内积水的小河。清末淤废。由旧县衙东侧(今老剧院)南北贯城,经鱼洋口(今洞上村)入小清河。明、清时南北城墙下均设有铁窗水门以通水。衙前东西大街跨河有桥,名海子桥。

◆广惠河

旧河名。位于今中牟县境。清乾隆十六年(1751年)开挖。西自龙王庙村前起,东至十五里堡闸口入惠济河,长约7公里。清末废。

◆大等河

旧河渠名。清乾隆十六年(1751年)开浚。等汛期来水,起排涝作用,故名。源出郑州唐雷陂(今郑州市东郊唐雷村),至大吴庄西入中牟境,于龙王庙东入广惠河。长约8.5公里。清末废。

◆甘水河

《山海经》载:"鹿蹄之山,甘水出焉。"源于宜阳县樊村乡铁炉村,流经宜阳县的铁炉、后杨村,伊川县的高西村、李窑、张坡、卢村、常沟、牛沟,至宜阳县辛店注入洛河。干流全长27公里,流域面积116平方公里。多年平均流量为0.2立方米/秒。中上游修有樊店中型水库及其他4座小型水库。

◆荆河

系淮河流域北汝河支流。发源于半坡乡马铃山,流经伊川县、汝州市,至汝州市许寨注入北汝河。干流全长24公里,流域面积115平方公里。

◆刘水

位于偃师市西南25公里,入于合水。《水经注》:合水与刘水合。水出半石东山,西北流径刘聚,三面临涧,在缑氏西南,周畿内刘子国,故谓之刘涧。其水西北流注于合水。

◆汝河

古水名。上游即今北汝河,自郾城县以下,故道至西平县东会潕水(洪河),又南经上蔡县西至遂平县东会瀙水(沙河);此下即今南汝河及新蔡县以下的洪河。元朝至正年间于郾城县塌断南流,上游改道东出水(沙河)入颍河,称北汝。下游改以潕水为源,称南汝。明嘉靖末潕水改道东出注溵水称洪河,南汝遂改瀙水为源,如今势。

◆黄涧河

发源于汝州大峪镇西北楼铧山（红岭根村北）和东北腊山（乱石爬村），至西赵落东入北汝河。河长31公里，平均宽140米，流域面积119平方公里。最大洪峰流量为900立方米/秒，枯水流量为0.2立方米/秒。

◆炉沟河

古名梁河。发源于汝州寄料镇炉沟村西靓山北麓，到王寨镇夹河史村东入北汝河，河长39公里，平均宽180米，流域面积为139平方公里。最大洪峰流量为600立方米/秒，枯水流量为0.1立方米/秒。

◆牛家河

发源于汝阳县内埠村，到汝州温泉镇张寨村东入北汝河。全长29公里，平均宽50米，流域面积为180平方公里。最大洪水流量为660立方米/秒，枯水流量为0.2立方米/秒。

◆燕水河

发源于汝州蟒川镇黑龙庙村西五朵山北麓，到王寨镇夹河村东入北汝河。河长32公里，平均宽160米，流域面积为98平方公里。最大洪水流量为400立方米/秒，枯水流量为0.1立方米/秒。

◆蟒川河

发源于汝州市焦古山西麓岗窑村东南，至小屯镇河张村西入北汝河。河长22公里，平均宽200米，流域面积为99平方公里。最大洪水流量为860立方米/秒，枯水流量为0.1立方米/秒。

◆刘涧河

《偃师县志》："刘涧河源出县南五十里青萝山鲍鱼沟。"《水经注》云："水出半石东山，西北流于刘聚，三面临涧，在缑氏西南，周畿内刘子国即此。"《河南通志》载："刘涧河在偃师县西南五十里，周刘康公食邑于此。"

◆合水

发源于偃师半石山，右合双泉，单泉北流，刘水西北注之，又北，入于伊河。《水经注》："合水南出半石之山，北经合水坞，而又东北流注于公路涧。"《中山经》："石之山，合水出于其阴而北，流注于洛，多腾鱼，状如鳜，居迮，苍文赤老，食者不痛，可以为瘘。"

◆鄩水

鄩水在偃师县东北5公里，与巩义市分界，南入于洛。一曰温泉。《水经注》：洛水又北，经偃师城东，东北历鄩中，水南谓之南鄩，亦曰上鄩也，经訾城西，司马彪所谓訾聚也，而鄩水注之。水出北山鄩溪，其水南流，世谓之温泉。鄩水又东南，于訾城西北东入洛水，故京相璠曰："今巩、洛渡北有鄩谷水，东入洛，谓之下鄩。故有上鄩、下鄩之名。亦谓之北鄩，于是有南鄩、北鄩之称矣。"《括地志》：温泉即鄩溪，出洛州巩县西南40里。又云：又有故鄩城，在巩县西南58里。按：洛州缑氏县东南40里，与鄩溪相近之地。

### ◆休水

发源于登封少室之山,西北流,左合一水,又西北,至偃师市南,注于洛。《山海经》云:"少室之山,休水出焉。北流注于洛。"《偃师志》(旧志):休水源现县东南60里万安山后谷柏叶沟中。西流佛光寺南。寺前有白松,树皮类雪,大十余围。有马跑泉,泉出平地,世传唐玄奘自西域还,所乘之马跑地得泉,故名。又有暖泉,出寺北,冬温夏凉,深丈余,泉水涌翻如珠,又名"珍珠泉",下流溉粳数亩,合马跑泉注于休水。再西三里,马鞍山水自南来会之。

### ◆穀水

出河南陕县东境东崤山穀阳谷。东流经渑池,合渑水。又东合涧河,至洛阳西南入洛。按穀水为涧河上游,故涧河下游亦可称穀水。山海经云,涧水北注流注穀,即指此。

### ◆马营河

伊河支流。又叫前溪河,发源于伊川县雅岭乡韩国洼村,又流经雅岭乡韩洼村,流经贾寨、胡坡、李庄、双庙、双庙寨、前黑羊、黑羊、北沟、魏家沟、马营至槐树街东北注入伊河。干流全长10公里,流域面积21平方公里。多年平均流量0.05立方米/秒。在上游干流上修有双水库,中、下游有梁村沟、北沟支流,至村下700米处并为一条河流。

### ◆李屹垯河

伊河支流。又名涓涧河,发源于伊川县雅岭村北,流经伊川县高沟、北窑沟、许沟至李屹垯村东注入伊河。干流全长6.5公里,流域面积9.8平方公里,多年平均流量0.05立方米/秒。1967年在干流上游修有北窑沟水库。

### ◆银河

伊河支流。因河水发自呈白银色而得名,源自宜阳县大西沟村,由北到东南流经伊川县魏庄、坡头寨、宋店、马回营至马回北入伊河。干流全长10公里,流域面积84.1平方公里,多年平均流量0.2立方米/秒。中华人民共和国成立后修建有洞子沟、银河水库,并在中游支流上修增产水库。

### ◆顺阳河

发源于宜阳县董王庄乡邓庄,流经宜阳县的三里坡、东庄和伊川县的沿村、徐阳、张村、孙村、业寨、旧寨、鸣皋等村,至大元东村北注入伊河。干流全长20公里,流域面积120.6平方公里,多外平均流量0.2立方米/秒。

### ◆杜康河

杜康河,即康水。俗传杜康酒出于此。杜康河发源于葛寨乡黄兑行政村牛山怀自然村。牛山,即今伊川县葛寨乡黄兑村南的小山。该河流经黄兑,汝阳县的上、下蔡店、纸房、窑湾等复入伊川境,经白元乡的辛庄、上水磨、白元、良寨至夏宝入伊河。干流全长17.5公里,流域面积74.8平方公里,多年平均流量0.3立方米/秒。

◆永定河

发源于娘娘山,流经伊川县茹店、高沟、杨寨、富留店至土门村西南注入伊河。干流全长11.5公里,流域面积49平方公里,多年平均流量0.3立方米/秒。

◆白泽河

《水经注》称白泽河为大水。《孟子·滕文公》(下)载:"水逆行为洚,洚水者,洪水也。"该河源自登封市黄龙洞山,自东向西由颍阳乡张门村入伊川境,经半坡、江左、白沙、水寒酸四乡,于水寨子乡姬磨村西南入伊河。干流全长48公里,流域面积423平方公里,多年平均流量0.4立方米/秒。沿河建有刘窑、宋窑两座中型水库,程尹湾、丁惠、庞窑、范寨五座小型水库。

◆穆河

发源于伊川县吕店乡分水岭南,流经苗沟、曹沟、中屹垯至南衙北注入伊河。干流全长15.5公里,流域面积31.2平方公里,多年平均流量0.1立方米/秒。干流修有苗沟水库,北支流建有曹沟、申屹垯两座水库,南支流建有司马沟、申铺两座水库。

◆曲河

又名小水,源自伊川县江左乡和窑村,由东到西流经冯沟、邢坡、许营至鼓婆西北注入伊河。干流全长20公里,流域面积83.2平方公里,多年平均流量0.1立方米/秒。1961年在干流上修有掉剑沟、牡丹沟水库,并在北支流修有梁沟水库。

◆丁惠河

古称湮水,发源于伊川县江左乡狮子头山南。《山海经》载:水西南与湮水合流(湮水即今惠河),湮水源出于湮谷(狮子头山南)。丁惠河系白泽河的第一大支流,流经三峰寺、尹湾、丁流至下磨村东注入白泽河。干流全长18.5公里,流域面积62平方公里,多年平均流量为0.2立方米/秒。1957年后,干流上修有莲花河、吴沟、尹湾、马河湾、丁惠5座水库,支流修有东杨沟、张村、姚沟3座水库。

◆江子河

又名江左河,系白泽河的第二大支流,发源于伊川县江左乡歪嘴山南,流经杨窑、程村、五里头、江左、孟家窑,至二郎庙入白泽河,干流全长14.5公里,流域面积52.7平方公里,多年平均流量为0.2方方米/秒。1957年后,修有程村、联办、王窑三座水库,支流上修有魏村、段村、九龙口、上菜园4座水库。

◆张绵河

又称沙园河,源自伊川县葛寨乡张绵村南绝金顶北,流经张绵、沙园、南坪、烟涧,至白元乡双头村北流入伊河。干流全长14公里,流域面积42.6平方公里,多年平均流量为0.2立方米/秒。干流上修有东石门水库,中游支流上修有前富山水库。

### ◆褚河

千里颍河自西向东曲折蛇行,过去禹州十里铺约有 20 余里,俗称褚河。传说此段流水盘旋之地多为西汉文学家褚少孙和唐代书法家褚遂良故里,故得褚河之名。村庄以河名,便叫褚河铺。铺子几千口人,有桥梁 2 座,道路 4 条,又是乡政府所在地,所以繁华与热闹自是该乡别的村落不能比。

### ◆涌泉河

亦称谷水河,颍河一级支流。发源于禹州市鸠山乡西大洪寨山南麓界岭村。自西向东流经鸠山乡,汇吴河、石柱河、水磨河后入纸坊水库,出水库向东流经方山、文殊、顺店、火龙四镇,于火龙镇老官陈村注入颍河。河道全长 32 公里,流域面积 188.7 平方公里,年均径流量为 3637 万立方米。

### ◆兰河

又作蓝河,汝河一级支流。发源于禹州市磨街乡牛头山北麓,因河水呈蓝色,故名。又因发源于磨街乡大涧,亦名"涧头河"。流经磨街、文殊、神垕、方岗、鸿畅五个乡镇,于鸿畅镇韩庄村张保庄东入郏县,在郏县长桥镇汇入汝河。沿途流过东炉、涧头河、柏桥三座小一型水库,主要支流小青河自鸿畅东北汇入。境内流程 28 公里,流域面积 148 平方公里。河道比降,文殊上游 1/50,文殊至柏桥 1/400。年均径流量 2697 万立方米。

### ◆龙潭河

又名天井河。发源于禹州市苌庄乡九里山东北部,西南流至观岩下入龙佛寺水库,出水库流经于王沟村,至缸瓷窑村尹湾南折入牛头水库,又南流过孙河村入共青泉水库,后东南流入顺店,于顺店镇贾漫村姜家门入颍河。因共青泉水库尾端有一曲悬瀑,高十余米,水流至此扭成螺旋状,瀑下成潭,径未盈丈而潭深千尺,古称"天井",又名"龙潭",故称"龙潭河"。主要支流马沟河(亦即"逍遥河")自大韩村汇入。河道全长 19.5 公里,流域面积 77.6 平方公里。河道比降,共青泉水库以上 1/40,共青泉水库以下 1/200。年均径流量 1224 万立方米。

### ◆潘家河

原名管水,因入颍河处有上、下潘家河村而易名"潘家河"。其源有二,一在禹州市方山镇彭沟村张门沟,一在方山镇上庄村,二源汇于禹州市方山村西,经方山、花石、顺店等乡镇,至顺店镇高门楼东王寨北入颍河。河道全长 16.5 公里,流域面积 76 平方公里。河道比降,方山以上为 1/40,方山以下为 1/120。年均径流量 1386 万立方米。

### ◆扒村河

因流经禹州市浅井乡扒村而得名。上源有二,一源于禹州市浅井乡大鸿寨东麓魏家门村余家门,在麻地川村东北入龙尾水库;二源于禹州市大鸿寨南坡,在李家门入张垌水库,南流至麻地川村北入龙头水库。二源汇于麻地川村南,故又名"麻地川河"。后曲折西南流过扒村后入郑湾水库,出库后南流经朱阁乡下宋村,至朱阁乡沙陀村西汇入颍河。河道全长 21.5 公里,流域面积 69.7 平方公里。河道比降,扒村以上 1/30,扒村以下 1/170。年均径流量 997 万立方米。

◆青龙河

又名小青河,兰河支流。有二源,一源于禹州市神垕镇西北牛头山南麓黑龙池(又名"青龙潭"、"青龙河"),一源于禹州市神垕镇西部凤阳山东坡温堂村西。二源于苗家湾村东汇流约400米,再与北来之泉沟河汇流南折,过翟村东流入鸿畅镇,经李金寨、张湾、贾湾、朱屯、许家沟、东高村、楼子赵,至天水寨汇西来之石板河水后,于鸿畅东北汇入兰河。河道全长17公里,流域面积55.1平方公里。河道比降,翟村以上为1/35,翟村以下为1/200。年均径流量1003万立方米。

◆书堂河

发源于禹州市浅井乡书堂山石门寺,于书堂村南入黄土岭水库,出水库向南流经北董庄、陈垌、浅井、张村庙、西胡楼、沟张、姚堂、下毋,于耿楼村东南汇入颍河。河道全长16.5公里,流域面积47.3平方公里。河道比降,浅井村以上1/30,浅井村以下1/140。年均径流量742万立方米。

◆磨河

发源于禹州市苌庄乡西北部荟萃山南麓,上游称"荟萃河"。向南流经杜沟、毛栗沟、玩花台、柏村、苌庄、磨河、杨圪塔村,至花石乡张寨村汇入颍河。由上而下过红石岩、烈江坡、磨河3座小二型水库。河道全长14公里,流域面积35.6平方公里。河道比降1/55,年均径流量680万立方米。

◆尚沟河

发源于禹州市磨街乡凤阳山西侧杨家门村耿家门。自西北向东南流经刘家门、尚沟、常家门,在赵家门与来自神垕镇白峪的于沟河水汇流后入郏县境,在郏县称"青龙河",于郏县先后入老虎洞水库、寺街水库,由大李庄南入北汝河。禹境流程5公里,流域面积28平方公里。河道比降1/40。年均径流量626万立方米。

◆禁沟

颍河支流。有二源,一源于禹州市火龙镇李庄,向东流经西新庄;二源于禹州市火龙镇任庄村,向东流经焦寨。二源于市火电厂北交汇,北流200米于禁沟村汇入颍河。河道全长6.8公里,流域面积25平方公里。河道比降1/280,年均径流量248万立方米。

◆肖河

又名驺虞河。发源于禹州市神垕镇凤阳山、大刘山之阴(杨岭村)。上源有二,西为黑龙池,南为黄龙池。二源于神垕镇西汇流,穿神垕镇中部宛转而过,南折后于董家门东南入郏县境,过安良后东南流,在双槐赵北汇入兰河。禹州境内流程7公里,流域面积15.5平方公里。河道比降1/40,年均径流量346万立方米。

◆九龙河

又名犊水河或犊水沟。源于禹州市浅井乡二郎庙村北花果岗与二道岗夹沟中。自北向南流经浅井乡二郎庙,朱阁乡马坟、大陈庄、小冀庄、田庄,于田庄刘亮村(自然村)汇入颍河。河道全长10公里,流域面积 14.2 平方公里。河道比降 1/100,年均径流量 145 万立方米。

## 三、泽、湖、池

历史上,嵩山地域自然形成的泽、湖、池很多,但历经大自然的风雨变幻,自然界的泽、湖、池或由大变小,或由小变大。解放后,人工开凿筑就的泽、湖也在人们改天换地的干劲中相伴而生。这些自然形成与人工筑就的渠、湖、池,都是嵩山河流风光中的美景。

### (一)泽

通俗地说,陆地上聚积的大片水域称为湖,水积聚的地方称为泽。

◆ 圃田泽

亦称淳泽,古豫州之大泽,天下九泽之一。位于中牟与郑州之间,今中牟县城以西至郑州市东郊。春秋时曾名原圃,战国又名囿中,面积"东西四十余里,南北二百余里。"自战国魏惠王引黄河水入泽,又掘鸿沟下注颍水后,泽面逐渐缩小。北朝和唐、宋时期南北二十余里(今县城西北杨桥村以南至县城西白沙村以北),东西四十余里。明正统十三年(1448 年),黄河徙道中牟,淤为平地。

圃田泽

◆ 荥泽

古水泽名,亦作濴泽,荥波。位于今郑州市区西北,邙山区古荥镇东注地。《史记·夏本纪》:"荥播既都。"孔安国曰:荥,泽名,波水已成遏都。《尚书·禹贡》:"荥波既猪(潴)。"荥波,此及今文并云"荥播",播是水播溢之义,荥是泽名。郑玄曰:"今塞为平地,荥阳人犹谓其处为荥播。"按:荥播即指荥泽水而言。《左传·宣公十二年》:"楚潘党逐之,及荥泽。"《后汉书·郡国一》:河南郡荥阳县下有"荥泽",均指此泽。战国时与黄河中游及济水相通。西汉平帝后,渐淤为平地。

◆ 萑苻泽

古水泽名。故址在中牟县城东板桥村南北一带,一说在郑州市区南边五里堡附近。春秋郑国奴隶起义处。《左传·昭公二十年》:"郑国多盗,聚人于萑苻之泽。大(太)叔兴徒兵以攻萑苻之盗,尽杀之,盗少止。"即指此地及此事。

◆制泽

春秋战国时期郑国泽名。在今新郑市区东北14公里,龙王乡龙王村和蒲庄村一带。春秋战国时期制田邑一带,悉多陂泽,总其名曰制泽。《水经注·洧水》:"二城以东,悉多陂泽,即古制泽也。"即指此。

◆囿中泽

即圃田泽,在战国时期的另称。《史记·魏世家》:"秦七攻魏,五入囿中。"即指此泽。见"圃田泽"。

## (二)湖

中国古人把陆地中的封闭水域称为湖泊,其中湖指水面长满胡子般水草的封闭水域;泊指水面光光,没有水草,可以行船和泊船的封闭水域。现代地理学上把四面都有陆地包围的水域称为湖。

◆城湖

旧湖名。位于今郑州市区东南3公里处。在郑州老城外5公里堡南,广约10顷,水光如鉴,前对凤凰台,如屏如障,夏月荷花盛开,香气袭人。自民国以来,全部淤为平地,辟为农田。

◆梁家湖

旧湖名。位于今郑州市区东南7公里处。该湖广可数顷,亦田间聚水之泽。内可种莲、养鱼,旱岁则渐竭。今已干涸,雨季有短暂水流。

◆白沙湖

白沙湖,原名白沙水库。位于嵩山南麓的颍河上游、登封市东南35公里处与禹州城西北30公里处的交界处,是省会郑州、洛阳、许昌三市的重心地带,207国道从景区南大门通过。湖区周围群山环抱,峰峦叠嶂,翠柏葱茂,夜可闻松涛阵阵,朝可观日出嵩门,夕可拾平湖晚霞,湖水波粼粼、一碧万顷。白沙湖水面浩荡,水质较好。湖畔经几年开发建设,已形成一个休闲度假区。

白沙湖

◆花园湖

淡水湖。位于新郑市八千乡花园村东侧。传说,北宋孙忠公曾用湖水浇花园花草,故名花园湖。民国时期,属天然凹地,原面积400余亩。中华人民共和国成立后,因疏通河道,除涝治碱,挖沟洫田等,湖面逐渐缩小,1986年仅约20余亩。常年积水,其水位随季节雨量的大小而升降,容量750万立方米,湖中有野生鱼虾。

### ◆莲花湖

旧湖名。位于今郑州市区东3公里的凤凰台村北,实即古仆射陂之残存,夏日莲花密茂,香气袭人,故曰莲花湖。今已尽淤,变为农田。

### ◆武定湖

位于新密市轩辕黄帝宫对岸。与黄帝宫对岸的三座鼎足而立的山寨。近前的左右两个山寨犹如宫阙。左边的叫柏树坡寨,又名黄帝点将台,四周环水,柏树笼罩寨墙。右边的叫泉源河寨,寨北侧有黄帝饮马的"饮马泉",泉水从寨旁直入湖中。最南边的黄路坡恰似屏风。与这左右两个山寨鼎足的寨又称"王居城",清《密县志》记载,西晋末年最后一个皇帝孝愍帝,在刘渊率兵攻破洛阳后,曾来此避难居住。三寨中间,四股流水汇聚成湖,即"武定湖"。因黄帝的一员大将武定屡建奇功,后人便以其命名。武定湖水来自武定水,发源于新密市北部2千米外的武定岗,由此曲折向南注入双洎河。

### ◆西流湖

位于郑州市西北隅,占地120.87公顷,其中水面62.67公顷,绿化面积46.69公顷。胡分南北两湖。北湖湖面设置有大型号机动客轮及80余只小船,可供游客乘游,南湖两岸的月季园、友谊岛、苍野亭、快哉亭构成湖岸风景区。湖岸上栽植乔木、花灌木近2万株。湖边的牡丹园内,栽植牡丹200多个品种2000多株,成为省会郑州市观赏牡丹花王的胜地。

### ◆龙潭湖

位于禹州市花石乡侯楼村的龙潭寺前。该湖为一天然涌泉。因不断上涌珍珠似的气泡,故又有称其为珍珠泉。泉水恒温,况含多种矿物质。当地称可治多种疾病。该泉常年溪流潺潺,寒冬雾气腾腾,炎夏清洌甘甜。泉水涌出成潭,人称龙潭。寺因潭而得名。湖水外溢东流而去,100米外聚流成一平地湖,杨柳依依,鹅鸭畅游,为一天然回归自然去处。

### ◆东湖

位于郑州东凤凰台附近,为古仆射陂之残存。据民国五年《郑县志》:水浅而清,可以泛舟,每当夏月,芙蕖盛开,不减三十六陂景色,旁有阴氏世居。今已尽淤,变为农田。

### (三)池

旁边高中间洼的地方称为池。就水池而言,有水坑、水塘、潭池、护城河之意。

### ◆中天池

位于太室山之巅。其水甘洌,冬夏不涸。庾开府的《温汤碑》曰:"嵩山三仙之馆,不孤擅于天池。"即指此。

### ◆天门池

位于新密市尖山乡。两边高高耸起的峭石相互对应,仰首望去,犹如一座气势雄伟的天门。登上天门,有一湖碧波荡漾的湖水,即天门池。这里三面环山,山中有水,山水相映,风光迷人。相传,这里曾是黄帝女儿洗澡戏耍的地方。

◆ 小龙池

位于巩义市老庙山风景区。小龙池是一处天然溶泉,因泉溢如珠,故又名珍珠池。晴日阳光普照,池面雾气升腾,云蒸霞蔚,因此又叫岚泉。传说玉仙圣母统中岳云雨,掌人间祸福。在这里住着玉仙圣母的两条护驾小龙,一黑一白,黑者凶残,经常肆虐当地百姓。白者善良。后白龙在当地百姓的帮助下,制服了黑龙,行云布雨,造福人民。当地百姓为纪念小白龙的功德,改泉名为小龙池。

小龙池现有大小八角池,建有山亭、仿古门、龙脊墙,雕有龙首,围有石栏,嵌有碑廊等。

小龙池池水清澈,常年恒温,大旱不涸,池外青山夹峙,满目秀色,古人有诗曰:

遥望重山峻,峰峰耸入云。嵯峨比奇秀,石城独超群。

对峙群山貌,异态似雕真。朵朵碧芙蓉,巩境小桂林。

◆ 饮龙池

位于少室山五乳峰。遗址阻道而立,有石槽,纳百石水。相传,卢能带柏之钵,掷而化石,蓄水以资灌溉。

◆ 白龙池

即玉女池,白龙湫。位于新郑市具茨山主峰风后岭西南坡南王家村南300米处峡谷中。《水经注》:"大隗即具茨山也,溪水出其阿而流为陂,俗谓之王女池,按玉女池,即今之百龙池也。"白龙池为淡水,常年下降泉,流量0.007立方米/秒。泉水由下元古代前震旦纪石英岩的断层中溢出,为溟水河发源地。该池深约15米,面积10平方米,容量约0.1万立方米。1974年,从白龙池建石渠3000米,至上驮窑与其附近的黑龙潭石渠汇合。

◆ 柏池

亦称庙子池,位于环翠峪景区中心的圣母祠前。据《汜水县志》载:"此池源于黄龙池,既出而复纳于石隙,至此复见之。"柏池周长40米,深15米,池四周砌以石槛,池水绕东南溢出,形成一方碧波,名曰:"映翠湖"。据《水经注》记载,柏池之水为上游诸山泉潜入地下,由此汇集流出地面,故池水清澈碧绿,泉旺水亦足,常年不断,久旱不竭。池内水质良好,为优质矿泉水。柏池四周,溪流潺潺,万木葱茏,风景宜人。

◆ 蒲池

《水经注》:"罗水西北流,蒲池水注之。水出南蒲陂,西北流合罗水,谓之长罗川,亦曰罗中也。"景日昣《说嵩》:"池源于南蒲陂,西北流,合罗水,谓之长川罗,亦曰罗中也。西北流,入于洛,赵宋卜陵后,统名青龙河焉。"民国十八年《巩县志》载:"凌沟村南有蒲池,在蒲陂下,池大丈余,水石孔涌出,可溉田两顷余。西北流八里,至夹津口入罗川。"

### ◆ 南池

又称梁家湖,位于今郑州市区东南7公里处。嘉靖《郑州志》:"梁家湖,在州南曹保。"康熙《郑州志》:"梁家湖,在州东南二十余里。广可数顷,亦田野聚水之泽也,内可采莲取鱼,岁旱则渐竭。"

### ◆ 太子池

位于永泰寺附近万公谷之西岩下,跨一石巘,地数十丈,上有圆坎如盆,俗谓之太子池,盖指王子晋也。左右岩畔,有立石如笏,削直而有孔者,四五罗列拱卫,亦一佳境。

### ◆ 洗耳池

《逸士传》载:巢父闻尧禅由,由不受逃之,以为污也,乃洗其耳。池滨樊竖(字仲父)方饮其牛,乃驱去之,耻牛饮其洗耳之下流。据此是巢父洗耳也。《路史》载:"《益都传》云尧传许由,非不引也。洗其两耳,世何徽焉。魏子且云,许由立身守志,不甘禄位。于是洗衣耳不受尧逊,此谦退之至也。"据此,又是许由洗耳也。二说并存。

### ◆ 翻泉池

位于登封市告成石羊关外东北数里,乡民钟思爱地中。池水高平地数尺,泉清彻底,滚滚腾涌而上,如乱珠翻动,真奇观也。且其地有山环溪绕,密树长堤,素鸟成,竹蒲掩映。

## 四、泉、涧、川

### (一)泉

泉是地下水天然出露至地表的地点,或者地下含水层露出地表的地点。据《嵩山志》载,嵩山泉水分布十分广泛,种类也非常丰富。史料记载,嵩山地域清代时有名有地点的泉水多达2000余处。根据水流状况的不同,嵩山地域有间歇泉和常流泉。本节所选的山泉,都是常年流泉。泉水为人类提供了理想的水源,同时也构成许多观赏景观和旅游资源,如理疗泉、饮用泉等。嵩山地域的山泉水的形式有流泉、喷泉、山泉、地泉、温泉5种。

### ◆ 太乙泉

位于太室山南麓。泉之前为崇福宫,即宋代诸贤所尝奉祠者。引泉于宫后,为流觞曲水之乐。石渠犹存。崇福宫在唐时为太乙观,故此泉仍袭其名。

### ◆ 龙赠泉

亦称龙泉,位于太室山南麓的会善寺以北百米之处。相传,魏唐时期会善寺僧徒众多吃水困难。晏公和尚住持禅事,讲经说法,非常动听,嵩山望都峰上的龙王化为常人也来听经,被晏公识破。有一天,骄阳似火,晏公和平常一样,不顾酷暑,继续讲经。有信士发怒,佛法度人,造化四方,寺内饮水困难,还造什么福?晏公随向龙王请求赐泉。龙王点头示意,遂取金剑就地插下,走出寺院百步,令人拔出金剑,有清泉喷出,故称此泉为"龙赐泉"。龙赐泉自会善寺大殿右宛转流至山门而潜伏地下,只供僧人汲用，到山门外又汇成浅泓，再伏地下，出没隐现者三，过去人们认为神奇，故称"三见"泉。

◆逍遥泉

位于太室山之阳逍遥谷内，泉因谷以得名也。昔潘师正居此谷，曾对高宗曰："茂松清泉，山中不乏。"即指逍遥泉。

◆七星泉

亦称斗柄泉。位于嵩阳宫西北。泉水出自太室山七星岭下。七孔相连，清冷澄澈，故名七星泉。

◆珍珠泉

位于登封市西南18公里的石道乡庞村东南，泉涌徐升如珍珠。故名。北部为砂岩，周皆褐土性土，泉址大部分为公路覆盖，水温15～17℃。四季恒温恒量，属重碳酸盐型水，称珍珠泉矿泉水，泉水东南流入颍河，为颍河右源三支之一。设有饮水管、洗浴池、饮料厂，郑卢公路经此，南坡上有颍考叔庙。

◆柳树泉

位于登封市徐庄乡柳树泉村与禹州青石沟交界处，沿河多柳而得名，东临尖山咀，西临柏树岩，中有一条东南——西北走向的山沟，泉出于山沟上部，水旺而甘，出池成溪，顺山沟流入王屯水库。

◆暖泉

位于新郑市薛店镇嶂山西暖泉村东北150米暖泉河北岸。上升泉（自流泉），温度16℃，常年泉水，流量

珍珠泉

0.001立方米/秒，淡水。泉水由新生代第三纪粉红色中细沙岩中上升到地表，承压水头高出泉口7公分，泉口直径10公分。此地有10多处水泉，该泉为此处群泉中较大的一个。群泉面积约80平方米。

◆西流泉

位于新密市米村镇北部伞盖山下。因泉水逆而西流，故名。此泉水可供米村、尖山、袁庄一部分人、畜用水。

◆南泉

位于新密市南部苟堂镇大鸿山北侧。因泉在苟堂南侧，故名。丛石为径，水皆夹岸伏流，潺潺之声清醒入耳，探幽者多至此。

◆ 圣水峪泉

位于新密市白寨镇圣水峪村北山谷间。因泉水较大，常流不息，故名。有石穴直径6～7尺，深丈余，上以砖石垒砌，高6～7尺，周围2丈余，水出其底，逆而西流2.5公里后入郑州市区，为贾鲁河的主源。年均流量2.25立方米/秒，最大流量为0.5立方米/秒，水量受处然降水影响，极干旱时断流，一般为20年一遇。

◆ 福古泉

古称圣僧池。在新密市西北小顶山北侧半山中，泉以石砌，有半亩多大。明代旅行家徐霞客游此赞扬道："清泉一涵，停碧山半。"

◆ 槐荫寺泉

又名甘露泉。位于新密市袁庄乡西北龙崖山下，因泉位于槐荫寺附近，故名。泉水年均流量为0.03至0.02立方米/秒。

◆ 助泉寺泉

位于新密市牛店镇西部凤凰山东侧，因泉在助泉寺附近，故名。正常流量0.02立方米/秒。可供助泉寺、花家店、南龙、小寨4个村5200余人生活用水。

◆ 五道泉

《水经注》谓之明乐泉。发源于嵩阴，北流入洛。

◆ 龙泉寺泉

位于新密袁庄乡龙泉寺西南百米处。泉水常年流量为0.002立方米/秒。

◆ 冰泉

位于新密市白寨子乡田河村东侧，常年水温很低，夏季酷热，而泉水却冰凉刺骨。冰泉水量为0.2立方米/秒。泉水流入贾鲁河。

◆ 玉酒泉

位于少室山之上，旧无名称。按《十洲记》载："瀛州有玉膏山，出泉如酒味，名为玉酒。"今考《山海经》注及《河图玉版》，俱云少室山有白玉膏，则此泉宜以玉酒为名也。

◆ 醴泉

位于太室山南3公里。县城黄离门之外，平地涌出，泉味甘美，甲于一方，称曰醴泉。《白虎通》载："醴泉者，美泉也。"《礼记》载："天下爱其道，地不爱其宝，人不爱其情——是以地出醴泉。"

◆ 天门泉

《嵩书》卷二云："嵩山天门，在太室中峰之西，两岩对起，中豁一门，自下登之，极天无际。门之左右,峰峦层叠,奇形怪势,不可殚述。"又云:"天门泉,太室天门之侧,有泉泠然。欧阳永叔诗云:云湿颢气寒,石老林腴碧。"

◆ 卓锡泉

位于少室钵盂峰二祖庵之前。相传二祖慧可为求得达摩真传,用佩刀断臂表达真诚。断臂后在少林寺西南钵盂峰约4公里的山上养伤,达摩见此处无水,遂用锡杖点地开泉水四眼,水分苦、甜、酸、辣四味,名卓锡泉,亦曰卓锡四井。四泉对峙,四桧覆之。

◆ 犊泉

犊泉,又称洗耳泉,古传说泉名。在今登封市东华镇下尤兰村间老舍沟中。箕山之北,颍水之南,以巢父牵牛犊饮于此而得名。许由以闻传位于己而污耳,洗耳于此。其友巢父牵牛犊饮,责许由浮游求名所致,遂牵其牛犊上流而饮,恐洗耳水污其牛。《水经注·颍水》:"(箕)山下有牵牛墟,侧颍水有犊泉,是巢父还牛处也,石上犊迹存焉。"即指此泉。

◆ 郑州灵泉

古泉名。位于今郑州市区东3公里处。此泉源出仆射庙后,其流量古代可观。今仅存一缕细流,已无古代风貌。

◆ 白龟泉

位于登封市南12.5公里。《嵩岳志》载:"道士杨洞微不知何许人,住房崇福观,尝与客共观白龟泉石蟹。客曰:'蟹旁行,天性乎?'杨洞以手指之,蟹即直行。"

◆ 马跑泉

位于太室山以东的登封市唐庄乡郭村。相传周穆王骑八骏马至此,渴而跑地,得泉而饮,故名。因而马跑泉附近六村皆称马跑村。

◆ 沥滴泉

又称滴水篷泉、滴水棚。位于今新密市中部,七里岗镇杨寨村西天仙庙附近。以滴水如雨,四时不竭而得名。该泉面积约8平方米。泉上有崖顶石突伸,厚2尺余,崖石为碎石粘聚而成,悬于泉上,石下滴水如雨,常年不断。泉水南流汇湾子河入绥水。《水经注·洧水》:"洧水又东会沥滴泉。水出深溪之侧,泉流丈余,悬水散注,故世人以沥滴泉称。"

《通志》载:"在密县东五里天仙庙。石洞水出,滴沥出雨,昼夜不绝,味甘冽,流数武,伏而不见。上有石棚,棚容不得数席,厚二尺许,皆碎石粘聚所成。从罅中下滴,渗液甘冽。曹元甫学使过而尝之,谓与惠山泉无二。"

李鹏鸣的《滴水棚诗》:

拳岩悬泉骊龙守,掌掷珠光不见口。碎蟫碧泓谁敢拈,盘阴幻溜银床朽。

忽若漏屋补炼石,几年曾试女娲否?太液仙人摘晓星,倒看青天小如斗。

上有皇帝千尺松,种松卜此施大手。流霜独活元冰鸣,收雨雨师收不走。

声声滴沥复声声,年年滴沥岩壑清。

◆鸣琴泉

位于登封市太室山阳谷,亦称鸣㹀泉。泉水沿山石而下,其声暗合七个音阶,听之如林中琴鸣。

◆冰泉、温泉、牛尾巴泉

位于新密市白寨乡田河村东侧。三泉鼎立相距不过百步。冰泉水温透骨凉如冰,温泉水温在摄氏30多度(以前水温更高),牛尾巴泉小而浅,呈淡黄色。三泉均注入贾鲁河。相传,明太祖朱元璋幼时在此为其舅放牛。一日,饥饿难忍,遂用茅草叶子将牛杀死。生肉难食,便掘地为泉。泉水极热,遂将肉煮熟。但又烫口,复掘一泉,泉水甚冰,冰后食之。食毕,将牛尾巴顺手一甩,落于旁边,便有一坑黄水。此乃三泉之由来。现独有三泉旁边的茅叶半边红半边青,半边红乃牛血所染。温泉含有一种天然化学元素,常洗温泉澡能治多种疾病,因而多有游人至此洗浴。

◆米沸泉

位于登封市告成镇石羊关东北数里。泉在平地,泉底亦沙,正如釜中米沸之状,故名。

◆西流泉

位于太室山起云峰西下,泉水自山坡岩下涌出西流,泠泠清洌,常流不断。

◆双泉

位于偃师市南30公里焰光山,俗曰甘露泉。《太平寰宇记》:缑氏县双泉,在县南10里。细流如线,其味苦。

◆偃师灵泉

位于偃师市南12公里。宋政和四年(1114年),张挺撰碑云:嵩高之下曰缑氏山,距山不远遗家具存,民俗传为浮丘藏剑之所,即其巅构祠以祀焉。宋政和二年(1112年)夏六月,泉出庭下,澄澈如鉴,醴甘过饴,映带清流,入初易之。俄,鸥鹥泳者辄死,病者请祷,饮之即愈。清《偃师志》:灵泉出水,源出府店镇东灵泉沟。宋时始出,醴甘如饴,张挺有记。久涸,乾隆初复出,经浮丘公庙前,与梨树沟水会为五龙口,西迤,绕府店镇北屈而西北,至江村寨北,滑城泉自东来注水。又有干河,自东北通焉。干河出巩县凤凰山,经偃师韩家庄与此水会。山雨泛涨,则水大至;非雨,常涸。又西北流经马家屯,折而东北,经巩县李家屯,折而西,又折而东北,经顾家屯、烧灰窑至史家湾东,折而西北,东注于洛。

◆平泉

位于伊川县城关镇梁村沟南1公里处。唐朝宰相李德裕曾在泉侧营建花园,后"平泉朝游"曾是洛阳古代八大景之一。

◆滴水泉

位于伊川县城关镇窑氏村西。清《洛阳县志》载:在"窑底村西土崖上,浸淫出水,如珠滴沥,至地汇成渠,土人资以灌圃。"

◆响伊泉

清《洛阳县志》载:在伊川县南五十五里,平地涌泉。南水,折而东,入于伊。泉旁居人开塘引水种荷数顷。

◆伊川温泉

位于伊川县彭婆乡东草店村,紧靠龙门山。经河南省水文地质队勘探,1号井孔深135米,水温47℃,2号井孔深49.29米,水温51℃。自涌流量每小时18吨,每日432吨。涌出的泉水冒有很多气泡,具有$H_2C$气味。几百年来人们称之为"神水",纷纷前往淋浴治病。

◆上皇古泉

位于伊川县葛寨子东黄兑村南约30米处,方圆1平方米,水味甘甜。传说杜康曾在此酿酒。

◆水老泉

位于伊川县白元村东蝴蝶山下庄子洞内。泉水清而味甘。相传饮用此水能去病健身,当地村民称之为"神水"。

◆虎泉

有黑虎、白虎两泉。相传杜康当年造酒,"踏遍千里溪山,独择黑、白虎泉。"白虎泉位于伊川县城南300米处,黑虎泉位于县城100米处,两泉之水清洌甘甜,质地纯净,含有钙、镁、钠、重碳盐等多种有益于人体的矿物质,水质硬度不超过12度,是稀有的天然矿泉水。

◆汝州温泉

汝州温泉位于河南省西部汝州市温泉镇,因有温泉自然涌出而得名。唐仪凤元年(676年)2月,唐高宗李治偕皇后武则天行幸汝州温泉,洗浴治疗风眩症,于温泉驻跸18天,身心大爽,返回东都洛阳后,诏免汝州当年租税50%,赐80岁以上百姓帛。

汝州温泉是由大气降水经地下深循环加热而形成的。这与温泉地区复杂的地质结构有关。温泉地区是个死火山,温泉北边的白土岭和西边涧山水库一带,至今还有火山灰结成的板状结构和火山岩存在。其温泉水属芒硝类偏硅酸氯化物钠钙型高热复合矿泉,泉温37~64℃,矿化度1.8~1.9毫克/升,比重、浮力大于一般淡水,储热量大,无色,味微咸,渗透压接近人体血浆渗透压。PH值7.72,呈弱碱性,既符

汝州温泉

合温泉又符合矿泉判断标准。化学分析表明,其中含有50余种微量元素和化学成分。符合医用矿泉标准的化学成分有,偏硅酸151.32毫克/升,锶1.636毫克/升,锂0.969毫克/升,偏硼酸6毫克/升,硫酸根离子465.1/升,氯离子265毫克/升,钠离子386.4毫克/升,钾离子60.1毫克/升,还有钙、镁、碘、锌、铁等具有一定医疗价值的微量元素,均符合国家医用矿泉水标准。该泉水被著名矿泉专家党淑芳称为"多维矿泉水","世界罕见,可与闻名世界的法国维希皇家矿泉相媲美"。

◆金花泉

又名翻花泉,位于嵩山南麓新密市超化村东侧。有泉水多处,汇流成潭,日照泛金,如朵朵金花,故名。该泉为石砌圆形水池,面积2000平方米。平均流量为0.01～0.25立方米/秒。注入新密市东方红灌渠,为该灌渠重要的水源之一。

◆褚庄温泉

位于新郑市城区西北约2公里处褚庄村西北地,为1979年9月经河南省煤田地质勘探队钻孔深570米上升温泉,水温39℃,承压水头高于地面17米,流量80立方米/小时。矿泉水内含有钙、硅、镁、钾、钠、铁、四氧化硫、碳酸等,周围建有浴池、餐馆、代销店等,还建有温流水鱼种场,年产鱼300万尾,成鱼3万斤。

◆浔溪水温泉池

浔溪水温泉池,实际上是两眼较大的温泉,位于偃师市山化乡政府东4公里处的寺沟村。浔溪水温泉池中,还有84眼小温泉。泉水顺寺沟南下,古称浔溪。浔溪西有龙泉寺。泉水汇集到一个六亩大的池塘(村民称为温塘)中,出塘分为两溪南流,古称浔水,绵延1.5公里汇入洛河。《水经注》载:"(浔)水出北山浔溪,其水南流,世谓之温泉。"温泉水温29.5℃,常年流量约133.2立方米/小时。

(二)涧

涧为山间的水沟。嵩山群峰,绵亘横阔,翠柏葱郁,涧水长流。但山涧之水有大有小,有名无名,在大自然的风雨变迁中,也会变大或消失。本节所选的涧,大都为有史料记载的历史名涧。

◆公路涧

又称光禄涧、袁公溪,水名,位于偃师市西南三里、少室山之阴的偃师境。上有袁术固,四周绝涧,有一水,渊而不流,故溪涧即其名也。汉末,袁术(字公路)与曹操相拒时置固此涧,故名公路涧。但世俗音讹,号之"光禄涧"。宋四周绝涧,中间可容万人。一夫守隘,千夫莫当。涧旁有曹操城、袁术城,传为当时双方驻兵之处。《水经注》载:洛水又东,合水南出半石之山,北径合水坞,而又东北流注于公路涧。宋代范仲淹有诗:"嵩山发灵源,北望洛阳注。"今水流无恙,而险渐夷矣。

◆拜马涧

位于偃师市南15公里,一曰百马涧,一曰半马涧。《名胜志》载:抚父堆即缑岭也。岭下有涧,谓之拜马涧。《嵩书》卷二曰:"在少室后。相传,周太子王子晋从浮丘公居嵩山成仙,友人桓良遇子晋缑山之上,谓良曰,七月七日我当升天,可与故人会别。至期,良与故人、群官往,见王子晋弃所乘马,于涧下乘白鹤升天。是时,群官拜别。回拜所乘之马,亦飞空而去。故后人称此涧为拜马涧。"

◆落鹤涧

位于新密市尖山乡北部兰崖山下,属于峡谷风光。这条峡谷高约 300 米,长达 1 公里,山清水秀,风光清幽。落鹤涧流传不少有关隐士神仙的传说,并见诸于多种古文献记载。《名胜志》载:"山(兰崖山)有深谷,曰落鹤涧。昔密检蓝公夫妇,于此化鹤飞去,至今崖下有石成对形如双鹤。"仙人仙鹤的故事,给这里增添了神奇幽静之感。

◆丹丘涧

位于少室山西麓,登封市颍阳镇东北。相传,唐朝高道元丹丘故居也。著名诗仙李白有《题元丹丘颍阳山居》诗序云:"其地北倚马岭,连峰嵩丘,南瞻鹿台,极目汝海。云岩映郁,有佳致焉。"即此地也。

◆莺鸣涧

位于少室山南原。水清石秀,绿树成帷。涧旧无名。《嵩岳文献》载:莫春,予与高孩之同赴汝州,并辔过此,爱其境奇,禊于水上,忽闻黄莺之声,遂题曰莺鸣涧。后孩之迁官建业,予每独行过之,不胜离群之感也。

◆洛鹿涧

位于偃师市南 12 公里。《嵩高山记》:"王子晋学道于洛鹿涧,涧旁有灵星坞,一名延寿城。此坞有道士浮丘公接其登仙之所。"

◆七里涧

位于偃师市西,故入谷水。《水经注》:洛水又东,注鸿池陂。其水又东,合七里涧。晋泰始十年(274 年),立石桥于涧上。永嘉二年(308 年),群盗王弥逼洛阳,不克,引而东,晋将王秉追败之于七里涧。晋《后略》曰,成都王使吴人陆机为前锋都督伐京师,轻进,为洛军所乘,大败于鹿苑,人相登蹑,死于堑中,及七里涧,涧为之满,即是涧也。谷水又东以偃师城南,又东流注于洛水矣。

◆虎涧

位于登封少林寺面壁庵西 1 公里许。涧石磷磷,有流水屈曲之形而无水。每静夜听之,石内泠泠作声,东来西去,盖暗泉动荡于山之内也。相传跋陀开创时有谶云:后 500 年,当有女主来,欲葬此地。因叱水不令东流。至唐,武则天后果然幸此,欲夺此地,竟以无水而止。

◆荣迹涧

杜预曰:在巩义市西。《左传》昭公二十二年,景王崩于荣迹,涧盖在邑傍。又明溪泉,在县西南。昭二十二年,晋贾辛军于明溪泉,谋定王室也。

◆平乐涧

位于太室山东南,登封市告成之左。水自嵩山注入涧,西流,南入于颍,复东流出境。唐武则天有《游石淙诗》序云:"爰有石淙者,即平乐涧也。"武后建三阳宫于石淙之上,于久视元年(700年)、长安元年(701年)来此避暑,群臣侍宴,赋诗刻碑岩际。

◆金谷涧

位于洛阳东北3.5公里。《水经注》:金谷水出太白原,东南流历金谷,谓之金谷涧,东南流经晋石崇故居。晋太宁三年(325年),刘曜督诸将与石虎战洛阳,屯金谷。夜,军中无故大惊,士卒奔溃,乃退屯渑池。隋大业九年,杨玄感攻东都,代王侑自长安遣卫文升赴救。文升鼓行出崤、渑,直趣东都城北,屯于金谷,即石崇之金谷也。太白原,在城西北60里,即邙山之别阜云。

广武涧

◆广武涧

古涧名。也叫鸿沟,或称鸿谷。位于嵩山东麓、荥阳城东北广武山下,涧深800米,宽300米,为楚汉两军对峙的天堑。涧东有霸王城遗址,涧西有汉王城遗址。《资治通鉴》:"汉王引兵渡河,军广武。"孟康曰:"于荥阳筑两城相对为广武,在敖仓西三皇山上。"

《括地志》:"东广武,西广武,在郑州荥阳县西二十里。"《水经注》:"西广武城汉所筑,山下有水,北流入济,谓之柳泉;东广武城项羽所筑,今名其坛曰项羽堆;夹城之间有绝涧断山谓之广武涧,今涸无水。"

(三)川

川,即河流。本节选择的川,即通常意义上,被当地人所称名为"川"的河流。

◆石柱川

位于太室山黄盖峰东北6公里,本龙潭下流疏而成川。两岸平地中突起二石,各高数丈,夹水对峙,若双阙然,酷似太湖中石,又似吴中假山。傍有小石数十,眠莎倚树,形质各玲珑怪巧,无一粗顽者,必灵秀之气所钟也。

◆少阳川

少阳川土人皆称亦称少阳河、少林河。源出少室山梯子沟,东北注流经少林寺,东南流15公里地入颍河。史料记载:大河乃四渎之一也,天下无两焉。今北方之人,凡水皆冒河笔称,不知其谬。特为正文,但称河者悉改为川。

◆征士川

源出太室山东麓,经登封市卢店东南流至告成,入于颍。嵩高自卢鸿一隐后,山有卢岩,镇有卢店,水有卢河,真地以人重也,遂改卢河为征士川。

◆ 双虹川

旧名双溪河。出自于太室山南麓,异源合流,过登封市 15 公里东南入颖河。

◆ 理妆川

源出于少室山东麓,与少姨庙相近。《嵩岳文献》载:古传少姨者,则《汉书》所称少室之神,为启母涂山氏之妹也。尝临水理妆,故名。土人误称孝庄河,今正之。

◆ 江左川

源出少室山之西,其水西北流,经洛阳县界入于伊川。《嵩书》载:清《河南通志》"姜左河"。予不得其解。后于水边废寺中见一断碣,言唐高宗幸少室山过此,爱其山川秀丽,竹树清幽,顾谓侍臣曰:"江左风景,不过如此。"山中之人乃称为江左河。江、姜音同,久之,遂成误耳。

◆ 长罗川

位于巩义市西南。源出汜水县之方山,西北流入县界,又西北过訾城东北而入洛,谓之罗口。隋大业十三年,李密自罗口袭兴洛仓,破之;又密将张善相为伊州刺史,据襄城。自襄城北出罗口,即长罗川口矣。

## 五、溪、潭、沟

嵩山的溪、潭、沟太多,景致大都很美。以下所选,均为嵩山史料所录。

### (一) 溪

溪流是指相对比河窄,水流速度变化多端的自然水流。山多则溪流多,万千溪流淙淙而下,汇成小河、大河。溪流,是嵩山河水的主要源头。

◆ 五渡溪

源出太室山卢崖山上,在中岳东 12 公里。自卢崖山顶下流,潆纡回旋,疏为 28 浦,过大泽。其水流径阳城西,石溜潆委,溯者五涉,故亦谓之五渡水,东南流入颖水。缘溪聚落即称为五渡村。中岳庙近地无水,独此溪稍助润泽。其地多产菖蒲,1 寸 9 节。古代道人王兴服之,白日升天。即此地也。

◆ 双溪

双溪位于太室山之阳,一自太室山至法王寺东涧,一自嵩岳寺西涧,数弯曲折至嵩阳书院门前,交东溪潆洄南流,合于颖水。

### ◆少溪

位于少室山后、少林寺前。绕少室山趾北流,而东而南。暵阳或涸,此溪为典型的季节河,在夏季的七八月间,溪中有潺潺流水;在冬春秋的干旱季节,溪中则干涸无水。其上有桥,即名少溪桥。

太室山叠石溪

### ◆叠石溪

位于嵩阳书院东侧。溪源自太室山之阳高登岩澎湃而下,经象极洞、承天宫,一路崩崖坠涧,或泻而为瀑,或渟而为渊,或溅而为濑,至嵩阳书院门前汇入西溪。此溪为嵩山太室之名溪,有着非常美丽的风光,历史上有很多古代诗人在此作诗吟唱。北宋时,有司马光别墅叠石溪庄,俗称温公别馆。宋神宗熙宁年间(1068～1077年),司马光买地置庄于叠石溪旁,故名。司马光于元丰七年(1084)前十余年间尝于春、夏居此撰修《资治通鉴》,并同邵康节游此。

### ◆黄溪

源出自少室山崖中,由山东侧下流。溪边多黄石,故以名焉。

### ◆金屑溪

源出自于太室山之南2.5公里。密樾奇石映带左右,溪中时有金屑如麸,盖水之最贵者。当地人因此得名金屑溪。

### ◆玉溪

位于太室山东南石羊关东。泉水自地涌出,其色如玉,故谓之玉溪也。溪西有寺,即名玉泉寺。寺旁又有泉,昔人甃石为池,泉于池中喷涌澜翻,势若累珠错出。《嵩书》名其池曰翻珠池,泉曰飞玉泉。溪东崖畔有盘石可垂钓,俗谓之钓台。崖畔有石室,其境绝胜。

### ◆饮鹿溪

出自于少室山之阳。岩柳汀花,幽闲有致。《嵩岳文献》载:"予过而爱之,问之土人,不知其名也。正徘徊间,忽有野鹿下饮,遂名焉。"

### ◆澹忘溪

位于少室山西南华严寺前。溪循山麓有七曲,而浓淡、幽旷、喧寂、欹平之状,色色不同,各极其致。《嵩岳文献》载:"予三度过此,无不薄暮忘返,不自知其留之至于斯也。因忆古诗云:'清晖能娱人,游子澹忘归。遂以澹忘题之。"

◆颍阳东溪

源自少室山之南,颍水之上也。唐朝著名诗人崔曙写有《颍阳东溪怀古》诗。

◆八风溪

位于登封市颍阳西北之风门口山,北通缑氏。《水经注》载:"八风溪水,北出八风山,南流,径纶氏城西,西南流,入于水。"《名胜志》载:"溪水南流,合三交河水。"

(二) 潭

潭,指自然形成的大深水坑。嵩山上的潭,大都是由于瀑布或山溪流动的落差而聚水成潭。嵩山上的潭有很多是季节潭。夏秋时节,雨水充沛,山上的潭水就满。特别是瀑布潭既雄伟壮观,又湍急惊险,瀑布轰鸣,潭水急旋,峰崖陡峭。潭一般为锅底形状,周边浅,中间深,有吸力,一般人不可至潭玩水。嵩山上的潭很多,知名的有八龙潭、九龙潭、响水潭、白龙潭等。其中,太室山卢崖瀑布景区内的九个龙潭,在卢崖峡谷中一路撒下,各领风骚,令人美不胜收。

◆卢崖东北九龙潭

九龙潭,亦称八龙潭。位于太室山东侧,登封市区中岳办事处东张庄村附近,距市区约6公里,与著名的卢崖瀑布风景区仅一峰之隔。相传有神龙主之,故名。

太室山东侧卢崖东北山巅中悬一大壑,山巅众水咸归于此,盖一大峡也。水自壑中瀑注,峡内有九垒,每垒结一潭,迭相灌注。《水经注》所谓"迭相灌澍,崿流相承"是也。潭内水色洞黑,其深无际,崖崿险峻,波涛怒激。九潭之中,第一潭与第八潭最巨。太室山八龙

九龙潭

潭为嵩山顶上之胜景。八龙潭在唐宋时代是个赫赫有名的风景名胜区,名曰"龙潭贯珠"。据清《登封县志》记载,大唐女皇武则天,一生钟情嵩山,曾携太平公主到八龙潭游览,武则天作有《同太平公主游九龙潭》诗:

山窗游玉女,洞户对琼峰。岩顶翔双凤,潭心倒九龙。

酒中浮竹叶,杯上写芙蓉。欲验山家赏,唯有风入松。

唐朝著名文学家韩愈与李征君渤、卢仝同游,曾题名嵩阳天封观石柱,记潭水遇雷事。神龙之灵,信有征矣。潭之东,为龙潭寺下院。由于自然变化,太室山九龙潭中除八龙潭和九龙潭之外,其余七个潭,都已成为季节潭。夏秋时节,雨水充沛,九个潭中的水全都满溢;进入冬春,雨水减少,则这七个潭中的水大都所剩无几,有的干涸。只有八龙潭和九龙潭水,一年四季,水深无际。康熙版《登封县志》载,明代诗人高出当年游赏嵩山八龙潭时,曾留下《九龙潭》之诗:

空门漠漠白云还,云外春潭镜里山。独有钵龙眠不稳,时来行雨到人间。

◆唐庄九龙潭

九龙潭位于登封市唐庄乡境内,太室山的北麓。九龙潭半山腰有两座庙,一座名为九龙庙,一座名为九龙圣母庙,九龙圣母庙门口有一副对联:"为佛为神亿万年永固皇图,自汉自唐几千载相传胜境。"嵩山地域人们敬奉的龙神,主要是九龙圣母和九龙王。嵩山地域的人们因其特殊的历史、地理因素对九龙王和九龙圣母非常崇拜,他们认为,祭祀九龙王和九龙圣母,可以实现三个愿望:一求雨,二求家中平安、人丁兴旺,三追求显贵。

◆响水潭

位于新密市曲梁乡大樊庄村寺河以东溱水下游。此处怪石嶙峋,石岩险峻。岩石之下,碧水悠悠;岩石之上,水帘飞瀑。瀑布拍击石岩,声荡数里。相传很久以前,有一雌龙至此产卵,产毕把卵子存入河岩离去。遂有玩童到此摸蟹,误将龙卵拿去玩耍。月余后,雌龙归来寻卵不见,急得双眼落泪。一怒之下,甩尾扫断河床,龙爪龙吟,故名"响水潭"。

◆五龙潭

位于少室山阴。传为少林寺二祖慧可截锡掷跌而成。下注少溪,俗称龙潭。汉崖上亦多静室。从五龙潭至少林寺之道循溪委蛇,奇石怪树,随步易形。高山流水,引人入胜。

◆金碧潭

位于太室山之下。卢鸿一撰写的《嵩山十志》,此潭为第十也。卢鸿一的自序云:

金碧潭者,盖水洁石鲜,光涵金碧,岩葩林茑,有助芳阴,鉴洞虚,道斯胜矣。而世生缠乎利害,则未暇游之。

◆太室山白龙潭

位于太室山东,娘子台之下。清《登封县志》载:土人曾见有白龙自潭中飞升。潭上有白龙王庙。

◆少室山响水潭

位于少室山西南,有细石凝结为坡陀,形如半蕈而虚其中。其下有潭水从石上悬泻而下,其响声闻里许,昼夜四时不息,故称响水潭。

◆车箱潭

水名,又称平洛溪水。源于太室山北麓的九龙潭,河道呈西北东南向,流经唐庄乡西部,横贯卢店镇中部,纳平洛溪,于告成村东入颍河。《水经注·颍水》:"颍水又东,平洛溪水注之,水发玉女台下平洛涧,世谓之平洛水。"即指此水。平乐涧长数里,石势盘错,水势喧激。深不能逾腰,浅不能逾膝。久视元年(700年)五月,武则天石淙会饮,即在今登封市告成镇东三公里平洛涧。两崖石壁如削,怪石嶙峋,崖下为涧内有一水潭,两崖壁立,水渟不流,形如车厢,人称"车厢潭"。潭中有一巨石宽有丈余,高出水面约5米,石顶平阔。武则天在此大宴群臣,与李峤、姚元崇、苏味道、崔融、薛曜、狄仁杰、太子李显(唐中宗)、相王李旦(唐睿宗)等十六人唱和赋诗。后人称此石为"乐台",亦称"石淙会饮"。

《嵩书》曰:车厢潭为"石淙之中,两崖壁立,高20余仞,长30余步。水经其下,忽静若不流,色变深碧,探之无底"。

◆大隗山白龙潭

即玉女池,古称玉女池、白龙湫。《水经注》:"大隗即具茨山也,溱水出其阿而流为陂,俗谓之玉女池,按玉女池,即今之百龙池也。"位于具茨山主峰风后岭西南坡南王家村南峡谷中,溱水河源于此。附近有黄帝御花园。

车箱潭

◆石虎潭

位于登封市告成镇东3.5公里石羊关之西。颍水与山中众水至此合流动,激湍汇为巨浸。其水经北崖畔,啮去土肤,有石如羊,崖上又有石如虎,皆酷肖,俗谓之石虎潭。

◆新郑黑龙潭

又名黑龙池泉。位于新郑市具茨山主峰风后岭西麓张家村旁峡谷内。黑龙庙河源于此。附近有轩辕避暑洞。《水经注》:"幽盛寺西有水曰黑龙潭。"泉水自石英岩断层带中溢出,淡水,常年泉水,流量0.019立方米/秒。潭深约30米,面积约50平方米,容量约0.5万立方米。1965年,在潭筑坝长10米,高10米,修渠长200米,引泉水灌田500亩。

泉水由下元古代前震旦纪石英岩的断层溢出。黑龙庙河发源于此。

◆密县九龙潭

位于轩辕黄帝宫之北,是轩辕黄帝宫的后景。其潭状似弯月,水深7丈。乘舟凝视,两岩悬崖峭壁,石头缝里长出的松柏青葱密布,犹如三峡缩影。潭中有一小岛,岛上盖有一所"龙抓王小庙",庙旁立有"积德行善碑"。在九龙潭北的尖石岩上,有一带状瀑布,瀑水如喷银吐玉,常年不断,水击古块声大如龙吟,似惊雷轰鸣,被世人称之为"响水潭"。有游人着有《响水诗》一首:

文殊谒罢道心清,坐澄流水下古城。地上芦岩县瀑布,满天风日听雷声。

◆禹州黑龙潭

原为颍河上游一个著名的汇水潭,位于白沙水库大坝脚下。黑龙潭汛期惊涛拍岩,像巨龙闹水;素常平稳如镜,水碧似染。是附近村镇游泳高手搏浪竞技的最佳去处。当地百姓传说,此有蛟龙、鳖精曾在此潭作怪。20世纪50年代初,修筑水库大坝时,填平大半。经数年的洪水冲刷,水潭规模几复原状。现水面长约200多米,宽20米,水面达到4000平方米。

◆石棺潭

位于白沙水库坝西后面崖下的一处水潭。该水潭面积200多平方米，水深3米。关于这个水潭有一民间故事，被当地人广为流传。水潭附近村子一倔强孩子从小不听父亲管教，让他去东偏去西。直到父亲将死，父亲怕死后被他葬于山下潭中，便对儿子说："我死后你用两个牛槽把我扣在里边，把我葬于此山崖下潭中，不要埋到山下田地。"犟儿在父亲病逝后，想想父亲对自己的养育之恩，深悔过去没有听过父亲的话，就决定这一次一定要听父亲的话。于是，就按照父亲的遗言，用两口石牛槽把他的父亲扣起来葬于山崖下的水潭，所以就叫石棺潭。后该潭被库区淹没。

◆祖师庙山白龙潭

位于偃师市祖师庙山的半腰处。在一片葱茏林木的掩映中，有一开阔坪台，南边有一直径20米大小的水潭，即"白龙潭"。潭北有个坐北朝南的白龙王庙，自南往北依次还有歇马将军殿、龙王大殿、九龙圣母殿及后厢房二间。龙王殿内悬有民国年间第十区行政专员兼洛阳县长王泽民赠匾："甘雨谷我"。史料记载：民国二十六年，嵩山一带已大旱3年，第十区行政专员兼洛阳县长王泽民来到白龙潭前祈雨。县长对着龙王塑像说："人都传你能呼风唤雨，我今日特来求雨，你若有灵，3天以内下雨，我为你赠挂大匾；过了3天仍无雨下，我就来扒你的神庙。"言罢下山。白龙潭离山下不过五六百米，县长刚拐过山嘴，便见山顶罩上浓云，紧走慢行间，雨点已洒落下来。待县长下到山脚，地已淋湿成泥，只好脱鞋赤脚踏行。旱情解除后，王泽民就给白龙王庙里赠了一块大匾，悬挂至今。

◆仙女潭

位于巩义老庙山虎头崖下的紫龙峡内，潭呈圆形，水深莫测，潭水清澈碧蓝。传说，站在虎头崖上，如果你拿三块小石头投入潭内，潭中就会出来一位仙女帮你解除一切烦恼。仙女潭青山绿水，山水相映，环境幽静，风景优美，尤其是每当雨过天晴之时，水中出现两道彩虹，光辉灿烂。

（三）沟

沟一般说来是指田间水道，但本节所说的山沟，却是指两座山岭中间的沟壑或低谷。嵩山的著名的沟有鸿沟、待仙沟、响沟等。

◆待仙沟

待仙者，顾名思义，是仙人待过的地方。因当地人习惯于将此峡谷称为"沟"，故多以"待仙沟"称之。后来这个峡谷里出了一个很有名的修道人，善士们尊之为"大仙"，就又有了"大仙沟"的称谓。

待仙沟位于嵩山少室山东侧的玉华峰下，山谷呈东西走向。东面是谷口，较平缓开敞。其余几面皆奇峰兀立，峭壁万丈，中间豁然形成一峡谷，即待仙沟。待仙沟两边山势陡峭，群峰林立，西南可达莲花寺。入沟不远有一座安阳宫，是著名的道教圣地，一年四季，尤其每月初一、十五，前来烧香的人络绎不绝。待仙沟是嵩山主峰少室山的一条美丽的大峡谷，风景宜人，秀色可餐。又因是当今著名音乐人谭盾为艺术总监的大型实景音乐剧《禅宗少林·音乐大典》的所在地而闻名遐迩。

◆倒拜沟

倒拜沟俗称上龙潭，附近村民又称九龙潭，位于嵩山主峰峻极峰东北。《嵩岳文献》载：由东而西，两旁峰势开张,约十里许,山谷为之一束,即倒拜沟东口也。入谷南望,苕嶢万丈,直插天际,是为嵩岳之阴。水自山巅下注,穿石成潭,山半漱为深渊,《水经注》所谓龙渊是也。樵者登东岩上,蹲伏南瞰,水色洞黑,隐隐吼声起潭底,传为黑龙蛰潭,即九龙潭。在倒拜沟当地流传着九龙圣母生有九龙,"生下九龙长得丑,掂住尾巴扔山后"之说。当地人在生九龙的石洞,修建了九龙圣母庙,在庙南建九龙王殿。圣母庙门朝西,而九龙王殿门朝南,以示九龙长得丑陋不与母亲正视。每逢干旱季节,人们来此祈雨焚香,缘峡南上,正当峻极峰之阴,祀者先拜圣母,再循庙后抵前北向拜九龙,故名倒拜沟。嵩山著名的九龙谭"摸摸会"即在此地。

◆鸿沟

古渠名。周显王九年,即魏惠王十年(前361年),魏国在今荥阳北凿引黄河水通圃田泽,东流经开封北,东南流至淮阳,南入颍水,下游入淮。《竹书纪年》称"大沟",战国至秦称"鸿沟"。汉以后称"莨荡渠"。西汉初年,楚、汉多年战争后,于汉王刘邦四年(前203年),楚与汉约"中分天下,割鸿沟以西为汉,以东为楚"。即"鸿沟为界"的由来。故道自今荥阳市北引黄河水经郑州北入圃田泽,此河段通称"鸿沟"。

汉明帝永平十二年(69年),王景与将作谒者王吴率数十万民工治理黄河,引黄河水自荥阳东至千乘海口(今山东青县高苑镇北),两岸筑堤,称汴渠。隋大业元年(605年)炀帝调河南诸郡男女万余,自板渚(今荥阳汜水东北10公里)引黄河通于汴,名之曰通济渠,亦称汴河。沿堤种植杨柳,世称隋堤。《水经》所谓"水盛则北注,渠溢则南播"的形势已成。后继东引,经大梁、杞县、太康、淮阳南入颍,东南入淮,连通济、濮、濉、颍、汝、泗诸水,起到以鸿

鸿　沟

沟为主干水道,形成中原大地上水路交通运输网和大面积的灌溉区。隋大业十二年(616年)七月,炀帝率众20万自洛口经郑州,游幸江都。乘坐四层高45尺、长200尺、阔50尺的"龙舟",其最上一层有正殿、内殿、东西朝堂等。皇后乘坐的船称次水殿,名曰"翔螭。"另有三层高称作"小水殿"的大船九艘,名浮景舟。此外杂船无数。船只相接长达300余里,仅挽大船的河工就有近万人,均着水服,水陆照耀,过汜水。

◆大沟

古河渠名。位于荥阳市。大沟,即鸿沟后期工程所开之段。《竹书纪年》载:"梁惠成王(即魏惠王)三十一年(前340年)三月,为大沟于北郛,以行圃田之水。"当时称"大沟",即指此沟。

◆龙须沟

旧河名。据清同治九年(1870年)《中牟县志》载,龙须沟源出于新郑栾河,自蒋家庄(今蒋冲)西

入中牟境,至白沙东入贾鲁河。龙须沟长约 5 公里。清末废。

◆玉皇沟

位于少室山太阳峰下坦缓的山坡上。北居太阳峰,南观少阳峰,两中间劈空一峡,名曰玉黄峡。因玉皇庙在峡北落座,故更名玉皇沟。在玉皇庙西侧有玄帝殿,是地方老百姓祭祀神龙的场所。玉皇沟中的玉皇庙,常年香客不断,香火旺盛,是这条自然沟壑中的一道特殊的风景。玉皇沟两侧的崖壁,险峻陡峭,风光旖旎。高低起伏的山坡上有树有花,争奇斗艳。玉皇沟中的少阳溪水由里及外经龙潭,绕玉皇神庙,一路欢歌,潺潺东流。特别是盛夏时季,常有游人来此消暑纳凉,给这条沟带来了勃勃的生气。

◆汗沟

位于禹州市城北 12 公里皇路河南岸诸侯山脉。相传,大禹在诸侯山和诸侯们治水时,由于常坐阵此山,山上的一块大石头,被称为大禹常坐的"禹王石",禹王石前面有一条沟痕,群众称之为"汗沟"。说是大禹劈山治水时,身先士卒,带头实干,经常累得通身是汗。坐下休息时,汗水顺石头流下来,天长日久,汗水就把石头冲了一条沟,所以叫汗沟。许多来游览的人,面对汗沟,总发出无限感慨。

◆王子沟

王子沟位于嵩山少林寺正南,因少林寺无言道公的八大弟子是明朝的王子,因王子从道公在此植树而得名。王子沟为东西大沟,沟两边山坡陡峭,一年四季各种树木层林尽染,风光无限,是少室山中著名的风景区。

◆石人沟

位于河南省汝州市城南 20 公里处的蟒川乡罗圈村境内的蒋姑山罗圈寺南山也坡前山巅。因沟内南山巅南侧,坐有两石人而得名"石人沟"。两个石人,一稳坐,一前倾,远远望去,一男一女,一高一矮。男的身材高大,目视前方;女的身材娇小,略微前倾,两个石人栩栩如生,形象逼真,当地人称他们为"夫妻石"。石人沟两岸苍松翠柏,流花异草,并有木兰树等山菜可供采摘食用,沟内溪水潺潺,清凉可口,内有螃蟹、草鱼、小对虾等水生动物,春夏秋冬游客可边游玩、边下河捕捉,令人心旷神怡。石人沟植被茂密,景色秀丽,附近有蒋姑庙等景点。

◆通山沟

位于偃师市西北 15 公里,深 2 丈,阔百尺,南起邙山,北通孟津。昔以邙山涧谷之水并流入洛,每遇霖潦,辄至泛溢,因为此沟导之入河,故曰通山。《图经》邙山在县北 3 里。

◆醋沟

位于新郑市。《资暇录》:世称士流醋大,言其峭醋而冠四民之首。一说衣冠俨然,黎庶望之有不可犯之色,如醋之酸而难饮也,故又谓之酸子沟。或云有士人贫居新郑之郊,以驴负醋巡邑而卖,邑人指其醋驮而号之。新郑多衣冠所居,因总被斯号。又云郑有醋沟,其沟东尤多甲族,以甲乙叙之故曰醋大。

◆响沟

响沟,亦称气象沟、龙行涧。少室山三皇寨北有一条深谷,上通玉黄峡、下连八里坡之处。深涧长约2公里,宽不过10余米,深却有几百米。这条沟两岸崖壁如劈,陡峭险绝,树木苍翠,涧底清水潺流。天降雨时,沟里传出一种轻雷般的响声,全涧震响,声传石壁,奔腾谷外,余音回荡,长久不绝。人称此沟为"响沟"或"涧壁回音"。据当地人说,若是无雨天,沟内发出响声时,不论当时天气阴晴,一两日内必有雨至。因此,人们常以此来预测天气的风雨阴晴,故名"气象沟"。

◆太子沟

位于嵩山永泰寺北门1公里处的子晋峰下,因东周灵王(前571~前545年)的太子晋,看不惯昏庸腐败的朝政,来到嵩山拜仙道李浮丘为师,在此修心养性,得道成仙,驾鹤升天。后人为纪念他,称此沟为太子沟。

太子沟有太子庙,一年四季,香火旺盛,香客不断。太子沟北有巨石,形状似伞,传为王子晋曾在此避雨,故名"太子伞"。伞下有石,砥衡若儿,痕若臂股,叫"太子归来石",即"太子石"。在太子石东部有奇石组成一架龙体,龙头朝南,龙背向上。龙背旁有一石池,呈椭圆形,长7尺许,宽约2尺,深半尺余,活像一只大脚,印人石中,池前五趾分明,脚尖朝西北,脚跟朝东南,整个脚印清晰可辨。传为王子晋成仙后,三载返回,落鹤子晋峰,因急待想看曾栖宿30年的故地,便一只脚从峰上踩下,落在石上,印下此脚印。脚印形成一池,池内有清水,终年不涸。池水似镜,坐池边,周围奇景映入池中,颇为美观。这就是中岳嵩山有名的胜景"石池耸崖"。宋代诗人楼异写诗赞颂此池:

太子沟

当年曾悟镜中形,道骨仙风拟紫冥,二十四峰明月夜,玉笙须向揖仙听。

◆饮马沟

位于巩义市东3.5公里。俗传三国时期,吕布军虎牢,饮马于此。

## 六、水之杂类景观

◆禹王锁蛟井

位于禹州市区,禹王庙山门之外,古钩台街路东,清朝末年被人覆盖。史载,尧舜时期,寰宇之内,洪水横流,平地水浸,民不聊生。大禹为民解困,率民治水。他采取疏导方法,引水归河,然后倾入大海。禹王锁蛟是大禹治水中的一个神话。相传,蛟是一头无角母龙,名唤蛟龙,是水兽之长,喜欢引发洪水,兴风作浪。它看见大禹通过治水,使陆地显露,海河安澜,危及龙宫,便率领九仔以及水蛇、龟鳖之类,引潮呈凶,阻止禹王治水。大禹利用母蛟喜欢引水上涌的特性,令臣民立于山巅,等待蛟龙涌上来时,以滚木、滑石击之,蛟龙屡战屡退。大禹先与之战于伊洛,又截于河朔,再追于陈蔡,最后围困母蛟于颍河。大禹命人将颖渊堵住,使母蛟归海。于是蛟龙败阵,子孙四散。大禹又命勇夫百名,跃入水中,以绳掷套,缚住母蛟。遂在高阜处挖一深井,立上桩柱,把母蛟锁入井中,令其永世不得出来。

大禹治水成功后,舜封禹于此地,赐爵"夏伯"。为了颂扬大禹的功绩,后人建禹王锁蛟井予以纪念。现在井口的大石桩上系有千钧铁链,下垂井内,从井口窥视,可见铁链锁住一条青石雕刻的蛟龙,头部露出水面,其相凶险。井旁竖有禹王像,持锸,操橐耜,指挥治水,栩栩如生。井上建有雕梁画栋、金碧辉煌的亭式建筑。

石淙美景

◆石淙

即平洛水。唐人谓之平乐涧。石淙之水,源出于嵩山,流合于颍水。水自登封大冶刘碑村西二里许入涧,涧底石平如砥,流水濯之光洁可爱,俗谓之小石淙。又西里许,有丛石攒立,或插水中,或倚崖畔,或高或低,或平或侧,或为峰、为巘、为屿、为台。水啮其根,环转穿流。其水至两峰夹处蓄注渟泓,谓之车箱潭。潭上有天然石洞,唐武则天此建三阳宫,刻侍游诸诗。南崖刻有张易之的《宴石淙序》。按唐代大臣张说谏疏称御苑。东西二十里,削峦起观,竭流涨海,池亭奇巧,仰出云路,非常壮观。

◆云锦淙

位于太室山卢崖区内。唐朝著名隐士卢鸿一在《嵩山十志》序云:

云锦淙者,盖激溜冲攒,倾石丛倚。鸣湍叠溪,喷若云风;诡辉分丽,焕若云锦。可以莹发灵瞩,幽玩忘归。及匪士观之,则反曰寒泉伤玉趾矣。

◆炼丹井

位于嵩阳书院后。周遭石砌,俱镌虬龙。唐玄宗时,嵩山道人孙太冲曾炼丹于此,掘井取水者也。

◆四眼井

位于东洛阳老城南隅东南角,因该街存此井而得名"四眼井街",所谓"四眼"是在此井四周置四眼站位,可供四人同时取水。元代"金元城池图"中已有此标注,据此推测年代应在宋元之前。相传此井早先位于东汉末曹操军马草料场附近,为曹军训练军马取水用井。当地百姓称井水有"苦、辣、酸、甜"四味。现该井干枯填埋,仅留井口,2000年修建该街道路时,井口埋于路下。

◆二十八浦

五渡水出太室东谷,自山顶下流,疏为28浦,过大泽。五渡之水,在山为谷,遇石为潾;深处为潭,浅处为濑;疏而为川,曲而为澳;夹而为涧,注而为溪,诸态备矣,盖嵩山之最奇者。古人名曰五渡,自其大而言;旧志注曰二十八浦,自其小而言。《说文》曰:"浦,水滨也。"

◆竹香浦

位于少室山之南。水边生竹,无他杂树。予偶至林边,闻有香气,非兰非桂,清芬异常,盖竹香也。遂题词曰:竹香浦。

◆鹭浦

为颍水之别派,至箕阴复合。软莎疏柳,遥祝山相映,乃修禊之选也。中多白鹭,故称鹭浦。

◆水云津

自登封入汝州者,往来必渡颍。一路云水之致,令人应接不暇。尝读杜甫诗:"水流心不竞,云在意俱迟。"持此水心云意,可以处功名之会,可以入豺虎之丛,可以了性命之原,可以通古今之变。裁"水、云"二字以名津,非常恰当。

◆五社津

位于巩义市北2.5公里黄河渡口。大河东过巩北,谓之巩河,有五社渡,亦谓五社津,又名五度津。更始将朱鲔守洛阳,遣兵度巩河,攻温。又建武初,遣将军耿弇率强弩将军陈俊等军五社津,备荥阳以东,而使吴汉等围洛阳,是也。

◆南漪

《尔雅》云:文波如锦文曰漪。嵩山之水,惟颍足以当之。颍水在嵩山之南,亦在登封之南,故名南漪。

◆飞花濑

位于中岳庙之东。嵩山之水,多行石上,清湛不滓,水傍多植花木。每当暮春之际,芬芬灿烂,不下河阳。曾几何时,片片随流,杳然而去。杜诗云:"细推物理须行乐。"李诗云:"别有天地非人间。"咏此二言,名利之心都复尽矣。

◆灅澳

位于少室山前,即灅水之涯也。宛转成湾,竹树深密,倚山面田,衡泌之胜选蔑以尚兹矣。

◆雁渚

位于太室山东南曲河里。长川之内,小洲相连,水草既繁,宾鸿所止。

◆柘林皋

位于箕山之东,石羊关外,众水所汇,遂成广泽。陂岸迁迁,依山为聚;室庐相望,桑柘成林。《尔雅》云:"泽曲曰皋。"故名柘林皋。

◆珍珠帘

位于少室阴。源自山上水匦,倒泻而下,如万斛晶珠落注陡涧。

◆计素渚

位于偃师市境内。《水经注》:洛水又东,经计素渚。中朝时百国贡计所顿,故渚得其名。又直偃师故县南,与缑氏分水。戴延之《西征记》云:次,前至黄马坂,去计素渚十里。

◆竹川

位于荥阳市西南12公里处,系风景胜地。这时群峰朝秀,汜河缠绕,竹林活水,风景清幽同。历史上这里是有名的竹川,常年种植有大片的竹林,即使现在,也还有200余亩绿竹。竹川紧临西山脚下,太溪池水清澈如镜。池南侧有一处(逍遥观)道教名刹,依三窟山而建,居高临下,俯瞰竹林,景色非常优美。

◆水匦

位于少室山雷家窑西三里许,有一大谷,分为两支,自南而北环抱,其前谷口甚隘,昔人避乱者坊之,以蓄水,谓之水匦。广数亩,深数丈,可以泛舟。今废。

◆九曲渎

也称阳渠。位于偃师县境。陆机《洛阳记》:城之西面有阳渠,周公制之也,亦谓之九曲渎。《晋书》:"都水使者陈狼凿运渠,从洛口入注九曲,至东阳门。"星衍按:晋废偃师,则巩县与洛阳接境。《河南十二县境簿》:九曲渎在河南巩县西,西至洛阳,则正经偃师县境矣。

# 第十一章 野生植物

嵩山东北部与黄淮平原接壤,西北部、南部则被伊洛河、汝河分隔,区内地貌多低山丘陵,海拔在300~1500米之间,山脉主体呈中山地貌。由于多次地质构造运动和强烈的断块抬升,形成了北坡舒缓、南坡陡峭的单斜地貌。嵩山之中,峡谷、岩石、洞穴、山丘满山,溪水、潭池、瀑布、河流遍布,异常复杂的地形地貌为嵩山的生物多样性分布提供了理想场所。

在神奇秀美的嵩山风光中,野生植物是最神奇的东西。它不需要人类的种植与管理,在神秘的大自然中,年年岁岁,自生自灭,以顽强的生命力,永远地冬去春来。成千上万的嵩山野生植物,一年四季,姹紫嫣红,枝繁叶茂,花果缤纷。使嵩山的颜色永远丰富多彩,美丽如画。它们在美化嵩山的同时,也给人类提供着源源不断的实用材料:有各种用途的木材,有绚丽多彩的花朵,有味道甜美的果实,有享用不尽的菜

野生植物

肴,有医治百病的中草药……野生植物给社会提供的东西千年万年,无穷无尽。野生植物无处不在,而且有很多珍稀植物是从亘古延续至今,使我们得以欣赏到它们在远古时代就绽放过的色彩之美。或许正是这些千姿百态的野生植物,以其宝贵丰富的自然汁液,滋养了嵩山的生命与文明。

据1980年前植物调查和近年来的工作,获知嵩山地域共有维管束植物168科760属1707种(包括亚种和变种),其中蕨类植物21科36属81种,裸子植物8科18属50种,被子植物139科706属1576种。包括引进栽培温室植物共有180科826属1824种。此外还有大量苔藓、地衣、真菌和水生浮游植物。有30种以上优势科,包括菊科、禾本科、蔷薇科、豆科、十字花科、毛茛科、莎草科、蓼科,共占全区植物总种数42%以上。

## 第一节 植被

嵩山植被

嵩山地域位于暖温带南缘向北亚热带过渡的地带,属暖温带植物区系。植物种类繁多,区系成分复杂,形成了明显的植被垂直分布带:一是低山丘陵灌丛草甸及农作物植被带,处于海拔800米以下的低山丘陵河谷平川地带,土壤为褐色土和一些农业土类。长期以来这里人类活动频繁,多数土地已辟为农田,自然植被仅在一些不宜耕作的地方呈孤岛分布。二是中低山针叶林、落叶阔叶林混交林带,主要分布于海拔800～1200米的低山和中山地带,这里上部为棕色森林土,下部为淋溶山地褐色土,本带受人为影响严重,森林覆盖率低,所能见到的大部分是经多次砍伐的次生林,主要为萌发的栓皮栎和山杨林或人工油松林。三是海拔1200米以上,土壤为棕色森林土,主要树种有千斤榆、五角枫、山杨、鹅耳枥及人工油松等,灌木种类主要有榛子映山红、六道木、胡枝子、鬼见愁、悬钩子等。

新中国成立以后,由于各级政府及群众重视森林保护和人工植树造林,嵩山地域的低山丘陵和中低山区的植被状况有了明显的改善。

## 一、植物区系特点

嵩山地域在地理上处于北暖温带南缘,与北亚热带相邻,区系构成属泛北极植物区,中国—日本森林植物亚区的华北植物省。区系成分以温带成分为主,计有389属,占本区植物总属70%,其中在温带分布类型中,北温带分布189属575种,如栎属、鹅耳枥属、榆属、椴属等是本区森林植被重要组成部分。其它温带分布66属108种,如橐吾属、鹅观草属等。东亚及东亚—北美分布92属,如四照花、溲疏等。中国—喜玛拉雅分布8属,如秃疮花、阴行草等。中国—日本分布19属,如鸡麻、化香等。东亚、北美间断分布37属,如金线草、流苏树等。温带亚洲分布20属,如大油芒、附地菜等。地中海区、西亚至中亚分布15属,如糖芥属。中亚分布7属,如花旗杆、诸葛菜等。

热带、亚热带分布延伸至本区41科140属,泛热带分布78属,如马兜铃、南蛇藤、黄檀等。热带亚洲到热带美洲分布7属,如苦木、雀梅藤等。旧世界热带分布17属,如扁担杆、八角枫等。热带亚洲至热带大洋洲分布12属,如臭椿、柘等。热带亚洲至热带非洲分布11属,如杠柳、菅等。热带亚洲分布15属,如构、蛇莓等。这些充分说明了该区系与热带、亚热带之间的相关联系。

特殊的位置决定了嵩山地域具有东西、南北植物兼容过渡特征,如华北成分的华北风毛菊、华北绣线菊,华西成分的西北栒子、山桐子等,华东成分的华东木蓝,华中成份的华中栒子等。

## 二、植物垂直分布

组成嵩山地域植被的建群层片主要以松科松属和壳斗科栎属的种类为主。松科松属中有华北成分的油松和喜马拉雅成分的华山松。壳斗科中有旱生性的落叶栎林,即有栓皮栎林、麻栎林、锐齿槲栎林、槲树林以及半常绿的橿子栎林等。蔷薇科、豆科植物常作为优势灌丛分布尔木下层。侧柏在海拔600米以下丘陵、山麓的石灰岩母质发育的土壤上多成为建群种。此外,还有杨柳科、榆科、槭树科等植物组成落叶阔叶林。油松和华山松有时能在局部地区出现片状分布的群落,其分布规律是,油松和栓皮栎林、麻栎林在山地中下部,而华山松和锐齿槲栎林则在山地的上部。上述的松栎群落都有其特定的群落学特点和生态适应范围,具体表现在垂直分布上有较明显的界限,一般可分为两个亚带,即麻栎、栓皮栎林亚带和锐齿槲栎林亚带。

### (一)麻栎、栓皮栎林亚带

分布在海拔600～1000米之间的褐土上,常形成单优群落,由于人为活动影响,山地下部经反复破坏,多呈次生栓皮栎灌丛,上部仍有极少数栓皮栎林存在。混入其中的乔木有麻栎、槲栎、槲树、橿子栎、茅栗、臭椿、化香、五角枫、山合欢、鹅耳枥和油松以及块、片状分布的侧柏疏林等。本亚带灌木种类较多,其中以优势种出现的有杭子梢、黄栌、绣线菊、胡枝子、榛、河朔荛花、孩儿拳、胡颓子等。草本植物主要是突脉苔草、野青茅、牡蒿、牛尾蒿、大油芒、艾蒿、兔儿伞等。

### (二)锐齿槲栎林亚带

分布在海拔1100～1500米以上的山地棕壤上,锐齿槲栎可形成单优群落,混入群落内部的树种有华山松、槲树、栓皮栎、山杨、椴树、鹅耳枥、白蜡、朴树和大果榆等。本亚带灌木层优势种有胡枝子、绣线菊、六道木、黄栌、箭竹、山楂、珍珠梅、连翘、卫茅等。草本以白羊草、黄背草、羊胡子草、宽叶苔草为最多,其他还有野青茅、铃兰、碎米荠、唐松草、泥胡菜、凤毛菊、糙苏等。

## 三、植物群落组成

在植物群落上,嵩山地域自然森林植被共划分为温性针叶林、落叶阔叶林、灌丛(灌草丛)、高草草甸、竹林5个植被型,31个群系。主要有:栓皮栎林、化香林、板栗林、槲树林、毛黄栌灌丛、野山楂灌林、伞花胡颓子灌丛、欧李灌丛、黄荆灌丛、黄橿子林、玉玲花林、黄楝杂木林、千金榆杂木林、大果榉杂木林、栾树杂木林、山合欢杂木林(杂木林内灌木多由小果蔷薇、扁担杆、茅莓、柔毛绣线菊等组成)、槲栎林、槲树林、短柄枹林、山杨林、黄檀林(常伴生河南海棠、臭檀、紫椴等)、鹅耳枥林、三裂绣线菊灌丛、六道木灌丛、杜鹃灌丛、毛掌锦鸡儿灌丛、三裂叶悬钩子灌丛、珍珠梅灌丛、胡枝子灌丛、杭子梢灌丛、山顶草丛(主要由霞草、凤毛菊、鸦葱、鼠曲草、打火草、蓬子菜、野古草、荻、大油芒、野青茅、披碱草及蒿属植物组成)。

此外还有主要水生浮游植物20种,分别是微囊藻、胶囊藻、球囊藻、实球藻、空球藻、腔球藻、网球藻、鼓藻、顶接鼓藻、凹顶鼓藻、纺锤硅藻、布纹硅藻、丝状硅藻、纤维藻、栅连藻、板星藻、鞘裸藻、甲藻、隐藻、颤藻等。

另有地衣、苔藓、菌类。

## 第二节 野山木

组成嵩山地域森林植被的木本植物共有338种,其中乔木141种,这些植物构成了该区森林植物建群种和优势种。

### 一、用材林名目

在众多木本植物中,用材林优势树种有麻栎、栓皮栎、侧柏、杨类、刺槐、油松等,四旁树优势树种有泡桐、刺槐、杨类、阔杂类、果木类等。常用的有榆树、椿树(香椿、臭椿、千头椿)、桐树(泡桐、梧桐、法国梧桐)、杨树(毛白杨、箭杆杨、小叶杨、大叶杨、瓜子杨、大官杨、钻天杨、沙兰杨、六九杨、七二杨、北京杨、枫杨、美杨、加拿大杨、意大利杨)、柳树(旱柳、水渠柳、垂柳、簸箕柳、龙爪柳、金丝垂柳、怪柳、馒头柳)、槐树(刺槐、龙爪槐、紫穗槐、国槐)、栎树(栓皮栎、麻栎、槲栎、槲树麻栎)、柏树(侧柏、桧柏)、松树(油松、黑松、华山松、湿地松、雪松)、化香、合欢、杉树(水杉、柳杉)、桑树、构树、柘树、黄刺莓、槐树(山槐、国槐、刺槐、紫穗槐、墨西哥刺槐)、法国悬铃木、枫杨、桑、构树、柘树、楸树、楝树、枫树(八角枫、三角枫、五角枫、元宝枫)、槭树(鸡爪槭、茶条槭、葛罗槭、青榨槭、建始槭、血皮槭)、泡桐树(毛泡桐、兰考泡桐、楸叶泡桐、豫选一号泡桐、豫杂一号泡桐、豫林一号泡桐)、腊梅、白腊梅、素心腊梅、珍珠梅、榆叶梅、毛黄栌、黄楝木、榛子、枇杷树、鹅耳枥、朴树、白榆、柿树、君迁子、连翘、流苏、迎春、女贞、丁香、白腊、悬铃木、杜仲、合欢、皂荚、木槿、紫荆、油桐、乌桕、楸树(速生楸、刺楸)、栾树(黄山栾、文冠果)、竹木(毛竹、淡竹、斑竹、刚竹、黄金间碧玉竹)、珙王同、椴树、枸树、栾树、山丁子、山荆、六道木、黄荆、石榴、樱桃、山茱萸、夹竹桃、木香、广玉兰、无花果、灯台树、红瑞木、栒木等。

嵩山地域主要用材植物有麻栎、栓皮栎、侧柏、油松、刺槐、化香、短柄枹、槲栎、栾树、鹅耳枥、山合欢、大果榉、黄檀子等。

### 二、常见野山木

据史料记载和现有的统计,嵩山地域中常见野生山木有50多种,有极少数的品种已经灭绝,本书统计近50种。

◆松柏

嵩山长松绿柏,生于岭涧之左右。

◆连理木

《晋书》:元帝建武元年,木连理生嵩山。

◆栯木

《山海经》载:太室山有木焉,叶状如梨而赤理,其名曰栯木,服者不妒。

◆梼树

《北朝竺》载:善惠大士于嵩山之顶,因双梼树创寺而居,故称双林寺。

◆木瘿

陈继儒《岩栖幽事》载:嵩山木瘿,以为炉。铭曰:形固可使如槁木乎,心固可使如死灰乎,惟我与尔有是夫。

◆槭树

嵩山萧颖士诗序曰:二室之间,有槭树焉,与江南枫形胥类。

◆柏

《尔雅》以为椈。嵩下最多,园圃馆墅、寺观坟茔,无处不植。汉柏大至三丈五尺;寺庙之植,大至三丈者,不可胜数。岩谷之间,侧生倒植,俱极畅茂。

◆桧

《尔雅》所谓栝也。嵩无松,即以此为松。有二种,一种叶类柏,而有尖,其身则松,此谓桧也。郑《注》以为宜植庭院。一种叶如松针,而短细甚锐,其身则柏。少林山中甚多,亦最易生易长。木色深红,匠者名为血柏。《群芳谱》曰:松叶柏身者,其名枞。《尸子》谓堂密有美枞。盖良材也。《尔雅翼》曰:桧叶与身皆曲,以曲故曰会;枞叶与身皆直,以直故曰从。叶封《嵩山志》曰:少室之阴多桧,松叶柏身,嵩人亦谓之松。

◆怪松

怪松在会善寺。金代著名诗人冯璧、雷渊俱有诗。

◆松柏

卢元明《嵩高山记》曰:嵩山长松绿柏,生于岭涧之左右。

◆古柏

《广博物志》曰:嵩山嵩阳观东,古柏3株,积翠婆娑可爱。中有1株尤大,石刻曰"汉武帝封大将军"。

### ◆倒柏
《抱朴子》曰：嵩山大谷，倒生之柏皆与天齐其长，地等其久。

### ◆大松
嵩山多柏、多桧，松甚少，然深山岩石缝间亦有之。树之大，形如橡。有青松、白松两种。移种家园，最难培养，盖地气不宜耳。《避暑录话》曰：许洛地相接，嵩山至多松，而许更无有。则是宋以前，嵩固多松，不知何以至今遂少也。

卢元明《嵩高山记》曰：嵩岳有大松，或百岁，或千岁，其精变为青牛，或为伏龟。采食其实，得长生。明代傅梅曰：白鹤观、出祖庵及绝崖各处，俱有大松。

### ◆卷柏
多生石缝间，如扁柏叶。一根着地不起茎。阴雨展舒，面青色，背略淡青，晴霁则干焦卷屈，阴雨复展如故。俗呼万年松。

### ◆古树
袁宏道《嵩游记》曰：甘露台有古树，根如敏石，虚处如梁。

嵩山柏树

### ◆梼树
《北朝竺业》曰：嵩山之顶的双梼树。

### ◆大竹
《河图》曰：少室之下，大竹堪为甑器。其笋长伟，堪食。

### ◆竹笋
晋戴凯之《笋谱》曰：笋，竹萌也，以四月生也。注曰：据洛阳土中，嵩少之间，四月方生。

### ◆冬竹
裴漼《少林记》曰：垂拱中，有冬竹抽笋，塔院后复有藤生。武后赐书有"鹫宫冬节，生兹凤箨。三处抽筠，一茎标质"等语。

### ◆亢木
《山海经》载："浮戏山有木焉，叶状如樗而赤实，名曰亢木，食之不蛊。"

### ◆榆
《本草》月：榆皮生颍川山谷。

◆ 檀树

傅梅《嵩书》曰：檀香峰，山有檀树，木紫而香。

◆ 秦槐

傅梅《嵩书》曰：少林寺藏经阁后有大槐，相传秦时所植。宋潞公诗有"五品封槐今尚在"之句。

◆ 贝多树

《杂道书》曰：汉世有道士，从外国带贝多子来，于嵩山西脚上种之。有四树与众木异，一年三花，白色香美。《酉阳杂俎》曰：贝多皮叶，西域用以写经。《嵩山记》称嵩高寺中有思惟树，即贝多也。释氏有"贝多树下思惟经"。

◆ 帝休

《山海经》载：少室之山有木焉，其名曰帝休。叶状如杨，其枝五衢，黄华黑实，服者不怒。郭璞《注》曰：言木枝交错，相重五出，有象衢路也。出骚曰：靡萍九衢。

◆ 帝屋

《山海经》载：讲山有木焉，名曰帝屋，叶状如椒，反伤赤实，可以御凶。注：反伤刺下勾也。

◆ 楸

《尔雅》谓之荣桐。嵩人多种于庭堂书馆。四月开黄花，坠下如醭；六月结子成荚。老则开裂如箕，子缀其边。一种名曰白桐，叶三杈，大径尺，最易生长。皮色粗白轻虚，二月开花如牵牛，花色白，华而不实，《尔雅》谓之椒，古人为棺椁者此也。嵩人以制器物箱柜甚良。山产者枝干有刺，叶如梧桐，土人谓曰刺楸。以叶与楸类，故也。

◆ 榆树

《本草》载：榆皮生颍川山谷。木甚高大。未叶时，枝上生瘤，累累成串。及开，则为榆荚，土人名曰榆钱，可为蔬食。《群芳谱》以为枌榆也。榆类甚多，嵩止此种。一种山产者，为刺榆，《尔雅》以为枢，《诗》"山有枢"，是也。又一种皮白而木理坚者，山人名为滑榆。《埤雅》曰：榆性濡软，久无不曲。比之白杨，不如远矣。

◆ 槐

木极高大，材实重，可作器物。纹理如花梨，色有黄、白、黑。其黑者，谓之狗屎槐，品最下，《尔雅》别为櫰。《困学记》曰：槐之生也，入季春，五日而兔目，十日而鼠耳，更旬而始规，规旬而叶成。一种野生者，叶似槐，非槐也。小材，细紫花，自四五月至霜降，时开不断，俗称四季槐。山谷间无处不有，燕都以为盆玩。

◆ 檀

《尔雅传》曰：强韧之木。状与榆相似，生山石间。少室玉皇沟有之，栲栳可玩。《论衡》曰：枫桐速长，故不坚刚。檀以五月生叶，其材强劲。《淮南子》曰：檀，阴木也。

◆ 枫

嵩人谓枫香树，山产也。叶类橡，实如松塔。根老就朽，极香，名曰还香。萧颖士曰：二室之间有槭树，与江南枫形相类。此木或即槭树欤。《群芳谱》谓枫叶圆而作岐，此固不类矣。

◆ 楮构

构木皮斑，叶无桠叉。剥其皮制纸。楮木皮白，叶有桠叉，结实如杨梅，土人名曰楮桃，亦名柘桃，亦名构桃。《诗》："其下维谷。"《史》：亳有祥桑谷，生于朝。《博雅》云：谷，楮也。陆玑云：幽州人谓之谷桑，或曰楮桑，盖一物也。《物类相感志》云：其胶可以团丹砂。《古史考》曰：柘枝长而劲，鸟集之将飞，枝反起弹鸟，乃号呼。此枝为弓，快而有力，因名鸟号之弓。

◆ 香椿树

园圃多植以为蔬。间有作花者，结实如枣核，累累成穗。山产者味更清香，生发稍后，春天，民间多以此为美食。

◆ 樗

樗亦椿类，气臭，俗名臭椿；亦有不臭者，俗名白椿。白椿皮白，臭椿皮黑。树极高大，《诗》所谓"蔽芾其樗"也。产于山中者，树叶俱相类，叶稍狭。《草木疏》曰：山樗与田樗无异，叶似差狭耳。《本草》李时珍曰：椿樗栲，一本三种也。《诗》："山有栲。"栲木即樗之生山中者。许慎读栲为糗丘，上声。故与扭叶，今人讹为臭也。

◆ 栎

山中遍产。俗呼误为栗，其叶与栗类也。栎之子为皂斗，其壳为汁，可以染皂，结实曰橡。《尔雅》曰其实栎，民间用以作粉。此木古名不同，《尔雅》谓栩杼，或曰一种不结实者名械木，心赤；其结实者名栩。《诗·唐风》："集于苞栩。"《秦风》："山有苞栎。"《小雅》："陟彼高冈，析其柞薪。"《大雅》："瑟彼柞械，民所燎矣。"《图经》曰：栩亦为柞栎。《疏》曰：秦人呼柞为栎也。杜甫客秦州，采橡自给，即此物。

◆ 山栗

结实似栗而小。《尔雅》所谓栵栭是也。《诗》："其灌其栵。"

◆ 柳

溪涧最多。《尔雅》以为杨蒲。郑《注》：水杨。《左氏》所谓董泽之蒲也。亦称萑蒲。其长条数尺，袅袅下垂者为垂柳；叶稍窄，淡青色，垂至丈余者名线柳，古人亦谓之杨。春间飞絮，絮中有子，着水即生。折枝插土中,水灌之,易生根。丛生泽中,如芦荻者,名杞柳。一种柽柳,干小枝柔皮赤,叶细如系,一年三次作花。长二三寸,色粉红,俗称三春柳,以三花名也。《尔雅翼》曰:天将雨,柽先起气以应之,故一名雨师。《诗·皇矣》云:"其柽其椐",亦良木也。《本草》谓之赤柽,枝叶发散最效。一种榉柳,俗名鬼柳。南音呼鬼为举,北人遂易榉为鬼。此木多生溪涧水侧。木大者,高四五丈,合二三人抱,叶似柳非柳,似槐非槐,材细腻,作箱案甚佳。郑樵曰:榉,榆类也。其实如榆钱,乡人采其叶为甜菜。《孟子》:性犹杞柳。《注》:杞柳,柜柳也。即此木。

◆ 杨

《尔雅》谓之杨蒲。《本草》谓之水杨。一名青杨,一名蒲杨。《左传》所谓:"董泽之蒲,可以为箭。"古亦名萑苻。《注》曰:丸蒲也。陆玑曰:蒲柳二种,一种皮青,一种皮白,故有青杨、白杨之称。嵩下白杨甚多,木甚高大,遇风则叶偏反,簌簌有声,坟墓间多植之。有一种叶小者,似杏叶而稍大。当初嫩时,民间作蔬亦佳,俗有大叶、小叶之称。《群芳谱》曰:小叶者青杨,大叶者白杨,如杏叶者梧桐杨也。《埤雅》曰:白杨性劲直,堪为屋材,宁折终不屈挠。登人以作栋梁,甚佳。

◆ 杏树

无异地产,园圃供果品之用。山中崖圻石隙,无处不有。春时簇锦堆彩,娱游览之目。

◆ 桃

亦多山产。《尔雅》谓山桃,野出也。杂早卉嫩绿中,甚助游兴。园植有千瓣绛桃,有绯桃,开迟而色可爱;有千叶桃,一名碧桃,花色淡红,亦结子,双尖,或三尖。其结果者俱名油桃。《月令》:桃始华。即此。

◆ 贞木

《山海经》载:太室多贞木。《典术》载:女贞木也。

◆ 柿树

明代傅梅《嵩书》载:二室之下,其土宜柿。

◆ 菩提树

《韵会》载:昔跋陀开创少林,自西域将桫椤子来种。少林寺方丈室后,二株见存,亦名菩提树。叶如海桐,花开白色,少林、永泰寺有之。

◆ 亢木

《山海经》载:浮戏之山有木,叶状如樗而赤实,名曰亢木。

## 三、野生经济树木

野生经济树木种类主要有山葡萄、野草莓、野板栗、野沙梨、野山楂、野酸枣、山糖梨、山核桃、山荆芥、野花椒、白腊条、荆条等。

常见野生经济树木有：

### ◆桧
叶封《嵩山志》载：少室之阴多桧，松叶柏身，嵩身亦谓之松。

### ◆槭树
嵩山萧颖士诗序曰：二室之间，有槭树焉，与江南枫形胥类。

### ◆女贞
凌冬不凋。比冬青叶厚而柔长，面青背淡，结子累累，名曰女贞。许慎间置虫造蜡，即此树。嵩人无造蜡者，亦呼是木为白蜡条。

### ◆冬青
野生细叶，如苜蓿叶而厚，结子黑色。嵩人即以此为女贞。凌冬不凋，丛生，无高大者。移植家园，接桂易生。一种叶相似而藤本，附墙依石而生。干着处即生须根，冬叶不凋。结子白壳，至秋，壳劈子见，色如珊瑚红。土人亦呼冬青，别其名曰抓山虎。

### ◆黄杨
野生黄杨有密叶、鹿角两种。

### ◆天竹
叶如竹，小锐，有刻缺。结实枝头，赤红如珊瑚。最耐霜雪，人家园墅俱有。沈括《梦溪笔谈》曰：《本草》南烛草木，木类也，又似草类，故谓之草木。今人谓南天烛者是也。南人多植于庭槛之间。茎如蒴藋，有节，高三四尺。庐山有盈丈者，叶微似楝而小。至秋，则实赤如丹。按此，即嵩之所谓天竹者。

嵩山黄栌

### ◆荆
遍山俱产。春间抽条，高二三尺，农家于秋后刈之，编为囤笆之用。其不称条者，樵采为薪。一种赤条者名楉，比荆细软，可为筐筥。

### ◆黄栌
叶如梨，背有赤筋。秋时红色，鲜艳可爱。木心正黄，可用为染，即《山海经》所谓栯也。《癸辛杂识》载：长城之旁，居人以积雨后，或有得坚木于城土中,识者谓名黄栌木。乃当时用以为城干者。性极坚劲,不畏而耐久。至今二千年,犹有如楹大者,以为枪杆最佳。今嵩人多以铺屋载瓦泥,久而不朽。

◆ 槲
《本草》谓之大叶栎。结实似橡,稍短小,土人采之腌酱。其小叶者,俗名青杠,《本草》以为枹。唐武后禅少室,封禅坛南,有大槲树,置金鸡榜其杪,赐号金鸡树。

◆ 杻
晋陆机云:叶似杏而尖,白色,皮正赤。为木多曲少直,枝叶茂好。二月中,叶疏华如楝,而细蕊正白,山下人谓之牛筋。今嵩下有此。傅梅《嵩书》谓牛金子也。按《丹铅杂录》曰:唐时官园种之,改名万岁树。

◆ 楷
嵩人呼黄楝树。春间嫩芽为蔬,回味清香。木黄色,其干枝疏而不屈,孔林中甚多。亦称孔木,芽称孔菜。

◆ 椴
山产。木理甚细,可作器物。《尔雅》以为椵柂。树似白杨,其材耐湿。

◆ 白头翁
山产。木质,开白花。《本草经》曰:白头翁生嵩山山谷及山野。

◆ 帝屋
《山海经》曰:讲山有木焉,名曰帝屋。叶状如椒,反伤赤实,可以御凶。《注》反伤,刺下勾也。

◆ 夜光木
《群芳谱》曰:一名亮木。塞外木经久而枯,其根不朽,蟠回连理于土中。水渍木根,光鲜透彻,中外一色,有类珠树。夜明焰,可烛物。嵩下朽材时有之。

◆ 藤
山谷中俱有。春间蕊累成穗,民间取作蔬,亦或移置斋壁间。开花紫色,疏缀,花落结角,长四五寸。

◆ 络石
生山谷阴湿处。冬夏长青,茎蔓延绕石上。叶细而厚,茎节着处,即生根须。折蔓,白汁随出。二室甚多。

◆ 竹
山岭溪谷,丛丛成林。种类不一,土人总名曰竹、慈孝竹。山野家园亦有,俗称实竹。高至二三丈,大两围者。

◆淡竹

古名鸡跖草,《洛阳花木记》以为碧凤花。紫茎竹叶,四五月开花如蛾形,两叶如翅,碧色可爱,俗称蓝蝴蝶。

◆扁竹

茎节赤色,生道旁。节间白花,叶细绿,盖野草也。《资暇录》载:陆玑《草木疏》引郭璞诗"淇澳篆竹",王刍也。今呼曰脚莎,一云即鹿蓐草。

◆桑

叶可蚕,皮可纸,葚可食。自然杈可为农器,惟杈之利为多。

嵩山野桑有两种,一种多椹,叶薄而尖。果实为桑椹,有瓣;一种少椹,圆厚而多津。山产多薄叶者,名荆桑。园产厚叶,名鲁桑。嵩人饲蚕者少,故不植桑,然遍地皆有,盖天产也。

◆麻

二种,一种火麻,《尔雅》所谓枲麻也,无子。其结子者,古名苴麻,俗俱名好麻;一种萩麻,《唐本草》谓茼麻也。亦名白麻,花黄,结子如橡斗,叶圆如盂,土人以裹曲。

◆葛

野生,春发苗,引藤蔓长一二丈。嵩人不晓作绨绤,为缝席捆困束之用。根大如臂,即《本草》葛根。花红紫,结荚,有毛,子绿色。

◆绵桃

高不过二三尺。秋花黄如葵,亦有红紫者。《南史》所谓白叠也。《越志》谓之古终藤。结实如鹅毛,累累如桃,嵩人呼为绵桃。

◆牛尾蒿

陆《疏》云:茎可作烛,有香气,故祭祀以脂爇之。古人谓之萧。《诗》:"取萧祭脂"。《郊特牲》云:"既奠,然后爇萧。"是也。

◆少辛

浮戏山东有谷,曰蛇谷,上多少辛。注:谷中出蛇,故以名之。少辛,细辛也。

◆蓟柏

《山海经》:"敏山(即七敏山)上有木焉,其状如荆,白花而亦实,名曰蓟柏,服者不寒。"

◆山楂树

土名木胡梨。嵩山野生山楂树,其果芳香,既可药用,也可酿酒。

◆苹草

《图赞》:"大隗之山,爰有苹草,青花白实,食之无夭,虽不增龄,可以穷老。"

◆云桑

《中州杂俎》载:"云桑生密县山野中,其树枝皆类桑。其叶如云头,花纹如木栾,叶微润,开青细黄花,其叶味微苦,能救饥。煠熟换水,浸淘去苦味,油盐调食,或蒸晒作茶,尤佳。"

◆冬桃

《中州杂俎》载:"密县有一种冬桃,夏花秋实。八九月间桃自开,其核堕地而复合,肉生满其中,至冬而熟,味如淇上银桃而加美,亦异品也。"

◆苌楚

《坤雅》:"苌楚、铫芅,今羊桃也。白华,子如小麦,其叶与实皆似桃,故有桃之号也。"《诗·桧风》:"隰有苌楚"。

◆小蓝靛

深蓝色的有机染料。用蓼蓝的叶子发酵制成。用来染布。染色经久不退。出自于密县超化,蒜后栽秧,八月成熟,色泽鲜明。

◆檞树

土人剥其皮制纸。

◆桂树

《异物志》载:桂之灌生,必萃其族。柯叶不渝,冬夏长绿,在乎嵩岳。

◆竹笋

晋戴凯之《笋谱》曰:笋,竹萌也,以四月生也。注曰:据洛阳土中,嵩少之间,四月方生。

## 四、珍稀树简介

嵩山地域气候温和,适宜多种树木生长,其中也不乏珍稀树种。随着园林绿化事业的发展,新中国成立以后,曾成功引进一些珍稀树种,包括原有珍稀树种共20余种。

◆水杉

重要用材树种,国家一级保护植物,20世纪50年代引进。树体高大,雄伟壮观,生长旺盛,被称为"活化石"。

◆山桐子

重要观赏树,分布于嵩山山区。落叶大乔木,年年开花结果。

◆马褂木

国家二级保护植物,20世纪70年代引进。落叶大乔木,花叶奇特美观,是著名的观赏树种。

◆珙王桐

国家一级保护植物,第三纪古热带植物的孑遗树种,1978年引入。珙王桐树体高大挺拔,头状花序下的二枚白色苞片美丽奇特,盛花时,似白鸽群栖树上,有"鸽子树"的美称。

◆银鹊树

国家三级保护植物,用材和绿化兼用树种,1980年引入。省沽油科落叶乔木,生长良好。

◆秃杉

国家一级保护植物,1980年引入。常绿大乔木,树姿优美,是极好的观赏树种,生长良好。

◆黄波罗

国家三级保护植物,我国珍贵的用材树种。落叶大乔木,嵩山峻极峰有自然分布。

◆连香树

国家二级保护植物。落叶大乔木,材质上等,寿命甚长,引种后生长良好。

◆人面竹

著名的观赏竹种之一,1983年由湖南引入,生长良好。

◆西康玉兰

国家三级保护植物,1982年引入。落叶乔木,生长良好。

◆宝华玉兰

国家三级保护植物,1982年引入。落叶乔木,已开花结实。

◆华榛

国家三级保护植物,1982年引入。落叶大乔木,树冠遮阴面积大,果实奇特,生长良好。

◆银杏

国家二级保护植物,第四纪孑遗裸子植物。为高大落叶乔木,叶子扇形,雌雄异株。本区栽培普遍,栽培历史悠久。

◆红豆杉

国家一级保护植物。20世纪80年代引入。常绿针叶树种,树形美丽,由于树体内部含紫杉醇,以对癌症治疗有特效而倍受注目。

◆杜仲

国家二级保护植物,重要药材。在嵩山地区有零星栽培,随着用量扩大及现存数量不足日益珍贵,近年育苗不断增多。

◆流苏树

国家二级保护植物,分布于嵩山山区。落叶乔木,花序大,花期3~6月,是优良的风景观赏树种。

◆猬实

国家三级保护植物,分布于嵩山山区。落叶灌木,花粉红色或紫色,花期5月,花序美丽。

◆四照花

优良植物,常见于嵩山山区。山茱萸科,落叶小乔木,叶光亮,入秋变红,花序苞片大而洁白,聚合核果球形,红艳可爱。

◆灯台树

园林绿化珍品,分布于嵩山山区。落叶乔木,树干端直,分枝层状,宛如灯台,叶大碧绿,白花素雅。

◆山白树

国家二级保护树种,分布于嵩山海拔1000米以上沟谷。金缕梅科小乔木,果序长10~20厘米,花期4~5月。

◆青檀

国家三级保护树种,嵩山地区分布广泛。榆科落叶大乔木,翅果近圆形,为石灰岩山地造林优良树种。

◆厚朴

国家三级保护植物,1980年前后引入。木兰科大乔木,花大香气馥郁,观赏效果良好。

◆领春木

国家三级保护植物,1980年前后引入。昆栏树科落叶乔木,果实奇特,树姿优美。

## 第三节　古树名木

珍稀名木

"古树一般指树龄在百年以上的大树,名木指树种稀有、名贵或具有历史价值和纪念意义的树木。"其中树龄在300年以上和特别珍贵稀有的或具有重要历史价值和纪念意义的为一级,200年或100年以上的古树名木为二级和三级。据不完全统计,嵩山地域现有古树名木3万多株(除去新郑市的和庄镇古枣树群18400棵、新郑市孟庄镇古枣树群34500棵、郑州航空奥星红枣科技界园枣树群500棵)

历史上,嵩山地域的古树名木很多,但由于自然灾害、人为砍伐、火灾等原因,很多稀有大树都遭灭顶之灾,令人非常遗憾。初步统计现在存活下来的有1万余株。主要树种有侧柏、桧柏、女贞、银杏、国槐、皂角、毛白杨、栎树、橿子栎、柿树、核桃、桑树、娑罗树、檀树等28种。稀有的娑罗树仅有4株。本节中选录的珍稀名木古树,每一株古树都见证过一段真实的历史,每一棵名木都蕴藏着一段动人的故事,是嵩山神秘奥妙,自然大美的一部分。

嵩山地域珍稀的古树名木主要可分为十大家族:一是现存古柏,为嵩山的寺、庙、宫、观、庵、院中的生命树。寺以柏盛,柏从寺显,参天蔽日,蓬勃旺盛;二是国槐,遍布嵩山大小寺庙。少林寺院内的五品秦槐,中岳庙的晋代槐,嵩阳书院的大儒槐,嵩岳寺的迎宾槐,许由庙的巢父槐,等等,均为极其珍贵古树。部分景点有的已被火焚,但裔槐尚可多见;三是银杏,嵩山从古至今建寺必植银杏。少林寺的银杏树龄有1500多年,法王寺内银杏树龄已经1900多年;四是亢树,又称橿树,是嵩山古树名木中重要的一个树种,遍布嵩山地域;五是皂角树,嵩山地域的皂角树在很多村庄都有,且历史悠久,大都有古老的故事;六是榆树,榆树也是到处都有,但古老,数量不大,很有限;七是七叶树,也就娑罗树,是从古印度引来的一个稀有树种。嵩山地域现存的活七叶树的数量极为有限,故十分珍贵;八是柿子树,几乎家家户户都有的果树;九是黄连木;十是其他古树。如茅栗树、黄楝树、桑树、毛柏杨、木瓜树、柘树、藤蔓等一些稀有树种,都极大地丰富了嵩山地域珍稀古树名木的品种。

我们在选录古树名木时,对于不同的树木有不同的入选标准。如柏树一般都在千年以上者入选,槐树一般在500年以上者入选,其他树种则在300年以上入选。对于极少的树种也可能100多年就入选。因为物以稀为贵。根据我们掌握的情况,嵩山地域实际上散存在各市县乡村或山沟中的古树名木很多,但因有的市(县)区没有开展普查登记,故以下所录古树名木大都限于嵩山地域各市县有关史料的记载,还有部分未能选录。

# 一、古柏

柏树为柏科植物的通称。常绿乔木或灌木。柏树斗寒傲雪、坚毅挺拔,乃百木之长,素为正气、高尚、长寿、不朽的象征。柏树在宗教中是情感的载体,柏树常出现在墓地是后人对前人的敬仰和怀念。柏树的材具树脂细胞,无树脂道,纹理直或斜,结构细密,材质好,坚韧耐用,有香气,可供建筑、桥梁、舟车、器具、文具、家具等用材;叶可提芳香油,树皮可提栲胶。多数种类在造林、固沙及水土保持方面占有重要地位。

在嵩山园林、寺庵、庙阙、宫观等名胜古迹之处,大都是古柏参天,荫蔽全宇,这给嵩山的神奥,更增添了几许神秘的气氛和色彩。生长在嵩阳书院内的两棵将军古柏树,其中最大的一棵为二将军,高18.9米,胸径3.86米,冠幅18.25米。据史料记载,嵩阳古柏已有4500多年,依然枝叶繁盛,生机盎然。还有生长在中岳庙院内及四周的中岳庙古柏群,共有汉代至清代的古柏277株,是生长着的"活文物"。这些古柏,虽然阅历都在千年以上,但生长良好,尤其是疙疙瘩瘩的树干,奇形怪状,酷似各种动物的形体和怪脸,有很强的观赏性和趣味性。

◆汉封将军柏

位于嵩阳书院内。嵩阳书院现存两株古柏,通常称之为"大将军""二将军"。大将军高约10余米,胸径143厘米,冠幅15米,弯腰躬礼,树干躺在墙上。"二将军"气炸开心,高18.9米,胸径3.86米,冠幅18.25米。枝叶繁盛,生机盎然,虬枝挺拔,望而巍然。它们是我国现存最大最古的稀世名木,也是嵩山地域最为古老的两棵柏树。

《说嵩》载:此柏为三代(夏、商、周)之柏,李觐光则认为"结种在鸿蒙"。当代植物学界测定"二将军柏"是原始森林的遗物,树龄至少为4500岁,堪称"华夏第一柏",专家们誉之为"活着的文物""稀世珍宝"。

传说,西汉元封元年(前110年)正月,汉武帝刘彻,登嵩山后,来此游览。他一进头道门,看见一株古柏,树高身大,枝叶茂盛,惊叹不已地说:"朕,遍游天下,从未见过这么大的柏树!"汉武帝面对此树端详再三,感叹之余,信口赐封为"大将军"。封罢"大将军",汉武帝在群臣的呼拥下,朝正中院走

汉封将军柏

去。这时迎面又看到另一株柏树,比第一株大几倍,汉武帝心中颇为懊恼,但金口玉言,不能更改。最后他拿定主意,指着面前的大柏树说"朕,封你为'二将军'"。当时侍从官员感到汉武帝封得不合理,向武帝提示:"这棵柏树较前一棵大。"可武帝固执已见地说:"先入为主嘛!"随从官员也不敢强辩。再往前走,来到藏书楼前,又见到第三棵柏树,比第二棵柏树更大,武帝心想,怎么一棵比一棵大?但我已赐封在先,岂能改口!只能按先来后到次序加封。武帝面对柏树说:"你再大也只能当'三将军'了。"由于汉武帝封柏不当,三棵柏树都有情绪,最大的一株柏树认为,自己最大,却封为"三将军",一

怒之下,气死了(实际死于明末火灾);"二将军"也感到委屈,把肚子气炸了(即现在的树干有空洞,其它枝干也有裂口);"大将军"感到自己身小个低,没有资格当"大将军",颇觉惭愧,经常弯腰躬礼,向"二将军""三将军"及游人道歉。后人写诗讽刺了汉武帝封柏:

大封小来小封大,先入为主成笑话。

三将军恼怒被气死,二将军不服肚气炸。

大将军羞愧弯下腰,金口玉言谁评价。

游人到此,不觉百念俱生。时至今日,两棵汉封的将军柏,依然生长在嵩阳书院的大院内,汉武帝怎会想到这两株柏树,已成为他"先入为主,知错不改"的见证呢!

◆ 中岳庙古柏群

位于中岳庙院内及四周的中岳庙古柏群,共有汉代至清代的古柏334株,是生长着的"活文物"。由于古柏的数量大,生长地方集中,故称"中岳庙古柏群"。

夏(公元前21世纪~前16世纪)至西汉的侧柏34株,树龄在2500~4000年间;有西汉侧柏15株,为汉武帝元封元年(前110年)扩建中岳庙时栽植,树龄在1965~2125年间。在这些古柏中,很多都是以年代久远,树貌奇特而著称于世。

位于中岳庙内崇圣门东便道亭子旁一株侧柏,树高8米,胸围5.5米,冠幅平均11米,东西11米,南北10米,树龄2500年,为我国最早的古柏之一。

位于中岳庙院内东围墙路边柏树,有两侧柏,树高分别为:10米、11米,胸围分别为:5.3米、5.5米,冠幅平均为:10米、11米,树龄约有2800年。目前此树生长良好。

位于中岳庙崇圣门东便道亭子旁的两株侧柏,树高9米,胸围5.5米,冠幅平均10米,东西9米,南北11米,树龄分别为2500年、2800年。

位于中岳庙崇圣门东便道亭子旁的一株侧柏,树高8米,胸围5.5米,冠幅平均11米,树龄约有2500年。

位于中岳庙崇圣门西便道亭子旁的一株侧柏,树高9米,胸围4.38米,冠幅平均9米,树龄3000年。此树树干粗壮,树冠呈广圆形,叶为鳞片状,枝条茂盛,生长极为旺盛。每年春天开花,秋时结果。种子呈卵形,无翅或几无翅。

位于中岳庙崇圣门前西侧第一株侧柏,树高9米,胸围4.9米,冠幅东西6米,南北7米,树龄3500年。种子、根、叶和树皮可入药,种子可榨油,供制皂、食用或药用。

位于中岳庙院内化三门前的古侧柏树,树高13米,胸围5.6米,冠幅平均10米,树龄4000年。树龄仅次于嵩阳书院将军柏。据专家推测,疑为原始森林遗物。

位于中岳庙院内太尉殿门前的古侧柏树,树高12米,胸围6.1米,冠幅东西南北2米、南北13米,树龄4000年。树干通直,挺拔苍劲,生长茂盛。

位于中岳庙院内南岳殿前,树高13米,胸围5.1米,冠幅东西12米,南北10米,树龄约4000年。

有4000年树龄的中岳庙侧柏

位于中岳庙院内峻极殿路东的古侧柏树,树高10米,胸围3.4米,冠幅东西7米,南北6米,树龄约4000年。

两晋柏树3株(侧柏),植于西晋年间(265~317年),树龄1693~1745年。其中"登中3号",树高15米,干高4.5米,胸径163厘米,冠幅15.5米,生长良好,年年开花结实;

南北朝柏树24株(侧柏),栽植于公元386~534年间,树龄1476~1624年,一般胸径1米左右。其中登中76号,树高16.3米,干高4.3米,胸径117厘米,冠幅16米;

唐柏17株(侧柏),植于公元618~907年间,树龄1103~1392年,胸径50~100厘米。其中初唐时栽植的一株位于峻极门西南西岳殿台,通高15米,围绕粗3.75米,冠幅东西13米,南北10米。此柏树瘤满身,形象极为奇特。

宋金古柏。中岳庙现有宋柏35株,金柏39株。宋金时曾大修中岳庙,同时遍植松柏。中岳庙现存的宋代古柏,栽植于公元960~1127年,树龄在883~1050年之间。

元明清古柏。其中元代古柏41株,明柏55株,清柏92株。元代古柏栽植于公元1271~1279年,树龄在731~739年之间;明代古柏栽植于公元1368~1644年,树龄在366~642年之间;清代古柏栽植于公元1644~1911年,树龄在99~366年之间。

其他名木除了古柏外,还有元代种植的国槐、毛白杨、梧桐、女贞、皂角树13株。

据史料记载,宋太祖乾德二年(964年),河南地方官派两名军将监修中岳庙行廊100多间,并将庙内及庙周围,遍植松柏。当时庙内已有古柏百余株,硕大俱数抱,"自东南来者,40里外遥见苍蔚蟠薄、扶疏荫翳之气,欲喷云雾"。琉璃瓦闪烁其间,明霞璀璨,各种鸟类盘旋之上,更显阴深。入阁周游,始知离奇,或俯或伏,或屈或蟠,或怒或攫,或奋发欲飞,或鳞龙螺旋,或如帏幄之势,或如东盖三拥。加上近代植柏树千株,使中岳庙郁郁葱葱,绿波起伏。"崇埔缭绕,屹若云连",古柏与殿宇互相映衬,构成一道中岳庙"路从古柏阴处转,殿向云峰缺处开"的独特景观,给这座千年古庙增加了丰厚无比的古韵。

中岳庙古柏不仅有很高的历史价值,而且也有重要的艺术观赏价值。中岳庙古柏最高的16米多,最粗的树围6米多。中岳庙的古树名木,历经大自然中千年的风霜雨雪,在生长态势上,其遒劲苍老的树枝和疙瘩密布的树干,造化出许多耐人寻味的怪异动物形象,有着酷似各种动物在攀爬跳跃时的曼妙身姿和怪异表情,在自然界有着无以替代的观赏性和趣味性。中岳庙的许多形像怪异,造型奇特的古柏,自然形成了一道奇特的古树木风景。人们在观赏这道风景时,根据它们各处不同的造型,分别命名"凤尾柏""盘龙柏""大象柏""狮子柏""卧羊柏""猴柏""鹿柏""三公柏"等。这些柏树品种多为侧柏、刺柏,还有少量血柏、桧柏、龙柏、香柏等。植物学家认为,这些奇形怪态的形成,主要与树种、年代、种植条件和生长的不均衡有关。

狮子柏,位于中岳庙院内化三门西南侧25米处。庙院中

中岳庙狮子柏

最粗的一株汉柏,高约11.5米,围粗6.2米,树龄4000年,是庙院中最粗的一株汉柏。树干下部,那突起的树斑疙瘩,形似狮子头,因名"狮子柏"。编号为"登中102号"——狮子柏。

凤尾柏,位于中岳庙配天作镇坊前的通道西侧。自北向南的第二株古柏,高约13米,围粗1.6米,冠幅平均9米,树龄3300年。若站在坊基西南观望,树冠似"凤尾",人称"凤尾柏"。编号为"登中84号"——凤尾柏。

象柏,位于中岳庙院内华山门前西区,树高12米,胸围4.26米,树龄4000年。站在树的主干突起和节痕构成大象头部的造型,长鼻欲动,怒目圆睁,就像一只欲以出击的战将,捍卫自己的领土,因而得名"象柏"。

盘龙柏,位于中岳庙院内化三门东南30米处。该汉柏高约11.5米,围粗4.5米,站于树的东南角度举目观看,树的通体造型极其美丽。在螺旋形的树干上,突然拧出5枝粗大的枝干,从东侧枝干的树枝中,又突然伸出几条浑圆弯曲的枝干,犹如几条长龙盘绕,因名"盘龙柏"。各个龙头都依各自的方向,伸向高空。编号为"登中90号"——盘龙柏。

中岳庙三公柏

卧羊柏,位于中岳庙院内化三门后,南约殿台西南角。该汉柏高约14.5米,围粗4.38米,冠幅东西9米、南北6米,树龄4000年。游人如果站在树西10米以外,向树窟望去,窟内好似卧了一只羊,羊头朝北,安然自若,十分舒适,羊身、羊角、羊鼻、羊嘴都十分逼真,故名"卧羊柏"。编号为"登中122号"——卧羊柏。

猴柏,位于中岳庙院内化三门后,西岳殿台东南角。该汉柏高约13米,围粗3.8米,树龄3600年。游人若站在树南约10米处,可以看到柏树基部,似有象、狮、虎、猴等动物群集攀绕。树基之上2尺偏西处,有一只猴子的形象尤为逼真,故称"猴柏"。编号为"登中107号"——猴柏。

鹿柏,位于中岳庙院内在中岳大殿前,紧依"填台"东边的台基。该汉柏高9米多、围粗2米多。因为站在树的东北约8米处看,树枝上有一干枝,好像一只正在奔跑的梅花鹿,故名"鹿柏"。编号为"登中272号"——鹿柏。

凌霄柏,位于中岳庙院内神州宫后院的西南角。该树为庙内道士于60多年前从太尉宫院移栽于此。树高约10余米。树基之旁,有一株鸡蛋粗细的凌霄树呈藤状在柏树上缠绕。每逢夏、秋季节,翠绿的柏树上,挂满了金色的凌霄花,可谓庙内一处绝景。编号为"登中235号"——凌霄柏。

三公柏,位于中岳庙院内崇圣门西面的三株古柏鼎足而立,相距各10米左右,上顶交织在一起,形成巨大的树冠,犹如三位老公公交头而谈,相互竞长,称"三公柏",亦称古柏争雄。三棵柏树树龄都在3200~4000年,树高分别为12米、10米、11.5米;其胸围一棵3米多,另外两棵有5~6米多;每一棵冠幅平均都有10米之多。

◆ 上街侧柏

上街侧柏在郑州市上街峡窝镇柏庙村有两棵，一棵树高12米，胸围1.11米，平均冠幅4米；另一棵树高12米，胸围2.76米，平均冠幅5.5米，树龄均为2200年。

柏庙村原有一座青烟寺，据《汜水县志》记载，在青烟寺庙前有周秦古柏百余株，到民国初期，尚余24株；20世纪50年代，尚存10株，于戏楼南5株，北2株，庙台上1株，庙院2株；最大的属戏楼南5株及戏楼北2株，树高十余丈，胸径6人合围，盘根裸露地面2米多高，常有小孩爬上爬下玩耍，坐在上面打牌看戏。"文革"期间，因"破四旧"，修水利，8株柏树被砍伐，现仅存柏历史悠久，据传张飞曾在此避雨拴马，距今有两千多年的历史，是我国稀有的古柏，可与少林寺、中岳庙中的"将军柏"媲美，曾被列为"河南省十大美景"之一。

◆ 前士郭村桧柏

位于新密市前士郭村，树高15米，冠幅14米，树龄约2000年。新密人称之为"刘秀柏"。

相传，王莽灭了西汉，改元新朝，自称皇帝。汉室宗亲刘秀，文武双全，韬略过人，为复兴汉室，他四处招贤纳士，决心夺回被王莽篡夺去的汉室江山。刘秀的势力一天天壮大，威胁到了新朝的江山社稷，王莽率军对其征讨。因寡不敌众，刘秀大败，弃甲而逃。王莽怕留后患，遂驱大军追赶不放。战乱中，刘秀单人独骑，逃到密县。由于长途跋涉，坐骑劳累死在路上。刘秀无奈，徒步跑到密县前士郭村，走进一个破败的寺院里。但寺院内空空荡荡，无处躲藏。此时，后面追兵迫近，喊声震天。在此紧急时刻，刘秀猛然抬头，看到院中一棵桧柏树，便急中生智，双手抓住树干就往上爬。可是，树干滑，他三番五次都没能爬上去，身上急得身上冒汗，怎么办呢？这时，树上忽然暴出了几个大树疙瘩。刘秀见状，如蹬阶一般快速地爬到了树上，藏在了稠密的枝叶中。王莽撵至寺内，见院中空无一人，四处搜寻未果，便撤兵走了。后来，刘秀建立了东汉王朝，史称"汉光武帝"。做了皇帝的刘秀为报答柏树的救命之恩，在密县前士郭村重修寺院，并亲笔题字赐名"报恩寺"。寺内的这棵柏树，虽然经历了两千年的风霜雨雪，仍然风采依旧，生机盎然。

◆ 平陌镇侧柏

位于新密市平陌镇龙泉九组。此树高15米，胸围3.5米，冠幅15米，树龄500年，长势旺盛。

◆ 卧龙岗侧柏

位于巩义市竹林镇卧龙岗中岳庙，胸围2.6米，高26米，冠幅9米，树龄1000多年。因其历史悠久，人们在树下为它建一石碑，碑上题名"大柏树王"，并奉它为神仙，每天前来朝拜的人络绎不绝。树上一年四季，缠满了人们祈福的红线。

◆ 烽火台侧柏

位于巩义市大峪沟镇民权村烽火台。此树胸围1.8米，树高7米，冠幅7米，树龄800年，目前长势旺盛。

◆ 平陌扭筋柏

位于新密市平陌镇白龙庙村，树高16米，胸围2.4米，冠幅为8米，树龄1000年。该古树根扎在石缝里，树基盘踞在大石之上，枝干皮纹扭曲，状如麻花，如龙盘旋，所以当地群众称此树为"扭筋柏"。

◆管城清真寺侧柏

位于郑州市管城区清真寺院内大殿前。此树高10余米，树冠10余米，胸围0.5米，树龄500年，树木长势旺盛。

◆会善寺圆柏

位于登封市会善寺门前东侧。此树高14米，胸围3.9米，冠幅9米，树龄2000年。此树冠冠呈广卵形，树皮灰褐色，裂成长条片，幼树枝条斜上伸展，老枝条呈扭曲状，大枝近平展，小枝为圆柱形。

圆柏又称"桧"，自古已然。公元之前，我国古籍中便有关于桧（圆柏）的公布、利用、栽培的记载。3000多年前，中原多有圆柏成材，西周分封的诸侯国中，便有因之将圆柏作为国名，称之为"桧"（《诗·桧风》）。五帝尧舜时，上之所求于下谓下赋，下之所纳于上谓之贡。禹王有功于世，其子启所建立的夏朝即制订"夏后氏五十而贡"的租赋制度。荆扬之贡中，便有"椿干栝柏"的（《诗·夏书·禹贡》）。栝，指的就是桧，即现在所称的圆柏。同时，古代对于桧、柏、枞、松这些针对树种都能从其形态角度予以区别。桧，不仅"性能耐寒，其材大，可为舟及棺椁"（《诗·卫风·竹竿》），而且，"其枝叶乍桧乍柏，一枝之间屡变"，可见古人已经清楚地知道圆柏的叶，幼树时为针刺叶，随着树龄的增长，针叶逐渐被鳞片所代替。

◆大塔寺圆柏

位于登封大塔寺西坡上。此树高12米，胸围3.85米，平均冠幅16米，东西17米，南北15米，树龄约800余年。目前长势良好，形似蘑菇，参天耸立。

◆少林寺圆柏

位于登封少林寺院内天王殿前。此树高23米，胸围2.9米，冠幅平均29米，东西28米，南北30米，树龄1400年。

◆六祖手植柏

位于嵩山少林寺达摩洞下的初祖庵院内。六祖手植柏的树的品种为桧柏，围径4.1米，枝繁叶茂。是六祖慧能于唐代初年使用钵盂从广东带回栽植，以示对达摩的尊崇和怀念。树旁立有清康熙四十四年（1705年）石碑一通，上刻"六祖手植柏，从广东至此"。

◆卫茅抱古柏

位于嵩山少林寺景区。植物专家所称的"卫茅抱古柏"，即卫茅与桧柏相互依存，共同生长的景观。原来僧人们误认为这种和桧柏依偎在一起的植物是冬青，所以称它为"冬青抱古柏"。直到1986年河南农业大学苌立道林学专家教授到少林寺实地考察后，发现了这种靠地根、茎吸收营养和固定身躯的稀有藤蔓植物为日本卫茅，才把冬青更名为日本卫茅，此景观也改称"卫茅抱古柏"。

在少林寺，被称名为"卫茅抱古柏"的景观有三个：

其一，位于少林寺初祖庵大殿前东南角，史称少林寺初祖庵唐柏。有一株桧柏和卫茅的植物奇异古怪,互相缠绕怀抱。史料记载,此柏栽植于唐朝初年,树龄千年以上,系少林寺六祖慧能从从广州用钵盂带回栽植,以示对达摩的尊崇和怀念。树旁立有清康熙四十四年(1705年)石碑1通,上刻"六祖手植柏,从广东至此"。此树高15.1米,干高7.2米,胸径85厘米,冠幅10.25米,生长茂盛,郁郁葱葱。

其二,位于少林寺常住院内的方丈室东侧。古柏树高16米,胸围2米,树龄500年,长势一般。据说,该卫茅的年龄在数百年以上,高30米,冠幅近10米,高度仅次于桧柏。卫茅紧紧依偎柏树盘旋而上,枝蔓又顺柏枝迅速伸向柏树之外,缠绕向上,枝叶和藤蔓层层叠叠。两种植物历经岁月的沧桑和磨砺,生死相依,患难与共,一年四季青翠欲滴,共同创造出生命的奇迹。其情其景,非常奇特。游人至此,争相留影。

少林寺常住院卫茅抱古柏

其三,位于少林寺二祖庵大殿前,有一株古柏被粗大扶芳藤缠绕,四季常青,十分壮观。据说,此株卫茅的年龄在数百年以上。

◆ 观音堂古汉柏

位于汝州市紫云山观音堂寺院里。该汉柏树高21米,树干高17米,胸围4.1米,冠幅7米。树干上下通直,粗细一体。体表皮纹细密,体色红褐有红绒毛,一棵粗大的凌霄藤蔓攀沿树体,直达树顶。不是很大的树冠由主干向四周平行蔓展的9条树干组成,每一条枝干如一条虬龙,有首、有身、有尾、有爪,龙首是吸虹状,龙身呈弓曲之形,龙尾或摆或摇,龙爪或握或伸,形似九龙盘卧树顶,当地人称"龙柏"或"九龙附会"。

◆ 新密天仙白松

《中州杂俎》载:"天仙白松在密县东五里,世传汉时有女仙花,葬此。松其冢上物?"又云:"黄帝葬三女处。三女九岁俱辞学道,后十七年归省,一夕同逝,合葬于此。明年冢上生松,色如傅粉;一本三干,高八九丈,大四抱余;本畔一窍,常流液,甘甚;谓岁两脱肤,盘根虬枝,其叶青翠且硬,肤理莹泽以手爪掐之,文随起,真奇章也!殿三楹,祀天仙像。世称三女为天仙、地仙、人仙,今云天仙其总号也。"夫帝女合葬,事已近诞,纵使有之,冢上生松,未必果为帝女所化,且楹枝之三者多有,何得以此征异?古人咏松之白,便入玉肤、冰肌等语以况之,可笑也!独李于麟有句云:"非为子云能作赋,谁知玉树本青葱。"特称雅当。后人为此所作咏松之诗,将其白松的奇特身世却大加夸张和渲染。明代诗人张文耀的《白松》就很特别:

嵩少峰前帝子祠,孤松三秀郁参差。谁将地下含香骨,幻出人间傲雪姿。

华表鹤来珠是树,蕊宫花放玉为枝。清风永夜摇环佩,知是魂归月卜时。

◆ 新密报恩寺西汉柏

位于新密市米村乡郭村报恩寺内。该树龄2000年以上。相传东汉光武帝刘秀被王莽追赶,曾藏于该树上,称帝后为报树恩,建报恩寺。树高12.6米,胸径121厘米,冠幅13.7米,生长旺盛。

### ◆新密市超化寺桧柏

位于新密市超化镇超化寺。树龄不详。树高13.7米，胸径139厘米，树冠6.7米。

### ◆少林古柏群

位于少林寺常住院内外。计唐、宋、元、明、清古柏264株。另有近代新植侧柏数千株，四季清秀，格外诱人。

### ◆新郑郭店桧柏

位于新郑市郭店村内。树龄300多年。树高10米，胸径150厘米，生长旺盛。

### ◆二祖庵柏

位于嵩山少林寺二祖庵内月台两侧有千枝柏2株，枝叶繁茂如凤凰展翅，故称凤凰柏。院中古柏3株，大者围粗3.5米，小者围粗2.5米，高25米以上。树龄千年，尤其东边一株古柏被卫茅缠绕得难解难分，呈一奇景。

庵院四周另有古柏及近代栽植柏树100余株，都长势良好，四季长青，使二祖庵周围的环境分外清幽。

### ◆仓西村侧柏

位于巩义站街镇仓西村。此树高12.3米，胸围5.6米，冠幅10米，树龄近3000年。此树主枝分6根枝杈，五六围粗细的树干将六根铁铸似的枝杈高傲地指向苍穹，整体形象非常美观。

### ◆伊川书院古柏

位于伊川县鸣皋镇伊川书院内殿前。柏树约有15米高，4个人伸出胳膊环成一圈，都围不住它。也许是遭遇了太多风雨雷电的侵袭，树的顶端只剩一些光秃秃的枝桠。枯枝形状奇特，像一条条被时光凝固的苍龙一样，默默地仰望蓝天。树干上贴着"宋柏长青"的字条，树根部缠着善男信女祈福用的红线。相传，这株古柏是北宋著名理学家程颐创建该书院时亲手所植。村民们说，柏树历经千年，冬夏常青，树根能铺满了整个院子。

### ◆江左古柏

位于伊川县江左乡白土窑村南沟边。柏树树龄1000年以上。树腰围2.2米，冠幅8米，生长状况一般。由于柏树的古老，此树已被当地农民神化，村人在树前建有柏灵庙，对古柏进行祭祀。

### ◆白夷庙古柏

位于伊川县白元乡吉泊村白夷庙前。树龄在1500年以上。腰围1.6米，冠幅5米。此树长在表土不过20厘米厚的天棚石上，树干中间裂开一缝，俗传为古时被神抽去一块中心板。树干上的一大片被到树前给孩子过生日的人钉满钉子，现在生长旺盛。

◆南山古柏

位于伊川县吕店乡冯沟村南山头上。树龄2000年以上,相传树龄已达3600年。腰围2.1米,冠幅16米。长势强劲。此树早被当地人神化,名扬四周。说人们给孩子过生日或祈求免灾得福,多来此树根前烧香祈祷,树上挂着许多红灯笼。传说,村里一人赶着牲口路过此处,发现自己的赶牛鞭子没有了。当到了河(伊河)西一朋友家里的水缸喝水时,看到南山古柏的影子却飘在水中,树上还挂着一根赶牛鞭子。回头再到柏树跟前一看,树上果然挂着他的赶牛鞭子。从此,当地的人们便认定南山古柏为神柏。

◆龙卷柏

位于伊川县吕店乡西河村南(郑潼公路南侧,原普明寺山门前)。树龄1600年以上。腰围1.6米,冠幅6米。生长状况良好。树侧的"龙卷柏碑记"中说,此柏通身为螺旋纹,乃达摩祖师(少林寺先僧)所植,距今1600余年,现被当地百姓奉为神树。

◆西沟古柏

位于伊川县彭婆镇张门村西沟。树龄1000年以上。腰围1.75米,冠幅10米。生长旺盛。因树长崖边,为保护此树,村民用砖绕崖砌起一墙,中间填土相护,并将此柏视若神仙,孩子过生日或求福消灾,或遇过节,多有到此烧香摆供。

◆北岭明代柏

位于伊川县鸦岭乡槐树洼乔沟村北岭。树龄700年以上(村人讲明朝开国皇帝朱元璋曾在此株柏树上拴过马)。腰围0.42米,冠幅1米。因生长在一个沙石圪垯上,又久旱无雨,所以生长状况一般。此树早被人神化,说附近每年来到柏树跟前给孩子认干亲的有千人之多,树的上下俱都被来给孩子认干亲的人绑满了红线绳,柏树跟前摆放着焚香炉。

## 二、古槐

古人认为,槐树是身份地位的象征。《周礼·秋官》记载:周代宫廷外种有三棵槐树,三公朝见天子时,站在槐树下面。三公是指太师、太傅、太保,是周代三种最高官职的合称。后人因此用三槐比喻三公,成为三公宰辅官位的象征,槐树因此成为中国著名的文化树种。

古槐在嵩山地域生长得很普遍,嵩山上有,寺庙宫观中有,百姓的村庄家院也有。当地有句名谣:"门前一棵槐,财源滚滚来。"真实地道出了人们对槐树的喜爱之情,槐树因此被当地民间认为是吉祥树种。由于槐树的树冠大,遮荫好,人们喜欢在槐阴处乘凉。槐树木质坚硬,有弹性,以前是制造畜拉大车、家具的主要木材。

槐树分为刺槐、国槐。

刺槐,又名洋槐。刺槐属落叶乔木,树皮灰褐色至黑褐色,浅裂至深纵裂,刺槐树皮厚,纹裂多。刺槐原生于北美洲,现被广泛引种到亚洲、欧洲等地。刺槐树冠高大,叶色鲜绿,树叶根部有一对1mm~2mm长的刺;花为白色,有香味,穗状花序,花朵可食用;果实为荚果,每个果荚中有4~10粒种子。刺槐冬季落叶后,枝条疏朗向上,很像剪影,造型有国画韵味。刺槐木材坚硬,耐水湿,耐腐蚀,燃烧缓慢,热值高。可供矿柱、枕木、车辆、农业用材;叶含粗蛋白,是许多家畜的好饲料;花是优良的蜜源植物,刺槐花蜜色白而透明,深受消费者欢迎。刺槐花产的蜂蜜很甜,蜂蜜产量也高。栽培变种有红花刺槐、金叶刺槐等。

国槐,又名家槐,亦称笨槐。国槐的形态是羽状复叶,叶较小,因此树冠浓密。花冠乳白色,旗瓣阔心形,有短爪,并有紫脉,翼瓣龙骨瓣边缘稍带紫色。其荚果跟其他豆类植物不同,肉胶质,在种粒之间收缩,形成念珠状,俗称"槐米",也是一种中药。槐树花期在夏末,和其他树种花期不同,是一种重要的蜜源植物。槐树的一级侧枝粗壮,树冠因此云团状,枝叶茂密,造型漂亮。

◆许由庙巢槐

位于登封市箕山许由庙西下边的周家一郑姓家中。古槐围粗 3 米,高 5 米余。相传,此处为巢父隐居处,此槐为许由、巢父所植,故名许巢槐。在树下墙外的大石上书有"许巢槐"三字。此槐实为许巢槐再生。原槐高大,汉武帝礼登嵩山,增修大室祠时,将其伐去。后在原槐根上又发出幼槐,生长至今。此槐被誉为嵩山古槐之最,箕山诸树之祖,箕山重要的林木景观。

◆少林寺秦槐

位于少林寺常住院内的藏经阁后。树龄 2000 年以上。相传,此树为秦代所植,曾被封为五品,史称"五品秦槐"。宋代诗人文彦博曾有"五品封槐今尚在"之诗。都穆《游记》载:秦槐高 10 丈,围 20 尺。公元前 205 年,秦庄襄王游中岳感到身体困乏,就坐在石凳上小憩,突然看到母亲带着微笑向他走来,他喜出望外,高兴至极,母亲已故多年没见面了。但醒来后却是一场梦,为了永远记住在此与母亲会面,他亲手栽下国槐一株。到了北魏太和十九年(495 年),魏孝文帝为了安置印度高僧跋陀落迹传教,传旨在此依槐建寺。因此,少林寺建在了这里。300 年后,宋仁宗赵祯封此槐为五品槐祖。到了明代万历四十二年(1614 年),一场大风把这千年古槐连根吹断,此后又从根部生出了第二代秦槐。1928 年军阀石友三放火烧寺时,此树化为灰烬。奇怪的是大火过后又从根部生出了第三代秦槐。山门尚存有关记载秦槐的石碑,碑载"秦宫一炬成灰烬,此寺千秋尚有槐,封爵宛然同汉柏,祇今谁复问兴衰"。下署:"钦善巡山等处监察御史楚人刘大受题"。少林寺秦槐树体曾 3 次遭受破坏,现为第 4 代植株。

少林寺现存秦槐大约树高 15 米,干高 6.5 米,冠幅 12.5 米。此树虽历经千年,几经磨难,但都起死回生,茁壮成长,枝干遒劲,枝叶繁茂,生机盎然。树虽不算高大,但"职位""资历"可谓河南之最。

◆登封大塔寺古槐

位于登封大塔寺院内。此树高 12 米,胸围 3.8 米,冠幅平均 39 米,东西 30 米,南北 48 米,树龄 2000 年。相传,历代有九个皇帝曾经来到此观树,故称"九旨老龙槐"。

◆嵩阳书院国槐

位于登封嵩阳书院院内冯玉祥誓碑前。此树高 7 米,胸围 4.1 米,冠幅平均 7 米,东西 8 米,南北 6 米,树龄 500 年。树皮灰黑色,纵裂。部分枝干枯,树体中间断裂处已用铁梯固定支撑,长势旺盛。

◆登封玄天庙古槐

位于登封少林办玄天庙村玄天庙前,树龄1000年,树高8米,胸围3米,平均冠幅10米,东西8米,南北11米。该树枝叶繁茂,浓荫似盖,蔚然壮观以。

◆登封大金店古槐

位于登封市大金店镇南街。古槐高18.5米,干高2.5米,胸径123厘米,冠幅15.5米,树龄1200年。

◆嵩岳寺迎宾槐

位于登封市嵩山太室山嵩岳寺内。树高10米,胸径1.19米,生长良好。

◆君召国槐

位于登封君召乡抗日革命纪念地红石头沟村武焕五房前,树高13米,树干高7米,胸径1.17米,冠幅东西9米、南北7.5米,长势一般。树龄约260余年。树干上距地面1米处有一铁环,据说是在抗日战争时期,皮定钧司令在登封山区开创抗日救国革命根据地时,司令部就设在君召乡红石头沟村的国槐树旁。皮定均在此居住时,曾在此树上钉此铁环用于拴战马,故称此树为"拴马槐"。

◆管城区清真寺古槐

郑州市管城区清真寺院内有古槐树2株。一株位于北讲堂后侧,树高约15余米,树冠20余米,树主干周长3.5米,树龄已500年;另一株古槐位于大殿前,高约10余米,树冠10余米,主干周长5米,树龄400余年。这两棵柏树长势依然郁郁葱葱,使古寺愈加清幽雅静。

管城区清真寺大殿前古槐

◆郑州李家庙槐

位于郑州市金水庙李村李氏家庙院内。此树高约9米,胸围2.6米,树龄500余年,两主枝对称分布,树势良好。据李氏家庙碑文推测,庙里村李氏家族系明代从甘肃陇西迁移到此地的,李氏家庙修建于明朝,庙内原有4株槐树,现仅存家庙中的一株。李氏家庙曾在清太平天国期间遭遇大火,给这株国槐造成了毁灭性伤害,但该树仍存活了下来,历经百年,现在依然繁茂葱郁。

◆登封卢店槐树

位于登封市卢店镇栗子沟村槐树坪组大路边山神庙内。此树高10米,胸围3米,冠幅平均7米。

◆老庙古槐

位于巩义市区东南35公里的新中镇浮戏山风景区的桃花峪孙家村,距今已有300余年的历史。

古槐树高18米,围长5米余,共6枝。此树枝叶繁茂,古木峥嵘,为老庙山的风景增添了勃勃生机。

◆焦村大槐树

位于汝州市焦村乡焦天和老人的院子里。该树围达2.65米,树体在主干六七米处拦腰截断,高端树皮已无,唯见从树底新皮将主干包裹起来,到六七米处沿树周齐处,崭新地抽出8条新枝,形成新的冠盖,郁郁葱葱,把50多平方米的家院遮去大半。

◆桃花峪古槐

位于巩义市新中镇浮戏山风景区的桃花峪。该古槐树龄不详。树高38米,胸径1.53厘米,冠幅38米。现生长较差,有枯枝焦梢现象。

◆初祖庵国槐

位于嵩山少林寺初祖庵山门外。该国槐围2米,高12米。另有白榆1株,高20米。

◆九龙古槐

位于伊川县鸦岭乡刘沟李窑村。该古槐因九根裸露地面的树根,恰似九条龙,被誉为"九龙槐"。九龙古槐树高14.3米,主干最大直径3.65米,绿阴达270平方米。站在九龙槐下,东可望万寿寺、龙门山、万安山、少室山。唐相李吉甫、李德裕墓位其北,后唐庄宗李存勖雍陵、宋代宰相文彦博墓、宋代北京留守王拱辰墓位于南,唐代齐国太夫人墓、宋代宰相韩琦墓位其西。唐代洛阳八大景"龙门山色""平泉朝游"二大景观均在附近。观世事沧桑,评历史兴衰,别有一番韵味。

◆汝州国槐

位于汝州城南1公里的小王庄村的村民王军家中。该国槐胸围2.4米,冠幅20多米,树高30多米。树主王军介绍,自打记事起,树就这么大。主干高12米,上下通直,树皮完整,有一亩多的树荫。当地人都称它为"汝州城里第一槐"。

◆皂抱槐

位于偃师市陈河村的玄奘故里。在玄奘故居院内的东南角,有棵槐树长在皂角树的怀里,故名"皂抱槐"。据村里老辈人说,打他们记事起,这树就这样子,没有人说清这树的年龄。

◆山化乡古槐

位于偃师市山化乡蔺窑村杨树田门前。该树高10米,胸围2.87厘米,冠幅12米,树龄500年,老干腐烂,基部又发多个新枝。枯木逢春,枝繁叶茂,生机勃勃。

◆山神庙国槐

位于新密市开阳山西南角山神庙前。此树高6米,胸围2.6米,冠幅9米,树龄500多年。

### ◆ 韩庄仙槐
位于新密市新县城老干部活动中心西侧。此树高 16 米,胸围 3.8 米,平均冠幅 15 米,树龄 500 年。

### ◆ 梁家门国槐
位于新密市牛店镇南龙村梁家门组。此树高 20 米,胸围 3.2 米,平均冠幅 19 米,树龄 600 年。

### ◆ 新密刘砦镇观音堂村国槐
位于新密刘砦镇观音堂村苇子营组王振才家。此树高 10 米,胸围冠幅 10.5 米,树龄 500 年。

### ◆ 栗林村国槐
位于新密市超化镇栗林村的密南抗日政府旧址前。此树高 15 米,胸围 3.4 米,冠幅 13.5 米,树龄 600 年。1945 年 3 月 5 日,中共密南县委及密南抗日政府在栗林村一处民宅内成立。县委书记朱波、县长郑建中等在这里指挥了密南最后一阶段的抗日斗争。在这棵古槐树干上,还留有当年战斗的弹痕。

### ◆ 南营国槐
位于巩义市夹津口南营村。此树胸围 3.8 米,冠幅 15 米,树龄 600 年。据民间传说,明代嘉靖皇帝时,当地一位姓曹的姑娘因其善长琴棋书画、文章诗词,被皇帝选宫入妃。曹姑娘临走时,在南营村的碾盘旁栽上了一棵黑槐树,祈祷它长大了,为碾米碾面的人遮风挡雨。此树至今生机繁茂。

### ◆ 巩义赵家槐
位于巩义市涉村镇三峪河村。此树胸围 5 米,高 20 米,冠幅 20 米,树龄 600 年。因其长在三峪河村赵沟赵家门口,名为"赵家槐"。

### ◆ 庄头槐
位于巩义市康店镇庄头村。此树胸围 4.4 米,高 15 米,冠幅 20 米,树龄 600 余年。

### ◆ 黄龙庙国槐
位于新密市尖山黄龙庙组,在尖山公路墰爬东路南的山窝。此国槐树高 14 米,胸围 5 米,冠幅 10 米,树龄 650 年。

### ◆ 老街古槐
位于伊川县高山乡坡头寨村沟北老街。树龄在 2200 年以上。腰围 4.2 米,冠幅 15 米。树干上部已空,部分树枝已干枯,但新绿很盛。树干上部的空

黄龙庙国槐

洞处长出一株椿树和几株构树。

◆江左姐妹槐

位于伊川县江左乡白土窑村杜灿民家大门前。两株槐树一左一右,树龄姐600年、妹300年以上。姐腰围2.61米,冠幅16米。枝繁叶茂,生长旺盛。妹腰围1.6米,冠幅3米。个别树枝将枯萎,大部枝条生长旺盛。

◆朱岭古槐

位于伊川县白沙乡朱岭村。树龄在2500年以上。腰围4.3米,冠幅19米。树干已空,中间枯掉部分被火烧过。粗大的主干与强劲的分干左右横开,再加生长旺盛,看去异常壮观。

◆窑村沟南槐

位于伊川县鸦岭乡郑窑村沟南。树龄2300年以上。腰围4.2米,冠幅15米。树干严重空裂,但枝叶很旺,极富生命力。当地群众反映,此树结的槐麦无人敢采,村里一个叫刘红的人不服,硬要从树上采下槐麦到家泡茶喝,结果弄得上吐下泄,以致倒床不起,直到来给此树跟前烧香赔了不是,才止住病痛。又说为了不损害这株树,他们本该盖的临街房子也不盖了,且每逢节日,都在此树前烧香摆供,为全家祈福。

◆温沟老村槐

位于伊川县吕店乡温沟老村。树龄2000年以上。腰围3.45米,冠幅18米。树干空去半拉,呈扁形爬伏状,生长状况良好。树主称,古时温千总杀人时,总将要杀的人绑在此树上。

◆草场村槐

位于伊川县高山乡草场村一家旧宅院中。树龄2000年以上。腰围3.8米,冠幅25米。树枝多已干枯,但新绿非常旺盛。

◆宋村古槐

位于伊川县水寨镇宋村。树龄在2000年以上。腰围3.95米,冠幅15米。虽然树龄2000年,历经自然沧桑变化,依然生长态势良好,枝叶茂盛,郁郁葱葱。

◆洛阳市高新区辛店镇古槐

位于洛阳市高新区辛店镇。此树高15米,树干周长将近5米,5个成年人才能把这棵大槐树环抱住。树龄1000多年。树干有个不大的洞,洞里布满了蜘蛛网。树下有香客在此烧香的所用砖和水泥板垒成的供桌。偶尔会有人在树下烧香。

◆偃师市寇店镇封沟村明代槐

位于偃师市寇店镇封沟村的沟底。封沟村三面临沟,南面依山。这棵古槐长在沟底一座破败的庙里。树高13米,枝叶繁茂却不张扬,主干笔直旁枝很少,因此,树荫面积不算大,多说有半亩。庙里有块石碑,记载了明朝万历年间(1573~1620年)"河南府洛阳县偏桥保雁岭村封家沟"重修庙宇的情况。那时,庙里就有了这棵国槐。世事变迁,古庙破败,但这棵古槐的生命力却非常旺盛,天灾人祸都没能"打倒"它。2003年,一场洪水将破庙冲毁,大家都担心古槐的安危,没想到水退后,古槐安然无恙,依旧苍翠欲滴。

### ◆三皇庙国槐

位于新郑市薛店镇集村三皇庙院内。此树高18米,胸围1.3米,冠幅平均13米,树龄500年。此树苍翠挺拔,根深蒂固。由于雷击原因,树干约1.5米处分为两枝,其中一股裂开有树洞,另一股虽有枯枝,又发出新芽。整体看此树树根粗壮,盘根错节,枝繁叶茂,密不透光。夏日里完全是一处纳凉的好地方。

### ◆王张村槐

位于新郑市薛店镇王张村。此树高11米,胸围2.1米,平均冠幅14米,树龄500余年。此树冠呈椭圆形,树皮灰黑,纵裂。树的根部奇特,造型美观。

### ◆岳庄槐

位于新郑市辛店镇岳庄村。此树高10米,胸围1.7米,平均冠幅7米,生长旺盛,屡有新芽发出。现已有500年的历史。此树冠呈椭圆形,树皮灰黑、纵裂。树根部有高0.4米、宽0.3米左右的黑洞,相传此洞是李自成领兵经过河南时,驻兵在树下做饭时留下的。

### ◆大槐树村国槐

位于新郑市辛店镇具茨山下大槐树村。此树高20米,胸围1米,冠幅12米,树龄已有1600余年。

### ◆焦沟槐

位于新郑市新村镇焦沟村。此树高10米,胸围2.1米,冠幅平均8米,树龄为450年。树干环抱约1.5米。此树笔直、挺拔,顶端部分树枝干枯,树形特别美观,长势良好。

### ◆北黄庄国槐

位于新郑市新村镇鲍家村北黄庄。此树高8米,胸围1.96米,冠幅平均8米,树龄450年。树的南侧树枝断裂,树形较好,生长旺盛。

### ◆铜佛赵村国槐

位于新郑市郭店镇铜佛赵村。此树高11米,胸围3.05米,冠幅平均10米,树龄约为500年。

### ◆荆王村槐

位于新郑市龙湖镇荆王村。此树高12米,胸围2.64米,冠幅约为10米,树龄500余年。此树有少许枯枝,树形奇特,形似一条低头戏水的龙。

◆荥阳王庄槐

位于荥阳市环翠峪管委二郎庙村王庄组。此树高18米,胸围达4.8米,东西冠幅16米,南北冠幅17米,树龄约1000年。此树树干约5米处分为三股,其中一股脱皮断枝,干枯现象比较严重,另两股虽有枯枝,又长出了新芽。

◆古荥镇孙庄村槐

位于惠济区古荥镇孙庄村的杨文祥家。此树高12米,胸围4.8米,树龄505年。此树长势非常旺盛,是至今有记载的黄河滩中存活时间最长,也是最大的一棵古槐树。当地民间传说,因此树上住有"大仙爷",人们都尊称其为"神树",有信男善女在初一、十五到此上香。杨文祥讲,原来此树有4条次干,长势非常茂盛,日本人侵略中原时,为了战争的需要,把黄河滩地的树木都伐光了。对于此树,日本人动用了一个小分队,用了两天时间才伐掉东北侧的一次干,准备再伐其他树干时,却怎么都上不到树上,最后好不容易上去了,却纷纷莫名其妙地掉下来,日本兵不敢再砍伐了。回去后,带队的小队长生病,最后不治而亡。后来日本人用火烧此树,树却安然无恙。据说,十年动乱时,树的东侧次干被造反派带人砍掉,参与伐树的人第二天纷纷生病。从此,再也没人砍伐此树了。

◆清真寺国槐

位于郑州市管城区清真寺院内北讲堂后侧。此树高15余米,树冠高20余米,胸围3.5米,树龄500年,树木长势较为旺盛。

◆商业步行街国槐

位于郑州市来星盛世广场商业步行街。此树高13米,胸围近3米,平均冠幅10米,树龄1000余年。

## 三、古银杏树

少林寺银杏树

银杏,别名白果、鸭掌树。银杏树为落叶乔木,叶扇形,在长枝上散生,在短枝上簇生。4月开花,10月成熟,种子为橙黄色的核果状。

银杏是现存种子植物中最古老的,属冰川时期幸存下来的古老孑遗植物,和它同纲的所有其他植物都已灭绝,是世界上十分珍贵的树种之一,被科学家称为"活化石""植物界的熊猫"。银杏树生长较慢,寿命极长,自然条件下,从栽种到结果要20多年,40年后才能大量结果,因此别名"公孙树",有"公种而孙得食"的含义,是树中的老寿星。银杏树除了有极高的观赏、经济价值外,现代医学证明,白果全身都是宝,无论是叶还是果都有具有较高的药用价值,有治疗心脑血管、咳喘和美容的功效。

嵩山地域中有名的古银杏树有法王寺古银杏树、少林寺古银杏树、少林寺初祖庵古银杏树等。

◆少林寺银杏树

位于嵩山少林寺山门内甬道两侧。据传，这7株大银杏为建寺时所栽，距今已有1500多年。7株大银杏，1雄6雌，大者围粗5.6米，高24米。其中，甬道西侧的两株银杏为夫妻树，两树同长一穴，一棵高18米，胸围3.10米，冠幅25米；另一棵高20米，胸围3.5米，平均冠幅25米，树龄约有1100年。银杏树春夏浓荫蔽日，深秋叶黄似金，果白如银，是游人们公认的少林寺院内最美丽的风景树。

少林寺院天王殿前还有一棵古银杏树，树龄1500年，树高25米，胸围7.1米，冠幅平均37米，东西35米，南北40米。

◆法王寺银杏

位于嵩山法王寺常住院内。银杏树龄达1900多年。史料记载，登封城北6公里的法王寺始建于东汉明帝永平14年(71年)，比少林寺还早300多年。据专家考证，院内的4株银杏都是建寺之初所栽植。这4棵树最高一棵高达28米，胸围7.06米。4棵树的平均冠幅为23米。这几株古银杏，历经千年冰霜、风雨、雷电，千百年来，听林涛，观雪景，赏山花，和鸟鸣，沐浴自然界最纯净的阳光雨露，得取了天地日月精华，现在依然生机勃勃，年年开花结果。夏季树荫浓密，像一把绿伞，覆盖着整个佛寺；深秋季节，黄叶金扇，银杏如玑，山风掠过，落叶撒金，坠果散玉，景色迷人。

也许是生长在佛寺的缘故，这几株自古而今的银杏树身上也有了佛气。据寺院里的僧人们和一些香客们说，如果盘膝坐在古银杏树下，调整呼吸，悠然吐呐，会顿感胸中清气充沛，俗念全无。渐渐地，感觉身体飘飘然然，耳边开始响起鸟鸣，长出苍苔，一股芳香之息氤氲全身。更加神秘的是，在寺院安静的时候，树周围会生出一阵阵"嗡嗡"的回响声，这声音仿佛从远处传来的天籁之音一样，有一种诱人的神秘感，这就是著名的被人们引为不解之谜的"法王寺回响"，这一奇怪的自然现象，到现在依然吸引着好奇的人们。这种神秘的回响声到底是出自于这几棵古银杏树的树体，还是出自于古树间的空间和地面，至今仍然是个谜。

◆会善寺银杏树

位于嵩山会善寺院门前西侧，树龄约1800年，树高15米，胸围围4.80米，冠幅平均9米。据民间传说，古时，山脚下有一老妇得了一种怪病，其子甚孝，百般求医均无疗效。后听游医说，银杏叶可以根治此病，但方圆百里都没有银杏树。孝子心急如焚，三步一跪，九步一拜，虔诚上山求仙拜佛。中岳神终被老妇之子的孝心所感动，便朝会善寺门前的石崖上指了一下，石缝间马上就钻出一棵银杏，迎风而长，枝叶茂盛。孝子见状大喜，马上采了一大把银杏叶回去煮水，让母亲服下，几天后便康复了。如今，古银杏树已逾千年，树干直耸云天，树冠阔大，成为会善寺美丽的一景。

◆初祖庵银杏树

位于嵩山少林寺初祖庵院内。古银杏树围1.5米，高24米，果稠叶茂。

◆登封大塔寺银杏

位于嵩山大塔寺院内。此树高11米，胸围2.9米，冠幅平均18米，东西20米，南北15米，树龄

银杏果

1600 余年。

◆法云寺银杏树

位于郑州市管城区法云寺。此树高 12 米,树冠 8 米,树龄 700 年。法云寺这棵银杏树,传说为该寺始建时所栽。这棵树在历史上是备受磨难。其中,最为严重的有两次,一次是 1938 年,驻郑日军竟对它刀砍斧剁,复引火燎烧,树身受到严重摧残;另一次是 1940 年,国民党的残兵败将在寺内为烧火取暖,又把树砍掉了一圈。树干刀疤火痕,至今清晰可辨。当时经过战乱,该寺已停止了一切佛事,这棵银杏自然无人管理,树干几乎枯死。"文化大革命"后,1986 年寺院恢复佛事,古树发芽。因此,村人视它为"神树",经常有群众对其焚香祭祀,顶礼膜拜。这棵银杏树虽入耄耋之年,但对世人仍在奉献,每到大年,依然硕果累累。用其叶泡茶,甘甜无比,是当地人喜爱的天然保健饮品。

◆鸠山银杏树

位于禹州市鸠山乡。白果树龄在 1500 年以上。树通高 30 米,主干高 10 米,树围 6 米,树荫遮地 2 亩左右。

◆神垕银杏树

位于禹州市神垕镇。树龄在 1500 年以上。此树通高 26 米,身高 9 米,树围 5 米,树荫遮地 1 亩多。

## 四、亢树(橿树)

亢树,又称橿树,俗名橿子树。属于栎类,质密、坚硬、用途广泛。《山海经》载:橿树又称亢木。此树种耐旱易活,其生命力很强。嵩山地域的古橿树各县市都有,就记入当地史书的一些橿子树而言,有些比较有名的也是由于天灾人祸已死亡,现存的极少。

◆古亢第一株

位于浮戏山新密市尖山乡境内龙脊山上。该树高 10 米,围径 6 米。经考证该古亢树龄约 3000 年。河南大学于安澜教授因而题词"古亢第一株"。

"亢"树,有资料称"古木也"。《山海经》所记载浮戏山的特有植物亢树,即分布在尖山乡境内。《词源》称它是"古传说中的一种植物"。即一说是已绝迹的植物,一说是出自古传说。由此可见,浮戏山的亢树,不仅是特有的稀有珍贵树木,而且是活的古植物化石。

◆万年亢树

《山海经》载："浮戏之山,有木焉,叶状如樗而赤实,名曰亢木,食之不蛊。"万年亢树位于巩义市新中镇灵官殿山口,树令当在千年以上,当地群众称为"万年亢"。树高10余米,树围5米,树头直径20余米,其形象一把大伞,枝杈向四周伸张,树荫之大,无不令人惊奇。

◆广窝匙叶栎

位于新密市尖山风景区楼院村广窝组。树高8米,胸围4.5米,平均冠幅17米,树龄550年。

广窝匙子栎

◆新密浮戏山栎树、茅栗树

位于新密市浮戏山中。此地共有古树三株:一株为橿子栎,高8.5米,胸径124厘米;一株为栓皮栎,高10.5米,胸径130厘米,长势良好;一株为茅栗树,茅栗干高低矮,冠幅巨大,树龄古老,号称"万年栗",预测树龄3000年以上。

◆东荻坡栓皮栎

位于巩义市小关镇东狄坡。当地群众称它为"千年栎"。树龄千年以上。树干直径2米多,虬枝平伸9米,树高10余米,树头约15米,生长十分旺盛。

◆青冈古栎

位于汝州市蟒山区域蒋姑山风景区的寺上村黑虎庙自然村。青冈古栎树高7米,胸围2.51米,树体紧凑,树冠呈半球形,树皮与枝叶与橿树相似,仔细辨认,其纵裂表皮浅灰略白,皮纹比橿树叶更加阔大。青冈古栎树上的诸多分枝只有小碗口粗细,与主干的粗大不成比例,显得很不搭配。其树体遍布刀斧之痕,但仍然生长旺盛。更令人惊奇的是,在主干高处又长出一株拇指般粗细的黑椋子树,树叶与青冈古栎完全不同,可谓是树上长树。

◆金井沟匙叶栎

位于新密市米村镇金井沟村六组。树高15米,胸围5.5米,平均冠幅20米,树龄1000余年。

◆金井沟匙叶栎

位于新密市米村镇金井沟村。树高13米,胸围3.3米,冠幅平均15米,树龄500年。此树干分三大主枝,长于小路旁的石缝中。

### ◆青冈栎
位于新密尖山风景区巩密关关口组,树高12米,胸围2.6米,冠幅8米,树龄500年,。古树叶色浓绿,枝干粗犷,树形美观。

### ◆马庄匙叶栎
位于新密市尖山风景区神仙洞村马庄组。树高16米,胸围4.5米,冠幅9米,树龄在2000年以上,目前树势旺盛。

### ◆少林寺橿树
位于少林寺东北2公里的刁家沟山坡上,树龄与少林寺建寺的时间相同——1500年。此树2株,大的一株为树高11米,树干高2米,胸围3.75米,胸径1.2米,冠幅平均18米。两棵树围枝四出,跃然横空,覆盖地面近1亩。春季嫩梢嫩叶披金黄色绒毛,在阳光下闪闪发光,被誉为"佛光树";盛夏时节,在树下可真正体验"大树底下好乘凉"的感觉。

橿子树生长在半山坡上,本地条件极差,按地类应划为非林业用地(岩石裸露80%以上),周围基本没有树木生长,草长得也很稀疏。唯这株姜子树,生长态势茂盛,树叶浓郁,生机勃勃。这充分说明姜子树极强的生命力和适应性,为北方地区干旱石质山区造林的先锋树种。

### ◆九龙潭橿子树
位于登封市唐庄乡嵩山九龙潭东侧门头寨上。此地生长的3棵橿子树,胸径均在90厘米以上。

### ◆塔沟橿子树
位于嵩山少林寺塔沟村山神庙前。有橿子树3株,其中两株树龄都在1500年以上,一棵树高8米,胸围2.9米,冠幅东西17米,南北24米。该树苍劲古朴,枝繁叶茂,气势如云。另一棵橿子树,树高10米,胸围3.23米,冠幅东西18米,南北20米,树冠上有枯枝,长势一般。

另有一株在1000年以上。树高9米,胸围2.18米,南北23米。

### ◆橿子树
位于登封少林办事处雷家沟六组生长着两棵约有1000年的橿子树,一棵树高6米,胸围1.65米,冠幅东西7米,南北10米。另一棵树高8米,胸围3.75米,冠幅东西14米、南北18米。目前,两棵古树生长良好。

### ◆巩义灵官殿橿子栎
位于嵩山之阴的巩义市新中镇灵官殿村小庙前。传说,该橿子树树龄在2000年以上。树高13米,胸径4米,冠幅20米。枝茂叶繁,生长旺盛,年年开花结果。据说,这棵老橿树是我省现存最大的老橿树,当地号称"万年橿"。此树在灵官庙下,紧傍穿山公路5米之上,古老的12股枝头分别有9米多高,整个树形像一把巨大的扇子。不知是谁,又用石块在树干根部垒了一圈,猛一看去,好像一个大盆景一样。在紧挨公路的石壁夹缝,有5根树根从地上蹦出来,倔犟地看着过往的客人,尔后,又植根于公路的下边。看整棵树的长势,非常热闹,像是一种生命力的张扬与展示。

◆巩义杨岭黄檀树

位于嵩山之阴的巩义市康店乡杨岭村耕地内。树龄不详。树高23米,胸径1.43米。雄株,现生长旺盛。黄河航船上三十里、下四十里都可看到,被人称之为"航标树"。

◆武家岭檀子栎

位于巩义市小关镇武家岭公路边,有两棵檀子栎树,胸围均为3.1米,冠幅12米,树龄1500年。这两棵树相向而坐,像两位老僧促膝谈天。南面的一棵,根部硕大,像一个盛水的大水瓮,又像弥来佛的肚子,树冠正像人头,向后仰着,似说到了高兴之处仰天大笑;北面的一棵,似乎比南面的一棵含蓄。只是微微抬头,以应和伙伴的快活。

◆荥阳庙子南峪檀树

荥阳市原有大片檀树,现保存下来的千年以上的檀树仅有十多株,当地人称其为"万年檀"。这些树历尽沧桑,至今仍枝叶茂密,生机盎然。南峪的一棵最大,主干直径二三米,覆盖面积达320平方米以上。

◆河庄檀树

位于伊川县半坡乡河庄村。栽植于明洪武年间,树龄600余年。至今枝叶繁茂,长势良好。腰围2.8米,冠幅12米。树干空裂,但因受到特别保护而生长良好,且村民已将此树所在的地名称为檀树岭。

◆新密古檀树

位于新密市尖山乡楼院村。古檀树高10米,胸径1.3米。叶小茂密,春夏开花,清香宜人。神仙洞附近也有5株古檀树,树龄虽然没有尖山楼院村的高,但枝叶繁茂,长势良好。

◆王庄檀子栎

位于荥阳环翠峪管委三郎庙村王庄组。此树高11米,胸径达3.1米,树冠呈伞状,东西冠幅12米,南北冠幅14米,树龄约为1500年。此树树干上部有分叉,树皮较厚,呈褐色;有纵沟,长条片状剥落,呈现淡灰黄色。树的根部裸露,侧根多且相互缠绕,状似一头犀牛,在根部裸露处又发出一棵大拇指粗细的柏树,树叶呈卵形,叶北面脉络清晰,树冠上有枯枝,枝叶较稀疏,长势一般。

◆王庄麻子栎

位于荥阳环翠峪管委三郎庙村王庄组。此树高15米,冠幅东西12米、南北14米,胸径2.9米,树龄500年。

◆陈庄麻子栎

位于荥阳环翠峪管委三郎庙村陈庄村路边。此树高11米,冠幅东西16米、南北13米,胸径1.9米,树龄300年。

◆三坟组橿子栎

位于荥阳市环翠峪管委会三坟组的皮定均医院的顶部。此树高12米,胸径达3.2米,杈冠呈伞状,东西冠幅17米,南北冠幅20米,树龄在1000年以上。此树生长旺盛,根深叶茂。树皮较厚,呈褐色,树枝四周分部比较均匀,枝叶茂盛,像一把巨大的伞罩在窑洞之上。

◆两沟橿子栎

位于巩义涉村镇两沟村李小有家门口。此树胸围6.5米,冠幅南北19.5米,东西19米,树龄2600年。

◆东沟麻子栎

位于荥阳环翠峪管委会东沟村东沟组。此树高25米,冠幅东西18米、南北15米,胸径2.9米,树龄约1400年。

◆南峪橿子栎

位于荥阳环翠峪管委会东沟村南峪组的

两沟橿子栎

山上。属集体所有。此树高18米,胸径达7.3米,树冠呈伞状,东西冠幅27米,树龄约有1400年。

此树树皮较厚,呈褐色,从基部分分4杈,其中两杈较直,有两杈倾斜度较大,几乎平行,有下垂枝。由于下雨,树皮脱落,树干呈褐色。此树有4个主枝,其中两枝已干枯、脱皮,另外两枝均长有青苔,其中一枝有三分之一腐烂,腐烂部分呈现土黄色。但此树上部树冠生长仍很旺盛,且基部又长出许多副枝。

◆东沟橿子栎

位于荥阳环翠峪管委会东沟村东沟组的橿子栎树有两棵。

一树高11米,胸径3.1米,树冠呈伞状,东西冠幅16米,南北冠幅15米,树龄约800余年。此树生长旺盛,树干上部有分杈,树皮较厚,呈褐色;有纵沟,长条片状剥落,呈现淡灰黄色。

一树高11米,胸径2.6米,平均冠幅11米,树龄200年。此树树冠呈伞状,树干上部有分杈,树皮较厚,呈褐色,有纵沟,长条片状剥落,呈淡灰黄色。

## 五、古皂角树

皂角树,又名皂荚,属蔷薇目,豆科落叶乔木或小乔木,高可达30米;枝灰色至深褐色;刺粗壮,圆柱形,常分枝,多呈圆锥状,长达16厘米。叶为一回羽状复叶,花杂性,黄白色。皂荚果是医药食品、保健品、化妆品及洗涤用品的天然原料;皂荚种子可消积化食开胃,并含有一种植物胶(瓜尔豆胶)是重要的战略原料;皂荚刺(皂针)内含黄酮甙、酚类、氨基酸,有很高的经济价值。

皂角树是我国特有的苏木科皂荚属树种之一,耐干旱,耐苦暑,耐严寒,根系发达,生长旺盛,雌雄异株,雌树结荚(皂角)能力强。皂角树树高而冠大,叶密、花型好看,树型好,极少有病虫害,是嵩山地域中长树龄的树种之一。古皂角树一般散见于嵩山地域的山坡、田野、村庄、家院等地。

◆中岳皂角树

位于登封市中岳庙东2.5公里的南新庄村西南。皂角树高9米,胸径5米。干粗皮裂,腹空洞,直穿树上,枝叶繁茂。1999年冬被痴人烧毁。

◆登封城内皂角树

位于登封市市区中心的嵩山广场的北侧。皂荚,落叶乔木,寿命达600余年。枝上有刺,羽状复叶,叶小,呈卵形或长圆形,总状花序,开淡黄色的花,花期4~5月,果期10月,荚果也叫皂角。

登封城内皂角树,树龄不古,树貌不扬,却在一夜间声名鹊起,跻身于全国古树名木行列。先后在《中国林业报》《河南日报》《郑州晚报》等媒体亮相。

原来在1997年创建国家卫生城市的老城改造中,创建指挥部为保留这棵位于居民老宅中的皂角树做了一些重大的牺牲和调整。先是此树周围几处民宅和3幢4层以上楼房被先后拆迁,拆迁面积达3000多平方米。同时,登封又撤消了最初准备在拆迁地点投资500余万元兴建4幢商贸大楼的计划。接着,又在这棵皂角树下建起了一个精巧的"纳凉台"。

◆茶亭岭皂角树

位于登封市茶亭岭,该皂角树高7米,围径1.5米。据当地村民说,该树年代久远,上村里老辈人所传,此树从清朝时就有,现在依然枝繁叶茂,勃勃生机。

◆登封告城镇冶上村皂荚

位于登封市告城镇冶上村三岔口处。此树高17米,胸围4.8米,冠幅平均21米,长势旺盛,形如巨伞,是当地村民乘凉休息的好去处。

◆玄天庙村皂荚

位于登封市少林办事处玄天庙村玄天庙前。此树高6米,胸围3米,平均冠幅5米,树龄1000年。此树主干中空,部分枝条已枯死,长势差。但在粗壮的主干上,又发出部分新枝,有着古树发新芽的意境。

◆靳沟皂荚

位于新密市袁庄镇靳沟村。树高16米,胸围1.8米,冠幅20米,权龄1000余年。

◆栗林皂荚

位于新密市超化镇栗林村六组。此树高13米,胸围2.8米,平均冠幅12米,占地150平方米,树龄300余年。此树一木三本,三大主干中部相连,枝叶交错,天然造化。更令人大开眼界的是根部裸露,造型奇特,根向四周伸展,形如鳄鱼下水、海龟探头、神马奔腾,一树一景,鬼斧神工。

◆ 东沟皂荚

位于荥阳市环翠峪管委会东沟村东沟组崔国印家门口有皂树两棵。

一树高15米,胸径4.7米,东西冠幅15米,南北冠幅20米,树龄约有600多年。此树树干中空,长势一般。奇特的是裸露的树根上,生有大小不一的六株新皂荚树。

另一树高18米,胸径2米,东西冠幅18米,南北冠幅18米,树龄200年。

◆ 二七潼寨皂荚

位于郑州金水区来潼寨村。此树高17.5米,胸围3.72米,平均冠幅19.75米,树龄600年。传说,在1958年大炼钢铁的年代,有人要用锯将其伐,但是树粗锯小,无法将其伐倒,只好作罢。后来树木自己又将锯掉的一半主茎愈合。2004年夏季刮大风吹断两个主枝,使树木整体状况不完整。

◆ 白窑皂角树

白窑皂角树有两株:

一株位于伊川县半坡乡白窑村老宅区。树龄在800年以上。腰围3.8米,冠幅20米。生长茂盛,当地人们都说树上有神,1958年想要伐掉,可刚一开锯,天空突起旋风,自此无人敢伐。

一株位于伊川县半坡乡白窑村。树龄在1000年以上。腰围3.5米,冠幅6米。树干因空枯,被大风折断,又从基部一节长出新绿。

◆ 路庙村皂角树

位于伊川县酒后乡路庙村,树龄在2200年以上。腰围4.4米,冠幅20米。树干已成多半拉空壳,但生长异常强劲,树枝上面仍然是枝繁叶茂,态势良好。

◆ 下章屯村皂角树

位于伊川县鸣皋镇下章屯村。树龄2000年以上。腰围4.4米,冠幅15米。树干严重空裂,呈半壳,但从另一半树干中,长出的枝条和绿叶,却舒展地伸向天空,用自己顽强的生命力,开放出珍稀的生命之花。

◆ 下娄子沟皂角树

位于伊川县平等乡娄子沟村(下娄子沟)中心路侧。树龄2000年以上。腰围4.2米,冠幅26米。蘑菇状,树干上部已空,生长旺盛。

◆ 代窑村皂角树

位于伊川县鸦岭乡代窑村(凌洼老宅区)。树龄2000年以上。腰围3.9米,冠幅10米。树干已成半拉空壳,但另一半长势良好,枝繁叶茂。

◆ 周岭皂角树

位于伊川县城关镇周岭村。树龄1000年以上。腰围3.3米,冠幅12米。几次被火烧过,树干严重空腐,仅靠表皮维持,但生命力极强,残枝余叶仍与命运作着顽强的抗争。

◆南窑村皂角树

位于偃师市大口乡南窑村南边沟东庄稼地。树龄有三四百年以上。粗大的树干需要三四个人手牵手才能环抱,南窑村群众称其为"镇村之宝",俗称"风水树"。从正面看,树干酷似一只仰空长叫的大象,头颅高高昂起,象鼻和象牙仰天翘起,眼睛炯炯有神。古皂角树历经几百年的风风雨雨,仍然枝繁叶茂,直冲云霄。

◆三棵古树连生皂角树

位于偃师市李村镇东张村西沟边,三棵连体皂荚树所结皂角的形状、大小、稠密几乎相同。三棵古树成"一"字排列开来,根部虬干粗壮,盘根错节,部分根已经腐朽剥落。而树干上却生长出多条虬枝,枝枝蔓蔓争相攀附,缠绕而上,在空中扇形展开枝叶,远远望去,犹如巨大的孔雀开屏,其中最前方的一株古树望上去,犹如扬头翘望的梅花鹿。盘旋扭曲的古树,上部生机盎然,树身扭曲,树状奇特,自然之美与艺术之美相得益彰,相映成趣。其景观非常奇特。

三棵连体皂角树的围长2.21米,树高8米,冠幅12米。据该村群众介绍,由于皂角树长期遭受风雨侵蚀,整个主干形成中空。问树龄几何,何人所植,村里群众均无法说出。只说:"听俺爷说过,他的爷爷在年轻的时候曾经把树上结的皂角摘下来洗衣服。"根据林业专家的经验推断,这三棵皂荚树应为同龄,少说也有200多岁。

◆老宅区皂角树

位于伊川县鸦岭乡北窑沟卜沟村沟底老宅区。树龄1300年以上。腰围3.6米,冠幅10米。主干只剩半拉空壳,东看像树,西看活像反挂着的一张兽皮,但生命力极强,生长良好。

◆新密古皂角树

位于新密市苟堂镇张寨村黄龙庙村民组周鹤鸣家。树有几百年树龄。树高10余米,干粗俩人合抱不过来,乌黑的树干上有不少瘤状"疙瘩"。树干中空,"根部"长出地面2米多高。根据他家家谱记载,200年前,他的祖上从别处迁到这里时,这棵树就存在了,那时人们都说这是一棵古树。当年他的祖上来到这里,除了看中这里适合打窑洞,更觉得这棵古树长在一处山岭边

新密古皂角树

上,好像"龙头"一样。这棵古皂角树的另一奇绝之处,是它的"根"部外露,高出地面2米多,"孩子可以在树根之间捉迷藏"。夏天刮大风下大雨时,他担心露在外面的树根会折断,不仅会毁掉古树,恐怕还会砸着老宅子。"树的主人拿出1万多元,请人围着古树根垒起了一环形砖墙,里面填满了土。砖墙的厚度约40厘米,像一个大树坛。

◆黄帝宫皂荚

位于新密市黄帝宫。此树高15米,胸围3.7米,平均冠幅20米,树龄1200年。此树主干特别粗大,但在主干的1米多高处,有一半枝干已折断。只在主干相连的两个侧面发出两大枝条,长势良好,形成两大棵新树,看上去生机盎然。

◆南庄皂角树

位于巩义市涉村镇南庄村杨中信家。此树高20米,胸围2.7米,冠幅15米,树龄300余年。

◆少林皂荚

位于登封市少林景区内。此树高13米,胸围2.3米,平均冠幅7米,树龄300多年。树冠呈伞形,树干和枝上有粗壮多枝的皂刺,长势旺盛。

◆皂角树包石

位于伊川县酒后乡田园村(李圪垯)。树龄在500年以上。腰围4米,冠幅20米。树干中间裂开,里层枯朽,空洞之大,人可从中自由穿过。树干与一偏枝长在一起,并有约15公分到20公分的两块石头包在树内,可谓一奇。但整棵树生长旺盛。

此树早被村人神化,其例有三:其一,住在该乡上李村的老乡长赵长久讲,村里一信基督教的人不信上面有神,硬要铲掉树上钉刺,却头一铲,铲头便掉下砸了额头,后患癌而死。其二,上面树枝常被风刮断,但从没给人造成损害。一次是一40厘米粗的主干枝被风刮断后纵穿主家前后房顶,落入50米远的后沟,房屋分毫未损;一次一大枝砸向卧牛处,而牛竟安然无恙。其三,一位大娘夜里纺花时看到树上落了两只大白公鸡在斗架,她想把公鸡抱下来,可伸手去抱时,鸡却没了踪影。人便都说上面住的是鸡仙。

## 六、榆树

榆树,落叶乔木,高达25米,胸径1米,在干瘠之地长成灌木状;幼树树皮平滑,灰褐色或浅灰色,大树之皮暗灰色,不规则深纵裂,粗糙。树干直立,枝多开展,树冠近球形或卵圆形。树皮深灰色,粗糙,不规则纵裂。单叶互生,卵状椭圆形至椭圆状披针形,边缘多重锯齿。花两性,早春先叶开花或花叶同放,初淡绿色,后白黄色,聚伞花序簇生,味道甜美,可生食或者蒸食。翅果近圆形,顶端有凹缺。花期在每年的3~4月;果熟期在每年的4~5月。

◆千年兄弟榔榆

位于新密市牛店镇龙村六组西的山沟中,有两株千年榔榆,相距30米。北边树大为兄,胸围4.6米,树高15米,冠幅15米,树龄1000年;南边为弟,胸围2.6米,树高12米,冠幅9米,树龄500年,当地群众称它"榆老二"。榔榆树皮呈鳞状脱落,斑斑点点,犹如龙鳞,人称"花榆树"。这两株榔榆虽历经千年风霜,仍然枝繁叶茂,苍劲挺拔。老大有5大主枝,需4人方能合抱;老二有4大主枝,玉女挺立,主干稍细,两人就能合抱。

◆月寨榔榆

位于新密市米村镇月寨村十组一村民责任田的沟边上。树高14米,胸围4米,冠幅20米,树龄800年。其树皮为鳞状,不断脱落,斑点重重,粗大的树根裸露在堰道上,形象十分奇特、壮观。古树虽历近千年,仍枝叶繁茂,生长旺盛。

◆古花榆树

位于汝州市焦村乡花榆口村。花榆树干高4.3米,围粗6.6米,主干之上,原发出6大主枝,向上生长达20米高空,荫蔽面积达3亩之多。

◆侯家"疙瘩榆"

位于汝州市岛山南坡的一个小村落。因地处采煤塌陷区,在20世纪70年代,村上有100多户人家从这里迁出,与靠近市区的邻帮村——寺沟合并。可原来的村落旧址上,乱石丛中,这棵"疙瘩榆"却生长旺盛。树围1.9米,主干高6米。两大单体自然分开,6大分枝向四周蔓展,形成有100多平方米的树冠,细软的枝条上缀满成串的黑色弹丸,大大小小酷似算盘珠子。当地人称它为"黑弹树"或"疙瘩榆"。据专家推算,这棵树龄在300年以上。

◆同根异株"三株榆"

位于汝州市蟒川乡寺上后庄村。该榆树的根部是一块有数百吨重,面积达几十平方米的巨型火焦岩,暴突而虬曲着的树根沿巨石外侧深扎岩缝之中,把火焦岩包裹得严严实实。树的基围达4.2米,自根部以上半米处蘖出三大树干,差不多等粗,其胸围都在1米以上,呈行列状向上飙长,直插25米高空,树冠生成大半亩的荫蔽。因此树的三大树干,相对独立,人称"三株榆"。

◆桑中榆

位于登封市大金店镇金中村二组的尚天治家宅院内。这是一株桑树和榆树组成的生命景观,叫"桑中榆"。桑树龄1400年。桑树高18.5米,树干高2.3米,胸围长3.62米,胸径1.06米,冠幅东西22米,南北25米,平均23.5米。榆树高10米,胸径16厘米。奇怪的是榆树则是从桑树基部干中0.5米处,生长起来,与桑树摽在一起,相互缠绕,相依相偎,人称"夫妻树"。桑树和榆树枝繁叶茂,长势良好,树势婀娜多姿。因此,人们又称它们为"桑中榆"。

◆新郑市袁堡榆树

位于新郑市小乔乡袁堡村内,树龄280年,树高15米,胸径1.03米,冠幅15米。树干已朽,有空洞,洞内生长一株椿树,树龄10年,高4米,胸径10厘米,群众称"榆抱椿"。

月寨榔榆

## 七、七叶树

七叶树,七叶树又名"娑罗树",因其树叶似手掌且多为7个叶片而得名。此树夏初开花,花如佛塔。"七"为佛教圆满数,象征七级浮屠。每年六月娑罗开花。每到开花之时,如手掌般的叶子托起宝塔,又像供奉着的烛台。四片淡白色的小花瓣尽情绽放,花芯内7个橘红色的花蕊向外吐露芬芳,花瓣上泛起的黄色,使得小花更显俏丽无比。在佛教中,七叶树是神圣的化身。佛经记载释迦牟尼在桫椤树下涅槃,说的就是这种树。

永泰寺娑罗树

◆永泰寺娑罗树

位于嵩山永泰寺常住院内。娑罗树,别名七叶树。因为此树从古印度引进而来,国内现有数量极少,故称树木中的稀世珍宝。落叶乔木,叶子呈掌状,分为七瓣,五六月份开花,花白色,花朵馨香怡人,果实犹如橡栗,当地人都称它为佛家圣树。据传佛祖在无忧树下降生,菩提树下觉悟,娑罗树下成佛。史料记载,娑罗树是印度高僧跋陀从印度带到少林寺,永泰公主入永泰寺时从少林寺移来,并亲手栽植,距今已有1490余年高龄。

永泰寺娑罗树现高25米,干高5.2米,胸径1.32米,胸围2.64米,冠幅东西14米,南北15米。五月开花,九月结实,花可泡茶,果可药用,是难得的佛药。由于枝繁叶茂,长势旺盛,传说它是佛伞。多年前此树只有一枝结果,近年来则全树开花结果。其果实又叫阴阳果,蒴果球形,棕黄色,顶端扁平微凹,直径3～4厘米,外面密生疣点;种子可供药用,有助消化、理气宽中的功效。在树的根部一股泉水常年不断,甘甜味美,营养丰富,是天然矿泉水,游人至此必饮此水,消灾防病,益处颇大。永泰寺娑罗树虽历经千年,仍然枝繁叶茂,浓荫覆盖半个寺区,是永泰寺中一道最为引人注目的自然风景。

◆登封颍阳菩提寺娑罗树

位于登封市颍阳镇香炉寨钟灵山菩提寺院内。《伽蓝记》载:北魏有菩提寺,西域梵人所立。该树高十余米,树荫面积约有0.7亩。据史料记载,这棵娑罗树与永泰寺、卢崖寺、少林寺的3棵娑罗树,皆为北魏时期印度僧人跋陀从古印度带到嵩山。此树虽历经1500余年,但依然生长旺盛,枝繁叶茂。由树的神灵,很多香客到此朝拜,树干上系满了红布条。据香炉寨村人说,该树虽生在菩提寺院内,但过去人常用来拴牲口用,牛、马、驴都拴过,给村里人提供了很多方便。

◆嵩山卢崖寺娑罗树

位于嵩山卢崖寺院内。该树高15米,胸围1.5米,冠幅平均7米,树冠遮荫面积有0.8亩左右。

据史料记载,这棵娑罗树与永泰寺、卢崖寺、菩提寺、少林寺4棵娑罗树皆为北魏时期印度僧人跋陀从西域带到嵩山。可惜少林寺一棵娑罗树,1928年被军阀石友山烧毁。其他3棵虽历经1500余年,但依然生长旺盛,枝繁叶茂。

## 八、柿子树

柿子树,别名:朱果、猴枣。柿树原产我国,是柿树科的一种落叶乔木,高可达15米,它树干直立,树冠庞大,柿果成熟于九十月间。叶子是椭圆形或倒卵形,背面有绒毛,花是黄白色。柿子含有丰富的胡萝卜素、维生素C、葡萄糖、果糖和钙、磷、铁等矿物质。柿果味甜多汁除供鲜食外,还可制成柿汁,柿蜜,柿糖,并能酿酒,制醋、提取柿漆。柿子味甘、涩,性寒,有清热去燥、润肺化痰、软坚、止渴生津、健脾、治痢、止血等功能,可以缓解大便干结、痔疮疼痛或出血、干咳、喉痛、高血压等症。柿果加工尚有医疗作用,可治胃病,止血、解酒毒、降血压,还可治疗喉痛、咽干及口舌生疮等。柿子树木材质细而坚硬,可制优质器具。柿子树抗旱、耐湿,管理简便,结果早,产量高,经济寿命长。

◆五样柿

位于汝州市寄料镇蔡沟村西的朝阳庵。该柿树年年开花结果,其果有不同形状和色泽的五种果子。有的像磨盘,有的像线穗,有的分四瓣,有的像红灯笼,有的像黄金果。吃起来,口感不一,人称"五样柿"。该树胸围3.28米,高30米。树干在高1.5米处已现空洞,但在空洞的两侧长出一枝。在主干高3米处分为三叉,呈现出两大空间分布,形成伞形树冠。经测定,该树树龄达700年以上。

◆五女古柿树

位于偃师市首阳山镇郭坟村的五女冢上,原有5棵柿树现仅存一棵。据说原有的5棵柿树是与当地的一个故事《五女兴唐》有关。《五女兴唐》传说起源于偃师邙岭山区,主要情节是隋朝末年,李怀玉、李怀珠之妻吴月英、吴凤英等五女在五凤岭聚义举兵反隋兴唐之事。《五女兴唐》传说流传甚广,北方坠子、梆子剧,南方弹词各剧种均有传统剧目。郭坟建村时间应回溯到初唐,因时人纪念五女,便在冢边栽下了柿树。

这棵柿子树长在与郭坟村集体卫生室一墙之隔的废弃院子内,是在五女之一的常秀兰坟茔上,树南5米濒临村南的一条深沟,树被周围密密匝匝的野生酸枣刺及其他荒草树木"保护",使人不得近身。经测量,这株柿树高7米,树围3.4米,树冠约30平方米。据村人介绍,郭坟村五女冢是"五女兴唐"传奇故事的五女墓地,村内五女冢分为五座坟茔,分别按照五边形122队形东西散布,村部大院和村小学内,南北距离百米,东西距离30米,且地下发现有砖石结构巷道相通。

◆荥阳柿子树

荥阳柿子树主要分布在荥阳市崔庙、环翠峪、贾峪、刘河、乔楼、豫龙镇、城关等7个乡镇。柿子的品种有300多个,主要有磨盘柿、莲花柿,甜心柿,山东的牛心柿、耿饼柿、铃灯柿、鸡心柿、红柿、干帽柿、马奶头、绵柿、大红袍柿、罗田甜柿等。荥阳柿树栽植广,而且产量高。每逢秋季,柿树上的柿子象

荥阳柿子树

挂红灯笼一般,漫山遍野,红红火火,景色十分壮观美丽。

◆郭坟村老柿子树

位于偃师市首阳山镇郭坟村口。老树虽经百年风霜,却不显苍老枯朽之态,数十根虬枝上依然挂满了青色的柿子。树干围1.4米,冠幅11米。据村民反映,老柿树已过300岁的"高龄",至今一枝一叶都保存得完好。

◆二七柿子树

位于郑州二七区嵩山南路梨梁寨内。此树高15米,胸围2.3米,平均冠幅10米,树龄643年。

◆东坡柿子树

东坡柿子树有两棵,位于伊川县酒后乡梁圪垯村东坡(九皋山脚下),树龄都在1000年以上。一棵腰围2.3米,冠幅15米。另一棵腰围2.95米,冠幅15米。两棵柿子树都生长旺盛,态势良好。

◆登封嵩阳办柿子树

位于登封嵩阳办事处大塔寺村八组。此树高18米,胸围2.6米,冠幅平均10米。此树独立长于石堆中,传说树龄有300余年。虽历经沧桑,立地条件差,但依然生长旺盛,硕果累累。

## 九、黄连木

黄连木,别名楷木、楷树、黄楝树、药树、药木,为漆树科黄连木属植物。落叶乔木,高达25~30m;树皮裂成小方块状;小枝有柔毛,冬芽红褐色。偶数羽状复叶互生,小叶5~7对,披针形或卵状披针形,长5~8cm,全缘,基歪斜。花小,单性异株,无花瓣;雌花成腋生圆锥花序,雄花成密总状花序。核果球形,径约6mm,熟时红色或紫蓝色。

黄连木在嵩山地域生长数量不多,古木者更少。黄连木喜光,幼时稍耐荫;喜温暖,畏严寒;耐干旱瘠薄,对土壤要求不严,微酸性、中性和微碱性的沙质、粘质土均能适应,而以在肥沃、湿润而排水良好的石灰岩山地生长最好。对二氧化硫、氯化氢和煤烟的抗性较强。黄连木深根性,主根发达,抗风力强;萌芽力强。生长较慢,寿命可长达300年以上。枝密叶繁,秋叶变为橙黄或鲜红色;雌花序紫红色,能一直保持到深秋,也甚美观;宜作庭荫树及山地风景树种。木材坚硬致密,可作雕刻用材;种子可榨油。

◆黄连木

位于新密市平陌镇耿台村,树高12米,胸围2.8米,冠幅12米,树龄1500年。在平陌45里旱龙岗东段,有一处黄连树岗。相传,上帝创意天地时来到此处,见这里一片汪洋,就丢下一粒种子。等大水渐渐退去,露出45里旱龙岗地,岗南形成了洧水河,岗北形成了绥水河,两条河流到岗的东头汇入双洎河。上帝丢下的这粒种子长成了黄连树,这就是"黄连树岗"的由来。

黄连古树旁有一座山神庙,据庙中古碑文记载,在晋朝时这里就叫"黄连树岗",距今已1400多年。碑文记载,在清朝时,庙前有一大路,东通郑州、开封,西达洛阳,来往行人和商贾常在树下歇息、喝茶。乾隆年间,庙里的杨道长买地5亩3分,"以为施茶之所"。

古黄连树是黄连树岗的象征,也是神的象征,树上常挂着彩旗和"神幔",方圆百里的信众都来这里烧香、许愿、还愿和祈福。每年农历三月十二,这里都要举办庙会,黄连树下更是热闹非凡。

◆朱家庄黄连木

位于新密市米村镇杨寨沟村朱家庄组老宅后。树高15米,胸围2米,冠幅平均9米,树龄约500年。此树根部裸露,分岔数根,形象逼真,颇像几位老者拄着拐杖向上爬。

◆新山村黄连木

位于巩义市大峪沟新山村。此树胸围5米,高13米,冠幅12米,树龄1500年。

◆三坟组黄连木

位于荥阳环翠峪管委三坟组皮定均医院后方路边。此树高16米,东西冠幅12米,南北冠幅12米,胸围7.5米,树龄1000多年。此树根部裸露,基部分叉,如盘龙盆景,刚劲有力,弯曲虬劲,造型独特。

◆王庄黄连木

位于荥阳环翠峪管委二郎庙村王庄组。此树高11米,东西冠幅10米,南北冠幅12米,胸围2.7米,树龄500年。此树冠宽阔而平顶,树皮暗褐色纵裂。幼枝绿色,有星状毛,老枝为紫褐色。树根部裸露,基部分叉,如盘龙盆景,刚劲有力,弯曲虬劲,造型独特。

◆贤孝村黄连木

位于荥阳环翠峪管委会环翠峪贤孝村的黄连木有两棵:

一棵树高17米,冠幅东西8.5米、南北9米,胸围3.1米,树龄750年,长势一般。

另一棵树高11米,冠幅东西5米,南北7米,胸围2.1米,树龄300年,长势一般。

◆常家门黄连木

位于新密市尖山风景区田种湾村常家门组。此树高15米,胸围4.3米,冠幅13米,树龄200年。

三坟组黄连木

◆金井沟黄连木

位于新密市米村镇金井沟村三组。此树高15米,胸围5.4米,冠幅平均15米,树龄120余年。此树有两大主枝并列长出,一主枝腐朽断掉,长势一般;另一主枝却长势良好。

◆杨岭黄楝树

位于巩义市西10公里的康店镇杨岭村。相传,距今已有1000多年的历史。黄楝树主干15米高,围长4.7米左右,分干5枝,覆盖面积约200多平方米。气势雄伟,枝形别致,顶平如剪。前几年树下堆稻秆被火烧死,现尚存1米高的树桩。

◆槐楝叶树(黄楝木)

位于伊川县鸦岭乡曹坡村。树龄1000年以上。腰围3.1米,冠幅18米。树干半边已干枯,但生长情况良好,呈现出一片枝繁叶茂的态势。

◆古藤缠恋古黄楝

伊川县的古藤缠恋古黄楝有两对,树龄都在1000年以上。两对树都是状态奇异,生长旺盛。一对位于伊川县葛寨乡张绵村(刘家印田间)。树围,藤1米,槐楝叶树1.5米,并联冠幅8米。另一对位于伊川县葛寨乡张绵村(刘家印村外荒坡间)。该树腰围,藤0.9米,槐楝叶树1.35米,并联冠幅10米。这两对古藤缠恋古黄楝,已成为当地的一大自然景观。

## 十、其他古树

嵩山地域中的古树名木除上述九大家族之外,还有一部分种类繁多,树量稀少的树种,编辑中不便单列,便把它们杂合在一起,以便查找。因本处为稀少品种树的杂合,所以对所选树木品种的特点不再一一介绍。

◆登封康家沟古核桃树

登封市康家沟核桃树植于1835年,树龄171年。每株年产75公斤,肉多壳薄,出油率49%,被河南省林科所定名为"白津大绵"。

◆槐西村古核桃树

位于荥阳市豫龙镇槐西村幼儿园门口。此树高13米,东西冠幅14.7米,南北冠幅15.5米,胸围2.3米,树龄400余年。树的主干和枝干呈扭曲状向上生长,且长势良好,硕果累累。

◆大塔寺古核桃树

大塔寺核桃树有两棵:

一棵位于登封市嵩阳办事处大塔寺村八组薛龙山地边。此树高19米,胸围0.7米,平均冠幅9米,树龄约200年。此树树干挺拔,苍劲雄壮,虽历经百年风霜,但不显苍老。至今,仍然枝繁叶茂,硕果累累。

另一棵位于登封市嵩阳办事处大塔寺村八组何小兰地边。此树高13米,胸围0.6米,平均冠幅13米。长势良好,每年都结有大量的果实。

◆乔沟村桑树

位于伊川县鸦岭乡槐树洼乔沟村。树龄1000年以上(村人相传:从山西洪同县迁来时就有此树)。腰围2.6米,冠幅5米。树干已成半拉空壳。2006年被风刮倒在地,基部半拉已折,空槽部分在上,呈仰卧状,但仍顽强地长出了新枝,常有孩子们趴在上面攀玩。

◆登封嵩阳办桑树

位于登封市嵩阳办北关街老东街中段。此树高4米,胸围2.6米,平均冠幅3米,树龄180年,目前长势良好。

◆东街桑树

位于登封市嵩阳办老东街中段。此树高4米,胸围2.6米,平均冠幅3米,树龄180多年。目前长势良好。此树躯干粗壮,树冠硕大,远远看去郁郁葱葱,十分喜人。

◆武家岭桑树

位于巩义市小关镇武家岭界碑处。此树高20米,胸围2米,冠幅20米,树龄200年。

◆永泰寺毛白杨

位于登封市永泰寺院托罗拂殿前。毛白杨树龄1400多年,树高38.1米,胸径1.46米,围粗4.75米,枝繁叶茂,十分壮观。据传说,永泰寺开光后,立有两根旗杆,当时由于没有铁旗杆,就用毛白杨木杆代替。埋在地下的毛白杨生根发芽成活。随着时光的流逝,逐渐长成参天大树。据资料介绍,毛白杨寿命一般为40~60年,树龄能达这么久的,国内实属罕见。现毛白杨树干中空,而后体内积水。

另一株比现有这一株还要高大,但于1971年4月17日由于雷劈起火,从树的顶部烧了一天一夜,后被烧死。至今其根部尚存,仍露出地面。

◆中岳庙毛白杨

中岳庙内有毛白杨两棵。

一株是位于登封市中岳区中岳庙院内配天作镇前东侧。此树高12米,胸围2.6米,冠幅7米,树龄500余年。此树皮灰褐色,老皮粗糙,小枝光滑,呈红褐色,长势比较明显。

另一株位于登封市中岳区中岳庙院内配天作镇前西侧。此树高12米,胸围2.6米,冠幅平均12米,东西6米,南北7米,树龄约480年。此树树干苍劲有力,树冠开张,形如巨伞。

◆新郑古枣树群

新郑市古枣树群共有两处,新郑和庄镇东高行政村东地及新郑孟庄镇栗元史行政村南地,树龄平均200余年,占地面积4110亩,共有52900株。这些古枣树经过数百年风雨雕琢,树干成花瓶状,已成

为新郑独有的景观。古枣树树老枝不老,在科学管理条件下,有些古枣树,树龄在500年以上,目前仍然枝繁叶茂,硕果累累。

◆新郑市古枣树

位于新郑市城关郑韩故城遗址附近的一片枣林中。该树龄有600余年,高15米左右,胸径0.7米。主枝张开,生机旺盛,年产干枣150多公斤。枣林内其他枣树树龄均在百年以上,形成古枣树群。

◆洞上古枣树

位于巩义市夹津口镇韵沟村洞上张之朴墓地。此树胸围1.85米,高9米,冠幅15米,树龄1000年。在此与枣树相伴的还有一棵檀树,弯弯的檀树背着弯弯的枣树,相依相伴在深山的路边。因此,当地人尊称它们为"檀背枣"。

◆江左桂花树

位于伊川县江左乡江左村,董挺生家院内。树龄230年以上(树主讲,系清代嘉庆年间所植)。树的腰围1.9米,冠幅8米。生长旺盛,每逢开花季节,院内清香扑鼻,引得村民的纷纷前来观赏。

◆香瓜子树

位于伊川县白沙乡银李村李文明家中。树龄在500年以上。树干一分为二,腰围1.4米,冠幅10米。果实呈黄绿色,青皮核桃大小,闻有香味。生长情况良好。

◆木兰叶树

位于伊川县鸣皋镇杨圪垯村。树龄1000年以上(村人讲此树与此村同龄)。腰围2.3米,冠幅5米。树干严重空枯,但仍显示着很强的生命力。

◆拐峪青檀

位于新密市米村镇拐峪二组一村民的老宅门上。有两棵青檀古树,相距10米,一株在西,丛生,树高13米,根围2.5米,冠幅12米,树龄500余年。此树有三大主干,根部裸露在一土丘上,生命力极强。另一株青檀在东,树高10米,胸围2米,冠幅17米,树龄500年。此树形象怪异,树身千疮百孔,一树干腐朽脱落,在主干上留下有碗大的疤痕。

◆凌沟青檀

位于巩义市涉村镇凌沟村。此树根围4米,树高5米,冠幅21.7米,树龄3000余年。

涉村镇凌沟村形似卧虎的山岭脚下,这棵大青檀蔚然壮观。冠盖繁华如绿伞,7根1米多粗的树干如伞骨般撑开,集中在粗大的主干底座上。整体看上去,此树非常坚固有力,繁茂兴盛。

◆流苏树

位于新密市密关关口组,树高14米,胸围1.7米,平均冠幅12米,树龄300余年,长势旺盛。

### ◆古野山楂树

位于新密市凤凰山风景区的核心景区,顺着寺沟大峡谷往里走,经过香峪寺庙,往里走约1000米,就会看到路边有两株野山楂树。小的一株,胸围1米,树高9米,冠幅8米,树龄500年。大的一株,胸围2.2米,树高9米,冠幅11米,树龄1000年。两棵野山楂树,都长在大石头缝中,生长茂盛,且长成了乔木,实为罕见。

### ◆葡萄树

巩义康店镇康百万庄园内,有两棵古葡萄树。一棵生长于边院,高5米,根部围粗1米,覆盖面积约8.5至9.8平方米。另一棵葡萄树生长于中院,高3米,根部围粗0.7米,南北长8.5米,东西宽6米。两棵葡萄树龄约200多年。

康百万庄园位于巩义康店镇康店村中间的邙山半山腰。该庄园寨上主宅区共有五座院落,这两棵葡萄树分别生长于边院、中院。据传,这两棵葡萄树于清道光二十四年(1819年),从西藏移植而来。至今仍是枝盛叶茂,长势旺盛,每年都结出许多美味可口的"无核藏葡萄"。

### ◆牛藤

位于巩义市涉村镇桃园山峪河村,藤围2.1米,主干长15米,藤龄1000余年。这棵桐花藤非常特别,乍一看,会误认为是巨蟒附树,粗大的藤子,举世少有,它攀缘着黄楝树扶摇直上,插入空中,从下到上都透射出一种坚韧不拔的毅力和精神,使所有观者对此敬佩无比。

### ◆五渡柘树

位于登封告城镇五渡村。树高10米,胸围5.5米,平均冠幅5米。柘树很名贵,有"南檀北柘"之说,因此,柘树在嵩山地区现存仅两棵。

### ◆景店木瓜树

位于登封市卢店镇景店村三组王家院内。此树高13米,冠幅8.5米,冠幅东西9米、南北8米,树龄150年。此树干呈土黄色,光滑,中空分叉,有枯枝,每年脱皮一次。此树生长缓慢,树形、树皮、花果奇特,喜光照充足,耐旱,而寒。果实味香而清新、持久。

### ◆五角枫

位于巩义市涉村镇三河村姜家门。此树胸围3.5米,树高10米,冠幅15米,树龄800余年。

### ◆薛寨庙合欢树

位于荥阳广武镇三官村七组薛寨庙内。此树高9米,胸径2.4米,东西冠幅8米,南北冠幅13米,树龄约400年。此

五渡柘树

树树干倾斜,曾因火灾,一截树被烧,里面又长出了二棵约碗口粗细的构树和一丛枸杞,形成了树中的奇特景观。

◆嵩阳书院古杏树

位于登封嵩阳书院西侧。此树龄约有500余年,树高7米,胸围1.54米,冠幅平均3米。据史料记载,杏树一般寿命不过百年,能够达到500余年的,实属罕见。

◆钟沟白皮松

位于新密市尖山风景区钟沟村四组。此树高18米,胸围2.4米,冠幅11米,树龄350年。据钟沟村马文玉说,明朝末年,战乱不断,民不聊生,老百姓纷纷出外逃荒谋生。马家祖上在逃荒回家的途中,路过北京时,见一棵小树苗颇为好看。便将其放在讨饭碗里端了回来,栽在自己家的坟上。目前,这株白皮松树体高大,主干通直,树姿雄伟。

◆武家岭杜梨

位于巩义市小关镇武家岭界碑处。此树高4米,胸围1米,冠幅8米,树龄约200余年。

◆中岳庙梧桐树

位于登封市中岳庙院内峻极殿路西。此树高12米,胸围1.85米,冠幅东西5米,南北7米,树龄约有350年,树干通直,挺拔苍劲,生长素茂盛。梧桐树有典故,《礼氏物语》有云:梧桐能"知润""知秋"。说它每条枝上,平年生12叶,一边有6叶,而在闰年而生13叶。当然,这实属演绎,并无依据。至于"知秋",却是一种物候和规律。"梧桐一叶落,天下皆知秋",既具科学性,又富有诗意。由于梧桐高大挺拔,为树中之佼佼者。人们常把梧桐和凤凰联系在一起。凤凰是鸟中之王,而凤凰最乐于栖在梧桐之上,可见梧桐是多么高贵。

# 第四节　野山果

嵩山地域的野山果植物共有89种,有壳斗科、蔷薇科、葡萄科、柿树科、猕猴桃科、胡颓子科、核桃科等。其中野山楂、湖北山楂、茅栗、河南海棠、欧李、伞花胡颓子、小果蔷薇、酸枣最多。常见野山果有水果、干果、药果,其中以水果为多。

## 一、水果干果

◆李

园产亦多,山产甚繁,止可娱游。果则酸涩,不堪用矣。

◆梨

园植亦有。山野果酸涩,无可取。

◆棠梨

《尔雅》所谓杜甘棠也。树如梨,叶有圆者、三叉者。叶光亮者,当地人呼为明棠,嫩叶甘柔,煮熟为蔬。其黯黪者,曰灰棠,苦涩不可饵。叶边皆有锯齿。二月遍地开白花,甚宜游玩。《诗·召南》曰:"蔽芾甘棠"。《唐风》曰:"有杕之杜",皆是物也。樊光曰:赤者为杜,白者为棠。

◆棠棣

木本。多独茎,丛生碛磷间。花正白,亦有淡红色。花萼接比,上承下覆,有亲爱之义,故喻兄弟。周公所谓赋常棣也。花落结果,色正赤,嵩人谓之瓯李。《本草》名曰:郁李。朱子《论语注》曰:棠棣,郁李也,状类樱桃。《诗》:"六月食郁",《毛诗》云:"棣属也"。

野山果

◆柿

傅梅《嵩书》曰:二室之下,其土宜柿。田间甚多,有着盖、磨盘、牛心、雨生各种。秋熟,温水去其涩味,甚甘脆,清补殊佳。登封大冶居民多以酿酒,谓高枝酒,治痔甚验。

◆香瓜

《图经》曰:香瓜生嵩高平泽。

◆酸枣

野生植物,属于枣类。嵩山地区的酸枣,遍布山坡沟壑,碛岸溪涧。酸枣的种类甚多,味有薄酸、深酸、甜酸、纯酸之不同;形有大小长团;色有紫色、淡红。傅梅《嵩书》曰:嵩山多酸枣,野生,连山被亩,林树甚繁。饥年,民资度命。酸枣,古名樲棘。树亦有大至十余围者,一二丈者。《群芳谱》以为无大树,谬矣。

◆枦橘

许氏《说文》引伊尹曰:果之美者。箕山之东,青鸟之所,有枦橘焉,夏熟也。《山海经》曰:箕山之东有甘枦。长卿《上林赋》曰:"枦橘夏熟",即指此物。

◆萍婆

俗呼苹果。花与果俱佳,然嵩产亦少。

◆葡萄

有白、黑两种,阁架甚茂。其白者《谱》名水晶葡萄,黑者名紫葡萄。近有马乳葡萄,色淡紫,形大而长,味甚甘。据说,原葡萄种从郑县移于嵩山,不十年,乡人折枝插种,蕃衍亦多。一种野生者,实小如大豆,黑色,味有酸、甘二种。熟早者名麦葡萄,迟者名谷葡萄,《本草》所谓蘡薁也。《诗·豳风》:"六月食郁及薁"。

◆红枣

红枣,味甜、性温,是补血健脾美容的滋补佳品。嵩山地区的农家院落,村头路边,都生长有枣树。嵩山地区的枣树品种多,最有名的要数新郑大枣。新郑大枣素有"灵宝苹果潼关梨,甜似蜜"的盛赞,以其皮薄、肉厚、核小、味甜备受人们青睐,成为枣类中的佼佼者。

◆软枣

属于枣类。软枣,盖柿类也。柿用此树接培者多,实小而圆,紫黑色,多子,即《孟子》所谓羊枣,形如羊矢,故名也。

嵩产无佳者,核大肉薄。一种小圆而脆者,名灵枣,殊佳。外一种其野生

◆木瓜

树大有数围者,枝、叶、花俱如铁脚海棠。花红色微白,结实如小瓜。

◆山木瓜

一种山产者白花,结实如梨形,栾圆不类木瓜,香味亦逊木瓜之远长,俗名木梨,《群放集》谓之楔櫨,《本草》曰:木瓜之无重蒂者也。《诗·卫风》"投我以木李",即此。

◆石榴

《尔雅》谓之刘杙。嵩甚繁,馆墅园圃及居民庭院,无处不植。开花结实,易生易成,不甚爱护之。有丛茎,有独干,大数围、高丈余者甚多。结果不一种,有关爷脸,状其红也。铜皮、铁皮、冰糖之异。冰糖者,白花白肤,叶青,色亦淡,子甜美如冰糖也。白之中有极酸者,入药。子有白雪、水红、砂红之不同。过中秋,经雨则壳裂而子出。千叶者不结实,亦有翻花、大红、水红、黄色数种。山产亦蕃,俱结实甚小。南中一种,四季常开;夏中既实之后,秋深忽又大发花,枝头硕果镂裂。而其旁红英灿然,并花与实,折钉盘筵,亦异玩也。嵩山地区的民家小院,很多家都栽有石榴树,春天石榴花开红似火,秋天像红灯笼一样漂亮的石榴果挂满树枝,是民居家院中最靓丽的一道风景。

◆山栗

嵩土惟阳子台等处产,结果大如桃李。其山中野产亦多,结果小,如桃李核大。《草本状》谓之石栗。嵩人亦呼栎木为栗,别此木谓吃栗也。

◆核桃

嵩产遍亩,甚害稼。树极大,浓荫,日光不及其下,草本不生。收果后,有贩鬻者计斗论值,大约每

十斤值银二三分耳。一种山产壳厚而坚,椎之不易破也。

◆胡桃
傅梅《嵩书》曰:二室之下,田原多胡桃。

◆樱桃
《尔雅》谓楔荆桃。嵩人园圃有植之者。结实,雀鸟辄食,树少不能伺守,故不成果。

◆橘
惟朱橘一种,叶两头尖。四月生小白花,清香可人,结实累累。惟盆植,移地下则不耐冻。果味殊酸,得土气少故也。

◆柑
嵩人以实大皮皱者为柑。清《嵩山志》载:予按《本草谱》,橘皮红,柑皮黄,不以大小分也。叶同,味酸亦相似,故嵩人不甚辨。

◆冬桃
《中州杂俎》载:"密县有一种冬桃,夏花秋实。八九月间桃自开,其核堕地而复合,肉生满其中,至冬而熟,味如淇上银桃而加美,亦异品也。"20世纪80年代后,嵩山各县市有很多农户人工嫁接栽培有冬桃,每到深秋收获,冬日亦有收获的鲜桃。

◆桃
亦多山产。《尔雅》谓山桃,野出也。杂早卉嫩绿中,甚助游兴。园植有千瓣绛桃,有绯桃,开迟而色可爱;有千叶桃,一名碧桃,花色淡红,亦结子,双尖,或三尖。其结果者俱名油桃。《月令》:桃始华。即此。

◆山杏
无异地产,园圃供果品之用。山中崖圻石隙,无处不有。春时簇锦堆彩,娱游览之目。

## 二、药果

◆香橼
亦盆植。叶作药,葫芦形,结实大如拳,味甚馥郁,花亦大于柑橘。又一种果皮似香橼,气不甚芬,无肉。剖其中如莲房者,不知何名,嵩人亦谓香橼,书其文曰:乡愿。取音属义,盖谓似是而非也。

◆枸橘
野生枸橘,树叶气味俱类橘,但干枝多刺,结实大如弹丸,俗呼铁篱寨。谓其可以界墙址如离,有铁之固也。《橘录》谓色青气烈,小似枳实,大如枳壳。或谓今药之枳实、枳壳,即是物也。

◆ 银杏

银杏又称白果、公孙树子。个如杏核大小色洁白如玉,其味甘、苦、涩,过食易引起腹泄。《纲目》:银杏,树高二三丈,叶薄,纵理俨如鸭掌形,有刻缺,面绿背淡,二月开花成簇,青白色,二更开花,随即卸落,人罕见之。一枝结子百十,状如柿子,经霜乃熟,烂去肉取核为果,其核两头尖,其仁嫩时绿色,久则黄。药用有敛肺定喘,止带缩尿的功能。

当地人把银杏树叶加工制成银杏茶,可治疗高血压、高血脂。

◆ 甜瓜

田园皆产,大小不一,品以数种。其蒂甚苦。《墨子》曰:甘瓜苦蒂。天下物无全美。

瓠匏《埤雅》:长而瘦上曰瓠,短头大腹曰匏。嵩山谓之葫芦。《诗》:"匏有苦叶"。少时可食,至八月,叶即苦也。

◆ 西瓜

嵩山有野生西瓜,白子黑文,味甘略苦。与农种西瓜比,药用价值更高。西瓜其性甘寒,入心、脾两经,具有清热解署,止渴除烦的功效。主治中署、温热病、心烦口渴、小便不利等症。还可以治疗高血压、肾炎、肝炎、胆囊炎、黄疸等病。西瓜的汁液含有人体所需要的多种营养成分。

◆ 山苦瓜

嵩山地区有山苦瓜。山苦瓜味苦,难入菜,有药用功能。果实性寒,入心、肝经。清热祛暑,明目解毒,利尿凉血,主治热病烦渴,中暑丹毒,目赤痈肿,痢疾,少尿等病症。

◆ 文官果

树植高大,叶似榆,而尖长多齿刻。花开成穗,满树甚盛。花五瓣,每瓣当中微凹,有红筋贯之。结果如核桃,去皮壳,果仁亦如核桃肉。园墅中多植,取其繁花,宜玩。

◆ 山楂

土名木胡梨,既可药用,也可酿酒。嵩山太室、少室有野山楂。山楂性味微温、甘、酸,入脾、胃、肝经。有消食积、化痰、散淤、清胃、解毒、醒脑、脉硬化、抗肿瘤等功能。

◆ 绵枣

俗称人参果。傅梅《嵩书》载:嵩山产绵枣,叶如韭、根如蒜。采煮,其甘如饴。果可煮沸后,通过浸泡后,绵枣熟烂,其味甜美,老少皆宜。嵩山各地均有分布,生于山坡、草地上。

◆ 地稍瓜

地稍瓜又名地稍花、羊角、蒿瓜、地瓜飘。地稍瓜,为直立或斜生草本,茎自基部多分枝。叶对生或近对生,线形,叶背中脉隆起。果实有白色乳液,密被细柔毛。地稍瓜,以全草及果实可入药。夏秋采,切段晒干生用。嫩果实可以吃。也可为药,益气,通乳。

◆威灵仙

为攀援性木质藤木,高4~10米。圆锥花序腋生及顶生,瘦果扁平状卵形,略生细短毛,花柱宿存,延长呈白色羽毛状。多生于山野、田埂及路旁。

◆白瓜

《别录》载:白瓜生嵩高平泽,是一味中药。具有清热利尿、除烦止渴、润肺止咳、消肿散结的功能。

◆瓜蒂

又叫苦丁香、甜瓜蒂、香瓜蒂,为葫芦科黄瓜属植物甜瓜的果梗。《别录》载:瓜蒂生嵩高平泽。功善催吐热痰、宿食,而治痰迷癫狂。研末蓄鼻,去湿热退黄疸。

◆山榆果

又名臭芜荑,气味:辛、平、无毒。具有杀虫消积,除湿止痢的作用。可杀脾胃之虫。

◆黑瞎子果

学名为蓝靛果忍冬,又名山茄子。果实为浆果,味酸甜,含七种氨基酸和维生素C,可生食,又可提供色素,还可酿酒、做饮料和果酱。花蕾、果、嫩枝可入药,清热解毒。花是蜜源。果实成熟显紫红色。

黑瞎子果常生于河岸、池塘边,沼泽灌木或高山林中,喜光和湿地。

◆山花椒

即可食用,也能药用。干燥成熟果皮入药,温中散寒、驱虫。止痒。用于脘腹冷痛、呕吐、腹泻、蛔虫病,外用治皮肤痛痒。

◆黄皮果

外形与梨相似。黄皮有消除胸腹胀满、生津、止渴、顺气、镇咳的功效。苦味较重,效果尤佳。

◆荆芥穗

嵩山太室、少室都生长有野荆芥。秋时,可收获野荆芥穗。荆芥穗可药食两用。食可做菜。药可发汗解表,作用较和缓。消炎、止血。

## 第五节 野生花卉

野生花卉中分为木本花卉和草本花卉。嵩山野生木本花卉种类有丁香、绣线菊、大花溲疏、河南海棠、三叶海棠、湖北海棠、山荆子、棣唐、鸡麻、山樱桃、山梅花、山茱萸、山桃、山合欢、小叶女贞、紫花卫矛、扶芳藤、山杏、蔷薇、六道木、山麻杆、天目琼花、太平花、木槿、毛叶山樱桃、毛黄栌、玉玲花、四照花、北京忍冬、北京丁香、华北珍珠梅、红瑞木、迎春、连翘、山李、鸡爪槭、杜鹃、青榨槭、刺楸、建始槭、郁李、金银花、金丝桃、枸杞、荚蒾、茶条槭、爬山虎、玫瑰、流苏、海州常山、辛夷、胡枝子、榆叶梅、楸树、紫薇、紫藤、紫荆、紫珠、猬实、白鹃梅、凌霄、探春、黄素馨、白檀、山桐子、络石等。

草本花卉种类有蕙兰、杜鹃兰、山兰、沼兰、白芨、小花火烧兰、蜻蜓兰、毛杓兰、凹舌兰、玲兰、粉背蕨、中国蕨、凤丫蕨、蹄盖蕨、岩蕨、铁角蕨、马蔺、萱草、山丹、天门冬、乌头、凤毛菊、凤仙花、玉竹、石菖蒲、水菖蒲、山麦冬、早熟禾、地肤、野百合、紫花地丁、胭脂花、蓝雪花、沿阶草、剪秋罗、泽泻、鸢尾、虎儿草、牵牛、秋海棠、野菊、射干、全裂翠雀、斑叶堇菜、慈姑、华北耧斗菜、锦葵、紫羊茅、半枝莲、白头翁、华北剪股颖、落新妇、细辛、小冠花等。

## 一、常见野生木本花卉

木槿花

◆木槿

园墅俱有。有深红、粉红、白色,单叶、千叶之株。《诗》:"颜如舜华。"陆《疏》曰:舜,名木槿。《礼记·月令》:仲夏之月,木槿荣。谓此也。《尔雅》谓之朝生暮落之花。

◆楝

一名苦楝。木易生长,叶密如槐而长。春夏交开花紫红色,芬香盈庭。实如弹丸,生青熟黄。

◆紫荆

一名满条红。春开紫花,细碎,数朵一簇。嵩人园圃庭院多植之,谓之孝义树,援田真故事也。

◆合欢

嵩山多产,铺崖被涧。木不宜爨,故樵者弃之。花有红、白而种,红者叶小而密,白者叶大而疏,燕都谓之荣花。初春嫩蕊始生,采为蔬,甚佳。

◆桂花

嵩人植于盆中,树亦有大至拱把者。地植亦可,冬时惟护蔽之。有丹桂、黄桂二种。《异物志》载:桂之灌生,必萃其族,柯叶不渝。

◆木蓝

山中遍有,其叶用以染皂。《尔雅》谓之槛。蓝,嫌音也;亦方于蓝,言之也。灵邑采取,辇货外方。花黄色,结实,外包如铃。铃中有子,员如弹丸,色深黑色,逼似红娘子,但色异耳。木干亦乔大成材。

◆蜡梅

嵩下甚多,种类不一,有磬口、虎蹄、金莲、檀香、冰素各名,冰素为上。一种小花多子者,曰狗蝇。《群芳谱》文其名曰九英,最下,古所谓黄梅花也。盎蓄置斋头,开冬三月不卸,馥郁异常。叶封《嵩山志》载:嵩有蜡梅花,开与梅风吹草动时。色如蜡也,清芬异常,千叶满树。磬口一种最贵。无紫心者曰冰素,为上。

◆梅花

嵩有梅花,分玉蝶、粉红二种。惟有花,不结实。馆墅间植,亦不甚蕃。

◆瑞香

馆斋盆蓄间有而不多。花开亦稀,盖土气不宜也。

◆迎春

园圃皆有,山产亦多。城北石坡中,被亩皆是。早春即开放,花朵呈黄花。

◆酴醾

藤身灌生,青茎多刺。一花三叶,如品字形,边多缺刻。花青跗红萼,及开时变白,带浅碧。大朵千瓣,香微而清。一种色黄,嵩人俱谓之刺梅。

◆玫瑰

园墅甚多。花色淡紫,青橐黄蕊,瓣赤娇艳分馥,有香有色。《群芳谱》云:嵩山深处有碧色玫瑰。《酉阳杂俎》曰:洛中鬻花子言碧玫瑰出少室。

李济翁《资暇录》曰:昔人谓之枚懹,当呼为梅槐,叶形处梅、槐之间。今时人直谓玫瑰。琼之类也。

◆刺梅

《群芳谱》有红、黄二种。嵩下有黄者,无香。

◆月季花

园圃俱有淡红、大红二种,遂月开花。

◆木香

灌生条长,有刺如蔷薇。四月盛开,紫蕊白花,摘朵与番茉莉相似,香馥清远。

◆地棠

青藤丛生。花深黄色。《花镜》载：棣棠，藤本丛生。叶多尖而小，边如锯齿。三月开花，员如小球，繁而不香。盖即此种。嵩人讹棣为地耳。

◆茉莉

嵩下所无。嵩人所谓茉莉者，木本，春间下子，夏末开花。色深紫，亦有香。《花谱》谓胭脂花也。可以点唇。子内白粉，亦可傅面。亦有黄白色者。

◆凌霄

山中崖涧甚繁，人家园圃亦栽之。少林初祖庵、龙潭寺附老柏者，藤大三四围，蔓延引致树杪，高数丈。花开烂熳高标，可攀爬上树、岭头或墙等高处。

◆芫花

俗呼山丁香，与丁香花开同时。但颗稍大，香味不及耳。

◆蔷薇

藤身丛生，茎青多刺。有大红、粉红二种，色甚娇艳。山中溪涧间一种野蔷薇，《群芳谱》所谓野客也，土人呼盏盏台。

◆丁香

木本，有高至丈余，枝叶蓬茂。叶方生，先开花，紫色如紫荆，成穗，味甚芳香。亦有白花者，香过于紫，园墅间甚多。

◆兰蕙

少室及二熊山甚多，太室亦有。细观其萼箭，有白赤不同，大约白者香胜，嵩人不甚辨之。近为邻邑掘取，辇货于东，岁岁搜罗，产将尽。植园圃阴处，逐年开花，然不如山产之茂。《嵩山文献》载：黄庭坚曰：（兰蕙）一干一花者兰，一干五六花者蕙。近见建兰，俱一干十数花。粤中复有椏兰茎起，作数椏，以一干十九花，三椏五椏，每椏七花五花，或三花者为胜。然此种俱名蕙乎？燕中花匠曰：培养不如法，则花少。一茎一花者，有之。

蔷薇花

◆芍药

《本草经》载："生中岳川谷及丘陵。"园墅俱有，止大红、浅红、白色三种，无紫与黄者，春芽红鲜可爱。有千叶、单叶之异。

◆金系桃
花如桃,黄色,须亦黄,铺散花外,若金系。花落心中托出一苞,复开花。嵩野有,少见。

◆夹竹桃
花类桃,叶类竹。大畏寒烈。嵩人盆植之。

◆玉兰
馆墅之产,用辛夷可接。色白微碧,香味似兰。

◆合蒂迎辇花
颜师古《隋遗录》曰:洛阳进合蒂迎辇花,云得之嵩山坞中,采者异而贡之。会帝驾适至,因以迎辇名之。花外殷紫,内素腻,菲芬粉蕊,心深红。跗争两花,枝干烘翠,类通草,无刺。也圆长薄,其香气秾芬馥,或惹襟袖,移日不散,嗅之令人不睡。帝令宝儿持之,号曰司花女,令表同春馆。

◆踯躅花
韩愈《送侯参谋》诗云:"三月嵩山步,踯躅红千层。"又张籍《寄李渤》诗云:"五渡溪头踯躅红。"今嵩山春暮遍开,族红如锦,俗称映山红,亦名山踯躅,即杜鹃花也。

◆曼陀罗
嵩人呼颠茄。叶大如茄叶,花朝开夜合,实圆而有丁拐。野产也,墅馆亦植之。

◆鸾枝
木本。成丛,亦有培至大干者。春开花繁密,千叶,色亦娇嫩可爱,嵩人呼堆纱海棠。《渑水燕谈录》曰:花类海棠而枝长,花尤密,惜其不香,无子。既开繁丽,袅袅如曳锦带,故淮南人以锦带目之。王元之以其名俚,命之曰海仙,有诗曰:"春憎窈窕教无子,天为妖娆不与香。"

◆蓼花
大红、粉红二种,园墅群植亦佳。山溪丛产,不及家植之茂。《诗》:"隰有游龙",是也。游龙者,以枝叶放纵名之。一种野蓼,嚼味辛辣异常。《文选》鲍照诗曰:"蓼虫避葵堇,习苦不言非。"谓野蓼也。

◆林檎
今名花红。春开粉红花,结果。野生多,园植亦少。

◆嵩花
生嵩山石上,每遇秋雨后有之。嵩花其形丛生,并枝葳蕤,名虽曰花,实非花也,盖菰蕈之类。

◆绣球

木本。皱体叶青,色微黝。春开花五瓣,白花成朵,团栾如球。嵩园墅有之,而不多见。

◆海棠

《花谱》曰:海棠4种,嵩山有贴梗海棠、西府海棠、木瓜海棠,独无垂丝。贴梗者,有深红、浅红二色。西府海棠丛生,极高大,胜观在蕊未开花时,娇艳可爱;开繁则满树锦绣,上下陆离,赏者目不暇给。木瓜者,色淡红,点点夺赏;结为木瓜,清香宜嗅。

## 二、常见野生草本花卉

◆牡丹

叶封《嵩山志》曰:二室遍产牡丹,皆单叶者。石堂山之西,有牡丹沟。《野客丛书》载:欧公谓牡丹自则天以后始盛。

◆金莲花

清《登封县志》曰:法王寺殿前有金莲花。相传神光说法,地涌金莲,其花似菊,紫色秋开。

菊 花

◆菊

种类不甚多,亦非佳品,大约培育疏也。有加意修植者,费滋溉力,数月花将绽,不谅者来觅,尽所有而后已。嵩人以寻花为大雅,遂成薄风,迄无栽植之者,虽栽亦不修治,谓无菊可也。一种野生者,花小色黄,味甘而清香,名甘菊。法王寺前后山坡甚蕃。移根园圃,以供早蔬,亦佳。有一种遍产岩溪碛崖,无处不茂,名野菊,蔬中同蒿一品,秋时亦开花,如甘菊,亦名菜菊。

◆秋海棠

草本。色粉红娇嫩,叶绿,背有红筋。粤中此花春开甚异。《采兰杂志》曰:古名断肠花。即此。

◆辛夷

少室山甚多,土人掘鬻,不能尽也。有桃红、紫红二色。花开甚香,苞有茸毛,曰木笔。其皮嗅之,亦辛香如桂。叶封《嵩山志》曰:辛夷出少室山,似玉兰而色紫。

◆兰花
傅梅《嵩书》曰：兰生少室山谷中。春花鹅黄色，瓣上有细紫点，馥郁异常，与闽产无异，但闽产多秋花耳。

◆马兰
多生水渠泽岸。长叶似兰，有刻齿，入夏开紫花。

◆金盏
花开以四季，盆蓄亦可过冬。《学圃杂疏》谓长春菊也。

◆剪秋罗
园墅俱有之。花瓣刻缺。有粗细二种，《花史》以细者开于夏，为剪春罗；粗者开于八月，为剪秋罗。嵩人不甚辨。

◆石竹
遍野俱有，种类亦多。有千瓣者，为园囿之蓄。《酉阳杂俎》言蜀中石竹有碧花，嵩亦有之。

◆罂粟
有大红、桃红、紫红三色。园丁多植蔬畦间，云能避雾。园墅所不贵也。

◆虞美人
无色俱有，柔纤灿绚，千叶者亦佳。

◆萱
山溪间处处野生，蔬圃亦植畦岸。开繁时，野人结群入山摘取，盈筥而归，蔬食之。有一种色正黄，叶比萱稍狭，当地人呼曰金针，亦产于山，而不及萱之多。

◆孤挺
类萱。初春发叶，叶枯而花茎出。花五六朵，并开于顶。其色粉红，不类萱之金黄。《群芳谱》所称鹿葱也。

◆蜀葵
多植丛杂，遍开各色如铺锦。千叶胜于单瓣，五月繁花，莫过于此。冬间宿根，青叶，独不枯霜，亦佳品也，嵩人谓之蜀菊。一种小者，叶花茎子皆小于蜀葵，止有淡紫单瓣一种。又一种向日葵，茎高盈丈，茎端开花大如碗。当始开时，晨向东，午向南，晚向西，夜向北。园圃间种之。至花老结子，则不能向日矣。

◆葵

《本草》曰：葵生少室山。

◆白芷

嵩产甚大，香亦过于吴产，大叶茸紫。

◆蜻蜓花

碧色如翠羽，蕊黄色，正圆。花两瓣如翅，茎一二尺高，碛磷间皆有之。

◆百合

深山甚多。冬时民间掘取充蔬，甘美佳品。亦或蓄植园墅间。

◆山丹

小叶狭长如柳，四月开红花，红斑黑点，结子于叶节间。一叶一子，花瓣反卷。《群芳谱》谓回头见子花也。

◆凤仙

俗名小桃红，亦名指甲草。有千瓣者，亦佳。

◆金钱

书室俱有，俗名夜落金钱。《酉阳杂俎》以为金榜及第花。

◆滴滴金

花色金黄，千瓣最细，自六月开至八月。花稍头露，滴入土即生新根，故名滴滴金。嵩人谓之六月菊。《本草》名旋覆。野生甚多。

◆玉簪

园圃墅馆甚多，亦有野生者。一种紫花，不及白花之香。

◆秋葵

嵩人名为绵花葵。叶如芙蓉，深绿。开岐叉，有五尖，狭而多缺。六月放花，鹅黄色，六瓣而侧，雅淡堪玩。此葵亦能倾日。

◆白头翁

《本草经》载：白头翁生嵩山山谷及田野。

◆紫薇

紫薇，别名百日红、挠痒树。紫薇树姿优美，树干光滑洁净，花色艳丽；开花时正当夏秋少花季节，花期极长,由6月可开至9月,故有"百日红"之称。年轻的紫薇树干,年年生表皮,年年自行脱落,表皮脱落以后,树干显得新鲜而光滑。老年的紫薇树,树身不复生表皮,筋脉挺露,莹滑光洁。如果人们轻轻抚摸一下,立即会枝摇叶动,浑身颤抖,甚至会发出微弱的"咯咯"响动声,故又称挠痒树。太室山有野生紫微,但少。嵩阳书院内一株,大可五六围,臃肿栲老。后有人工栽培,多出现于行道或居民庭院。

紫薇花

紫薇还具有药物作用,其皮、木、花有活血通经、止痛、消肿、解毒作用。有驱杀害虫的功效。叶治白痢、花治产后血崩不止、小儿烂头胎毒,根治痈肿疮毒。

◆蝴蝶花

蝴蝶花,忍冬科落叶或半常绿灌木,4、5月间开花,花多数为淡兰紫色,也有白色。蝴蝶花散生于嵩山的林下、溪旁阴湿处。

◆荷花

荷花,又名莲花、水芙蓉等,属睡莲科多年生水生草本花卉。地下茎长而肥厚,有长节,叶盾圆形。嵩山地区野生荷花少,大都为人工种植。

◆迎春花

迎春花,又名小黄花。因其在百花之中开花最早,花后即迎来百花齐放的春天而得名迎春花。系木犀科落叶灌木。迎春枝条披垂,冬末至早春先花后叶,花色金黄,叶丛翠绿,嵩山野生迎春花普遍,山坡沟壑,田头路旁,为早春的常见花。花、叶、嫩枝均可入药,能清热解毒,治疗恶疮肿毒。

## 第六节　山野菜

嵩山地域常见的山野菜有香椿、山香椿、合欢芽、榆钱、拳菜、洋槐花、柳笋、蒲公英、毛妮菜、甘菊芽、木兰头(栾树叶)、鱼腥草、马兰头、嫩杨叶、山韭菜、歪头菜、荠荠菜、面条菜、鬼针草、藻草、荸荠芽、水芹、黑风棵、野苜蓿、马齿苋、灰灰菜、枸杞、山药、地肤、碙蓬、薤白、野豌豆、绵枣儿、山荆芥、野蒜、刺儿菜等。在我国历史上发生自然灾害的年代中,在粮食欠收或绝收的紧要关头,这些遍布于嵩山地域的树上地上的野菜,曾经代粮为食,为人类的生存做出过巨大的贡献。

◆野蒜

野蒜,属百合科多年生草本植物。又名薤白、野小蒜、小根蒜、山蒜。叶子很像韭菜,根部像大蒜,但果实较小。嵩山地区满山遍野,农田里、岭头上都有,是当地人餐桌上的美食。传统中医学认为薤白具有温补作用,可健脾开胃,助消化,解油腻,促进食欲。对体弱者而言,薤白可润中补虚,使人耐寒。

◆马齿苋

马齿苋为马齿苋科一年生草本植物。肥厚多汁,高 10～30 厘米。生于嵩山地区田野路边及庭园废墟等向阳处。该种为药食两用植物。全草供药用,有清热利湿、解毒消肿、消炎、止渴、利尿作用;种子明目。

另一种马齿苋,非苋类也。传小叶者,节叶间有水银,生曝不干,煮熟晒,可为蔬,可度荒,然多食滑肠。

◆野红罗苋

嵩山太室、少室生野红罗苋。红叶子,多见于春夏。

◆灰灰菜

嵩山地区常见的野菜。喜生于田间、地边、路旁、房前屋后。灰灰菜幼苗和嫩茎叶可食用,味道鲜美,口感柔嫩。除了可供食用外,灰灰菜性味甘平,清热、利湿、降压、止痛,用于风热感冒,痢疾,腹泻,龋齿痛;外用治皮肤瘙痒,麻疹不透。

◆木兰头

嵩山地域常见菜之一,为栾树嫩叶。采摘后用沸水淖之,然后用凉水浸泡二三天,中间要多次换水,去掉苦涩之味,可炒着吃,亦可做饺子馅。

◆毛妮菜

嵩山地区常见的野菜。春天里多见于麦田里,与麦苗同生共长。是餐桌上一种很好吃的野菜。

◆歪头菜

生于嵩山草地、山沟、河边、林缘或向阳的灌丛中。喜光,稍耐阴、耐瘠薄,喜冷凉气候。歪头菜多生草本,高可达 1 米。幼枝被淡黄色柔毛。

◆白蓬菜

生于嵩山地里、草丛、山野。

◆白蒿

亦称茵陈。属菊科类植物,为双子叶植物药菊科植物茵陈蒿的幼嫩茎叶,幼苗成团状,灰绿色,全体密被白毛,绵软如绒。完整的叶多有柄,与细茎相连,叶片分裂成线状。有特异的香气,味微苦。以质嫩、绵软、灰绿色、香气浓者为佳。有清热利湿,解毒疗疮药用功能,主治湿热黄疸,小便不利,风痒疮疥。春天采摘嫩芽叶,是一种美食。

◆蒲公英

蒲公英属菊科多年生草本植物。头状花序,种子上有白色冠毛结成的绒球,花开后随风飘到新的地方孕育新生命。蒲公英植物体中含有多种健康营养成分,有利尿、缓泻、退黄疸、利胆等功效。可生吃、炒食、做汤,是药食兼用的植物。嵩山地区山间田野,随处可见。

◆鬼针草

为菊科一年生草本植物。生于山地、山坡、荒地、路边及田间。为嵩山地区民间常用草药,可在夏、秋季开花盛期收割地上部分,拣去杂草,鲜用或晒干,以全草入药。有清热解毒药、消肿消炎的功效。

◆地屈联

又名地耳、地皮菜等。亦石耳之类,生于地者。状如木耳,小而且软,春夏生雨中,雨后亟采。见日则枯,没化为水。地耳菜为土壤气生藻,紧贴地面生长,爬附于荒地、岩石周围的土表、草丛之中。外形似木耳,波浪形片状,藻体富含胶质。《草本》名地踏菇。洗草腐净,食之甚益。富含多种营养成分,且味道清香柔润。可食可药,既可炒食又可做汤,为上等佳品。地耳菜全为野生,无人工栽培。

◆薄荷

薄荷,土名叫"银丹草",多生于嵩山地区的山野湿地河旁,根茎横生地下。全株青气芳香。叶对生,花小淡紫色,唇形,花后结暗紫棕色的小粒果。薄荷是辛凉性发汗解热药,治疗流行性感冒、头疼、目赤、身热、咽喉、牙床肿痛等症。外用可治神经痛、皮肤瘙痒、皮疹和湿疹等。

野薄荷

◆水芹菜

水芹属于伞形科、水芹菜属。野生水芹菜是一种多年水生宿根草本植物。生长在沼泽地或湿地,嫩茎及叶柄供作蔬菜食用。

◆刺角芽

刺角芽,叫"大蓟"。叶子两边带刺,开淡紫色的小花。刚发出的绿芽叶子可作生拌菜食用。刺角芽还是一种中草药,用于活血。把刺角芽连根拔起,洗净后可泡茶,有清热解毒之功效。

◆野苜蓿

生于丘陵间低地以及沟边。为双子叶植物药豆科植物黄花苜蓿的全草。甘微苦、平。有理气健脾,利尿消肿功效。可治胸腹胀满,消化不良,浮肿。

◆黑风棵
当地群众食用的一种野菜。常见于山坡、草地、河边。

◆洋槐花
洋槐树上开的花朵。每逢暮春,洋槐花儿开,香气扑鼻。可食用,炒菜、凉拌均可,鲜美可口。嵩山地区的村庄、河边、山坡等地,到处都可见到洋槐树。

◆香椿叶
香椿被称为"树上蔬菜",是香椿树的嫩芽。每年春季谷雨前后,香椿发的嫩芽可做各种菜肴。它不仅营养丰富,且具有较高的药用价值。香椿是时令名品,含香椿素等挥发性芳香族有机物,可健脾开胃,增加食欲。

◆荠菜
荠菜为十字花科植物,是一种人们喜爱的可食用野菜。其营养价值很高,食用方法多种多样。具有很高的药用价值,具有和脾、利水、止血、明目的功效,常用于治疗产后出血、痢疾、水肿、肠炎、胃溃疡、感冒发热、目赤肿疼等症。荠菜常见于河边、山坡、田园、麦地等处。近年来,有人工种植荠菜。

◆杨树叶
春天里,杨树上刚发出来的嫩叶。有苦味,煮熟后,通过浸泡后,去其苦味。可将浸泡后的叶子去水后,炒菜食用。杨树,嵩山地区农村普遍种植树种。

◆桐花
春天里,梧桐树上开的花朵,淡紫色,花朵大,像喇叭花,好看。味微苦,煮熟后,通过浸泡后,去其苦味。可将浸泡后的花朵去水后,炒制即可食用。桐树比其杨树更为普遍,村庄、路边、山坡、河道到处都有。

◆花椒
短项团簇者味厚;其长蒂者味薄。《诗》:"椒聊之实。"陆玑《疏》曰:树有针针,茎叶坚而滑泽。嵩山地域的野生花椒,主要产于嵩山太室和成皋,其他县市区的田野上有,但很少。

◆蘹
一名茴香。宿根,深冬生苗,作丛,肥茎绿叶。夏开花如蛇床,而色黄。子如麦粒,轻而有细棱。山野有之,园圃也种之。

◆萝卜
古人谓葵。《尔雅》名芦萉。

◆山韭菜

嵩山山野亦多,春天时,山坡上随处可见。《尔雅疏》曰:韭生山中者,名藿。《本草》:山韭,一名签。野韭菜和种植韭菜类似,但味道有所区别,是纯天然的辛辣食物。

◆香芝麻叶

香芝麻叶是八里沟最常见的一种食用植物,叶呈卵形,散出类似芝麻的香气,故名"香芝麻叶"。

◆檀叶

檀叶即檀树的叶子。经热水浸泡后可做凉调,也可热炒。

◆面条菜

亦称面条棵,俗称胡兵嘴,是和荠菜一样的野菜,多生长在田埂地头和初春的麦田,叶片细长,形似面条而得名。是嵩山地区的家常野菜。微苦;性凉。有养阴;清热;止血调经的功效。

◆芸叶菜

芸叶菜是经热水浸泡后可做凉调,也可热炒。

面条菜

◆猪毛菜

属嵩山本地人的一种野菜。一年生草本,高可达1米。茎近直立,通常由基部多分枝。叶条状圆柱形,肉质。猪毛菜适应性、再生性及抗逆性均强,为耐旱、耐碱植物,常成群丛生于田野路旁、沟边、荒地、沙丘或盐碱化沙质地,也是常见的一种田间杂草。

◆葱

一种水葱,生水中,如葱中空,有名翠管。唐王维诗:"水惊波兮翠管靡。"逍遥庄石畦中有之,溪涧野生亦多。

◆扫帚苗

一年生草本,生于村边、屋旁、原野、田间。嫩茎叶可食,嫩茎叶、果实、种子都可入药。茎老后可以做扫帚。嫩茎叶可蒸、炒、凉拌、做汤等。果实味甘,性寒,利小便,清湿热。种子称地肤子,可治膀胱炎,尿道炎。嫩茎叶称地肤苗,具清热解毒,利尿的功效。

◆芫荽

俗传布种时,口诵裦则兹茂。南中士夫以"莎谈"为撤园荽,指此也。

◆苋

赤、白两种。《学斋咕哗纂》曰：《衍义》谓之人苋，红色者谓红人苋。《图经》：明州有赤苋山，土传赤苋山人所种。嵩音乃讹人苋为云钱，方言讹也。

◆荞菜

一名莙荙菜。味咸，性平寒，微毒。有清热解毒，行瘀止血的药用功效。治麻疹透发不快，热毒下痢，闭经淋浊，痈肿伤折等症。

◆蕨菜

古诗名也，嵩人名拳菜。春生芽，蟠屈如小儿拳，长则展宽，如凤尾。嵩山永泰寺左右甚多。

◆藜

叶上红心者，培老，茎可为杖。陆玑《草本疏》曰：莱即藜也。《诗》曰："北山有莱。"一种灰藋，俗称灰菜，亦可食。传其子取仁，可炊为饭，或磨粉度荒。其叶汁藏焇，用以染纸，可以取火。

◆石耳

状如地耳。洗去沙土作茹，胜于木耳。

野生蘑菇

◆蘑菇

嵩山地区的山坡、野地、树林、庄稼地里，都可见到野生蘑菇，有的可食用，营养也好。有的则有毒。如果食用，则要分辨出有毒蘑菇和无毒蘑菇。

◆荆芥籽

一年生草本，茎直立，四棱形，基部稍带紫色，上部多分枝。花穗较大而疏；苞片卵圆形，花冠蓝紫色。荆芥条可用来编制簸箕、箩筐工艺品，籽可作咸菜，有奇异香味。

◆莴苣

与他产同。嵩产四月抽台，高三四尺，谓之莴笋。《诗》："薄言采苴"，是也。

◆山药

园产同于他处。山产紧实，皮色深紫，有如姜芋。作岐者，土人呼曰佛手山药。叶亦有丫，不结子。至秋，累累结铃，三棱，较园产为佳。

◆ 山芋

《本草》名黄独,俗名土豆。《尔雅》为菟瓜,即土瓜也。《月令》谓之王瓜。

◆ 木耳

樵者弃余材于山,经湿热而长,盖野生也。《草本》亦名木檽。

◆ 土菌

形如雨伞,又如大头钉及中馗之帽。《尔雅》所谓中馗菌者也。一种香者,名土香蕈,远逊于南产;一种天花蕈,葱茸菱蕤,味甚美,土人名曰蕵华;一种猴蕈,生木上,状酷类猴头,茸生如毛,色兼黄白。陈藏器曰:"地生为菌,木生为檽。"

## 第七节　野生中草药

嵩山地域地处中原,气候温和,山峦叠障,丘岭起伏,年日照时数平均为 2297 小时,年日照率为 52%,阳光充足,热量丰富,适合于动植物的生长发育,故自然药源丰富,品种繁多。据有关资料记载,就太室山和少室山的野生中草药就达 1000 余种,是一个天然的医药宝库。

### 一、野生中草药种类

(一)解表药类

紫苏叶、荆芥、防风、白芷、藁本、西河柳、野香熏、杭子梢、黄荆、紫荆芥、生姜、葱白、芫荽、白菜、柴胡、薄荷、牛蒡、菊花、葛根、升麻、浮萍、狗牙根、黄花蒿、落新妇、魔芋、炉黎慈茹、唐菖蒲、淡豆鼓等。

(二)清热药类

知母、夏枯草、青相子、芦根、白蔹、灯芯草、石龙胆、牛耳草、苦瓜、垂盆草、鸢尾、星星草、地梢瓜、一年蓬、萻苣菜、草目樨、金银花、忍冬藤、连翘、地丁、梨头草、紫花地丁、无心草、蒲公英、白头翁、败酱草、苣荬菜、马齿苋、山豆根、蝙蝠葛、谷精草、漏芦、兰刺头、马勃、鱼腥草、翻白草、菱陵菜、葎草、拳参、鸭跖草、七叶一枝花、北重楼、锦灯笼、野菊花、咽喉草、贯众、射干、泥湖菜、秃疮花、红药子、苦叶苗、猪秧秧、山莴苣、乌蔹莓、凤尾草、仙人掌、鬼针草、瓦松、白毛藤、蜀羊泉、繁缕、萝摩、大兔丝子、烟锅草、癞肚皮棵、天葵、土贝母、龙葵、马兰、佛甲草、白屈菜、虎耳草、光慈菇、田字草、大丁草、蓝萼香茶菜、打火草、腊梅花、马尾连、红旱莲、椰榆、海金砂、望江南、一枝黄花、四叶律、筋骨草、千金藤、大蒜、泡桐、楸树花、地黄、玄参、牡丹皮、紫草、银柴胡、灯心蚤缀、霞草、蝇子草、白薇、蔓生白薇、青蒿、板兰根、青黛、牡蒿、千里光、羽叶千里光、荞麦、东风菜、狼巴草、旱芹、水芹菜、青荚叶、木槿花、问荆、芋头、茭白、地骨皮、龙胆草、黄柏、黄芩、苦参、地柏枝、酢酱草、狗尾草、美人蕉、节节草、合萌、梗通草、风轮草、瘦风轮、铁线蕨、当药、飞廉、蟋蟀草、柞树皮、翠云草、西瓜翠衣、绿豆、水慈菇、狭叶四照花、冬凌草、小花

— 647 —

玻璃草、蝴蝶树、葱皮忍冬、豆瓣菜、沿阶草、白花射干、白刺花、鸦葱、犚菜、兴安天门冬、响叶杨、土人参、落葵、庐山香料等。

### （三）泻下药类

郁李仁、土大黄、火麻仁、京大戟、甘遂、芫花、牵牛子、商陆、乌桕根皮等。

### （四）芳香化湿药类

土藿香、苍术、佩兰、石菖蒲、黄连土、巧玲花、水菖蒲等。

### （五）利水渗湿药类

车前子、石竹、瞿麦、萹蓄、茵陈蒿、石苇、泽泻、薏苡仁、萱草根、赤小豆、泽漆、三叶木通、鸡眼草、打碗花、蜀葵、黄栌、苘麻子、荸荠、蚕豆、葫芦、梓白皮、红板归、马蔺、甜瓜蒂、冬瓜皮、地肤子、黄瓜、柳、玉米须、石花、宝盖草、浮叶眼子菜、赤爬、扯根菜、蛞蝓、鸢尾、虎杖、糠谷老等。

### （六）祛风湿类药类

木瓜、苍耳子、豨莶草、络石藤、透骨草、威灵仙、黑刺菝葜、徐长卿、木防己、寻骨风、老鹳草、穿山龙、油松、葡萄、律叶蛇葡萄、香加皮、无梗五加、白蔹、白首乌、野豌豆、八角枫、南天竹、野蔷薇、石南藤、秋海棠、类叶牡丹、白花菜、角蒿、桂花、荏蓼、支柱蓼、独活、鹅不食草、锦鸡儿、鹿药、竹叶椒、骨碎补、鸡矢藤、两面针、石松、梧桐、扁担杆、五加皮、海州常山、水禾麻、月见草、黄杨木、茄根等。

### （七）温理药类

北乌头、川鄂乌头、小茴香、辣椒、干姜、花椒等。

### （八）理气药类

香附、薤白、铁篱寨、野西瓜苗、娑罗果、玫瑰花、天仙子、歪头菜、锦葵、甘露子、羊肚菌、柿蒂等。

### （九）理血药类

蒲黄、大蓟、仙鹤草、茜草、地榆、侧柏叶、马蹄草、铁苋菜、荠菜、野漆树、摩来卷柏、菊叶三七、白山蓟、洋槐、香椿、金鱼藻、莲藕、槐花、艾叶、白茅根、百草霜、花生衣、高粱、红薯叶、川芎、丹参、益母草、泽兰、红花、延胡索、土牛膝、阴行草、皂角刺、王不留行、野凤仙、鸡冠花、月季花、三棱、鬼箭羽、卷柏、马鞭草、兔耳伞、蛇莓、活血莲、面条菜、金钱草、錾菜、紫茉莉、景天三七、水苦荬、花米托盘、铁角蕨、墓回头、银粉背蕨、珍珠梅、紫荆皮、迎春花、凌霄花、钝蔷薇、盐肤木、满山红、芸苔子、夹竹桃、铃兰、接骨木、蓬子菜、野荞麦、桃仁、凤仙花、桃奴、桃胶、地星、夏至草、石胆草、赶山鞭、银边吊兰、山女娄菜、紫珠、和血丹、急性子等。

### （十）化痰止咳药类

半夏、天南星、旋复花、糙苏、白附子、华山参、猪牙皂、芥子、桔梗、前胡、葶苈子、瓜蒌子、大百合、平贝母、照山白、明党参、樱桃、宝铎草、鼠曲草、肺经草、水蜈蚣、竹茹、丝瓜藤、紫菀、款冬花、马兜铃、曼陀罗、银杏、杏仁、滇紫苑、牛扁、白苏、桑白皮等。

### (十一) 平肝息风药类

猪毛菜、蒺藜、罗布麻、野大豆、向日葵、草决明等。

### (十二) 安神药类

酸枣仁、远志、合欢皮、含羞草、角盘兰、柏子仁、榆钱、提树花、树舌、川百合合科等。

### (十三) 补养药类

党参、嵩参、白术、黄芪、野山药、扁豆、甘草、盘龙参、板栗、灵芝、四叶参、刺果甘草、棉花草、朝天萎陵菜、大枣、棉花根、当归、白芍、何首乌、枸杞、二色补血草、野燕麦、熟地、桑椹、黑豆、沙参、天门冬、麦门冬、百合、玉竹、黄精、旱莲草、五味子、女贞子、枳椇、蛇含萎陵菜、手掌参、凹含兰、黑芝麻、楮实子、糯米根、杜仲、续断、淫羊藿、兔丝子、补骨脂、列当、无花果、胡桃仁、韭子等。

### (十四) 消导药类

山楂、莱菔子、麦芽、神曲等。

### (十五) 收涩药类

椿白皮、金樱子、复盆子、地锦草、辣蓼、灰菜、棠梨、异叶茴芹、栗米草、浮小麦、石榴皮、乌梅、五倍子等。

### (十六) 驱虫杀虫解毒药类

鹤虱、天明精、苦楝根皮、南瓜子、柳杉、柳杉土荆芥、枫杨、野核桃、马陆、弹刀子、通泉草等。

### (十七) 外用药类

地耳、葫芦藓、蛇床子、化香树、石龙芮、野亚麻、油桐、茴茴蒜、小飞蓬、博落回、飞燕草、苦皮藤、狼毒、大戟、藜芦、白丁香、蓖麻子、粘入裙、烟草等。

### (十八) 其它药类

龙衣、灵芝、树舌、猴头、梗菌、羽毛荸荠、菊叶香黎、光慈菇、龙须菜、短茎马先蒿、水棘针、榆叶梅、舌喙兰、张氏鱼怪、赤麻、樱花、白背铁线蕨、野海茄、野芝麻、天花粉等。

## 二、常见野生中草药

嵩山地域有野生中草药约有300余种。这里只将常见中草药作以下简介：

◆ 蓣草

《山海经》载:太室有草焉,状如䕡,白华黑实,泽如蘡薁,其名蓣草。郭璞《注》载:䕡似蓟也。泽,言子滑泽。晋朝郭璞有《蓣草》诗:蓣草黄花,实如兔丝。君子所佩,人服媚之。帝女所化,其理难思。

◆ 韭薤

傅梅《嵩书》载:秦姜叔茂隐少室,种五辛菜,贷之市丹砂。今山间有韭薤,即其遗种。

◆ 少辛

浮戏山东有谷,曰蛇谷,上多少辛。注:谷中出蛇,故以名之。《山海经》载:蛇谷之上有少辛。郭璞《注》载:少辛,细辛也。

◆ 茶

宋朝《河南志》载:赵封山,宋时种茶于此。

◆ 天门冬

《本草》云,春生叶,如系杉,而细散。夏生细白花,亦有黄紫色者,与嵩产形状无异。独云,秋结黑子在其根枝旁,嵩产则结红子,如天竹子相似,此为异耳。

《抱朴子》曰:天门冬,在东岳名淫羊藿,在西岳名菅松,南岳名百部,在北岳名无不愈,在中岳名天门冬。

天门冬

◆ 术

《图经》载:术处处有之,以嵩山为佳。术得土气,其益在脾,中岳固土位也。

◆ 白术

《本草经》载:白术,又名芍药,是一味名中药材。《广雅》名李夷,生中岳川谷及丘陵。

◆ 桔梗

《本草经》曰:桔梗生嵩高山谷,叶如荠苨,茎如笔管,赤色,二月生苗。按桔梗降气开结,其功在苦。今他处产者俱甘,而嵩产独苦,是为上矣。

◆ 葵

《本草经》载:"生少室山。"

◆防葵

《本草经》载：防葵生嵩山。唐苏恭云：根叶似葵花子，根香，气似防风，故名。

◆天雄

《本草经》载：天雄生少室山谷。李时珍曰：天雄二种，蜀人种附子，其长者为天雄；一种是草乌头，长3寸以上者。《抱朴子》载："康风子丹法，用羊乌、鹤卵、雀血，合少室天雄汁和丹。鹄卵中，漆之，内云母水中，百日化为赤水，服一合，辄益寿十岁。服一升，千岁也。"

◆楮实

《别录》载：楮实子生少室山。是一味中草药。弘景曰：即今构树也。《酉阳杂俎》曰：谷田久废，必生构叶，有瓣曰楮，无曰构。

◆茯苓

《本草纲目》载：范子计言，茯苓出嵩山。今太华嵩山皆有之。出大松下，附根而生。

◆香葛

《名胜志》载：龙门香山，地产香葛。

◆草石蚕

《食物本草》陈藏器曰：草石蚕，称甘露子，生嵩山石上。

◆连理木

《晋书》：元帝建武元年，木连理生嵩山。

◆仙花

《三才藻异》：嵩山仙花，一年三花。色白香美，即道士所植也。赞曰：神三呼，花三笑。借道士琼浆，献君王丹灶。

◆鸡爪黄莲

嵩山之上有鸡爪黄莲，其根部形似鸡爪，服后清热、祛火、凉血，效果很好。

◆牛金子

傅梅《嵩书》曰：叶似茶，稍厚。实如英荑，微长而坚，色似翠羽光泽。春间取叶可作茶。赞曰：彼美奇卉，气钟嵩颖。春叶旗翻，秋实翠冷。孰与虎丘，何如龙井。曰茶则茶，代耕有永。

◆奠蓣草

《山海经》曰：太室有草焉状如术，白华黑实，泽如蘡薁，其名奠蓣草。郭璞《注》曰：术蓟也。泽，言子滑泽。

◆ 蘘荷

唐代著名文学家张说著有《蘘荷亭侍宴》诗。《本草注》：蘘荷，即今甘露也。

◆ 石菖蒲

山溪中有石菖蒲，高不盈尺，叶茸可爱。外有香蒲，叶狭起梗，生蒲槌蒲黄。另中臭蒲，叶宽，味极不堪，生污泥中，初春芽生甚早。

◆ 杏仁

卢元明《嵩高记》曰：太室东脚下，后有小山，多杏树。至五月果实烂然黄茂。杏仁为一著名中草药。

◆ 毛女菜

傅梅《嵩书》曰：毛女菜，野苗也，有中药之功效。药初春发生，在白卉未出之先，贫家用以佐米。

◆ 木瘿

陈继儒《岩栖幽事》曰：嵩山木瘿，以为炉。铭曰：形固可使如篙木乎，心固可使如死灰乎，惟我与尔有是夫。

◆ 养神芝

陈继儒《香案牍》曰：秦时疫死者，有鸟如乌，衔草覆其面遂活。始皇遣使以问鬼谷先生，云："此琼田中养神芝，其叶似菰而不丛，生一叶能起一人。"

◆ 紫芝

《神境记》曰：荥阳郡西灵源山，有石髓紫芝。昔有采药此山，闻林谷间有长啸者。今樵人往往犹闻焉。

◆ 黄芝

卢元明《嵩高记》曰：嵩山灵薮，有神芝仙药。《名医别录》曰：黄芝生嵩山。宋建中靖国元年，少林寺产灵芝，大小十二本。守臣绘图奏闻，取入内府，名曰抱石黄、小紫团、金黄、黑团、印子黄、鹅黄、小双红、僧笠紫、鸭脚黄、花叶紫、大紫团。

◆ 寿荣草

《典要》曰：寿荣草，出少室金山丘下。服之令人不老。服之草叶，可通百神，令人不老。

◆ 颓木

北宋王曾《碑》曰：颓木记其幽径。

◆南烛草木

《太元先生气经》曰：木中之王，名曰南烛草木。每丛72茎，每茎24枝，每枝5叶，以应72候、5行、24气也。系名贵中草药。《梦溪笔谈》载，南烛草木即天竹也。

◆蓍

《本草经》："蓍，生少室山谷。"田埂碛磷皆产，肥土所产有一叶百茎者。一种叶大而稀，与蓍相类，土人亦呼虎刺子。盖刺亦蓍音误也。

◆薯蓣

《本草经》曰："薯蓣，一名山芋，益气力，长肌肉。久服，耳目聪明，轻身不饥，延年。生嵩高山谷。后避唐代宗讳，改为薯药。有避宋英讳，改为山药。嵩民有从嵌石中掘得者，形如蟠蛇，极难得也。"

◆嘉荣草

《山海经》曰："半石之山，其上有草焉，生而秀，其高丈余，赤叶赤华，华而不实，其名曰嘉荣。服之者不霆。"注曰："初生先作穗，却着叶，花生穗间。不霆，不畏雷霆。"

◆嵩参

少室山上有嵩参，每年秋，嵩参长得高出其它草，果实粗细和筷子相近，叶子为钟形，食后可大补元气。

◆黄精

一味著名中药。陶弘景名为仙人余粮。《别录》曰：黄精为仙人余粮，以嵩山者为佳。《博物志》曰：太阳之草名黄精，饵可以长生。

◆何首乌

自宋开宝时，始入方书。《开宝图经》曰：何首乌，以西洛嵩山为胜。唐代李翱有《何首乌传》。山野园圃甚多，《中州杂俎》大者亦不易得。

◆赤箭

即天麻苗，《本草经》曰：赤箭生少室。陶弘景《别录》曰：赤箭亦芝类，茎如箭竿，赤色。

何首乌

◆贯众

《别录》曰：贯众生少室山。叶青黄色，两两相对。茎有黑色丛毛，冬夏不死。

◆牛伤草

《山海经》曰：大之山有草焉，其状叶如榆，方茎而苍伤，其名曰牛伤。其根苍文，服者不厥，可以御兵。郭璞《注》曰：牛伤，犹言牛棘。

◆香葛
《名胜志》曰：龙门香山，地产香葛。

◆桂
《异物志》曰：桂之灌生，必萃其族。柯叶不渝，冬夏常绿，在乎嵩岳。今山中无桂，少林毗户阁有之也。

◆荓
亦丛生，类蓍。《尔雅》：马帚。注曰：草似蓍，俗为蓍。可以为扫彗，故一名马帚。

◆吉祥草
非有从山野移植到盆，蓄之者甚多。

◆老少年
梗叶俱如苋菜，至秋时，叶变红色，娇艳夺目，亦有杂黄色者。按《群芳谱》以为长竹，扶之可以过墙。嵩产高不过二三尺，岂《谱》载为别种欤。

◆茜草
蔓生，方茎，叶及茎皆有细刺。其根名茜，色红，古人用以染绛。故《货殖传》云：厄茜千石，亦比千乘之家。土人名曰蕊娄秧。《诗·郑风》以为茹藘也。

◆擘蓝
蔬属也。嵩人取其根，弃其叶。

◆莎
野产甚多，生田中，则不易锄。其根名香附子。《诗》："南山有台。"《尔雅》云：台，夫须，莎草也。可以为蓑，疏而无湿，故从沙。

◆茅
野草，生田中则害稼。田之有茅者，农夫以为下地。《诗》："白茅包之。"《易》：籍用白茅。此物也。楚地零陵、泉陵有香茅，古贡之缩酒者，与此不类。

◆蓬
野产甚多。嫩苗，亦可食，农家呼为猪毛菜。至老则末散生，反大于本，遇风辄拔而旋

◆青蒿
初与杂卉并生,无可辨识。至霜降后,群蒿俱萎黄,此独青色。

◆菰
即茭草,生塘池中,易蕃衍。春末生白芽,曰茭笋。《诗》名蒲。陆《疏》:蒲始生,取其中心入地者,名蒻,可食。

◆芦
嵩人呼为苇。产多,利倍耕畴。《诗》:"蒹葭苍苍。"蒹小而中实,今谓之荻,古谓之薍。葭大而中空,今或谓芦,或谓苇。

◆藻
嵩人呼为闸草。叶细如系,节节连生,即水蕰也。《尔雅》以为藤。

◆苔
石藓,有五色,陆离光怪,层晕周回。微雨新霁,鲜艳夺目。

◆佛甲草
丛生,脆茎柔泽,如马齿苋。

◆虎耳草
一名石荷叶,生阴湿处。祛风、清热,凉血解毒。

◆葳蕤
与黄精相似。节上有须毛,茎斑叶尖,有小黄点,为不同。

◆天麻
苏颂曰:春生苗,独抽一茎;茎中空,依半以上。贴茎微有尖小叶,梢头生成穗,开花结子,如豆粒大,夏至不落,即透虚入茎中,潜生土内。根形如王瓜,连生一二十枚。嵩山、衡山人或取生者,蜜煎作果食,甚珍之。

◆苍术
《本草》曰:处处山中有之,以茅山、嵩山者为佳。《尔雅》谓之山蓟。

◆玄参
嵩山有之,而干瘦不佳。清热凉血,滋阴降火,解毒散结。

◆ 紫草
嵩顶京兆王墓左右近处极多。

◆ 白芨
嵩山甚多。与黄精相类,最易混。

◆ 黄芩
生少室山,掘出黄,泡剉色辄变绿,与他产异。

◆ 防风
送审原野甚多,然支茎大而根小。

◆ 升麻
草根多须,采者入火焚其须,故皮黑。泡剉之,亦有青绿色者。《草本》谓之鸡骨升麻。

◆ 苦参
叶极似槐,开花黄白色。性苦寒。清热燥湿,杀虫,利尿

◆ 三棱
生溪涧陂泽中。苗叶似莎草,极长,高三四尺,而有三棱。苗下生魁,横贯一根,则连数魁,魁上复出苗。其魁皆扁长,如小鲫鱼,体重者,三棱也。

◆ 假苏
即荆芥。山谷生者甚多,亦种于园圃。

紫　苏

◆ 薄荷
园植者多,山溪间亦有野生。

◆ 紫苏
嵩人以为常蔬。其叶、梗、果均可入药。

◆ 艾草
有大艾、小艾、山艾、火艾之异。

◆ 益母草
一名茺蔚。园墅败垣处处俱有,以山产矮小者为良。《诗》:"中谷有蓷。"《说苑》云:蓷,益母也。

◆青相
即野鸡冠,俗呼狗肾花。镇肝,明目,去风寒湿痹。治病有验。

◆牛蒡
嵩下甚多。叶大如芋,实壳似栗球。刺上有倒勾,俗呼挂毛球。

◆蘦
陆玑《疏》:莫莫葛藟。延蔓生。蔓如艾,其子亦可食,酢而不美,俗谓之密罐子。燕都多有植于篱落间者。

◆豨莶
废园败垣中甚多,俗呼粘粘科。按豨莶南音,即北音猪臭也。

◆地黄
嵩下无地不生。开花紫色,如小筒子。筒内吸之,味甜。小儿喜食之,呼婆婆奶。

◆麦冬
嵩产不甚肥大。其草俗呼羊胡子。

◆地肤
其嫩苔可以为蔬,俗呼扫帚苗。《诗》:"切有旨苕",即此。

◆醴肠
溪泽湿濡处多产之,俗呼旱莲草。

◆连翘
《本草》诸书俱未言木本。今观药肆所用,其形状气味,酷似嵩产木本。春间黄花,秋则结实,俗呼黄花秆。京师花工鬻之,美其名曰黄金带者,是也。《草本》云:"未见其茎叶",故所注未详。

◆谷精草
一年生草本,须根细软稠密,叶基生,长披针状条形。该种植物可全草入药。具有疏散风热,明目退翳的功效。

◆猫猫眼
又叫猫眼睛,镇咳、祛痰、散结、逐水、拔毒、杀虫。

◆短芒芨芨草
主要产于山地、丘陵、坡地、草滩上、干河床、湖边、河边、丘间低地。茎全年可采。"茎:利尿清热。

花:止血。"

◆黑蒿

为菊科植物。根密集而横走。茎直立,圆柱形,有条纹,被微柔毛。叶椭圆形至线形,两面有微柔毛,下面更多。头状花序淡黄色,主要生于村边、路旁、山坡等处。性苦寒,药用可治清热解毒,解暑,止血。

◆紫花地丁

别名野堇菜、光瓣堇菜等。多年生草本,无地上茎。花中等大,紫堇色或淡紫色,稀呈白色,喉部色较淡并带有紫色条纹。主具有清热解毒,凉血消肿,清热利湿的作用。

◆铁线莲

别名威灵仙,生于低山区的丘陵灌丛中,为落叶或常绿草质藤本,花期从早春到晚秋,果期夏季。铁线莲不仅花可观赏,根部及全草可入药,利尿,理气通便,活血止痛。

◆商陆

叶大,花穗如紫桑椹,亦可玩。俗呼商溜根,盖土音讹陆为溜也。

◆泽漆

开绿花,茎中有白汁,粘人。分枝成丛,叶如苜蓿,俗呼猫眼。甘遂苗与此相似,但茎短而叶有汁为异。甘遂根皮赤,肉白,作连珠,大如指头;泽漆根白色,有硬骨。宜辨。

◆续遂子

一名千金子。其苗俗呼罗汉松,多种于园亭中。

◆蓖麻

嵩人种于闲旷地,名大麻子。

◆马肠根

嵩下圃丁用以杀菜虫。

◆南星

大叶如瓜,一茎直上,如鼠尾。中生一叶如匙,裹茎作房。旁开一口,俗呼虎掌。

◆半夏

麦畦中多有之。半夏生于夏至日前后。此时,一阴生,天地间不再是纯阳之气,夏天也过半,故名半夏。

◆射干
山野甚多。开花有赤、白两种。赤者植园庭间为玩,俗名鬼蒲扇。

◆小蓬蘽
藤蔓繁衍。一枝三叶,叶面青,背淡白,而微有毛,开小白花。四月实熟,其色红如樱桃,俗名薅田藨,即《尔雅》所谓藨者也。土人呼为坡盘。

◆马兜铃
野生于荆棘丛上。垂垂悬挂。

◆百部
与天门冬相类,但根肉虚浮耳。嵩亦有之。

◆牛耳大黄
俗呼牛舌头叶。性苦、寒、酸,清热解毒,凉血止血,通便,杀虫。用于肺结核咳血,急性肝炎,痢疾,便秘,功能性子宫出血,痔疮出血,痈疖疮疡;外用治腮腺炎,神经性皮炎,疥癣,烧伤,外伤出血。

◆羊蹄子棵
又称羊蹄、野甜菜、牛舌头棵等。蓼科酸模属一年或多年生草本植物。常见于山坡路旁、水边湿地。根叶可入药,有去毒、清热、杀虫、治藓的功效。

◆卫矛
山中石隙甚多。茎上四面有棱,如箭羽。初秋,叶红如染,鲜艳夺目。俗呼鬼见愁。《本草》有鬼箭之名。

◆苟杞子
俗名红耳坠。叶如石榴,而软薄堪食,又呼甜叶。茎干高三五尺,丛生。六七月开花结实,生青熟红,味甘美。根名地骨根,皮名地骨皮,嵩产甚多。然藤蔓引长,茎高三五尺者,绝无叶,不甜,实无肉。似非枸杞也。

◆溲疏
《药录》曰:溲疏,皮白中空有节,其子似枸杞子,赤色,味小甘,大苦。嵩之所谓枸杞者,此种也。俗呼小孩拳。

◆酢浆草
苗高一二寸,丛生布地,极易繁衍。俗呼为酸浆。

◆马勃

俗呼为马屁泡、牛屎菇。嫩时色白,圆球形如蘑菇,体型较大,鲜美可食用,嫩如豆腐。老则灰褐色虚软。外郭有略有韧性的表皮,顶部出现小孔,弹之有粉尘飞出,内部如海绵,黄褐色。

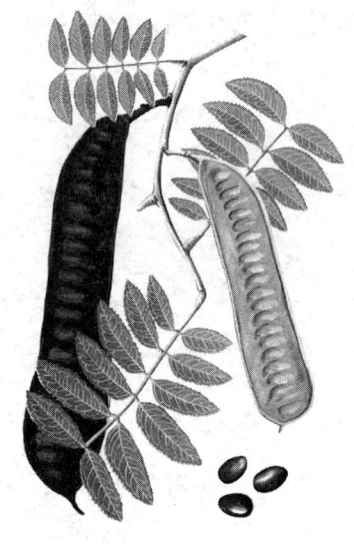

皂　角

◆皂角树

有三种。嵩产长大而瘦,俗名板皂。树甚多,半不结实。《群芳谱》曰:皂树不结实,凿一孔,入铁三五斤,泥封之即结。或有验欤。

◆仙人脚

靠崖生长,开花五瓣,如蜀葵大。其色青白,远如春间新生树叶,稍有香气。

◆山木香

丛生。白花千叶,如木香花。层叠如缀琼枝,惜无香耳。

◆五女花

花色鲜艳。每开五朵,其围茎端,蕊头相向。

◆石棒

树大者高数尺,条直二三尺。始发旁枝,皮色赤红,光亮如金漆几杌之色。或作鞭杆,贩货四方。花紫红丛茸,亦可植于园墅。疑此即陆玑之所谓楛者。《疏》云:形似荆而赤,叶似蓍。《尔雅翼》曰:干可为矢。

◆紫天竹

生溪涧水侧。夏结实如天竹,实亦如天竹穗。色真紫可爱,至冬不落。

◆润草

大叶,如射干叶,而短厚多皱,深青丛茸。

◆山茱萸

土人呼为石枣。

◆杠木

体极坚重,叶如榆。山石间多栲栳臃肿之形,土人呼为石杠榆。

◆芜夷

山榆木子也,亦榆钱之类。气臭如鸡矢,宜疳病。

◆ 棟棠

木本。小叶,高不过数尺,无直干。结子如绿豆,红色,味甘酸,野人多食之。

◆ 鸡宁子

丛茎,大叶如构,其皮亦可为绳。结子红包,一囊有两子、三子者,味略甘,小儿喜食之。

◆ 枸椒

一名金椒。野生菁蔓,闻石淙甚多。

◆ 溜刀木

《尔雅》以为山榎,古名楢,音叨。其木作箸,染黑逼似乌木箸,但体轻耳。

◆ 蓝铃花

草茎,二三尺高,开花如垂铃。碧色不开,与《本草》所图沙参相类。

◆ 泽兰

近水处多生之,全无芳香之气。

◆ 鸡冠花

园圃植甚繁,种类亦甚多。

◆ 蓝蜂

生最繁衍,小花碧色。

◆ 蒲公英

原野甚多,俗呼黄花。《诗》:"谁谓荼苦。"《尔雅》云苦菜。《月令》:孟夏苦叶秀,黄花似菊也。

◆ 癞葡萄

广东谓之苦瓜,为蔬上品。嵩人无食者。植之供玩,呼曰荔枝。

◆ 秦椒

非椒也。既可食,也可药。味极辣,农人多食之。

◆ 樫

嵩人呼为山荆。六月开细花,甚香。

◆ 茅柞木

小枝丛杂,多刺。土人用之染绿,亦或贩鬻外方。《诗》:"柞棫拔矣。"朱子解云:枝长叶盛,丛生有刺。郭注《尔雅》曰：小木丛生，有刺，实如耳珰，紫赤可啖。是也。一种枝叶相似，而皮横解者，俗曰横理皮。不能为染，亦其类矣。

◆天雄

《本草经》曰："生少室山谷。"《抱朴子》曰："康风子丹法，用羊乌、鹤卵、雀血，合少室天雄汁和丹，内鹊卵中，漆之，内云母水中，百日化为赤水，服一合，辄益寿十岁。服一升，千岁也。"

◆地黄苗

地黄本出怀庆，藉沁水灌溉，性故纯阴而下沉也。其苗实产于密，怀人购而植之。

◆金银花

嵩下溪涧无处不产，以新密、荥阳、巩义、登封的交界之处的五指岭野生金银花为最贵，鲜者香味甚佳，药用价值高。

◆鸳鸯花

嵩山所产鸳鸯花，花实双开双结，如朱樱，可食。

◆大蒜

嵩山大蒜黑须大瓣者为上，白皮者次之，红者为下。嵩山大蒜以超化者为佳，据说，所用剩蒜水，不溲、不变味。

◆蔓草

蔓草，指爬蔓的草。蔓即蔓生植物的枝茎，由于它滋长延伸、蔓蔓不断，因此人们寄予它有茂盛、长久的吉祥寓意。气味（根）辛、甘、微温、无毒。

◆小蓟

多年生草本，具长匍匐根。茎生叶互生，长椭圆形或长圆状披针形，两面均被蛛丝状绵毛，全缘或有波状疏锯齿。基部狭窄或钝圆，无柄。清热，止血，降压，散瘀消肿。治各种出血症，高血压，黄疸，肝炎，肾炎。

◆王不留行

别名王不留、麦蓝菜。生嵩山山地、麦田内或农田附近，为常见的杂草。具有活血通经，消肿止痛，催生下乳的功能。

◆三棱

为莎草科植物。以质坚、体重、干燥、去净外皮、表面黄白色者为佳。治症瘕积聚、气血凝滞、心腹疼痛、胁下胀疼、经闭、产后瘀血腹痛、跌打损伤、疮肿坚硬等症。

### ◆鸡冠花

为一年生草本植物。喜阳光充足、湿热,不耐霜冻。不耐瘠薄。花期夏、秋季直至霜降。《辞海》载:鸡冠花"清热止血,主治赤痢,便血,崩漏,带下等症;种子功能清肝明目。鸡冠花既可药用,也可食用,有强身健体功效。

### ◆凤仙花

又名指甲花、小桃红等。因其花头、翅、尾、足俱翘然如凤状,故又名金凤花。凤仙花属凤仙花科一年生草本花卉,其花形似蝴蝶,花色有粉红、大红、紫、白黄、洒金等,善变异。有的品种同一株上能开数种颜色的花朵。凤仙花性喜阳光,怕湿,耐热不耐寒。凤仙花适应性较强,移植易成活,生长迅速。庭院种植多,野生者少。

凤仙花

### ◆长春菊

性耐寒,不耐暑,炎热的夏季多停止生长。野生者极少,盆栽为多。

### ◆秋海棠

秋海棠是著名的观赏花卉,花色艳丽,花形多姿,叶色妖嫩柔媚、苍翠欲滴。秋海棠的花、叶、茎、根均可入药。

### ◆白玉簪

多年生宿根草本植物。有粗大的根状茎和多数须根。叶基生,宽大,叶缘波状,绿色,有光泽。夏天花梗自叶丛抽出,顶生总状花序,花白色,管状漏斗形,气味芳香。可药用。

### ◆瞿麦

瞿麦为石竹科、石竹属多年生草本植物。花单生或数朵集成疏聚伞花序,有香气。是布置花坛、花境的良好材料,也可盆栽或作切花。全草入药,有通经、利尿之功效。

### ◆苍耳子

为菊科植物,具有散风除湿通窍等功效。此外,苍耳草或全草亦可药用,但苍耳为有毒植物,以果实为最毒。

### ◆牵牛花

别名喇叭花,为嵩山地区常见。为旋花科牵牛属一年生蔓性缠绕草本花卉。花冠喇叭样。花色鲜艳美丽。具有泻下、利尿、消肿、驱虫等功效,主治肢体水肿、肾炎水肿、肝硬化腹水、便秘、虫积腹痛

等症。子即牵牛子,有黑、白二种,也叫二丑。

◆蒺藜

蒺藜,一年生或多年生,全株密被灰白色柔毛。主要药物疗效为平肝解郁,活血祛风,明目,止痒。

◆透骨草

味辛香、辣,性温。有小毒。治痰火筋骨疼痛,泡酒用之良。其根、梗,洗风寒湿痹,筋骨疼痛,暖筋透骨,熬水洗之。

◆马兰

植株不高,翠绿的叶、艳丽的花,可形成美丽的景观。其花、种子、根均可入药。

◆黄花苜蓿

苜蓿分黄花苜蓿、紫花苜蓿。多生于田边、路旁、旷野、草原、河岸及沟谷等地。茎直立或匍匐,稍有毛,多分枝。有宽中下气,健脾补虚,利尿之功效。治胸腹胀满,消化不良,浮肿。

◆地骨皮

生于山坡、田野。别名,杞根。为枸杞的根皮。有凉血除蒸,清肺降火之药用功效。

◆桑白皮

桑白皮为桑树的根皮。嵩山地区各地都有,春、秋季挖根,刮去黄色外皮,除去木部,取白色内皮晒干。有泻肺平喘,利水消肿的功效。

◆酸枣仁

酸枣树的果实。酸枣树生于嵩山山区山野、坡地、沟壑等地。有养心安神——主心肝血虚又能敛汗的功效。

◆柏子仁

柏树的果实。生于嵩山山区,有养心安神、润肠,主治主心肾不交。

◆薤白

为百合科植物小根蒜或薤的鳞茎。生于嵩山山坡、丘陵、山谷或草地,夏秋间采收。有理气,宽胸,通阳,散结的功效。

◆柴胡

又叫蚂蚱腿。生于嵩山地区荒山坡、田野、路旁。气微香,味微苦。有和解表里,疏肝,升阳的功效。

◆白茅根

白茅根为白茅的根茎。春秋两季采挖。生于低山、丘陵、草地。凉血,止血,清热,利尿。

◆土大黄

多年生草本,生于嵩山原野山坡边。

◆百合

属多年生草本球根植物。百合其球根含丰富淀粉质及多种营养成分,可作为蔬菜食用。百合花姿雅致,叶片青翠娟秀,茎干亭亭玉立,是名贵的山野花。药用可养阴清热,滋补精血。近年来家庭栽培发展很快。

◆艾叶

又名艾蒿,此草多生于嵩山山坡、荒地、野地。叶子面青背白,有茸而柔厚。气清香,味微苦辛。滋润灸疮,至愈不疼。本地百姓多以云此种灸百病尤胜。端午节,当地百姓有门上插艾,用于避邪。

◆洋金花

又名马兰花。为中医学常用的草药,但具有毒性,不能过量服用。

◆旋复花

旋复花,又名百叶草。生于嵩山山坡、路旁、田边或水旁湿地。气微弱,味微苦咸,有小毒。花朵为金黄色,有白绒毛。

◆款冬花

多年生草本,为双子叶植物药菊科植物款冬的花蕾。润肺下气,化痰止嗽。

◆野菊花

野菊花外形与菊花相似,但花朵小,野生于山坡、草地、田边、路旁。以色黄无梗、完整、气香、花未全开者为佳。野菊花含可广泛用于治疗疔疮痈肿、咽喉肿痛、风火赤眼、头痛眩晕等病证。同时又有很好的降压作用,可用于高血压病的辅助治疗。据说,嵩山野菊花为药之上品。

◆槐米

槐花开放的花朵习称"槐花",花蕾习称"槐米"。槐落叶乔木,有野生,

野菊花

有人栽。野生的多见于山坡,人栽的常植于屋边、路边。味微苦涩,有凉血止血,清肝泻火的功效。

◆ 丹参

俗称"血参",为双子叶植物唇形科,干燥根及根茎。生于山坡草地林边道旁,或疏林干燥地上。

◆ 仙鹤草

又名狼牙草。每年六到九月间开黄色的花。生于山坡林下、路旁、沟边。

◆ 车前草

生长在山野、路旁、花圃、河边等地。根茎短缩肥厚,密生须状根。叶全部根生,叶片平滑。春夏秋株身中央抽生穗状花序,花小,花冠不显着。结椭圆形蒴果,顶端宿存花柱,熟时盖裂,撒出种子。子为车前子,性寒,功能利水通淋,渗湿上泻,清肝明目,清热化痰。

◆ 淫羊藿

多年生草本,具有很高的药用价值。生长于多荫蔽的树林及灌木丛及路旁岩石缝中。补肾阳,强筋骨,祛风湿。嵩山漫山遍野,随处可见淫羊藿,深秋季节,淫羊藿的叶子由绿变红,大片大片的红叶,使嵩山更加美丽。

◆ 浮萍草

为浮萍科植物。《本草求真》:"浮萍,烧烟辟蚊亦佳。但气虚切勿近。"

可发汗,祛风,行水,清热,解毒。浮萍生来无根,随水漂流,常比喻人的漂泊不定。

◆ 大力草

春、夏季开花;花蓝紫色,对生,多朵排成顶生总状花序。生于山坡、草地、旷野、路旁、山谷。

◆ 透骨草

透骨草为植物地构叶的全草。入药部分为植物全草。祛风除湿、活血通经、散瘀消肿。鲜草捣烂外敷,可治疮疖肿疼、毒虫咬伤。

◆ 马鞭草

为凉血破血之药。多生于路旁、村边、田野、山坡。

◆ 铜山阿魏

伞形科,多年生草本,嫩叶腌后可食,味美而鲜。根可腌制成菜。分布在少室山莲花寺、太室山东南一带。

◆ 水慈菇

泽泻科,多年水生草本,清热解毒,消肿止痛。分布在嵩山之阳的坡地。

◆狭叶四照花

分布在太室山。河南省为稀有品种。药用可清热解毒,利胆行水,杀虫止血。

◆土荆芥

藜科,一或多年生草本,有祛风、杀虫、通经、止痛等功效。分布在嵩山之阳的登封城西关一带。

◆宝盖草

唇形科,草本,清热利湿,活血祛风。主治黄疸型肝炎、淋巴结核、高血压、面神经麻痹、半身不遂、分布在嵩山之阳。

◆枫杨

胡桃科、乔木,有杀虫止痒,利尿消肿。外用治黄癣、脚癣,叶含水杨酸,树皮果实含鞣质,种子含脂肪油。分布在登封城关、大金店、唐庄等。

◆冬凌草

唇形科,小灌木,清热解毒,活血化淤。主治感冒、咽喉肿痛、肝炎、胃炎、乳腺炎,还可用于食管癌、贲门癌、肝癌、乳腺癌等。分布在太室山、少室山。

◆小花玻璃草

紫草科,草本,清热解毒,主治扁桃体炎、疮疖、痛、肿,分布在五指岭前坡。

◆蝴蝶树

忍冬科,灌木,清热解毒,健脾消积。主治淋巴结炎、小儿疳疾。分布在太室和少室山区。

冬凌草

◆浮叶眼子菜

眼子菜科,水生草本,解热利水,补虚健脾,止血。主治结膜炎、牙痛、拔疔、痔疮。分布在少室山西北。

◆提树花

椴树科,乔木,可作发汗药,镇静药,镇痉剂。分布在太室、少室、马鞍山等。

◆地星

地星科真菌类,清肺热、活血、止血。主治气管炎、肺炎、咽痛、音哑、外伤出血等。分布在鞍坡山少室南山。

◆滇紫苑

菊科,草木,功用止咳化痰。分布在太室和少室的前后。

◆石胆草

苦苣苔科、草木,活血解毒,消肿止痛。主治月经不调、赤白带下、刀伤、顽癣,还治小儿腮腺炎。分布在太室山、少室山、马鞍山、蜜腊山、五指山等。

◆葱皮忍冬

忍冬科,灌木,功用清热解毒。分布在太室山,二仙洞附近。

◆羽毛荸荠

莎草科,草本,功能不详。分布在少室山以西。

◆赤爬

葫芦科,草质藤本,功效降逆、理湿、活淤、法谈、止呕。主治反胃吐酸、黄疸、痢疾、胸部疼痛、扭腰岔气。分布在五指岭以西。

◆扯根菜

虎儿草科,草本,功用利水消肿、祛淤行气,主治黄疸水肿、跌打损伤肿痛等。分布在太室和少室山。

◆牛扁

毛茛科,草本,祛风止痛、止咳、平喘、化痰主治腰腿痛、关节肿痛。分布在五指岭。

◆粘入裙

透骨草科,草本,内服催产。外用治疥疮、黄水疮、疮毒感染发热、分布在五指岭、太室山以南。

◆豆瓣菜

十字花科,水生草本,清燥热、凉血、镇痛。小品含维生素 A、C、D、叶绿素等。主治肺病及肺热燥咳。在节育面:能干扰卵子着床及妊娠。分布在太室山、少室山以南的登封、伊川大部分地区。

◆菊叶香藜

藜科,草本,功能目前不详。太室山以南。

◆蛞蝓

无脊椎动物,清热、解毒、消肿平喘,软坚理疝。主治咽喉肿痛、哮喘、脱肛、疝气、疮肿等症。主要分布太室山下。

◆黄连

漆树科,乔木,清热解毒。主治痢疾、皮肤瘙痒、疮痒,本品有小毒。(本品内含拷胶。芳香油、滑润油。可作农药。本品种是林业经济发展项目之一。分布在少室山南清凉寺一带。)

◆巧玲花

木犀科,灌木。(花作香料;亦可代茶叶,资源丰富,加工简便,芳香可口,提神醒脑,品质极佳。人们称为嵩乐茶。)主要分布在太室山、少室山、马鞍山等处。

◆鸢尾

鸢尾科,草木,消积破淤、行水、解毒。主治食滞胀满、臌胀、胃癌、肿毒痔漏等。本品有毒。太室山上有,稀少,多为人工栽培。

◆光慈菇

为百合科,草本。功能散结、化淤。主要用于乳腺癌、食管癌、胃癌、恶性淋巴瘤、宫颈癌、鼻咽癌、唾腺癌等,还可止咳平喘、治疗气管炎、哮喘等症。分布在五指山以南。少室山亦有。

◆龙须菜

百合科,草本,功用不详。主要分布在太室山以北。

◆虎杖

蓼科,草本,祛风利湿、破淤通经、止咳祛痰、降血脂。南方量大,北方栽培观赏。

◆短茎马先蒿

玄参科,草本,功用不详。主要分布在少室山梯子沟。

◆魔芋

天南星科,草本,消肿散结、解奉止痛。主治肿瘤、颈淋巴结结核、痈疖肿夺、窜蛇咬伤,减肥、降血脂、降血糖。本品有毒。分布在太室山。

◆唐菖蒲

鸢尾科,草本,解毒散瘀。消肿止痛,主治咽喉肿痛。跌打报伤,外用治腮腺炎等,本品有毒。主要分布于挡阳山一带,亦有人工栽培。

◆水棘针

唇形科,草木,功用不详。主要分布在太室山以南。

唐菖蒲

◆赶山鞭
金丝桃科,草本,止血、镇痛、通乳,主治吐血、咯血、子宫出血、神经瘤、风湿性关节炎、乳腺炎、创伤出血等。主要分布在太室山和少室山、马鞍山等。

◆榆叶梅
蔷薇科,灌木,功用不详。太室山上有,很少。

◆舌喙兰
兰科,草本,功用不详。主要分布在太室山以北。

◆扁担杆
椴树科,灌木,功用健脾益气、固精止带,祛风除湿。主治小儿疳疾、脾虚久泻遗精、赤白带下,子宫脱垂、脱肛等。分布在嵩山各地山坡。

◆沿阶草
百合科,草木,养阴润肺、清心除烦、益胃生津。主治热病津伤、咽干口燥、虚劳烦热、消渴等。嵩山各地的山上均有野生。

◆海州常山
马鞭草科,小乔木,祛风除湿、降血压。主治风湿性关节炎、高血压、痈疾、痢疾。分布在太室山和少室山。

◆白花射干
鸢尾科,草本,咽喉肿痛、肝炎、胃痛、乳腺炎、牙龈肿痛。分布在太室山和少室山。

◆野核桃
胡桃科,乔木,有清肠、滋补及驱虫作用。树皮含鞣质48.9%,可提制烤胶。分布在太室山和少室山。

◆白刺花
豆科,灌木,根清热解毒、利湿消毒、凉血止血。花,清凉解暑。分布在太室山、少室山、鞍坡山。

◆锦葵
锦葵科,草本,清热利湿、理气通便。主治大小便不畅、淋巴结结核、带下、脐腹疼痛等。田野上有野生,多栽培。

◆张氏鱼怪
缩头水虱,节肢动物,功用降逆、开郁、解毒、止痛。主治食管癌、贲门癌、胃癌等。分布在河流、水库的水边缘地带。

◆五加皮
五加科,灌木。功用祛风湿、强筋壮骨。主治风湿性关节炎,腰腿酸痛、半身不遂。分布在太室山、少室山、五指岭。

◆赤麻
荨麻科,草本,茎皮含大量纤维,可制麻布、造纸等。分布在太室山、少室山。

◆水禾麻
荨麻科,草本,祛风除湿、接骨、解表寒。主治无名肿毒、破伤风、皮肤发痒、毒蛇咬伤等。分布在太室山和少室山。

◆银边吊兰
百合科,草本,功用清热解毒、止咳化痰、活血祛淤。主治肺热咳血、气管炎。外用治疗疮肿毒、痔疮肿痛、骨折、烧伤等。嵩山各地田野上有野生,各地均有人工栽培。

◆柳杉
杉科,乔木,解毒杀虫,主治癣疮。分布在太室和少室山。

◆鸦葱
菊科,草本,清热解毒、活血消肿。主治乳腺炎、痈疽、毒蛇咬伤等。各山区均有野生。

◆夏至草
唇形科,草木,养血调经。主治贫血性头痛、头晕、半身不遂、月经不调。齐地均有野生。

◆通泉草
玄参科,苋本,功用止痛、健胃、解毒。主治偏头痛、消化不良、疔疮、烫伤、脓疱疮等。分布在唐庄乡草地、路旁。

◆瓣菜
十字花科,兑本,功清热解毒、镇咳、利尿。主治感冒发烧、咽喉肿痛、肺热咳嗽、慢性气管炎、急性风湿性关节炎、肝炎、小便不利等。分布在太室和少室山、蜜腊山、鞍坡山、五指山等。

◆川百合
百合科。取本,润肺止咳、宁心安神。主治肺结核咳嗽。神经衰弱等。分布在太脊和少室、蜜腊山、鞍坡山、五指山等。

◆兴安天门冬

百合科,草,栖,功用养阴清热、润燥生津。主治肺结核、支气管炎、白喉、百日咳;热病口渴、糖尿病、疮疡肿毒等。分布在太室和少室山。

◆樱花

蔷薇科,乔木,种仁入药,有透疹之效,花观赏优雅宜人。分布在中岳庙内。

川百合

◆白背铁线蕨

铁线蕨科草本,各地常栽培观赏。入药功用不详。分布在太室山和少室山。

◆马陆

马陆科,动物,功用破枳解毒。主治:症瘕、痈肿、毒疮。本品有毒。多外用。各地均有生长。

◆月见草

柳叶菜科,草本,强筋壮骨、祛风除湿冒、喉炎、抗脂肪肝。中岳庙有野生。

◆野海茄

茄科,草质藤本,功用不详。分布在少室山和太室山。

◆山女娄菜

石竹科,草本,活血调经、散积、健脾、解毒之效。治体虚浮肿。民间常作通乳药,治奶汁不足。各深山区有野生。

◆紫珠

马鞭草科,小灌木,功用止血、消炎、解鸾。分布在少室山谷。

◆树舌

多孔菌科,子实体,功阳护肝、养肝、安神、抗癌,分布在太室和少室山区。

◆炉黎慈茹

百合科,草本,功用散结、化淤。主治咽喉肿痛、瘰疬、痈疽、疮肿、产后淤滞。本品介毒。分布在少室山区。

◆野芝麻
唇形科,草本,花治子宫及泌尿系统疾患。全草用于跌打损伤等。分布在太室山炼丹炉附近。

◆响叶杨
杨柳科,乔木,功用清热解毒、消炎利水、杀虫。主治:肾炎、感冒、牙疼、蛔虫症等。

◆黄杨木
黄杨科,灌木,祛风湿,理气止痛。治风湿疼痛、胸腹气胀、牙疼、疝痛、跌打损伤。山区有野生,各地有栽培。

◆和血丹
豆科,灌木,主治感冒发烧。各深山区均有野生。

◆甘露子
唇形科,草本,治风热感冒、虚劳咳嗽、小儿疳积。分布在城关等。

◆土人参
马齿苋科,草木,补中益气润肺生津。主治:气虚乏力、体虚自汗、脾虚泄泻、肺燥咳嗽、乳汁稀少。多栽培。

◆弹刀子
为通泉草科、草本、主治毒蛇咬伤。分布少室山太室山等。

◆落葵
为马齿苋科,为兑质藤本,功能清热凉血,外敷治痈毒,叶可食、味鲜茭。主产亚洲地区,现亦有栽培。

◆羊肚菌
为马鞍菌科,药用部分为子实体。功用益肠胃、化痰理气。主治消化不以、痰名气短。取羊肚菌(干)煮食喝汤。各地均有野生长。

◆紫花地丁
主根淡黄棕色,淡紫色小花。气微,味微苦而稍粘。秋后茎叶仍青绿如初,花旁伴有针状小果,直至冬初,地上部分才枯萎,因此是极好的地被植物,也可栽于庭园,装饰花境或镶嵌草坪。

◆瓦松
生于石质山坡和岩石上以及瓦房或草房顶上。耐旱耐寒。茎呈黄褐色或暗棕褐色,叶为灰绿色或黄褐色。茎上部叶间带有小花,呈红褐色,质轻脆,易碎。气微,味酸。

◆青蒿

全草黄绿色,有浓烈的挥发性香气。茎直立呈圆柱形,多分枝,表面黄绿色或棕黄色。瘦果长圆形至椭圆形。全草可入药。

◆益母草

一年或两年生草本,夏季开花。生于嵩山山野荒地、田埂、草地等。

◆鸭趾草

鸭跖草为茎伸长半蔓性,匍匐地面生长。春夏季开花,花色桃红。喜欢在潮湿的草地生长。

◆谷精草

全草入药。花茎纤细,长短不一,淡黄绿色,有光泽,稍扭曲。花序顶部灰白色。

◆蓑草

又名龙须草。生于山坡路边。可清热解毒;凉血散瘀。

◆黄芩

黄芩别名山茶根。野生于山顶、山坡、林缘、路旁等向阳较干燥的地方。开紫花,以根入药。有清热燥湿,凉血安胎,解毒功效的功效。

◆山豆根

山豆根生于石灰岩山地或岩石缝中。秋季采制挖根,除去地上茎叶,晒干。根茎呈不规则结节状,质坚硬,断面皮部淡棕色,木部黄白色。微有豆腥气,味极苦。功能主治:清火解毒,消肿止痛。

◆黄连

生于山坡原野。常绿灌木,茎丛生直立,少分枝,幼枝红色。夏季,枝梢开小白花,圆锥花序。结红色球形浆果。可清热燥湿,泻火解毒,可去中焦湿热,心经实热等。

◆瓜蒌

多年生攀缘型草本植物。喜生于荆棘丛生的山崖石缝之中。其果实、果皮、果仁(籽)、根茎均为上好的中药材。主治清热涤痰,宽胸散结,润燥滑肠。

◆山芝麻

生于荒山、丘陵、荒坡、路边。小灌木,高约1米。茎直立,有分枝。夏季叶腋抽出短花序梗,黄色花数朵簇生其上,花梗短。朔果

瓜 蒌

卵状矩圆形,略似芝麻果实。清热解毒,止咳。

◆菟丝子

一年生全寄生草本。茎丝线状,橙黄色,但含有叶绿素。缠绕生长,蔓延迅速,断茎形成吸根后可继续生长,花冠白色,果实为球状,成熟时被花冠全部包围。

菟丝子是一种攀缘性草本植物,寄生在果树上,以藤茎缠绕主干和枝条,被缠的枝条产生缢痕,藤茎在缢痕处形成吸盘,吸取树体的营养物质,藤茎生长迅速,不断分枝攀缠果株,并彼此交织覆盖整个树冠,形似"狮子头"。

◆葛根

生于山坡草丛中或路旁及较阴湿的地方。叶片偏菱状椭圆形,多年生藤本,块根肥厚。叶子可食用。

◆香附

多年生草本。有匍匐根状茎细长,部分肥厚成纺锤形有时数个相连。理气解郁,调经止痛。

◆马兜铃

野生于路旁和山坡、田野。马兜铃为多年生的缠绕性草本植物。其果实为中药之一种,称马兜铃。其根称青木香,藤称天仙藤,也可药用,有清肺降气、止咳平喘、清肠消痔的功效。

◆莨草

又称狼尾草。据《山海经·中山经》载:"大隗之山,其阴多铁、美玉、青垩。有草焉,其状如耆而毛,青花而白实,其名曰莨,服之不夭,可治腹病。"《图赞》云:"大隗之山,爰有苹草,青花白实,食之无夭,虽不增龄,可以穷老。"多长于山地、丘陵。

## 第八节 野生饲草

凡是能供牲畜食用的各类野生植物称为野生饲草。嵩山地域独特的地理位置和环境条件,孕育了独特而多样的野生饲草。这些野生饲草有很多种类是营养价值很高的优良饲草,植株相对矮小,对牲畜的适口性良好。其中,常见的野生饲草有狗尾草、星星草、牛毛羽草、谷莠子、大银苋、水蒿苗、麦莲子、茅草、白草、圪巴草、蓑草、水碗豆、节节草、黄柏草、羊胡子草、小银花、野竹叶、咪咪蒿、黑老鸦眼、蒺藜秧、鸡眼草、小姑秧、大姑秧、麦圪拉秧等。

◆狗尾草

俗名"汪汪狗"。庄稼地里长得最多。初生时是小小的细细的一到两片的嫩叶,便拔节生出一根细长的穗来,结满了千百颗籽粒,毛茸茸的摇曳在风里,仿佛调皮的小狗在抖动着尾巴。叶片扁平,谷粒长圆形,顶端钝,具细点状皱纹。花果期夏秋间。味甘、性平或温,是上好的饲草。

◆ 星星草

为禾本科碱茅属多年生草本,须根。秆丛生、直立或基部膝曲,灰绿色。其茎叶含蛋白质较高,是家畜和骆驼喜食的优良牧草。全草:疏风清热,利尿;花序:解毒,止痒。

◆ 翠翎草

为多年生草本植物翠云草的全草。生长于阴湿地带。味淡,性平。具有清热利湿,解毒,消瘀,止血的功能。

◆ 大银苋

生于旷野、路边较湿润的地方。气微芳香,味淡。

◆ 水蒿苗

花色因品种不同,有红色、淡黄色或淡褐色。瘦果长圆形,有毛或无毛。也是一种中草药。

◆ 麦莲子

生于田野或庄稼地里。

◆ 茅草

茅草又叫白茅,俗称茅茅根。生长在庄稼地里,是难以根除的杂草。耐干旱和瘠薄,根茎蔓延能力强,不易铲除。牛羊皆喜。

◆ 白草

多年生草本,一种干熟后变成白色的草。喜生在山坡或路旁较干燥处,是地边、苗圃常见杂草。

◆ 圪巴草

俗称"圪巴皮"。为野草中极普遍、最常见的草。其特点是紧贴地面爬着生长。

◆ 圪针芽

叶子具有一种特殊的清凉气味。

◆ 蘘草

春、夏间采收,晒干,可给牲畜储备冬料。

◆ 节节草

喜生于山坡林下阴湿处,易生河岸湿地、溪边,或杂草地。味甘、苦,性平。具有疏散风热、明目退翳、止血的功效。

◆黄柏草

多年生草本。有香气。秆较细,丛生,生于山坡草地。

◆野竹叶

茎斜向上,叶片技针形,有绿色脉,和竹子颇有相似之处。在 5 月间,采下它肉质多汁的嫩茎叶,可以炒吃、做汤,也可以拌在面里蒸了吃。多长在水沟边及荒野中的潮湿地带,易于采集。有清热解毒、利水消肿、凉血的功效;

◆鸡眼草

别名,掐不齐。草株大致高 1 寸左右,花冠淡红紫色。生于山地、丘陵、田野,为常见杂草。有清热解毒;健脾利湿;活血止血的功效。

◆野苜蓿

一名三叶菜,常见于山坡、田野、河边、滩地。

◆色拉秧

多年生于荒野、田间、路边、村落城郊附近及灌木丛中。此草不但营养丰富,而且还是治疗疾病的良药。其味甘、微苦、性寒,有清热利尿、清瘀解毒的功能。高温炎热的季节常喂荤草,对猪的健康极为有利。

◆咪咪蒿

蓬蓬松松地一大团,细若松针的叶脉,密密地排列在茎杆周围,颜色淡绿。茎直立,多分枝,花淡黄色。多生在田间地头,野地水渠。可食用,亦作药用。

◆羊胡子草

生于岩壁上。为多年生常绿的、细长的、禾草样的叶片,具粗短根状茎,秆密集丛生。喜生于向阳的陡壁石缝间,叶丛及花序垂吊于岩壁上。花冠似棉花,花期在初夏。气无,味淡。祛风散寒,通经络,平喘咳。用于风寒感冒,喘咳,风湿骨痛,跌打损伤。

◆黑老鸦眼

也叫龙葵,为植物茄科龙葵.的全草。有败毒抗癌、疗疮消肿、散血逐瘀、祛湿利水的功效。

羊胡子草

◆蒺藜秧

生于荒丘、田间、地头、小路旁及河边的草丛中。叶子跟含羞草很像,贴着地皮生长,开淡黄色小花。解毒,民间素有谚语:"蒺藜秧路边长,身上痒痒喝二两"。

◆粗山羊草

嵩山地区普遍性植物。粗山羊草,又名节节麦。幼苗暗绿色,基部淡紫红色,新叶抽出时卷为筒状,叶片呈条形。成株期茎秆较细弱,比一般小麦叶鞘紧抱茎,叶面密生绒毛。抽穗后比正常小麦高,穗为圆柱状,穗轴每节只生一个小穗。节节麦大都生于麦田或荒地,可作牧草,鸡、牛、羊爱吃。

◆长芒稗

秆直立。叶鞘光滑无毛;叶片线状披针形,有绿色细锐锯齿。总状花序斜上举;小穗有紫色长芒。这种野草在科研上常和水稻、高粱等农作物进行杂交,培育农作物的新品种。

# 第十二章　野生动物

嵩山地域属暖温带山地季风气候,一年四季分明,气候反差一般动物都能适应,而且地域内地形复杂,森林繁茂,水源充足,环境多样,为动物生存提供了天然的隐蔽和活动条件。因此,这里的动物资源丰富,动物种类繁多,人与各种野生动物和家养动物同在,是一个和谐的自然生存区。

这里共有各类野生脊椎动物279种。属国家重点保护的一级野生动物有金钱豹、大鸨、金雕、白肩雕、玉带海雕、白尾海雕、白鹳、黑鹳8种,二级野生动物有大鲵、水獭、青鼬、狸猫、猎隼、游隼、燕隼、灰背隼、红脚隼、黄爪隼、红隼、白尾鹞、白头鹞、秃鹫、乌雕、普通鹰、松雀鹰、雀鹰、苍鹰、鸢、鸳鸯、大天鹅、小天鹅、白鹮、白琵鹭、斑嘴鹈鹕、白鹭、斑头鸺鹠、长耳鸮、短耳鸮、红嘴山鸦、震旦鸦雀、寿带鸟、丝光椋鸟34种。

野生动物

嵩山地域动物系的主要特征是华北区种类占主导地位。

嵩山野生动物绝大多数为古北界古北种,部分野生动物富于古北界并渐趋于东洋界特征。受植被、地形、气候、高度、食物、竞争及某些鸟类动物自身生物学特征影响,动物、鸟类分布呈一定垂直地带性。这是动物本身遗传特性、生态适应性与外部因素互为影响的结果。根据动物活动机动性、生态可塑性和植被分布特点,可把嵩山动物资源划分为两个亚带:

一是山脚低山丘陵动物亚带。海拔800米以下,为低山丘陵区、平川农作区,植被稀疏。多数地段人为活动频繁,植被破坏严重,有些已开垦为耕地,常见的兽类有黄鼬、刺猬、黄兔、田鼠、褐家鼠、小家鼠、蝙蝠、黑线姬鼠等,个别年代鼠患成灾。鸟类以八哥、猫头鹰、黑卷尾、家燕、石鸡、火斑鸠、灰喜鹊、金鸡、雉鸡、画眉、短翅莺、麻雀、喜鹊、麻雀、斑鸠、鸽子、灰头绿啄木鸟、秃鼻乌鸦、雉鸡、红嘴山鸦、家燕、红隼多见,还有鹌鹑、鹧鸪、画眉、金翅雀、凤头石灵、石鸡等。两栖爬行类有花背蟾蜍、中华大蟾蜍、中华鳖、蟹、麻蜥、黑斑蛙、金线蛙、北方狭口蛙、黑眉游蛇、虎斑游蛇、红点锦蛇等。山溪鲵、大鲵在双溪河上游嵩岳寺附近、伊洛河时常出没,白沙水库、麻河水库、洛滩、黄河滩、汝河滩等水域则有苍鹭、白鹭、䴙䴘、野鸭、夜鹭、北红尾鸲、长趾滨鹬、矶鹬、普通燕鸥、灰鹡鸰、青脚鹬、白鹡鸰、白秋沙鸭、灰雁等出现。巩义黑石关大桥下的水獭、洛阳龙门岩鸽多有报道。海拔在1000米以上的区域,食物也较丰富。

二是深山至山顶动物亚带。海拔在800~1512米之间,以远离人为活动嵩山密林区、大小鸿山林区分布较多,隐蔽条件好,以森林野生动物为主。山区水域两栖爬行类有蟾蜍、蛙、乌龟、中华鳖等,蛇类的黑目锦蛇、虎斑游蛇、白条锦蛇、红点锦蛇、火赤链蛇、乌梢蛇经常见到。常见鸟类有:灰喜鹊、黑卷尾、北红尾鸲、四声杜鹃、大斑啄木鸟、灰头绿啄木鸟、大苇莺、白鹡鸰、大山雀、棕头鸦雀、暗绿绣眼鸟、大杜鹃、戴胜、大嘴乌鸦、秃鼻乌鸦、寒鸦、石鸡、珠颈斑鸠、岩鸽等。不多见的鸟种类有寿带鸟、虎纹伯劳、棕背伯劳、红嘴蓝鹊、领鹛鹛、丝光椋鸟、星头啄木鸟、灰椋鸟、褐河乌、金翅雀等。兽类动物有狼、虎、狐狸、野猪、豹子、獐子、獾、青羊等。据明代《汝州志》记载,嵩山一带经常有大型兽类虎、熊、獐子、猴、鹿、豹等动物活动,有些地名如野猪坡至今还用动物命名。据年长者回忆,20世纪70年代前,嵩山也常有豹、野猪、黄狼、狐狸、獐子、黄鼠狼、獾等活动,20世纪70年代后,这些野生动物已很少见到。1980年后,各地大面积植树造林,封山育林,各种鸟类、动物日渐增多。

据不完全统计,嵩山地域野生动物中软体动物有4目5科6种;环节动物有2目4科6种;节肢动物有19目92科340种;两栖类动物有2目6科11种;爬行类有3目7科22种;鸟类有19目44科157种;鱼类有8目14科44种;哺乳类有7目19科48种。嵩山地域共有野生动物64目191科634种。

## 第一节 脊椎动物

嵩山地域脊椎动物包括野生兽类和两栖爬行类动物。

### 一、哺乳纲

(一)偶蹄目
◆野猪

(二)食肉目
◆灵猫科
果子狸

◆鼬科
黄鼬、猪獾、水獭、青鼬、狗獾

◆犬科
狐狸、狼、貉

◆猫科
狸猫、金钱豹

(三)翼手目
◆蝙蝠科
夜蝠、萨氏蝙蝠

(四)兔形目
◆兔科
蒙古兔

(五)岩松鼠、金花松鼠、花鼠
◆鼠科
褐家鼠、小家鼠、大家鼠、林姬鼠、大食鼠

◆鼯鼠科
复齿鼯鼠

◆仓鼠科
黑线姬鼠、大仓鼠、中华鼢鼠

(六)食虫目
◆猬科
刺猬

◆鼹鼠科
小缺齿鼹鼠

◆鼩鼱科
小鼩鼱

蝙　蝠

## 二、两栖纲

### （一）有尾目
◆隐鳃鲵科
大鲵

◆小鲵科
出溪鲵

### （二）无尾目
◆蟾蜍科
中华蟾蜍、花背蟾蜍

◆蛙科
黑斑蛙、金线蛙、泽蛙、中国林蛙

◆雨蛙科
无斑雨蛙

◆姬蛙科
北方狭口蛙

## 三、爬行纲

### （一）蜥蜴目
◆蜥蜴科
北草蜥、水蜥、山地麻蜥、丽斑麻蜥

◆壁虎科
无蹼壁虎

◆石龙子科
蓝尾石龙子

## (二)蛇目

◆游蛇科

红点锦蛇、黑眉锦蛇、霓斑游蛇、火赤链蛇、鸟游蛇、乌梢蛇、白条锦蛇、虎斑游蛇、红脖游蛇、草游蛇、黄脊游蛇

◆蝮蛇科

蝮蛇、翠青蛇

## (三)龟鳖目

◆鳖科

中华鳖

◆龟科

乌龟

# 四、鱼纲

## (一)鲤形目

◆鲤科

鲤鱼、草鱼、白鲢、鲫鱼、青鱼、马口鱼、银鲴、彩石鲋、宽鳍鱲、中华鳑鲏、兴凯鲬鳙、铜鱼、乌鲤鱼、餐条、赤眼鳟、翘嘴鲢、棒鱼、似鮈、银色颌须鮈、济南颌须鮈、黑鳍头、麦穗鱼、鲫花

◆鳅科

泥鳅、黄颡鱼

## (二)鲶目

◆鲶科

鲶鱼

◆鮠科

唇鮠

## (三)鲈目

◆鲭科

鲔鱼

◆鱼科

鳜鱼、斑鳜

**(四)鲎目**

◆鼋科

红鳍鼋

**(五)合鳃目**

◆合鳃科

黄鳝、青鳝

**(六)鳗鲡目**

◆鳗鲡科

鳗鲡

**(七)鲱形目**

◆鳀科

刀鲚

**(八)鳢形目**

◆鳢科

乌鳢

在上述水生动物中,其中在嵩山太室溪中的大鲵(俗称娃娃鱼),是鱼类动物中稀少的珍贵品种。除以上野生动物以外,陆地动物还有穿山甲、獐子、白迷子、枘鼠狼、山混子、刺猬等,无脊椎动物有蚕、蜜蜂、蚯蚓、土元、蜈蚣、螳螂、蜻蜓、蟋蟀等。

## 第二节 鸟类

### 一、鹈形目

**(一)鹈鹕科**

斑嘴鹈鹕

**(二)鸬鹚科**

鸬鹚

## 二、鹳形目

(一) 鹭科

白　鹭

夜鹭、牛背鹭、苍鹭、白鹭、池鹭

(二) 鹳科

白鹳、黑鹳

(三) 鹮科

白鹮、白琵鹭

## 三、雁行目

(一) 鸭科

白头鸭、野鸭、大天鹅、花脸鸭、白秋沙鸭、鸳鸯、鹊鸭、白眉鸭、赤麻鸭、绿翅鸭、鸿雁、大雁、绿头鸭、小天鹅

(二) 雁科

灰雁、豆雁(大雁)、鸿雁

## 四、隼形目

(一) 鹰科

苍鹰、白尾鹞、白头鹞、乌雕、松雀鹰、雀鹰、鸢、山鹰、金雕、秃鹫、白尾海雕、玉带海雕、白肩雕

### (二)隼科
红隼、红脚隼、燕隼、猎隼、游隼、灰背隼、黄爪隼

### (三)鹗科
鹗

## 五、鸡形目

### (一)雉科
雉鸡、灰头麦鸡、石鸡、鹌鹑、沙鸡、环颈雉鸡

### (二)秧鸡科
白骨顶

## 六、鹤形目

### (一)鹤科
灰鹤

### (二)鸨科
大鸨

## 七、鸻形目

### (一)鸻科
金眶鸻、剑鸻、垣眶鸻

### (二)鹬科
清脚鹬、长趾滨鹬、黑翅长脚鹬、矶鹬、白腰杓鹬

## 八、鸽形目

◆鸠鸽科
珠颈斑鸠、岩鸽、金山斑鸠、白鹤鸽、火斑鸠、原鸽

## 九、鹃形目

◆杜鹃科
大杜鹃、四声杜鹃、普通噪鹃

## 十、鸮形目

◆鸱鸮科
东方角鸮、领鸺鹠、纵纹腹小鸮、斑头鸺鹠、长耳鸮、短耳鸮

## 十一、佛法僧目

◆翠鸟科
冠鱼狗、普通翠鸟、蓝翡翠

## 十二、䴕形目

◆啄木鸟科
灰头绿啄木鸟、星头啄木鸟、大斑啄木鸟

## 十三、夜鹰目

◆夜鹰科
夜鹰

## 十四、雀形目

百灵鸟

**(一)百灵科**
凤头百灵、云雀

**(二)燕科**
家燕、金腰燕

**(三)鹡鸰科**
灰鹡鸰、山鹡鸰、水鹨、白鹡鸰

**(四)鹎科**
暗灰鹃䴗、黄臀鹎

**(五)鸫科**
黑喉石

**(六)伯劳科**
虎纹伯劳、棕背伯劳、红尾伯劳

**(七)乡眼鸟科**
暗绿绣眼鸟

**(八)黄鹂科**
黑枕黄鹂

**(九)卷尾科**
黑卷尾、灰卷尾、发冠卷尾

**(十)椋鸟科**
丝光椋鸟、北椋鸟、灰椋鸟、褐河鸟

**(十一)鸦科**
松鸦、灰喜鹊、家鹊、白颈鸦、红嘴蓝鹊、大嘴乌鸦、秃鼻乌鸦、寒鸦、红嘴山鸦、喜鹊

**(十二)鹟科**
鹊鸲、北红尾鸲、红尾水鸲、紫啸鸫、乌鸫、山噪鹛、黑脸噪鹛、画眉、寿带鸟、棕头鸦雀、大苇莺、黄

眉柳莺、画眉、震旦鸦雀

**（十三）山雀科**

红头长尾山雀、大山雀、沼泽山雀、银喉长尾山雀、白脸山雀

**（十四）文鸟科**

山麻雀、树麻雀、白腰文鸟

**（十五）雀科**

黑尾蜡嘴雀、红翅旋壁雀、灰头鹀、三道眉草鹀、黄喉鹀、金翅雀、小鹀

**（十六）鹪鹩科**

鹪鹩

## 十五、戴胜目

◆戴胜科

戴胜科在动物分类学上是鸟纲佛法僧目中的一个科。

戴胜科鸟类头上具有凤凰冠状羽冠，嘴形细长，自基处稍向下弯曲；体羽土棕色有黑白斑，以昆虫为食。

## 十六、鸥形目

◆鸥科

燕鸥、海鸥

上述鸟类中，观赏价值较大的有大天鹅、秃鹫、画眉、寿带鸟、黄鹂、金翅雀等。狩猎鸟类有石鸡、岩鸽、雉鸡、山麻雀、树麻雀、珠颈斑鸠、山斑鸠、鹌鹑、鸭类、大雁、灰雁等。捕鼠鸟类有夜鹰、红隼、鸱鸮、苍鹰等。还有众多鸟类是林木和农业害虫的天敌，如四声杜鹃、大杜鹃、普通夜鹰、啄木鸟、家燕、鹊鸲、伯劳、卷尾、绣眼鸟、鹟类、红尾鸲等。它们是农林益鸟，对维持山区生态平衡具有重要作用。食谷鸟类有雉鸡、山斑鸠、山麻雀、树麻雀、凤头鸹、珠颈斑鸠等，它们虽对农业有一定危害，但它们是本区主要狩猎鸟类，可以有计划控制数量，过多时可予以猎捕，化害为益。珍稀鸟类有丝光椋鸟、寿带鸟、岩鸽、褐河鸟、金雕、金翅雀、大天鹅、红嘴山鸦等，对这些鸟类应倍加珍惜保护。

## 第三节 浮游动物

嵩山地域的浮游动物有14种,分别是头竹虫、纤毛虫、剑水蚤、美蚤、秀体蚤、裸腹蚤、回肠蚤、弯尾蚤、巨肢轮虫、三肢轮虫、多肢轮虫、十角轮虫、绳甲轮虫、鼠形轮虫。这些浮游动物主要分布于颍河、溱河、洧河、汝河及一些湖、池、水库、河流的水中。

## 第四节 软体动物、环节动物及其他

嵩山地域的软体动物有4目5科6种,分别是:蜗牛、河蚌、杜氏蚌、蛐蜒、田螺、萝卜螺。

环节动物2目4科6种,分别是:蚯蚓、水蛭、山蛭、蚂蟥、水丝蚓、蠕虫等。

节肢动物昆虫类(不含农林昆虫)5目10科17种,分别是:柞蚕、桑蚕、土元、蟑螂、蛣螂、蚊子、臭虫、倒退虫、跳蚤、蠓虫、大刀螳螂、小刀螳螂、薄翅螳螂、椽头蜂、伪步行虫、虎甲、千千爪(节节虫)。节肢动物其他类有6目7科7种,分别是:沼虾、河虾、锯齿溪蟹、东亚钳蝎、壁钱、蜈蚣、湿湿虫、断肠沙。

## 第五节 嵩山常见动物

嵩山地域常见动物有水中动物、飞行动物和爬行动物。

### 一、水中动物

◆ 蟹

各溪涧俱有。《本草》曰似蟹而最小,无毛者名蟛蜞。又云:生于沙穴中,见人即走者,沙狗也,不可食。其一种溪涧石溪中,小而壳坚赤者,石蟹也,野人食之。

◆ 神龙

嵩山地域民间传说有神龙。《集古录》曰:武后封禅处有石记,戒人游龙潭者,毋笑语以渎神龙。龙怒则有雷恐。

◆ 人鱼

俗称娃娃鱼。《山海经》:决决之水,中产人鱼,状如鳑鱼,音如婴儿啼。《注》曰:人鱼即鲵,似鲇而四足,今亦呼鲇为鳢。则鳢鱼即人鱼也。今法王寺东溪有此。鱼闻雷声,即出溪游岸。声哇,作婴儿啼,俗称"娃娃鱼"。

◆金鱼
清《嵩山志》载:龙泉寺庙前有井产金鱼,大者盈尺。

◆鳖
嵩山地域很多的河、滩、池里都有野生鳖。过去有,现在也有。

◆三足龟
《山海经》曰:狂水中多三足龟,食之者无大疾,可以已蠼。《论衡》曰:鳖三足曰能,龟三足者曰贲。晋朝著名诗人郭璞写有《三足龟》诗:"造物维均,靡偏颇。少不为短,长不为多。贲能三足,何异龟鼋鼍。"

◆龙
马纯《倚箔山录》记载:倚箔山有洞,若三间屋大,洞中潭水深不可测。一老僧见一白蛇出水中,其大如梁。凡潭水微动,须臾有云生于水上,稍出洞去,即下必雨。雨止,云乃覆山,有龙归。

◆䲢鱼
《山海经》曰:半石之山,合水出于其阴。中多䲢鱼,状如鳜,居逵。苍文赤尾,食者不痈,可以为瘘。

◆鲂鱼
《诗》曰:"维鲂及鱮。"陆玑《疏》曰:鲂,今伊洛济颍鲂鱼也,广而薄肥,恬而少力,细鳞。郭《注》云:鲂即鳊鱼。

◆鲻鱼
《山海经》曰:来需之水其中多鲻鱼,有重一二斤者。黑文,其状如鲋,食者不睡。

◆醉鱼
《中州杂俎》载:"溱洧水清,有鱼数种,土人不善施网罟,冬积柴水中,为溇,以取之。以捣泽蓼,杂大麦撒深潭中,鱼食之辄死。浮水上,可俯拾。久之复活,谓之醉鱼。"

◆鲫鱼
嵩山水少,不甚产鱼,惟石羊关溪水中有之,味甚美。叶封《嵩山志》曰:石羊关颍渊多鲫鱼,有重一二斤者。

鲫 鱼

◆鲤鱼

常见于嵩山地区水流里,为常见鱼种,民喜食之。

◆草鱼

为常见鱼种之一,多为民间食用。

◆泥鳅

常见于嵩山地域浅水域泥涂、小河沟里。

◆鲢鱼

常见于水潭之中。

◆金片子鱼

金片子鱼多为小鱼,民间小孩多从水捉至盆碗嬉戏。

◆黄格亚

常见于水潭之中。嵩山地域的黄格亚鱼大都长不大,普遍为一斤左右。

◆黄鳝

黄鳝属鱼纲、合鳃目、合鳃科、黄鳝亚科。是一种鱼,身体像蛇,但没有鳞,肤色有青、黄两种,大的有二三尺长。嵩山地区和地县市均有分布。

◆桃花鱼

桃花鱼体长而侧扁,腹部圆。头短,吻钝,口端位,稍向上倾斜,唇厚,眼较小。鳞较大,略呈长方形,在腹鳍基部两侧各有一向后伸长的腋鳞。侧线完全,在腹鳍处向下微弯,过臀鳍后又上升至尾柄正中。体色鲜艳,背部呈黑灰色,腹部银白色,体侧有多条垂直的黑色条纹,条纹间有许多不规则的粉红色斑点。腹鳍为淡红色,胸鳍上有许多黑色斑点。背鳍和尾鳍灰色,尾鳍的后缘呈黑色。此鱼长不大,最大个体可长达20厘米,一般个体体重25克,50~100克重的甚少。其个体虽小,但较肥壮,含脂量高,产量也较高,为普通食用杂鱼之一,尤以山区溪流中常见。

◆中华鳑鲏

鲤科,鳑鲏亚科,体侧扁,卵圆形。口小,端位,下颌稍长于上颌。无须。生殖季节雄鱼的吻端左右各侧有一丛白色珠星,眼眶上缘也有珠星。体较低,标准长为体高的2.3倍以上。雌鱼具长的产卵管,背鳍前部有一个大黑点。分布于长江流域及其附属水体和黄河流域。

◆兴凯刺鳑鲏

体扁薄,呈椭圆形。无须。下咽齿1行,齿面有锯纹。侧线完全。背、臀鳍有硬刺。主食藻类和植物碎屑。生殖期在4~5月,雄鱼吻部具珠星,雌鱼产卵于蚌类的鳃瓣中。分布于河流浅水区。

◆ 越南刺鳑鲏

越南刺鳑鲏下咽齿1行,齿面有锯纹。侧线完全。背、臀鳍具硬刺。生殖期间雄鱼吻部有珠星,雌鱼具产卵管。常栖息于河流的浅水区。

◆ 彩石鲋

彩石鲋,俗称鳑鲏,栖息于水流缓慢、水草丰盛的环境内。以水生植物、浮游生物为食。分布于全国各主要水系。是一种适应性很强、分布很广的野生小型鱼。

彩石鲋

◆ 青鱼

青鱼亦称黑鲩、螺蛳青。硬骨鱼纲,鲤科。体亚圆筒形,青黑色,鳍灰黑色。头宽平,口端位,无须。咽头齿臼齿状。栖息中下层,主食螺蛳、蚌、虾和水生昆虫。

◆ 赤眼鳟

属鲤科,地方称红眼鱼、参鱼,体呈长筒形,腹圆,后部较侧扁,体色银白,背部略呈深灰,眼的上缘有一显著红斑,故名红眼。

◆ 鲶鱼

鲶鱼,同鲇鱼。分种较多,常见有鲶鱼(土鲶)、大口鲶鱼、胡子鲶(塘鲺)、革胡子鲶等。鲶鱼,动物界脊索动物门,鲶科。嘴上共4根胡须,上长下短,肉食性,多为野生,对水质要求不高,可人工养殖。

◆ 鳜鱼

鳜鱼又叫鳌花鱼,肉食性,有鳞鱼类,属于分类学中的脂科鱼类。鳜鱼身体侧扁,背部隆起,身体较厚,尖头。鳜鱼肉质细嫩,刺少而肉多,其肉呈瓣状,味道鲜美,实为鱼中之佳品。

◆ 麦穗鱼

又称草生子、柳条鱼等,头尖,略平扁。口上位。无须。背鳍无硬刺。生殖时期雄鱼体色深黑,吻部、颊部出现珠星。雄鱼个体大,雌鱼个体小,差别明显。嵩山地区各河流、水库都有。

◆ 乌鳢

乌鳢俗称黑鱼,它生性凶猛,繁殖力强,胃口奇大,常能吃掉某个湖泊或池塘里的其他所有鱼类,甚至不放过自己的幼鱼。黑鱼还能在陆地上滑行,迁移到其他水域寻找食物,可以离水生活3天之久。乌鳢的头比较尖长,像蛇。

◆ 季花鱼

学名鳜鱼,亦称桂花鱼。季花鱼性格凶猛,主要捕食水中的小鱼虾和微生物,具有补虚劳等功效。季花鱼在嵩山地区有,但少见。

◆ 黄颡鱼

黄颡鱼食性是肉食性为主的杂食性鱼类。觅食活动一般在夜间进行,食物包括小鱼、虾、各种陆生和水生昆虫(特别是摇蚊幼虫)、小型软体动物和其它水生无脊椎动物。有时也捕食小型鱼类。其食性随环境和季节变化而有所差异。该鱼属温水性鱼类,生存温度 0~38℃。

◆ 鳊鱼

又名鳊,亦称长身鳊、鳊花、油鳊等。体长 40 厘米左右,比较适于静水性生活。生长迅速,适应能力强、食性广。因其肉质嫩滑,味道鲜美。

◆ 鳗鲡

鳗鲡属鱼类,为辐鳍鱼纲鳗鲡目鳗鲡亚目鳗鲡科的其中一种鱼类。似蛇,鳞片细小,埋于皮下。鳗鲡常在夜间捕食,食物中有小鱼、蟹、虾、甲壳动物和水生昆虫,也食动物腐败尸体,更有部分个体的食物中发现有高等植物碎屑。鳗鲡和狗鳝外形有点相似,但还是有明显的区别。狗鳝有锋利的尖牙,头比鳗鲡明显要尖,性格凶猛,体形比鳗鲡瘦。

◆ 黑鳝

黑鳝属于鳝鱼的一种。野生黑鳝泥生,运动大喜钻泥洞,体型均匀,生长速度慢,一般比较小。近年有农户养殖,生长速度加快。黑鳝的锌、多不饱和脂肪酸和维生素 E 的含量都很高,可防衰老和动脉硬化。

## 二、飞行动物

◆ 雉

《尔雅》谓之鸐,山野甚多。初春,遍山鸣声。汉避吕后讳,改名野鸡。《尔雅》曰:雉绝有力奋。伊洛而南,素质五采成章,其名翚,亦名鷮。《诗》"有集维鷮",即此。一种趾长于雉,文采似雄雉,而好鸣,俗呼呱呱鸡,《本草》所谓鷮雉也。《埤雅》曰:羽物之色,莫美于鷮。以其美毙焉。是以物恶有其美也。

◆ 凤凰

《嵩岳志》载:唐高宗登嵩山时,有凤凰飞集嵩峰上。

◆白鹤
傅梅《嵩书》载,有三白鹤于嵩山集峰头。

◆白雀
《少林记》载,唐代武德年间,少林寺有白雀。唐贞观年间又有白雀复见。

◆白蝙蝠
《尔雅》载:"蝙蝠伏翼。"《天中记》曰:"伏翼百岁色赤,千岁如扇,其色如雪。有言张网可得者,予不许。"常见于嵩山山洞及小熊山乳洞中。

◆黄燕
傅梅《嵩书》载,明代万历年间,有人见一双黄燕落于衙署。

◆鹑
俗名鹌鹑。雄者京师人重之,蓄令斗搏为赌。嵩下有此鸟,幸无赌风。

◆鸧
《尔雅》曰鸤鸧。郑《注》亦曰祝鸠。谨愿之鸟,亦名佳。佳,鸟短尾之总名也,为此鸟专名。俗呼鹁鸧。人家无畜者,山崖间甚繁。

◆雀
居人房舍间,甚繁。嵩无弋者,不充食,故繁。最能害稼。禾将熟,群飞啄穗,落子于地。一种山雀,毛少有彩,居崖缝间。

◆巧妇鸟
小于雀。《诗》云桃虫。巢嵩木之间,藩篱之上。俗名蒿唧唧,即鹪鹩也。

◆燕
黑而大者多,紫而小者少。

◆伏翼
《尔雅注》谓鼠所化,屋檐间有之。石窟中多有纯白者。俗呼鳖虎,盖蝙蝠转音也。

◆寒号虫
其屎名五灵脂,即《诗》所谓盍旦。《丹铅录》谓即鹖鴠也。

◆斑鸠
春时鸣,俗称春顾顾,状其声也。《尔雅》谓之鹘鸼,一名桑鸠。《礼记》为鸣鸠。《本草》言:能鸣者谓鸣鸠。亦名布谷,俗呼顾顾,布谷误耳。

◆鸤鸠

《尔雅注》谓戴胜也。一曰䳴鵖,讹作批鵖。今嵩人更讹鸥叱鵖也。罗顾曰:即祝鸡。又曰:鸦鸭小于乌,能逐乌。三月即鸣,农人以为候。五更辄鸣,曰架架格格,至曙乃止。性鸷鸟,能逐鹰鹘鸟鹊,亦隼属也。《尔雅》谓之鹰鹞,《左传》谓之鸤鸠。古有催鸣之鸟名唤起者,指此。其身大如燕,黑色,长尾有歧,头上戴胜。所巢之处,其类不得再巢,必相斗不已。《月令》:三月,戴胜降于桑。

◆鹳

水鸟也,嵩人呼为老鹳。水渚时或见之。

◆练鹊

俗呼为拖白练,间有而不常见。

◆鹦

体毛黄色,春时即有,麦黄椹熟时尤多。其音圆滑,如机杼声,乃应节趋时之鸟也。《月令》云:仲春仓庚鸣。即此。《诗》称黄鸟,亦称黄鹂。嵩人呼为黄鹭。

◆鹯

有崖鹯、树鹯两种。《尔雅》谓之晨风。

◆啄木

常见于大树上。啄声如击柝,俗名为刀木官。《尔雅》谓之鴷鹎,亦谓之䴕,一名斫木。

◆乌

四种。一种小嘴而纯黑者,慈乌也;一种似慈乌,大嘴,腹下白者,鸦乌也;一种大而白项者,燕乌也;一种黑背白腹,赤嘴穴居者,山乌也。师旷《禽经》曰:慈乌反哺,白胫乌不祥,巨啄乌善警,哀乌吟夜。

◆鹊

嵩下甚多。师旷《禽经》曰:灵鹊兆喜,俗呼喜鹊。《诗笺》曰:鹊作巢,冬至架之,至春乃成。

◆水鸟

水鸟也,颍渚时有之。《尔雅》谓鹭,亦称山鹊。

嵩山水鸟

◆鹰

《诗》《易》谓之隼。嵩人好事者以网取之,鬻于汴洛。《隋书》:炀帝征天下鹰师,至者万余人。季世游猎之具,莫甚于鹰。民间游手之徒,好者多忘其生业。嵩虽产鹰,而事猎者尚少,则以地险,艰于驰逐故也。

◆鸱

山中甚多,俗呼为鹅老雕。

◆鸮

有大小两种:一种大者,俗名横狐,即古称训狐之误也。兔头,有角,毛脚。《尔雅》名萑,好食鸡。一种小者,俗名土笑,即古称土枭之误。二物俱昼不见物,夜则飞行。头目如猫,有角,两耳。其声最恶,初若呼,后若笑,所至多不祥。贾谊所赋鹏鸟也。

◆画眉

山中俱有,少室甚多。每游玉皇沟,至晡时,林檎间声殊可听。土人网之,货于市。

◆鸿鹄

陆《疏》曰:似鹤而大,长颈肉美。嵩有之。俗呼为补,盖鹄字误也。《博物志》曰:鸿有大小。嵩人于大者称羊补,小者称鹰补。

◆红鹤

《中州杂俎》:"大如舒雁,羽白而窈朱,声最浊,食鱼,巢树。疑汉朱鹭即此也。"

◆野山蜂

人多畜于园圃中,山中石隙木拆亦有。外各蜂,如土蜂、黄蜂、马蜂、大露蜂、细腰蜂、绿螺蠃、白蜡虫,嵩下俱有,不具载。

◆莎鸡

《诗·六月》:"莎鸡振羽"。陆《疏》曰:莎鸡如蝗,而斑色,毛翅数重,其翅正赤。六日中,飞而振羽,索索作声。嵩人呼为洒豆哥哥,农人以为种都之候。

◆樗鸡

多集樗木上。翅羽外青内红。嵩人呼为红姑娘,即《本草》红娘子也。

◆鸹鸹鸡

类大雏鸡。羽黑,喙、足赤,养之亦驯。俗以其鸣声呼之。

◆雨燕

雨燕是飞翔速度最快的鸟类,常在空中捕食昆虫,翼长而腿脚弱小。

◆火斑鸠

又称红鸠、红斑鸠、火鸪鵻,为一种小型鸠鸽,常见于平原、草地成群觅食。主要栖息于开阔田野以及村庄附近。

◆野鸡

野鸡又名雉鸡、七彩锦鸡、山鸡等,国家三级保护动物,集肉用、观赏和药用于一身的名贵野味珍禽。食用价值:野鸡肉质细嫩鲜美,野味浓,其蛋白质含量高达40%,是普通鸡肉、猪肉的2.5倍,脂肪含量仅为0.9%,是猪肉的1/45、牛肉的1/10、鸡肉的1/15,基本不含胆固醇,是高蛋白质、低脂肪的野味食品。野鸡的羽毛别具特色,还可以制成羽毛扇、羽毛画、玩具等工艺品。

◆布谷鸟

布谷鸟体形大小和鸽子相仿,但较细长,上体暗灰色,腹部布满了横斑。脚有四趾,二趾向前,二趾向后。飞行急速无声。芒种前后,几乎昼夜都能听到它那宏亮而多少有点凄凉的叫声,叫声特点是四声一节——"布谷布谷,布谷布谷"。

◆野鸽

有林鸽、岩鸽、旅行鸽、雪鸽、斑鸠等多种。嵩山地区的野鸽主要分布在颍河上游及其支流的山林地带。

◆臭姑姑

又称戴胜、鸡冠鸟等,头顶有醒目的羽冠,平时褶叠倒伏不显,直竖时像一把打开的折扇,随同鸣叫时起时伏。嘴细长往下弯曲。栖息在开阔的田园、园林、郊野的树干上,是有名的食虫鸟,大量捕食金针虫、蝼蛄、行军虫、步行虫和天牛幼虫等害虫,大约占到它总食量的88%。

◆大猫头鹰

属于鸮形目鸟类名。嵩山地域中的猫头鹰品种很多,总数有几十种。大猫头鹰为夜行性肉食性动物。该目鸟类头宽大,嘴短而粗壮,前端成钩状,头部正面的羽毛排列成面盘,部分种类具有耳状羽毛。

## 三、爬行动物

在生活进化过程中,爬行动物占有极其重要地位。爬行动物则属于爬行纲的脊椎动物。嵩山地区的爬行动物主要有以下数种:

◆ 蜥蜴

《夷坚志》载：道人刘居中在嵩山之顶见蜥蜴数百，皆长三四尺。

◆ 无蹼壁虎

《禹州市志》载：禹州有无蹼壁虎。

◆ 蛇

嵩山地区的蛇有 10 余种之多。《山海经》载：嵩山浮戏山东有谷，曰"蛇谷"。郭璞注曰：此中出蛇，故以名之。

◆ 蝎

《诗》所谓虿也。中嵩清淑之气无诸毒，惟蝎为多，亦物之不类者。《孔丛子》以蛛为蝎，有毒者从蝎，宜辨。

◆ 花背蟾蜍

蟾蜍，也叫癞肚蛤蟆。两栖动物，体表有许多疙瘩，内有毒腺，俗称癞蛤蟆、癞疙宝。蟾蜍属中药类，从它身上提取的蟾酥以及蟾衣是我国紧缺的药材。

◆ 草游蛇

又名野鸡顶，是嵩山地区的蛇类之一。

◆ 乌龟

嵩山地区的水泽河池中都有出现。

◆ 地鳖

又叫土元、土鳖。除野生之外，20 世纪以后，嵩山地区农村出现了很多这种土鳖养殖专业户。

◆ 地曲溜

又名麻蜥蜴、麻蛇。体长不超过 100 毫米。吻较窄，吻棱不显。头顶大鳞对称排列，鼓膜大而裸露，背部全为粒鳞，腹鳞比背鳞大，近方形，向腹中线呈斜行排列。肩前方两侧至腹面有一明显的皮肤褶形成的领围，领围游离缘为较大的鳞片。

◆ 鳖

又叫甲鱼。卵生爬行动物，水陆两栖生活。鳖不仅是餐桌上的美味佳肴，而且是一种用途很广的滋补药品。

◆ 翠青蛇

翠青蛇是一种脾气非常温顺的无毒蛇，性格"内向"，见了人好像特别怕"羞"，终是犹恐避之不

翠青蛇

及,既不攻击人,也不会咬人。盛夏季节,由于地面高温灼热或者天气闷热,翠青蛇经常攀登上树,静伏纳凉,直到夜间才下地在农田周围搜捕蚯蚓、昆虫及其幼虫为食。

◆ 蝮蛇

蝮蛇是一种小型毒蛇。此蛇有很高的医药价值。蛇头略呈三角形,体粗短,尾短,全背呈暗褐色,体侧各有深褐色圆形斑纹一行。有较强耐寒性。多蝮蛇主要特征是在眼与鼻孔之间具颊窝。

栖息于平原、丘陵地带、树丛、田边和路旁等接近水源的地方。除少数为卵生外,绝大部分品种为卵胎生。

◆ 气蛤蟆

气蛤蟆又叫大鲵北方狭口蛙,嵩山地区各地都有。

◆ 乌梢蛇

乌梢蛇为游蛇科。乌梢蛇属体形较大的无毒蛇,这种蛇在嵩山地区分布普遍。乌梢蛇生活在丘陵地带,狭食性蛇类,以蛙类(主食)、蜥蜴、鱼类、鼠类等为食。乌梢蛇可入药。乌梢蛇皮还是京胡与京二胡的专属用皮。具有黑如缎白如线的美感。现在逐步兴起仿生皮,以减少对蛇的捕杀。

◆ 黄脊游蛇

黄脊游蛇属于无毒蛇。背面褐绿色,背部中央有一条略为宽的黄白色条纹,躯体侧方亦有直条细纹。头部近眼睛位置具有如同背中线般的黄白色横纹。是黄河以北的优势种蛇类之一,往南可达长江下游各地,大多以蜥蜴和鼠类为食。

◆ 蜈蚣

蜈蚣又名叫天龙、百脚虫等,常见的蜈蚣有红头、青头、黑头三种。红头的背部呈红黑色,腹部现淡红色,足为淡橘红色或黄色。青头的背部和足部呈蓝色,腹部淡蓝色,体形小,长度约为红头蜈蚣的二分之一。黑头蜈蚣背部和足部呈黑色,腹淡黄色,体形更小。蜈蚣一般在农村夏天较为多见,常位于潮湿的墙角、砖块下、烂树叶下、破旧潮湿的房屋中等。蜈蚣有毒腺分泌毒液,本身可入药用。

◆ 断肠沙

断肠沙是一种爬行动物,有剧毒。嵩山地区山坡草丛及农田里有。

◆ 蚰蜒

属节肢动物门,蚰蜒目,蚰蜒科。体短而扁,灰白色或棕黄色,全身分15节,每节有组长的足一对,最后一对足特长。气门在背中央,足易脱落,触角长,毒颚很大,行动敏捷。多生活在房屋内外的阴暗潮湿处,捕食蚊蛾等小昆虫,有益。

◆草蜥

属蜥蜴目蜥蜴科的1属,以昆虫为食,体细长,约50~60毫米,尾细长,为体长的两倍以上。头顶具对称排列的大鳞,背部起棱大鳞排成纵行,腹部大鳞近方形。受到强烈干扰时,尾易自截,断后又能再生。

◆潮湿虫

潮湿虫的种类较多,它们体形扁平、较长(15~20毫米),前后两端尖,不光滑有疣突,色较浅,灰色有花纹,尾足长于尾节,明显突出于后端。受到惊吓后会"加速跑",不能蜷缩,对光敏感,是草食的陆栖类群,口器是咀嚼式口器,为甲壳动物中唯一完全适应于陆地生活的动物,不属于昆虫。

## 四、大型动物

◆野猪

李时珍《本草》载:野猪,处处深山中有之,嵩洛间居多。形似猪,大牙出口外,能虎斗。掠松脂,曳沙泥涂身,以御矢也。最害田稼,亦啖蛇虺。嵩山有野猪坡。

◆麒麟

晋《五行志》载:嵩山阳城有麒麟。

◆豪豕

叶封《嵩山志》载:少室山有豪豕。

◆鹿

亦山中时有,而不多产。

◆黑虎

郑还古《博物志》载:唐天宝中,缑氏令请弓矢大猎于缑氏县太子陵东石穴中,格杀数虎,获金简玉箓、洎冠帔。

◆獐麝

明《嵩书》载,山中俱有,今为猎者尽矣。予以甲午年秋游炼师庵,见山岩边有一獐,跳跃入林而去。

嵩山野鹿

◆虎豹

山中间有之。谚云:"山有虎豹,其年则丰。"

◆狐貉

陵谷甚多。入冬,田者为机,以食诱致之。

◆白鹿

傅梅《嵩书》载:白鹿峰,土人常见有白鹿来游,田者竟莫得之,盖仙鹿也。《东观汉记》曰:安帝延光三年,颍川守上言:白鹿见嵩山少室。

◆獾

《本草》为貒。冬时土人寻其穴居掘取之,穴深者熏草烟于火,使其出而擒之。

◆狼

居浅山中,嵩下甚多,猎者不能尽也。

◆狐狸

又叫红狐、赤狐和草狐。它们灵活的耳朵能对声音进行准确定位、嗅觉灵敏,修长的腿能够快速奔跑,最高时速可达50km/h,主要以鱼、蚌、虾、蟹、鼠类、鸟类、昆虫类小型动物为食,有时也采食一些植物。性格机敏胆小,常在古代神话中以"狐狸精"出现。

## 五、小型动物

◆驳麀

《山海经》曰:驳状如马,白身黑尾,一角虎牙,声如鼓,能食豹。《汉书》记载,武帝游中岳,获驳麀。

◆鼢鼠

在土中行。田中见细土成坟起者,鼢为之也。一名田鼠,《本草》名鼴。

◆毛鼠

崖涧甚多。性慧,蓄之能训。《尔雅》谓之鼮。

◆香鼠

周栎园《书影》载:"予乡密县西山中多香鼠,较凡鼠颇小,死有异香。盖山中之鼠,多食香草,亦如獐之有香脐也。山中人得,则置箧笥中,经年香气不散。"《字典》载:"密县雪霁山出香鼠,长寸余,齿须毕具,香类獐,过大路则死。"

◆鼬

多居村庄墙壁,原野亦有。能啖鼠,俗呼鼠狼。《庄子》谓之鼪。

◆猬

川谷田野俱有。多穴坟茔间,俗名刺猬。

◆野兔

野兔是有狩猎经济意义的动物。嵩山各市县的山区及田野中常有野兔奔跑。野兔是嵩山地域冬季主要野食之一。嵩山地域的野兔大都属于草兔类。

◆黄鼠狼

黄鼠狼是小型的食肉动物。因为它周身棕黄或橙黄,所以动物学上称它为黄鼬。栖息于平原、沼泽、河谷、村庄、城市和山区等地带。夜行性,主要以啮齿类动物为食,偶尔也吃其它小型哺乳动物。选择柴草垛下、堤岸洞穴、墓地、乱石堆、树洞等隐蔽处筑巢。与很多鼬科动物一样,它们体内具有臭腺,可以排出臭气,在遇到威胁时,起到麻痹敌人的作用。民间谚语说"黄鼠狼给鸡拜年——没安好心",实际上黄鼬很少以鸡为食。黄鼬的皮毛适合制作水彩或油画的画笔,中国人称为狼毫。

◆野猫

也称斑猫或山猫,是一种小型猫科动物。野猫是独居动物,夜行性。一般在清晨和黄昏时候捕猎。喜食吃昆虫、鸟类和一些小的哺乳动物。与家猫的差别较大,性情暴躁,捕食成功率较高。

◆松鼠

松鼠,是哺乳纲啮齿目中的一个科,其下包括松鼠亚科和非洲地松鼠亚科,特征是长着毛茸茸的长尾巴。松鼠科分为树松鼠、地松鼠和石松鼠等。与其它亲缘关系接近的动物又被合称为松鼠形亚目。嵩山地区常见松鼠种类多种。

◆鼹鼠

鼹鼠又叫田鼠,身体矮胖,长10余厘米,毛黑褐色,嘴尖。前肢发达,脚掌向外翻,有利爪,适于掘土;后肢细小。眼小,隐藏在毛中。白天住在土穴中,夜晚出来捕食昆虫,也吃农作物的根。鼹鼠一词在某些国家中还有"间谍"的意思。田陇间处处都有,它常吃庄稼。

## 第六节  昆虫

本节昆虫中分农业昆虫、林业昆虫。

# 一、农业昆虫

作物虫害是其生长的大敌,史志多赞誉古代森林繁茂,并未有详细的虫害记载,此乃林茂物繁,生态平衡,生物之间相互制约结果。20世纪80年代末,人为活动破坏了自然生态平衡,虫害繁衍过量则使其成灾。据多年调查,嵩山地域主要农业昆虫共11目60科143种。

**(一)蜱螨目**
◆走螨科
麦园蜘蛛

◆叶螨科
苹果红蜘蛛、麦长腿蜘蛛、棉红蜘蛛、大豆红蜘蛛

**(二)双翅目**
◆瘿蚊科
小麦吸浆虫

◆虻科
牛虻

◆食蚜蝇科
食蚜蝇

◆潜蝇科
潜叶蝇、美洲斑潜蝇

◆蝇科
家蝇、韭蛆、瓜实蝇

**(三)鞘翅目**
◆步甲科
中华步甲

◆萤科
红胸萤、窗胸萤

◆芫菁科
豆芫菁、斑蝥

◆瓢虫科
二十八星瓢虫

◆叩头甲科
沟叩头虫、细胸叩头虫、台湾叩头虫

◆吉丁甲科
苹果小吉丁虫

◆金龟科
暗黑金龟、日本金龟、华北大黑金龟

◆丽金龟科
铜绿金龟

◆天牛科
星天牛、桑天牛、桃红颈天牛

◆叶甲科
黄守瓜、菜跳甲、叶跳甲、谷茎跳甲、油菜金花虫、猿叶虫

◆象甲科
棉象鼻虫、豌豆象

(四)膜翅目
◆叶蜂科
麦叶蜂、菜叶蜂

◆茎蜂科
麦茎蜂、梨茎蜂

◆小茧蜂科
麦蚜茧蜂、棉蚜茧蜂

蜜　蜂

◆赤眼蜂科
赤眼蜂

◆胡蜂科
大胡蜂、长腿胡蜂

◆蛟科
蚂蚁

◆蜜蜂科
蜜蜂、土蜂

### (五)鳞翅目

◆木蠹蛾科
大褐木蠹蛾

◆谷蛾科
谷蛾

◆细蛾科
麦蛾、棉红铃虫、甘薯麦蛾

◆斑蛾科
梨星毛虫

◆刺蛾科
黄刺蛾

◆卷蛾科
苹果卷蛾、水稻卷叶蛾、大豆卷叶蛾

◆小卷蛾科
梨小食心虫、苹果小食心虫、大豆食心虫、豆小卷蛾

◆果蛀蛾科
桃小食心虫

◆螟蛾科

玉米螟、高粱条螟、栗灰螟、梨大食心虫、豆荚螟、棉大卷叶螟、菜螟、水稻大螟、二化螟、三化螟、高粱条螟、栗穗螟、黄杨卷叶螟、桃蛀螟、瓜绢螟

◆尺蛾科

造桥虫

◆夜蛾科

小地老虎、大地老虎、黄地老虎、棉铃虫草、烟青虫、菜青虫、黏虫、甜菜夜蛾、甘薯夜蛾、斜纹夜蛾、银纹夜蛾、小造桥虫

◆舟蛾科

舟形毛虫

◆毒蛾科

舞毒蛾

◆天蛾科

豆天蛾、甘薯天蛾、旋花天蛾、芝麻天蛾

◆粉蝶科

菜粉蝶

## (六)脉翅目

◆草铃科

中华草铃

## (七)同翅目

◆蝉科

蝉、梨蝉

◆叶蝉科

绿叶蝉

◆飞虱科

灰飞虱、稻飞虱、百背飞虱

◆木虱科
梨木虱

◆粉虱科
白粉蒸肉虱

◆蚜科
棉蚜、豆蚜、麦蚜、烟蚜

◆介壳虫科
介壳虫

(八) 半翅目
◆网蝽科
梨网蝽

◆花蝽科
小花蝽

◆盲蝽科
绿盲蝽、中黑盲蝽、三点盲蝽、苜蓿盲蝽

◆蝽科
黄褐蝽、大舌头根蝽象、谷绿蝽象、斑顶蝽象、棉盲蝽象、梨蝽、菜蝽

蜻　蜓

(九) 缨翅目
◆皮蓟马科
麦蓟马

◆蓟马科
烟蓟马、棉蓟马

(十) 蜻蜓目
◆蜻蜓科
蜻蜓

## （十一）直翅目

◆螽斯科

懒螽

◆蟋蟀科

蟋蟀

◆蝼蛄科

华北蝼蛄、非洲蝼蛄

◆蝗科

东亚飞蝗、中华负蝗、土蝗、笨蝗

## 二、林业昆虫

据1981年全嵩山地域森林昆虫普查结果，共有森林昆虫12个目56个科220种，有2813件标本。

### （一）鞘翅目

◆金龟子科

铜绿金龟子、朝鲜金龟子、平毛金龟子、黑绒金龟子、大黑金龟子、暗黑金龟子、大绿金龟子、黄褐金龟子

◆天牛科

星天牛、桑天牛、红颈天牛、云斑天牛、苹果天牛、青杨天牛、土居天牛、葡萄虎天牛、双条杉天牛、薄翅天牛、白条天牛

◆叩头虫科

细胸金针虫、沟金针虫

◆象鼻虫科

栗实象、大灰象、栗象鼻虫、椿小象鼻虫

◆瓢虫科

黑缘瓢虫、深点颈瓢虫、红点唇瓢虫、龟纹瓢虫、异色瓢虫、七星瓢虫、二星瓢虫

◆小蠹科
侧柏小蠹

◆吉丁虫科
柳干吉丁虫、苹果小吉丁虫、金缘吉丁虫、六星吉丁虫

◆步行虫科
中华广肩步行虫

◆叶甲科
葡萄十星叶甲、榆兰金花虫、柳绿金花虫

◆象甲科
大灰象甲、蒙古象甲

（二）鳞翅目
◆灯蛾科
红绿灯蛾、红腹灯蛾

◆细蛾科
金纹细蛾

◆刺蛾科
黄刺蛾、青刺蛾、扁刺蛾、褐刺蛾、梨刺蛾、黑点刺蛾

◆毒蛾科
侧柏毒蛾、榆毒蛾

◆透翅蛾科
苹小透翅蛾、白杨透翅蛾

◆潜叶蛾科
施纹潜叶蛾、相银潜叶蛾

◆枯叶蛾科
枯叶蛾、李枯叶蛾、栎枯叶蛾

◆夜蛾科
臭椿皮蛾、毛翅夜蛾、地老虎、苹果巢蛾、施目夜蛾、施目夜蛾、小造桥虫、平梢夜蛾、银纹夜蛾、枣黏虫

◆卷叶蛾科
苹果卷叶蛾、梨卷叶斑螟蛾

◆小卷叶蛾科
苹果小卷叶蛾、象实卷叶蛾、桃小食心虫、桃白卷叶蛾、褐卷叶蛾、梨小食心虫、苹小食心虫、顶芽卷叶蛾、梨食芽蛾、杨小卷叶蛾

◆天蛾科
白天蛾、刺槐天蛾、豆天蛾、鬼脸天蛾、葡萄天蛾、柳天蛾、雀纹天蛾、灰天蛾、构天蛾、桃六点天蛾、红天蛾、榆绿天蛾、鹰翅天蛾、白肩天蛾、核桃叶天蛾、霜天蛾、盾天蛾、星绒天蛾、兰目天蛾

◆天蚕天蛾科
绿色天蛾

◆斑蛾科
梨星毛虫草、葡萄斑蛾、金毛虫

◆蛱蝶科
榆赤蛱蝶、榆黄蛱蝶、白构蛱蝶

◆麦蛾科
刺槐种子麦蛾、梨瘤蛾、黑星麦蛾、梨卷麦蛾

◆粉蝶科
山楂粉蝶、黄粉蝶

◆凤蝶科
花椒凤蝶、紫光黑凤蝶、玉带凤蝶、金凤蝶

◆凤蛾科
榆凤蛾

◆尺蠖科
枣尺蠖、木橑尺蠖、刺槐尺蠖、桑尺蠖、槐尺蠖、柿星尺蠖、核桃星尺蠖

◆舟蛾科

黑带二尾舟蛾、栎黄斑天社蛾、肖黄掌舟蛾、杨天社蛾、舟形毛虫、黄杨卷叶螟

◆袋蛾科

小袋蛾、大袋蛾

◆螟蛾科

桃蛀螟、豆荚螟、玉米螟、梨大食心虫、缀叶丛螟、黄叶卷叶螟

◆水蜡蛾科

水蜡蛾

◆木蠹蛾科

侧柏木蠹蛾

(三) 直翅目

◆蝼蛄科

华北蝼蛄、非洲蝼蛄

◆蟋蟀科

棺头蟀、黄扁头、黄褐油葫芦

◆蝗科

蝗虫、短额负蝗、长额负蝗、中华蚱蜢、中华负蝗、笨蝗、东亚飞蝗

(四) 同翅目

◆蝉科

黑蝉、召嘹、大叶蝉、二星叶蝉、榆皮蜡蝉、褐斑蝉、梨蝉、小绿叶蝉、大青叶蝉

◆介壳虫科

草履介壳虫、龟蜡介、梨园介、吹棉介、扁平球坚介、桑粉介壳虫

◆木虱科

梨木虱

◆蚜虫科

刺槐蚜、毛白杨蚜、桃蚜、华山松球蚜、梨蚜、葡萄根瘤蚜、苹果瘤蚜、苹果蚜、梨黄粉虫、黄棟瘤蚜、柏大蚜、榆瘿蚜

◆壁虱科

壁虱、檀木锈壁虱

(五)半翅目

◆蝽科

斑须蝽象、黄斑蝽象、梨蝽象、臭木蝽象、黑异蝽、娇驼跷蝽、麻皮蝽

◆盲蝽科

烟盲蝽

(六)膜翅目

◆胡蜂科

长脚黄蜂(马蜂)

◆姬蜂科

甲腹茧蜂、黑点疣姬蜂、姬蜂、袋蛾大脚蜂、凤蝶姬蜂

◆赤眼蜂科

松毛虫赤眼蜂、螟黄赤眼蜂、舟蛾赤眼蜂、广赤眼蜂

◆茎蜂科

梨茎蜂

◆青蜂科

上海青蜂、梨实蜂、黄栌小蜂、刺槐种子蜂

(七)双翅目

◆瘿蚊科

柳枝瘿蚊、柳梢瘿蚊

◆食虫虻科

食虫虻

(八)蜻蜓目

◆蜻蜓科

蜻蜓

## （九）螳螂目

◆螳螂科

二点螳螂

## （十）脉翅目

◆草蛉科

中华草蛉、叶色草蛉、大草蛉

## （十一）蜱螨目

◆叶螨科

山楂红蜘蛛、苜蓿红蜘蛛、苹果红蜘蛛

## （十二）等翅目

◆白蚁科

黑翅大白蚁、黑胸散白蚁

# 第七节　嵩山林木病虫害及防治

## 一、病虫害

林木病虫害是森林的大敌。随着生产的发展，嵩山地域的森林病虫害有不同程度的发生。

树木病虫害

### （一）苗圃主要病虫害

蝼蛄、蛴螬、地老虎、金龟子、卷叶蛾、立枯病、锈病、黑斑病、黑星病、白粉病等。

### （二）果树主要病虫害

苹果腐烂病、干腐病、炭疽病、褐斑病、梨黑星病、梨锈病、葡萄黑豆病、霜霉病、灰霉病、白腐病、桃流胶病、柿角斑病、梨军配虫、柿蒂虫、介壳虫、桑天牛、苹果枝天牛、桃小食心虫、顶梢卷叶蛾等。

### (三) 用材林主要虫害

杨天社蛾、毒蛾、黄刺蛾、青刺蛾、潜叶蛾、金花虫、松稍螟、介壳虫、吉丁虫、象鼻虫、透翅蛾、木蠹蛾、天牛等。

## 二、治虫方法

嵩山地域在林木中的主要治虫方法中,针对不同的害虫有不同的治虫方法。

### (一) 栎黄斑天社蛾(栎毛虫)

食叶害虫,主要危害栎类。1964年,登封、巩县国营林场曾严重发生栎毛虫,许多处栎林叶被吃光后,又将近处农作物及草类吃光,但由于山高坡陡、缺水,没有进行人工防治。后十多年亦不见成灾。1978年以后登封国营林场复又年年发生成灾,1980年发生面积16万余亩,对成片郁闭度大的林区采用"741"烟雾剂熏杀,对点片零星者人工捕捉。1981年至1990年均以人工捕捉为主,结合烟雾剂防治。1984年发生面积1.53万亩,除用"741"烟雾剂防治外,仅人工捕捉幼虫即达4万余公斤。2005年该虫危害成灾,国营登封林场应用灭幼脲进行超低容量飞机防治35架次,效果良好。

### (二) 大袋蛾(避债蛾)

危害法桐、泡桐、刺槐严重。1950年至1960年仅在法桐行道树上或苗圃地发生,危害较轻。1974年开始在农桐间作林区、刺槐林区发生,但零星不成灾,未进行防治。1985年新郑、密县、荥阳农桐间作林区暴发成灾,有60余万株受害,新郑孟庄刺槐林区亦发生,成灾2万多亩。采用飞机喷洒90%敌百虫17架次,每亩用量150~200克,效果良好。1986年树干注射液法研究成功,并被普遍应用。1988年用此法防治泡桐大袋蛾80余万株,杀虫效果好,受到省林业厅表扬。方法即用铁钉在树干基部周围打三个孔,然后注射久效磷或甲胺磷原液,用泥糊孔。径粗10厘米以下用药量5~8毫升,径粗10厘米以上适当增加药量。

### (三) 泡桐丛枝病

随着泡桐的大量栽植,泡桐丛枝病危害严重。1984~1985年两年间全区广泛发动群众修除病树1320万株,占发病株数的90%以上。1985年以后,对1~5年生病株注射土霉素,施药量一般为1万单位50~150毫升。1986~1989年国家林业部、省林业厅、市林站、荥阳县林业局联合在荥阳县林木良种场建设泡桐无病苗基地,首先选用无病抗病品种育苗,其次实行苗木注射(于封顶后在苗干1米高处注入1万单位土霉素20~25毫升预防),经预防的苗木发病率不足1%。另外还对1~5年生发病株进行注射药物治疗,效果甚好。

### (四) 枣尺蠖

枣尺蠖危害枣树,常暴发性成灾把叶吃光。自古以来,枣农就有用杆打、击落捕杀枣尺蠖的防治习惯。1950年起,新郑组织枣农打枣虫和推广农药防治。1964年试行飞机防治,开创了嵩山地区林业史上最早飞防技术,防治面积5万余亩。以后群众年年自发地进行农药防治,用药主要有666、DDT'。1972年在枣树基部绑塑料薄膜防治雌蛾上树成功。1977年应用抗脱皮激素破坏几丁质合成阻止新皮生成以杀死幼虫成功。1979年应用钴60照射成虫不育成功。1980年用塑料薄膜带和草绳诱杀雌虫成功。并开始使用菊脂类农药防治害虫,效果良好,一直沿用至今。

### (五)榆兰金花虫

危害榆树的主要害虫,70年代末期成灾。1981年,新郑、登封、巩县用3%的呋喃丹颗粒剂根施,防治70万株,效果甚好。同年在各县推广应用40%氧化乐果涂干(10~20厘米药环)防治,连续防治两三年,榆兰金花虫危害得到控制。1990年以后,此虫未见成灾。

### (六)石榴桃蛀螟

石榴主产于荥阳,有100多万株。年产果品40多万公斤。1984年桃蛀螟成灾,产量只有6.5万公斤。1985年进行综合防治,于6月中旬成虫羽化产卵盛期用95%敌百虫300倍液浸棉球堵塞花萼虫孔,并用25%溴氰菊脂15000倍液喷洒,效果极佳。当年产量提高到25万多公斤。

### (七)柿蒂虫

20世纪50年代危害较轻,60年代由于化学农药的大量应用,杀伤了天敌,生态平衡失调,柿蒂虫随之大量发生。荥阳县组织力量,大力开展柿蒂虫防治。其办法是:冬季刮树皮,消除老熟幼虫;5~7月份,两次成虫羽化期喷药防治;夏秋7、8、9月份摘两代幼虫蛀果。有的生产队实行刮树皮1公斤,奖小麦1公斤的措施。连治几年,终于1966年获得大丰收,产鲜柿5000万公斤。自70年代以后,统一组织专业人员,巡回防治,取得了较好的效果。

此外1974年、1983年,果园发生红蜘蛛危害,登封裴家岭、任村等果园苹果树80%受害,树叶像火烧一样,大部分叶子早期脱落。其间该地刺槐还大量发生了木尺蠖危害,面积达15000亩以上。星天牛危害大官杨枝干,遍及嵩山地区,虫孔满树,树干弯曲,肿瘤变形,材质无法使用。杨梢金花虫、杨尺蠖在本地区也有出现。

2000年春在逍遥谷造林,树种为四倍体毛白杨,天牛及腐烂病危害十分严重,几乎所有树木均遭此害。发现后虽然及时用乙磷铝毒扦、杀菌剂进行了防治,多数树木也未免厄运。

## 三、防治技术

嵩山地域在防治林木病虫害方面,清除苗圃果园的枯枝、落叶和杂草,摘除虫枝、虫叶,集中烧毁。过去主要有人工扑打、药物毒杀、烟雾熏治或黑光灯诱杀、树种选栽等防治技术。

中华人民共和国成立以后,各县市政府把林木的病虫害防治列入了重要的议事日程。对林木病虫害的防治有了新的防治措施,在每年病虫害出现的重要时期,都由各级政府林业部门安排专业的林木保护员提前进行喷药防治。其主要措施有悬挂诱捕器防治、灯光诱杀、在冬季成虫非羽化期集中清理枯死树、生物防治、直升飞机喷洒药物、用灭虫药包和人工地面喷洒化学药剂防治等。从1950年到1985年,病虫害的防治使用化学农药占主要地位,物理机械防治也有所发展,而生物防治则应用较少。

### (一) 物理防治

利用光、热、电、声、机械器具捕打，灯光诱杀和辐射处理等方法来防治病虫害，在农林业生产中已收到了一定的效果。

1950年以后在苗圃和林区设置篝火，诱杀具有趋光性的夜出性害虫。1960年以后登封国营林场和有电源的苗圃普遍应用黑光灯（紫外线灯）诱杀趋光性的害虫。1970年以后利用放射能直接杀死害虫或破坏害虫的生殖能力。1979年6月新郑枣树科研所应用钴60射线2.3万～3万伦琴处理枣尺蠖雄蛹，降低其生殖机能。1980年以后，出现了利用昆虫雌蛾性外激素的提取物或人工合成制剂定向诱杀雄蛾新技术。1980年6月新郑枣树所利用桃小性诱剂捕雄成虫获得成功。1986年以后，采用昆虫保幼激素抑制昆虫变态，使用灭幼脲防治鳞翅目幼虫的危害，用药量一般每亩30克。1987年新郑产枣区和荥阳石榴产区防治枣步曲和石榴桃蛀螟，效果均良好。

### (二) 生物防治

生物防治，就是老祖宗流传下来的方法，栽种树木品种追求庞杂，避免大片单一品类。1970年以后，由于化学农药大量应用，出现了植物和人畜受害，环境污染，害虫抗药性增强，天敌减少等多种弊端，积极开展了生物防治技术的引进和研究工作。开始一些林场从外地购买菌药施用，1974年创办菌药厂，曾生产出苏云金杆菌、杀螟杆菌。1978年曾用制成的苏云金杆菌对枣黏虫、玉米螟作毒力测定试验，结果证明极为敏感，质量达到规定标准。

人工药物灭杀

在生物防治方面，在林业上应用的主要有赤眼蜂防治栎毛虫、天社蛾、桃小食心虫等；利用瓢虫、草蛉捕食蚜虫、介壳虫；利用苏云金杆菌、杀螟杆菌、青虫菌和白僵菌防治枣尺蠖、大袋蛾、柿蒂虫、杨尺蠖等。如苦椿、苦楝等树木有防虫作用，夹杂其他树群中，就可以制止病虫害的传播。另外，树多可引来各种鸟儿、有益的瓢虫，也可以对消灭病虫害有一定的帮助。

生物药品的使用，在温湿度适宜的环境条件下才能发挥作用。由于生物药品保存时间短，产品不稳定等多种原因，1980年以后很少应用。

### (三) 药物灭杀

20世纪60年代中期以前，嵩山地域在林业灭虫害中，多用六六六粉和滴滴涕防治苗圃和果树虫害。20世纪60年代中期以后，用1059、1605、乐果、3911等高效农药防治苗圃和果树虫害。20世纪70年代以后，防治果树虫害以石硫合剂、波尔多液、敌敌畏为主。20世纪80年代中期，设专职植物检疫人员，对林木进行检疫，防治病虫害的发生。这期间，国营林区用"741"烟雾剂防治栎毛虫，效果较好。90年代以后，防治红蜘蛛、蚜虫多用灭扫利、三氯杀螨醇等，防治桃小食心虫则用性诱剂或套袋技

术防治。21世纪初,广泛使用高效低毒农药,如敌杀死、菊脂类、辛硫磷、毗虫啉、灭幼脲、多菌灵、托布津、瑞毒霉等。这一时期,嵩山地域开始组织直升飞机的防治工作,用灭幼脲、"快杀一分钟"、敌百虫稀释后人工喷洒,防治林木病虫害,害虫死亡率90%以上。在对苹果、梨等果树病虫害的防治,人们按照技术规程,每年施药防治,结合生物防治,大大减轻了虫害。泡桐树的丛枝危害较重,政府组织选用良种,发动剪除病枝焚烧等人工措施,使损失降到了最低程度。

### (四)营林技术防治

营林技术措施能创造不利于病虫害发生的环境,从而抑制其发生。经过长期实践摸索出了一些办法和经验。由营造单一纯林变为混交林,林木由不抚育变为适时抚育,选用抗病虫树种等。从种植的品种上就预防了树木病虫害的发生。

# 第十三章 古迹名胜

《方舆纪要》："嵩高，中岳也，萃两间之秀，居四方之中。"历代的帝王将相、文人学士、高僧名道、拳豪义侠都常到这里活动，留下了众多的古迹名胜。嵩山地域各种景观密集，素有"三里一寺，五里一庵"和"伸手摸住秦砖瓦，抬脚踢住汉文化"之说，这是一个古文化遗存非常密集的地方。在嵩山地域11110平方公里的范围内，风景资源分布甚密，包罗万象，其中有较高的文物价值和观赏价值的古迹名胜1000多处，自然景观更是数不胜数。所以，嵩山地域被誉为"文物之乡"和"名胜之乡"。嵩山地域古迹名胜之多，其文物价值之高，全国前所未有。但因本书篇幅有限，不可能概而选之。考虑此书是一本山的志书，故本章只能以古迹名胜为首选，舍去了古聚落、古城址、古民居、古墓葬及碑刻、文物等多项古文化遗存，重点将与自然山水互为依存的古迹名胜选入其中，这应是一本山志不可或缺的内容。

## 第一节 寺（庵）塔

公元一世纪随着佛教传入洛阳，佛寺、佛塔、庵院之类的建筑也渐次在嵩山地域兴起，其参与人数之普遍，佛教建筑之多，发展速度之快，震惊了整个中国。我国佛教建筑在初期受到印度佛教的影响，寺院里，以塔为中心，周围为殿堂、僧舍。如北魏的永宁寺就是一座以佛塔为中心的佛寺，是专供皇帝、太后礼佛的场所。北魏以后，殿堂逐渐成为主要建筑，佛塔建于寺外、寺前、寺后或另建塔院，形成了以大雄宝殿为中心的佛寺结构。寺院坐北朝南，主要殿堂依次分布在中轴线上，层次分明，布局严谨。

佛塔，起源于印度。据佛经上说，佛祖释迦牟尼圆寂后火化时，全身悉作细粒之舍利，他的弟子各拿了一部分舍利建塔供奉。塔则为保存释迦牟尼舍利之处。后来，一些高僧、大和尚死后，也建塔埋骨，以称之为和尚坟冢。佛教传入中国后，佛塔首先在嵩山地域兴起，如我国最早的佛塔，就是东汉永平己巳（69年），汉明帝敕建的白马寺齐云塔。中国佛家建塔，意在供奉或收藏舍利、佛像、经卷、衣钵、僧人遗体及纪念一些有地位的和尚等。佛塔为高耸型点式建筑，尖顶，多层，常有七级、九级、十三级等，形状有圆形的、多角形的。

佛塔在地下有一部分独特的构造——地宫，受中国传统的深葬制度影响，里面主要是一个石函及一些随葬物，石函中有层层函匣相套，内中一层安放舍利，俨然是一个小型的帝王陵寝的地宫。而在

印度,舍利只是藏在塔内,并不深埋地下。塔的下层是基座,在唐代以后逐渐向高大发展。明显地分为较低矮的基台和较高大华丽的基座两部分,像喇嘛塔的基座竟占了塔高的1/3,金刚宝塔的基座则已成为塔身的主要部分,上面的塔反而要小许多。这和我国古建筑传统一贯重视台基的作用,有着密切的关系。它不仅保证了上层建筑物的坚固稳定,而且也收到艺术上庄严雄伟的效果。塔身是塔的主体,塔的顶部是塔刹,它是作为艺术处理的顶峰,以冠盖全塔的形象,因此建塔时往往着意修饰。它一般是由须弥座或仰莲座承托刹身,刹杆上套贯数目不等的相轮,上置华盖、仰月、宝珠等。有许多塔刹,本身就是一座小型的喇嘛塔,显然是由早期构塔形式演化而来的。

嵩山地域的佛塔主要分布在嵩山太室山之阳一带,除了漫山遍野中的散塔之外,佛塔集中的地方有少林寺塔林和其太室山南麓的汝州风穴寺塔林,其中少林寺塔林在世界上也是闻名遐迩,是我国现在保存最完整,数量也是最多的塔林。

嵩山地域早期的佛塔,皆为木结构。后鉴于木塔容易被烧毁而致火灾,遂改为砖石结构。嵩山地域的砖石佛塔共有500余座,其艺术造型形形色色,平面以方形、八角形为多,此外还有阙形的、钟形的、圆筒形的等等。其典型的主要有:楼阁式塔、密檐式塔、过街塔、喇嘛式塔、金刚宝座式塔、亭阁式塔、花塔等。嵩岳寺塔是我国现存最高的砖塔,已有近1500年的历史,是全国保存时间最长的砖塔。嵩山地域其他有代表性的砖石塔还有白马寺的齐云塔、永泰寺塔、法王寺塔、净藏禅师塔及少林寺塔林和风穴寺塔林等。从嵩山地域的古塔数量和文物等级上说,它完全是一处露天的古塔博物馆。其内容的博大和形式的多样,是世界其他地方所没有的。

根据现存的古塔来综合分析,嵩山地域的古塔可分为两部分。一是佛塔,这是由佛教各宗派而产生的塔,佛塔是我国古塔发展的主要方面,从嵩山地域的古塔总数来说,佛塔占有90%以上。二是风水塔,实际是文峰塔,这是从公元14世纪开始,在我国各地发展起来的的一种塔。是受风水学说影响而产生。这种风水塔形制多半模仿佛塔的式样,有的在塔身上同样雕刻出佛像,塔的式样变化也很多。

历史上,嵩山地域多有营建著名寺塔之记载,但由于战争频繁,许多寺观毁于兵燹。为了便于查找,在佛教建筑中,以寺院或以佛塔为名称保存下来者,只要寺院还存在,其中之佛塔、塔林、名碑等建筑与石刻皆随寺院记述,而散落在寺院之外的佛塔则另列于寺院条目之后。

# 一、寺(庵)塔

### (一)白马寺与齐云塔

白马寺与齐云塔位于洛阳市东约12公里的白马寺镇。北依邙山,南濒洛水,始建于东汉永平十一年(68年),为东汉孝明帝刘庄敕令所建。白马寺是佛教传入中国后由封建国家创立的第一所佛寺,素有"中国第一古刹"之称,也是"释源"和"祖庭"。该寺距今已有1900多年的历史,历经唐、宋、金、元、明、清各代修葺,现存建筑多为宋、金以后修建。现存白马寺院规模为明代嘉靖年间形成,为坐北向南的四进长方形院落,总面积4万平方米,主要建筑包括白马寺院和齐云塔院。

寺院建筑依中轴线从南到北依次分布为山门、天王殿、大佛殿、大雄宝殿、接引殿、毗卢阁等,大体保持着明代的建筑布局和风格。中轴线两侧分布着辅助建筑门头堂、云水堂、祖堂、客堂、斋堂、禅堂和清凉台上的腾兰殿及方丈院等,另有新建的钟楼、鼓楼、藏经阁、法宝阁等。

齐云塔本称释迦舍利塔、金方塔、白马寺塔。始建于东汉永平年间,金代重修。齐云塔在洛阳白马寺山门外东南约200米处,是洛阳一带地面现存最早的古建筑,也是中原地区为数不多的金代建筑遗存之一。塔的造型具有唐、宋时期密檐楼阁式塔的特点,并采用了仿木结构做法,对研究金代建筑特征、尤其是中原地区金代砖塔结构特点提供了不可多得的实物例证。1961年,国务院公布白马寺及齐云塔为国家重点文物保护单位。

东汉永平十二年(69年),汉明帝敕建佛塔,"芨若岳峙,号曰齐云"。北宋末原塔被焚毁,塔院位于白马寺东侧,占地15亩,主要建筑有金代重修的齐云塔和新建的斋堂、客堂、禅房等。

齐云塔是一座方形13级叠涩密檐式砖塔,由基台、塔身、密檐塔刹组成。通高25米,底部为正方形的束腰须弥座,长宽各约7.8米,其束腰处长宽各约6.76米。座和塔身非同一时期建筑。塔身外轮廓由下向上略呈抛物线状,顶为宝瓶式塔刹。塔身最大周长是在中部,即第四、五层。塔之每一层塔檐,都是用多层小砖叠涩砌出。各层塔檐之下皆饰砌以菱角牙子,塔顶置宝瓶式塔刹。齐云塔中空,内置脚梯,可攀援而上,至第十层向南有门,俗称"南天门"。齐云塔四周环布着6块巨大的石柱础,其中最大的一块,长约1.65米,宽约1.60米。这6块石柱础分布很有规律,就其间距和分布来看,原来应共有8块。

白马寺寺内的殿宇建筑全部采用高1米左右的台榭式建筑形式,布局极为严谨。该寺在佛教和中外文化交流史上占有重要地位,有关此方面的情况,寺内现存40余通碑刻有详尽记载。中华人民共和国成立后,已五次拨款对寺院进行了维修,分别用于翻修殿堂、彩绘天棚、重塑佛像、铺筑道路等。

**(二)慈云寺**

位于嵩山之阴的巩义市大峪沟镇民权村南部的青龙山中。与嵩山的洛阳白马寺、登封法王寺都建于汉明帝时期。《说嵩》曰:据古碑记载,东汉明帝永平七年(64年)有印度高僧竺法兰、摄摩腾云游此山,因其山川之秀,遂开慈云禅寺。幽静环境中,二僧结跏趺坐,静修悟禅,相互谈经说法,商讨译经中存在的问题和宣扬佛法的办法,并招收信徒宣扬佛教宗义,还斩除了寺院附近结网伤人的大妖蛛。据登封法王寺《重修大法王寺碑记》云:"嵩阴慈云,洛阳白马,嵩阳法王,乃中国作寺之始。"唐贞观二十三年(649年),玄奘法师奉敕重修,后经宋、元、明、清历代多次重修。

慈云寺原建筑规模巨大,慈云寺与塔林占地面积在60亩左右,有僧300余人,明时梵音者不下四五百人。据碑文记载,极盛时,"远公之庐山、达摩之少林,无逾此也"。慈云寺内现存殿房10多间,石券窑洞3孔,均为清代建筑。

慈云寺院内有明清碑碣51通和元至清代的和尚塔铭43方。元至清,巩义市大峪沟乡青龙山中所存碑刻多为重修记。碑刻内容包括寺院的兴衰、佛教宗派沿袭与变迁、农民起义活动情况、古代工商管理、兵役制度、行政建制、官吏制度、寺院管理机构与职务名称、自然地理记述、诗文佳作、历史灾害等重要内容。慈云寺石刻为河南省重点文物保护单位。

慈云寺西1公里的后寺河村向阳山坡上,原建许多砖塔,20世纪"文化大革命"中全部被毁。

关于慈云寺始建年代,史学界存在较大争议:有专家认为慈云寺创建于东汉年间,也有专家认为慈云寺在元代是白马寺的下院。

**(三)法王寺与法王寺塔**

法王寺位于登封市城北7公里太室山南麓玉柱峰下。北依嵩岭,周边山势,合抱如椅。此处山峰起伏,溪水潺流,苍松翠柏,景色秀丽,人称"嵩山第一胜地"。寺东有峡,形若半圆形大门,位于嵩山顶端,为"嵩门"。登封古代八大景之一的"嵩门待月"就在这里。

法王寺始建于东汉明帝永平十四年(71年),仅比洛阳白马寺晚3年,比少林寺早424年,是我国最早的佛寺之一。法王寺是汉明帝专为印度僧人摄摩腾、竺法兰译经传教而敕建的,因释迦牟尼被尊为法王,汉明帝因此赐名"大法王寺",成为中国第一所菩提道场。三国魏明帝青龙二年(234年),更名护国寺。晋惠帝永平元年(291年)在护国寺左建法华寺。隋仁寿二年(602年),因建法王寺舍利塔,更名舍利寺。唐太宗贞观三年(629年),更名功德寺。唐玄宗开元年间(713~741年)更名御容寺。唐代宗大历年间(766~779年)复名法王寺。后唐时,分为五院,仍沿用护国、法华、舍利、功德、御容旧名。宋仁宗时(1023~1063年)赐名"东都大法王寺"。元、明、清沿袭"法王寺"旧名至今。

法王寺鼎盛时期,寺院占地面积300余顷,殿堂千余间,僧人2000多名。原有建筑规模宏大,历代均有修葺。据明嘉靖十年(1531年)《重修大法王寺》碑记载:"建山门,两次廊,殿房数间,又建天王殿。"清康熙十二年(1673年)重修,三十九年(1700年)重修天王殿、伽兰殿、六祖殿、东西禅房各3间,门楼两座,院墙40余丈。后存山门、天王殿、大雄宝殿、地藏殿40余间,两厢房随中轴线分为两个院落,面积5000平方米,皆为清代重建。

法王寺院后的山坡上有唐至清砖塔6座,其中有隋塔(舍利塔)1座,唐塔3座,元塔和清塔各1座。其中,法王寺塔又称隋塔,位于河南登封法王寺后的山坡上,是隋仁寿二年(602年)修建的15层密檐式砖塔。塔为平面方形,边长7米,通高34.187米。法王寺塔全部用黄泥砌砖而成,仅外壁涂刷一层石灰。塔首层非常高大,南面辟券门,内有塔室。塔身下部略瘦长,无基座。塔身之上的15层密檐层层外迭,迭出塔身最宽者约90厘米。各层密檐的高度和宽度由下而上逐层递减,使塔体外轮廓呈优美的抛物线形,造型雄伟壮观。塔檐间有假门窗,通体用白灰敷皮。该塔全部用长方形、方形青砖、黄泥垒砌而成,砌法多采用不岔分法。塔底层南面辟一塔门,可直入方形塔心室。塔心室内供汉白玉佛像一尊,是明代永乐七年(1409年)九月,周王生子时所送,称南无阿弥陀佛,玉佛之右下角和双手已残损。塔的内部为空心结构,从底层可直视塔顶。塔顶宝刹已损毁,仅存莲座。整体基本完整坚固,整座大塔高居寺院后部台地上,成为全寺的标志。此塔建造年代无确切记载,根据其建筑形制,专家初步推断其为隋朝的墓塔。该塔塔顶宝刹已损毁,但整座塔基本保存完整。

位于3座单檐式塔的最东边塔,专家称其为2号塔,为四边形单檐式砖塔,高15米,塔身边长4.4米。塔下部为硕大的方形砖砌须弥座。其上为方形塔身,前有砖砌券门,已严重缺损。塔身以上叠涩出檐,突出塔身较多。塔刹下部为砖砌刹基,剥蚀严重,四周镶嵌8块雕花插角石,其上为石雕莲花座,再上为一级石雕相轮,最上为石雕宝珠。该塔塔体硕大,塔刹雕刻精美,为唐塔中的精品。

位于3座单檐式塔中间的塔,专家称其为3号塔,因建造年代无考,推断为唐代。塔为四边形单檐式砖塔,高8米,塔身边长4.25米。塔下部有砖砌须弥座。座上为方形塔身,塔身南面有砖砌券门,门缺失。塔上为迭涩檐,严重剥落缺损。塔刹下部为砖砌刹座,剥蚀严重。顶部石刹保存尚完整,其上为石雕俯莲,再上为二级石雕相轮,最上为石雕宝珠。该塔的塔刹石雕精美,造型优雅。塔身背面的塔铭已失,塔的具体建年已不可查。为了保护这座剥蚀严重的珍贵古塔,2003年国家拨款进行了重修。

位于3座单檐式塔北侧的塔,专家称其为4号塔,塔高7米,边长3米。塔形与2、3号塔大同小异。从建筑形式、材料、手法和尺度比例及塔下等砖石雕刻分析,3号和4号塔当为唐代中晚期建筑。

除以上塔以外,法王寺还有两座禅师塔:立于元代的月庵海公禅师塔和立于清代的弥壑澧公和尚塔,都保存完好。

### (四)少林寺

少林寺、少林寺塔林、初祖庵大殿三处历史建筑属"天地之中"历史文化建筑群,世界文化遗产。全国重点文物保护单位。

少林寺位于登封市区13公里的太室山南麓,面对少室山,北依五乳峰,东北距郑州86公里,西北距洛阳65公里。因它坐落在少室山的茂密丛林之中,故取名"少林寺"。少林寺向以禅宗、武术和医术著称,是一座闻名遐迩的佛教古刹。

少林寺为中国佛教禅宗祖庭和少林武术的发祥地。北魏太和十九年(495年),孝文帝元宏为安顿印度僧人跋陀落迹传教,在嵩山创建少林寺,传播小乘佛教,主张自我解脱。北魏孝昌

嵩山少林寺

三年(527年),印度婆罗门种姓摩诃迦叶(释迦牟尼弟子)的第28代佛徒菩提达摩从印度来到中国,经广州、金陵(南京)、北渡长江,历时三年来到中原,游化于嵩洛一带,相传居少林寺西北五乳峰山洞中面壁修禅,传播大乘佛教。后人称之为"禅宗初祖",少林寺也因此获得了"禅宗祖庭"和"大乘胜地"的盛誉。

北周建德三年(574年),周武帝宇文邕禁灭佛教,少林寺被毁。大象年间(579~580年),北周静帝宇文衍重兴佛寺,改少林寺为"陟岵寺"。隋开皇年间(581~600年),文帝杨坚又把"陟岵寺"复改为"少林寺",并赐田100顷,基本上奠定了寺院庄园的基础。隋末农民军袭击少林寺,火焚少林寺塔院和附近的殿堂屋宇。唐代初年,因寺僧助战李唐政权有功,受到后来登基为唐太宗李世民的封赏,寺院发展到鼎盛时期。唐贞观年间(627~649年)、垂拱年间(685~688年)、开元年间(731~741年)几次修整,至玄宗年间,少林寺建筑规模已相当宏伟,并博得了"天下第一名刹"的称号。唐武宗会昌三年(843年)灭法,寺中许多殿宇、佛像大多被毁,至此以后,少林寺发展缓慢。直到元、明之际,才有较大发展。元代裕公在主持少林寺期间,兴建了藏经阁和许多殿宇。经元末兵火之后,明代又重修了藏经阁、千佛殿、立雪亭等,奠定了今日少林寺之规模。1928年军阀混战中,少林寺大雄宝殿、天王殿、藏经阁、钟楼、鼓楼等主要建筑与重要文物被军阀石友三烧毁。中华人民共和国成立后,人民政府多次拨款,对少林寺进行修葺,妥善保护,少林寺才基本恢复昔日面貌。

少林寺景区主要含少林寺常住院、初祖庵、达摩洞、少林寺塔林、二祖庵、十方禅院等。

#### 1. 少林寺常住院

少林寺常住院北依五乳峰,面对少室山。四周峰峦叠翠,流水潺潺,丛林茂密,景色宜人。整座寺院依山而建,逐层增高。少林寺中轴线建筑共七进,总面积约3万平方米。其中轴建筑自山门向北依次为天王殿、大雄殿、藏经阁、方丈室、达摩亭、千佛殿,规模宏大,气势雄伟。千佛殿中有明代"五百罗

汉朝毗卢"壁画,壁画约 300 多平方米。

### 2. 初祖庵

也称面壁庵、南庵,位于登封市少林寺西北 2 公里许的五乳峰南下小丘上,占地面积约 3000 平方米,坐北面南,三面临壑,风景清幽。明万历三十三年(1605 年)《初祖庵创建凉殿牌坊无量功德碑》载:"此初祖庵者,我初祖面壁地也。"此庵为纪念禅宗初祖达摩而建。庵内主要建筑始建于宋宣和七年(1125 年),后历代多次增修,但主要构件仍保留着宋代特征。1985 年进行全面整修,现有山门、大殿、东亭、西亭和千佛阁等,共三进。

初祖庵内大殿,是庵内的主要建筑。大殿始建于北宋宣和七年(1125 年),后历代多次增修,但主要构件仍保留宋代特征。大殿建在石砌高台上,前踏道分东、西双阶,中置素面陛石。踏道两侧面砌出规整的"象眼"。大殿平面呈方形,面阔 3 间(11.125 米),进深 3 间(10.615 米),单檐九级殿式,绿琉璃瓦剪边顶。檐下置五铺作单抄单下昂斗拱,补间铺作施真昂。明间安板门两扇,两次间辟至直棂方窗。殿内明间置佛龛一座。殿上梁架为砌上明造,后柱用移柱造。大殿后壁辟门。这是河南现存最早的木构建筑。曾于 1984 年落架翻修。大殿门口的砖雕对联是:"在西天二十八祖,过东土初开少林",简要说明了达摩的身世和来历。

整个殿房施八角石柱 16 根,其中殿内 4 根明柱浮雕有握杵执鞭气度威严的武士、活泼的游龙、潇洒的舞凤、飘然而升的飞天和庞大的盘龙等;12 根檐柱除 4 根为素面外,其余 8 根饰有浮雕,画面为莲、菊、卷草、飞天、坐佛、凤戏牡丹、孔雀穿花及群鹤闹莲等。佛台须弥座和殿墙的石护脚上浮雕有卷草、猛狮、武士、骑鹿、麒麟、水兽、马、羊、鱼、龟及山水人物等,无不栩栩如生。

初祖庵大殿是在北宋著名建筑学家李诫所著的《营造法式》颁布 11 年以后,严格按照《营造法式》的法则所建造,有重要的建筑价值和艺术价值。据考证,它是中国古代木结构建筑的经典之作,也是河南尚存的最早木结构建筑之一,大殿的建筑法式典型,对古代建筑史研究有较高的参考价值。

### 3. 达摩洞

位于初祖庵后一公里五乳峰中峰之顶下 10 余米的山坡处。此洞为天然石洞,传说是初祖达摩面壁九年之修行处。达摩洞深约 7 米,宽 3 米,清静幽邃。洞壁有石痕,似水面波纹。洞口西壁处据传为达摩面壁九年(因跨越 10 个年头,亦有说 10 年)处,有达摩影印其石上。之后,其弟子将影石凿下保存于少林寺。今洞中供达摩石像,两边侍立其弟子像。洞门前立有明万历三十二年(1604 年)用灰岩石雕造的石坊一座,坐北向南,为二柱单孔庑殿顶形式。檐下用四攒斗拱,额南面刻有"默玄处",北面雕刻"东来肇迹",为明代乾清宫监胡滨所题。额枋上浮雕有艺术性较高的"二龙戏珠""丹凤朝阳"等图案。洞外右侧立有明万历三十三年(1605 年)初祖庵《修建牌坊无量功德碑》一通,记述洞外修建殿堂之事。洞外西壁崖石上刻有绝句一首:

西来大意谁能穷?五乳峰头九载功。
若道真诠尘内了,达摩应自欠圆通。

### 4. 少林寺塔林

位于登封市少室山少林寺常住院西约 300 米处的山脚下,是少林寺历代高僧的墓地。佛教界有名望、有地位的上层和尚骨灰或尸骨均放入地宫,上面造塔,以示功德。

少林寺塔林是我国现存古塔数量最多的塔群,面积2.1万余平方米,现存自唐贞元七年(791年)至清嘉庆八年(1803年)之间的唐、宋、元、明、清各代砖塔240余座,其中唐塔2座、宋塔3座、金塔16座、元塔51座、明塔146座、清塔10座,余为无纪年题记者。塔的层级,一般为1~7级,高度都在15米以下,塔上大都有塔铭和题记。塔的形状有四角、六角、柱体、瓶形、圆形、抛物线体等,造型有单檐塔、单层密檐塔及各式各样的喇嘛塔。塔林中墓塔种类繁多,形态各异,结构不一。

在这些塔中,唐贞元七年(791年)的法玩禅师塔,宋宣和三年(1121年)的普通塔,金正隆二年(1157年)的西堂老师和尚塔,元世祖至元二十四年(1287年)的正法大禅师裕公塔、至元二十七年(1290年)的中林禅师之塔、元至元五年(1339年)的菊庵长老灵塔,

明万历八年(1580年)的坦然和尚之塔及清康熙五年(1666年)的彼岸宽公禅师灵骨之塔,为不同时代的古塔建筑代表作。

5. 二祖庵

亦称南庵,位于少林寺西南3.5公里的少室山钵盂峰顶,为纪念二祖慧可所建,与初祖庵南北相望。

6. 十方禅院

十方禅院位于少林寺前对面,少溪桥南岸,坐南面北。1958年前有大殿3间,面积70平方米,后倒塌,仅存石柱12根,前墙柱上刻有"大明正德七年壬申正月初七创建"字样。院内有一残碑(后移至少林寺碑廊)为清顺治十年(1653年)八月所立,碑载:"十方禅院盖寺中之邮亭,行脚之旅舍也。"由此可知,此地为历代邮递旅居之地。现有建筑是1993年重建的。

十方禅院以代表佛教标志的"卍"字形罗汉堂为主体,构成十大景观。在四正位建有东、西、南、北4座单檐歇山式殿宇,贯通4座卷棚顶廊房。殿(廊)内安放着千姿百态、逼真传神、妙趣横生的502尊罗汉塑像。中宫位主建筑上方是重檐十字脊歇山顶毗卢阁,高达20余米,雄浑庄重。阁中供奉着4尊高达10米的慈祥的毗卢舍那佛和8尊文殊、普贤菩萨的塑像。毗卢阁下方建有地宫,塑画有十殿阎君、六曹判官、奈何桥及阴曹地府各种景象。四殿四廊回龙迷宫,形成五百罗汉朝毗卢、十方僧众会少林的恢宏场面。在四隅方营造有春夏秋冬4座各具特色的景园,四时景园怪石嶙峋,魅力诱人。

(五)会善寺与会善寺塔

世界文化遗产,"天地之中"历史文化建筑群之一。全国重点文物保护单位。

会善寺位于登封市城北6公里太室山南麓积翠峰下,坐北向南。该寺原为北魏孝文帝(471~499年)的离宫。孝明帝正光元年(520年)复建闲居寺。后周断废佛法,以寺为观,以塔为坛。魏之后,为澄觉禅师精舍。隋开皇五年(585年)改为嵩岳寺,后隋文帝赐名会善寺,后毁于兵火。唐重建寺宇,增建殿宇、戒坛、塔,规模宏大,高僧辈出。女皇武则天巡幸此寺,拜寺中高僧道安禅师为国师,赐名安国寺,并置金钢佛像于寺内。密教高僧一行和尚及其弟子元同在寺中创设戒坛,俗称琉璃戒坛,是唐代全国重要戒坛之一。会善寺作为盛唐时期禅宗北派的佛法中心,曾有五祖弘忍大师的高徒道安、六祖慧能的弟子净藏、六祖神秀的大弟子普寂及普寂的弟子、天文学家一行、元同、元珪等高僧在此修行,是嵩山地域极为重要的一座寺院,也是盛唐时期给佛门弟子举行授戒仪式的三大中心之一。五代时高僧于嵩山琉璃戒坛纳法,又名"封禅寺"。五代后梁时,此寺曾一度毁废。宋开宝初年重修,开宝

五年(972年),太祖赐名"嵩岳琉璃戒坛""大会善寺"。金大定时,亦有修葺。元代至元年间(1265～1294年)又赐名"祝圣护国万寿禅寺"。明代寺院废弃,清代重修。

中华人民共和国成立后,自1957～1982年,在省文物部门的指导下,县文物保管所曾对该寺作过三次修葺。2004～2005年,由市文物局向国家文物局争取资金400万元,并配合省古建所施工队对会善寺元代大殿、两厢房、山门、东西掖门进行了重修,并将倒伏于寺内外的唐至清代的碑刻进行了粘补、竖立,予以妥善保护。

### 1. 会善寺常住院

会善寺常住院坐北向南。山门面阔5间,进深3间,大式硬山灰瓦顶,中3间砌券门,明间门券上嵌长方形横匾书"会善寺"三字,内供明代周王所赠白玉阿弥陀佛1尊。山门东西两侧各建单间硬山式掖门1座。山门后有宽敞的大月台,台处有明成化七年(1471年)铁钟1口,高1米余,重650公斤。月台中轴线北部建大雄宝殿一座。

会善寺院现存主要建筑有山门、大雄殿、戒坛、古塔、碑碣等。

会善寺大雄殿是嵩岳地区现存最古老的建筑之一。大雄殿为元代建筑,后多次重修,但其斗拱等构件仍保存着元代建筑的基本特征。大雄殿面阔5间,进深3间,建筑面积240平方米。大雄殿为砖木结构,前檐中用4根木柱,其余檐柱皆为石质。单檐九脊式屋顶,檐下有用材硕大的斗拱,为五铺作重拱双下昂。殿内作减柱造,梁架为四椽栿搭牵,用三柱斗拱,构件粗大朴实,昂首下垂,为仿宋批竹昂做法。昂后尾较长,但不是通昂,系卡接的假昂尾,没有宋代通昂的实用价值高。角梁后尾嵌入殿角下的垂柱上面,不和相邻两拱后尾交叉,带有宋代月形梁做法。所有梁、柱均不如宋代建筑的大木料构件细致。大殿建造时间仅次于初祖庵大殿,在建筑艺术上具有较高价值。该殿于2004年进行过加固维修。原两山墙下置有许多神龛,现已无存。

大雄殿前有一大型砖砌月台,左侧建有清乾隆皇帝亲书诗碑一座,但已残缺不全;右侧有明成化年间铸造的大铁钟一口,高1米余,重650公斤。

### 2. 会善寺戒坛遗址

戒坛遗址位于会善寺西山坡上。戒坛用琉璃瓦建筑,又称琉璃戒坛,系唐代著名天文学家一行和尚及其弟子元同创建,后毁于五代,现仅存遗址。戒坛为十方僧徒受戒的地方,这是大的寺院设立的为佛徒受佛教礼仪的设施。碑记载:"每岁前来受戒僧徒,辄达一千多人。每日晋献洁供而礼佛人士,亦有数百。"唐宋时期,天下多数僧徒要到此受戒受律,香火之盛超过了东都(洛阳),当时寺院的规模很大,山门建在南岭,诸殿沿山坡层层升高,坛居寺中,成为全国最有影响的戒坛。

遗址有唐代戒坛残石柱1根,石柱是古坛位置的标志。石柱面雕天王像,柱础雕鬼怪神兽,具有重要的建筑与艺术的价值。现存台基为新中国成立后在戒坛废墟上复原重建。

### 3. 会善寺古塔群

会善寺院西侧数百米处的山坡上有著名的净藏禅师塔,院西南和东南有清代砖塔5座。另外,在寺周还有古塔多座,各塔与寺距离不等,最多为400米左右,如寺东约300米有清塔3座,山门南150米处有清塔1座。这些塔在造型艺术上,各具特色。其中,最为有名的是净藏禅师塔,全国重点文物保护单位。

净藏禅师塔塔基高大,塔身粗壮,工艺奇巧,是古塔中之珍品。该塔始建于唐天宝五年(746年),是我国现存最早的仿木结构八角形亭阁式砖墓塔。根据其塔铭记载,净藏禅师是六祖慧能的传灯弟子和"宗旨密传"的七祖。自五祖乱法之后,形成以神秀为代表的主张"渐悟"的北禅和以慧能为代表的主张"顿悟"的南禅。由于历史原因,北禅逐渐走向衰落,南禅逐步发展壮大。神秀之后,净藏禅师是禅宗七祖的代表人物之一,是净藏禅师把主张"顿悟"的南禅带回嵩山,使嵩山禅宗重新树立了在中国佛教界的地位,史称"净藏北归"。

净藏禅师塔坐北面南,除塔刹为石雕外,全由青砖砌成。塔由基座、塔身和塔顶三部分组成,通高10.395米,基座高2.64米,平面作等边八角形,为单层亭阁式砖塔。由于年久失修,损坏严重,有的地方崩塌成洞,危及了整座塔的安全。1964年,由河南省文物工作队张家泰主持,登封县文物保护管理所宫熙、王世华等人参加,参照有关资料对塔基进行了复原修复。

净藏禅师塔基座的须弥座形仍为唐塔原制。座的上枋由两层平砖叠砌而成,中为束腰,每面雕出横长壶门3个,全塔共24个。束腰以下一层用圆头砖、抹头砖砌成,下用平头砖砌三层,再下为四层台的基座素壁。

净藏禅师塔身一反方形唐塔之平直壁面,着意模仿木结构建筑,将每面处理成一个建筑开间,朝南一面砌成真正的券洞门,其余各面均砌成假门窗。各隅砖柱柱头有明显收分,其上承托斗拱,栌斗前平出劈竹昂。用砖砌成的仿木构板门、棂窗、立柱、斗拱,比例准确,造型优美,不仅具有很高的艺术价值,而且对研究佛教建筑传入中国后被中国传统建筑所融合提供了极其珍贵的实物资料。其造型以砖代木,逼真地表现出唐代八角亭式木结构的柱子、额枋、斗拱、门窗等做法,实属难能可贵,体现出唐代精湛的建筑工艺与时代特征,是不可多得的建筑瑰宝。

会善寺净藏禅师塔

### (六)嵩岳寺与嵩岳寺塔

嵩岳寺塔为"天地之中"历史文化建筑群之一,世界文化遗产。全国重点文物保护单位。

#### 1. 嵩岳寺

嵩岳寺位于登封市区西北6公里嵩山南麓,建于北魏宣武帝永平二年(509年),原为宣武帝的离宫。孝明帝正光元年(520年)改名"闲居寺"。隋文帝仁寿二年(601年)改名"嵩岳寺"。唐高宗与武则天游嵩山时,曾把嵩岳寺作为行宫。隋唐两代曾对寺院进行过大规模扩修。据唐李邕《嵩岳寺碑》记载:"广大佛刹,殚极国材,济济僧徒,弥七百众。落落殿宇一千间。"嵩岳寺在北魏和唐朝盛极一时,北魏原建有风阳殿、八极殿、逍遥楼等建筑,隋唐增建有塔东的七佛殿,塔西的定光佛堂,塔北的无量寿殿,以及禅院、西方禅师浮图等,这些建筑多为皇室所立,着实富丽豪华。塔院内现存大雄宝殿及东西两侧的伽蓝殿、白衣殿均为清代所建造,各为面阔5间、进深2间的单檐硬山式建筑。

1965年登封县文物保管所重修山门,加固塔基。1980~1986年,由国家文物局投资、河南省古建研究所承担修复任务,由登封县文物部门协助,完成了嵩岳寺塔复原及其天宫、地宫出土器物的整理、研究工作,落架重修大殿、白衣殿、伽蓝殿3座,计168平方米,并拆除原有山门,新建山门3间,形成两进院落,复立旧碑10余通,使新旧寺院成为统一整体。

赵明诚《金石录》载:魏永平中,造定光铜像一躯,高2丈8尺,置于闲居寺。惜今已无存。塔院内重要碑刻有八棱石经幢一通,幢身刻有"佛顶尊胜陀罗尼经"字样,无年款;唐代石柱3件,上雕有天王神怪线刻画及雕塑12伎乐人等;唐代徐浩所书的《唐敬爱寺大证禅师碑》和《萧和尚塔铭》;宋代的《嵩岳寺感应罗汉洞记》;清代的碑碣多通。寺院内有古柏、古槐和古银杏树等。

2. 嵩岳寺塔

嵩岳寺塔位于嵩岳寺内,塔以寺得名。嵩岳寺塔的建筑年代与闲居寺相近,据唐李邕所撰《嵩岳寺碑记》载:"嵩岳寺者,后魏孝明帝之离宫也。下正光元年(520年),傍闲居寺——十五层塔者,后魏之所立也。"

嵩岳寺塔

嵩岳寺塔是一座以青砖、黄泥砌筑的单层密檐式砖塔。塔平面呈12边形,为15层密檐式砖塔,总高37.045米,底层直径10.6米,内径5米余,下部壁体厚2.5米。塔的外部由基台、塔身、叠涩密檐和宝刹组成,密檐之间矮壁上砌出各式门窗492个,密檐自下而上逐层内收,构成一条柔和的抛物线。塔顶冠以砖雕宝刹。

1988年,河南省古代建筑保护研究所对该塔进行了详细勘测,并对地宫进行了清理,发现遗物70余件,其中雕塑造像12件,建筑构件、瓦当、滴水等17件,其他41件。地宫北壁有唐开元二十一年(733年)墨书题记1方,地宫内出土1件红砂岩造像,高11厘米,宽15.5厘米,厚3.5~6厘米。背面有"大魏正光四年"造像记。1989年,在塔刹内又发现天宫两座,分别位于宝珠中部和相轮中,出土了银塔、瓷瓶、舍利罐、舍利子等。此刹建造年代应在唐末。

嵩岳寺塔是我国现存最早的古砖塔之一,历经近1500年的风雨侵袭,仍然巍然屹立,雄伟挺拔。在结构和造型上都有很高的学术价值,是我国古代建筑中的罕例。

### (七) 永泰寺与永泰寺塔

永泰寺塔为全国重点文物保护单位。

永泰寺位于登封市西北约11公里处的太室山西麓的子晋峰下。永泰寺,原名明练寺,始建于南朝梁时期,是为安置梁武帝的女儿萧明练(又称尼总持)所建。北魏孝明帝正光二年(521年),因孝明帝的妹妹永泰公主削发为尼,敕修明练寺。北周建德二年(573年),武帝废弃佛道二教,寺废。隋开皇年间(581~600年)恢复原状。唐中宗神龙二年(706年)嵩山寺僧道莹奏请整修明练寺,为纪念魏孝明帝之妹永泰公主入寺为尼,改名永泰寺。明清以后屡有修葺。

中华人民共和国成立后,1964年河南省文物局拨款由登封县人民委员会负责加固寺后塔基。1986年河南省又拨款1.7万元落架重修大雄殿,重建北廊房。1994年经省文物局批准,登封市文物局与郑州永泰旅游发展公司签约,投资800万元对永泰寺联合进行了大规模的整修。当今寺院东西长424米,南北宽157米,占地面积6600多平方米。

永泰寺寺院中轴线上建筑有山门、天王殿、中佛殿、大雄宝殿、皇姑楼,共五进院落,两侧有配殿,是一个完整的建筑群。

永泰寺院后的山麓上原有古塔4座。其中北魏砖塔1座,于民国初年被国民党军队拆毁。现存唐代的永泰寺塔和金代的均庵主塔1座,明代的肃然、无为普同塔1座。

著名的永泰寺塔,位于永泰寺后,塔以寺得名。永泰寺塔始建于唐代初期,为11级叠涩密檐式砖塔,平面呈正方形,通高30米,周长18.4米,底边长5.05米,壁厚1.4米。塔身自下而上每层高度均匀递减,塔檐逐渐内收,外轮廓呈优美的抛物线形。塔身南面辟券门,塔心室为长方形空筒状。塔刹由仰莲、五重相轮组成,塔身外敷白灰。塔之造型,具有显著的唐代风格,是嵩山唐塔中一座典型的代表作品。

永泰寺

永泰寺院内有古娑罗树、古柏、古杨、古槐和古银杏树等。其中,以古娑罗树最为珍贵。娑罗树,又名七叶树,位于大雄殿前。树高20.7米,围径2.73米,树身挺拔,枝长叶茂,一簇七叶,叶脉平滑,一花七瓣,花色淡黄,果若佛塔,果实黑白相间,叶、果皆可医病,被称为稀有树种。此树传为永泰公主入寺时所栽,至今已1500余年,被称为"佛爷凉伞"。

永泰寺有《大唐中岳永泰寺碑颂并序》1通,唐代刻《佛顶尊胜陀罗尼经序》的八棱经幢2座。另有宋石刻莲花灯座和石盆各1个。灯座下层雕有四龙盘绕,龙头向上平伸,龙爪在下支撑,中间有一石柱拱托,周沿刻有仰莲,上层雕有小龛,龛内有韦陀佛。台座整体上圆下方,雕工细致精美。

### (八)风穴寺及塔林

风穴寺位于嵩山西南麓、汝州城东北9公里嵩山少室主峰南坡的风穴山中,因寺东之山有大小风穴洞而得名。它同少林寺、白马寺、相国寺并称中原四大名寺。风穴寺创建于北魏,距今已有1400多年的历史。原名"香积寺",隋代改名"千峰寺",唐代扩建后更名为"白云寺",俗称"风穴寺"。宋、金、元、明、清各代均有修葺和增建,唐中期形成一定规模。除唐代兴建的七祖塔外,现存建筑有宋、金时期及后建房屋百余间和塔林。

1980~1988年,国家文化部和国家文物局拨款,由省古建队施工,在当地政府配合下,历经9年的时间,相继整修了观音阁、涟漪亭、接圣桥、喜公池、接官厅和部分围墙、道路等,并筑起了围墙、石阶、石甬道,植栽了树木,治理了寺内外环境。现存殿堂禅舍140余间、石桥5座、碑碣百余通,占地面积250余亩。唐、宋、元、明、清各代建筑俱全,并有上下塔林两处。

风穴寺今存碑碣92通,最早的为唐开元十六年(728年)《佛顶尊圣尼陀罗咒》碣,有五代后汉乾祐三年(950年)的《风穴寺七祖千峰白云禅院记》碑,其后有宋、元、明、清所立之碑,或记事,或畅兴,或刻诗,真草隶篆,各体具备。风穴寺为全国重点文物保护单位。

### 1. 风穴寺

风穴寺坐东北朝西南,依山就势而建,仿江南园林建筑,有明显的山寺特色。主体建筑基本上按中轴线对称分布,由山门经天王殿至中佛殿、毗卢殿,毗卢殿后为一高台,台上建成方丈院一座,望州亭位于寺后的山坡上,既有中轴线,又不严格对称。寺院主要建筑有七祖塔、钟楼、中佛殿、毗卢殿、观音阁等。

七祖塔为风穴寺院内最高建筑,位于汝州市风穴寺中佛殿北。该塔始建于唐开元二十六年(738年),是为唐代著名和尚贞禅师(天台宗七代)而建。唐开元年间,贞禅师由衡阳行化,居于洛阳白马寺,又来到这里重修了风穴寺,并继达摩之后传授禅宗,被称为风穴寺的开山七祖,于开元十三年(725年)圆寂,门徒收其舍利,于开元二十六年(738年)造塔供奉,唐玄宗御赐名"七祖塔"。唐宣宗大中十三年(859年),道源和尚来此,主持重修寺院时,在塔内塑一尊释迦牟尼像,又将贞禅师的舍利藏在佛心。此塔名为七祖舍利塔,具有特殊的时代风格。塔基比较小,平面为方形,塔身自下向上由细渐粗,至中部又由粗渐细,远远望去,塔身外轮廓略呈抛物线,犹如火焰升起,别具一格。塔身四角直壁,其上叠涩出檐九层,为方形叠涩九层四角密檐式砖塔。塔身长、宽各3米许,塔高24.17米,建筑在1.5米的基台上。第一层塔身内设塔心室,以上各层均系实心。每层四角系铃,风吹叮当作响,妙趣横生。塔刹为覆钵形,由覆钵、相轮、宝盖及火焰宝珠组成,高大美观。该塔自创建以来,1200多年间,历经风雨、雷电、地震,傲然屹立,显示了我国古代建筑师的聪明才智。

风穴寺

### 2. 风穴寺塔林

风穴寺塔林分布在寺院外西南的山坡上,依其地势高低分为上、下塔林。塔林原有塔115座,现尚存元、明、清、民国历代砖石塔83座,是嵩山核心区的第二大塔林,仅次于少林寺塔林。其中元塔16座,多为方形和六角形,三层较多,五层较少。合葬塔一座,即瑞公、显公大禅师之塔,在我国塔林中极为少见。明塔52座,多为方形,其中六角形6座,八角形1座,石塔1座。清塔14座,民国年间塔1座,大部分仿明代手法。这里的古塔形式多种多样,有的高达十几米,有的仅有1米高,三层居多,五层较少。有的为四方形,有的是六角形,有的是八角形,有的是形如宝瓶的喇嘛式塔,有的用青砖垒筑,有的用青石建造,还有的纯属一件大型石雕。石塔以南塔林的"窣堵婆"造型较为别致,高4.5米,仰伏莲基座,圆球形塔身。塔林中有明清两代的塔,大部分是六角形,塔身所雕图案多为各种花卉。

砖塔多为单层密檐式小塔,平面多为方形与六边形。其中,至元十七年(1280年)建造的"松齐慧公宗师之塔",塔身为仿木结构建筑形式,塔的底盘为六角形须弥基座,单层密檐式,塔檐5层,檐下饰砖雕斗拱,塔身各面有造型精美的砖雕假门,门上雕有龟背形、十字形、田字形、斜山十字形、四斜填花等图案,美观大方。慧公禅师是风穴寺著名高僧之一,明朝御史方大美诗中"顾我巡行嵩汝地,何当重问慧公禅师",便是指其人。慧公声望极高,因而死后墓塔建得也较高。

### (九) 北齐刘碑寺

刘碑寺院内的北齐刘碑寺碑为全国重点文物保护单位。

刘碑寺位于登封大冶镇区西南7公里处,西刘碑村东北。因北齐文宣帝天保八年(557年),豫州刺史刘碑集刘姓族人筹资刻立,故名"刘碑"。后人因碑兴建佛寺,因名"刘碑寺"。为保护此碑又筑碑楼,又称"碑楼寺"。

刘碑寺初为道观,后佛道合一。四合院形式,有山门、客堂、关帝庙、六祖殿、火神殿、老君殿、正殿等。

现存北齐刘碑造像碑,立于寺内正殿的佛祖殿正中,坐北向南。因碑高大,1940年正殿复建时设木质棚板,将此碑上半部分遮挡。为便于观赏,1983年将棚板拆去,站在正殿内可通观全碑。该碑由黑色律石制成,碑文魏碑体,俊秀挺拔。全碑由碑首、碑身、碑座三部分组成。碑通高3.98米,碑高3.18米,宽1.46米,厚0.45米。碑身和碑座分两部分雕刻。碑座前有12个浮雕武士像,凸目鼓腹,形象生动。碑座后面为线雕射猎图,图中有骑射、挽弓、执叉、持刀等武士追逐射击形象,有猎犬、狮、虎、鹿、兔及其它禽兽在山林中奔驰的场面。碑首雕有盘龙6条,下面中间刻有一大佛龛,龛内雕刻1佛、2弟子、2菩萨。碑身造像左右3列,上下4层,雕刻人物64个,狮子3对以及莲花、山石、菩提树等。刻有题榜4地,分别为"阳(城)大像主前□授豫州刺史刘碑""发心造像主前奉朝□洛州平正刘方兴""大都邑主阳城县功曹刘声闻、坩主刘明炽、大都邑主横野将军刘□□"和"大都邑主前阳城郡□□刘子云"。碑阴上部雕刻佛像7尊,供养人18躯,下刻造像碑记正书42行,每行13字,泛育造像求福之意。其下有题记7例,列49行。碑文楷书,字体精湛、圆浑遒劲。

碑两侧上雕1佛,2弟子立像,下刻精美的盘绕龙纹。碑跌前面和两侧雕12个高浮雕力士,凸目鼓腹,刚健凶猛,形象生动。后面浅浮雕林射猎图,有执弓、执叉、执刀的骑士和猎犬、狮、虎、鹿、兔以及其它动物,在山林中横冲直撞,互相追逐的图像。这幅图即是佛教故事"睒子本生"图。右上角有"岁在丁丑"刻字(即北齐天保八年)。

刘碑寺碑是中原文化北齐石雕艺术典型代表作品,石碑处处展示着我国北齐时期高浮雕与线雕及绘画的高超水平,是古代造像雕刻艺术代表,其内容是研究我国佛教绘画、雕刻艺术的实物见证,具有重要的历史研究价值和艺术价值。碑后有刘氏姓名,文字为正楷,峻拔有力,是嵩岳现存的南北朝造像碑中最大的一通。

### (十) 清凉寺

清凉寺为全国重点文物保护单位。清凉寺位于登封市西嵩岳少室山南麓的清凉峰下,寺因山而得名。始建于金宣宗贞祐三年(1215年),元、明、清多有修葺。20世纪50年代初期尚有西院、中院、东院三部分,共有金塔3座,后西院、东院及塔被拆,仅存中院的山门、东顺山房、大殿等建筑。

清凉寺大殿重建于金贞祐四年(1216年),坐北向南,面阔3间,进深3间,占地面积为92.4平方米。殿高约8米,为单檐歇山式建筑,殿顶覆以绿色琉璃瓦。殿之内外檐下均施三踩斗拱。正脊两侧置大吻,中部饰卷草花卉,龙凤图案,造型生动,工艺精湛,尤其是大吻造型艺术水平甚高。

大殿内用内柱4根,素面覆盆柱础,表现为古朴的宋金风格。外檐斗拱明间补间铺作两朵,次间一朵,山面各间均为一朵。为四铺作单下昂计心造,真华头子,但蚂蚱头已成足材,昂嘴亦增厚。梁架结点用襻间铺作、栌斗、真昂等早期建筑的做法。殿前装有四扇透孔方格大门和八扇棂子窗。殿内原有释迦佛像,已毁。殿内屏壁上绘制有金代风格的彩色壁画,除三四幅佛像清晰外,多已模糊难辨。殿前有月台,高1.67米,东西宽17.8米,南北长8.3米。该大殿平面方形,用真昂,梁架结点用襻间、坐斗、大型覆盆柱础等均为早期手法,这在河南古代木构建筑中很有价值。

清凉寺尚存古碑刻3通,其中有金贞祐三年(1215年)刻立的《登封重修清凉禅院记》碑,金大定正大二年(1225年)刻立的《清凉寺相禅师塔铭序引》碑和清道光二十六年(1846年)刻立的《重修清凉六祖庙碑记》。

### (十一)超化寺与超化寺塔

超化寺塔为河南省重点文物保护单位。

#### 1. 超化寺

超化寺位于新密市城南7.5公里的超化村内。创建于隋开皇元年(581年),寺门匾额书有"超化古寺,名刹十五",是全国著名佛教寺院之一。南北朝时期,我国佛教盛行,全国各地修建寺院颇多,该寺位列第15位。唐武则天和唐中宗时达到鼎盛时期,寺院规模宏大,周围方圆面积20公里,僧侣约2000余人,地有竹、木、鱼、稻,颇具江南风致。唐中宗复位后,分寺治理。后衰败。宋、元时期复又驰名,历代文人墨客题咏甚多。金代的著名文学家王庭筠、元好问,明代的袁宏道、元汉闻等文人雅士写有超化寺的诗文。明清时期,曾几经修葺。天启二年(1622年),掘地得唐碑一通,今嵌寺壁上。西冈旧有塔二,今存一。世传在唐阿育王所造8.4万塔之内。后衰落,明、清虽有修建,但其规模逐渐缩小。民国9年(1920年)和民国19年(1930年),该寺曾遭两次大火灾。

超化寺原分为上、中、下三个寺院,上寺在超化小寨,中寺在超化塔坡,下寺在超化街内。其中以下寺为最大。上寺现存房舍3所,为硬山式灰瓦顶,中寺房至全毁。下寺又名"金钟寺",坐北向南,现有房屋20所,前有山门,为硬山顶。"超化古寺"和"名刹十五"8个砖刻大字,分别嵌在二道门的前后横额上。与之相对的是一座佛陀大殿,大殿宽16米,深12米,高10米,内有8根大圆木柱,以青石为础,屋檐全以斗拱构成。殿门前5米宽的月台上有两棵古桧树,东面一棵传说为"李际遇拴马柏"或"刀痕柏"。寺内碑碣很多,有北齐造像碑两通,宋、金题铭,碑碣10余方。

#### 2. 超化寺塔群

超化寺内还有塔林遗址。在河西村200米处原有石塔数座,后被埋于土崖之中。1977年发现塔基3处,一座为金大定十六年(1176年)建的智公和尚塔,是河南省解放后清理的第一座有纪年的金代塔基。后又发现的两座完整的具有宋代建筑风格的石塔,一座塔身上部为方形,下部埋于土中,高1.08米,塔身上刻有佛经,经文上方横书"法慧大师连公出山主寿塔之铭",楷书,经文完整清晰;一座发现于1988年,塔身为圆柱鼓形,塔基为八棱形须弥座。

超化寺塔群中,最著名的塔为超化寺塔。超化寺塔位于新密市7.5公里的超化村。超化寺塔又称"舍利塔",相传是为纪念阿育王所造的8.4万塔之一,位于超化下寺西南坡。建于唐开元二年(714年),为方形13级楼阁式砖塔,高约30米。塔基南北长7米,东西宽7.1米。壁厚2.1米。砖长0.4米,厚0.17米。塔的质地坚硬细腻,虽经千余年的风雨侵蚀,仍保存完好,在建筑学上具有很高的价值。可惜该塔于"文化大革命"中(1969年11月)被拆除,现仅存塔基。该塔拆除时,塔基出土文物甚多,有汉白玉舍利函1个,内装舍利盒2个(1银1瓷),内有佛祖释迦牟尼真身舍利,盖上有铭文纪年,现存河南博物院。北齐武平二年(578年)造像碑头、唐碑各1通,北朝至唐代石刻残佛百余尊,后唐碑失踪,大批残佛原地窖保护,齐碑与部分残碑现藏新密市文物保管所。

### (十二)洞林寺与无缘真公禅师塔

#### 1. 洞林寺

洞林寺位于荥阳市城东南20余公里的贾峪镇寺河村。洞林寺历史悠久,是佛教传入中国后创建较早的一座寺院。在北魏时,洞林寺与少林寺、竹林寺合称为中原的"天中三林"。据现存碑刻等资料,洞林寺历经唐、金、元、明相继重建,成为有影响的大寺院。特别是到了明代,达到极盛。据史载:"是时,寺院方周达500多亩,榭堂而皇之,栉比,塔林如柱、碑碣成林、人影追随。

荥阳洞林寺

白日香火缭绕,日蔽失色……至晚空山寂寞,古寺萧森,钟鼓之声,静夜闻之,令人省悟。"因地势吉兆,明代的藩王周靖王死后,即择葬于寺后,遂成周王府的佛堂家祀,开封府诸王的陵墓多设在洞林寺附近,王公贵戚朝拜者络绎不绝。经过周王府的扩修保护,洞林寺的建筑规模也更加宏伟。明末清初时,洞林寺不断遭到战火洗劫,兴衰更替异常。清之后,兵燹不断,洞林寺的建筑也多遭破坏。寺内全部建筑被毁。现有大殿及厢房15间,系近年重修。

洞林寺内保存有明嘉靖五年(1524年)的"千斤鼎"1尊,高1.07米,敞口圆体,三足,鼎身铸云龙图案等,四面铸螭首含环,伸出鼎外,中间镌"造鼎记",凡128字。文中有诗赞曰:"晚钟荥阳古洞林,汉唐元宋立石存。炉蒸宝乳功浩大,千斤铁鼎独难成。"

洞林寺内现存有碑刻8通,其中立于大明崇祯十五年(1642年)的"重修洞林寺中殿记"碑,较详尽地记载了自元以来洞林寺修葺扩建的沧桑历史。

#### 2. 无缘真公禅师塔

洞林寺无缘真公禅师塔为河南省重点文物保护单位。无缘真公禅师塔位于荥阳市贾峪镇洞林寺西侧的岗上。该塔建于明洪武十七年(1384年)二月,为鼓腹瓶形实心喇嘛塔。塔高约15米,为大腹细脖的瓶形实心喇嘛塔,塔身由青砖白灰砌成。塔由基座、塔身和塔顶三部分组成。塔座为精雕的仰覆莲座,八棱五级叠涩,由下至上逐层缩小。每层中间镶嵌刻有多种图案的青砖,3块一组,所雕内容为鹿、马、牛、虎、象和各种花卉。其檐部用棱角牙子砖和拨檐砖砌边。中部塔身为塔之主体,近似瓶状,上鼓下收,全部用外面磨光的青砖,用白灰勾成细腻的灰缝砌筑,塔体表面十分光滑平整。在其南侧中上部,镶嵌一块石铭:"重开山无缘真公禅师塔",旁署年款。塔顶由圆台形石相轮和塔刹构成。相轮共有9层,往上逐层缩小,每层浮雕有荷花、菊花、游云和天马等图案。塔刹上为石质的华盖、宝瓶和宝珠。该塔除基座遭受毁坏外,其余基本完好。

该塔保留了浓重的印度佛塔的基本特色,在目前留存的佛教建筑中已不多见,它对研究佛教在中国的传播、发展、演变情况以及佛教建筑的特点等具有重要的价值。

### (十三)洛阳安国寺

河南省重点文物保护单位。安国寺位于洛阳市老城区敦志街48号。据清施城《河南府志》卷七十五及龚松林等编著的《洛阳县志》古迹《寺观》条所载:寺在府治南(当时的府治,后称旧府,在今洛阳市老集一带),始建于唐代咸通年间(860~873年)。明代洪武初年(1370年左右)置僧纲司于中(即安置有僧人在该寺伺候香火),清嘉庆十八年(1813年)该寺称钟楼寺,后又恢复原名,仍叫安国寺。原寺内建筑有山门、前殿、中殿、后殿,占地近万平方米。现仅存前后殿两座,基本保持原状。

安国寺为单檐歇山式七架梁砖木结构建筑。前殿面阔5间,进深3间,单檐悬山顶。檐下用斗拱,其耍头作龙头形。屋顶在"文化大革命"期间遭破坏,改为小灰瓦顶。殿内以巨柱承托殿顶,柱础为石鼓形。后殿保存较好,面阔5间,进深4间,砖木结构单檐歇山式。檐下用三踩单昂斗拱。正心拱足材,耍头作龙头形,斗拱攒距不等,斗距明显,用砖砌拱眼壁,施有花草纹彩绘。明间两攒,次间梢间各一攒,厢拱上承托替木,大额枋、平板枋出头呈"T"字形,平板枋出头平齐。明间柱头呈履盆状,前沿二角斗拱昂嘴扁瘦,基本上成三角形。殿内五架梁,前后对单步梁立四柱,立柱下用硕大的青石宝妆莲花状柱础。顶部覆以琉璃瓦,正脊两端用正吻,殿顶坡面平缓。殿前筑一月台。凡此种种都彰显了安国寺在建筑形制、构件特征、制作手法上有明显的明代风格或更早期的建筑风格。

根据史料记载和现存的建筑风格分析,前殿为清代建筑,而后殿为明代建筑,其侧檐厢拱承托替木等做法,保留了早期木结构的特点。

汝州妙水寺

### (十四)妙水寺

河南省重点文物保护单位。妙水寺位于汝州市西北临汝镇关庙村,北为白云山,南为崆峒山,背坡向阳,西为临坡公路。寺内白杨参天,泉水潺潺。寺外泉水汇集,人称绝妙,因而得名妙水寺。

妙水寺南北长100米,东西宽99米,总面积9900平方米。海拔高度为400米。根据清道光《直隶汝州志》记载:"妙水寺在州西北四十里元乙亥建。"至元亥年即至元12年(1275年),距今731年。

妙水寺平面近正方形,主体部分宽30.5米,坐北面南,地势北高南低,依山势而建,有明显的中轴线,讲究统一规化,左右对称,主次陪衬。现存主要古代建筑有天王殿、中佛殿、大雄宝殿、东西廊房等。

天王殿为单檐式硬山式建筑。面阔3间,进深3间,梁架简洁,无斗拱,柱础呈扁鼓状,殿顶覆筒瓦板瓦,正脊为陶质,其表饰以堆塑的花卉图案。

中佛殿位于天王殿之后,建在1.2米高的石砌方台上。面阔3间,进深3间,系单檐硬山式建筑。檐下用一斗二升交口斗拱,四扇六抹格子门。殿顶覆灰筒瓦板瓦,正脊为陶质,间饰堆塑花卉,脊吻齐全。殿内梁架,下用两金柱支承。

大雄宝殿是妙水寺最大的建筑,位于中佛殿之后。殿前有两个方形妙水泉池,殿台高筑,面阔5间,进深口间,系单檐悬山式建筑。檐下施口踩双下昂斗拱16垛,昂首为木雕张嘴龙首,耍头作蚂蚱头状。殿顶为20世纪50年代改换的小青瓦。殿前门窗为四扇六抹槅格形。殿内梁架用材硕大,梁下用金柱4根。该殿规模宏大,古朴壮观,结构严谨。

伽蓝殿和祖师殿的建筑形式与天王殿大同小异。主体建筑两侧各有一跨院,西跨院谓方丈院,有方丈殿5间,伽蓝殿3间,东跨院有祖师殿5间。现存殿堂房舍43间。妙水寺现存最早建筑局部构件为明代中晚期,大部分建筑为清代早期。

### (十五)大觉寺

河南省重点文物保护单位。大觉寺位于伊川县高山镇谷窑村。该寺始建于元朝惠宗至元年间(1335～1340年),曾多次重修。现存大部分建筑为清代遗留,其中轴建筑依次为山门、伽蓝殿、三圣殿、大雄宝殿和厢房等,多为歇山式建筑。山门,为大觉寺的大门,五级石阶之上,一对石狮与门礅连为一体,石狮栩栩如生,左右对峙,门槛为浮雕石刻而成。伽蓝殿面阔3间,是一座清代歇山式建筑,为乾隆年间重修。三圣殿面阔3间,进深6架,重檐飞翘,雄伟庄严。大雄宝殿位于大圣殿之后,是大觉寺最高大的建筑,面阔5间,进深3间,梁起3架,重檐飞角,斗拱雀替,绿瓦倒扣,结构严谨。檐内外下边有佛教图画多幅。这里原供有释迦牟尼、文殊菩萨等泥塑圣像。

从整个建筑布局看,大觉寺主次分明,左右对称,呈现了我国古代建筑的传统风格。殿内壁画清晰,保存完好。寺内有古柏4株、经幢1座。据残碑记载,清代乾(隆)嘉(庆)年间是大觉寺的鼎盛时期。当时的大觉寺包括东西跨院,有房舍200余间,寺内及寺外有古柏数百株,寺地六七百亩,僧侣多达300余名。从碑刻上看,仅圆平、圆钦、圆仲等圆字辈僧人就有80多名。

### (十六)兴佛寺

河南省重点文物保护单位。兴佛寺位于巩义市东北15公里莲花山巅,背靠嵩丘,面邻黄河,山水秀丽,风景宜人。寺址南北长25米,东西宽28.5米,面积为712平方米。据碑文记载:兴佛寺建于明崇祯十年(1637年),后因战乱受破坏,"香火空存"。到清康熙十三年(1674年)又募化修寺,重装金身。康熙五十年(1711年),增建地藏菩萨十王圣殿。

兴佛寺原有山门,十王圣殿、东西庑殿和大雄宝殿等,现仅存大雄宝殿。大雄宝殿东西长11.2米,南北宽8.02米。青砖结构,硬山式,顶有脊饰,前后檐下置雕斗拱和砖瓦檐头出檐。殿内系砖砌圆拱顶,故称"无梁殿",为明代建筑。殿内供三世佛3尊,通高3.1米,中宽1.1米。中间为释迦牟尼,两侧为阿弥陀佛和药师佛,皆结跏趺坐在须弥座上。门两侧及东西两壁罗汉坐像18尊。三世佛通身金装,基座和背光以及18罗汉均彩绘。三世佛后有背光,通高3.3米,上宽下窄,中宽2.8米,以竹、木、铁作骨架,由里向外在其上塑三层图案各异的纹饰:外一周的顶端正中塑一狰狞可畏的魔鬼,两侧至下部塑游龙,中间一周塑莲花和卷草纹,最里边一周塑莲花和火焰纹。全部塑像保存完好,是稀有的艺术珍品。这座古代建筑和塑像,对研究宗教、建筑和艺术具有一定的价值。

大雄殿前左侧,竖有两通清碑:一通是康熙十三年的《重修兴佛寺创建配殿山门功成碑记》,另一通是清康熙十六年的《重建地藏菩萨共十王圣殿告成碑记》。

### (十七)福昌寺

河南省重点文物保护单位。福昌寺位于巩义市城东35公里米河镇高庙村。该寺始建于唐,宋元丰二年(1080年)和明正统六年(1441年)重修。

福昌寺坐北向南,面积4500平方米,原有天王殿、伽蓝殿、祖师殿等,现存山门、前佛殿、东西厢房、厨舍禅房、地藏殿、伽蓝殿、观音殿、藏经楼等51间,除前后殿为歇山式建筑,筒瓦盖顶外,其他均为硬山式建筑,小灰瓦盖顶。后殿尚存诸多宋代瓦构件。

另有明、清碑碣十余通,记载了福昌寺的历史。该寺规模宏大,建筑完好,保留有宋代建筑构件及唐代石刻,对研究佛教及当地历史提供了实物资料,具有较高的历史、文化、艺术价值。

### (十八)香山寺

龙门香山寺

河南省重点文物保护单位。香山寺位于洛阳市南龙门东山南山腰,伊川县彭婆乡草店附近。据《华严经传记》载:该寺在"龙门山阳,伊水之左"。香山寺建于北魏熙平元年(516年)。公元687年,印度来华高僧地婆诃罗(日照)葬于此,为安置其遗身重建佛寺。唐天授元年(690年),武则天称帝后,梁王武三思奏请武则天予以重修,正式命名为"香山寺"。当时的香山寺"危楼切汉,飞阁凌霄,石像七龛,浮图八角"。武则天驾亲游幸,御香寺中石楼坐朝,留下了"香山赋诗夺锦袍"佳话。

唐文宗太和三年(829年),大诗人白居易任河南尹,到唐文宗太和六年(832年),白居易捐资六七十万,重修香山寺,并撰写了《修香山寺记》一文,后又常住寺内,自号"香山居士"。

唐时香山寺为洛中游宴之所,文人学士接踵而来,沈佺期、李颀、孟浩然、李白、韦应物等名家均曾题诗吟咏。白居易还把自己从太和三年(829年)到开成五年(840年)在洛阳12年所写的800首诗,合为10卷,取名《白氏洛中集》,存放于香山寺藏经堂内。白居易晚年,常游此寺,并和寺僧如满结"香火社",和胡杲、郑据、刘真、卢贞、张浑、李元爽、僧如满等结为"香山九老公"。唐会昌六年(846年),白居易病逝旧居洛阳履道里,家人遵嘱将其葬于香山寺北琵琶峰上的如满师塔之侧。

北宋时香山寺依然完好,欧阳修、蔡襄、宋敏求、晁冲之有登游歌咏之诗。金人南侵后,香山寺逐渐荒芜。元代前期,香山寺依然存在。清康熙四十八年(1709年)重建后,是为新香山寺,计正殿3间,白公祠3间。清人汤右曾、汪士鋐撰有《重修香山寺记》文。至清末民初,新香山寺亦已荒圮。现存建筑物多为中华人民共和国成立后修葺和重建。

香山寺是中国与朝鲜人民友谊的历史见证。新罗王之孙,三藏法师玄奘的大弟子文雅(字园测,公元613~696年在世)死后,于万岁通天元年(696年)七月廿五日"燔于龙门香山寺北谷,立塔",这是安葬于龙门的第一位朝鲜高僧。长庆初年(821年),新罗僧使金柱弼偕沙门无染来唐后,曾上香山寺,向如满禅师(曾与白居易结为"香山九老"的佛光寺和尚)问禅法。龙门西山今有《新罗像龛》。这也是古代中朝人民友好往来的例证。

### (十九)登封龙泉寺

河南省重点文物保护单位。龙泉寺位于登封市区西南20公里石道乡龙泉寺村。寺西有清泉一处,水清见底,滚滚翻涌,广方丈,深盈尺,四季常流,遇旱不涸,故称为龙泉,寺也因此得名。从碑文记载可知,该寺为少林寺下院。始建于唐,历代重修。

龙泉寺建于何时?千佛殿后墙青石檐柱和殿内青石金柱上有"明嘉靖九年十一月二十七日建造"的题款。一直以来,都认为龙泉寺建于明代。1991年10月7日,登封县文物保管所业务人员在该寺千佛殿前月台东南角沿下发现垒着一块北朝时期的半截造像碑。因此推测,此寺可能始建于北朝时期。

龙泉寺坐北朝南,原来规模很大,有山门、六祖殿、紧那罗殿、火神殿、老君殿、千佛殿等建筑。龙泉寺院现东西宽39.1米,南北长44米,占地面积1720.4平方米,现仅存中轴线建筑山门、六祖殿和千佛殿。

山门为清代建筑。面阔3间,进深4架椽,单檐硬山式建筑,灰筒板瓦覆顶。正脊两面饰莲花图案,两端置正吻,四条垂脊上饰仙人和龙、凤、狮子等。明间前后辟圆拱券门,前后均装置两扇板门,宽大厚实。两次间前墙各开一个六角形窗。门前为青砖砌筑月台,青石条压沿,东西长106米,南北宽4米。月台前中部为下凹的7级青石踩跺。

六祖殿位于山门后西侧,坐西面东,清代建筑。面阔3间,进深5架椽,单檐硬山式建筑,灰筒板瓦覆顶,出前廊。明间装隔扇门四扇,两次间下为坎墙,上为坎窗。

大成紧那罗王殿位于山门后东侧,坐东面西,与六祖殿相对。1999年复建。面阔3间,进深5架椽,单檐硬山式建筑,小灰瓦覆顶,出前廊。

千佛殿,又名大佛殿,位于寺院最后,坐北面南,因殿内四壁嵌有数百尊砖雕佛像而得名。是龙泉寺的主体建筑。该殿面阔5间,进深3间,单檐悬山式建筑,灰筒板瓦覆顶,绿琉璃瓦剪边。正脊两面饰有莲花、龙、麒麟等浮雕图案。脊两端置大吻,脊中置驮宝瓶脊刹。狮下为基座,座嵌砌在正脊中,前后两面间雕1佛2弟子像。四条垂脊两面饰莲花等装饰图案,央置仙人和走兽,檐下置五彩斗拱,前后檐各12攒,共计24攒。殿内梁架上有

登封龙泉寺

彩绘。明间正面装置板门两扇。两次间各砌一方形窗,左右对称。殿前为砖砌月台,青石条压,东西长14.4米,南北宽8.35米。

整个殿房内施石檐柱16根,其中前后石檐柱各6根,东西石檐柱各2根,砌筑在墙体之内。殿内后金柱4根,亦为四面磨边石柱。前金柱为4根木柱。大部分木柱上都刻有施主姓名和始建年代。此殿内前壁和东、西壁垒有明代佛像砖龛443块,每龛高26厘米,宽20厘米。每龛中置佛1尊,双臂下垂,结跏趺坐于莲座之上。后墙多次修补,佛龛多已无存。石梁架为三梁起架,用梁和短柱重叠装

成,以承托横檩。梁架结构中使用襻间斗拱和驼峰,属于早期建筑做法。

龙泉寺现存有《造像碑》(无记载时间)和明代的《重饰千佛圣像记》《成公禅师碑》《重修龙泉寺方丈记》《重修龙泉寺大佛殿六祖殿暨山门记》《碑记》及民国期间的重修寺院残碑多通。据史料记载,在龙泉寺后半坡上,原有古塔两座(其中1座为唐塔),现仅存塔基。

### (二十)三祖庵和三祖庵塔

三祖庵塔为河南省重点文物保护单位。

#### 1. 三祖庵

三祖庵位于登封市嵩岳寺北2公里的太室山中峰之下,两岭之中的滩地上。殿东尚存金代塔一座。

三祖庵院内原有大殿3间,20世纪"文化大革命"中被扒毁。现建筑为1998年重建,面阔5间,进深4架椽,小式硬山,灰筒板瓦覆顶。现辟为三祖庵塔保护房。三祖庵塔前地上有伏碑一通,为明成化九年(1473年)的《重修三祖庵记》。碑文曰:"隋文帝仁寿三年,三祖僧灿镜智大师远往湘潭而经过少林也。"另有嘉靖二十年(1541年)碑和民国28年(1939年)的碑,皆为《重修三祖庵记》碑,各碑主要记载当时"重修三祖庵"的经过。

庵院有古银杏两株,大者径围2米,高10米,生长旺盛。在银杏树东南约3米处的一块长方形山石上,有一石臼,臼口直径34厘米,深35厘米,底呈锥形。此臼是古代三祖庵僧人加工食物的工具,虽然多年无人使用,但依然能显示出昔日使用的痕迹。据传三祖庵前有白莲庵,今已无。

三祖庵塔东2.3米处,有一砖瓦窑址,窑的顶部已毁,窑深约3米,直径46米,大体呈椭圆形,窑门开向东南方,保存基本完整。三祖庵在明代曾数次重建或大修,清代以后趋向衰落,据记载没有进行过修建工程。此窑可能是明代修建三祖庵时的砖瓦窑场,与古建筑共存一地,更属罕见。此窑场与三祖庵共存至今,其价值弥足珍贵。

#### 2. 三祖庵塔

三祖庵塔位于三祖庵院内。三祖庵砖塔建于金代元光二年(1223年),为四边形七级迭涩密檐式砖塔。塔高10.2米,宽2米。塔最下边为四边形砖砌须弥座,其上为塔身。塔身第一层壁高1.825米,南壁面宽2.1米,东壁进深2.1米,其平面恰是正方形。塔身第一层正面壁半圆拱券门,尚存半平圆形石门楣和立颊,东立颊下部残,地伏已不存。塔门内有长、宽均为8.65米,高1.28米的方形塔心室。塔心室壁体原涂抹有厚3毫米的泥皮,后在泥皮上涂抹厚约2毫米的白灰皮。塔身诸层高度自下而上递减,曲阔逐层收敛。因而塔的外轮廓呈优美的抛物线形。二至五层塔身南壁辟尖拱形门楣的假门。第一层塔檐以八层叠涩砖和四层反叠涩砖砌筑而成,檐下施拔檐砖二层。二至七层塔檐以七至五层叠涩砖和二至七层反叠涩砖构成。且二、三层塔檐也施拔檐砖二层。诸层塔檐叠涩砖层的叠出露明部分,由最下层的35厘米,增至最上层的11厘米,形成出檐深远、檐形优美俊秀的艺术效果。特别值得一提的是,塔心室塔基座及第一层塔身竟使用黄泥浆黏合剂(塔体大多数部位使用白灰浆黏合剂),且局部砖砌灰缝的黄泥黏合剂一触即粉,说明黏合剂强度较低。此塔采用不岔分的垒砌方法,灰缝宽3至5毫米。塔身外壁涂抹有白灰皮。

塔身最上为石雕攒尖形塔刹,塔檐迭出。塔顶仅存一雕刻仰莲瓣的石刹件。塔身前面有塔门,塔门上石额有线雕图案,中刻"临济下第二十五世嗣祖天住兴公之塔",塔额已失。塔的内部中空呈筒子状,出檐深而优美。塔内三壁有彩色绘画,但多已剥落。塔后嵌塔铭一方,题为《嵩山圣竹林寺重修罗汉感应记》。铭文记载金元光二年(1223年)春,登封人郭道宁游此,出资修建此塔。三祖庵塔颇具唐塔建筑风韵,是金塔袭古的典型之作和重要实物例证。由于中原地区金代建筑文物较少,金塔更少,且金塔中内外结构仿唐塔形制仅此一例,故而此塔具有重要的历史、艺术和科学价值。

### (二十一)玄奘寺

玄奘寺位于偃师市南缑氏镇陈河上游的王庄村旁,洛阳至登封公路北侧。该寺南倚嵩山,北傍伊洛,背倚玄奘大师故里凤凰谷,面对太子升仙的缑山,北距玄奘故里4公里处。

玄奘寺原名灵岩寺,俗名"唐僧寺"。相传始建于北魏时期。隋大业年间(605~618年),幼年的玄奘曾多次到该寺聆听佛法。玄奘西天取经回来后,曾回寺看望僧众,被誉为大德、大善之人。唐代人们为颂扬玄奘不辞万难兴佛弘教的大德大善,遂改名"兴善寺"。唐太宗曾赐给寺院土地40顷,敕

偃师玄奘寺

令重修寺院。武周圣历二年(699年)武则天自神都洛阳出发,游嵩山,路过该寺,也曾赐重金修寺,并赐地百顷。明万历年间(1573~1620年)改名"唐僧寺"。1996年中国佛教协会会长赵朴初拜谒唐僧寺,提议更名为"玄奘寺"并亲笔题匾额。

玄奘寺为一坐北朝南的长方形院落。原规模宏大,殿宇壮观,千百年来,几经沧桑,寺院建筑多遭破坏,至民国初年,仅存两座殿堂。前为天王殿,又称下殿,面阔3间,进深1间,正中供弥勒佛,两侧分拱东方持国天王、南方增长天王、西方广目天王、北方多闻天王。后殿为玄奘殿,也称上殿,面阔3间,进深3间,悬出式顶。正中供奉玄奘大师塑像,玄奘身披袈裟,端坐莲台,睿智慈祥。殿内还有释迦牟尼画像、阿弥陀佛雕像、观音菩萨、文殊菩萨、普贤菩萨画像等。

玄奘寺内前后院前存有古碑数十方,分别为万历四十四年(1616年)孟秋《重修唐僧寺碑》,清光绪三十年(1904年)的《修缮唐僧寺碑》《重修唐僧寺伽蓝殿碑》《修唐僧寺神位碑》和近年来《纪念少林寺三十二世第二十九代方丈行政大禅师碑》等。其中,在上殿前地下挖出1通残碑,为碑的右上角,上有"山门、墙垣、柏林、禅房、茶室、开十方院"的记载。另有出土于玄奘墓侧的两块经幢残石,一块为宋乾德四年(966年)遗物,长1米,六棱角形,上镌刻《婆罗密心经》;另一块为太平天国遗物,上刻《冷宫经》。

玄奘寺原有面积21000平方米,现仅有7000平方米。寺院现有山门,大雄宝殿,玉佛阁,钟、鼓楼,佛堂、斋堂和寮房等建筑,多是在1991年后新建。

### (二十二)白云寺

白云寺,原名柏谷坞寺,又名藏梅寺、藏米寺,因黄巢义军"藏米"而著名。位于嵩山之阴的巩义市回郭镇干沟西的偃师市顾县镇回龙湾村。白云寺因背依白云山而名。该寺坐南朝北,背依白云山,面对青龙河,即所谓"青龙之表,白云之麓,有古寺焉"。青龙河源于嵩山少室,由南向北,流入洛河。沿河两岸,形成一带河谷,白云寺就坐落在河谷东岸。

白云寺建于隋开皇元年(581年),属少林寺下院。寺内原有四重建筑,第一重山门殿,内塑四大天王,亦叫天王殿;第二重弥勒殿,内供弥勒佛;第三重为主体建筑大雄殿,内供释迦牟尼佛;第四重三座并列的券洞式的建筑工地,是为菩萨洞。在大雄殿两侧有配殿:左为伽蓝殿、万佛堂;右为六祖殿。另有十八罗汉洞、地藏菩萨洞。大雄殿后边左右两侧各有一院;左供武僧习武,右供僧人居住。旧时香火旺盛,规模宏大,有四层院落,头层为四大天王殿,殿前檐东壁塑有黄巢坐像,金甲武姿,气势不凡。据《巩县志》说,唐代黄巢起义西伐长安时,曾在此驻兵,并挖洞贮粮,今附近还有阅兵台、练兵场、饮马泉等旧名。

明弘治四年(1491年)、嘉靖五年(1526年)、崇祯元年(1628年)都有重修扩建,清代也不断兴修殿堂,开凿佛窟,粉施金桩,田产有近百亩。因年深岁久,战乱兵火,白云寺原有的建筑现大多不复存在,1960年前后,寺院仅存山门、前殿、后殿和佛窟26间,殿内有明清山水人物彩色壁画多幅和石香炉、石供案、碑碣10余件,后又遭人为破坏,寺已面貌全非。其中山门殿、弥勒殿仅存基址。大雄殿为当地群众集资重修,此殿三开间,宽约10米,进深约6米,内塑释迦牟尼及二弟子像。殿前有月台,长约10米,宽约5米。菩萨洞等3座券洞,亦为重修。另在寺后崖壁上残存部分窑洞。另有清代石碑5通,石柱1件。石柱高约5米,直径0.50米,上部刻佛像,下部刻寺院有关史料,已于新中国成立初期运往郑州。

唐代黄巢起义西伐长安时,曾驻兵于此,并挖有不少窑洞用以贮粮。在白云寺山门右方,原有一小庙,内塑黄巢像,黄袍金甲,五绺长须,形象威武。庙工前方30米处有演武厅,500米处有阅兵台,正前方30米处有点将台,500米处是练兵场;左后方1500米处有饮马泉,贮粮窑洞凿在庙后崖壁上。

相传,此地原称白公台,有一白姓老公,长期在此修行,时空中白云一片,状如莲花,三年不散,后白公得道乘白云西去,故将寺院称为白云寺。还相传,黄巢曾隐居此寺,并与寺中高僧藏梅结为密友,在黄巢起义时,因不慎误杀藏梅和尚,遂名藏梅寺以示纪念。

### (二十三)大海寺遗址

大海寺位于荥阳县东索河之阳,创建于北魏孝明帝正光年间(520~525年)。原名代海寺,传说观音北行度人,移居荥阳,从此荥阳护城河开始随海水潮汐涨落,故名代海寺(意思是代替南海),于是代海寺就成为观音菩萨的第二故乡。当时,这座寺院规模宏大,气势磅礴,是嵩山地域规模较大的名刹古寺之一。隋末瓦岗军在大海寺伏击歼灭了隋朝讨捕大使张须陀部,明末农民起义首领高迎祥、李自成在此召开了举世闻名的荥阳大会,使中原各股农民走上了联合。

据传,隋末李渊为荥阳郡守,其子李世民患眼疾,在大海寺拜佛得愈。后来李世民登基后,命尉迟敬德扩建代海寺,大海寺的范围西自城关北台,东至罗桐村,南迄乔楼村,北达苏寨村,面积约100万平方米,规模如海,故名大海寺。

大海寺毁于五代后周灭佛时。1976年,郑州市文物古迹管理部门对该遗址进行了发掘。出土珍宝遗物有北魏造像龛座和唐代坐佛8尊,立佛1尊,唐代菩萨10个,罗汉像3躯,像座1个及宋代立佛、坐佛等,共计42件。现存郑州市博物馆。其中十一面观音菩萨最为奇特别致,艺术价值很高。其中11件造像有题记。这些宝贵的文物,现均收藏在郑州市博物馆。

1994年9月清定上师来荥阳参加郑氏谒祖,在原大海寺遗址处,感应到毁灭的古寺非常遗憾,随即指其弟子智妙(俗名曹云霞)设法重建大海寺,并题字"青云直上"作为鼓励。1997年7

重建的大海寺山门

月,省市有关部门批准重建大海寺。在重建大海寺过程中,四众弟子又敬铸一尊十米多高的滴水观音铜像,端庄秀丽!30米高的清定上师舍利塔壮丽挺拔。如今,重建后的大海寺气势恢宏,别具一格。一派梵音缭绕、佛塔放光的景象。

### (二十四)登封龙潭寺

龙潭寺位于登封市区东北10公里处的太室山东侧龙潭寺村。寺西有水潭9个,俗称"九龙潭",寺因潭得名。《龙潭寺志》载:武后曾偕太平公主游,并吟五言诗一首:"山窗游玉女,洞户对环峰。岩顶翔双凤,潭心倒九龙。酒中浮竹叶,杯上写芙蓉。欲骄山家尝,唯有凤入松。"唐朝著名诗人白居易也写有:"夜上龙潭谁是伴,云随飞益月随杯。明年尚作三川守,此地应偕歌舞来。"

该寺始建于唐高宗年间(650~700年),初为武则天行宫,开元年间改为寺。武则天曾在此兴建九龙圣母殿,规模宏大,金碧辉煌。后历代多有重修。《登封县志》载:"清顺治年间,僧洞然传戒于此,修殿宇,辟土田,嵩山诸寺唯此见兴复。"

龙潭寺原有山门、中佛殿、大雄殿、配殿、僧舍,寺后原有40余座墓塔,是一座雄伟壮丽的深山古刹。现仅存中佛殿及清代重修碑刻4通。中佛殿,面阔3间,硬山式黄琉璃瓦顶大殿,出前檐。正脊两端置大吻,上饰牡丹等浮雕图案。前墙上东、西各镶有石碣一方,为清乾隆四十八年(1783年)重修龙潭寺中佛殿以及水陆六佛殿、山门碑记,上刻施主姓名及捐献银两。据传原大雄殿内有经柜,内藏经本,系宣纸工笔抄录。山门、大殿早已倒塌无存,仅留柱础,础石雕造精致。

### (二十五)卢崖寺

卢崖寺位于登封市区东北7公里太室山东麓悬练峰下。始建于唐,传为唐代高士卢鸿隐居之处,开元年间改为寺。寺分上下卢崖寺。上卢崖寺在山岭之间,峰峦环抱。寺后悬练、鸡鸣二峰之间,有卢崖瀑布泉。下卢崖寺在上寺东南3.5公里许的平坡上。房舍经历次重修,面貌全非。

卢鸿,又名卢鸿一。唐开元六年(718年),唐玄宗召见卢鸿一,拜授谏议大夫。卢鸿一固辞不受,隐居于嵩山悬练峰下一处高崖溪水旁的石洞里。卢鸿一住的崖洞叫洞元室,自号"宁极"。玄宗为他所住的洞室溪水东岸赐建草堂一处,人称卢鸿草堂,人称草堂所临的高崖为卢崖。卢鸿一博学多才,琴棋书画,无所不精。结交高僧名道,研文究理,聚徒讲学,兴盛时从学者达500人。李白曾写诗《口号赠征君卢鸿》：

> 陶令辞彭泽，梁鸿入会稽。我寻高士传，君与古人齐。
> 云卧留丹壑，天书降紫泥。不知杨伯起，早晚向关西！

卢鸿一死后，草堂为佛教占据，叫卢崖上寺，将草堂南3里处卢鸿一讲学之处名为卢崖下寺。后人为纪念卢鸿一在寺东建有浩然祠，金饰塑像。今上寺已废，仅存寺旁巨石雕刻的"卢鸿草堂"四字，上下款已剥蚀不清。溪旁崖上的"宁极"洞元室依然如故。

下卢崖寺何时建造不详。旧志载，唐开元年后改寺，历代均有重修。原有山门3间，山门上镶嵌石额1方，上书"卢崖寺"，下款有"道光丙戌年三月十一日"，据此可知清末重修过。据当地百姓反映：卢崖寺为4进院落。此寺原有山门，内有四大天王像；后有中佛殿3间，内有释迦牟尼佛像1尊；再后有千佛殿3间，正中供佛像1尊；东西山墙和前墙上面，嵌有佛像砖1000块。砖呈长方形，长35厘米，宽20厘米，每砖造佛像一尊。名佛像砖，是卢崖寺特有的佛教艺术珍品。后院是常住院，分东西客庭，中间有食堂、仓房、磨房。原有和尚10余人。新中国成立后，房舍倒塌，经当地村民翻修，改为学校。

现仅存清代建筑山门3间，硬山灰瓦顶，有脊饰，其余建筑已无存或改建。西院有明嘉靖四年（1525年）八棱石幢1通，高70厘米，直径30厘米，上刻游龙、莲花、菊花宝瓶等，幢盖周围雕有云勾和飞天等。院中有娑罗树一株，银杏数株，绿染胜地，其趣无穷。

### （二十六）香峪寺

香峪寺位于新密市尖山乡西部。因寺后有一花草芳香的香峪山，故而得名。该寺自北向南，有上、中、下三个寺院，即上香峪寺、中香峪寺、下香峪寺。上香峪寺建于唐天宝七年（748年），中香峪寺建于宋开宝元年（968年），下香峪寺建于宋开宝三年（970年）。规模宏大，气势壮观。特别是上峪香寺，依山傍水，苍松翠柏，泉水潺潺，清幽宜人。过去多有善男信女到此寄托心愿，今日成为游客观光的好去处。寺内现存唐宋碑刻数块，庙宇数间。其中，中香峪寺位于密县城西北20里处的方山。山势崔巍深窅，旭日朝升，山色晃耀，翠碧丹砂，灿烂如锦。入山口行五六里乃至寺，虎跑泉在其右，潺湲湲流，亦胜地也，览胜者多游观焉。

### （二十七）灵山寺

灵山寺位于巩义市区西北约20公里康店镇裴峪村南山脚下。始建于明万历四十一年（1613年）。原有前明殿、菩萨殿和弥陀阁、广生殿、钟鼓楼等。清顺治年间屡有增修。现仅存菩萨殿、东厢房等10余间。

灵山寺山门坐落在砖砌拱桥上。菩萨殿是本寺的中心殿宇，又称"十三老母殿"，为一座砖石砌的悬山式无木建筑，这是明清晚期较为常见的一种建筑形式。该殿建制3间，屋顶覆盖红、绿、黄和乳白色琉璃瓦。屋脊、大吻和博风板，都是彩色琉璃烧制的，上面分别饰倒鱼、海马、莲、鹤、牡丹、凤凰以及卷草等图案。前檐下饰琉璃斗拱，上昂为龙头，下昂仿拟宋代批竹；拱眼壁上饰鹤闹莲、凤凰、牡丹、云龙和龛佛等。殿内顶部为圆拱形，后壁砌3座大神龛。其建筑形式古朴大方，坚固耐用，给后世无木建筑开创了良好范例。

灵山寺内金石遗物，有清乾隆十二年（1747年）铁钟一口，重千余斤。另有清代重修碑碣十余座。

1997年重修无梁殿时，在殿脊发现一厌胜碑，碑制完好，字迹清晰，且在碑内藏宝珠两颗。碑系青砖磨制而成,通高22厘米,宽9.8厘米,厚4.2厘米。碑首、碑身、碑座一体。碑阳刻有"碑记"和七言四句:"四福落中原,创立古灵山,参透西来意,步步踹金莲"。碑阴刻有记年"万历四十四年夏月吉日修造完工"和"随记宝珠两颗"记事。此碑的发现,不仅确认了灵山寺的建造年代,而且为研究嵩山地域古代建筑制度提供了宝贵资料。

### (二十八)杜康寺

杜康寺坐落于禹州市梁北镇杜康寺村北部,三峰山东一处龙山文化遗址的高地之上。关于该寺有三种说法:其一是"少康秫酒"(少康即杜康);其二是曹魏时期魏王府造酒的作坊;其三是西晋以后杜姓大夫在这里居住,曾有杜氏八将军碑。据碑刻载,隋大业二年(606年)御赐为"灵感院"。时存"灵感院"石刻门额。

杜康寺内存有隋代、清代不同历史时期的珍贵碑刻多件。现存建筑多为清代重修,由山门、过庭、东西廊房、大殿组成。建筑物上嵌有杜康造酒、刘伶醉酒砖雕构件,内墙绘有古代造酒工艺的彩色壁画。始创年代无考,是《水经注》记载的钧台、钧台陂、摩陂地望。

禹州市文物管理处藏有杜氏八棱石刻佛造像碑一通,约一百个佛教人物,有大(东)魏武定八年(550年)文字记载。

### (二十九)莲花寺

莲花寺,又名嵩莲宫,位于少室山南麓大仙沟之南。四山环抱,地势高爽,密林蔽日,环境清幽。寺建于民国16年(1927年)十月。原有庭院三进,房舍近百间,后倒塌废毁。1999年由信徒筹资重建。现有面积7000平方米,房舍20余间。

莲花寺原山门建筑别致,结构复杂,刻饰华丽,石刻横额"竹林化原",两边分刻"云城""仙乡",对联"三教九流同归大道,千崖万壑合成奇观"。门前新建两亭,亭内竖立新修寺院石碑一通。山门内为南阳殿,两边配殿东为菩萨殿,西为万佛殿,正殿为观音殿。二进院正殿为安阳宫,配殿东为地藏殿,西为白衣殿。三进院正殿为老母殿,两边各有配殿。

莲花寺

### (三十)兴福寺

兴福寺位于洛阳市东南约32公里,偃师市市区西南高龙乡高崖村,坐北朝南。原寺院规模恢弘,碑石林立,古林参天,并有"五虎把门""玉石铺地""鲤鱼跳梁""东梁西柱"等所谓兴福寺"八景"。因年代久远,战乱兵火,古兴福寺胜景已不见。"文化大革命"中,寺内仅存的几尊佛像又被毁弃,山门也被拆去,如今唯存一座大殿。

大殿面南,东西长11.3米,南北宽9.1米。歇山式顶,一正脊,四垂脊,四戗脊,主脊两端为巨大的云朵接龙吻,垂脊、戗脊饰有各类小兽,下垂末端饰有造型奇特的兽头,大小龙头均口含火珠,生动

有致。大殿内部的柱、梁结构十分复杂。四根柱子支撑着大梁和二梁,柱子周径1.41米,高7.35米,大梁周径2.1米,长9.2米。梁、檩、椽皆绘图案,线条流畅,色彩素雅。尤其是梁柱结构极为奇特,东边大梁,横越南北,再竖小柱,支撑二梁,西边有一柱直通二梁,大梁被柱分成两节,刻榫依附于柱上。这种东为通梁,西为通柱的结构,颇为少见,在经历了数百年后仍然完好如初,显示了古代匠师的高超技艺。

史料记载,明正德四年(1509年)、清康熙三十七年(1698年)、清康熙五十年(1711年)曾对该寺进行了3次重修,民国15年(1926年)曾对该寺进行1次补修。

### (三十一)禹州龙潭寺

禹州龙潭寺位于禹州市花石乡侯楼村。禹州龙潭寺也叫下龙潭寺,是宋朝以来佛教活动的场所。始建于宋,明清多次修葺。寺坐北朝南,现存有大殿、地藏殿、西厢房、山门等。寺内建筑均为单檐硬山式小青瓦顶,是典型的四合院建筑物。所有古建筑均为硬山式建筑,砖、石、木混合结构,脊饰龙首吻,寺内现存有清康熙二十八年(1689年)、五十四年(1715年)、清乾隆四十七年(1782年)三通石碑、刻字匾和宋代陀罗泥石幢一件。这些古建筑的存在对研究我国古代建筑,特别是宋、明、清时期的建筑科学技术及禹州西山区水文变化、民族文化等具有较高的价值。

禹州龙潭寺形制虽小,但清幽非他景点可比。寺前有一天然涌泉。因不断上涌珍珠似的气泡,故又有称其为珍珠泉。泉水恒温,含多种矿物质。当地称可治多种疾病。该泉常年溪流潺潺,寒冬雾气腾腾,炎夏清冽甘甜。泉水涌出成潭,人称龙潭。寺因潭而得名。

### (三十二)伊川净土寺

伊川净土寺位于嵩山伊川县白元乡水牛沟村东北角。该寺建于唐贞观年间。净土寺位于一高崖之上,依山而建,坐北朝南,得居高临下之形势。根据近年从伊川净土寺出土的明代嘉靖十一年(1532年)立的《净土禅寺记》碑刻、嘉靖二十一年(1542年)立的《伊阳净土梵宇佛像记并颂》碑刻等记载,伊川净土寺创自唐□□□历乎宋沿乎金元。明《伊阳县志》记载,唐贞观年间重修。原净土寺从前至后分四层,呈梯状,依次为山门、天王殿、中佛殿、金刚殿、后大殿等建筑和浮屠3座,面积约6000平方米。1958年,金刚殿、中佛殿、先王殿、天王殿先后被拆毁。1966年2月,水牛沟群众对大殿进行重修,并刻碑记载。今存大殿5间,西藏厢房3间。大殿的内墙上,残存着依稀可辨的壁画,梁檩上蟠附着烫金龙凤等。大殿屋檐下,铺有隋代的阴阳太极鱼图案板砖。

### (三十三)华严寺

华严寺位于嵩山西南麓、登封市区西20公里水磨湾北沟。始建于唐,后历代有重修。前有山门,内塑四大天王像。后有正殿3间,内塑佛像。西偏院3间,内塑观音、六祖诸佛像。院内有古柏树。寺后有四棱七级古塔。寺院有土窑四五孔,因年久失修,已成废墟。现有石碑5通,大石磨1扇,俱存水磨湾村。其中道光三年(1823年)的石碑,文字清晰,其余4通,上截仅显"重修、功德"等字。

据当地老农说,华严寺为少林寺下院,少林僧众曾利用寺前河水设置一水磨磨面,往少林寺运送。每年华严寺僧人过节,在河里洗面筋,洗出的白面水,东流数十里到大金店。

### (三十四)古圣寺

古圣寺位于偃师市牙庄村西沟口对面的半山坡上(人们念转了嘴都叫古成寺),站在寺院的对面山头向西望去,犹如一只展翅欲飞的凤凰,寺院就坐落在她的头部。再向东看,九座山头犹如九条卧龙,隔山环头相望,因此,得名九龙朝凤。相传,古圣寺原建筑规模很大,殿堂宏伟壮观,虽然到新中国成立前夕,前面的山门和东、北两边的围墙已经坍塌,山门两侧的一对石狮子也掉到沟壕被土掩埋了,但主要殿堂尚存完整。古圣寺从建成到现在,屡次遭受破坏,寺内造像、桌椅均被砸毁,所剩杂物也被哄抢一空,就连寺中的碑碣,殿堂上的大小基石,全被拆光,古圣寺被夷为平地。古圣寺在当时香火很旺,据说神灵非常灵验,每月逢初一、十五和农历节日,总有很多善男信女到古圣寺烧香拜佛。

### (三十五)圣水寺

圣水寺位于新密市白寨镇杨树冈村圣水峪,始建于北魏后期,与"天中三林"(即:少林寺、竹林寺、洞林寺)齐名。盛于唐,繁荣于明、清时代,当时寺内僧众达百人之众。寺前的千古名泉——圣水峪泉系贾鲁河源。《密县县志》载:圣母庙在邑正北,圣水峪上井中之水一日三潮,潮来则水溢井平,潮退水消井半。郑州市的生活用水及工业用水在20世纪70年代前,全由该泉供给,当时的水流量为8米/秒。抗战时期,圣水寺曾为密东中共党组织的秘密活动场所,皮定均司令员曾在该寺驻扎,寺内爱国僧人为中国革命作出积极贡献。每年的二月初二和九月初九圣水寺都有庙会,舞龙、耍狮子、旱船、腰鼓、盘鼓等民间文艺和地方大戏为庙会增色助兴。

### (三十六)马鸣寺

马鸣寺位于登封市大冶镇区西北7公里的马岭山最高处。《水经注》载:去山为岭。上有寺,圆砌平顶若浮图之底盂者曰马鸣寺。疑马岭讹马鸣也。然佛家盖有"马鸣龙树"之说,西天十二祖,马鸣大士波罗奈国人,偈曰"隐显即本法,明暗元不二,今付悟了法,非聚变非离"。又《摩诃摩耶经》云:正法衰微600岁,96种诸外道等邪见竞兴,破灭佛法。有一比丘曰马鸣,善说法,要降服一些诸外道,有一比丘700岁,名曰龙树。马鸣当是周显王时,龙树当是秦始皇时。《五灯会元》载:"马鸣寺大士亦名功胜。又曰马鸣者,北天竺国饿七匹马,至于六日请比丘说法,以浮流草与之,马垂念听法,无念食想,于是内外沙门,乃知非恒,以马解其音,故号马鸣。因马饮以祀马鸣大士,缁流附会之常耳。"

《登封县志》(明嘉靖八年本)载:"马鸣寺建于金大定十四年(1174年)。"寺内原有佛殿一座,外似殿形内为砖洞,正中塑佛祖像,两侧各列3尊石佛。佛殿东隅,建有十二老母殿3间,在东南建紧那罗殿3间,殿内雕梁画栋,金碧辉煌,一片盛景。两侧有厢房3间,以供食客之用,每年二月初九和暑伏二日为寺会,香客络绎不绝。

佛祖殿正南20米处,有平顶塔一座,高20余米,转(周长)10余米,上细下粗,中圆外方八角,塔底直径7.1米,顶直径5.2米,青砖砌成,中空可登高望远,以供游人观景或盘坐畅饮。寺内原有清代重修碑记,不知毁于何时。寺内碑、塔皆在20世纪"文革"初期破"四旧"时被拆毁。1994年,当地民间重修了该寺,增塑了老君、三皇姑、药王神像,恢复了往日的香火。

### (三十七)广通寺

广通寺,全名广通禅寺,位于禹州市书院前街东段路北,原丹山书院东侧。

广通寺初建于明代弘治年间(1488~1505年),是明英宗朱祁镇的第九子、徽王朱见沛奉敕修建。正是由于该寺是奉旨建造,所以寺院规模、建筑规格和建材质地等等都非常讲究。山门前有碑林、石狮和高达丈余的观音菩萨雕像。寺院内殿宇鳞次栉比,布局严整,三进院落。殿内存大量的壁画、石

刻。少林寺著名住持悟万禅师曾兼任广通寺住持。悟万圆寂后,继任的小山禅师曾来广通寺讲佛经。明王朝灭亡后,广通寺失去了皇族的支持而变以社会的普通寺院,但它在清代的数百年间,仍不失为禹州重要佛刹之一,佛事香火仍能久盛不衰,一直坚持到民国。

### (三十八)回龙寺

回龙寺位于禹州市东关路北侧,坐西向东,背依古城,面临颍河。清道光《禹州志》载,回龙寺"创建无考,明季毁,清顺治年间(1644～1661年)重修"。

回龙寺在20世纪的20年代尚完整存在,由山门和前后两进庙院构成。后大殿是该寺的主殿,殿内供奉着高达1.6丈的大悲佛像,佛像铜质,是禹州当时庙宇中最大的铜造佛像之一。该寺的后院和前殿是僧众们进行佛事活动的主要场所,但是它的前院却是两家祠堂占据着主要位置。一处为清代著名书法家沈荃建造,另一处是明代李梦阳的生祠。

20世纪的20年代,冯玉祥督豫期间,由于大力推行所谓"捣毁神像运动",大部分庙宇都受到了不同程度的冲击,回龙寺也未能幸免。僧众被迫还俗。据说,大悲佛铜像被一些乱军掠至兵工厂中造了枪炮。至20世纪40年代后期,寺内的建筑物均已破败不堪。目前,该寺唯有前殿尚存,而且由信徒新塑佛像三尊,其他原有殿宇等已不存。

### (三九)河阴兴国寺

河阴兴国寺位于荥阳市广武乡大师姑村西北。该寺坐北朝南,创建于北宋太平兴国三年(978年),明、清时重修。河阴兴国寺,原名"河阴县兴国寺",又称大师姑兴国寺。现存山门、大雄宝殿。大殿面阔3间,硬山灰瓦顶,系近年重修。寺内现存唐代经幢、清碑5通及石佛2尊。

### (四十)荥阳龙泉寺

荥阳龙泉寺位于荥阳市城关镇北周村西。始建于后梁贞明六年(920年),历代重修。现存建筑有清代歇山顶大殿1座,面阔3间,进深1间,寺后有后梁功德碑1通。龙泉寺是宝地,水土资源好,龙泉的水能病,此水富含人体必需的氨基酸,有益人的身体健康。龙泉寺的土壤好,种的水稻加工的稻米,煮熟后能立起来。每年的正月初七龙泉寺庙会,当时庙会上有卖当地的各种名吃,有商品交易活动,有大型的文艺表演。

### (四十一)观音堂

观音堂,又名小南海,位于汝州市大峪乡东南5公里紫云山腰。这里山势险峻,植被茂密,在一形似太师椅的山凹内,千年古刹观音堂,倚一天然山洞而建。观音堂为佛教胜地,始建于唐,盛于明清,当时有庙宇房屋一百余间,和尚300余人,20世纪"文化大革命"中大部被毁。经恢复现有房屋20余间。堂前有株千年平顶柏,树粗需要二人合抱,高2丈有余。庙宇紧靠悬崖依势而建。崖下有数个石窟,胳膊粗的清泉从石隆隆流出,终年不断。院子周围有明清时期的石碑30多通,各种书法引人入胜。观音堂西坡一穴洞内有一肉身菩萨,是该堂方丈释仁贵1953年农历二月二日圆寂之后所留。20世纪"文化大革命"时期被人推翻,后来宗教界整理成"包骨像",为众多人所参观。

### (四十二)助泉寺

助泉寺位于新密市西18公里牛店乡助泉寺村。元至正十五年(1355年)创建。坐北面南,面积

1800平方米。依地势而建,分两进院。现存建筑有山门、二门殿、大殿、后殿及东西厢房等。山门、二门殿各3间。大殿面宽3间,进深3间,前有卷棚3间。后殿3间,中脊及东西房山饰砖雕龙、鱼及卷草花卉等图案,十分精致。还有东厢房3间,西厢房6间,均硬山灰顶。寺内有明、清重修石碑4通。

### (四十三)周固寺

周固寺位于荥阳市城关镇周固村南。周固寺始建年代无考,明、清时重修,占地面积3500平方米。该寺坐北朝南,现有建筑,中轴线上依次为山门、大雄宝殿、大殿。两厢建筑有钟鼓楼和东西厢房,均为硬山灰瓦顶。寺内现存清康熙年间碑刻1通。

### (四十四)皇觉寺

皇觉寺位于伊川县城关镇洛栾公路西边的郭寨村。据《洛阳县志》所载,该寺始建于唐朝开元十年(722年),因系皇家寺院而得名,为龙门十大寺院之一。原寺规模宏大,后屡遭损毁,寺内现存伽蓝殿和西廊房。伽蓝殿依山傍势,坐北向南,阔3丈,进深2丈,殿内3间有壁画。该殿顶为硬山式,砖木结构,青砖青瓦,单坡尖顶,五脊六兽。西厢房已被改造。

殿前有一直径1米余的砖砌古井,水清且浅,人称水甘无垢,远近闻名。据说,1900年慈禧太后携光绪皇帝出逃西安,回京时路经洛阳,游龙门,曾派人专程到该井汲水饮用。当地民间相传,皇觉寺曾是明太祖朱元璋的出家地。在他登基为皇帝之后,由原先一个破烂没有门的小寺庙一夜之间而名扬天下,地位尊贵,无比显赫。

### (四十五)南泉寺

南泉寺位于新密市东南苟堂乡南泉寺村大鸿山下。寺院坐南面北,创建年代无考。明、清两代均有修葺。现存建筑有殿房和僧房楼各1座。殿房面阔3间,进深1间,硬山式建筑,前檐出廊,灰板瓦顶。僧房位于殿房左侧,为两层楼房,面阔3间,进深1间,高约9米,硬山式,灰板瓦顶。寺内现存石刻坐佛3尊,皆白玉石质。结跏坐于方形座上,其中2尊头部残失。另有康熙五十八年(1719年)刻立的"重修南泉寺□殿并金妆神像碑记"。

### (四十六)光林寺

光林寺位于新密市白寨乡白寨村东南1公里。该寺创建于北魏孝文帝延兴(472～476年)年间,明万历四十六年(1618年)、清乾隆十七年(1752年)重修,面积2500平方米。现存山门、伽蓝殿、三官殿及配殿等。寺内有明、清重修碑记7通。

### (四十七)广惠庵

广惠庵位于登封市西北与偃师市交界处的轩辕关西口。因山高水缺,僧人云堂、孙清保先后在此建一茶庵,以济往来商旅。广惠庵创建于清康熙初年,原有山门、大佛殿、三佛阁,殿后有楼,殿右有僧尼住房。清康熙四十三年(1704年)重修,登封进士焦钦宠撰文立碑。乾隆十九年(1754年)重修,并金妆佛像。为方便行人用水,清康熙年间,登封邑绅耿介开溥济池于大殿前以蓄水。登封知县王又旦又开共济池。雍正十三年(1735年)登封知县施奕簪还在夏、冬季节,捐茶水、姜汤,以济行人。1961年,大殿被毁,今仅存僧尼住房3间。另存石碑3通,石碣一方。

### (四十八)平定寺

平定寺位于巩义市城南20公里桃园镇寺里坪村。该寺始建于清代,坐北向南,面积2000平方米。现存山门、大殿、东西厢房已改建。其中大殿阔3间,为砖券无梁殿,小青瓦顶,有花脊,檐下施砖雕斗拱。殿内有3个砖龛,供三世佛。其余建筑皆为硬山。

## 二、寺外塔

本节主要介绍散存于嵩山地域的寺院之外或寺院已毁的古塔,它们不仅是当地的文物、名胜,而且有着重要的文物考古价值,如凤台寺塔、千尺塔、法海寺石塔等。

### (一)法行寺塔

全国重点文物保护单位。法行寺塔位于汝州市内东北隅的塔寺街,原法行寺院旧址上。建筑时代为唐至宋代。

汝州法行寺塔

法行寺塔最具观赏价值的是其塔身上下风格迥然之处,该塔下方为四方形,上为八角形,塔通高30米,外形略呈抛物线形。塔坐落于长宽各6.8米、高0.68米的方形基座上。坐北朝南,高约30米,塔体为砖筑,底层平面呈方形,上为九层八角形迭涩密檐,每层均有一半拱形小佛龛,顶部在砖刹座上立宝珠形铜刹,上铸"顺治十年十月七日立"铭文。塔身南壁辟半圆拱券门,门内设方形塔心室,可达第二层,室顶用迭涩砖砌筑,造型奇特。方形塔身的壁面砖虽经多次维修抽换,外型仍保留有唐代初建时风格。但从整体造型上看,塔上部的八角九层迭涩密檐出檐不深,叠涩砖层弧度较小,当为宋时所改建,八、九层和塔刹系清初重修。

该塔敬有三皇姑。传说上古时期,汝州有蛟龙作祟,上天派三皇姑下界捉蛟,用铁链把蛟龙锁了起来,并挖一深井,囚于其中,井口上压一巨石,锁链系于石上,在上边建宝塔一座镇压,使其永远不得出世,此塔就是法行寺塔,法行寺塔即是传说中的"镇妖塔"。法行寺也因有此塔而俗称塔寺庙,寺前街道也取名叫塔寺街。法行寺塔在一座砖塔上表现出不同时代的风格,为研究我国古代砖塔的发展变化提供了实物资料。

### (二)凤台寺塔

全国重点文物保护单位。凤台寺塔位于新郑市南关双洎河(洧水)南岸凤台寺旧址上。此塔坐西向东,为六角九级叠涩密檐式砖塔。

该塔通高19.1米,无基座。整个塔身一般用长39厘米、宽19厘米、厚5.5厘米和长40厘米、宽

19厘米、厚6厘米的青灰条砖一顺一丁垒砌而成。外壁全用水磨砖、白灰浆砌筑，灰缝约0.4厘米。塔身自第一层向上宽度逐渐内收，每层高度均匀递减。塔身外形略呈抛物线形状。

塔的第一层东壁有一拱形券门，门高187厘米，宽81厘米。上有青石半圆门楣，门楣下塞垫木板，上槛和两立颊均为石质。两立颊下部各浮雕有高38厘米的力士像。立颊正面与侧面有阴刻题记，立颊下面为石质地貌。经过154厘米甬道，进入六角形塔心室，室壁高201厘米，稍有收分。各转角处无施倚柱，而是直接在壁体上用两层平顺砖砌出普柏坊，高13厘米。在普柏坊上各转角处砌出砖质六铺作三抄偷心造的转角铺作一朵，通高73厘米。在其栌斗两侧伸出泥道拱，拱之两端置散斗，再上承托泥道慢拱，泥道慢拱两端亦置散斗，承托第二道慢拱，再上承托柱头坊。栌斗向外出三跳，均为出华拱偷心，在第三跳华拱上置齐心斗，承托砖制撩檐枋。斗拱之上用十一层叠涩砖砌出六角攒尖的藻井，通高75厘米。

新郑凤台寺塔

第二层南面辟半圆拱券门。北面和西面辟假券门，其他各面无门。在其外壁上砌出拔檐砖一层，其上砌叠涩砖十层，檐之上部砌反叠涩砖六层。第三层至第八层，出檐结构与一、二层基本相同。唯檐下叠涩砖层由第三层至九层逐层向上递减为四层，且每层相间三面砌出圆券假门。第九层无门亦无拔檐砖，仅在外壁上砌出叠涩砖三层。九层之上置塔刹，但大部分已毁，现仅存有砖制刹座。塔身每层外檐翼角处，均有残存的木质角梁或木角梁朽毁后的砖洞。推想原来角梁下悬有风铎，但现今已全部无存。进入第二层圆券门，经过长157厘米的甬道，导入第二层六角形塔心室。室壁呈直筒状，在室壁上凹砌脚蹬，可蹬至第八层。第八层上部南北向铺一长方形石板，板心凿一圆洞，可能用于穿插刹柱。

塔身之下，用青灰条砖砌出高178厘米、直径484厘米的基台。台下筑有地宫。塔基地宫作六角形，门道向东，地宫建筑结构与塔身部分的塔心室基本相同，但增加了实榻石门和壁画部分。地宫壁厚40厘米。室内地坪用长38.3厘米、宽18厘米、厚6厘米的条砖铺墁。各转角处，均用立砖砌出小八角形倚柱，高152厘米，直径15厘米，倚柱上承托用两层平卧顺砖砌成的普柏坊，高15厘米，无施阑额。在普柏坊上各转角处置砖五铺作双抄斗拱一朵。各朵斗拱的栌斗用两块条砖斫制而成。泥道拱两端置散斗，承托柱头坊，柱头坊上无隐刻泥道慢拱。交互斗正面伸出华拱，蚂蚱头形的华拱上置齐心斗。替木以上，砌出平砖二层，再上斜砌叠涩砖八层，形成六角攒尖顶。地宫东壁上辟半圆形拱券门，门内甬道地坪低于墓室地面，甬道东端安装石门，石门以外，为双层斜立的封门砖。地宫内壁面均用白灰涂抹，其上用黑、红、黄三色绘出花卉、飞禽、人物。南壁、西壁绘力士，北侧、南侧各绘一武士。因年久地宫积水，部分彩绘已经模糊不清。此地宫已封填保护。

新郑县旧志记载，凤台寺建于宋大观三年（1190年）。而塔门楣上刻有"太原温考□谒朝假以元丰年四年七月十二迁葬祖父母、父母于县西南七□里耿村九龙之原"字样，则凤台寺和塔应建于元丰四年（1081年）以前，距今近千年。

### (三)石窟寺唐塔

石窟寺唐塔于1982年随同石窟寺公布为全国重点文物保护单位。位于巩义市南河渡镇寺湾村石窟寺第一窟窟顶白虎崖上。该塔系唐代单层亭阁式方塔,坐北朝南,砖木结构、青砖错砌,黄土泥色缝。塔身通高5.3米,塔基高1.5米,平面呈方形,边长2.7米。塔顶呈盝顶形,四角挑檐。塔身南面筑拱券小门,门高1.4米,宽0.7米,其上有1方窗。塔身南面有一小门,从小门进入可攀上塔顶。1995年国家文物局拨款修复。

### (四)法海寺石塔

河南省重点文物保护单位。法海寺石塔位于新密市老城西街法海寺内旧址。法海寺始建于北宋咸平二年(999年),建成于咸平四年(1001年),寺名为宋真宗所赐。"法代表佛教的经藏,是经藏的海洋,这里取名法海,取意法海慈航,捷足登岸,深入经藏,智慧如海。海乃无穷之意。"元末法海寺毁于兵火,唯塔独存。明、清两代屡有修葺,现仅存山门和大殿。

法海寺石塔

法海寺石塔高13.08米,共9级,塔基平面呈方形,外檐7级,为"单层多檐式"。除塔门、栏杆与塔顶等处汉白玉装饰外,余皆以青石雕砌而成,所以又称"玉石塔"。石塔由基台、仰覆形基座、塔身与塔刹等部分组成。塔身下部正面设方门,内为八角形塔心室。方门由门额、门簪、地栿、立颊及门贴组成。塔身上端为捺檐枋、椽子、飞子和龙头垂脊、瓦陇等构成的第一层塔檐。二层塔壁正侧各雕券门,二层塔檐的脊上直接承出白玉石单勾栏一周。塔身二至五层结构基本相同,各面均有圆形券门,再上不施门窗。各层塔身尺度有明显收分。形成刚劲有力的轮廓线。塔檐四周略有翘起,具有明显的北方建筑特色。塔刹由山峦卷云形刹座和九重相轮、伞盖、仰莲及宝珠等构成,其高与上四层塔身相等,尤其是刹座用活泼的山云造型代替常用的大覆体。同时为保持高大塔刹的稳定,自宝盖以上塔檐的四角,以铁镍相牵。塔身四周壁上,自上而下,从基到顶,镌刻宋代文学家秦少游书写的《妙法莲花经》7万言。塔心室平面为八角形。室内有半圆形五棱白玉石座,内壁雕刻佛教经传故事。宋代张哲撰写有《法海寺石塔记》。

1966年,"文化大革命"时法海寺塔被拆除,现存残石137块,莲花经残石拓片133张,经文3万余字,线刻佛画像17种,三彩琉璃方塔3座,三彩琉璃舍利匣1个,瓷舍利盒2个,银舍利盒2个,还有玻璃器具、铜佛像、铜钱等。

法海寺石塔在建筑结构、外部造型、艺术装饰等方面都独具特色,是研究我国造塔史的重要资料。

### (五)卧佛寺塔

河南省重点文物保护单位。卧佛寺塔位于新郑市西关外卧佛寺的旧址上。卧佛寺创建于隋开皇十年(590年),唐咸通二年(861年)敕赐兴福院。明洪武元年(1368年)因筑室得铜卧佛,遂更此名。明成化元年(1465年)僧圆亮于寺内建筑选择佛场前创建此塔。19世纪40年代,寺为日本侵华军炸毁，惟塔独存。

卧佛寺塔为七级八角楼阁式砖塔，通高18.56米，底座周长14.08米，用小青砖和白灰砌筑而成。

第一层八角处各砌有半圆形砖柱，基座束腰有砖雕仰莲1朵，上有凹槽形砖带环绕1周。砖带之上每面承砖砌斗拱3组。叠涩外出，呈屋檐状。檐角各置兽头，兽头下伸出木椽，椽头挂有铁环悬铃。第一层南侧设有拱形塔门，门额上方砌有砖雕莲花4朵。门额、门框、门槛均用青石条砌成。第二、三、四、五、六层各面均有砖券门，券门虚实相间。西面嵌有《摩诃般若波罗密心经》刻石，上刻有佛经、造塔时间和工匠的名字。第二层至第四层，各面均有砖券门，券门虚实相间。第五、六两层隔面有券门。第七层无券门。该塔各层的结构相同，由下向上宽度逐级内收，高度逐级缩小。塔顶置一火焰宝珠式铁制塔刹。第一层塔室内藻井被破坏，以上塔室内壁上留有露头砖作攀梯。可以从一层南门进入，攀登至第六层。可登至第六层，从四面券门向外眺望：西面宽阔的双洎河缓缓流来，绿柳成荫，南面有风台寺遥遥相对，东面是新郑县城，北面是郑韩故城。

新郑卧佛寺塔

卧佛寺塔第一层西壁嵌有长0.9米、宽0.56米的青石塔铭，上刻"成化元年四月初八发心舍资比丘圆亮创建"诸字。

### （六）荆王石塔

荆王石塔为东西两座方形七级叠涩式石塔，位于新郑市西北28公里小乔乡荆王村东。原有两座石塔，造型、高度、层数相同。东西相距15米，东边1座在"文革"中被扒毁，现仅存西边的一座荆王石塔。

荆王石塔为四角七级密檐式青石塔。塔体呈方柱形，通高3.25米，底层边长0.55米。南面凿有长38厘米、宽29厘米、深20厘米的长方形佛龛。佛龛左右及门额刻有人物浮雕与塔铭，正面与两侧面线刻人物画4幅。铭文字迹因年久风化，已不可辨认。塔身自底部向上各层高度、边长逐级减少而内收，形制相同。塔刹系直径30厘米的青石莲花宝顶。

东塔现存第一、六、七级及塔刹部分残石。第一级有塔铭及供养画像，现藏河南博物院。

荆王石塔的建造年代为唐开元、天宝之际。双塔的线刻画，反映了盛唐绘画用线达到了炉火纯青的程度，在石刻线画中堪称珍品，具有很高的艺术价值。

### （七）奎光塔

奎光塔位于汝州市风穴寺塔林之外，与桂香庵遥遥相望。奎光塔在寺院东南一个孤立的状元峰上，为清初雍正年间所建砖塔。塔身为六角形，三级，高10米。该塔还有一妙处，就是每当金乌欲坠，夜幕将临之时，晚霞辐射，塔刹内映出一团火光，犹如红灯高悬，故谓之"奎光塔"。

### (八)汝妙塔

汝妙塔位于少林寺法缘塔南左,建于清康熙五十六年(1717年)孟秋,为四边形三级砖塔。塔高约4米,塔身前有正书额文,后无塔铭。汝妙,字通玄,为法缘之徒。塔为其徒性忍、孙海潭和曾孙即理所建。

### (九)玉峰和尚塔

玉峰和尚塔位于新密市区北15公里袁庄乡槐阴寺村北部。明正德九年(1514年)建。为八角三级柱形青石塔,由2节柱形体组成,下有八角形塔座。通高2.04米,塔铭为"圆寂亲教玉林公玉峰和尚灵塔记"。

### (十)智公和尚塔

智公和尚塔位于新密市超化镇河西村。1975年河南省博物馆与密县文化馆清理。仅有塔基。塔基和塔身下半部被深埋,方形。残高1.42米。塔身南壁嵌塔铭。铭高0.64米,宽0.46米,上部细线刻一坐佛,佛下为楷书铭文。塔基下为墓室,无殉葬器物。据铭文记载该塔是金大定十六年(1176年)智公和尚塔。铭文中部用印度中古的悉昙字母写的经句,这在河南省塔铭中尚属首次发现。同时,北宋初至元明之际,火葬非常盛行,但智公和尚却入棺土葬,这对研究金代寺僧制有重要的参考价值。该塔基因修建铁路,已拆除。

智公和尚塔

### (十一)清林寺石塔

清林寺石塔位于新郑市城西北30公里西乔村原清林寺废址旁。塔高3米,青石制成,宝盒式方形塔座每边长1.7米。塔身由两石合成四方体,塔面两节,下中刻5滴水檐,由下向上垒起伸出。上部四坡,四角向外张挑,如飞鸟张翼。塔顶刻莲花盆,盆上刻一宝珠。塔下南面刻一高0.5米的佛龛,龛门两侧各刻一武士。上部和其他三面刻《佛顶尊胜陀罗尼经》铭。据塔铭载此塔为净业和尚墓塔,于唐天宝十年(751年)四月建造,到大历十年(775年)死并葬于此。该塔"文革"时毁无存。

### (十二)孙窑石塔

孙窑石塔位于偃师寇店乡孙窑村西。建于唐神龙二年(709年)。方形五层石塔,高2.88米。每面雕佛和菩萨。

### (十三)少林寺周边散塔

少林寺除设专有的少林寺塔林外,在其寺院的周边立有不少的散塔,这些散塔与寺院、塔林、庵院等建筑,使嵩山少林寺的佛教氛围更加浓郁。

1. 同光禅师塔

河南省重点文物保护单位。同光禅师塔位于少林寺常住院东墙外40米处,建于唐代宗大历六年(771年)六月,为四边形单檐亭阁式砖塔。塔用水磨砖与黄泥砌成,塔身粗大,边长3.3米,塔高9.93米。塔下部有很矮的须弥座,束腰部分有壸门牙子。基座上为塔身,南面辟半圆形券门,单券无跌。门高1.87米,宽1.22米。券内有石雕门楣、门额、地栿及立颊等,均饰有精美的线刻图案。以门楣正面的线刻舞乐图最为生动。门楣下刻凤凰、狮豹,门框两侧各刻一武士和门狮。图上方刻2飞天,正中刻2个立于华丽地毯上翩翩起舞的神像,另有乐器伴奏者9人,手持不同的古典乐器,分别坐在两边。其余各面分别雕刻金刚、狮子和麒麟等图案,在门框抹角边棱上也饰以花卉图案。塔身背面嵌有正书《唐少林寺同光禅师塔铭并序》塔铭,铭文为登封知县所撰,大德和尚灵迅所书。此塔由同光禅师的弟子、寺主僧惟济和上座昙则、道真、真观、法琳等出资,为"造塔博士宋玉"主建。

塔室内为方形素壁。塔身之上为迭涩檐。塔外沿饰以砖雕莲花瓦当和板瓦;其下雕图案,为深朱红色。塔檐上部,为砖砌的束腰刹座及山花装饰,最上部的塔刹,由五层雕有图案的圆形石组成,最上为圆形宝珠。从整体上看,塔檐以上部分比塔身、塔基高出1.2米,但从实物看,各部分比例和谐优美,全塔造型庄重大方,工艺精良,雕刻技法高超,总体设计十分成功。

同光禅师(699~770年),唐代著名禅师。少年出家,学于五祖弘忍,唐大历五年(770年)卒。

2. 法如禅师塔

法如禅师塔位于登封市西北12公里少林寺东约900米处的塔沟,建于唐武则天永昌元年(689年),是少林寺地区现存较早的重要古塔之一。该塔坐北面南,坐落在一个简单的高台之上。塔为四边形单层单檐式砖塔,边长南北7.2米,东西6米,高6.4米。塔下部有简单的基座,上为塔身,南面辟有单券门,券门内嵌石制门楣、立颊和地栿等。门楣刻篆书"释迦佛塔"四字,两侧有精美的线刻"飞天"图案,门已失。

少林寺法如禅师塔

该塔的塔刹十分别致,下层为方形,角雕四个挑兽,其上为四级圆形相轮,最上为雕刻精致的顶尖。远远望去,塔刹犹如一个小宝塔。塔下有室,塔室为方形,室内有《唐中岳沙门释法如禅师行状》碑1通,隶书字体,碑文记述了法如禅师的生平事迹,这是禅宗高僧在少林寺最早留下的遗迹。碑顶有一高浮雕佛龛,内雕有一佛二菩萨像。塔身上有造型优美的早期砖塔叠涩砖檐,表现出早期砖塔拨檐的特点。檐上方为方形塔顶,最上为石雕的宝刹,由宝珠、仰月、水烟、宝盖和三重相轮、绶花及须弥座组成,是嵩山唐塔中石刹保存较为完整的。

法如禅师塔是研究少林寺历史和禅宗门派的重要实物资料。法如禅师是我国佛教禅宗第六代弟子之一,为唐代禅宗北宗领袖,与神秀、慧能同被尊为禅宗六祖。五祖弘忍以后,南北分宗,法如与神秀被北宗同尊为禅宗六祖。此塔铭中称"忍传如",当是可靠的文献资料。1975年文物部门对塔基进行石砌加固,并维修了塔刹。该塔由于门楣有"释迦佛塔"字样,故亦称"释迦佛塔"。

### 3. 萧光师塔

萧光师塔位于嵩山五乳峰下登封市少林寺西北约 1.5 公里的半山坡上。建于唐天宝九年(750年)。

萧光师塔为六边形单檐式石塔,塔每边长 0.7 米,高 4.4 米,整座塔用规整磨光的块状青石砌成。塔基为青石砌成的六边形石台。塔身前有塔门,门已失,门框四周有线刻花纹。门上有塔额,上有行书"萧光师塔"四字,在此四字右下方,有宋元丰己未年(1079 年)游人题写的"法昌、□隐同登至此,元丰己未仲春"的字样。塔内中空,室顶叠涩上收,顶部有石雕的莲花藻井。塔刹为雕刻精美的六边形挑角石。萧光师塔造型独特,少林寺地区这种形态的石塔,仅此一例。萧光,唐少林寺名僧,为梁武帝后嗣。

### 4. 释迦佛塔

释迦佛塔位于登封市少林寺西院内西北双层砖台上,与旁边的弥勒佛塔相邻。

建于北宋元祐二年(1087 年),为方形两级檐楼阁式砖塔。塔高约 8.4 米,塔底边长 4.05 米,宽 3.08 米。南面辟券门,其上下两层均有塔门和塔室,上室已空,下室有青石雕刻的高 1.73 米的释迦佛像一尊。第一层塔檐下施四铺作单假昂斗拱,第二层塔檐叠涩出,顶部分层上收,上置石刹。在塔西壁嵌有长 0.75 米、宽 0.36 米的塔铭,铭文为宋代少林寺寺主广庆撰并书。据塔铭载,塔室内的释迦佛雕像是经唐代的"会昌灭法"而幸存下来的,灭法时颈项手部均有损坏。故此石像至迟雕于晚唐之前。该塔是宋代少林寺为安顿石雕佛像而由寺主广庆主持建造的。

### 5. 法华钧大德塔

法华钧大德塔位于登封市少林寺院东墙外约 100 米处,与同光塔隔沟相望。此塔建于五代后唐同光四年(926 年)三月,为嵩山地域惟一一座五代塔,是河南省仅存的两座五代塔之一。塔为四边形单檐式砖塔,有唐代风格,但又有所不同。塔高 5 米,塔基须弥座硕大,塔顶有五层雕刻精美的石刻砌成,下四层为刻有图案的圆形石,最上为一单葫芦状塔尖。塔身前有塔门,已失。塔后有正书《大唐嵩山少林寺故寺主法华钧大德塔铭并序》铭文。塔上部和塔基砖风化严重。法华钧,名行钧,14 岁出家于嵩山会善寺,旦暮研习《法华经》,人称法华钧。唐末出任少林住持。圆寂于五代后唐同光三年。为唐代大德高僧之一。塔为其弟子、寺主弘泰及弘谷、弘绪、弘幽等所建。造塔工匠为建塔博士郝温。

少林寺法华钧大德塔

### 6. 二祖庵无名塔

登封二祖庵后面的密林中保存有一座唐代残塔,因塔铭已失,称之为二祖庵唐无名塔。该塔残存一级,高约六米,方形砖塔,南面开券门,内有塔室。现存塔身上部还有叠檐,观其外形,应为类似法王寺塔那样的方形密檐塔,可惜上部已失。券门上方有部分残存石铭,尚可辨出万岁登封元年、皇帝皇嗣造等字样。万岁登封是武则天的年号,从公元695年12月到公元696年3月,仅仅使用了4个月。

### 7. 弥勒佛塔

弥勒佛塔位于登封市少林寺常住院的西院内,"释迦佛塔"东侧台阶下。建于北宋元祐二年(1087年),为一座四边形十级密檐式弥勒佛砖塔。塔高11.5米,首层南侧开门,十级塔檐均叠涩出,顶部石刹。塔下有塔室,塔门上横额刻行书"下生弥勒佛塔",两侧对联为行书:"共诸众生,明正达本。"塔室内原供弥勒佛像,后失。今室内有后人塑的弥勒佛像一尊。塔的首层西侧塔壁上嵌有宽0.76米、高0.32米的塔铭,铭文为少林寺寺主广庆撰并书。据塔铭知,此塔是由广庆于元祐二年(1087年)主持建造的。

### 8. 初祖庵面壁之塔

初祖庵面壁之塔始建于北宋宣和四年(1122年),建成于靖康元年(1126年),已无存。面壁之塔石额现存于少林寺碑廊。

面壁之塔石额高1.05米,宽1.10米,右刻"太师鲁公京书",中为"面壁之塔"4字,左边落款为"宣和壬寅八月资政殿学士河南尹范致虚立石",其下为"住持嗣祖赐紫佛灯大师惠初句当"。1974年,在初祖庵大殿与达摩洞之间的塔基内,发现了1件舍利石函,确定了面壁恭听具体位置当在此。舍利石函由函和盖组成,平面近方形,长74厘米,宽66.5厘米,通高59厘米。函盖呈盝顶形,上部线刻蟠龙戏珠图案,下面刻楷书题记,落款为"靖康元年岁次丙午四月佛生日题记石匠王成赵辨画匠郭祥"等字样。石函周围均为长方形画框,线刻佛教人物画像。画幅中心处绘1花瓶或香炉,两侧各线刻2人。前、左、右三面皆线刻2神王、1侍者和1女供养人,后面线刻2护法神王和2侍者。画面上的护法神脸庞肥硕,衣着讲究,女供养人眉清目秀,而侍者则貌丑衣陋,形象地表现出人物的身份和等级差别。人物的刻画,线条繁缛而不失协调,简括夸张而不失准确,体现了北宋人物画谨严写实、丰盈多变的艺术风格。

初祖庵面壁之塔的形状及湮没年代未查到相关资料。

### 10. 初祖庵风水塔

登封初祖庵上行约一公里,山坡上有座小型石塔,无铭记,建造年代不详,景区的导游图上称其为风水塔。这是一座单层石塔,高约3米,宽1米余,以大块条石砌成,南面开门,内有塔室。下部是很矮的束腰须弥座,上部仅叠涩出两层檐,塔顶逐渐上收,无刹。塔身无铭,无装饰图案。从外观看有唐宋风格。称其为初祖庵风水塔只是因为地理位置上与初祖庵较近,此塔未必与初祖庵有联系。

### 11. 二祖庵缘公庵主之塔

缘公庵主之塔位于二祖庵门前的山沟里,建于元代泰定元年(1324年)。该塔为六角形砖塔,仅存一级,残高约五米,底部须弥座,上部叠瑟出檐,塔身上现存两块石铭,大部分字迹尚清晰,根据铭文记载,缘公原为二祖庵住持,圆寂于元至治二年(1322年)六月,建塔于元泰定元年(1324年)四月。

### 12. 东公和尚塔

东公和尚塔位于登封市少林寺院千佛殿东,为喇叭形小石塔。塔已缺损,残塔高0.89米,铭文已不可识,具体建年已不可查考。考其形制,应为金塔。此塔20世纪80年代末被毁。

### 13. □□塔

□□塔位于登封市少林寺千佛殿东北,为四角形小石塔。塔已损,残塔高0.95米,额铭已不可识,具体建年已不可查考。考其形制,应为金塔。此塔20世纪80年代末被毁。

### 14. 无言道公寿寓塔

无言道公寿寓塔位于登封市少林寺溪南南园后的半山坡上,建于明天启四年(1624年)。无言道公寿寓塔为喇叭形砖塔,高4.8米。坐北朝南,朝向少林寺方向。底部方形须弥座,塔身为锥体,其上为三级环状密檐相轮,最上为雕刻精美的葫芦状塔尖。该塔为砖加白灰砌成,外粉白灰,从外观上看如白塔,故称"小白塔",塔表白灰多已剥落。塔身北面有正书额文"钦依少林寺传曹洞正宗第二十六代嗣祖沙门永化堂上本师大和尚无言道公寿寓,天启四年孟月吉日徒圆会建"。塔身背面石铭是道公谱系表,表中共列出五代66人,有徒弟"圆"字辈僧圆善、圆林等8人,徒孙"通"字辈僧通相、通德等13人,重孙"行"字辈僧行海、行洪等19人,曾孙"超"字辈僧超永、超忠等19人,玄孙"明"字辈僧明东、明庆等7人。道公,名正道,字无言,号雪居,为少林寺著名禅师和钦命住持,住持少林寺长达31年。塔为其徒圆会所建。道公塔虽不太大,但造形别致。

### 15. 少林寺三藏主静庵公之塔

少林寺三藏主静庵公之塔位于登封市少林寺西南小金沟口一侧山坡上,地势险要。建于明天启八年(1628年),塔高约8米,为方形五级实心砖塔,各层叠涩出檐,顶部石刹。三藏主静庵公之塔为其法弟洪福等所建。该塔于20世纪70年代上部倒塌,2000年重新恢复。有塔基、塔刹及塔铭。该塔首层有高0.3米、长0.38米的塔额一方,额文刻《少林寺三藏主常静庵主之塔》,下刻造塔时间为"明天启八年"。

明熹宗的天启年号只用了7年,没有天启八年,猜测可能是建塔时更改年号的信息尚未传达到这里,此塔的建造年代应为1628年,即崇祯元年。

### 16. 法缘大和尚寿塔

法缘大和尚寿塔位于登封市少林寺常住院以西,甘露台以北约500米处的山坡上。建于清康熙二十七年(1688年)七月。

法缘大和尚寿塔为四边形三级叠涩式实心砖塔。塔高4.7米。顶部石刹,首层南侧有石铭,已严重风化,字尚能识,上书"法缘大和尚寿塔""登封县正堂王老□施塔一座""康熙二十七年七月徒如妙"等文字。法缘大和尚寿塔为登封知县王又旦施钱,由僧会司净乾、净升及其徒汝妙所建。法缘大和尚塔保存有塔基、塔刹及塔铭。

### 17. 汝妙先师塔

汝妙先师塔位于河南登封少林寺常住院以西,甘露台以北的山坡上,紧邻法缘大和尚塔,建于清康熙五十六年(1717年)。塔高约五米,三级方形叠涩式砖塔,顶部有石刹,首层南侧有石铭"清故先师讳汝妙字通玄建立寿塔一座""康熙五十六年岁次丁酉孟秋上浣吉旦立石"。此塔主人"汝妙"与法缘大和尚塔的建塔徒弟"如妙"应为同一人,二人师徒关系。汝妙先师塔保存有塔基、塔刹及塔铭。

**18. 山东清源傅律普渡林上太尊浮图**

山东清源傅律普渡林上太尊浮图位于登封市少林寺李沟。建于清代,六角形三级楼阁式琉璃砖塔,高4.5米。塔基须弥座有佛像一周,塔檐下施斗拱,各面辟门窗。有塔刹和塔铭。

法缘大和尚塔(左)和汝妙先师塔

**19. 登封善公和尚塔**

登封善公和尚塔位于初祖庵南山。清代建筑。方形三层叠式砖塔,高4米。有塔基、塔刹及塔铭。

## 三、其他寺

嵩山地域除佛寺以外,还建有郑州清真寺、天宁万寿寺、迎恩寺等。

### (一)郑州清真寺

全国重点文物保护单位。郑州清真寺,又名北大寺,位于郑州市管城回族区清真寺街北端,是以我国传统的建筑形式建成的伊斯兰教礼拜寺院。据寺内乾隆二十六年(1761年)的碑文记载:"由明以迄大清数百年,掌教者有三师",可知明代已有该寺。清乾隆十九年(1754年)和四十七年(1782年)两次重修。郑州清真寺是我国多民族和睦相处的见证。为了更好地贯彻党的民族政策,政府于1982~1983年拨款,由河南省古代建筑保护研究建筑所重新整修。

寺院坐西向东,现存大门、望月楼、拜殿等,均为清代中叶以后建筑,有浓厚的伊斯兰教建筑色彩。大门,面阔3间,进深3间,单檐歇山顶,建筑面积为69.1平方米。房顶以灰筒瓦覆盖,脊上浮雕莲花,戗脊前端置以云盘,檐下施一斗二升加麻叶头斗拱。明间用石柱4根,为小八角形,周围用木柱,中间为木制通柱2根,两柱前后有高达1米的抱鼓石两对。原有实榻大门3合,分别设在正脊下方的中柱两侧。门前有月台21.4平方米,台前有垂带式踏跺四级。

望月楼,又名唤醒楼,是伊斯兰教寺院中特有的建筑,为阿訇观看月亮出没、宣读经书、斋戒时日之用。平面正方形,重檐歇山阁式,建筑面积为49平方米。整个瓦顶及山面饰有黄绿二色的琉璃瓦花纹和悬鱼。脊上雕饰的莲花有的刚露出水面,结成了花蕾,有的含苞待放,有的已结出了莲蓬,婷婷玉立。下檐用一斗二升加麻叶头斗拱,上檐置单昂三彩斗拱,转角用重昂把臂厢拱。月楼周围用石柱12根,其中10根为小八角形,2根为四方形。前4根用汉文刻对联两副,后4根用阿拉伯文刻对联两副,中间用木通柱4根。中槛上方持"正教昌明"大匾一块,为光绪二十一年(1895年)钦命会办台湾

郑州清真寺

军务头品顶戴尚书、福建水师提督、世袭云骑斐陵阿马图鲁杨歧珍敬献。望月楼小巧玲珑,从造型、结构、艺术等方面看,皆为此寺之精华。

大拜殿,为该寺主体建筑。面阔5间,进深4间相连,有硬山式卷棚、前殿、后殿和庑殿式后窑4座,不同形式的建筑组合一处,称为勾连搭式。建筑面积432平方米。殿顶用琉璃和灰筒板瓦,脊上均为浮雕花草纹饰。卷棚用4根石柱,为小八角形,上刻阿拉伯文对联。装有深红色十字格心门12扇,殿内有光绪年间所置阿拉伯文横匾一块。拜殿前两侧是讲堂、配房、沐浴室等。

郑州清真寺内现有明代铜香炉两个:大香炉重20公斤,底部铸有"明宣德五年监制"字样;小香炉重4公斤。另有清代石碣2方、碑14通、匾2块,民国时期碑3通。

郑州清真寺内有古槐2株,其中一株古槐高30余米,树主干周长3.5米,树龄已500年,枝叶繁茂。两株古侧柏均高20余米,一株树龄405年,一株367年,郁郁葱葱,使古寺愈加清幽雅静。

## (二)天宁万寿寺

河南省重点文物保护单位。天宁万寿寺位于禹州市城内古钧台街西段。该寺创建于北魏时期,金代末年曾遭到战争的严重破坏,后来到了元世祖忽必烈大德三年(1299年),社会趋于稳定,由当时的僧众对该寺进行了大规模的重修与局部的重建工程。明代洪武十五年(1382年),朱元璋御赐给该寺的僧正崇威符验一道,在永乐洪熙年间(1403~1525年),又先后受到皇帝颁赐的敕书各一道。据史书记载,当时寺内除了供奉存放皇帝御赐的符验和敕书外,还存有宋仁宗皇帝赐给该寺的御书"天竺唵斛咀啰"字偈。由此可以看出天宁万寿寺在当时全国诸多佛寺中显赫的地位和影响力。

天宁万寿寺到明代弘治嘉靖年间和清道光年间都有大的重修,现尚存山门和大殿两座建筑。带有宋代和元代风格,有重要的文物价值。

现存山门是一幢具有宋式风格的建筑。现在看到的是明代重修后的遗迹。山门南向,面阔3间,进深5米,歇山式,顶覆灰瓦,前后门额上嵌有明弘治和嘉靖年间重修题记。

大殿面阔3间,进深3间,平面呈方形,南向,单檐歇山式,顶覆灰色筒板瓦,檐下斗拱为四铺作单下昂,内转四铺作单杪,斗幽明显。足材蚂蚱头,补间铺作为方形。部分昂嘴为三角形,表现出明代早期特点。部分昂嘴为三角形,稍厚,表现出明代早期特点。前檐明间补间铺作二朵,次间和后檐、侧檐补间铺作各一朵。殿内梁架采用栿梁之做法,大部分梁件为弯曲的自然材。殿内采用减柱造,仅用两根后金柱。采用金柱、斗柱、梁栿相垒的结构方法。大殿做法与结构仍保存有元代风格和特点,但整体结构是明代重修时期的遗物。有重要的文物价值。寺内还有明清碑刻,记述寺院历史和维修情况。

据文献记载,民国初期,禹州匪患频频发生,天宁万寿寺香火衰废,僧众也纷纷他去。尽管当时该寺仅存山门和大殿两幢明代建筑物,而且又因年久失修而破败不堪,但它作为我国历史上著名的佛寺之一,仍受到国内外佛学界的关注。1988年9月,日本"中国佛教史迹访中参观团"一行数十位佛学界人士专程参访了禹州天宁万寿寺旧址。

### (三)迎恩寺

迎恩寺位于洛阳市老城东关大街东北角,今为洛阳市第一高中所在地。俗名东大寺,始建于明熹宗天启四年(1624年),是明代封在洛阳的福王朱常洵为其生母郑贵妃"抒因心之忠孝"而建的。寺取名"迎恩",是福王借庇于佛,称其母"心之善可因也;心可因,故恩可迎也"。当年的迎恩寺不仅建筑富丽堂皇,环境也十分优雅。据文献记载"寺院内古柏葱蔚,花草奇异,清幽之致,别是一天"。

到了清朝,迎恩寺成为"当今皇帝万岁万岁万万岁"的龙牌置放处。所有文武朝臣、地方官吏,凡经洛阳,均到迎恩寺拜谒龙牌,迎恩寺成为皇帝虚跸洛阳的象征。道光二十二年(1842年)三月,林则徐被充军新疆伊犁时途经洛阳,曾到迎恩寺拜龙牌,并与迎恩寺和尚香海上人有往来书赠。

迎恩寺规模宏大、金碧辉煌。占地面积120亩,山门前50米处有一座歇山式建筑的高台戏楼。原寺院五进院落。初进为金刚殿3楹;再进为天王殿3楹,东西翼有钟鼓楼;三进为正殿3楹,供如来佛,东伽蓝、西祖师殿各2楹;又进为延寿殿5楹,禅堂分峙左右;最后为藏经楼五楹,两旁配楼18楹,敕颁大世故经贮于此;稍西为地藏与十王殿3楹;又西侧僧舍18楹。后垣内有假山1座。

清代末期,迎恩寺严重失修,并逐渐倾圮。抗战期间,日本侵略军轰炸洛阳,将残存殿堂炸毁。解放前夕,国民党驻军在此修筑工事,致使残留的古建筑荡然无存。新中国成立后,迎恩寺旧址上仅存碑记两通、大础石及石雕品多件。1954年辟为洛阳一高校址。

### (四)禹州清真寺

禹州清真寺位于禹州市南大街路西,至迟创建于明嘉靖十五年(1536年),寺址北侧的两条东西街,为元代屯田军士驻地。由此推之,该寺草创时间或许会更早。至明嘉靖十五年建成正殿三间和窑殿、望月楼、门楼等建筑。清康熙五十五年(1716年)重建山门,清乾隆四十八年(1783年)创建卷棚旁庑,清道光十二年(1832年)增建水房。至清光绪三十二年(1906年)重修正殿,使寺院规模基本固定。

卷棚前沿石柱刻有对联一副:

圣德难名　就日瞻云咸虎拜

天恩普被　黄童白叟共山呼

卷棚两侧尚存有清代石碑数通。老山门上有"清真寺"石额一方,题款有"大清康熙五十五年三月重建"字样。老山门北侧嵌有"义学"石匾一方,是寺办义学的物证。

1986年,禹州城区南大街扩建,山门后移重建。由宗教管理部门拨款和回民捐助,建成七间坐底、上下三层的新山门。后又将三间大殿扩为五间坐底,上下共十间。并有南北讲堂六间,男女水房四间。另有北跨院数间。

## 四、其他塔

嵩山地域自佛教传入后,佛塔的建筑形式引发了古人丰富的想象力,一些与佛教文化思想不相关的塔也拔地而起,如文峰塔、寿塔与其他有关纪念或作为景观之类的塔(如新密的杨岭塔)就属于此种类型。一般来说,文峰塔,是以倡导文学之风而建造的塔。由于建此塔的初衷是期盼借此而大开地方文运,所以不论是塔体表面的额枋图案或是石匾额的题字内容,均具有非常浓郁的文化气氛和内涵,有着非常鲜明的特点和个性。寿塔是为祝祷长寿之塔,即生前为自己所预设之塔碑。又称寿藏、寿陵。通例于塔上刻字填朱,与其他之墓碑有所区别。初行于佛教人士,后被引用到与佛教并不相关的人士。如,《后汉书·光武帝纪》有"建武二十六年初设寿陵"之记载。同书列传第五十四赵岐条:"岐为太常,年九十余,建安六年卒。先自为寿藏,图季札、子产、晏婴、叔向四像居宾位,又自画其像居主位,皆为赞颂。"由此可知,汉朝已有寿塔之设置。

### (一)千尺塔

全国重点文物保护单位。千尺塔,又名曹皇姑塔,为圣寿寺建筑之一。位于荥阳市贾峪乡西南大周山巅。因此塔建于大周山之巅,从山脚下至塔顶千尺有余,故称千尺塔。

荥阳千尺塔

千尺塔建于北宋仁宗年间(1023~1063年),坐北朝南,平面呈六角形,为七级密檐式砖塔。1989年维修前,塔刹基本无存,通高只剩12.981米,维修后通高为15米,塔身直径5米,青砖砌成。每层均在南面辟一拱券门。第一层门高2米,宽1.13米。以上每层塔门逐渐缩小。塔檐部为七层叠涩砖和五层反叠涩砖砌筑,除上部二级外,全砌出象征性平座。第一层塔身每边宽2.72米,周长16.32米。塔每层的宽度和高度由下而上逐层收敛,最顶呈六角形攒尖状。第一层置塔心室,底面为六角形,室内直径2.35米,上部转角处置一斗二升斗拱,用立砖反叠涩收成穹隆,第二至第四层与塔心室相通,第五至第七层均为实心。另外,该塔整个塔身檐部均用叠涩、反叠涩排水处理及翼角起翘的做法,采用了类似中国古代木构建筑屋面曲线处理的手法,不仅增强了塔身的曲线美,而且更重要的是塔檐的流水在下泄时产生向外的冲击力,使水流离塔身更远,对减轻水害、增加塔的寿命起着重要作用。同时,塔檐叠涩、反叠涩的技术处理,使人在仰视时产生翼角起翘的效果,塔檐的技术处理和艺术造型达到和谐统一,堪称匠心独运。

千尺塔周围现有明嘉靖、万历和清顺治、康熙、乾隆等年间所立寺院重修碑记。其中一通明嘉靖二十年(1547年)的石碑最早。该碑文中有如下记载:"定光……身虽逝矣,骨骸尚在,此塔记之所以立也。宋时尝开拓矣。我朝成化以前尤备……"由此判断,千尺塔应是为纪念定光和尚所建。塔周围有砖石垒砌的寨墙,依山势起伏而建。在寨墙的东、南、北三面辟拱形券门,其中东、南门均为镶嵌石刻匾额,上书"钺佛寨"3个大字,为清咸丰年间(1851~1861年)刻石。

千尺塔建筑于自然地表之上,历经近千年,经过20余次地震,至今仍基本完好,对研究中国古代砖构建筑技术的高超水平具有重要的价值。

### (二)洛阳文峰塔

河南省重点文物保护单位。洛阳文峰塔位于洛阳市老城区东南隅东和巷东头。该塔始建于宋。元明两代历经修葺,明末毁于兵火,清初又在原址上重修至今。虽距今300多年的风雨侵蚀,保存基本完好,是洛阳老城一座具有标志性的古建筑。

文峰塔主要由塔基、塔身和塔刹三部分组成。文峰塔为砖石结构,青石基座,通体用大青砖砌成。塔身平面呈四方形,基面宽7米,依次递减,最高层3米见方。塔有9层,高30米。一至八层各向北开一弧形拱门,第九层四面开门。塔内原设木板楼梯,可盘旋而上。塔名文峰,与其供奉文昌帝君和魁星有关。该塔是为祭奉文昌、文魁二星而建,此二星又是主宰功名禄位的神,在洛阳广大百姓心中有着十分重要的地位。另外从洛阳的地理位置来看,此塔古时在军事上起到了一定的作用。

洛阳文峰塔

### (三)柏山文峰塔

河南省重点文物保护单位。柏山文峰塔又称白沙塔,位于禹州市城南5公里的梁北镇大白庄村的柏山之巅,最高海拔176米。此塔为清乾隆九年(1744年)知州郡大业所创建。取意为三峰山状若笔架,柿园山状若砚台,山下原野,平铺如纸,柏山砖塔,状如笔管。此文房四宝,罗列州境,可望禹州文风兴盛,人才辈出。

柏山文峰塔为五层八角形楼阁式砖拱塔,建在一个高6米、周长62.2米的圆形塔台之上。这个圆形塔台用杂石砌筑,自台底依次向上收分,形成覆盆状。在塔台上面的中央位置用整块条石,分三层平砌成八角束腰形的塔座,于塔座上用砖砌筑整座塔体。塔由下而上采用层层收分的做法筑成。塔顶采用叠涩攒尖的方法收结,塔刹为宝葫芦形生铁铸造。

塔体的第一层每面宽为2.6米。第一层两门对开,南门为盲洞,在向北的一面(即面向城区的一面)建有一个高2.03米的圆券洞门,门额上刻有"文峰耸翠"4个大字,这里是出入塔的唯一通口。自第一层塔心室起,用青石板的叠涩砖砌筑成螺旋上升式的梯道,经由各层塔心室,可登至第五层。每层塔心室均为八角形,其中第一、三、五层塔心室的顶部为素面,第二、四两层塔心室的顶部施有彩绘,绘制有颜色鲜艳的各类图案和藻井。塔身的外表从第二层至第五层,每层都砌有4个券顶门洞和4个八角形盲窗,每层均以砖砌出楼阁屋檐和斗拱。斗拱下面除有象征性的柱头外,还用砖分别制作成平板枋、额枋和花牙子雀替装饰。额枋的表面上分别浮雕文字、动物、花卉等,在第一、三、五层的额枋表面是各种动物的花卉图案,第二、四层的额枋表面是雕成4字组合的祝愿文运高升的吉祥语,比如"笔峰巍巍"等。此塔从第一至四层,仅面向北的券门上侧的石匾额上进行题刻,分别是"凌云耸翠""云汉昭回""光照钧台""秀耸钧天"。在第五层的4个券门上侧都嵌有刻字石额,内容分别是"文峰蔚起""起凤腾蛟""汉霄腾辉""天阁文运"等。从第一层的北门入塔,可拾级登至第二层。但四边无窗,只能摸黑而上。其余各层,南北均有窗洞。对照窗口之墙壁上,嵌入黄色琉璃砖佛像。从顶层北眺,禹州市区,尽收眼底。南望则见村树如烟,田野无际。每年农历九月初九登高节,文人雅士接踵而至,作诗吟唱,几多惬意。

柏山文峰塔的建造在地方志书中记载颇简,但据传建此塔的主因是,禹州在明代时期文风颇盛,读书人参加京试取得进士及第者大有人在,甚至还出现一家同母兄弟3名进士者,可是进入清初至乾隆时期百年间,禹州竟无一人进士及第,于是由时任禹州的戴延梅倡议,绅民呼应在这座颇具秀气的柏山之巅建造了这座文峰塔,以倡文学之风。由于建此塔的初衷是期盼借此而大开地方文运,所以不论是塔体表面的额枋图案或是石匾额的题字内容,均具有非常浓郁的文化气氛和内涵,有着非常鲜明的特点和个性,这为同类塔中所仅有。

柏山文峰塔

### (四) 屏峰塔

河南省重点文物保护单位。新密屏峰塔位于新密市区北青屏山上。又名文峰塔。清朝顺治十年(1653年),由密县知县李鹏鸣创建,后倒塌。清咸丰元年(1851年)知县张廷玺、王绥林重建。该塔为四边形九级密檐式砖塔。塔高9层,高19.045米。塔身为青砖垒砌,每层有六角形密檐涩层,微向外展出。塔基为青石建造,正方形,边长3.5米,高0.9米。有塔心室。塔顶有铁铸宝葫芦形塔刹。塔身第一、二层之间的西南面有塔铭,书"屏峰塔"3个楷书大字和建造年月。

### (五) 杨岭塔

杨岭塔位于新密市区西南6公里平陌乡的杨岭上。因塔建在杨岭,故名。清嘉庆十四年(1809年)三月,知县杨泰起建。杨岭塔坐北朝南,为密檐式7层砖砌方塔。塔高约15米。基座为青石垒砌,高0.8米,边长3.3米。塔刹为青石凿造。塔身第六层中空,东西设圆券形门相通。塔南第二层有塔铭,书:"三峰鼎峙透,青霄水带山,环佳气绕维,岳嵩高垂

新密屏峰塔

阴。清嘉庆十四年次己巳三月三日立。"

### (六) 连公山主寿塔

连公山主寿塔位于新密市城南7公里超化镇河西村南200米。宋代石塔,塔下部埋于土中,全塔高度不详。上部是边长0.56米的方形,正面(南面)上部横书"法慧大师连公山主寿塔",下部刻大佛顶尊胜经。此处原为超化寺塔林,地下保存的各种塔基数量甚多。

## 第二节 庙、阙、宫、观、洞

嵩山地域的道教活动场所主要有庙、阙、宫、观、洞,本节将现有古遗存的这些场所,按顺序记述如下。

### 一、庙

古代本是供祀祖宗的地方称庙。那时,对庙的规模有严格的等级限制。《礼记》中说:"天子七庙,卿五庙,大夫三庙,士一庙。"汉代以后,庙逐渐与原始的神社(土地庙)混在一起,蜕变为阴曹地府控辖江山河渎、地望城池之神社。世间达圣贤位逝者,可依律建庙,如孔庙、关羽庙、二王庙等,皆是敬顺真如,仰止贤圣,即得妙法之地,故称"庙"。庙通"妙"也。所以寺庙,包括祠堂皆是敬顺仰止之地,得妙法真如之地,当顶礼。寺庙庄严,神圣不可侵犯,寸土之间,可随顺而不可随意更改,敬顺即得妙法。

按我国传统文化来说,我们把供奉祖先、神灵、神话或传说人物、历代贤哲、著名人物的祭祀建筑,称为庙,如轩辕黄帝庙、伏羲庙、孔庙、中岳庙、土地庙、城隍庙等。

嵩山地域著名的庙宇有祖师庙、九龙庙、城隍庙、土地庙、九龙圣母庙、白龙王庙、大王庙、吕祖庙、玉仙圣母庙、飞龙顶庙、洪山庙、南岳庙、关帝庙、马固王氏家庙等,各种名目的庙,不胜枚举。嵩山地域的庙宇,有的属于宗教性建筑,如祖师庙、城隍庙、吕祖庙、火神庙等;有的属于礼制性建筑,如中岳庙、嵩山三阙、洛阳周公庙、新郑轩辕庙、登封南岳庙等,在编写此书时,没作专门的区分。

嵩山地域中的中岳庙属于国家宗庙,是历代帝王祭祀中岳神和华夏始祖同为一人的轩辕黄帝的神圣之地。中岳庙的建筑装饰承袭着传统的皇家建筑装饰特色,又传递独特的道教文化,是传统建筑美学、宗教和艺术的物质载体,它集道教宫观建筑装饰艺术之大成,将道教文化和儒家哲学相结合,充分体现了"阴阳调和,天人合一"的道家思想,彰显出复杂的道教与民间信仰和传统的儒家礼制文化。

(一)中岳庙

"天地之中"历史建筑之一,世界文化遗产。全国重点文物保护单位。

中岳庙既是祭祀岳神的场所,又是重要的道教宫观。道教虽然兴起于东汉时代,其来源却是我国远古时代的巫术,后来继承了秦、汉以来的神仙方士之传统,历史渊源较长。中岳庙是道教在嵩山地区的最早基地,原是为了祀奉中岳神而设的。道家尊中岳庙为"第六小洞天"。

中岳庙位于登封市区东4公里太室山南麓黄盖峰下。始建于秦(前221~前207年)。中岳庙前身是"太室祠",据《山海经·武帝纪》载,先秦时即已有之。据《汉书·武帝纪》载,西汉元封元年(前110年)正月,汉武帝从华山至中岳,登嵩山,令祠官增建太室祠,禁止砍伐树木,并以山下300户为之奉邑。南北朝时期,魏太武帝太延元年(435年)立庙于嵩高山上。唐玄宗初年,始建于今址。唐开元十八年(730年)玄宗李隆基仿效汉武帝增建太室祠,再次修饰中岳庙,奠定了今日庙宇的基础。宋真宗祥符六年(1013年)"增修殿宇等八百五十间"。宋靖康年间(1126~1127年)殿宇多已塌废。金世宗十六至十八年(1176～1178年)再次对中岳庙进行整修,"总为屋二百三十有八间",今庙内保存的金代庙图碑,记录了当时的规模。元、明、清历代对中岳庙均进行过大规模整修,现存的建筑格局与规模,便是此时形成的。

中岳庙

中岳庙坐北向南,从中华门向北至御书楼共十一进院落,地势由低至高相差27米,甬道全部用石条平铺而成。庙院南北长650米,宽166米,面积约10万平方米。其中有殿、宫、楼、阁、亭、台、廊等明清建筑400余间,汉至清代古柏330余株,金石铸器、石刻造像等金石文物百余件。是五岳中现存时代最久、规模最大的古建筑群。

在庙门前南500米处,有东汉太室阙(在本节"二、阙"中另述),是中岳庙的庙阙。

位于中华门前的石翁仲,为汉代太室祠的象征性守门人。这对石翁仲相向而立,用青石雕凿而成,高1.22米。体形较粗犷原始,头颅硕大,头顶平整,似戴平帻之状。翁仲雕刻的时代应和太室阙建造年代为东汉元初五年(118年)大致相同。

中岳庙内青石板铺成的大道是中岳庙古建筑群的中轴线,沿中轴线由南向北,由低而高,依次为中华门、遥参亭、天中阁、配天作镇坊、化三门、峻极门、崇高峻极坊、峻极殿、寝殿、御书楼、黄盖亭等,天中阁后面的六角亭,配天作镇坊与崇圣门之间的六角亭,峻极门和化三门之间的四岳殿台基等独立成体的小院落。

中岳庙主体建筑为中岳大殿,又名"峻极殿",是中岳庙中规模最大的建筑。面阔9间,进深5间,为重檐庑殿式建筑,覆以黄色琉璃瓦顶。上下檐分别施七踩和五踩斗拱,透花棂子门窗。大殿面积920平方米,是河南现存规格最高、体量最大的寺庙殿宇。斗拱和梁架均饰有清代最尊贵的和玺彩画,殿内天花板中部有精雕的盘龙藻井。殿外檐下悬清咸丰帝手书"威灵镇右"匾额。大殿左右及东、西、南面建廊房一周,凡80余间,保持了唐宋时期的廊院形制的实例。殿内中间塑有高3米余的中岳神轩辕黄帝像,左右站立老少使臣茶童塑像,旁边两侧塑有高6米、执锤侍立、姿态雄伟的镇殿将军像,左为方弼,右为方相。东殿角木架上,悬架着明万历元年(1573年)铸造的千斤铁钟。祭案上原有清雍正二年(1724年)的铜鼎和乾隆年间10多件铜制祭器等,在20世纪"文化大革命"期间被毁无存。中岳庙除中轴线建筑外,东西两侧附属建筑有6宫,即神州宫、祖师宫、太尉宫、中岳行宫、火神宫、小楼宫等附属建筑,皆为小型四合院建筑群。

今日中岳庙基本上保留了明清时的宏伟规模,具有明清官式建筑格局和风格特点,整体建筑恢宏壮丽,气派非凡。

### (二)祖师庙

全国重点文物保护单位。位于洛阳市老城区北大街。明代庙宇古建筑。有大殿、耳房、前殿3座。祖师庙原来的地盘很大,向南一直到治安街,庙内殿宇楼阁比比皆是,有戏楼、大门、照壁,还有前后殿,大殿内供奉着祖师真武大帝铜像。现存庙宇整个院落占地面积大约只有4亩,庙内只剩大殿一座,前殿一座,东西配殿各一座(西配殿前几年扩建北大街时被拆除),均为木构建筑。据建筑风格及新中国成立初期尚存弘治年间(1488~1500年)的重修碑记判断,大殿应是明初建筑。

据说,洛阳市文物部门在清理老城祖师庙大殿和东配殿时,发现了一块清嘉庆年间的石碑。这块石碑宽约0.8米,长约1.95米,一角缺失,碑首刻着"修真武庙碑记"。据碑文记载,当时的河南府知府带领乡民在真武庙求雨,后来又对真武庙进行了修缮。根据碑文内容判断,老城祖师庙在清嘉庆年间的名字确为"真武庙",与史料记载相吻合。

其主体建筑大殿,面阔5间,进深3间,单檐歇山式建筑,顶覆绿色琉璃筒板瓦。檐柱下置青石柱础,柱头正面斜刹。大额枋与平板枋断面呈"T"字形。平板枋出头平齐,大额枋出头为霸王拳。前檐斗拱为五踩重昂计心造。琴面昂,昂嘴呈五角形。头、二昂下平出较长。蚂蚱头雕刻成龙头状。明次间平身科各二攒,梢间平身斜一攒。侧檐平身科为五踩单昂,明次间平身科各一攒。正面明、次间各置六抹头格扇门四扇,梢间为格扇窗。梁架制作规整,其布局和梁架结构属元代建筑风格,但从此殿主要结构看仍为明代建筑。

前殿和东配殿均为硬山式清代建筑。

### (三)新郑轩辕庙

全国重点文物保护单位。新郑轩辕庙,传为黄帝故里。位于新郑市老城北关。此处是一处岗地,俗传为轩辕丘,丘上有庙,创建年代不详。据《史记》记载,传说中的中华民族人文始祖黄帝为"少典之子,姓公孙,名曰轩辕"。汉代建有轩辕庙,后历代屡毁屡修。明代隆庆四年(1570年)修葺时,于祠前建"轩辕桥"。清康熙五十四年

新郑轩辕庙

(1715年),新郑县知县许朝柱于庙前立"轩辕故里"碑1通。新中国成立前,仅有一组四合院建筑。20世纪80年代以后,新郑市人民政府对轩辕庙进行维修,沿袭原制,恢复了轩辕庙的山门、大殿以及东西配房。轩辕故里坐北面南,现存建筑为清式四合院,三进院落。主要建筑和遗存有山门、门、大殿、东西廊房、砖拱桥、鼎坛、轩辕丘等,总面积近4.3万平方米。

其中,山门面阔3间(9.7米),进深1间(5.25米),硬山式黄色琉璃瓦剪边覆盖屋顶。条瓦垒脊,垂脊饰鸟兽点缀,墙身灰砖砌成,抬梁式木架结构。正面辟板门圆窗,次间各辟一圆形格窗。门额上悬横匾书"轩辕故里"。大殿面阔5间,连厦宽15米,进深3间计7米。硬山黄色琉璃瓦剪边顶,抬梁式木构架。大殿内塑有一尊高3米的黄帝坐像,墙壁彩画古朴肃穆。东西厢房抱厦3间,进深1间,墙身和屋顶与大殿结构相同,前出廊,单檐硬山式建筑,灰筒瓦顶。前面板门方窗,东厢房内,塑元妃坐像1尊,高1.5米,西厢房塑有嫘母像。大殿前甬道上设拜台、方鼎香炉,供人祭祀。有清代碑刻数通,嵌于东、西配殿南山墙头外。

穿过砖拱桥,到鼎坛,最后是轩辕丘。轩辕丘高19米,直径100米。丘下为下沉式"轩辕黄帝纪念馆"。建筑面积4000平方米,面阔60米,进深65米,为二层楼式。馆前馆内各设立一尊黄帝塑像,

高5.99米,寓九五之尊之意。

新郑轩辕庙是全国唯一保存有明代以前实物的庙宇,现称黄帝故里,是海内外炎黄子孙寻根拜祖的圣地,在国内外具有重大影响。

### (四)洛阳周公庙

全国重点文物保护单位。洛阳周公庙,亦称元圣庙,位于洛阳市定鼎南路中段的东侧,是纪念西周时期著名的政治家、思想家、军事家、中国儒家思想的奠基人周公姬旦的祠庙。周公曾协助武王伐纣灭商,辅佐成王摄政,东征平定管叔、蔡叔、霍叔"三监"与纣王之子武庚叛乱,营建洛邑并制礼作乐,使中国成为文明古国、礼仪之邦。由于周公开创了千秋伟业,被后世奉为天下第一圣人——"元圣"。

洛阳周公庙始建于隋末唐初(618年),为隋将王世充草创。《隋书》《资治通鉴》等文献均有记载,其目的是借周公显灵,稳定军心,鼓舞士气,保佑战争胜利。公元619年,王世充称帝,国号"郑",周公庙一直使用。公元621年,李世民攻入东都,毁则天门,殃及到则天门东侧的周公庙。唐太宗贞观年间和唐玄宗开元年间曾予以重修,后废弃。明嘉靖四年(1525年)又在旧址重建,以后明、清两朝又多次对周公庙进行过不同规模的修葺与扩建,从而形成了现今的规模。

洛阳周公庙

周公庙占地4906平方米。现存一组明清古建筑,为三进庭院,依中轴线由南向北依次为定鼎堂、礼乐堂(会忠祠)、三殿及东西厢房,占地664平方米。

周公庙主殿定鼎堂为明代建筑,后经多次重修,大体保存旧制。面阔5间,进深3间,为单檐歇山式建筑,青筒板瓦覆顶,绿琉璃瓦剪边,龙凤脊饰,大殿四角飞檐起翘,拓展伸张,柱身加高,斗拱减少得当,比例匀称,节奏和谐,颇具辽金建筑的特点。既庄严稳重又隽秀灵巧,按我国著名古建专家郑孝燮先生所言,这是一座保留有辽金建筑风格的艺术杰作,具有较高的历史价值和文物价值。殿内供奉有周公与其弟召公、毕公及世子伯禽、君陈五尊泥塑像。伯禽像乃明代塑造,泥胎彩绘,弥足珍贵。1991年清理主殿时于壁龛内发现。

洛阳周公庙建筑群布局合理,井然有序,既庄重又隽秀,是嵩山地域现存为数不多的保存较为完整的明清古建筑之一,具有重要的历史、艺术和科学价值。

周公庙除现存一组古建筑群外,还有"元圣殿"遗址1处,明代石质龟趺座3座、大型泥塑伯禽像1尊,清代石狮2尊、抱鼓石1对、明代大型泥塑伯禽像1尊以及民国时期《重修洛阳周公庙碑》1通、戴季陶书"定鼎堂"巨匾1块。另外,院内两棵古槐树龄达800年以上。

### (五)关林庙

全国重点文物保护单位。关林位于洛阳市南7.5公里的关林镇关林南路东端。相传孙权将关羽斩首后，传首级至洛阳，被曹操葬于此。按古代规矩，一般帝王之墓称陵，王侯之墓称冢，百姓之墓称坟，圣人之墓称林。关羽为"武圣"，故其陵园被称为"关林"。关林是前为祠庙，后为墓冢，是明清两代皇帝遣官致祭、地方官吏和百姓朝拜关公的场所。

关林祠庙始建于唐，占地面积200亩，中轴线院落四进，规整有序，是典型的封闭格局。主要殿宇采用官式建筑法式和中原地方建筑手法相结合的营造规制。现存殿廊楼阁150余间，自南向北的中轴线上依次有舞楼、大门、仪门、甬道、拜殿、大殿、二殿、寝殿、墓冢等，两侧对称建有石坊、钟楼、鼓楼、华表、焚香炉、五虎殿、圣母殿、东西廊房等。

关林祠庙内主要建筑有拜殿、大殿、二殿。拜殿又称启圣殿，是举行祭礼时谒拜之场所。面阔5间，卷棚式明代建筑。殿中悬挂有乾隆御书的"声灵于铄"匾和"翌汉表神功龙门并峻，扶纲伸浩气伊水同流"联。东端悬挂明万历二十五年（1597年）铸造的大铁钟1口，西端竖立着3.5米长的大刀。殿中有乾隆、慈禧亲书的匾联。大殿与拜殿相连，面阔7间，进深3间，高20米，总面积760平方米，平面呈矩形，是关林

关林庙

最大的主体建筑。建于明万历二十四年（1596年），历4年竣工。砖筑台基高1.5米，庑殿式绿色琉璃瓦顶，五脊横立，六兽扬威。正门两侧有木透雕和浮雕《桃园三结义》《战吕布》等12幅故事图像。外墙四周满嵌碑刻。二殿面阔5间，为进深5檩的庑殿顶建筑。门上悬挂清光绪帝御题"光昭日月"匾额。檐下置斗拱，前檐下彩绘《斩颜良》《古城会》等12幅关羽故事图像。殿内塑关羽怒视东吴像，左侧站着手捧大印的关平，右侧站着手持大刀的周仓。殿后门有一对盘龙门墩，设计之巧，为石刻中罕见。二殿左右各建有一座硬山式的陪殿，左为张候殿，右为五虎殿，两边筑月拱门。

关林祠庙内有关羽冢，位于寝殿后，平面为八角形，黄土堆成，高10余米，占地250平方米，外围以砖筑八角形红墙。冢前石牌坊为明代刻立，高6米，宽10米，三门道，石柱上望兽昂首，正额题"汉寿亭侯墓"5字。在门外东西各建一石坊。冢南有清康熙四十六年（1707年）修筑的石墓门。墓碑竖大冢前，额题九叠篆书《敕封碑记》，为清康熙皇帝给关羽追加封号所立之碑。护碑亭为八角形全木结构，八面起坡歇山式，斗拱、枋檩交错勾连，角柱和亭顶结为一体。此亭建于清康熙五年（1666年），清光绪时重修。

关林祠庙最具文化特色的是长廊，分别列庙院两侧，红柱彩枋与殿宇相映生辉。现在的长廊为1980年在原厢房基础上改建，长90米。廊内陈列洛阳出土的古代石刻珍品。1981年，关林院内开辟"洛阳古代石刻艺术博物馆"，征集、展藏东汉至民国时期的历代碑刻、墓志、石刻艺术品近2000件，从而成为国内外知名的石刻专题博物馆，被命名为"河南省爱国主义教育基地"。

关林祠庙内文物丰富，现存历代碑碣百余方，石狮114尊，明代铜铁器物10余件，绘画80余幅，雕刻图案230余幅。关林的匾额、联语多达35幅，有帝、后之作，也有名家之书，其中乾隆、慈禧、光绪御书匾联，弥足珍贵，具有重要的艺术和书法价值。另有古柏近800株，最大树龄达700年。

洛阳关林是全国四大关帝庙之一，建筑规模之大，可与山东孔庙、孔林并称。新中国成立后，进行

了多次维修,是一处保存完好的古建筑群。整体布局严谨,组合有致,是研究我国庙宇式林寝建筑的重要实例,具有重要的建筑研究价值。

### (六)河南府文庙

河南府文庙

全国重点文物保护单位。河南府文庙位于洛阳市老城区东南隅文明街中段路北。金代定中京于洛阳,设金昌府。元、明、清三代置河南府治和洛阳县于此。河南府文庙初建年代无考。根据《洛阳县志》和《金元洛阳城池图》等资料推测,其建筑年代当在金元之际。据史料记载:原河南府文庙建筑群有照壁、棂星门、泮池、戟门、大成殿、明伦堂、尊敬阁及乡贤祠、明宦祠等。棂星门为三间牌楼式建筑,两侧有河图洛书的彩塑浮雕。东西两侧门边上,题有赞颂孔子的赞言:"德配天地,道冠古今"。历经百年风雨,文庙建筑群照壁、棂星门、泮池、牌坊、厢房等原建筑毁于20世纪"文化大革命"时期。现存的戟门、大成殿等原建筑,造型风格独特,其建筑时代为明代。

河南府文庙主要建筑为大成殿,面阔5间,进深4间,为单檐歇山顶,顶部使用琉璃瓦与吻脊。殿顶前西半部分在抗日战争期间被日军飞机炸坏,后用小青瓦重作屋面。四面檐部皆用斗拱,殿内数根木柱立托梁架,梁枋上皆饰彩绘。殿中设有孔子石碑位,上书"至圣先师孔夫子之位"。每年春、秋两次在此祭祀。

文庙正面偏东墙上,至今仍嵌有"旨文武官员人等至此下马"的阴文碑刻。其彩绘部分及石作部分如下马碑、石狮、柱础、云龙纹御路、重修府学碑、遗存残碑等十分珍贵,均为不可多得的石刻精品,是河南省现存文庙中规模最为宏伟、保存最为完整的建筑群之一。

### (七)汝州文庙

汝州文庙

全国重点文物保护单位。汝州文庙又称汝州学宫,位于汝州市城区城隍庙街(广场街)。汝州文庙初建于明洪武三年(1371年),距今已有600多年历史。据《正德汝州志》记载:汝州文庙学基在元朝为忠襄王祠堂,明洪武三年改建为学宫,后于明永乐十四年重修。明崇祯二年(1629年)和民国5年(1916年),汝州文庙两次受灾,"殿庑渗漏……墙壁多颓"。20世纪80年代以来,文物部门投资了50万元进行整修,重修了明伦堂、名宦祠、乡贤祠等。

汝州文庙坐北面南,地势北高南低。南北长325余米,东西宽50多米,总面积20870平方米,占地面积约1334平方米。东西各附一跨院，其特点为：建筑排列有序，中轴线明显，排列有大成坊、文明坊、大成殿、启圣宫、名宦祠、乡贤祠等主要大殿及廊房50余间。据建筑形式考证，可能为明代中、晚期所建。整个群体布局合理，保存基本完好。

汝州文庙内主要建筑为大成殿，系庙内最大建筑，面阔5间，进深2间，单檐庑殿式建筑，殿顶饰绿瓦兽吻，正檐用斗拱。殿内设金柱4根，明间脊檩上有清嘉庆十六年（1811年）重修字样。殿内供奉大成至圣先师孔子的牌位。殿内设有一排楹柱，孔子塑像一尊，孟轲、曾参、颜回、孔伋塑像各一尊，端木赐、冉雍、宰予等十二贤人塑像各一尊。殿门上曾悬挂过清朝历代皇帝书写的匾额，具体为康熙二十三年（1634年）颁"万世师表"、雍正三年（1725年）颁"生民未有"、乾隆三年（1738年）颁"与天地参"、嘉庆四年（1799年）颁"圣集大成"、道光元年（1821年）颁"圣协时中"等5块。

20世纪80年代以来，文物部门投资了50万元进行整修，重修了明伦堂、名官祠、乡贤祠，收藏有汝瓷、汝石、汝贴等各种文物2000余件。

### （八）登封城隍庙

全国重点文物保护单位。登封城隍庙位于登封市中岳大街市直一初中院内。该庙坐北朝南，占地4600平方米。明初已形成规模，明英宗正统年间（1436～1449年）知县赵兴主持重修，到清乾隆年间（1736～1795年）城隍庙已初具规模，计有照壁、大门、二门、三门、仪门、戏楼、卷棚、大殿、寝殿和两侧廊房等建筑。现存建筑有大门、前院东西厢房、仪门、卷棚、大殿、后院东西廊房等明清建筑80多间，占地5648平方米。

登封城隍庙

登封城隍庙有大门，初建于明代，清代重修，面阔3间，进深4架椽，单檐硬山式建筑，上覆灰瓦顶。前院东西厢房各9间，硬山灰瓦顶。后院东西厢房，明英宗正统年间重修后，与寝殿相接，计36间，清乾隆年间重修改建为28间。

庙内主体建筑为大殿，明代建筑，面阔5间（16.3米），进深3间（9.4米），单檐歇山式建筑，灰筒板瓦覆顶。檐下施斗拱，明间平身科2攒，次间、梢间平身科各1攒，均为五踩双下昂重拱计心造。用金柱8根，檐柱16根。大殿的前檐檩、枋木、斗拱和神龛上都保留精美的具有地方特色的彩画。卷棚，居大殿前，是与大殿紧接的殿前建筑。面阔5间，进深4架椽，单檐硬山式，灰筒板瓦顶。檐下施三踩单下昂斗拱，平身科明间2攒，次、梢间各1攒，额枋浮雕人物故事、龙、动物图案，檐柱有清道光楹联3副，两山墙墀头雕精美的八仙祝寿、关公像、龙、凤、仙鹤、麒麟、仙鹿、莲花等图案，艺术水平较高。庙内现存有清代石碑6通，是研究城隍庙历史沿革的珍贵资料。

### （九）登封南岳庙

全国重点文物保护单位。南岳庙位于登封市城西南12公里大金店镇大金店村。原为府君庙，金

登封南岳庙

代建筑。传说，金人占领中原后，全国五岳已占有四岳，仅南岳衡山未达，便令在这里建造南岳庙，以示"位配南岳"。原庙为三进，规模较大，有山门、掖门、财神殿、广生殿、三宫殿、火神殿、龙王殿等建筑，碑碣10余通。后庙内大部分建筑损毁，现仅存府君殿（正殿）1座，面阔3间，进深3间，单檐挑角歇山式建筑，灰色筒瓦盖顶，脊兽已毁。檐下一周施三踩斗拱，前墙壁辟棂门棂窗，木柱石础。神龛上部绘飞鸟、花卉，梁上饰以游龙为主的彩绘。殿内正中悬一横匾，书"聪明正直"4个字。殿前有月台。此殿梁架结构保留有金代风格，是河南省现存较早的木构建筑之一，具有一定的研究价值。

院内两厢及其他建筑已无存，正殿后的天爷殿、灶君殿、龙王殿、义勇祠等屡经改建，已失原貌。

### （十）郑州文庙

郑州文庙大成殿为全国重点文物保护单位。

郑州文庙位于郑州市东大街中段路北。据《明嘉靖郑州志》记载，庙于汉明帝永平年间（58～75年）创建。原占地37亩，其建筑布局遵循规制。据清《郑县志·四关图》所示，中轴线上共有五进院落，棂星门内并排三院，正南50米处有一座彩陶照壁，东西有过街牌坊各一座。中轴线建筑依次为棂星门、泮池、大成门、大成殿、明伦堂、敬一亭、尊经阁等。尊经阁东侧有书斋房、启圣祠，西有斋房、土地祠和射圃亭，两侧为庑房，东院有学正宅、名宦祠，西院有儒学、乡贤祠等。除上述建筑外，据民国《郑县志》记载，还有金声玉振坊、居仁门、由仁门、崇义门、祭器库、神厨、育德仓、义仓、宰杀厅、进德斋、修业斋、存诚斋等。

据明嘉靖、清康熙《郑州志》及民国《郑县志》等史料记载，文庙"元季兵毁，明洪武二十八年知州张奋重建。宣德、正统、天顺、成化、弘治、正德年间知州林厚、史彬、余靖、洪宽、刘仲和嘉靖十一年知州稍腾汉相继修葺。清顺治六年知州王登联等协力重修，庙貌巍然"。至康熙五十年（1711年）重修。乾隆三年（1738年）知州张钺对文庙进行了大规模修建。清光绪二十二年（1896年）重修，但建筑规模大为缩减。民国3年（1914年），当地政府曾对大成殿进行修葺，民国时期军阀混战，该庙经常驻军，殿宇廊庑多被拆毁。1937年归河南省立郑州工业职业学校使用。抗战期间，日寇两度陷郑，狂轰乱炸，致使该庙建筑大部被毁，仅有大成殿、戟门两座建筑幸存。新中国成立后，归郑州电力学校使用。1955年，郑州市政府曾拨款对文庙大成殿进行维修。20世纪"文化大革命"期间，因郑州电力学校停办，文庙被郑州轴承厂所占。1981年，郑州市政府下发文件，将文庙大成殿移交郑州市文物部门管理。郑州商城遗址保护管理所于1987年和1991年，先后对大成殿和戟门进行落架大修和油漆彩画。1995年，郑州市政府提出恢复建设郑州文庙。2002年至2005年，郑州市投资2000万元，将郑州轴承厂搬迁出去，又先后征购土地12.66亩，从2003年开始规划、设计、立项，2004年动工恢复建设郑州文庙照壁、棂星门、东西牌楼、泮池、大成门、名宦祠、乡贤祠、尊经阁和东西两庑、碑廊、井亭，对大成殿实施了整体抬升,保护维修和油漆彩画,扩建月台,并加汉白玉栏杆、青石台阶,殿内木雕彩绘孔子及十二哲坐像。大成门两侧新移植树龄有400余年的两株银杏树,并配套完备的消防、供电设施,形成了比较完整的古建筑群。

大成殿面阔7间,进深4间,单檐歇山式建筑。殿宇雄伟高大,巍峨壮观。正脊两端正吻高1.8米有余,脊高50厘米,阳面浮雕二龙戏珠图案,背面为凤穿牡丹图案。两山为琉璃博风悬鱼,东山博风正中雕着玉皇大帝,两侧为八仙持宝器飘然渡海图。西山博缝板正中雕如来说法像,两侧为三国戏曲人物,悬鱼是琉璃烧制的3朵开放的牡丹花。整个博缝悬鱼采用平地起凸手法,线条圆润流畅,简繁适中得体,形象

郑州文庙大成殿

生动逼真,堪称是杰出的艺术品。大成殿内部梁架的各间接点,都是精工细雕的各式各样的牡丹花卉。金檩下的花敦雕有青山野鹿、仙树太宝、原野大象、牧童斗牛、天马行空、鼎前舞剑、奔马相斗、凤鸟栖树、猛虎下山、蛟龙腾空等图案。老檐置垂莲柱衔接在内拽斗拱的上昂,它和各檩及梁架间的雕刻互相陪衬,更烘托出大殿内部的艺术效果,在油漆彩画的衬托下,大成殿显得富丽堂皇。

郑州文庙现存明、清、民国时期碑刻10余通,其中有明天顺三年(1459年)的《重修文庙之记》、成化十三年(1487年)的《大明郑州历年贡士题名记》、嘉靖四十四年(1565年)的《重修文庙之记》,清康熙二十五年(1686年)的《至圣先师孔子赞并序》碑、乾隆二十年(1755年)的《御制平定准噶尔告成太学碑文》、乾隆二十四年(1769年)的《御制平定回部告成太学碑文》、乾隆三十二年(1768年)的《东里书院置义田记》,民国16年(1927年)的《重修郑县孔庙记》等。

### (十一)坡街关王庙大殿

全国重点文物保护单位。坡街关王庙大殿位于禹州市文殊乡坡街村。大殿坐北面南,面阔3间,进深6架,单檐硬山式,殿顶覆盖灰筒板瓦。正脊以绿色、褐色和孔雀蓝琉璃脊筒砌成,大吻已残。平面方形,减柱造,柱头铺作为五铺作双下昂计心造,内转五铺作双抄偷心造,用圆形爪楞栌斗,斗有幽页明显。补间铺作用真昂,昂嘴扁瘦,呈三角形。外跳拱身两端斜杀,散斗随之为菱形状。当心间补间铺作两朵,次间各一朵。殿内梁架为四檐栿前对乳栿搭牵立三柱,草栿彻上明造。三檐栿与四檐栿之间用驼峰和一斗三升斗拱相连接。其他蜀柱下用合木沓。前檐柱4根,系青石小八角形雕柱。大殿正脊上饰有龙凤及徒步搏杀图案。正脊东端琉璃件上阴刻铭文"右仰修理起盖之后,祈四时风调雨顺,保八方国泰民安,上下□□各赐吉祥,功办使众普保安康。大元国至正十一秋七月吉日,琉璃匠三信"。背面刻有"小郝四、小曹五、曹三、常居卿、常斌卿、常德新、程六、李张大"等人名。前檐东角柱刻"孙阳保蒙古人毛伯颜施坡下保关王庙石柱一根,伏望家眷康宁。本保张彦实、刘彦成、李三施后檐石柱三条"。据残存碑刻记载,明、清两代进行过数次重修。此殿系有明确纪年的元代木构建筑,虽经明、清重修,但斗拱、梁架多保留元代结构。

### (十二)郑州城隍庙

全国重点文物保护单位。郑州城隍庙位于郑州市商城路东段路北。郑州城隍庙,全名城隍灵佑侯庙,由大门、仪门、戏楼、后寝宫和东西廊房组成,是郑州市区内目前保存最完整、规模最大的一组明、清古建筑群。

郑州城隍庙

城隍,在中国古代神话中,相传为守护城池的神,后为道教所信奉。该庙始建于元末明初,明孝宗弘治十四年(1501年)重修,其后屡有修葺。该庙为坐北面南的古建筑群,平面呈长方形,由前、中、后三进院组成。原占地面积6500平方米,现南北长130米,东西宽31米,占地3900多平方米,建筑面积1190平方米。整个院落由大门、仪门、戏楼、大殿至后寝宫依次升高。

主体建筑为戏楼、大殿、寝宫。

戏楼又称乐楼,与仪门相距2.8米,坐南向北,平面呈"凸"字形,建在高大的砖砌基台上,基台中央辟有洞门,面阔3间,进深2间,歇山式高台楼阁,楼高12米余,主楼居中,左右两边配以歇山式边楼,上下错落,翼角重叠,全楼19条屋脊。主楼前后有抱厦,前抱厦两根小八角石柱上,刻有清雍正年间训导韩定仁题写楹联:"传出幽明报应彰天道,演来生死轮回醒世人。"后抱厦为垂花门式。在砖砌台基上配以透雕石栏和精致的槛窗,将高阁楼台衬托得更加富丽堂皇。楼下室内方砖铺地,中有青石甬道,4根通柱7米有余。屋顶饰以孔雀蓝琉璃瓦,正脊两端置大吻,脊刹饰狮子宝瓶。主楼檐下置三踩单下昂斗拱,两侧边楼檐下置一斗二升斗拱,四角子角梁头下边均悬挂风铃。整个建筑小巧玲珑,造型别致。

大殿坐北面南,面阔3间,进深3间,单檐歇山式建筑,屋面覆以绿琉璃瓦,脊饰为黄绿琉璃,正脊置大吻,中脊刹饰狮子驮火焰宝瓶、龙、凤、狮等脊兽,脊两面浮雕有行龙、舞凤、牡丹、人物、卷草等纹饰。檐下施五踩重昂斗拱,昂嘴呈五角形,前檐明间施有两攒镏金斗拱,角科用把臂厢拱。殿前后明间均装修有四扇六抹隔扇门;殿前次间装修有槛窗,均为正搭斜交凌花式。檐下垫拱板上绘有八仙过海、二十四孝等彩画。殿前明柱上悬挂楹联上书"忠义感天能撼山川湖海,节操贯宇可攀日月星辰"。殿前砌有月台,月台左前方有一株树龄290多年的古榆树,郁郁葱葱。

后寝宫由拜厦和寝殿组成,中间砌有地沟相隔。殿前拜厦面阔5间,进深4架椽,卷棚硬山顶。寝殿面阔5间,进深3间,悬山式建筑,屋面均覆以绿色琉璃瓦,脊饰用黄绿琉璃,正脊两端置大吻,中央脊刹为一重檐歇山式楼阁,垂脊雕有羽人、石榴、花卉等图案。两山为宽厚的木制博风及悬鱼、惹草。前后檐下施七踩三昂斗拱,昂嘴和耍头呈象鼻状,斗拱后尾平插垂莲柱。前后檐下的垫拱板上塑有哪吒闹海、鲤鱼跳龙门、喜鹊闹梅、松鹤延年、龙虎相斗、玉兔捣药、狮子滚绣球等彩塑浮雕。殿前明间、次间装修有六抹隔扇门,梢间置槛窗,均为正搭斜交凌花式,殿前檐柱上悬挂楹联:"入门温旧史诓楚归汉问高祖登基时可曾记起荥阳一幕,进庙惊新颜正冠掸尘看谒者叩首处总要流下热泪两行。"

庙内存有明、清碑刻20余通,其中以明代工部都水司主事张大猷草书《福赞》《寿赞》两通,笔迹苍劲挺拔,现仅存《福赞》碑。

该庙始建于何时,文献缺乏确切记载。据民国《郑县志》与现存碑刻记载,明、清、民国期间,均有不同规模的维修。

1937年,郑州城隍庙由河南省立郑州工业职业学校使用,中华人民共和国成立后改名为郑州电力学校,1955年电校对城隍庙进行了局部维修。1969~1978年,学校因"文化大革命"停办,郑州城隍庙归郑州市无线电厂使用,致使庙内主要建筑柱檩糟朽,脊瓦崩裂。1981年,郑州市政府下文,将城隍庙连同文庙移交郑州文物部门。1983年4月至1994年期间,对城隍庙全部建筑进行维修,完成了全部油漆画工程,并先后建成了院内东西厢房。整个建筑群布局严谨,浑然一体,较好地保存了历史原貌,并对外开放,成为郑州市一个重要的文物景点。

### (十二)禹州文庙大成殿

河南省重点文物保护单位。禹州文庙大成殿位于禹州市老城区文庙内。据志书和碑刻记载,由州尹王显祖于元至元二十三年(1286年)创建,其后经明、清两代数次修葺,特别是清顺治四年(1647年)进行了较大规模修缮。

现庙内仅存大成殿,坐北面南,面阔7间,进深4间,单檐歇山式,殿顶覆盖绿色琉璃瓦。檐下斗拱为三踩单昂,昂较扁瘦,稍显三角状,明代特点突出。斗幽明显,前檐各平身科坐斗皆为圆形楞斗,其他斗拱之坐斗均为方形,足踩耍头。前后檐明间施平身科两攒,其他各间(包括侧檐)施平身一攒。大额枋与平板枋制作规整,二者组合断面呈"T"字形。檐柱柱头作覆盆状。殿内采用减柱造,减去4根金柱,扩大主、次间的活动空间。大成殿为明代中期建筑,局部保留有明初建筑风格,为河南省最大的明代单体木结构建筑之一,是研究嵩山地域明代地方建筑的重要实物资料。

庙内现存碑碣4通、石狮4尊和部分石雕等。

### (十三)义勇武安王庙大殿

河南省重点文物保护单位。义勇武安王庙大殿位于禹州市区西北30公里的花石乡白北村。坐北朝南,东临颍河,西近五旗山,南面是一望无际的开阔地,北靠白沙水库大坝。白沙河从义勇武安王庙门前由西向东流入颍河(水),禹(州)、洛(阳)公路在殿西约500米处由南向北通过。

义勇武安王庙大殿,据殿前明正统八年(1443年)《重建义勇武安王庙碑记》载,创建于元至正九年(1349年),重修于洪武十九年(1386年),明正统八年(1443年)重创之。中华人民共和国成立后,河南省文物局于1953年、1963年、1977年前后3次拨款,对义勇武安王庙大殿后坡和部分檐、梁等进行了修补。

义勇武安王庙大殿,面阔和进深皆为3间,单檐歇山式。绿色琉璃瓦覆盖殿顶,脊为筒瓦件饰盘龙,盘龙由东、西两端倾向屋脊中心点。屋脊及各脊饰仙人、走兽等为绿色釉件。整个建筑庄重大方,布局合理,仙人、兽件造型逼真,栩栩如生。该殿在殿式、瓦件、梁、斗拱等木结构做法还保留着明代的建造风格,为研究明代建筑法式提供了实物资料。

### (十四)九龙庙

河南省重点文物保护单位。九龙庙位于偃师市山化乡石家庄村南500米处的伊洛河之阳。九龙庙创建于清嘉庆年间,为伊、洛河流域及黄河中下游沿河一带的人们纪念治水英雄黄大王而建。

黄大王,原名黄守才,1603年出生于偃师市岳滩镇王庄村。他自幼天资聪颖、思维敏捷,后潜心研读历代治水方略。40岁后,无所不通,并著有《禹贡注疏大中讲义》《治河方略》等书。黄守才一生中的主要事迹,就是治水济民。

古时,由于伊河、洛河和黄河中下游经常泛滥成灾,这些地方都留下了他的足迹。《通志》《河南府志》《大清会典》《黄运两河纪略》以及洛阳、偃师的志书上均记载了他治水的功绩。明崇祯八年(1635年),洛水、谷水暴涨,淹没洛阳一带大片田地和村舍,并殃及福王府。福王听说黄守才识水性、善治河,就命令洛阳县令请他去治理,洪水很快退下。清顺治元年(1644年),黄河封丘段金龙口决口,粮道淤塞,工部侍郎周堪赓花费数十万两白银治水无效,只好请来黄守才。黄守才治水三天后,河水就归入故道,粮道遂通。黄守才屡次治水屡见成效,泽被中州,嵩洛大地家喻户晓,有口皆碑,人们赞誉他"功并神禹",称他为"活河神",有的地方还为他建了生祠。黄守才去世后,伊、洛河流域及黄河中下游沿河一带的人们,又建起规模不等的黄大王庙纪念他。清乾隆皇帝封黄守才为"灵佑襄济王"并祀"金龙四大王"。从此,黄守才就被百姓称为"黄大王"。

九龙庙坐北向南,占地约3500平方米,原有钟楼、鼓楼、偏殿、正殿、耳房、山门、戏楼等建筑。正殿前旗杆高耸,殿内有斋堂、客堂和寝堂等杂务房,今存建筑有钟楼、鼓楼、偏殿、正殿、后殿和耳房。

钟楼、鼓楼分别矗立在东南角和西南角,呈四角形,为双层砖木结构,歇山飞檐,青瓦覆盖,六脊六吻兽,内部为四梁三檩。钟楼下层门楣题有"钟楼洪声",鼓楼上题有"鼓楼夜鸣"。钟楼、鼓楼均修于清光绪十八年(1892年)五月。偏殿为硬山叠涩,五脊六吻兽,青瓦覆盖。殿前均有四根方形石柱,石柱上皆镌有对联。偏殿内部各有木柱四根,大梁、二梁、小横梁各四根,均有彩绘。正殿创建于清嘉庆十六年(1811年),坐落于庙院中心平台上,面阔3间、进深3间,基本上呈正方形,砖木结构,歇山飞檐,青瓦覆盖,九脊六吻兽,周围斗拱交错。大殿内部为四柱六梁,均有彩绘,四角斜梁上有花式寿桃垂饰。后殿创建于清嘉庆二十二年(1817年),砖木结构,硬山叠涩,五脊六吻兽,青瓦顶。后殿东西为两耳房,耳房略低于后殿,为硬山叠涩,五脊六吻兽。

九龙庙的大部分殿堂内,还留有描述黄守才治水故事的壁画。正殿门楣上画有八幅黄守才治水图,东西偏殿内也有黄守才治水的大型壁画。过去,因该地临伊洛河,石家庄村撑船的人家很多,为乞求神灵的庇佑,修建了纪念传说中对黄守才"上管三门七井,下辖九江八海"有重要辅助作用的九条龙的庙宇,供奉九龙神灵,并赞颂黄守才为民除害的事迹,进而希冀合家幸福,兴旺发达。九龙庙是偃师市境内保存较为完整的、规模最大的清代古建筑群,对研究中国古代建筑风格,特别是清代建筑风格提供了珍贵的实物资料。

### (十五)河南府城隍庙

河南省重点文物保护单位。河南府城隍庙坐落于洛阳市老城区西大街西段北侧。现存河南府重修城隍庙碑,立于明武宗正德五年(1510年)五月,说明在此以前已有城隍庙。城隍,道教所传守护城池之神。中国古代称有水的城堑为"池",无水的城堑为"隍",据说由《周礼》蜡祭八神之一的水(即隍)庸(即城)衍化而来。最早见于记载的为芜湖城隍,建于三国吴赤乌二年(239年),唐代以来郡县皆祭城隍,宋以后奉祀城隍的习俗更为普遍。明太祖洪武三年(1370年),又正式规定各府州县的城隍神并加以祭祀。据此推测,河南府城隍庙应始建于唐宋时期。

河南府城隍庙坐北朝南,原占地120亩,中轴线上的建筑自南向北依次为:正南辕门3间、山门3间、戏楼3间、六角石柱亭1座、卷棚3间、威灵殿5间、后殿5间。石柱亭两侧有东、西厢房12间。

城隍庙主体建筑为威灵殿,因城隍受封为威灵公而得名。此殿面阔5间,进深4间,单檐歇山式顶。殿内原供奉威灵公木雕像一尊,两侧塑判官、速报二神。每逢农历三月初三、八月十五、十月初一城隍出巡,即将此像抬出。殿顶部山脊上垒砌浮雕石刻,四角戗脊上塑有"走尽人",传说为韩信、庞涓、周瑜和罗成4将,因其生前为人奸短,而受到上天的惩戒。

河南府城隍庙占地面积120亩。河南府城隍庙至迟在明代初年就建立。后历经明代崇祯和清代乾隆、嘉庆、道光、同治、光绪以及民国年间多次重修,到现在所存建筑基本完整,是洛阳仅存不多的古代建筑群之一。

### (十六)禹州城隍庙

河南省重点文物保护单位。禹州城隍庙位于禹州市城内西大街西段路北。城隍,原指城墙和无水的城壕。自周朝开始,人们为城池水固,保民平安,假想臆造出城隍庙。宋代起,城隍开始人格化,各地多把在某地为官、御过外侮、做过善事的官吏死去后,奉祀为城隍神(爷)。明初,朱元璋给各地城隍册封官级品爵,并对各级城隍庙定了规制。禹州城隍庙为州级城隍庙。

禹州城隍庙始创年代无考,庙内仅发现碑一通,载明崇祯元年(1628年),在庙内修醮的事件。这说明该城隍庙的始建年代要早于明代。据志书记载:明洪武四年(1371年)判官龙济重修,永乐十五年(1417年)知州刘孟重修,成化二年(1466年)知州郑珪重修,正德年间王建重修,清康熙三十年(1617年)知州刘国儒重修,乾隆十年(1745年)知州邵大业重修。最后一次重修,据记载是禹州知州李树基于清光绪二十年(1894年)进行的。现存多系清代建筑。

禹州城隍庙的庙院原来范围很大,除了现存的主院外,它还有东西两个不小的跨院。在跨院北端,原来都有神庙建筑物,不过这两个跨院都不另辟大门,而是和主院形成一体,统由正院的大门出入。

禹州城隍庙的主院是该庙的建筑主体,它除了庙门外的大影壁是在20世纪"文化大革命"时期拆扒外,其他诸如大门、戏楼、两庑、拜殿、大殿、后寝殿、鼓楼、东西廊房和财神殿、灶王殿都保存着基本的原貌,甚至在大殿和寝殿的东侧也保存着几幢殿堂类建筑物。

禹州城隍庙主要建筑山门面阔3间,进深1间,系单檐悬山式琉璃瓦建筑,梁头雕作龙头形。戏楼有2座,面阔3间,单檐歇山琉璃瓦建筑,前后联系而成。明间青砖拱券,作为南北通道,后为戏楼舞台,戏楼东北、西北角斗拱构造风格独特,有拱无斗,有昂无升,上昂全雕龙头。拜殿面阔3间,进深3间,单檐歇山式建筑,琉璃瓦覆顶。檐下用五踩斗拱,檐柱为青石方形。大枋与檩间加隔架科斗拱。财神殿居大殿东侧,殿前有卷棚相连。卷棚面阔3间,进深5架;大殿面阔3间,进深7架,系单檐硬山式建筑,梁檩饰彩绘,制作简洁。灶王殿居财神殿东北后侧,殿前有卷棚相连,卷棚与灶王殿面阔各3间,进深均为5架,灰色筒板瓦覆顶,营造更为简洁。

在新中国成立前,正院的前半部分,成为百姓活动的场所。每年自正月初一五更唱"起年戏"祭祀起,一年四季的主要节日都唱大戏。庙内庙外,常年香客如云,热闹非凡。酒楼、茶肆、小吃摊儿客人云集。说书、耍猴算卦、杂耍、拉洋片、打拳卖艺者人头攒动,摩肩擦膀。戏楼以北至大殿前是京广洋货棚的经营场所。事实上城隍庙在相当长的时间内,一直是禹州城社会文化和流动商业的活动中心。

禹州城隍庙现存古建筑较多,较完整的殿宇有4处,加上戏楼、山门是禹州现存规模较大的古建筑群,更由于修建年代不一,包含有宋、元、明、清不同年代建筑科学的灿烂文化的结晶,是研究古代建筑史的宝贵实物资料。

### （十七）荥泽县城隍庙

河南省重点文物保护单位。荥泽县城隍庙初建成于宋代，历元、明、清各代，于清康熙三十七年迁建于荥阳故城内西北隅，位于今惠济区古荥镇政府附近。

荥泽县城隍庙

荥泽县城隍庙现存建筑始建于明成化年间（1465～1488年），现存明代大殿，月台、碑刻2通，清代香炉1尊，寝殿存部分基础。现存大殿是明代建筑，坐北朝南，东西长16.2米，南北宽11.4米，大部分保存完整，面阔5间，进深3间，单檐四坡式建筑，屋面覆以绿琉璃瓦，脊饰绿黄相间式琉璃，正脊两端置蟠龙大吻，主体建筑由18个木柱支撑梁体。梁体等木构架以五色彩绘，殿内方砖墁地。殿前月台上铁香炉呈圆形，高1米，周长2.52米，上铸乾隆年间重修城隍庙铭文。月台两侧各立碑刻1通。西侧碑刻为嘉靖三十三年（1554年）重修荥泽县显佑伯城隍庙碑铭，碑身通高3.8米，其中碑额1.4米，雕刻二龙戏珠图案，碑身2.4米，宽1.22米。碑文详细记载了重修经历及城隍庙布局及建筑规模和风格：大殿、寝宫各五楹，隆栋修椽，金铺玉舄，复檐崇危，翠飞鸟革，金碧荧煌，仪像有赫，翼以仪门，瓦缝砖级，不事栋宇，龙磨所能，大门三楹，巨灵对峙，左拽玄菟，右臂苍鹰，森严可畏，建东西廊为楹，凡七十有二以肖古金。东侧碑刻为明万历年间重修"荥泽县城隍庙记"，碑身通高3.8米，其中碑额1.4米，雕刻二龙戏珠图案，碑身高2.4米，宽1.20米，楷书，详细记载城隍庙始建于成化年间的原因及重修经历。

### （十八）涉村东大庙

河南省重点文物保护单位。涉村东大庙位于巩义市东南山区涉村镇后村。东有五指岭，西为金牛山，南靠嵩岳，北依盘龙山，西南方向后村河向西流入坞罗河，俗称"四十五里倒流河"。

涉村东大庙又称金山寺、中岳后庙、后村关帝庙。创建年代不详，由庙里宋代宣和二年（1120年）的石供床，推测创建年代最晚为宋代。明清时期多次维修。20世纪30年代末，巩县芝罗二校（芝罗乡第二中心学校）在此驻扎；1945年，八路军撤退后，国民党县大队李清彪、王殿臣等在该庙内设公堂刑场，迫害屠杀许多革命人士，被老百姓称为阎王殿；新中国成立后改为巩县十八完校；20世纪"文化大革命"后期，由于各村建校，学校分开，后村学校继续使用；20世纪80年代初学校迁出。现为后村宗教活动场所。

涉村东庙坐北面南，东西宽58米，南北长36米，面积2000平方米。庙院横长，现存山门、戏楼、关圣殿、中王殿、圣母殿、卢医殿、三官殿、祖师宫、送子观音殿、白衣阁等建筑，皆为硬山式砖木结构，房屋21间，宋、明、清碑碣13通，石供床2块，院子内、围墙下还有残碑10余块。特别是发现了宋代石供床，宋代石刻在中原地区虽多有发现，但该石供床纪年清楚，题跋清晰，刻工精细，为我们研究宋代巩县地名、文化、民俗提供了珍贵的资料，具有相当高的史料价值。该建筑历史悠久，保存基本完好，具有一定的历史、文化、艺术价值。

### (十九)密县城隍庙

河南省重点文物保护单位。密县城隍庙位于新密市老城西街。坐北朝南。创建于明洪武四年(1371年),清康熙十一年(1672年)知县李居易重修。乾隆五十七年(1792年)3次续修。大门外琉璃照壁,系马负图建。城隍庙建筑群,总面积4140平方米,由南向北有琉璃照壁、铁狮、石坊、山门、戏楼、东西廊房、大殿、东西配殿、寝殿及东西道院。

现存建筑:戏楼面宽3间,为歇山式高台楼阁灰瓦顶建筑,两侧为钟鼓楼,中间为戏楼,均坐于3米多高的台基之上。台基下为砖券门洞3个;大殿面宽5间,进深3间,为单檐悬山建筑,前后檐下各置斗拱10朵,殿前有卷棚,均琉璃瓦覆盖;寝殿,面宽3间,进深2间,前檐有出厦走廊,亦琉璃瓦覆盖。另外有配殿4座,东西廊房各13间等,均为硬山灰瓦顶。大殿、寝殿为明代建筑,均保存完好。庙内石碑10余块,大都嵌于屋墙上。

《礼运》载:天子大蜡八。伊耆始为蜡,蜡祭八神,水庸居七,水则隍,庸则城也,此正祭城隍之始也。《谰言长语》:"城隍之名,肇于古史之造字,其用著于《周易》之系爻。城隍之有庙,殆亦以栖配食之灵,祭城隍于配食之庙,犹明堂之祀帝云尔,此儒者之正论也。今多塑像寝殿立配,又置两廊之狱,如东岳之七十二司,谬矣。"

### (二十)洛阳吕祖庙

河南省重点文物保护单位。洛阳吕祖庙位于洛阳老城北约2.5公里的井沟村,现洛孟公路东侧的邙山上。吕祖庙,也称吕祖庵,因供奉道教全真道"北五祖"之一的吕洞宾而得名。吕洞宾是中国人熟知的"八仙"(李铁拐、汉钟离、张果老、韩湘子、曹国舅、蓝采和、何仙姑及吕洞宾)之一,相传他是唐朝京兆人,值黄巢起义,隐居终南山,后又流浪江湖,64岁时遇仙人汉钟离,度其为仙,道教全真道尊其为北五祖之一。相传他仗剑骑鹤游天下,曾"憩鹤于邙山之巅",于是后人在此处建庙塑像。道教称仙人住所为洞,吕洞宾号纯阳子,故庙名为"纯阳洞"。

吕祖庙坐西朝东,前有瀍水峡谷,后为邙山高原,庙院不大,但古树葱葱,清静幽雅,景色秀丽。吕祖庙创建于清代乾隆年间,后经屡次修建、扩建,成为一处红砖灰瓦的建筑群。现存建筑26间,主要有山门、卷棚、前殿、出前殿、正殿,自山门到后殿呈台阶式上升。

山门全部为砖石结构,整个建筑不见一木,九脊歇山式顶。门洞内上部类券顶。山门两旁各有客房3间,均为砖木结构硬山顶,板门,直棂窗。卷棚为石木结构,1间,四角以4根方形石柱支撑,顶饰琉璃瓦。卷棚前为月台,月台两旁各有一月亮门。前殿砖木结构硬山顶,上饰琉璃瓦与吻脊。面阔3间,进深2间。格扇门,花格窗。进殿内有一方形砖台,上为木构吕祖阁,阁内供置吕祖像。大殿两旁有配殿两间,为木结构硬山顶,板门,起棂窗,出前檐。月台出前殿后门拾级而上是一月台,两边各有厢房3间,为砖木结构硬山顶,格扇门,方格窗,其后是正殿。正殿面阔3间,进深2间。格扇门,直棂窗。两边各有配殿2间。板门,直棂窗,全为砖木结构硬山顶,顶饰青色小瓦,出前檐。

原庙内各殿塑像、经卷、法器和签板均毁于20世纪"文化大革命"中。现存碑刻数通,但因风雨侵蚀较重,字迹难辨,内容不清。

### (二十一)大隗洪山庙

河南省重点文物保护单位。大隗洪山庙位于新密市区东南25公里的大隗镇洪山庙村。因庙祀

洪山真人而得名。

因世乱隐居洪山,"医宋太后……诏封护国真牧灵应真人,及卒,葬洪山,元始建庙祀之"。自元、明至今,每年清明佳节,川、广、江淮商人云集洪山庙古庙会,购买药材。

大隗洪山庙创建于元代,明、清两代均有修葺。内供"洪山真人像",当地称为"牛王"。据碑文载:"洪山真人",姓顾,原籍河北,南宋末年曾举进士,宋代名医。尝奉诏为宋太后疗兵马,投方辄愈,赐金帛不受,诏封护国真牧灵应真人。因随陈庄陈治甫避世乱来到这里,后隐居洪山,号洪山真人,一生好善,为人畜治病,自制自采草药,深得老百姓爱戴。后误食蛇卵,剖腹净肠而亡,死后被人们敬祀为神,号牛王,庙称洪山庙。

洪山庙坐北朝南,顺山势而建。庙内现存大殿、后殿、药王殿、祖师殿、钟鼓殿、山门等建筑16座,共44间。此外有碑刻30余通。此庙建筑物多已残毁,唯大殿保存完好。大殿面阔5间,进深3架,单檐歇山顶,高10米,面积110平方米。大殿顶覆以琉璃瓦,正脊、垂脊、戗脊,饰有龙、凤、鹤、莲、牡丹等虫鸟花卉图案。大殿房檐出厦1.68米,前檐垫拱板上有14幅人物故事和禽兽图案,殿内梁架也有彩绘。内檐垫拱板上有28幅戏剧人物画,现27幅保存完好,绘画风格及人物服饰特点均为明代。殿内木、石柱混用,石柱浮雕盘龙、鹤、狮、鱼、蟾蜍、麒麟等图像。古朴典雅,美观大方。

洪山庙大殿的28幅戏剧壁画,现在除了后墙因墙体损坏失去了3幅,西墙北部可能是受损严重有2幅为后人补画的水墨作品以外,其余的23幅虽然大多已残缺不全,仍保存了明代绘制的原貌。画面多是依梯形的空间,在四周绘制了方格勾栏,以代表过去戏楼舞台的表演空间,中间则绘有一定故事情节构成的戏剧表演场景。分为武戏、文戏、生活故事几种类型。武戏以打斗为主,有武将,着甲服;义士、坊间侠客,着明代民服。兵器有刀、枪、剑、锤、爪等。文戏以叙事人物为主,有帝王将相、才子佳人、朝臣命妇等。生活故事人物有:公子、小姐、丫环仆女、家郎院公等。共绘有表现不同特征、不同风格的人物100多个,似一卷以人物表现为主,展现明代社会生活的连环图。

壁画是采用唐宋以来民间绘画常用的线形结构的技法,利用沥粉描金的绘制技术,利用扎实的人物写实能力和记忆写实的功夫,创作出来的明代戏剧人物壁画。它是先用木炭打好线稿,再用墨线毛笔定型,在定型的基础上,再用特制的工具沥粉。所谓沥粉,就是用当时所能利用的白粉,如老粉等,用胶调和成膏状的黏稠泥,使之能够立起雕线,并将之装入洗净的鸡尿泡中,用手轻轻地挤压,从较细一端的孔隙中就能绘出浮雕一般的轮廓线条来,待干了以后,再将这种浮雕立线描上金粉,将各个不同的细节,填上石绿、石青、朱砂、滕黄等矿物质颜料,塑造出传神的表情和动作,就形成了这种特殊的寺庙壁画的绘制技法。

### (二十二)鸣皋南岳庙

河南省重点文物保护单位。鸣皋南岳庙位于伊川县鸣皋镇鸣皋村的衡桃山头。史料记载,南岳庙建于北魏孝文帝太和十七年(493年)。相传南岳庙建于北魏年间,孝文帝都洛,南巡至鸣皋,望着正南方鸣皋山主峰,想到北魏政权已有四岳(东岳泰山、中岳嵩山、西岳华山、北岳恒山),而南岳衡山非北魏所辖。孝文帝为朝五岳,特尊鸣皋山为南岳衡山,于其上建南岳庙祭祀。南岳庙原来规模宏大,坐北朝南,其主体建筑可分为山门、钟鼓舞楼、四神殿、两庑、寝宫、太姒殿、白衣殿、玉皇殿七个部分。在1500多年的历史长河中,南岳庙历经沧桑,因年久失修,民国时期一部分庙房倒塌。新中国成立初期,伊川县人民政府又拆掉钟鼓楼,把砖瓦木料运往县城盖成7间大礼堂。仅剩南岳正殿3间,砖木结构,歇山式建筑,面阔11.35米,进深10.35米,殿内有圆形立柱两根,两人合抱,柱头为砍刹式。内宽9米,中门宽2.3米,四周壁画依稀可见。

近年,各级政府的投资及四乡民众的捐款,让南岳庙部分建筑得以重建、修复。南岳庙主体建筑依次为三层山门、钟鼓舞楼、四神殿、南岳正殿、两庑、寝宫、太姒殿、白衣殿、玉皇庙等几部分,依山势贯穿在中轴线上,雄伟壮丽。

南岳庙在当地十分有名,南岳庙每年农历三月十五起会,方圆数百里前来赶庙会的人络绎不绝,人数最多时可至10余万。

### (二十三)纪公庙和周苛庙

纪公庙,全称汉忠烈侯纪信庙,位于郑州市惠济区古荥镇纪公庙村,纪信墓南侧。唐高宗麟德二年(665年),朝廷以"少年之礼"祭祀纪信,并赠以"骠骑大将军"封号,立碑于纪陵前。天宝七年(748年),唐玄宗下诏为忠臣义士建庙祭祀,纪公庙因此而建。

纪公庙坐北朝南,头门为一拱券,一对石狮列于门旁,门上有"汉忠烈侯庙"的石匾一块。进大门可见大殿耸立,四角高挑,屋顶灰瓦覆盖,屋脊上各种陶塑奇鸟异兽相对而立,形态小巧精致,将大殿衬托得既文雅又肃穆。门框上写有15言对联一副:"解万千众围困重重抗楚功臣推第一;成四百载帝业绵绵大汉国土许无双"。庙内原有民国年间重修的大门、戏楼、大殿、东西廊等。原貌今已无存。近年新修庙门及大殿,庙内祀纪信塑像。

纪信庙后有纪信墓,墓区原设守陵户,繁衍至今为纪公庙周边的新庄、界庄、石羊庄、封沟等村落,全称"纪公庙村"。村民多租种庙产,不缴纳赋税,不服役,地租专供春秋祭祀纪公之用。由于纪信的以身殉节,使汉朝得以400年江山,所以纪信得到万代人们的尊崇。

纪信墓旁立有历代重修庙宇和赞颂纪信的碑碣20余通,大部完整,字迹清晰。为时最早、价值最高的是武周长安二年(702年)书法家卢藏用撰书的"汉忠烈纪公碑",其次有宋徽宗大观四年(1110年)乐清太守周颖撰文、寅德郎中祭靖书写所立之碑以及南宋乾道八年(1172年)的碑文及民国时期的碑刻。现存民国时期的碑刻有于右任、陈立夫、李培基、罗震等题的碑刻。目前,仅存23块。这些碑刻运用不同形式,如实地记述和歌颂了纪信的丰功伟绩,堪称"纪公丰碑"。

周苛庙位于纪公庙以东约一百米,殿与墓已毁于"文革"。这里已建民宅。

据《史记·项羽本纪》和《高组本纪》载:汉王三年,刘邦屯兵荥阳,项羽率兵围攻,汉军绝粮,汉将纪信为汉王刘邦献脱身之计,愿扮汉王诈降项羽,使汉王趁机逃离荥阳。刘邦纳其计,遂命御史大夫周苛、枞公守荥阳,趁纪信乘黄幄出东门诈降之际,带数十骑从城西门出走成皋。项羽见纪信,知汉王已出走,怒焚纪信。城破后,周苛、枞公被俘拒降,项王怒,烹周苛,杀枞公。

### (二十四)许由庙

许由庙位于登封市东南东华镇箕山北部山腰。左有虎头岩,右临馒头

箕山许由庙

坡。庙建于东汉时期。据《河南府志》和乾隆五十六年(1791年)《重修许由公祠碑记》记载,庙前原有东汉颍川太守朱宠所立的庙阙。《河南府志》记载:"许由阙系朱宠所建,至明有知县侯泰、傅梅重修。"今阙已毁,唯庙存。

据传:上古隐士许由是上古槐里人,因拒尧之禅让,隐居箕山,耕耘颍畔,并洗耳于颍水。巢父牵牛去饮,由怕水污了牛嘴,又到上游去饮。后人为纪念许由的高尚风格,在此建庙。唐朝田游岩曾卜居许由祠旁。盖其祠历代不废,近日乃呼为真人祠,而高隐之义晦矣。

许由庙现有建筑为明代建筑,清代重修。许由庙现存正殿1座,面阔3间,进深2间,为硬山、高脊、出前檐瓦房,前有石、木两截衔接的明柱两根。西廊房3间,硬山灰瓦顶。

庙内原有碑碣八九通,20世纪"文化大革命"期间被砸毁,现仅存完整石碑一通,垒砌在正殿台下。庙前地里有断碑一截,字迹尚可辨认,残碑记载:"重修许公祠碑记……大清乾隆五十六年(1791年)。"

许由庙后有许由墓。按当地民间民俗,许氏后人不断有人前来凭吊。1991年5月,台湾省台北市有一团队到此祭祖、投资,由当地人施工重修,并于山顶新盖许由庙宇,金妆许由塑像。

### (二十五)始祖山轩辕庙

始祖山轩辕庙位于新郑市千户寨乡始祖山(具茨山)主峰顶上,海拔793米,地理坐标:东经116°36′,北纬34°18′。轩辕庙创建年代不详。清顺治十五年(1658年)《新郑县志》记载,"轩辕庙在县西大隗山巅"。清康熙三十二年(1693年)《新郑县志》记载,"轩辕庙在县西大隗"。清康熙三十四年(1695年)《新郑县志》记载,"轩辕庙在县西大隗山巅"。

轩辕庙现仅存石殿一座。石殿,坐西向东,台基、墙身和屋顶均为石材构成。面阔3间(7.35米),进深3间(4.80米),高约5米,为单檐歇山式建筑,建筑面积40平方米。殿顶覆盖灰板瓦,疑为近代覆加。正脊平直,两端和戗脊下端均以兽首作结。正脊中央雕有"吉"字图形。庙墙正面和背面用4组长斗拱安在檐柱之上,殿内4根石柱通过步(木梁)与墙体连接起来,柱上置横梁等构件承托屋顶。正面明间辟门,门高2.18米,门宽1.73米,左右有立颊。两次间用直棂窗,中间一道破子棂窗,其他三面无窗。门楣石簪上浮雕横向排4个象形文字,南为"日",北为"月"字,中间阳雕一"卍"字。庙正面两窗下各嵌有9644厘米的石碑,碑文已漫漶不清。

庙内为仿木构凹槽式抬梁建筑,以石板作椽,石条作檩,厚重坚固。庙内左侧立有一通清嘉庆七年(1802年)新邑庠生赵蔺宫、董沐撰文,古钧儒童李天乙书丹的石碑,记载着"重修风后山群庙暨创建于孔子虫马仙康仙灶君药王鲁班送子土地"的史实。

### (二十六)白龙王庙

白龙王庙位于嵩山之阳的新密市区南15公里的柏崖山和熊耳山之间的峡谷中。始建于唐末和五代年间。现存龙王大殿、乐楼、拜殿各1座,共计庙宇26间。大殿两旁有关帝庙、奶奶庙各3间,殿后有后宫瓦房3所,殿前东侧有道房1所,西侧有官停房3间。该庙现有碑刻15通,松、柏、桧等各种树木10余株。

庙西南山脚下有柏崖龙池,苍松翠柏,清幽静寂。庙前有深谷10多丈,深谷里有3个青石水潭,叫白龙潭、黑龙潭和九龙潭。有一股清泉自荟萃山而来,落入白龙潭时,飞流瀑布3丈许,水声悠远,回荡山谷。清代有诗人赋诗:"加鞭风及雨,四月拜龙泉。覆掌驾三峡,翻身驭九天。时霖熊耳岭,或澍风鸣巅。歇马寻长揖,逍遥举步仙。"

### (二十七)巩义明代三官庙

巩义明代三官庙位于巩义市区南8公里蔡庄村。《七修类稿》:"世有三元、三官,天地水府之说。此理也,盖天气主生,水为生侯;地气主成,金为成侯;水气主化,水为化侯。其用司于三界,而以三时首月侯之,故曰三元。元,大也,两间之元,孰大于此。三元正当三临官,故又曰三官。"创建于明万历二十四年(1596年),清代重修。现仅存大殿,为悬山式砖木结构,面阔3间,进深2间,房顶覆盖灰色筒瓦,仅大吻和宝瓶为淡绿色琉璃烧制。檐下施斗拱8朵,昂似批竹,后尾为带弯形假通昂。这些木制构件具有宋代风格,实用价值较高。

### (二十七)巩义清代三官庙

巩义清代三官庙位于巩义市区南25公里夹津口镇石井村。该庙建于清道光二年(1822年),坐北朝南。庙中原有建筑早已坍塌,唯存清同治年间大殿3间,硬山灰瓦顶。殿内保存的拳术壁画是研究我国拳术的珍贵资料。殿内四壁白灰抹面,东、西、北三壁皆绘壁画,墨笔单线,画风纯朴粗放。除北壁绘山水、日月、人物画外,东西壁绘拳术、棍术,均绘于方形界格内,共22幅,排列整齐。弄拳者头结发髻,裸上体,下肢着宽裤,披裤腿边至膝下,足蹬圆口鞋。习武者个个躯体矮胖,肌肉隆起,健壮有力,神情威武,每个格内绘2个人相对格斗,以不同的套路,各自摆出架势,有攻有守,聚精会神地对仗,酷似一套拳术连环画谱,每格画幅表现一个拳术套路,并分别在画旁题写名称。但大部分已脱落,从现存残迹可辨出拳术套路名称的有"太山黑白跌势""探马势"等。这些壁画集22种套路,并存题名,对拳术研究提供了形象的资料。东墙壁绘有中堂条幅式"商山四皓"图。

三官庙地处嵩山的太室、少室之间的北麓,距著名的少林拳发祥地少林古刹不远,从庙内留下的清代碑记和绘画风格判断,该壁画应和大殿建筑为同一时期,都在清同治年间。

### (二十八)河大王庙

河大王庙在伊洛河流域,仅巩义市就有两处:

巩义南河渡河大王庙,位于巩义市区东北15公里南河渡镇神北村。明代黄河与洛水交汇处,河水泛滥,当地百姓为祈平安建此河大王庙,清、民国时均有修葺。坐北朝南,面积0.2公顷,中轴线自南而北依次有山门、戏楼、大殿,其中东西厢房已拆毁。大殿面阔3间,前出卷棚、月台,雕饰华丽。

巩义站街镇河大王庙,位于巩义市区东9公里站街镇财税所院内。坐北朝南,创建于清嘉庆二年(1797年),现存大殿、卷棚、戏楼等建筑,面积0.4公顷。戏楼系高台楼阁式,上下两层,高10米,上层是舞台。大殿东西长13米,宽13米,歇山式建筑,灰瓦覆顶,前有卷棚3间,青砖小瓦,木架结构,彩绘绚丽,木雕、砖雕图案精美。殿后有后楼一座。庙内现存碑刻8通。

### (二十九)孔氏家庙

孔氏家庙位于郑州市邙山区古荥镇南街。创建于宋祥符年间。是孔氏家族后代为唐孔戣、孔纬守坟俸祀和祭祀先祖的家庙。明弘治初年(1490年左右)和嘉靖十四年(1535年)曾两次重修,但都毁于明末战火。清雍正十三年(1735年)仿样重建大殿3间、前堂3间、照壁1座。乾隆十年(1745年),增设棂星门和院墙;四十一年(1776年)增设东西殿庑;直到嘉庆二十四年(1819年)重修后,孔氏家庙才恢复旧观。家庙原有大殿3间、厅堂3间、照壁1座,殿前有石碑数通。现仅存大殿3间,砖木结构,前有明柱外廊,已失去古代建筑特点,只有前檐横梁的"柁墩",可能还是清代以前的遗物。另有道光十八年(1838年)碑1通,堂前有古杨2棵。

庙内原有宋碑,详细记述了建庙经过。碑额正面为小篆12字,两行竖写,"建河南广武原宣圣家庙碑记"。字两侧有线刻云朵,右托日,左托月。碑刻是线雕阴纹图案,绘莲花、芍药等花卉。最早的宋碑是大中祥符二年(1009年)建庙时所立,高1.9米,宽0.6米。碑文记述了建庙经过,并说明孔氏后代居住古荥的来历。原文说:"(大中)祥符元年驾幸曲阜,赐孔氏男女钱帛有差……曰:'圣人世家子孙若此其盛乎?'四十五世孙孔延、世袭文宣王奏曰:'孔子仍有随驾参军孔晁一支,住在河南广武原,族也。'上召晁问,对曰:'祖孔戣,任唐礼部尚书,国公孔纬,皆荷□先朝御葬广武原,子孙守坟俸祀,随□逐不能以东归。'上喜,策命留守王羽腾来原建家庙3间,前戟门3间,棂星门1座。"此碑和厅堂、照壁在"文化大革命"中被毁。

### (三十一)新密孔庙

孔庙位于新密市老城东街。始建无考。有史料记载,元至正二年(1342年),主簿马元良重修,元末兵毁。明洪武二年(1369年),知县冯万金因旧址草创。成化年间,增修如制。弘治间,修建东西二斋。正德年间,易棂星门之木者以石。明末后毁,鞠为茂草,仅存棂星门。清顺治三年(1646年),重始建大成殿;六年,增补,规制略备。康熙二十年、四十九年增修;雍正八年、嘉庆三年作以重修。明代刘定之为此撰有《庙学碑记》,上面有庙学的详细记载。元、明时屡有修建。现存建筑为清顺治三年(1646年)重建。坐北面南,面积2440平方米。现存戟门、大成殿、崇圣祠、敬一亭、尊经阁及东西厢房各3座。戟门面阔3间,前后檐出廊,硬山式瓦顶;大成殿面阔5间,进深3间,单檐悬山式灰瓦顶,内施8根合抱木柱,整个大殿在高约1米的台基之上,殿前为月台;崇圣祠面阔5间,进深3间,悬山灰筒瓦顶覆盖,殿内立合抱木柱8根,柱础为覆盆式;敬一亭面阔3间,进深1间,悬山灰瓦顶;尊经阁面阔3间,进深2间,硬山式灰瓦顶,阁前为平台。庙内现存元、明、清碑各1通。

### (三十二)孙真庙

孙真庙位于巩义市区东南4公里站街镇大黄冶村。创建年代不详。据传是为了纪念我国唐代药王孙思邈而建。该庙坐北朝南,面积1000平方米。现存山门、广生殿、孙真殿、拜殿共13间,窑洞4孔,均为清代建筑。其中拜殿为硬山青砖小瓦结构。廊下有明柱,檐下明间木雕花卉。孙真殿为砖券无梁殿,灰瓦覆顶,檐下有砖磨斗拱,补刘雕花卉、人物故事。现有碑刻数通。

### (三十三)启母少姨庙

启母少姨庙位于巩义市回郭镇西南2公里柏峪村的古柏谷坞遗址上。启母少姨庙,俗称"四座庙",距今1160年。据《河南府志》、清《巩县志》、民国《巩县志》和《郑州文物志》记载:启母者,夏禹王之妻,启乃禹王之子;少姨乃启母妹。因两位协助大禹治水有功,至汉武帝元封元年(前110年)以来即飨百姓奉祀。唐武则天万岁登封时,又册封启母为玉京太后,少姨为金阙夫人。启母、少姨各自有庙,分别在登封的太室、少室山中。但因年长日久,天灾人祸,今已荡然无存,仅剩石门"启母阙"和"少室阙"。据考:启母、少姨同居一庙飨百姓奉祀的启母少姨庙,有史以来唯有一座,即现在柏峪村的"启母少姨庙"。据庙内现存的宋嘉祐六年(1061年)杨士元所立的"重修启母少姨庙碑"记载:此庙始建于唐开成四年（839年），由当地人冯彦皋出巨资率众修建，为使众人免受跋涉之苦远上登封祭祀，在柏谷建庙。庙内现存殿宇5座，经幢1根，古碑23通，石香炉1个，均保存较为完好。

### （三十四）天仙庙

天仙庙位于新密市区南4公里杨寨村西南部。创建于明世宗（1522～1566年）时，清代曾5次重修。该庙坐北朝南，分三进院，主要建筑有天仙殿、人祖殿、玉皇殿、老君殿、五龙庙等，"文革"中被毁。现存建筑是在旧址上重建的，前院有天仙殿，面阔5间，进深3间，祀黄帝三女；中院有人祖殿，面阔3间，进深3间，祀轩辕黄帝及风后、力牧、常先、大鸿；后院有玉皇殿，面阔3间，进深3间，祀玉皇大帝。庙内殿宇均硬山琉璃瓦覆盖。嘉庆二十二年《密县志》载："天仙庙，在县东五里，明世宗时创建。国朝五次重修。世传黄帝三女，学道十七年，一夕同逝，合葬于此。冢上生白松，一株三干，高八九丈，世称'天仙白松'，康熙间，松为烈风所吹，根株尽拔。乾隆间，知县秦襄为亭贮之。"

天仙庙中院有黄帝三女冢，冢上有历时千年白松一株，为名贵稀有植物。《徐霞客游记》中曾记述其状貌："松大四人抱，一木三干，鼎耸霄汉，肤如凝脂，洁如傅粉，盘枝虬曲，绿鬣舞风，昂然玉立半空，洵是奇观也！"清康熙年间，为暴风所摧。遗有明代"白松图碑"1块，现存于郑州市博物馆。

### （三十五）马固王氏家庙

马固王氏家庙位于郑州市上街区峡窝镇西马固村南街观音堂东侧。马固王氏家庙为嵩山历史名人、北宋官吏王博文家族的庙。王博文（973～1038年），北宋官员、诗人。字仲明，曹州府济阴（今山东曹县）人。北宋武官王谏之孙，太子太师王世安之子。王博文幼善文，16岁中进士，曾写回文诗百篇，人称"王回文"。真宗时任亳、淮司事，后升至监察御史、梓州路转运史。天禧

马固王氏家庙

中，任尚书兵部员外郎、户部郎中、龙图阁侍制、同知枢密院事。景祐五年（1038年）病卒，帝临奠，赠兵部尚书，葬于郑州市上街区峡窝镇东北四所楼村东。王博文有二子，长子王田，天圣间进士，官至枢密院副使；次子，王畴，字景彝，以父荫补将作监主簿，累迁太常博士、翰林学士。

王博文家族在历史上有着"三朝枢密院九子进士宫"之说。三朝枢密院是指王博文和其父亲王世安、其子王田，而九子进士宫，已无从考证。

马固王氏家庙由王汎创建于明朝万历四十一年（1613年）前，完工于万历四十三年（1615年）前。建有寝殿、影壁、门楼。清朝康熙二十八年（1689年），王继柴、王道平主持对家庙进行第一次修复。清乾隆三十一年（1766年），王秉瑞主持增修拜殿、甬道，将断裂为四块的王田墓志嵌于寝殿后壁，志文复制于重立的正中祖宗神道碑上，昭示后人。清嘉庆六年（1801年），王禄善、王秉道等人建东西厢房及跨院库房。1995年，王天太等人对门楼、东厢房等建筑进行保护性修缮。

马固王氏家庙由台阶、露台、门楼、影壁、厢房、拜殿、寝殿、库房等建筑组成，布局谨严，气势端庄肃穆。整座建筑群采用传统的中轴对称格局，屋基起台。寝殿、拜殿、厢房两端均有风道。寝殿、拜殿

之间以滴水天井相隔,东西拱门相连,和风水之理,符阴阳之术。

庙中主体建筑有寝殿,寝殿为无梁殿,圆石根基,青砖白灰精砌而成,穹顶弧形,线条流畅,硬山,屋顶上覆小青瓦,顺排横扣,勾抹精细,历经400余年风雨,至今基本保持原始风貌。拜殿为砖木结构,四梁八柱,五脊六兽,开间疏朗。兽头、瓦当造型古朴。内悬"大宋世家"匾额。厢房东西对称,砖木结构。前脸的狮头上雕以篆书"福、寿、康、宁"4字,笔锋粗实,古香古色。大面积格子前窗,透光良好。门楼为明代建筑风格,砖木结构。门当为30厘米的鼓形青石,上饰以图案花边。户头上悬以"三朝枢密"匾额。

庙中的影壁为70块灰砖精雕细刻砌成的高浮雕瑞兽"角端"图案(一说为"贪狼吞日"),富有动感,寓意深刻。两边刻有"大梁清和状元古门第,京洛鱼陵枢副旧世家"的楷书对联。横额为"朝笏满床"。背面雕有童子、花草等。

整座建筑坐北朝南,结构紧凑,用料讲究,内涵丰富;其石狮、门楼、砖雕影壁墙、东厢房、西厢房、拜殿、王氏宗祠匾、三朝枢密匾、王田墓志等文物瑰宝以及对联"大梁清和状元古门第,京洛鱼陵枢副旧世家"和横批"朝笏满床"、对联"三朝枢密簪缨世胄垂百代,九子进士科第家风表千秋"和横批"大宋世家"等,至今保存完好。

### (三十六)登封周公庙

登封周公庙位于嵩山太室山南麓、登封市告成镇北观星台所在院。登封周公庙始建于明代。原名"周公测景祠",有照壁、大门、大殿、仪门等建筑。

周公祠前有照壁,又称影壁,建在周公庙大门外,系砖砌硬山式建筑。清乾隆十三年(1748年)登封知县施奕簪创建。壁北面嵌有"千古中传"石额1方。1975年重修。大门在照壁后,面阔3间,仿古硬山式建筑。明弘治十一年(1498年)建。清乾隆三十二年(1767年)、嘉庆十四年(1809年)两次重修。1975年又进行一次维修。大门檐下两侧的石柱上,刻有清嘉庆十四年(1809年)的楹联一幅:石表寓精心,氤氲南北变寒暑;星台留古制,会合阴阳交雨风。

主体建筑周公祠在测景台和观星台之间,也叫周公大殿,面阔3间,前有卷棚,硬山式建筑。始建于明弘治十四年(1501年)。明万历十年(1582年)、清嘉庆十四年(1809年)两次重修。1982~1984年河南省古建所落架重修。螽斯殿俗称奶奶庙,是最后一座建筑,面阔3间,硬山式建筑。2004年,登封市文物局对此殿进行了重建。

现保存在观星台周围附近的碑刻共16通,其中明碑7通(一残碑),清碑9通。最早的是明正德十五年(1520年)的"告文碑"。最晚的是清光绪十九年(1893年)的《重修元圣庙碑记》。碑刻的内容多为增建祠庙或修葺观星台以及游人题诗等。它提供了有关观星台历代修葺资料,具有一定的历史价值。

### (三十七)老庙(玉仙圣母庙)

老庙,又称玉仙圣母庙,位于嵩山东北麓、巩义市区东南30公里的新中乡南部石城山凤飞岗下,亦称玉仙圣母庙。该庙创建于唐,明清屡有修葺。占地面积10万平方米。坐北朝南,中轴线自南向北依次为山门、中王庙、玉仙圣母殿;西有火神庙、龙王庙、白衣阁;东有安水殿、玉皇阁、玉仙圣母行宫等。

玉仙圣母殿,面阔3间,宽12米,进深5米,房高10米,为硬山砖券无梁殿。顶部为黄绿色琉璃瓦

巩义老庙

覆盖,龙凤雕脊,脊上排列八仙庆寿,正中置琉璃宝塔,檐下有砖雕斗拱,补间花饰雕刻古朴典雅。

玉皇阁面阔3间,进深2间,为悬山砖石拱券结构,黄绿琉璃瓦覆顶,檐下施斗拱。

现存房屋50余间。该庙现存殿宇房舍大都是明清时期建筑,庙内有明、清重修碑刻数十通,记述庙宇的沿革与重修经过,是研究该庙历史的实物资料。

**(三十八)卢医庙**

卢医,原名秦越人,号扁鹊,渤海鄚州(今河北任丘)人。他出身贫苦,少年时作客舍舍长,聪明机敏,勤奋好学,向客居的长桑君学医,并重实践而成名,能兼治内科、外科、妇儿科、五官科等多种疾病。他同当时巫医神汉进行斗争,行医于河北、河南、山西、山东等地,深得人民信赖,但却引起巫医神汉的嫉妒,后被暗杀。消息传开,人民悲痛万分,为他修庙,立碑纪念。

嵩山地域古代有多处卢医庙,有巩义回郭镇卢医庙、巩义康店卢医庙、新密卢医庙、荥阳卢医庙、登封东刘碑卢医庙等,大都建于明代,有一定的规模。但随着时间的流逝,有的卢医庙的古建筑基本上已经无存,只有几座得以保存下来。

1. 巩义卢医庙

巩义卢医庙位于巩义市区西7公里康店乡山头村正中。创建于明万历年间,明、清、民国均有修葺。原建有大殿、两配殿、东西庑殿,面对大殿的中轴线上建筑戏楼1座。现仅存大殿、配殿、戏楼。戏楼面阔3间,2层,通高9米,长8.5米,宽5.6米。第一层正中为庙院正门,紧靠戏楼东、西侧辟角门。第二层木制棚板,北面对大殿畅开两明间,柱上端有简单雕刻。灰板瓦和筒瓦砌楼顶,硬山饰有脊兽。庙内现存石碑6通,均嵌在大殿墙壁上。其中清乾隆、嘉庆、道光、同治、光绪、民国期间的各1通。

2. 荥阳卢医庙

荥阳卢医庙位于荥阳市峡窝乡上街村南。始建于明代,清代重修。该庙坐北朝南,面积5000平方米。现存建筑中轴线上依次为山门、钟鼓楼、卷棚、大殿,两侧建筑已毁。大殿面阔5间,硬山灰顶。庙内现存"百世之师"碑刻1通。

3. 登封刘碑村卢医庙

登封刘碑村卢医庙位于太室山南登封市大冶镇东刘碑村九顶凤凰岭上。祀药王、药圣十代名医之神。明代重臣高拱为之记。庙建何时不详。1985年后,当地群众重修。前有大门,门外有一对高2米的石狮。庙院内有正殿,青砖灰瓦,古朴雅致。殿内正中有卢医扁鹊金妆塑像,左右有手执盘盏的弟子子阳、子豹站像。庙内原有明嘉靖癸卯年(1543年)《卢医扁鹊广应王三门记》、清嘉庆九年(1804年)的《凤凰山重修卢医庙金妆碑记》石碑,现保存在中岳庙。

### (三十九)伯灵翁庙

伯灵翁庙位于禹州市区西南30公里处的神垕镇黄道街。此庙的建筑年代已无从考证,据传说在明朝弘治年间、清代康熙年间重修过几次。它的大殿建筑格局和普通的庙宇没有什么区别,不同的是大殿顶部有一巨大的狮驮宝瓶,是清代著名的钧瓷艺人卢氏三兄弟的杰作。

伯灵翁庙大殿内供奉着三尊主神。中间一尊为土山大王,司土之神,据《竹书纪年》的记载,是舜。左边一尊为伯灵仙翁,根据史料考证,是东晋永和年间(345~357年)有寿人,名林,是一位能工巧匠,为神垕古代制瓷业的发展作出过巨大的贡献,所以被神垕的窑工奉为工艺之神。右边是司火女神,人称"金火圣母"。

伯灵翁庙是一座窑神庙,是全镇诸窑神庙中最著名的一座。

### (四十)岱岳庙

岱岳庙位于巩义市区东30公里小关镇郑沟村。据明万历十一年(1583)碑文记载,汉代曾在此建行宫,明、清、民国时均有修葺。坐北朝南,现存山门、正殿、广生殿、舞楼等殿房15间,均为硬山式灰瓦顶。正殿殿前有卷棚,青砖砌墙,灰筒瓦覆顶,正脊上雕4条苍龙,颇有气势。庙内现存重修碑刻2通。

### (四十一)三皇庙

三皇庙位于少室山三皇寨上。郑康成以伏羲、女娲、神农为三皇。宋代均以燧人、伏羲、女娲为三皇。《白虎通》以伏羲、神农、祝融为三皇。孔安国以伏羲、神农、黄帝为三皇。后天下祀三皇者,多以孔安国所说三皇相似。此庙原有道院两处,有三皇殿、盘古洞、观音殿等30多间,碑碣多通。庙院始建于何时无从查考。从现存清康熙十二年(1673年)四月初八辛生社《重修三皇殿记》碑,咸丰八年(1858年)三月住持僧制来《重修三皇殿记》碑和民国7年(1918年)六月清凉寺住持延乐和本山住持等《重修盘古洞记》碑,可知清至民国年间,多次重修并金妆神像。

1992年,少林僧人释德建登上三皇寨后,为承传少林寺禅学、武学、医学,同信士和附近村民集资募捐重修三皇殿、盘古洞、观音殿,并建佛祖殿、文殊殿、普贤殿和僧寮房,金妆神像佛像,并创建了一秉堂和龙阳洞等。

### (四十二)香山庙

香山庙位于登封市大冶镇与新密市平陌乡交界处的香山峰上。为纪念白居易教民采煤、冶陶而建。该庙始建于唐朝。据传白居易为河南尹时,教民采煤、烧制陶瓷、炼铁,节约大量木材。百姓感其恩德,在山巅为其建庙,年年致祭。

香山庙四周垒红石为垣,南北长18米,东西宽12.25米,面积220.5平方米。正中大殿3间,宽3.5米。庙内祀白居易等群像。庙内有记白居易事迹和重修庙宇经过的碑碣多通。庙外有红石寨环绕,长93.5米,宽81米,总面积7573.5平方米。据《说嵩》记载:"香山与密岵接趾,石质脆腻,细理缕叠,遍产磁碳,居民藉其利,或曰磁始于白居易尹河南时,教民作业以活,民立祠山上祀之,曰香山庙。"

### (四十三)巩义祖师庙

巩义祖师庙位于巩义市区东30公里米河镇小李河村。祖师庙始建于宋,明、清增建、重修,内供奉有祖师爷塑像。庙坐北朝南,尚存山门、祖师殿、火神殿、节孝祠、忠义祠等20余间,面积5000平方米。均为硬山灰瓦顶。祖师殿前有卷棚,大殿面阔3间,进深3间。灰筒瓦覆顶,檐下施斗拱,出4个龙头昂。火神殿檐下前壁有大幅砖雕3层,雕龙、天马等瑞兽及花卉和"天仙配""刘海砍樵"图案等,具有较高的艺术价值。

### (四十四)老君庙

老君庙位于新密市区东南7.2公里来集镇李堂村。清初创建,乾隆四十八年(1783年)重修。坐北朝南,面积0.11公顷,有山门、老君殿、龙王殿、关帝庙、东西廊房等。老君殿面阔3间,进深2间,前有卷棚,梁檩彩绘,硬山灰瓦顶建筑。

现存石碑20余块,均嵌于山门耳房内壁及庙院壁中,其中清乾隆八年(1743年)的《重修金妆玉皇碑记》载,药王庙后,地下素号富煤之地,开挖煤窑甚多。乾隆八年(1743年)九月,药王庙周围住户合伙在药王庙后打煤窑一座,不到一月而透煤,且煤质好,开采半年,平安无事。此碑为研究新密市煤矿开发史提供了重要资料。

### (四十五)巩义关帝庙

巩义关帝庙位于巩义市区南25公里涉村镇后村。创建于清代。该庙坐北朝南,现存山门、钟楼、戏楼、大殿、配殿、庑房等30余间,面积5000平方米,均硬山灰瓦顶。1945年,皮定均将军率领的抗日先遣支队南下后,国民党曾在这里开设公堂,残害革命干部和群众。

### (四十六)汝州城隍庙

城隍是管理一个城市的神灵,很受尊敬,供奉和祭祀城隍的城隍庙,其规模是相当大的。汝州城隍庙,大门开于中大街(今望嵩路与中大街相交处),面阔3间,进深2间,高约6米,飞檐挑角,两边为"八"字形短墙,上附筒瓦,门前有大型铁狮一对。门内两边塑有千里眼、顺风耳神像。进门向北为一长约200米的甬道直通庙门。甬道上镶嵌有13个六角井形青石,人们称"一溜十三井"。甬道北三分之一处有一骑街牌坊。庙门(即阅楼)面阔3间,中为拱形门洞,上为戏楼,两边有透花短墙。进门为一空旷场地,可供看戏使用。之后为马殿3间,中间一间为出入之用,两边各塑马匹马僮。再后两边为东西廊房,供奉十殿阎君,有十八层地狱泥塑,诸如上刀山、下油锅、掏心、磨磨、锯解分尸等,形象逼真,栩栩如生,阴森可怖,用以警示教化世人,勿去作恶。最后是大殿,面阔5间,供奉城隍(据说城隍是3个,有大城隍、二城隍、三城隍),庙内还放有木雕城隍像一尊,官轿一乘,供每年城隍出巡、出城收鬼放鬼之用。另外,庙内西南角自东向西依次又建有祖神殿、灶神殿和鲁班殿,系城内一大建筑群。

### (四十七)晋王庙

晋王庙位于郑州市管城回族区东晋王庙村边。始建于宋,明、清多次重修。原规模较大,后破坏严重。据清光绪二年(1876年)所立重修碑记载:晋王庙有大殿、拜厦、戏楼、三角门、道房等。现仅存清代硬山灰瓦顶小瓦房10间和石刻。其中"灵显王庙赞碑",为宋真宗赵恒所书,残高2.60米,宽

1.10米,厚0.3米,碑额有"灵显王之赞"5个篆字,碑文称赞李靖"功有于国,惠泱于民"。现在碑身字迹多剥落,裂纹严重。有金代《郑州重修有唐忠臣李卫公庙记》,为金明昌二年(1191年)十一月十五日立,碑高2.25米,宽1.03米,厚0.21米,额篆书"有唐忠臣李卫公庙记"3行9字,马逢臣篆额,□琉撰文,游总书丹,碑文行书22行,满行40字,笔力清劲,结构旷逸,有赵孟頫书《百泉玉虚观记》之笔意。碑文记载郑州重修李卫公(李靖)庙的情况。

据碑文记载:李靖为唐代名将,官至中书尚书右仆射,封卫国公。五代后晋天福年间(936~943年),追封李靖为晋王,所以李卫公庙称晋王庙。

### (四十八)少室山玉皇庙

少室山玉皇庙位于少室山玉皇沟西的御寨山。该庙前有一小河,清流有声,北靠太阳峰,南对少阳峰,西朝明月峰,东至登封西环旅游公路,景致优雅,环境别致,犹如人间仙境。在道教诸神中,由于"昊天金阙无上至尊自然妙有弥罗至真玉皇上帝"(俗称玉皇大帝)位置最为尊贵,所以嵩山地域中建有多所玉皇庙。该庙历史悠久,始建年代不详。据清顺治八年(1651年)在少室山玉皇庙所立的《重修玉皇沟玄帝殿并金神碑记》载:"如汉、唐、宋、元修葺,历历可考。至明代碣记要更繁,早则祷于龙池,甘霖立见滂沱。于是而穆宗皇帝御制文祭,又概可见也。"现存玉皇大殿12米,宽10米,高13米,无梁结构。

少室山玉皇庙

时逢农历八月,每逢月落正西之时,从玉皇庙院内仰望西天,恰巧月至峰顶,好比一颗夜明珠悬挂天空,将整个山谷普照得明亮如昼。古人云:"山中无灯凭月明,庙里有神自然灵。"此景观被人们称为"少室明珠"。当地人说,嵩山东有嵩门待月,西有少室明珠,月出月落,太室少室,一东一西,一唱一和,东西对称,堪称天然的绝配。

### (四十九)嵩山九龙圣母庙

登封九龙圣母庙有5处:一在嵩山南麓、登封市康村西北500米处的焦河西岸。始建年代不详。传说,古时有位康村姑娘到焦河洗衣,因洗了道人的道袍,嘴咬缝纫线头而怀孕,被父母逐出家门,在焦河岸边的田里生下九条小龙。龙长大兴雨,拯救百姓。百姓感恩为其盖庙供奉。庙院前原有戏楼,后被扒毁。大门前两边有池,池水清澈,四季不涸,称为龙眼。庙院有正殿,内供九龙圣母像。东偏院供九龙王像。二进院有正殿。三进院已毁。每年农历二月二举办庙会。

二在太室山东麓龙潭沟上。今依山傍谷有九龙王庙,为明万历二十六年(1598年)建,坐北朝南,面阔3间,青砖黄琉璃瓦顶,飞檐棂窗,内塑九龙王像。清同治九年(1870年)又在九龙王庙西建九龙圣母殿三间。坐东朝西,青砖灰瓦房。内塑九龙圣母像。后历代多有修葺。20世纪"文化大革命"中被扒毁。1994年由信士筹资重建。农历五月十五日也有一年一度的庙会。

三在少室山西南麓海渚村洼水岸边。北依挡阳山,南有福山,中间地势平坦,传为古时海中陆地。庙建于明嘉靖六年(1572年)。又传因蒋氏之女浣纱水边,因吞食奇石而孕,生下九龙,遂治水而年丰。人们感其恩德,在村中修庙供奉九龙圣母。庙院占地 3 亩有余。现仅存大殿一座,硬山小瓦房,正门二窗,内塑九龙圣母像。殿前有卷棚 3 间,明柱撑顶。庙内有清康熙五十四年(1715 年)、乾隆三十四年(1769 年)、嘉庆十七年(1812 年)、咸丰四年(1854 年)、民国 15 年(1926 年)和 1984 年的修缮碑多通。每年的农历二月初也有古刹庙会。

再有唐庄龙池、新密老城等地都有九龙圣母殿,建造制式大体相同。

### (五十)薄太后庙

登封市现存薄太后庙两座:

其一,位于登封市西南 10 公里的太后庙村北。薄太后,薄姬(？~前 155 年),东汉高祖刘邦的嫔妃。刘邦的第四子汉文帝刘恒之母。刘恒即皇位后,尊其母薄姬为太后,即薄太后。庙内塑薄太后像。因她在当地传采桑养蚕之法,当地人感其恩德,所以为她建庙,年年祭祀。村庄亦因此而命名。

其二,位于嵩山西麓的登封市颍阳镇东河岸上。始建年代不详。明、清重修。现有大殿一座,内塑薄太后像。相传,她教民养蚕有功,受人尊敬。除大殿外,还有厢房 10 余间,大殿前戏楼 1 座。另有石碑 10 余通。

### (五十一)龙王庙

龙王庙位于巩义市区东新中乡口头村。创建年代不详,清道光年间重修。该庙坐北朝南,整个建筑依山就势。面积 2000 平方米。现存正殿、卷棚、庑殿等 20 余间。正殿为砖券无梁殿,面阔 3 间,进深 1 间。卷棚山墙上绘大幅"龙王降雨"壁画。其中 1 幅为狂风怒卷,黑云滚滚,1 条苍龙在云涛中翻滚,气势磅礴;1 幅为龙王施雨后,彩云纷飞,5 个龙王在龙女的簇拥下归去。画面绚丽多彩,场面宏伟,具有较高的艺术价值。

### (五十二)大冶关帝庙

大冶关帝庙位于嵩山东麓大冶镇东门里,建于元至正元年(1341 年)。庙门两侧各塑泥马一匹,形象威武,门楼上层为戏楼。大殿面阔三间,进深五架,硬山筒瓦飞檐。庙中有关羽塑像,关平抱印、周仓持青龙偃月刀侍立两旁。左右两间为药王、虫王塑像,四周绘有壁画。院内原有古柏一株,高 15 米,胸径 1.6 米。1952 年被毁。现存大殿,1991 年,乡民自发筹资金塑关云长、关平、周仓塑像,并粉饰了壁画门窗。农历五月十三有古刹庙会。

## 二、阙

阙是中国古建筑中一种礼制性建筑,是古代设置在城门、宫殿、祠庙、陵墓前的建筑物。阙,原是门观。古时"阙""缺"通用。阙是庙、墓、城、宫门、墓前或通道两旁的象征性大门。两阙之间的空缺,作为道路,其形和牌坊相似,由雕琢得形制相同的砖石垒成,是一种装饰建筑。阙一般有台基、阙身、屋顶三部分,有装饰、瞭望等作用。阙上一般都雕刻各种图画,或刻记歌功颂德的铭文。阙的种类按其所在位置有:宫阙、坛庙阙、墓祠阙、城阙、国门阙等,分别立于王宫、大型坛庙、陵墓、城门和古时的国门等处。

嵩山地域原有 5 座汉代石阙，即太室阙、少室阙、启母阙、灵星坛阙和许由庙阙。其建筑结构和形制，都是用方块青石垒砌而成，上面覆盖雕有板瓦、筒瓦和瓦当的象征性四柱屋顶。保存至今的仅有太室阙、少室阙、启母阙，并称"中岳汉三阙"。

### （一）太室阙

"天地之中"历史文化建筑群之一，世界文化遗产。全国重点文物保护单位。

位于登封市城东 4 公里太室山南麓中岳庙南约 500 米处，为汉代太室祠的神道阙。东汉安帝元初五年（118 年）阳城长吕常建太室阙（中岳庙神道阙），与少室阙、启母阙并称"中岳汉三阙"。

太室阙历史照片

太室阙分东西两阙，两阙间距 6.75 米。东阙通高 3.92 米，西阙通高 3.96 米。两阙结构完全相同，由阙基、阙身、阙顶三部分联成一体，阙身后面除镌刻阙铭以外，其余均以石块为单位雕刻着各种花纹、山水树木、人物、禽兽及车马出行等生活故事浮雕画像。

西阙，阙基用两层长方石板垒砌，平铺在平实的红土上，在石板低洼处填石块使之稳固。阙身用长方石块垂直垒砌在阙基上，计 8 层，每层平砌用石 2~3 块。阙身最上层石块似斗形，上宽下窄。阙身上部用 3 块巨石雕成四阿顶，顶上雕垂脊和瓦垄，檐下雕椽，四周边沿雕瓦当和板瓦。阙顶除四角垂脊各为叠瓦脊外，南北两面各雕 5 条瓦垄，东西两面各雕 3 条。檐下除角椽外，南北两面各雕 6 椽，东西两面较窄，仅刻 4 椽，正脊以一块整石雕成，由三层筒瓦叠砌成叠瓦脊。脊两端向上微翘，正面刻扣合的瓦垄，两侧面各雕花 6 面有柿蒂纹的瓦当（上 1、中 2、下 3），是汉代建筑常见的叠瓦脊做法。

东阙，比西阙低 0.04 米。阙顶结构与西阙基本相同。脊顶为平面，因顶的一面紧靠西阙上，所以只作半四阿顶。外面的两角雕两层叠瓦垂脊，下边各雕一角椽。南、北两面上雕瓦垄 2 条，下刻 3 椽，阙顶边沿已残损。

太室阙身以减地平雕手法，雕刻百戏、狩猎、神话故事、奇禽怪兽以及贵族生活等画面。画像久露荒野，风雨剥蚀，有的已浸滤不清，幸存下来的尚有 60 余幅，其中以斗鸡图、车骑出行图、杂技表演图、蛟花、鸮和虎食等图像，形象古朴而生动。

太室阙西阙南面有阳刻篆书"中岳太室阳城□□□"9 字题额。与其相连的一幅画像，刻一巨鳖，位置相当显著，可能是夏禹父亲鲧的神像，也即夏族的图腾之一。阙上刻鲧的神像，应是远古图腾信仰习俗的反映。题额下刻篆、隶参半的铭记。在西阙北面也刻有铭记，为阴刻隶书，计 27 行，除第 3、4 两行为 10 字，其余每行为 9 字，每段之前均以圆圈作标识，为汉代石刻文字所罕见。现有铭文可辨认的有"中岳太室崇高神""孔子大圣""太守"等。后数行末字多为"兮"字。其余的字迹，因风化剥蚀，已不能辨认。但文字内容主要是赞颂中岳神君的灵应和吕常等人建阙的缘由。太室阙对研究建筑史、美术史和东汉社会情况具有重要的参考价值。

**(二)少室阙**

"天地之中"历史文化建筑群之一,世界文化遗产。全国重点文物保护单位。

少室阙位于登封市城西 6 公里嵩山南麓西十里铺村西,为汉代少室山庙的神道阙。东汉元初五年至延光二年(118~123 年),颍川太守朱宠创建少姨庙神道阙,与太室阙、启母阙并称"中岳汉三阙"。

少室山庙,又称少室祠、少姨庙,明代初期坍毁。少室山庙和太室山庙始建于秦,汉安帝时在庙前建阙。阙后有

少室阙上的篆书字体

一东西长 60 余米、南北宽 40 余米的平台,地面散布许多绳纹砖、筒瓦、板瓦等汉代建筑构件,当为少室山庙旧址。据杨炯撰《唐少姨庙碑记》可知,少室庙唐代改称少姨庙,其神为妇人像。相传少姨为涂山氏之妹。元代时又把"少姨"作为蚕祖嫘祖来奉祀。元代杨奂游中岳时曾在少姨庙即兴赋诗,曰:"路旁双阙老,蔓草入荒祠;时见山家女,烧香乞蚕丝。"

少室阙始建年代,因阙铭仅残存"三月三日"4 字,故不得而知。据叶井叔《嵩阳石刻记》载:少室阙题铭为篆书,可拓摹者,只有 22 行,除第 3、7、19 等 3 行已没有文字外,其余每行 4 字。阙铭以下的题名有"朱陵薛政""五官掾阴林""户曹史夏效""两河圜阳长冯宝""廷掾赵穆""户曹史张诗""将作掾严寿"等,和启母阙上题名中的官职姓名均相同,而且两阙的形制也很相似,以此推知少室阙的建造年代与启母阙相同,亦为颍川太守朱宠约建于东汉元初五年至延光二年(118~123 年)。少室阙在"文化大革命"期间被拆除,1979 年进行了粘合,恢复了原状。此阙较为完整,东西两阙结构基本相同,东阙通高 3.37 米,西阙通高 3.75 米,两阙间距 7.60 米。

西阙,阙基用两层长方形石板平铺于坚实的黄土上,下层石板较宽大,上层石板稍高而小。阙身用长方石块垂直垒砌,计 10 层,高 2.99 米。阙身最上层的石块雕作方斗形,承托阙顶。阙顶用 3 块巨石雕作四阿顶,上面雕瓦垄、垂脊,四边雕柿蒂花纹瓦当。子阙顶比正阙顶低 1.04 米,一侧与正阙相连,一侧雕出两垂脊和瓦垄,下部雕椽。

东阙,结构与西阙相同,唯正阙顶残缺,仅一石,置于阙身上部东侧,正脊已佚。子阙顶较完整,比正阙低 69 厘米。现存的东西两阙高低不一,层次有别,西阙用石 10 层,东阙仅 8 层。但从西阙第四层和第九层的石块厚度和雕刻图案完全相同,可以断定这是后人重修时砌错了位置,西阙第四层和第九层中有一层石块应是东阙上的。原阙用石应均为 9 层。

少室阙题额在西阙北面三层中部,"少室神道之阙"6 字,为阴刻篆书。阙铭也为篆书,约 55 行,每行 4 字,每行之间有阴刻竖界线。除最后 3 行刻于西阙西侧外,余皆刻于西阙南面第二层和第三层。因风化严重,前 36 行大都漫漶无存,只有后面题名 19 行较完整。

《金石径眼录》和《石索》记载:东半阙北壁的画像下面有铭文,题铭刻字处高 33 厘米,字径 4 厘米,为八分隶书。其字为"孟江、李阳、杨仲、潘除、郑孟、杨盛、潘阳、□文、令常、纡□、□重、令容"等,

共为4行,每行6字。但这些铭文和其他刻字因风化严重,能识者甚少。

阙身前后的石块上,分别浮雕有逐兔、赛马、蹴鞠(类似今天的足球)、射猎、斗鸡、角力、排俑、逐兽、四灵、羊头、羽人、群鹤捉鱼、兽头衔环、虎逐鹿、辟邪柏、铺首衔环、车马出行、双兽争食、玄鸟生商、双龙穿壁以及山水等图案70余幅。这些画像及装饰是研究古代雕刻、美术的珍贵资料,铭文更是早为历代金石学家所珍重。另外,汉以前的建筑,既缺少实物存在,文献记载又多简略,想弄清它的形象、结构是很困难的。作为祠庙前的神道阙,此阙上不仅雕有奇禽异兽、人物故事,而且还雕刻出建筑的框架结构及各个构件的外形,这就为研究汉代建筑提供了难得的实物例证。

### (三)启母阙

"天地之中"历史文化建筑群之一,世界文化遗产。全国重点文物保护单位。

启母阙位于登封市区西北2公里嵩山南麓太室山万岁峰下,为启母庙前的神道阙,是"中岳汉三阙"之一。

启母阙的女子蹴鞠图

启母阙北190米有一处开裂巨石,即"启母石"。据《淮南子》载:大禹治水三过家门而不入,其妻涂山氏化为巨石,石破北方而生启,故后世流传有"闻鼓饷夫"的故事。汉武帝游嵩山时,为此石建庙,今庙已不存。东汉延光三年(124年)颍川太守朱宠于启母庙前建神道阙,汉代因避景帝刘启之讳改名开母庙。

启母阙的结构与太室阙同。西阙现高3.17米,东阙现高3.18米,两阙间距6.8米。

西阙,阙基为两层长方石板,下层石板较大而薄。阙身用长方石块垂直垒砌在阙基上,共7层,总高2.75米,每层用石2~3块。最上层的石块雕作斗形,上承托阙顶,下呈斜角与阙身相连。阙顶残毁过甚,残存部分在阙身上部东侧,雕作四阿顶。顶的上部雕瓦垄、垂脊,四周雕柿蒂纹瓦当和板瓦,下部刻仿木椽子。阙顶正脊已毁。

东阙,阙身残损较重,南面第一至三层的石块都已断为3块,第四、五、八层均断为2块。阙顶已残,仅存一石,雕四阿顶。子阙顶已毁。其结构与西阙基本相同。

阙上有两方阙铭,皆在西阙北面。一方为启母阙铭,一方为堂溪典嵩高庙请雨铭。启母庙阙铭,篆书,内容分两部分,前11行为题名,每行7字,后24行为四言颂辞和仿楚辞体裁的赋,每行12字。阙铭的前一部分,回顾中国古代一次触目惊心的特大洪水,鲧因用堵的方法进行治理失败而丧生,禹吸取教训改用疏通河道排洪泄水的方法而终于成功,赞颂了大禹三过家门而不入的可贵精神,以及随着岁月的流逝和秦王朝的统一,禹和他的事迹逐渐埋没无闻的经过。后一部分着重叙述汉王朝的圣德广布天下,在这里兴祠庙祭祀神明,上天的灵应显示了种种瑞兆,风调雨顺护佑了百姓,为此立阙刻铭,使光辉业绩传之千秋万代。堂溪典嵩高庙请雨铭,在启母阙铭下,东汉熹平四年(175年)刻,隶书,计18行,每行5字。前6行已泐毁,"其言惟何"后也不存,现存11行,共55字。

铭文间隙处及其他石块上浮雕人物画像、幻术、骑马出行、斗鸡、训象、吐火、进谒、倒立、饮宴、日御羲和、启母化石、夏禹化熊、郭巨埋儿、月宫、蛟龙穿环、犬逐兔、蹴鞠、鹤叨鱼、虎扑鹿、狐斗牛、孔甲畜龙、双蛇穿球、排俑、对马双骑等画像70余幅。其中有些图像反映了中外文化交流的重要情况，非常值得重视。如启母阙上雕口中吐火及易牛头马头的幻术画像，反映了汉代西域交通的开发，促进了中外文化交流的实例。《史记·大宛传》记载了汉武帝时就有西域幻术演员到汉朝献艺，称为"眩人"。东汉安帝永宁元年(120年)罗马属国大秦(古埃及亚历山大城)的魔术团曾从海道经缅甸到洛阳演出。另外，启母阙雕有3幅驯象画像。驯象奴皆手执驯象用的带钩长杆，此长杆即称为"钩"。《论衡·物势篇》曰："长仞之象，为越童所钩，无便故也。"汉代中原地区无野生象群，但在皇帝的上林苑却不难看到大象，这些大象也是从国外进贡过来的。驯象表演传递着一种文化交流的信息，所以很有观赏与研究价值。

## 三、宫

道教建筑中，把神位之所，一些由帝王兴建的庙宇和规模较大的庙宇，经过帝王的颁赐亦可称"宫"。封建帝王提议兴建的庙宇，自然是"敕建"。也有些是道人自己积资募化修建的庙宇，通过某种关系，经帝王"赐额"升格为宫。"宫"的规模都大，姓"公"，属国家正式的严肃的宗教场所，譬如上清宫、崇福宫、嵩阳宫、三阳宫、奉天宫、会圣宫、下清宫等。

### （一）轩辕黄帝宫

轩辕黄帝宫位于新密市刘寨乡刘寨村西南的武定湖北岸。轩辕黄帝宫，又名云崖宫，被誉为"中华人文始祖圣地""天下第一宫"。该宫于唐开宝二年(969年)，为纪念黄帝在此练兵讲武而建。黄帝宫面积1.6万平方米，坐北朝南，由3进3院组成。在中轴线上有山门、四师殿、三清殿、藏经楼、玉皇阁等殿宇40多间，系清代建筑。其中以玉皇阁前面的三清殿较宏伟，面宽5间，进深3间，殿内有合抱木柱12根，飞檐和墙壁上有彩绘麒麟、龙兽等图

轩辕黄帝宫

案，殿顶为黄色和彩色琉璃瓦。因修水库，中轴线建筑大部被拆除，现仅存三清殿及西侧祖师殿。宫西侧有一座道院，有20多间硬山式灰瓦顶房舍，保存完整。

黄帝宫为皇帝练兵讲武处，宫内有"轩辕门""讲武门"。轩辕门西的崖壁上有自然洞穴，称"人祖洞"。洞内有人祖黄帝与大臣风后谈论战事的塑像，神态自然、栩栩如生。人祖洞西面是黄帝宫殿，据说是黄帝的寝宫。大殿四周有讲武场、议事亭、嫘祖草堂和祖师殿等。宫殿的正前方是黄帝检阅三军、发号施令的点将台。东南4公里处有"力牧台"，也叫熊台、拜风台、黄台岗、台子岗，据说是"黄帝

与蚩尤九战九败"(《太平御览》卷一五引《黄帝玄女战法》)之后,和大臣风后、力牧等探讨"八卦阵"("奇门遁")兵法的地方。当年,每天黄帝在这里拜将、立旗,然后与大臣讲武,晚上经"黄路坡"回"云岩宫"。现在这里有新建的风后八阵兵马俑城。城堡中有数百个兵马俑组成的天覆阵、地载阵、风扬阵、云垂阵、龙飞阵、虎翼阵、鸟翔阵和蛇蟠阵等八阵壮观场面。

黄帝宫附近,东北有黄帝养马的地方"养马庄",东有黄帝圈马的地方"马场沟",西有黄帝饮马的地方"饮马泉",西南有黄帝遛马的地方"马骥岭",北有黄帝积存粮草的地方"仓王庄"等。这里自古流传着许多关于黄帝的传说故事,还有动听的歌谣:"南京到北京,不如云岩宫。三柏二石一座庙,王母娘娘坐当中。石头缝里长柏树,老龙叫唤不绝声。黄帝风后研八阵,云岩立宫聚群英。"

黄帝宫中存碑碣35通,其中《重修风后八阵图记》碑,高2.85米,宽1.1米,厚0.28米,记述了黄帝与大臣风后讲武、利用八阵图战败蚩尤的事迹。

### (二)崇福宫

河南省重点文物保护单位。崇福宫位于登封市区北部环山旅游公路中段路北侧。背靠嵩山万岁峰,东依望朝岭,西傍象鼻山。宫垣四周翠柏葱郁,清幽素雅。

嵩山崇福宫

崇福宫初名万岁观,始建于西汉元封元年(前110年)。当时,武帝刘彻游嵩时,听到山中有呼"万岁"之声,令在山顶建万岁亭,在山下建万岁观。后武帝用亳人缪忌建议:"天神贵者为太乙",建太乙祠坛于万岁观甘泉上。按太乙卦主水,以太乙为生水之源。唐高宗时(650~683年),天大旱,命道人刘道合在太乙祠坛祈雨,有验,遂改万岁观为太乙观。宋真宗时(998~1022年)大加扩建整修,把太乙观提升为宫,更名崇福宫,作为真宗祭祀祈福的地方。到宋仁宗天圣年间(1023~1032年),宫院规模越来越大,宫内殿阁房舍多达千楹。"崇福之修,离宫殿阁,无不侈靡。"是当时的真实写照。宋时,"灵霄洞与崇福宫遂为天下宫观之首,以宠辅相大臣之去位者,亦有以提举灵霄召拜左相者,则其地望之重,殆与昭应、景灵、醴泉、万寿、太一、神霄、宝箓为比,它莫敢望在",充分显示了嵩山崇福宫的崇高地位。

金兵进入中原,崇福宫所建之盛,付之一炬,仅存三清古殿。后历经各代重修。明洪武年间(1368~1398年),宫内设有道会司,专管道教事务。至明成化癸巳年(1473年)六月至十二月重修,百年之废一复旧观。明代以后,道教逐渐衰退,随着风雨侵蚀,逐日倾废,仅存泛觞亭遗址、几块石刻碑记和庙房数间。1935年,又遭毁损,建筑规模越来越小。

宋代崇福宫设置提举、管勾、御容诸官,以掌握宫观事务,是专为皇帝祝寿和祈福的。宫中主事者,都由朝廷委派朝官充任,任职朝臣,引为无上荣耀,往往是"力请而后授"。到了王安石变法时,朝中政见不一,分歧严重。有些虽不是王安石变法时来崇福宫,也多为不合时务的朝臣,被敕令退居于此,崇福宫就变成闲置场所。据《登封县志》记载:宋代主管崇福宫的名儒先后有:范仲淹、韩维、吕诲、司马光、赵野、李纲、李郱、徐应龙、刘光祖、倪思、王居安、崔与之、许奕、曹彦约、程颢、程颐、杨时、朱熹、晁咏之、张耒、黄彦、王考通等,不下百人。

宋代崇福宫设置的提举、管勾、御容诸官,无事可做,在精神上要找一个依托之处,便于宋仁宗天圣年间(1023~1031年)先后建造了泛觞亭、奕棋亭、樗蒲亭这些娱乐设施,在此饮酒、对棋、赌博。后奕棋亭、樗蒲亭废。20世纪"文化大革命"前尚有泛觞亭遗址,或叫"曲水石畦",俗称"黄河九道湾",后毁。

泛觞亭原为崇福宫的一大著名娱乐设施,位于宫后东北角龙王殿南面,亭基用大块青石砌成,高60厘米,长约4.60米,宽3.79米,台中间装砌有青石刻制的九曲石畦(水道)。畦宽15厘米,入口处深8厘米,出口处深3.5厘米,形成细微的斜度,把太乙泉水从入口引入石畦,经过九曲以后,从出口缓缓流出。相传饮酒时,在石畦曲水四周分别设置座席,将斟过酒的杯子放在入口处的水面上,水面漂浮着酒杯,顺流行进。当杯停下时,这个席位上的人即遵照酒令,执杯饮酒,名曰"曲水流觞"。

崇福宫不但是名儒云集之地,也是历代著名道学方士栖身传教之所。如:北魏的寇谦之、唐代的刘道合、宋代的董道绅、金代的丘长春等,都在道教史上留有盛名,均在此主持过道场。此后,成为累朝帝后夏季避暑之地。

北宋末年金兵入侵中原,崇福宫毁于战火,仅存三清古殿。后历代屡经重修,明成化年间又大规模进行修建,修复原貌。明末,道教逐渐衰败,崇福宫渐趋衰微,古建筑今已无存。泛觞亭遗址"文革"中被毁。崇福宫现占地面积9000余平方米,保存三元殿、玉皇殿、太山殿、龙王殿等晚清建筑4座10余间,古树50余株,碑碣10余品。其中太山殿后面的玉皇殿和三元殿均为砖石结构无梁殿式建筑,纯用青砖和石灰泥砌券的拱形无木建筑。硬山灰筒瓦顶,檐下施斗拱。这些斗拱都用青砖磨制雕刻而成,非常古朴坚固,大方美观。

崇福宫现存主要碑刻有《寇谦之传碑》《元圣旨碑》及元、明、清各代重修和补修崇福宫的石刻碑碣数十通。宫内有古树50余株。

### (四)洛阳上清宫

洛阳上清宫位于洛阳市北4公里的邙山翠云峰上。唐高宗于龙朔二年(662年)下诏洛州长史谯国公许力士,在邙山翠云峰建上清宫以镇鬼。唐高宗为了提高李唐王朝的门望,于乾封元年(666年)追尊李耳为"玄元皇帝"。上清宫建成后,唐高宗下令设醮行祭。玄宗开元二十九年(741年)诏令长安与洛阳两京诸州置庙祭祀。唐代称上清宫为"玄元皇帝庙",又为玄宗讳改称元元皇帝庙,或称太微宫。并在唐玄宗开元、天宝年间,对此宫进行整修。改名"玄元观",后又改"上清宫"。"上清",是道教教义中的仙境。因老子被后人追尊为太上老君,故又俗称"老君庙"。

上清宫原处,相传为东州柱下史老子炼丹处,曾是东汉五斗米道开山祖张

洛阳上清宫

道陵修真处,也是洛阳京畿之地、古郐国(今新密市)人魏伯阳修真处,又是益州巴郡(今重庆市)人帛和修真传道处。

上清宫金元时期已废。明代嘉靖十四年(1535年),道士张玄慕又募钱重建,以山高风大,改梁、柱、椽、瓦为铁铸,配殿覆盖琉璃瓦。明代以后,又称上清宫大殿为铁瓦琉璃殿。嘉靖三十四年(1555年)地震,殿宇震毁,至今仍存铁瓦等少量构件。康熙二十一年(1682年)巡抚阎兴邦、雍正八年(1730年)知府张汉鼎等均重修。修后庙宇,殿南北长500米,东西宽300米,有戏楼、山门和一、二、三殿,以及配殿廊房等。抗战时期为日寇飞机炸毁。现存有山门、窑洞(翠云洞)和配房数间,翠云洞上有玉皇阁3间。

洛阳上清宫原为5重殿堂和4个大院组成。门外有石狮、石马。特别是五殿下用砖拱券的翠云洞,冬暖夏凉,是避暑的好地方。翠云洞上建有玉皇阁,面对南天门。夜晚登阁俯瞰洛阳,万家灯火,犹如繁星在天。历代有很多文人学士登临老君庙,留下不少歌咏上清宫的诗文。隋炀帝在仁寿四年(604年)冬曾登邙山南望伊阙,决定在翠云峰正南跨洛河修建新城,翌年迁都洛阳,是为东都;大诗人杜甫在天宝八年(749年)登上了玄元皇帝庙,观览了洛阳山河形势,写出了"山河扶乡户,日月近雕梁"的名句(《冬日洛城北谒玄元皇帝庙》)。唐代大画家吴道子曾在初建的上清宫壁上绘过"五圣像"壁画,形象生动传神;宋代文学家苏东坡也曾来这里刻石题句。惜沧桑多变,岁月流逝,这些宝贵的壁画与碑碣石刻都已荡然无存。

现在的上清宫尚有翠云洞、玉皇阁、东西厢房。庭院中还有当年留下的石水盂,明清以来的碑石等也为数众多。这些对研究上清宫的历史沿革,都不失为宝贵的资料。

在上清宫地边的邙山坡下,原有中清宫和下清宫。而今中清宫已无迹可寻,下清宫却幸存至今。

### (五)洛阳下清宫

河南省重点文物保护单位。下清宫,又名青牛观,位于洛阳老城区邙山镇史家沟村。从上清宫南行,下坡三里到翠云峰下,古为"青牛观"。相传太上老君即老子在上清宫修炼,悟道翠云峰时,他的坐骑青牛就拴在这里。老子(姓李名耳,字伯阳,号谥聃、老聃),楚国苦县(今河南鹿邑东)人,道家学说创始人。曾任东周(今洛阳)守藏之史,因周王室为争王侯,历年内讧,守藏室典籍亦遭毁抢,故辞官在邙山翠云峰的上清宫修身养性,讲经传道,感悟人世自然、天道万物。后应函谷关伊喜之邀,著《道德经》五千言而去,其终不详。唐朝时,人们为纪念这位道教创始人,在翠云峰巅建了一座庙宇,称为上清宫;在老子拴牛处建了一座道观,称为青牛观。

据《洛阳史志》第17卷记载:上清宫始建于唐高宗龙朔二年(662年),距今已有1347年。但现有的文史资料表明,在唐代之前的隋炀帝时期,这里已经有了简易的老子祠(一说为老君庙),有了简易的青牛观。老子祠祭奠老子,青牛观纪念青牛。唐朝时,下清宫辉煌无比,唐高宗、武则天、唐玄宗、

洛阳下清宫

宋真宗等都曾驾临下清宫。据青牛观里的老道士讲，宋朝时青牛观香火最盛，仅香火地（庙田）就有400多亩，有道士300多名。金元以后，下清宫逐渐荒废。今青牛观规模不大，占地近40亩，由中院、西道院、东道院三部分组成，庙院东西宽50米，南北长90米。现存下清宫为一座青砖庙院，规模不大，紧凑幽静。尚存有老子炼丹洞、孔子入周问礼台、经娘洞、高道砖塔和明刻石匾等，还有和尚塔数座。

2009年3月，下清宫修复重建工程正式启动。3年来，洛阳市斥资近千万元，先后修复、重建了下清宫的东西配殿、三清殿、钟鼓楼、放生池、聚仙桥及道教文化碑廊等，下清宫才重现昔日辉煌。

### （六）登封安阳宫

河南省重点文物保护单位。登封安阳宫，俗称大仙庙，位于登封市区西7公里嵩岳少室山东麓大仙沟口的连天峰下。宫院南北两侧山崖陡峭，前临溪洞，后偎高峰，松柏葱郁，林木蔽日。仰天一线，是为少室山峡风景之最。安阳宫始建于清光绪二十三年（1897年），由道姑吴援舟购地筹建。吴援舟，女，号阿皇真一，生于汴，3岁丧父母，12岁从方城刘献礼学天仙大道，后居住少室山20余年。宫内建筑大都建于民国时期。中华人民共和国成立后，安阳宫得到了有效保护，基本上保持了原有建筑风貌。

安阳宫坐北面南，分东西2座院落，总占地面积约2000平方米。

西院为安阳宫正院，占地面积633平方米。现存山门、陪殿、正殿、东厢房、砖券窑洞等建筑25间。

主要建筑有山门，亦称天爷阁，由台体和阁房两部分组成。中间为单幅圆券门，券边砖雕二龙戏珠和火焰图案，门两边有石雕对联："才分天地人总属一理，教有儒释道终归同途。"青石门额上刻篆书"安阳洞天"4字。门内有"天中须弥"和"汉川福地"匾额二方。阁房建在高约21米的砖砌墩台上，是一座高约18米，面阔3间，进深1间的单檐歇山式灰筒板瓦房，正脊两端置吻，正脊及垂脊、戗脊上有砖雕舞凤、莲花、莲枝、莲草图案。台南东西两侧砌有登阁梯道，台上四周砌有女儿墙，以供凭扶。陪殿位于大门后的两侧。两座陪殿均面阔3间，进深4架椽，为单檐硬山式建筑，灰板瓦覆顶。东陪殿内奉祀观世音菩萨、地藏王菩萨；西陪殿奉祀尧、舜、禹圣贤像。西院中的正殿为三孔砖石砌筑的窑洞。位于面北背南，中为安阳洞，左为三皇洞，右为三教洞。三洞均深12.45米，宽5.43米。安阳洞奉祀无极、皇极、太极；三皇洞奉祀伏羲、神农、黄帝；三教洞奉祀孔子、释迦牟尼、老子。东院亦称吴真院，总面积为1050.45平方米，大门内有六角碑亭一座，内立民国12年（1923年）吴真人教译碑一通，记述吴真人教译及生平事迹。主殿为砖石砌筑的窑洞3孔，洞前有砖木结构的卷棚，与窑洞直通。西为皇极洞，中为慈舟洞，东为女娲洞。此三洞东还有一孔窑洞，名"静室堂"，为生活用房，前无卷棚。院中东西配房10余间，亦为生活用房。

安阳宫东西两院现存清代、民国年间碑刻20余品，内容主要是记述安阳宫条约法规，或为反映山林地契，或记载安阳宫修建历史，或表彰吴援舟真人事迹，或为皈依弟子朝圣记事等。

安阳宫西1公里处有2块巨石。一石下有龛，可容10余人，上有佚名题诗："烟峰山腰起，细雨天上流。□舒满山转，蝶儿花间游。"形象描绘了此石周围的自然风光。另一石围长20余米，高约10米，当地群众称此石为"二郎石"，传说二郎神杨戬担山赶太阳到此，曾在此石休息。

### （七）玉溪宫（黄色删去）

河南省重点文物保护单位。玉溪宫位于嵩山太室东麓、登封市唐庄乡土观村西。玉溪宫，原名瑜栖宫,又名土观。据明宣德四年(1429年)庚子碑记载:周灵王二十七年(前545年),周定王姬瑜到此狩猎,搭棚栖息,创游宫名为瑜栖宫。同年周灵王弟泄庨病死,葬于瑜栖宫附近,建祭祀塔一座,名为庨龙观。

碑刻记载,唐太宗贞观十七年(643年)重修时,改瑜栖宫为玉溪宫,改庨龙为土龙观(即今日的土观)。辽天祚帝耶律延禧天庆三年(1113年)和金哀宗完颜守绪正大三年(1226年)都有过重修。

据碑刻记载,明代对玉溪宫的修复有四次,第一次重修于宣宗朱瞻基宣德五年(1430年),由玑琮上书朝仪依地取用,明宣德皇帝特拨银2.4万两,主役姬清廉负责大建玉溪宫及宫围墙垣。第二次重修于明武宗朱厚照正德三年(1508年),朝廷派徽府内侍臣陈进来监工,并赐与石碑。玉溪宫住持司守和在重修宫殿时,修有方丈室、左右厢房、道院、圈门、甬路、月台,增建三宫、四圣殿、钟鼓楼、山门、四殿,补塑神像等。此外,明世宗朱厚熜嘉靖十年(1531年)、明毅宗朱由俭崇祯十年(1637年)都有过重修。清代的重修玉溪宫达八次之多。清祖圣玄烨时期的重修玉溪宫是于康熙三年(1664年)重修玉溪宫四圣殿并金妆神像。康熙五十六年(1717年)重修玉溪宫三官殿。乾隆时期的乾隆十六年(1751年)、乾隆二十一年(1756年)、乾隆二十八年(1763年)都有过重修。此外,清代的雍正、咸丰、同治帝期间,都有一次重修。民国7年(1918年),重修了玉溪宫大苦殿。新中国成立后,1958年合作化时期玉溪宫改作他用,玉皇殿为村饲养室,其他殿宇厢房被本村小学占用至20世纪"文化大革命"期间。

玉溪宫现存明清建筑15间,占地面积3000余平方米。另外,散存宫内外明代至民国碑刻及石雕10余件。

玉溪宫原中轴线从大门到后殿共三进院落,主殿包括混天门、老君殿、玉皇殿、无极老母殿。主殿两耳房左为大苦殿、右为盘古殿,两边厢房为左文右武等殿堂,还建有钟鼓二楼、方丈室等建筑。现存主要建筑在玉皇大殿、大苦殿、三官殿等。

其中,玉皇殿为明代建造。面阔3间,进深3间,单檐歇山琉璃瓦顶,檐下施双昂五踩斗拱,前后檐各饰6朵,东西两山各饰5朵,4朵角拱。脊两端置龙吻,正脊饰琉璃彩色莲花和二龙戏珠。殿内木架作减柱造,前檐原施格扇门窗,梁架结构具有明代建筑风格。从殿内北墙壁和拱眼壁上还模糊看到原壁画的痕迹,其中拱眼壁原有26幅图案,现有10多幅还能辨认,分别为人物、山水、花鸟等。大苦殿和三官殿为清代建筑。大苦殿位于玉皇殿东侧,坐北面南,面阔3间,进深1间,三架梁,无柱,单檐硬山式灰筒瓦覆顶。三官殿位于中轴线东侧,坐东面西,面阔3间,进深1间,三架梁,无柱,单檐硬山式灰筒瓦覆顶。

### (八)颍阳安阳宫

颍阳安阳宫位于登封市颍阳镇嵩山西麓紫云山巅。始建于宋,现存宫殿多为清后遗物。其中,正殿3间,为硬山式建筑。内供始祖母女娲像。殿东为玉皇阁,上供玉皇像,下供诸葛武侯像。阁两侧供奉五岳四渎神像。安阳宫北侧为盘古殿,是一座方三丈出前檐、黄琉璃瓦盖顶建筑,殿内祀盘古老祖,周围碑刻20余通,大多为清代以来所立。

安阳宫之下有行宫。始建于金,后多次修葺。一进院有聚宝池大殿。二进院有青砖拱券窑洞3孔。三进院为九龙宫。四进院为行宫正殿,殿内祀始祖母、孔子、老子、释迦牟尼塑像。五进院为云城宫。六进院为聚仙台。依山就势有六层大殿,一层为老君殿,二层为观音殿,三层为玉皇殿,四层为三皇殿,五层为盘古殿,六层为无极老母殿。现有房舍80余间,碑刻20余通。

### (九)峻极宫

峻极宫位于太室山中峰南下。峻极宫背依嵩山峭壁,气势非凡。群众称为"石船",因宫后有石如船,故名。建于何时无考。原有院落两进,石洞数孔,房舍5间,有峻极宫和三教主洞、三皇洞等。1987年道士朱须在西院新建安阳宫5间,朱门棂窗,内外彩绘壁画,宫内供奉无极老母木雕像。

太室山峻极宫

### (十)清微宫

清微宫位于少室山南清微岩下。由我国高道李筌于唐开元年间(713～742年)创建,道教《阴符经》即在这里问世。唐谏议大夫李渤也曾在此隐居修行。后人为了纪念李渤在嵩山修行的事迹,于元至正年间(1341～1368年)改建为李渤宅。明嘉靖四十一年(1562年)重修,复改为宫,名清微宫。清咸丰八年(1858年)三月,重修东真武殿、西元武殿,金妆两殿神像及三清殿神像,修葺宫殿围墙,盖道房10余间,并栽植柏树70余株。

清微宫地处少室山中,三面环山,一面向水,清微宫山门前在清微河、莲花溪交汇成湖,这在千山万壑的群山中,仿佛人间仙境,甚是奇特美丽。据嵩阳书院碑廊上的《清微宫界碑》记载,清微宫原占地面积数百亩,东至清微宫庙院东边大路,西至西侧林子边缘的深沟,北至山根,南至南边大路。由于历史原因,清微宫数度兴衰,现仅存正殿和东西配殿。

### (十一)紫云宫

紫云宫位于嵩山荥阳市区西北10公里的广武山上。东临楚汉相争之古战场汉霸二王城,西接历代兵家必争之地虎牢关,北濒滔滔黄河,南望巍巍嵩岳。紫云宫,又名"飞龙顶"。相传古时洪水四溢,群龙无首,洪水遍野,人民难以生活。大禹王组织群众疏浚河道,开挖渠沟,把洪流导入大海。从此,群龙便失去了赖以生存的地方,条条巨龙便从这里腾飞升天,故名"飞龙顶"。也有传说云:这里山峦交错,沟壑纵横,中间一峰突出,轻烟缭绕,好似云雾中的飞龙。

紫云宫始建于明永乐年间(1403～1424年),嘉靖三十年至万历年间陆续增建、重建、彩绘、雕饰,后经清世祖顺治八年至十一年(1651～1654年),又大力开拓扩建,整个区域,东有石阁式建筑的玉皇顶,西有琉璃瓦盖顶的素天宫,还有三元殿、王母殿及南崖阁等,形成一个巍峨壮丽的古建筑群。

### (十二)中天宫

中天宫位于新密市区西9公里米村镇米村后街。明永乐七年(1409)始建,清康熙、乾隆年间两次重修。坐南面北,为二层楼阁式建筑。面阔1间,进深1间,呈正方形,高约10米,硬山灰瓦顶。上层南北有拱券门。一楼迎门垒砌台座,上置汉白玉"月光菩萨"像。像高1.52米,头戴宝冠,身着通肩大衣,结跏趺坐于莲花座上。胸右下侧刻"明永乐七年八月周王为生女造"铭文。面部有损。已移新密市博物馆保存。

### （十三）钧阳宫

钧阳宫位于今禹州市区南 17 公里的钧阳宫村。钧阳宫即上古时大禹在"靡山建邑"时的"濯龙城"遗迹，后称"濯龙宫"。

4000 多年前，黄帝部族的一支，就生活在三封山（三峰山）东南的大陵之上，后黄帝得道升天，大陵便称作"龙冈"。大禹时期，禹居此，"伐木为邑，横木为门，安民治室"，建"濯龙城"。夏朝中后期，濯龙城废，遂创建"夏亭城"。商汤灭夏桀之后，封夏禹的后代于夏亭，以不绝夏祀。直到春秋时期，北方翟人入居中原，先住"翟山"，又建"阳翟城"，即禹州老城。所以民间流传有这样的民谣："先有钧阳宫，后建禹州城。"

钧阳宫规模宏大。据明弘治七年（1494 年）宫碑记载，宫殿占地 100 余亩，香火地为 2100 多亩。濯水从山门前东南流过，背后有龙冈作为依靠，松柏繁茂，环境清幽。

钧阳宫的第一道门是牌楼，称"钧州门"。高 12 米，宽 8 米，为 4 柱 3 间，中间高，两侧低，五脊六兽，单檐坡式楼顶，青红黄三色琉璃瓦罩顶。中间跨度约 4 米，四柱皆有浮雕。四柱南北各置一抱鼓，支撑牌楼稳固。牌楼距正门甚远，已接近襄城县境。

钧阳宫第二道门是正门。正门是典型的明代建筑，高高的月台，下边 3 个过洞，中间门洞高大，两边门洞稍小。月台上有九脊八坡歇山顶式殿阁建筑，匾额"钧阳宫"三字为吏部天官马文升手书。过钧阳宫正门，左有钟楼，右有鼓楼。钟楼北有古井一眼，传为"禹王锁蛟井"。鼓楼北有"凤凰台"一座，传说汉代有凤凰集栖于此。

第三道门是拜殿。殿内塑"护法四师"，高丈余，着铠持械，威武雄壮。拜殿后边左厢为"关帝殿"，面阔 3 间，灰砖蓝瓦，古琉璃屋脊式建筑。殿中塑关公夜读《春秋》像，关平与周仓护侍左右。右厢为"广生祠"，即娘娘殿。内塑王母娘娘、后土娘娘、天妃娘娘、闪电娘娘、云雷娘娘、琼霄娘娘、碧霄娘娘、九天玄女、麻姑等 10 多尊神像。

钧阳宫主殿是三清宫。大殿面阔 5 间，进深 3 间，3 梁起架，9 脊 8 坡歇山顶，主脊正中为宝瓶镇顶。殿前有卷棚，殿内塑元始天尊、灵宝天尊、道德天尊像，称"三清大帝"。三清大帝四周，半蹲着 4 个力士，大殿左右有两位护殿将军，一是灵官马天师，一是天将王灵官。墙上画有各种壁画，有"八仙过海显神通""药王禹州解疾苦""画圣吴真人骑虎游峨眉"等等。

三清宫后为玉皇阁，俗称天爷阁，建在月台之上。月台下圈砌了三条洞，叫药王洞、张良洞、成仙洞。月台上建二层阁楼，专祀玉皇大帝。此阁是钧阳宫最高的建筑物。阁后是柏树园，为历代道徒所栽，总数不下 2000 棵。

## 四、观

道观的建筑形式和布局与佛教寺院大体相同，只是殿堂的名称与所供奉的神像不同而已。道观一般从山门开始，排列着灵官殿、三清殿、玉皇殿、四御殿、三官殿、祖师殿和财神殿等。

### （一）禹州长春观大殿

河南省重点文物保护单位。禹州长春观位于禹州市区颍川办事处马府巷街中段路北，即现今的长春小学院内。其创建年代已无法确定。据文献记载，在元代至正三年（1343年），该观曾经进行过一次较大规模的维修工程，这说明创建年代应在元代以前。

禹州长春观是奉祀"三清"的一处道家活动场所，在明代国为徽府专用。由于徽藩中的皇族贵胄，都希冀长生不老，所以非常崇拜道家炼丹成仙的学说，长春观在那时也就当然受徽王府的照顾。尤其徽恭王及其子浦城王，投嘉靖帝兴道灭佛所好，不断向帝贡丹，不仅获得皇帝赐真人金印，而且观内的所有殿宇建筑，也能够得到及时的修缮养护，使观内的香火旺盛。

禹州长春观历经明清两代，到了民国初年，它已经成为禹州城内的一个规模宏大的建筑群体，不仅在中轴线上依次有着玉皇大殿、三清殿等大型建筑，而且还有着许多配殿和道房设施。正因为如此，从20世纪30年代起，就成了当时颇为著名的钧台中学的校舍。新中国成立以后，它是长春小学和长春中学的所在地。

禹州长春观的主体建筑玉皇大殿，为面阔5间的大木作，琉璃瓦盖顶，九脊八坡歇山式建筑物。虽然该殿在20世纪"文化大革命"期间脊饰损毁，但大殿的主体幸未遭毁坏，仍保持着原貌。

**（二）崇唐观**

崇唐观内的碑刻《唐默仙中岳体元先生大中大夫潘师正碣》和《崇唐观造像》，为全国重点文物保护单位。

崇唐观位于登封市区北3公里嵩岳太室山南麓老君洞南逍遥谷中。唐调露元年（679年）高宗与武则天游嵩山逍遥谷，访道士潘师正，赐建"隆唐观"。因避唐玄宗李隆基讳，改名"崇唐观"。唐高宗营建奉天宫时，又在逍遥谷南北各筑一门，南为仙游门，北为寻真门。因此，此观又改为仙游观、承天观、承天宫、老君观等名。此后，名士游往频繁，留言题咏颇多。

崇唐观建筑规模不大，东西长40.4米，南北宽23.1米。原有建筑仅存老君殿1座，面阔3间，进深3间，硬山式建筑，灰筒瓦顶，前辟板门方窗，殿内砖柱上浮雕花人物、瑞兽等图案。殿内现存唐代石雕像1尊，连像座在内通高2.8米，莲花须弥座上刻有5个雕像，自左至右为弹琵琶、吹笛、舞蹈的男女乐伎，像座下方有"大周隆唐观敬□元始长寿二年十月十五日毕工谨记"等字，是我国现存最早、保存最完整的元始天尊神像。崇唐观造像是研究道教发展史的珍贵实物材料，是唐代雕刻艺术的杰出代表，是武则天笃信道教、神化皇权的实物见证和研究武则天历史不可多得的实物资料。崇唐观造像及观内碑碣有着较高的历史、雕刻、书法、艺术研究价值。

崇唐观内另存唐代著名碑刻2通：一通是唐垂拱二年（686年）刻立的《王征君之碣》，另一通是《唐默仙中岳体元先生大中大夫潘师正碣》，是嵩山碑刻中的珍品。

**（三）白鹤观**

白鹤观在嵩山有两处：

其一，白鹤观位于登封北面的太室山三鹤峰下。《河南府志》记载：白鹤观"以子晋控鹤得名"。传说东周灵王太子王子晋，生性好道。周灵王二十二年（前550年），王子晋遇到嵩山道士浮丘公，跟随其入嵩山白鹤观修道。30余年后的七月七日，王子晋乘白鹤飞升上天，去江南天台山等处位列本尊时，嵩洛地区远近可见，这就是嵩山地域最有名的"子晋升仙"的传说。因此，王子晋升仙成了在嵩山修炼成仙的典型代表，嵩山也成了道人们向往的神奥灵妙中的仙境。古今往来，帝王名人及文人墨客到嵩山寻访王子晋升仙的胜迹，并写有大量有关王子晋升仙的诗篇，留下了许多历史佳话和文物遗

存,使得原本单一的王子晋升仙神话,变化为漫长深远而意义厚重的王子晋文化,成为嵩山文化中不可或缺的一部分。

明代《嵩书》卷三《卜营篇·宫观五》载:"白鹤观在太室山上,西去绝顶四五里。背负三峰,左右皆绝壁,空南一面,下瞰远山如屏,幽邃平阔,实太室之奥也。"又据《郑州市古今地名词典·登封·白鹤观》载:白鹤观在登封市区北6公里,太室山三鹤峰上,建筑年代不详……""王子乔者,太子晋也。道人浮丘公接以上嵩高山三十余年。"

《登封县志》载"元至正十二年(1352年)重建"。现在观内塑有儒、释、道三教教主释迦、老子、孔子圣像,释迦居中,老子、孔子坐于两旁。据该观道人王真君谈,北天师道鼻祖寇谦之曾在此作了千古名曲《白鹤飞》。

其二,白鹤观位于少室山之阳、石道阁坡村。始建年代不详,明正统年间修葺。后又塌毁,1994年群众集资重修。观院凌空高耸,背北面南。大门之内有正殿3间,供奉祖师神。东西各有配房。后殿3间,供奉无生老母神像。观内外有碑碣多通。

### (四)云溪观

云溪观位于洛阳市东车站东新安街东头,瀍河桥北,十一中院内。该观是全真派北七真之一刘处玄在洛阳瀍水西崖下修筑。理学家邵雍,初来洛阳时,就暂住云溪观中。史书上有夏居云溪的记载。后因弟子众多,又筑三洞。传说,刘处玄弟子们在筑洞时,发现古井一口,刘处玄笑告弟子,不远处还有二井,此乃我前生修炼时经营的。几日后,弟子们先后又发现古井二口。此后洛阳人都把云溪观称作"三井洞",洞高8.3米,宽1.2米,深9.99米。

金大定七年(1167年)咸阳人王重阳到山东宁海传道,孙不二和已为进士的丈夫马丹阳先后入道。孙不二来到三井洞,到金大定十年创清静派,经过十年发展以后,仙逝。孙不二,原名渊贞,道号"清净散人",是全真清静派七真之一,不二表明她一心一意,修道不二。孙不二在此传道直到坐化"三井洞"。

元世祖至元六年(1296年)敕封孙不二为"清静渊贞顺德真人",元武宗时又敕封她为"清静渊贞玄虚顺化元君"。在道教史上三井洞为北派"七真"中清静派的发祥地。一度称"长生万寿宫""凤仙姑洞"。

明伊王在嘉靖三十二年扩建为一座规模恢宏的"云溪观"。原三井洞的山门为马赵温岳四元帅殿,前院东为钟楼,西有鼓楼。前殿为老君殿,后殿为三清殿,殿前有拜殿3间。西侧洞门有阴文隶书"三清洞"门额,洞内有邵康节读书处。这座道观曾遭日军飞机轰炸,新中国成立后,因历次修建十一中学校拆除。现在已遗无存址。

明代诗人张美谷的《三井飞仙》一诗写道:
古洞避尘烟,谬谬近水边。洞天含万有,洞顶出三仙。
鹤舞云连树,丹成雾连天。飞腾元景在,谁能悟真篇?
清代诗人董笃行写有《云溪观》一诗:
闲坐瀍水旁,正对龙门口。三井透天光,森若列星斗。
钟磬响铮铿,晓日半在柳。深洞锁寂寥,丹砂炼已久。
岭上多闲云,时与白鹤偶。举世重黄金,难易仙人守。
仙人去不还,空余麋鹿友。

### (五)修德观

修德观位于嵩山新密市境东南部大隗镇观寨村。相传为广成子所居,是黄帝问道处。创建于宋崇宁三年(1104年),明清时重修。内有古桧树2株,双耸如盖,似宋、元所植。原有《修德观问道碑》和《南华真经碑》各一。现有山门、正殿各1座。正殿面阔3间,进深3间,硬山灰瓦顶,有脊饰。现存明万历四年(1576年)《敕建重修"修德观"记》碑1通,系以汉画像石墓门改制,记述黄帝向广成子问道之事。现仅存房舍9间,为观寨村学校校址。据史料记载,金代刘文饶撰写有《修德观问道碑》,详细记述了该观的历史。

### (六)玉晨观

玉晨观位于嵩山之阴的巩义市回郭镇西北2公里的苏村东头。又称苏观。建于元至治元年(1321年)。全观面积1400平方米,原有山门,两边有掖门,门前有铁狮一对。后门中轴线上有正殿,左右有钟、鼓二楼及厢房廊庑27间。观内有明清碑碣20余通。

### (七)长春观

长春观位于荥阳城关宫寨村东南,东临河王水库,创建于元代,明、清、民国时期屡有修缮。目前,尚存主要建筑多座,其基本情况是:主体建筑均坐北向南,砖木结构,顶覆小灰坑,多为1层,面阔均为3间。从前至后基本沿中轴线布局,依次排列,最前为大门,再往后是2个大殿,都为卷棚顶。前殿略高于后殿,东西长约10.7米,南北宽约9米,进深与面阔均为3间;后殿长约11米。另在前殿之西侧,尚有1座东西长9.3米的房屋,亦为卷棚顶。这几所房屋由于年久和屡屡用作他用,修补改建的痕迹明显。但就其所存建筑的数量和质量言,在同类建筑中仍较突出。

元太宗十一年(1239年),正值蒙古大军平定金军,金刚刚灭亡,郑州被元朝统治之初,元军将领广平千户杨进,将已所圈占之地交于丘处机弟子贾道先(法号"碧洞子")用于创建道观。观建成后,贾道先主持观事,并取其师父丘处机之号"长春子"做观名。

长春观历经贾道先师徒数代主持发展,规模不断扩大,并受到元朝政府的重视和厚待,有元一代达至极盛。观内原存元代之《给付碧洞子地土执照》和《郑州荥阳县时村创建长春观碑记》石碑均毁佚,但所存文字材料,详细地记述了长春观地产的来历及其创建经过等,提供了研究道教史特别是全真教派历史的可靠资料。

长春观至明、清时又多次重修,持续兴旺一方。民国后期,开辟学校于其内,直至20世纪70年代。近年进行修缮时,又在院内清理出碑刻多通。

## 五、洞

道教中的洞,即洞天福地。在道教的空间概念中,除了将宇宙整体分成三十六层天以及无尽宇宙空间之外,道家还详细描述了和地球空间相连的各个空间,这就是洞天福地。

神仙所居的胜境有的在天上,如三清境等三十六天;有的在海中,如十洲三岛;有的在名山洞府,如洞天福地。"洞天福地"是人间仙境,大多位于中国境内的大小名山之中或之间,它们通连贯通通达上天,构成一个特殊的世界。其中栖息着仙灵或避世人群。

嵩山最有名的洞是登封老君洞,其次为新密的天爷洞。

### (一)登封老君洞

河南省重点文物保护单位。老君洞,又名无极洞,俗称老母洞,位于太室山南麓金壶峰下,逍遥谷北山脊梁上。老君洞始建于唐代,为唐代著名道士潘师正所凿。因形如鸡卵,又称"鸡卵洞"。后人在洞内供有"老君"塑像,故称老君洞。

唐代以后,在老君洞周围陆续增修了一所道院,分中院、东院和西院,房舍100多间。1984年后进行大规模翻修,形成东西两个道院,东西长188米,南北宽64米,面积约为1.2032万平方米。以东院为主院,中轴线从大门至大殿共三进院,其中,大门至老君洞为一进院,壶室至正阳门为二进院,正阳门后为三进院。院与院之间凿石为阶,相互连接,前后贯通。山门前有二层青石踏道共108级石阶,把大门衬托得高高凌起。

登封老君洞

主要建筑有山门、老君洞、金钟楼、玉鼓楼、壶室、正阳门、十二老母洞、无极老母殿、千佛殿和西院。

其中主体建筑:

老君洞位于山门内北端。是当年道士潘师正隐居之处。洞高约2米,深4米,宽3米余。洞内供老君塑像。南面券门为老君洞的正门,门两侧镶嵌砖雕楹联:"峻极峰嵩阳胜地,古灵山金壶洞天"。

十二老母洞为老君洞左右两侧的六座洞殿和正阳门前左右的六座洞殿。东侧三座,由东往西依次为玉兰母洞、九莲母洞、文殊母洞;西侧三座,由东往西依次为普贤母洞、眼光母洞、日光母洞。位于正阳门前左右的六座洞殿,东侧三座,由东往西依次为南阳母洞、白农母洞、观音母洞;西侧三座,由东往西依次为大悲母洞、地藏母洞、清身母洞。这些建筑由于紧靠陡崖和涧沟,受自然条件的限制,殿房是利用自然崖壁作为后墙,用砖石券砌起来的无梁建筑,规制虽然较为狭小,但是布局紧凑,在嵩山地域现存的庞大建筑群中独具一格,饶有情趣。

无极老母殿位于东院的最后部。清代末年建筑,面阔3间,进深5架椽,为单檐式硬山建筑,黄琉璃瓦覆顶。内供无极老母塑像。殿内施有两根合抱的对称盘龙木柱,龙体的浮雕花纹高出柱面4~5厘米,鳞甲深圆,尖爪锐利,铜铃般眼珠,炯炯有神,栩栩如生。殿外前檐石柱上刻"尊上玄穹步清云乃登九五;圣称无极居太上以通三千"楹联。此殿在20世纪"文化大革命"中被拆毁,盘龙木柱由县文物部门妥为保存。1989年按旧制重建该殿,盘龙木柱复归原位,显现旧貌。

千佛殿位于无极老母殿东侧。面阔3间,进深5架椽,为单檐硬山式建筑,灰筒板瓦覆顶,出前廊。棂门槛窗,前檐柱亦为方形石柱,上刻行书楹联"人世间类云任变幻,仙山中甲子自春秋"。其西侧顺山房为祖师殿,刻有行书楹联"道典通天万缘归正觉,峻峰障日紫气入三清"。

西院原有火光洞、千佛洞等,为多间的殿房,是利用自然岩作为后墙,用砖石砌筑建房,房顶和崖面相平,崖上面还建有木结构房屋,形成两层楼房。从后边看,却只为一层平房。这样的建筑形式,则为登封诸多寺庙中所仅有的一例。今改建为两层楼房,失去原貌。此院现为工作生活院。

此外,老君洞现存遗存有明清碑碣 30 余品,内容多为重修、布施、记事等刻词,在一定程度上反映了古代民间群众信奉道教发展的脉络。

老君洞现存建筑多为明清以后修建的,依山就势,利用有限的自然地形修建而成,其特点有二:其一,老君洞的建筑由于紧邻洞沟,受自然环境限制,利用自然崖壁作为后墙,用砖石券砌,房顶和崖上地面相平,崖上面再建有木构殿房,形成两层楼房。但从后边看,却只有一层殿房。其二,在较为宽阔的地方,修建有殿房楼阁,但形制较小,与嵩山地域其他寺庙宫观建筑截然不同,形成了独有的整体建筑玲珑紧凑、别具风采的特点。

### (二)灵崖山天爷洞

灵崖山天爷洞,又称羚羊洞、灵崖洞、天爷洞等,位于新密市平陌镇东三里龙泉村内的灵崖山上,灵崖山又名大仙石,是具茨山主峰之一。据《河南通志》载:大仙石在禹州西北 50 里,轩辕黄帝修炼于此。《密县志》记载,灵崖洞在密县超化西南五里处,洞在半崖,深不可测。《河南通志》载,超化西南五华里许,洞在半崖,古传有羊出入,不知何灵物也。因此,天爷洞又称羚羊洞。这里位于郑汴洛文物古迹旅游的主要交通线上,下庄河站南九公里处,交通便利,四通八达。

灵崖山天爷洞创建年代不详。当地民间口传,天爷洞创建于唐,宋、明、清屡有扩建,至中华人民共和国成立后,原有建筑仅剩几间破旧的殿宇。20 世纪 90 年代,政府出资在原有基础上做了一次大的修建。

天爷洞在洧水南岸,依山而建,坐南向北。天爷洞是自然景观与人文建筑相结合,有通天桥、望天梯、拜天阁、祭祖亭、转运台等;著名的石洞有九连洞、五连洞、大小龙眼洞、天爷洞、老母洞、龙蛇洞等及多处溶洞;殿堂有祖师殿、老母殿、南海大士殿、十大阎君殿、托天老母殿、灵霄殿等,共计 39 殿之多。全景区共奉有 230 多尊神像,坐满景区各洞、殿、阁、台。

传说,天爷洞是天界最高神祇玉皇大帝修行的地方。天爷洞的第一层是一组大型溶洞,也是石楼洞的第一层,故曰:三棚楼者。其实何止三层,这里是洞连洞,洞套洞,高者抬头不见顶,低者只能爬行,不能仰视。主洞高 7 米,阔 5 米,深 10 米。洞壁内全是奇石,如柳絮、白云等。正顶有一藻井,口径 3 米,底 0.5 米,内似蟠龙,伸头藏尾,旁边站一位石仙在此看守,可谓神工鬼斧之雕。主神玉皇大帝雕像坐于洞中后台之上,台下有一大型溶洞名曰天井。天井与东十里之外的超化镇金花泉相通。古传,第一天撒把麦糠,第二天可从金花泉涌出。洞内的玉皇大帝神像高大庄严,慈眉善目,两旁有文武众仙奉旨办公。在这里善心诚意,可求万事如意,心想事成。

灵霄殿是天爷洞景区最上层,是玉皇登殿办公之处。该殿雄伟壮观,长 27 米,宽 9 米,高 13 米,由 24 根大型玉柱撑架,九间九进,红砖、钢筋水泥结构,琉璃黄瓦盖顶,上具脊鱼、宝瓶、二龙戏珠等装饰,有仙鹤朝圣、龙凤呈禅、太极图等大型彩绘。主像是玉皇大帝,有文武众仙班,在这里诚心求拜,可功德圆满,实现心愿。

从此山旧石器洞穴遗址出土的大量动物骨化石和打制石器看,为新生代第四纪更新世晚期文化遗址,距今约有五万年。山下洧水环绕,宋大、尉登大小铁路两条,应山而守。铁路大桥凌空高架,十字交叉,一高一低,横跨洧水河。山势巍峨陡峭,松柏苍翠,奇石嶙峋,有的似龙似虎,有的似雄狮怒吼,有的似猛虎下山,有的似松鼠觅食,有的似禽物欢跳,有的似雄鹰展翅,各种巨石千姿百态,美不胜

收。山奇石奇树更奇:有石上柏、柏上佛等。天爷洞周围有凤凰山、老王山、号令山、虎头山,群山朝向有龙有凤,是九龙朝圣之地。远看不见山,近看山连山,山不在高,有仙则灵。

天爷洞每年还有盛大的庙会,正月初九、九月初九、十月初王等,都有大型庙会。特别是正月初九,是玉皇大帝的诞辰日。从初二到初十,四方旅客、香客从四面八方云集于此,顶礼膜拜,以求风调雨顺,百姓平安。庙会期间,山上山下,人山人海,总数达万人。民间说唱、舞狮子、划旱船、踩高跷、斗竹马等各种民间剧团、文艺杂耍等均来此祝贺玉皇大帝生日。

## 第三节 书 院

书院是唐宋至明清时代出现的一种独立的教育机构。一般都是私人建立,聚徒讲学,研究学问的场所。嵩山地域古代教育的最大亮点为书院教育。

北宋期间,嵩山地域以嵩阳书院为起点,先后建立了许多对后世有较大影响的书院,其中最著名的有伊川书院、颍谷书院、和乐书院、安乐书院等。其数目之多、规模之大为前所未有,几乎取代了官学而成为当时的主要教育机构,而书院重视读书和提倡讲学之风,对当时的社会风气也产生了很大影响。书院制发展到明清,在嵩山地域各市县有着广泛的普及,正是这种教学机构在嵩山地域近千年不衰,才聚集了大批的名人志士到此传播儒学,诗文吟唱,营造出了嵩山浓郁的文化氛围,为培养儒学人才发挥了重要的作用。

书院一般多选在远离尘俗的风景秀美的自然山水间,环境优美宁静,有利于清心静修。书院园林的格调皆崇尚自然,取景于自然,不求雕饰与华丽,讲求宁静、清幽、淡雅。书院建筑是中国古代特殊的文教类建筑,它的建筑理念主要是根据书院藏书、教学和祭祀的"三大功能"而设计。一般来说,书院建筑的组成部分,主要包括讲堂、祭祀殿堂、藏书阁、斋舍等。书院的主要职能是讲学,所以讲堂是中心。古代的建筑大小主要以"间"为单位,书院讲堂一般为面宽3至5间。根据书院的规模大小,也会有多个讲堂。书院二字的"书"代表其特色,"院"代表其规模。祭祀殿、藏书楼、讲堂这三者代表了书院建筑的整体风貌。在此基础上,全力营造"崇文尚儒"文化氛围,体现出"以景育人,以境育人"的祈愿。从嵩山地域的现存书院建筑来看,其建筑大都朴实而不奢华,从架构上看不施斗拱,从装饰上看极少有彩绘。这也是由于书院是古代的私学,其开支仅靠"学田"来维持,没有经济能力去讲究的。嵩山地域的嵩阳书院、伊川书院等古建筑,仍然保存了封建社会民间教育形式的建筑实物,是研究中国古代文教类建筑的一个重要内容。

嵩山地域在清代书院很多,各市县少到三五所,多到十几所,但随着社会的发展,大都消失在人类历史的长河中,保存下来的仅有以下几所。

### 一、嵩阳书院

"天地之中"历史建筑群之一,世界文化遗产。全国重点文物保护单位。

嵩阳书院位于登封市城北3公里嵩山太室山峻极峰下,因坐落于嵩山之阳,故名。它与商丘的睢阳书院、湖南的岳麓书院、江西的白鹿洞书院共称北宋四大书院。嵩阳书院由北魏高僧大德、曾在法王寺讲经说的著名僧人生禅师创建于北魏孝文帝太和八年（484年），初名嵩阳寺，为佛教活动场所。北魏司空裴衍隐居嵩山，继生禅师之后主持建造嵩阳寺，曾为寺主，僧徒多至数百人。后因魏武帝灭佛走向衰落，一蹶不振。隋炀帝大业八年（612年），嵩山著名道士潘师正自言300岁，为隋炀帝炼金丹，祝其长生不老，杨广遂将嵩阳寺更名为嵩阳观，作

嵩阳书院

为炼丹场所，并逐步发展为道教传教场所。唐高宗期间（676~681年），高宗李治同皇后武则天曾两次寻访著名道士潘师正，均以嵩阳观为行宫。五代后唐清泰元年至三年（934~936年），进士庞士曾在嵩阳观聚徒讲学。后周显德二年（956年），世宗柴荣将奉天宫改称为"太乙书院"。宋至道三年（997年），太宗赵光义给"太乙书院"赐名"太室书院"匾额，并赐九经子史，置校官，生徒数百人。宋景祐二年（1035年）重修书院，宋仁宗赵祯下诏将"太室书院"更名为"嵩阳书院"，并设院长掌理院务，拨学田百亩以供开支。时值王安石变法，程颢等22人被贬，乃在此聚生徒百人讲学，极盛一时。名儒司马光、范仲淹、程颐、程颢、朱熹、杨时、李纲等相继在此讲学，并留有笔墨。其中范仲淹到嵩山后，写出了"不来峻极游，何以小天下"的诗句，赞美了中岳嵩山的伟岸，抒发了治国安邦的雄心。史学家司马光的巨著《资治通鉴》第9至12卷，是在嵩阳书院及相邻的崇福宫里编纂而成。金大定年间（1161~1189年）书院更名为承天宫。明重修后复改为"嵩阳书院"，并建二程祠。清康熙十三年（1674年）知县叶封重修，清康熙十六年（1677年）耿介又复兴嵩阳书院并增建修补。耿介亲自执教，传教授业，成绩显著。嵩阳书院经金、元、明、清多次增补修建，规模逐渐形成，布局日趋严整。特别是清康熙年间（1662~1722年），先后修建了先贤祠、先师殿、三贤祠、丽泽堂、藏书楼、道统祠、博约斋、三益斋，增设墙垣。鼎盛时期，学田1750多亩，生徒达数百人，藏书达2000多册。

嵩阳书院建筑基本保持了清代的建筑布局，南北长128米，东西宽78米，占地面积9984平方米。嵩阳书院建制古朴雅致，中轴线上的主要建筑有五进，由南至北依次为大门、先圣殿、讲堂、道统祠、藏经楼。中轴线两侧的配房有程朱祠、丽泽堂、书舍、学斋等。嵩阳书院共有古建筑106间，其建筑样式多为硬山卷棚式建筑，覆以灰色筒板瓦，与中原地区众多的红墙绿瓦、雕梁画栋的寺庙建筑截然不同，具有独特的地方建筑特色。

嵩阳书院西院为考场一处，原建筑仅有1座，其他建筑均为近年恢复，是历史上的考场院落。

嵩阳书院内原有古柏3株，西汉元封六年（前110年），汉武帝刘彻游嵩岳时，见柏树高大茂盛，遂封为"大将军""二将军"和"三将军"。将军柏从受封至今，已有二千多年的历史，赵朴初老先生留有"嵩阳有周柏，阅世三千岁"的赞美诗句。经林学专家鉴定，将军柏为原始柏，树龄有4500年，是中国现存最古最大的柏树。后来1株已毁，仅余2株称"大将军柏""二将军柏"。大将军柏树高12米，围粗5.4米，树身斜卧，树冠浓密宽厚，犹如一柄大伞遮掩晴空。二将军柏树高18.2米，围粗12.54米，虽然树皮斑驳，老态龙钟，却生机旺盛，虬枝挺拔。

院内还保存有《明登封县图碑》等数十通碑刻。院外有著名的《大唐嵩阳观纪圣德感应之颂》碑。该碑高大雄伟,十分壮观,为嵩山碑刻之冠。碑额为裴迥书,篆体;碑文为李林甫撰文,徐浩书丹。碑文内容记叙唐玄宗李隆基梦想长生不老,命道士孙太冲先后在嵩阳观和缑氏山升仙太子庙为其炼丹的故事。该碑书法遒雅,雕刻精美,为稀世珍品。

## 二、伊川书院

伊川书院

河南省重点文物保护单位。伊川书院位于嵩山伊川县鸣皋镇,今鸣皋中学。原为文彦博庄院,又名伊皋书院。宋元丰五年(1082年),理学家程颐(字伊川)因与王安石新政不合引退归洛,时居北宋相位、与程颐政见一致的文彦博赠与程伊川鸣皋镇旧园一址,良田千顷,为其著书讲学之所。程颐改建为书院,取名为"伊皋书院"。程颐学识博大精深,经术通明,义理精微,诲人不倦,四方俊秀闻风而至,士大夫从学者盈门。他定学制,列校规,言传身教,名声大振。程颐于此讲学20余年,先后共收徒63名,名儒孟厚、杨时、游酢、邵伯温等皆出其门下。鸣皋镇因之被誉为"理学名区"。

靖康元年(1126年),金兵南下,书院被毁于战火。元大德九年(1305年),元朝炮手总管勋实戴率兵镇长守鸣皋,因拜读二程著作,受益匪浅,遂改名"克烈士希"。他见书院经220余年风雨剥蚀,已破败不堪,就自筹资金,招募民工,在伊皋书院旧址修建,历时十年乃成,有大门、中门、廊庑、讲堂、仓库、厨房等,亲为之记。其子慕颜铁木继父遗志,复建古阁,藏书万余卷。延祐三年(1316年),上报朝廷,元仁宗感其诚意,赐名为"伊川书院"。另由翰林直学士薛友谅作碑文记其事,集贤殿学士赵孟頫书丹,参知政事郭贯篆额,碑高8尺,名"敕赐伊川书院碑",永志纪念。今碑存于鸣皋中学。明永乐十四年(1416年),佥事刘咸重修。清康熙二十七年(1688年),嵩县知事徐士诇集资重建,修大殿3间,专祀程颐、程颢,作为"育才之宫,讲学之地,以传洛学"。乾隆四年(1739年),增建房舍,设立义学,拨给学田1018亩。乾隆十二年(1747年),嵩县鸣皋镇属嵩县,知县张顾鉴因书院僻处乡村,考课不便,将其并入嵩县城内西北隅之乐道书院,并命名为伊川书院。

现存伊川书院坐北向南,有大成殿1座,东西厢房各3间。另有历代碑刻数通。有宋代古柏一株,其围3人合抱,虽经千年风雨侵袭,历尽沧桑巨变,仍高耸入云,枝繁叶茂。

## 三、清流社学

河南省重点文物保护单位。清流社学位于禹州市区东南9公里的范坡乡彭庄村村南。明嘉靖八年(1529年),由三官庙改称清流社学。它东靠颍河,西接柏山(《水经注》载:启筮亭),南望糜山,北依钧台坡,门前古漆水(今谓小泥河,已干涸),跨有石板桥两座(现仅存一桥),俗谓"七步两桥和一步两井"。

据载：明洪武七年（1370年）太祖朱元璋"诏令各郡县兴办社学"。《禹县志·古迹志》记载："清流社学故址在柏山东麓，明嘉靖时知州刘魁建。""钧州知州刘魁，字焕吾，号晴川，江西泰和人，正德中登乡荐，受业王守仁之门。嘉靖初谒选得宝庆府通判，历钧州知州，抵任讲道学。辟佛老，僧尼悉令还俗。其政先宽后严，丈地均粮俱有成法，废毁淫祠，建禹、汤庙，先贤祠，八蜡祠及书院社学之属，立社仓。历任七年，教化大行，儿童走卒咸以父母戴之。升潮州知府同知，历工部员外郎，发思之，奉入遗爱祠。后以谏世宗建雷殿于太液池，廷杖下狱。与御史杨爵、给事中周怡同系数载，至二十四年帝感仙言，释之，既而复逮系。二十六年高元殿灾，帝露祷，火光中若有呼三人忠臣者，遂传诏急释之。魁未几卒，隆庆初赠恤如故"（《明史·本传》）。清人赵健清流社学故址诗云："晴川遗爱播中州，里社名区恣赏游。敷教当年沽化雨，作人万古景清流。参天阶树云常护，绕舍山泉脉永收。断碣依然余一片，振兴谁复继贤侯。"

明嘉靖七年（1528年），刘魁"撅守我钧（今禹州）"（《明钧州知州晴川先生刘公遗爱碑》）。刘魁到任次年（1529年）开始兴办学校，数年内"建社学九十五所，先棠等书院五处"（《禹县志·金石志》）。大兴教育，文风盛于中州，每月朔望定期在全州讲学习礼，从事学者甚众，时钧州进士郭学书即其著名学子。"郭学书，字道伯，博极经史，从刺史刘晴川魁，受阳明之学，戊子中（1528年）乡荐"（《清明伦堂石刻钧阳八士考并诗》）。刘魁师承王守仁，继承了王阳明反传统、重教育的思想，在佛道文化盛行时期，敢于公开把寺庙改为校舍，并责令僧尼还俗（古代帝王著名的"三武一宗"灭佛，即：北魏太武帝灭佛、北周武帝灭佛、唐代武帝灭佛、后周世宗灭佛，臣下为此者，刘魁一例），此举在当时产生了很大的影响。

清流社学为明代建筑，书院三进院落，历史格局完整，占地4000余平方米。卷棚石质廊柱上有楷书阳刻楹联一副，花岗石垒砌院墙保护较好，校舍三排，每排隔甬道，多以面阔三间建筑并山联搭，院内两排坐北朝南，临街教室坐南朝北，沿大门中轴线，依次为卷棚、前殿、后殿。沿中轴建筑东侧以甬路相通，西侧甬路沿西院墙相连，前大殿、卷棚均面阔三间硬山式。卷棚前檐柱为木质圆形，后檐柱为青石质扁方形，卷棚后檐柱正向阴刻楷书"位镇北方凛凛英风光日月，精分水性腾腾杀气震乾坤"尺书楹联。前后大殿的西侧有保护完好的硬山式小青瓦建筑四栋，在前大殿的卷棚西墙上嵌有五通记载清流社学重修及创建历史的碑刻。

清流社学后殿面阔三间，悬山式，前后步廊，斗拱飞檐，檐柱、廊柱、山柱、金柱皆扁方青石质。明间四根金柱，柱围1.4米，高3.45米，通身高浮雕蟠龙，为禹州境内独有，有着较高的历史艺术价值。

清流社学院内建筑历经重修，据院内碑刻载：康熙十五年重修卷棚，嘉庆元年，重修清流社学主要建筑屋顶。明、清、民国时期以及新中国成立后此处均作为公办校舍使用。1958年新增校舍（南部临路、东西各一所）两所共16间；改革开放后，因校舍古老陈旧，学校搬出，现存较完整的明清建筑6所20余间。清流社学为明朝钧州所办100所学校中，禹州现存唯一一处最完整的古书院，既是明代著名教育家王阳明道学流派的实物，又是研究中原教育的珍贵史料。后殿前檐柱上方刻有禹州当时的古代里、观名称和人名，西墙嵌有记载书院创办时期古碑刻5通，且保存完整，有较高的艺术价值与历史研究价值，对研究明代禹州社会政治、文化具有珍贵史料价值。

## 四、禹州明伦堂

元世祖至元二十三年（1286年），禹州知州王显祖将文庙由禹州治东移建于治西南（现黉学），州学也随徙于文庙之右,建明伦堂。

禹州明伦堂,又称核学,其职能是核查读书人的学业,民间又俗称黑学。约相当于今天的教育局。自大明封藩钧州(今禹州)以来,强藩擅宠,肆虐禹民。学校无人过问,故栋角、盘挠、墁瓦崩坠,读诵之地遂成疏圃。明宣德三年(1428年),学正朱云重修明伦堂,堂后购民地建造藏书室4楹。明嘉靖三十五年(1556年),知州邱鳌撤徽藩故宫重修明伦堂、斋舍、仪门、大门。终使居于禹州学院内的堂宅增其规模。

禹州明伦堂坐北面南,面阔5楹,明伦堂前东西斋各5楹,门、窗对称。甬道前东侧水井一眼,名曰"夫子泉"。柱前,仪门3楹,两侧设东、西角门。仪门前为大门,门房3楹。甬道贯通仪门、大门,内接明伦堂,外至照壁。明伦堂前东、西斋房之南侧,各开一个便门,东进教谕宅,西入训导室。

## 第四节　关隘渡口长城寨台

古人称嵩山为"天室",是连接天神与民间的神山,位居五岳之中,自古即为华夏民族所奉祀的名山。而嵩山地域位于郑州、洛阳、许昌金三角地带,不但位居"天地之中",而且还是一个军事要地。所以,历史上的帝王将相、英雄豪杰、文人志士都相继来嵩山地域活动,这里既是他们憧憬向往的可以安营扎寨的田园归宿,又是一个三教文化荟萃、进行天文科学观测的风水宝地;既是英雄们在此拼杀充满刀光剑影的要塞,也是帝王将相、文人志士立志建业的疆场。当历史上的风云散去,于是这里就有了传承千年的文化,在这里也留下了众多的古关隘、长城、寨、坛、台、渡等遗存。这些壮丽巍峨的景观,以及它们在防御、坚固、适用、美观等方面的重要作用,不但在建筑史上占有重要的地位,而且给嵩山文化留下了光辉灿烂的一页。

### 一、关隘

关隘,是在狭窄而险要的地方或国界设立的守卫处所和关口,也是重要的交通门户。横卧的嵩山东西绵延百余公里,山岭逶迤,阻断南北交通。嵩山地域的函谷关、伊阙关、广成关、大谷关遗址、轩辕关、旋门关、孟津关、小平津关遗址,合称"八关都邑"。其中,洛阳城环卫四塞,雄关林立,形势险固,西周王城500里的四面边境上,各有三处关口,对当时各诸侯国的沟通和王朝京城的保卫作用很大。还有虎牢关、玉门关、黑石关、汜水关在历史上都是十分险要的通道。它们不仅成为贯穿东西或南北的交通要道,而且是历代兵家必争之地。它们在历史上,大都发生过惊心动魄的故事。正是这些故事的发生,才使这些古关隘显得更加重要、更加有名。

**(一) 轩辕关**

轩辕关古关名。亦称崿阪关、崿岭关,以关置于崿阪(崿岭)上而得名。轩辕关位于偃师城东南30公里府店镇轩辕山上。这里是偃师与登封交界处,山势陡峭,道路崎岖,为洛阳通往许、陈的捷径要冲。关西有崿岭口,口下有十八盘,道路也很险要。《春秋》:"襄公二十一年,使侯出诸轩辕。"《战国策》"秦兵下三川,塞辑辕氏之口"即此。东汉末年,黄巾起义,四方响应,震动京师洛阳,汉灵帝惊恐,遂令河南尹大将军何进在洛阳周围设置八关,轩辕关即为汉置八关之一,建成于东汉中平元年(184年)。

轩辕关现存建筑均用石灰岩垒砌,东西长14.7米,南北厚10.5米,高6.2米。正中是弧顶门洞,洞高4.7米,宽3.5米。关南侧有石级,宽1.5米,拾级而上可达关顶。弧顶门上方有一长方形关额,题"古轩辕关"4个楷书大字,笔法古朴,遒劲有力,并刻有"乾隆十五年岁在庚午九月重修"等字。轩辕关顶原有大殿,抗日战争年代毁于战火。1984年以来,府店镇韩庄村民捐资在关顶重修大殿一座,恢复了昔日风貌。

古轩辕关

轩辕山形势险要。《文选》薛琮注:"轩辕坂,十二曲道将去复还,古曰轩辕"。清光绪二十八年修车路碑文曰:"洛都……东虎牢,西函谷,南伊阙,东南轩辕,皆天险也。"《登封县志》载:"轩辕者,其道路弯曲如古车之轩而又辕曲也。相传此关为禹治水所凿。唐高宗游嵩山,凿石开道。宋偃师知县马仲甫佣夫开道,平为坦途。"后人又开修加宽西口十八盘道,为郑洛、许洛之公路。1984年偃师县扩修路面,并铺设柏油,成为207国道。

景日昣《说嵩》中,轩辕关有二道:一在北,唐高宗犁如嵩,凿山开道如车厢,历代置关之所。此关处崿岭坂,少室山上,道路险隘,有弯道十二,回环盘旋,将去复还,故称轩辕关。一在南,为宋时偃师县知县马仲甫庸工所凿,道路轩敞,人便其利,当地人称崿岭口,也叫新轩辕关。北道幽折,林壑隐奸。行人多以南道轩敞为便。

此关在历史上是重要的军事要塞。春秋战国时期韩伐郑,攻轩辕,占阳城、负黍。以后秦攻韩,过轩辕关,又占阳城和负黍。秦二世三年(前207年),樊哙攻轩辕关,占韩国颍阳、阳城等城池10余座。东汉何进置轩辕关,为洛阳八关之一。隋置平洛仓数百窖,依轩辕关险势而守。唐太宗伐郑王王世充,攻轩辕关。1944年,皮定均、徐子荣率八路军豫西抗日独立支队过轩辕关,入巩义,作抗日武装宣传。

**(二)伊阙关**

伊阙关,古关名。位于洛阳市区南约2公里处。伊阙关即洛阳南龙门山和香山的阙口,两山夹峙,伊河穿流其中,远望就像天然的门阙一样。东周时,为京都南面的重要关隘,是洛阳南下,汝颖北上的必经之道。它是汉末为镇压黄巾起义军设置的八关之一。其间山谷相连,自古为防守要地。《左传·昭公二十六年》:"晋知跞赵鞅帅帅纳王使汝宽守阙塞","秦攻魏将犀武于伊阙,进兵攻周,败于伊阙"。《史记》:"秦昭王十四年,白起攻韩魏之师于伊阙"。《旧唐书》:唐武德三年(620年)七月,李世民亲率重兵北据邙山,派将军史万宝率兵"自宜阳南据龙门",遂攻取洛阳。1948年3月,解放洛阳,也是首先拿下伊阙,继而攻取洛阳。今日伊阙关遗址处,建有宏伟古朴拱桥,连两山为一体。

### (三)广成关

广成关,古关名。位于汉光武所置广成苑的南边,故名。遗址在今临汝镇一带,这里世称"两山夹一川",其东北有长虫山、娘娘山、和尚山、白云山、盘龙山,西南有大马山、大虎岭,自古是通往荆楚的要塞。东汉灵帝中平元年(184年),以河南(治所洛阳)尹何进为大将军,率左右羽林军和五校尉营屯都亭,以镇京师;于洛阳周围设置函谷、伊阙、广成、大谷、轩辕、旋门、孟津、小平津八关,置八关都尉,以统营八关军政事务,警卫京都安全,治所在散关(今河南省宜阳县东北牌窑)。东汉时,在广成关附近,有广成泽,周围四百里,水出狼皋山中,东南流入汝水。隋大业初曾置马牧于此。由荆襄一带北上京洛,这里是必经之地。

### (四)大谷关

大谷关,古关名。大谷关位于今偃师寇店乡水泉村,是嵩山与龙门山间的峪谷。大谷关是东汉八关之一,为古代洛阳南通南阳,东南达许昌的重要关口。汉张衡《东京赋》说:"大谷通其前。"曹植《洛神赋》有"经通谷"。潘岳《闲居赋》载:"张公大谷之梨。"《洛阳记》说:"大谷,洛城南五十里,旧名通谷。"谷纵深15公里,西出与伊川县接壤。深谷两侧,沟壑纵横,溪水潺潺,群峰削立,灌木丛生。此谷为洛阳京城正前方的一道门户。战时可以埋伏重兵,断绝南北通道。汉末,十八镇侯讨伐董卓,孙坚率兵由大谷关入洛阳,曾在此筑过战垒。辛亥革命前夕,骊明钦曾在这里招集兵马,希望上下呼应,一举而废清朝,恢复中华大业,但因中途有变,起义未果。此关东西有牛心山、牛嘴山、老羊坡、歪嘴山、大风山等,峰峦起伏,形势天然。战时这里可埋伏重兵,断绝南北交通,为历代兵争将夺的古战场。

### (五)旋门关

旋门关位于今荥阳市汜水西南十里铺一带,以关之道路周曲而得名。东汉时,灵帝中平元年(184年),以河南(治所洛阳)尹何进为大将军,率左右羽林军和五校尉营屯都亭,以镇京师;于洛阳周围设置函谷、伊阙、广成、太谷、轩辕、旋门、孟津、小平津八关,置八关都尉,以统营八关军政事务,警卫京都安全,治所在散关(今河南省宜阳县东北牌窑)。东汉以成皋旋门关为京师洛阳东面的第一关。班昭《东征赋》:"望河洛之交流,看成皋之旋门",即指此关。《水经注·河水五》:"河水又东径旋门坂北。"均指此关。洛阳向东过此,即无扼塞可以据守。

### (六)汉小平津关

汉小平津关,古关名。位于今偃师市西北、孟津县东北一带。黄河河心,也是黄河上的一道津渡,其地位仅次于富平津(孟津关),故名小平津。《方舆纪要》:灵帝时八关之一。袁绍诛宦官中常侍张让等,将帝步出谷门至小平津关。晋永嘉末传祗保盟津小城,即小平津关。刘聪遣刘粲以步骑十万屯小平津关。慕容暐遣将吕护攻洛阳,退守小平津关。后魏常讲武于小平津。尔朱荣举兵,胡太后遣费穆屯小平津拒之。此外,洛阳西还有潼关,东有虎牢关,北有天井关(今山西晋城县南太行山顶)和轵关(河南济源县西)等。这些关隘同为洛阳门户,设防守卫,使洛阳成为进可攻、退可守的军事要地。

### (七)武牢关

武牢关,即虎牢关。东晋太宁三年(325年)虎牢入后赵,赵主石虎讳虎为武,书武牢关。至唐代,以高祖李渊祖父讳虎,亦改虎为武,故名。见"虎牢关"条。

### (八)行庆关

即虎牢关。北宋大中祥符四年(1011年),真宗西行祀汾阴,往返经此,回驾至荥阳,真宗以虎牢关为"玉关之枢会""鼎邑之要冲",诏改虎牢关为行庆关。见"虎牢关"条。

### (九)古崤关

古崤关,即虎牢关。明洪武四年(1371年)九月,改虎牢关为古崤关,置巡检司。参见"虎牢关"条。

### (十)虎牢关

虎牢关,古关隘。秦置,以关置于古之虎牢城而得名。此关历代名称不一,位置也多有变化,但均在大伾山周围。秦置虎牢关,汉建武元年(25年)置于成皋而得名成皋关,亦称旋门关、汜水关。东晋太宁三年(325年)虎牢入后赵,赵主石虎讳虎为武,书武牢关。至唐代,以高祖李渊祖父讳虎,亦改虎为武,故名武牢关。北宋大中祥符四年(1011年),真宗西行祀汾阴,往返经此,回驾至荥阳,真宗以虎牢关为"玉关之枢会""鼎邑之要冲",诏改虎牢关为行庆关。明称古崤关、崤关,清复今名。此关南连嵩岳,北濒黄河,山岭夹持,深谷交错,形势险要,一线羊肠小道贯通东西,史称"锁天中,控四鄙"之地,为天下雄关之一,自古以来为交通要塞,兵家必争之地。

楚汉"成皋之战",南北朝宋魏"虎牢之战",唐初"武牢之战"等,皆于此。三国关羽、张飞在此大战吕布,至今还有点将台、拴马柏和拌马索等遗迹。现存清雍正九年(1731年)所立"虎牢关"石碑一通。陇海铁路自关南通过,有公路通往郑州。

此关历史悠久,相传周穆王在圃田射猎,有"高奔戎生擒虎而献之"。穆王将此虎圈此豢养,始称"虎牢"。春秋鲁隐公五年(前718年),晋成公令筑虎牢城,以威逼郑国。秦在此设关,始称"虎牢关",成为历代兵家必争之地。秦末,楚汉争霸在此长期进行攻守战,著名的有"成皋之战";汉灵帝中平元年(184年),于此设旋门关,为"汉八关"之一。"五胡十六国"时期,成为匈奴族刘渊、羯族石勒、鲜卑族慕容、氐族菏洪、羌族姚弋仲等互相争夺的战场;唐初李世民在此以3000雄兵大胜窦建德10万大军,即著名的"武牢之战";1853年,太平天国林凤祥、李开芳率军北伐挺进虎牢关,出奇制胜,击溃清军1.2万人;《三国演义》中著名的"三英战吕布"的描述,使这里成为令人向往的名胜之地,今仍有"张飞城""吕布城""三义庙(纪念刘备、张飞、关羽义结同心的庙)"等胜迹。

清咸丰十一年(1861年),因关隘失险,又修新关于峡谷之中,砌石为基,筑土为墙,墙长200米,基厚11米,高7米,顶宽3米余,并筑关楼一座。惜山洪冲刷,黄河水淹,已无迹可寻。现存清雍正九年(1731年)所立"虎牢关"石

虎牢关

碑一通,后被江水淤没过半,1983年建"护碑亭"加以保护。陇海铁路自关南通过。

### (十一)黑石关

黑石关,古关名。位于巩义市西南4公里,中有洛河,河西岸有邙岭,东岸有黑石山,两山对峙,关以山名。黑石壁上刻"黑石关"三个行书大字,字大30厘米,关之两侧群峰起伏,由云堆山为主峰回旋而下,重叠而成羊肠小道,穿过群峰林立之中,形成悬崖对峙,内夹一道关隘。黑石关气势雄伟,为巩洛咽喉,历代为兵家必争之地。汉李膺、郭泰同舟至此。《方舆纪要》:隋末王世充与李密相持于此。王世充夜渡洛水,营于黑石。明日分兵守营,自将精兵陈于洛北。李密渡洛逆战而败,复渡洛趋黑石,王世充还,为李密所败。元致和初年,陕西诸王阔不花等,讨燕帖木儿之乱,进至巩县黑石渡,大败河南兵,遂克虎牢,闻上都已陷而还。清修筑陇海铁路在此建黑石关铁路大桥。"黔南事变"时,侵华日军与国民党守卫军第二十八集团军副总司令兼二十九军军长孙元良将军率领的91师曾在此关激战,横尸遍野,毙者数千,其间数百难民丧生。

《施府志》:黑石,山名,在巩县西南洛水东,与邙岭夹岸相对如门,洛水出其中,为东西京咽喉,舟车转输,冠盖往来,皆出于此,明设巡检司。曰黑石关,亦曰黑石渡。洛阳东有成皋、巩洛之险。今成皋入汜水,而巩洛之险,无过黑石,固留心险要者,所以加之意耳。《明史·地理志》:巩县西南有黑石渡巡检司。清修筑陇海铁路在此建黑石关铁路大桥。

### (十二)玉门关

玉门关位于今荥阳市汜水镇西北部汜河入黄河口,地处大伾山与广武山之间,古汜水自关口北注入黄河,以古成皋城北门名玉门而得名。公元前203年,刘邦为避项羽自成皋城出玉门关,北渡黄河,至修武。《水经注·河水五》:(经文)"河水南对玉门",即指此。玉门关为大河南北交通之咽喉。故《汜水县志》记:"虎牢为东西之绾毂,玉门为南北之咽喉。"

### (十三)石羊关

石羊关,也叫阳城关,古关名。位于今登封市告成镇东南老妮坟村东,颍河北岸。北魏孝昌二年(526年)置阳城郡,治阳城,遂于此置关,名阳城关。此关有庙怀、关岭南北对峙,悬崖陡峭,形成宽500米之峡口,颍水沿南侧东流,北侧仅容不得一车,为许洛大道之咽喉。地势险要,为阳城东南之门户。《水经注·颍水》:"颍水又东出阳城关。"即指此关。元至正六年(1346年),改阳城关为石羊关。以关口有怪石如羊而得名。

### (十四)黄马关

黄马关位于今荥阳市汜水镇成皋故城西。魏晋置关,地势险要,常为兵家所用。东晋咸和三年(328年),后赵石勒攻赵主刘曜之洛阳。刘曜闻石勒已渡过黄河,遂增兵荥阳戍,把守黄马关。刘曜兵力不支,关不能守,败退洛阳,于洛阳西门外被擒。《资治通鉴》卷九十四载:刘曜"增荥阳戍,杜黄马关"即指此关。

### (十五)金堤关

金堤关位于今荥阳市广武镇霸王城村北黄河道中。以关置于汉代"金堤"首而得名。隋炀帝大业十二年(616年),翟让、李密起义,议先取荥阳以为基地,待发展后而与人争天下,于是攻下金堤关,继而攻荥阳诸县,多为所破。《资治通鉴·隋纪七》:"(翟)让从之,于是破金堤关,攻荥阳诸县,多下之。"即指此关。

### (十六)汜水关

汜水关位于今荥阳市汜水镇周沟村一带。南宋建炎二年(1128年),岳飞北伐,大战于此。《宋史·岳飞传》载:"保护寝陵,大战汜水关,射殪金将,大破其众。"即指此关。

### (十七)成皋关

成皋关位于今荥阳市汜水镇虎牢关村西北成皋故城一带。东汉建武元年(25年)置于成皋而得名。为魏晋时期京都洛阳四关(东成皋、南伊阙、西函谷、北孟津)之一。参见"虎牢关"条。

### (十八)洛严关

洛严关位于洛阳老城南关菜市西街南口(雷家口),始建于清代。为防城郊"刀客"入城所建。二层砖石结构,进深5米,宽6米,高近7米,大青砖所砌,二层起楼为守夜者望。关口南、北上方各嵌10.5m石碑一方,书"洛严关""口保"。该关旧时所处南关码头,傍晚码头收船后即闭关门。现关门无存,仅存碗口大门闩臼。

### (十九)后魏石关

后魏石关位于巩义市南河渡镇境内。《洛阳伽蓝记》载:就东石关有魏元领军寺。《施府志》载:巩城西、洛水北,有地名石关,即京东石关也。

### (二十)东岭关

东岭关位于禹州市白沙水库堤体西侧,是三国时期关云长"过五关斩六将"的第一关。沿颍河逆流而上,是战国时期许昌通往古都洛阳的故道。1951年修建白沙水库时原关址建筑物遭到破坏,但关址位置尚存。今人有诗云:大坝飞落东岭关,关连碧水水绕山。即今东岭关地势写照也。

## 二、渡口

渡口,也称渡,指的是道路越过河流以船渡方式衔接两岸交通的地点。本节所说的渡,大都为嵩山地域的一些古代的渡口,包括用船摆渡或引道过河的地方。

### (一)汜水渡口

汜水渡口位于河南荥阳市西北汜水入黄河处,隔河为温县境。渡口南有虎牢关,汜水入黄处有山凭依,历史上曾为军事要冲。周武王伐纣时,有兵卒4.5万人,战车300乘,从这里渡河直逼商朝都城朝歌,大败商军于牧野。清末民初,汜水渡口的商业运输比较兴旺,常常几十艘船只鱼贯而至,陕、甘等地的药材、棉花由这里转汜水车站外运。自陇海铁路向西延伸后,渡口商业运输地位日益降低,仅为民间使用。

### (二)玉门渡口

玉门渡口,古渡口名。位于今荥阳市区西北18公里,汜水镇西北部汜河入黄河口处。玉门渡口以古成皋城北门名玉门而得名。玉门古渡位于现在的汜水镇口子村,西有大伾山,东有广武山,中有汜河缓缓北注黄河,景色异常迷人,曾是古成皋县十大美景之一,古时这里是往返南北连接东西的水陆交通要道,商贾云集,车水马龙,热闹非凡。历史上的周武王伐纣、刘邦避项羽、捻军北伐均由此渡黄河。玉门古渡为大河南北交通之咽喉。故《汜水县志》记载:"虎牢为东西之绾毂,玉门为南北之咽喉。"

### (三)牛口峪渡口

牛口峪渡口位于河南荥阳市城北20公里牛口峪,隔河为武陟县境。古名板渚津,近代称仓头口、牛树沟渡口,现名牛口峪渡口。古鸿沟、汴渠、通济渠的引水口即在峪口附近。秦汉时这里是漕运的枢纽,秦在此设敖仓。唐开元十八年(730年),为便于漕运管理,把汜水、武陟、荥阳三县的一部分置河阴县,并于河口置输场,在输场东置河阴仓。唐太宗时,江淮都转运使刘宴,在扬州造直通三门峡的运粮船2000只,规定"每船载千斛,十船为纲,每纲三百人,篙工五十,从扬州遣将送至河阴"。该渡口在历代漕运中发挥过显著作用。抗日战争期间,京汉铁路被日军控制后,这里一度是华北地区过往黄河的重要渡河点。

### (四)花园口渡口

花园口渡口位于河南郑州市北郊15公里处,隔河是原阳县境。郑州花园口在宋时曾在此建闸治水,后渐成村落。随着黄河河道南移,村落被河水淹没,成为黄河渡口。相传明朝嘉靖年间,吏部尚书许赞在这里修建一座花园,奇花异草招引南来北往行人观赏,花园口因此得名。花园口是自明朝以来这一带比较固定的渡口。从清代到民国时期,黄河3次在花园口上下决口泛滥,志书有"郑之为患,惟河为甚"的记述。1938年6月日本侵略军逼近郑州,国民党军队不战即溃,在此扒开黄河大堤,黄河决口泛滥,使豫、皖、苏三省44县受淹,百姓流离失所。花园口是历史上震惊中外的"花园口决口事件"发生地,也是黄河下游的起始段,这里河面宽阔,气势雄伟,属于典型的游荡型河段,具有宽、浅、散、乱、悬的特点。河势变幻多端,是观赏黄河的最佳去处。1986年建成郑州黄河公路大桥,渡口已失去作用。

### (五)竹芦渡口

竹芦渡口位于今荥阳市西北16公里汜水镇西北1公里的岳阵图村一带。因两头1.5公里河沟长满芦苇,故称竹芦渡。高宗建炎二年(1128年)岳飞与金兵大战于汜水关,驻军竹芦渡,在竹芦渡急转直下。岳飞筛选了300名精兵潜伏在前山下,陈兵设阵,夜半时,每集体举着两把点着的柴草,金兵看到火光,认为是岳飞的声援军到了,受惊而乱了阵脚,岳飞胜利智取了竹芦渡,大败兀术于此。附近有兀术沟村落(梧竹沟村),城东北3公里有岳阵图村,皆因此战而得名。

### (六)大禹渡口

大禹渡口是颍河上游一个古老的渡口,位于禹州市褚河乡禹王村村东的河道上,是古代禹州与许昌、临颍的主要渡口。相传大禹治水时，乘船来到这里，见高地上有一棵大槐树，枝叶繁茂，荫凉遮了大半个山丘，而且蒸腾出一股肃杀之气。大禹好生诧异，就弃舟登岸，到树前察看。原来树上住着一个千年树仙，多年来一直佑护着这一方百姓。大禹认为他是一位好仙，于是在树上挂了3尺灵幔，以示褒奖。到了汉代，一场天火把大树烧了。不久，又生出几根枝丫。附近群众听说了，以为是禹王显灵，纷纷前来祭拜。有的地方旱了，就来取雨，人来人往，络绎不断。于是在村东河道上形成了一个码头，人们便叫它"禹王渡"。后来，老槐树的根上又生出了3棵新树，手拔着一样疯长，不多年间，又长成了3棵双人合抱的大树。方圆数百里的群众以为是树王复活，纷纷跑来扯幛挂幔，烧香祭拜。有人在河岸上修起一座小庙，因大树旁的河崖上有几条崖洞，所以小庙就叫"洞林寺"。洞林寺的香客多了，有人卖茶卖水，卖一切日用品。时间久了，有的人就住下来，成了一个村落。因为大禹王治水时曾在这里住过，村头的大槐树又经大禹挂幔，称为"树仙"，因此村东的渡口又叫"大禹渡"，这个村便成了"禹王村"。

### （七）杨村渡口

位于偃师市顾县镇东北，坐落在伊洛河畔，南临310国道，北和偃师市城区隔河相望。杨村渡口，为偃师往南方域外的重要渡口，滩渚开阔，河流澎湃，风景宜人，在历史上有着特殊的重要位置，历来是兵家必争之地。"杨村晚渡"被称为偃师古代八大景之一。该村土地肥沃，水源充足，交通便利，信息灵通，经济发达，工农业生产条件优越，被誉为顾县镇的"小香港"。清代诗人蔺完植写有《杨村晚渡》，诗曰：

杨村晚渡

野渡萧萧蓼叶红，沙鸥乱舞夕阳风。长天万里烟霞外，短蓬一声杨柳中。

何处归人呼隔岸，向来羸马立残春。忘机懒问津头路，唱罢渔歌月已东。

### （八）黑石渡

黑石渡，古渡口名。位于巩义市区西南3公里黑石关旁。《方舆纪要》载："在巩县西南二十五里，为洛水津渡处。"《明史·地理志》：巩县西南有黑石渡巡检司。《河南府志》：黑石，山名，在巩县西南洛水东，与邙岭夹岸相对如门，洛水出其中，为东西京咽喉，舟车转输，冠盖往来，皆出于此。

## 三、长城

长城是中国古代的军事防御工程，是一道高大、坚固而连绵不断的长垣，用以限隔敌骑的行动。嵩山地域在历史上曾有数个小国，这些国家为了防御外来侵犯，多筑有长城。现在有迹可寻的长城遗存有郑韩长城、浮戏山魏长城等。

### （一）郑韩长城遗址

郑韩长城遗址位于新密市尖山乡楼院，米村乡温庄、茶庵。约公元前356年，为抵御秦国，自黄河北原阳至密县修长城百余公里。今县境内尚存遗址2549米，墙宽2.2~2.6米，高0.5~2.5米，为青片石垒砌。

### （二）战国长城遗址

战国长城遗址位于新密市尖山乡，米村乡与荥阳交界地带。南起茶庵，北至荥阳县的王宗店，长达30余华里，蜿蜒起伏于群山之中，恰似仙女玉带摇曳。

### （三）楚长城遗址

楚长城遗址位于汝州市寄料镇辖区内四寨山上以及蟒川五朵山一带，是春秋战国时期楚国的北部长城遗址，是我国迄今发现最早的长城。公元前540年左右春秋战国之交时期，楚国称霸，征战要地，楚国在北方边界利用天然屏障，依山就势修筑了这道长墙，一是为了圈定自己的国土范围，二是为了抵御秦、晋等北方强国的入侵。史料记载：公元前540年前后，楚国相继灭掉了息、邓、黄、江、蓼、随等10多个小国，国土面积扩展到了鲁阳以北，也就是今天的鲁山县背孜乡与寄料镇坡根村之间。雄心勃勃的楚庄王成为诸侯国中的霸主以后，开始"观兵于周疆，问鼎轻重"，这就是"问鼎中原"这句成语的由来。楚国的国土面积虽然辽阔，但他的生产力水平却落后于中原国家。楚庄王以后的历代楚王不断与中原大国发生战争，这些战争大都以楚国的失败而告终。战争大大削弱了楚国的实力，使楚国由战略进攻开始转入战略防御，而四寨山上的楚长城就是战略防御的产物和见证。

2000多年过去了，楚人当年修筑的北方屏障经历风摧雨毁和人为破坏早已消失殆尽，但处于深山老林中的楚长城垛，因为人迹罕至，依然断断续续地挺立在悬崖陡壁之上。

### （四）浮戏山魏长城遗址

浮戏山魏长城遗址位于新密市区西北10公里。西北从荥阳的王宗店、香炉山起，经蜡烛山、沙岗、风门口、五岭，南到密县的茶庵村北，依山而筑。长城残长5.8公里，青石砌成，墙基宽2.5米，现存城墙最高处为2.5米，横穿许多地势险要的山口。墙垣为青石石砌筑，保存基本完整。《史记》和《后汉书》载"苏秦说魏襄王曰：'大王之地，西有长城之界'"，即指此长城。《后汉书·郡国志》也提到"有长城经阳武到密"。

魏为秦所逼，将都城自安邑（今山西夏县）迁都大梁（今开封）后，为了防御西邻秦国入侵，魏安厘王二十一年（前256年），由今黄河北的原阳县，经郑州西郊，南到密县，修筑了一条长百

浮戏山魏长城遗址

余公里的长城。秦统一六国后,这条长城才被废弃。今新密市、荥阳市浮戏山现存魏长城遗址,是唯一保存在地面上的一段。

该遗址为战国时期诸侯争霸的古战场。

### (五)青龙山魏长城遗址

青龙山魏长城遗址位于郑州市管城区圃田乡李南岗村东岗。青龙山实为一圆形土岗,高约40米,系由带沙性的黄黏土分层夯筑而成,夯层厚8～12厘米,夯窝较平,包含遗物甚少。由此向东南有高低不一的山岗10余个,至潮河边,又沿河向西南方向。

该遗址和史料记载的圃田泽西魏长城的位置相符,应为魏长城遗址。

## 四、古台

古台,古代建筑中略高于地面的那些形状高且平的建筑物。古人曰:"积土四方而高曰台。"《说文》曰:"台观,四方而高者也。"又曰:"高,崇也,象台观之形。"可见,先秦时台的基本形制就是高耸的筑土台基,在台基之上,人们往往建一些类似房屋的木结构建筑,这些建筑称为"榭",于是,"台榭"成了经常被联在一起的词。

我国古代的台,最初是在对山岳崇拜的观念支配下形成的对山岳的模仿。在古人看来,这些人造的山,同样可以作为神的居所。《海内北经》中曰:"帝尧台、帝喾台、帝丹朱台、帝舜台,各二台。"所以,人们对台也同山一样神化和崇拜。因此,模山建台的遗风一直流传下来。台,被视为天神居住的地方,世间的统治者只有建台而登之,才可以亲承其意旨。《左传·昭公四年》曰:"夏启有钧台之享。"台是一种具有原始宗教意味而又为统治者所独据的建筑,由于它是为了上通天意而模山建造的,所以人们也就尽量把它建得高大。

古祭台

台以在宫廷中地位的显要,故先秦时许多重大的外交和政治活动也都要在台上举行。如巩义市的八卦台、禹州市的钧台和新郑市的授印台、望母台、梳妆台等,都属于重大政治活动所建的台。

由于对天神的崇拜,对于商周统治者来说,观测天文是一件与政治直接相关的重大事情。由于台的存在,它也就成了观察天象的地方,如周公测景台、东汉灵台、元代观星台等,都是古代登台以承天意的遗风。

台的功用虽然很多,但无一不是与统治者的重大政治活动直接相关,因此在古代,台也就成了最能象征帝王权力和尊严,象征巨大权势和崇高地位的建筑。

台的功用决定了它的美学风格。不论是从台对山岳的模仿,还是从它的军事作用或是它对君王

权力的象征作用来说,先秦时台的基本美学风格都只能是迥立孤直,巉险巍峨,都只能是一种以表现强烈体积感和力量感为特点的简单、强烈的直线和斜线。因为只有这种风格才能使建筑最充分地表现出商周统治者对巨大权力的亲自占有,最直观地表现出他们对世间一切生灵重如山岳的压迫感。

秦汉以后,曾经因代表了分散和独自的权力而盛极一时的台开始渐渐衰落,代之而起的是以巨大平面空间的延伸为基本特征,结构日益严整的宫苑群,它体现了统一集权制度对建筑特有的要求。唐代以后,这种台制建筑已基本消失。

嵩山地域的古台建筑历史悠久,从上古时期的洛口伏羲台、八卦台、力牧台,反映了伏羲、黄帝在嵩山的活动踪迹。夏朝的古钧台,春秋时期郑国的授印台、望母台、梳妆台、卧龙台、积粟台,韩国的聂政台,都是先秦时期在嵩山留下的古台遗迹,而宣圣台则是孔子适郑的见证。遗憾的是这些众多的古高台,因为年代的久远,大都已消失在历史的长河中,有的仅存下来一个遗址。

高台建筑不仅可以用作祭祀、朝拜、庆典、纪念、登高望远的平台,而且还有着很高的科技含量。如登封西周的测景台和登封元代的观星台,都是专门的天文科技建筑物。特别是古天文台神秘奇妙的建筑构思,以及由它所创造出来的天文历法服务于农、牧业生产发展的历史作用等,都为嵩山建筑文化增添了丰富多彩的内容。

### (一)观星台

观星台位于登封市东南7.5公里的告成镇,北依嵩山,南望箕山,处颍河之滨,地理位置十分优越,曾是西周周公测影定"天地之中"的古阳城所在地。观星台前后院落共分照壁、山门、垂花门、周公测影台、大殿、观星台、螽斯殿等七进,院内复制安装各种天文仪器十多种,主要天文建筑有周公测影台和元代观星台

观星台为"天地之中"历史建筑群之一,世界文化遗产。全国重点文物保护单位。

#### 1. 周公测景台

周公测景台位于登封市告成观星台南侧20米处。周公测景台,又称测影台,学名"八尺表",俗名"无影台",是我国古代立八尺表测量日影、验证时令、计年的一座纪念性的石表,为我国古代立八尺表(土圭)测日影的遗制。

唐开元十一年(723年)太史监南宫说仿周公土圭之制,刻立8尺石表。周公测景台用青石制作,分台座和石柱两部分。台座上小下大,呈梯形锥体,四边稍有偏斜,各边宽窄不等,台底最宽面长1.88米,最窄面长1.68米。台座上沿边各长0.96米。石柱置于中间,高1.96米(合唐开元尺八尺),宽0.46米,厚0.22米,连同台座通高3.91米。石柱为表,台座为圭,石表的顶端为屋宇式盖顶。台座南面刻有"周公测景台"5字,台座北面刻有七言对联,行书,文曰:"道通天地有形外,石蕴阴阳无影中。"字迹虽受风雨侵袭,有些模糊,但尚可辨认。测景台台座已经裂缝,石柱倒歪,1975年进行了粘合、补修、扶正。

周公测景台,又称测影台,学名"八尺表",俗名"无影台",是我国古代立八尺表测量日影、验证时令季节、计年的仪器。最早是立八尺木杆为表,下用砂土培成平台为圭,方向是正南正北,表与圭成直角,日中测量日影。夏至日影1尺5寸,正是地球绕太阳运行一个回归年的时刻。相传周文王第二子姬旦为营建东都洛阳,曾来此用土圭"测土深,正日景",验证四时季节。此台建于唐,刻"周公测景台",并在台后建周公庙,以示纪念周公。

告城即古阳城，夏商周三代视为天下之中。"舜居阳城""禹都阳城"，又是我国最早政治、经济、文化的中心，在这里观测天象，测量日影，既有实用性，又有代表性。历史上不少天文学家、历法家如僧一行（张遂）、南宫说、姚玄等都曾到这里进行过天文观测活动，一行还创制了《大衍历》。

2. 观星台

观星台位于测景台后，建于元至元十三年（1276 年），是我国现存时代最早、保护较好的古天文台，在世界上也属最早的天文建筑之一。元世祖忽必烈统一中国后，命郭守敬、王恂等人进行历法改革，于是在全国北纬 15°~65° 之间建立了 27 个天文台和观测站。而后，历经数百年沧桑，告成观星台是至今为止仅存的一座。

观星台为砖石结构的建筑，由覆斗状的台身和石圭、表槽组成。台身上小下大，形似覆斗。上边约为下边之半。观星台面呈方形，用水磨砖砌造，台高 9.46 米，连台顶小屋通高 12.62 米。台体的平面近正方形，台基每边长 16 米余，向上逐渐收分，至台顶每边长 8 米余。台身北壁下设有东西两个对称的踏道口，可以由两口盘旋登至台顶。踏道由红岩石条组成，梯栏及台顶四沿女儿墙均以砖砌成，其上部用红石雕顶封护。四周壁上安有螭首，使整个建筑布局显得庄严巍峨。

观星台上是观星和测景的工作场地。台顶北部的小屋，据明代侯泰的《刻石记》记载，始建于嘉靖七年（1528 年），距元初建筑观星台时已有 200 余年。这个小屋，据说是为安放各种有关仪器和进行操作而建。

观星台体北壁正中有一凹槽，凹槽南壁上下垂直，东西两壁有明显收分，为此台的重要部位。凹槽直壁之上的高表与凹槽正北下的石圭连接，是一组测量日影长度的元代圭表装置。因为它比以往的八尺之表高出 5 倍，为 40 尺，故称为"高表"。石圭位于台体以北下部，南端伸入北壁的凹槽，与直壁相距 0.36 米。石圭自南至北由 36 方青石接连铺设而成，长 31.196 米，宽 0.53 米，南高 0.53 米，北高 0.62 米，圭面水平误差甚微。圭上刻有两条平行的双股流水渠，深 0.02 米，宽 0.025 米，两槽相距 0.15 米。水渠南端有方形注水池，北端有长条状泄水池，池两头有泄水孔。这两条小水渠，是用以测量圭面的水平天文仪表。

高表比以往的八尺之表高出 5 倍，投影在石圭上的表影也就增加了 5 倍。以这样的表影推算出来的节气时刻误差大大缩小。在表顶端安上一个横梁，日光通过横梁的投影可以反映圭面中心的高度。在石圭上面附加一个影符，影符用铜片制成，中间有一个小孔，斜放在圭面上，可以移动，日光照射横梁的阴影通过小孔投在圭面上，阴影的边沿显得更加清楚，便可以精确地测量影长。

圭表是我国古代观测日影长短变化以定冬至、夏至时间的天文仪器。"表"是垂直立在地面上的标杆，"圭"是以表的下端向正北伸出的一条石板。圭表成垂直状，每当正午时，表的影子

元代观星台

就落在圭上面,表影最长的时候是冬至,最短的时候是夏至。而把一年的冬至到第二年的冬至的时间间距定为一个"回归年"。

据史料记载,登封观星台的设计达到了前所未有的水平。郭守敬等利用简便而实用的天文观测仪器,测验各地的夏至日影、北极星与地面高度及昼夜时刻等,经观测与推算,制订了当时世界上最先进的历法《授时历》,至元十八年(1281年)由元世祖颁布实行。此历求得的回归年周期365.2425日,合365日5时49分12秒,与世界上许多国家使用的阳历(格里高里历)一秒不差,还要早300多年。与现代科学推算的回归年周期(365日5时48分46秒)相比,仅差26秒。登封观星台的主要作用在于测量太阳的影长,以掌握与农业有关的四时节气变化。但是陈宣的《周公祠堂记》和孙承基的《重修周公祠记》把这座台叫做"观星台"。《考古记》又载:"昼参诸日中之景,夜考之极星,以正朝夕。"可见这座台具有"测景"与"观星"的双重作用。在古代,观星和测影常常是相互配合的。

观星台的建立反映了我国古代天文学的巨大成就。13世纪末,元世祖忽必烈统一了中国,为了进一步促进农牧业生产的发展,于至元十三年(1276年)任用著名的科学家郭守敬和王恂,进行了一次规模巨大的历法改革。郭守敬是一个不泥古、重实践的人,他说:"历之本在于测验,而测验之器莫先仪表"(《元史·郭守敬传》)。因此,他在历法改革中十分注意天文仪器的改革和实测。从《元史·天文志》和这里现存的明、清碑刻关于观星台的记载里,可知当时此台设有观测星象、测量日影和计时的仪器,如铜壶滴漏等。可惜,这些仪器除石圭、表槽外,都已散失。

观星台从建造至今已有700多年,历经沧桑,屡有损坏,又几经修葺。明代初期,在观星台前建立周公祠。嘉靖年间对台体及石圭进行了较大规模的整修,县令侯泰仿照旧制整修了坍塌的台体,同时,又在台顶建造了北沿小室。清代又对周公祠等建筑进行了修葺。1944年侵华日军炮击观星台,台顶小屋倒塌过半,台体多处严重崩裂,满壁弹洞枪痕,损失严重。中华人民共和国成立后,国家对观星台进行了保护和整修,1975年国家拨专款修葺,修复加固了被炮击致残的台体和台顶小屋,并找到了早已失散的量天尺圭石1方,恢复了量天尺原有36方圭石的原貌,加固整修了"周公测景台"、照壁、山门和围墙,恢复了原有的大部分院落。

### (二)古钧台

河南省重点文物保护单位。古钧台又名夏台,位于禹州市区古钧台街中段、第一高级中学东南侧。古钧台是夏启大宴诸侯、举行开国典礼的地方。"钧台之享"被称为中国第一国宴。此后,夏代诸帝践位、中央施政、与诸侯商议国事都在此,成为夏"皇宫帝苑"的重要组成部分。

古钧台在历史上曾发生过两次重大的事件。其一,原始社会向奴隶制社会过渡时期,第一个奴隶制国家的国君夏启在"钧台"设宴会,举行开国典礼,以示即帝位,这标志着原始氏族社会的瓦解和奴隶制社会的开始。其二,公元前16世纪,夏桀王在位,对人民实行暴虐统治,为了吞并商部落,在召见各部落酋长时,把商酋长商汤囚禁于"夏台"。商汤被释放后,带兵灭了夏朝,建立了商王朝。因"夏桀囚商汤于钧台",钧台也被称为"中国第一座监狱"。它是中华民族4000年前进入文明时代的实物佐证和国家政权产生的标志。

**史料记载**:明嘉靖十年(1513年)钧州知州刘魁在县治北门内建了禹、汤庙,以此纪念大禹治理洪水的功绩。《禹县志》述:"钧台,在阳翟南十五里。今在北门内盖因禹、汤庙而建台也。"禹、汤庙前建了大门,题为"古钧台"。现存古钧台系康熙十八年(1697年)禹州知州于国璧筹资重建。清光绪二十年(1894年),禹州知州黄璟又重修了古钧台。后因清末毁于兵火中,后仅存台基。此台基略呈方形,为砖石结构,高 4.4 米,东西阔 7.4 米,台下有洞,进深 6.15 米。南面正中有洞门,宽 2.46 米,高 2.87 米,块石拱券,上额书"古钧台",洞门两侧有砖刻对联,上联"得名始于夏",下联"怀古几登台"。台上原有楼阁建筑,民国时期毁损。

1991 年,禹州市人民政府在清代古钧台原址重建古钧台,重修后的古钧台,洞额与楹联依旧。古钧台比原先略为宽大,过洞装有虎钉朱门。台上阁楼为宫殿式建筑,透花门窗,仿古建筑周围有 24 根明柱支撑,二重檐顶,上覆赭黄琉璃瓦。阁楼四边围以青石雕刻栏杆,石栏 20 块,上刻与夏启有关的历史掌故、风景文物等图画 20 幅,更加突出了禹州古老的历史文化底蕴。整体建筑古朴典雅,巍峨壮观。

古钧台的后面是禹王庙。人们为了纪念夏禹在唐代天宝年间(742~756 年)建立了禹王庙。禹王庙原先的规模较为宏大,有大殿、二殿、廊房、门庭等建筑。殿内供奉着夏禹及夏启两尊神像。但因年代久远,目前仅存有大殿一座,石碑两块。

重建后的禹州古钧台

古钧台是禹州市的标志性古建筑物,是禹州城市的象征,也是禹州作为夏禹王朝发祥地的重要历史佐证。

## 五、古寨

寨的本意是防卫所用的木栅,源于原始社会先民防卫野兽侵袭的设施。寨为四周有栅栏或围墙的村子,巩寨自保的历史很久。清末民初,战乱频繁,匪盗横行。为躲灾避祸,山里的百姓或以家族为单位,或以村为单位,或依附于大户,纷纷在险要的山头修筑山寨。

古寨文化是嵩山地域文化有特色的部分。嵩山地域中不同历史时期的古寨多如牛毛,小的有一个村落,大的连成一片有几十座,有些是单体的寨落,房屋建筑非常考究,有些是村寨式的建筑群,筑有寨墙、寨门、院落等,是难得的民居寨群实例。它们不仅具有相当的防卫能力,而且具有很好的文化景观特色,都代表了各历史时期不同的建筑风格。后因历经战争、各种人为的运动及自然

禹州神垕街上的望嵩寨寨门

的风雨侵蚀,古寨所遗留下来的已为数不多,但从这些古寨的遗址仍可以看到它们在历史上曾有过的辉煌。

### (一)天王寨、安乐寨

河南省重点文物保护单位。天王寨、安乐寨位于禹州市西南 31 公里的鸠山乡下泉、薛沟两个行政村,天王寨与安乐寨南北相距 2.5 公里。天王寨建于清咸丰十年(1860 年)。安乐寨于中华民国 10 年(1921 年)9 月开始筹建,历经 3 年,至民国 14 年(1925 年)3 月建成。两寨均为青条石灰浆垒砌而成的石寨。

禹州安乐寨遗址

天王寨墙圈坐于山顶,北据峭壁山脊,其余三面凭山腰而建。平面略呈椭圆形,面积 20 余万平方米。东山头最高,占地近 3 亩,单独建炮台堡垒,似瓮城,势如烽火台。寨内依寨墙四周为青石拱券洞室,寨中原有四合窑洞院,同室顶部用红土夯筑为平台,房顶道路依山势可与寨墙巡道相互贯通。寨西南坡度稍缓,建拱券西寨门楼,门额楷书"戴嵩"大字,落款题记为"旗山公建,咸丰庚申"。由此可知,天王寨建于清咸丰十年(1860 年)。东、西寨门兼底楼功能,东、东南寨角建圆形底楼。南角底楼底层拱券工事,就地对外侧开 3 个射击孔。沿山脊西南至山腰有泉一眼,专门修筑有保护取水道路的火力盾墙。所有墙顶警戒巡逻道路宽度容两人来往,外侧砌雉堞,里侧砌女儿墙,墙裙部位分段设掩蔽门洞,能部署轻火器,形成上下交叉火力,既能防敌破坏水源供应,也能打击进犯西门之敌。

安乐寨位于天王寨南 2.5 公里左右的薛沟村。安乐寨依山势而作,平面略呈梯形,面积 2700 多平方米。寨墙高 6 米有余,顶宽 6 米以上,外侧厚度 1~2 米不等,里侧券洞较浅,外搭草棚,顶部稍窄。四角砌有圆碉楼,墙顶筑女儿墙。东北角辟拱券门楼一座,门额上石匾题"安乐寨"楷书阴刻大字。南墙偏西处开有拱券门洞方便出入。寨内依据山势辟有 6 座以上的小院,建瓦房 40 余间。因山势小路建有阶踏,交叉路口建拱桥。安乐寨虽小,甬道却四通八达。安乐寨四周山势险峻陡峭,东北角大门外为面积 8000 多平方米的石林,大门近处,辟建有拱券洞室 5 条。当心洞门额嵌"安乐窝"楷书阴刻题字的竖额。现安乐寨内存有镌刻于中华民国 25 年(1936 年)的《创修安乐寨碑记》一通,记载有"原先均困避北方天王寨,继以寨垣阔大难守,并以距家稍远难顾耕种,无法生活……乃就近处薛沟北岭购置地址,另筑墙垣,以为持久之计"。

清咸丰初,太平天国北征先遣支队与清军胜宝、德楞阿部相继在当地交战。咸丰七年(1857 年)捻军王二党部曾占领大洪山(今鸠山乡境内)。捻军撤离后,清末乃至民国初期,禹州、郏县、汝州三县交界处土匪此起彼伏,烧杀抢掠接二连三。当地群众为避乱而自卫,分别就村庄附近选择最高山头修建寨堡。天王山寨、安乐山寨就是在这样的社会背景下,由当地乡民共建而成。它们真实地反映了清末、民国初期社会动乱、匪祸频发、乡民自保的社会史实。因此,具有一定的历史研究价值。同时,天王山寨、安乐寨的修筑也体现了劳动人民的勤奋、聪明和智慧。

抗日战争爆发后,中国共产党领导的八路军抗日先遣队张才千部挺进豫西,在禹州西部山区一带建立抗日根据地,并在鸠山唐庄公开成立了许、禹、新、密、汝、郏等县的抗日民主政府。解放战争初期,解放军挥戈豫西,皮定均司令率部在豫西开辟发展解放区,天王山寨成了八路军、解放军保卫抗日政府和红色政权的重要堡垒之一。

### (二)御寨

少室山峰峦叠嶂,陡峭险峻,山顶宽平如寨,因此有大寨、小寨、三皇寨之称。《登封县志》载:金宣宗完颜珣在贞祐元年(1213年)受元兵追击,曾躲避于此,后人称为御寨。传说,山上建有院落,有房屋,有生活所用的伙房、厕所、仓库等基本设施。明末登封磨沟村农民李际遇也曾率农民起义军在此安营扎寨。至今山上留有驻兵时的水柜、石碾等遗迹。大寨上边还有饮马池一处,池围数10米,积水很深。沿山南险道拉铁链、爬石梯可以攀上。上三皇寨,可经行宫、阎王嘴、夹脚石、阎王鼻梁骨、鹞子大翻身、佛像肚、羚羊脊梁筋、南天门、老龙拐67阶路,即到达。20世纪八九十年代,国家投资修建了青石台阶步道,从山下停车场可以直接步行到达三皇寨。

### (三)许由寨

许由寨位于登封市南箕山山顶。以自然山石随山势走向垒砌,高2~3米。寨有石门,门额题"许由寨"。

### (四)磐石寨

磐石寨位于嵩山南麓的登封市大冶镇五里庙村与宣化镇七里庙村之间的荟萃山上。寨呈椭圆形,以巨大的磐石垒砌而成。南北长135米,东西宽105米,高约7米,根基宽3米,顶宽1米。因其环形,又叫环石寨,是过去百姓避兵的地方。

### (五)浮戏山古寨群

浮戏山脉奇峰耸立,崖陡壑险,泉清林茂,既是嵩山风景区之一,又是古代屯兵避难的场所,为兵家必争之地。由于天然地势的形成,这里古寨林立,蜿蜒起伏于山岭之间的古寨群,多达20余处,包括荥阳王宗庙、小顶山区,新密的茶庵、袁庄,巩义的石城山区,近15公里。浮戏山古寨群始建于宋,清代有一部分,历代有所重修。

#### 1.梅家寨

建于北宋末期,用于抗金、抗元。有半圆形的寨门,石垒的城垛。石料全用錾子制成。寨墙至今基本保持原貌。

#### 2.龙马寨

建于清咸丰十一年(1861年)。寨墙石料多为錾子制作。

#### 3.石楼寨

建于宋、元间。石楼寨遗存与梅家寨近似。

#### 4.韩长城寨

位于风门口,也叫风门关,此为南北通道。为战国时期韩国以自然石块或稍有加工的石头垒筑而成。现有遗址南起新密袁庄茶庵,至风门口为分水岭,向西至沙岗,折向北,过蛇谷南头入荥阳境。

### 5. 韩长城北寨

清咸丰十一年(1861年)筑,有碉堡。石料以石灰砌起。经小顶山,过蛇谷,向北至王宗店。

### 6. 卧龙台寨

建于清咸丰十一年(1861年)。此寨周长2000多米,宽2米,连女儿墙通高10米。东、南、北三门犹存。

### 7. 蜂嶂寨

位于风屏寨以东,环境优美,险峰独立。此寨建于清咸丰十一年(1861年)。石材全用錾子凿过,有石刻门额。民国元年(1912年)又重修过,并用青石砌成。现留寨墙数百米。

浮戏山古寨群遗址

### 8. 天堂寨

建于北宋末年,为民众抗金、抗元所筑。清同治二年(1863年),改名二郎寨。建筑形式与梅家寨同。今北门与南墙仍保留宋、元时的状貌。

### 9. 鹿耳寨

俗称大寨。建于宋、元间。位于小龙池南山上,尚有城墙遗址。

### 10. 鸡翎寨

俗名大鹰寨。建于宋、元间。为抗金、抗元所建,以石料所筑。清同治元年(1862年)、民国元年(1912年)都重修过。遗存的大部分寨墙为宋、元时状貌。城门及四角碉堡为晚清遗物。

### 11. 将军寨

又称凌霄寨,位于嵩山巩义市境内老庙山的小龙池南3公里的玉仙河西的石城山上。北宋末年为抗金、抗元所建。清代武状元牛凤山(巩义人)于清咸丰十一年(1861年)重修。因牛凤山曾任将军,故名"将军寨",俗名"牛家寨"。寨上三峰突兀,似三把利剑直刺蓝天,东西南三面皆临绝壁,南壁凿有小径,可拾阶而上。寨门高1.8米,宽1.2米,寨墙高8米。寨上有烽火台3座,石砌水囤两眼,石券窑10多孔,残碑3通。今宋、元时的遗址尚存。

### 12. 周家寨

位于巩、密关南1公里处。宋、元建筑,清末重修。除西门部分为清末建筑外,其他全部为宋、元时的状貌。

### 13. 凤屏寨

位于嵩山巩义市新中乡小龙池南一公里的回峪沟北,俗称"柏树门寨"。寨西是天桥峰,山下为玉仙河,依山修筑寨墙300米,寨内现存房基10余处。宋、元建筑。清同治二年(1863年)重修。

### 14. 石门寨

也叫穆柯寨。宋、元建筑,明清重修过。寨门前有一巨石,俗称穆桂英上马石。其东面的山,又称夫人山。

### 15. 黑山寨

位于西荻坡。建于北宋,清同治年间部分重修。今原貌仍存。

### 16. 冷沟寨

亦称大鹰寨。位于嵩山巩义市的老庙山小龙池西。寨墙由冷沟攀上西坡,再蜿蜒而北,总长1000米。寨内现存耕地数块,石屋数间。

### 17. 二郎寨

位于嵩山巩义市境内的老庙山的小龙池南4公里玉仙圣母庙以南的二郎山上。寨内苍峰高耸,形势险要。现留寨墙数百米。

## (六)超化寨

超化寨位于新密市超化寺镇超化村。高40多米,方圆3华里。明崇祯十年(1637年)百泉贡生张问明率众修筑。昔日,寨上仅有西门,三面环沟,地势险要。兵荒时多为百姓藏身之所。抗日战争和解放战争时期,国民党地方团一度驻扎此寨。

300多年来,超化寨历经李自成起义军、捻军起义军、日本侵略军、国民党军队等争夺战的炮火洗礼,以其显要的战略地位,数度成为密县的军事要点。西寨坡有石台阶50余级,人们可拾级而上,登高远眺,西南山峦起伏,群山滴翠,东北侧河道弯弯,波光耀金。

## (七)汉刘备寨

汉刘备寨位于巩义市鲁庄镇四合村境内。《李通志》载:刘备寨在巩县西南原良保。昔刘、关、张伐吕布,屯兵于此。

## (八)靳寨

靳寨位于新密市区东南22.5公里处。众山环拱,水绕其前。尉氏县明工部尚书靳于中出资,在此筑寨,以避兵战乱。远近相依者万家,斫竹结茅以居之,复赈其贫乏。相传靳公对李闯王有德,过其地罗拜而去。李际遇来攻,扎营西岗,靳公以大炮击之,遂去。

靳寨北靠岗岭,南瞰洎河,风景幽胜,寨南依土崖。唯一的南寨门已经塌陷,东寨墙保存较好。西部紧邻于北齐时期的千年古刹兴隆寺。

## （九）卧龙台寨

卧龙台寨筑于荥阳市环翠峪风景区内海拔682米的卧龙台山上，依山就势，居险而筑，气势磅礴，为明清时代所建。寨墙周长1695米，高6米，宽2米，由当地的青灰色山石堆砌而成。卧龙台寨寨垛齐全，有东、北、东南3个寨门，为弧形拱券。寨内有明万历年间古炮两尊，每尊重约400公斤。

## （十）周家寨

位于浮戏山腹地，巩密交界之处。顺石尖路一直向西，过伏羲大峡谷继续向前，可以看到山路边一座山头上，高高耸立的寨门和寨墙，这就是周家寨。有人在东寨门外修了一条台阶路，笔直地从山下直通到山顶的寨门口，看起来使古寨更有气势。寨子保存基本完整，只是近几年有人修了一条东西向的路，将山寨寨墙开了两个大豁口，道路直接从寨中穿越而过。山寨现存东西两个寨门，东、北、南面寨墙保存相对较好，西段依山崖而建，有一段无存。从东寨墙破开处，可以看出寨墙是用中间夯土、两边夹石的方法构筑，这样建起来的寨墙格外厚实。

周家寨

据荆三林考证，周家寨是明史《太祖实录》中所记的露豹寨，建于宋元时期。明初徐达率军到中原后，曾派人到浮戏山一带抚谕各寨，多数山寨表示愿意归顺，但随着徐达继续向西开进，多数山寨又背叛了明军。这时徐达即派傅友德、唐英、任亮及一直拥护明军的百尺川寨寨主楚谅等进剿反叛各寨，很快便剿灭了各寨。其中，露豹寨由任亮领兵攻打，最后寨主溃逃。

## （十一）皇古寨

又名皇姑寨，位于新密与荥阳交界之地，东北与大周山遥遥相望，二山之间的峡谷，则是荥阳通往新密的交通要道。皇古寨修建于1860年，由荥阳须水人孙钦昂任职编修、回家孝母期间，正值捻军在河南进行劫掠，密县荥阳的士绅聚在一起商议如何避寇，最后决定据险筑寨。经考察，看中了皇古崖这个地方。皇古崖下削上广，山顶有大约200亩的平地，西边有石楼山，东边与大周山相望，群峰环绕，易守难攻。明末之时，即有村民上山躲避匪患，但却没有修寨。如今，在范培钦的倡议下，孙钦昂与贡生范培钦一起，修建了皇古寨，周围村民纷纷出工出力，垒石成墙，修建雉堞，很短时间便修建起了皇古寨。之后，他们又置备防御器械，储备粮谷，训练丁壮，共同保卫家园。之后，孙钦昂以此功加五品衔，赏戴蓝翎。孙钦昂曾为皇古寨、须水寨写记，并著有《映雪斋集》四卷。

皇古寨依八卦之势而建，在坤（西南）艮（东北）方位修建寨门，坎方（北）隆起之地修建神祠，并作为全寨的中枢之地议事中心。神祠的东北方，则修建了旗台，全寨都能看到。东岗修建敌台，台下有泉水，此台正好保护泉水。东北寨门外突起一峰，犹如屏风，上面设置配备火器，从而形成一个完整的防御体系。寨内还建有关帝庙、寨主楼和土窑洞10余孔。

皇古寨在抗战期间曾发生过一场战斗。1945年2月，豫西先遣支队皮定均部趁盘踞在皇古寨的国民党岳德功部正准备过春节之际,向皇古寨发动总攻,经过两天战斗,攻破皇古寨。被俘的国民党荥阳县县长张金印、警察局长李致祥被押至石坡村镇压。整个战斗歼灭岳部200余人,缴获枪支200余支。

今天,皇古寨还基本保持原来的样子,西南寨门基本完整,东北寨门上部坍塌,整个寨墙虽然多有坍塌,但总体保存还算完好。

### (十二) 青龙寨

青龙寨位于新密市郑冲村南的青龙山顶。青龙山位于横岭东部,四周皆山,当地人将其奉为"龙脉"之地,清乾隆年间,即在山顶修建了玄武祖师庙。清咸丰到同治年间,捻军多次经过这一带,使这里烽烟四起,屡被兵燹。清同治三年(1864年),为躲避匪患,村人围山顶修建了青龙寨。在修寨的同时,还在内修建了关帝庙、火神庙、龙王庙、山神庙等。青龙寨建在山顶之上,易守难攻。说也奇怪,虽然周边多次遭到兵燹匪患,青龙寨却次次都能安然无恙。村

青龙寨

人相信这虽然是天数,更是因为有了神灵的呵护。因此对庙里供奉诸神更为虔敬,一直香火不断。

青龙寨现存南北两个寨门,其中北寨门不知什么时候被人封闭,只留南寨门供人出入。近年,郑冲村投资对山寨进行了维修,庙宇也整修一新,准备把这里变成休闲养老、观光旅游之地。

### (十三) 高咀寨

位于新密尖山乡驴蹄坡村南山顶之上,保存相对比较完好。有东西两个寨门,东寨门为主门,寨门周围寨墙高大,气势雄伟,全部以石块砌筑,有女墙、箭垛等。寨内中央有一石屋,也全部以石砌筑而成,拱顶,保存基本完好,南寨墙内,有房屋遗址。整个寨居山顶之上,南、北、西为陡坡,山势险要,西门修建在陡坡之上,可以供人偶尔出入使用,但此门并没有修建得如东门那样高大坚实。东门外为缓坡,因此东门是此寨修建时最为用心的,目前保存完好。

据已逝的郑州大学荆三林教授考证,高咀寨又名西沙固堆寨,是《明太宗实录》里所提到的"仙人寨"。俗传是张果老倒骑驴上山修筑的,因此山坡上还残留着一些石坑,被称为"驴蹄坑"。高咀寨周围一带山坡上,野杏成林。每年春天到来的时候,漫山遍野杏花开放,把山坡装扮得分外妖娆,吸引了大批人来踏青游玩。

### (十四) 马武寨

相传东汉初年,光武帝刘秀的大将马武,在新密修筑寨墙屯兵,抵挡王莽进攻,所以有了马武寨。马武寨村隶属于河南省新密来集镇,村内有马武寨和青龙寨两个土寨,都保存有明清时期的民居。两个宅院,地势非常险要,需要经过一个隧道式的寨门才能进去,隧道穿寨墙而过,很陡很窄,两个人并

排勉强通过。宅院也是标准的四合院形式,院内的树木高大,树冠几乎遮住了整个院落的上空。马武古寨现在保存较好。

### (十五) 五岭寨

位于新密市伏羲山的五岭之顶。五岭寨建在山顶之上,既可以依山盘踞,躲避敌方进攻,又可以居高临下,控制两边的重要通道。

五岭寨始建于清咸丰十年(1860年),初建之时,还分别在石坡口和风门口修建了炮台。据当地老人回忆,石坡口有两座炮台,新中国成立后还存在,后来因为修建茶庵的一座桥,将其拆毁,石料拉去建桥使用。而风门口的炮台,南面有额,书"镇远"两字,因此称之为"镇远炮台"。由于五岭寨地理位置十分重要,日军侵华期间,曾于1944年在其上驻军,现在寨顶还有房屋遗迹。

五岭寨现存西寨门,较为完整,近年又对寨门及两边的寨墙进行了修葺,因此西边寨门附近的寨墙异常高大完整。北面和南面寨墙保存也比较好,基本处于自然状态,只有东边寨墙拆毁严重,只留下低矮的墙基。寨内原有关帝庙一座,后废。大约30年前,茶庵村一人到少林寺出家为僧,后回到这里,建起了几间简陋的寺院,使这里变成了供佛之地。

### (十六) 张飞寨

张飞寨位于荥阳市虎牢关东南方山顶上。山峰壁立,绝壑塞途,传为三国张飞驻兵处。现存古城址约30亩,城墙断续残存,高处约7米。这里原有张飞拴马柏1株,今无。关北西山间,崖壁悬有长6.7米、由87个铁环联结的链条,传为张飞的绊马索。

### (十七) 怀州寨

怀州寨位于中岳少室山西麓的鞍坡山。该山顶是一处天然山寨,山巅地势平缓,四面绝壁,仅一羊肠小道潜藏于荆棘中,明怀王曾避难其上,故名怀州寨。安坡山巅,地势平坦,乱世避难其上,可安然无事。相传,公元前秦军灭滑之时,滑军率领嫔妃王侯逃到这里隐蔽。山顶有寨门石墙,为乱世避难,有当地人在山上安寨得以自保而得名安坡山;今以居马鞍山西南,似马鞍之坡面,称鞍坡山。

### (十八) 半扎古寨

半扎古寨位于汝州市蟒川镇半扎村,又名半扎万泉寨,距汝州城南约17公里,公路四通八达,现有人口近4000人,分为半西、半东两个行政村。据考证,300多年前,半扎一带曾是荒山野岭,人烟稀少。后来四棵树、安定乡、薛家店、董家村等几个村庄的人迁居于此。老百姓为了防止盗贼和土匪,纷纷在村子周围建起土寨或石寨。因这里的寨建在万泉河的北岸,寨内的街道北面有宅院、店铺,南邻寨墙,无法建房居住,形成了半拉(个)街,半扎因此而得名。

半扎古寨有年代久远的文昌阁、关帝庙、乐楼及长达4.5公里的高大石寨。

半扎古寨是旧时襄洛古道上的一处重镇,民风淳朴,风光秀丽,外面被高大坚固的石砌寨墙环护,是个理想的歇脚和经营之地。

### (十九) 刘庄古寨

刘庄古寨位于登封市城西刘庄村。始建于明朝洪武年间,由从山西洪洞县而来的移民所建。现在古寨中的其他古建筑已无存,独有上下两层的古寨门保存良好,是当今刘庄村中交通要道。

**(二十)大峪镇古寨群**

大峪镇古寨群位于汝州市大峪镇大峪谷一带。经调查,在大峪镇大峪谷周围的山头上,有老婆寨、姑嫂寨、祖始寨、南瓦岗寨、樊梨花寨、万安寨、南天门寨、玉皇寨、双石垛寨、辉泉寨、毛家岭寨、永和寨、三官寨等大大小小的古山寨30多座,全部坐落在海拔800米以上的高山上,其中有6座在海拔千米以上的峰顶。还有一些山寨地理位置是在海拔较低的山区,如棉花寨位于密蜡山,螺祖寨位于熊耳山半山腰,这些山寨都比较平坦,相传是古先民为在山顶生活时建造的,多数为后人重修过。

刘庄古寨门

由于年代久远,且经历了战争、自然灾害、人为破坏等因素,这些古山寨虽大都还屹立在山峰之上,但有一些山寨只剩下残墙断壁、房基石臼等遗存,其中有袁窑南寨、石榴嘴寨、玉皇寨、永和寨、白朗寨、辉泉寨等11座山寨保存比较完整。

清末民初的豫西山区,战乱频繁,匪盗横行。为躲灾避祸,山里的百姓或以家族为单位,或以村为单位,或依附于大户,纷纷在险要的山头修筑山寨,以备在战乱时有藏身之所。这些山寨大都选择比较险要的高山,依托天险,两面甚至三面临着悬崖,易守难攻。山寨的面积不等,小的有二三亩,大的七八亩。寨墙一般仿照长城垛口的样式用巨石垒成,宽2到3米,高8到10米,大都垒成内外两道墙。外墙上再垒2米高的垛口,设有瞭望孔和射击孔,内墙垒有台阶,可以登上寨墙望远。寨内面积10到30多亩不等,建筑物多为石窑,随形就势,错落有致。每个寨现存窑洞30到60多孔不等。寨内还配有储藏室、打更室、牲口圈等,凿有数个蓄水池,有的还设有牢房。有些山寨的四处都有古人开垦的耕地,最大的耕地面积约700亩。其中,老婆寨附近的古耕地遗留约300亩,蚕林约500亩。据当地民间传说,战国时期七雄征战时,古韩国曾在这里修过古堡。隋唐时期,山顶还有南瓦岗寨和樊梨花寨等古文化遗存。

根据山寨中的碑文记载,除大红寨上的南瓦岗寨在乾隆四十五年(1780年)重修外,其余大都修建于清咸丰、同治和光绪年间,距今约有200年的历史。

**1. 袁窑南寨**

袁窑南寨位于汝州市大峪镇窟窿山山顶上,因处于大峪乡袁窑村村南而得名,也叫万安西寨。该山寨建于清朝宣统年间。据说,该寨是当时一位姓梁的地主为了躲避土匪的入侵用了3年时间才建成的。梁姓地主组建有私人武装,势力很大,拥有100多支枪。当时西到马窑,北到老婆寨,东到大峪店(今大峪乡政府所在地),南到石榴嘴寨,土匪再凶也不敢来。称其为"南寨",是相对于袁窑村内的"袁窑寨"而言,但现在袁窑寨已遭到破坏。

袁窑南寨中除了部分建筑物被毁外,石窑、寨墙等未受损坏,称得上是大峪境内如今保存最完整的山寨。该山寨是从半山腰的三个石坑中开采石头后垒成的。在袁窑南寨的后门上方,镶嵌着一块刻着字的石头,上写"瞻嵩"两个大字,在大字上方还有"少室作屏"几个小字。与此相对应,在山寨前门上方也有一块石头,上写"望汝"字样。该山寨南望汝水,北瞻嵩岳,少室山好像是它的一道屏障。寨内有一孔石井,有1丈多深。当地人说,在寨内居住的梁姓地主经常用骡子或马从山下驮水到寨中存在这口石井内,在兵荒马乱时够寨内的100多人吃上十天半月。

### 2. 白朗寨

白朗寨位于汝州市大峪镇杨窑村西坡组北边海拔760米的大锅山南峰,占地30多亩,据传是清末民初白朗起义时所建。该寨寨墙保存比较完整,寨内依寨墙建有石窑40余孔,目前尚有7孔石窑保存完好。

白朗寨有东门和北门两道门,其中东门保存完好。寨内荆棘密布,植被茂盛。寨内一块大石头上凿有舂米的石臼。寨子中间有7条地道纵横相通。这些地道顶部用石块盖着,地道口用土堆掩着。据介绍,该山的山顶是一块面积约3亩、形状像龟背的大石板,石板下面是比较松软的凿沙石。相传民国著名豫西农民起义领袖白朗,曾带领起义军驻扎此寨。当时,白朗义军为躲避官兵的搜捕,就在大石板下挖了连通各窑洞的地道。当地百姓为纪念白朗,就把这一山峰叫做白朗寨。

### 3. 石榴嘴寨

石榴嘴寨,也称迎旭寨,坐落于汝州市大峪镇西南6公里处的青山后村,海拔810米的大青山上。它始建于清代同治年间(1860年左右),依托易守难攻的天然地形,耗时8年始成,距今已有140多年的历史。

汝州石榴嘴寨遗址

该寨所坐落的主峰像一个大石榴,南部是悬崖,北面为缓坡,东西山岭自西向东蜿蜒百里。它像一座石城悬挂高空,有顶天立地之威严。寨内有60多孔石窑,保存比较完整的仍存40余孔,丈余高的围墙将石寨围起来,四周相护。石墙上有上下石梯、瞭望孔和射击孔。寨门朝东,"迎旭寨"石匾仍存寨门之上。寨内除民众居住的建筑外,另有打更室、储藏库、储水池和饲养室等。

据老人传,八国联军侵略中国的动乱年代,该山周围山民为防内匪外患,耗费8年苦工,将一块块石头撬起来运上山峰,用心血和汗水筑成保护人们生命财产的大石寨。人们多次凭借天险抗击贼寇,保住了生命财产。1944年,王树声、皮定均率领的八路军到汝州大峪和登封等地开辟豫西抗日根据地,曾经率领当地军民,利用石榴嘴寨之天险,歼灭了从陵头段子铺向青山后扫荡的日军一个排,夜里把日军的一个中队长击毙在范庄村许窑。

登上石榴嘴寨,身临悬崖,烈风扑面,百里青山逶迤而来,风穴寺万亩林场就在脚下,如同置身塞外。

4. 万安西寨

河南省重点文物保护单位。万安西寨位于大峪镇袁窑村的回龙山上。该寨设计非常独特,和村民日常生活和防御都有密切关系。有的门前有壕沟和吊桥、岗楼。寨门依照古城城门的设计,木门厚实,门内有横杠顶门的石眼。两旁设有打更室。寨墙分内墙和外墙。内墙宽2米多,高约5米;外墙宽约2米,高过内墙有3米多。上设垛口,另有瞭望孔、射击孔。人们可登上内墙巡逻。寨内大多有石窑数孔,乃至几十孔。另有房至、戏台,有的还有庙宇。寨内设有地窖、地道、蓄水池、石臼,另有议事室、储藏室、牲口圈、伙房等。万安西寨修于清宣统元年(1909年),当时袁窑梁姓富户承头组织,施工耗时5年。寨的北门上石刻"望嵩",南门上石刻"瞻汝"。寨内曾起过庙会,唱过戏,办过私塾。新中国成立初期,在寨内还办过几年学校。

5. 南天门寨

南天门寨位于大峪镇东山下焦与邢窑村之间。该寨的设计与其他古寨不同,它是建筑在蝌蚪形的一个山巅上,寨墙高达10米。从蝌蚪尾部进寨时,必须经过壕沟上垂下的吊桥,才能进到寨子里。寨内墙体有望远孔,东西两角各有炮台(炮楼)。寨的北墙设一暗门,紧急时随时可拴上绳索,通下山崖沟底,把东西运进运出。人们还可以顺后门的绳索,悄悄地自由上下,万无一失。

### (二十一)秦王寨

秦王寨位于今荥阳市北邙乡秦王寨村。以秦王李世民与夏王窦建德相峙屯兵而得名。此寨西北濒临黄河,形势险要,向为兵家所有。

# 第一节 石 窟

石窟,是佛教寺院建筑的一种,也是佛教崇佛、礼佛,进行佛事活动的场所。主要有两种形式:其一称作毗诃罗或精舍(即寺院之意),其规模较大,窟室内的各壁面上多开凿出小龛,内雕造佛像或其他造像;另一种规模较小,内室作塔形崖柱(塔心柱),置于窟室中心或靠近后壁处,塔体各面作佛龛造像,其他各面也均有雕刻,这种称作支提。此两类石窟形式,嵩山地域均有实例,从规模上看可分为大型、较大型和中小型三类,从时间上看从北魏经隋唐至于宋代。

石窟多是依山凿洞,洞前多有木构窟檐以遮风雨。窟内平面为马蹄形、方形、长方形等。窟顶多采用覆斗或穹隆形,有中形方柱的为平棋顶。造像一般正壁雕本尊及2弟子2菩萨,侧壁雕佛龛、千佛、化生、佛传故事和经变故事。壁基雕神王、力士,顶部雕藻井、飞天,门内雕礼佛图,门外两旁雕护法天王、金刚力士或狮子等。窟内大都饰粉彩。石窟造像本为外来艺术,但在中国文化影响和中国匠师的实践中,其风格则逐渐中国化、世俗化,最后完全形成中国化的佛教艺术风格。

嵩山地域的石窟与摩崖造像多为北魏、南北朝、隋唐时代所凿,大都是在主要洞窟雕凿以后,后代又陆续增雕一些小窟和佛龛,而在同一个时期内雕凿完成的石窟,主要是一些小型石窟,多在依山傍水、环境优美的地方,其中最著名的有龙门石窟、巩义石窟。这些丰富多彩的石窟与摩崖造像艺术,为研究我国古代的历史,特别在雕刻、绘画、建筑、服饰、乐舞、图案纹样以及社会风尚等方面,提供了大

龙门石窟中的卢舍那大佛

量宝贵的形象资料。

嵩山石窟的代表作品是龙门石窟。龙门石窟与山西云冈石窟、甘肃敦煌莫高窟并称为中国佛教石刻艺术的三大宝库。龙门石窟以佛龛雕饰著称于世,规模宏伟,时代早而全,艺术水平极高。最引人注目的大像是建成于唐高宗上元二年(675年)十二月的奉先寺(原名大卢舍那佛龛),该寺是龙门造像之精华,早已成为龙门石窟的标志性造像。嵩山地域较大型的石窟还有位于巩义市东北9公里寺湾村大力山南麓的巩县石窟,其石窟中的帝后礼佛图早已闻名于世,具有重要的文物价值。偃师市的水泉石窟、洛阳的万佛山石窟、伊川的寨子石窟为小型石窟,在造像上各有特点。

## 一、龙门石窟

世界文化遗产。全国重点文物保护单位。龙门石窟位于洛阳市城东南12.5公里伊水两岸的山阙间。是中国四大石窟之一(另外三大石窟为:甘肃敦煌莫高窟、山西大同云冈石窟、天水麦积山石窟)。这里两山相对,如斧劈开,伊水从中北流,形似门阙,故古称"伊阙"。因古代地处隋唐都城之南,又称"龙门"。龙门石窟规模宏大,南北绵长1公里。20世纪50年代后,对石窟进行过多次整修,1961年龙门石窟成为全国重点文物保护单位,2000年11月,被联合国列为世界文化遗产。

龙门石窟外景

龙门石窟开凿于北魏孝文帝迁都洛阳的公元493年前后,历经东魏、西魏、北齐、隋、唐、五代、北宋等朝代,连续营造400多年之久,南北长达1公里。北宋以后虽也有雕凿,但为数甚少。北魏和唐代是龙门石窟营造史上的鼎盛时期。北魏和唐代开窟最多,艺术性也最高,北魏洞窟约占30%,唐代洞窟约占60%,其他时代的窟龛造像约占10%。据统计,东、西两山现存窟龛2345个,佛塔78座,造像近11万尊,是我国古代雕刻艺术的典范之作。

其中最大的造像卢舍那佛高达17.14米,而最小的则仅有0.02米。主要的洞窟有古阳洞、宾阳三洞、莲花洞、路洞、药方洞、潜溪寺、敬善寺、奉先寺、万佛洞和看经寺等。

龙门石窟中的历代造像题记和碑刻2870余品,其中有纪年者700余品,是中国石窟题记最多的一处。既是造像年代的重要佐证,又是中国传统书法艺术作品。其中,久负盛名的《龙门二十品》和《伊阙佛龛之碑》,为龙门石窟书法碑刻艺术的精华。另外,唐代僧人开凿的"新罗像龛"、中亚古国吐火僧人宝隆造像铭龛以及唐代3次出使印度的王玄策造像佛龛等,反映了古代中外文化交流和友好往来。龙门石窟延续时间长,跨越朝代多,以大量的实物形象和文字资料从不同侧面反映了中国古代政治、经济、宗教、文化等许多领域的发展变化,对中国石窟艺术的创新与发展做出了重大贡献。

1000多年来,龙门石窟受到自然风化和人为破坏,特别是在中华人民共和国成立前,帝国主义同国内反动分子勾结,盗走了宾阳中洞著名的北魏《帝后礼佛图》,其他造像多为残首断臂,被盗痕迹有720余处。新中国成立以后,龙门石窟得到了妥善保护,成了中外人士的游览胜地。

**(一)重要洞窟**

在北魏时期雕凿的众多洞窟中,以古阳洞、宾阳中洞和莲花洞等最有代表价值。古阳洞是龙门石窟中开凿最早的一个窟,公元495年魏宗室丘慧成开始在龙门山开凿古阳洞,经50多年的营造,集中了北魏迁都洛阳初期的一批皇室贵族和宫廷大臣的造像,大佛姿态也由云岗石窟的雄健可畏转变为龙门石窟的温和可亲。这些石刻作品代表着石窟艺术流入洛阳以后最早出现的一种犍陀罗佛教美术风格,因此,他们是中国传统文化与域外文明交汇融合的珍贵记录。除此以外,这里还有丰富的造像题记,为人称道的"龙门二十品",有十九品都集中在这里。宾阳洞于公元500年魏宣武帝时开始开凿,前后用了24年才完成,是开凿时间最长的一个洞窟。洞内有11尊大佛像。主像释迦牟尼像,高鼻大眼、体态端祥,是北魏中期石雕艺术的杰作。这些石窟的造像典型地反映出北魏王朝举国佞佛的历史情态。

唐代石窟中,武则天执政时期开凿的石窟占大多数,这与她长期身居洛阳有关。历时四年时间修建的奉先寺,其规模之大,在龙门石窟中堪称第一。唐代龙门石窟的重点洞窟中,以卢舍那像龛一组尺度宏伟的艺术群雕最为著名。洞窟中的卢舍那佛像,丰颐秀目,嘴角微翘,头部稍低,姿态可人,宛若一位睿智而慈祥的中年妇女,令人敬而不惧。整个奉先寺的雕塑群是一个完美的艺术整体。卢舍那大佛侧旁还有其弟子阿难、迦叶、胁侍菩萨和力士、天王的雕像。这样的一组雕像有机地组合起来,形成了一个艺术整体,完美地烘托了佛教气氛。

**1. 北魏洞窟**

龙门北魏洞窟在形制上主要表现为马蹄形平面,穹隆顶,佛像皆为面容清秀、眉目开朗、神采飘逸的"秀骨清像"型。其中以古阳洞、宾阳中洞和莲花洞为代表。

古阳洞,位于西山南部。开凿于公元495年,是龙门石窟中开凿最早、内容最丰富、北魏皇室贵族造像最集中的一个洞。古阳洞是由一个天然的石灰岩溶洞开凿成的。洞深13.5米,高11米,宽6.90米,平面呈马蹄形,穹窿顶,正壁雕1佛2菩萨,主尊为释迦牟尼,高4.8米,高于2菩萨。菩萨上部各雕一屋形龛,南北对峙。主像释迦牟尼,着双领下垂式袈裟,面容清瘦,眼含笑意,安详地端坐在方台上,侍立在主佛左侧的是手提宝瓶的观音菩萨,右边的是拿摩尼宝珠的大势至菩萨,他们表情文静,仪态从容。古阳洞是北魏王室、贵族发愿造像最集中的一处洞窟,两壁布满小龛,并多有造像记。洞内

造像题记 700 多个,有纪年的 110 个左右,著名的《龙门二十品》,仅该洞就占有 19 品。

宾阳三洞,位于龙门西山北部,由中、南、北 3 洞组成。中洞为宾阳三洞中间的一个洞窟,南洞在宾阳中洞南边,北洞在宾阳中洞北边。宾阳洞一般是指中洞而言,始凿于景明初年(500 年),系宣武帝仿代京灵岩寺(即云冈石窟)为孝文帝和文昭皇太后造石窟 2 所。宾阳中洞进深 1200 厘米,宽 10.9 米,高 9.3 米,穹隆顶,马蹄形平面,地面饰以莲花图案,窟顶为莲花宝盖。主像释迦牟尼高 8.4 米,2 弟子侍立于莲台上。窟内前壁有 4 层浮雕,第 3 层左为孝文帝、右为文昭皇太后礼佛图。这些浮雕大部分被偷走,其中"帝后礼佛图"于 1934 年被美国人普爱伦勾结古玩奸商岳彬所盗走。"皇帝礼佛图"现存纽约艺术博物馆,"皇后礼佛图"现存萨斯纳尔逊艺术博物馆。据文献记载,宾阳洞原名"灵岩寺",明清时期始有"宾阳洞"之称。宾阳中洞是北魏孝文帝迁都洛阳后开凿的最有代表性的洞窟。

宾阳北洞,建于永平年间(508～512 年),进深 12.6 米,宽 10 米,高 10 米,穹隆顶,地面饰以莲花图案,造像为 1 佛、2 弟子、2 菩萨、2 天王。本尊阿弥陀佛,高 7.55 米。洞口门槛两端为狮头门墩。宾阳南洞为同期工程,进深 11.8 米,宽 8.70 米,高 9.8 米。造像为 1 佛、2 弟子、2 菩萨,雕造年代说法不一,有说隋代,有说唐贞观十五年魏王李泰在原像基础上续成。三洞营造历时 24 年。

莲花洞,在龙门西山中部偏南。以其窟顶藻井为一朵精美的高浮雕大莲花而得名,是龙门窟顶装饰的最佳作品。因窟外有明代书刻"伊阙"2 字,故又名伊阙窟。

除以上洞窟外,北魏重要的大中型洞窟还有火烧洞、魏字洞、普泰洞、皇甫公窟、路洞等。

2. 北朝与隋代的窟龛

北朝晚期,洛阳成为东魏和西魏、北齐和北周相继争夺的战场,这一时期龙门有纪年的窟龛和造像屈指可数,且多为小龛。

药方洞,位于奉先寺与古阳洞之间,为北魏开凿,至北齐时才初步完成。洞高 4 米,宽 3.65 米,深 7.6 米,平面方形。窟顶作莲花藻井,周围环刻 4 个飞天。窟内造 1 佛、2 弟子、2 菩萨,五尊佛像,身躯硬直少曲线,脖子短粗,身体硕壮,菩萨头冠两旁的带子很长,下垂到胳膊上部。这都是北齐造像的特征。洞正壁画尊大像可能为北齐时期所雕造。窟门两侧刻有药方 140 多个,所用药物多是植物、动物和矿物药。药方涉及内科、外科、小儿科、五官科等,所涉及药材在民间都能找到,很大程度上方便了老百姓。药方洞的药方是中国现存最早的石刻药方,对研究中国医药学起重要的作用。

隋代造像在龙门石窟中甚为罕见,仅在宾阳南洞有若干不加龛饰的纪年小龛。其中《伊阙佛龛之碑》北侧有开皇年间小龛,宾阳南洞北壁有大业十二年(616 年)像龛。

3. 唐代洞窟

唐代多凿双室窟,前室敞口,入深较浅,主室一般为方形或椭圆形,除穹隆顶外尚有平顶或券顶。唐代造像比例协调,面容丰满,技法日趋纯熟,也更加世俗化,但窟龛装饰有所减弱。代表性的洞窟有西山的奉先寺、宾阳南洞和北洞、潜溪寺、万佛洞、惠简洞、摩崖三佛龛,东山的看经寺、擂鼓台中洞、千手千眼佛龛、高平郡王洞、四雁洞等等。

奉先寺,位于龙门西南南部山腰,是龙门石窟中最大的摩崖佛龛,即大卢舍那像龛,佛龛进深约 38.7 米,南北宽约 33.5 米。主像卢舍那大佛通高 17.14 米。面容丰腴饱满,修眉长目,嘴角微翘;头饰螺纹发髻,身披通肩式袈裟,双手及双腿早已毁掉,结跏趺坐束腰须弥座上。卢舍那为佛的报身形象,译为"光明普照"。这是龙门石窟最大的造像,开凿在唐高宗时期。这是龙门规模最大、雕刻技法最精湛的一级石刻艺术品,是龙门大型造像之精华,也是龙门石窟的标志性造像。奉先寺整个场面的11尊大像,形象各异,身份不同,神情各异,达到了以形写神、形神兼备的效果,反映了唐代极盛时期雕刻艺术的高度成就,在中国美术史上占有重要地位。

看经寺,是东山诸窟中最大的洞窟,造像气势宏大,开凿年代约在武则天时期。擂鼓台中洞本名"大万伍佛像龛",因其左右还有两个同期开凿的洞窟,故统称擂鼓台三洞。该洞的一个显著特点是窟内3个壁画上刻满了密密麻麻的小千佛像,其总数当在1.5万尊以上,与西山万佛洞有异曲同工之妙。洞顶有浮雕莲花藻井和环绕的4个飞天,洞口外两侧各有一高浮雕力士,窟楣有3个飞天,已模糊不清。窟内高浮雕罗汉29尊,高180厘米左右,是龙门石窟中现存最完整的一组群像雕刻。三壁基作"门"形饰带。该窟造像艺术风格与禅宗有关。西壁门内西侧刊有后秦鸠摩罗什译《阿弥陀经》及北魏菩提流支译《金刚般若波罗蜜经》各1部,这是佛经流传的又一方式。

万佛洞,是为高宗和武则天及其诸子祈福而造,属典型的皇家洞窟。因洞内南北两侧雕有整齐排列的1.6万尊小佛像而得名。洞窟呈前后室结构,前室造2力士、2狮子,后室造1佛2弟子2菩萨2天王,是龙门石窟造像组合最完整的洞窟。窟顶有一朵精美的莲花,环绕莲花周围的为一则碑刻题记:"大唐永隆元年十一月三十日成,大监姚神表,内道场运禅师,一万五千尊像一龛"。它说明了该洞窟是在宫中二品女官姚神表和内道场智运禅师的主持下开凿的,完工于唐高宗永隆元年(680年)。洞内主佛为阿弥陀佛,端坐于双层莲花座上,面相丰满圆润,两肩宽厚,简洁流畅的衣纹运用了唐代浑圆刀的雕刻手法。主佛施"无畏印",表示在天地之间无所畏惧,唯我独尊。

摩崖三佛龛,是一个依山凿石开放式的露天造像龛,凿造于武周时期。摩崖三佛龛共有七尊造像,其中三身坐佛,四身立佛,这种造像组合在中国石窟寺中极为罕见。这项工程因武周政权结束而被搁置,所留下的半成品,是研究雕刻工序的重要实物资料。

北市彩帛行净土堂,是龙门石窟中一个规模不大的洞窟,位于龙门石窟西山南部路洞南部半山腰处,开凿年代约在武则天时期。窟楣上刊刻"北市綵帛行净土堂"8个楷书大字。大字后边,还有楷书小字:"北市香行,王元翼、李谏言、刘义方、王思忠、张□□。"这些成员可能是作为股东参加彩帛行开窟活动的。洞内主要造像已毁,坛基上有明显凹下的八角形造像遗迹,中间五个,南北两侧各有两个,造像约为一佛二弟子二菩萨二天王二力士的布局。净土堂,作为当时手工业者开龛造像的活动,表明唐代商业已有了行会组织。同时,也使我们了解到佛教对各行各业的影响及封建统治者与行会组织之间的关系。

潜溪寺,是龙门西山北端第一个大窟。它高、宽各九米多,进深近七米,大约建于一千三百多年前的唐代初期。窟顶藻井为一朵浅刻大莲花。主佛阿弥陀佛端坐在须弥台上,面颐丰满,胸部隆起,衣纹斜垂座前,身体各部比例匀称,神情睿智,整个姿态给人以静穆慈祥之感。主佛左侧为大弟子迦叶,右侧为小弟子阿难。两弟子旁边分别为观世音菩萨与大势至菩萨。特别是南壁的大势至菩萨,造型丰满敦厚,仪态文静,在故宫博物院有1比1的复制品陈列。阿弥陀佛与两侧的两位菩萨共称为西方三圣,即掌管西方极乐世界的三位圣人,是佛教净土宗信仰的对象。

老龙洞,是就着自然山洞开凿而成的,其平面呈长马蹄形,顶部近似穹隆顶。该洞因不是由专人出钱开凿的,所以没有造出主要的一铺大佛。全窟密布小龛54处,其中较大的有12、32、33、50号龛,俱有永徽元年的造像题记。老龙洞因为多人开凿,都是以祈福、求功德为主,并无突出主题,所以附带了浓郁的生活气息,为研究初唐的民间造窟风气、特色提供了有力地考证。

另外,西山宾阳中洞与南洞之间刊刻的一通高大的《伊阙佛龛之碑》,系岑文本撰文、褚遂良书丹。

如此两位大家合作,该碑自然文采斐然,书艺高超,在中国文学、艺术史上占有不容忽视的地位。

### 4. 五代与宋代窟龛

五代梁建都于洛阳,龙门仅有个别小龛出现。宋代造像也仅有数个小龛,艺术价值更不可与前同日而语。

龙门石窟是宣扬佛教思想的场所,来这里进行依山凿洞、佛教造像的除了当朝政府以外,还汇集了社会各个阶层的方方面面的人物。纵观整个龙门石窟的造像,可以看出,佛教造像多为皇室权贵发愿祈福之作,但也有民间商会、平民百姓,还有少量外国佛教徒留下的作品。它虽然是佛教文化的艺术表现形式,但却折射出洛阳的兴衰,反映了王朝的重大政治动向以及当时的社会、经济、文化等各个层面,是研究中国历史不可多得的实物资料,堪称一座大型石刻艺术博物馆。

## (二)龙门二十品

所谓"二十品",是指选自龙门石窟中北魏时期的20块造像题记,其中19品在古阳洞,另1品在老龙窝崖壁上的慈香窟内。

二十品的名称,一般认为始于清代德林的《德砚香集拓》,他曾在河南做过知府。古阳洞有一则拓碑题记为"大清同治九年(1876年)二月,燕山德林,祭告山川洞佛,立大木,起云架,拓老君洞魏造像,选最上乘者标明曰龙门十品"。计有孙保(在洞顶,碑高0.38米,宽0.25米,现称高太妃)、侯太妃(在洞顶,碑高0.51米,宽0.37米)、贺兰汗(现称侯太妃)、慈香(在慈香窟内,碑高0.38米,宽0.38米)、元燮(在南壁,碑高0.24米,宽0.38米)、大觉(北壁,碑高0.20米,宽0.45米,现称比丘道匠)、牛橛(北壁,碑高0.65米,宽0.33米,现称尉迟)、高树(北壁,碑高0.38米,宽0.27米)、元详(北壁,碑高0.75米,宽0.4米)、云阳伯(在洞顶,碑高0.5米,宽0.34米,现称郑长猷)。以后又经人选入杨大眼(北壁,碑高0.75米,宽0.4米)、魏灵藏(北壁,碑高0.73米,宽39厘米)、一弗(北壁,碑高0.12米,宽0.34米)、惠感(北壁,碑高0.17米,宽0.39米)、元祐(南壁,碑高0.33米,宽0.34米)、解伯达(北壁,碑高0.12米,宽0.34米)、孙秋生(南壁,碑高1.04米,宽0.49米)、始平公(现称慧成)、法生、优天(填)王,合称二十品。

康有为的《广艺舟双辑》及方若的《校碑随笔》都认为"优天(填)王为唐刻故删去"。顾燮光的《梦碧簃石言》始易马振拜题记(在窟顶,碑高0.49米,宽0.33米),由于这些作品是北魏书法艺术的精华,魏碑书体的代表,故为世人所重视。

二十品的碑文,由于年代距今久远,以往拓帖者不加爱护,均有不同程度的风化和磨损。其最甚者莫过于解伯达碑与魏灵藏碑。郭玉堂《洛阳古物记》(手抄本)记载"解伯达碑、民国23年(1934年),夏,龙门街拓帖工多拓三百份损其石"。

二十品的名目最早出现在康有为的《广艺舟双辑》及方若的《校碑随笔》。康有为又把二十品分为四体:"杨大眼、魏灵藏、一弗、惠感、道匠、孙秋生、郑长猷,沈著劲重为一体;长乐王(尉迟)、广川王(侯太妃)、高树,端方峻正为一体;解伯达、齐郡王元祐,峻骨妙气为一体;慈香、安定王、元燮,峻岩奇伟为一体"(《广艺舟双辑·论第十九》)。但大多数人认为他的分类不免有过分牵强之处。

二十品的内容,一般是表现造像者为"皇道""国祚""君王""父母",包括亡者、生者祈福禳灾的动机。而作为思想内容,则包含丰富的历史文化资料,是研究北魏统治阶级如何崇尚佛教巩固其统治的实物资料,又使我们看到佛教在当时社会中的广泛影响。

单就书法而论,它是一个历史时期特定社会条件下的产物,是在汉隶和晋隶的基础上有所改进而形成的具有独特风格的一种书体。字形端正大方,气势刚健质朴,既保留着隶书的遗风,又孕育着楷书的新因素。随着南北朝的统一,它就演变成为隋唐的楷书了,故在我国书法史上占有重要的地位。

### (三)古代外国僧人的造像

"唐僧"玄奘自印度求法归后,在长安广译佛教经典,使中国的佛学进入鼎盛时期,吸引了许多外国僧人到中国求学,唐代的中国成了佛教的重要传播场所。其中涉足龙门的外国僧人有中天竺僧地婆诃罗、南天竺僧人金刚智、中天竺僧人善无畏、北天竺僧人不空(一说狮子国,今斯里兰卡)、吐火罗僧宝隆、北天竺僧般刺若和日本僧人阿倍仲麻吕、圆珍、奝然以及新罗僧人等。他们大都以宗教学者的身份,为中外佛教文化的交流万里孤征,甚至舍身殉法。

唐代外国僧人在龙门的造像遗迹,因历代兵燹,年久失修,今已多不存在,尚存者仅有吐火罗僧宝隆及新罗僧人所开凿的石窟造像。

#### 1. 吐火罗僧宝隆造像龛

位于洛阳市龙门东山看经寺上方偏北之山腰处。龛门面东北方向。高 0.92 米,宽 0.75 米,深 0.23 米。开凿于唐睿宗景云元年(710 年),造像布局为 1 佛(释迦牟尼)2 菩萨 2 力士,主佛通高 0.7 米,体躯较完好,唯左臂及两手残毁,身着通肩式袈裟,立于束腰仰覆莲圆台座上。左菩萨通高 0.69 米,右菩萨通高 0.66 米。2 菩萨上身袒露,斜披络腋,脖挂项饰,肩搭帔巾,手戴钏,下着裙,均立于束腰仰覆莲圆台座上。左菩萨左手垂握莲枝,莲茎上刻一人物像,右手举胸前,掂一小瓶;右菩萨左手平举胸前,托一经箧,右手下垂握帔巾。2 力士雕于龛外中部,体躯较小,仅及菩萨之半。龛下方刻供养人,左右两组,每组 2 人,左方外侧第 1 人为女供养,第 2 人着圆领束腰袍服,4 供养人呈跪状。该龛造像记位于龛左下方,字大都漫漶,幸存有"景云元年玖月一日,吐火罗僧宝隆造"。该造像记下方有一观音菩萨像龛,造像题记为"□□□□用心,景龙四年六月十五日供养"。宝隆造像龛下方,为前潞州□□造 49 尊佛像龛。着通肩式袈裟,立于束腰仰覆莲圆台座上。2 菩萨袒袒上身,斜披络腋,下身着裙。龛下方刻供养人,左右两组,每组 2 人,皆跪状。由造像题记可知,此龛为"北天竺三藏弟子"吐火罗(西域大夏国)僧人宝隆所造,为古代外国僧人在龙门礼佛造像的少数遗迹之一,是研究唐代和西域关系的实物资料。

#### 2. 新罗僧人造像龛

位于洛阳市龙门西山北部珍珠泉南半山崖。龛门东北向。龛高 1.77 米,深 1.83 米,1.8 米。龛内造像今已无存,视其空龛遗迹,原可能为七躯造像,龛额阴刻"新罗像"四大字,楷书。从龛之形制、造像布局、题记等推测,此龛应系唐高宗、武则天时期(650～704 年)来中国参学的新罗僧人所雕造。为龙门石窟中古代外国僧人造像的少数遗迹之一,对研究佛教文化交流,特别是唐代中、朝人民之间的友好往来颇有价值。

## 二、巩义石窟

巩义石窟

全国重点文物保护单位。巩义石窟位于嵩山之阴的巩义市东北5公里的大力山下伊洛河北岸,背山面水,风景秀丽。巩义石窟,原名希玄寺,唐代称十方净土寺,清改石窟寺。创自北魏孝文帝(471~499年)时,至宣武帝景明年间(500~503年)已形成规模,后经东魏、西魏、北齐、隋、唐、宋各代连续400多年相继凿窟造像,形成了巍然壮观的石窟群。

巩义石窟寺创建于北魏孝文帝时期,是北魏皇家开凿的大型石窟之一。东魏、西魏、北齐、隋、唐、宋历代相继在此凿龛造像,初名希玄寺,唐代改为净土寺,宋时称大力山十方净土禅寺,清代至今称石窟寺。石窟寺是北魏皇帝、皇后举办礼佛活动的场所,后来,唐太宗李世民及北宋皇室曾在此举行礼佛活动,留下了大量珍贵的造像、碑刻等。巩义石窟寺历经1500多年的风雨,现存洞窟5个,千佛龛1个,摩崖造像3尊,摩崖造像龛255个,碑刻题记256方,佛像7743尊。石窟多呈方形。除第五窟外,其余4窟都有中心方柱,柱四面均凿龛,内雕1佛2弟2菩萨。窟顶刻平棋或藻井。4壁除第1、3和4窟门内两侧刻有"帝后礼佛图"外,其余均刻千佛及大佛龛。壁脚刻神王、怪兽和乐人等。巩义石窟造像雕刻细致,内涵丰富。翩翩飞天,自然生动,超凡脱俗;帝后礼佛图构图完美、保存完整,充分表现了北魏皇室前往礼佛的宏大场面,是北魏石刻艺术的代表作,堪称国家之珍宝、艺术之绝品。在这里,外来佛教文化同中原文化相结合,石刻造像既保留着北魏浓重的艺术特点,又孕育着北齐、隋代的雕刻艺术萌芽,形成由北朝向隋唐过渡的一种艺术风格,在雕刻艺术史上占有重要地位,具有很高的历史、艺术和科学价值。

### (一)第一窟

位于石窟寺最西边。门上有方形窗,门外东西两侧各雕力士1尊。西侧力士像上方刻罗汉两排,还有摩崖菩萨像1尊。东侧力士像上部残存1佛、1菩萨,其东又有上摩崖大龛,龛内有高530厘米立佛和二菩萨。窟内平面为方形,窟高6米。窟顶雕方格平棋,中心方柱边宽2.8米,四面各刻佛龛1个,龛内雕1佛、2菩萨、2弟子,下面佛座两侧各雕1狮子。中心方柱上部和平棋相接处各刻4个莲花化生。基座各面雕力士、神王等。

南壁,有天窗,上刻两只异兽。门东西两侧千佛龛下各雕3层礼佛图,保存比较完整,色彩隐约可见。图下有1列伎乐者,东起依次为弹琵琶、奏筚篥、吹横笛、鸣法螺和吹排箫。两边残损较甚,仅存1击鼓者。

东壁,有并列4个大龛,龛间有柱,龛楣间刻2飞天。4龛壁脚刻供养伎乐1列,残损较甚。

西壁,也有4个并列大龛,第二龛内佛像较完整,南侧菩萨残损,龛楣上雕7佛,佛之间雕莲花。4龛壁脚供养伎乐1列,依次为吹横笛、弹阮咸、吹排箫、击羯鼓、奏箜篌、弹阮咸、吹箫和吹法螺。

北壁,并列4大龛,西起第一龛保存较好。

窟门外两侧还雕有北魏、东魏、北齐和唐、宋各代造像龛98个,有的大龛下边刻供养人或题记。纪年有西魏大统四年(538年)、北齐天保七年(556年)、唐咸亨元年(670年)和宋太平兴国八年(983年)等。

### (二)第二窟

北魏开凿,为半成品,窟前壁已全部崩塌。窟内除东壁1个龛为东魏时所雕外,其余10个龛为唐代开凿。中心柱南面上下排列3龛,最下面1龛较大,题记为唐龙朔年间(661~663年)。中心柱东壁共有4龛,皆雕于唐。上面1大龛,系唐乾封二年(667年)八月十日所刻。

### (三)第三窟

窟为方形,窟顶雕方格平棋,中心有方柱。其下四面各雕大佛龛1个,内刻1佛2菩萨2弟子。

南壁,拱门两侧千佛龛下各雕礼佛图3层,其中东侧3幅损毁较甚。

东壁,中部主龛内残损有菩萨,龛楣两侧刻飞天。

西壁,中部主龛内残损有菩萨、弟子各1尊。

北壁,中部主龛内刻1佛、2弟子、2菩萨,头部均残。壁脚刻怪神像,筋肉突起,狰狞可怖。

### (四)第四窟

窟内平面为方形,窟顶平棋保存完好。中心柱四面各刻两层佛龛,上龛内刻1佛2菩萨、2弟子,下龛内刻1佛、2菩萨。柱基座上雕力士、神王像。柱东面上、下层龛内皆刻1佛、2菩萨,柱基座上刻4神王像。柱北面佛龛与四面基本相同,唯残损较甚。窟内四壁顶端刻有垂幔一周。垂幔下除南壁门两侧上部刻4层千佛龛外,其他3壁上下各刻千佛龛16层,多残损。

南壁,门上方和平棋相接处凿1龛,内刻1佛、2菩萨。门东侧千佛龛下刻礼佛图两层。其下为一幅壁画,烟熏较甚,形象难辨。

东壁,中间主龛刻1佛、2弟子、2菩萨。

西壁,中间主龛与东壁基本相同,龛内雕像较完整,佛座两侧刻狮子。

北壁,中部主龛内刻1佛、2菩萨,龛楣两侧刻飞天,壁脚刻伎乐10人,西起依次为击腰鼓、击钵、击鼓、弹箜篌、弹琴、击磬、吹洞箫、吹竽、击铜钹和鼓瑟,损坏较重,隐约可辨。

### (五)第五窟

窟平面近方形。窟顶为莲花藻井,周围环绕6身飞天,四角各刻1化生,东、西、北三壁各刻1龛,龛内刻1佛、2菩萨、2弟子。南壁,门楣上刻5尊坐佛,两侧刻卷草纹。门东西各有1尊立佛,站在莲花和莲梗上。

东壁,佛龛北部残损较甚,菩萨、弟子像已被凿损。

西壁,与东壁相同,除龛内北侧的菩萨像被盗凿外,一般保存尚完整。

北壁,龛楣上有5个唐代小龛,龛内菩萨与弟子之间有后代刻的4个小龛,龛边两侧各刻托山力士1人，窟内地面刻有与藻井中部相应的图案花纹，保存完好。

千佛龛，位于石窟最东边。历来称"千佛洞"，系唐乾封年间（666～668年）所凿。千佛龛实为1个大龛，高1.5米，宽2.12米。圆拱龛楣，后壁平直，除中间刻一较大的坐佛和题记外，后壁和两侧壁皆刻满排列整齐的小佛龛，共计999尊，加上中间坐佛共为1000尊。龛内两侧外边，有4个长方形龛，各刻一菩萨像。洞口两侧角又各雕天王像1躯，形象生动，洞外侧刻有小佛龛9个，其中有唐乾封年间题记。

巩义石窟诸佛造像多为方圆脸形，神态文雅恬静，衣纹简练。礼佛图、飞天、神兽、佛教故事等是现存较完整的北魏浮雕造像。18幅"帝后礼佛图"浮雕为全国现存石窟中所仅有，其中最精美的为第一窟"帝后礼佛图"，构图分三层，东边是以皇帝为首的男供养人行列，西边是以皇后为前列的女供养人行列，各以比丘和比丘尼为前导，画面中仪态雍雅的贵族和身体矮小的侍从形象形成了尊卑鲜明的对照。第四窟的"帝后礼佛图"人物造型独具匠心，前呼后拥的礼佛仪仗队中供养人大腹便便，相貌森严，侍从瘦小低微，比主像小1/3。仪仗队中有的为帝后携提衣裙，有的执扇撑伞，有的手捧祭器，浩浩荡荡地簇拥帝后进香礼佛，表现了皇室宗教活动的盛大场面。构图简练生动，刻工细腻，为我国石窟浮雕艺术中罕见的杰作。

各窟雕刻的佛龛，大都是1佛、2弟子、2菩萨的固定格式。第一窟西壁的"涅槃变"龛、东壁的"维摩变"龛，其造像风格已脱离了北魏早期深目高鼻、秀骨清风的特点，而是面貌方圆、表情宁静的艺术形象。衣纹雕刻也趋于简单化。

寺内建筑多已不存，仅明代大殿和东西厢房尚存。新中国成立前，不法分子曾勾结帝国主义大肆盗劫巩义石窟的造像，现陈列在美国哈佛大学福格艺术博物馆的1尊菩萨像就是从第5窟西壁佛龛北侧盗凿的。中华人民共和国成立后，政府十分重视对巩义石窟的保护，对此不断进行加固维修，并把石窟前的东西两庑和大雄宝殿翻修一新。寺内建筑仅存明代大殿和东西厢房。

巩义石窟寺中的帝后礼佛图

## 三、水泉石窟

全国重点文物保护单位。水泉石窟位于偃师市寇店乡水泉村万安山断崖上。石窟坐东向西,背山面水,呈拱形。深1.1米,宽6.3米,高7米,共刻大小佛龛400余个。开凿年代从北魏至唐,主要是北魏之作。窟内正中刻主佛两尊,左佛通高5米,右佛残高3米,两佛并列。

南壁上部有一大龛,高1.42米,宽0.95米,内刻1佛、2菩萨。主佛结跏趺坐于高台上,两菩萨侍立左右,两侧刻护法雄狮1对。其左有1小龛,刻1佛、2菩萨,佛座两侧有狮2尊。佛座正中有1力士手托薰炉,左右为供养人。此龛之上有5个小龛,龛内各有佛1尊;龛门两侧各刻2个小龛,上小龛为2尊小坐佛,下小龛为2尊小立佛。

南壁二层中间,有1佛龛高1.94米,宽1.6米。内刻主佛,高1.25米,结跏趺坐,莲花背光,周有莲花童子;主佛两侧分立2弟子,其下有护法雄狮1对。该龛右侧有2层小佛龛,高0.6米,宽0.5米,内刻2佛、2菩萨,佛座左右有护法雄狮1对;中间有薰炉1个,供养人2个。

南壁二层大龛的左右遍刻大小不一、高低不齐、形状各异的小龛,龛内刻有形态不同的佛像,佛座下刻有金刚力士和蹲狮卧兽。

北壁东下层有1大龛,内刻主佛1尊,结跏趺坐于高台上,莲花背光,周有莲花童子。两边侧立两菩萨,佛座两侧有雄狮一对。龛门两侧分别刻3~5个小龛,其中一龛刻1小立佛,其余均为1坐佛。

窟门北壁上刻大小佛龛约100个,龛内多数为1佛、2弟子或1佛、2菩萨,六尊多为交脚弥勒佛。这些佛龛下面还有排列整齐上下9层小龛,每排27个小龛,右下角缺1个,左下角缺3个。每龛高0.8米,宽0.7米,其内各刻1坐佛。

石窟门外北侧,有1雕刻细腻的佛龛,刻1佛、2弟子、2菩萨,其面部丰满,体态雄健,属盛唐时期作品。石窟门外南侧,有摩崖碑记一通,记载石窟的营造历史,对了解石窟分布、造像及佛教兴盛情况有重要价值。水泉石窟的特点是造像集中,雕造工艺精美,有的可与龙门石窟相媲美,是研究古代雕刻、绘画、建筑及佛教发展的珍贵资料。

水泉石窟内两侧洞壁上的400余座大小佛龛内的造像多为1佛、2弟子、2菩萨,也有不少的交脚弥勒造像;龛楣及近侧多刻飞天、化生、莲花、帏幔、璎珞;佛座下有金刚力士及蹲狮、卧兽等。造像刻工简朴硬直,体现了北魏石刻艺术的特点。

窟外北壁有唐代先天二年(713年)的造像1龛,为1佛、2弟子、2菩萨,面容丰满,体态有力,为盛唐艺术风格。窟外南壁,保存碑记一通,系依山而刻;其中有关于石窟历史的记载,字迹多已剥蚀不清。窟壁间雕大小佛龛400余个,龛内多雕1佛、2菩萨、2弟子或交脚弥勒佛等。龛楣及其近旁多刻有飞天、化生、莲花、帏幔、璎珞等。佛座下有金刚力士及形象生动的蹲卧狮兽等。雕刻技法简朴,系北魏造像风格。窟外北壁雕有唐代像龛,内雕1佛、2弟子、2菩萨,面容丰满。另存有北魏普泰二年(532年)及唐先天二年(713年)等造像题记。

## 四、万佛山石窟

万佛山石窟

全国重点文物保护单位。万佛山石窟位于洛阳市吉利区西北部6公里处的柴河村北山岭上。石窟群坐北朝南，东西排列，开凿在一宽敞的山谷北崖上，两端豁口呈喇叭状，下降近10米，与柴河水库相连。万佛山石窟开凿于北魏时期。万佛山石窟旧分上下两个寺院、五个洞窟，文物专家鉴定石窟为北魏孝文帝迁都洛阳前后开凿，其艺术风格更多地继承和保留了云冈、大同石窟的艺术特色，文物价值很高。由于石窟为粉灰色石灰岩质，质地疏松，加上人为因素，故而佛像破残得很厉害。万佛山石窟现存上下寺院，上寺有双窟、莲花洞、大佛龛，下寺有锣鼓洞、神游洞。

上寺双窟分左右二窟。左窟洞口高1.5米，宽0.9米，尖拱形门楣，洞门两侧各雕1个高1.2米的力士。洞窟进深1.58米，高1.65米，北壁雕1佛、2菩萨、2弟子，西壁雕燃灯佛，东壁雕弥勒菩萨。东西壁雕帝后礼佛图。窟顶作莲花藻井。右窟主尊佛像高1.13米，尖拱形门楣之右上方刻有小千佛。

莲花洞进深2.69米，洞内高2.6米、宽3米。造像组合为1坐佛、2弟子、2菩萨、2坐佛、2菩萨、2力士。

大佛龛，雕1佛2菩萨，立佛高5米，高肉髻，着褒衣博带式袈裟。佛座下雕护法狮子1对和莲花化生。

下寺锣鼓洞内残留高1.75米、宽2.2米的中心柱，雕刻帷幔、坐佛、化生、护法狮子等。

神游洞，高1.15米，进深1.49米，雕刻1佛、2菩萨、2弟子及2佛、2菩萨。窟顶为莲花藻井。洞口内上方雕维摩变相，北壁佛下雕护法狮子和供养比丘。东西二坛壁浮雕礼佛图，保存完好，洞口内两侧浮雕3层礼佛图。

## 五、吕寨石窟

吕寨石窟位于伊川县城东南25公里酒后乡吕寨村北0.5公里处的虎头山腰处，西距伊河约2公里。吕寨石窟方向面西，石灰岩质地，共有3窟。根据造像的艺术风格分析，石窟可能开凿于北魏孝明帝时期。

## (一)第一窟

空窟,外沿不规则,高1.6米,宽2.47米,深1.75米。可能是禅窟。

## (二)第二窟

平面不规则,平顶,前部已毁,高2.02米,宽4.28米,深2.44米。

南壁,南壁造一立佛像,通高1.53米,立于圆台上,双脚残,台座高0.19米。

正壁(东壁),正壁造三铺像,均造1佛2菩萨,各起坛基。左侧坛基高0.84米,深0.25米;中间坛基高0.77米,深0.29米;右侧坛基高0.89米,深0.17米。没有共同的平面,为互相没有联系的3组造像。另在像龛周围刻有零星的小龛。

北壁,大部分残,仅存无规则台座,高0.31米,深1.15米。

## (三)第三窟

圆拱龛,外侧残,高1.86米,宽1.85米,深1.6米。正壁设坛,高0.52米,深0.21米。正壁刻1佛2弟子2菩萨。

左壁,内侧上层刻文殊说法像,中层刻1立佛和1侍佛者,立佛像右侧刻2个圆拱龛。左壁外侧刻尖拱坐佛龛,分4层,现存7个,龛间刻长茎莲花。

右壁,内侧上层刻维摩诘说法像,中层圆拱龛内刻一立佛像,通高0.29米,大部残毁,跣足于龛底。右壁其他壁面刻尖拱坐佛龛,分4层,现存11身,佛像雕饰同左壁坐佛像,龛间刻长茎莲花。

龛顶中间为莲花藻井,双层莲瓣,两侧存2身飞天残迹。飞天与侧壁顶部之间以忍冬纹饰相隔。

## 六、香峪寺石窟

香峪寺石窟位于新密市西北38公里国公岭上香峪寺北的山崖峭石上。东魏天平二年(535年)雕凿。香峪寺石龛高1.98米,上宽1.8米,下宽2.28米,进深1.3米。龛内雕像8尊,本尊为卢舍那佛,两侧为阿难、迦叶2弟子及2胁侍菩萨和2力士。造像生动逼真,玲珑别致。佛像头部均损毁,本尊着通肩大衣,系裙跣足站立在莲花座上;2弟子着通肩大衣,袒右臂,手及脚部残;菩萨饰帔帛着长裙,背上有莲化生,力士赤膊侧身站立。本尊上方刻1小佛像,上有造像题记,共69字:"香峪寺沙门慧隐敬造卢舍那一尊……天平二年岁次甲寅二月乙卯朔七日庚申造,丙子再游此,郑圖杨祖德。"据考古专家鉴定,此石窟系东魏时期,距今1500余年。

## 七、邢河石窟

邢河石窟位于荥阳市贾峪镇大周山东麓老邢水库西崖绝壁上。北齐天统四年(568年)刻造。窟高、宽、深度均约2米。窟门左右各刻1力士,窟内刻1佛、2菩萨、2弟子。这种方形石窟,单尊主造像,四壁无刻,与唐初洛阳以及山东益都、云门山等石窟相似。特别是门左右的力士浮雕,昂首瞪目,威严勇武,栩栩如生。从造型及雕刻方法来看,与龙门奉先寺、敬菩寺力士酷肖,属北魏时期造像。现石窟已没于水库中,当水库水位降落时,遥望石窟犹似一幅挂图。

## 八、王宗店石窟

王宗店石窟位于荥阳市崔庙镇王宗店织机洞北石崖壁。建于北齐天统四年(568年)。石窟门高1.22米,内高1.72米,宽1米,深1.25米。内刻造像7尊。窟内正中刻阿弥陀佛,赤脚立于二童子耸肩背负的莲花座上,旁刻有阿难、迦叶二弟子,左胁侍文殊菩萨,右胁侍普贤菩萨,菩萨座前有青狮、白象,青狮、白象旁各有一看管力士,神态武勇,镌刻生动逼真。窟门外上方有宋世荣摩崖题名,宋世荣(世景)时以伏波将军正行荥阳太守之职。

## 九、王家门石窟

王家门石窟位于登封市少林寺东王家门村北约150米处小河沟东岸断崖上,刻于南北朝时期。石窟面西背东,有大小两龛石窟。大石窟高2米,宽1.75米,深1.12米。拱门顶窟内石壁平滑,雕1佛2弟子2菩萨。本尊释迦牟尼端坐佛台上,背后有佛光,双手结放腹前,通高173厘米。头、颈、手均残。2弟子、2菩萨侍立左右,背后均有佛光,通高1.19米,头、手均残,但身体保存较好,无题记。根据雕像体态丰满、线条流畅的特点,似为唐代作品。

小石窟高0.73米,宽0.63米,深0.27米。中间佛像盘膝端坐在莲花瓣须弥座上,通高57厘米。左右各侍立1像,均高0.42米。头、手均残。窟内雕像背后均有佛光,体态清瘦,工艺较为粗糙。无题记。

## 十、石佛寺石窟

石佛寺石窟位于伊川县鸦岭乡的石佛寺。该寺始建于北魏,依山而建,有2个洞穴比邻相连。北侧洞穴高5米,宽4.5米。正面有坐佛一尊,身高1.5米,为佛祖释迦牟尼像,慈眉善目,双臂垂膝,线条清晰。其南有2个壁,高0.4米,中有立佛一尊。洞北有大坐佛一尊,佛像东西各有侍立之像,与正面坐佛结为一体,构成货界尊贵之众,令观瞻者如入西方天庭,心灵为之净化。

北侧洞穴门口有明代碑碣一通,字迹多模糊不清,依稀有"万历四十六年九月十五日"之字样,似为重修之碑记。北窟洞穴内主佛之侧也有刻铭,上有"大明嘉靖二十七年十一月重佛释迦牟尼如来"字样,粗野无章。该洞窟高约5米,宽4.5米,面积较为狭小。走进洞窟内,正面有坐佛一尊,身高1.5米左右,为佛祖释迦牟尼像,慈眉善目,俯慰众生,双臂垂膝,佛气周身;洞南有两个壁龛,高0.40米,中有立佛一尊;洞北有大坐佛一尊,佛像东西各有侍立之像。南窟较小,仅为北窟一半,造像大体仿佛。据村民说,石佛头像早年有的被恶人盗去,村民哀痛,重新塑之,才有今日之模样。

# 第十四章 著名自然景观

嵩山地域位居天地之中,古代长期为帝王建都立业之地,是中华文明的中心发祥区域之一。其历史渊源之悠久,文化积淀之丰厚,山川大地之秀美,苍生俊杰之风流,在悠悠历史长河中留下了浓墨重彩的篇章。在古代,大凡名城重镇、州府郡县,多以雨、霞、云、花、雪、月等为名,取祥瑞之意设置地区八大景。或取之自然,或人为构建,为当地壮丽河山增添光彩。嵩山地域的各市县也不例外,各地的八大景就像各地的自然奇葩,以自己独有的风景和特色,装点着嵩山历史上曾经有过的自然的辉煌和灿烂。

## 第一节 各市县古代八大景观

嵩山地域各市县在历史上都有著名的自然景观,各地府、县志书多有古代八大景的记载,历代的文人墨客更是纷至沓来,除欣赏游观自然美景以外,还写有很多赞咏"八景""八咏"的组诗和文章。嵩山的自然美景在诗文的渲染下,更加声名远扬。但随着历史的发展和变迁,嵩山地域中历史上许多著名的自然景观,因各种各样的原因,有的已不复存在。然而,它们留在历史典籍和人们记忆中的美景却是永恒的。这里,我们特别展示了嵩山区域各市县古代著名的自然"八大景",以使人们回顾和重温嵩山在历史上曾经拥有的纯粹的自然美景。

### 一、郑州古代八大景

**(一)汴河新柳**

遗迹位于郑州北郊。汴河即今贾鲁河,又名小黄河。清雍正年间,郑州知州张钺曾作诗咏赞,诗曰:

一鞭青不断,爱尔碧参差。驿路则三月,征帆佛几枝。

晴添光幂□,露□眼迷离。往事随□畔,空名贾鲁垂。

学正朱炎昭亦作诗赞咏,诗曰:

滔滔汴水自东西,冉冉春生长短堤。断岸犹余残云在,柔条已共暖烟齐。
至今贾鲁鸿猷远,终古随家鸦影栖。淘尽英雄多少事,攀来恐惹恨凄迷。

### (二)龙岗雪霁

遗迹在今郑州南郊。清雍正年间,郑州知州张钺曾作诗咏赞,诗曰:

六出飞花一夜翻,朝来玉蟒卧微墩。琼瑶满眼丰年瑞,尤爱空明画里村。

又诗曰:

直入清虚境,潜虬玉蜿蜒。遥林明积素,初旭澹微烟。
缥缈逢瀛近,高空尘鞅捐。何须灞桥去,披氅最翩然。

当时学正朱炎昭亦作诗赞咏,诗曰:

大野茫茫雪色浓,朝来霁日又高春。几疑松顶迷还鹤,何人献曝过瑶峰。
我来为觅寒梅树,袄负黄绵倚瘦竹。

### (三)卦台仙境

遗迹在今郑州市管城区圃田镇。清雍正年间郑州知州张钺曾作诗咏赞,诗曰:

辞粟遗荣善自全,冷然一语寄真诠。西游也在人世间,赢得千秋强号仙。

又诗曰:

野老堪同调,萧寥托运游。当年人不识,此地迹偏留。
夜月空浮世,闲云拥古丘。沧桑经几易,笙鹤响高秋。

当时学正朱炎昭亦作诗赞咏,诗曰:

矫矫仙才总自豪,卸风一去其徒劳。先天卦向鼍文衍,拔地台因鹤驾高。
粤想羲陵云黯黯,远临汴水影滔滔。着书艳说虚荒事,应与漆园史共褒。

### (四)海寺晨钟

遗迹在今郑州市区内黄河路与南阳路交叉口附近海滩寺。清雍正年间,郑州知州张钺曾作诗咏赞,诗曰:

明灭残星漏已沉,数声清响振祇林。邯郸丰枕擎回梦,输与枯禅定慧深。

又诗曰:

野老堪同调,萧寥托运游。当年人不识,此地迹偏留。
夜月空浮世,闲云拥古丘。沧桑经几易,笙鹤响高秋。

当时学正朱炎昭亦作诗赞咏,诗曰:

何来梵响遏云行,知是海滩寺里声。冷落山门无虎卧,风雷古殿有鲸铿。
老僧带人行霸起,客子吟魂乱梦惊。我正荒衙发深省,儿难把握此心旌。

### (五)古塔晴云

遗迹在今郑州市第一人民医院附近。塔名开元寺舍利塔,此塔抗日战争时期被日军炸毁。清雍正年间,郑州知州张钺曾作诗咏赞:

擎天一柱映斜日，高造浮屠上入云。伊孰当年藏舍利，烟岚雨后色平分。

又诗曰：

开元初地辟，云际涌浮图。独立遗千劫，凌空占一隅。

絮黏连不断，肤合有疑无。背郭炊烟起，常将霁霭俱。

学正朱炎昭亦作诗赞咏：

闲云片片度晴晕，缥缈偏从断塔归。颓顶疑麻苍盖漏，无心乱化白云飞。

飘过雉堞天弥远，远上鳌峰露已稀。幻极古今多变态，何堪翘首望依依。

古塔晴云

## （六）梅峰远眺

遗迹在今郑州西南16公里的梅山，清雍正年间，郑州知州张钺曾作诗咏赞，诗曰：

远近群瞻卓笔欣，无心出岫忽升腾。鸰王离怖梵天近，五色蒸霞绕上层。

又诗曰：

莅郑推名胜，巃嵸峭拨空。势联嵩少回，事记楚师雄。

平野层层树，危岚面面风。檀香谁剪代，孤负此穹崇。

学正朱炎昭亦作诗赞咏，诗曰：

西南杳杳黛如烟，指点梅峰落照边。可有寒香留鹤守，直疑山色胜龙眠。

云骄横抹晴岚底，岫冷孤撑小雪天。何日吟肩驴背耸，谬从此际访逋仙。

## （七）凤台荷香

遗迹在今郑州市管城回族区圃田镇凤凰台村。清雍正年间，郑州知州张钺曾作诗咏赞，诗曰：

台荒不见凤来翔，路转回塘得小凉。十里熏风三尺水，红云擎出翠云乡。

又诗曰：

仆射陂边水，螺痕镜里表。凤凰难出穴，君子尚余亭。

荡浆通花气，搴笙绕鹭汀。避炎应第一，磅礴思沉冥。

学正朱炎昭亦作诗赞咏，诗曰：

凤凰去后剩空台，台下陂塘面面开。乱把秧针将水刺，齐撑荷盖接天来。

闲鸥眠处清芬满，孤鹜飞时落照才。自有舟如莲瓣小，春风摇荡绿云隈。

凤台荷香

### (八)圃田春草

遗迹在今郑州市管城区圃田镇。清雍正年间,郑州知州张钺曾作诗咏赞,诗曰:

薮泽平铺嫩带烟,偶经酥雨倍芊绵。年年占得春风早,怀古重吟甫草篇。

又诗曰:

极目浑无际,宣王旧猎场。马蹄穿翠纵,燕尾掠晴芳。

色碧低念黛,熏浓暗然裳。天涯纵有句,吾意感天荒。

郑州学正朱炎昭亦作诗咏赞,诗曰:

东都行狩几千年,此是天王旧圃田。鸟下绿无春似海,马嘶碧甸草如烟。

于今郑野风尘远,自昔周家雨露偏。几处牧歌生铎响,依稀博兽夕阳边。

## 二、洛阳古代八大景

古都洛阳南临伊阙,西为秦岭,东是嵩岳。古人说:"洛阳形势险要,可称天下第一。"所以在我国历史上,有九个王朝相继在这里建都,后人称它为"九朝古都"。作为一个都城来说,洛阳美景名扬天下,历代诗人在洛阳写下了不少优美的诗篇,为洛阳的山水美景留下了很多名篇佳作,至今犹为人们传诵不绝。但在这些数不尽、看不够的美景中,最为有名的还要数洛阳古代八大景。

### (一)龙门山色

位于洛阳市南12.5公里。龙门,古称伊阙,隋唐以后始称"龙门"。这里两山夹峙,形若门阙,伊水流经其中,宛如一条长龙穿门而过。白居易曾说,"洛阳西郊山水之胜,龙门首焉",因而"龙门山色"很早被誉为洛阳八大景之首。龙门昔有山水甲天下之称。唐代诗人韦应物曾咏诗道:"凿山导伊流,中断若天阙。都门遥相望,佳气生朝夕。"

龙门山色

龙门除了自然风光秀丽之外,龙门石窟是中国三大石窟艺术宝库之一,被列入世界文化遗产。两山现有窟龛2100多个,雕刻精美的佛像约10万尊,大者达17米以上,小的仅有2厘米左右。古佛成林,千姿百态,巧夺天工。石窟中的造像题记及其他碑刻约有3600块,有古碑林之称。另外还有佛塔

40余座,绝大部分是浮雕。这些古代艺术精品使它成为世界佛教艺术胜地。

### (二)白马寺钟声

白马寺在北魏、唐、宋时代,因为佛教极盛,寺院殿堂巍峨,曾有僧众千余名,僧人们每天早晚按时上殿诵经。每当月白风清之夜,晨曦初露之时,殿内击磬撞钟佛诵,钟声悠扬飘荡,远闻数里,听之使人心旷神怡。到了明代,寺内有口大铁钟,重约5000斤,钟声特别洪亮,称为"夜半钟",堪称神奇。每当月白风清之夜,敲打此钟,悠扬的钟声远闻数十里。每当此钟鸣响时,洛阳城内东大街钟鼓楼上的一口大钟,也不敲自响,和白马寺的钟声产生共鸣,音响和谐,音律一致,一东一西,可以共鸣。人们往往在听到白马寺钟声的同时,紧接着洛阳城钟楼上的钟也响了,民间流传着"东边撞钟西边响,西边撞钟东边鸣"的佳话。因此,白马寺钟声被誉为洛阳八大景之一。

古人曾写诗赞美白马寺钟鸣鼓乐的胜境道:"钟声响彻梵王宫,下通地府震幽灵。西送金乌天边去,急催东方玉兔升。"据传说,洛阳城内钟鼓楼上的大钟原先用一草绳系挂,后草绳被人盗去,换成了铁索,这种和鸣现象便消失了。现每年的新年之夜,市政府的主要领导都要去撞响第一声钟,为全市人民送来第一声吉祥之音,向全市人民表示祝福。

### (三)金谷春晴

遗址在今洛阳老城东北3公里处的金谷涧内。金谷园,是西晋石崇的别墅。石崇,字季伦,小名齐奴。其父石苞因帮助晋武帝司马炎篡魏有功,晋爵为大司马封乐陵郡公加侍中,显贵当时。石崇在晋惠帝时,出任南中郎将荆州刺史,因劫掠远路客商而暴富。元康六年(296年),石崇为太仆卿,出使为持节监青徐州军事征虏将军,在洛阳金谷涧营建别墅,即"金谷园"。该园依地势上下高低和山形水势,筑园建馆,筑台凿池,挖湖开塘,周围几十里内,楼榭亭阁,高下错落。园内清溪萦回,水声潺潺。鸟鸣幽村,鱼跃荷塘。石崇派人用绢绸、针、铜铁器等去南海群岛换回珍珠、玛瑙、琥珀犀角、象牙等贵重物品,把园内的屋宇装饰得金碧辉煌,宛如宫殿。凡海内珍花奇草、娱目悦心之物,莫不毕集。他在此园中与当时名士潘岳、左思、陆机等23人结成诗社,号"金谷二十四友",朝夕游于园中,饮酒赋诗,逍遥自在。又用明珠十斛买一美姬,名为绿珠,并为其建高楼一座。每当阳春三月风和日暖的时候,桃花灼灼、柳丝袅袅,楼阁亭台交辉掩映,蝴蝶翩跃飞舞于花间。所以人们把"金谷春晴"誉为洛阳八大景之一。

最终,石崇为仇家所害,杀于洛阳东市,绿珠也殉情跳楼而亡。唐代诗人杜牧曾写金谷园诗感叹道:

繁花事散逐香尘,流水无情草自春。日暮东风怨啼鸟,落花犹似坠楼人。

### (四)洛浦秋风

洛浦,即洛河之滨。自隋唐直至北宋五百余年,经过千百万劳动人民的治理,既有舟楫之便,又有风景之胜。那时的洛河,桃李夹岸,杨柳成荫,长桥卧波,一年四季风景如画。特别是金风消夏、半月横秋的时节,更是充满诗情画意。千余年来,洛滨景色使许多诗人留连忘返。早在三国时,曹子建说他在河畔遇到一位神女,借题发挥写了一篇《洛神赋》。号称初唐四杰的诗人王勃、杨炯、卢照麟、骆宾王曾徘徊洛滨,不忍离去。唐高宗时,上官仪循着河堤,缓辔咏诗。洛滨景色之佳,可以想见。白居易曾写诗赞:

津桥东北斗亭西,到此令人诗思迷。眉月晚生神女浦,脸波春傍窈娘堤。

柳绿袅袅风缭出,草缕茸茸雨剪齐。报道前驱少呼喝,恐惊黄鸟不成啼。

### (五)天津晓月

位于洛阳市南洛河的天津桥上。隋炀帝大业元年(605年)营建东都时,在洛河上用大船连一铁锁,架起一座浮桥,这就是洛阳最早的天津桥。天津桥是洛阳南北交通的要冲。唐时改为石桥,又称洛阳桥。唐太宗贞观十四年(640年)垒石为墩,改建成石拱桥。高宗贞观六年(655年),毁于洪水。武则天执政时,令韦机在原址作单孔石桥,把桥基设计成龟背形(两端尖),以减(杀)水的冲击力,这在桥梁建筑史上是一进步。后人称其为一孔桥。洛阳桥北与皇城南门端门(皇城正门)相应,桥南直通龙门,是都城南来北往的通衢。桥上原有四角亭、栏杆、表柱,两端有酒楼、市集,行人车马熙熙攘攘,络绎不绝。拂晓时分,漫步桥上,举首可见一轮弯月垂挂天幕,俯首河面波光粼粼,偶尔又传来洪亮悠扬的钟声。无怪乎唐代诗人刘希夷曾有诗道:"天津桥下阳春水,天津桥上繁华子。马声迥合青云外,人影动摇绿波里。"唐时天津桥南有一座董家酒楼,李白游洛阳时,经常在此楼饮酒放歌,诗道:"忆昔洛阳董糟邱,为余桥南造酒楼。黄金白璧买歌笑,一醉累月轻王侯。"宋人邵雍在《闲适吟》中写道:"春看洛城花,秋玩天津月,夏披嵩岭风,冬赏龙山雪。"其后,金人南侵,天津桥毁废,仅存石砌拱桥一孔。中华人民共和国成立后,在残存的一孔石拱桥眼遗迹上建四角起戗的彩亭一座加以保护。因此,此处的"天津晓月"仍然是洛阳一景。

### (六)铜驼暮雨

洛阳老城东关外的大通巷,隋、唐、宋时叫"铜驼陌",明清时名"铜驼街"。它位于隋唐城的城东北隅,当时国际贸易市场叫"丰都市"一带。它西傍洛河,桃柳成行,高楼瓦屋,红绿相间,每当阳春时节,桃花点点,蝴蝶翩翩,莺铭烟柳,燕剪碧浪,其景色之美,别有洞天。隋唐时代这里人烟稠密,每当暮色茫茫,家家炊烟袅袅上升,犹如蒙蒙烟雨,纷纷扬扬,故人们美其名曰"铜驼暮雨"。

西晋洛阳都城阊门(宫城正南门)南街,也叫铜驼街,是魏明帝置铜驼的地方。酒泉太守、关内侯索靖(字幼安,敦煌人)来洛阳,看到西晋政治腐败,政权将倾,便指着铜驼说:"会见汝在荆棘中耳",后果应验。而八大景中的"铜驼暮雨"则指的是唐宋时的铜驼陌,即今之大通巷,而非白马寺东的汉魏故城阊门南街铜驼街。

唐朝诗人刘沧《晚秋洛阳客舍》诗中有:"隋家古陌铜驼柳,石氏荒原金谷花。"宋司马槱《击壤集·首尾吟》中也有诗道:"花深柳暗铜驼陌,风暖莺娇金谷堤。"这些诗句都是描写唐宋时铜驼陌的,足见当时那里的景色是非常美丽宜人。

### (七)平泉朝游

位于洛阳城南15公里,龙门西边的山脚下,往伊川县城方向沿洛栾路南行10多里,往西边下公路过马营村,南拐钻进一条山谷,有个今名的"梁家屯村",便到了唐朝宰相李德裕的"平泉别墅"故址。这里原是一条荆棘丛生、野兽出没的荒野溪谷,后为乔处士宅。唐武帝时宰相李德裕得之,精心构筑,建起书楼、瀑泉亭、流杯亭、双碧潭等亭台楼榭,又得他州珍木奇石不下百种,列于园中,故平泉花木泉石之胜,甲于一时。尤其是朝阳初升之时,谷中笼罩晨雾,隐隐约约现出葱郁树木、高低建筑,再加上蒙上一层淡淡的金色阳光,真如世外仙境,故"平泉朝游"被誉为"洛阳八大景"之一。

李德裕初未仕时,讲学其中。唐武宗时,他出将入相,制驭宦官,收复幽燕,对中唐的振兴起了很大作用。宣宗时,他因政治斗争接连被贬,死于偏远的海南岛。他的平泉别墅也被政敌捣毁,日渐荒落,至赵宋时期,已残破不堪。

现在,"平泉"这股山泉仍长流不息。村民们依沟筑起三条土坝,在沟中依次蓄起了三个紧密相连、大小不等的水库。山峦环抱中,碧蓝的库水清澈透底,映着蓝天白云,浇灌着绿油油的稻田,滋润着沟坡上的林木,景色依然幽静秀丽。夏日,这里更是避暑游泳的好去处。

### (八)邙山晚眺

邙山又名平逢山、太平山、郏山,亦称北邙。它像一条长龙蜿蜒横卧于洛阳之北,东西横亘数百里,海拔约250米,如同洛阳的天然屏障。"邙山晚眺"是指站在邙山上眺望洛阳而言。每当夕阳西下,暮色茫茫,万盏华灯初上,万户炊烟袅袅,站在峰顶观看山下高大的城郭,雄伟的宫阙,宽广的园囿,富丽堂皇的楼阁,景色十分壮观。特别是洛阳城北的翠云峰,唐宋时代古木森列,苍翠如云,是人们登高游玩的圣地。

邙山晚眺

俗谚说:"生在苏杭,死葬北邙。"邙山又是古代帝王将相陵墓集中之地。古时百姓也相沿成习,多把坟墓建在邙山,以致使邙山无卧牛之地。白居易有诗道:"山头松柏半无土,地下白骨多于土。寒食家家送纸钱,乌鸢作巢衔上树。人居朝市未解愁,请君暂向北邙游。"诗人王建也写诗道:"北邙山头少闲土,尽是洛阳人旧墓。旧墓人家归葬多,堆着黄金无买处。"每当春暖花开之日,或秋高气爽之时,特别是清明节及重阳节,人们结伴到山上扫墓、踏青或登高远望,相沿成习。站在山上向南观望,则伊洛山川之胜,尽收眼底。特别是晚上,遍处灯火,密如繁星,使人们疑为人间天上,大有脱俗之感。

## 三、古荥镇八大景

郑州市惠济区的古荥镇即古代的古荥阳郡治所在地。今人多将现在的荥阳认为是古代的荥阳,这实在是一种误解。古荥阳废于魏朝,今之荥阳兴于魏朝。中华人民共和国成立前,古荥曾称荥泽,是县治所在地。中华人民共和国成立之后,古荥划归成皋管辖,不久又合并到今日之荥阳市,旋又从荥阳市分出,隶属于郑州市惠济区。历史上这里有颇负盛名的八大景。

### (一)纪公丰碑

纪公者,纪信也。纪为姓,名信,公系尊称。楚汉战争之际,项羽用重兵将刘邦围困在古荥阳城内,被困日久,城内粮缺,城破指日可待。大将军纪信忧心如焚。遂挺身而出扮刘邦模样,着其衣冠,乘黄屋伞盖,出东门,诈言降楚,刘邦乘机从西门逃脱。项羽见是纪信而非刘邦,怒不可遏,遂将纪信焚于城外西南。刘邦得天下后,不忘记纪信扮主救驾之恩,在纪信被焚处修衣冠冢。历经几个朝代之后,始建庙宇,唐朝年间在庙宇内树一巨碑,记述纪信光辉事迹,歌颂他的伟大功德。此碑巨大,再加上书法遒劲有力,堪称一绝。据说此碑之拓印件曾东渡日本展出,受到日本书法界一致好评。

### (二) 隋堤沿柳

隋朝大运河在古荥镇以东,渠道"广四十步,渠旁皆筑御道,树以柳"。春日融融,杨柳青青,翠绿无比,清风徐来,垂柳依依,柳絮纷飞。此处不失为天下一美景。清朝名家侯方域赞曰:"隋家天子绿杨堤,万古春风野鸟啼。几处吹箫出漠漠,经时拾翠草萋萋。龙舟想象牙墙人,彩袖虚无簇仗齐。寂寞宋城南向望,老人独自杖青藜。"

### (三) 古城牧唱

战国时代,古荥镇周围有茂密的森林,杂草丛生,野兽出没。牧童手握长鞭,赶着牛羊出来,嘴里不时唱着民歌,歌声悠扬、清脆、婉转、凄凉、悲壮,诉说着他们的希望和不幸。看山野风光,听牧童歌唱,实为人间一大美景。

### (四) 黄河古渡

位于荥阳岳山寺下。古代的黄河从今荥阳市的广武以西向东北流,经新乡小冀一带直奔大海。后经几次改道,方从岳山头(今误称邙山东头)东去。据《荥阳县志》记载,明朝时,岳山头北的这段黄河比较狭窄,成了沟通南北的天然渡口。大小船只往返不停地运送乘客和货物,有时白帆点点,有时成群结队而来,有时冒着袅袅炊烟。明朝于谦的《黄河舟中》赞道:

风吹浪花片帆轻,顷刻奔驰十数程。它屋炊烟犹未熟,船头已见汴梁城。

清末以来,大桥的兴建取代了渡口,但不时还有捕鱼的船只在这里停泊。有人根据这儿周围的环境,索性把唐代诗人张继描写寒山寺的诗改为:

月落乌啼霜满天,河风渔火对愁眠。荥阳城北岳山寺,夜半钟声到客船。

### (五) 五寺三庵

古荥镇五寺者:南大寺、兴国寺、岳山寺、龙源寺,另一寺不知在何处;三庵为准提庵、云台庵、大式庵。一个地方寺院之多少也是文化发达与否的重要标志之一。杜牧称南朝有480寺,高度赞扬南朝之兴盛繁华富庶。古荥一地便有五寺三庵,文化之灿烂可见一斑。

### (六) 岳山叠翠

古代的古荥镇气温低而湿润,为树木生长创造了良好的环境。岳山上树木茂盛,苍松翠柏重重叠叠,郁郁葱葱,错落有致,煞是好看。明代诗人沈荃游后,不禁写诗赞叹:"攀藤游石壁,眺望几徘徊。云自山头出,风从水面来。柏高疑碍目,碑古尚余苔。路转峰回处,临风把酒杯。"黄河游览区已在岳山顶上修建一座三层古塔,金碧辉煌,名曰"浮天阁"。游客登临此塔可以观日出。

### (七) 鸿沟暮云

"鸿"者,"大"也。鸿沟即古代一条大运河,起点即在古荥镇,直达开封,向东南通淮、泗,抵长江。站在鸿沟岸上,向西眺望,落日晚霞瑰丽无比,令人神怡心旷。清朝李清照的《鸿沟晚照》对此有精彩描绘,诗曰:"斩蛇失鹿总亡羊,留得千秋旧战场。楚汉那堪寻旧迹,河山如此送斜阳。牛耕废垒沈枪断,人过荒沟野麝香。一片夕岚迷处所,闲听父老话沧桑。"

### (八)八里长桥

此桥建在惠济桥村。为何称为八里长桥,已无证可考。桥有八里长?惠济桥村距古荥阳城有八里之遥?为什么称惠济桥?其一,济水流经该村,将村子分为东西两半,村民往来诸多不便。有位和尚名曰惠济,见此情景,顿生同情之心,遂将化缘所得悉数拿出,修建一座石拱桥。老百姓为永久纪念这位仁慈大师,便将这座桥称为惠济桥。另一说是此桥在元代以前就已建成,是座铜桥,在历史上赫赫有名。老人们讲,朱元璋与元人大战,追至铜桥,桥忽隐地下,使朱元璋大获全胜,有《撵铜桥》一出戏。这桥后来出现过两次,再出来变成石桥了。比较可靠的说法是隋炀帝修建运河时方建此桥,现将桥的两头挖出,是三孔石桥。

## 四、新密古代八大景

### (一)天仙白松

《中州杂俎》载:"天仙白松在密县东五里,世传汉时有女仙花,葬此。松其冢上物。"又云:"黄帝葬三女处。三女九岁俱辞学道,后十七年归省,一夕同逝,合葬于此。翌年冢上生松,色如傅粉;一本三干,高八九丈,大四抱余。本畔一窍,常流液甘甚。每岁两脱肤,盘根虬枝,其叶青翠且硬,肤理莹泽,以手爪掐之,文随起,真奇章也!世称三女为天仙、地仙、人仙,今云天仙其总号也。"松为仙女所化,虽系荒诞传说,但白松之奇,实属罕见,令人羡往。据旧志称:"凡名人流仕,文人学者,莅密的无不到天仙庙参观白松为快,并吟诗填词,题名留念。"单据康熙《密县志·艺文志》收录名人学者歌咏"天仙白松"的诗词歌赋多达50余首。最为著名的有明代张文耀的《白松》:

嵩少峰前帝子祠,孤松三秀郁参差。谁将地下含香骨,幻出人间傲雪姿。

华表鹤来珠是树,蕊宫花放玉为枝。清风永夜摇环佩,知是魂归月卜时。

### (二)大隗晴岚

位于新密市境大隗镇南10公里处。大隗山,又名七埚堆、七敏山、石楼山、具茨山、风后山等。大隗真人居于具茨山。《庄子·徐无鬼篇》:"黄帝见大隗真人于此。"《太平寰宇记》:"大隗山即具茨山也。黄帝登具茨山,升于洪堤之上,受神芝图于黄盖童子。"又云:"黄帝避暑于此。"今其山有轩辕避暑洞。巅有风,谷下有白龙湫,土人相传大鸿山为黄帝避暑处。东峰曰东华门,西有塔山曰西华门。东门相连一峰曰

大隗晴岚

梳妆楼。其山之北麓有南泉寺,林壑幽胜,竹间泉鸣,控奇者多游于此。登大隗山巅,俯视山下,山岚缭绕,飘飘然如身在云端。苍松翠柏,时隐时现,犬吠鸡鸣之声,此起彼伏。草舍瓦屋,错落山腰。风和日丽,绿草如茵,牛羊结群,潺潺流水,如在画中。清代诗人钱青简的《大隗怀古》颇有雅趣:

十里晴岚翠色重,扪萝引蔓访遗踪。台沈力牧荒从棘,洞老轩黄秀古松。

石碣模糊秋月照,丹炉次落晓云封。渔樵指点真人处,知在云霞第几峰。

### (三)兰崖偶鹤

位于新密旧县治西北(现尖山乡)。兰岩,即兰崖山。《名胜志》载:山下有深谷,曰"落鹤涧"。传昔密人,兰公夫妇,修道路于此,化鹤飞去。至今崖下,有石成对,形如双鹤,故名兰崖偶鹤。至于兰公夫妇,其人其事,是否有之,不必考究,但"落鹤涧"有石成对,形如双鹤,可谓大自然造物之奇,值得一观。清顺治密县教谕张于阶,曾观"兰崖偶鹤",题诗:

山阳叶子和,跨鹤二神仙。伏櫜饶千祠,鸣皋几百年。

霓裳惊白露,羽袂舞青田。不转晴中朵,飘飘一片烟。

### (四)开阳雪霁

位于新密市西北约5公里处。雪降开阳山巅即消,满山遍野都是雪,唯独山巅无雪,岂不奇也。在今天看来可能与地温有关,在科学不发达的封建时代,只能归功于天,这就是开阳命名的缘由吧!山南坡有开阳庙,有霖潦则祈之。求雨之神到处有之,祈晴之神惟密之开阳,可谓奇矣!清代诗人张于阶曾题有诗赞:

歌巴邀白雪,醉卧玉山砰。起絮添风韵,撒盐助水声。

同沾双出瑞,不市六花霙。酹酒注壶里,扪心叙客情。

### (五)云岩讲武

位于新密市东22.5公里的刘寨。轩辕皇帝在天下未定、部落混战之时,曾在云岩练兵讲武,与大臣风后、力牧等制作八阵图,大破蚩尤,鼎定中原,功垂千古,后人永念。历代名人莅密者无不到云岩宫,寻胜访古,吟诗留念,此密之胜地也。这里的古迹有力牧台,传说是黄帝拜力牧为将筑的点将台(今云台岗);有黄帝葬兵符处,表示偃旗息鼓,刀枪入库,马放南山,天下太平;有唐独孤及八阵图碑碣。随着时代更迭,物换星移,旧貌不存,却变新颜。今天的云岩宫浮桥卧波,渔舟横渡,仍为旅游者向往之胜地。张于阶有五律诗《云岩讲武》:

徘徊风后阵,八面列高嵩。马走烟霞外,人行日月中。

流泉寒小鹜,砆石引长虹。远望龙蛇岫,图旋十二宫。

### (六)柏崖龙潭

位于新密市南15公里的柏崖山。柏崖、熊耳,两山对峙,峭壁千寻,如堆翠列屏。崖壑之间,春花煜爘,岚雾相属,望而夺目。山下有龙潭,围广五六丈,大石覆之。潭水碧绿,深不可测,望之悚然。旱多祷雨,传说奇应。山势雄伟,庙宇壮观,颇有感慨。历代文人雅士多写诗赞之。现录诗赞一首:

柏崖熊耳峙对抗,峰峦峭拔剑弩张。松柏森森竞参天,龙潭石覆山中央。

### (七) 溱洧观鱼

位于新密市曲梁乡大樊庄村交流寨。县境溱水与洧水交汇之处。溱水发于新密市境寨乡老锅岗,洧水发源于登封市马岭山。相传,这里两岸绿色掩映、河内水流清澈,鱼游嬉戏,若以竿击水,两水之鱼便迅即各归其水,煞有情趣。翠云和尚有诗:

青山隐隐水迢迢,溱洧交流锦鳞跃,夕阳垂钓柳荫翁,喜看游鱼夺故道。

涉水彼岸芍药曾,花丛云林赋深情。诗经三百零五篇,溱洧霓裳数郑风。

### (八) 青屏叠翠

位于新密市北的青屏山,西接开阳,东连张果、云蒙山,新密市区在它的怀抱之中。山上一塔,曰屏峰塔(亦云峰塔),清顺治时知县李鹏鸣创建。后圮。咸丰时知县张锡圭重修。阳春三月,绿草如茵,层层相叠,远望好像一座绿色的屏风。清人张于阶的诗《青屏叠翠》描述了这个美丽的自然风光:

八里青屏上,牙璋左右峨。山巇禾黍少,峡泖薜萝多。

石子排云阵,阳公静日戈。沉川饶有酒,不醉待如何。

## 五、新郑县古代八大景

### (一) 锦堂春色

位于新郑卧佛寺塔附近。相传为郑国名相子产听政处,后人立祠纪念。春时桃李浓郁,遗爱宛然。明代诗人刘名诚的《锦堂春色》诗曰:

寂寂公孙祠,郁郁公孙柏。遗爱在人心,锦堂炫春色。

### (二) 溱洧秋波

位于新郑城南双洎河畔。相传为子产乘舆济人处。每至秋期水月交明,鸥翔鹭集,景色宜人。明代诗人高克昌的《溱洧秋波》曰:

东里城南溱洧流,文昌祠下水悠悠。等宋临眺横塔影,疑是长河水面浮。

溱洧秋波

### (三) 塔寺晚钟

位于新郑南关凤台寺。宋大观年间凤鸣来集,因创寺于此曰凤台,并建佛塔。此地冈岭重叠,竹木交映,钟声晚鸣。明代诗人刘盘的《塔寺晚钟》诗曰:

日入沙弥礼梵王,钟声举处讽声场。长鲸怒击山猿吼,邪魅惊潜海雁翔。

禅定有规烟袅袅,旋宿无梦树苍苍。案头黄卷方相对,发省令人坐夜长。

### (四)南桥风雪

相传新郑旧有虹桥架溱洧河上,桥有片石遇大风雪常摇动。沿岸多酒家茅屋,青帝炊烟,雪景别有一番诗意。

### (五)大隗晴岚

新郑市境西南大隗山绵延,主峰风后岭高拔特出,朝暾夕照,晴霭烟岚,秀色横铺,故题咏多及之。明代诗人柴栯的《大隗晴岚》诗曰:

一抹青山入画屏,轩丘层岫插长空。满倾玉斝歌金缕,剩有烟云净晓风。

### (六)欧坟烟雨

位于新郑市西欧阳寺。欧阳修陵墓,山水环绕,林木郁郁,烟雨空蒙。明代诗人邓麟《欧坟烟雨》诗曰:

溱洧河西大隗边,佳城郁郁葬名贤。松秋树老苍虬挂,荆棘来荒石处眠。

勋年千年彝鼎上,文章百卷古人传。一杯酬罢空惆怅,欲读残碑字不全。

欧坟烟雨

### (七)竹溪梅月

位于新郑市西刘湾村。自然山下黄帝钦马泉一带,旧时翠竹连岸,玉梅成片,月夜湛然,清胜如画。明代诗人薛德明写有《竹溪梅月》诗曰:

山下溪多竹,潜通饮马泉。梅岩仙去远,片月自婵娟。

### (八)陉山晚照

位于新郑市南陉山山顶子产墓处。石壁嶙峋,苔斑苍翠,余辉灿然。明代诗人(明或唐)姜分司的《陉山晚照》诗曰:

侨茔大尽地,特泄井千尺。万古一寸心,犹共残阳赤。

## 六、荥阳古代八大景

### (一)案岭晨钟

位于荥阳城南的案山,距县署约300步。四壁斗悬,阴城而立,状如几案。南岩下有天王寺,寺东南城角上建一楼,县钟以司晨错,钟声与山声相间,四境皆闻。明代诗人杜汝亮的《案岭晨钟》诗曰:

化城琳宇傍山隈，钟挂岑楼接汉开。晓发鲸音云外度，风传天籁谷中来。
唤醒尘梦迷情断，击散魂魔觉性回。总是大悲宏教泽，世人不解浪疑猜。

### （二）崤关夜柝

崤关即虎牢，盖万古要害之地，而群雄逐之区也。明太祖命名曰古崤，复立为关，设司祖取此土以筑汴城，坚硬如铁。元军大炮所击处惟凹而已。明代诗人杜汝亮的《崤关夜柝》诗曰：

崤关旧是虎牢城，西接山河百二名。满地蓬蒿秦世垒，拂堤杨柳汉家营。
耕农尽息当年战，铃铎犹传静夜声。村市月明无犬吠，关门不闭久清平。

### （三）玄武灵台

成皋台即东汉太和宫小顶，汉管夫人、赵子儿、薄姬侍高帝于成皋台。姬曰："吾夜梦苍龙据吾腹。"帝曰："吾为汝成之。"遂生文帝，即此。后废于晋，当地人因其地庙似玄武，以象武当山之太和宫云。明代诗人杜汝亮的《玄武灵台》诗曰：

流皇曾此筑层台，今日巍巍庙貌开。入望群峰天际出，环看万树座中来。
香烟缥缈云霄近，灯火辉煌是斗回。自是成皋多胜地，残碑古迹半苍苔。

### （四）玉门古渡

相传古时大伾与广武两山相接，汜水由此穿门而出，故曰"玉门"。数十年来，河流南徙，被水蚀侵者不下六七里，而名实矣。明代诗人杜汝亮写有《玉门古渡》诗：

一河流出两山开，西接黄河天上来。渡口风尘人不息，岸头车马日相催。
英雄百战身经地，神武千年业已灰。感叹兴亡成往事，玉门波逝几曾回。

玉门古渡

### （五）玉清仙境

位于荥阳市金龟山上。此山与陲虎、卧龙、伏蛟、翠屏环城而峙，以壮锦阳之图。城南一川，名锦阳川。上有玉清宫，当地人改美哉亭为之。自下而上有磴道数百级，琳宫瑶宇，飞霞焕彩，俯视行人若织；房舍鳞次，真有天上人间之趣。东有仙人洞，祀王母，亦名王母祠。明代诗人杜汝亮的《玉清仙境》诗曰：

名山蹬道入苍旻，宫殿峨峨栋宇新。钟鼓铿訇传四境，香烟缥缈捧群真。
经声静夜闻霄汉，仙界玄堂隔世尘。题咏昔贤遗迹在，胜游应有和歌人。

### （六）野寺穹碑

唐太宗擒窦建德后，立寺于此，设醮以超荐阵亡诸将士，名曰"等慈"，谓此等可慈悲也。东南有大冢三四，世相传为狐突、狐毛、狐偃等冢。或曰非也，盖太宗阵亡将士所筑之京观耳，未详孰是。明代诗人杜汝亮写有《野寺穹碑》诗：
英君此地建奇功，胜迹于今有梵宫。继世銮舆经旧垒，先皇鸿业想雄风。
碑留翰藻千秋外，文纪神威百战中。一片荒原苍藓石，应垂天壤共无穷。

### （七）竹林活水

嵩山东麓、荥阳城西的汜水河滨，西山脚下有两处山泉，名"太溪""少溪"。两溪蜿蜒曲折，合二为一，又引汜水汇流。一泓澄清，望之如镜，满川绿竹，浇灌附近百亩竹林。晨起，阳光自枝叶间泻下，竹摇点点碎金；傍晚，炊烟升腾彩霞，飞鸟盘旋鸣啭，好一派幽静温馨之地。汜水地瘠，竹川独有，藉水利也，邑中之膏腴。此景被称为"竹林活水"，人们可以穿竹涉水，坐台垂钓，尽赏竹溪美景。

明代诗人杜汝亮写有《竹林活水》诗：
一派清泉足考槃，森森数亩碧琅玕。花溪浴水三春暮，草阁开尊九夏寒。
野老供蔬时出笋，诗人刻竹好凭栏。为言地主须持护，留待王猷载酒看。

### （八）塔观游云

观在王云绝顶。何物喷如狼烟，直射出岫来？或为白鹤，或为冠缨，或为舞盖，或为滚绵，悠悠观宇之间，着石为衣、挂门为幕，捉之则乌有。明代诗人杜汝亮写有《塔观游云》诗：
岧峣天际出名岑，一径纡回路转深。地入烟霞仙是境，云楼台殿世非今。
沾衣片片晴还湿，拂树霏霏昼欲阴。多少风尘奔走客，到来应有薜萝心。

## 七、登封古代八大景

古代登封有中岳八大景，相传唐代进士郑谷游中岳时，为中岳八大景题写的诗曰：
月满嵩门正仲秋，轩辕早行雾中游。颍水春耕田歌起，夏避箕阴浥暑收。
石淙河边堪会饮，玉溪台上垂钓钩。余雨少室观晴雪，瀑布崖前墨浪流。

### （一）嵩门待月

位于嵩山太室玉柱峰。其峰崖壁嶙峋崛突，与别峰相列，中间峡状如门，称为"嵩门"。每值中秋节夜，站在法王寺的月台上，往东边的峰看去，一轮银盘似的皎月从半圆形的门内徐徐升起，像面玉镜嵌于架中，人们将其景起名为"嵩门待月"。

嵩门待月

皎洁的月光，如水银泻满山头，给群山披上一层银装。每逢此时，人们早早携带食品，邀朋偕友，登上山坳，到法王寺的月台上，在如银的月光下，饮酒欢歌，观赏月景，颇感无限惬意。时过三更，银月西斜，赏月的人们还迟迟不愿离去。故有"嵩门待月不忍归"之句。

明洪武年间，上党郑士元游览中岳，赏罢此景，写下赞诗：

嵩门胜迹冠中州，幸此登临值仲秋。皓魄初悬苍谷口，清光满射碧山头。
祇园暂息尘劳梦，民社宁忘国计忧。徙倚欲归情不厌，松涛钟韵两悠悠。

### （二）轩辕早行

位于太室山和少室山之间的轩辕关上。此处怪石嵯峨，山势雄伟险要，石壁嶙峋似剑，中有道路曲折盘桓，为登封西北通古都洛阳的险关要道。每当烽火燃遍中州，轩辕关便是兵家必争之地。关上有门，额题"古轩辕关"4个大字。关西称崿岭口，经屡次开凿重修，现已成为十八盘上的宽阔道路。

轩辕关上道路曲折盘桓，每当晨雾遮掩之时，行人来往其上，从下面往上看，好似神仙腾空驾云一般，故有"轩辕早行雾中游"之说。若从关口北视关下，则雾浪翻滚，如烟如缕，从脚下飞向天空，转眼间又化成万朵白云，装饰着美丽的苍穹。清代诗人刘姓题《轩辕行》诗曰：

陡仄轩辕道，翠屏列上巅。高峰常碍日，密树不开天。
风急摧残叶，关狭锁云烟。早行凭眺望，霭霭白云连。

### （三）颍水春耕

位于嵩山之南15公里处，颍河从中穿过，与古阳城隔河相望，是一处极好的风景旅游胜地。古人有云：箕山高大四绝，平顶截壁，若城垣四周，若箕宿四胜，离之距方，晴霁开朗。周围为高高低低的山丘，其间，为四五华里的平滩地，滩地中有泉水数处，滚滚涌上，好像串串珍珠，四季不涸，这些清澈泉水汇成一道清清的小溪，向东南潺潺流去。每年春季，太阳刚上东山，融融阳光照射，山上山下，人们便开始驱牛耕作，形成一幅美丽的春耕图。此景称"颍水春耕"。清代诗人桑调元的《颍水》诗曰：

一泓清可怜，春绕箕山足。鳞鳞映白云，潇潇滋翠竹。
暖戏泳尝沙，轻浮追属玉。如闻洗耳人，溯流牵我犊。
龙卧有青山，蝉蜕无黄屋。澄波流至今，高士见不数。

此景来源于当地历史名人颍考叔与农夫们一起开荒造地，种植庄稼的故事。相传，春秋时候，郑国大夫颍考叔为颍谷人，管辖颍阳郡一带。他多次私访调查，一次到颍水源头，看到山峰岭巅之间一个十余里的沃土良野，又看到滩地中的泉水，颍考叔就在颍源旁边起一座宅院，定居下来，带领众人开荒扩耕，利用泉水在开垦的土地上灌溉施肥，春耕播种，使这里的人们在田野上收获了粮食，大大富裕起来，过上安居乐业的生活。后人为了纪念颍考叔，把他的住宅改为"颍考叔庙"，今庙已毁。

### （四）箕阴避暑

位于登封市箕山背阴坡上。此处树木茂密，林荫蔽日，更有龙潭处，涧溪深长。两岩崖石壁如削，绿叶黄花，遮崖盖顶，炎夏凉爽无比。人们常常云集此处，览胜避暑。两崖石壁上刻有许多名人题记，如清同治年间的焦喜年、郭中和题"幽谷""溪溪涧冷"，王泽瀚题"潜龙潭""箕阴避暑处"等。崖下石平如砥，台阶之下，流水淙淙，汇积成潭，泛出层层涟漪。相传，上古高士许由，尧让帝位不受，隐居于此，曾在上游泉中洗耳，好友巢父怕水污了牛嘴，牵牛到上游去饮，留下了"洗耳泉""饮牛坑""拴牛橛"的遗迹。每到暑夏，常有游人到此消夏避暑，又被称作"箕阴避暑胜地"。明正统进士傅文的《箕阴避暑》诗曰：

独爱云林境界幽,绿荫蔽日翠光浮。弃瓢崖畔排烦热,洗耳溪边枕细流。

每有良风来树底,更无尘事到心头。许由巢父今何在,千古箕山五月秋。

### (五)石淙会饮

位于嵩山太室南麓的玉女台下的平洛涧。这里两岸山岭夹峙,涧口丈余,数步豁然开阔。两崖石壁高耸,险峻如削,怪石遍布,高低大小有别,姿态形状各异,石间流水淙淙,故名石淙河。河两岸巨石中间,有一形若车厢的大潭,故名车厢潭。潭中有一方大石独出水面,高约5米,宽3米余,石顶平整如案,可围坐10余人。大周久视元年(700年)五月,女皇武则天游览中岳,曾在此平台上笙笛歌舞,大宴群臣,武则天咏《石淙》诗,太子李显(唐中宗)、相王李旦(唐睿宗)、梁王武三思,大臣狄仁杰、李峤、苏味道、崔融、薛曜、沈佺期等17人应制和诗,咏者以不同文风表达了武则天及群臣"石淙会饮"的纪胜心情。后人称此盛事为"石淙会饮",称此石为"乐台"。

不久,武则天命人把她与群臣的游石淙诗,镌刻在乐台北边临水的崖壁上,称为"摩崖碑"。碑高3.65米,宽2.4米,碑诗分为三排,隔岸可见。南崖有张易之序,后人厌恶张易之名将其铲去,仅存"奉宸令"3字。除南北刻字外,石林中游人题字很多,诸如"小桂林""千仞壑""水营山阵"等。

石淙涧北崖下面,有一天然石洞,洞内阴润凉爽,是避暑的好地方。相传,武则天到此游历时,曾在这里避暑,人称"娘娘洞"。洞内有一长方形石板,传说武则天游石淙时在上面睡眠过,故称"娘娘炕"。洞的北面石崖下,还有一个洞穴,从洞中可以看到河中七上八下的游鱼,名曰"观鱼洞"。再西100米处,有一个10多米高、10米见方的巨石,人称"娘娘楼"。

石淙涧两岸的著名古迹很多,最著名的有三阳宫和武则天庙。武则天为了经常到石淙河游览,在石淙涧北岩坡上建造了一座宏大的三阳宫,楼阁亭台,周折崖畔,极为壮观。后毁。

明初诗人郑大原的《游石淙》诗道:

驱车未到已闻声,隐耳轻雷哽不惊。石淙参差人坐立,潭开莹澈鉴真平。

徐风入沼回环转,曲水浮移委宛行。敬借傅君舟棹用,不教河汉隔盈盈。

### (六)少室晴雪

少室山阴,多有石板,其中御寨北坡上边一块巨大斜石如板,正面向少林寺。每逢夏秋季节雨后天晴,山水顺石而下,映着日光,银光反照,游人站在少林寺内方丈室前的月台上,举目南眺,可观绿色山峦中闪烁出银光一片,恰似皑皑白雪覆盖其上,故后人将此景取名为"少室观晴雪"。

少室晴雪

唐朝诗人李颀在他的《少室雪晴送王宁》一诗中赞美少室山雪景曰：
少室众峰几峰别，一峰晴见一峰雪。隔城半山连青松，素色峨峨千万重。
过景斜临不可到，白云欲尽难为容。行人与我玩幽境，北风切切吹衣冷。
惜别浮桥驻马处，举目试望南山岭。

### （七）玉溪垂钓

颍河水流出石羊关后，形成一个玉溪潭，为阳城名溪。这里名曰"溪"，实为一片河溪交错的水网地带。河道最宽处百米以上，形成一个自然湖泊，湖水清冽，坦荡平静，群鱼贯游。靠关峡原有一条崎岖小道，可绕玉溪湖畔而行。湖中有一巨石，约9米见方，三分之二没于水中，称玉溪台。游人可登石稳坐，执竿垂钓，观看溪景。相传为古代姜子牙隐居钓鱼处。为嵩山著名的古代八大景之一，古人有"玉溪台上可垂钓"之名句。有无名氏诗曰：
台前落日寒鸿哀，台下西风颍水来。一曲沧浪秋色景，白云红叶好登台。

### （八）卢崖瀑布

位于太室山南麓卢崖寺后的悬练峰下，此处有一巨大高耸的石崖，石崖上挂一道长长的瀑布，飞泉倾泻，形似珠帘。"卢崖瀑布"之名缘于卢鸿。相传，唐玄宗年间，名士卢鸿（又名鸿一）不愿做官，来此石崖下隐居，该石崖被称作卢崖。唐开元年间，玄宗多次诏征卢鸿赴京做官，封为谏议大夫，卢鸿辞官不受，玄宗不得已将其放还嵩山，并为其营建草堂，名曰"卢鸿草堂"。卢鸿在此讲学，来求学者前后达500人。卢鸿死后，玄宗改修"草堂"为"卢崖寺"。卢崖高约百米，为花岗岩质，上岩向前突出，使高崖下形成一个大石庵，崖上是一条较长的狭窄河谷，上有一泓泉，从中流过，终年不断，水从崖上腾空泻下，似雨如雾，十分壮观。夏秋季节，大雨倾盆，山洪瀑发，急流直下，澎湃之声如虎怒豹吼，震雷轰鸣，人称此景为"卢崖瀑布"。如站在瀑布之内的石庵下迎日观瀑，奇光异彩，斑驳灿烂，珠帘碧虹，瞬息万变。明代徐霞客游记中写道："盖此中以得水为奇，而水复得石，石复能助水，不尼阻止水，又能令水飞行，则比武夷为尤胜也。"石庵西壁上刻有"珠玉飞瀑"4字，为唐代大书法家徐浩书。西崖有黛色岩石，上有明袁宏道题写的"墨浪石"3个大字，为"卢崖瀑布墨浪流"胜景。

卢崖瀑布

明代诗人周传诵的《卢崖瀑布》诗曰：
山中到处可弥留，一壑谁知此地幽。间道天开石笋出，奔涛雪卷浪花浮。
遥分嵩少千峰色，绝胜陂塘五月秋。解绶抽簪兹未得，暂将清兴托沧州。

明代诗人高出的《卢崖瀑布》诗曰：
太室东来第几峰，孤崖侧削半芙蓉。为看飞瀑三千尺，直透春云一万重。

## 八、偃师古代八大景

偃师自古就是钟灵毓秀,物华天宝,人文荟萃,山川形胜之地,是华夏文明的重要发祥地。偃师古代八大景也远近闻名。清顺治十三年,偃师知县艾元复专门为八大景作诗以颂。

### (一)马鞍山色

位于偃师市佛光史家窑村,属万安山系。马鞍山,海拔1258.1米。其山势东西两峰高,中间低,状如马鞍,故名。历史上马鞍山壮美的景色远近闻名,清代诗人艾元复笔下的《马鞍山色》更是迷人。

远岫参差列翠纹,峰峦叠叠锁层云。雨笼烟树鸟啼急,日映岚光草色匀。

穿洞樵歌声乍歇,攀岩游屐酒初醺。遥望少室迥相接,不尽岩峣杂郁纷。

### (二)首阳晴晓

位于偃师市区西北。首阳山,为邙山一峰,海拔359.1米。因山势旋绕,日出之初,光必先及而名之。山巅有不食周粟的伯夷、叔齐墓地。艾元复写的《首阳晴晓》,颇有新意。

山势崚嶒半入空,天光淡淡泻云封。草痕轻透春风碧,树色先分旭日红。

古刹偏宜明灭见,河流更在有无中。登临极目情何限,疑是钟山第一峰。

首阳春晓

### (三)杨村晚渡

位于偃师市伊河、洛河汇流处。杨村渡历来为偃师往南方域外的重要渡口,滩渚开阔,河流澎湃,风景宜人。艾元复的诗《杨村晚渡》真切地描写了杨村渡口傍晚的景致。

洛水潺潺映晚红,片帆欸乃棹轻风。数声僧磬远山外,一曲渔歌夹岸中。

颓马骋途嘶古渡,劳人欲济看高春。绿杨千树村灯暗,又见沙鸥西复东。

### (四)缑山夜月

位于偃师市府店镇南,太室西侧,少室北麓。缑山,为一拔地而起的孤峰,乃道教72福地之一,老子也曾于此布道,又名"青牛观"。据传,周灵王太子晋在此控鹤升仙,山上有女皇武则天手书的升仙太子碑。诗人艾元复用墨不多,却在《缑山夜月》将缑山的名胜古迹全都写了出来,并在这特定的晴夜中,写了缑山上的情思。

缑山夜色月澄清,四野无尘花露凝。白鹤不迷仙岛路,碧云空锁滑王城。

光摇古殿松楸老,字灭残碑涧户明。可惜翠裘相拟似,教人徒忆凤笙鸣。

## (五)伊洛合流

伊河发源于栾川县张家村,洛河出陕西洛南县西部,二水自西向东,滔滔数百里,会流于偃师市岳滩镇岳滩村东与顾县镇杨村之间,历来都是引人入胜的一大奇观。诗人艾元复将《伊洛合流》中的伊河入洛河的壮观水势写得跃然纸上。

伊洛西来各一川,会奔此地复油油。鸟惊沙岸北南树,渔到波心上下天。

既出图书泻绿宇,更环球鼎灿青躔。旷径今古流无际,总是朝宗入大渊。

## (六)夹河渔歌

位于偃师市佃庄、翟镇、岳滩三镇所辖区域。夹河,指伊洛两河入偃师后,二水之间的川区地带。旧时两岸不少村民以打鱼捕虾为生。艾元复的诗《夹河渔歌》着重写了伊河和洛河上渔民驾舟捕鱼,怡然自得的情景。

轻舟片叶挂飞篷,弱笠蓑衣溪上翁。数曲歌残两岸雨,一声棹破隔江风。

桃花浪里春长住,杜若洲边瓮不空。醉卧顿忘天地老,浮沉宜与世人同。

## (七)滑城烟雨

滑城,古为春秋滑国都城,亦称费滑,周襄王二十五年为秦国所灭。遗址在今偃师市府店镇北滑城河村一带,有清道光七年(1827年)所筑的"古滑城"城门。艾元复借描写滑城景致表达对古今兴亡变迁的感怀。

费滑城头送落晖,于今最是满林霏。马嘶曲坂疑驼偃,麦秀丘垅有雉飞。

淡抹峰峦匀翠碧,疏笼涧草自芳菲。年年烟雨堪图画,亦识兴亡共一机。

## (八)邙山霁雪

邙山,一曰郏山,一曰平逢山,系秦岭北支崤山沿黄河边向东北方向延伸部分。自陕西华岳而东来,横亘200余公里,自偃师西凤凰山入境,连绵起伏25公里入巩义境,海拔200~400米,虽有崎岖之势,而无峭峻之险。自古为帝王陵墓之地,素有"生在苏杭,葬在北邙"之说。《邙山霁雪》诗为艾元复对雪后初晴邙山的吟咏。

彤云吹散北风寒,雪色连峰树色干。不夜城天封古冢,长春苑落压重峦。

林皋有屐觅山晚,溪谷无人嗟路难。共道灞桥诗思好,曾知磐石赖谁安。

## 九、汝州古代八大景

百里汝州,自古以来山川秀丽,风景如画。据《直隶汝州志》记载,历史上汝州有八大景观闻名遐迩,即"汝州八景",依次为崆峒烟雨、温泉晓霁、岘山叠翠、春日桃园、玉羊晚照、汝水横舟、龙泉夜月、妙水春耕。因此八景皆在州城之西,故又称作"州西八景"。另有不知何人撰就的《汝州八景诗》流传于世,使人如临仙境,不禁心向往之。

### (一)崆峒烟雨

崆峒山,位于汝州城西30公里处,临汝镇西南方。相传此山为广成子当年修道之处,也是轩辕黄帝问道于广成子的地方,故山之东南曾经是一大片水泽,称为广成泽。又因那里花草树林和珍禽异兽俱多,汉时又称广成苑。据《正德汝州志》记载,此山上建有丹霞院及崆峒观,且山下有洞。《后汉书》记载,汉明帝于永平二年(59年)、汉安帝于永初元年(107年)、汉顺帝于永和四年(139年)、汉桓帝于延熹元年(158年)和延熹六年(163年)、汉灵帝于光和五年(182年),都曾先后到广成苑巡猎或郊猎。帝王能在此驻驾游乐,其风光之旖旎可想而知。清代诗人孙灏的《崆峒烟雨》诗这样描述了这一景观:

一片空蒙晓欲流,许多岚翠拥峰头。尚留王气瞻銮驾,无数仙城幻石楼。

缥缈浑疑蓬岛景,萧疏恍入洞庭秋。山中谁系苍生望,愿作甘霖遍九州。

诗中"銮驾""仙城""石楼""蓬岛""洞庭"等词汇,不难推想出当年山上的观院建筑之美和风景之奇。

### (二)温泉晓霁

出汝州城向西行27公里,有一小镇曰温泉镇。此地因地下有一股取之不尽、用之不竭的古汤温泉而名扬古今。此镇始建于西汉初年,曰温汤;隋朝设温泉顿,亦称温汤泉;唐朝名曰温塘,亦称汤王街;公元1161年,金朝定为温泉街;1975年设温泉公社,后改温泉乡,又撤乡设镇至今。此处地下涌出的温泉水晶莹剔透,清澈见底,滑腻如抚锦,且含有50多种化学元素,可治疗多种疾病。可以想见,在古代岁月里,每到天欲拂晓,无数泉眼喷流出热腾腾的温汤,氤氲地蒸腾而上,使整个镇子沐在云蒸霞蔚之中,犹如一夜急雨之后,苍天在黎明之前忽然转晴时那样一种瑰丽景象,令人心旷神怡,美不胜收。难怪《温泉晓霁》这样写道:"寂寥夜壑响遍幽,百道泉从涧底流。晓色乍晴还乍雨,晨光宜夏更宜秋。红云俄见腾千丈,碧月犹看印一钩。遮莫□□辉映处,蓬蓬活水认源头。"正因为如此,温泉这个小小的地方,竟曾使古代不少帝王后妃和名人雅士趋之若鹜。据《后汉书》《旧唐书》《新唐书》《金史》等书记载,前后来温泉沐浴观光的帝王共有10人21次,后妃3人,因而留下了娘娘山、銮驾山、官庄、武后碑、唐宗池、武后池、汉帝池、官池、汤王祠等名胜古迹。元代进士张政题诗《温泉晓霁》赞曰:

曙色初分日上迟,泉温水滑暖生机。拔除起处松坛下,好似当年去洛沂。

### (三)岘山叠翠

岘山,位于伏牛山东麓,在汝州市西南、汝阳县东南、鲁山县西北三县(市)交界处,海拔1165.8米。《金史·地理志》载:"汝州梁县有霍阳山"。并作注释:"汝州梁县霍阳山,俗谓岘山,在县西南七十里。"岘山是汝州西南山中的一座较高的峰峦,在群山之间如鹤立鸡群。山上遍布芳草碧树,山顶有庙宇数间,香雾缭绕,从山下望去如天上宫阙。站在北巅眺望四方,西南有八百里伏牛,山峦起伏,绵延不断;东北有一条小河弯弯曲曲伸向远方,流经梁县旧址时改道作为环城灌汇入汝河;再往远望,茫茫汝水宛如一条银色的飘带,向西南方飘去;俯视山下,云蒸霞蔚,岚雾缥缈,山上有云,云中有山,仿佛身处仙境。又因岘山离汝州城较远,而组成白色阳光的红、橙、黄、绿、蓝、靛、紫七色中的蓝色的散射力特别强,晴朗的天总是呈现蓝色,远处的山峦看上去也是一片蓝色,所以在汝州瞻望岘山,就显得格外壮观。清代诗人孙灏的《岘山叠翠》诗这样描述了这一景观:

危峰□□接云平,疑在襄阳道上行。羊祜无碑谁堕泪,龙旗此驻得留名。

寸余湿翠堆元际,天半空青落有声。一幅烟容描不尽,并将画意入诗情。

### (四)春日桃园

据《正德汝州志》记载:"桃园在石台堡,其地多种桃树。"《直隶汝州志》也载:"桃园在圣王里,望数里尽桃花,闲步其间,如入武陵胜境也。"可见当时的桃园颇具盛名,故后人有"春日桃园千顷秀"之诗句。对其景色的描绘,还见于《直隶汝州志》中所载的《汝州八景诗·春日桃园》:"极目芳华一笑逢,无边春色为谁浓。种成瑶岛三千岁,开遍天台十二峰。前度刘郎曾识面,再来渔父已迷踪。水流花放年年事,不辨仙源隔几重。"据今人考证,这"春日桃

春日桃花

园"的遗址,就是现在的汝州市临汝镇的唐沟村。其根据是:第一,目前这个村里几乎家家户户的房前屋后、场园地边,都种有桃树。第二,相传古时候这里是通往洛阳的古道,道旁开着一家小店,店家的女儿美貌娴淑,面若桃花,众称"桃花女"。一日有一位上京赶考的富家公子住进店内,桃花女之父见财忘义,欲谋财害命,桃花女搭救公子出逃。其父在后紧紧追杀,为转移视线,桃花舍身跳崖而死。从此,这里便长满了桃树,成为一大景观。村人们说,几十年前,这里还是一百亩的大桃园。

### (五)玉羊晚照

这里的"玉羊",指的是玉羊山。据清人匠汝州地域图,可知玉羊山位于夏店之西北处,山脚有一条河流向南流去,汇入荆河通向北汝河。玉羊山犹如一昂首挺胸的领头羊,使位于四周的鹿台山、百崖山、天龙山、抱玉山等峰峦向它俯首贴耳,每当夕阳西下之时,那的确是一个群峰如簇、景色优美的好去处。山上芳草也像蒙上了金色,岚雾如烟,令人心旷神怡。清代诗人孙灏写有《玉羊晚照》诗。

初平幻术荒唐,叱咤何能化牛羊。古垒由来多积石,毛宛似卧斜阳。

牢莫笑以桑晚,司牧须怜□首□。试看落红不尽,群生锋幸洒余光。

从上面的诗看,关于玉羊山一定还有不少美丽的传说,似乎是哪位神仙用幻术叱咤风云,化作一只仙羊长卧此地,才成为玉羊山的。至今,这里仍然景色不减当年。

### (六)汝水横舟

发源于伏牛山深处的北汝河,弯弯曲曲东流,到了汝州境,自西向东,横贯百里汝州大地,世世代代滋养着生于斯长于斯的汝州人民,成为汝州人民心目中的"母亲河"。

从古至今,悠悠东去的北汝河仍旧是汝州一道美丽的风景。特别是新中国成立后,汝河水保持着它的夏秋奔放、冬春温柔的性格,一年四季滔滔东流;河滩上卵石闪烁,芳草鲜美;河面上时有小舟漂过来,呼啦啦放出一群鱼鹰来,增添了汝河的动感;两岸更是林带如面,稻花飘香;两架公路桥和一架铁路桥使两岸变通途,为北汝河平添了几分风韵。清代诗人孙灏写有《汝水横舟》诗,对当年汝河风采

作了这样描绘：

渚浅沙清若鉴开，盈盈带水自环回。
啄萍野鸟分行立，戏藻游鱼逐贯来。
海客错疑蓬岛路，渔郎谁作济川才。
春来遍是桃花浪，一任乘槎快溯洄。

这是多么引人入胜的景色啊！河水清得像镜子一样，可以把河底的沙粒看得清清楚楚，而且低声浅唱着，弯弯曲曲回环如舞，风情无限；两岸和水浅处，知名不知名的野鸟落在岸草浮萍上，不时啄食着草萍上的嫩芽儿，而水中则有无数的鱼儿游乐嬉戏。

汝水横舟

### （七）龙泉夜月

《直隶汝州志》所载的《汝州八景诗·龙泉夜月》这样写道："清流澈底湛天光，皓月何分上下方。倒影双丸寒耀彩，俯临十尺净含芒。龙宫此夕宜浇酒，兔窟何人独捣霜。物地乾坤新世界，一般都向镜中望。"汝州的龙泉寺是"龙泉夜月"的所在地，遗址就在今临汝镇冯店村的西南。相传，古时候曾有一个石龙头伸出地面，龙头后有一股清泉，泉水晶莹，涟漪荡漾，流经一片含翠欲滴的竹林，流入牛涧汀。公元1359年，有一禅师慕名远道而来，在此修筑寺院，念佛修行，并把寺院取名为龙泉寺。又说是因寺址在五龙山半腰，故取名为龙泉寺。这五龙山也有一个传说，说是上古时代，这里是一片穷乡僻壤，十年九旱，寸草不生。玉皇大帝为了拯救一方百姓，派了5条龙降雨，可那大雨直下了七七四十九天，旱象仍未解除，那5条龙一气之下，落在地上变成了5个山头，在山腰间生出一口山泉。因此，人们就称这座山为"五龙山"，称这口泉为"龙泉"。为了感谢玉皇大帝的大恩大德，人们还在山腰建了寺院，叫做"龙泉寺"。后来，人们还在泉边砌砖垒石，建成了一个弧形大水池，池边遍植杨柳，使这里成了一处风景旖旎的地方。特别是在有月亮的夜晚，来这池边赏月，更是一大享受：仰头看看天上的明月，再低头望望水中的嫦娥，龙泉寺建筑的倒影映在水中，既像龙宫，又像月宫；再听杨柳在微风拂动下窃窃私语，又听寺院内钟响磬鸣，怎不使人飘飘欲仙呢？难怪汝州进士张政欣赏了龙泉夜月后，禁不住挥笔写下了一首绝句《龙泉月夜》：

汉主中兴天下归，龙泉涌出紫骝嘶。一轮明月擎苍翠，万古团圆影不移。

### （八）妙水春耕

一般人们所指的"风景"，多是静态的，或是准静态的，而古代汝州八景之一的"妙水春耕"，却是一幅富有动态感的如电影、电视般的画面，这画面是由景物和人、畜共同构成的活动画卷。请看《汝州八景诗·妙水春耕》的描绘吧："瞻蒲望杏趁良辰，遥听声声叱犊频。半水半山膄美地，一蓑一笠太平人。课农花发犁争出，按部风清雉亦驯。最是服畴关至计，红泥绿草绘图新。"这幅"春耕图"描绘的是位于临汝镇境内的白云山脚下的古代景象。因那里有一座寺院叫"妙水寺"，所以叫做"妙水春耕"。

妙水寺建于公元1359年，它北枕白云山，南望崆峒山，松竹环绕，泉流内涌。据说，很久以前这里十年九旱，河干井涸，人们无法生存，一位叫做妙云的姑娘眼见爹娘饥饿而死，便也跳崖自尽。她死后上天面见玉帝,苦诉百姓不堪之状。玉帝深受感动,赐她一枚神簪,回故乡为民造福。妙云姑娘化作一朵白云,飘然回到故乡,下了一场透雨后,又用神簪向地上一划,地下就流出了一股清泉,四季不断流。她因十分眷恋故乡,就倒下化作一座山。因此人们就把这架山叫做"白云山",把山下的清泉叫做"妙水泉",还在泉边建了寺院,叫"妙水寺"。从此以后,这里不再干旱,五谷丰登。每至春耕时节这里人欢马叫,一派繁忙景象,妙水泉声淙淙如歌,寺内钟响袅袅不绝。明代汝州知州张政写有《妙水春耕》诗:

春满乾坤水满田,一犁耕尽雨和烟。待看秋后黄云熟,共听民歌大有年!

## 十、巩义古代八大景

清代诗人孙汝工写有《拟巩八景》诗,详细地表现了当时巩义古代八大景的历史和境况。

### (一)宋陵烟雨

位于巩义市西村、芝田、市区、回郭镇一带,北宋9个皇帝,除徽、钦2帝被金兵掳去死于五国城外,其余7个皇帝及赵弘殷(赵匡胤之父)均葬在巩义,通称"七帝八陵",再加上后妃和宗室亲王、王孙及高怀德、蔡齐、寇准、包拯、杨六郎、赵普等功臣名将共有陵墓近千座。从公元963年开始营建宋陵,前后经营达160余年之久,形成了一个规模庞大、气势雄伟的皇家陵墓群。清代诗人孙汝工的

宋陵烟雨

《宋陵烟雨》描写了北宋皇陵的地理位置及周边的风光景色,同时也写了昔日帝王们生前的辉煌和死后归宿山野的凄凉,表现了对帝王将相们生与死的巨大反差。

八陵相对枕嵩阳,寒雨疏烟晚更伤。今日郊原惟草碧,当年点检忽衣黄。

萤飞石匣光初暗,蝉咽松门影自凉。极目兴亡何处诉,赵封山下且彷徨!

### (二)树山云霭

位于巩义市鲁庄镇。因邻近商汤的都城西亳,即今偃师市尸乡沟,所以又称亳丘。史料记载,这里就是商汤祷雨的古桑林。村内老寨门上原有"古桑林"石匾。据《帝王世纪》记载,当时大旱,洛河的水都干涸了。商汤祈雨时,史卜说,要用人当牺牲。商汤正色道:我之所以祈雨,是为人民,如果必须用人作牺牲,就自己来担当。于是他就用自己的头发和手指为牲。诗人孙汝工的《树山云霭》诗,除了描写这里的风景外,还怀古商汤祷雨之情。把文物古迹与自然风景相结合,使树山云霭有了一种绿山绿影、残碑落宇、古树蟠根、潭声寂寂、凭吊怀古的幽远意境。

霭霭绿山绿影深,成汤曾祷古桑林。残碑落宇思遗迹,空洞含云引素心。

遥接经潭声寂寂,平临少室气森森。隋唐古树蟠根久,凭吊恒来倚暮岑。

巩义石窟寺

### (三)石窟晚钟

位于巩义市南河渡镇寺湾村,距市区10公里。石窟寺是北魏皇室开凿的一座石窟,孝文帝创建了寺院,宣武帝时开始凿石为窟,刻佛千万像,后来的东西魏、唐、宋时也陆续在这里刻了一些小龛。初建寺时称"希玄寺",唐初改称"净土寺",宋代改称"石窟寺"。1982年该寺被定为国家级文物保护单位。

诗人孙汝工的《石窟晚钟》诗曰:

石龛峭壁似龙门,震动鲸音细雨昏。声彻法筵空色相,响通禅理悟风幡。

尝回午夜惊僧梦,直到三更动客魂。莫怪阇黎鸣饭后,暮钟正寄一丹元。

诗人将嵩山、洛水、佛寺、细雨、暮钟共为一体,使诗充满了艺术感染力。

### (四)南岗古柏

位于巩义市回郭镇镇中心东南部,由柏坡、漫流两个自然村合并而成。诗人孙汝工眼中的《南岗古柏》,景色优美,意境深远。

参差古柏自谁分,挺挺南岗不与群。新叶流膏堪辟谷,坚柯如剑可清氛。

蛰龙幽翳初经雨,古鹤回翔半拂云。漫道后凋传本色,犹同汉代号将军。

### (五)什谷异流

位于巩义市河洛镇的黄河与洛河的交汇处。登上河洛交汇处的神都山山顶远眺,河洛汇流的壮观景象一览无余。西望黄河,浊浪滔滔,水从天上来,一泻东流去;南瞻伊洛,两水清浊交汇,河洛分明。有时就如八卦图中的阴阳鱼,让人浮想联翩。这里不但文化厚重,自然景观也极具魅力。诗人孙汝工以诗《什谷异流》赞咏。

河洛源头各一山,曾经什谷两相关。朝宗大海浑无别,会赴平川却有班。

清浊分流争活泼,图书合派尽潺湲。东过此地探微理,短棹茫茫水色斓。

### (六)黑石通津

位于河南省巩义市西南4公里黑石关旁。黑石通津,古称黑石渡,是洛水渡口之一。因洛水东有黑石山,故名。《河南府志》:黑石,山名,在巩县西南洛水东,与邙岭夹岸相对如门,洛水出其中,为东西京咽喉,舟车转输,冠盖往来,皆出于此。黑石关地处汜、洛要冲,被誉为"东都门户、两京锁钥",是西入古都洛阳,东进古都开封的古道旧关。黑石壁上刻"黑石关"3个行书大字,字大30厘米。关之两侧群峰起伏,由云堆山为主峰回旋而下,重叠而成羊肠小道,群峰林立,悬崖对峙,内夹一道关隘,地势险要。此关西与邙岭夹岸相对如门,是古代交通的咽喉,扼控巩洛之中,为历代险要之管。隋末王世充与李密相持,王世充夜渡洛水营于黑石关。元至和初,陕西诸王阔不花讨燕贴木儿,至巩县黑石渡,大败河南兵,皆在此。明代曾在此设巡司。诗人孙汝工有诗《黑石通津》以赞:

嶙峋黑石绕回澜,短笛传声画舫安。洛汭龟文浮绿字,伊流鸟羽出金滩。

通津谁唱公无渡,利涉不知行路难。李郭仙舟如共济,平川两岸万人看。

### (七)洛口春游

位于巩义市河洛镇的黄河与洛河的交汇处。乾隆年间《巩县县志》记载巩义八景中的什谷异流、洛口春游、邙岭秋风、石窟晚钟都分布在这片区域。诗人孙汝工的《洛口春游》这首诗,既描写了春游洛口的自然风景,又抒发了诗人的思古情怀。

选胜寻芳何处妍?故园三月景堪怜。千村香信皆经雨,一路浓阴不辨天。

日射山岚晃翡翠,风腾水面簇沧涟。年年占尽王孙草,古驿同人解仗钱。

### (八)邙岭秋风

位于巩义市河洛镇的黄河与洛河的交汇处。诗人孙汝工笔下的《邙岭秋风》着重描写了邙岭秋风的美景:

一山斜枕隔黄流,风起砧声向晚愁。野树萧条惟鸟下,荒村寂寞少人留。

云归白暗津头路,霜落红催冢上楸。更有牧童吟笛切,夕阳残照总成秋。

## 十一、禹州古代八大景

禹州,古名阳翟。系夏代建都之地。战国时期这里已是"富冠海内","天下名都"。正如民国《禹县志》所说:"阳翟自古为人才之渊薮。其山崔巍以嵯峨,其水浃渫而扬波,其人磊砢而英多,且声溢四海,施及万年,非一方之彦,一时之秀也!"可谓物华天宝,人杰地灵。境内山河壮丽,风景优美。禹州各种旧志版本记载,多有"禹州八景"之说。

### (一)东里春游

旧城禹州城东郊,是春游的最佳去处。颍河岸边杨柳垂青,桃红梨白,田畴无垠,禾铺锦绣,尤其远揽群山、近俯清流的汉留侯洞和祭祀频仍的泰山庙,更是人们必瞻的胜地。历代文人墨客多有咏辞,其中,明代诗人李嘘云的《东里春游》诗曰:

颍滨无地不宜春,更有东皋桃柳新。踏破红尘并绿草,往来尽是看花人。

### (二)禁沟夜泉

《水经注》引王隐曰:"城西有郭奉孝碑,水侧有九山祠碑:丛柏犹茂,北枕川流,即禁光沟也。"一云:韩王故宫,即今禁沟。乾隆年间的《禹州志》曰:"在西关外里许,泉味如醴,相传在韩王禁城中,故名。"《图书集成》载:"禁沟泉在州西一里,其水甚甘,战国时韩王禁人汲取,故名。"史料所载禁沟所在似无异议,在"韩王禁城中",其泉水"韩王禁人汲取"更趋一致。它的诱人之处在于其环境"丛柏犹茂,北枕川流",其泉水"泉味如醴,甚甘"。明代磁州司训连宪武写有《禁沟夜泉》诗,从中可以看到此景的美丽非凡。

一泓清浅媚斜川,珍重韩侯厉禁年。最是夜来风味好,恍疑甘露坠寒泉。

### (三)三峰晓晴

位于禹州城西南约5公里处拔地而起的三峰山。这里是中国历史上元灭金的古战场,在历史的长河里,烽烟早已散尽,而景色却依旧宜人。那里三峰屏列,犹如笔架,横陈东西,曾经林壑幽美,翠色迎人。名人咏叹历代有之。明代磁州司训连宪武赋诗《三峰晓晴》曰:

突兀三峰玉削成,清晨青翠扑檐楹。恰来名隽蝉联起,峰列三台分外明。

### (四)大隗层峦

大隗即指具茨山,环连禹州、新密、新郑三市境域,其巅谓"风后顶",同属具茨山系。每逢夕阳西斜,层峦尽染,远看群山攒动,如万马归来,自古为禹州胜景之一,名曰"大隗层峦"。登高北眺,可览黄河东去风光;环视周遭,则是千岭簇拥,万峰朝拱,有万马奔腾之势。由无数峰岭沟壑自然形成的叠叠层峦,怪石林立,松柏葱郁,姬水蜿蜒东流,曲径通幽,四季景色迥异。冬去春来,峰峦低层早已绿荫千顷,峰巅层林则刚萌芽;夏去秋至,高层已是红叶如醉,浅处却还绿意未消。尤其是散见于林壑间的轩辕庙、黄帝避暑洞,各有其美妙的故事传说。明代诗人赵三聘的《大隗层峦》诗曰:

大隗仙人何处游,轩辕问道有丹丘。千寻碧嶂冲霄起,万叠晴光映日浮。
鹤去巢悬天际月,龙归云度海天秋。鼎湖已远山仍丽,呵护神应在上头。

### (五)箕山落日

箕山山系首起方山镇的五旗山,千峰万岭逶迤东南,构成颍南的天然屏障。古来林深洞幽,落日景观神奇独特。旧志载有咏诗佳句,印记着古贤许由隐居的传说故事,重现其风景的靓丽和优美。有两首古诗《箕山落日》这样写道:

其一

幽人遁迹箕山岑,瓢弃颍流不可寻。西下夕阳来返照,岚光霞色满深林。

其二

一带山围宛若箕,高人曾此爱栖迟。石当侧处形偏怪,日到晡时景愈奇。
霞落疏林红欲染,云封古洞黯将移。弃瓢今去知何在,我拟投簪随所之。

### (六)九山暮霭

位于禹州城西南12.5公里处。郭水林的《风光览胜》中说九山的具体位置是"在三峰山以西,玉皇山以东,夹于两山之间。"

明代诗人徐明善的《九山暮霭》诗曰:

西门联络九山横,日暮回峦返照生。烟锁乱峰连复断,霞临寒谷晦还明。
樵迷幽径披云度,鸟弄余晖绕树鸣。清景无边何处看,都将收拾壮严城。

另有一首古诗也是描写了九山的风光之美:

九山西屹近平川,云树溟蒙暮雨连。漠漠深涵金地气,霏霏远接水村烟。
冷乡谷口秋阴里,淡抹山腰夕照边。怀望翩翩归鸟没,雨风残柳咽寒蝉。

### (七)黄台漫流

禹州城东郭连孝水河,流经黄台寨子村南,溪流漫延四散,沁入地下,成为暗河。向东稍前,潜流复出,似水银撒落,景象奇特,美不胜收。然而,古时墨客赋诗壮景者少,以景喻人者甚众。多是赞誉西汉时颍川郡(郡治在禹)太守黄霸,任职8年,将全郡治理得"上达圣意,下顺民心,耕者让畔,路不拾遗,夜不闭户",万民称颂。有古诗《黄台漫流》云:

其一

传闻黄霸有高台,台下流泉一望开。四野浓恩深雨露,肯教抚字点纤埃。

其二

郊原谁起次公台,一水潆洄遍野垓。涓滴可能流泽厚,荒丘那得报纤埃。
循良亘古应难泯,仰止于今自不猜。我亦频来荐香藻,登临独愧思悠哉。

### (八)颍水三翻

位于清颍桥的上游。颍河水至城西禁沟转弯北上,又几经弯曲。落差跌宕,水流湍急,一遇桥阻,怒涛涌动,加之犊水沟、牛沟、禁沟几条水流交汇,涛声叠起,响彻云汉,而且随着水流量的增减,出现时高时低、时急时缓的声音幻变,历来为禹州一大景观。古有咏颂《颍水三翻》赞美之诗文:

颍水

城隈日夜怒涛生,疑是急风聚雨声。好向颍流崖上望,几翻波澜激雷鸣。

清流一派连城隈,激浪三翻怒若雷。应是气完吞吐力,灵源汇合孕多才。

## 十二、伊川古代八大景

伊川在古代属洛阳辖区,洛阳古代八大景中,其中"平泉朝游",就属伊川美景。现伊川作为一个县,其自然风光更是美妙无比,众人皆知。伊川人根据伊川地理环境和自然风光的特点,查找伊川历史资料,经过反复选择和对比,也总结出"伊川古代八大景"。

### (一)伊水春潮

伊川处于伊河中游,伊河是伊川人民的母亲河,伊河文化古老灿烂。伊川稻米历史悠久,质地优良,乃伊川名产之一。魏文帝曹丕曾赞曰:"上风吹之,五里闻香。"伊水芳千载,川以米盛之,故名伊川。每当春回大地,伊水冰消雪融,清波荡漾。两岸杨柳吐翠,蛙声阵阵,育苗插秧,春耕热潮涌动,建设如火如荼,一派欣欣向荣景象。伊滨公园更是伊水岸边一道靓丽的风景。该景名"伊水春潮",喻示"一年之计在于春",象征古老的伊川青春焕发,生机勃勃,前程似锦。

九皋风光

### (二) 九皋鹤鸣

位于伊川县南部酒后乡梁圪垯村的九皋山主峰下。《诗经·小雅·鹤鸣》曰:"鹤鸣九皋,声闻于天。"故名。《史记·周本经》记载周武王卜定洛阳王城时,曾"南望三涂,北望岳鄙,顾瞻有河,粤瞻伊洛,毋远天室"。"三涂"即九皋山。九皋山是古都洛阳的南屏障,有泰山之雄、华山之险、黄山之奇。从梁圪垯村到九皋山主峰有小路可攀登,中间一段直上直下,犹如天梯,陡峭峻拔。登上主峰可一览周围风光,陆浑水库如一面宝境,伊阙龙门似天室之门,汝阳、伊川、嵩县三县风光尽收眼底。该景观含有九皋山、龙潭沟、鹤鸣峡、通天梯、鹤鸣观等。有人曾写诗《鹤鸣九皋》:

昭化成仙质,长鸣有九皋。排空散清泪,映日委霜毛。万里思寥廓,千山望郁陶。
香凝光不见,风积韵弥高。凤侣攀何及,鸡群忽思劳。升天如有应,飞舞出蓬蒿。

### (三) 万安聚贤

位于伊川县彭婆镇、吕店乡的万安山下。东接中岳嵩山,西连龙门山,主峰海拔937.3米。山南麓有魏明帝陵,古代名人姚崇、范仲淹、张说、裴遵庆等都选茔于此。其中姚崇历任武则天、唐睿宗、唐玄宗三朝宰相,他提出的"十政",曾得到毛泽东主席的高度评价。而北宋的范仲淹在任枢密副使、参政知事时,与宰相富弼、欧阳修等提出明黜陟、抑侥幸、精贡举、择长官、均公田、厚农桑、修武备、减徭役、覃恩信、重命令十项建议,被宋仁宗颁行全国,号称新政。其《岳阳楼记》中的"先天下之忧而忧,后天下之乐而乐",成为千古传颂名句。整体景观含祖师庙、武皇行宫、范仲淹墓、姚崇墓、张说墓、裴遵庆墓、魏明帝陵、温氏古宅、普明寺等。该景观山势雄伟,风光秀丽,地理优越,上风上水,人文名胜与自然风光相互辉映,当之无愧为伊川一大风景。

### (四) 耕莘击壤

位于伊川县平等乡。伊尹是我国商代名相和烹饪鼻祖。《水经注》曰:"昔有莘氏女,采桑于伊川,得婴儿于空桑中,曰伊尹也。"伊尹"耕于有莘之野而乐尧舜之道"(《孟子·万章》),耕莘之地即平等乡,伊川平等乡为伊尹耕莘故里。邵雍是我国宋代伟大的《易》圣先贤。邵雍30岁迁居伊川莘店,自号"伊川翁",在这里刻苦攻读,著书立说,终成一代大师。《伊川击壤集》是邵雍名著之一。以伊尹所在的耕莘之地和邵雍的《伊川击壤集》而故名耕莘击壤。该景含有龙头沟、卧云山、伊尹墓、伊尹庙、拜尹台、邵雍墓等。

### (五)龙泉塔影

位于伊川县水寨镇。此景含龙泉寺、万佛塔、黑龙潭等。龙泉寺初建于隋,后多次重修,迄距已有1400多年历史。龙泉寺因地处黑龙沟深处,寺前有一常年不断之泉水"黑龙泉"而得名。寺内的万佛塔高50余米,是该景观中的最高点。龙泉寺傍山临水、景色秀丽、钟声悠扬、佛光普照,吸引四方香客到此谒拜。塔寺水影,如诗如画,如梦如幻,故名龙泉塔影。佛寺与自然风光于一体,相映成趣,成为伊川县独特而美丽的景观之一。元代诗人程兰的《游龙泉寺》诗曰:

寺客偃龙泉,千此几百年。远山晴列画,流水夜鸣弦。

低树齐僧腊,天花雨法筵。偷闲消世虑,来就上方眠。

### (六)衡岳书香

南岳庙坐落于伊川县鸣皋镇,是北魏孝文帝为朝五岳,特于此创建南岳离宫,居今已1400余年。因龙门以南伊川西部山岭连绵不断,古来有"南岳"之称。南岳庙北依衡桃山,南临顺阳河,景色秀丽,巍峨壮观。南岳庙原来规模宏大,建筑精美。其主体建筑分为三层山门、钟鼓舞楼、四神殿、正殿、两庑、寝宫、玉皇庙七个部分。尤其是钟鼓舞楼,系歇山双层楼阁建筑,正楼外走廊每面有立柱九根,合为三十六柱,四面石柱均刻有对联,其南面是"清松风来吹古道,绿萝飞花复烟草";北面是"抚节安歌婆娑乐神,演古劝今有益于人"。整个钟鼓舞楼气势雄伟,凝聚着古代劳动人民的智慧。

该景区含南岳庙、伊川书院、圣寿寺、海凸庙等。其中南岳庙,喻指南岳衡山,坐落之处曰衡桃山;而伊川书院乃程颐教书育人之所,因故得名"书香衡岳"。

### (七)观音净土

伊川县白元乡有著名的"五里三寺",即夏宝村的清凉寺、水牛沟村的净土寺和白元村的金山寺。三寺所在地理位置十分独特,从远处望去,一尊巨型观世音菩萨仰伊河东岸。观音头朝龙门,脚蹬金山。头部前方有村曰"土门",按当地口语称"头门",意为佛头之门。清凉寺位于观音眼角下,佛泪下落,清凉无比。观音脖子部位有村曰"夏宝",地方口语称"下巴(儿)"。观音腹部位置是净土寺,脚的位置是金山寺。该景以自然形成的观世音菩萨为载体,以净土寺、清凉寺、金山寺为特色,故名观音净土。这里的佛教名寺与自然地理相结合,文化厚重,民风古朴。整体环境茂林修竹,泉眼流水,景色如画。清人张文德有《春日游净土·清凉·金山诸寺》诗:

晚来汲露煮茗芽,古寺无人犬护家。座上真文余贝叶,阶前云气绕昙花。

蒲团半纳随藜枝,舍利多珠隐木瓜。为问老僧何处去,白云深锁众峰斜。

### (八)庄子梦蝶

位于伊川县白元村东的蝴蝶山下。《中国文物地图册》载,伊川白元有庄子墓、蝴蝶山、蝴蝶洞。战国著名哲学家庄周曾隐居于蝴蝶洞,故人称庄子洞。《中国文物地图集》记载,伊川白元村有庄子洞和周漆园吏庄子墓。庄子墓仅存一小山丘,庄子洞保存完好。庄子洞内石壁上布满密密麻麻的沙礓石结核,朦胧看去,幻化的沙礓石结核犹如姿态各异的蝴蝶。《庄子·齐物论》记其事:"昔庄周梦为蝴蝶,栩栩然蝴蝶也,不知周也。俄然觉,则蘧蘧然周也,不知周之梦为蝴蝶欤?蝴蝶之梦为周欤?"

庄子洞内有清水涌出,传说庄子饮此泉思绪敏捷,以寓言为广,独与天地精神往来,而不敖倪于万物。知鱼之乐,而不以千金相位所惑。天地与我并生,万物与我为一。安居乐道,自在逍遥。人生有限,知识无边。世传饮此泉可养颜长寿,故称"不老泉"。有人以此作诗曰:

　　蝴蝶山下庄子洞,万年清泉有玄奥。
　　庄周畅饮成贤圣,文采千载独占鳌。
　　渴饮此泉饥食枣,寿如金石不会老。

## 第二节　其他著名自然景观

嵩山地域在它独特的地形地貌中,山、水、树木、花草与日月星辰共为一体,在风云变幻的自然界中,形成了嵩山绚丽多彩、千姿百态的美景。嵩山各市县的古代八大美景有很多从古至今依然存在,但还有很多在每个市县古代八大景之外的美景,在此作以选录。

### 一、嵩山世界地质公园

嵩山世界地质公园

嵩山地质的特点:在嵩山不到 400 平方公里的范围内,连续系统、良好、清晰地出露着全球绝无仅有的太古宙、元古宙、古生代、中生代和新生代五个地质历史时期的变质岩和沉积岩地层序列,被地学界称为"五代同堂"。在嵩山地区不足 20 平方公里范围内,清晰保存着发生在距今 25 亿年、18.7 亿年、5.43 亿年三次前寒武纪造陆和造山运动所形成的角度不整合接触面及典型的构造形态遗迹。这三次"翻天覆地"的全球构造运动分别被地质学家称为"嵩阳运动""中岳运动""少林运动"。由"五代同堂"和"三次造山运动"而形成的地形地貌,使嵩山地质独具特色,早已被世界地质界公认为"天然地质博物馆"和"地学百科全书"。

鉴于嵩山种类繁多的地质遗迹和丰富多样的地形地貌,2004 年 2 月 13 日,嵩山地质被联合国教科文组织地学部评审命名为"嵩山世界地质公园"。

## 二、嵩山著名风景名胜区

◆太室山风景区

中岳嵩山东西长达60公里,共有72峰,东为太室山,西为少室山,气势磅礴,犹如横卧的巨人。历史上所称的嵩山其实是指太室山,而非少林寺所在的少室山。为嵩山之东峰,据传,禹王的第一个妻子涂山氏生启于此,山下建有启母庙,故称之为"太室"(室:妻也)。太室山共有36峰,主峰峻极峰,海拔1492米,以《诗经·嵩高》"峻极于天"为名,后因清高宗乾隆游嵩山时,曾在此赋诗立碑,所以又称"御碑峰"。登上峻极峰远眺,西有少室侍立,南有箕山面拱,前有颍水奔流,北望黄河如带。倚石俯瞰,脚下峰壑开绽,大有"一览众山小"之气势。山峰间云岚瞬息万变,美不胜收。

太室山美景

太室山上的自然风光千姿百态,嶙峋怪石,奇峰峭壁,溪水潺潺,各种时期的地质遗迹都有出露,世界地质公园的称号是名符其实的。太室山风景名胜区内有著名的嵩阳书院、东汉太室阙、法王寺、嵩阳寺、会善寺、中岳庙、卢崖瀑布、卢崖寺、八龙潭、九龙潭等几十处名胜古迹。在欣赏自然美景的同时,可尽情地游览山中所藏的名胜古迹。

◆少室山风景名胜区

少室山景区是嵩山世界地质公园、嵩山国家风景名胜区和嵩山国家森林公园的重要组成部分。自然景观奇特、人文景观丰富,森林环境优美,尤以山势陡峻、奇峰怪石而雄伟壮观。少室山主峰连天峰海拔1512米,为嵩山最高峰。景区内有三皇寨、莲花寺、安阳宫、行宫、清微宫、清凉寺、玉皇庙、铁索天桥等名胜,有自然景观猴子观天、云峰虎啸、御寨落日、少室秋色、千尺飞瀑、鹞子翻身、大仙峡、灵霄峡、水帘洞、骆驼石等40余处。

◆始祖山风景名胜区

始祖山,古称具茨山,位于新郑市区西南15公里处的辛店镇境内,海拔793米,面积约12平方公里。始祖山主峰风后岭海拔793米,相对高度540米,远远望去。风后岭南坡和东坡为数百米高的悬崖峭壁,奇峰怪石林立,构成高峻雄伟的山岳风景。同时,山坡上丛林密布,果园飘香,山半腰的青岗庙水库,水平如镜,清澈见底,西坡的黑龙潭、玉女池,溪水潺潺,波光潋影,妩媚动人,形成山、水、泉、林融为一体的秀丽景色。

具茨山不仅风景秀美,而且有许多黄帝文化遗迹。5000年前,中华人文始祖轩辕黄帝曾在这里结公拜将、屯兵驯兽,并从这里走向中原,统一各部落,肇造中华文明,开创伟业。至今这里还保存有黄帝活动遗址20余处。令人惊叹的是,在山东坡仰视具茨山山峰,山峰酷似炎黄二帝头像,使人莫不为她的神奇和灵气所折服!具茨山风景区旧有轩辕庙、轩辕宫、黄帝祠、嫘祖洞、屯兵洞、观兽台等景点。2005年被批准为国家级森林公园。景区由轩辕庙区和黄帝大宗祠区组成。轩辕庙区:位于具茨山顶峰,有轩辕庙、嫘祖宫、天中门、中天轩辕阁、迎日峰等景观。气势恢宏的黄帝大宗祠区:有迎日峰、黑龙潭、玉女池、黄帝避暑宫、幽胜寺、青岗庙水库、中天轩辕阁等景观。具茨山风景名胜区有常青树种20万株,具茨山森林植物达到48科252属200多种,林地面积达4667公顷,森林覆盖率达90%以上,形成了垂直分布的阔叶混交林带、生物生态林带、灌木植物林带等三个群落。

具茨山风景名胜区是寻根拜祖与休闲观光为一体的大型黄帝文化游览区,每年农历三月三,都有大批的海内外炎黄子孙来此朝圣拜祖。

◆山水寨洞老庙山

老庙山亦称浮戏山,位于巩义市新中乡南部,其景观以老庙和雪花洞为中心,以玉仙河为轴,面积约75平方公里,因山中玉仙圣母庙历史久远而得名。该区群峰矗立,气势雄伟,呈现出山高谷幽、坡陡壁峭、云遮雾障的景观。高山有海拔854.5米的二郎寨,765米的香炉山,744.4米的风屏寨,973米的将军寨、八峰寨,958米的人头山,1029米的马头崖等百余座峰峦。峡谷有沿玉仙河左右辐射的大小桃花峪、峡峪、醋峪、回峪及沿这些峡谷多不胜数的幽壑深涧。山顶较平坦,多筑墙成寨,形成星罗棋布的古堡群。山峰多以物象命名,无不肖似。峡谷小龙池处玉仙河床海拔318米,和群山相对高差500余米。玉仙河在峡谷穿流,跌落成瀑,下临深潭,

巩义老庙山风景

著名的水潭有"黑龙""黄龙""珍珠""翻花""雪君"等20余处。

景区内典型的喀斯特地貌,形成108座各具特色的地下溶洞,被专家誉为"地质博物馆"和"中原洞穴之乡"。老庙山集石英岩、喀斯特、黄土丘陵三种地貌景观于一体,荟萃北国江南风光于一区,绘成了"天集云色,地溶石花,山峰奇秀,潭泉生涯,石窍怪状,林色奇葩,庙宇星罗,胜迹幽雅"的古代八大名景,具有巩境"小桂林"之誉。

浮戏山景区内的雪花洞实为中华文明揽胜之名珠。雪花洞内有大面积的石笋、石柱以及造型奇特、晶莹如玉的石幔、石树、石芽、石塔、石瀑、石钟乳等,还有形似雪花、珊瑚、葡萄的各种石花等,千姿百态,琳琅满目。老庙山除雪花洞外,附近还有白云、纳水、纺花、露悬、老君、石鼓、呼雷、流线、玉石、狮子、铜鼓、冷风、牛白、石花、黑风等溶洞。

此景区是道教文化发祥地之一,各类道教文化遗迹遍布景区,200多座庙宇构成深厚的道教文化内涵。景区以其独特的自然山水地貌和古、深、奇、厚的人文景观,正成为中原旅游的热点。

◆风穴寺风景名胜区

位于汝州市区东北9公里处、少室山南麓风穴山下,背靠玉皇,南眺汝水,东依龙山,西偎黄虎山,面积约12平方公里。景区四周群山环抱,苍柏叠翠,风光如画,寺内宝塔高耸,殿阁巍峨,碑碣林立,清泉侧流,古朴典雅。整个景区包括全国重点文物保护单位风穴寺暨上下塔林、风穴寺国家森林公园。

风穴寺始建于北魏,原名香积寺,隋代改称千峰寺,唐朝扩建为白云寺,距今已有1500多年的悠久历史。风穴寺布局独特,与北方寺院以中轴线对称分布的建筑格局迥异,寺内殿堂禅舍依山就势,错落有致,颇具江南园林特色。现存唐、宋、元、明、清历代建筑140余间,被专家称为"古建筑博物馆"。唐代七祖塔,高24.17米,为九层方形密檐式空心砖塔,每层四角挂铃,呈抛物线形,古朴秀丽,为全国现存唐代七座高塔之一。唐代七祖塔、宋代悬钟阁和金代中佛殿被称作三大国宝,汉白玉石

汝州风穴寺景区

佛、明代大雄宝殿、元代罗汉殿为三大珍品。悬钟阁内悬宋代铁铸大钟,重9999斤,被誉为"中原第一钟"。中佛殿为金代建筑,为单檐歇山式建筑,飞檐挑角,古朴大方,梁架结构科学严谨。明代的汉白玉石佛和缅甸赠送的佛像,肃穆端庄,栩栩如生。望州亭、观音阁、地藏殿、六角涟漪亭,都是美轮美奂的古建筑。寺内碑刻林立,或记事,或题咏,楷、草、隶、篆遒媚各异。唐代的尼陀罗咒,宋代的经幢,元代的塔铭,潇洒脱俗。寺内石雕、木刻形神俱备。

风穴寺塔林位于风穴寺禅院外山坡上,我国三大塔林之一,占地约20亩,原建115座,现存73座,其中元塔6座,明塔30座,清塔5座,无法确定年代的有32座。墓塔结构各异,形式多样,除一座石塔外,其余均为砖塔或砖制仿木结构塔,是研究我国建筑史、艺术史和宗教史的珍贵宝藏。

风穴寺国家森林公园总面积约2500亩,森林覆盖率高达98%,园区山峰形态各异,或拔地而起,或逶迤连绵,既似猛虎蹲踞,又如雄师起舞,千姿百态,各具特色。

风穴寺景区周围景观星罗棋布,素有八大景、72小景、36福地之称。景区内有珠帘、大慈泉、玩月台、升仙桥、翠风亭、银屏风、吴公洞、望州亭、夷园、玄武庙、九妖十八洞、小龙门、石龙门、洗风尾、东山仙人靴、西山一尊佛、半云巢、无心处、自在庵、颐顺园、吴公洞、大小风穴洞等众多景点,寺内晨钟暮鼓,梵语喃喃,融千年古刹、佛教、自然风光为一体,具有较高的观赏和游览价值。

◆郑州黄河风景名胜区

位于郑州市西北30公里处的邙山,它北临黄河,南依岳山,绿树满山,亭台楼阁相映,山清水秀,

景色宜人。景区内主要有岳山寺、五龙峰、骆驼岭和汉霸二王城等景区。五龙峰东侧、浮天阁北侧的向阳山上,有炎黄二帝巨型塑像,是弘扬民族文化、激励民族精神的重要场所。五龙峰景区主要包括黄河迎涛、郑波亭、"哺育"花园、极目阁、开襟亭、依山亭、畅怀亭、象苑、碑林等景点,其特点是以雕梁画栋的亭、轩、楼、阁和曲径回廊为主。岳山寺景区主要包括紫金阁、铁索桥、牡丹园、植物园、黄河古渡、毛主席视察黄河等景点,其特点是以观山赏花为主。骆驼岭景区,主要包括大禹雕像等景点,其特点是以仿古为主。汉霸二王城景区主要包括桃花峪、汉霸二王城遗址、战马嘶鸣等景点,其特点是以忆古为主。登极目阁远眺,黄河滚滚,大有"黄河之水天上来,奔流到海不复回"的雄伟气势。这里推出的乘气垫船游黄河是全国黄河旅游的特色项目。

◆ 紫云山风景区

位于汝州市区东北25公里的焦村、大峪二乡的交界处,景区南北长约6公里,东西宽约2公里,总面积达10多平公里。紫云山是一佛教名山,传说是南海观世音在选修炼之所时,曾驾紫云至此山修炼。紫云寺内供奉的主神即是观世音菩萨,在当地人的心目中小南海是祈福求子求姻缘的好地方,又因观世音无比灵验,而使这里香火旺盛,香客不断。

景区内是一个天然的地质博物馆,太古代、元古代、古生代、新生代地均有出露,褶皱、断裂、节理构造发育复杂,嵩阳运动、中条运动、王屋运动、晋宁运动、少林运动等古老构造运动都有显示。这些地质构造遗迹是本区沧桑巨变的见证,也是造就景区瑰丽多姿、琳琅满目自然景观的基础和动力,赋予紫云山更深奥的科学内涵。紫云山景区自紫云湖至紫云寺约5公里,有紫云湖、紫云峡、九龙泉、骆驼峰、青石崖、擂鼓台、黑龙潭、将军石、求子石、苍山积雪、紫云寺、聚仙堂、云锦柏、紫云洞、登天梯等几十个景点。这里山势奇绝,怪石林立,古寺宁静,湖水秀雅,自然风光旖旎动人,"山、寺、湖、石、峡"景点俱全,湖水与群山相映,落日与紫云同在,是理想的旅游、度假、科普胜地。

◆ 白沙湖风景区

白沙湖又称白沙水库,颍河发源于少室山,自登封群山之中蜿蜒东去,出逍遥岭经白沙横贯禹州全境。自古以来,颍河既孕育了禹州古老灿烂的华夏文明,也曾疯狂地吞噬两岸人民的生命财产。1951年,河南省人民政府在毛泽东主席"一定要把淮河治理好"的号召下,由国家投资,省政府牵头组织禹县、叶县、鲁山、登封、密县等14个县的民工10多万人兴建白沙水库,1951年3月破土动工,历时两年多,水库于1953年8月开始拦洪蓄水。1956年又进行了扩建改造,才形成今日水库的规模。白沙水库是新中国成立后河南省修建的第一座大型水库,是以防洪为主、兼兴水利的大型水利枢纽工程。可调节库容2.95亿立方米,控制上游径流面积985平方公里,可拦蓄颍河上游蛟河、石淙河、四里河等支流水源,使其不能形成洪峰,对下游构成威胁。水

白沙湖风景

库总容2.95亿立方米,水域面积19.43平方公里,其中可养殖水产面积10平方公里,年产鲜鱼150万尾。

白沙湖为国家级水利风景区,是集观光、会务、度假、娱乐于一体的自然风景区。位于登封、禹州二市交界处,在禹州城西北30华里处,在登封东南35公里处的宣化镇,是河南省会郑州、洛阳、许昌三市的重心地带,省道S237从景区南大门通过。湖区周围群山环抱,峰峦叠嶂,翠柏葱茂,夜可闻松涛阵阵;远离都市喧闹,但闻"空山鸟语";白沙湖水波粼粼、一碧万顷,如置身于梦幻,如迷离于仙境。白沙湖历史景观密布,为思古登台览胜,抚昔叹今提供了好去处。站在东岭关,可遥想当年关云长横马立刀过五关斩六将时"力拔山兮气盖世"的雄姿;置身于玉溪垂钓处,可临姜太公"愿者上钩"的钓法;探幽者可身临鬼谷洞演绎鬼谷子出奇制胜的韬略;猎奇者可聆听"要潭""鬼修城""黑龙潭"等处离奇传说。

◆大红寨风景区

大红寨古称梁山,位于汝州市区东北35公里处的大峪乡和禹州市、登封市三县交界处,属嵩箕系山脉,主峰大红寨海拔1150.6米。大红寨南北长5公里,东西宽2公里,呈南奔大熊状,也称大熊山。

大红寨山体历史上为原始森林,大面积的山体造就了这里的山川秀丽的秀美景观。因其地势险要,历来为兵家必争之地。唐初滑县瓦岗寨部分将士曾在此驻扎;唐时樊梨花曾驻兵于此。

景区原始状态保存良好,山川秀丽,自然风光优美,奇石林立,洞幽泉清,谷深山秀。花果山、水帘洞、龙宫、龙洞、南瓦岗寨、樊梨花寨、祖师庙遗址、白龙寺遗址、饮马泉、大佛石、和尚塔、娃娃鱼潭、神马石等都是大红寨自然风光的代表。大红寨山的植被中,野

大红寨风景区

生韭菜300余亩,红果林100多亩,中草药120多种,各种山菜漫山遍野。有大面积的红叶林,该红叶林以黄栌树为主,分布于大红寨山的北部、中部一带,面积超过2000亩。每年10月中旬至11月份,是赏红叶的最佳时机。每到秋季,这些植物的树叶由绿变红,层林尽染,堪称北国第一红叶景观。

◆蒋姑山风景区

位于汝州市城南20公里处的蟒川乡罗圈村境内。蒋姑山属伏牛山系,主峰海拔787.4米,因主峰顶建有蒋姑神庙,故此得名。清道光《直隶汝州志》记载:"蒋姑山(又名焦古山),形如翠屏,壁立千仞,松竹蓊郁,有水环抱,山巅座蒋姑庙,山角藏罗圈寺。"蒋姑山地层发育完整,岩石出露明显,在蒋姑山的生成过程中,形成了奇特的地表地貌,奇峰林立、层峦叠嶂、沟壑纵横、飞瀑深潭、深洞怪石、植被繁茂、云蒸霞蔚,自然景观旖旎诱人。

蒋姑山旅游区由三部分组成:一是罗圈冰碛地层。罗圈冰碛地层是世界四大冰川遗址之一,属元古代震旦系,为地质学中一个独立的地层单元。罗圈冰碛地层厚度大,总厚度达306米,东西宽2公

里,南北长2公里,出露较完整。冰碛地层自20世纪50年代以来引起了国内外地质学界的关注。1958年地质学家在这里考察后,首先提出了冰碛成因的观点;1959年中科院地质学家刘长安、林蔚兴对该处冰碛地层进行了专题研究,将其命名为罗圈层;之后,英、美、加等国专家先后前来考察;我国地质学家李四光曾亲临考察此处遗址;1976年河南省地质科学研究所将其所属时代划归震旦系。二是石人沟。石人沟是蒋姑山深处的一道山沟,山沟右侧半山坡处有二石人,远远望去,一男一女,一高一矮。男的身材高大,目视前方;女的身材娇小,略微前倾,两个石人栩栩如生,形象逼真,故沟名夫妻石。石人沟植被茂密,景色秀丽,附近有罗圈寺、蒋姑庙等景点。三是蝙蝠洞。蝙蝠洞是一个经过数百万年天然神工造化逐渐形成的大型群体溶洞,是北方罕见的喀斯特地貌现象。因此洞长年栖息有蝙蝠,故名蝙蝠洞。洞口位于西10米高的崖壁上,只能容1人进入,入洞后攀援而下,5米处有一大厅,大厅内可容纳100多人,洞内各种类型的石笋、石花、石柱、石瀑、石龟、石钟等错落有致,妙趣横生。特别是玉柱擎天、神龟探宝、天坛盖顶和众多正在生成中的各种钟乳柱造型,令人惊叹不已,拍手叫绝。溶洞内向四周横向延伸几个小洞,洞中泉水潺潺,奇石鳞次栉比,真可谓洞中有洞,景中有景,既是观光胜地,又是探险乐园。木厂村80多岁的李银涛老人当年穿越此洞,探知深度在3000米以上,由蟒川乡木厂村向南延伸至鲁山县境内。正如一位地质工程师所言,蝙蝠洞堪称中原第一洞。附近有石门峡谷、天子坟寺、月牙湖、老婆寨等景点。

◆四寨山风景区

位于汝州市西南与鲁山县交界处,因有四座形似轿顶的山峰而得名四寨山、轿顶山,也曾因山顶有玉皇庙而名玉皇山、水寨山等。四寨山风景秀丽、美景醉人,主峰海拔800多米,山峰陡峭、壁立千仞,峡谷幽深、神秘莫测,九女峰、擂鼓台、锯齿岭、接官梯等自然景观美不胜收;四寨山怀抱马刨泉,悬崖峭壁之上清泉喷涌而出,潺潺溪流透迤蜿蜒,所过之处石潭清澈见底,瀑布悬崖高挂令人流连忘返;山上植被茂密,鲜花丛生,鸟兽出没,植物种类繁多;山上神仙洞、莲花洞、天井、枯井等天然溶洞鬼斧神工,更使四寨山锦上添花;楚长城、玉皇庙等人文景观以及丰富多彩的历史传说、民间故事,使四寨山的风景更加迷人。

◆郑州凤凰岛

位于郑州市近郊,距市区仅仅5公里。凤凰岛具有奇山异峰之名,更具有秀水神韵之灵,可谓中原金三角、郑州后花园。

凤凰岛上沟壑纵横、碧波洞墅、花果绚丽、景色旖旎、自然人文美景集于一身。凤凰岛是以原始生态为主的自然观光休闲胜地,四季风情各显情趣。大自然无私赠予了这个神秘小岛许多瑰宝:这里有国内罕见的大规模天然燕子崖壁、铜绿崖壁,天然亲水神龟岛、仙鹤岛、情人岛。凤凰岛是郑州市内水域面积最多的生态景区,有万顷周边水,千年古文化。它拥有朱元璋、黄帝的生平传奇,悠荡着千年古刹高宏寺的钟声;岛上存有巨大的天然石碑和众多古生物化石,拥有省内最大的涵洞花房和纯树种绿色氧吧迷宫。此外,凤凰岛还是郑州市内杂果最多、采摘面积最大、自然沟壑最多、自然景观最美的农林生态旅游休闲园区。

◆神仙洞风景区

位于新密市西北部边缘地区,与环翠峪风景名胜区毗邻(相距2公里),总面积约12平方公里,是浮戏山三大旅游景区之一，属省级风景名胜区。该景区以神仙洞溶洞为主体，由"斗龙沟""鬼谷""鸡山"三大中心区域组成。长达近5000米的神仙洞是我国北方地区规模最大的溶洞，现已开发2100米。主要景观有惊心石、波纹山、神泉、倒挂金钟、韩湘玉笛、明月高悬、大雪压松、神龟探海、玉树屏风等。洞内曲径通幽，泉水肆溢，钟乳石造型奇特，总面积达到15000千平方米，可分为7个大厅。最高处达20多米，最宽处约十七八米，最大的厅可容纳数千人，恰是一个天造地设、鬼斧神工的地下宫殿，令人向往。

溶洞穿越海拔高度为850米的"双乳峰"与"斗龙沟"峡谷相连，长达数公里的天然地下通道更是神仙洞风景名胜区的一道独具魅力的奇观。传说：神仙洞是古代仙人广成子的所居之地，轩辕黄帝曾在此拜求修身之道。

景区内有瀑布、池潭、幽谷、暗河、桃园、溶洞并存的斗龙沟峡谷，有密林蔽日、怪石嶙峋的鬼谷墟。景区内的鸡山脚下有一个长达27米的洞穴，是明代成化年间劳动人民开采银矿的遗址。山半腰的一处石穴则是宋代《云笈七签》中记载的"仙人对弈"的胜地。"登鸡山，看日出，一唱雄鸡天下白；观黄河，波涛滚滚东流去，品仙人对弈美妙事，游如画河山神情怡。"

◆尖山风景名胜区

位于新密市西北尖山乡境内，溱洧流域古老而神秘，是华夏文明的发祥地之一。景区由神仙洞森林公园、凤凰山、飞龙峡、桃花源等组成。神仙洞在尖山乡东，又称"仙宇灵源"，传说是神仙广成子的居所，包括洞、斗龙沟、鬼谷、桃花园、红石林等，面积21平方公里。洞深5000米，与双乳峰和龙沟相连，洞内钟乳、石笋造化成神话人物和宫阁台榭，十分逼真。洞内石柱如玉，两壁石佛，暗河密布，叹为观止。洞外林木葱郁，群山倒映在仙女湖中，还有郑韩长城、神秘鬼谷、天门池、千年古槐、古塞堡群、石窟造像和石器时代遗址，自然人文争艳，多名人足迹。

飞龙峡在洞西10公里处，奇峰怪岩，龙溪贯流，曲折幽深，生态自然。凤凰山森林公园在洞南5公里，风光旖旎，森林密布，有千年古刹香峪寺。区南的桃花源与陶渊明的"桃花源记"中的情景相似。

◆青龙山慈云寺风景区

位于巩义市东南12.5公里的青龙山中，总面积51平方公里。青龙山原名霍山、天陵山，山中有千年古刹慈云寺，始建于东汉明帝永平七年，是佛教传入中原后，由天竺高僧摄摩腾、竺法兰创建的第一座佛教寺院，素有"释源"和佛教"祖庭"之誉。北宋赵匡胤依此山势在巩县选建定陵，遂按勘舆风水学易山名为青龙山。

青龙山峰峻谷幽，风景秀丽，自古便有"千岩竞秀，万壑争流""峰峦联亘，洞溪萦回"的记载。山中有大面积原始次生林和原生态植被，有著名的五十三峰奇异景观。如天门峰"天然大佛"，通高198米，身形眉目宛然若真，

巩义青龙山风景区

天然造化之功,令人兴叹。

慈云寺作为中国佛教始传圣地,两千年间积累了丰厚的佛教文化沉淀。寺中留下大量的各朝代佛教遗迹和碑刻资料,碑刻中的许多记载填补了中国佛教发展的空白,特别是寺中的《释迦如来双迹灵相图》碑和《青龙山慈云寺五十三峰圣境之图》碑,更是具有极其珍贵的研究价值。吴承恩在此依据"二老"、唐僧及周围的传说,写成了《西游记》。2003年《西游记》国际学术研讨会在慈云寺召开,国内外专家经过论证指出:"青龙山是《西游记》的载体,慈云寺是《西游记》的灵魂。"

◆嵩阴风景区

位于中岳嵩山北麓,巩义市夹津口镇南部卧龙村,太室山峻极峰西侧。因北魏孝文帝时京兆王元太兴埋葬于此而俗称为墓坡(今改名卧龙)。景区位于嵩山北坡,受嵩山大断层的影响,峰南壁立千仞,峰北坡度舒缓。南侧峰峦突兀峻峭,象形奇石栩栩如生,北坡林木交枝接叶,松柏共翠遮天蔽日。整个区域山高奇峻,瀑池潭四布,林茂草密、花美水秀、空气清新、云缭雾绕、气象万千。尤其是位于卧龙村上方的嵩峰万亩森林,数十种乔灌木,百余种花草,数百种鸟兽昆虫,为景区增添了无限的情趣。

嵩阴景区的玉柱峰海拔1487米,此处东接嵩岳主峰峻极峰,有"鬼修路"、"挤掉孩"(巨石夹路,仅容一人侧身通过)、"十八偎"、"屁股掉南崖"(路在巨石滑坡上,下临深涧,只能蹲着走)等险道可通。西与少室山隔川相峙,少林古刹清晰可见。北望洛水如带,晴日可眺。山上有旗杆窝、娘娘肚子、垒垒石、拜台崖、殿坪、京兆王池、油泉、酒泉、高登崖、天门、天池、玉女窗、捣帛石、空心石、娘娘床、三醉石、太子沟、皇姑沟、东西野沙台,有魏孝文帝时京兆王池、京兆王墓等景观。山中涧谷幽邃,有黑龙潭、真龙潭、胡家潭、井沟大小瀑布水景等。登此山峰"一览众山小"。北望黄河、洛水、邙岭历历在目,极目远眺,可见太行王屋。南观登封嵩阳书院、会善寺及登封市区尽收眼底;晴夜西眺可看洛阳、焦作、偃师万家灯火。在此观日出日落更是别有一番情趣。

◆长寿山风景区

巩义市竹林镇长寿山风景区,国家农业旅游示范点,原名三树岭、色树岭。山上自然资源、人文景观丰富,福龙寿龟鸿福更令人叹为观止,已成为都市人远离喧嚣、回归自然、放飞心情的休闲乐园,也是中老年人祈寿求福、养心怡性的好去处。每逢金秋,长寿山上红叶烂漫,层林尽染,如霞似锦,情趣盎然。景区秋色初现,绿叶含羞吐红,妖娆醉游人,秀色让人流连忘返。

◆双龙山森林公园

位于偃师市大口乡南部的山张林场内,东距省会郑州市125公里,西距古都洛阳市40公里。公园总面积4万余亩,森林覆盖率达95%。这里植物资源十分丰富,公园森林茂密,季相多彩,春花美艳,秋色迷人,夏风送爽,冬雪泛银;这里松鼠跳跃,山雀鸣叫,兔驰狐奔,莺歌燕舞;这里秀峰耸峙,幽谷环绕,壁画高挂,悬崖奇石;这里水泉密布,溪声似琴,深潭溢青,飞瀑溅珠,独特的地貌、植被、气候,使双龙山森林公园成为森林旅游为主,兼避暑度假、森林疗养、寻幽探险、娱乐科普为一体的多功能综合性公园。陇海铁路经过这里,交通十分方便。

◆五指山风景区

位于巩义市伏羲山中,步入五指山,便走进了一个梦幻的世界:峡谷深叠着百丈玉翠,香草葳蕤丛生,如莽如索的葛根藤条;春季满山的山桃花、杏花花开如雪,连翘花开似金色丝毯;夏季桃、李、杏、柿子、核桃熟落无人知,秋季红叶满山流金溢彩,千万只五彩斑斓蝴蝶相会的蝴蝶谷,地下溶洞相连绵延不断,夏季温凉如春,冬季积雪不化,紫气蒸腾,祥云萦回,风水宝地。长约8公里大峡谷九曲蜿蜒,成为郑州美丽的漂流地方。

◆荥阳环翠峪风景区

位于浮戏山中部,是嵩山北部的余脉。行政区划在荥阳市西南庙子乡,面积30平方公里,是河南省风景名胜区。乾隆十八年的《汜水县志》中曾记载,这里"四周青山环绕,松柏叠翠;诸山来朝,势若星拱;林黛罗列,谷峪青幽",所以叫环翠峪。环翠峪地势为月牙形封闭峡谷,四周群山环翠,重峦叠嶂。著名哲学家冯友兰先生亲笔所题"环翠山庄"石碑立于峡谷之中。

环翠峪是一个以自然山水为主体,以古城堡为特色的山岳型风景区,寨古、石奇、谷幽、洞奥是它的一个重要特点。环翠峪山清水秀,空气清新,四季美景各具千秋:春天山花烂漫,十里飘香;夏日流泉飞瀑,满目青翠;金秋硕果累累,红叶满山;冬天松柏凝翠、冰挂银条。主要名胜古迹有:郑韩长古城堡群、紫云宫、圣母泉、启蒙观、神仙洞、乾隆洞、好妙亭、绊马索等。自然景观有:卧龙台、杏云花石、双龙峡、婆媳让水、灵龟羞水、大象石、一线天、唐僧取经留下的僧冠峰、晒经石、花果山大峡谷、野果沟、仙童望月等。季节不同,景致各异。

荥阳环翠峪

◆虎头山森林公园

位于偃师市区北2公里处,整座山东高西低,东西长5307米,南北宽640米,位于偃师市的南北中轴线,西有白马寺,西南有龙门风景区,东南有嵩岳少林寺,南有偃师市夏都二里头遗址。虎头山海拔567.56米,因形似虎头而得名,远看就像平地上卧了只巨大的猛虎,近看山西部酷似虎头,眼眶、鼻梁、额头栩栩如生,中东部凸出部分犹如老虎后腿,强健有力,东部向北就像老虎的尾巴摆向北方。是市区北侧主要制高点,名人贤士视为"风水宝地"。

## 三、山野景观

嵩山山峰险峻、秀奇,在特定时间、特殊因素的作用下,各有特色,形成了形形色色的自然态势。人们根据这些山峰的自然态势,把它们想象成浑然天成的各种各样的山峰景观,达到了人与自然共创的艺术境界,实在是一种天人合一的美妙享受。

### ◆峻极远眺

峻极峰为嵩山太室主峰,巍然耸立于众多山峰之上,凌空飞卧于连天摩云之际,古人有"崧高维岳,峻极于天"之说。未上峻极峰,"望望不可到,行行何曲盘"。攀上峻极峰,犹如登尽天梯,大有心旷神怡之感。登上峻极峰,层峦簇拥,仰视苍穹天际,俯察神州峥嵘。北瞻黄河似西天飞来;南瞰伏牛、箕山、夏都在际;西观古都洛阳;东望七代帝京开封。看眼前,峰岳连绵,雾海茫茫;听耳边,虫鸣鸟唱,松涛阵阵;举目远眺,无限风光尽收眼底,嵩岳北连黄河如带,南横箕山似卧。站在峻极峰上,仿佛置身天上,脚踩浮云,飘飘欲仙。清代诗人李耒章登嵩山峻极峰远眺,赋诗《峻极远眺》曰:

层穿绿树上丹梯,嵩顶烟岚望欲迷。虚窟云含千丈雨,垂崖石压万山低。

春留岩际花仍艳,风定林中鸟自啼。但有新诗吟即境,鸿蒙灏气迥难题。

### ◆皇寨凌空

从少室山西南麓过行宫北攀缘而上,沿陡峭石壁,踩夹脚石壕,走铁链峡、鹞子翻身石、羚羊鼻梁骨、猴上关、南天门等峭壁悬崖,登上三皇寨挺拔的峰顶,鸟瞰四方,嵩山山脉连绵起伏,烟岚雾嶂,宛如悬崖凌空,远处的山岭、河流、树木、村庄、人家都已成为画中美景。

### ◆卧山大佛

少室山北麓的山岭高低相连,平顶如卧,各山顶呈现出一种自然起伏的波浪状。站居少林寺山门前南望,西南边起伏的山脉如一个巨大的卧佛,头朝西,脚向东,眼、鼻、口、颈、身、腿、足,轮廓清晰,悠然自得,仰天而卧,形象逼真。

### ◆少室夕照

少室山群峰耸翠,陡险如削,素有"九顶莲花山"之称。每逢日落,余辉从峰头、峰腰、峰间泻下,像万条金线挂在山前,参差错落有致,岚气瞬间明灭,置身其中,犹临仙境。此景于杨家附近即可看到。明代诗人王应鹏有诗曰:

五岳从中起,平生此胜游。紫云飞绝顶,灵气溢皇州。

日落诸天暮,风摇万树秋。固怀封禅事,吟对独悠悠。

### ◆御寨落日

少室山御寨南麓,峰峦陡峭,巍峨高耸。两峰之间,豁丫如门,苍茫幽深,谓之"灵霄峡"。峡东附近农民称此峡为"麦熟坷叉"。从立夏到夏至之间,夕阳西下,落日正坠于两峰之间,遍地小麦已经成熟,人们忙于紧张的麦收。从"麦熟坷叉"射出的日光灿烂夺目,衬以嫩绿禾苗、金黄麦田、流银颍河、青灰房舍,连同麦收中农民赤红的笑脸、古铜的肩背、雪白的布衫、闪动的扁担,都笼罩上一层嫣红的亮光,被太阳抹上一层姣艳、壮丽、柔和、宁静的色彩,人们沉浸于无限美妙的陶醉之中。清代诗人傅伦《晚霁嵩山》写道:

嵩山开晚霁,犹带雨前云。飞白悬高瀑,残红宕夕曛。

樵歌林外得,雁字岭头分。一望浑如洗,峰峰秀且文。

## ◆浮戏叠翠

嵩山北麓的浮戏山(也叫方山,俗称老庙山)是以自然山水为主体,以古代城堡为特色的山岳型风景名胜,山岭纵横,峰险石奇,谷幽洞深,碧溪潺湲,竹木葱茏,空气清新,四季风景各异:春天香花烂漫,十里飘香;盛夏浓荫蔽日,飞瀑流泉;金秋红叶满山,层林尽染;隆冬松柏凝翠,冰挂银条。尤其雨后初晴,云绕雾漫,群峰半露其巅,有若群鸟浮戏。明代诗人郑交《游方山》诗道:

叠嶂层峦九曲隈,游人深入意徘徊。山曲云缥连不断,窦水潺湲去复回。

傍屋茅檐苍石掩,穿崖萝迳紫烟开。我来欲写山中景,愧无辋川诗画才。

## ◆熊山积雪

熊山为嵩山余脉,东与箕山相连,逶迤于登封、汝州之间。主峰远望如二熊并立,称大熊山、小熊山,古人称为"二熊"。由王莽坪登上大熊山顶,四周陡峻,参差奇秀,如太室堂前的天然彩屏。上有大熊寨、仙人洞、黄龙潭等。熊山四时景色不同,尤以冬季积雪,巍巍壮观。当北国千里冰封,万里雪飘之时,熊山大小山峰像一群白熊奔驰,甚为奇美;待春日雪融,独"二熊"积雪犹存,又如熊着白帽舞动;如若雪后晴日,登临其上,则高低山崖尽挂冰柱,远近树木皆戴冰花,在红日照耀之下,一片琼楼玉宇,似处于水晶冰林之中。

明代诗人张美含的《熊山积雪》诗曰:

雪积熊山山与齐,山寒古木压云低。寻幽不泛江天棹,白练平铺印马蹄。

## ◆大篆七字

玉女峰的玉女石上刻有大篆七字,世无识者。有诗曰:"玉仙曾此驻云车,日满窗纱映雪肤。七字天书人不辨,定知玉女手中符。"东方朔十洲记曰:"禹治水毕,经诸五岳刻石识其里数高下,字蝌蚪书刻山之独高处。"路史曰:"嵩岱皆有,禹所记焉,然则峰上之篆当与岣嵝并垂禹迹也。"唐代著名现实主义诗人杜甫的《禹庙》诗曰:

禹庙空山里,秋风落日斜。荒庭垂橘柚,古屋画龙蛇。

云气生虚壁,江声走白沙。早知乘四载,疏凿控三巴。

## ◆云楼奇观

连天峰为少室山主峰,海拔1512米,峰尽处曰"摘星岩",挺出云表,壁直如岑楼,俗称"云楼"。白居易曰:"东岩最高石,惟我有题名。"岩之西有石级如梯,曰石梯岩,攀缘至巅,高耸无际,亦称"半云峰"。云出绝壁,奔腾如浪,峰露云上,若浮若萍。东望日出,巨如车轮,赤若丹砂,忽从苍茫中涌出赭光万道,明鲜煜云,闪耀夺目,广见太少之奥奇。清《登封县志》曰,此乃太室第一胜景,可与泰山日观、华山拱日、雁岩戴晨、衡山观日媲美。

## ◆三皇天梯

位于少室山三皇栈道、三皇寨区北口管理处以北。离开管理处,经过郁郁葱葱的分水岭,即踏上三皇天梯,信步下山。分水岭北部有条陡狭的深沟,俗叫"梯子沟"。沟长4公里,中间铺有千级石阶路,如梯一般。林荫蔽日,鸟啾左右。人称此景为"三皇天梯"。有人编了一首顺口溜:

悬崖险径通天门,攀上三皇便成仙。奇石仙景观不尽,凤舞莲花耸入云。

喜踏栈道连天桥,星河银汉落凡尘。月门回首无穷奥,顿起重游太少心。

◆ 南岳眺衡

三皇栈道

位于鸣皋镇北的衡桃山上,坐北朝南,殿阁雄伟,雕梁画栋,飞檐挑角,殿内南岳大帝塑像庄重有神、栩栩如生。相传南岳庙建于北魏年间,孝文帝都洛,南巡至鸣皋,望着正南方鸣皋山主峰,想到北魏政权已有四岳(东岳泰山、中岳嵩山、西岳华山、北岳恒山),尚缺南岳衡山,于是就尊鸣皋山为南岳衡山,建庙祭祀。唐代诗人祖咏《望鸣皋山白云寄洛阳卢主簿》诗曰:"室画峨眉峰,心格洞庭浪。"把鸣皋山比做峨眉山。"洞庭浪"指南岳衡山,位于洞庭湖的南边,在南岳庙仿佛听到了洞庭湖的浪涛声。相传有灵签碑,据传立于唐时。碑上有签语数十条,分述吉、凶、祸、福、财、运、婚、嫁等。有求者可站在数米外,用土块、粉笔等投向碑上签语处,查看投中之签语内容,据说很灵验。不论预测效果如何,但为人们带来无限的乐趣,使求签者乐此不疲。每年农历三月十五南岳庙会,香火鼎盛,逢庙会必有雨,相传是南岳奶奶哭送南岳爷,为南岳庙蒙上了神秘的色彩。

◆ 虎牢关隘

嵩山东北的大伾山上,山岭对峙,犬牙交错,在万山重叠之中,有一条曲折盘回的古道险关,名曰虎牢关。《穆天子传》云:天子射猎鸟兽于郑国,命虞人探林。有虎在林中,七萃之士高奔戎,生而献之。天子命为枘蓄之东虞,是曰虎牢。即春秋成皋也。秦以为关,阻嵩带河。虎牢关是历代兵家必争之地。有名的秦末楚汉"成皋之战",就在这里进行。如今险关附近仍留有大索城和小索城遗址。今俗传为张飞、吕布城,当年张飞的绊马索,刘、关、张的"三义庙"及其木雕像,这都是游人怀古凭吊的实物。宋代文学家司马光曾写《虎牢关》诗曰:

天险限西东,难名造化功。路邀三晋会,势压两河雄。

除雪沾枯草,惊飙卷断蓬。徒观争战处,古今索然空。

◆ 五百罗汉闹石林

位于三皇寨北部的铁索桥附近,有一幽深的峡谷,崖上石峰如削如劈,壁立千仞,号称"石林"。林中奇峰怪石,比比皆是,千姿百态,形状各异,状如五百罗汉大闹石林,人称"五百罗汉闹石林"。

◆ 石僧迎宾

少室山阴、少林寺东南瓦旋坡崖上,有个独立如柱的崖石。隔少林水库西南望,可见一崖石像一个身披袈裟、双手合十、背壁而立的和尚,迎接远来的游人,故称石僧迎宾。传说少林寺二祖慧可的弟子觉兴因犯寺规,被师父逐出寺院,点化于此。觉兴因留恋寺院,决心改过,便化为石头站在这里迎接宾客,为寺立功。

## ◆石池耸崖

位于嵩山南麓太室山子晋峰下。这里石崖高耸,崖上巨石耸峙,顶端大而弯曲,名曰"龙头"。龙头下方一巨石上,有长约1米,宽为半米的椭圆石池。池中水没脚面,名曰"太子池"。相传为周灵王之子子晋上嵩山修道的地方。宋代诗人楼异有诗道:

当年曾悟镜中形,道骨仙气拟紫冥。二十四峰明月夜,玉笙须向揖仙听。

## ◆岭卧石牛

位于太室山之阳、登封城南1公里许。平沙旷野,有一巨石横卧,像头大牛,长约15米,高、宽各3米余。旁边又有小石如犊,当地人称卧牛石。传说古时,嵩山山多田少,荒沙遍地,壮年农夫辛勤耕田,每年收获难以糊口。为了生计,农夫起早贪黑扶犁吆牛垦荒。牛耕石田,奋蹄不息,铧断套折,累卧不起,遂化为石。小牛前来吃奶,也卧地化为石头。宋代诗人李纲的诗《岭卧石牛》曰:

耕犁千亩实千箱,力尽筋疲谁复伤?但得众生皆得饱,不辞羸病卧残阳。

## ◆石笋闹林

位于嵩山太室山积翠峰下、会善寺后、沟坡之上。这里翠柏遍植,高低上下成林。林中犹有众多石笋,有如猛虎长啸,有如雄师初醒,有如巨龙盘卧,有如乌龟晒顶,有如老翁点头,有如玉女拍手,有如凤凰展翅,有如金鸡长鸣……千姿百态,恰似群雄聚会,嘻闹林间,使人眼花缭乱,顿生新奇神往。清代诗人朱佩有诗《石笋闹林》道:

石势何龙嵷,杈枒各雄长。峰顶绝攀跻,屹立不相让。

## ◆仙人采药

位于太室山玉柱峰西崖上。一石柱凌空而立,任云雾缠绕,终年和雄鹰为伴。站在峰下峻极宫北望,恰似一个背药篓攀登悬崖的采药老翁,人称"仙人采药"。清代诗人刘曰炷有诗《仙人采药》道:

晓来放眼对西山,爽气凌秋翠欲斑。便拟乘风飞绝顶,采芝长伴白云间。

## ◆玉女捣帛

位于嵩山南麓太室山顶峰的悬崖处。一巨石平整如砥,夜半万籁俱寂,石上常有捶击之声飘向夜空,传为仙人玉女捣帛时发出的声音,故称此石为"捣帛石"。山中之人,每于立秋前一日中,可夜闻杵声焉。宋代诗人欧阳修《玉女捣衣石》诗曰:

玉女捣仙衣,夜下青松岭。山深风露寒,月杵遥相应。

灵踪杳可寻,片石秋光莹。

## ◆云峰虎啸

位于少室山望洛峰的南端。此处有大石如虎,引颈长啸。每当春日,山花烂漫,虎踞高峰,景色十分壮观。待秋萧频临天下,满山秋色斑驳陆离,谷风松涛更助虎威。

### ◆石猴观天

少室山南边诸峰,壁立千仞,陡峭奇险,堪称绝胜。偏西一峰,壁立千尺,高插云端,俗谓石猴山。山上峰顶有一石,酷似猴形,人称"石猴"。石猴蹲卧崖头,翘首远望蓝天,似欲凌空而去。传说,此为一雄猴,因私开岳神宝库,盗拿金豆,被禁锢于此,只能与对面挡阳山上的雌猴相望而不能相会,故长年累月蹲卧山头。

### ◆炎黄化石

位于少室山西麓的挡阳山峰巅东侧,是中原发现的唯一炎黄二帝自然石像。站在三皇寨南天门向西望,有两尊天然而成的山岩人像坐于西北,面朝东南,轮廓清晰可见。前者为黄帝,呈坐像,左臂下摆。右手按膝,两腿附地,束发宽衣,五官明显,神态自若,有审视八方之势。后者依次端坐和为炎帝,服饰古朴,威严庄重,令人肃然起敬。传说二圣战罢蚩尤、统一中华之后,巡察中岳,依石小憩所化。宋代诗人楼异诗曰:

翳雾埋云皓首翁,难将书传考前踪。高山羽翼朝天后,化作中天一石峰。

### ◆达摩渡江

太室山观香峰西坡有道石沟,沟内白石磷磷,形成一条不规则的碎石带,远望犹如达摩一苇渡江图。周围青草绿树,好似江水滔滔,给人无限遐想。明代诗人陈继儒有诗《少林寺达摩像》曰:

西来初祖像,天人共瞻仰。若问祖师禅,罪福原无相。

### ◆滚磨成亲

位于嵩山东麓的磨沟村南边。两石相叠形成一景,俗称二鳖压蛋石。传说盘古开天辟地,地球大变动之后,世界上只剩伏羲、女娲兄妹二人。为了延续后代,兄妹各站一个山头向山下滚磨扇,磨扇若合,即可成婚,不合则不能成婚,此为天意。结果磨合后,兄妹成婚,使后代得以延续。其涵意:两磨扇相合为阴阳交合。上扇为天,扇上有两眼,谓之日、月;下扇为地,地有沟壑。磨扇转动,孕育万物。景新源有诗曰:

两石相叠太室东,传为石磨落山坪。滚磨成亲开新世,人类繁衍得传承。

### ◆慈云圣景

慈云寺位于巩义市东南15公里处的青龙山中,周围环境包括蟠龙尖、前武当、后武当、东西青龙山、小青龙等处。其中海拔最高的杨家寨为1042.7米,海拔次之的蟠龙尖达1021米,东西青龙山诸峰海拔均在968~997米之间,慈云寺在整个风景区中心。慈云寺创建于汉明帝七年(64年),寺院坐北面南呈长方形,现存鼓楼、白衣阁、山门、大雄宝殿等遗址和明清碑刻37通。寺院四面围山,三面环水。山涧从寺东谷底始,北转而西。南侧山壁如削,矗立千仞;西侧、北侧山势陡峭,岩骨嶙峋,奇峰怪石,千姿百态。金代诗人元好问有诗《慈云寺雨中》,具体描写了古慈云寺山野与古寺的风光。

西堂三日雨,气节变萧森。偃卧复欹卧,长吟对短吟。

钟鱼四山静,松竹一灯深。重羡禅栖客,都无尘虑侵。

◆天梯垂挂

太室山南麓,自老君洞向北上山,有一条人工铺成的石阶路,穿过密林,劈开荆棘,曲折盘桓,缠绕伸展,经峻极宫、中岳行宫、十八隈、三皇口、白鹤观、松树洼,直到峻极峰顶。像巨龙爬行,像天梯垂挂。上下山的人们络绎不绝地连在一起,形成一幅险峻美妙的图画。明代诗人袁宏道的《登太室绝顶》诗曰:

砾瓦纷纷雨洗斑,嵩峰久矣闭仙关。云开忽见玲珑壁,水外微铺淡远山。

古道孰知龙洞险,僧云胜在石楼间。幽岩欲去无栖处,猎火烧空照夜还。

◆石林雪霁

位于洛阳东南约30公里偃师水泉石窟以西的万安山上,这里海拔937.3米,是洛阳附近较高的山峰,为古都之南的天然屏障。这座山巍峨入云,林木葱茏,所谓"皇宫对嵩顶","云收中岳近"的诗句,便是指洛阳皇宫遥遥与万安山相对的形势。万安山又称"玉泉山",《名胜志》说:"玉泉山在洛阳东南三十里,上有泉,水如碧玉色。泉上有白龙祠,祈祷甚应。"今山腰间不仅白龙祠依旧存在,祠侧还有一座玉泉寺,宋代欧阳修就曾游于此寺,并特撰文以记。祠、寺之前有一潭池,水清见底。山顶建有全石结构的祖师庙,其势雄奇难至。不过万安山上最令人惊叹的还是那峻极连天的峰峦,有的挺拔林立,犹如刀削斧劈一般,有的则像斜生的笋尖,可攀缘而上。每至冬季山巅积雪颇厚,犹如披上了一层银白的素装,而当雪住天晴,暖阳的光辉洒遍山的时候,石林就会反射出绚烂的光彩,与壮丽的古都互相辉映。如果三伏炎夏季节,蹬上峰顶会使人立刻有"清凉到此顿疑仙"的感觉。

◆万安盘龙

位于伊川县吕店乡丁流西河村。古有盘龙山普明寺,现寺已不存,但寺院保存有许多古代碑刻。这里的古莲花桥,流传有"桥上路,路上桥"的传说。普明寺的位置很有意思,惠水自北而南呈S形绕寺而过。水东为石山,层层斜状石线纹理如巨龙之纹,故名盘龙山。水的西面为土岭,以S线分界,极像常见的阴阳图。惠水又称湮阳水,谐音即"阴阳水"。

以盘龙山为南北轴线,北边万安山下吕店乡梁沟有魏文帝曹丕陵,南边半坡乡娘娘山下有魏明帝曹睿陵,古时这一带林木繁茂,是游猎好去处。《水经注》载:"魏文帝猎于此山,虎超乘舆,孙礼拔剑投于是山,山在洛阳南,山阿有魏明帝高平陵"。《资治通鉴》载:曹丕与其子曹睿在此打猎,见子母鹿。文帝射杀母鹿,命睿射子鹿,睿泣曰:"陛下已杀其母,臣不忍杀其子"。魏文帝陵以南有龙泉寺,九道山岭朝此地,世称九岭朝牡丹。龙泉寺周围遍地是牡丹,比洛阳牡丹开得早,花期长,至今还有几百年前的牡丹树,是洛阳的"牡丹王"。万安山主峰海拔937.3米,是伊川最高峰,峰顶有万安宫、祖师庙。登顶可一览洛阳、偃师、伊川风光。

◆三皇奇景

三皇寨是一处悬挂于少室山腰的天然山寨,位于少室山西麓,登封市以西14公里处,与天下第一名刹少林寺毗邻相连。整个景区山体陡滑,山顶平宽。具有泰山之雄、华山之险、北恒之奇、南衡之秀等特点,以峰奇、路险、石怪、景秀而闻名中外,以峰奇、路险、石怪、景秀而著称天下。

"三皇"是指古人类进化过程中经历的三个时期。古史记载:盘古之后是天皇。"天皇"时期的初始阶段,正是我国中华人种的"东方人"向"元谋人"过渡阶段。当时由于地球环境变冷,处于危机中

的"东方人"开辟了新的生路,他们化整为零,分裂成十几个部落,各部落由族长率领分别往东西南北各方开发新的领地。"地皇"时期在距今 70 万年前,到了这一时期,中华人种的两个分支分别居住在黄河流域和长江流域,在漫长的历史发展进程中,他们正缓慢地向着远古时代的文明靠近。再后来的"人皇"时期,是距今约 50 万年的"北京猿人"时代。

三皇寨因人们为了纪念人祖三皇(天皇、地皇、人皇)在嵩山一带开天辟地之功而命名,给人以敬畏神奥之感。踏遍嵩山的寺庙宫观,唯有这里敬奉的神灵游离于三教之外,以人祖为宗,虔诚奉祀。曾有对联称:"跳出红尘三界外,入住白云一洞中。"

三皇奇景

三皇寨景区东至待仙沟,南到清凉寺,西接挡阳山,北边少林寺,总面积为 35.25 平方公里。景区景观有三皇寨顶、安阳宫、盘古殿、行宫、安阳行宫、三皇行宫、铁索天桥等。奇特的自然风光,丰富的人文景观,使三皇寨景区成为休闲观光、探险寻幽的著名旅游胜地。

◆ 鼎台观景

位于伊川县城关镇古城寨村和平等乡古城村。古称新村。又称伊阙城,是东周末年周天子赧王的皇城遗址。有赧王逃债之台,"债台高筑"典故即出于此。秦人"据九鼎,案图籍,挟天子以令于天下",实现了统一中国的大业。后演变成"挟天子以令诸侯"的典故。《汉书·诸侯年表》载有"逃债台"的故事:"河洛之间分为二周,有逃债之台,被窃肤之言,然天下谓之共主,强大弗之敢倾,历载八百余年,数极德尽,既于王赧,降为庶人,用天年终,号位已绝于天下"。

成语"问鼎中原"也发生在这里。《左传·宣公三年》(前 606 年)楚庄王以"尊王伐戎"为名,伐陆浑之戎,观兵周郊,陈兵于今平等乡东村、西村(古称东、西蛮子营,楚人称南蛮子)。周天子派王孙满慰劳楚军,楚王借机"问九鼎大小轻重",意在谋图周王室。王孙满以"在德不在鼎"回绝了楚王。这个楚王即是"三年不鸣,一鸣惊人"的楚庄王。游鼎台故址,南望九皋,伊河如带,稻花飘香,荷花竞放,车水马龙。论成语典故,悟人生真谛,品历史云烟,乐太平盛景,个中感受,定有不同。

◆ 范公忧乐

位于伊川县彭婆乡许营村北。有北宋杰出的思想家、政治家、文学家范仲淹的墓园,北依万安山,南临曲水河,左伊水龙门,右嵩山少林,高山仰止,松柏苍翠,一代名相,长眠于此。多少志士豪杰,慕范文正公之英名,前往拜谒者,络绎不绝。

范仲淹,字希文,宋苏州吴县人。少有志操,虽贫苦乃奋发学习。在任枢密副使、参政知事时,与宰相富弼、欧阳修等提出明黜陟、抑侥幸、精贡举、择长官、均公田、厚农桑、修武备、减徭役、覃恩信、重命令十项建议,被宋仁宗颁行全国,号称新政。滕子京谪守巴陵,重修岳阳楼,范仲淹写《岳阳楼记》,"先天下之忧而忧,后天下之乐而乐",成为千古传颂名句。范园前新立范仲淹巨型塑像,高大挺拔,展示出一代名相的神采。郑州经少林寺到龙门的高速公路,太原到澳门的高速公路在范仲淹墓园附近交叉通过,为范园旅游开发带来了新的机遇。

### ◆ 杜康醉牛

位于伊川县葛寨乡黄兑村南边的牛山。因山形如巨牛伏卧,名曰牛山。巨牛头朝东南,牛首似钻入山中,据传八百里伏牛山就是因此而得名。牛尾部有山溪北流入梁家沟水库,过黄棟树村,在泗涧村北与明水会合,经双头附近流入伊河,北魏《水经注·伊水》记载北水名叫康水。明代《直隶汝州全志》记"俗传杜康造酒于北,水经注名康水"。北地古有上皇古泉和"杜康酒坊院"。康水流域烟涧村制作的青铜器精美绝伦,中央电视台《历史中国》专题报道,闻名中外。

相传杜康避难于伊川,造出秫酒,太上老君的坐骑青牛闻酒香而至,偷喝些酒,醉得不能回宫,就把头钻向山中,从远处看牛山,确实像一头钻头不顾尾的大牛。

1996年《考古》上刊载,伊川南寨出土大批夏代少康(杜康)时期的精美酒器。伊川有杜沟、康沟、康庄、土沟水,城关镇有杜康造酒的黑、白虎泉,江左有杜康避难的"纶氏"邑。杜康遗址遍布伊川大地,青牛不醉才怪呢。

### ◆ 龙岭银光

位于伊川县水寨镇韦村东黑龙沟。古有龙玄寺,玄在汉代四灵中为玄武,即蛇龟,也叫龙龟。盖因从吕店丁流西河盘龙山普明寺向西,至水寨龙玄寺的地形为一巨龟状,称龙岭宝地。在龟背的阳坡上,有后梁太祖朱温墓宣陵,唐代著名的牡丹园也建在天王院。白沙乡小王村有九龙洞,石岭村有唐相姚崇故宅。

古传说站在伊河西的山岭上,有时可以见到龙玄寺一带有银光闪耀,被称为宝光,但实地却找不到宝光发自哪里。据说20世纪70年代初,确定秘密军工158厂厂址时,在飞机上曾看到龙玄寺一带闪银光。龙玄寺已不存,重建寺院名为龙泉寺。

### ◆ 象苑

位于郑州市邙山区五龙峰东北的山岭上,内容为父子二象。父象高3米,长6米,重26.5吨,在前面掀鼻长嘶,子象高2.7米,长4米,重17.7吨,尾随父象举足腾跃。据考证,50万年前的黄河流域气候炎热,适于大象栖息;夏禹时期,天下分为九州,河南一带为豫州,即"多象之州",而河南的简称"豫"的象形文字就是"我牵一象",这尊塑像正是以自己生动的姿态讲述着河南悠久的历史。

### ◆ 曹魏石林

《名胜志》曰:大石山即白石山,高200丈,崔嵬邃谷,冠于嵩洛。亦名石林。马融《广成苑赋》曰:金门石林,殷起乎其中。魏武帝《乐府》的"南上大石山"即此。魏文帝游猎,虎超乘舆。孙礼拔剑,投虎于是山。山上有魏明帝高平陵。

## 四、植物景观

◆郑州珍奇植物园

位于郑州市北郊北环路中段,距陈砦花卉市场仅500米。占地面积6公顷,收集展示了热带、亚热带珍奇植物5000多种,是目前亚洲面积最大、收集植物种类最多的室内观赏植物园。

郑州市珍奇植物园由东区、西区、生活游乐区和科普墙组成。东区包括椰园、苏铁园、南国风情园等,西区由沙漠植物区、珍稀树木区、沁香园、竹园、盆景园等18个园区组成,生活游乐区内有喷泉、假山、多功能广场和长达1000多米的护园河。在绿色掩映中,

郑州珍奇植物园

青山依依,湖光潋滟,春草萌动,树木千姿百态,鲜花争奇斗艳,真乃是世界珍奇植物大景观。

郑州市珍奇植物园荟萃世界珍奇植物于一园,有富有南国风光的椰子树、榕树,有来自沙漠地带的仙人掌,有毛茸茸小球球的白头翁等。特别是那些树干像啤酒瓶子样的酒瓶椰子树,气势壮观的小叶榕树,长长叶子的中东沙枣以及形态各异的四季常青树,它们永远像在春天里一样,充满着绿色的生机。尤其是冬季,外面是冰天雪地,园内却一派春意。

◆双龙山原始森林公园

位于偃师南部山区,东距省会郑州125公里,西距古都洛阳市40公里,北邻207、310国道,著名欧亚大陆桥——陇海铁路经过这里,交通十分方便。双龙山原始森林公园总面积4万余亩,森林覆盖率96%,这里植物资源非常丰富,公园森林茂密,季相多彩,春花美艳,秋色迷人,夏风送爽,冬雪泛银,这里松鼠跳跃,山雀鸣叫,兔驰狐奔,莺歌燕舞;这里秀峰耸立,幽谷环绕,壁画高挂,悬崖奇石;这里水泉密布,溪声似琴,深滩溢青,飞瀑溅珠,独特的地貌、植被、气候,使双龙山原始森林公园成为森林旅游为主,兼避暑度假、森林疗养、寻幽探险、娱乐科普为一体的多功能综合公园。

◆禹州森林植物园

禹州森林植物园,也是河南省药用植物园,位于禹州城区东北部,距市中心2公里。禹州森林植物园占地面积213.3公顷,森林覆盖率89.9%。汇集国内外各类植物1200多种,其中珍稀植物116种。全园共分9个景区、3个景观带、107个景点。是以森林野趣为主体,集旅游观光、休闲度假、文化娱乐、科研科普、生产示范、会务接待于一体的多功能综合性生态型森林植物园。

### ◆大熊山森林公园

位于登封市徐庄乡境内,距登封市区25公里,面积1600公顷,是河南省林业厅2004年7月批准的省级森林公园。公园森林覆盖率达90%以上,植物种类繁多,生长茂盛,原生态的自然环境成为了众多野生动物生活的乐园,素有"绿秀山乡"的美称。

大熊山主峰海拔1150.6米,山势陡峻,山峦起伏,雄伟壮观。整座公园可谓藏在深闺人未知,属原生态无污染。大气质量达到国家大气环境质量一级标准。地面水质量达到国家地面水环境质量一级标准。负离子含量为每立方厘米1万~3万个。

大熊山森林公园自然景观丰富多彩,富有特色,其主要特征表现为雄、峻、奇、秀。雄:大熊山重峦叠嶂,大熊山主峰在周围数十座山峰簇拥下,兀自耸立,犹如一柱擎天。登顶极目远眺,可览登封、汝州、禹州三地,四周林壑幽深,凸显其雄伟,彰显其磅礴。峻:大熊山大小山峰数十座,叠嶂连云,劈地摩天。既有突兀隆起,又有强烈下陷,深谷陡壁随处可见。绝壁垂直矗立,如刀劈斧凿,仰观似与天齐;悬崖拔自深壑,光滑直削,俯察触目惊心。奇:大熊山景奇,首先石奇,众多形状奇异山石随处可见。山体巨大的岩块,呈纵、横、斜各种节理发育,形成悬崖峭壁,以及石林、石柱、石笋、石墩和各种似人似兽似禽的象形石。景观奇特,叹为观止。秀:秀者荣也、茂也、美也、禾吐华也。大熊山植被良好,这里生长繁衍着数千种野生动植物,树木葱茏,花草茂盛,造就了其秀丽的景色。一年四季,风雨阴晴,气象万千。春,奇花异草遍布山谷;夏,林之接柯郁郁葱葱;秋,红叶飒飒层林尽染;冬,银装素裹冰清玉洁。

大熊山森林公园中有少林寺下院(水峪寺)、石门寺、雪花寺、大岳寺等历史遗存,八路军军政干部学校,八路军后勤医院等人文景观,赋予了大熊山森林公园历史文化内涵。

### ◆洛阳牡丹甲天下

洛阳牡丹,为多年生落叶小灌木。其栽培始于隋,鼎盛于唐,宋时甲于天下。洛阳牡丹花朵硕大,品种繁多,花色奇绝,有红、白、粉、黄、紫、蓝、绿、黑及复色9大色系、10种花型、1000多个品种。花开时节,洛阳城花海人潮,竞睹牡丹倩姿芳容。牡丹以它特有的雍容华贵、国色天香、富丽堂皇,在中国传统意识中被视为繁荣昌盛、幸福美好的象征。唐代诗人木兰花有诗句:"千娇百媚看不够,魂牵三月洛阳花。"北宋著名文学家欧阳修的诗"洛阳地脉花最宜,牡丹尤为天下奇",道出了洛阳牡丹的神奇。

洛阳是"十三朝古都",先后有夏、商、西周、东周、东汉等13个王朝在此建都,是国务院首批公布的历史文化名城和著名古都。洛阳东傍嵩山,西依秦岭,南含伊阙,北靠邙山。自古就有"九州腹地,十省通衢,河山拱戴,形势甲天下"之誉。洛阳得天独厚的地理位置为牡丹的繁衍生息提供了良好的自然条件,故有"洛阳地脉花最宜,牡丹尤为天下奇"之称。牡丹为我国园艺花较早的观赏花卉之一。在牡丹栽培演化过程伊始就与洛阳结下了不解之缘。洛阳牡丹始于隋,盛于唐,而"甲天下"于宋,至今已有1500

洛阳牡丹

多年的历史。在这漫长的历史进程中,洛阳牡丹不仅以其雍容华贵,国色天香而美誉遐迩;也以其造化钟情,天下君临而总领群芳。洛阳也成为人们心目中牡丹之圣地。洛阳牡丹栽培始于隋朝,隋炀帝(605~618年)"周二百里为西苑……易州进二十箱牡丹",并记述了牡丹品种名称。宋高承也称"隋炀帝世始传牡丹"。可见洛阳为我国最早的牡丹栽培地之一。

到了唐朝,作为陪都的洛阳,牡丹的种植更加广泛,洛阳牡丹品种更加丰富,并出现了从事牡丹培育专业人员。"洛人宋单父,善种牡丹,凡牡丹变异千种,红白斗色,人不能知其术。"当时牡丹至少有5种颜色:殷红、深紫、桃红、通白、黄色,同时出现了重瓣品种。后唐庄宗曾"在洛阳建临芳殿,殿前植牡丹千余本",其规模不亚于长安唐宫。

北宋时,洛阳牡丹规模为全国之冠。牡丹出"洛阳者,为天下第一也"。洛阳人对牡丹不呼其名,"直曰花。其宰谓天下真花独牡丹"。"春时,城中无贵贱皆插花,虽负担者亦然;花开时,士庶况为遨游。"可见,牡丹人养牡丹、赏牡丹已成为民风民俗。其时,牡丹的栽培技艺普遍提高,在播种繁殖的同时,用嫁接的方法固定变异,牡丹"不接则不佳",使得新品种不断出现。当时,姚黄出自洛阳司马坡的姚氏家,魏花出自晋宰相魏仁溥家。洛阳地方留守钱惟演赏之曰:"人谓牡丹花王,'姚黄'真可谓王,而'魏花'乃后也。"当今,洛阳牡丹遍布千家万户,种植牡丹的园区也层出不穷,但最具规模的牡丹园有以下3家:

1. 洛阳牡丹园

位于老城区邙山镇苗北村,园内占地面积150亩,周边另有300多亩牡丹生产基地。由当地农民筹资,各级政府扶持,于1992年始建。目前,该园有全国九大牡丹系列红、绿、白、黄、兰、粉、黑、复色等品种500多个,450多万株,引进种植日本、美国、法国以及国内西北、江南等牡丹珍品。由于该园海拔高、受温差的影响,花期较市区长,早、中、晚从每年的4月10日初开,延至"五一"以后。

2. 洛阳市牡丹公园

位于涧西区牡丹路,以专植牡丹而得名,占地95亩。园内现有牡丹200多个品种,近7000余株。尤以姚黄、魏紫、豆绿等品种最为名贵。此外园内还植有近百种芍药、月季等其它花木。公园内楼台水榭,风光旖旎,牡丹山上花木葱茏,人工湖内碧波鳞鳞,游人在此泛舟荡桨,兴趣盎然,无不盛赞洛阳牡丹甲天下,刘禹锡有诗云:"唯有牡丹真国色,花开时节动京城",生动准确地描述了这一景象。

3. 洛阳国家牡丹园

位于洛阳市老城区邙山镇中沟村,其前身是始建于1978年的郊区国有苗圃。1992年7月经国家林业部批准在苗圃的基础上成立牡丹基因库和国色牡丹园,1992年8月至2000年该园进行了大规模基础建设,形成现在规模。

1995年5月,该园开始重点转入牡丹非自然花期的生长状态及成花特点的研究,2000年,牡丹全年开花研究获初步成功。现占地10余公顷,种植牡丹80余万株,其中拥有7种野生牡丹和四大种群牡丹,九大色系,500余个园艺品种,日本、美国、法国等国外牡丹116种,新培育品种70余个。

◆东城桃李

位于洛阳东城以东的井然街市中,约略在今老城南,北大街以东和唐寺门,塔湾以西。这一带是隋唐时东都的东北隅,原有承福、玉鸡、北市、铜驼、丰财、殖业、上林、通远等29个规划的齐整有序的里坊,中有航运干道槽渠和瀍河交叉贯流,为繁华的闹市中心和水陆交通的要冲。由于河渠两岸榆柳成荫,大街小巷桃李列行,所以每至孟春之月,人们往往结伴畅游,无不醉心忘返。

唐宋时代,洛阳被誉为"花城",这不仅因为"洛阳牡丹甲天下",也因为东城街市罗植桃李,别富韵致,为许多诗人文士所歌咏而久负盛名。"洛阳花柳此时浓,山水楼台映几重"。"城东桃李须臾尽,争似垂柳无限时"。更有意境的是唐代刘希夷的《白头篇》:"洛阳城东桃李花,飞来飞去落谁家?""年年岁岁花相似,岁岁年年人不同。寄言全盛红颜子,须怜半谢白头翁。"从这些诗中,可见当年东城桃李的美丽景象。

◆郑州樱桃沟

位于郑州市二七区侯寨乡南部,以樱桃沟为中心,延绵15公里,丘陵起伏,沟壑纵横,深深的沟里布满了青翠繁茂的樱桃树,景色十分宜人。这里樱桃种植已有千年历史,由于气候适宜、沟内避风、土壤特殊,产出的樱桃粒大肉厚、色泽丰丽、入口甘甜,且能补中益气,滋润肌肤,故而享有盛名。樱桃沟环境优美,空气清新,远离城市的喧嚣,置于山岭的怀抱。每年3月份,这里就成了樱桃花的海洋,百鸟争鸣,花香四溢。4月下旬即进入果实成熟期,在青翠的绿叶映衬下,串串樱桃就像晶莹的红玛瑙让人心动,人们可以边观赏边品尝,别有一番情趣。樱桃沟至今还存活着一些百年以上的老树年年开花、岁岁结果,成为一大景观。美丽而又缤纷的樱桃沟是由多条大小不同的沟群组成,其得天独厚的地理优势和丰厚的自然资源,使人有种回归自然、返璞归真的感觉。

◆黄帝古枣园

位于新郑市孟庄镇栗元史村西南方,面积约680亩,相传为轩辕黄帝带领群臣栽植枣树的地方。至今仍有树龄在500年以上枣树568棵,均系明朝初年栽培。其中一株胸围3.1米,树龄600多年,且枝叶茂盛,硕果累累,被国家林业部专家测定为目前全国最古老的枣树,人称"枣树王",并称这样的古树园在国内实属罕见。被列入保护的还有"枣树二王""八仙树""将军树""合欢树""公主伞""二仙亭""黄帝观枣台"等景点。

黄帝古枣园

◆洛阳樱桃沟

位于洛阳郊区红山乡王坑村。据清《洛阳县志》载:"樱桃沟,一在县东北五里瀍水东,名小沟;一在县西北三十里,名大沟。……大沟尤佳,延十余里。"樱桃沟的樱桃不仅品种多,据周师厚《洛阳花木记》载:有紫樱、腊樱、滑台樱、朱皮樱、旱樱、吴樱、甜果子、急溜子、千叶樱等11种,而且红亮耐看,特别惹人喜爱。洛阳樱桃,个大肉厚,味纯甘美,并有调中益脾、去寒止泄的药物作用,素有佳名。西周

时代,国都在长安,帝王春荐寝庙采用华山脚下上兰出产的樱桃。周平王东迁洛阳后,派臣仆们四出寻工,最后选定邙山深处樱桃沟所产的樱桃为祭祀珍品。

每岁逢春,樱桃沟里沟沟岔岔,开满一簇簇洁白的樱花,迎风摇曳,鲜艳娇丽,馥郁的芳香扑面而来。几天工夫,万树银花突然变成了满沟金果,红艳艳,亮晶晶,似珍珠,像玛瑙,令游人心醉。看一眼便让人满口生津。因而被赋予"如珠未穿孔,似火不烧人"的美誉。所以,"瀍壑朱樱"被列为洛阳八小景之一。唐太宗李世民不仅爱吃樱桃,而且写下一首《赋得樱桃》的诗:

华林满芳景,洛阳遍阳春。朱颜含远日,翠色影长津。乔柯啭娇鸟,低枝映美人。昔作园中实,今为席上珍。

清高宗乾隆七年(1742年),洛阳知县龚松林,一次在樱桃成熟季节兴致勃勃地游览了樱桃沟,情不自禁地即兴写下一首诗《游樱桃沟》:

为访樱桃沟,登临向北邙。雨飞新绿嫩,风动野花香。赤玉妆盈村,红珠摘满筐。

◆周山森林公园

位于洛阳市高新技术开发区境内,北面近邻洛阳市涧西工业区,东面和南面是洛阳市高新技术产业园区,公园总规模10800余亩。重点建设为寻古觅胜区,该区面积1500亩。目前在寻古觅胜区内三季有花、四季有绿、月月有新意、季季景不同,已初步形成了以春花、夏叶、秋实、冬枝为自然景观,以周山王陵为人文景观的公益性城市森林公园。

周山又名秦山,在洛阳西南侧。西起崤山,东止洛阳,经洛宁、渑池、宜阳、新安、洛阳五县,蜿蜒起伏,长达180多公里。近洛山阜有周灵王墓冢,周代称冢为山,故名曰周山。山下有周谷,为周之采地。周山又是洛阳扼阻关陇的咽喉之地。

洛阳作为东周都城有515年,历经25帝。这些帝王,死后均葬在洛阳,东周王陵大致可以分为周山、王城和金村三个陵区。我们今天所建公园的地方,因山上有东周王陵故亦称周山,此处现有土冢四个,其中三个相依的王冢居东,俗称"三山",史称为"周三王陵",据历代传说,这应为敬王、悼王、定王的陵墓。"三山"西还有个孤冢,雄伟异常,《水经注》记载"洛水流经周山,上有周灵王陵",世人也称周灵王冢,是目前我国有史记载以来最早的王陵群。

周山森林公园与龙门山、邙山等其他几个生态防护林区构成了城市生态防护林体系,在调节气候、防风滞尘、净化空气、涵养水源、降低噪音、美化环境等方面的生态功能,对改善环境有着积极的促进作用。公园经过四年多的建设,有绿化树种21个科,32个属,67个种,24万余株,春天樱花、碧桃、白玉兰、香花槐、榆叶梅竞相开放,夏日木槿花、美人蕉、月季花争奇斗艳,秋天合欢、百日红、桂花、野菊花迎风飘舞,冬日有腊梅暗香袭人。公园内修筑了8.9公里环山道路,铺设了周灵王陵和周三王陵的人行步道,建设了仿古南大门、两座仿汉式观光亭、2000平方米的停车场,在林木郁蔽之处修建桌凳,建设垂钓中心,方便游人休憩,为广大游客到周山森林公园观光游览提供了极大便利。周山森林公园已经初步建设成为了集旅游观光、科教实习、保健疗养、休闲娱乐、寻幽探奇为一体的综合性森林公园。

◆洛阳隋唐城遗址植物园

位于洛阳市王城大道以东、洛龙大道以西,南临古城路、北接洛宜路的隋唐城遗址,是以洛阳的山、水、植物和隋唐城遗址文化为基础,坚持科学保护与合理利用相结合,集科研、科普、文化娱乐为一体的综合性植物园。

隋唐城遗址植物园始建于2005年12月,总占地面积2864亩,园内建设了千姿牡丹园、野趣水景园、木兰琼花园、万柳园、绚秋园、岩石园、百草园、梅园、竹园、海棠园、桂花园、芳香园等28个种类园区。其中,千姿牡丹园占地面积320亩,由百花园、九色园、特色园、科技示范园组成,共种植牡丹1200多个品种,同时通过置石、园林小品等艺术手法,以楹联、雕刻的形式,对赞美洛阳牡丹的诗词、典故等进行充分展示,丰富了牡丹文化的内涵,是目前全市牡丹品种最多、花色最全、文化氛围最浓的牡丹园。全园植物种类达1500多种,总绿地面积130万平方米,在植物配置上以乔、灌、花、草合理搭配,形成南北园艺交汇、自然与规则共融、中外园林荟萃的大型植物园。

园内有20多个休闲娱乐广场,形式各异、造型独特,与之相辉映的30多组亭台、廊架,既体现了隋唐时期建筑风格,又不乏浓郁的现代气息。滴翠湖占地12万平方米,堆山而建、绿岛点缀、奇石围绕。野趣水景园由3万多平方米湖泊、湿地和大片疏林缀花草地组成。1万多米长的水系明渠蜿蜒贯通、巧妙连接,既发挥了灌溉功能,又增添了植物园的灵秀之气。它们共同营造出流水潺潺、碧波荡漾、水鸟纷飞、野趣盎然、如诗似画的迷人景象。

## 五、水流景观

追溯嵩山起源,在36亿年以前,当世界还是一片汪洋大海,嵩山的造山运动便开始了。嵩山从出世之时,就在漫长的造陆和造山运动中,从海面上沉下去,再从海底中浮上来,经历了无数次的大起大落,千变万化,才形成了嵩山雄伟壮丽的形象,成就了嵩山为"万山之宗"的地位。史料表明,远古时期至唐宋以前,嵩山地域都是一个雨量充沛、流水潺潺的好地方。过去的黄河、伊河、洛河、颍河、溱水、洧水、梅河、汝河、米河等河流的年水流量都很大,很多地方的百姓走乡串亲的都要乘船渡水。随着全球天气气候的变化,嵩山地区现在的年降水量比原来虽有减少,但山上山下依然流水潺湲,许多处溪、河、泉、潭、瀑布等水流景观依然秀丽迷人。

◆ 龙潭贯珠

位于太室山春震峰崖之巅,岩石如斧劈开,陡立云际。夹豁处,一条瀑流从几十米的高崖跌下,水珠崩洒,聚水成潭。潭水沿崖下石上冲出一条弯曲渠道,飞瀑跌入崖下,又成一潭。潭水冲出山峡,相叠灌流,连续成为九孔深潭。其景称龙潭贯珠。潭深坡陡,形势险要,巨石如牛,草木青青,环境幽雅,传为九龙隐身之地,故名九龙潭。唐武则天曾于此建造离宫,曾偕太平公主驻跸于此。

明代诗人高出的《龙潭贯珠》诗赞曰:

空门漠漠白云还,云外春潭镜里山。独有钵龙眠不稳,时来行雨到人间。

明代诗人张维新也有诗曰:

绝壁悬崖挂碧流,明珠错落几千秋。却疑玉女虚无里,日日垂帘不上钩。

◆ 珠帘飞瀑

位于少室山阴、二祖庵南,有几十米高的石崖,崖壁如削,兀立腾空。崖上一道瀑布,自山上飞流直下,撞击涧底石壁,腾起团团水雾,犹如万斛晶珠四射。斜阳映照,呈现出五光十色的壮丽图景,宛若飞腾而起的长虹。山涧水流淙淙，汇积成潭，清澈见底。再往下流，又是跌崖飞瀑，崩轰作响，珠雾飞溅，成为道道彩虹，搭架于青藤碧树之间，呈现七彩飞瀑美景。这便是嵩山著名的美景"珠帘飞瀑"。金代诗人李宪能写诗道：

玉龙落峡喷飞流，空翠霏霏晚不收。歇脚山堂一壶酒，暮凉闲对两峰秋。

### ◆潭隐九龙

位于太室山东北会仙峰下，由唐庄翟营西行到一条沟口，折南而西沿沟岸向上，至九龙王庙，回身倒拜，人称此沟为"倒拜沟"。倒拜沟是自然形成的约10公里的南北峡谷。谷侧悬崖陡壁，瀑水飞流，其声砰訇震耳；谷深潭多，连成形状各异的一串明珠，人称其为龙隐之潭。最大最壮观的为九龙潭，其景色秀美，环境静幽，引人入胜。

### ◆石池耸崖

位于太室山的子晋峰下，有风景秀丽的太子沟，从太子沟上游攀石而上，石崖高耸云际，崖上一块巨石突兀耸峙，顶端大而弯曲，名曰"龙头"。龙头下方一巨石上，一方长约1米许，宽为半米的椭圆石池，池中水没脚面，名曰"太子池"。相传为周灵王之子王子晋常来读书、修道、浴身、洗脚的地方。宋登封知县楼异有《子晋峰》诗：

当年曾悟镜中形，道骨仙气拟紫冥。二十四峰明月夜，玉笙须向揖仙听。

### ◆黄河古渡

位于郑州市邙山区岳山寺下。据史料记载，明朝时，黄河在这里比较狭窄，水流平缓，形成了沟通南北的天然渡口，到清代，这里成为交通枢纽。清代郭奎光在《荥汉晚渡》一诗中描写道："横绝浊流争蚁渡，平看晚照摇金波。"清末诗人姚椿、宗稷辰等都曾写诗歌咏黄河渡口。清末以来，大桥的兴建取代了渡口，但不时还有捕鱼的船只在这里停泊。

### ◆河洛汇流

位于巩义城区东北沙鱼沟乡外滩，洛河汇入黄河处。古称洛汭。包括神北、七里铺、双槐树、沙鱼沟、洛口、金沟、英峪等村外黄河冲积的河滩。

河洛汇流

洛河流入黄河，洛河水清，黄河水浊。两河交汇，清浊分明，异流数里，黄水中一缕清水隐约可见。这里不但是中国文明起源中文献始祖太极图、伏羲八卦的孕育之处，还是上古时期帝王们修坛祭天，出现"龙马负图""神龟献书"的河图洛书的地方。史书记载，黄帝、尧、舜、禹、汤和周成王都在洛汭地区修筑祭坛，以相当规模的仪式进行沉璧祭祀，以求得君权神授的美名，藉以巩固自己的政权。

河洛汇流是大运河洛阳段和通济渠西段的东端点,也是当年隋炀帝行幸江南"出洛口"的地方和"京口"。历史上,也是中国典籍"河图""洛书"的发源地。这里有地势险要的山谷,有伏羲八卦台和古烽火台遗址以及隋唐时期全国最大的粮仓——兴洛仓,还有明代修建的莲花山兴佛寺等景观。清代诗人蔺完植的《伊洛河汇流》诗曰:

各自朝东赴大川,合流从此更汩汩。寒波曲绕千峰树,烟水平吞万里天。

西极龙门通碧汉,上游龟沪泻星躔。沙堤洄是观澜处,沧海源头尽一渊。

◆瀑落龙潭

位于太室山东春震峰下,有千仞高崖陡立,崖上挂下一道飞流瀑布,跌落撞击崖石,水珠崩洒崖前山涧,荡起道道彩虹,传出轰轰声响。水落坚石,砸出深坑,潭水黝黑,沿坑口溢流。其下又成水潭,顺山溪淙淙而去。这就是有名的嵩山胜景八龙潭。

明代诗人高出有诗《九潭风雨》曰:

空六漠漠白云还,云外春潭镜里山。独有钵龙眠不稳,时来行雨到人间。

◆刘秀扳井

位于太室山东麓的半山坡上,有一眼倒斜的石砌水井,井筒直径2米左右,约10米深,人们弯腰可以上下。井水清澈见底。天涝时,井水可溢出水井外;天旱时,井水成坑,人们挑桶可到井中担水。传说西汉末年,14岁的汉平帝被身为大傅的王莽用椒酒毒死。为掩人耳目,举2岁的刘婴摄政,其实权仍在王莽手里。后又踢开孺子刘婴,直接称帝,改汉朝为"新"朝。他加重对人民的压迫剥削,引起人们的反抗。刘秀也在南阳起兵,向"新"朝长安挺进。在和"新"军交战中,刘秀大军常绕山路,走夜路,出其不意寻机袭击"新"军。一天,行军到嵩山东麓,人困马乏,口渴难忍,但却找不到水喝。待找到一眼水井时,因天旱水深,无绳无桶无法汲水。刘秀用马鞭一指:"把井扳倒!"水井便歪倒了。全军人马奔向井边伏地喝水。之后,精神百倍地去迎击"新"军,夺取洛阳,建立东汉,自称光武帝。有诗曰:

南杀北战心赤诚,历尽艰辛为百姓。

扳倒井筒水自流,千秋万代留美名。

◆郑州花园口

位于河南郑州市北郊15公里处,隔河是原阳县境。郑州花园口在宋时曾在此建闸治水,后渐成村落。随着黄河河道南移,村落被河水淹没,成为黄河渡口。相传明朝嘉靖年间,吏部尚书许赞在这里修建一座花园,奇花异草招引南来北往行人观赏,花园口因此得名。花园口自明朝以来是这一带比较固定的渡口。从清代到民国时期,黄河3次在花园口上下决口泛滥,志书有"郑之为患,惟河为甚"的记述。1938年6月日本侵略军逼近郑州,国民党军队不战即溃,在此扒开黄河大堤,黄河决口泛滥,使豫、皖、苏三省44县受淹,百姓流离失所。花园口是历史上震惊中外的"花园口决口事件"发生地,也是黄河下游的起始段,这里河面宽阔,气势雄伟,属于典型的游荡型河段,具有宽、浅、散、乱、悬的特点。河势变幻多端,是观赏黄河的最佳去处。花园口还是绵延数百公里,号称"水上长城"的黄河大堤起点,代表了黄河下游治理的最高水平,是黄河治理的窗口。

花园口风景区东西全长10公里,占地面积600余公顷,景区主要景观和游乐项目有黄河公路大

郑州花园口

桥、将军坝、镇河铁犀、扒口处遗址、决口界碑、黄河渔家乐、黄河漂流、沙滩泳场,以及骑马、狩猎、快艇、电子激光游乐等娱乐项目。其中,景区北端的全长5550米的郑州黄河公路大桥凌空飞跃,横跨大河两岸,波涛滚滚的黄河水从桥下奔涌而过,一泻千里。郑州黄河公路大桥始建于1984年,1986年国庆节正式通车,当时号称"亚洲第一公路大桥",桥名由一代伟人邓小平题写。景区南大门对面的将军坝,建于清朝乾隆年间,后经不断加固,距今已有200多年历史。清嘉庆年间,在此又修建了一座将军庙,为百姓祈祷黄河安澜之地。庙址就是今日花园口引黄闸处的"将军坝"。

# 后　记

《嵩山通志》即将问世,但我总觉得还有话没说完似的。想来想去,索性把书中读者有争议、有质疑的地方再说一说。

在编撰《嵩山通志》的过程中,有几个问题很难理解,难就难在嵩山总是和神联系在一起。因此,我想在这里把我的认识再作进一步的说明,以便和大家有一个沟通。

**一、华夏先民尊奉的"山"文化和"中"文化是嵩山文化的渊源**

以嵩山为中心的嵩山地域是一个神奇奥妙的地域,在此地域产生的嵩山文化,是中华民族的母体文化,是中国传统文化的源头与核心,是构成中国传统文化最主要的组成部分,是华夏五千年文明的源泉与主脉。而嵩山文化的渊源则是华夏先民尊奉的"山"文化和"中"文化,我的理解主要有以下三个方面:

其一,嵩山是华夏先民祭祀的祖山。据史书记载:嵩山黄帝时称太室,尧舜时称嵩高、中岳嵩高,夏时称崇山、崇高山,周时称天室、大室、太室,东周时因位于京畿内地称中岳嵩山。嵩山因其"萃两间(天地)之秀,居八方之中",传说黄帝常登太室与神会。据《唐汉字解,汉字与日月天地》解释"嵩"字原本是指对男根崇拜的古音"耸"。而"嵩"字是一个会意字兼形声字。"崇山""崇高山"义为至高、高大、高尚,地位特殊。小篆"崇"字从山从宗,宗的本意为宗庙。古人将"崇"字作为一个山的名字具有很深的意义,它表明夏朝的人们已将嵩山视为祖宗之山,是祭祀华夏先祖的宗庙神坛。据《竹书纪年》载:"舜十五命禹主祭嵩山",这是古文献祭祀嵩山的最早记载。据专家学者研究考证新郑黄帝故里境内的具茨山,基本意是次于嵩山的祖山。

天室、大室、太室是说嵩山地位很高。室的含义在古代与庙、祠、塚均指祭祀祖先的场所。《山海经,中山经》说:"少室、太室皆塚也。其祠之、太牢之具、婴以洁玉"。意为少室山和太室山是祖宗之地,祭祀用的是太牢之礼,器具很精美。何谓太牢?《礼记·王制》:"天子社稷皆太牢,诸侯社稷皆少牢。"从中可见,嵩山在西周时就已被人们尊为祖山了。周在嵩山地域定都后,由于强化宗族观念,重视人的价值,嵩山成为华夏山岳崇拜和祖先崇拜的双重祭祀重地。明代地理学家徐霞客在考察五岳后说:"嵩山的名气在五岳之上"。嵩山位于天中,祭祀的顺序为五岳之首,所以称为嵩高"。嵩山作为世界上最大最古老的山脉,据科学考证崛起于36亿年前,是华夏民族最早繁生息的地方。华夏始祖伏羲、女娲、炎帝、黄帝、大禹的故事广为流传。《史记·封禅书》称:"昔三代之君,皆在河洛之间,故嵩高为中岳。"

其二,嵩山是位居天地之中的神山。古人以"中"观星量天,求得北极星为"天中"(或叫天心),并

且神秘地认为,天中与地中相对应的地方,就是天地之中。由此,3000多年前的西周初期,周公据地表测日影,求得嵩山脚下的阳城是与"天中"相对应的"地中"的中心观测点,阳城所在的以天室(嵩山)为中心的嵩山地域自然就是天地之中。天中与地中相对应的地方,也是王者与天帝通话以达"君权神授"之地,天地神通,得天独厚。天室,顾名思义,是天帝的居所,或是天帝依止的宗庙,也是上天与人间沟通的地方。中也者,万物之中心也。《周礼》曰:"谓之地中,天地之所合也,四时之所交也,风雨之所会也,阴阳之所和也。"由于古代以为万物乃阴阳相和而生,因而"天地之中"作为阴阳相和之地,也就是天地万物发生发展的根源之地。

其三,嵩山的"山"文化和"中"文化是华夏先祖的原始信仰。古人崇信嵩山是祖山,是神山,是先祖神灵和天帝神灵的所在地,能庇佑华夏子孙绵延万代。因此,国家专门祭祀嵩山的祖庙——中岳庙内供奉的主神就是华夏始祖与中岳大帝这样一个名为轩辕黄帝的天人合一的人物,完美体现了嵩山文化中的祖神与天神、"山"文化与"中"文化的核心思想。古人认为:"天室""宗庙"是中心,必须是在"依天室""毋远于天室"的前提下,依靠嵩山来建立国家、管理国家,以取得上天和祖先的庇护。有关嵩山为"天室"的理念,对后世影响很大,西周、春秋战国时期以及后来的许多朝代都选择了以嵩山为中心的嵩山地域建国立都,托庇于为"天室"的嵩山,以求永保天命。古代的中,是旗帜,是号召,是中央的标识。有着位居中央,统领四方的深刻内涵。于是,作为"天地之中"的嵩山地域,很自然地成为夏、商、周三代的活动中心,成为最早称名与地理位置相一致的"中国"。秦汉以后,经过华夏民族的发展,随着国家的统一,疆域和版图的扩大,过去的小"中国"已经成为当今的大"中国"。而原来以"中国"称名的嵩山地域,在统一帝国后,连同整个河南,已经成为属于大中国的"中原"或"中州"。因此,我们说,古人尊奉的"山"文化和"中"文化是嵩山文化的渊源,也是我们华夏民族根文化的核心和华夏民族的精神归属。

**二、中岳嵩山具有"天室"与"宗庙"双重的尊贵地位**

中岳嵩山是天人合一,具有"天室"与"宗庙"双重的尊贵地位。一方面,嵩山古称"天室",是天帝居住的地方,是神宗所在,是嵩岳主神中岳大帝所在之处,也是上天与人间沟通的地方;另一方面嵩山又称崇高山,是华夏族的宗庙,宗庙祭祀的主神,就是华夏始祖轩辕黄帝。这样说来,嵩山的中岳庙内供奉的主神轩辕黄帝就综合了这两个方面的特点。中岳庙是国家专门供奉中岳神和华夏始祖的宗庙,庙内供奉的主神就是嵩岳主神中岳大帝与华夏始祖神和结合体,一个人物,两种身份,是一个神人合一的形象,既是神界五天地之一的中岳神轩辕黄帝,也是我们华夏始祖神轩辕黄帝。这是古人"天人合一"理念的具体表现。

在华夏文明起源与形成过程中,存在着两条主线:一是神祇信仰,二是祖先崇拜,而嵩山恰恰是集这两条主线的条件于一身。换句话说,嵩山宗庙所祭祀的中岳神与华夏始祖神是同一个人物,即举世闻名的轩辕黄帝。因此,嵩山自古以来就是华夏民族祭天法祖的神山和祖山。

**三、嵩山地域是轩辕黄帝、华夏部族及商周部族的中心活动区**

黄帝是母系转向父系氏族社会之后的部落首领,也是由氏族部落转向"部落联盟"的古帝。在蒙昧野蛮的上古时期,是黄帝联合炎帝族,战胜蚩尤,结束了战争,统一了中原部落,奠定了华夏各民族先民的大团结、大统一的基础。嵩山地域是被中华民族尊为人文始祖黄帝统一天下前的根据地,也是统一天下后的国都地,这为"天地之中"的嵩山成为古代先民的政治中心奠定了基础。

公元前21世纪,中国历史上的第一个王朝——夏王朝在嵩山地域诞生,夏为中国历史上第一个奴隶制国家,也是国家产生的始端。夏王朝的建立,标志着华夏部族在人类社会中最先脱离了蒙昧野蛮时代,迈入文明的门槛。然后,以强大的国体展示了人类社会的文明和进步。在此基础上,嵩山地域继而成为商、周部族的中心活动区域。在历史发展中,这一地域的先进文化逐渐向四周辐射,对周围地区乃至边远地区产生了很大影响。

嵩山地域的黄帝都有熊(新郑);帝喾都亳邑(此后的偃师西亳)夏禹都阳城(登封),启都阳翟(禹州),太康、仲康、夏桀都斟鄩(偃师);商汤都西亳(偃师)、商都郑州(盘庚迁殷之前商朝的都城);西周都洛邑(洛阳);东周都洛邑(洛阳),郑州还曾为管、郑、韩等藩国的首府。黄帝都、帝喾都及夏商周三代国都均在嵩山地域,考古和史料都给出了确凿证据。

**四、嵩山地域是我国古代政治、经济、文化的活动中心**

嵩山地域从黄帝时代开始,一直延续到北宋,这里一直都是我国古代政治、经济、文化的活动中心。夏、商、西周、东周、春秋、战国、东汉、曹魏、西晋、北魏、隋、唐、武周、后梁、后唐、后晋均曾建都于嵩山地域,许多影响中国历史的重大政治、军事事件发生在这里,许多彪炳史册的民族英才生活在这里,许多光耀千秋、泽被万世的科学文化成果诞生在这里。嵩山地域号称是"举手摸到汉砖瓦,抬脚踢到汉文化"的"文物之乡",古代文化遗存数量之多、分布之密,为全国之冠。从黄帝到夏朝,从商王朝到春秋战国,从汉魏两晋到南北朝,从隋唐五代到宋金元明清等等,都清晰地记录了华夏民族的先祖们在这里繁衍生息、生产活动和后来炎黄子孙自强不息、发展壮大的历史足迹。从一定意义上讲,一部嵩山地域史,就是一部中国发展史;嵩山文明五千年,就是中华文明五千年。

**五、关于对嵩山文化的理解**

在中华民族的文明发展史上,从黄帝统一中原部落始起,到夏、商、周的部族文化;从秦始皇建立大一统的中央集权制,到嵩山地域长期成为我国古代政治、经济、文化的活动中心,嵩山地域都占有不可取代的的源头与核心地位。孕育、产生、发展、繁荣、传承于以嵩山为中心及其周围的黄河、伊河、洛河、溱河、洧河、汝河及颍河上游流域的嵩山地域文化,经历了距今100万~1万年之间的旧石器时代,经历了距今1万~3600年之间的新石器时代中的距今9000~7000年的裴李岗文化、距今7000~5000年的仰韶文化、距今5000~4000年左右的龙山文化、距今4000~3600年二里头文化的发展序列,是以华夏先祖尊奉信仰的嵩山"山"文化和"中"文化为渊源,以闻名天下的嵩山称号"神山""祖山"和"天地之中"为根本,以轩辕黄帝、华夏部族以及后来商、周部族的文化系统为先导,涵盖了古代各历史时期的山水文化、神祇信仰、礼乐制度、三教源流、军事战争、文学艺术、文献典籍、民俗风情、少林武术以及姓氏、名人、建筑、教育、科技、考古、天文等多种传统文化元素的根基文化。著名民俗学家丁慰南所说:"嵩山文化的本体决不是某单一的文化现象的遗迹,而是我国几千年来历史上多种文化'元素'积淀融合而成的产物。"

除以上所说几个要点外,我要谈的是这本书中的祀典、灵异部分,这也是有人疑问的地方。说实在的,这两个部分的内容,全都摘录于地方志、地方文史、古代传奇等各类史料典籍中,它们是历史记录下来的故事,没有任何虚构夸张的部分。

首先说"嵩山祀典"。在中国传统宗教的活动中,其核心内容就是祭祀。在祭祀是"国之大事,在祀与戎"的古代,祭祀与保土卫疆是同等重要。祭祀是华夏礼典的一部分,是道儒礼仪中主要部分,礼有五经,莫重于祭,是以事神致福。祭祀对象分为三类:天神、地祇、人鬼。天神称祀,地祇称祭,宗庙称享。祭祀观则记载儒教《周礼》《礼记》与《礼记正义》《大学衍义补》等书解释。古代中国"神不歆非类,民不祀非族",祭祀有严格等级,天神地祇由天子祭,诸侯大夫祭山川,士庶只能祭己祖先和灶神。清明节、端午节、重阳节是祭祖日。"祭祀"也意为敬神、求神和祭拜祖先。原始时代,人们认为人

的灵魂可以离开躯体而存在。祭祀便是这种灵魂观念的派生物。祭祀不但是国家大事,也是人民大事。祭祀礼节祭品都有一定的规范。特别是在信仰天神、崇拜祖先的远古时期,"天室""崇高山""嵩高山"即为华夏民族所祭天法祖的神山,是我们华夏民族的族根。因此,祭祀是本书中非常重要的一章。

其次说"嵩山灵异",尤其是后来被人们认为是迷信的灵异。古代存在着许多超乎寻常的灵异事件,在当时科学不发达的情况下,灵异完全是人们信仰中期待的奇迹。一旦发生了灵异故事,由于科学解释不了,人们就认为是出现了奇迹,所以很快会在民间流传下来,甚至有人将其记述下来载入史册。灵异是古代民俗信仰中的重要部分,也是宗教、民俗、史学、考古文化中不可或缺的部分。作为一本山的通志,我们在全面展示山的人文环境和自然环境之时,仍将它原封不动地摘录其中,以飨读者。

按一部志书的要求来说,神话传说、古诗、艺文、三教、碑刻、名人、民俗、古遗存等都在编撰范围之内。因这套书中,神话传说、古诗、艺文、三教、碑刻、名人、民俗、古遗存都有专集,故在本书中不再重述。

对于具有36亿年山龄的嵩山来说,在漫长的造陆和造山运动中阵痛、裂变、聚集、成山,山体开始慢慢地发育成长,历经了自然界中无数次的风霜雨雪、天塌地陷、海水漫顶等数不尽的残酷和折磨,百折千回,终成为今天雄伟壮丽、气势磅礴的绵延景象。嵩山在饱经沧桑的同时,以博大的情怀,将它数不清的山野、沟壑、水流、洞穴、石头、草木、黄土、空气等巨大的财富,全都无私地奉献出来与人类共享,大道光明,天人合一,慈爱合同,地久天长。这就是养育了华夏民族的嵩山,这就是平凡而伟大的嵩山。

由于嵩山特殊的身份和地位,我在编撰本书的自始至终对它都怀有一种深深敬畏,敬畏它的沧桑厚重,敬畏它的神奇奥妙,敬畏它的感天动地,敬畏它的博大精深……敬畏多了,我记述山中的任何事物,都不敢有任何的虚构和夸张,只是中规中矩地按照历史和自然的真实,表现嵩山地域和华夏民族、嵩山文明、嵩山文化的密切关系与发展变化,突出华夏民族与嵩山地域的根脉关系,彰显嵩山文明与文化的源流与发展。同时,用大量的篇幅记录了嵩山历史祀典、灵异与自然灾害,展示了嵩山矿藏、山、水、草、木、生灵等常见的既纷繁复杂又千姿百态的自然景象。

编撰这本书,我主要参考了众多专家的嵩山文化和河洛文化的研究成果,得到了一些专家和同行的支持和帮助。特别是书稿在进入出版社之后,"嵩山文化大系"专业指导组的耿相新老师在百忙中,给这套书重新定名,使我们编撰人员深受鼓舞;尤其是这本书名字改为《嵩山通志》后,在书稿进入出版社的编辑过程中,我又针对志书的特点作了一些修改和补充,出版社都给予了热情的支持和帮助。为此,我向所有给予这本书关心和支持的领导、老师和朋友表示衷心的感谢。

最后,需要说明的是,本书中在第一章和第六章,参考并引用了陈江风的"中岳独尊文化观念的历史渊源"和王庆生、许韶立的"河洛与文明"的文章,在此说明,并向他们表示衷心地感谢。

作　者

写于2017年2月初春节假期